U0856159

# 中国信息化年鉴

# 2019—2020

《中国信息化年鉴》编委会　编

電子工業出版社
Publishing House of Electronics Industry
北京·BEIJING

**图书在版编目（CIP）数据**

中国信息化年鉴. 2019—2020 /《中国信息化年鉴》编委会编. —北京：电子工业出版社，2020.10
ISBN 978-7-121-39679-3

Ⅰ. ①中…　Ⅱ. ①中…　Ⅲ. ①信息工作－中国－2019-2020－年鉴　Ⅳ. ①G203-54

中国版本图书馆 CIP 数据核字（2020）第 184160 号

主　　办：中国通信工业协会
协　　办：海尔集团
　　　　　北京宁远图志文化交流中心
责任编辑：李　敏
印　　刷：天津画中画印刷有限公司
装　　订：天津画中画印刷有限公司
出版发行：电子工业出版社
　　　　　北京市海淀区万寿路 173 信箱　　　　邮编：100036
开　　本：880×1230　　1/16　　印张：34.75　字数：1042 千字　彩插：2
版　　次：2020 年 10 月第 1 版
印　　次：2020 年 10 月第 1 次印刷
定　　价：580.00 元

凡所购买电子工业出版社图书有缺损问题，请向购买书店调换。若书店售缺，请与本社发行部联系，联系及邮购电话：（010）88254888，88258888。

质量投诉请发邮件至 zlts@phei.com.cn，盗版侵权举报请发邮件至 dbqq@phei.com.cn。

本书咨询联系方式：010-88254753 或 limin@phei.com.cn。

# 《中国信息化年鉴》编委会

中国钢铁工业协会　副会长　迟京东
中国科学院　办公厅网络安全与信息化工作处处长　陈明奇
北京市人民代表大会常务委员会　财政经济办公室主任　张伯旭
天津市工业和信息化局　党组书记、局长　尹继辉
河北省工业和信息化厅　原副巡视员　宋进珠
山西省工业和信息化厅　党组书记、厅长　朱　鹏
内蒙古自治区工业和信息化厅　巡视员　荆玉林
辽宁省工业和信息化厅　处长　胡　强
吉林省工业和信息化厅　副巡视员　孙大维
江苏省工业和信息化厅　党组成员、副厅长　胡学同
浙江省经济和信息化厅　党组成员、副厅长　吴君青
安徽省经济和信息化厅　党组成员、副厅长　王灯明
福建省数字福建建设领导小组办公室主任、省大数据管理局局长　陈荣辉
江西省工业和信息化厅　党组成员、副厅长　王亦斌
山东省工业和信息化厅　二级巡视员　张忠军
河南省工业和信息化厅　原副厅长　孟西林
广东省工业和信息化厅　二级巡视员　肖良颜
广西壮族自治区工业和信息化委员会　原巡视员、副主任　兰红星
海南省工业和信息化厅　党组成员、总工程师　董学耕
四川省经济和信息化委员会　原副主任　李建疆
云南省工业和信息化委员会　原副主任　张建明
陕西省工业和信息化厅　原副厅长　蔡苏昌
甘肃省工业和信息化厅　党组成员、副厅长　王海峰
宁夏回族自治区工业和信息化厅　党组成员、副厅长　张宏年
西安市工业和信息化局　党组成员、副局长　赵　平
济南市工业和信息化局　党组成员、副局长　杨福涛
济南市大数据局　党组成员、副局长　赵炳跃
广州市工业和信息化局　原总工程师　饶　坚
成都市经济和信息化局　主任助理　台宪青
青岛市工业和信息化局　处长　张金凯

大连市工业和信息化局　处长　冯宇军
武汉市信息中心　主任　王留军
黑龙江省双鸭山市　市委常委、宣传部部长　刘爱丽
全国人大代表、致公党上海市委专职副主委　邵志清
湖北省经济和信息化委员会　原副主任　卜江戎
中共湖南省委网络安全和信息化委员会办公室　巡视员　李　球
中共重庆市委军民融合发展委员会办公室　副主任　马奇昌
贵州省大数据发展管理局　党组书记、局长　马宁宇
山东省通信管理局　党组书记、局长　张洪溢
新疆维吾尔自治区政协经济委员会　副主任　苏国平
新疆生产建设兵团第七师　党委常委、副师长　姜玉波
南京市科学技术协会　党组书记、主席　郑加强
宁波市大数据发展管理局　党组成员、副局长　杜永华
西藏自治区应急管理厅　党组书记、副厅长　徐　飞
中国信息通信研究院　总工程师　余晓辉
上海贝尔股份有限公司　总经理　王建亚
中国电子科技集团公司　副总经理　王　政
大唐电信科技产业集团　副总裁　陈山枝
中国盐业总公司　董事会办公室主任　范　志
中国中钢集团公司　信息管理中心总经理　李　红
中国北车股份有限公司　信息管理部部长　王顺强
中国远洋海运集团有限公司　科技与信息化管理本部总经理　刘一凡
鞍钢集团信息产业公司　董事长　贾凤泳
中国核工业集团公司　科技与信息化部副总工程师　田佳树
中国第一汽车集团有限公司　体系管理及IT部总经理助理　李冲天
中国海洋石油集团有限公司　信息化部总经理　王同良
中国铝业集团有限公司　信息化管理部高级经理　梁雨锋
鞍钢集团有限公司　信息化管理部副部长　刘炳宇

# 《中国信息化年鉴》编辑部



联系电话：010-56293293

传　　真：010-83293239

电子信箱：zgxxh@zgxxh.org.cn

《中国信息化年鉴》官方网址：www.zgxxh.org.cn

# 编辑说明

《中国信息化年鉴》是全面反映我国信息化建设实况的大型专业资料工具书。本年鉴由中国通信工业协会主办、《中国信息化年鉴》编委会编辑出版，旨在总结中央及地方信息化发展的全面情况，聚焦工业化和信息化融合的实际问题，深入研究、探讨信息化发展面临的突出问题，集中展示我国信息化建设的成就与经验，分享两化融合带来的深刻产业变革，集纪实性、实效性与案例参考性为一体，为国家相关部委、各级人民政府、各类企事业单位及相关领域的信息化发展决策者提供强有力的信息支持与实例参考。

《中国信息化年鉴》自 2014 年起，每年编印一卷，重点记载上一年与当年我国信息化建设发展的整体情况，以及工业化与信息化融合的实际情况。2020 年，因众所周知的不可抗因素，本年鉴资料报送、收集、汇总延后，决定出版《中国信息化年鉴 2019—2020》，主要收录 2019—2020 年的相关资料，按内容分类编排，文章表述方式以条目为主。

《中国信息化年鉴 2019—2020》共 10 篇、1 个附录，包括内容如下。

**（一）综述篇**：概述我国信息化发展总体情况。

**（二）部委篇**：国家重点部委信息化建设与发展的最新进展情况及近期信息化工作重点和举措。

**（三）地区发展篇**：全国各省、自治区、直辖市、计划单列市、新疆生产建设兵团信息化发展情况。

**（四）产业发展篇**：全国工业化与信息化融合的进展情况，先进城市推进两化融合进程中的主要做法和成效，示范企业的先进经验。

**（五）专题研究篇**：信息化发展的焦点、热点、难点等方面的专家观点和研究报告。

**（六）政策法规篇**：主要收录我国通过或颁布的关于信息化建设的纲要、法规、条例及地方政府推进信息化建设的政策措施等。

**（七）先进典范篇**：重点介绍全国信息化建设优秀城市和先进典范单位，以及信息化专家的经验和成果。

**（八）信息化大事记**：记录国家、行业和地方的信息化相关事件，包括政策法规、重大技术变革、重要活动、会议等。

**（九）国际资料篇**：介绍世界信息化发展现状及特点。

**（十）基础数据篇**：①历年信息化相关基础数据；②历年全国各省、自治区、直辖市、计划单列市、新疆生产建设兵团信息化相关基础数据；③国际组织及世界各国信息化方面的相关统计数据。

**（十一）附录**：信息化领域相关参考资料。

由于我们的水平及编辑力量有限，本年鉴肯定存在不足及需要改进的地方，恳请读者批评指正，以便在今后的工作中不断提高和完善，进而提高来年年鉴的整体编辑水平。

本年鉴在编辑过程中，得到了国家、地方、各企业信息化相关部门领导及专家学者的大力支持，没有他们的帮助，《中国信息化年鉴 2019—2020》的编辑工作就无法顺利开展，在此一并表示诚挚的感谢。

**《中国信息化年鉴》编辑部**

**2020 年 6 月**

# 目　录

# 综述篇

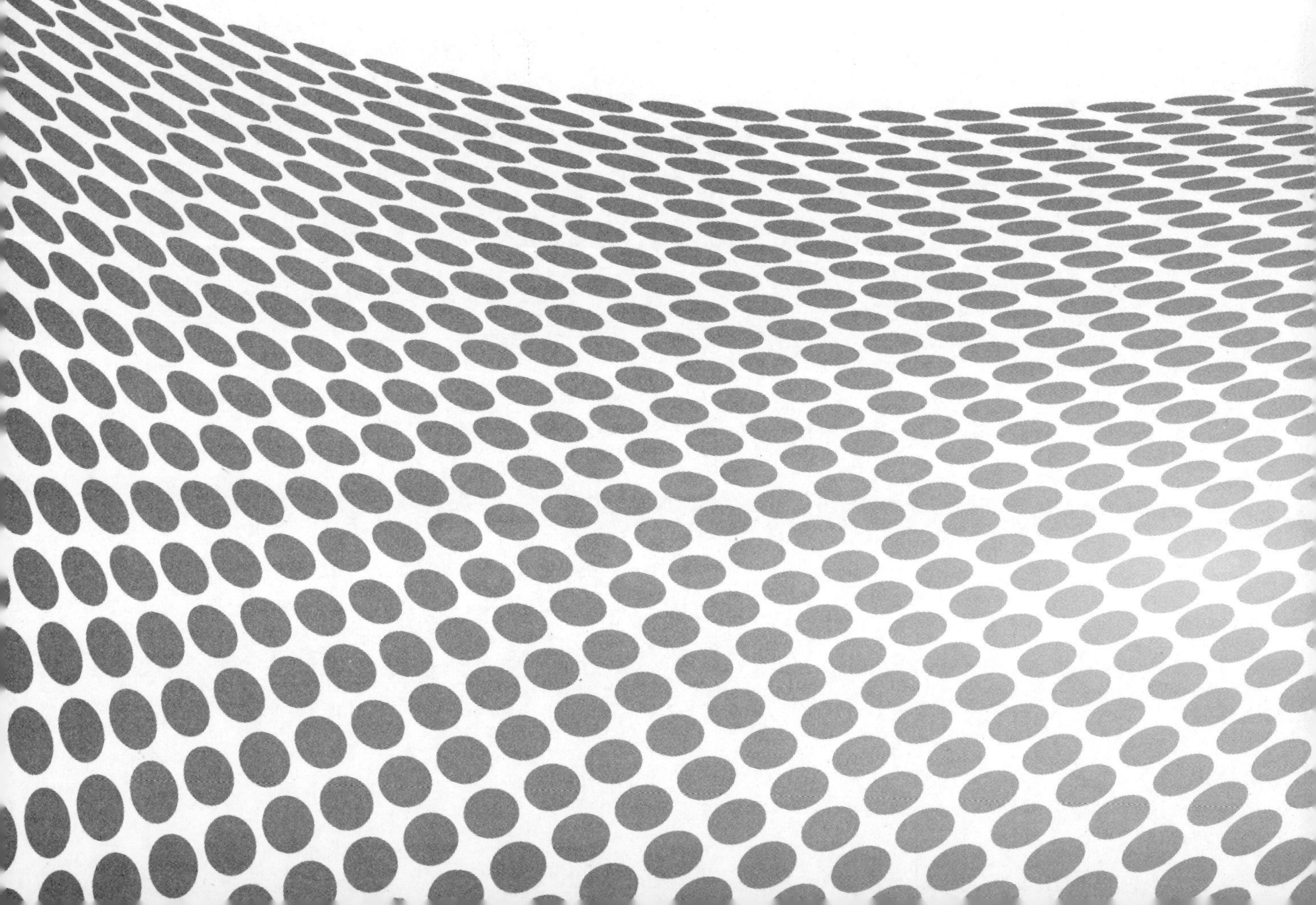

# 中国信息化发展概况

《中国信息化年鉴》编辑部

经过多年的努力，《2006—2020年国家信息化发展战略》提出的很多目标已实现，为我国迈向信息社会奠定了坚实基础。截至2018年年底，我国网民规模达8.29亿人，是美国网民数量的2.5倍，超过美国、日本、德国、英国等发达国家网民数量之和，互联网普及率达59.6%，为未来技术创新、模式创新和社会创新提供了独一无二的天然优势。信息技术自主创新能力显著增强，信息产业结构全面优化，新型工业化发展模式初步确立，经济增长方式发生根本转变，政府公共服务能力提高，网信产业保持良好发展势头，电子信息制造业、软件和信息技术服务业、通信业、大数据产业等保持较快增长。

## 【数字基础设施建设更加完善】

一是移动网络建设稳步推进。我国已建成世界上规模最大的光纤和移动通信网络，4G网络覆盖所有城市和主要乡镇，全国4G基站总规模超过340万座，4G用户数达11.1亿户。5G研发试验取得大量成果，在2018年3GPP批准的5G独立组网（SA）标准中，中国企业标准文稿提案数量和技术贡献“三分天下有其一”。2018年12月，工业和信息化部发放5G系统中低频段试验频率使用许可，加速了5G产业链各环节产品的开发进程。截至2018年年底，在全球500万座4G基站中，中国独占300多万座，占全球的64%。预计到2020年年底，中国将成为全球第一大5G市场。在6G研发方面，中国的投入也是较大的。

二是应用基础设施持续完善。全国云计算关键领域取得突破，并建成百余个大型、超大型数据中心，加快企业数字化、网络化、智能化升级步伐。同时，工业和信息化部积极贯彻落实《推进互联网协议第六版（IPv6）规模部署行动计划》，为互联网长期升级演进提供基础。在全国13个骨干直联点中，有5个直联点开通IPv6互联互通；30个省移动宽带LTE网络均完成IPv6端到端改造，开启IPv6业务承载功能；在93个省部级政府网站中，可通过IPv6访问的网站共63个，在97个中央企业网站中，可通过IPv6访问的网站达92个。

三是农村宽带加快建设。2018年，贫困村通宽带比例达97%，纳入电子商务进农村综合示范的贫困县网络零售额超过1700亿元。数字乡村战略部署实施，2018年年底我国农村网民规模达2.22亿人，互联网普及率达38.4%，比2017年提升了3个百分点。

## 【信息技术和产业实力增强】

20余年时间，中国发展出仅次于美国的全球第二大互联网产业，诞生了阿里巴巴、腾讯等市值达数千亿美元的世界级领军企业，以及百度、京东、小米、今日头条、美团、滴滴、拼多多等一批百亿美元级别的互联网企业，互联网产业整体市值突破 2 万亿美元。中美两国互联网企业创新水平也居全球领先地位。根据 CB Insights 公布的 2019 年全球独角兽企业名单，中美两国共有 326 家企业上榜。其中，美国的独角兽企业最多，占比达到 48.77%（159 家）；中国排名第二，占比为 28.22%（92 家）。从行业分布看，中国的独角兽企业以面向用户端和商业模式创新为主；而美国的独角兽企业则重点面向企业端，并以技术创新为主。2018 年，电子信息行业固定资产投资同比增长 16.6%，高于全国制造业投资增速 7.1 个百分点，对产业结构优化起到了积极作用。其中，智能电视、智能手机、集成电路、显示屏、计算机等产能和出货量均居全球第一。在新型显示领域，全球首条最高世代柔性 AMOLED 生产线实现量产，打破海外巨头在小尺寸 OLED 领域的垄断局面。

## 【数字经济成为经济增长新动能】

一是数字经济延续高速增长态势，成为我国经济发展新动能。经初步核算，2018 年数字经济规模突破 31 万亿元，并在一些领域居全球领先水平。2018 年电子商务交易额为 31.63 万亿元，网络零售额超过 9 万亿元，电子商务规模超过美国。移动支付领域遥遥领先，据中国银联统计，2018 年我国手机支付用户规模达到 5.7 亿户，人均月消费额 2600 元，二维码支付占据移动支付主流地位，占比超过 8 成。

二是基础数据资源建设取得重要成果。国家人口、企业法人、自然资源等基础数据库建成。自然资源实现“一张图”监管，覆盖 5 类、23 个子类、6992 个图层、58.3 亿个空间要素。政务信息共享取得重要进展，基本建成国家数据共享交换平台体系，全国共有 71 个部门、32 个地方已经全面接入国家电子政务外网和国家数据共享交换平台，数据共享交换总量累计超过 394 亿条次。

三是人工智能、物联网、工业互联网等信息技术与实体经济融合持续向纵深推进。“2018 年人工智能与实体经济深度融合创新项目”“2018 年物联网集成创新与融合应用项目”等融合发展试点示范工作相继启动，深化信息技术与实体经济融合，推动产业集成创新和规模化发展。制造业成为信息技术与实体经济融合的重点领域。2018 年工业和信息化部出台的《工业互联网网络建设及推广指南》《工业互联网 App 培育工程实施方案（2018—2020 年）》《推动企业上云实施指南（2018—2020 年）》等，明确提出将着力打造工业互联网标杆网络，创新网络应用，规范发展秩序，加快培育新技术、新产品、新模式、新业态。各地积极落实响应，重庆、宁夏、湖南、广东等地纷纷出台政策，工业互联网、工业大数据、工业 App 开发等成为发展热点。截至 2019 年 1 月，全国有一定行业和区域影响力的工业互联网平台总数超过 50 家。

四是数字经济发展环境进一步优化。2018 年 8 月，《电子商务法》正式出台，建立了电子商务领域的基础性规范；2018 年 3 月 30 日，中央网络安全和信息化委员会办公室、中国证券监督管理委员会发布《关于推动资本市场服务网络强国建设的指导意见》，促进网信和证券监管工作联动。受后者影响，中国 IT 产业投资并购持续活跃。BvD 的数据显示，2018 年中国 IT 企业作为投资方完成并购活动 3321 起，披露的交易金额达 446.422 亿欧元，仅次于美国，位列全球第二。在人工智能、金融科技等领域，中国投资活动规模甚至超过美国。CB Insights 数据显示，2018 年中国市场的金融科技投资总额增长了 8 倍，达到 255 亿美元，投资额占全球比例超过 46%。

## 【电子政务一体化服务水平提升】

《2018 年联合国电子政务调查报告》显示，全球范围电子政务呈现持续朝更高水平发展的积极态势。中国电子政务发展指数（EGDI）排名从 2012 年的第 78 位上升至 2018 年的第 65 位；在线服务指数不断提高，实现了从 2003 年的低水平（0.3）到 2018 年较高水平（0.8）的突破。“互联网+政务服务”向全国一体化、线上线下融合转变。2018 年 7 月，国务院印发《关于加快推进全国一体化在线政务服务平台建设的指导意见》，部署全国一体化在线政务服务平台建设，推动各地区、各部门政务服务平台规范化、标准化、集约化建设，形成全国政务服务“一张网”。2018 年 6 月 22 日，国务院办公厅印发《进一步深化“互联网

+政务服务”推进政务服务“一网、一门、一次”改革实施方案》，提出实现办事线上“一网通办”，线下“只进一扇门”，现场办理“最多跑一次”。全面“放管服”改革是推动政府职能深刻转变、极大激发市场活力的战略举措。近年来我国大力推进“互联网+政府服务”，充分运用信息化手段解决企业和群众反映强烈的“办事难、办事慢、办事繁”问题。《2019 年政府工作报告》提出，推进“双随机、一公开”跨部门联合监管，推行信用监管和“互联网+监管”改革，实施“互联网+督查”。深化“放管服”改革，“互联网+政务服务”效果明显，《数字中国建设发展报告（2018）》数据显示，32 个省级政务服务平台提供的省本级许可事项，平均办理时限压缩 30.7%。

# 经济领域信息化

## 【工业领域信息化】

2018 年，工业企业继续推进两化深度融合，深化大数据、云计算、物联网、移动互联等信息技术应用，积极推进智能制造，提升网络信息安全保障能力，用数字化、智能化推进企业转型升级。

### （一）原材料工业

#### 1. 钢铁行业

2018 年，钢铁行业加快推进两化深度融合和组织结构优化，加快推进信息化建设，全面推进智能制造，努力提升网信安全防控能力，实现信息化系统对行业全业务流程的互联互通、信息技术与工业技术的有机融合，有效提升了劳动效率，持续推动钢铁行业“绿色、智能、高质、高效”战略转型。

钢铁行业积极开展两化融合管理体系贯标工作，全面深化两化融合标准在企业全流程、全产业链、全价值链的实施，持续推进两化融合自评估、自诊断、自对标，不断发挥两化融合管理体系的成效。2018 年钢铁行业开展管理体系贯标的企业达 310 家，同比增加 132 家。

钢铁企业持续深化信息化系统应用，规范信息化管理体系，加强企业信息化组织保障。根据中国钢铁工业协会统计，2018 年，83.67%的钢铁企业编制了两化融合总体规划，同时企业更加重视信息系统运行维护管理，大部分企业制定了信息系统运行维护管理制度和信息系统安全管理制度；企业在信息化和自动化建设方面的资金投入呈现持续上升的趋势，近 3 年企业越来越重视智能化、无人化工作，资金投入占比呈现持续上升趋势，其中投入的智能化设备大多放在了加热炉、轧制等工序。在基础建设方面，大部分企业采用传统物理架构（占比为 81.6%）和虚拟化架构（占比为 61.2%）混合的方式优化企业的 IT 基础设施架构；89%的企业的生产制造执行系统（MES）已建立，500 万吨规模以上企业基本实现了管控衔接，部分企业在生产过程管理业务中应用了物联网技术；91.8%的企业建设了能源管理信息系统，所有企业均建设了环保监测系统。在企业信息安全方面，90%以上的企业在工控计算机上安装了防病毒软件，并定期进行安全更新；所有企业都做了工控网络与企业网或互联网隔离，其中，81.6%的企业采用物理隔离方式；98%的企业能够将信息安全管理机制化，87.8%的企业制订了信息系统应急预案，但仍有约半数的企业没有开展数据容灾备份工作。

2018年，钢铁企业着力健全信息化基础设施，加快发展制造过程智能化。宝钢集团基本完成了信息化整合工作，实现了共计 18 个经营管理层和 8 个制造管理层信息系统在武钢有限公司的覆盖移植，促成宝武集团多基地管控模式实现；同时大力推进智能装备改造，全面落实生产厂部区域智能制造蓝图，启动智能装备改造项目106个，产生机会减员 789 人。鞍钢集团强化信息化亮点培育，鞍钢股份公司“钢铁厚板智能制造试点示范”项目被评为国家智能制造试点示范，攀钢“积微物联 CIII 工业电子商务服务平台”被评为国家制造业与互联网融合发展试点示范。太钢完成了不锈冷轧厂表面检测自动判定项目，推进炼钢一厂喷号机器人应用和不锈冷轧厂与冷轧硅钢厂无人行车改造，开展网络基础框架设备升级及容灾备份项目，完善工业互联网 IT 基础。中国联通和首钢集团深入沟通合作，努力将首钢园区打造成国内首个 5G 示范园区。湛江钢铁与广东联通共同组建了 5G 试验网建设小组，以炼钢区域作为试点，将 5G 网络应用于炼钢风机在线监测数据上传中心，全面发力“5G+智能制造”。

2018 年，钢铁企业全面加强信息系统升级改造，利用信息化技术推动生产服务智能化、高效化。马钢集团以 IPS&QMS、“十三五”长材系列技改工程配套信息化等重点项目建设为契机，重点围绕铁前、钢后等生产流程逐步开展“点、线、面”的智能化改造，同时应用物联网、工业机器人等智能装备，建立车间级工业互联网，贯穿各系统层级之间的纵向集成，将大数据、云计算、人工智能等信息手段与钢铁制造流程的各个环节深度融合，有效优化钢铁制造流程，降低运营成本，缩短产品研制周期，提高生产效率，降低产品不良品率，提高能源利用率。兴澄特钢进一步完善工业传感器及物联网建设，以实现炼铁产线核心设备的“自感知”；在此基础上建立矿粉-配矿-烧结-高炉的炼铁大数据中心，实现对炼铁产线大数据的采集、清洗、转换和存储；在大数据中心之上，开发基于冶炼机理的智能模型，以及基于大数据挖掘和机器学习技术的智能平台，实现对炼铁产线全生命周期实时状态、趋势预测和优化控制的“自诊断、自调整和自执行”。建龙集团理顺物流管理流程，使物流库存成本处于最佳成本区间；通过 ERP 管理系统与财务管理系统的相互核对、补充，提高产品周转频次，加速流动资金的周转。宝钢构建公司级智能化管控平台，完成新生产运行管控信息系统主框架上线，任务跟踪和生产设备运行模块上线和调试，App 移动端框架构建和部分基本功能上线。包钢全面上线了 ERP 管理系统，实现了生产管理由职能管理向流程管理的跨越；协同管理平台和移动办公系统建设，实现了行政管理由办公自动化向时间、空间高效利用的跨越。沙钢上线了决策支持与综合管理系统，实现了四大版块关键指标数据的图形化直观展现；正式投入了包含安全检查、危险作业管理等 29 个功能模块的安全信息系统，实现了与人事系统、培训系统、设备管理系统等 10 多个相关业务系统的数据对接，有效加大了安全管理的管控力度。

2．石油石化行业

（1）中国石油化工集团有限公司。

2018 年，中国石油化工集团有限公司（以下简称“中国石化”）积极推进互联网、大数据、人工智能与石化产业深度融合，加快数字化、智能化转型发展，以信息化培育新动能，用新动能推动新发展。

推进智能制造试点示范。2018 年，中国石化加强了石油和石化工业互联网平台（ProMACE）研发与推广，完成了平台 2.1 版本升级，形成了工业设备管理、软件应用管理、用户与开发者管理、存储和计算服务、应用开发服务五大核心能力，已成为智能工厂、智能油气田建设的基础技术平台。完成了 2 家智能工厂试点升级并取得显著成效：镇海炼化建立了设备检维修综合管理系统，通过数据分析和诊断，对设备故障进行提前干预，提高了设备运行可靠性和利用率，维修成本下降 20%，故障停机率下降 50%；茂名石化提升了日效益，提高了优化碳四等资源利用水平。基于 ProMACE 平台，形成了智能工厂 2.0 技术方案和推广模板，在上海石化、齐鲁石化、天津石化、金陵石化、青岛炼化、海南炼化 6 家企业推广实施。在智能油气田建设方面，中原普光、西北三厂 2 个示范区建设取得重要进展，搭建了智能油气田基础云平台，在西北三厂初步实现 331 口油井工况故障诊断与预警、无人机巡线、泄漏视频智能识别；勘探开发业务协同平台（EPBP）在油田企业全面推广，提高了业务协同、数据共享水平；生产运行指挥系统（PCS）在 155 个油气管理区完成推广，推进了油气田体制变革，提高了劳动生产率。智能化管线管理系统深化应用，完成了系统 2.0 版本在总部和 10 家企业的升级部署，提高了管线运行管理、隐患治理水平和应急处置效率。在智能加油站建设方面，编制了站级一体化和新加油卡系统建设方案；在北京、广东、江苏等省市石油公司探索了人工智能、物联网等新技术应用，初步实现了车牌识别、智慧支付、数字营销。

全面开展信息化“421 工程”建设，四大平台更加完善。①经营管理平台。石油工程公司、石油机械公司 ERP 实现境内企业全面推广，集团公司对 ERP 系统进行了全面调整，完善公司报表系统；资金集中管理系统实现集团资金预算口径统一，与国资委大额资金监管平台实现了信息集成；围绕业务协同开展了跨系统流程优化、集成整合，实现了审计、监察、内控等“大监督”相关系统的数据共享，提升了管理效率；运用人工智能技术优化系统，实现了业务模板自动适配，提高了财务共享、费用报销的业务处理自动化水平，部分业务工作效率提高 80%；推进了共享服务建设，已为企业提供了 ERP、费用报销、合同管理等 11 套系统运营服务支持。②生产运营平台。总部生产运营指挥系统深化应用，开展了原油、天然气、成品油三大资源的跨版块全产业链协同，提升集团公司资源统筹配置能力；综合监控了上中下游的重点探井、炼化装置、加油（气）站等近 6.5 万类生产数据、25 万余路现场视频；综合利用炼化企业的计划、生产和销售数据，开展了汽柴油销量大数据分析预测，支持了成品油销量滚动计划编制与平衡；完善了洪水、暴雨、台风和地质灾害预警预报功能，支持总部、企业应对台风等自然灾害，为总部及时掌握生产动态、统筹调度、应急支持提供支撑；建成了涵盖上中下游全产业链的生产经营一体化优化模型，有效促进了优化增效、降本增效；完善提升安全管理信息系统，实现异常管理、问题提报、安全公示等 6 项业务功能在 106 家企业上线运行，完成作业安全管理在镇海炼化、青岛炼化、管道公司和催化剂公司 4 家试点企业上线应用，实现生产现场 7 类高风险作业 8 个环节的流程化、可视化管控；推进环境保护信息系统推广建设，完成 40 家炼化企业与专业公司 VOCs 管理系统推广实施，完成勘探开发新区环境敏感目标管理系统建设，危化品运输安全管理系统在化销、炼销、江苏石油、销售华东 4 家单位试点上线；完成水务管理系统提升，并在齐鲁石化、茂名石化等 5 家试点企业上线运行，实现水质指标预测预警，水质综合合格率达到 95%以上。③客户服务平台。“易派客”统一采购电商平台建设了英语、俄语等多语种国际站点，拓展了商业保理、垂直采购专区等功能，平台市场影响力进一步提升，2018 年平台交易额突破 2800 亿元；“石化 e 贸”统一销售平台实现了炼油销售的现货销售、竞价交易等业务应用上线，完成了化工销售的合约销售业务流程再造，实现了在线支付、电商物流、客户在线评级等功能，已在华北、华南等 4 家区域公司推广上线，支撑了“一户一案，一品一策”营销策略实施；聚合营销网络资源，构建“人、车、生活”生态圈；推进一体化物流系统和统一支付系统建设。④技术支撑平台。提升石化云服务能力，优化网络基础设施，加强 IT 运行维护管理。建成了生产运营资源池，实现了 90%的新建系统云上部署、新建项目开发过程云上管理；流量优化系统在武汉、胜利等 6 个区域中心推广上线，实现了网络流量可视化，主干网承载能力提升 30%；制订了 IPv6 应用部署规划，完成集团门户网站 IPv6 试点升级；搭建了集中视频监控平台，升级了卫星通信系统；深化统一运维平台推广应用，实现了对总部的 IT 设备、应用系统集中管控和运维服务管理。

2018 年，中国石化继续完善和健全网络安全管理制度和运行机制，明确网络安全责任，加强网络安全建设；推广了网络准入控制、防病毒、桌面安全管理、统一身份管理等系统，系统安装率超过 90%，实现全集团用户的集中管理；建成了信息安全管控平台（SMCC），实现了对重要系统信息安全事件的集中监控、综合分析。2018 年中国石化未发生重大网络安全事件。

加强两化融合管理。加强组织领导和顶层设计，调整了网络安全和信息化领导小组成员，编制了中国石化信息化发展“两个三年、两个十年”整体规划；推进企业两化融合贯标，有12家企业入选了2018年国家级两化融合管理体系贯标试点企业名单，实施两化融合贯标企业累计达54家。组织开展了消除信息孤岛专项工作，发布了《关于加强系统集成整合、消除信息孤岛专项工作指导意见》，明确了利用3年时间消除信息孤岛的工作思路、目标任务，按版块制定了集成模板，在总部和企业分级分类开展整合治理。

（2）中国石油天然气集团有限公司。

2018年，中国石油天然气集团有限公司（以下简称“中国石油”）大力推动信息系统建设和集成应用，取得一系列新进展、新成效。

党建信息化平台等11个信息系统全面建成应用。党建信息化平台在总部和154家企事业单位全面上线运行；健康安全环保系统（2.0）建成应用，实现355个重点污染源排放数据在线监测；应急管理系统（2.0）集成22个信息系统的76类应急数据，支撑钻井现场、油气站库、炼化装置、长输管道和自然灾害5类典型突发事件快速处置；地理信息系统与30个统建系统集成，共享企业空间业务数据800万条；财务共享服务平台在长庆油田、长庆石化、内蒙古销售及在京科研单位等34家企业上线应用，推动财务工作从“管控型”向“价值创造型”转变。

中国石油继续推进信息系统深化应用，共享服务平台等15个项目顺利推进，信息化进一步提高企业管理水平和效率效益。ERP应用集成系统在投资项目一体化等6条管控主线及油气价值链、项目建设全过程管理、设备全生命周期管理3条业务主线深化应用，提升中国石油战略、计划、执行控制及考核的闭环管理水平；勘探开发一体化协同研究及应用平台，实现生产经营、协同研究及决策支持一体化运营；油气生产物联网在增储上产、优化用工、转变生产组织模式等方面成效显著。在炼油与化工领域，应用炼化物料优化与排产系统开展整体优化，应用炼油与化工运行系统支持炼化生产过程管控和长周期运行；电子销售平台实现互联网与油品销售业务深度融合。在天然气与管道领域，促进油气产运销等各环节的有效衔接，提高集中调控业务管理效能和管道完整性管理水平，支持天然气终端销售和客户服务管理。在海外勘探开发领域，实现海外重点区块油气生产动态数据管理，有效提升工作效率和勘探开发研究成果质量。在工程技术领域，实现物探、钻井、测井等实时数据自动采集，控制安全风险，减少作业现场人员，提升工程技术服务水平。在工程建设领域，实现工程项目全过程管理信息化，为油气田地面工程、管道、炼油化工建设等项目管理提供支持。在贸易领域，对国际贸易市场和客户风险开展全程高效监控，支撑万亿元级贸易。在金融领域，持续开展互联网金融项目建设，支持供应链金融、产业链金融等业务发展。装备制造企业全面建成应用物联网，实现石油装备、生产设备和仓储物流的实时监测，促进企业智能制造发展，支撑精益管理和服务型制造。

基础设施和网络安全保障能力明显提升。中国石油总业务传输带宽达316000Mbps，10座卫星主站、884座卫星小站运行稳定，形成有线无线相结合、多种接入方式互补的立体网络系统；北京昌平、勘探院、吉林和克拉玛依4个集团公司级数据中心部署机柜4800个，硬件设备达1.3万台套；建成拥有12.8万核计算和15PB存储能力的云计算资源池，实现66个集团公司统建系统云化迁移。信息系统运行维护水平不断提高，大庆油田、新疆油田、东方物探等内部支持单位2018年解决系统运维事件72万起，提升系统功能1700余个，总部有关部门、各专业公司及系统运行维护队伍定期组织信息系统应急演练，参与人数达3700人次，启用484个系统应急预案，保障信息系统连续、稳定运行。

（3）中国海洋石油集团有限公司。

2018年，中国海洋石油集团有限公司（以下简称“中国海油”）信息化管理工作得到了进一步加强，集团公司四地五个数据中心、各类信息系统总体运行平稳，系统可用性超过99.9%，保证了公司生产、经营管理的日常需要，重点信息化建设项目稳步推进，网信工作取得了较好的成绩。

在外部网站IPv6改造、“三重一大”系统监管数据和大额资金使用动态数据上报、互联网扶贫、软件正版化等方面取得了积极进展；围绕核心业务开展信息系统建设，助力随钻效率提升、开拓市场、强化管理、提升服务能力；积极推动公司集中统一平台建设，促进管理提升；探索应用新技术缓解海陆通信带宽瓶颈；按照有关部委要求开展网络安全检查，参加网络安全技能比武，提升网络安全防御能力。

建设智能油田，中国海油积极探索信息化与工业化的深度融合，建立涵盖生产、安全、环保等多业务协同的实时、集成、协同的一体化运营模式，打造海上智能油气田；打造数字化的液化天然气（LNG）接收站，展示公司在 LNG 产业链关键技术与设备制造所取得的成果，以实现接收站全厂四维动态模拟的 CGDSim 技术品牌为支撑，实现 LNG 接收站建设和运维管理的过程化、可视化和全生命周期的数字化管理。创新商业模式，成功推出天然气冬季保供预售交易、进口 LNG 窗口一站通和 LNG 销售电商平台线上交易。

3．煤炭行业

2018 年，煤炭行业企业信息化系统建设向深化应用转变，两化深度融合取得新成效，两化融合水平与先进行业差距逐渐缩小。

煤炭企业信息基础设施水平显著提升，系统建设向应用深化转变。信息化系统建设更加注重实用性和统一性，底层装备的信息化和自动化水平不断提升，并逐步向智能化等方向迈进。大型煤炭企业主要业务系统建设已基本实现全覆盖（财务为 100%，安全管理为 100%，OA 为 98%，销售、采购为 89%，人力资源为 82%），生产调度过程实现集中管控的比例达到 64%。煤炭企业在完成主要业务系统建设后，将系统功能横向拓展、纵向深化应用、集中统一延伸。财务系统除满足基本功能外，超过半数已具备较完整的成本核算与管理、财务分析、预算管理与控制等功能。

企业综合集成水平提高，集团管控能力提升。煤炭企业积极推进海量信息管理，实现信息交换、共享和整合，企业内部各部门的协作效率和水平逐步提升，原有工作方式和模式在跨流程、业务和部门等领域得到整体优化。煤炭企业内部供应链实现从采购到配送全周期管理的比例为 36.4%，采购和销售业务系统与财务系统集成的比例为 55%，决策支持系统建设比例接近 50%。煤炭企业主要管控系统对二级单位的覆盖率大幅提升，其中，财务达到 100%（资金实现统一管控的比例高达98%），办公达到 92%，人力资源、物资等均超过 80%。煤炭企业内部产业链间协同水平有所提升，内部产业链企业间业务协同的比例达到 58%。

两化融合推进高质量发展效果显现，企业竞争力提升。随着两化融合的持续推进，煤炭企业不断激发创新潜能、重构生产体系，促进生产要素的高效流动和优化配置，管理效率、经营成效和社会效益等指标不断提高。同时，以用户和市场为中心的生产经营理念也在不断深化，催生出服务型生产、个性化定制等满足消费升级需求的新模式、新业态，创造出更加多样化、质量更好的煤炭产品和服务供给，煤炭企业竞争力不断提高。

4．建材行业

2018 年，建材行业在推进智能制造、工业互联网、两化融合管理体系贯标，促进建材产业绿色低碳，实现产业高质量发展和转型升级等方面持续推进；在行业智能工厂通用模型研究，促进建材企业智能工厂建设，提升建材企业信息化环境下核心竞争力等方面取得阶段性成果。

信息化重点项目顺利推进。“建材行业智能制造水平提升路径及措施研究”课题通过验收，提出了建材工业智能制造水平提升的目标、路径、主要任务、具体措施和政策建议，形成了《建材行业智能制造水平提升路径及措施研究报告》和《建材行业智能制造发展三年行动计划（2019—2021）》。“面向建材行业的智能工厂通用模型研究与试验验证平台建设”项目取得阶段性建设成果，完成了建材智能工厂通用模型的研究，完成了水泥智能工厂的制造运行管理、感知及智能优化控制、智能物流、能源管理和系统集成等关键技术标准的编制工作，确定了标准试验验证平台建设方案，搭建了标准试验验证平台。智能制造标准研究工作取得新进展，《水泥工业物资与分类代码》《砖瓦行业智能工厂通用参考模型》《砖瓦行业智能工厂评价》3 项标准编制完成，并开始征求意见。吉林亚泰（集团）股份有限公司“招标、采购集约化管理能力”列入两化融合管理体系贯标试点示范项目；唐山冀东水泥股份有限公司“水泥行业‘互联网+’供应链云平台”项目列入工业电子商务平台试点示范。

两化融合管理体系贯标试点工作推进顺利，

取得良好的成效。建材行业两化融合管理体系贯标企业达 839 家，其中，列入国家级贯标试点企业达 127 家，启动评定企业达 270 家，华新水泥股份有限公司等 216 家企业已通过评定，启动评定企业数量占贯标企业数量的 32.2%。

（二）消费品工业

1．纺织行业

2018 年，纺织行业信息化基础环境继续优化。《纺织行业工业互联网发展行动计划（2018—2020 年）》发布，明确了到 2020 年年底，初步建成有力支撑纺织行业发展的工业互联网体系的发展目标。“中国纺织云平台建设”“纺织行业大数据信息服务平台建设”等项目进展顺利，纺织行业信息化服务能力将进一步得到提升。

纺织行业两化融合发展水平持续提升，总体处于单项应用阶段，行业内的大中型企业已经步入了集成提升阶段。在智能装备与工业网络应用方面，纺织行业生产设备数字化率和数字化设备联网率分别达到 48%和 39.2%，取得了明显的进步。在工业软件与系统应用方面，纺织行业数字化研发设计工具普及率、ERP 普及率、MES 普及率分别达到 65.5%、53.6%、19.2%，其中纺织行业两化融合的薄弱环节 MES 应用普及率同比提高了近 3%。另外，纺织专用软件在智能化方面取得了技术突破，如纺纱成套设备在线监控系统、织机监控系统、染化料自动配送及工艺控制系统、企业资源计划系统等生产管理软件功能日趋完善，智能化水平大幅度提升。企业信息化综合集成共性关键技术取得突破，一批综合集成示范系统建设完成，且带动效应明显，信息化综合集成应用已成为企业两化融合的建设热点。在数字化车间建设方面，在纺纱、化纤、染纱等数字化、智能化装备水平提升明显的行业，已有数十家企业完成了数字化车间建设，智能化转型也得到初步探索和实践，已发掘、培育了一批纺织行业智能制造试点示范企业，取得了较为显著的成效。随着三维人体测量系统、计算机辅助设计（CAD）系统、生产制造数控集成系统（计算机辅助制造 CAM、柔性制造系统 FMS）等信息化管理系统不断完善，并与数据库技术有效结合和创新应用，服装数字化大规模定制技术逐步成熟，网络化生产协同、远程预防性设备运维等新型运营模式不断创新发展。

纺织行业智能装备取得技术突破，特别是在棉纺、化纤、针织、印染、服装等行业。棉纺自动落纱粗纱机及粗细联输送系统、细络联型和纱库型自动喂管自动络筒机均已经形成一定生产规模，其中粗纱机全自动集体落纱及自动生头技术、管纱识别技术等关键技术取得突破，达到国际先进水平；化纤长丝生产线自动落卷和物流系统已研发成功，填补了国内大容量涤纶短纤维成套装备的空白；国产多功能针织圆纬无缝成型机研制成功，在同一台设备上实现了单面、双面、提花圆机、横机和内衣机的功能；数码喷墨印花技术已经成熟，喷印速度大幅度提高；在自动化筒子纱染色生产物流系统中引入智能机器人，实现了从化料、染色到物料转运全过程自动化作业；服装智能吊挂柔性制造系统、智能悬挂式高速分拣与仓储系统的应用已成规模，物联网缝纫机、智能缝纫机、自动缝制单元、模板缝制系统等装备的产业化应用加速。

2018 年，纺织行业聚焦工业互联网平台应用和建设，开展纺织行业工业互联网平台试点工作，首批遴选出 14 个工业互联网平台试点项目进行重点培育。工业互联网平台建设已经进入落地建设阶段。个性化定制是纺织服装行业工业互联网应用的典型模式，青岛红领（酷特智能）开了个性化定制模式先河。装备制造企业通过建设工业互联网平台，将经营模式从卖产品向卖服务延伸，如经纬股份借助棉纺成套智能装备方面的制造优势，以设备远程运维服务为切入点，正在规划打造贯通棉纺行业上下游产业链的工业互联网平台；大型双跨平台积极布局纺织行业，如海尔数字科技的“COSMOPlat 海织云”纺织服装大规模定制平台、阿里云的“supET 工业互联网平台”等。工业互联网示范基地建设取得显著进展，常州市天宁区建立了全国首个纺织服装工业互联网示范基地。

**【农业和农村信息化】**

2018 年，农业和农村信息化工作紧紧围绕实施乡村振兴战略，强化农业信息化基础设施建设，完善基层信息服务体系，以信息化有力推动农业和农村现代化建设。

（一）农业和农村信息化政策环境

党中央、国务院始终高度重视农业信息化工作。2018 年 2 月 4 日，改革开放以来第 20 个指导“三农”工作的中央一号文件发布，文件名为《中共中央　国务院关于实施乡村振兴战略的意见》，文件对实施乡村振兴战略进行了全面部署，明确提出了实施数字乡村战略。2018 年 9 月党中央、国务院印发的《乡村振兴战略规划（2018—2022)》是指导各地区、各部门分类、有序推进乡村振兴的重要依据。

2018 年，农业农村部为深入贯彻党中央和国务院的决策部署，出台了《农业农村部关于大力实施乡村振兴战略加快推进农业转型升级的意见》，提出了加快推进农业信息化建设的具体措施；研究制定了《2018 年农业农村部网络安全与信息化工作要点》，确定了强化农业信息化基础设施建设、完善基层信息服务体系、提升网络安全保障水平、以信息化有力推动农业和农村现代化建设的工作思路。

（二）农业和农村信息基础设施建设

国家发展改革委、工业和信息化部、财政部联合开展的电信普遍服务试点支持农村及偏远地区光纤建设和 4G 网络覆盖，中央财政和基础电信企业投资累计超过 500 亿元。截至 2019 年第一季度，全国行政村通宽带的比例达到了 98%，贫困村通宽带的比例超过了 97%。截至 2018 年 12 月底，全国农村宽带用户净增 2364 万户，总数达 1.17 亿户，比 2017 年年底增长 25.2%，增速较城市宽带用户高 11.4 个百分点；在固定宽带接入用户中，农村宽带用户占 28.8%，占比较 2017 年年底提高 1.9 个百分点。广播电视公共服务标准化、均等化工作取得实效。2018 年农村广播综合人口覆盖率为 98.58%，农村电视综合人口覆盖率达 99.01%，比 2017 年分别增长了 0.34 个百分点和 0.27 个百分点；农村有线广播电视实际用户达 0.74 亿户，其中农村数字电视实际用户为 0.66 亿户，比 2017 年的 0.63 亿户增长 4.76%；在有线网络未通达农村地区直播卫星用户为 1.38 亿户，比 2017 年的 1.29 亿户增长 6.98%。

（三）数字农业农村与农业农村大数据建设

继续推动农业物联网区域试验示范，加快建设农业物联网平台，研究制定农业物联网应用软件征集标准草案，同时开展农业物联网硬件、软件接口标准研究工作。

积极推动苹果、生猪等品种的单品种大数据建设，推动陕西开展国家级苹果大数据中心建设，加快推进苹果大数据建设，在 2018 年全国新农民新技术创业创新博览会展示建设成果。加快生猪全产业链大数据建设，稳妥推进重庆国家级生猪大数据中心建设，做好生猪全产业链数据监测试点收官工作。开展大蒜等单品种大数据监测统计工作调研，探索调动主产区和社会多方力量进行小品种农产品统计分析工作的长效机制。

（四）信息进村入户工程建设

信息进村入户工程以村级益农信息社建设为着力点，为农民提供公益服务、便民服务、电商服务、培训体验服务，实现让农民进一个门办百样事。2018 年信息进村入户工程进一步扩大整省推进示范范围，新增天津、河北、福建、山东、湖南、广东、广西、云南 8 个省份开展整省推进示范。截至 2018 年年底，全国共建设运营益农信息社 27.2 万个，累计培训村级信息员 78.6 万人次，为农民和新型经营主体提供公益服务 9579 万人次，开展便民服务 3.14 亿人次，实现电子商务交易额 244 亿元。

（五）农业和农村电子商务发展

农业和农村电子商务工作全面推进。2018 年，农业农村部在深入四川省凉山州、甘肃省陇南市等贫困地区开展专题调研的基础上，组织起草实施“互联网+”农产品出村进城工程的指导意见和实施方案，推动“互联网+”农产品出村进城工程加快落地，有效解决农产品出村瓶颈，促进贫困地区农产品网络销售。组织大型电商企业实施丰收全民购物节，开展了为期近 1 个月的农产品促销、农资促销、网络直播及各类线下庆丰收活动，直接带动包括贫困地区在内的农村优质特色农产品上网销售额超过 200 亿元。启动电商扶贫频道，频道企业已达 21 家，对接国家级贫困县超过 500 个，农村各类产品和服务销售额达 200 多亿元。

农村电商探索新模式。2018 年，以商务部电子商务示范企业为主的多家企业在品质品牌进乡村方面进行了积极探索。一是乡村小店供应链共享模式。由电商企业为门店提供商品货源、物流配送等多种资源，在一定程度上提升商品小店的品质、品牌。二是社交电商直供模式。以乡村消费者口口传播的方式推广商品，电商平台基于自身供应链优势源头直采，或者根据乡村消费者需求进行个性化定制，从源头上保证输出的商品为有品质、有品牌的商品。

农村网络零售额持续保持高速增长。2018 年全国农村网络零售额达 1.37 万亿元，同比增长 30.4%，全国农产品网络零售额达 2305 亿元，同比增长 33.8%，农村电商发展迅猛。

农村电商助力脱贫攻坚取得积极成效。2018 年 6 月，《中共中央　国务院关于打赢脱贫攻坚战三年行动的指导意见》明确指出：“实施电商扶贫，优先在贫困县建设农村电子商务服务站点。”截至 2018 年 9 月，电子商务进农村综合示范县已达 1016 个，其中国家级贫困县为 737 个，覆盖了全国贫困县总数的 88.6%。建成县级电商服务和物流配送中心 1000 多个，乡村电商服务站点达 7 万多个。商务部指导成立了中国电商扶贫联盟，帮扶对象覆盖 351 个贫困县，推动企业为贫困地区农产品开展“三品一标”认证，提升品牌化、标准化水平，促进农产品上行取得新进展。

### （六）农民信息技术培训

农村实用人才培养机制更加完善。自 2014 年起，农业农村部就联合财政部利用农村实用人才带头人和大学生村官示范培训项目，重点面向新型农业经营主体负责人和返乡下乡创业人员，开展电子商务知识在线培训和服务，促进农民创新创业。2018 年，农业农村部举办了 5 期农业农村电子商务专题培训班，来自 20 个省份的新型农业经营主体负责人、益农信息社信息员、返乡下乡创业人员等共 531 名学员参加了培训。自 2015 年起，农业农村部启动农民手机应用技能培训，每年组织各地农业农村部门和有关企业，通过线上线下相结合的培训方式，培训广大农民运用手机查询信息、网络营销、获取服务。2018 年，农民手机培训受众超过 1000 万人次。

## 【服务业信息化】

### （一）金融行业

金融行业紧密围绕金融服务实体经济、防控金融风险、深化金融改革等重大任务部署，积极发挥信息科技的支撑和引领作用，顺应新技术及金融科技创新发展的趋势，科学统筹金融信息基础设施资源及信息系统建设运维工作，不断提高网络安全保障能力，为推动我国金融改革发展、防控金融风险、促进普惠金融发展等方面提供了重要的技术支撑。

（1）银行业。

开展架构转型，持续提升服务能力。明确人民银行信息系统未来 5 年系统整合规划，编制人民银行新一代数字办公平台规划。开展信息化项目技术审核，落实系统整合要求。第二代国库信息处理系统成功上线，有效提升国库资金运行安全和效率。稳步推进“互联网+监管”系统建设，统筹规划新一代数字办公平台。网联平台完成全链路交易路由优化，保障全年重要时点交易顺利完成。完成省级人民币银行结算账户管理系统“云”化环境迁移，业务连续性显著提升。

加快“数字央行”建设，打造央行决策平台。创新金融行业大数据应用，建设推广金融行业机构信息共享系统，打造大数据提升央行履职能力的成功范例。筹建全国金融标准化技术委员会金融大数据标准工作组，启动金融大数据标准规范编制工作。推动金融大数据分析及服务平台建设，通过信息化专家委员会进行可行性论证。扩大分支机构“数字央行”试点范围，建立金融大数据应用试点工作机制，发布《中国人民银行数据应用平台（省级）建设指引》。试点推广“金融业机构信息共享系统”App，助力金融服务民生。

加强评价考核。完善风险管理体系，优化应

用系统质量评价指标体系，首次将各直属企事业单位及有关单位的应用系统质量纳入评价范围，组织完成2017年度应用系统质量评价工作。推动金融行业各有关单位建立健全内部“三道防线”责任体系，不断强化信息系统业务连续性管理与建设。

加强行业管理，推动行业信息化发展。优化银行科技发展奖评审组织，制定《银行业科技发展奖申报指引》，鼓励银行业机构加强自主基础技术产品研发，深入推进架构转型，加强金融科技创新应用；编制出版《银行业信息化年度成果报告》，举办优秀成果现场观摩会及银行业软件测试成果交流会，加强行业交流及成果分享。

（2）证券期货业。

交易所等市场核心机构积极完善信息系统功能，支持了沪港通、深港通、新三板、创业板、融资融券和股指期货等业务的平稳推出，交易处理能力达到历史峰值交易量的3～4倍，在容量、可用性等部分技术指标方面已进入世界前列，具有较强应对突发交易量的能力。2018年，市场核心机构持续推进信息化建设。

在核心交易系统优化方面：上海期货交易所完成新一代生产网架构设计，上线标准仓单交易平台；郑州商品交易所持续完善第五期交易系统，结算系统V6.0正式上线，推进第六期交易系统建设；大连商品交易所第七期核心交易系统基本建设完成；中国金融期货交易所新一代业务系统全面上线。

在监控监察方面：上海期货交易所持续推进慧眼智能监控采集分析项目建设；中证金融平稳上线股票质押统计监测系统；期货市场监控中心加快推进新一代保证金安全存管监控系统建设。

在支撑业务系统建设方面：大连商品交易所铁矿石国际化业务顺利上线；中国结算完成债券质押式三方回购、证券交易资金端风险控制、移动App2.0、电子凭证系统项目建设；投保基金公司改造结算资金监管系统为其他分析系统提供数据支撑，支撑优化投资者损失计算和赔付系统；中证金融持续优化转融通平台、投资交易系统；期货市场监控中心完成场外衍生品交易报告库技术系统、开户系统第五期建设；中证信息统一信息披露平台基本建成，成功投产移动安全自助服务。

在基金平台建设方面：上海证券交易所完成了大数据平台二期建设；深圳证券交易所、郑州商品交易所、投资者服务中心新版官网和综合业务平台正式提供服务；深圳证券交易所完成企业画像应用系统一期建设和高性能可用消息总线SMB的研发，开展新一代信息平台规划；期货市场监控中心加快推进数据中心平台建设；全国股转公司同城应用级灾备中心一期上线。

（3）保险业。

保险业全面推进信用体系建设，主要包括加强保险业信用制度建设、完善保险业信用联合奖惩机制、严厉查处保险领域违法违规失信行为、加快保险业信用信息系统建设、推进保险业诚信教育和诚信文化建设。

保险业务和新一代信息技术深度融合。中国平安人工智能技术的应用已深入金融服务、医疗健康等领域。在金融服务领域，中国平安人工智能技术已涵盖智能预测、智能风控和智能服务等领域，为客户提供快速理赔、智能双录、中小型企业贷款审批和智能客服等功能。在智能风控领域，中国平安通过端到端线上化的微表情面审风控系统，与人工审核的匹配度接近90%，可节约近40%的人力成本。在医疗健康领域，中国平安致力于打造覆盖诊前、诊中、诊后全流程的端到端智能医疗管理平台，为政府、医疗机构、患者提供智能疾病预测、智能影像筛查、智能辅助诊疗、智能医疗质控、智能随访患者等全方位服务，中国平安已与249家医疗机构开展了合作；中国人寿“新一代”核心系统成功建成并持续完善。截至2018年年底，中国人寿累计投放247项应用产品，全面覆盖产品、营销、运营、服务、风控、支持六大业务领域，再造了业务模式与流程，重构了IT架构；财险公司“新一代”核心系统主体功能依次顺利上线，财险核心系统管理历史保单总量达2.38亿份，当前有效保单量为3912万份，个人客户累计达6686万人，当前有效保单客户达1718万人。

太平洋保险交互型NPS实时监测平台正式在产、寿险各41家分公司启动推广应用，截至2018年年底，NPS实时监测平台已覆盖车险理赔、寿险投保、给付、续期四大客户关键旅程共6个触点的监测，包含了自动触发调研、自动回收数据、NPS 实时监测、自动生成回访任务、NPS 驱动因素分析、NPS 多维分析六大功能；太保发票管理数字化产品“e 票通”完成在全国 841 家机构的上线推广。“e 票通”实现了发票接收全流程数字化管理，涉及费用报销、采购、理赔、渠道等 15 个关联流程。

（二）交通行业

（1）公路水路运输业。

扎实推进国家综合交通运输信息平台建设，决策支持与评价、调度与应急指挥、政务办公管理与服务、信息资源共享开放、网络安全和运维保障等方面功能进一步完善。

交通运输政务信息资源归集有新突破：编制了《交通运输政务信息资源目录》，通过交通运输政务信息资源整合共享工作会、交通信息中心主任会议等平台，不断凝聚行业共识，推动行业信息资源目录体系进一步完善。

行业信息资源整合共享应用有新举措：以应用为导向，围绕跨领域业务综合应用、整合共享能力提升、政企数据融合应用等领域，组织开展交通运输大数据融合应用试点工作，天津、河南、青海等 14 个省份的 18 个项目列入首批试点。交通运输部综合交通运输大数据应用中心联合百度发布了 2018 年春运、五一、端午节出行预测报告等交通运输领域大数据分析报告，引起了社会广泛关注和积极反响。长江电子航道图 App 上线试运行，得到了广泛应用，长江电子航道图入选“改革开放 40 周年大型展览”。

信息资源开放应用有新进展：综合交通出行大数据开放云平台数据进一步丰富；“高分辨率对地观测系统交通行业数据中心”服务行业进一步发展，为 50 余家行业重点单位免费发放公益性专题数据产品。

（2）铁路运输业。

国家铁路局根据政务服务平台建设总体目标、主要建设方案、投资总概算、建设工期及有关要求，有序推进国家铁路局政务服务平台建设。

安全生产监管信息化工程（一期）国家铁路局建设项目稳步推进。一是完成基础设施建设。依托已有资源设施，建设完善机房配套工程、安全保障环境、运行维护系统，以及数据交换、存储、处理、备份等基础环境、应用支撑平台及相关数据库。二是完成网络安全融合。建设完善国家铁路局及地区铁路监督管理局网络，并依托国家电子政务外网实现国家铁路局与地区铁路监督管理局及相关共建部门和企业的互联互通、信息共享。三是完成应用系统开发。结合履职业务需要，完成了“铁路安全监督管理系统”“铁路工程监督管理系统”“铁路设备监督管理系统”“铁路运输监督管理系统”“铁路安全监管综合服务系统”“铁路安全生产公共服务系统”“铁路应急管理系统”“铁路安全技术标准研究管理系统”“铁路机车车辆驾驶资格许可系统”九大业务应用系统的开发工作。四是完成项目初步验收。顺利完成安全生产监管信息化工程（一期）项目工程、技术、财务、档案的初步验收工作。

（3）民航业。

智慧机场建设取得了一定成效。

在生产运行方面，广州白云国际机场建立了机场 AOC（运行控制中心）智慧系统，对飞机进港、保障服务、出港放行环节的 38 个节点进行监控，实时发现异常并及时干预，连续 9 个月放行正常率超过 80%；昆明长水国际机场通过“长水常准”运行协同系统，实现了机场 85%以上的进港航班预计落地时间误差小于 5 分钟，在近机位极为有限的情况下，将航班靠桥率提高到 80%，有效减少了机场指挥中心 65%的电话询问量。

在旅客服务方面，上海虹桥国际机场 1 号航站楼投入使用了旅客全流程自助通关系统，旅客全程自助、即到即走，整个流程平均用时 7 分钟，熟练的旅客不超过 3 分钟，比传统人工通关模式效率提高 53%；深圳宝安国际机场在采用人脸辅助自助登机门和人脸识别安检后，旅客过双门闸机仅用时 5～6 秒，人脸识别复核旅客身份信息仅用时 1.5 秒。

在节能减排方面，首都国际机场自主研发的 AEMS 系统（机场能源管理系统），可实时监测机场能耗及进行统计分析，并优化机场能源配给，提高能源利用率；通过该系统，首都国际机场 1 号航站楼 1 年的能源消耗量减少了 39.5%。

在智慧空管建设方面，民航局批复空管系统建设投资 120 亿元，4 项科研成果获得省部级奖励，首批 13 个民航空管重点实验室成立，评选科技创新优秀成果 50 项，ADS-B 等核心系统实现 100%国产化，全国航班运行协同决策系统、航通信网、东西部 ADS-B 等重点工程竣工。

（三）旅游业

积极推进“互联网+政务服务”，建设文化和旅游部一体化在线政务服务平台。平台按照全国一体化平台标准，统筹整合业务系统，统筹利用政务资源，实现政务服务“一网通办”，与全国各地区、国务院各部门互联互通，提供跨地区、跨部门、跨层级的政务服务。政务服务网是总入口，提供 4 类 25 项政务服务，做到一次认证、全网通办、全国办理。“文旅政务”移动端（App）实现政务服务“掌上办”“指尖查”，突出旅游出行提示、涉外演出活动等数据查询功能。系统归集生成营业性演出许可证、旅行社经营许可证、电子导游证等 4 个电子证照，各省市、各部门均可调用，实现全国互认。

全面启用全国旅游监管服务平台（以下简称“平台”）。平台以信息化手段有效整合旅行社资质审批、导游管理、团队管理和电子合同管理等管理职能，以实现监管服务社会化、扁平化、全域化、智能化、常态化为目标，统筹全国旅游市场资质监管、信用监管和大数据监管，推进旅游准入业务“一网通办”，打造国家、省、市、县四级联动旅游市场监管新格局，为摸清行业家底、开展涉旅突发事件应急、加强事前事中事后全流程监管等工作提供数据信息支撑。平台的推广应用工作以出境游市场为重点，在做好出境游相关数据归集的基础上，逐步覆盖国内游市场。

积极打造旅游行业新媒体平台。文旅中国 App 聚合文化和旅游系统场馆、景区、演出/展览活动、读物、名家等优质文化旅游资源，为公众提供移动信息服务。文旅中国 AR 是 AR 技术与文旅中国客户端的有效结合，通过计算机视觉科技、AR/VR/MR 硬件设备、文化与旅游科技展厅、智能监管大数据系统的无缝融合，实现终端用户、景区、商家一体化，进而从服务、营销、管理 3 个层面建立“三位一体”的智慧文旅产业管理模式。可通过手机 App 对景区标志性建筑或某景观进行 AR 识别，利用 AR 技术的“场景代入式沉浸”特点进行多元化的内容和主题展现，从而强化和突出景点、展馆文旅主题的卖点。

（四）市场监管

商事制度改革信息化建设有效支撑“放管服”改革。一是推进各项商事制度改革信息化工作。先后支撑完善“多证合一”、试点“证照分离”、取消企业集团核准登记等多项改革信息化，加强与国家税务总局等有关部门的信息共享与业务协同，推进商事制度改革措施落实。二是推进名称登记管理改革信息化建设。梳理国家税务总局不含行政区划名称登记管理建设需求和业务规则，优化全国禁限用字词库，推进系统改造和功能优化，与 31 个省局进行名称信息接口联调。三是推进电子营业执照系统升级改造和推广应用，完成电子营业执照微信小程序和支付宝小程序开发，推动全国电子营业执照系统升级和存量企业电子营业执照数据转换工作，构建全国电子营业执照库。四是扎实做好小微企业名录系统的升级改造。推进小微企业名录系统的“银商服务”应用工作，完成“银商服务”应用开发，提供工商银行、建设银行、邮储银行、华夏银行 4 家银行的试用。推进小微企业名录系统与中国政府网对接工作，在国务院 App 上实现小微企业名录查询和扶持政策查询。五是探索开展数据分析应用工作，发布《全国各类市场主体总量突破一亿大关》《关于改革开放以来全国市场主体发展情况的分析报告》等重要数据分析报告，定期出具市场监管统计数据报表，为市场监管提供较为科学、客观的数据支撑和服务。

各业务信息化应用有力支撑市场监管职能履职。一是继续开展电子营业执照的推广应用工作，加快推进指导地方电子营业执照库建设，加快推进电子营业执照跨区域、跨部门、跨领域应用。二是推进企业名称登记管理系统升级。梳理国家税务总局不含行政区划名称登记管理建设需求和业务规则，优化全国禁限用字词库，完成北京、上海核准不含行政区划企业名称登记管理系统授权及上线应用。三是做好全国“12315”互联网平台运维。完成电子地图部署，实现ODR企业在线办理，上线商品品牌库维护等智能辅助功能，完善平台大数据分析功能，并对平台进行升级。四是加强国家标准全文公开系统的运维保障，持续提升认证认可检验检测信息共享公共服务平台的应用效能，有效拓展公共服务功能。

（五）信用

全国信用信息共享平台建设稳步推进。截至2019年6月底，全国信用信息共享平台累计归集信用信息368多亿条，已连接44个中央部门、31个省（自治区、直辖市）和新疆生产建设兵团平台、部分社会机构，并与国家人口库建立了信息核查与叠加机制，完善了自然人基础数据。全国信用信息共享平台累计归集企业基础信息 3883万条、党群机关基础信息30万条、事业单位基础信息122万条、各类社会组织基础信息90万条、统一社会信用代码信息8736万条、红黑名单信息1924万条、行政许可与行政处罚信息约1.6亿条、重点关注名单信息953万条。全国信用信息共享平台与投资项目在线审批监管平台、公共资源交易平台，以及国家发展改革委、交通运输部、商务部等多个部门的政务服务平台或业务系统进行对接，以接口方式提供企业法人基础信息查询、信用报告查询等服务。

全国信用信息共享平台应用成效初显。全国信用信息共享平台每周向44个中央部门、32个省级平台持续更新提供各类黑红名单、行政许可、行政处罚和统一社会信用代码信息，截至2019年6月底，向有关部门和地方开通了67个查询接口，调用法人信息1.5亿余次，调用黑名单及双公示信息1300余万次；经常性地为各部门提供数据叠加、校核比对、名单拆分等服务。全国法院累计发布失信被执行人名单1443万人次，累计限制购买飞机票2682万人次，累计限制购买动车高铁票596万人次，437万失信被执行人慑于信用惩戒主动履行法律义务，被执行人自动履约率提高。1600名税务“黑名单”当事人主动缴清税款、滞纳金和罚款后从“黑名单”中撤出。

（六）其他行业

税务系统构建海量税收基础数据资源管理体系，不断促进在大数据环境下的税收改革创新和协同共治。建立税务大数据云平台。税务大数据云平台基于云计算、互联网、大数据技术，覆盖从税务总局到省、市、县分局的所有层级、所有税种和涉税业务流程环节，同时对第三方信息进行集中汇总，有力地支撑了各类税收业务办理。升级推广“金税”三期工程，形成“顶层一体化、纵向联通化、支撑平台化”的数据平台。数据平台为总局、省局两级部署承载了数据管理功能，实现了包括统计核算、风险管理、信用管理、稽查选案和稽查双随机、内部监督控制平台、动态监控等数据应用功能。国家税务总局通过数据建模、关系图谱、企业画像等方式充分应用大数据，构建以信用评价、监控预警、风险应对为核心的新型征管方式，实现对纳税人信用和风险状况的动态监控，根据监控评价结果实施差异化管理，对纳税人做到“无风险不打扰、高风险严管控”。

物流信息化发展水平快速提升。物联网、人工智能、云计算、大数据和区块链等新技术在物流行业应用广泛，物流企业信息化建设向智能化、大数据化和协同化方向发展。智能化可以提升物流企业的敏捷反应能力，增强精细管控能力，提高物流运营效率；大数据化可以提升物流企业的标准化程度，提高管理效率，降低企业经营风险，为企业决策提供支撑；协同化可以实现物流企业与上下游企业的资源共享，提高物流作业效率，降低物流成本。物流平台向可视化、智慧化和生态化方向发展。产业物流信息化向智慧化、协同化和供应链化方向发展。

海关系统大力推动政务信息系统整合工作。充分利用“金关”工程二期建设的应用基础平台，大力推进信息系统清理、整合、共享，将原来分散、独立的信息化应用系统整合为6个互联互通、信息共享、业务协同的“大系统”。2018年，开展全国海关政务信息系统整合大检查，并指导各海关单位做好相关整改工作；组织完成海关总署、直属海关两级系统整合、清理，并规范命名，完成46个署级应用项目、437个关级应用项目的下线工作；完善“互联网+海关”一体化平台，实现对外服务信息系统统一入口。

# 社会领域信息化

## 【教育信息化】

2018 年，教育领域信息化重点工作开展顺利。推进数字资源服务普及行动，国家教育资源公共服务平台已开通教师空间 1323 万个、学生空间 616 万个、家长空间 570 万个、学校空间 40 万个。国家数字教育资源公共服务体系已接入上线平台 94 个，其中省级平台 21 个，体系内活跃用户 3676 万人。推进网络学习空间覆盖行动，面向职业院校和中小学校长、骨干教师开展“网络学习空间人人通”专项培训，共培训 9500 余人，评选出 2018 年度网络学习空间应用普及活动优秀区域 40 个、优秀学校 198 所。推进网络扶智工程攻坚行动，面向以“三区三州”为重点的深度贫困地区，开展教育信息化“送培到家”活动，提升贫困地区厅局长信息化领导力和信息素养，在云南昆明、四川凉山、青海西宁组织了 3 期活动，共培训 460 多人，开展了对云南怒江、四川凉山、青海果洛、新疆、西藏、甘肃的信息化教学设备捐赠、优质数字教育资源共享、教育信息化应用服务等活动，捐赠总价值超过 1.7 亿元。推进教育治理能力优化行动，开展政务信息系统自查和政务信息资源编目工作，在国家数据共享交换平台接入学生学籍、学历学位、教师、机构等教育基本信息，开放中小学学籍信息查询等 9 个接口，支撑 24 个地方的 136 项政务服务。推进百区千校万课引领行动，2017—2018 年“一师一优课、一课一名师”活动参与教师 370 万名，晒课 400 万堂，遴选部级优课 10070 堂，公布了 2018 年认定的 801 门国家精品在线开放课程，举办了 2018 年全国职业院校技能大赛教学能力比赛，编辑出版教育部第一批教育信息化试点优秀案例集。开展数字校园规范建设行动，教育部联合工业和信息化部启动实施学校联网攻坚行动，支持学校宽带接入和提速降费，截至 2019 年 6 月底，全国 97.9%的中小学（除教学点外）实现网络接入，93.6%的中小学已拥有多媒体教室，数量达到 348 万间，其中 74.2%的中小学实现多媒体教学设备全覆盖。推进信息素养全面提升行动，举办了 9 期教育厅局长教育信息化专题培训班，培训了 1007 人，启动实施了人工智能助推教师队伍建设行动试点，举办了第三届全国基础教育信息化应用展示交流活动、全国中小学计算机制作活动等应用推广活动。

## 【卫生健康领域信息化】

强化医院信息化标准建设。2018 年 6 月，印发《全国医院信息化建设标准与规范》《国家卫生健康委属（管）医院信息服务与监管系统数据上报管理方案（试行）》，与此前印发的《医院信息平台应用功能指引》《医院信息化建设应用技术指引（2017 年版）》一起，构成了医院信息化建设标准与规范的基本框架。

积极推动信息化标准落地应用。根据国家卫生健康委党组关于开展“大学习、大调研、大落实”活动的统一部署，组成 5 个调研组分赴 9 个省份实地调研，形成《关于推进全民健康信息化标准建设及互通共享情况的调研报告》。坚持问题导向、需求导向，在调研基础上起草《关于加强全民健康信息化标准建设的意见》，推动信息化标准真正成为“硬约束”。

夯实全民健康信息化建设基础。积极推进国家平台建设，积极推进全民健康保障信息化工程一期项目，加强全民健康信息国家平台建设，共享交换平台等部分“急用先建”系统已经可以使用。积极推进省级统筹平台建设。组织各省份上报省级统筹区域全民健康信息平台方案，与国家发展改革委一起，对报送的建设方案进行论证及评审，并推荐有关省份作为省级统筹区域全民健康信息平台建设项目第一批试点。

大力推进互联网与医疗健康融合。起草《关于“互联网+医疗健康”发展的意见》（以下简称《意见》），并于2018年4月28日以国务院办公厅名义印发。一是加强政策宣传解读。召开国务院例行政策吹风会，主动发布权威声音，回应社会关切，引导社会舆论；制定整体宣传工作方案，创新宣传模式，在中日友好医院、邵逸夫医院举行专题新闻发布会。二是加快制定配套政策。以国家卫生健康委办公厅名义印发分工方案，推动文件落地；会同国家中医药局印发《关于深入开展“互联网+医疗健康”便民惠民活动的通知》，着力解决群众“操心事、烦心事”；会同国家发展改革委、工业和信息化部，制定远程医疗专网建设、区域中心医院设备配置工程两个专项工作方案，为发展“互联网+医疗健康”提供基础支撑。三是推动《意见》在各地细化落地。指导地方卫生健康行政部门牵头研究出台落实《意见》的具体方案，27个省份先后出台政策措施。四是积极支持先行先试。2018年，国家卫生健康委批复宁夏建设“互联网+医疗健康”示范区，并与其签署战略合作协议，成立共建工作领导小组，印发示范区建设规划和实施方案。

大力推进政务信息系统整合共享。一是大力推进政务信息整合共享。制定印发《国家卫生健康委委内数据资源管理服务办法（试行）》，推进委内信息统一采集和共享应用；编制落实方案和实施方案，明确推进政务服务“一网、一门、一次”改革，与国家政务服务平台对接时间点、责任人、任务书。二是加强数据共享应用。实现出生医学证明信息、死亡医学证明信息、全员人口统筹信息、生育服务证信息与国家政务信息共享交换平台对接共享，数据调用量在国务院各部委中排第6位；推进实现国家垂直采集的人口死亡登记信息、法定传染病与突发公共卫生事件报告管理数据回流到数据上报省份，促进业务协同；配合国家税务总局开展个人所得税信息共享工作。三是强化数据决策支撑。委托并指导统计信息中心完成掌上决策App移动终端研发，加快推进配发使用相关工作；汇总委内跨部委信息共享接口需求1054项，协调相关部委积极推动接口调用工作。四是疏解群众办事堵点。按照统一部署，会同国家发展改革委，开展群众办事百项堵点疏解行动；总结医院一卡通用、检查检验结果互认、网上预约挂号等 14 条需要各省级人民政府限期解决的堵点问题，有力推动了各地数据共享、业务协同和流程优化，大大便利了群众办事；国家卫生健康委作为16个部委之一，按照国务院总体督导部署，牵头对宁夏、青海、山西、天津等省份开展堵点疏解情况实地督导，确保取得实效。

## 【文化领域信息化】

### （一）网络文化建设和管理

党的十八大以来，党中央重视互联网、发展互联网、治理互联网。在2018年4月20—21日召开的全国网络安全和信息化工作会议上，习近平总书记指出，要提高网络综合治理能力，形成党委领导、政府管理、企业履责、社会监督、网民自律等多主体参与，经济、法律、技术等多种手段相结合的综合治网格局。我国要加强网上正面宣传，旗帜鲜明地坚持正确政治方向、舆论导向、价值取向，用习近平新时代中国特色社会主义思想和党的十九大精神团结、凝聚亿万名网民，深入开展理想信念教育，深化习近平新时代中国特色社会主义和“中国梦”宣传教育，积极培育和践行社会主义核心价值观，推进网上宣传理念、内容、形式、方法、手段等创新，把握好时效，构建网上网下同心圆，更好凝聚社会共识，巩固全党、全国人民团结奋斗的共同思想基础。要压实互联网企业的主体责任，决不能让互联网成为传播有害信息、造谣生事的平台；要加强互联网行业自律，调动网民积极性，动员各方面力量参与互联网治理。

2018 年，网络空间治理制度体系进一步完善。我国年内先后发布了《微博客信息服务管理规定》《具有舆论属性或社会动员能力的互联网信息服务安全评估规定》《金融信息服务管理规定》等法规、规章，为互联网管理规范化、法治化发展提供了根本保障，也为清朗网络空间筑牢了制度基石。

2018 年，我国通过开展专项治理活动，严厉打击各种网络违法行为，净化网络环境，竭力营造清朗的网络空间。2018 年 1 月 17 日，全国公安机关、工商部门召开了网络传销违法犯罪活动联合整治工作部署会，强调要打击整治网络传销活动，维护人民经济利益及金融秩序。1 月 22 日，中央政法工作会议提出四项“精确”部署，指出要打击防范网络犯罪及加强网络治理能力建设。5 月 18 日，针对电信网络诈骗治理工作遇到的问题，工业和信息化部发布了《关于纵深推进防范打击通讯信息诈骗工作的通知》，明确了加强实名认证工作、治理境外来源诈骗电话、加强钓鱼网站和恶意程序整治等 9 项工作。2018 年 2 月 7 日，公安部召开电视电话会议，部署深入开展打击整治网络违法犯罪“净网 2018”专项行动。行动开展以来，全国公安机关侦破各类网络犯罪案件 5.7 万余起，抓获犯罪嫌疑人 8.3 万余名，行政处罚互联网企业及相关单位 3.4 万余家次，清理违法犯罪信息 429 万余条，依法清理下架具有恶意程序、恶意行为的 App 3.5 万余款；在网络游戏、网络直播、网络短视频、网络自媒体等重点领域，依法查处相关企业 104 家。网信系统行政执法力度也进一步加大。全国网信系统 2018 年依法约谈网站 1497 家，对 738 家网站给予警告，暂停更新网站 297 家，会同电信主管部门取消违法网站许可或备案、关闭违法网站 6417 家，移送司法机关相关案件线索 1177 件；有关网站依据服务协议关闭各类违法违规账号群组 232 万余个。另外，国家相关部门 2018 年开展的“护苗”“秋风”“剑网”“清源”等专项行动，有效整治了各种网络违法犯罪行为。

2018 年，各级政府和媒体坚持以正确的舆论导向和价值取向营造积极健康、向上向善的网络正能量氛围，激发全社会团结奋进的强大力量，推动新时代网络强国建设。中央网信办深入部署开展“网络中国节”系列活动，有力推动了中华优秀传统文化的网上传承；新华社“中国网事”栏目感动系列对平凡人物的感人事迹进行网络正能量传播，在社会上产生了广泛影响；人民网“改革开放 40 年”专题专栏用事实传递改革开放的磅礴力量，弘扬新时代主流价值观；央视网“中国梦实践者”栏目通过讲述无数平凡工作岗位故事，展示新时代奋斗、梦想、青春、励志、榜样主旋律。“争做中国好网民”工程、“五个一百”网络正能量精品评选活动及“好人 365”等一系列正能量活动以广泛的参与度、丰富的呈现形式、深入人心的渗透度在广大网民中打响品牌，成为传播正能量的重要平台和载体。通过平台的汇聚作用，越来越多的正能量文字、图片和音视频作品得到集中展示、充分传播，同时各种新平台、新载体被运用到正能量的传播上，随着媒体不断打造新的传播形态，正能量的宣传效果日益显著，越来越多的网民成为正能量的见证者和传递者，网络空间更加清朗。

### （二）全国文化信息资源共享工程

全国文化信息资源共享工程（以下简称“文化共享工程”）拓宽服务渠道，推进平台建设，坚持提供有效服务。

2018 年，文化共享工程进一步拓宽社会力量参与公共文化建设的渠道，广泛开展社会化合作。将公共文化服务纳入“两微一端”，引入喜马拉雅等社会力量参与公共数字文化工程建设，包括资源内容、技术平台、服务推广、活动培训等。继续与武警部队加强合作共建，定期更新武警文化超市资源，并初步建立了“文化共享工程走进武警任务一线”服务点资源更新机制，142236 人次武警官兵访问了武警文化超市。

推进平台建设，助推新媒体服务落地。开展国家公共文化云试点工作，整合提供共享直播、资源点播、数图资源、活动预约、场馆导航、大数据分析等互联网服务功能，支持计算机、手机、智能一体机访问。据统计，国家公共文化云建设已发布音视频资源 9905 条、文化活动 4168 个、文化场馆 1007 个、各类文化活动直录播 539 场，全年平台总访问量达 14393 余万人次，日均访问量突破32万余人次。国家数字文化网完成“视听空间”改版上线。

截至2018年年底，文化共享工程资源总库的资源量达到780.8TB，2018年新增资源50.8TB。文化共享工程坚持重心下移、服务基层，向基层配送资源40批次。其中，通过资源服务宝为1835个中西部贫困地区文化共享工程县级以上分支中心配送电影、少儿动漫、讲座、文化微课、红色历史动漫、戏曲动漫等数字资源。继续加强与社会力量的合作，拓宽资源配送覆盖面，通过第三方云平台重点向乡镇（街道）一级的基层综合性文化服务中心等公共文化服务机构配送数字资源，新增10000个配送点，配送不少于5TB的文化艺术、社区生活、少年儿童、文旅超市等主题的音视频、电子书、图文、课件等数字资源，实现资源配送乡镇全覆盖。

### （三）数字图书馆推广工程

2018年，数字图书馆推广工程继续加强数字资源建设与管理，全面开展数字资源整合揭示工作，多渠道深化宣传推广，展示建设成果，加大贫困地区和特殊群体服务力度，保障基层群众的文化权益。

数字图书馆推广工程继续开展资源联合建设。截至2018年年底，各地累计提交政府信息数据1720.8万条、元数据仓储数据68万条、唯一标识符数据38.32万条、采集网站23600个、数字化图书652.4万页、数字化报纸92.7万版、少数民族语言书刊17万页、公开课13409节、专题20个。

加强网络书香资源检索平台部署。截至2018年年底，共有37家图书馆完成API对接，85家图书馆完成定制站点部署，1家图书馆完成网站发布模块部署。继续开展平台二期建设，增加元数据总量，丰富平台功能，为地方图书馆提供模块化部署与分布式管理。

联合全国700多家公共图书馆，开展“网络书香过大年”活动，线上活动访问量超过37万人次。联合全国437家省、市、县级图书馆共同开展2018年“童音诵古韵·经典有新声”全国少儿诗词在线诵读活动，收到作品2.1万余首，线上参与量超过145万人次。联合全国省、市、县级图书馆开展公开课网络直播，全年累计完成27期38场。持续开展微信公众号运营，全年累计推送原创文章40期111篇，总阅读量超过15万人次，优质用户达57146人。在《中国文化报》开设“扫码读书”专栏推送移动阅读平台资源，全年累计发布37期。

继续开展“网络书香基层图书馆帮扶计划”，召开2018年数字图书馆推广工程文化帮扶工作会议，确认2018年的帮扶对象为57家基层图书馆。

“基层数字图书馆”服务平台完成改版与资源更新，面向帮扶图书馆推送平台和资源，开展面向东、中、西部地区共3次文化帮扶活动。面向全国开展“基层数字图书馆资源提升活动”，更新4TB资源。开展“2018年网络书香·数字图书馆建设与服务宣传推广”项目，完成西藏站、内蒙古站、贵州站3次活动。

### （四）新闻出版信息化

2018年党和国家机构改革后，中宣部统一管理新闻出版工作。2018年，新闻出版信息化建设的保障措施进一步加强。2018年3月20日国家新闻出版广电总局发布《关于加快新闻出版行业智库建设的指导意见》，提出推动媒体融合发展，加快AR/VR、人工智能等高新技术在行业的深度应用，助力业务创新，引领行业发展。数字出版、信息化标准体系进一步完善，研制了《数字内容对象存储、复用与交换规范第1部分：对象模型》等34项国家标准，以及《数字出版业务流程与管理规范》等18项行业标准。重点标准的产业应用继续推进，确定第二批CNONIX国家标准应用示范单位29家、第二批专业领域数字内容资源知识服务模式试点单位27家、知识服务模式（综合类）试点单位55家。

新闻出版行业信息化建设全力推进。①全国各地根据中央要求，因地制宜积极推动媒体融合发展。坚持报网一体化发展，实现信息内容、技术应用、平台终端、管理手段共享融通。《解放日报》将采编力量整体迁入上观新闻客户端，实现一支队伍、两个平台的一体化运作机制。新闻媒体机构整合，加快建设新型主流媒体集群：北京将《新京报》与千龙网整合，实现采编、经营、管理一体化：天津成立海河传媒中心，整合《天津日报》《今晚报》、天津广播电视台、天津广电传媒集团资源和机构。推进县级媒体机构整合，组建县级融媒体中心，实现主流舆论阵地、综合服务平台、区域信息枢纽三大功能，建立融媒体传播矩阵，构建全媒体传播格局。②传统出版单位转型升级，融合发展迈上新台阶。北京理工大学出版社等 10 家出版机构与百度知道共同打造专业知识服务平台，依托深度学习、自然语言处理等人工智能技术，对出版内容进行碎片化分类和个性化分发，实现精准匹配用户专业知识搜索需求，延展专业知识价值，驱动内容价值转化。③知识服务全面推进。传统出版单位不断推出知识付费产品，如《三联生活周刊》围绕自身期刊品牌特色，以碎片化时代的深度阅读打造的“中读”知识付费产品，获得良好的市场反响。

新闻出版行业重大科技工程项目建设成果显著。中华字库工程已经形成 70 多万条数字化书目、1300 万幅高清图像、26.5 亿字左右的数字化文本和单字字图，中间字库造字规模已达 75 万余字，并已完成 8 万字的主用字体成果字库；数字版权保护技术研发工程开展成果应用推广，相继完成了上海交通大学出版社版权保护技术服务项目验收、中宣部数字电影节目管理中心影片著作权授权信息公示查询系统一期开发等工作，在中宣部“学习强国”学习平台试用中，已完成近 300GB 内容资源的时间戳添加与验证、媒体指纹提取及数字水印嵌入与提取工作；国家数字复合出版系统工程完成 V3.0 成果研发，整体进入初验阶段，工程成果已在多家新闻出版单位正式使用，相关产品和服务已投入市场；新闻出版大数据应用工程建设工作稳步推进，工程子平台——出版发行信息公共服务平台已完成数据采集平台、数据分析引擎、数据审核平台建设任务，已通过项目整体终验评审，第一批 22 家出版及发行示范单位完成了平台的业务对接，初步实现了各类可供书目信息和 EDI 单证的接收、转换、处理、分发、监控和管理，以及业务数据交换，已汇聚 2.5 亿多条书目和库存、销售数据，实现电子单证交换 2.6 万余笔。

中宣部高度重视“互联网+政务服务”工作，继续深入开展新闻出版行业电子政务建设，充分利用“两微一端”扩展服务渠道，不断提升行业管理和公共服务能力。持续提升网站等信息发布平台的服务支撑能力。利用国家新闻出版署网站继续发布对行业影响较大的游戏审批结果、行政许可等政务公开信息，继续提供查询、办事、举报等服务。国家版权局中英文网、中国“扫黄打非”网等网站紧扣视觉中国图片侵权事件、“剑网”“净网”专项行动等行业、社会关注焦点，及时发布权威信息。@国家版权局、“扫黄打非”政务微信等新媒体平台协同网站宣传，提升立体传播水平，单条微博阅读量最高达 4156 万次，转发达量 27 万次，留言量达 26 万条，点赞量达 6.1 万次，网络宣传的传播力、引导力、影响力、公信力不断提升。继续推进新闻出版电子政务综合平台项目建设，整合优化已有业务系统。

### （五）广播影视服务业

2018 年，广播影视行业大力推进媒体深度融合，推进县级融媒体中心标准体系建设。国家广播电视总局组织广播电视、新闻报刊、网络视听等多个领域，以及大专院校、科研机构、运营单位、系统设备生产企业等 26 家单位，完成了《县级融媒体中心建设规范》《县级融媒体中心省级技术平台规范要求》两项核心标准规范的编制，并于 2019 年 1 月 15 日印发，为各地建设县级融媒体中心和省级技术平台提供指导和依据。

2018 年，广播电视转型升级迈入崭新阶段。《关于促进智慧广电发展的指导意见》发布，明确了智慧广电建设的指导思想、基本原则、总体目标、主要任务和保障措施，为全国智慧广电建设提供了框架思路和基本遵循。国家广播电视总局批准设立中国（贵州）智慧广电综合试验区，2018 年 10 月在贵州召开“推进全国智慧广电建设现场会”，推动广播电视从数字化、网络化向智慧化发展，从功能业务型向创新服务型转变，加快广播电视技术革新与转型升级。全国广播电视系统大力推动智慧广电建设，积极探索大数据、人工智能等新一代信息技术在广播电视内容生产、制作播出、分发传输、终端消费、运行维护、监测监管、网络安全等领域的创新应用，“智慧广电”体系建设迈出重要一步。

加快推进电视高清化进程，推动高清电视成

为电视台主流播出模式，积极鼓励支持各地电视台实现高标清同播。截至 2019 年 7 月底，全国高清电视频道已批准数量达到 347 个，高清数字用户约 1 亿户。

2018 年 12 月 26 日，国家广播电视总局电视节目收视综合评价大数据系统建成并开通试运行，为有效解决困扰行业多年的收视数据采集难题提供了支撑平台，对于建立科学、真实、有效的收视评价体系，以及提升广电领域的大数据应用能力具有重要意义。各地广电机构积极开展大数据应用。广东、黑龙江、吉林、江西、贵州等省份建设了大数据分析平台，平台具备收视行为数据采集和分析、新闻智能舆情分析等功能，广播电视台可根据大数据分析结果精准推送内容，为有关部门提供舆情分析服务的能力明显增强。

进一步强化广播电视安全播出和网络安全管理，网络安全态势总体向好。指导各安全播出责任单位加强安全播出保障力度，完善技术系统和应急预案，加强培训演练和值班值守，圆满完成各重要保障期的安全播出工作。强化网络安全管理，颁布《广播电视网络安全发展规划（2018—2022 年）》，从管理体系、技术体系、标准体系 3 个方面推进全行业网络安全保障体系建设。

2018 年，我国电影市场发展更具规范化和理性化。2018 年全国电影总票房为 609.76 亿元，同比增长 9.06%；全国银幕总数达到 60079 块，其中年内新增 9303 块；电影产量总计 1082 部，其中故事片 902 部。2018 年全国电影购票线上化率达到 84.5%，较 2017 年稍有增长。在线票务平台推动了线上购票的普及，各城市购票线上化率均有上升，这意味着大部分中国电影观众已经形成了线上购票的电影消费习惯。截至 2018 年 12 月 31 日，数字电影交易服务平台可供订购影片达 3611 部，其中 2018 年出品影片 117 部。

全国已建立农村数字电影院线 321 条，数字电影版权方达 339 家，地面卫星接收中心站有 219 个，活跃放映队达 45327 支。

（六）数字内容产业

2018 年，我国数字内容产业持续稳定发展，产业实力不断增强，社会影响力不断提高，数字内容精品化趋势日益明显，审美价值取向逐渐向传统主流文化靠拢，媒介融合向纵深发展。5G 时代的到来，进一步挖掘了新的消费场景，推动了产业融合发展，将带动数字出版行业成为数字经济领域具有发展潜力的产业之一。2018 年，国内数字出版产业整体收入规模为 8330.78 亿元，较 2017 年增长 17.8%。其中，互联网期刊收入达 21.38 亿元，电子书收入达 56 亿元，数字报纸（不含手机报）收入达 8.3 亿元，博客类应用收入达 115.3 亿元，在线音乐收入达 103.5 亿元，网络动漫收入达 180.8 亿元，移动出版（移动阅读、移动音乐、移动游戏等）收入达 2007.4 亿元，网络游戏收入达 791.1 亿元，在线教育收入达 1330 亿元，互联网广告收入达 3717 亿元。移动出版和网络游戏仍然是数字出版产业收入的重要支柱；传统图书、报刊数字化收入占比增幅下降态势依旧；在线教育作为数字教育出版发展最强劲的部分，市场格局已基本形成，资源趋向集中化，头部效应明显；网络动漫经过多年的探索与坚持，培育了大量付费用户，推动网络动漫的消费市场实现了良性发展。网络文学进一步规范化、精品化。2018 年各类网络文学作品达到 2442 万部，较 2017 年新增 795 万部。网络文学作品质量有了显著提升，主流化、精品化趋势日益明显，现实题材作品数量持续增长，传统文化融入网络文学的作品日趋增多，网络文学在传承优秀传统文化中发挥的作用日益提升。网络大电影在经历了 2016 年的爆发式增长后，已经逐渐进入“减量提质”的转型调整期，行业发展日趋理性成熟。2018 年，全网上线的网络大电影共 1526 部，数量虽比 2017 年（1892 部）有所下降，但创作质量得到了不断提升，题材内容日趋丰富多样。

**【民政信息化】**

民政系统加快建设民政一体化政务服务平台。提出构建“互联网+民政服务”平台和网络，加快推进 10 项“互联网+”典型应用服务发展，相继制定出台《“互联网+社会组织（社会工作、志愿服务）”行动方案（2018—2020 年）》《关于推进“互联网+殡葬服务”的行动方案》《“互联网+区划地名”行动方案》《“互联网+婚姻服务”行动方案》等政策文件，优化民政部本级社会组织网上办事大厅在线一网通办功能，建成殡葬服务管理信息系统、“中国·国家地名数据库”等平台系统，推进城乡社区、养老服务等“互联网+”发展，不断提升民政政务服务管理水平。全面推进民政一体化政务服务平台建设，推动民政政务服务、公共支撑、综合保障一体化建设，完成与国家政务服务平台初步对接，实现平台互联互通、数据共享、业务协同。

积极开展跨部门的数据共享交换。依托“金民”工程一期项目，形成民政政务“大系统”建设框架，为推进跨层级、跨地域、跨系统、跨部门、跨业务的协同管理和服务提供支撑。按照国务院数据共享责任清单要求，与国家发展改革委、公安部、最高人民法院、国务院扶贫办、国家卫生健康委、自然资源部、教育部、国家税务总局、中国残联等部门签署数据共享协议，通过国家数据共享平台为全国政务服务部门提供婚姻登记、低保对象、社会组织法人登记、火化证明、留守儿童、志愿者6类2亿多条信息。

加快大数据资源体系建设，持续推进信息化标准化体系建设。整合汇聚社会组织、社会救助、婚姻登记等15类民政业务约3亿多条数据，有力支撑民政大数据中心建设，初步形成民政统一、集中的共享大数据库，同时借助国家人口库开展数据清洗比对提升民政政务数据质量水平。加大民政信息化标准化的统筹力度，完成3项基础性行业标准立项，编制5项行业数据资源标准规范草案。同时，依托“金民”工程、社会组织法人库等重大信息化工程建设，逐步开展相关标准编制工作，优先制定基础性、关键性应用标准，为民政信息化事业发展提供基础支撑。

**【生态环境信息化】**

2018年，生态环境信息化围绕全面推进“五个一”建设展开。全面巩固“一张网”：梳理生态环境专网覆盖盲区，会同地方生态环境机构全力推进专网接入，同步完成新转隶的国家气候战略中心、海洋环境监测中心专网接入。截至2018年年底，所有部属单位和各省（自治区、直辖市、新疆生产建设兵团）、地市、区县生态环境机构已全部接入专网，构建了“纵向到底、横向到边”的网络体系，首次实现“全覆盖、全联通”。持续强化“一朵云”。深入推进政务信息系统清理整合，加快构建“一朵云”。全面梳理生态环境部信息系统，建立系统档案。采取“上云、入库、进门”三合一方式，统筹推进系统整合“上云”。除因保密等特殊原因申请不上生态环境云的系统外，所有在用系统全部迁移上生态环境云。加强生态环境云能力建设，不断扩大计算和存储资源，云资源具备了实时监控、精确计量、按需分配、弹性扩展等功能。有效推进“一个库”。建立全国固定污染源统一数据库建设协同工作机制，合力推进建设“一个库”。编制完成“一个库”建设方案和技术规范。基于已有环评、排污许可、环境执法等业务数据库，初步构建了包含数十万家企业基础信息，以及生产治理设施、活动水平、行政审批、排污信息、违法和信用等主题信息的固定污染源统一数据库，开发了统一编码系统及数据管理平台原型，为实现固定源“统一编码、统一分拣、一源一数”，以及建成“一套数”奠定了基础。稳步实施“一张图”。加强生态环境空间数据服务，精心绘制“一张图”；完成生态环境信息“一张图”总体设计，编制“一张图”建设方案，明确技术架构、数据架构、服务架构及应用模式；开展环境质量、污染源、自然生态等7类空间数据规整、入库，数据量达38万条。基本完成“一张图”信息平台搭建，具备数据查询、可视化展示、空间服务等功能，重点围绕生态环境质量监测、污染源管理、“7+4”行动（打赢蓝天保卫战等7场标志性重大战役和垃圾焚烧发电行业达标排放等4个专项行动）等建设专题应用。不断深化“一扇门”。生态环境部综合业务门户完成50余个信息系统集成，成为生态环境部政务中心、应用中心、资源中心的统一入口，实现统一登录、统一用户、统一认证。建成生态环境部网站群，将部属单位共40个门户网站全部纳入，实现统一技术规范、统一技术平台、统一运维管理、统一安全防护，降低了运行成本，提升了服务能力和管理水平。生态环境部行政审批事项全部接入“互联网+政务服务”平台，有力推动了“一网、一门、一次”改革落地。

## 【气象领域信息化】

推进通信系统建设，开展国省数据协同传输。完成国内气象通信系统（CTS）2.0业务化，支持实况、智能网格等业务国省数据实时协同传输。编制《组网天气雷达数据流传输业务化方案》，于2018年12月实现了天气雷达基数据流传输。开展雷达传输基数据流在SWAN中的应用对接试验，在国家级和河北、安徽、河南、云南4个试验省份开展观测后3分钟内雷达传输基数据流在SWAN中生成全国拼图试验，并测试国家级大数据云平台对试验省份SWAN跨省雷达数据的直接支撑能力。推进风云气象卫星省级利用站数据共享工作，目前29个省份已实现风云气象卫星数据进省级数据环境，并已实现向全省用户提供服务。

完成国产高性能计算机系统建设和业务运行。系统峰值运算速度达到8189.5万亿次/秒，内存总容量达690432GB，在线存储物理容量为23088TB。开展原有进口计算机业务运行模式向国产高性能计算机的移植工作，已完成GRAPES全球预报、GRAPES全球同化、GRAPES区域模式、GRAPES全球集合预报、全国风能太阳能预报业务、动力延伸预报业务系统DERF2.0、季节预测业务、S2S预测系统、北京市气象局奥运保障等模式的移植。

推进气象综合业务实时监控系统建设。完成省级“天镜”综合业务实时监控系统硬件建设。国家级和江苏、浙江、湖北、四川等11个试点省份实现业务试验运行。开展与省级观测、预报和服务等核心业务系统的对接工作。

气象数据服务能力继续提升。加强数据汇交，完成13类162种历史气象数据汇交，新增7类19种社会和互联网气象数据以提供用户使用。完成全国地面近60年分钟级降水数据数字化，为雄安新区建设和海绵城市建设提供历史降水序列支撑。

发布《中国气象大数据（2018）》。2018年，中国气象数据网新增用户超过4.4万户，访问量近9754万人次，为1704个“973计划”“863计划”、自然科学基金等项目提供服务，数据量达68TB。

## 【地震监测信息化】

做好地震信息化顶层设计和标准规制体系工作。2018年6月发布实施《地震信息化顶层设计》和《地震信息化行动方案（2018—2020年）》，提出了地震信息化发展总体目标，确立了地震信息化建设按照“基础准备阶段”和“规模化建设阶段”两步走的战略，制定了时间表和路线图。此外，按照应急部的部署，对标应急管理信息化发展战略规划框架，在信息化顶层设计、重点项目建设等方面与应急部开展信息化对接，发挥地震信息化建设先行的优势，积极参与应急管理信息化建设，初步构建了由规划、制度、标准、规范等构成的标准规制体系。在标准建设方面，编制完成了《地震信息化标准体系（2018版）》，确立了6个分体系和首批223项标准清单。同时，为满足信息化基础设施和预警工程建设的紧迫需求，先行启动了涵盖地震台网、台站和通道代码、地震计接口、数据采集器通信协议、云平台和通信网络技术架构等23项急需标准规范的研制工作。

台网中心信息化建设取得新进展。一是完成基础设施整合和系统升级。实现台网中心和二测中心两个单位存储资源和计算资源的统一管理、统一调度和统一配置，基础设施资源更加集约高效，为业务转型升级提供了硬件资源基础。二是完成地震大数据平台原型开发。解决了地震观测数据云端汇集、海量存储、统一分发服务的技术瓶颈，为开放共享、形成合力提供数据资源基础。三是全流程一体化监控平台建设取得进展，实现台站数据流、控制流和状态流的智能监控。四是开展业务应用试验，基于地震云计算大数据平台的新版地震局门户网站成功上线部署运行，同时开展地震速报预警、自动编目、分析会商、云视频、公共服务等核心应用业务验证，为后续业务应用转型升级提供范式。

面向社会公众、行业的服务平台初步建成。构建了公用服务平台，为各类服务化功能模块提供运行所需的基础环境，形成了数据库、数据总线、中间件和GIS等基本服务功能。信息发布服务平台主体功能建设基本完成，提供了一致的信息服务接口规范，整合了信息服务渠道资源。在服务应急响应指挥决策方面，在地震发生后，自动触发应急响应流程，快速生成灾情盲估、烈度影响场分布等信息，为应急指挥提供辅助决策建议。在社会公众服务方面，充分利用“速报机器人”和微博、微信、短信等客户端，实现了公共服务产品的全自动生产、全自动发布和定向精准服务。借助互联网平台，自动产出 24 种服务产品，具备了在 1 分钟内覆盖数亿用户的服务能力。在商铁行业服务方面，地震局目前正在与中国铁路总公司开展合作地震预警信息服务的新技术和新机制。

【测绘行业信息化】

国家基础地理信息数据资源完成年度定期更新。2018 年，国家基础地理信息数据库更新全国范围 1∶50000 地形数据库，同时联动更新了 1∶50000 地形图制图数据库、1∶25 万地形图制图数据库、1∶100 万地形图制图数据库。2018 年版 1∶50000 地形数据库与 2017 年版相比，总体更新率约 6.99%，涉及 9 个大类、53 个中类、470 个小类的地理信息数据。

基础性地理国情监测数据资源稳步增加。2018年全国基础性地理国情监测对我国陆地范围地表覆盖和地理国情要素等进行了一次全覆盖监测，统筹获取了用于监测数据生成的卫星影像，采用内外结合的作业方法，对地表覆盖和地理国情要素进行了全面更新。建立了正射影像、地表覆盖、地理国情要素和遥感影像解译样本 4 个新时点数据库，总数据量超过 540TB。

“天地图”数据资源建设不断加强。2018 年新增 207 个城市建成区优于 1 米分辨率的影像数据，更新行政区划调整及有关地名地址信息，发布在线更新服务，上线用户管理系统等。在此基础上，2019 年进一步加强了数据资源更新工作。例如，新增了基础设施、乡镇级行政区、地理单元等要素；地理信息要素增加 27%，其中，交通要素增加 16%，水系要素增加 29%，居民地要素增加 38%，绿地要素增加 75%；更新 2 米的分辨率影像数据 1252 万平方千米，更新优于 1 米的高分辨率影像数据 230 万平方千米；实时动态更新了山东等 10 个省份撤县改市行政区划、机构改革变更部门、新开通地铁、港珠澳大桥等相关信息。数据整体现势性达到 2018 年 6 月。

【其他社会领域】

公安部积极推进公安标准化改革，整合精简 336 项强制性行业标准，推进标准化机构建设，协调批复成立 2 个标准化委员会。推进“二维码系列地址标牌建设管理”等 9 个社会管理和公共服务标准化试点的建设、验收和深度应用。确定了 214 个项目列入 2018 年度公共安全行业标准制修订项目计划，发布公共安全行业标准 206 项，向国家标准委提请批准发布国家标准 25 项，审核并申报国家标准制修订计划项目 43 个，备案行业标准 133 项。公安系统加大信息资源整合共享力度。2018 年年底，公安部完成《全国公安政务信息资源目录》编制第一阶段工作，汇总 32 个省份信息资源编目，共 15 万多类、300 多万个数据项；梳理各省市公安机关对部级数据资源需求 263 类；公安部与工业和信息化部、国家税务总局、交通运输部、国家市场监督管理总局签署了信息共享合作协议，为落实个人所得税改革附加扣除、整治网约车、防范“灰犀牛”、监管“独角兽”企业等政策提供数据支撑。开通了至民政部、自然资源部、国家税务总局、武警海警部队的专用链路，与银保监会建立了信息共享工作机制，继续深入推进部门间信息共享协作。

检察院系统大力推进基础支撑平台建设。最高人民检察院于 2018 年 4 月完成电子政务内网顶层互联接入区建设，并于 2018 年 8 月完成了网络对接，实现了网站互访等测试应用。推动全国四级检察机关检察工作网建设，截至 2019 年 4 月底，检察工作网一级网已实现全国互联互通，二级网（省级院至地市院）已开通 397 个节点，覆盖率达 91.2%，三级网（地市院到县级院）已开通 2291 个节点，覆盖率为 93.7%。电子检务工程建设取得了较大成效，大部分地区已完成建设任务，进入验收阶段。在最高人民检察院本级方面，已完成网络和安全平台、运行支撑平台、检察办公信息系统、检察大数据决策支持平台等 16 个建设项目的终验工作，以及队伍管理信息系统、检务保障信息系统等 8 个建设项目的初验工作，工程已通过总体初验。在各地方面，除 6 个省级检察院尚未完成全部建设任务外，其他地方基本完成建设任务，已完成工程验收或正在组织验收工作。

人民法院大力加强智慧法院的总体保障建设。打造集约化云网体系，基于法院专网、互联网、涉密网、移动专网、外部专网五大网系，积极构建专有云和开放云，大力提升诉讼服务大厅、科技法庭、执行指挥中心、信息管理中心等重点场所信息化水平，推进基础装备的全面覆盖和信息化场所的互联互通。建成人民法院智能语音云平台，实现了部分高级人民法院语音平台的互联互通和模型共享，完成智能语音转写和语音模型的部署，具备为全国法院 1500 个科技法庭及高级人民法院 2000 个终端提供语音服务的能力，为后续进一步推动人工智能深化应用奠定了坚实基础。在业界率先提出并建立质效型运维保障体系，建成并运用可视化运维管理工具，形成宏观与微观相结合、常态与应急相协调的运维保障体系。2018 年，全国法院通过信息化手段减少群众、干警各类出行约 28.42 亿人次，减少出行约 331.69 亿千米，相当于节约标准煤 164.68 万吨、减少碳排放 337.60 万吨，通过电子签章、公文网上流转等应用推进无纸化办公，节约纸张约 1794 吨，相当于保护 3 万棵树，相比 2017 年成效提升 67.52%。此外，2018 年通过各类信息化应用节约群众办事和干警办案时间约 58 亿小时，相当于在传统工作方式下 312 万人全年的工作时间。

# 信息基础设施发展情况

## 【电信能力建设】

2018 年，我国电信网络基础设施能力不断提升，光网改造工作效果显著，4G 移动网络向纵深覆盖。光纤宽带部署规模不断扩大，完成骨干网 IPv6 部署，构建云网互联平台，夯实为各行业提供服务的网络能力。4G 网络覆盖盲点不断消除，移动网络服务质量持续提升。2018 年，新建光缆线路长度达 578 万千米，全国光缆线路总长度达 4358 万千米。互联网宽带接入端口“光进铜退”趋势更加明显，截至 2018 年 12 月底，互联网宽带接入端口数量达 8.86 亿个，比 2017 年年底净增 1.1 亿个。其中，光纤接入端口比 2017 年年底净增 1.25 亿个，达到 7.8 亿个，占互联网接入端口的比重由 2017 年年底的 84.4%提升至 88%。xDSL 端口比 2017 年年底减少 578 万个，总数降至 1646 万个，占互联网接入端口的比重由 2017 年年底的 2.9%下降至 1.9%。2018 年，全国净增移动通信基站 29 万座，总数达 648 万座。其中，4G 基站净增 43.9 万座，总数达到 372 万座。

## 【互联网基础设施状况】

2018 年，我国互联网基础资源保有量稳步提升，持续推动 IPv6 大规模部署。截至 2018 年 12 月，我国 IPv4 地址数量为 33892 万个，较 2017 年年底增长 0.1%；拥有 IPv6 地址 41079 块/32，年增长率为 75.3%。域名总数为 3792.8 万个，较 2017 年年底减少 1.4%，其中，“.CN”域名总数为 2124.3 万个，较 2017 年年底增长 1.9%，占我国域名总数的 56.0%；“.COM”域名总数为 1278.3 万个，占比为 33.7%；“中国”域名总数为 172.4 万个，占比为 4.5%。国际出口带宽为 8946570Mbps，较 2017 年年底增长 22.2%。我国网站®总数为 523 万个，较 2017 年同期下降 1.9%；

网页数量为2816亿个，同比增长8.2%。

移动互联网接入流量消费已连续4年翻番，2018年总数达到$7.111\times10^{11}$GB，较2017年增长189.1%。我国市场上监测到的移动应用程序（App）在架数量为449万款。截至2018年12月，我国本土第三方应用商店移动应用数量超过268万款，占比为59.7%；苹果商店（中国区）移动应用数量约181万款，占比为40.3%。

**【广播电视设施建设】**

2018年，广播电视公共服务基础设施建设加快推进和优化升级，公共服务能力和水平不断提高。截至2018年年底，全国广播综合人口覆盖率达98.94%，电视综合人口覆盖率达99.25%，比2017年分别提高了0.23个百分点和0.18个百分点。

国网公司进一步加快互联互通技术平台、业务平台、全国“五横五纵”干线光缆传输网、广电宽带数据网建设取得明显成效。各级有线电视网络传输机构不断加强基础设施建设，推动有线电视网络从数字化向智能化转型发展，网络承载能力不断提升。2018年全国有线广播电视实际用户数为2.18亿户，与2017年基本持平。其中，有线数字电视实际用户数为2.01亿户，比2017年增长3.61%，占有线电视实际用户数的比例为92.20%，比2017年（90.65%）提高了1.55%，有线电视数字化率进一步提升。有线电视网络高清化、智能化发展态势良好。2018年全国高清有线电视用户共9257万户，比2017年增加了1886万户，同比增长25.59%；有线电视智能终端用户共1884万户，比2017年增加了1183万户，同比增长168.76%，智能终端普及提速。

随着中央广播电视无线数字化覆盖工程的推进，全国广播电视无线覆盖率稳步提升。2018年全国广播节目无线覆盖率为97.85%，比2017年提高了0.37个百分点；全国电视节目无线覆盖率为97.46%，比2017年提高了0.47个百分点。直播卫星户户通工程深入推进，截至2018年年底，直播卫星户户通用户总数超过1.3亿户，用户规模稳居全球首位，直播卫星已经成为我国农村地区群众接收广播电视服务的主要方式。

在全国应急广播体系建设方面，全国应急广播技术和标准体系不断完善，基层应急广播进入实质性推进阶段，2018年10月25日，深度贫困县应急广播体系建设工程启动实施，着力解决基层应急广播覆盖的“最后一千米”问题，有效提升了国家应急广播的进村入户能力。

# 数字经济发展情况

近年来，我国数字经济蓬勃发展，成就非凡。互联网应用驱动数字经济蓬勃发展，我国人口红利在互联网领域尚未完全消化，并推动互联网应用高速发展，构建起全新产业生态链，形成平台效应；我国数字经济与实体经济深度融合发展，数字经济的发展为“中国制造”转型升级带来了新的历史契机，为现代服务业的发展提供了强大动力。

**【互联网基础环境全面升级】**

快速便捷的网络环境更加优化，网络覆盖更广泛。2018年，我国固定宽带用户总数达到4.07亿户，移动宽带（3G/4G）用户总数达到13.1亿户，行政村通光纤比例达到 96%，贫困村通宽带比例超过 94%。网络速度更快，接入速率在 100Mbps 及其以上的宽带用户占比达到 70.3%，接通光纤的用户规模达到 3.68 亿户，占固定宽带用户总数的 90.4%。网络资费更低，移动流量跨省“漫游”成为历史，三大电信运营商移动流量平均单价降幅均一半以上。网络基础资源“量增质升”，下一代互联网地址资源平稳过渡，IPv6 地址数量达到 41079 块/32，2013—2018 年复合增长率达 19.8%，居全球第 2 位。我国域名总数达 3792.8 万个，2013—2018 年的年复合增长率达 15.5%。其中，“.CN”域名总数已突破 2000 万个，达到 2124.3 万个，居全球国家和地区顶级域名首位；网站总数突破 500 万个，2013—2018 年的年复合增长率为 10.3%。

**【数字经济成为我国经济发展的重要驱动力】**

数字经济规模全球领先。我国数字经济规模达到 31.3 万亿元，位居全球前列；数字经济占 GDP 的比重已超 3 成，对经济增长的贡献率明显提升。数字消费成为扩大内需的新亮点。过去 5 年，我国网络购物用户规模快速增长，从 3.02 亿人提高到 6.10 亿人，年复合增长率达 15.1%。我国网络零售交易规模连续 5 年居世界第 1 位，移动支付市场全球最大，在全球具有重大影响力。数字经济成为就业“稳定器”和“倍增器”。数字经济的快速发展，创造了更多、更高质量的就业机会。2018 年我国数字经济领域就业岗位为 1.91 亿个，占总就业人数的 24.6%，同比增长 11.5%，显著高于同期全国总就业规模增速。数字贸易成为推动高水平开放的新动能。跨境电子商务等数字化贸易形态发展迅速，对贸易的贡献程度不断上升，这对提升我国在全球数字经济价值链中的地位具有重要意义。2018 年通过海关跨境电子商务管理平台零售进出口商品总额达 1347.0 亿元，同比增长 50.0%，其中，出口额为 561.2 亿元，同比增长 67.0%；进口额为 785.8 亿元，同比增长 39.8%。

**【网信技术自主创新能力显著增强】**

过去 5 年，我国网信技术自主创新能力突飞猛进。当前，全球多项重大技术即将发生变革，各类前沿技术的跨界融合正在塑造全新的产业生态，给我国网信技术和产业的发展带来了千载难逢的机遇。过去 5 年，我国 5G 研究及应用取得突破性进展，5G 发展进入全面深入落实阶段。我国 5G 核心技术研发和标准制定取得突破，多项 5G 技术方案进入国际核心标准规范，推进速度、质量均居世界前列。我国政府、科研机构、企业等推动量子信息技术进一步发展，通过出台相关鼓励政策、推进基础领域研究、探索商业化应用模式等方式进一步提升了在该领域的技术实力。

我国人工智能在技术和产业应用等方面均实现了快速发展。我国人工智能论文发表数量全球领先，企业数量等多项指标居全球第 2 位。2013—2018 年，全球人工智能领域论文产出数量为 30.5 万篇，其中我国发表论文 7.4 万篇；在全球前 1%的人工智能高被引论文中，我国居全球第 2 位。此外，截至 2018 年年底，全球共成立人工智能企业 15916 家，我国人工智能企业数量为 3341 家，居世界第 2 位。

**【互联网企业全球竞争力显著提升】**

互联网上市企业数量持续增长。2018 年我国境内外互联网上市企业总数达 120 家，同比增长 17.6%，其中，中国上海、深圳上市企业 46 家，美国上市企业 48 家，中国香港上市企业 26 家，总市值达 7.89 万亿元。网信独角兽企业快速发展。我国网信独角兽企业总数达 113 家，北京、上海、广东、浙江 4 个省份的网信独角兽企业占比达 92.1%，形成新业态集聚发展的良好态势。互联网企业全球竞争优势凸显。阿里巴巴、腾讯、蚂蚁金服、百度、小米、滴滴、美团点评、京东、今日头条 9 家公司进入全球互联网公司市值前 20 强，为全球经济发展贡献市场活力和创新能力。

**【互联网助力全面小康建设】**

网络扶贫向纵深推进。随着网络覆盖、农村电商、网络扶智、信息服务、网络公益五大网络扶贫工程向纵深发展，农村用网环境持续改善，农村网民数量持续攀升。2013—2018 年，农村地区互联网普及率从 28.1%增长到 38.4%，提升了 10.3

个百分点。互联网满足人民群众对美好生活的期待。手机应用程序（App）呈现爆发式增长，截至 2018 年，我国市场上监测到的手机应用程序（App）在架数量为 449 万款。移动应用和互联网用户的工作、生活息息相关，满足了移动端网民的消费、娱乐、资讯获取、搜索、社交、出行等各类需求，在一定程度上带动了三、四线城市和农村地区人口的使用。

**【网络内容全面繁荣】**

网络内容产品走向精品化。我国网络视频用户规模快速增长，从 2013 年的 4.28 亿人提高到 2018 年的 6.12 亿人，年复合增长率达 7.4%。短视频呈现爆发式增长，2018年短视频用户规模达 6.48 亿人。2013—2018 年网络音乐用户规模从 4.53 亿人增长到 5.76 亿人，年复合增长率达 4.9%，网络音乐与社交、短视频的融合推动 UGC（User Generated Content）音乐内容和展现形式成为行业创新的焦点。

**【网络空间治理水平不断提升】**

我国网络管理体制机制不断完善，网络立法速度明显加快。2018 年 3 月，中央网络安全和信息化领导小组改为中央网络安全和信息化委员会，进一步加强了党中央对网信工作的集中统一领导，强化决策和统筹协调职责。5 年来，我国持续推动出台互联网领域相关的法律、行政法规、部门规章、司法解释、规范性文件和政策文件等，为加大互联网治理力度、提升治理成效提供了坚实的法律法规依据。

**【互联网国际交流合作日益深化】**

网络空间命运共同体主张获得国际社会广泛认同。2014 年 7 月，中国国家主席习近平在巴西国会演讲时第一次提出了“共同构建和平、安全、开放、合作的网络空间，建立多边、民主、透明的国际互联网治理体系”，得到了国际社会的广泛认同。2015 年 12 月，习近平主席在第二届世界互联网大会提出了“四项原则”和“五点主张”，为互联网的全球治理贡献了中国智慧和中国方案。2018 年 4 月，习近平总书记在全国网络安全和信息化工作会议上指出，“既要推动联合国框架内的网络治理，也要更好发挥各类非国家行为体的积极作用。”这些都为全球互联网治理体系变革贡献了智慧。“网上丝绸之路”引领合作新潮流。作为“一带一路”建设的优先行动，“网上丝绸之路”合作持续推动沿线国家的互联互通。中国—东盟信息港与中国—阿拉伯国家“网上丝绸之路”率先启动，一批重点基础设施、跨境电商等重点工程相继落地。多边及区域性信息通信技术合作机制持续深化，“一带一路”沿线国家信息基础设施互联互通稳步推进。信息通信服务国际合作取得显著进展，许多优势网信企业积极走出国门，将我国的资金、技术、人才等带到“一带一路”沿线国家和地区，为其提供高质量的信息通信服务和应用产品，有力促进其经济社会数字化发展。

# 信息化发展环境

2018 年，中国信息化发展环境进一步改善，中国信息化发展的政策环境持续向好。信息化各领域战略规划、发展政策密集出台，法制建设扎实推进，信息化法律法规和标准体系更加完善，信息化人才队伍建设不断加强，同"一带一路"沿线国家特别是发展中国家在网络基础设施建设、数字经济、电子商务、网络安全等方面的合作继续加强。

**【政策环境】**

在2018年4月20—21日召开的全国网络安全和信息化工作会议上，中共中央总书记、国家主席、中央军委主席、中央网络安全和信息化委员会主任习近平发表重要讲话强调，我们必须敏锐抓住信息化发展的历史机遇，加强网上正面宣传，维护网络安全，推动信息领域核心技术突破，发挥信息化对经济社会发展的引领作用，加强网信领域军民融合，主动参与网络空间国际治理进程，自主创新推进网络强国建设。习近平总书记的重要讲话系统阐释了网络强国思想的丰富内涵，科学回答了事关网信事业长远发展的一系列宏大理论和实践问题，为把握信息革命历史机遇、加强网络安全和信息化工作、加快推进网络强国建设明确了前进方向、提供了根本遵循，具有重大而深远的意义。

农业和农村信息化政策体系基本构建完成。习近平总书记多次针对利用信息化手段推进农业农村发展作出重要指示，党中央实施网络强国，以及国务院实施"大众创业，万众创新""互联网+"行动等都将农业农村作为重要内容进行了部署。2018年2月4日，改革开放以来第20个指导"三农"工作的中央一号文件发布，对实施乡村振兴战略进行了全面部署，明确提出了实施数字乡村战略。农业农村部出台了《农业农村部关于大力实施乡村振兴战略加快推进农业转型升级的意见》，提出了加快推进农业信息化建设的具体措施。为促进信息产业发展，工业和信息化部、国家发展改革委等国家部委发布多项政策。

2018年是我国工业互联网全面实施之年，2018年5月工业和信息化部发布了《工业互联网发展行动计划（2018—2020年）》，提出初步建成工业互联网基础设施和产业体系等工作目标；2018年12月印发了《工业互联网网络建设及推广指南》，细化了工业企业建网络用网络、建标识用标识的总体目标、实施路径和工作重点。人工智能相关规划文件陆续出台，各地积极响应国家号召，发布多项与人工智能相关的政策。截至2018年11月，全国已有15个省（自治区、直辖市）发布了人工智能规划，其中12个省（自治区、直辖市）制定了具体的产业规模发展目标；同时，22个省（自治区、直辖市）在战略新兴产业规划中设置了人工智能专项，19个省（自治区、直辖市）在大数据规划中提及人工智能。在《促进大数据发展行动纲要》等政策指引下，贵州、河北、内蒙古、河南等省（自治区、直辖市）正式印发了大数据相关行动计划，推动大数据的融合应用继续深化；同时，大数据成为省级机构改革的一大亮点，广东、贵州、上海等12个省（自治区、直辖市）设立了省级大数据管理机构，有利于数据汇集，打破了信息孤岛。《智能光伏产业发展行动计划（2018—2020年）》《关于加快推进虚拟现实产业发展的指导意见》《印制电路板行业规范条件》《印制电路板行业规范公告管理暂行办法》《锂离子电池行业规范条件（2018年版）》《锂离子电池行业规范公告管理暂行办法（2018年版）》等陆续发布，强化政策保障，推进智能光伏、虚拟现实、印刷电路、锂电子电池等产业发展。此外，工业和信息化部、国家发展改革委联合印发了《扩大和升级信息消费三年行动计划（2018—2020年）》，强化信息消费对推动经济发展质量变革、效率变革、动力变革的重要作用，深化信息技术融合创新应用，打造信息消费升级版，推动经济发展质量变革、效率变革、动力变革。

为落实国家政策，各行业、各领域继续加强信息化顶层设计，行业信息系统深化应用，强化网络安全管理，应用人工智能、大数据、云计算等新技术，推动行业智慧化转型升级。《关于促进智慧广电发展的指导意见》明确智慧广电建设的指导思想、基本原则、总体目标、主要任务和保障措施，为全国智慧广电建设提供了框架思路和基本遵循。《纺织行业工业互联网发展行动计划（2018—2020年）》明确了到2020年年底初步建成有力支撑纺织行业发展的工业互联网体系的发展目标。水利部编制了《智慧水利总体方案》。交通运输部发布的《关于加快推进新一代国家交通控制网和智慧公路试点的通知》推动了基础设施的智能化升级。《财政信息系统集中化推进方案》明确了“以问题为导向，以集中整合为手段，以大数据应用为抓手，全面提升财政主要业务应用”的具体路径，为构建现代财政网信体系奠定了基础。《关于推进电子商务与快递物流协同发展的意见》要求加强大数据、云计算、机器人等现代信息技术和装备在电子商务与快递物流领域的应用，实现信息协同化、服务智能化。《关于“互联网+医疗健康”发展的意见》提出了促进互联网与医疗健康深度融合发展的一系列政策措施，27个省份已出台落实措施和具体方案。《“互联网+民政服务”行动计划》《民政部关于网络强国战略实施纲要主要任务部门分工方案落实措施》《民政一体化政务服务平台建设方案》等一系列政策文件，明确了“十三五”时期乃至更长一段时间民政信息化发展的指导思想、目标原则、发展路径、重点任务和保障措施，切实推动网络安全和信息化重大战略部署落实。《气象信息系统集约化管理办法》加强气象信息系统的统筹规划、有序建设和集约化运行，强化数据资源的整合共享。《地震信息化顶层设计》和《地震信息化行动方案（2018—2020年）》提出了地震信息化发展总体目标，确立了地震信息化建设按照“基础准备阶段”和“规模化建设阶段”两步走的战略，制定了时间表和路线图。《关于加快新闻出版行业智库建设的指导意见》提出推动媒体融合发展，加快AR/VR、人工智能等高新技术在行业的深度应用，助力业务创新，引领行业发展。公安部大力推进公安大数据战略实施，2018年全国公安大数据工作领导小组成立，印发了《公安部大数据智能化建设规划设计方案》，明确了建设的总体思路、基本框架、主要任务和实施路径，基本完成了公安部大数据智能化的顶层设计。最高人民法院全面推进电子卷宗随案同步生成和深度应用，推进构建智慧审判运行模式，印发了《最高人民法院关于进一步加快推进电子卷宗随案同步生成和深度应用工作的通知》。工业和信息化部发布了《工业控制系统信息安全行动计划（2018—2020）》及其解读文件，从提升工业企业工控安全防护能力、促进工业信息安全产业发展、加快工控安全保障体系建设出发，部署了五大能力提升行动，为下一步开展工控安全工作提供了依据和指导。国家能源局、交通运输部、国家铁路局、水利部、人民银行、国家知识产权局、国家广播电视总局、国家税务总局等部门印发工作方案、管理办法等，进一步完善网络与信息安全制度。

**【法律法规】**

网络安全相关法律法规及配套制度逐步健全，网络安全执法力度持续加大。高度重视《个人信息保护法》。2018年《个人信息保护法》被列入第十三届全国人民代表大会常务委员会立法规划；2018年11月9日，为加强对办理侵犯个人信息犯罪案件的指导，最高人民检察院印发《检察机关办侵犯公民个人信息案件指引》。针对数据泄露、滥用等网络安全事件频发及其造成的严重危害，数据安全立法工作进入快车道。《数据安全法》已列入立法规划；2018年4月，国务院办公厅印发了《科学数据管理办法》，进一步加强和规范科学数据管理，保障科学数据安全；2018年10月，贵阳市出台的《贵阳市大数据安全管理条例》正式实施。网络安全等级保护、互联网安全检查、金融领域等网络安全相关管理规定相继出台，进一步促进我国网络空间法治体系不断丰富和完善。公安部发布了《网络安全等级保护测评机构管理办法》《网络安全等级保护条例（征求意见稿）》《公安机关互联网安全监督检查规定》；2018年3月30日，中央网信办和中国证监会联合印发了《关于推动资本市场服务网络强国建设的指导意见》；2018年7月27日，中国人民银行下发了《关于加强跨境金融网络与信息服务管理的通知》。为加强互联网信息服务管理，国家互联网信息办公室等部门相继发布了《具有舆论属性或社会动员能力的互联网信息服务安全评估规定》《微博客信息服务管理规定》《金融信息服务管理规定》《区块链信息服务管理规定》等相关规定。2018年9月6日，为促进政府网站健康有序发展，国务院办公厅发布了《关于加强政府网站域名管理的通知》。

电子商务法治化管理基础更加坚实。2018年8月，《电子商务法》正式颁布，成为我国电子商务领域第一部综合性法律，明确了经营者的相关义务，为规范行业发展提供依据，规定了相关违法行为的处罚标准，进一步营造了线上线下公平竞争的市场秩序。《反不正当竞争法》经第十二届全国人民代表大会常务委员会第三十次会议修订后正式实施，规定网络经营者不得利用技术手段破坏其他经营者合法提供的网络产品或服务正常运行。此外，国家发展改革委、中央网信办等八部门联合发布《关于加强对电子商务领域失信问题专项治理工作的通知》，要求加大对电子商务失信主体的惩戒力度，制定地方电子商务失信主体认定标准，将认定后的电子商务领域黑名单纳入联合惩戒，进一步保护消费者的合法权益。

## 【标准规范】

### （一）信息产业

5G 标准制定取得突破。截至 2018 年 3 月，我国提交的 5G 国际标准文稿占全球的 32%，主导标准化项目占比达 40%，推进速度、推进质量均居世界前列；2018 年 6 月，首个 5G 国际标准正式公布，我国企业多项技术方案进入国际核心标准规范。

2018 年，《物联网标识体系 OID 应用指南》《物联网标识体系 Ecode 平台接入规范》《物联网标识体系 Ecode 解析规范》等国家标准发布。通信行业标准《物联网异构标识服务技术要求》正式发布，该技术同时在物联网国际标准化组织（OneM2M）立项。

在人工智能标准制定方面，全国信息技术标准化技术委员会在人机交互、生物特征识别等领域开展了标准化工作，制定并发布了各领域相关的一系列标准和规范。

### （二）电子商务

2018 年我国发布了《电子商务交易产品可追溯性通用规范》《电子商务平台数据开放总体要求》等 20 项国家标准，涉及电子商务平台建设、产品信息描述、供应商评价、统计指标、跨境电子商务等方面。

### （三）电子政务

2018 年 11 月，《电子证照总体技术架构》《电子证照目录信息规范》《电子证照元数据规范》《电子证照标识规范》《电子证照文件技术要求》《电子证照共享服务接口规范》6 项国家标准正式发布。该系列标准将推动国家电子证照库和基础平台建设，为实现跨层级、跨部门、跨区域的电子证照互认共享，以及推动证照类政务信息资源整合共享等提供标准支撑。

### （四）信息安全

网络安全标准规范工作快速推进。2018 年，全国信息安全标准化技术委员会发布了 58 项国家标准，内容涉及工控安全、数字签名、物联网、身份认证、办公信息系统安全、密码安全等方面，其中，管理类标准有 6 项，基础设施类标准有 5 项，技术类标准有 36 项，应用类标准有 11 项。

在个人信息安全保护方面，2018 年 5 月《信息安全技术个人信息安全规范》正式实施，对开展一系列信息处理行为进行了明确规定。《互联网个人信息安全保护指引（征求意见稿）》《信息安全技术个人信息安全影响评估指南（征求意见稿）》等有关信息保护相关的规范性文件相继发布。

### （五）其他

电力行业网络安全标准建设成果显著。2018 年我国发布了《电力信息系统安全检查规范》《电力信息系统安全等级保护实施指南》《电力 LTE 无线通信网络安全防护要求》《配电自动化系统安全防护技术导则》《可再生能源发电站电力监控系统网络安全防护技术规范》等电力行业网络安全相关标准。水利信息化 72 项标准架构基本形成，19 项标准编制工作进展顺利，《水利数据交换规约总则》等 7 项标准通过审定或已经报批。建材行业完成了《水泥工业物资与分类代码》标准编制工作，《砖瓦行业智能工厂通用参考模型》《砖瓦行业智能工厂评价》两项标准通过中国砖瓦工业协会团体标准立项。交通运输部与工业和信息化部、公安部联合印发《智能网联汽车道路测试管理规范（试行）》，出台了《自动驾驶封闭测试场地建设技术指南（暂行）》，规范自动驾驶测试验证工作。财政部修订形成《财政业务基础数据规范 3.0》，基本实现了基础数据规范中存量标准的统一；印发了《财政网络与信息安全通报管理办法》《财政应用系统安全开发规范》《财政部应用系统生命周期安全管理办法》，规范财政信息安全信息通报，加强应用系统安全建设和管理。金融国家标准、行业标准、团体标准、企业标准协调发展的新型标准体系已经建立，2018 年发布了42项金融国家标准和行业标准，互联网金融协会、支付清算协会发布了 11 项金融团体标准；设立全国金融标准化技术委员会法定数字货币、绿色金融、金融 IT 基础设施 3 个专项工作组，推进急需领域金融标准编制，持续完善金融标准体系框架。《气象信息化标准体系（2018 版）》《气象信息化评估指标》印发，规范气象信息化建设，启动气象信息化进展评估工作。《地震信息化标准体系（2018 版）》编制完成，确立了 6 个分体系和首批 223 项标准清单，启动了涵盖地震台网、台站和通道代码等 23 项急需标准规范研制工作。2018 年 6 月，《全国医院信息化建设标准与规范》《委属（管）医院信息服务与监管系统数据上报管理方案（试行）》印发，与此前印发的《医院信息平台应用功能指引》《医院信息化建设应用技术指引（2017 年版）》一起，构成了医院信息化建设标准与规范的基本框架。新闻出版行业加快数字内容生产、传播、版权保护等方面标准的制定，研制《数字内容对象存储、复用与交换规范第 1 部分：对象模型》等 34 项国家标准，以及《数字出版业务流程与管理规范》等 18 项行业标准；推动重大科技工程、重点项目中核心标准上升为行业标准、国家标准，CNONIX 国家标准修订等 20 个国家标准制修订项目获批立项。公安部积极推进公安标准化改革，整合精简 336 项强制性行业标准，推进“二维码系列地址标牌建设管理”等 9 个社会管理和公共服务标准化试点的建设、验收和深度应用。最高人民检察院编制《检察工作网边界接入平台建设管理规范》，推进检察工作网身份认证系统和电子印章系统等相关配套建设。国家税务总局启动了税收业务代码标准调整工作，完成了包括证照类型、登记注册类型、预算分配比例等 38 类涉及登记、发票、票证、稽查等多个业务领域的代码标准修订工作。海关总署组织重构海关信息化标准体系，修订了《海关信息化标准体系》，发布了《海关视频监控系统技术规范》《海关信息化术语》等 4 项信息化领域的行业标准；同时，为落实“一带一路”倡议，以及推进沿线国家海关信息化标准的融合发展，成立了海关信息标准化创新实验室，开展标准化建设研究。

【人才培训】

采取各种积极有效措施，不断加强网络安全人才队伍建设。一方面，高校开办网络安全学院，大力开展网络安全人才培养。2018 年，兰州大学、西安交通大学、南开大学、东南大学、贵州师范大学、西安电子科技大学、湖南信息职业技术学院、齐鲁工业大学（山东省科学院）、新疆财经大学、西北工业大学、山东大学、盐城工业职业技术学院等一批高校相继成立了网络空间安全学院，有力缓解了网络安全人才紧缺情况。另一方面，广泛开展网络安全竞赛，企业、高校和相关政府部门开展了不同形式和规模的网络安全竞赛活动，如 GeekPwn2018 国际安全极客大赛、XCTF 网络攻防联赛、“巅峰极客”网络安全技能挑战赛、“天府杯”2018 国际网络安全大赛、第二届“红帽杯”网络安全攻防大赛、“蓝帽杯”全国大学生网络安全技能大赛、全国高校信息安全铁人三项赛、“网鼎杯”网络安全大赛、首届 Realworld 国际 CTF 网络安全大赛等，在促进人才沟通交流、提升人才技术水平、加快培养和发现网络安全人才等方面发挥了重要作用。

各行业继续开展信息化素养和专业水平培训。教育部面向以“三区三州”为重点的深度贫困地区，开展教育信息化“送培到家”活动，提升贫困地区厅局长信息化领导力和信息素养，2018 年在云南昆明、四川凉山、青海西宁组织了 3 期培训班，共计培训 460 多人。2018 年至 2019 年 6 月，公安部举办了大数据处理与治理、视频监控、网络安全、移动警务、科技创新、应急通信保障等领域的 16 期培训班，培训 2000 余人次，提升了公安科信队伍的综合素质和能力水平。国税地税机构改革之后，国家税务总局开展了“一竿子”到底视频培训，覆盖全系统信息技术岗位人员；同时，以重点项目为依托，组织完成 Oracle OCP 认证培训、VMware 虚拟化软件认证培训等近 20 期培训班，培训 500 余人次，覆盖全部省级税务机关信息技术部门，持续提升税务系统信息技术人员专业水平。

【国际交流与合作】

在 2018 年全国网络安全和信息化工作会议上，习近平总书记强调要以“一带一路”建设等为契机，加强同沿线国家特别是发展中国家在网络基础设施建设、数字经济、网络安全等方面的合作。中国和东盟国家全方位合作不断深化，信息化成为双方合作的重点领域。

共建中国—东盟信息港是响应“一带一路”倡议、建立更为紧密的中国—东盟命运共同体的重要举措。中国—东盟信息港建设起步顺利，以网络互联、信息互通、合作互利为基本内容，逐步形成以广西为支点的中国—东盟信息枢纽，稳步推进互联网经贸服务、人文交流和技术合作，促进区域数字经济创新发展。在基础设施方面，中国与东盟拥有 10 余条光缆链接，亚太直达国际海底光缆建成投入运营，中越、中缅跨境光缆系统完成扩容，并全面开通使用；合作建设北斗地基增强系统，共同成立北斗产业示范园，共建数据中心。在技术合作方面，中国与东盟建立了技术交流合作机制，建立了一批双边技术转移中心，建成中国—东盟技术标准、东盟小语种辅助翻译等一批信息服务平台，联合开展技术创新、标准制定和技术合作等活动。2018 年 9 月 12—15 日，第十五届中国—东盟博览会在广西南宁举行，期间举行的论坛涉及 5G 技术与应用、卫星导航应用产业合作、数字丝路产业合作、智慧城市、智能终端制造等领域，推动更深层次的高端对话合作，进一步激发中国和东盟国家携手发展数字经济、共建“数字丝绸之路”的巨大潜能。在 2018 年 11 月 7 日召开的第五届世界互联网大会上，中国网安与俄罗斯卡巴斯基实验室在乌镇共同签署战略合作备忘录，约定双方将深化工控安全、威胁情报、安全培训等方面的合作，并轮值举办中俄网络空间安全“T3”国际论坛。截至 2019 年 4 月 30 日，中国已经与 131 个国家和 30 个国际组织签署了 187 份共建“一带一路”合作文件。“一带一路”成为中国企业“走出去”，以及积极拓宽国际市场的重要途径。浪潮集团在俄罗斯、哈萨克斯坦、越南、泰国、赞比亚、尼日利亚、印度等“一带一路”沿线国家和地区开展信息化业务，提供数据中心、云服务、智慧城市等方面的解决方案。绿盟科技开展马来西亚电信抗 DDoS 项目。美亚柏科为哈萨克斯坦、塔吉克斯坦、俄罗斯、伊朗、孟加拉国等 30 多个国家提供警察和执法部门人员网络技术、电子数据取证等培训交流工作。蚂蚁金服在印度、泰国、菲律宾、印度尼西亚、韩国、马来西亚、巴基斯坦、孟加拉国投资电子钱包等。

我国积极与世界各国及国际组织加强沟通交流，围绕网络安全主题展开对话交流，为共建网络空间命运共同体而努力。2018 年 1 月 9 日，中国国家主席习近平在人民大会堂同法国总统马克龙举行会谈时表示，要合作应对气候变化、恐怖主义、网络安全等全球性挑战。2018 年 1 月 25 日，上海合作组织成员信息安全合作专家工作组会议在武汉临空港经济技术开发区举行，8 个成员的 50 名代表共同探讨了网络安全合作课题。2018 年 4 月 3—5 日，在联合国网络犯罪政府专家组第四次会议上，由外交部、公安部、司法部、工业和信息化部及驻维也纳代表团组成的中国代表团与各国其他代表就网络犯罪“立法和政策框架”和“定罪”议题进行了讨论交流。第二次中德高级别安全对话于 2018 年 9 月 21 日在德国柏林举行，中德双方就网络与经济、反跨境犯罪、国际和地区安全等问题进行了深入交流。2018 年 9 月 29 日，中俄总理定期会晤委员会通信与信息技术分委会第十七次会议在海南博鳌举行，双方就网络安全、通信网络和通信服务、数字经济、信息技术等议题达成了广泛共识。2018 年 11 月 15 日，国务院总理李克强在新加坡会展中心出席第 13 届东亚峰会时表示：中方愿与各方就反恐、气候变化、网络安全等领域开展非传统安全合作。2018 年 12 月 18 日，我国发布《中国对欧盟政策文件》，提出继续用好中欧网络工作组机制，共同倡导网络空间命运共同体理念，推动在联合国框架下制定网络空间负责任国家行为规范，推进全球互联网治理体系改革，建立和平、安全、开放、合作、有序的网络空间。

电子商务国际合作全面展开。2018 年，我国与越南、巴西、俄罗斯、奥地利等 15 个“一带一路”重点国家建立电子商务合作机制，成为双边经贸合作的新亮点。商务部促进中欧班列 2018 年开行 6363 列，运送货物 54 万标箱，2018 年与“一带一路”沿线国家的贸易额达到 1.3 万亿美元，同比增长 16.3%，高于外贸整体增速 3.7

个百分点。为积极贯彻落实“21 世纪数字丝绸之路”建设，进一步促进中外数字经济技术合作，2018 年“21 世纪数字丝绸之路”建设合作代表团在商务部和国家发展改革委委托下，由国家发展改革委国际合作中心组织成立。该组织将全力推动“一带一路”沿线数字丝绸之路建设，驱动与促进各国数字经济前沿领域合作，打造数据互联互通，实现全球共同繁荣的新格局。2018 年 11 月举行的首届中国国际进口博览会吸引了 172 个国家、地区和国际组织参会，共有 3600 多家企业参展，超过 40 万名境内外采购商到会洽谈采购。在首届中国国际进口博览会上，电商企业成为采购军团的一支重要力量。阿里巴巴、京东、苏宁、网易考拉、唯品会、小红书等 88 家企业与来自 30 多个国家的 40 余个国际品牌洽谈合作，商品涉及新型 3C、健康家电、服装服饰、医药保健等 8 个品类。以首届中国国际进口博览会为契机，大型电商平台与国际知名品牌企业深度合作，引进国外品牌 1000 多个。

# 电子商务发展情况

2018 年是全面贯彻党的十九大精神的开局之年，是改革开放 40 周年，是决胜全面建成小康社会、实施“十三五”规划承上启下的关键一年。按照党中央、国务院部署，电子商务领域全面贯彻落实经济高质量发展的部署，积极投身扶贫攻坚战和“一带一路”建设，成为数字经济的主要组成部分，在推动经济增长、促进创新驱动、新旧动能转换等方面发挥了积极作用。未来，电子商务将进一步朝着高质量方向发展。

## 【我国电子商务发展的主要情况】

2018 年，数字经济引领中国电子商务稳步增长，电子商务交易额达 31.63 万亿元，完成《电子商务“十三五”发展规划》2020 年预期目标的 83%；网上零售额达 9.01 万亿元，完成预期目标的 90%。

### （一）电子商务交易规模持续扩大

国家统计局数据显示，2018 年全国电子商务交易额达 31.63 万亿元，同比增长 8.5%；全国网上零售额达 90065 亿元，比 2017 年增长 23.9%。其中，实物商品网上零售额为 70198 亿元，同比增长 25.4%，占社会消费品零售总额的 18.4%，比 2017 年提高 3.4 个百分点。

### （二）电子商务服务业市场规模稳步增长

2018 年，中国电子商务服务业继续保持稳增长，市场规模再上新台阶，全年电子商务服务业营收规模达 35162 亿元，同比增长 20.3%。电商交易平台服务营收规模增速强势反弹，营业额达 6626 亿元，增速为 31.8%；支撑服务领域的电子支付、电商物流、信息技术服务等市场营收规模持续高速增长，营业额达 13006 亿元，增速为 16.1%；衍生服务领域业务规模持续增长，营业额达 15530 亿元，增速为 19.5%。

### （三）农村网络零售和跨境电商持续保持高速增长

农村电子商务步入新一轮创新增长空间。商务部数据显示，2018 年全国农村网络零售额达到 1.37 万亿元，同比增长 30.4%；全国农产品网络零售额达到 2305 亿元，同比增长 33.8%，农村电商迅猛发展。2018 年我国对外贸易总体平稳、稳中有进，进出口规模创历史新高，与跨境电子商务逐步形成相互促进作用。海关总署数据显示，2018 年通过海关跨境电子商务管理平台零售进出口商品总额为 1347 亿元，同比增长 50%。其中，出口额为 561.2 亿元，同比增长 67%；进口额为 785.8 亿元，同比增长 39.8%。

（四）电子商务成为就业的重要领域

据电子商务交易技术国家工程实验室、中央财经大学中国互联网经济研究院测算，2018 年中国电子商务从业人员达 4700 万人。其中，互联网共享经济的发展创造了大量就业机会。国家信息中心的数据显示，在城镇每 100 个新增就业岗位中，约 10 个岗位来自平台企业。国家信息中心的数据预测，2025 年共享经济提供服务者人数有望超过 1 亿人，其中全职参与人员约 2000 万人。

（五）非银行支付机构网络支付持续高速增长

中国人民银行发布的《2018 年支付体系运行总体情况》数据显示，2018 年非银行支付机构发生网络支付业务共 105306.10 亿笔，金额达 208.07 万亿元，同比分别增长 85.05%和 45.23%。

**【我国电子商务的发展特点】**

在技术创新和模式创新驱动下，中国稳居全球规模最大的网络零售市场，并正在与全球电子商务形成联动发展态势。

（一）技术创新与模式创新驱动电子商务中高速增长

数字技术提升网络零售运营水平。

一方面，2018 年线上线下融合形成的新业态发展迅猛，龙头企业线上订单占比达 40%～60%，且处于持续上升趋势。该类模式得益于大数据、互联网、智能化设备的完美结合，优化配置人、货、场三要素，数字化监控系统、智能货架系统、悬挂链系统、VR/AR 导航等数字技术得到了有效应用，全数字化供应、销售、物流过程极大地提升了用户体验。

另一方面，2018 年“双十一”促销期间，物流企业高效率地完成了全国主要电子商务企业所产生的 13.52 亿件快递物流订单。在“智慧仓库”中，智能技术可以做到 3 分钟从百万件商品中拣选完成一个包裹；依托电子面单，包裹自动化分拣成为快递业标配；在大数据指导下的分布式仓储、自动分拣、无人配送等智能技术运用于物流行业的各个环节，大幅提高了物流、仓储等环节的工作效率，数字技术推动电子商务物流加速进入智能时代。

社交网络激活电子商务消费潜力。多种互联网社交平台在不断更新人们的社会生活及交流方式。相关报告显示，截至 2018 年 9 月，微信的月活跃用户数约为 10.8 亿人；抖音的月活跃用户数已超过 5 亿人。社交方式的演变是激发、扩大消费市场的重要力量之一，在社交网络中，商家之间、用户之间、商家与用户之间产生了多节点、高效交流，有效激活了电子商务消费潜力。有关调研显示，72%的消费者购物欲望来自微信朋友圈与社交聊天，75%的消费者表示朋友是购物欲望的催化剂。根据中国互联网协会下属机构估测，2018 年中国社交电商市场规模突破 1 万亿元，达到 11397.78 亿元，较 2017 年增长 66.73%，成为支撑电子商务持续增长的连续性动力。

政府提供精细化的公共服务。商务部全面推进与地方商务主管部门的信息共享，将涉及内贸、外贸、外资、“走出去”等领域 32 项垂直管理业务应用中 4700 多个信息项的数据信息与地方商务主管部门共享。开展电商大数据部省共建共享，向首批 12 个省市共享网络零售主要数据和电子商务主体信息，编写月、季、年度系列监测分析报告，指导行业健康发展。电子商务示范基地充分发挥辐射带动作用，成为引领新经济集聚发展的重要载体。据统计，100 个示范基地共入驻电商企业 39189 家，从业人员达 91 万人，孵化创新企业 7439 家，2017 年电子商务交易额达 3.6 万亿元，占全国电子商务交易总额的 12.3%。

（二）跨境电商助推对外贸易高质量发展

跨境电商模式不断丰富创新。2018 年，国务院同意在 22 个城市设立第三批跨境电子商务综合试验区。前两批 13 个综合试验区已带动 106 个产业园区、上万家企业转型升级，在近40个国家建设数百个海外仓，1/3以上位于“一带一路”沿线国家，成为贸易畅通的重要节点。跨境电子商务加速作用于传统产业，着力于营销、交易、交付等多个外贸环节的在线化、数字化，创新和丰富了外贸进出口渠道。基于全球搜索引擎、社交网络及供求信息平台，构建了跨境电子商务营销渠道；基于全球跨境电子商务交易服务平台，构建了在线销售、采购及消费渠道；基于物流及外贸综合服务平台，构建了提高中小企业外贸经营效率的在线交付及供应链金融服务渠道。在此作用下，除欧盟、美国、日本、韩国及俄罗斯等跨境电子商务重点市场外，“一带一路”沿线国家成为发展热点，南美、东南亚、非洲、中东迅速成为跨境电子商务新兴市场。

品牌品质商品加快双向互动。渠道变革正在带动产业链的优化与重构，中小企业及各国品牌企业获得了新的全球化发展机遇。品牌出海持续加强。2018年，天猫“双十一”当日跨境出口销售额排名前5位的品牌为小米、美的、海尔、华为、格力国产手机及家电品牌。跨境电子商务正在全球兴起，正在发挥扩大企业品牌海外宣传、提升产品溢价空间的重要作用。在引进全球优质商品、丰富境内消费市场方面，以某跨境电子商务进口龙头平台为例，2018年该平台海外品牌入驻数量同比增长超过100%。4年来累计引进75个国家3900个品类近19000个海外品牌，其中8成以上是首次进入中国。

### （三）电子商务助推产业数字化效果渐显

B2B电商助推供应链数字化。我国B2B电子商务从供求信息服务出发，正在向整合产品、金融、物流、仓储、加工等供应链资源，以及联动上下游的方向演进。B2B平台与10余家银行及互联网金融机构达成战略合作，基于上下游客户交易数据、历史履约记录、物流、下游订单、库存等信息，为产业链提供供应链金融服务，并通过缓解资金压力促进交易，带动B2B订单和物流数据的在线化，构建供应链数字化运行模式，积极影响上下游企业数字化变革。2018年摩贝化学品电商、阿里巴巴等B2B业界代表均取得了较好的发展成绩。

网络零售助推制造业智能化。网络零售的持续大规模快速发展，对制造业提出了快速反应和智能化运行需求，“推动制造业产业模式和企业形态根本性转变”。2018年，网络零售及小额批发平台加速推进连接和改造“工厂”。基于云计算、物联网硬件设备，从“端、边、云”3个方面实时监控和记录工厂员工制作进展，采集制造过程数据，并通过人工智能技术升级企业信息化管理系统，对接电子商务平台，建立与网络零售平台打通的“数字化工厂”，高效协调生产、发货与销售订单。同时，一些新出现的创业企业基于人工智能、大数据等技术，将线上线下零售、用户模型化管理、数字化供应链和智能制造整合为新的商业模式。在上游生产智能化、大规模个性化制造能力较高的行业，以玛尚、SHIN等为代表的新模式、新业态加快探索发展步伐。

电商平台助推内贸流通信息化。“互联网+流通”行动深入推进，各部门、各地方形成工作合力，电子商务成为流通现代化的“催化剂”和“生力军”。电商快递协同发展试点取得显著成效。11个试点城市破解协同发展的制度障碍，形成“五大体系”共17个方面的典型经验。福州简化快递末端网点准入手续，采取“先建后报，一照多址”等举措，支持快递企业依托便利店、社区物业等建设改造标准化快递服务点，国家邮政局在此基础上全面取消快递末端网点营业执照办理，实现网点备案统一在线办理。电商快递服务加快平台化、标准化、集约化发展，全国已运营终端服务站4.2万个、智能快件箱25万组。

### （四）农村电商助力脱贫攻坚取得积极成效

电商扶贫取得新进展。2018年6月，《中共中央 国务院关于打赢脱贫攻坚战三年行动的指导意见》明确指出：“实施电商扶贫，优先在贫困县建设农村电子商务服务站点。继续实施电子商务进农村综合示范项目。动员大型电商企业和电商强县对口帮扶贫困县，推进电商扶贫网络频道建设。”截至2018年，电子商务进农村综合示范县已达1016个，其中，国家级贫困县达737个，覆盖了全国贫困县总数的88.6%。建成县级电商服务和物流配送中心1000多个、乡村电商服务站7万多个。启动电商扶贫频道，已对接贫困县500

多个，农村各类产品和服务销售额达 200 多亿元。商务部指导成立了中国电商扶贫联盟，从 340 个贫困县遴选 400 多个优质农特产品品牌，进行宣传推介和“三品一标”认证，大大提升了品牌附加值，让好产品卖出了好价钱。

农产品电商培育新品牌。商务部推动资助 7 个省份 50 个贫困县的 64 家企业完成“三品一标”认证，成功打造出一批明星产品和销售爆品；与地方商务主管部门共同组织贫困地区挖掘优质农特产品，通过品牌推介洽谈会、专场促销活动等方式，帮助开展网上销售。2018 年指导举办 664 场扶贫培训会，参训人员达 4.6 万人次。例如，江西安远县成功打造了“三百山甜心红薯”品牌，惠及 500 户建档立卡贫困家庭，每季红薯销售增收 300 万元。京东大数据研究院发布的《2018 电商扶贫品牌报告》数据显示，2016 年至 2018 年第二季度，京东在全国 832 个贫困县上线商品超过 300 万种，实现销售额 300 多亿元。2018 年上半年，800 余个国家级贫困县在阿里巴巴平台的网络销售额超过 260 亿元；农村淘宝“亩产一千美金”计划已经落地 16 个省、覆盖 325 个县，包含 113 个贫困县，孵化了 43 个百万元单品。苏宁实施了“电商扶贫实训店”项目，依托其 O2O 智慧零售的优势，开展点对点精准扶贫。每日优鲜与贵州从江县、江西安远县、四川凉山州等数十个国家贫困县签订战略合作协议，探索实现农业产业升级的精准扶贫新模式。近 3 年，拼多多平台已累计帮扶 139600 户建档立卡扶贫家庭，产生超过 21 亿笔助农订单，累计销售了 54.5 亿千克农产品。

农村电商探索新模式。2018 年，以商务部电子商务示范企业为主的多家企业在品质品牌进乡村方面进行了积极探索。一是乡村小店供应链共享模式。由电商企业为门店提供商品货源、物流配送等多种资源，在一定程度上提升了商品小店的商品品质、品牌。例如，天猫优品服务站突破传统农村线下店销售模式，利用大数据、智能科技打造销售、营销、物流、服务四位一体的垂直品类专营体验店，以天猫优品直供商品，通过大数据下的新零售模式，为用户提供送货上门、送装一体、以换代修、次日达等服务体验，为农村消费者提供与城市一样的购物体验。又如，京东新通路依托商品、供应链和技术优势，自建地勤团队，为品牌商打造透明可控、精准高效的销售新通路，为门店提供正品货源及京东的品牌、模式、管理，并要求店主承诺店中经营的商品 100% 保真，“假一罚十”，这有利于保障农村地区消费者的品牌品质需求。二是社交电商直供模式。用乡村消费者口口传播的方式推广商品，电商平台基于自身供应链优势源头直采，或者根据乡村消费者需求进行个性化定制，从源头上保证输出的商品是有品质、有品牌的商品。例如，日日顺乐农依托海尔集团的资源优势，通过在乡村设立小顺管家触点网络，连接农村社群用户，了解村民需求和痛点，针对村民增收需求、农村环境及民生设施薄弱、假货、小农经济、分散生产等痛点，联合行业一流资源方为村民定制适合的产品和服务方案。又如，苏宁拼购基于农村消费者具有的很好的聚集性，以及朋友圈、亲情圈、友情圈适宜口口传播的特点，应用“乡村代购+源头定制”模式，通过互动、内容等传播方式推广商品，在供应链采用“独立招商+联营+自采”模式进行品质把控，从源头保证商品质量。重庆市坚持公益性与市场化相结合，形成了以共有品牌、共同配送和公共服务为特征的“三共”农村电商发展模式。

### （五）法律护航电子商务健康快速发展

国家促进电子商务发展。2018 年 8 月 31 日，第十三届全国人民代表大会常务委员会第五次会议通过了《中华人民共和国电子商务法》（以下简称《电子商务法》），明确了电子商务在国民经济和社会发展中的地位。一是《电子商务法》规定政府应将电子商务发展纳入国民经济和社会发展规划。二是法律要求政府重视电子商务物流及标准体系建设。三是明确国家推进电子商务融合带动相关产业及领域发展。四是明确国家维护电子商务交易安全、重视建立数据共享机制和信用体系。五是明确中国坚持开放发展电子商务。《电子商务法》第六十四条规定，“国务院和省、自治区、直辖市人民政府应当将电子商务发展纳入国民经济和社会发展规划，制定科学合理的产业政策，促进电子商务创新发展。”第六十七条规定，“国家推动电子商务在国民经济各个领域的应用，支持电子商务与各产业融合发展。”第六十八条规定，“国家促进农业生产、加工、流通等环节的互联网技术应用。”

为电子商务平台建章立制。《电子商务法》通过大量明确、具体的法律规范，针对电子商务平台经营者这种新型的市场主体，确立了一系列的要求。这些针对平台经营者的法律规则从中国电子商务发展的实际出发，具有鲜明的问题导向，实事求是地回应了现实生活中围绕平台经营者产生的各种问题，使中国电子商务获得了长远的、可持续发展的、最坚实的法律保障。其中，针对平台经营者在电子商务活动中的地位和发挥的作用，规定了一系列具体的法律义务，包括平台内经营者主体身份的管理、信息保存和报送、维护平台安全稳定等义务。同时，《电子商务法》重视平台经营者与平台内经营者之间存在的结构性差别，规定了一系列的制度来限制平台经营者不滥用其影响力侵害平台内经营者的经营自主权，并且保护消费者的合法权益。

### （六）电子商务国际合作全面展开

加快发展丝路电商。2018 年，商务部积极推进贸易自由化、便利化，搭建更多贸易促进平台，加快发展丝路电商。我国与越南、巴西、俄罗斯、奥地利等 15 个“一带一路”重点国家建立了电子商务合作机制，成为双边经贸合作的新亮点。商务部促进中欧班列 2018 年开行 6363 列，运送货物 54 万标箱，全年与“一带一路”沿线国家的贸易额达 1.3 万亿美元，增长 16.3%，高于外贸整体增速 3.7 个百分点。

推进数字丝绸之路建设。习近平主席指出，要以“一带一路”建设为契机，加强同沿线国家特别是发展中国家在网络基础设施建设、数字经济、网络安全等方面的合作，建设“21 世纪数字丝绸之路”。为积极贯彻落实“21 世纪数字丝绸之路”建设，进一步促进中外数字经济技术合作，2018 年“21 世纪数字丝绸之路”建设合作代表团在商务部和国家发展改革委的委托下，由国家发展改革委国际合作中心组织成立。该组织将全力推动“一带一路”沿线“数字丝绸之路”建设，驱动与促进各国数字经济前沿领域合作，打造数据互联互通，实现全球共同繁荣的新格局。

搭建国际合作交流平台。2018 年 11 月，以“新时代，共享未来”为主题，首届中国国际进口博览会（以下简称进博会）吸引 172 个国家、地区和国际组织参会，共有 3600 多家企业参展，超过 40 万名境内外采购商到会洽谈采购，展览总面积达 30 万平方米。在首届进博会上，电商企业成为采购军团的一支重要力量。阿里巴巴、京东、苏宁、网易考拉、唯品会、小红书等 88 家企业与来自 30 多个国家的 40 余个国际品牌洽谈合作，商品涉及新型 3C、健康家电、服装服饰、医药保健等 8 个品类。以首届进博会为契机，大型电商平台与国际知名品牌企业深度合作，引进国外品牌 1000 多个。

## 【我国电子商务发展存在的主要问题】

### （一）亟须全面推动电子商务高质量发展

我国面临越来越复杂的国内、国际形势，电子商务必须加快高质量发展。消费换挡升级需要电子商务高质量发展，电子商务提质扩容、扩大内需承载着更多期待，《电子商务法》提出了法治化、规范化发展的新要求。国际经贸格局倒逼电子商务高质量发展，我国外贸增长亟待转动力、调结构，需要电子商务拓展出口、优化进口，电子商务企业“走出去”面临越来越多的政策限制和贸易壁垒，企业合规难度增大、经营成本上升。数字经济浪潮推动电子商务高质量发展，电子商务亟须加快数据赋能、模式创新和技术应用，加快向数字商务全面跃升，政府以数字化促进管理服务高效化、精准化。

### （二）亟须统筹用好电子商务新动力

受资本市场阶段性调整、新一轮科技浪潮和发展中问题影响，部分地区、组织对电子商务的认识出现了一些偏差。亟须加大引导力度，统筹用好电子商务新动力，充分发挥电子商务在壮大数字经济、助推产业数字化进程、持续促进消费增长、创新外贸进出口方式、服务乡村振兴事业等多方面的重要作用。亟须把握我国及全球电子商务进入全面发展和联动发展的历史机遇，进一步发挥电子商务对新一轮全球化和产业结构调整的创新带动作用。

### （三）亟须推动普及和升级两方面工作

面对东西部发展不平衡、城乡发展不平衡的

实际情况，东部经济发达地区和一线城市的电子商务亟须考虑升级发展，引导产业向数字技术驱动、高品牌附加值、产业链创新和国际化方向升级发展。充分参考电子商务发达地区多年来探索的政策及市场经验，结合地方实际情况，积极推动西部经济欠发达地区、中小城市及农村电子商务的普及发展。重视电子商务的区域协同关系，引导电子商务产业合理布局，优化构建相应载体及基础设施，加强城乡市场主体合作，促进品质品牌产品进农村，推动电子商务多层次、深度融合发展。

（四）亟须深化推进电子商务国际合作

“丝路电商”已经成为经贸合作的新渠道和新亮点。中国正在进行双边自贸谈判。只要双边自贸谈判符合全球化趋势，符合自由贸易基本规则，中国对此始终抱着欢迎态度，愿意看到积极成果。在当前国际形势下，我们也不能忽视贸易保护主义抬头、多边贸易规则基础受到动摇等问题。多边贸易规则是世界绝大多数国家共同协商达成并履行多年的，其基础就是要维护自由贸易。无论什么样的双边贸易谈判都应维护多边贸易的基本规则。

**【发展趋势】**

未来，我国电子商务将继续保持活跃、积极的增长态势。

一是社交网络加速拉动增长。2019 年，电子商务平台在竞争与产品创新升级的驱动作用下，其总体用户数量、用户停留时间持续增长，社交网络与电子商务的连接程度将进一步加深，社交网络相关的电子商务将呈现出多平台、多种交易方式、总量加速的增长态势。

二是产业互联网与电子商务相伴互促。产业互联网由相关从业者提出，2019 年从工业云、B2B 供应链数字化、网络零售连接智能制造 3 个方面着力，呈现出更加明确的发展态势。同时，电子商务订单驱动的产业数字化将表现出更强的生命力，助力产业互联网展现提升效率、扩大市场两方面的价值。

三是跨境电子商务进入广泛发展阶段。中央及地方将继续加大对跨境电子商务的政策促进力度，全国企业均有机会参与跨境电子商务创新创业。在市场层面，营销、交易、交付在线化应用在外贸进出口领域全面铺开，跨境电子商务网络零售及 B2B 贸易将呈现出各有侧重、多种方式并行的宽口径发展态势；传统企业及传统品牌将加速探索布局，依托跨境电子商务走向国际市场。

四是产业区域转移现象日趋明显。受经营成本及电子商务普及程度双重影响，家乡回流及功能中心内迁两大机遇值得中小城市及内陆地区关注，其电子商务经营者数量将呈现逐年增长态势，一线城市电子商务产业则向高端迈进。

五是《电子商务法》与国家减税降费措施将明显发挥作用，引导电子商务经营者规范履行工商登记与税收义务。

# 电子政务发展情况

**【政策法规建设】**

2018 年以来，国务院出台了一批与政务服务相关的政策文件，进一步明确了电子政府发展方向，规范了我国电子政务发展环境。

2018 年 6 月，国务院办公厅印发《进一步深化“互联网+政务服务”推进政务服务“一网、一门、一次”改革实施方案的通知》，就加快推进政务服务“一网通办”、企业群众办事“只进一扇门”“最多跑一次”等进行部署。

2018 年 7 月，国务院发布《关于加快推进全国一体化在线政务服务平台建设的指导意见》，就深入推进“互联网+政务服务”、加快建设全国一体化在线政务服务平台、全面推进政务服务“一网通办”进行部署。

2018 年 10 月，国务院印发《关于调整全国政务公开领导小组组成人员的通知》，明确领导小组办公室设在国务院办公厅，其职责包括：承担领导小组日常工作，负责研究提出推进全国政务公开工作的政策建议，督促落实领导小组议定事项，承办领导小组交办的其他事项。

2018 年 12 月，国务院办公厅印发《关于推进政务新媒体健康有序发展的意见》，明确到2022年，要建成以中国政府网政务新媒体为龙头、整体协同、响应迅速的政务新媒体矩阵体系，全面提升政务新媒体的传播力、引导力、影响力、公信力，打造一批优质精品账号，建设更加权威的信息发布和解读回应平台、更加便捷的政民互动和办事服务平台，形成全国政务新媒体规范发展、创新发展、融合发展的新格局。

2019 年 4 月，国务院发布《关于在线政务服务的若干规定》，提出政务服务事项全国标准统一，规范化、标准化编制办事指南，实现电子证照跨地区、跨部门共享和全国范围内互信互认等。

2019 年 4 月，国务院发布修订后的《中华人民共和国政府信息公开条例》，此次对条例的修订加大了政府信息公开力度，既在公开数量上有所提升，又在公开质量上有所优化；积极回应人民群众对于政府信息公开的需求，体现近年来政府信息公开工作的新进展、新成果，解决在实践中遇到的突出问题。

## 【应用系统建设】

### （一）国家电子政务外网

政务外网覆盖率和业务承载力持续提升。政务外网连接 31 个省份和新疆生产建设兵团。截至 2018 年 12 月，31 个省份和县（市、区、旗）接入政务外网的总数已分别达到 334 个和 2851 个，地市级和区县级政务外网覆盖率均达到 100%。新疆生产建设兵团所属师（相当于地、市）和团（相当于区、县）政务外网覆盖率也达到 100%。截至 2019 年 6 月，政务外网已承载全国性业务应用 60 项，接入中央部门和相关单位共 149 家，接入全国政务部门约 25.2 万个。此外，为贯彻落实国务院有关文件要求，根据国务院办公厅电子政务办公室部署，国家外网管理中心还组织开展了全国政务外网互联网区 IPv6 改造工作，支持中央、省级政务部门 IPv6 门户网站部署。

国家数据共享交换平台支撑跨部门、跨地区、跨层级的信息共享与业务协同应用。截至 2019 年 6 月底，在前置接入方面，平台共接入 76 个中央政务部门和 32 个省级平台。在目录资源挂接方面，平台汇聚发布部门共享目录 16497 条，资源挂接率为 57.19%。其中，挂接服务接口 1014 个，库表资源达 2244 个，上传文件 9466 个。在服务申请受理方面，累计受理 60 个部门、31 个省（自治区、直辖市）和新疆生产建设兵团数据共享申请 6090 次，授权通过申请 4455 次。在数据共享交换方面，通过服务接口方式累计面向 27 个部门和 31 个省（自治区、直辖市）提供查询 / 核验 4.66 亿次，通过前置区库表和文件交换方式累计提供库表交换 448.99 亿条、文件交换 79.89TB。

全国信用信息共享平台为我国信用信息体系建设提供了重要支撑。一是构建信用信息“枢纽站”。平台累计归集各类信息约 368.83 亿条，收录信用目录 8568 条，向有关部门和地方开通查询接口 67 个，调用法人信息约 1.5 亿次，调用黑名单及双公示信息约 1300 万次，每周持续向有关部门和地方更新各类黑名单、红名单、行政许可、行政处罚和统一社会信用代码等，经常性地为各部门提供数据叠加、校核比对、名单拆分等服务。二是促成联合奖惩“参谋部”。截至 2018 年 12 月底，全国法院执行案件到位金额达 4.4 万亿元，累计约 351 万名失信被执行人慑于信用惩戒主动履行法律义务，1417 名税务黑名单当事人主动缴清税款、滞纳金和罚款，37 名证券期货市场违法当事人主动缴纳罚没款，92 名限制乘坐火车、民用航空器乘客主动补足相关票款、履行法律义务。三是打造信用信息“宣传窗”。信用中国网站累计访问量超过 200 亿人次，日点击量稳定在 5000 万人次左右，Alexa 全球综合排名提升到约 8677 名，网站的社会影响力不断扩大。

### （二）“金审”工程

加强基础支撑环境和标准规范建设。基础支撑环境已基本搭建完成，设备到货验收安装部署、成品软件采购安装等工作顺利开展；审计综合作业平台、国家审计数字化管理平台、审计综合研究系统和综合服务支撑系统等分（子）系统需求分析、设计、开发等工作已基本完成。编制、发布了《金审工程三期项目应用系统支撑环境建设指南》《金审工程三期项目应用系统部署实施指南》《金审工程审计软件开发指南》等 20 余项工程技术类标准规范，为工程建设明确了操作规程和技术标准；编制、印发了 22 个审计数据规划，包括《国家审计信息资源基本规划》《中央部门预算执行审计数据规划》等，为互联互通、共享共用奠定了良好基础。

审计署指导地方“金审”工程建设有序推进。一是多次组织地方审计机关开展地方部署实施集中研讨，就应用系统建设需求、建设过程中存在的困难和问题等深入开展讨论，逐一解答地方审计机关提出的疑问，有效解决地方审计机关工程建设的瓶颈和障碍。二是搭建地方部署技术支持研究环境，充分落实“统一规划、两级部署”总要求，形成“前方部署实施、后方研究支援”的工作模式，提高效率、积累经验。三是广泛开展调查研究，已完成对 32 个省（自治区、直辖市）地方审计机关的调研，摸清了地方审计机关建设进展，提供了有针对性的支持和帮助，解决了实际问题。以对口援建方式，解决了新疆生产建设兵团和西藏自治区信息化建设基础薄弱、人才短缺的问题，推进全国审计机关信息化建设“一盘棋”工作。

加大审计系统政务资源整理力度。根据《促进大数据发展行动纲要》要求和政务信息系统整合共享推进小组工作安排，审计署组织完成了所承担的 16 家单位和地方的信息系统整合共享督导工作，完成了 8 个地市级、6 个区县级单位的群众办事堵点问题暗访调研工作；组织编写了《审计署关于加强信息系统审计的指导意见》，以促进政务信息系统整合、安全和绩效为目标，落实《促进大数据发展行动纲要》和《政务信息系统整合共享实施方案》的相关要求。

### （三）“金保”工程

积极推进社会保障一卡通工作。截至 2018 年 12 月底，全国社会保障卡（以下简称社保卡）持卡人数达 12.3 亿人，普及率达 88%，覆盖全国所有地区，完成了年度发卡任务。加快推进第三代社保卡发行和应用工作，联合人民银行在 23 个省份先行启动第三代社保卡建设。全国社保卡线上身份认证与支付结算服务平台上线运行，2018 年 4 月签发了全国首张电子社保卡。截至 2018 年 12 月底，已有 24 个省份的 285 个地区接入国家平台，累计签发电子社保卡 141 万张。开展“提升社保卡服务能力”专项行动，提高社保卡制发效率，健全快速发卡机制，完善异地服务流程。按照党中央、国务院文件要求，支持海南、雄安新区推动建设以社保卡为载体的“一卡通”服务管理模式。

业务系统建设和应用步伐加快。推进全国公共招聘网联网实施，截至 2018 年 12 月底已接入 292 家公共就业和人才服务机构。加快推进跨地区社会保险信息系统联网应用和协作处理，进一步提升基金管理风险防控能力。社会保险关系转移系统 2018 年累计转移城镇职工养老保险 133.4 万次，转移医保关系 2.7 万次，下载军人退役养老保险信息 70.3 万条；养老保险参保待遇状态比对查询服务系统累计响应查询请求 1.2 亿人次；异地退管系统累计办理协助认证结果 29.9 万笔。加强人事人才信息化建设的统筹规划，印发《关于加快推进流动人员人事档案信息化建设的指导意见》（人社厅发〔2018〕102 号）、《职称评审信息化建设方案》（人社厅函〔2018〕188 号）；制定《2018—2020 年“互联网+调解仲裁”行动计划》，启动全国在线调解服务平台建设工作，建成调解仲裁信息监测系统。

信息资源服务和共享应用成效显著。截至 2018 年年底，全国就业监测数据已覆盖 5.3 亿名劳动者，养老保险、医疗保险、失业保险、工伤保险、生育保险联网监测数据上报量分别达到 9.2 亿人、9.5 亿人、1.8 亿人、2.1 亿人、1.8 亿人。

各地已上传 13.5 亿条实际有效人员基础信息、32.5 亿条参保信息至全民参保登记数据库。

根据人力资源和社会保障部政务信息资源目录，在国家数据共享平台上传 4 类 18 份无条件共享文件，发布社保卡状态查询等 7 类 17 个共享接口，已受理 170 次各部门的数据服务申请。根据国家个税改革要求，建设人社、税务数据交换平台，与国家税务总局“总对总”对接，按期落实共享任务，实现对外国人就业、职业资格、技工院校学籍等信息的查询与核验。与教育、公安、司法、铁路、民航等部门开展信息共享比对工作，运用大数据技术探索社保待遇资格“数据认证”模式。充分利用国家人口库数据，完成上亿人次的异地生存状态核验及持卡人员信息核查工作。

（四）“金民”工程

2018 年以来，民政部严格执行国家各项规章制度，不断建立健全项目组织管理体系，加快推进项目招标采购和建设实施，取得阶段性工作进展。

建设完成“金民”工程项目管理制度。围绕项目管理需要，结合国家及民政部有关项目管理规定，制定完成《金民工程项目管理办法》等 6 项管理制度，明确项目组织机构、管理流程、采购流程、招标规程等内容，为有序、规范、高效推进项目建设提供了制度保障基础。

全方位、多层次开展调研交流，充分借鉴信息化领域专家和地方民政部门信息化建设经验，组织专家论证会议，召开地方民政部门人员座谈交流会议，听取意见和建议，深化、细化招标技术需求和设计方案，强化系统建设内容，有效提高招标文件编制质量，为“金民”工程建设科学化、规范化提供了保障。

全面推动系统软件开发项目招标采购，细化编制项目招标采购方案和计划，并按照民政部招标采购有关规定，委托指定代理机构组织开展招标采购工作，已完成项目监理、标准规范、系统集成、应用支撑平台、应用系统开发、民政业务运行管理中心业务用房改造项目等 17 个标段的招标采购任务。

稳步推进各项任务建设，按照国家发展改革委 55 号令的要求，组织开展项目实施工作，通过合理安排阶段任务，制定时间表、路线图，明确组织架构、人员队伍和职责任务等内容，稳步推进项目各项任务建设实施，已完成 50%的应用软件系统的开发建设，编制完成“金民”工程一期项目试点方案，部署推进先行先试，同步编制“金民”工程一期项目培训方案，加快系统推广应用。

利用信息化手段提升项目管理水平。开发项目管理系统，对项目管理涉及的流程、档案、资金等各方面进行全方位管理，提高项目管理规范化和现代化水平。同时，开发业务流程与原型管理系统，对民政业务服务事项等有关具体业务流程进行全面梳理，实现民政重点业务的全流程、全要素、可视化展示，为开展民政业务需求分析、流程优化再造提供技术支撑。

（五）财政系统

财政系统信息化建设顶层设计得到加强。积极开展财政大数据应用，初步完成财政大数据应用规划设计，明确了未来 3～5 年的具体目标，以数据共享开发为突破口，持续开展财政大数据专题应用，逐步形成覆盖全面、业务协同、上下贯通、开放共享的财政大数据发展格局；基本形成《财政信息系统集中化推进方案》，全面摸清全国财政信息化建设与应用情况，找准问题，研究制定《财政信息系统集中化推进方案》，明确了“以问题为导向，以集中整合为手段，以大数据应用为抓手，全面提升财政主要业务应用”的具体路径，为着力解决分散建设问题、构建现代财政网信体系奠定了基础。进一步健全标准规范体系，修订了《财政部网络安全和信息化建设管理办法》《财政业务基础数据规范 3.0》，制定了《财政部信息资源共享管理办法》，印发了《财政网络与信息安全信息通报管理办法》《财政应用系统安全开发规范》《财政部应用系统生命周期安全管理办法》。

加快推进信息系统整合和信息资源共享。一是做好信息系统整合。优化完善门户系统功能，强化门户系统对应用系统登录的整体监测，提升系统整合能力和用户体验；持续推进报表系统整合，新增 5 项报表任务整合上线，同步推进统一报表系统在地方的部署实施，支撑数据采集效率和统计分析能力不断提升。二是做好信息资源共享。推进财政部信息资源共享平台建设，逐步建立财政信息资源目录支撑体系和共享交换体系，实现信息资源财政部内外共享使用；开展财政部政务服务平台与国家政务服务平台对接工作，形成实施方案，明确对接内容。

推动应用支撑平台升级实施。一是完善、优化平台功能、性能。结合平台在试点和应用中反馈的意见和建议，优化、完善平台基础数据管理组件、总账组件、标准存储组件、交换组件等方面相关功能，进一步提升平台的底层技术支撑能力和运行效率。二是组织推动地方平台升级实施。加强与地方的沟通交流，掌握进展情况，协调解决问题，各地均已完成平台新版本升级改造。

### （六）税务系统

深入推进应用业务系统建设。落实“放管服”等各项改革工作部署，发挥“金税”三期工程硬核实力，保障减税降费优惠政策顺利落地。大力推进电子税务局建设，拓展网上办税功能，根据国税地税征管体制改革工作要求，国家税务总局指导各省完成国税地税各类网上办税系统渠道、界面、登录“三整合”，进一步建成全国范围内规范、统一的电子税务局，实现界面标准统一、业务标准统一、数据标准统一、关键创新事项统一，为纳税人提供了更丰富的办税功能和更优化的办税体验。实现决策系统机生机汇，打造减税降费统计核算铁账本。国家税务总局依托“金税”三期工程决策支持系统，采用直接获取征收系统数据的方式，真实记录减税降费的各项业务数据，统一核算口径、从源头把关数据、用报表自动生成汇总，实现逐户自动计算。

稳步推进信息化重点工程建设，启动建设自然人税收管理系统。2018 年，国家税务总局启动并上线个税系统建设，依托云计算和大数据技术，初步建成全国应用大集中模式的个税系统。其特点是“一个云平台；二个处理中心（业务中心和数据中心）；三类集成方式（功能集成、服务集成和数据集成）；四条办税渠道（手机端、网页端、客户端、大厅端）”。截至 2019 年 7 月，手机端累计注册 8005 万人，累计填报专项扣除信息 7078 万人。优化整合“金税”三期系统，持续开展信息系统升级完善。截至 2019 年 4 月，“金税”三期系统并库工作收官，系统性能得到有效验证。

“金税”三期系统并库通过优化系统性能、整合业务和数据，实现国税地税“金税”三期系统数据库的“两库并一库”、纳税人信息的“两户变一户”、征管模式的“两套合一套”，完成国税地税征管模式、工作流程、岗责体系的规范统一。建设全国统一的社保费金三标准版系统。金三标准版系统包括“一个平台”“六个子系统”，具体包括社保费信息共享平台、管理子系统、征收子系统、决策支持子系统、税库银子系统、税银子系统、单位缴费人申报客户端子系统。金三标准版系统支持“自行申报”和“核定征收”两种模式，满足各地社保费征管的基本要求，同时开发、开放特色标准接口，方便各地开展个性化业务特色软件开发工作。

### （七）电子检务

2018 年，检察院系统紧紧围绕服务检察办案和满足人民群众需求，把电子检务工程作为推动检察工作科学发展的重大基础性工程，逐步推动完成建设任务并深化应用，检察工作信息化、智能化水平得到显著提升。

最高人民检察院本级建设情况。在全部 28 个项目中，网络和安全平台、运行支撑平台、智能语音云平台软件研发、智能语音云平台硬件设备及系统集成、保密平台、全国检察机关印章管理系统、运维管理平台、“12309”检察服务中心、司法鉴定云服务系统和检察科技管理系统、网上信访系统、检察办公信息系统、档案管理系统、“两法衔接”分析研判系统、检察大数据分析决策支持平台、检察专网门户网站、互联网门户网站 16 个项目已完成终验，应用支撑平台、队伍管理信息系统、检务保障信息系统、国家检察官学院检察教育和文献资源共享系统补充采购、网管中心视频调度管理显示系统改造工程、侦查指挥平台、国家检察官学院检察教育和文献资源共享系统、系统集成 8 个项目已完成初验，统一业务应用系统拓展升级、统一业务应用系统 2.0 项目核心功能、离退休干部管理信息化平台 3 个项目正在实施，网间数据单项传输项目正在招标。同时，积极推进最高人民检察院本级工程总体验收工作，截至 2019 年 7 月，已完成工程总体初步验收，在推进各项目建设实施和验收工作的同时，正在进行总体终验准备。

各地电子检务工程建设情况。在各级检察机

关的共同努力下，电子检务工程总体建设任务基本完成，检察机关信息化基础设施得到显著增强，信息化应用水平得到明显提升。截至2019年7月，大部分地方已基本完成建设任务，进入验收阶段。在32个省级检察院中，天津、河北、黑龙江、浙江、重庆、陕西6个省（直辖市）已完成全部电子检务工程建设任务并通过了总体验收。吉林已完成全部建设任务和全部单项验收，根据本省政策不再组织整体验收。北京、江苏、广东、海南、贵州5个省（直辖市）已基本完成建设任务和分项验收，正在进行总体验收准备。山西、内蒙古、上海、安徽、山东、河南、湖北、广西、云南、甘肃、青海、宁夏、新疆13个省（自治区、直辖市）完成了大部分建设任务，多数项目通过了分项验收。辽宁、福建、江西、四川、西藏5个省（自治区）和新疆生产建设兵团完成了部分项目建设任务和单项验收工作，部分项目处于实施阶段，正在全力推进；湖南已完成工程招标，整体处于实施阶段。

（八）政府网站

2018年，各级政府认真贯彻“互联网+政务服务”、《政府网站发展指引》及政务公开等相关政策要求，积极探索、狠抓落实，部委政府网站建设管理工作取得明显成效，网站整体发展持续朝着高水平迈进。

政府网站成为提升政务服务水平的重要平台。政府部门遵照政策要求，根据自身实际情况，持续推进“互联网+政务”服务建设，积极推动各级政府部门通过跨部门、跨地域资源融合、平台融合的方式实现数据共享和业务协同，开展政务服务事项网上“一站式”办理。生态环境部行政审批事项全部接入“互联网+政务服务”平台，有力推动了“一网、一门、一次”改革落地。公安系统坚持“放管服”改革与互联网科技相融合，深入推进“互联网+公安政务服务”工作，优化升级网站办事服务功能，切实提升网站办事服务效能，整合各层级公安机关网上办事系统，汇聚各警种在线办事服务资源，进一步健全业务种类、拓展服务范围、打通用户体系。

政府网站集约化建设特点更加明显。生态环境部建成部网站群，将部属单位共40个门户网站全部纳入部网站群，实现统一技术规范、统一技术平台、统一运维管理、统一安全防护，降低了运行成本，提升了服务能力和管理水平。海关总署推进机构改革期间门户网站内容和服务的整合工作，以“集中展现、全面清晰、方便查找”为目标，快速融合，服务不断，及时上线了包括检验检疫职能信息内容的新海关网站。自然资源部门户网站于2018年11月正式上线运行，整合了国土资源、海洋、测绘网站等重要政务信息4.5万余条，新建栏目8506个，归类数据27.8万余条，2018年发布各类信息42万余条，实现了从形式到访问入口，再到内容、服务、页面等的统一融合。截至2018年12月，省级及以下行政单位政府网站数量较2017年年底缩减25.6%，超过2/3的网站已经或正在向上级主管网站、本级门户网站进行整合。

政府网站建设加速与信息技术融合。大数据、人工智能等新一代信息技术在政府网站建设中得到了充分应用。地震局门户网站基于地震云计算大数据平台，同时开展地震速报预警、自动编目、分析会商、云视频、公共服务等核心应用业务验证，为后续业务应用转型升级提供范式。国家发展改革委、商务部、林业和草原局等网站通过自然语言处理等相关技术，提供智能咨询服务功能，自动解答用户咨询。水利部、交通运输部等部委网站优化搜索技术提升站内搜索效果，初步实现了错别字自动纠正、关键词推荐和通俗语言搜索等功能，在一定程度上实现了信息服务资源聚合，体现了“搜索即服务”的理念。

政府网站成为解读政策回应关切的重要窗口。2018年，52个部委网站共计发布解读材料、解读产品及媒体评论文章等政策解读信息7314条，平均每个网站发布解读信息140.7条；回应公众关注热点或重大舆情信息1886条，平均每个网站发布回应信息36.3条。例如，公安部充分发挥门户网站听取民意、了解民愿、汇聚民智、回应民声的积极作用，积极组织开展在线访谈、意见征集、警事咨询等，加强与公众的互动交流，增进公众对公安工作的理解和支持；在重要政策文件发布时，同步发布有关负责人答记者问、图解等解读材料，方便公众更加清晰地掌握政策文件的重点内容和精神实质。

# 信息安全发展情况

信息安全是指保护信息、信息系统和网络的安全以避免未授权的访问、使用、泄露、破坏、修改或销毁。信息安全技术是指用于保障信息、信息系统和网络安全的技术。信息安全产品是指保障网络安全的软件、固件或硬件及其组合体，能够提供网络安全相关功能，并且被应用或组合到网络信息系统中。信息安全服务是指为保障信息安全所提供的服务，包括信息系统安全的规划设计、咨询、测试评估、实施、运维，以及相关的预警、监测、响应、恢复、培训教育等服务内容。信息安全产业是指从事信息安全技术研究开发、产品生产经营及提供相关服务的产业。

## 【总体发展情况】

### （一）产业规模

长期以来，国家高度重视信息安全技术及产业发展，2016 年 4 月 19 日，习近平总书记在中央网络安全和信息化工作座谈会上的讲话为信息安全产业发展指明了方向。2017 年 6 月 1 日，《中华人民共和国网络安全法》正式施行，为我国信息安全产业发展奠定了坚实的法律基础，成为引领我国信息安全产业发展的纲领性文件。2018 年 6 月，《网络安全等级保护条例（征求意见稿）》对外发布，对网络安全防范能力和水平提出了更高要求，为信息安全产业的发展营造了更广阔的空间。2018 年，在国内外复杂形势下，市场需求空间持续释放，我国信息安全产业保持高速发展势头，业务收入突破 1500 亿元，达到 1698 亿元，同比增长 14.8%，如表 1 所示。

**表 1　2017—2018 年我国信息安全产业业务收入及增长情况**

| 年　份 | 2017 年 | 2018 年 |
|---|---|---|
| 业务收入（亿元） | 1479 | 1698 |
| 增速 | 14% | 14.8% |

数据来源：赛迪智库整理，2019 年 2 月。

### （二）产业结构

2018 年，随着大数据、云计算、人工智能、区块链等新一代信息技术融合创新不断加速，我国信息安全产品种类不断丰富和健全，产品涉及大数据安全、物联网安全、云计算安全、安全管理中心（SOC）、人工智能安全、区块链安全等众多领域，服务类型趋于多样化，覆盖事前预警、事中监测、事后运维等众多环节，从芯片、数据、网络、平台、管理、应用到服务的信息安全产业链条逐步完善。2017—2018 年我国信息安全产业结构分布情况如表 2 所示。

**表 2　2017—2018 年我国信息安全产业结构分布情况**

单位：万元

| 产业业务 | 2017 年 | 占　比 | 2018 年 | 占　比 |
|---|---|---|---|---|
| 基础类安全产品 | 1037724 | 11.5% | 1308726 | 12.6% |
| 终端与数字内容安全产品 | 778572 | 8.7% | 862097 | 8.3% |
| 网络与边界安全产品 | 1972439 | 22.0% | 2295464 | 22.1% |
| 专用安全产品 | 1302823 | 14.5% | 1526847 | 14.7% |
| 安全测试评估与服务产品 | 275522 | 3.1% | 321988 | 3.1% |
| 安全管理产品 | 936606 | 10.4% | 1049058 | 10.1% |
| 安全运维服务 | 1479359 | 16.5% | 1672261 | 16.1% |
| 其他信息安全产品及相关服务 | 1202002 | 13.3% | 1350273 | 13% |
| 总计 | 8985047 | 100% | 10386714 | 100% |

数据来源：赛迪智库，2019 年 2 月。

（三）产业集群

我国信息安全产业集聚度呈现逐步上升态势。网络信息安全产业属于典型的知识和技术密集型产业，受人才、技术、资金等因素影响较大，产业发展门槛较高，大多分布在软件和信息技术服务业发达的地区。2018 年，北京、四川、山东、浙江、陕西、广东、江苏、上海居全国信息安全产业业务收入的前 8 位，其信息安全产业业务收入将近占全国信息安全产业业务总收入的 90%。

从北京来看，2018 年，北京扎实推进网络安全产业园区建设工作，致力于深化多方合作，打造良好的网络安全产业发展生态，持续完善网络安全产业园区政策，充分调动网络安全企业、网络运营商、高校、科研机构、金融机构等主体的积极性，协同打造“政产学研用”一体化网络安全产业发展生态。网络安全产业园区分布于海淀区四季青镇、通州区西集镇，占地面积约 7330 亩，建筑面积约 440 万平方米。园区重点定位发展网络安全“高精尖”产业，到 2025 年要建成国家安全战略支撑基地、国内领先国际一流的网络安全研发基地、网络安全高端产业集聚示范基地、网络安全领军人才培育基地、网络安全产业制度创新基地“五个基地”，力争打造成支撑国家经济社会发展、引领网络安全技术产业发展的战略高地。

从中西部地区来看，以成都、武汉、西安为代表的中西部城市加速布局信息安全产业，呈现出高速发展势头。2018 年，武汉作为中央网信办授牌的国家网络安全人才与创新基地（以下简称“网安基地”），依托“网络安全学院+创新产业谷”的创新发展模式，整体迈入建设运营阶段。其中，网络安全人才培训基地规划建设“网络安全学院”“网络安全人才培训中心”“网络安全研究院”等；网络安全人才培训中心建设集学历教育、在职培训、研发中心、孵化平台于一体的“科教+科创”人才高地，打造成网络安全人才培养的“黄埔军校”。“国际人才社区”是网安基地引进人才的重要配套工程，主要以网络安全人才为服务对象，打造一个便于交流和交往、环境优雅的高端人才社区，为相关人才提供住房保障。

2018 年 7 月，西安全面深化与 360 集团的战略合作，打造国家网络空间安全创新基地，共建网络空间安全的产业、运营、教育培训基地和研发中心。360 集团依托西安高校、人才、科研院所资源，以网络安全为先导，加快推动网络安全教育、培训、服务产业发展，强化“政产学研用”全面结合，助推西安打造全国网络安全示范基地。360 集团在西安积极实施“大安全”战略，在西安建设三大“中心”，主要包括与西安市政府联合建立“网络空间安全技术创新中心”“IoT 产业应用示范中心”和“西安市网络安全运营中心”。

2018 年 9 月，成都成功举办了全国网络安全宣传周活动，主要包括 2018 年网络安全博览会、网络安全技术高峰论坛、“巅峰极客”网络安全技能挑战赛、网络安全宣传周趣玩空间、网络安全社区科普示范活动、网络安全微课征集活动等一系列活动。通过该项活动，系统化呈现成都在网络安全顶层设计、产学研结合、城市运用、产业生态建设等方面的发展历程和成就，涵盖城市智慧治理、创新技术与产品，充分展示成都作为国家中心城市和全国网络安全重点城市带头落实和坚定服务国家战略的担当和成果。成都信息安全产业已构建起以高新区南部园区、天府新区成都直管区、双流区为主体聚集区与核心发展区，以武侯区、锦江区为产业协作区的“1+2”空间布局，助推成都打造多领域、全覆盖的网络信息安全产业聚集中心。四川大学、电子科技大学、成都信息工程大学等拥有网络信息安全学科的高校和科研院所，已经形成了完整的涵盖博士、硕士、学士等各层次学历培养的网络信息安全专业人才输送体系。截至 2018 年 9 月，成都网络信息安全从业人员超过 4 万人，各类网络信息安全认证人员逾 8000 人，为网络信息安全产业发展积累了雄厚的人才实力。2018 年，随着绿盟科技等企业投资建设安全运营中心，成都建立起面向全国的以数据驱动为基础、以安全运营为手段、以态势感知为支撑、以安全人员为核心、以协同联动为特征的安全体系，成为国内重要的网络信息安全运营服务基地。此外，2018 年 9 月，成都出台了《成都市网络信息安全产业发展规划（2018—2022 年）》，涉及网络信息安全产业发展的方方面面，提出实施自主可控产业培育工程、检测认证等第三方服务培育工程、网络可信服务建设工程、工控安全技术应用示范工程、政务数据安全应用示范工程等六大工程，围绕自主可控、物理安全、密码产品、身份与访问控制、安全测评、安全监测、工控安全、云计算安全、大数据安全等方面加强重点布局，并提出到2022年将成都打造成为西部领先、国内一流的网络信息安全产业高地，为建设“中国网络信息安全之城”提供产业支撑。

（四）政策环境

1．坚持自主创新推进信息安全产业发展

全面贯彻落实习近平总书记关于网络强国的重要思想，深刻认识发展网络信息安全产业的重要意义，突出创新驱动引领网络信息安全产业发展，强化网络安全基础技术、通用技术、关键核心技术创新研究，积极开展新兴融合应用网络安全技术研发布局，构建多领域、多层次网络安全技术创新体系。2018年4月，全国网络安全和信息化工作会议在北京召开，习近平总书记出席并发表重要讲话，强调维护网络安全，推动信息领域核心技术突破，加强网信领域军民融合，主动参与网络空间国际治理进程，自主创新推进网络强国建设。

2．国家网络信息安全法律法规逐步建立健全

2018年3月，全国人民代表大会常务委员会工作报告指出，检查《网络安全法》等相关法律实施情况，继续加强立法工作，制定《外国投资法》和《电子商务法》。2018年4月2日，国务院办公厅发布《科学数据管理办法》，进一步加强和规范科学数据管理，保障科学数据安全，提高开放共享水平。2018年4月17日，公安部发布《网络安全等级保护测评机构管理办法》，共4章50条，内容涉及测评机构申请、测评机构和测评人员管理、监督管理、法律责任等内容。2018年6月27日，公安部发布了会同有关部门起草的《网络安全等级保护条例（征求意见稿）》，要求网络安全等级保护工作应当按照突出重点、主动防御、综合防控的原则，建立健全网络安全防护体系，重点保护涉及国家安全、国计民生、社会公共利益的网络基础设施安全、运行安全和数据安全。同时，《网络安全等级保护条例（征求意见稿）》将网络分为5个安全保护等级，要求网络运营者依法开展网络定级备案、安全建设整改、等级测评和自查等工作，采取管理和技术措施，保障网络基础设施安全、网络运行安全、数据安全、信息安全，有效应对网络安全事件，防范网络违法犯罪活动。2018年9月7日，全国人民代表大会常务委员会发布《第十三届全国人民代表大会常务委员会立法规划》，主要涉及密码法、个人信息保护法、数据安全法、人工智能等。2018年11月30日，公安部网络安全保卫局发布《互联网个人信息安全保护指引（征求意见稿）》，旨在深入贯彻落实《网络安全法》，指导互联网企业建立健全公民个人信息安全保护管理制度和技术措施，有效防范侵犯公民个人信息的违法行为，保障网络数据安全和公民合法权益。

3．国家信息安全标准规范进一步完善和细化

2018年1月，全国信息安全标准化技术委员会秘书处编制发布了《网络安全实践指南——CPU熔断和幽灵漏洞防范指引》，就受熔断和幽灵漏洞威胁的4类典型用户给出了详细的防范指引，并提供了部分厂商安全公告和补丁链接。2018年5月1日，《信息安全技术个人信息安全规范》（GB/T 35273—2017）正式实施，以国家标准的形式明确开展收集、保存、使用、共享、转让、公开披露等个人信息处理活动应遵循的原则和安全要求，对个人信息定义、安全基本原则、收集、保存、使用、委托处理、共享、转让、公开披露、事件处置和对组织的管理要求加以规定。2018年5月25日，全国信息安全标准化技术委员会发布了《网络安全实践指南——欧盟GDPR关注点》，介绍了GDPR适用的场景、核心内容和关注点。2018年6月7日，全国信息安全标准化技术委员会归口的《信息安全技术公钥基础设施数字证书格式》等7项国家标准正式发布。2018年6月13日，全国信息安全标准化技术委员会发布了《信息安全技术关键信息基础设施网络安全保护要求（征求意见稿）》，向社会公开征求意见；标准共4部分内容，分别对范围、术语、定义和关键信息基础设施安全保护基本要求等内容进行规定。2018年10月10日，国家市场监督管理总局、国家标准化管理委员会对外发布《智慧城市信息技术运营指南》等23项国家标准，包括智慧城市、信息安全、循环经济等多个领域的国家标准。

4．国家顶层政策利好不断，网络和信息安全

迎来良好的发展机遇

2018 年 1 月 22 日，中央政法工作会议提出 4 项工作部署，主要包括：维护网络意识形态安全；打击防范网络犯罪；保护国家关键信息基础设施安全；加强网络治理能力建设。2018 年 4 月 13 日，中央网信办与证监会联合印发《关于推动资本市场服务网络强国建设的指导意见》，推进资本市场为网络和信息安全企业发展提供支撑。2018 年 6 月 20 日，中国国家认证认可监督管理委员会、工业和信息化部、公安部、国家互联网信息办公室发布了《承担网络关键设备和网络安全专用产品安全认证和安全检测任务机构名录（第一批）》，包括 16 家单位，从网络安全认证检测方面提升网络安全综合服务能力。

**【发展特点】**

（一）规模特点

产业规模保持快速发展势头。2018 年，中国信息安全产业规模首次突破 1000 亿元，年增速超过 15%，基本与我国软件和信息技术服务业保持同步发展。同时，信息安全产品服务化、网络化、智能化趋势凸显，信息安全服务对产业规模的带动效应更加明显。面向政务、金融、电信、能源、工业制造、物联网等领域，针对信息安全规划咨询、信息安全策略分析、信息安全态势感知、信息安全审计服务、信息安全运维等的服务需求更加强烈，信息安全软硬一体化、融合化发展趋势凸显。

（二）结构特点

随着我国信息技术不断演进和发展，信息安全面临更加严峻的挑战，用户 IT 系统环境更加复杂，被攻击的脆弱点与日俱增，安全产品简单累加起到的防护效果十分有限，安全服务在构建有效、全面、纵深的安全防护体系方面的地位和作用更加显著。安全运维管理服务已逐渐将应急响应、系统维护、安全加固、安全检查等服务融为一体，并保持快速增长的发展态势。驻地安全运维服务、周期性巡检服务、渗透评估服务、安全加固服务等已成为安全运维管理服务的主要形式和重点方向。

（三）市场特点

新兴领域市场空间不断拓展，需求持续释放。2018 年，国内信息安全市场除传统的网络安全、终端安全、数据安全等领域外，以云安全、大数据安全、物联网安全、工业互联网安全、量子信息安全等为代表的新兴领域市场不断涌现，且呈现高速发展态势。在云安全方面，当前针对云管理平台、企业 SaaS 和 PaaS 平台的攻击日益加剧，云计算虚拟化、服务外包、资源共享、多租户的安全隔离等方面的安全需求不断提高，针对云环境的虚拟化安全产品和服务具有广泛发展前景。在物联网安全方面，随着万物互联时代的来临，以及物联网领域各种协议标准的失效，物联网设备安全风险剧增，面向物联网厂商提供身份认证、可信芯片、加密通信等安全技术、产品和服务的市场需求日益扩大。

# 部委篇

# 教育信息化发展概况

2019年，是中华人民共和国成立70周年，是全面建成小康社会、实现第一个百年奋斗目标的关键之年，是深入贯彻落实全国教育大会精神的开局之年，是教育系统深入实施“奋进之笔”、攻坚克难、狠抓落实的重要一年。教育系统深入贯彻落实党中央、国务院战略部署，深入实施《教育信息化“十三五”规划》和《教育信息化2.0行动计划》，加快推进教育信息化发展，各项工作取得可喜进展。

## 【教育信息化统筹部署】

切实发挥统筹作用，服务网信重大战略部署。教育部组织召开了网络安全和信息化领导小组第五次会议，通过了教育部网信领导小组成员调整方案，审议并发布了《2019年教育信息化和网络安全工作要点》；在云南省昆明市组织召开了2019年全国教育信息化工作会议，部署深入实施《教育信息化2.0行动计划》；在贵州省黔西南州组织召开全国民族地区教育信息化应用现场经验交流会，出版《民族教育信息化应用案例》。与联合国教科文组织联合在北京举办了国际人工智能与教育大会，通过了成果文件《北京共识》；发布了《中国教育信息化发展报告（2018）》；继续推进IPv6规模部署，中国教育和科研计算机网组织41个核心节点高校基本完成CERNET2主干网的IPv6升级改造。

## 【数字资源服务普及行动】

一是国家教育资源公共服务平台已开通教师空间1339万个、学生空间630万个、家长空间589万个、学校空间40万个；积极推进国家数字教育资源公共服务体系试点工作，目前已接入上线各级平台150个，其中，省级平台25个，市级平台52个，区县级平台72个；成立国家数字教育资源公共服务体系联盟，更新完善了《国家教育资源公共服务体系建设技术规范》。国家体系面向全社会广泛开展优质资源汇聚，已汇聚290家单位共457个教学应用，已与61家单位的111个应用完成技术对接。二是深入开展2019年度“一师一优课、一课一名师”活动，参与教师超过228万人，晒课314万堂，遴选部级优课10005堂。三是推进职业教育专业教学资源库建设，91个资源库新申报项目、11个升级改进项目立项，20个资源库建设项目、7个升级改进项目通过验收。将“职业岗位核心能力精品课”纳入“全国教育教学信息化交流展示活动”进行整体组织和推进，18个省份的43所职业院校提交了514件作品参加评选。四是2019年4月在北京举办中国慕课大会。在校生和社会学习者等慕课学习人数达3.1亿人次。西部高校应用慕课开展线上教育和线上线下混合式教学10000余门，受训教师5.9万余人次，高校获得在线课程学分的人数突破8200万人。认定发布第二批296个国家虚拟仿真实验教学项目，“国家虚拟仿真实验教学项目共享服务平台”实验空间上线2069个虚拟仿真实验教学项目。“人工智能专业教学资源库共享服务平台”于2019年12月30日开始试运行。五是国家开放大学建设一站式远程开放教育平台，新入库课程

1360 门、媒体素材资源 4671 条，新开发五分钟课程 3265 门，面向国家数字化学习资源中心 255 门课程共享 7974 门次，媒体资源共享 9.5 万条次。2019 年上线网络学习课程 338 门，课程总量达 4800 余门。大力推进农民工“求学圆梦行动”，充分应用信息技术开展远程教育，全国 21 个省份的 300 余所高校参与该行动，受益农民工人数超过 100 万人次。六是推动易班网和中国大学生在线全国深度共建。全国高校思想政治工作网已覆盖 2527 所高校；中国大学生在线覆盖 2197 所高校，注册会员总数近 620 万人；易班网覆盖 1329 所高校，注册学生达 1421 万人。加大高校网络文化研究评价中心建设力度，建立网络文化成果评价认证体系；实施“高校网络教育名师培育支持计划”，培育网络育人工作骨干队伍。举办第四届“大学生网络文化节”和“高校网络教育优秀作品推选展示活动”；举办“中国梦——行动有我：2019 年全国中小学校本德育课程和教育案例评选展播活动”。七是完成“中华经典资源库”五期建设项目，举办“一带一路”送经典（泉州站）活动。联合中央广播电视总台制作第三批“中小学语文示范诵读库”，录制 5 册统编语文教材课文；“语言扶贫”App 上线《普通话 1000 句》微课程，丰富普通话学习资源供给；中国语言资源采录展示平台入库 120 多种语言和全国各地方言的原始文本、音视频数据约 1073 万条；网络孔子学院平台学员总数达到 168.8 万人。

**【网络学习空间覆盖行动】**

推动落实《教育部关于加强网络学习空间建设与应用的指导意见》《网络学习空间建设与应用指南》，全国师生网络学习空间开通数量超过 1 亿个，应用不断普及和深化。启动 2019 年网络学习空间应用普及活动，遴选空间应用优秀区域 40 个、优秀学校 198 所，在四川省成都市举办了成果展示交流活动，交流展示优秀案例和经验成果。继续开展中小学校长和骨干教师“网络学习空间人人通”专项培训，遴选确定了基地学校 26 所，举办了 27 期培训班，共培训校长 2000 人、骨干教师 4000 人。

**【网络扶智工程攻坚行动】**

开展面向“三区三州”教育信息化“送培到家”活动。扎实推进“网络扶智工程”，在云南楚雄、新疆阿克苏、河北威县、西藏拉萨和甘肃甘南举办了 5 期教育厅局长教育信息化专题培训班，培训 676 人；在四川凉山、西藏拉萨和甘肃临夏举办了 3 期中小学校长教育信息化培训班，培训 329 人。全国中小学教师信息技术应用能力提升工程创新培训平台项目对口“三区三州”开展校长、教师信息化教育教学培训，培训 2000 余人。向新疆阿克苏、西藏拉萨、云南楚雄、甘肃甘南等地捐赠了教育信息化设备、数字资源及安全服务等，总价值达 1.5 亿元。

**【教育治理能力优化行动】**

一是完善国家教育管理信息系统统一用户服务平台，实现国家教育管理信息系统间的人员数据共享，以及与其他单位的数据共享。二是印发《一体化在线政务服务平台建设实施方案》《教育部电子政务项目建设管理办法（试行）》《教育部电子政务项目经费管理办法（试行）》，推进教育部“互联网+政务服务”平台建设，支持 8 个行政许可事项、11 个办理事项、7 个查询事项的办理。三是推进“互联网+监管”系统建设，汇总并报送 23 个监管事项，报送监管行为和监管对象数据 35 万条。四是印发《教育行业密码应用与创新发展实施方案》，组织开展教育行业密码应用试点示范前期准备工作；为部分国家教育管理信息系统部本级用户配发了 CA 证书，为全国校外培训机构管理平台、教育经费管理信息系统地方各级管理员发放了证书，指导广东、甘肃为重要业务信息系统各级管理员发放证书，累计发放证书 3 万余份。五是联合中央网信办、公安部等 8 个部门共同印发《关于引导规范教育移动互联网应用有序健康发展的意见》，加强对教育 App 的规范管理。印发《教育移动互联网应用程序备案管理办法》和《高等院校管理服务类教育移动互联网应用专项治理行动方案》，规范第三方校园 App 的引入和自主开发校园 App 的建设。六是开展国家教育考试综合管理平台建设试点工作，推动 14 个试点省市有序开展平台建设。落实“进一步深化高考改革攻坚行动”，完成国家题库 2.0 立项和开发。

【百区千校万课引领行动】

在新疆南疆地区启动“教研共同体协同提升试点项目”，将喀什地区的疏勒县、阿克苏地区的沙雅县和库车县、和田地区的于田县 4 个县级区域作为试点项目县，共完成了 150 节/次同步课和同步教研活动，在 90 个县和 200 多个名师团队中选出 47 个项目试点县和 29 个全国名师共同体。继续推进“信息技术与教育教学深入融合示范培育推广计划”，持续推进典型经验的宣传与推广，《中小学数字化教学》杂志专栏刊登典型区域和学校的文章 20 篇，完成了 2018 年度入围区域和学校的实地考察及巡回指导工作。

【数字校园规范建设行动】

会同工业和信息化部启动实施学校联网攻坚行动，进一步支持学校宽带接入和提速降费。目前，全国 98.4%的中小学（含教学点）实现网络接入，90.1%的中小学已拥有多媒体教室，数量达到 374 万间，其中70.2%的中小学实现多媒体教学设备全覆盖。在四川省雷波县、甘肃省舟曲县开展宽带卫星联校试点项目，进行跨区域教学和教研工作。持续推进职业院校数字校园建设实验校项目，召开“2018 职业院校信息化建设与应用交流会”，第二批 119 所实验校通过项目评审，第三批 114 所实验校通过中期审核。

【智慧教育创新发展行动】

启动“智慧教育示范区”创建工作，遴选确定北京东城区、山西运城、上海闵行区、湖北武汉、湖南长沙、广东广州、成都武侯、雄安新区 8 个入围区域，以及江苏苏州、山东青岛 2 个培育区域，并在雄安新区召开了项目启动会。指导宁夏“互联网+教育”示范区和湖南教育信息化 2.0 试点省建设；支持举办教育信息化领导力提升培训，成立了“互联网+教育”示范区建设工作指导专家组，支持宁夏 10 所中小学开展“互联网+”教学模式的探索。完成 2018 年度教育信息化教学应用实践共同体项目验收工作，实施 2019 年度教育信息化教学应用实践共同体项目。

【信息素养全面提升行动】

启动全国中小学教师信息技术应用能力提升工程 2.0；举办第二十届全国中小学电脑制作活动；举办第六届（2019）全国职业院校信息化教学改革与创新发展论坛，开展教师信息化教学能力提升培训活动。2019 年共举办了 9 期教育厅局长教育信息化专题培训班，培训 1125 人。完成义务教育阶段学生信息素养评价指标体系和评估模型设计，开展对 2 万名中小学生的信息素养测评。推动在中小学阶段设置人工智能相关课程，将人工智能基础知识纳入普通高中信息技术课程和中小学综合实践活动课程中。

【教育系统网络安全保障】

一是新增 4 所高校入选一流网络安全学院建设示范项目。编写《网络空间安全一级学科研究生核心课程指南》；发布计算机网络技术、软件技术等高等职业学校专业教学标准；加快网络安全学科专业设置，已开设的与网络安全直接相关的本科专业包括网络空间安全、信息安全、信息对抗技术、保密技术、网络安全与执法 5 个专业，全国布点 233 个；实施网络安全领域产学合作协同育人项目，在 10 余家网络安全领域知名企业设置新工科建设、教学内容和课程体系改革等类型项目 400 余个。二是组织教育系统国家网络安全宣传周“校园日”活动，累计开展各类主题教育宣传活动 10 万余场。指导中国大学生在线开展“全国大学生网络安全知识竞赛”，全国近 2055 所高校的 100 万名师生参赛。三是会同中央网信办联合印发《关于推进网络空间国际治理研究基地工作的指导意见（试行）》《网络空间国际治理研究基地管理办法（试行）》，部署基地建设工作。四是落实党委（党组）网络安全责任制考核评价工作，整合教育系统网络安全工作管理平台，有效支撑考核评价工作。加强教育系统网站安全监测与预警通报，2019 年度通报并处置安全威胁 1 万多起，完成“两会”、高考、国庆 70 周年等重要时期安全应急保障和服务工作；顺利完成国家相关部门组织实施的网络安全攻防演习；2019 年度处置网络安全事件 14 起，相关事件均发现及时、处置得当，有效维护了教育系统的网络安全；组织开展教育系统关键信息基础设施认定，推荐 12 个网络和信息系统作为国家关键信息基础设施；配合公安机关开展网络安全执法检查相关工作，组织完成远程技术检测和现场检查；组织教育系统网络安全研讨班，培训教育系统管理和技术人员 3500 多人。

# 公安信息化发展概况

**【概述】**

2018 年至 2019 年上半年，公安部深入学习贯彻习近平总书记在全国公安工作会议上的重要讲话等系列指示批示精神，全面落实全国公安工作会议精神，进一步提高政治站位、强化组织领导，进一步加强统筹规划、深化建设应用，进一步优化警务机制、夯实基层基础，全力推进公安大数据智能化建设应用，全面助推公安工作质量变革、效率变革、动力变革，公安信息化建设取得新进步。

**【基础环境建设】**

（一）公安信息网地址资源扩容

2018 年 3 月，在前期工作的基础上，公安部正式启动了全国地址资源扩容工作。一年多来，各地公安机关高度重视，均成立了地址资源扩容专项工作领导小组，试点地市成立了工作专班，按照公安部的统一部署和要求，组织协调本地公安机关开展扩容工作，实现了对公安信息网 10 段 IP 地址范围的突破、整体地址空间 200 多倍的扩充、全国 220 多万台网络终端的迁移，从根本上解决了公安信息网地址资源不足的问题。同时，创新思路、积极探索，逐步建立了公安信息网地址资源管理体系，填补了 30 多年来网络地址资源管理领域的空白，为未来一段时期公安信息化的可持续发展夯实了基础。

（二）应用业务系统建设

为进一步提升公安信息资源服务能力，2019 年公安部启动部门间信息共享与服务平台等升级改造项目，开展了全国公安地图服务管理系统（云图）项目建设。

（三）行业门户网站

2018 年至 2019 年上半年，公安部网站大力推进政务信息公开，积极开展警民交流互动，丰富拓展办事服务功能，严格规范网站建设管理，网站传播力和影响力稳步提升。

加大信息公开力度，不断提高网站内容权威性和丰富性。持续加大信息公开力度，积极拓展信息公开范围，充分发挥警务信息对经济、社会发展和公众生活的服务作用。及时、权威发布重要会议、重要活动及公安工作进展、专项行动成效、便民利民措施等信息，并围绕公安中心工作开设专题专栏，进行充分反映、集中展示。在重要政策文件发布时，同步发布有关负责人答记者问、图解等解读材料，方便公众更加清晰地掌握政策文件的重点内容和精神实质。

深化警民网上互动，不断拓展畅通、便捷的

交流平台渠道。充分发挥政府网站听取民意、了解民愿、汇聚民智、回应民声的积极作用，积极组织开展在线访谈、意见征集、警事咨询等，加强与公众的互动交流，增进公众对公安工作的理解支持。加强与重点网站的联动协作，在习近平总书记发表“5·19”重要讲话一周年、习近平总书记出席全国公安工作会议并发表重要讲话等重要节点推出系列网络访谈40余期。持续加强互动平台软硬件建设，规范工作流程，加大督办力度，提高答复质效。

优化在线办事服务，不断提升网络时代政务服务效能。坚持公安“放管服”改革与互联网科技相融合，深入推进“互联网+公安政务服务”工作，优化升级网站办事服务功能，切实提升网站办事服务效能。整合各层级公安机关网上办事系统，汇聚各警种在线办事服务资源，进一步健全业务种类、拓展服务范围、打通用户体系。

规范网站建设管理，不断推动部属网站有序健康发展。全面贯彻落实《政府网站发展指引》，严格按照有关政府网站检查考核指标要求，全面对标聚焦开展政府网站抽查工作，不断健全完善政府网站内容审核发布、日常监测巡查、季度抽查复核等机制。以更高标准、更严要求，加强部属网站信息内容建设监管工作，制定问题清单，加强指导督办。扎实做好中国政府网“我为政府网站找错”平台留言办理，汇聚民智，推动网站信息内容建设水平持续提升。

（四）网络与信息安全

2019年上半年，公安部对照中央网信办《网络安全工作责任制落实工作指标》的具体要求，制定印发了《公安部贯彻落实〈网络安全工作责任制落实工作指标〉任务分解及分工方案》，明确了公安网络安全各项措施和责任单位。

公安部进一步强化公安网安全管理，2019年上半年，公安信息网日均病毒查杀量由550万个下降至260万个，同比下降超过50%；发现并整改公安信息网高危漏洞1500余个、互联网高危漏洞410余个。

（五）标准化工作

2018年，公安部积极推进公安标准化改革，整合精简336项强制性行业标准，推进标准化机构建设，协调批复成立2个标准化委员会。推进“二维码系列地址标牌建设管理”等9个社会管理和公共服务标准化试点的建设、验收和深度应用。确定了214个项目列入2018年度公共安全行业标准制修订项目计划，发布公共安全行业标准206项，向国家标准委提请批准发布国家标准25项，审核并申报国家标准制修订计划项目43个，备案行业标准133项。

2019年上半年，公安部审核发布公共安全行业标准50项，废止行业标准59项，报国家标准委批准发布国家标准10项，备案行业标准222项；开展了大数据标准体系、“互联网+公安政务服务”标准体系建设，以及第二批刑事技术标准专项工作，不断提升标准供给能力；推进标准化技术机构建设，成立了全国爆炸物品公共安全管理标准化技术委员会、刑事技术标委会警犬技术工作组。

（六）人才培养

2018年至2019年6月，公安部紧跟大数据智能化建设的形势，举办了大数据处理与治理、视频监控、网络安全、移动警务、科技创新、应急通信保障等领域的16个培训班，培训2000余人次，提升了公安科信队伍的综合素质和能力水平。

**【大数据发展与应用】**

2018年，为深入贯彻落实党的十九大精神，按照中央政法工作会议和全国公安厅局长会议的部署要求，全国公安机关坚定不移地走改革强警、科技兴警之路，大力推进公安大数据战略实施，取得了显著成效。2018年2月13日，全国公安大数据工作领导小组成立，由国务委员、公安部党委书记、部长赵克志任领导小组组长，全面领导公安大数据战略建设；同时，设立全国公安大数据工作领导小组办公室（以下简称“大数据办”）。在领导小组带领下，大数据办组织编制完成《公安部大数据智能化建设规划设计总体需求书》及6个分册，邀请19家知名企业参与大数据智能化建设规划设计。2018年7月，先后经百名专家评审团2轮评审，大数据办系统谋划、博采众长，积极开展调查研究，认真听取各方意见和建议，充分吸收最先进的理念和技术，组织编写完成了《公安部大数据智能化建设规划设计方案》，明确了建设的总体思路、基本框架、主要任务和实施路径，基本完成了公安部大数据智能化的顶层设计。2018 年 12 月 31 日，公安部印发通知，从 9 个方面指导全国公安机关深入实施《公安大数据战略》，充分利用现有资源加快推进全国公安大数据智能化建设应用，服务好中华人民共和国成立 70 周年安保维稳工作。

2019 年 3 月 25—26 日，公安部在广东省召开了全国公安大数据智能化建设应用推进会，确立了统一运行网络、统一基础设施、统一数据资源、统一服务平台、统一安全策略、统一标准规范的“六个统一”原则。根据公安大数据标准体系要求，编制完成了涵盖公安云计算平台、公安大数据处理、公安大数据安全、新一代公安信息网 4 个部分共 38 件规范性技术文件，为规范和指导全国公安机关开展大数据智能化建设确立了标准。2019 年 5 月以来，公安部先后召开 2 轮 4 次集中审核会议，组织完成对 32 个省级和 2 个地市级公安机关的《大数据智能化建设规划方案》的审核修订工作，分 3 批下达对 32 个省级方案的批复，圆满完成了各地规划方案审核的阶段性工作。

经过一年的努力，《公安大数据战略》在顶层规划、基础建设、重点应用等方面取得了突破性进展，为下一步全面推广奠定了坚实的基础。

## 【信息资源开发、利用与共享】

### （一）公安内部信息资源共享情况

2018 年年底，公安部完成《全国公安政务信息资源目录》编制第一阶段工作，汇总 32 个省级信息资源编目，共 15 余万类、300 多万个数据项；梳理了各省市公安机关对部级数据资源需求 263 类；初步摸清了各地公安机关政务数据资源底数，为进一步整合资源进行共享奠定了基础。

2018 年 9 月，公安部警用信息综合平台完成初步验收，进入试运行阶段。平台开发部署了查询、场景、消息、建模等服务，建设了联动和协同支撑系统，实现了部级警用信息综合平台与各警种专业平台的对接，以及部省两级警用信息综合系统的上下级联动。

### （二）社会信息资源共享情况

2018 年至 2019 年 6 月，公安部与工业和信息化部、国家税务总局、交通运输部、工商总局签署了信息共享合作协议，为落实中央个人所得税改革附加扣除、整治网约车、防范“灰犀牛”、监管“独角兽”企业等政策提供数据支撑；开通了连接民政部、自然资源部、国家税务总局、武警海警部队的专用网络，与银保监会建立了信息共享工作机制，继续深入推进部门间信息共享协作。

### （三）信息资源服务实战情况

2018 年，公安部有针对性地组织全国公安科信部门开展畅通大数据服务渠道专项工作，积极破解省级公安机关大数据能力对下服务不畅通的问题。评审、遴选出《北京市公安局交警指挥平台服务基层工作方案》等 100 个方案，并加强对方案实施落地的指导，把向上汇聚的数据资源向下精准推送，使基层队伍充分享受公安大数据的红利，促进一线单位战斗力的快速提升和工作机制的优化改革。

依托部级信息资源服务平台，公安部为各级公安机关开展侦查破案、安保维稳、治安防控等警务工作提供数据接口和模型计算服务。2018 年至 2019 年 6 月，公安部共提供接口服务 166. 9 亿余次，反馈模型计算结果 4.3 亿条。

### （四）信息资源对外服务情况

2018 年至 2019 年 6 月，公安部依托部门间信息共享服务平台，向人民银行、最高人民法院、证监会等 9 家单位提供信息联网核查接口服务 95 亿余次；提供与外部单位的文件传输服务，共计传输文件 4100 万件；完成司法部、民政部等 5 家单位的专项比对服务 17 次。为中央纪委国家监委、军委政法委、最高人民法院授权用户提供了信息查询服务，为人民银行和阿里巴巴、京东、腾讯提供中国港澳台居民居住证信息核查服务。积极支持、配合个税改革，为国家税务总局开通了自然人身份核查、查询、人像比对服务。

【互联网+政务服务】

公安部持续推进“互联网+政务服务”平台建设，2018年以夯实平台基础支撑能力为重点，完成网上身份认证调度功能开发，并在12家地方公安机关开展网上身份认证应用试点，共提供身份认证服务1680万次。2019年重点推进与各部门警种和地方公安机关网上办事系统对接融合，截至2019年6月已与部本级3个警种网上办事系统和23个省级公安机关的政务服务平台实现对接，上线政务服务事项548项，为群众提供了在线办理、查询、评价等一站式服务。

2018年12月，公安部在国家政务服务平台开通旗舰店，上线29项公安交管服务事项和7个部本级行政许可事项指南，实现与国家政务服务平台统一用户体系、统一门户、统一数据共享。

【重点项目工程】

（一）“雪亮工程”

2018年，中央政法委、国家发展改革委会同公安部完成了2018年度、2019年度各50个“雪亮工程”，重点支持城市（区）的遴选、建设方案评审及中央补助资金分配，组织开展了对2020年度50个重点支持城市（区）建设方案的评审，并部署开展了对2016年度示范城市（区）的中期检查工作。通过规范、深化示范和重点支持城市（区）建设，带动公共安全视频监控联网应用建设工作的整体发展。

2018年，公共安全视频监控联网应用建设部际协调工作组办公室启动了公共安全视频图像中央层面共享交换体系建设，截至2019年6月已完成第一阶段32个省级共享交换平台与国家共享交换平台的对接测试工作。

（二）国家人口基础信息库

为满足中央和地方政务服务实施“5+2”工作制的实际需要，并提供更好的服务，2018年10月国家人口基础信息库的服务时间由“5×10”调整为“7×10”。通过国家数据共享交换平台，国家人口基础信息库持续扩大共享服务范围，实现了人口信息跨层级、跨地域、跨系统、跨部门、跨业务的共享应用，有效支撑了中央政务部门、地方各层级政务业务工作，取得了显著成效。截至2019年6月30日，国家人口基础信息库提供的服务已覆盖30个省份（除新疆、新疆生产建设兵团外）和20个部委的137个业务系统，涉及个人所得税改革、政务服务大厅实名认证、人社部养老保险、民政部低保救助、扶贫办精准扶贫、教育部控辍保学等业务类型，为研究制定宏观人口政策、实施专项改革措施、优化行政审批流程等提供了基础人口信息服务。为及时响应“放管服”改革推进中的工作需求，国家人口基础信息库主动引入人像比对算法，自2019年1月开始在北京市、上海市、自然资源部和国家税务总局开展人像比对功能试点应用。

（三）警用数字集群（PDT）通信系统

近年来，公安部组织制定了具有自主知识产权的警用数字集群（PDT）通信系统系列标准，依据标准开展了全国公安无线通信专网数字化改造，并按照“全国一张网”的总目标，积极推进能够跨区呼叫、自动漫游的PDT无线通信专网建设。截至2019年6月底，全国共建设完成PDT系统340个、基站12081座、终端691571个、载频36478个；共有21个省份的275个系统实现了与公安部联网；通信点已直达21个省份、235个地市、1675个县3级公安机关。警用数字集群（PDT）通信系统已成为当前全国公安机关指挥调度的主要技术手段之一，在日常勤务、重大活动安保和突发事件处置的通信保障工作中发挥了不可替代的作用。

（四）全国移动警务建设

为全面实施《公安大数据战略》，2018年以来各地公安机关积极推动新一代移动警务建设和移动应用创新发展。截至2019年6月底，全国已有10个省份建成移动警务平台并投入使用，17个省份的警务平台正在测试或处于试运行阶段，5个省份正 在组织建设或筹备建设警务平台。28个省份完成移动警务PKI系统建设，实现移动警务数字证书的制证签发。24个省份已完成或正在开展移动警务空中发证系统建设，累计发放移动警务数字证书近52万余份，配发移动警务终端62万个。新一代移动警务基础设施建设日臻完善，为构建“开发高效、应用集约、运行安全、管理规范”的移动警务应用良好生态提供了必要技术支撑。

【重大活动事件】

（一）编制印发《〈“十三五”平安中国建设规划〉公安信息化重点项目建设任务书（第二册）》

为进一步贯彻落实《“十三五”平安中国建设规划》，2018 年 4 月公安部编制印发了《〈“十三五”平安中国建设规划〉公安信息化重点项目建设任务书（第二册）》，进一步明确了全国治安综合业务应用系统建设等 7 个项目的建设任务，为顺利推进平安中国建设任务指明了方向。

（二）落实国家机构改革任务，配合推进边防部队改革转隶工作

按照公安部党委的有关指示要求，2018 年，与公安部边防局、海警局等多部门研究确定了《公安边防部队力量转隶移交武警部队和解放军后公安信息网络资源收回工作方案》，分别于 2018 年 7 月 1 日、7 月 18 日、12 月 31 日和 2019 年 4 月 1 日对公安信息网链路、IP 地址资源、公安数字证书、公安无线通信设备等进行了分批回收，并与武警部队多次签署了《公安信息网络资源使用协议》，为边防部队改革转隶工作顺利完成做出了贡献。

# 民政信息化发展概况

2018 年以来，民政部深入学习贯彻党的十九大和党的十九届二中、三中全会精神，以习近平新时代中国特色社会主义思想为指导，坚决贯彻落实党中央、国务院有关网络安全和信息化工作要求和部署，积极践行“民政为民、民政爱民”工作理念，紧密结合民政事业改革创新发展，全面加强信息化统筹协调和集约建设，加快推进信息技术与民政工作深度融合，各项工作取得积极进展。

【深入推进网络安全和信息化工作】

（一）全面贯彻落实党中央、国务院有关网络安全和信息化工作重要决策部署

围绕党中央、国务院关于民生民政和信息化工作决策部署，相继印发《“互联网+民政服务”行动计划》《民政部贯彻落实〈进一步深化“互联网+政务服务”推进政务服务“一网、一门、一次”改革实施方案〉具体工作措施》《民政部关于网络强国战略实施纲要主要任务部门分工方案落实措施》《民政一体化政务服务平台建设方案》《民政部贯彻落实〈关于深入推进审批服务便民化的指导意见〉实施方案》等一系列政策文件，明确了“十三五”时期乃至更长一段时期民政信息化发展的指导思想、目标原则、发展路径、重点任务和保障措施，聚焦信息化建设痛点、难点问题，指导解决民政信息化建设分散化、应用条块化、信息割裂化、服务碎片化等问题，切实推动网络安全和信息化重大战略部署落实。

（二）强力推进“互联网+民政服务”，加快建设民政一体化政务服务平台

贯彻落实党中央、国务院关于互联网决策部署要求，印发《“互联网+民政服务”行动计划》，

提出构建“互联网+民政服务”平台和网络，加快推进10项“互联网+”典型应用服务发展，相继制定出台《“互联网+社会组织（社会工作、志愿服务）”行动方案（2018—2020年）》《关于推进“互联网+殡葬服务”的行动方案》《“互联网+区划地名”行动方案》《“互联网+婚姻服务”行动方案》等政策文件，优化民政部本级社会组织网上办事大厅在线一网通办功能，建成殡葬服务管理信息系统、“中国·国家地名数据库”等平台系统，推进城乡社区、养老服务等“互联网+”发展，不断提升民政政务服务管理水平。全面推进民政一体化政务服务平台建设，推动民政政务服务、公共支撑、综合保障一体化建设，完成与国家政务服务平台初步对接，实现平台互联互通、数据共享、业务协同。

（三）深化民政政务信息系统整合共享，积极开展跨部门的数据共享交换

按照国务院要求持续推进民政政务信息系统整合共享工作，依托“金民工程一期”项目形成民政政务“大系统”建设框架，为推进跨层级、跨地域、跨系统、跨部门、跨业务的协同管理和服务提供支撑。按照国务院数据共享责任清单要求，与国家发展改革委、公安部、最高人民法院、国务院扶贫办、卫健委、自然资源部、教育部、国家税务总局、中国残联等部门签署数据共享协议，通过国家数据共享平台为全国政务服务部门提供婚姻登记、低保对象、社会组织法人登记、火化证明、留守儿童、志愿者共6类2亿多条民政信息资源共享，初步实现“网络通、数据通”。

**【全面加强信息化基础建设】**

（一）加快大数据资源体系建设，持续推进信息化标准化体系

整合汇聚社会组织、社会救助、婚姻登记等15类民政业务3亿多条数据，有力支撑民政大数据中心建设，初步形成民政统一、集中的共享大数据库，同时借助国家人口库开展数据清洗比对，提升民政政务数据质量水平。加大民政信息化标准化的统筹力度，完成3项基础性行业标准的立项，编制5项行业数据资源标准规范草案。同时，依托金民工程、社会组织法人库等重大信息化工程建设，逐步开展相关标准编制工作，优先制定基础性、关键性应用标准，为民政信息化事业发展提供基础支撑。

（二）加强信息基础设施建设，有效提高信息化安全防护能力

加快民政统一信息基础设施建设，完成内外网交换机房建设与搬迁工作，同时对不同安全区域实现不同级别的安全管理，分区域建设整体网络和各业务信息系统。推进民政私有云平台建设，开展低保、婚姻等系统资源整合，合理调配和管理云计算资源，为业务系统提供统一环境和服务支撑。依托民政城域网在北京市建立民政部同城灾备系统，实现了重要信息系统数据的容灾备份。积极做好网络安全技术防范和基础防护工作，完善网络安全检查与评估制度，有效提高关键基础设施和重要信息系统安全防护能力。

（三）加强网络安全管理和基础防护工作

认真贯彻落实《网络安全法》《民政部党组网络安全工作责任制实施办法》，加快推进网络安全保障体系建设。发挥“民政部门户网站和重要信息系统安全监测预警平台”作用，加强关键信息基础设施监测预警和风险防范。完善网络安全检查与评估制度，开展关键信息基础设施定级为等保三级的测评工作。强化安全防护，全力做好“两会”、上合组织青岛峰会、上海第二届中国国际进口博览会等重大活动网络安全保障任务。

**【重大信息化工程建设和信息化应用取得积极进展】**

（一）全面实施“金民工程”等重大电子政务项目

根据国家发展改革委对“金民工程一期”项目批复，按照项目建设管理需要，制定完成《“金民工程一期”项目管理办法》等6项制度，组织专家和地方民政部门人员听取项目情况，并提出

建设意见和建议，深化、细化项目情况，并提出需求和设计方案，组织开展项目招标采购，完成应用系统全部招投标采购任务，“金民工程”项目全面进入实施阶段。加快推进电子政务内网项目建设，形成稳定、安全、可靠的新一代运行支撑保障基础设施，为可持续发展奠定基础。在民政部机关和直属单位全面推广应用网上办公系统，为实现机关内部业务交流、公文处理、行政事务、服务管理等信息共享和交换便捷化提供基础平台。

（二）以信息化助力打赢脱贫攻坚战

围绕党中央、国务院关于坚决打赢精准脱贫攻坚战的决策部署要求，聚焦“六个精准”和民政部门脱贫攻坚主要任务，充分发挥信息化在脱贫攻坚中的基础性作用。在低保救助兜底保障方面，持续发挥全国最低生活保障信息系统作用，与国务院扶贫办开展低保对象信息比对，为精准扶贫提供有效数据支撑。在农村“三留守”人员关爱保护方面，开发建设了全国农村“三留守”人员信息系统，为农村留守老人、留守妇女和留守儿童提供了一体化的信息管理系统，为“三留守”人员关爱工作全面开展奠定了信息化基础，目前已采集全国 900 多万名留守（困境）儿童的基础信息。在做好贫困残疾人帮扶方面，开发全国残疾人两项补贴信息系统，并与残疾人口数据库进行数据对接和实时共享交换，在全国全面推广应用。在对口支援贫困地区信息化建设方面，加大民政信息化培训力度，组织召开新疆、西藏、四川相关干部信息化工作培训，不断加强脱贫攻坚重点区域乡镇政府服务能力建设。

# 财政信息化发展概况

2019 年，财政信息化工作坚持以习近平新时代中国特色社会主义思想为指导，深入学习贯彻党的十九大和党的十九届二中、三中、四中全会精神，统筹推进财政网络安全和信息化建设，取得了较好成效。

**【扎实推动习近平总书记重要讲话精神和网络强国战略落实】**

组织财政部网信领导小组成员单位集中学习习近平总书记重要讲话和指示批示精神。通过财政部网信领导小组会议，集中学习习近平总书记 2019 年关于网信工作的重要讲话和指示批示精神，以及党的十九届四中全会提出的网信工作新要求。举办财政网络安全和信息化高级培训班，对各省级财政厅（局）领导和信息化部门负责人进行了集中培训，邀请中央网信办等单位领导、专家深入讲解习近平总书记重要讲话和中央决策部署。

组织推动研究解决财政网信重大问题。充分发挥财政部网信办平台作用，加强与中央网信办等部门的沟通联络，及时将中央部署要求传达落实到位。组织召开 5 次网信办会议，研究财政网信重大问题，有效推动了财政业务与网信工作融合，保障了中央部署的贯彻落实。

强化财政网信项目建设管理。一是结合财政部信息化建设工作实际，修订完善《财政部网络安全和信息化项目组织实施管理办法》和《财政网信项目技术开发与服务合同范本》，进一步理顺工作关系，规范工作程序和承建单位行为。二是强化政务信息系统整合共享要求落实，严格控制系统数量和预算安排，科学编制年度财政网信项目计划，推动财政网信项目全生命周期规范管理，强化预算执行与绩效评价。

**【全面完成脱贫攻坚专项巡视整改任务】**

按照中央脱贫攻坚有关要求，持续优化完善财政扶贫资金动态监控平台，更好地支撑各级各类财政扶贫资金分配下达、资金支付及项目资金绩效目标执行。一是从软件代码、底层架构、数据库、中间件等多方面优化平台功能，提升平台响应速度和运行效率，有效改善用户体验。二是完善监控预警规则，增设预警白名单，开发监控分析功能，优化绩效模块，提升预警精准性，实现中央财政专项扶贫资金的自上而下跟踪。三是完善数据对接功能，印发《关于提高财政扶贫资金动态监控平台数据对接效率的通知》，指导各省市对相关信息系统进行适应性调整和改造，进一步提高数据对接效率。四是多措并举提高技术保障能力，开通服务专线，组织专门技术人员队伍，提升问题响应速度和解决能力；印发《关于做好财政扶贫资金动态监控平台建设运维工作的意见》，指导地方发挥省级主体作用，切实保障平台平稳运行。

**【扎实推动预算管理一体化系统建设】**

组织做好预算管理一体化系统建设动员部署。2019 年 7 月，财政部组织召开全国预算管理一体化建设会议，研究部署财政部预算制度改革和预算管理一体化系统建设工作，听取了相关省市预算管理一体化系统汇报，明确了预算管理一体化系统实施目标、任务与具体安排，确定了全国各省级预算管理一体化系统建设与实施计划及具体安排。

组织完成预算管理一体化系统标准规范制定。抽调业务与技术骨干，邀请外部专家组成工作组，集中研讨、合力推动，编制形成了《预算管理一体化业务规范》和《预算管理一体化系统技术标准》，对业务流程、控制机制、衔接要求及数据库表结构、代码集、编码规则等进行了定义和规范。

全面推进预算管理一体化系统建设实施。一是组织完成预算管理一体化系统的产品化改造，形成了可推广实施的版本。二是分析研判各省份预算管理信息化现状，指导各省份研究确定实施模式、工作思路和进度安排。三是加强对各省份预算管理一体化实施的调研协调，采取现场调研指导、组织召开专题会议等形式，及时总结工作成效并解决重点难点问题。四是做好地方预算管理一体化系统运维支持，建立全国运维中心、网上学习平台，指导各地建立与预算管理一体化系统实施相适应的集中运维机制，确保系统上线后的稳定运行。

全国预算管理数据汇总系统取得阶段性进展，完成了全国预算管理数据汇总系统开发并在部本级部署运行，建立了中央和地方数据传输机制，各省份预算管理一体化系统均完成与中央的对接，为中央与地方数据的“$T$+1”报送和汇总奠定了坚实的技术基础。

**【全面做好新时代财政网信工作顶层设计】**

科学编制财政网信发展规划。深入分析新时代财政改革和信息化发展要求，制定印发《财政信息化三年重点工作规划（2019—2021 年）》，明确未来 3 年重点工作目标、任务与安排。对预算管理一体化系统建设、财政大数据应用、信息系统集中化推进、财政云平台建设四大重点任务做了顶层设计，出台了《财政核心业务一体化系统实施方案》《财政信息系统集中化推进工作方案》和《关于推进财政大数据应用的实施意见》，确定了各项任务的实现路径。

启动金财工程（二期）立项。为确保《财政信息化三年重点工作规划（2019—2021 年）》落实，启动金财工程（二期），按照国家发展改革委相关要求，初步完成了《财政部金财工程（二期）框架方案》，明确了业务需求、组织领导、总体架构、技术路线、实施方案等。

健全财政信息化标准规范体系。一是创新财政信息化标准化工作机制，筹建了全国财政信息化标准化技术委员会工作组，明确了财政网信标准化工作机制。二是丰富完善财政信息化标准规范体系，印发《财政业务基础数据规范 3.0》，基本实现基础数据规范中存量标准的统一；研究制定《应用系统生命周期安全管理办法》《财政网络安全事件应急预案》等，有效规范应用系统全生命周期的安全管控，提高财政系统应对网络安全事件能力。

**【全方位提升财政业务管理支撑保障水平】**

全面支撑财政管理改革或重大事项落实。一是贯彻落实“放管服”改革和“互联网+政务服务”部署要求，建成财政部政务服务平台，实现设立免税场所事项审批、公益性群体公益性捐赠税前扣除资格认定、彩票发行管理审批、非税收入收缴和票据监管等事项的“一号申请、一窗受理、一网通办”。二是优化完善国库集中支付资金动态监控，持续推动中央预算单位实有资金动态监控试点；完善债务管理系统，初步建成债务风险监测系统，实现债务项目库全生命周期管理和债务风险全口径常态化动态监测。

继续做好财政运行管理技术支撑。持续优化办公自动化系统功能性能，并向监管局开放使用。升级预算管理一体化系统和国库支付管理系统，提升预算编制科学化、规范化水平。基本完成政府财务报告管理系统试点，支撑各省份和 40 个中央部委完成编报，并汇总形成了全国财务报告。电子票据系统建设取得良好成效，已支撑 9818 家用票单位在线开具电子票据近千万张。建成监管局业务综合管理平台，实现了行政办公、预算监管、信息共享、数据分析一体化管理。同步做好人事党建培训、资产管理、政府采购等近百个系统模块的建设与维护，保障相关业务正常、稳定开展。

持续改善信息化基础设施保障。一是完善网络环境。优化基层预算单位网络接入平台，满足基层预算单位在线办理财政业务需求；适应预算管理一体化建设需要，扩充各省份业务专网带宽；组织开展各地监管局网络升级。二是做好机房与客户端技术服务。加强机房巡检和预防性维修，提升风险预警能力；优化客户端技术支持和服务流程，及时处理故障和问题。三是保障视频会议系统运行。做好系统日常养护、会前调试、会中监控，2019 年举行 67 次全国性会议、8 次国际性会议，未发生声像延迟、丢失或会议中断事件。

强化财政信息服务。一是组织完成门户网站群建设并投入运行，同步做好原网站运行维护。二是优化财政部信息网页面布局，提升用户体验；拓宽信息采集渠道，丰富网站信息内容，2019 年财政部信息网发布信息 46 万条。三是紧跟政府采购动态，扩大网站信息渠道，不断提高信息发布时效性和权威性；健全网站运行维护体系，提升服务效率和质量。2019 年发布标讯 169 万条，受理服务请求 9 万人次，满意率达 99.9%。

**【全方位推进财政网络安全建设】**

开展网络安全专项检查和风险评估。按照公安部有关要求，组织开展财政部本级和财政系统网络安全检查，全面排查网络、业务系统等存在的安全漏洞和隐患，并组织完成整改。按照国家等级保护规定，完成内外网应用系统测评和定级；开展网络安全等级定级备案，完成在线运行信息系统的风险评估和测评。

强化网络安全基础防护。按照“整体规划、分级推进”原则，推动 27 个省级财政部门完成省本级身份认证国产密码算法升级。完成全国财政异地灾备系统一期项目建设，首批试点省份成功实现本地业务数据的远程异地数据级容灾。对老旧安全设备进行升级更新，购买新型基础安全防护设备，保障财政系统网络安全稳定运行。

强化监测预警和应急保障。完善态势感知监测预警平台，严格落实网络与信息安全通报制度，加强应用系统上线安全检测，强化安全保障措施。全力做好“两会”“国庆 70 周年”等重大活动期间的网络安全保障，确保“重点时段、重点系统、重点内容”的网络安全。

加强网络安全宣传教育。举办第三届网络安全宣传周活动，通过网站、财政大讲堂、手机移动端网络安全知识竞赛等多种形式普及网络安全知识，进一步强化财政干部、职工网络安全意识，提高风险防范能力。

# 人力资源和社会保障信息化发展概况

2019年，人力资源和社会保障信息化工作以习近平新时代中国特色社会主义思想为指导，围绕人力资源和社会保障中心工作，积极落实“金保工程二期”项目实施任务，加快推进社会保障一卡通、大数据、“互联网+人社”等重大规划部署，保障重点改革任务落实到位，取得明显成效。

## 【加快落实重点项目建设及“互联网+人社”行动计划】

加快推进“金保工程二期”建设，完成业务协同、公共服务信息、外部数据交换三大平台建设任务，启动就业、社会保险、劳动关系、人才人事4个核心业务系统开发工作，视频会议系统改造、异地就医结算、公务员考试报名、人社扶贫信息平台等建设成果初见成效。加快实施“互联网+人社”行动计划，推动各地提升信息化便民成效，形成一批可持续、可推广、可复制的实践方案和发展模式。举办“互联网+人社”现场会及培训班，总结推广浙江“最多跑一次”、南宁“一网通办”及海南、青岛等地电子社保卡建设经验，推动落实行动计划。

## 【全面推广社会保障一卡通】

截至2019年年底，全国社会保障卡（以下简称社保卡）持卡人数达到13.05亿人，覆盖93.2%人口，提前完成“十三五”发卡任务。23个省份的58个地区启动第三代社保卡建设，发放社保卡3547万张。推进电子社保卡签发，所有地市开通电子社保卡签发服务，已开通297个渠道，累计签发电子社保卡9092.5万张，25个省份的162个地市上线移动支付功能。“粤省事”“浙里办”等16个省级政务服务平台及更多的地市级政务服务平台对接电子社保卡服务，实现了便捷的扫码登录和服务对接。拓展社保卡应用，推动在养老保险、人事考试等重点领域的“一卡通”应用，开通100多项就业、社保等服务事项。深入开展“提升社保卡服务能力”行动，组织现场调度、调研工作。进一步压缩制发周期，实现批量制发卡从受理到领卡压缩至30个工作日内，零星制发卡压缩至5个工作日内，有条件的地方实现“立等可取”，快速发卡网点实现区县全覆盖。推动海南、雄安、深圳、江西、青海、吉林等建立以社保卡为载体的“一卡通”服务管理模式。开展社会保障卡20周年惠民服务季活动，通过线下网点和线上渠道加大社保卡宣传和服务力度，加大电子社保卡签发和线上应用力度。在上海召开社会保障卡20周年座谈会，发布了《社会保障卡20年发展报告》。人力资源和社会保障部与工商银行、农业银行、中国银行、建设银行、交通银行、邮政储蓄银行、招商银行、中国银联、平安集团、蚂蚁金服、腾讯11家金融机构和互联网公司签署了社会保障卡创新应用服务合作协议。

## 【积极推进人社扶贫信息化】

加快推进人社扶贫信息平台建设，支持地方全面掌握贫困人员基本情况，实现对贫困人员、三区三州等深度贫困地区及重点群体帮扶情况的动态跟踪和分析。继续与国务院扶贫办定期交换建档立卡贫困人员信息，完成就业、社保等扶贫数据比对工作，为各地精准扶贫提供数据支持。

**【切实落实人社系统行风建设任务】**

推进人社政务服务平台建设，与国务院建设的国家政务服务平台实现对接，在国家政务服务平台开设人社政务服务旗舰店，支持国家政务服务平台网页端通过电子社保卡扫码登录，支持国家政务服务平台移动端签发电子社保卡。印发《关于全面启动业务协同平台和公共服务信息平台对接实施工作的通知》，组织各地做好与部级平台对接，推动人力资源和社会保障全国一体化在线政务服务体系建设。开通"掌上 12333"移动应用，现已实现 32 项全国性服务和 252 项地方性服务的"移动办""指尖办"。完成人社业务协同平台部、省对接工作，规划人社系统跨层级共享访问流程，已向各地开通 24 个共享服务接口，为各地精简服务流程和办事材料提供支持。以"智慧人社、智慧服务"为主题，举办第 8 届"12333"全国统一咨询日活动。2019 年全国"12333"话务总量超过 1 亿人次，部级"12333"短信平台为群众发送服务短信近 1000 万条。建成外部数据交换平台，与公安、财政、税务、教育、民政、司法、扶贫、交通等部门开展数据共享。

**【全力保障重点改革任务】**

初步建成国家社会保险公共服务平台，面向参保人提供全国性、跨地区的"一网通办"社保服务，现已开通 9 类 19 项服务，总访问量超过 3000 万人次。为加快推进多层次养老保险体系建设，充分发挥养老保险第三支柱作用，重点推进第三支柱个人养老金管理服务信息平台建设，在福建省开展可行性验证，完成商业银行对接测试。保障跨地区系统稳定运行，2019 年累计办理社保关系转移业务 163 万笔、异地居住退休人员资格认证 50 万人次、养老保险参保待遇状态比对查询 1 亿余人次。做好机构改革的技术保障，指导各地建设社保费信息共享平台。保障国家异地就医结算系统平稳运行，累计结算 377 万人次，有效解决异地就医参保人"跑腿、垫资"等问题。完成中央机关及其直属机构 2020 年度公务员招考、公开遴选和选调公务员等报名工作，累计网上报名 210 余万人次。

**【深入开展人社数据应用】**

建设人力资源和社会保障监测指挥平台、数据管理平台，开展大数据应用，为养老全国统筹、社保基金风控、全民参保、清理挂证等提供数据支持。建设人社信用信息采集系统，推动人社信用评价模型应用，支持重庆市创业担保贷款试点工作。开展数据综合分析和比对核查服务，利用联网监测、人口库等数据，2019 年累计为部内司局、地方人社部门、政府其他部门提供比对核查服务 80 余次，涉及数据 10 亿余条。依托国家数据共享交换平台，人力资源和社会保障部 17 个共享接口被其他部门调用 93.5 万次；与教育、公安、民政、卫健、扶贫办 5 个部委已对接 13 个共享接口，部内司局累计调用近 1000 万次，支持告知承诺制、扶贫、优化营商环境等重点工作。印发《人力资源和社会保障行业跨层级信息共享访问流程（试行）》；建成部级全民参保登记库，各地累计上报 13.7 亿条人员基础信息、33.9 亿条参保信息。中国公共招聘网与全国 292 家公共就业人才服务机构实现联网，累计发布招聘岗位信息 3421 多万条。就业联网监测已覆盖 5.76 亿条劳动者数据。养老保险、医疗保险、失业保险、工伤保险、生育保险联网监测数据上报量分别达到 9.25 亿人次、5.93 亿人次、2.21 亿人次、2.42 亿人次、1.41 亿人次。加强人力资源市场信息监测与分析工作，为分析和研判就业形势提供数据支持。

**【进一步提升网络安全防护能力】**

指导各地开展电子政务外网建设，加快推进电子政务内网项目主体建设。推动部省业务专网改造，提升网络承载能力。举办首次人社系统网络攻防演练活动，检验了人社系统对网络安全事件的应对能力，提高了人社系统安全防护和应急响应处理能力。推进电子认证体系建设，印发《关于全面开展人力资源和社会保障电子认证体系建设和应用的通知》。为进一步保障数据安全，印发《人力资源和社会保障数据安全管理规范（试行）》。

# 自然资源信息化发展概况

2018—2019年，自然资源部坚持以习近平新时代中国特色社会主义思想为指导，全面落实《国家电子政务总体方案》《国家信息化发展战略纲要》，以及网络强国战略、国家大数据战略和“互联网+”行动计划等一系列重大战略部署和文件精神，结合自然资源信息化工作实际，大力推进自然资源“一张图”及综合监管、政务办公、公共服务、不动产登记信息管理基础平台建设与应用，持续深化网络安全、门户网站、数据共享服务等方面的内容，自然资源电子政务建设取得了显著进展。基本建成以自然资源“一张图”数据库为核心的政务数据资源体系，有效支撑了自然资源各项管理业务。行政审批基本实现网上办理，形成了贯穿四级、协同联动的网上办公、网上审批新模式，业务管理与协同能力进一步提高。持续推进国土资源综合监管平台应用，初步实现土地和矿产资源开发利用全程监管和动态跟踪。继续完善不动产登记信息管理基础平台，不动产登记信息实现全国联网。自然资源政务服务体系不断健全，门户网站成为自然资源社会化服务主渠道，为社会公众监督政府、表达诉求创造了条件，树立了政府便民服务的良好形象。自然资源信息化基础设施持续完善，信息安全技术防护和安全管理建设取得明显进展，有效支持了应用系统和数据的部署、存储、管理、运行，保障了信息安全。

## 【自然资源信息化建设重点】

### （一）自然资源信息化工作统筹方面

按照国务院机构改革关于自然资源部的职责定位，开展自然资源信息化顶层设计，统筹整合和谋划国土、海洋、测绘领域的信息化工作，整体规划自然资源信息化建设的发展目标、总体框架和工作任务。编制《自然资源信息化“十四五”战略研究工作方案》，明确了战略研究的思路目标、指标任务、政策措施和重大工程。完善信息化项目的统筹审核机制，对2019年自然资源领域（部级）申报财政资金的信息化项目开展了统筹审核和全局把控，避免重复建设。开展年度信息安全检查，提高全系统网络安全工作水平，保障信息安全。采取多种形式对省、市、县级自然资源信息化工作进行差别化指导，各级自然资源部门基本上形成了业务主管部门提出需求，网信办负责统筹协调，各相关技术单位相互配合分工建设的信息化工作推进机制。

### （二）自然资源政务数据资源体系建设方面

整合和综合集成国土、海洋、测绘等各类数据库，按照统一的标准，构建地上地下、陆海相连的、统一的自然资源“一张图”大数据体系。目前，全国自然资源“一张图”覆盖了土地资源、地质矿产、地质环境与地质灾害、不动产登记、基础测绘、海洋等调查、监测、规划、管理的基础类、业务类、管理类数据，形成了覆盖全国5000余个图层、110多亿个要素的国土资源“一张图”，初步建立国土空间基础信息平台；基本完成了馆藏地质资料数字化，基本建成国家地质数据库体系，涵盖10类48个国家核心地质数据库；建成数据量达16亿站次、测线量超100万千米的海洋综合数据库，并提供了系列信息产品；建成系列比例尺基础地理信息数据库，并实现我国陆地国土 1∶50000 基础地理信息年度更新；形成了覆盖全国陆地范围的卫星遥感影像产品库，并持续更新；累计建成土地、地质、矿产、地质灾害与地质环境、海洋、测绘等领域各类数据库 189 个。基本建立了数据汇交管理制度与相关机制，实现了数据的定时和批量更新。调查类数据通过专项调查工程建立、完善各类基础数据库和专题成果数据库。管理类数据通过网络化数据监测与备案等业务应用系统，实现管理类数据的动态更新；同时，按照“谁产生、谁负责”的责任机制，确保自然资源数据的完整性、准确性和及时性。全国自然资源“一张图”在自然资源部机关各司局、相关事业单位、各级自然资源管理部门范围内实现共享共用，同时也为农业、林业、环保等部门提供数据共享服务。

### （三）自然资源重要业务应用系统建设方面

基本建成覆盖全国不动产登记信息管理基础平台，全国 2853 个县区全部接入国家级信息平台，每天实时接收 20 多万条不动产登记信息，截至 2019 年累计接入不动产登记信息 1 亿余条，全国 100%县区完成城镇地区土地房屋存量数据整合建库和汇交，有力支撑了不动产登记制度的实施。2019 年 1 月上线运行国土空间基础信息平台，形成了统一的数据基准、管理机制和应用门户，国土空间基础信息平台集成 8 类现状数据、6 类管控数据、地矿等管理数据及社会经济数据，实现数据查询服务、规划符合性分析等功能，半年来累计发布数据服务 415 项、数据产品 169 种、应用服务 138 项，为项目审批与监管提供了统一的国土空间“底数、底线、底盘”。

### （四）自然资源业务协同体系建设方面

不动产登记信息管理基础平台与国家监委、国家税务总局、司法部等建立了信息共享机制，与最高人民法院网络执行查控系统实现联网对接，与国家数据共享交换平台实现对接，提供不动产登记证书 / 证明信息的查询和核验服务，为纪检部门提供多批次查询任务。落实国家关于加快与全国一体化政务服务平台建设对接的要求，完成统一身份认证、运维管理体系、电子证照共享、统一电子印章等 6 项对接任务。持续推进自然资源部政务信息系统整合共享，加快与国家数据共享交换平台的数据对接与共享服务工作，积极在国家数据共享交换平台上发布各类信息，其中，探矿权信息仅浙江省就调用了 3226 次，采矿信息浙江省调用了 3253 次，土地供应信息浙江省调用了 9690 次，应用效果在专业行业部委中居前列。

### （五）自然资源政务服务体系建设方面

自然资源部门户网站于 2018 年 11 月正式上线运行，整合了国土、海洋、测绘网站等重要政务信息 4.5 多万条，新建栏目 8506 个，归类数据 27.8 多万条，2019 年发布各类信息 42 多万条，实现了从形式到访问入口，再到内容、服务、页面等的统一融合。开展以政府信息公开目录为主线的自然资源政府文件库建设，规划设计 27 项元数据，目前已累计发布各类通知、公告等政府文件数千条。建立自然资源相关政策法规库，设计 32 项元数据，提高自然资源相关政策法规搜索效率。启动“互联网+政务服务”系统建设，编制完成《自然资源部“互联网+政务服务”系统总体设计方案》，加快推进相关子系统建设。

初步建立自然资源大数据与决策支持系统，形成土地、矿产、决策参考、智库等专题功能，开展闲置土地专项督察等专题研究，形成各类分析统计报表 229 套。

### （六）自然资源信息化基础设施体系建设方面

优化“自然资源云”运行环境，保证了业务系统正常运行。建成主干双 40GB、数据中心服务器 10GB 接入、1000MB 到用户桌面的全新局域网，建成内外网虚拟化计算资源池和数据中心存储资源池。自然资源部 OA 系统运行稳定。自然资源部建成了外网、内网和业务网 3 套网络系统，自然资源业务网实现了国家、省、市、县 4 级全覆盖，18 个省份的业务网不同程度地延伸到乡镇国土资源所。

### （七）自然资源信息化安全保障体系建设方面

一是印发《自然资源部网络安全检查工作方案》，并形成自查报告，通报整改行业内 10 余个系统的安全漏洞，避免了安全隐患。二是对自然资源部机关各司局、土地督察机构、直属事业单位共 54 家单位开展了保密、密码及网络安全检查，以“促建、促管、促改、促防”推动建立关键信息基础设施网络安全责任制和防范体系，保障自然资源行业关键信息基础设施的安全稳定运行。三是经受住每日万余次的网络攻击，完成网络安全攻防演习相关任务。三是在自然资源全系统范围内开展年度网络安全技术培训，推动提升各级自然资源部门网络安全保障能力。

（八）新技术在自然资源信息化中的创新应用方面

在不动产登记工作中开展大数据技术的应用探索，建成不动产登记信息共享服务系统，与最高人民法院实现了“总对总”网络查询，每天实时回应全国各级法院数万条查询要求，累计查询近千万条信息，经测试在该技术方案下平均每条信息在线查询耗时 0.119 秒。大数据技术的应用，有力提升了不动产登记信息网络共享服务能力，在推动政府数据共享、“一网通办”、便民利民、优化营商环境等方面发挥了重要作用。引入手机信令、 LBS 定位、GPS 人车空间大数据及相应的分析方法和技术，围绕城镇建设用地规模、城市网络格局、交通基础设施空间分布及利用效率、海岸带保护与开发利用等方面开展分析研究，形成研究成果，服务国土空间格局划定。

**【下一步工作思路】**

未来，自然资源部将继续深入贯彻国家关于网络安全和信息化工作的总体要求，按照 “十三五”时期的自然资源信息化工作部署，进一步加强对网络安全和信息化建设的统筹、指导和协调，加强技术创新、全面整合和深化应用，重点开展以下几个方面的工作。

一是进一步丰富与完善自然资源政务数据资源体系，不断增强自然资源数据支撑保障能力。二是继续完善不动产登记信息管理基础平台，提升不动产登记信息共享和应用服务能力。三是积极落实国家“互联网+政务服务”“互联网+监管”要求，加快自然资源数据资源调查和目录体系建设，推进政务信息整合与共享。四是全力推进自然资源“一张图”和国土空间基础信息平台建设，结合国土“三调”和空间规划编制，进一步夯实数据基础，形成自然资源开发利用的总体框架体系，拓展延伸平台在自然资源系统内的应用和跨部门共用。加快推进“互联网+政务管理服务”建设，支撑用地、用矿、测绘等审批业务，按时完成与国家政务服务平台对接任务。五是深化自然资源大数据创新应用，提升自然资源决策支持能力。六是进一步强化“自然资源云” 和信息安全保障，推进自然资源行业信息系统安全保护工作，为自然资源信息化建设提供更加坚实的环境支撑和技术保障。

# 生态环境信息化发展概况

生态环境部党组高度重视网信工作，坚决贯彻落实习近平总书记关于网络强国的重要思想。2019 年 3 月 14 日，生态环境部网信领导小组全体会议召开，要求通过“三步走”路线（2018 年夯实基础、填平补齐，2019 年巩固成果、重点突破，2020 年整体推进、奋力赶超），实现生态环境部信息化水平“纵向引领、横向领先”目标，并确定“大环境、大平台、大数据、大系统、大安全”（“五个大”）建设任务，为生态环境信息化绘就发展蓝图。

2019 年，生态环境信息化建设取得了生态环境部机关移动办公应用、新大楼信息化建设、“互联网+监管”系统建设等突出成效；体制机制改革创新全面深化，“四统一、五集中”工作机制落地见效，双管全面推开；业务支撑取得了重大突破，建成了固定污染源统一数据库、生态环境信息“一张图”，信息化服务保障水平明显提升。

**【大力推动改革创新】**

2019 年以来，生态环境部组建部网信领导小组及网信办，独立设置生态环境部信息中心，全面加强信息化统一规划、统一标准、统一建设、统一运维和数据、资金、人员、技术、管理集中（简称“四统一、五集中”），明确“一朵云、一张网、一个库、一张图、一扇门”（“五个一”）工作目标，定期组织召开信息化办公会议，研究落实重大任务，推动解决困难问题，生态环境信息化进入“一把手工程”时代，生态环境部党组对信息化工作的重视程度、领导强度和推动力度前所未有。

严格落实“四统一、五集中”。推动印发《关于加强生态环境网络安全和信息化工作的指导意见》《生态环境部信息化统一集中的实施意见》，修订《生态环境数据资源共享管理暂行办法》，补充完善“五个一”相关技术规范，加快推进“大环境、大平台、大数据、大系统、大安全”建设，全面推动“四统一、五集中”落地实施。

深化生态环境信息化体制机制改革。加大双重管理创新力度，印发《生态环境部信息化双重管理实施方案（试行）》，全面推进双重管理实施。整合优化基础设施和网络安全运维，全面推进部属单位信息化统一运维管理。落实信息化预算资金“一支笔审核、一本账管理”。

**【全面建成“五个一”】**

强化“一朵云”（生态环境云）。采用混合云模式建成生态环境“一朵云”，全面完成信息系统“上云”，并稳定运行。

拓展“一张网”（生态环境保护业务专网）。基于国家电子政务外网，依托国家环境信息与统计能力建设等工程项目，建成了覆盖全国的“三层四级”生态环境保护业务专网，实现所有部属单位、省市县环境管理机构全部接入，“专网到桌面”接入终端计算机 11 万余台，实现了“纵向到底、横向到边”和“全覆盖、全联通”。

深化“一个库”（固定污染源统一数据库）。建成了全国固定污染源统一数据库，统一了固定源编码，目前包含污染源 320 余万个。

升级“一张图”（生态环境信息“一张图”）。升级生态环境信息“一张图”，实现按任意区域（行政区划、重点区域、重要流域及海区等）查询展示环境质量、污染源、核安全、环境监管等各类生态环境信息；发布了 500 余项标准化空间服务，环境空间数据量达 560 万条。

丰富“一扇门”（专网综合平台及生态环境部政府网站、网站群）。生态环境部综合业务门户将在用系统全部接入，可为全国生态环境系统用户提供“一门式”登录服务。生态环境部网站群将部属单位门户网站全部纳入，实现统一技术规范、技术平台、运维管理和安全防护。生态环境部承担行政审批事项已全部接入生态环境部政务服务平台。

**【全力做好服务保障】**

完成一体化在线政务服务平台建设。按照国务院办公厅统一部署，大力推进互联网技术与政务服务工作深度融合，全面完成要求的对接任务，通过生态环境部政府网站“政务服务大厅”为办事人提供“一站式”服务，全力打造一体化在线政务服务平台。

完成“互联网+监管”系统建设。按照国务院办公厅统一部署，2019 年完成了各项对接任务，建设了生态环境监管系统，编制了监管事项清单，建立了监管数据仓，设计了面向公众服务和系统内人员的工作门户，搭建了监管数据采集、风险预警、综合分析等子系统。

支撑污染防治攻坚战。强化监督定点帮扶 App，为蓝天保卫战重点区域强化监督提供支撑保障。建设黑臭水体专项督查平台、App，以及入河排污口信息管理、全国集中式饮用水水源环境状况评估、水源地规范化建设情况现场检查

App 及农业农村环境保护监管等系统，有力支撑了“7+4”专项行动相关工作。

支撑生态环境保护重点工作。先后建成了国控重点污染源在线监控系统、“12369”环保举报平台、重污染天气应急管理平台、全国环评统一申报与审批系统、“三线一单”数据共享系统、污染源普查数据采集与管理系统、国家核技术利用辐射安全管理系统、“一带一路”生态环保大数据服务平台、国家生态环境科技成果转化综合服务平台等业务系统，全力支撑保障多项生态环境保护重点工作。

支撑全面从严治党。完成驻生态环境部纪检监察组网站改版上线，建设了电子监察系统；建成党建信息化平台，利用信息化手段开展党员管理、党建信息报送、评优推先等工作；聚焦打造生态环保铁军和打赢污染防治攻坚战两大主题，7×24 小时保障生态环境部网站及驻生态环境部纪检监察网站信息及时发布。

保障生态环境部机构改革。配合生态环境部机构改革，完成新成立和新转隶单位专网和视频会议联通；完成生态环境部机关新大楼信息化建设并保障顺利搬迁。

保障基础运维。统一服务窗口、规范运维服务，切实保障了生态环境部机关网络、客户端、重要业务系统、视频会议、邮件系统等稳定运行。

保障网络安全。定期开展安全检查、培训和应急演练，采取健全安全通报机制、规范互联网端口发布、强化网络流量监控等一系列措施，明显提升安全风险预警和主动防护水平，使关键信息基础设施和重要信息系统安全稳定运行。

# 交通运输信息化发展概况

在交通运输部网信领导小组的正确领导下，交通运输部网信办各成员单位认真学习贯彻习近平总书记关于网络安全和信息化工作的重要论述，不折不扣地落实党中央、国务院及交通运输部党组关于网信工作的决策部署，积极工作，通力合作，围绕“抓统筹、重安全、促应用、强服务”，大力推动各项工作任务落实。

**【交通运输部党组对网信工作的集中统一领导进一步加强】**

一是认真落实党中央、国务院关于网信工作的重大战略部署。以学习贯彻习近平总书记在全国网络安全和信息化工作会议上的重要讲话精神为工作主线，交通运输部党组专题学习习近平总书记讲话精神，统一思想，强化认识，并落实到年度工作任务中。按照国务院关于推进全国一体化在线政务服务平台建设的统一部署，结合交通运输部国家综合交通运输信息平台建设，推进交通运输部政务服务平台规范化、标准化、集约化建设。

二是强化交通运输信息化统筹协调。完成《交通运输信息化“十三五”发展规划》中期评估调整，明确交通运输部“十三五”中后期信息化重点任务和方向；修订交通运输信息化标准体系；组织开展交通运输信息化发展战略研究。

**【交通运输政务信息化统筹建设加快推进】**

一是扎实推进国家综合交通运输信息平台建设，决策支持与评价、调度与应急指挥、政务办公管理与服务、信息资源共享开放、网络安全和运维保障等方面的功能进一步完善。

二是交通运输政务信息资源归集有新突破，编制了《交通运输政务信息资源目录》；通过交通运输政务信息资源整合共享工作会、交通信息中心主任会议等平台，不断凝聚行业共识，推动行业信息资源目录体系进一步完善。

三是行业信息资源整合共享应用有新举措。以应用为导向，围绕跨领域业务综合应用、整合共享能力提升、政企数据融合应用等领域，组织开展交通运输大数据融合应用试点工作，天津、河南、青海等 14 个省（自治区、直辖市）的 18 个项目列入首批试点。交通运输部综合交通运输大数据应用中心联合百度发布 2018 年春运、五一、端午节出行预测等交通运输领域大数据分析报告，引起社会广泛关注和积极反响。长江电子航道图 App 上线试运行，得到广泛应用，长江电子航道图入选“改革开放 40 周年大型展览”。

四是信息资源开放应用有新进展。综合交通出行大数据开放云平台数据进一步丰富，在首届“数字中国”建设峰会上，荣获“数字中国”建设年度最佳实践。高分辨率对地观测系统交通行业数据中心服务行业发展，为 50 余家行业重点单位免费发放公益性专题数据产品。

**【“互联网+”交通运输重点任务全面推进】**

（一）推进“互联网+”便捷交通行动

一是提升基础设施智能化水平。印发了《关于加快推进新一代国家交通控制网和智慧公路试点的通知》，围绕基础设施数字化、路运一体化车路协同等方向，组织北京等 9 个省（自治区、直辖市）开展试点工作，推动基础设施智能化升级。

二是提升城际和城市交通出行服务水平。印发《关于加快推进交通旅游大数据应用试点工作的通知》，进一步明确各省（自治区、直辖市）试点主题，有效防止试点同质化、碎片化。加快推进全国 ETC 拓展应用，全国 ETC 清分结算系统工程作为全国优秀公共服务平台荣获“2018 年国家金卡工程金蚂蚁奖”。顺利取消江苏和山东、重庆和四川两两之间共 15 个高速公路省界收费站，有效提升了公路网通行效率。全国道路客运联网售票服务网、App、微信服务号等服务上线，全国道路客运联网售票服务体系初步建立。继续落实促进公交优先发展战略，做好交通一卡通互联互通工作。

三是提升城乡和农村客运服务水平。“通村村”农村客运信息服务平台（以下简称“通村村”）在贵州省多个县（州、市）上线运行，有效地解决了农民出行难和农村物流难的问题，成为交通扶贫的亮点之一。通过多种平台宣传推广“通村村”经验做法，推动“通村村”与客货运输、物流快递相结合，呈现良好发展前景。

（二）促进“互联网+”高效物流发展

推动国家交通运输物流公共信息平台完善工作，加强互联互通。在危险货物安全管理、港口智慧物流等重要领域和关键环节开展智慧港口试点。示范企业积极开展多式联运“一单制”试点，为行业积累典型经验和做法。

（三）推动“互联网+”政务服务建设

升级改造交通运输部行政许可网上办理平台、政府网站、全国公路建设市场信用信息管理系统等，优化交通运输公共服务能力。交通运输部政府网站智能搜索平台“交通智搜”和智能留言问答系统“小通”上线试运行，并在第十七届中国政府网站绩效评估中获部委网站“十大”优秀创新案例。建成全国交通运输信用信息共享平台，并通过交通运输部政府网站“信用交通”专栏，向行业公示信用信息。建成交通运输企业一套表联网直报系统，公路跨省大件运输并联许可服务水平不断提升。加快推动汽修行业与互联网融合创新发展，为推进汽修行业转型升级、切实保障消费者合法权益提供手段。建成“船员口袋（一期）工程”，把服务送到船员手上、装进船员口袋。推进船舶电子证书应用，有效支撑了船舶监管模式改革。开发了 AIS 公众信息服务平台，面向社会公众提供基于电子海图的 AIS 数据、船舶、船载货物、水文气象、航标等数据信息服务，提升了综合服务能力。

**【新一代信息技术广泛应用】**

与工业和信息化部、公安部联合印发《智能

网联汽车道路测试管理规范（试行）》，出台《自动驾驶封闭测试场地建设技术指南（暂行）》，规范自动驾驶测试验证工作。交通运输部承担的国家重大专项高分一期项目以“优秀”等级通过验收，突破了多项关键技术，建立了高分综合交通遥感应用示范系统，为推动高分遥感技术在交通运输领域的应用推广夯实了基础。物联网技术在公路、水运领域应用效果显著，“物联网智能交通及内河船联网示范工程”荣获“国家金卡工程信息化开拓奖”。印发《关于推进公路水运工程 BIM 技术应用的指导意见》，明确公路水运行业BIM应用发展目标，明确了5个方面的主要任务和重点工作，全面推动BIM技术行业应用。

# 农业农村信息化发展概况

在新形势下，农业农村部电子政务工作紧紧围绕党中央、国务院决策部署和国家信息化发展战略规划，以网络强国战略为引领，加强顶层设计和统筹规划，积极创新政务治理和公共服务，不断提升电子政务服务能力，以信息化推进国家治理体系与治理能力现代化。

## 【总体情况】

经过2019年的建设发展，农业农村部电子政务管理更加规范高效，政务服务水平明显提升，“互联网+监管”“互联网+政务服务”等一批重大工程项目稳步推进，网络安全保障水平持续增强，电子政务工作总体迈上新台阶。一是优化政务流程，全面提升政务运转效率。围绕公文管理、会议管理、值班管理、督查督办、保密管理、信访管理等政务工作，利用信息技术优化重塑业务流程，推进全流程电子化、智能化和平台化，加快整合种植、畜牧兽医、渔业渔政等行业信息系统，推动构建集约整合、协同共享、安全可信的“大系统”，全面提升行政效能。二是创新政务服务模式，助力深化“放管服”改革。大力推进“互联网+政务服务”建设，将53项政务服务事项全部纳入网上政务服务大厅，全面推进“一网通办”；开通运行新版农业农村部官方网站，基础网络和重要信息系统覆盖所有机关司局及在京直属单位，全力推进“网络通、数据通、业务通”，数据共享开放水平大幅提升。三是加强网络安全建设，切实提升网络安全保密能力。加大投入，不断夯实网络安全基石，全面提高人防、物防、技防能力，严格落实等级保护2.0等标准要求，防病毒、防攻击、防篡改、防窃密、防瘫痪能力显著增强。

## 【具体工作】

### （一）统筹推进机制建设方面

升格网络安全和信息化领导小组，由过去部党组副书记、副部长任组长，调整为部党组书记、部长任组长；建立了党委（党组）网络安全工作责任制，实行“一把手”负责制。

### （二）政务数据资源体系建设方面

一是开展编目和资源挂接。依据《农业信息基础共享元数据标准》，梳理和编制政务信息资源目录，汇聚150余个应用系统的结构化数据资源，形成万余张数据库表单，对照目录挂接资源，打破数据共享交换壁垒。二是建设国家农业数据仓库。汇聚来自26个渠道，包括农村经济、农产品贸易、农产品价格等 23 个数据集市的数据资源。三是初步建成政务信息资源“一张图”。依托国家农业农村地理信息服务平台实现部分政务信息资源的可视化发布、数据更新和地图服务。

### （三）业务协同体系建设方面

一是强化顶层设计，加快国家数字农业农村发展规划编制，加快推进国家农业农村云、大数据平台和国家农业农村大数据中心建设，整合构建统一的农业农村综合业务系统，构建农业农村天空地一体化观测体系，打造农业农村“一张图、一朵云、一套数、一张网”。二是开发构建高效便捷的综合办公系统，支持无纸化智能办公，简化工作流程，提高业务办理的协同性和高效性。三是坚决杜绝以单个司局、处室名义存在的独立信息系统，按照种植业、畜牧兽医、渔业渔政等 10 个业务版块持续推进系统整合，利用在建信息系统同步带动整合零星分散小系统，实现业务协同和数据共享。

### （四）政务服务体系建设方面

一是加快推进一体化在线政务服务平台建设。构建基于统一网络支撑、身份认证、电子印章、电子证照的一体化在线政务服务平台，实现 53 项政务服务事项在线办理，一网通办；开发移动端 App，实现办理进度查询、统计分析、电子监察等功能，提升人民群众的获得感和满意度。二是加强门户网站建设。门户网站全新改版上线，开通信息公开和数据频道，公开重要农产品价格监测信息；建设直播访谈、网上信访等频道，解答、回应社会关切，就热点问题和重点工作设置专栏集中公开。三是完善农业信息服务。强化“12316”监管中心数据资源建设，持续增加知识库、案例库、专家库数据量；优化中国农业品牌公共服务平台，强化品牌信息和资讯的采集，以及品牌的宣传推广。

### （五）基础设施体系建设方面

一是推进基础资源集约化建设。云化升级国家农业数据中心，形成统一的计算资源池和存储资源池，推动信息资源由分散建设向集中统一、资源共享、灵活扩展、按需服务转变。二是提升运维服务专业化水平。建立 IT 运维管理服务平台，统一管理网络资源、计算资源、存储资源和基础设施运维，实现运维管理由被动向主动转变，提供持续、可靠的服务。三是加快视频会议系统纵深化建设。目前，农业农村部已完成 34 个直属单位视频会议室建设，实现部内视频会议全覆盖。全国农业农村视频会议系统已建成 2 个主会场、54 个省级分会场、341 个地市级分会场、1800 多个区县级分会场，基本形成了部、省、市（地）、县 4 级农业农村行政管理部门的视频会议系统。

### （六）标准规范体系落实方面

农业农村部发布了《农业行业数据交换技术要求（试行）》《农业信息基础共享元数据标准》2 项标准，编制了《农业农村部信息系统建设技术规范》，正在编制《农业信息化标准体系》，对规范农业农村部电子政务建设、推进电子政务发展发挥了重要作用。

### （七）安全保障体系落实方面

一是强化日常监测防护。实时监测、识别、拦截各类网络攻击，定期开展漏洞检测、渗透测试，强化网络安全大数据应用和威胁感知能力建设，保障农业农村部官方网站和重要信息系统安全运行。二是严格落实网络安全等级保护制度。贯彻《网络安全法》《网络安全等级保护制度》等配套法规，开展信息系统定级、备案、测评、整改等工作，做好关键信息基础设施认定和保护，开展农业农村部网络安全专项检查，及时发现和整改存在的风险和隐患。三是加强网络安全应急处置。完善网络安全信息通报工作机制，开展网络安全风险通报处置工作，避免重大网络安全事件发生；修订完善网络安全应急预案，并开展年度网络安全攻防演习和应急演练。四是开展网络安全宣传培训。组织开展网络安全宣传周活动，举办农业农村网络安全和信息化培训班，提高办公人员网络安全意识和防护技能。

### （八）政策法规体系完善方面

农业农村部先后研究制定了信息资源共享管理办法、共享评估考核办法、网站管理办法、重大信息平台运维专项经费管理办法、网络安全和信息化工作要点等一系列牵头抓总的制度。

**【探索与创新】**

在电子政务推进过程中，农业农村部应用互联网、大数据思维，强调充分利用新技术、新模式、新理念优化工作流程、创新业务模式，促进政务治理现代化和公共服务便捷化。一是打破服务瓶颈，紧密围绕保障民生、利企惠民等主题，大力推进“互联网+政务服务”，构建公平、便捷、高效的政务服务信息体系，实现以行政办公需求为主向以服务公众需求为主的重心转变。二是创新应用服务模式，初步构建了集全国农业农村空间基础地理信息体系、空间数据资源体系、地理信息服务体系于一体的农业农村地理信息平台，为各级农业农村部门提供全方位地理信息服务。依托网站、客户端、博客、微信公众号、小程序等政务新媒体，广泛收集监测投诉举报、三农舆情等信息，利用大数据分析手段，有效提升了日常监管及应急处置工作的针对性和实效性；创新构建中国农产品供需分析系统，为大宗产品、鲜活品种供需分析提供重要大数据智能化分析。

# 全民健康信息化发展概况

国家卫生健康委认真贯彻落实习近平新时代中国特色社会主义思想，以“五位一体”总体布局和“四个全面”战略部署为统领，牢固树立大卫生、大健康理念，以“提高人民群众获得感、增强深化医改新动力、增添经济发展新动能”为目标，不断创新工作思路，切实采取有效措施，着力加强全民健康信息化建设，积极探索“互联网+医疗健康”服务新模式，信息化建设和大数据应用取得了明显进展，为提高政务治理能力、深化医药卫生体制改革、推动卫生健康事业发展、维护和促进人民健康提供了有力支撑、发挥了重要作用。

**【加强平台建设　夯实全民健康信息化建设基础】**

加强全民健康信息国家平台建设，大部分信息系统投入试运行。积极推动省级统筹区域全民健康信息平台建设，提高平台联通质量。在实现国家、省、市、县 4 级平台初步联通全覆盖基础上，积极推进各级各类医院接入相应平台。7000 多家二级以上公立医院接入区域全民健康信息平台；161 个地级市依托区域全民健康信息平台实现医疗机构就诊“一卡通”。

**【立足便民惠民　大力推进互联网与医疗健康融合】**

一是加强经验总结，梳理总结《国务院办公厅关于促进“互联网+医疗健康”发展的意见》出台近一年来取得的成效、存在的问题和下一步打算，形成有关报告。二是推进试点示范，与宁夏共同印发《“互联网+医疗健康”示范区建设规划（2019—2022 年）》，会同宁夏向国务院报送示范区建设工作情况相关报告；积极稳妥扩大试点示范范围，与天津等 10 个省份签署了共建“互联网+医疗健康”示范省（直辖市）战略合作协议，印发《“互联网+医疗健康”共建示范省参照标准和实施细则》，指导推进示范区建设；强化典型引领，先后在山东、宁夏召开发布会，总结推广典型经验做法。三是加强网络基础支撑，会同工业和信息化部研究制定远程医疗网络改造和提速降费政策文件。强化安全监管，研究起草《“互联网+医疗健康”

信息安全监管与服务办法》。四是各地积极细化落实，31 个省份积极出台“互联网+医疗健康”相关配套文件，涵盖互联网医疗、远程医疗、医保支付、安全监管等方面。全国已有 500 多家互联网医院（含政策发布前已有的和政策发布后试运行的互联网医院）；5000 多家二级以上医院普遍提供分时段预约诊疗、检验检查结果查询、移动支付等线上服务，看病就医“三长一短”问题得到较大缓解。

**【促进融合发展　积极深化大数据与人工智能应用】**

国家卫生健康委在委托研究机构开展专项课题研究的基础上，形成涵盖医学人工智能应用发展现状、问题及对策等的报告；研究制定医学人工智能研究重点工作方案，明确医学人工智能发展方向，规划重点应用发展；启动《健康医疗大数据资源目录》编制工作。

**【加强统筹协调　大力推进政务信息系统整合共享】**

国家卫生健康委制定印发《数据共享服务接口管理暂行办法》，梳理完成国家卫生健康委内数据资源目录，实现两批共享清单 21 类数据的共享。出生医学证明信息、死亡医学证明信息、全员人口统筹信息、生育服务证信息与国家政务信息共享交换平台对接共享，在国家政务信息共享交换平台上的数据调用量达 2800 万次。国家卫生健康委还启动了“互联网+政务服务”平台和“互联网+监管”系统建设；上线政务服务旗舰店；落实关于解决形式主义突出问题为基层减负的要求，印发《全民健康信息化为基层减负共组措施》，针对基层反映突出的“系统报表繁”“多头重复报”“数据共享难”等问题，从压缩报表、强化整合、推进共享 3 个方面提出 10 项具体措施。

**【注重规范落地　加强信息化标准体系建设】**

国家卫生健康委推进基层医疗机构信息化建设，印发了《全国基层医疗卫生机构信息化建设标准与规范》；推进医院数据上报规范化、标准化，加强医院上报数据分析应用，印发了《全国医院数据上报管理方案》和《医院上报数据统计分析指标集》；在实地调研基础上，研究起草了《关于加强全民健康信息标准化体系建设的意见》，推动标准真正成为“硬约束”。

**【强化安全意识　提升网络信息安全防护能力】**

国家卫生健康委加强制度机制建设，印发了《关于落实卫生健康行业网络信息与数据安全责任的通知》，明确网络信息与数据安全责任；编制《卫生健康行业关键信息基础设施认定规则》；提高安全防护能力，落实公安部网络安全执法检查，结合第三方监测，开展行业安全通报；在全行业开展网络安全检查、重要数据和个人信息保护专项行动，对直属和联系单位网络安全开展了全覆盖、拉网式检查，督促相关单位做好整改；修订完善了《卫生健康行业网络安全事件应急预案》。

# 海关信息化发展概况

2018 年，国务院机构改革方案明确“将国家质量监督检验检疫总局的出入境检验检疫管理职责和队伍划入海关总署”。海关总署全力推进 H2018 工程建设，圆满完成关检融合信息化保障，保证了关检业务平稳、有序过渡；同时，大力推进智能审图实用化项目建设，进一步加强政务信息系统整合共享，积极开展“互联网+海关”一体化网上办事平台建设，扎实做好海关基础设施建设，确保系统安全运行，各项工作取得积极进展。

**【全力做好关检融合信息化保障】**

2017 年 6 月，海关总署批准启动 H2018 工程建设。2018 年 4 月，根据国家机构改革工作任务，将关检融合信息化保障工作统一纳入 H2018 工程建设，并作为工程建设的主线推进，截至 2018 年年底基本完成建设。

（一）关检融合项目

关检融合项目有力保障了关检融合实现“五个统一”。一是统一申报单证。2018 年 6 月 1 日取消通关单。2018 年 8 月 1 日，按照“依法依规、去繁就简”的原则，对报关单、报检单进行优化，实现整合申报。二是统一风险研判。建设了新一代海关风险作业系统，融合关检风险规则，统一加载、统一研判。三是统一指令下达。整合关检查验表单和查验项目，实现查验指令的统一下达和自动派单。四是统一现场执法。完成货物、运输工具、监管场所、辐射探测、跨境、旅客、行邮、快件 8 个业务领域“查检合一”，建设了现场综合业务岗功能。五是统一作业系统。以大数据为核心，基于“大平台+微服务”，融合关检业务系统技术架构，建设了 H2018 新一代海关通关管理系统 1.0 版。

（二）智能审图实用化项目

智能审图实用化项目通过结合机器学习与专家经验构建计算机算法模型，自动识别海关非侵入查验设备（H986 大型集装箱检查设备、X 光集装箱检查设备、CT 物品检查设备）扫描识别的敏感商品或违禁商品。经过双百日攻关、中期试点、全面推广 3 阶段，实现了智能审图的核心技术和实用成效双突破，在打击货物夹藏及查获枪支、枪支零部件、毒品、象牙等违禁品方面成果显著。智能审图是首个将海关监管业务与人工智能技术完美结合的项目，已成为中国海关一张亮丽的名片。

（三）大数据应用项目

在加强数据治理方面，海关总署构建海关大数据资源池，生成主题库、特征库等高价值信息并提供数据服务，有力支持了风控中心、税管中心、情报挖掘、监督执纪、全景展示等应用。在数据资源池建设及治理方面，采集了涵盖业务执法、行政办公等领域的 4900 余张数据表、678.14 亿条数据记录，数据总量达 10.7TB；获取外部交换数据 6.16 亿条；采集非结构化数据 70.7TB。在大数据平台与服务建设方面，实现三地（北京、上海、广州）两平台（信息资源共享服务平台、大数据云平台）大数据资源统一管理；建设了 11 个主题库，生成四大知识库，开发 488 个业务指标，发布 19 项大数据应用服务；引入流计算技术、规则引擎技术及智能研判工具，有力支撑了风控中心、税管中心运行；建设并推广全国海关大数据通用分析平台（云擎）。

**【扎实推进基础环境建设】**

（一）应用业务系统建设

按照国务院要求，海关总署大力推动政务信息系统整合工作。充分利用“金关工程二期”建设的应用基础平台，大力推进信息系统清理、整合、共享，将原来分散、独立的信息化应用系统整合为 6 个互联互通、信息共享、业务协同的“大系 统”。2018 年，海关总署组织开展全国海关政务信息系统整合大检查，并指导各海关单位做好相关整改工作；组织完成海关总署、直属海关两级系统整合清理和规范命名，完成 46 个署级应用项目、437 个关级应用项目的下线工作；完善“互联网+海关”一体化平台，实现对外服务信息系统统一入口。

2018 年至 2019 年上半年，海关应用系统建设主要包括 3 个方面：一是集中力量建设 H2018 工程，通过工程建设重点推进关检业务融合、信息系统融合；二是重点推进海关“互联网+监管”系统建设，2019 年 6 月率先实现了与国家“互联网+监管”系统的数据对接，首批接入海关进出口企业信息 70 余万条；三是推广应用“金关工程二期”业务系统，应用好“金关工程二期”建设成果。

### （二）行业门户网站

2018年，海关总署积极推进机构改革期间门户网站内容和服务的整合工作，以“集中展现、全面清晰、方便查找”为目标，快速融合，服务不断，及时上线了包括检验检疫职能信息内容的新海关网站。新海关网站以人性化服务特色为宗旨，从便于用户使用的角度进行设计，具有信息公开、在线办事、网上查询、互动交流等功能，力争满足用户信息获取和办事需求。

2019年，根据国家最新要求，围绕公众和企业迫切需求，结合海关实际，海关总署调整修订网站的栏目体系设计规则，加强网站内容资源建设，重构栏目框架，明确栏目框架体系，规范信息资源的内容组成、元数据标准及形式、更新频率、保障单位、保障方式等，建立健全“共同办站”机制，提升政府网站服务能力和影响力；坚持开放融合、创新驱动，充分利用大数据、云计算、人工智能等技术，探索构建可灵活扩展的网站架构，创新服务模式，努力打造智慧型海关网站。

### （三）网络与信息安全

一是启动安全大数据治理项目，将安全数据纳入海关大数据治理框架。通过安全大数据治理一期项目建设，形成海关安全数据治理方案，梳理安全数据资源目录，初步完成安全数据入库，搭建了安全数据治理平台，建设了异常网络流量分析模型、僵尸网络行为特征检测模型和高级持续性攻击识别模型，提升了海关网络安全态势感知能力和安全大数据分析能力。

二是开展网络安全攻防专项工作，进一步提高海关网络安全攻防和应急处置能力，为中华人民共和国成立70周年网络安全保障工作打下坚实基础；检验了全国海关网络安全监测发现、安全防护、应急处置工作水平，积累了网络攻防实战经验，提升了网络安全队伍实战能力，及时发现并整改海关网络安全存在的深层次问题和隐患，排查化解海关网络安全领域重大风险。

三是为适应机构改革后的新情况，开展海关与原检验检疫网络互通及整合工作；实现了海关总署与原质检总局、各直属海关与原检验检疫直属局间网络及视频会议互通。在网络互联互通的基础上，通过海关网络延伸和设备重新入网，实现了机构改革后海关网络的整合。

四是开展海关管理网、运行网融合项目建设。在现有海关网络架构上实现了海关管理网、运行网融合，建设成为新一代海关业务网。两网融合建设，极大地简化了海关网络系统复杂度，使得跨网项目的IT硬件设备投入大幅缩减，从海关管理网、运行网各1套设备降低为单套设备，简化了跨网项目上线流程，有效解决了应用项目上线周期长、环节多、应用效率低、系统故障排查及日常运维难度大等问题。

### （四）标准化建设

海关总署组织重构了《海关信息化标准体系》，印发了《海关信息技术标准化管理办法》，建立了海关信息技术标准化运行机制，提出了海关总署信息化标准化系统需求；发布了《海关视频监控系统技术规范》《海关信息化术语》《海关信息系统机房建设规范》等信息化领域的行业标准。同时，为实施“一带一路”倡议，推进“一带一路”沿线国家海关信息化标准的融合发展，成立了海关信息标准化创新实验室，开展了标准化建设研究。

**【深化“互联网+海关”应用，切实做到利企便民】**

积极推进“互联网+海关”一体化网上办事平台建设。2018年年底，海关公布的服务事项均可网上办理，网上可办率达100%。海关专用缴款书企业自主打印、保证保险联网核查等改革措施受到企业广泛好评，提升了海关行政效能和用户获得感。

按照《国务院关于加快推进全国一体化在线政务服务平台建设的指导意见》，全力推进海关政务平台与国家政务服务平台对接工作。2019年3月，率先开通国家政务平台海关旗舰店，并接入海关门户应用服务；2019年5月，完成移动应用服务接入、服务事项库梳理和发布、行政许可服 务事项数据汇聚、统一身份认证、运维保障体系 等对接工作。

# 税务信息化发展概况

## 【概述】

2018—2019年，税务系统深入学习习近平新时代中国特色社会主义思想和党的十九大精神，贯彻落实党中央、国务院关于减税降费等重大决策部署，在税务总局党委的正确领导下，不断夯实基础环境建设，优化整合金税三期系统，建设自然人税收管理系统（个税部分）和社保费征收管理系统，升级完善电子税务局，统一行业门户网站，强化网络安全与信息化防范治理，加强预算与采购管理，完善法规与标准体系建设，大力推进税务总局数据平台建设，发展大数据分析在税务行业的应用，深入开展“互联网+政务服务”，有力保障了深化“放管服”改革、国税地税机构改革、各项税制改革及减税降费等工作的顺利开展，充分发挥了税收信息化工作的重要支撑作用。

## 【基础环境建设】

### （一）应用业务系统建设

深入落实“放管服”改革等各项改革工作部署，发挥金税三期工程硬核实力，保障减税降费优惠政策顺利落地。

大力推进电子税务局建设，拓展网上办税功能。根据国税地税征管体制改革工作要求，国家税务总局指导各省完成省内国税地税各类网上办税系统渠道、界面、登录“三整合”，进一步建成全国范围内规范、统一的电子税务局，实现界面标准统一、业务标准统一、数据标准统一、关键创新事项统一，为纳税人提供了更丰富的办税功能和更优化的办税体验。

实现决策系统机生机汇，打造减税降费统计核算铁账本。税务总局依托金税三期工程决策支持系统，采用直接获取征收系统数据的方式，记录减税降费的各项业务数据，统一核算口径、从源头把关数据、报表自动生成汇总，实现逐户自动计算。

### （二）行业门户网站

税务系统深入贯彻政府网站发展指引，顺应互联网发展趋势，以纳税人、缴费人和社会公众的需求为导向，在落实税收改革中不断推进税务网站平台整合、资源融合、服务聚合。

开展平台整合。按照国税地税征管体制改革安排，整合省级国税局、省级地税局网站，实现“一网发布信息、一网提供服务、一网互动交流”。经过整合，税务系统网站数量从近1000个整合到37个，集约化、规范化程度明显提升。

促进资源融合。依托税务网站推动办税服务功能前端整合，努力打造足不出户的税收服务“一张网”。在税务总局层面，将门户网站与“12366”纳税服务平台全面对接融合，并连接各省级电子税务局；在各省级税务局层面，推进互联网办税服务资源集中整合到税务网站，实现“一网通办”。

强化服务聚合。围绕重点中心工作，策划推出“‘不忘初心、牢记使命’主题教育”“个人所得税改革”“减税降费在行动”“庆祝改革开放四十周年”“降低社会保险费率”“税收服务一带一路”“第28个全国税收宣传月”等网站专题，密集向社会传递税收改革声音；以图解税收、图片故事、短视频、动漫等喜闻乐见的方式解读税收政策，更好地服务广大纳税人，其中“增大侠”系列、增值税最新税率表产品、减税降费短视频系列产品广泛转载、广受好评，在宣传解读最新政策、传播税务正面声音方面发挥了积极作用。

### （三）网络与信息化安全

加强网络安全监控，及时发现、消除税务网络安全风险。建设安全态势感知系统，有效保障税务系统安全。

为落实国家关键信息基础设施防护责任，国家税务总局围绕增值税发票新系统全面开展税务网络安全大检查，切实加强数据安全管理，严密防止机构改革期间税务数据管理风险。

积极落实应用系统数据库安全访问日志记录工作。加强对运维人员工作纪律和网络安全教育管理，严格落实运维人员信息安全保密协议签署制度，定期检查考核相关工作，进一步防范数据泄露等网络安全风险。

### （四）信息化投资与采购

2018—2019 年，国家税务总局将制度化、规范化、专业化建设作为政府采购工作的着力点，不断完善政府采购信息化基础环境，推动信息化项目采购长足发展，切实保障税收改革发展等重大事项顺利推进。借力信息化手段加强政府采购管理，持续强化“互联网+税务”模式，运用大数据思维挖潜增效，积极探索实践，推进“网上采购”纵深发展。

2018 年，国家税务总局完成信息化采购项目 80 个，预算金额为 12.21 亿元，采购金额为 11.28 亿元，资金节约率约 7.61%；组织完成 8 类信息化产品入围采购，共有 77 家供应商、1385 种产品入围税务采购网。2019 年，国家税务总局采购信息化产品增加至 9 类，共有 98 家厂商、2435 种产品入围，相较 2018 年入围产品数量增长了 76%，基本囊括目前市场上 90%以上的主流品牌。

### （五）法规与标准化建设

1. 税收业务代码标准体系建设

税收业务代码标准是税务信息化中的基础标准。为保障国税地税征管体制改革和个人所得税改革顺利推进，按照国税地税征管业务和信息系统整合工作部署，国家税务总局及时启动了税收业务代码标准调整工作，完成了包括证照类型、登记注册类型、预算分配比例等 38 类，涉及登记、发票、票证、稽查等多个业务领域的代码标准修订工作。

2. 税务系统内控制度建设

严格实施税收系统内控制度和流程，较好地预防和规避了各类风险事项，提升了工作质效，保障了相关工作有序开展。按照内控工作要求，梳理风险点，开展内部控制自我评估，推广应用内部监督控制平台。根据内外部工作环境和工作要求的变化，持续制定、完善相关内控制度。

3. 税务系统信息安全管理制度建设

贯彻落实《网络安全法》和中央网信办等网络安全主管部门工作部署，制发《国家税务总局关于进一步加强数据安全管理工作的通知》和《国家税务总局网络安全和信息化领导小组办公室关于进一步明确国税地税征管体制改革过渡期网络安全策略工作要求的通知》，组织排查数据安全管理风险，进一步明确数据管理责任、数据安全管理和技术保护措施要求及内外部人员的安全管理，防范因机构、人员、岗位变动带来的安全风险。

### （六）人才培养

为推进信息化建设，培养高端信息化建设人才，国家税务总局在全国税务领军人才招录中设立了信息化管理专业。2019 年第六批全国税务领军人才招录，选拔了 25 名信息化管理专业税务领军人才学员。

国税地税机构改革后，国家税务总局统一部署，及时编制培训教材，开展“一竿子”到底视频培训，覆盖全系统信息技术岗位人员。同时，以重点项目为依托，组织完成 Oracle OCP 认证培训、VMware 虚拟化软件认证培训，以及小型机、存储、PC 服务器专业技术培训等近 20 个培训，培训 500 余人次，覆盖全部省级税务机关信息技术部门，持续提升税务系统信息技术人员专业水平。2019 年 3—4 月，国家税务总局组织了两期金税三期工程验收工作整体培训；2019 年 5 月，国家税务总局举办了“智税 2019”大数据竞赛赛前培训班，以及税务系统信息技术人才库应用系统和数据处理技术培训班。

【大数据发展与应用】

自2018年起，国家税务总局树立税收大数据是信息资产的理念，构建海量税收基础数据资源管理体系，不断促进大数据环境下的税收改革创新和协同共治。

建立税务大数据云平台。税务大数据云平台基于云计算、互联网、大数据技术，覆盖从国家税务总局到省、市、县分局的所有层级、所有税种和涉税业务流程环节，同时对第三方信息进行集中汇总，有力地支撑了各类税收业务办理。

升级推广金税三期工程，形成“顶层一体化、纵向联通化、支撑平台化”的数据平台。数据平台承载了总局、省局两级部署的数据管理功能，实现了包括统计核算、风险管理、信用管理、稽查选案、稽查双随机、内部监督控制、动态监控等数据应用功能。

目前，国家税务总局通过数据建模、关系图谱、企业画像等方式充分应用大数据，构建以信用评价、监控预警、风险应对为核心的新型征管方式，实现对纳税人信用和风险状况的动态监控，根据监控评价结果实施差异化管理，对纳税人做到“无风险不打扰、高风险严管控”。

【互联网+政务服务】

（一）深入推进“互联网+政务服务”

国家税务总局积极推进政务服务事项管理库、数据资源共享系统等重点任务对接，统筹推进总局层面对接工作开展，指导各省级税务局做好政务服务平台对接。

目前，国家税务总局已经完成国家税务总局旗舰店建设，上线“出口退税率查询”“纳税信用查询”“事务所查询”“重大案件查询”“办税日历”“办税地图”“办税指南”等服务事项，完成政务服务事项管理库对接和数据资源通路测试等任务，持续推进与国家政务服务平台的深入对接。

提升运行质效。国家税务总局对标推进网站平台升级完善，2019年完成优化项目23项；建立人工抽查和机器扫描相结合的日常监测机制，定期向省局通报情况并督促整改。国家税务总局门户网站在2018年中国政府网站绩效评估中入选年度部委网站“十大”优秀创新案例，在2018年中国政府网站绩效评估中列部委网站第2名。

强化安全保障。按照网络安全和政府信息公开保密审查要求，完善网站信息发布审批审查流程，建立网站常态化监管机制，制定网站信息安全应急预案，强化各项安全保障措施。

（二）构建专业服务平台，开展“互联网+政务服务”

在“12366”热线的基础上，国家税务总局以大数据、移动互联等信息技术为支撑，整合服务资源，拓展服务功能和渠道，建设完成集纳税咨询、税法宣传、办税服务、权益保护等于一体的综合性、品牌化的“12366”纳税服务平台。2018年12月15日，国家税务总局“12366”纳税服务网站上线试运行，并陆续上线“12366平台”（WAP、App）、“12366”智能咨询微信支付宝小程序、“12366”税收知识库。截至2019年4月底，“12366”平台完成上线试运行。

“12366”平台实现部署分级化、业务全量化、渠道多元化、服务智能化。截至2019年6月28日，“12366”平台访问量达1273万人次，近期日均访问量为7万人次，智能咨询业务量为288万人次。

【重点项目工程】

（一）建设自然人税收管理系统

为支撑个人所得税改革，构建自然人税收服务与管理体系，国家税务总局2018年启动个税系统建设，依托云计算和大数据技术，初步建成全国应用大集中模式的个税系统。个税系统于2018年年底正式上线，其特点是“1个云平台；2个处理中心：业务中心和数据中心；3类集成方式：功能集成、服务集成和数据集成；4条办税渠道：手机端、网页端、客户端、大厅端”。截至2019年，手机端累计注册8005万人，累计填报专项扣除信息7078万人。个税系统的目标是支撑全国自然人和扣缴单位的个人所得税涉税业务办理，构建“权责明晰、依法遵从，代扣代缴、自行申报，汇算清缴、多退少补，优化服务、强化管理”的自然人税收管理新模式，并为国家税务总局推进基于“云化”战略的新一轮税务信息化建设思路做出有益探索。

（二）优化整合金税三期系统，持续开展信息系统升级完善

截至2019年4月，金税三期系统并库工作圆满收官，系统性能得到有效验证。金税三期系统并库通过优化系统性能、整合业务和数据，实现国税地税金税三期系统数据库的“两库并一库”、纳税人信息的“两户变一户”、征管模式的“两套合一套”，完成国税地税征管模式、工作流程、岗责体系的规范统一。

（三）建设全国统一的社保费金三标准版系统

国家税务总局专项开展全国统一的社保费金三标准版系统建设，为社保费征管职责顺利划转及平稳征收提供了坚实的信息化保障。金三标准版系统包括“1个平台”“6个子系统”，具体包括社保费信息共享平台、管理子系统、征收子系统、决策支持子系统、税库银子系统、税银子系统、单位缴费人申报客户端子系统。金三标准版系统支持“自行申报”和“核定征收”两种模式，满足各地社保费征管的基本要求，同时开发、开放特色标准接口，方便各地开展个性化业务特色软件开发工作。

【重大活动事件】

（一）举办“智税2019”大数据竞赛

成功举办“智税2019”大数据竞赛，以大数据推动税收事业高质量发展。2019年5月，税务系统首次全国大数据应用竞赛“智税2019”大数据竞赛（机赛阶段）在贵阳举行，35个省（自治区、直辖市）和计划单列市税务局350余人参赛。参赛选手通过上机操作、分析结论，开展风险应对，突出“真数据、真分析、真应对、真收（退）税”。竞赛点燃了各地对大数据的热情，选拔出一批优秀大数据人才，整体锻炼了全国大数据队伍，也为国家挽回了税收流失。

（二）配合国税地税征管体制改革，实行同类项目合并采购、同批项目同步采购

全力做好重大采购项目，服务和保障税收工作大局。配合国税地税征管体制改革信息化建设的迫切需要，实行同类项目合并采购、同批项目同步采购，确保各类项目采购相互协同。

# 市场监管信息化发展概况

2019年是全力抓好市场监管机构改革的开局之年，也是全面贯彻落实党的十九大精神的关键之年。新成立的市场监管总局立足职能定位，以习近平新时代中国特色社会主义思想为指导，严格贯彻市场监管总局党组决策部署，认真完善市场监管信息化顶层设计，全力推进重点信息化工程建设，深入开展政务信息系统整合共享、“互联网+政务服务”“互联网+监管”工作，继续做好商事制度改革和事中事后监管等信息化保障工作，积极推动市场监管大数据中心建设，努力构建市场监管一体化信息平台，切实加强网络安全和信息化基础设施建设，为市场监管机构改革发展提供信息化支撑和保障服务，取得了良好成效。

【认真完善信息化顶层设计】

一是统筹做好市场监管信息化规划。为切实加强机构改革形势下市场监管信息化的顶层设计，指导、规范市场监管系统在新形势下的信息化建设，有效支撑和保障市场监管改革发展，编制关于加强信息化工作的指导意见和总体技术方案等文件，市场监管总局提出了构建统一的市场监管信息化体系的创新发展格局。二是全力推进食品安全监管和市场监管信息化工程立项。在做好市场监管信息化规划的同时，积极推进市场监管信息化工程立项，从技术层面梳理工程建设的初步思路，分析各部委涉及市场监管的共性内容，初步明确工程整体框架。同时，围绕改革后的食品监管形势，积极协调共建单位，统筹考虑机构合并后信息化建设基础，重新梳理整合食品安全监管业务需求，积极与国家发展改革委协商力争尽快批复工程初步设计方案和投资概算。三是推进国家法人库等“十二五”工程信息化建设。积极推进国家企业信用信息公示系统信息化工程建设，加快北京中心和贵阳云中心的实施，完成一体化数据平台项目、“12315”互联网平台等项目验收；认真做好国家法人库工程牵头工作，加快推进国家法人库（工商总局建设部分）工程决策支持系统、企业法人库等项目实施和验收，于2019年年底前全面建成国家法人库；扎实推进原质检总局参与的“十二五”安全生产监管、全民健康保障、生态环境保护 3 个国家信息化重点工程建设项目的实施工作。四是统筹规划信息化标准规范。梳理现存原工商、质检、食药等信息化标准，组织人员队伍对现有信息化标准开展整合修订工作，强化标准规范建设对信息化建设的基础指导作用，初步完成市场监管信息化标准体系框架规划，形成了《标准化工作指南》等 13 项标准规范讨论稿。

【深入开展政务信息资源整合共享工作】

一是开展政务服务平台建设。按照国务院办公厅的有关要求，积极推进市场监管总局政务服务平台建设，完成相关系统接入，开展市场监管总局旗舰店建设工作，12 个系统纳入政务服务事项，部分系统接入统一用户身份认证。积极推进“互联网+督查”，完成市场监管总局网站留言管理对接国家政务服务平需求调研。二是推进“互联网+监管”试点工作。作为国家政务服务平台和“互联网+监管”系统试点建设单位，起草《“互联网+监管”规划建设方案》推进项目立项，完成与国家“互联网+监管”系统的数据对接和应用对接，积极推进企业信用风险分类监管建设工作。三是推进大数据中心建设。按照“数出一源，归口管理”的数据管控理念，逐步归集各市场监管系统数据，初步建成动态更新的国家经济户籍库、生产企业库、企业产品库、标准库、电子证照库、计量标准物质库、检测项目库等基础数据库，全面覆盖市场准入退出、监管、执法和消费维权、质量技术基础设施等业务，进一步提高数据治理与数据质量管控水平，增强安全、可信数据服务支撑能力。四是推进政务信息系统整合共享。深化政务信息系统整合共享工作，认真梳理原工商、质检、食品和反垄断等信息化系统，摸清信息化系统底数，修改政务信息资源目录，定期更新部门间共享信息，进一步破除“信息孤岛”，推动信息便民、惠民。

【继续做好业务信息化保障工作】

一是支撑商事制度改革信息化建设。围绕压缩企业开办时间，不断完善企业网上登记和全程电子化系统，进一步提高企业注册登记便利化水平。按照推进注销便利化改革要求，出台配套技术方案指导各地开展简易注销信息化建设。积极推进全国统一的企业身份信息管理系统建设，实现与公安部人口库的对接，为各地开发接口以实现实名认证调用，实现企业登记的实名认证，遏制冒用他人身份证信息办理登记等违法行为。支撑全国超过 1300 万名申请人完成实名验证，每日平均注册验证近 8 万次，人脸识别正常通过率达 98%。二是做好国家企业信用信息公示系统运维和完善。为适应机构改革继续完成公示系统升级改造，完善国家企业信用信息公示系统功能，提升系统应用效能。加强公示系统运维管理，支撑市场监管领域开展“双随机、一公开”监管。截至 2019 年年底，系统累计访问量达 1317 亿人次，查询企业达 241 亿次。三是做好全国“12315”平台升级改造。按照《市场监管总局关于整合建设

12315 行政执法体系更好服务市场监管执法的意见》，完成全国统一的“12315”平台建设方案的起草和论证，积极推进“12315”“12365”“12331”“12358”“12330”市场监管 5 条热线信息化平台整合，新平台共接收消费者投诉 42.3 万件、举报 21.5 万件，消费者注册总数达 333.7 万人。四是推进电子营业执照系统应用。推进电子营业执照系统升级改造和推广应用，完成电子营业执照微信小程序、支付宝小程序和 App 开发，完成电子营业执照网上亮照系统建设，依据国务院办公厅电子政务办联合下发的《关于依托全国一体化在线政务服务平台做好电子营业执照应用推广工作的通知》，在各行业领域推广电子营业执照应用，服务 300 万家市场主体下载了电子营业执照，与 100 多个系统实现衔接。五是做好 e-CQS 信息化建设和保障工作。推进工业产品生产许可证、计量标准器具核准、进口计量器具型式批准行政审批系统开发上线，完成与质量有关的行政审批、产品质量监督抽查、双随机、计量强检等业务整合，大大提高了行政审批的工作效率，进一步提升了服务效能。2019 年支撑 e-CQS 产品质量监督抽查管理实现了对 474 种产品的抽查管理，支撑完成了 22176 批次检验和 37966 批次抽查。六是推进婴幼儿配方乳粉追溯等食品信息化建设。为贯彻《食品安全法》食品追溯相关法律要求，以选取婴幼儿配方乳粉为试点，启动婴幼儿配方乳粉追溯系统（一期）建设。完成原食品、药品监督管理总局相关信息系统的迁移工作，建设特殊食品监管等主题信息资源库，开展校园食品安全监管信息化建设。七是做好网站建设维护等工作。狠抓网站功能完善、技术运维保障、安全风险防范等环节，确保市场监管总局网站安全、稳定、高效运行，成效显著。在中国软件测评中心公布的第十八届中国政务网站绩效评估结果中，市场监管总局网站居国务院其他部门网站评估第 1 名。

**【切实加强硬件设施与信息安全建设】**

根据国家网络安全各项政策要求，推进基础设施数据资源的调整合并，确保网络和信息系统的安全、稳定运行。一是结合机构改革情况，对市场监管总局系统网络进行重新规划，满足新机构系统运行保障要求。加快电子政务内网建设，完成市场监管总局现用办公楼光纤布线和设备安装部署，扎实做好网络基础设施的运维保障工作，完成各办公区视频会议和办公网专线连接，保障了异地办公区域网络基础设施稳定运行。二是不断完善市场监管总局网络与信息安全体系并认真落实。组织开展了年度网络安全检查、等级保护测评、“两会”、国庆节等国家重大时期安全通报及政府网站监测预警工作，做好网络安全培训和宣传工作，强化市场监管总局干部职工的网络安全参与意识和责任意识。圆满完成国庆 70 周年安全保障、2019 年“两会”安全保障等重点网络安全保障工作，受到了公安部总指挥部的肯定，被授予“国家网络与信息安全信息通报工作先进单位”“新中国成立 70 周年庆祝活动网络安全保卫先进单位”荣誉称号。三是提高安全运维服务能力，夯实市场监管总局网络和信息安全基础环境。按照集约化建设的理念，全面厘清现有基础设施，开展风险排查工作，对运维团队和基础资源进行整合，理顺工作流程，提升工作效率和资源利用效率，进一步提升运维服务的整体形象和质量。四是根据各业务应用发展情况，规划“两地三中心”灾备系统建设，建立和完善容灾备份管理制度，完成了市场监管总局业务系统异地容灾平台需求梳理和方案研讨，有序推进广州灾备中心容灾平台扩容建设和“一张网”工程贵阳分中心建设等工作，提高系统应急备份水平。

**【充分发挥信息化的引领作用】**

虽然经过了机构改革，市场监管总局在信息化方面依然取得了一定成效，主要体现在以下 3 个方面。一是以牵头国家法人库工程为基础推进政务信息共享。按照政务信息资源整合共享要求，不仅以国家法人库为基础推进市场监管各司局业务系统在基础信息方面的整合共享，而且在国家数据共享交换平台部署开放了企业基本信息查询接口和验证接口，为各地区、各部门行政审批提供便利，促进解决群众涉企办事堵点问题，有效缩短企业办事时间、减少企业提交材料，真正实现让企业和个人少跑腿、让数据多跑路。截至 2019 年年底，以统一社会信用代码为索引，市场监管总局实现了对企业名称、法定代表人、处所、状态等10多项基础信息的共享交换、多元校核和查询分析，支持近50个中央部委和地方政府调用。二是以国家企业信用信息公示系统应用为基础推进市场监管机制完善。完善国家企业信用信息公示系统功能，努力提升国家企业信用信息公示系统的应用效能；拓展国家企业信用信息公示系统移动应用建设，开发 App、微信小程序和支付宝小程序，完成抽查计划公告、任务公告的公示工作。优化产品质量监督抽查管理信息系统、双随机系统，全面支持“双随机、一公开”的新型监管方式。通过国家企业信用信息公示系统全面建设，以信息归集共享为基础、以信息公示为手段、以信用监管为核心的新型监管机制基本形成，企业自治、行业自律、社会监督、政府监管的社会共治新格局逐步完善。三是以开展大数据建设和数据分析为基础保障市场监管风险预警和决策支持。依托大数据建设市场监管决策支持平台，建立市场主体发展和市场竞争秩序各类分析应用专题库，基于各专题库数据的综合汇总、查询，构建市场主体现状分析、发展预测、市场秩序动态分析等模型，研判市场主体发展和市场秩序形势，为领导提供辅助决策依据，为服务市场监管提供信息支撑。

由于市场监管总局整合了原工商、质检、食药、国家发展改革委和商务部反垄断等机构，因此现有政务信息系统整合面临一定的困难和压力，信息化建设与新时期市场监管要求还有一定差距。2020年，市场监管总局将围绕智慧监管建设，继续开展好以下几个方面工作。一是深入开展政务信息系统整合共享。进一步加强市场监管内部各系统之间的整合，完善市场监管信息资源的共享和交换，加强市场监管信息资源的开发利用，推动市场监管业务系统的“物理整合”和“化学融合”。二是继续应用大数据加强市场监管和服务，进一步扩大数据采集范围，加大数据治理力度，提高数据质量，强化数据分析、风险预警、决策支持等建设，整合、完善、应用大数据加强市场监管和服务有效支撑能力。三是加快推动国家重大政务信息化工程建设，以参与国家重大政务信息化工程为契机，进一步提高市场监管信息化水平，完成市场监管信息化工程立项。四是坚持“高起点、高标准、高要求”的原则，积极探索研究云计算、大数据等前沿技术理论，进一步提高市场监管现代化、智能化、精准化水平，努力构建大平台支撑、大数据慧治、大系统融合、大服务惠民、大监管共治的“智慧监管”信息化创新发展格局。

# 知识产权信息化发展概况

国家知识产权局以习近平新时代中国特色社会主义思想为指导，深入贯彻党的十九大及党的十九届二中、三中全会精神，全面落实《国务院关于新形势下加快知识产权强国建设的若干意见》（国发〔2015〕71号）、《“十三五”国家知识产权保护和运用规划》（国发〔2016〕86号）各项任务要求，2018年至2019年6月，高效开展信息化建设，全面优化商标、专利、地理标志、集成电路布图设计审查、公共服务、行政管理、国际合作等各项工作的信息化环境，持续丰富知识产权数据文献资源，知识产权信息化各项业务工作不断取得新进展。

## 【2018 年知识产权信息化工作】

### （一）推进知识产权信息化项目建设

1. 知识产权审查支撑项目

商标图形智能检索系统在 6 个商标审查协作中心展开全面测试，效果良好，显著提升商标审查质量和效率。

中国专利电子审批系统持续优化基础软硬件环境，不断升级系统功能，有效提高系统服务能力和运行效率，有力支撑优先审查、高价值专利审查、专利费用标准调整和专利审查信息标注等各项业务开展；完成适应性改造，支持《关于停征免征和调整部分行政事业性收费有关政策的通知》对专利新收费标准的要求。

专利检索与服务系统持续推进检索基础数据优化，加快实施系统基础环境优化和扩容，改进检索报告相关功能，进一步提升系统服务能力；智能辅助检索持续进行算法模型的优化和升级，不断提升自动检索命中对比文献的比率和排序位置。

实用新型智能辅助审查系统上线运行，实现从审查端自动形审、明显实质缺陷审查人机辅助交互两个方向进行智能化审查模式创新。

中国外观设计专利智能检索系统增加查新机检功能，实现与审批系统数据对接，自动推送机检报告，为外观明显新颖性审查提供技术支撑。

中国专利质量系统上线运行，通过对专利申请质量进行预判，促进专利审查质量提升。

开发保护中心预审案件分类流程管理系统并完成测试，研究并尝试新分类转案流程，将 OCR 技术引入分类流程管理系统，同时引入自动粗分技术，实现案件信息的导入和导出。

指导各保护中心加强信息化建设，自行建设预审管理平台，提升预审服务质量和效率。

2. 知识产权服务类项目

商标网上服务系统全面上线。该系统集成网上查询、申请、发文、公告、缴费、注册证明公示功能，为社会公众提供网上全方位、全流程服务。

启动国家知识产权局政务服务平台与国家政务服务平台的对接工作；继续做好全国政务信息共享平台数据共享工作，2018 年发布共享数据 160 余项。

优化完善面向公众提供服务的专利检索及分析系统。不断优化升级系统数据展示、下载效率和响应时间，补充部分缺失数据，进一步提升面向公众的专利检索、分析服务能力。

研究推动建设知识产权保护中心信息平台，涵盖专利智能预审、专利导航分析、专利运营、快速维权等功能模块，提升保护中心综合服务能力。

开发建设并升级中国知识产权大数据与智慧服务系统。该系统是集成商标、专利、版权、地理标志、集成电路布图设计、植物新品种等数据资源的知识产权大数据应用系统，通过检索分析系统和数据接口等多种方式为用户提供服务。

3. 其他

持续进行专利文献代码化、智能化优化升级。

完成网信关键技术知识产权监测预警平台所需报表工具选型及平台建设方案。

开展神经网络机器翻译引擎及智能化翻译加工系统的研究，为打造智能化、精细化的数据加工模式进行积极探索。

启动研发智能图书编校排系统。该系统是整合编辑、校对、排版及电子化管理流程的出版流程系统，分 3 期完成。2018 年完成一期建设目标，软硬件设备全部进场安装调试完毕，系统架构已搭建完成，与各子系统及 ERP 的集成工作已全部完成。

### （二）完善知识产权信息资源建设

1. 数据资源收集与交换

继续与包括世界知识产权组织、美国、日本、欧洲、韩国等在内的超过 30 个国家、地区和组织开展文献及数据交换，及时获取全量更新数据，不断提升国家知识产权局基础数据资源完备性。2018 年与俄罗斯签署全新数据交换协议，一揽子达成与 10 个国家、地区知识产权局的数据交换合作，数据范围覆盖 3 种专利类型、14 个类别；向 6 个 PCT 国际检索与初审单位赠予中国专利文献。

截至 2018 年年底，国家知识产权局专利文献总量近 1.2 亿件，拥有全球 103 个知识产权机构的专利说明书、104 个知识产权机构的检索数据。

2. 数据资源加工与检测

2018 年，中国专利文献数据深加工近 39.582 万件；发明、实用新型、外观设计 3 类专利翻译量达342.843万余件；非专利数据深加工6.237万件。针对中国专利文献英文翻译、中国专利数据深加工、中国非专利文献数据深加工等项目开展数据检测工作。中国专利文献数据加工和分类检测工作通过ISO 9001质量管理体系监督审核。

3. 数据分类业务管理与国际合作

针对发明和实用新型专利申请及公布公告文献开展IPC专利分类、再分类，针对新受理的发明专利申请同时开展CPC分类，2018年分类量共444.3万件。针对发明专利新申请CPC、IPC分类，以及世界知识产权组织（WIPO）专利数据IPC再分类等项目开展数据检测工作；组织开展分类表和分类定义的翻译和更新。

12项IPC修订提案接受WIPO审议，9项获准通过，单次会议接受审议提案数量和获准数量居世界各知识产权局之首；获得WIPO授权，与欧洲专利局共同牵头IPC新建索引部项目；推动知识产权五局第一工作组于2018年10月举办首次虚拟会议。

4. 数据标准化

梳理局标行标与WIPO标准的对应情况，整合完成所有行标与WIPO标准的对比梳理，完成《中国专利文献著录项目》《中国专利文献版式》《专利申请号标准》的调研及修订工作，对法律状态新标准提出制定建议；推进行业标准《核苷酸和/或氨基酸序列表和序列电子文件标准》的制定工作。

5. 其他

完成数据仓库Ⅰ期的部署和上线，数据仓库包括文档库系统、数据库集群，以及所收录的结构化、非结构化数据资源，实现对数据资源的集中管理。截至2018年年底，完成约5000万篇实体文献数据、3200万篇结构化文献数据的存储。

（三）提升知识产权信息应用与服务能力

1. 信息公共服务

商标数据库实现开放共享，向社会免费开放全部约3500万件存量商标的基本信息。

专利基础数据开放质量稳步提高，专利数据服务试验系统向公众提供中国标准化全文文本、著录项目和全文图像数据，2018年系统新增注册用户1098户，新增下载账户126户，为公众提供数据下载总量约116TB。

继续为广州、南京、上海、重庆和北京等区域中心和地方中心提供数据更新下载服务，保障全国各级专利信息中心用于开展专利信息服务的专利数据资源。全力推进“新一代地方专利信息服务中心检索及分析系统”试点工作，在21个试点地方中心完成系统部署，并结合试点工作推进地方中心服务能力升级。中国及多国专利审查信息查询系统稳定运行，依法及时公开专利审查过程信息，2018年新增用户607776户，累计用户达1226144户，访问量达1483058164次。

2. 信息化国际合作

与WIPO签署使用许可，获得WIPO翻译工具WIPO Translate使用权限，为向审查员和公众提供更优质的机器翻译服务奠定基础；成为PCT国际阶段数据电子传输M2M（机器对机器）项目全球第一家试点局，为国家知识产权局PCT国家阶段审查提供及时、有效的参考信息。

《专利数据合作项目建议书》在“一带一路”高级别会议上顺利通过，由国家知识产权局提出并主导协调的共同交换数据列表在2018年金砖局长会上顺利获得五局局长批准。

与WIPO、韩国特许厅分别签署安全网络协议，完成WIPO多边优先权合作和中韩双边优先权合作基础设施向双边专有网络无缝切换。云专利审查系统新增3家用户，国际用户总数已达49家。

积极参加金砖国家知识产权务实合作，促进专利信息服务交流与资料共享，首次邀请金砖国家用户参加国家知识产权局举办的英文公益讲座。

（四）知识产权信息化保障工作

在集成运维、基础环境运维、安全运维、存储运维、网络与通信服务、终端设备维护等方面不断改进维护流程，提高维护质量和服务水平，请求完成率持续保持在96%以上，保证国家知识产权局各项业务系统正常运转。7家知识产权保护中心完成基础环境建设并通过验收。

（五）信息安全工作

完善网络安全制度规范，制定并印发《国家知识产权局互联网电子邮件系统安全管理办法》《国家知识产权局2018年网络安全工作要点》两项制度规范。

强化网络安全技术保障，初步构建以等级保护、监测预警、风险评估、应急响应、事件处理、信息通报等为基础的网络安全防护体系。同时，为保障对外服务信息系统的安全运行，开展 7×24 小时网站监测预警工作，通过一系列技术防范措施确保 2018 年无重大网络安全突发事件。

组织网络安全培训，提升网络安全风险防范意识，2018 年共组织 5 次网络安全培训，累计培训人数达 200 人。

（六）政府网站

完成国家知识产权局政府网站新域名（cnipa.gov.cn）的注册、备案和切换工作。国家知识产权局政府网站 2018 年页面浏览量达 5 亿人次，发布信息 6957 条，转发国务院文件 77 篇，公开国家知识产权局信息 327 条，发布解读信息 16 条，回应公众关注热点问题 22 次，办结公众留言 11259 条，征集公众意见 11 次，进行访谈直播 16 场，新开设专题 6 个，回复政府网站查错平台问题 153 个。

（七）重大活动、事件

2018 年 7 月 29 日，中国专利电子审批系统等业务系统完成适应性改造，支持《关于停征免征和调整部分行政事业性收费有关政策的通知》（财税〔2018〕37 号）对专利新收费标准的要求。

2018 年 8 月 11 日，实用新型智能辅助审查系统上线运行。

2018 年 8 月 30—31 日，以“专利，助推对外开放”为主题的第九届中国专利年会（原中国专利信息年会）在北京亦创国际会展中心成功举办，来自五大洲 43 个国家和地区超过 10000 名人员参会，展开对当前工作和未来知识产权事业发展的有益探讨。

2018 年 11 月 10 日，中国专利质量系统上线运行。

2018 年 11 月 15 日，商标网上服务系统全面上线。

2018 年 12 月 26 日，商标数据库实现开放共享。

## 【2019 年上半年知识产权信息化工作】

（一）推进知识产权信息化项目建设

1. 知识产权审查支撑项目

商标图形智能检索系统正式上线运行，实现对商标图形审查的智能辅助，有效精简商标图形审查中近似比对数量，减轻审查压力，降低审查判断中人为主观因素的影响，从技术上根本破解审查能力与审查压力不匹配的矛盾，确保商标审查效率与审查质量双提升。

商标拼音英文近似检索功能完成升级改造，并正式上线。通过采用全文检索技术，将拼音及英文检索效率提高 10 倍以上，优化检索结果的排序，极大提升商标相同/近似检索的性能。

持续做好中国专利电子审批系统的业务功能升级和基础环境优化，更好地支撑提质增效工作开展，保障高价值专利审查、专项消除积压案件审查等各项重点业务顺利推进。根据机构改革工作要求完成系统调整，根据自 2019 年 7 月 1 日起执行的新专利费用减缓条件实施系统改造。

外观设计智能辅助审查系统上线运行。系统通过规则前移、加强申请端校验和提示，帮助申请人提交更高质量的外观设计申请。系统开发智能辅助审查、通知书标准化撰写、查新机检报告等功能，通过智能审查引擎对外观设计著录项目、简要说明、外观图片或照片进行机器审查，实现部分外观设计申请的批量分类和批量审查，并对需要人工审查的案件提供智能辅助审查结论，助力外观设计专利审查质量和效率双提升。

CEPCT 质量提升项目上线，通过对受理采集、受理审查、管理监控、授权扣款、统计查询功能模块的改造升级，从受理、审查、数据传送等方面对全业务流程进行优化，提升系统稳定性、可靠性和业务数据完整性，提高整体运行效率。

专利检索与服务系统新增浏览缓存服务，提升系统负载能力并提高浏览速度；对方剂、中药词典等功能进行优化重构，并集成中医古籍方剂数据，提高中医药领域专利检索效率。智能辅助检索针对算法的数据维度进行优化，进一步提升自动检索效果。

中国外观设计专利智能检索系统持续训练检索引擎，提高检索准确性；优化系统性能，提升检索效率。

研究建设全国保护中心运行管理平台，并制定保护中心预审平台标准。推进各保护中心按照标准自行建设预审平台，并与全国保护中心运行管理平台对接，实现案件报送、申请主体备案、数据实时监控、质量检查、质检通报、数据统计等功能。

2. 知识产权服务类项目

继续推进国家知识产权局政务服务平台与国家政务服务平台的对接工作，国家知识产权局政务服务旗舰店在国家政务服务平台上线试运行，完成第一阶段对接工作。

商标网上申请系统功能进一步优化，受理窗口网申功能正式上线，实现申请人在商标受理窗口办理网上申请业务。完成自 2019 年 7 月 1 日起商标规费调整导致的商标注册与管理自动化系统、商标网上服务系统程序改造工作。

马德里商标国际注册后续业务电子发文系统上线。截至 2019 年 6 月 15 日，国家知识产权局商标局已向世界知识产权组织成功发送文件 124 件。

面向公众提供服务的专利检索及分析系统，为注册用户增加命令行检索、药物结构式检索及高级分析功能，并加强系统基础设施环境的运维和安全防护保障，在保障系统稳定运行的同时不断提升服务能力。

专利事务服务系统为社会公众开通质押登记（许可备案）网上提交服务。

启动建设面向省级地理标志行政管理部门的地理标志统一受理平台，完成平台建设有关工作项目招投标。开发地理标志网上申请、在线形式审查、公告发布及统计分析查询等功能。

3. “互联网+监管”

（1）加快推进国家知识产权局“互联网+监管”系统建设和对接工作。

一是认真梳理国家知识产权局监管事项检查实施清单，范围涉及对专利代理机构执业行为的监管、对专利代理师执业行为的监管、对集成电路布图设计侵权行为的监管、对商标代理机构的监管、对擅自开展专利代理业务行为的监管、对专利代理机构设立/变更/注销分支机构的监管、对拟向外国申请的专利保密性进行监管 7 个主项、15 个子项的监管类别。

二是加快建设国家知识产权局“互联网+监管”系统，同步推动与国家“互联网+监管”系统数据对接。整理加工包含企业基本信息、执法人员信息、举报信息、投诉举报用户信息、行政处罚信息、法律法规库、“双随机、一公开”数据的专项计划数据等的基础数据信息，完成与国家“互联网+监管”系统数据对接，逐步规范监管，为精准监管、联合监管奠定基础。

三是结合自身监管业务需要，自筹资金，加快推进国家知识产权局“互联网+监管”系统建设。在满足国家知识产权局监管工作需要的同时，通过与国家“互联网+监管”系统的对接，实现监管数据资源共享、监管业务协同联动，为国家创新监管方式、优化营商环境、推进政府职能转变、深化“放管服”改革提供有力支撑。

四是全国信用信息共享平台（二期）国家知识产权局子平台完成硬件采购、软件开发、软件等级保护测评、系统对接、专家验收、上线调试等工作。通过该平台可以向国家发展改革委报送知识产权领域失信信息、知识产权领域需要其他部委配合开展联合惩戒的信息，接收国家发展改革委需要国家知识产权局配合开展联合惩戒的信息等。

（2）推进知识产权行政执法信息统计系统优化升级。

在原专利行政执法案件报送平台的基础上，增加商标和地理标志执法保护信息的采集、报送与报表统计分析模块，持续完善系统功能。2019 年已完成信息采集、报送功能的优化工作。

4. 其他

积极推进商标注册及管理信息化和国家知识产权大数据中心项目立项工作，为国家知识产权信息公共服务平台建设奠定信息化基础。

完成网信关键技术知识产权监测预警平台项目建设工作，并顺利通过项目验收。

稳步推进智能化翻译加工系统的流程优化和功能升级，完成国际数据交换平台神经网络机器翻译服务升级，同步升级了实用新型、外观设计数据翻译引擎。

持续进行专利文献代码化、智能化优化升级。注重对质检反馈的错误加工案例进行收集和分析，不断总结规律、提炼规则、修正程序，以提升数据加工质量和效率。

智能图书编校排系统第一阶段产品化目标基本完成。推进核心功能的优化和完善，并启动第三方测试和试运行工作，着力解决系统使用中的流畅性问题，提升智能提示的有效性。

### （二）完善知识产权信息资源建设

1. 数据资源收集与交换

与包括世界知识产权组织、美国、日本、欧洲、韩国等在内的超过 30 个国家、地区和组织稳定开展知识产权局间的文献及数据交换工作，及时获取全量更新数据，保障专利检索系统数据集的更新。2019 年上半年，总计完成与 19 个国家、地区或组织的 104 项数据资源的下载备份工作，数据容量约 3.6TB。继续开展各类文献资源引进工作，专利文献总量超过 1.24 亿件，拥有全球 103 个知识产权机构的专利说明书、104 个知识产权机构的检索数据。

2. 数据资源加工与检测

2019 年上半年，中国专利文献数据深加工近 22.2 万件，发明、实用新型、外观设计 3 类专利翻译量共 196 万件，非专利数据深加工 2.7 万件。

3. 数据分类业务管理与国际合作

针对发明、实用新型专利申请开展 IPC 分类、再分类工作，2019 年上半年分类量共 214.1 万件。

在 WIPO 平台下，推动国家知识产权局 4 项 IPC 分类修订提案获得审议通过；积极参与半导体领域新建 IPC 大类项目相关讨论工作。在知识产权五局平台下，就新兴技术领域分类修订合作与各局开展深入研究。

4. 数据标准化

对知识产权基础信息采集加工标准进行资料收集分析和调研，开展标准框架设计和标准方案相关研究，初步划定商标、专利、地理标志、集成电路布图设计数据项范围。

5. 其他

进行数据仓库Ⅱ期建设。完成商标数据产品库的设计工作和更新流程建设，截至 2019 年 3 月底，共收录商标 3600 余万件。截至 2019 年 6 月底，完成约 1.1 亿篇实体专利文献数据、1.2 亿篇结构化专利文献数据的存储。完成中国地理标志数据的收录工作及地理标志产品库的建设，截至 2019 年 6 月底，共收录地理标志数据 2383 条、地理标志核准企业 7845 家。

### （三）提升知识产权信息应用与服务

1. 信息公共服务

专利基础数据开放质量稳步提高，专利数据服务试验系统向公众提供中国标准化全文文本、著录项目和全文图像数据，2019 年上半年系统新增注册用户 634 户，新增下载账户 86 户，为公众提供数据下载总量约 68.6TB。

继续为广州、南京、上海、重庆和北京等区域中心和地方中心提供数据更新下载服务。新一代地方专利信息服务中心检索与分析系统新增 4 个省、市部署工作，总数达到 25 个。中国及多国专利审查信息查询系统稳定运行，依法及时公开专利审查过程信息，2019 年上半年新增用户 480339 户，累计用户达 1706483 户，访问量达 700418698 人次。

2. 信息化国际合作

在金砖五局平台下，积极推进由国家知识产权局牵头的“知识产权信息服务”合作项目，促进金砖五局在现场培训、远程讲座和资料共享等方面加强合作。

### （四）知识产权信息化保障工作

6 家知识产权保护中心完成基础环境建设，并通过验收。

商标注册证明公示系统存储扩容工作完成，保障了网上服务系统的平稳运行；扎实推进商标机房 UPS 改造工作。

### （五）信息安全工作

调整国家知识产权局网络安全和信息化领导小组，统筹协调国家知识产权局网信安全相关工作。强化网络安全预警、通报和应急机制，全力做好“两会”时期网络安全保障工作；组织开展 2019 年网信安全培训会，强化网络安全意识，提高网络安全技术能力；制定《国家知识产权局网络安全工作实施方案》；开展紧急排查整改重要数据和公民个人信息泄露安全隐患专项工作、网络安全专项检查工作，推进信息系统数据保护和网络安全等级保护工作，提升整体网信安全防护水平。

积极推动国家知识产权局各相关部门单位在商标、专利、地理标志、集成电路布图设计等重要审查业务信息系统中加强密码应用和密码保护。

对现有的综合办公系统（OA）进行终端适配改造；按照应用信息系统等保标准，建设OA安全保护体系。

按照《网络安全法》和《等级保护2.0政策规范》，全面推进等级保护工作，将信息安全等级保护的相关规定融入信息化项目的管理流程中，初步实现信息化项目与等级保护工作“同步规划、同步建设、同步运行”，初步建成以等级保护、监测预警、风险评估、应急响应和信息通报等为基础的网络安全立体防护体系。

不断加强商标国家知识产权局内网安全管理，强化商标信息化系统运行保障，对信息化系统进行整体排查、整体安全改进规划和一期整改，完成内网通信软件的采购和配置工作。

（六）政府网站

2019年上半年，国家知识产权局政府网站页面浏览量达2.6亿人次，发布信息3248条，转发国务院文件34篇，公开国家知识产权局信息183条，发布解读信息6条，回应公众关注热点问题10次，办结公众留言14295条，征集公众意见5次，进行访谈直播5场，新开设专题6个，回复政府网站查错平台问题54个。

# 中国科学院信息化发展概况

2019年是中国科学院基本实现“四个率先”目标的关键之年。一年来，中国科学院网信干部以习近平网络强国战略思想为指导，深入学习中央网信工作精神，认真贯彻落实中国科学院网信工作领导小组会议部署，坚持不忘初心、牢记使命、开拓奋进、真抓实干，按照《中国科学院2019年网络安全和信息化工作要点》逐项落实，努力健全网信工作机制，完善网信组织体系，提升网信工作水平，增强信息化服务能力，优化网信人才队伍，为基本实现“四个率先”目标提供信息化支撑，为科技创新工作提供信息技术保障。

## 【坚持以网络强国战略思想为指导】

### （一）认真学习领会习近平网络强国战略思想

2019年4月15日，中国科学院网信领导小组组长白春礼主持召开2019年中国科学院网信领导小组会议，认真学习习近平总书记在全国网信工作会议上重要讲话。白春礼强调，中国科学院网信战线同志要深入学习领会习近平总书记重要讲话精神和网络强国战略思想，贯彻落实党中央关于网信工作的重大决策部署，把思想和行动统一到习近平总书记关于网信工作的战略部署上来，切实将习近平总书记重要讲话精神落到实处，积极把中国科学院网信工作纳入国家网信发展事业中，支撑好国家网络强国战略实施。中国科学院网信领导小组副组长李树深要求，要深入贯彻习近平总书记重要讲话精神，把思想行动统一到习近平总书记关于网信工作的重要判断和具体要求上来，强化责任意识，以高度的责任感和使命感开展中国科学院网信工作；提高工作站位，以更加开阔的视野推进网信工作；抓好重点工作，以高显示度的工作支撑我国网络强国建设；健全工作机制，以高执行力将各项部署落到实处。

2019 年 6 月以来，中国科学院按照党中央和中国科学院党组的决策部署，在全院深入开展“不忘初心、牢记使命”主题教育。中国科学院网信办在认真参与主题教育活动的同时，编辑印制了《中国科学院网信工作主题教育材料选编》（以下简称《材料选编》），共收录 25 篇重要文献资料，使中国科学院网信干部将专题学习和主题教育实践活动相结合，结合《材料选编》对标、对表，深挖初心源头、牢筑使命担当，推动专题学习和主题教育走向深入。

（二）深入贯彻落实我国网信工作部署

2019 年，围绕当前我国网信领域的新问题，我国部署提出了一系列新的工作要求。中国科学院网信办坚持以落实国家网信宏观战略布局为政治任务，主动担当，强化统筹协调，确保高效推动国家重大战略项目立项实施。

一是认真贯彻落实国家信息技术应用创新工作战略部署，积极推动中国科学院信创工作落地落实。二是落实习近平总书记对思想宣传工作的重要讲话精神，配合启动媒介大数据基础设施平台项目建设。三是落实国家科学数据中心建设工作，推进中国科学院科学数据中心体系建设。中国科学院承建了国家基础科学、空间科学、天文科学、基因组科学、微生物科学、对地观测科学、高能物理、地球系统、青藏高原、寒区旱区、生态系统观测 11 家科学数据中心。四是落实《推进互联网协议第六版（IPv6）规模部署行动计划》，实现了中国科技云基础设施 IPv6 升级，以及与国外众多网络运营机构的 IPv6 互联互通。五是落实党中央、国务院关于建设河北雄安新区重大战略部署，为雄安新区高性能计算、科技创新、智慧城市、生命健康、新材料等产业发展提供有力支撑。六是落实国家《网络安全法》和《网络安全等保条例》要求，推动中国科学院重要信息系统安全合规试点项目建设。

**【坚持抓好“十三五”信息化项目管理】**

（一）智慧中科院建设推进工程

新一代 ARP 系统在中国科学院 134 家单位部署上线，切换率为 100%。新系统在原有四大功能模块（人事薪酬、综合财务、科研项目、科研条件）基础上，新增国际合作与网上办公功能模块，代码超过 327 万行，实现全生命周期科研管理与核心业务的国产化自主可控及数据共享，满足了新时期科研管理变革的需求，保障了科研管理工作安全、稳定运行。

中国科学院科研教育感知服务系统进一步完善数据汇聚与交换平台数据库，构建态势感知指标体系，完善功能集成和可视化效果，基本实现对全院科研与教育态势的定量分析和实时感知，为领导决策提供数据支撑。智慧教育平台着力推进教育质量分析评价和教育决策支持，完成面向研究所机构评价、学生及教师画像功能的开发；进一步开放教育资源，入库资源含院内课程、院外课程、特色系列讲座、TED 等。

（二）中国科技云建设工程

中国科技云建设工程持续推进资源管理与自服务平台建设，实现云计算、高性能计算、存储、试验床等资源整合、集成与聚合，持续提升了中国科技云网络基础设施的服务能力和超算资源聚合、调度、应用能力。

2019 年 12 月，中国科技云 2.0 上线发布，基本实现了高速科研网络、海量数据存储、大规模计算分析、科学数据与信息资源、科研软件资源等的全面整合集成与云化，汇聚了 315PF 计算资源、150PB 存储资源及数十 PB 的科学数据资源，集成部署了综合服务平台 52 个、各类科研软件 409 款。中国科技云已为“地球大数据科学工程”“空间科学”等中国科学院战略性科技先导专项，以及 FAST、LHASSO 等国家重大科技基础设施提供服务，为超级计算、科学数据、人工智能和洲际的科学数据传输等工作提供支撑。

（三）科学大数据工程引领示范效应初步显现

科学大数据工程持续推进建设科学大数据管理与分析平台、科学大数据资源体系和公共服务云平台，发展大数据驱动科研创新的应用示范，推动中国科学院科学大数据支撑服务水平、科学数据资源共享开放水平、科学大数据应用水平的不断提升。

2019 年度，科学大数据工程建成了具有 PB 级数据管理能力的大数据管理平台，支持 4 类主流大数据管理系统的集成部署和管理，支持 74 个数据库实例的在线创建和同时在线服务，出版数据集 252 个；公开遴选确定的 7 个重点数据库、20 个特色数据库与 4 个大数据驱动的创新示范平台，累计积累数据资源量超过 3.8PB。空间科学、生物信息、第三极环境、资源学科等领域大数据驱动的创新示范平台均在平台建设和学科领域典型应用方面取得突破，重点数据库和大数据驱动的创新示范平台服务效果显著。

（四）科研信息化应用工程

科研信息化应用工程通过推进信息化技术与学科深入融合，着力提升中国科学院科研信息化应用水平。完成近 30 个服务于重大科研活动的信息系统与软件，其中产出各类软件 26 款、平台 20 个，涵盖科研应用、科学计算和数据服务；支持产出各类数据库 16 个，为各学科领域提供了相关科研数据资源，支持包括中国科学院战略性先导专项和国家重点研发计划等在内的项目 40 余个。

2019 年，科研信息化应用工程着力推进领域云建设，形成了一系列典型应用。一是建设面向高能物理及射线技术大科学装置科技领域云，搭建了基于 SDN 架构的虚拟专用网络，支持高能物理实验数据的高效传输；二是建设寒旱区环境演变研究科技领域云，在数据中心集成了新疆与中亚科学数据、联合观测数据、中巴经济走廊数据；三是建设微生物科技领域云，基于 Docker 模块超过 50 款数据分析软件，实现了 22 个微生物信息学数据，以及 4 类镜像数据仓库的整合。平台注册用户超过 800 户，覆盖 20 多个国家或地区。

（五）网络安全保障体系建设工程

网络安全保障体系建设工程持续推进安全基础设施建设，为中国科学院网络安全保障提供安全服务支撑；深化网络安全保障综合服务平台建设，全面覆盖“中国科技云”“智慧中科院”及中国科学院网站群等重要应用系统，为其提供网络安全保障。

2019 年，网络安全保障体系建设工程按照既定时间节点和目标要求扎实推进，相关工作取得阶段性成效。一是提升中国科学院网站发现技术能力，初步实现了对中国科学院网站的可知、可管、可控。二是不断提升邮件系统安全防护能力，具备了发现邮件被窃取和实时监控的能力。三是统一身份认证，完善客户端、服务器端功能集成。四是提升网络安全态势监控能力，全面监控安全事件运行情况。五是初步完成主动安全保障服务平台建设，在云服务平台基础环境上提升了网络安全保障服务能力。

**【借助信息化手段让基层干部轻装上阵】**

（一）发布院机关政务信息资源制度文件

为贯彻落实党中央、国务院关于政务信息资源管理和开放共享有关工作的决策部署，依据《政务信息资源共享管理暂行办法》《政务信息系统整合共享实施方案》等国家文件的要求，立足中国科学院实际情况及现有工作基础，针对中国科学院政务信息资源管理和开放共享工作中的突出问题，遵循“统筹规划、集约高效、开放共享、安全可控”的原则，制定印发了《中国科学院机关政务信息资源管理办法（试行）》，为中国科学院信息资源整合共享下一步工作的开展奠定了坚实基础。

（二）系统推进服务基层配套工程建设

一是针对异地会议成本高等问题，部署桌面云视频会议系统建设。面向中国科学院机关各部门和院属单位部署试用桌面云视频会议系统。系统能够满足“随时、随地、多方”的视频会议需求，不受时间、地点限制，支持在多场景（出差途中、宾馆、办公室、家中等）、多模式（移动终端、会议室大屏、手机端）场景下组织多方线上会议，并实现会议资料、PPT 等材料的共享配套。在 2 个月的试运行期间，中国科学院利用桌面云视频会议系统召开会议 341 次，参会人员累计达 1000 余人次，会议累计时长达 74208 分钟，全面节约了基层单位异地会议时间和经费成本。

二是针对基层单位统计数据反复填报问题，

部署实施中国科学院机关政务信息资源管理与共享平台建设。围绕贯彻落实基层减负相关工作通知和国家政务信息资源共享相关工作要求，部署建设中国科学院机关政务信息资源管理与共享平台，实现中国科学院政务信息资源平台与国家政务服务平台对接。同时，平台提供资源发布、资源申请、资源查看及资源统计等相关服务，为中国科学院机关各业务局形成有效的资源共享机制提供了保障。实现中国科学院机关各部门信息资源互联互通和共享资源快速检索查询，支持中国科学院机关综合统计数据的统一采集和院属单位统计数据远程审核，有效避免基层单位数据重复填报，为基层减负工作打下坚实基础。

三是针对财务审批报账流程繁杂问题，部署智能公务之家建设。将人工智能和财务专业知识与财务系统深度融合，通过智能发票识别、智能审核、移动审批、智能记账、智能支付、智能终端等模块逐步打通科研经费管理全流程，实现财务流程的网络化和自动化，实现在新一代 ARP 中进行纸质票据、电子票据交通费和差旅费网上报销，进一步提升了中国科学院财务信息化管理水平，持续深化了“放管服”改革，为广大科研人员带来更便捷、更智能的服务，初步实现无须跑签和贴票，真正做到线上审批、轻松出差。

**【坚持为国内外网信领域交流合作搭建桥梁】**

（一）主办世界互联网大会开源芯片论坛

2019 年 10 月 21 日，由中国科学院和 RISC-V 基金会共同主办，由中国科学院计算技术研究所、中国科学院微电子研究所等单位协办的“开源芯片论坛”在乌镇第六届世界互联网大会期间成功举办。论坛以“芯态开源：驱动计算架构黄金时代”为主题，聚焦开源芯片生态构建，邀请中外院士、专家共同探讨前沿技术发展趋势，展望开源芯片发展美好未来。论坛得到中央网信办、浙江省人民政府和中国科学院领导的高度重视，充分发挥各方优势，不断优化资源配置和人员配给，全力保障论坛筹办组织工作。本次论坛共吸引近 200 名国内外开源芯片领域专家学者和互联网企业代表交流探讨，为中外开源芯片领域同仁搭建了交流平台，进一步凝聚了共识，拓展了合作模式和内涵，为开源芯片生态及网络空间命运共同体的构建发挥了重要作用。

（二）主办 CODATA 2019 学术会议

2019 年 9 月 19 日，由中国科学院和中国科学技术协会指导，由 CODATA 及 CODATA 中委会举办的国际数据委员会（CODATA）2019 年学术大会在北京召开。中国科学院郭华东院士，CODATA 执委、英国公共卫生机构研究院 Virginia Murray 教授，UNESCO 科学政策和能力部门主任 Peggy Efua Oti-Boateng，中国科学院城市环境研究所教授、ISC 全球城市健康与人类全球项目执行主任 Franz W. Gatzweiler 等作了大会报告。本次大会以“迈向下一代数据驱动的科学：政策、实践与平台”为主题，设置了 36 个并行分会，从不同视角出发，分享全球范围内不同国家、不同学科领域在数据开放政策、数据基础设施能力建设、数据驱动科学发现最佳实践等方面的经验，深度剖析大数据时代面临的机遇与挑战，探讨高效、可行的综合解决方案，增强学术共同体在科学数据管理与分析应用方面的能力。

（三）主办第五届中国科研信息化发展研讨会

2019 年 12 月 4—5 日，第五届中国科研信息化发展研讨会在北京举办。本届会议由中国科学院联合国家互联网信息办公室、教育部、科学技术部、中国科学技术协会、中国社会科学院、中国农业科学院等单位共同主办，由中国科学院办公厅与中国科学院计算机网络信息中心承办。国家互联网信息办公室副主任杨小伟，中国科学技术协会副主席、书记处书记孟庆海，中国科学院副院长、党组成员李树深出席会议并致欢迎辞。大会特别邀请了中国科学院地理科学与资源研究所孙九林院士、中国科学院空天信息研究院郭华东院士、中国科学院分子植物科学卓越创新中心赵国屏院士、中国科学院紫金山天文台常进院士、军事科学院尹浩院士等 23 名专家学者，从科研信息化战略与政策、科技与创新两个方面作了专题报告。报告面向世界科技前沿、国家重大战略需求及国民经济主战场，覆盖科研信息化的国内外发展态势、发展战略、基础设施、关键技术、应用案例等内容。大会在推动先进信息技术的创新突破，探索科学研究的新模式、新发展，促进我国科研信息化融合应用，营造我国科研信息化发展的良好氛围，加强多方资源实现交流共享，培养创新意识，启发创新思路，发掘创新人才等方面发挥了重要作用。

（四）主办第六届科学数据大会

2019 年 8 月 21 日，由国际数据委员会（CODATA）中国委员会主办，由国家科技基础条件平台中心、中国科学院办公厅、国家自然科学基金委信息学部共同主办，由中国科学院计算机网络信息中心、中国科学院国家天文台、贵州师范大学共同承办的第六届科学数据大会在贵州省贵阳市举行。大会主席由中国科学院院士武向平担任，中国科学院院士陈润生、中国社会科学院学部委员朝戈金、中国工程院院士刘合与来自国内各领域关注科学数据发展的 400 余位领导和专家参加会议。本届会议以“科学数据与重大科研基础设施”为主题，共有 5 个大会报告，设置了 21 个并行分会、216 个分会报告。大会为不同领域科学数据交流搭建了平台，促进了不同领域科学数据的广泛交流，推动我国科学数据应用的不断深入。

**【推动院属单位信息化工作水平协同均衡发展】**

（一）信息化评估工作

组织对院属各单位进行信息化评估，编制形成《中国科学院信息化评估报告》。从信息化基础环境、信息化应用和网络安全 3 个维度，构建信息化管理与运行、信息化基础设施、信息化资源、科研信息化应用、管理信息化应用、教育信息化应用、科学传播应用、网络安全管理、网络安全技术保障 9 个具体指标体系，利用文献调研法、监测分析法、德尔菲法、大数据分析法等对 103 家研究单位、11 个分院机关、2 所院属大学和 1 家公共支撑单位进行评估。其中，研究单位信息化评估平均成绩为 64.56 分，分院机关信息化评估平均成绩为 64.01 分。从评估结果来看，中国科学院信息化基础设施服务能力提升为科技创新活动提供了有力支撑，信息化管理水平提升为科研活动开展提供了充足保障，信息化投入与应用实现双轮驱动、协同发展。其中，中国科学院网络安全管理、科研信息化应用和管理信息化应用评估成绩提升较快。

（二）网信人才队伍建设

面向在职职工能力提升，举办所局级网信工作培训班和网信工作主管干部培训班，中国科学院 50 余名局级领导、150 余名院属单位网信主管干部分别参加培训，进一步增强责任意识、开阔工作视野、提升专业能力、促进沟通交流、激发队伍活力。面向未来网信人才储备，进一步积极推动中国科学院大学网络安全学院建设，逐步成为国家培养网络空间安全领域人才的重要力量。2019 年，中国科学院大学网络空间安全学院面向全国招收网络安全专业本科生 19 人，培养博士毕业生 66 人、硕士毕业生 105 人，持续为国家培养输送网络安全专业人才。

（三）编辑发行系列出版物

一是中国科学院联合国家网信办等 6 部委共同编纂的《中国科研信息化蓝皮书》被世界知名出版集团施普林格·自然首次以英文出版发行，向世界展示了我国科研信息化成果经验和重要成就，进一步提升了我国科研信息化国际影响力。二是《数据与计算发展前沿》获批公开发行。经国家新闻出版署审批批复，由中国科学院主管、计算机网络中心主办的期刊《科研信息化技术与应用》更名为《数据与计算发展前沿》，收录展示我国数据与计算技术的前沿发展态势、创新技术及应用成果等方面的高水平研究论文，推动我国在数据与计算技术领域科研应用发展。三是编辑出版了《中国科学院信息化年度报告 2018》，系统梳理总结 2018 年度中国科学院信息化工作进展，展示了中国科学院信息化工作案例和成效，为中国科学院信息化工作协同发展提供了宝贵的文献资源。

# 中国地震局信息化发展概况

2019 年，在中国地震局党组和中国地震局网信领导小组的坚强领导下，中国地震局网信办会同中国地震局属各单位采取切实措施开展网络安全和信息化工作，全力推动地震信息化建设，并取得了富有成效的建设成果。

**【进一步推进地震信息化标准规制体系建设】**

进一步完善地震信息化管理规制。印发《地震信息化建设管理办法》，明确地震信息化建设管理中的职责分工，强化信息化建设项目前期、实施、验收及效益评价等全过程管理；编制完成《国家地震烈度速报与预警工程国家和省级中心建设指南》，为规范、有序推进地震信息化建设提供依据。

着力推进标准体系建设。编制涵盖 6 个分体系、22 个二级标准类目、12 个三级标准类目共 259 项的《地震信息化标准体系表（报批稿）》，首批 23 项关键急需标准攻关研究取得重要进展，已完成 6 个报批稿、12 个初稿、1 个征求意见稿，同时研究提出了 2020 年拟制修订的 16 项关键急需标准规范，并制订了研制计划。

**【中国地震台网中心信息化试点建设成效显著】**

初步建成基础设施平台，实现了资源集约和按需调度。构建了涵盖基础设施平台、共用服务平台、数据资源平台、综合应用平台的“功能完备、架构融合、弹性扩展”的国家地震主数据中心基础环境，初步实现地震信息基础设施、数据资源、共用服务、网络安全、全流程运维一体化统筹管理，为地震业务应用新架构开发提供云计算和大数据基础环境，为预警工程及其他重大项目建设提供数据和平台支撑。

扎实推进基于云计算和大数据平台的新一代业务应用研发试制。开展了京津冀地区的地震编目自动化试验工作，实现了自动编目软件在大数据平台上的运行改造，并按照“一地部署，多地应用”模式，实现了“震相自动识别、站点自动匹配、参数自动定位、结果自动共享”等主要功能。完善分析会商技术系统并开展业务试用，研发基于预测意见的地震风险概率预测技术，启动“互联网+监管”平台研发，地震信息化建设取得新成效。

一体化监控平台和云视频会商系统建设取得显著成效。初步形成了智能化运维业务模式，完成站网运行管理一体化监控平台原型开发，实现测震、强震、GNSS 和重力数据流、状态流、控制流“三流”接入与管理，在京、津、冀、鲁 4 地开展试运行并逐步推广在全国应用；完成应急指挥视频系统和会商视频系统融合升级，完成云视频软件平台基础搭建和各类视频会议终端的接入测试，形成地震行业统一视频服务能力。

初步建成集约化综合业务大厅，具备了核心业务和实时监控的集中统一。初步搭建满足地震预警、应急处置、视频会商等业务运行的环境，部分业务完成迁移，实现新旧业务系统同步运行。具备了网络安全、数据治理、资源共享、应用智能等信息化展现的整体能力，实现了技术系统的统一监控和核心业务系统的相对集中。

**【中国地震局属各单位扎实推进信息化建设取得新成效】**

地震信息化标准规制进一步完善。北京市地震局、河北省地震局、福建省地震局、四川省地震局、甘肃省地震局等20余家单位分别制定信息化规划、管理规章制度、标准规范，着力推进本单位信息化规制体系建设。

地震云计算能力得到加强。中国地震局第二监测中心完成云计算服务平台服务器、存储和软件采购安装和软件部署，存储能力从1.5PB提升至3.2PB，计算能力从1800核CPU提升至4000核CPU，为地震系统提供更加高效的存储和计算服务，为地震数据治理能力建设打下坚实基础。

各单位结合实际有序推进信息化试点建设。天津市地震局结合现代化试点建设，与中国地震台网中心开展深度对接，力争通过一年建设，实现一体化监控平台、数据资源平台等国省一体化部署和数据同步治理，为本单位地震预警工程提供数据和平台支撑；中国地震灾害防御中心全力推进地震灾害风险防治信息管理和服务平台建设，编制完成平台三大分系统、10个子系统总体架构方案，完成系统平台78个功能模块功能点、数据流程、模块接口的详细设计；中国地震局地球物理研究所与微软（中国）签署战略合作备忘录，进一步加快大数据和AI技术在地震科学研究和行业信息化系统建设中的落地应用，促进地震行业科研院所理论成果与产业界前沿技术之间交叉创新。

**【地震信息公共服务与数据共享工作取得新进展】**

新媒体平台的覆盖度、时效性、权威性进一步增强。通过地震新媒体、公共服务对接平台和速报机器人微信企业号为政府、公众和社会提供便捷、权威的信息服务，在2019年20余次地震应急工作中累计发布2900余条权威消息，地震速报微博累计阅读量超过27亿人次；“12322”地震速报短信服务平台涵盖了地震系统、国务院抗震救灾指挥部成员单位、中央媒体等，服务对象超过1.2万人，累计服务超过3000万人次，成为重要的服务渠道和服务平台。

数据汇聚共享服务取得新进展。中国地震台网中心国家地震科学数据中心获国家批复，成为首批20个国家科学数据中心之一，目前已经完成国家地震科学数据中心设计，编制完成《国家地震科学数据中心实施方案（2020—2025年）》。中国地震灾害防御中心依托新成立的活动断层数据中心，建立了活动断层探查数据管理平台，新增3个城市活断层数据库和33个专题数据库，相关成果服务于川藏铁路、江东新区等重大工程和规划；中国地震局第二监测中心着力推进模拟地震资料抢救，累计完成数字观测资料恢复入库44.9TB，模拟图纸观测资料扫描件入库145万张，典型历史地震图集资料110张，拓展了可用地震资料的时间尺度和空间尺度，并逐步在数据共享方面发挥服务效益。

预警信息服务能力进一步提升。联合广电部门探索利用应急广播发布地震预警信息，打通地震预警信息发布“最后一公里”；完成高铁信息发布技术对接和地震速报信息接入，国家地震预警工程社会共建共享局面初步形成；福建省地震局开展地震预警信息发布“一张网”建设，为公众提供预警信息服务，京津冀和川滇交界地区具备秒级地震预警和分钟级烈度速报信息产出能力；四川省地震局烈度速报与预警系统在四川资中5.2级地震发生后8秒对成都地区发出报警信息，在4分50秒后输出了仪器烈度图，首次实现了分钟级烈度图输出，有力支撑了地震应急响应处置工作，为公众提供了及时、权威的数据信息服务。

# 地区发展篇

# 北京市信息化发展概况

2018年，北京市电子信息产业稳定增长，产业结构和产业发展环境持续优化，加大精准服务力度，推进两化深度融合，高质量发展取得新成效，创新领域成效明显。北京市电子信息制造业工业增加值为15.2%，高于北京市工业增加值10.6个百分点。北京市软件和信息服务业实现增加值3859.0亿元，同比增长19.0%，增速居各行业之首。北京市信息基础设施建设取得稳步发展，打造高端产业集群，构筑人工智能产业创新高地，固定网络主运营商北京联通公司启动第7次提速降费，约320万户用户受益。两化融合水平实现了5.3%的增长，高于全国平均2%～3%的增长率。北京市加强了无线电频率、无线电台站和空中电波秩序管理，圆满地完成了中非合作论坛北京峰会等重大活动的无线电安全保障任务，维护了北京地区良好的空中无线电波秩序。

## 【电子信息制造业】

2018年，北京市电子信息制造业落实北京市政府的各项调控政策，推动企业技术创新，协调保证重大项目建设，对全市工业增长起到重要支撑作用。根据北京市统计局的数据，按可比价格计算，北京市2018年规模以上工业增加值为4.6%；电子信息制造业工业增加值为15.2%，高于北京市工业增加值10.6个百分点。截至2018年年底，工业和信息化部监测的北京市电子信息制造业规模以上企业为105家，分布在北京多个园区，多种体制、多种所有制并存。主要产品包括移动通信手持机、台式计算机、笔记本电脑、平板电脑、显示器、电子元件、半导体分立器件、集成电路、单晶硅、液晶显示面板、半导体发光二极管、电视机、路由器等。2018年全行业主营业务收入为3476.96亿元，同比上升17.55%；利润总额为151.39亿元，同比下降32.41%；工业总产值达2217.78亿元，同比上升17.01%；出口交货值达727.20亿元，同比上升36.68%。

2018年2月21日，美国权威杂志《麻省理工科技评论》揭晓2018年“全球十大突破性技术”，百度被列为实时语音翻译领域“关键玩家”，成为2018年度唯一入选的中国公司，同时也是自2016年入选以来首个连续3年入选该榜单的中国公司。2018年7月4日，百度宣布推出云端全功能AI芯片“昆仑”，这是业内计算力最高的AI芯片（100W功耗下提供260Tops性能）。2018年9月20日，北京中电华大电子设计公司采用杭州中天微系统公司嵌入式CPU内核CK802，研发出自主可控的双界面金融卡SoC芯片，扭转了中国金融IC卡依靠国外嵌入式CPU内核的被动局面。2018年，百度在国内率先实现城市、环路及高速道路混合路况下的全自动驾驶，全球首款L4级自动驾驶巴士“阿波龙”量产下线。

## 【软件和信息技术服务业】

2018年，北京市软件和信息技术服务业实现增加值3859.0亿元，同比增长19.0%，增速居各行业之首；占北京市GDP比重达12.7%，创历史新高；增速高于北京市第三产业平均增速11.7个百分点。全行业实现营业收入 10913.3 亿元，同比增长 16%，规模首次突破万亿元。2018 年，北京市软件著作权登记量为 16.3 万件，约占全国的 15%。有效发明专利数量逐年增加，平均每家企业拥有 10.8 件，万人有效专利数为 517.9 件；平均每天诞生 9.2 家软件企业。创新投入和产出快速增长，大中型企业内部研发经费为 250.32 亿元，同比增长16.0%；每亿元研发费用产出有效发明专利 132.5 件，同比提高 69.8 件。经认可的 14 家软件产品检测机构共检测软件产品 18952 个，同比增长 13.55%。北京市在营软件企业数量超过 2.7 万家，规模以上企业逾 3000 家；1148 家企业营业收入达亿元以上，占北京市软件业务收入的比重为 94.3%；百度、神州数码、字节跳动等 14 家企业营业收入过百亿元。在各类榜单中，北京市入选企业数量均居全国首位，处于全国领先地位。32 家入选“2018 年中国互联网企业百强”，34 家入选“2018 年中国软件业务收入前百家”，42 家入选“2018 中国软件和信息技术服务综合竞争力百强”，22 家企业成为“中国 50 家最具创新力企业”，9 家企业获得“2018 年度信息系统集成及服务行业大型骨干企业”称号，11 家企业上榜“德勤高科技高成长中国 50 强榜单”。新兴领域企业潜力不断释放，在全球独角兽榜单、全球“AI 100”榜单、中国大数据企业 50 强、福布斯中国上市/非上市潜力企业榜等高成长榜单中表现亮眼，产业活力凸显。

2018 年 1 月 22 日，由京东集团牵头，与联想集团、北京邮电大学联合共建“大数据智能管理与分析技术”国家地方联合工程研究中心，这是电商行业首个大数据领域的国家级工程研究中心。2018 年 6 月 29 日，微软、华为、广联达联合宣布，将面向建筑行业提供集硬件基础设施、云平台、行业应用于一体的整体混合云解决方案，这是国内建筑领域首次正式发布的一体化混合云解决方案。

**【基础设施建设】**

2018 年，北京信息基础设施建设稳步发展，打造高端产业集群，构筑人工智能产业创新高地，设立北京人工智能基础研究创新中心、北京智慧社会创新中心、北京人工智能专利创新中心 3 个产业创新中心。根据北京市政府批复的《北京市公共场所免费无线上网服务工作方案（2018—2020 年）》，确定了新一轮免费无线上网管理信息系统和带宽服务单位，新系统于 2018 年 4 月 26 日正式上线提供服务。2018 年，服务标识为“MyBeijing”的公共场所免费无线上网工作继续推进，分 6 批验收并陆续开通服务场所 64 个，对 73 个场所进行了补点覆盖；推动有条件的区充分利用市级网络系统，其中，东城区新增 24 个场所，西城区新增 8 个场所。截至 2018 年年底，累计注册人数超过 120 万人，累计上网超过 2.5 亿人次，累计上网时长约 4895 万小时，取得了较好的社会效益。

2018 年，固定网络主运营商北京联通公司启动第 7 次提速降费，100Mbps 及以下用户免费提速至 200Mbps，200Mbps 用户免费提至 300Mbps，企业宽带用户同步提速，约 320 万户用户受益。截至 2018 年年底，固定宽带家庭用户累计约 904.19 万户。其中，20Mbps 及以上带宽用户占比约 95.13%，50Mbps 及以上带宽用户占比约 83%，100Mbps 及以上带宽用户占比约 65.31%；2018 年北京市固定宽带平均可用下载速率达到 27Mbps，同比提高 37%。

2018 年，北京市经济和信息化局协调解决移动基站建设难点，督促北京铁塔公司加快建设基站，满足电信运营商移动网络布局需求，加快推进 4G 网络建设，4G 基站累计达 9.53 万座，基本实现城乡覆盖，移动宽带用户达到 3548.1 万户，其中 4G 用户达 3164.5 万户，占比超过 89%。

**【有线电视网】**

2018 年，歌华有线双向网络改造 40 万户，其中，光纤到户改造完工 20 万户，HFC 双向网络改造完工 20 万户，累计开通双向网络 650 余万户。DOCSIS3.0 系统升级累计覆盖用户达 570 万户。推进机房改造、网络升级工作，百兆宽带覆盖用户达 500 万户，基本实现北京地区城镇以上区域百兆网络全覆盖。全面推进有线网络传输 IP 化，推进 IPv6 的实施，加快推进光纤入户，解决有线传输最后一千米问题。新切换 2158 个光节点，完成北京市 80%的模拟信号关停及切换。2018 年，歌华有线覆盖用户较 2017 年增加 50 万户，累计达到 540 万户，受监控的光节点达到 1.88 万余个，为双向网络维护起到支撑保障作用；开展了北京市延庆区、大兴区、房山区、通州区与河北省交界处 20 个测试点的频率测试工作。2018 年，北京华开有线电视网有限公司按照全国广播电视行业一般性标准，通过网络改造在北京经济技术开发区各居民小区内免费置换发放 DVB 高清机顶盒约 1000 台，通过中国中信集团有限公司引入中国国际广播电台的影视点播内容到 OTT 平台上，为小区居民免费提供影视点播资源。

【无线政务网】

2018 年，无线政务网在网使用 9 台核心交换机、391 座地面基站、139 座地铁内基站、12 座移动基站、304 套室内分布系统。为确保网络稳定运行，组织相关专家对无线政务网 2018 年设备更新项目和 2022 年冬奥会 800Mpbs 数字集群项目可研报告进行论证，开始对现有网络的 5 台交换机、100 座 TB2 基站、1 辆应急通信车进行更新，对 75 座 TB3 基站进行 IP 化升级。完成 2019 年世园会、“一带一路”“亚文会”和“两会”等重大活动期间的政务外网通信保障任务。截至 2018 年年底，北京市级政务外网接入用户达 4534 户（含医保、金财、应急视频用户），政务外网上横向业务系统 17 套，政务外网纵向虚拟专网 88 个，与国家政务外网连接的市级单位达 38 家，开通移动政务业务的单位为 44 家，政务内网横向虚拟专网 2 个、政务内网纵向虚拟专网 1 个，按期完成第一批进驻北京副中心单位的电子政务网络迁移工作。完成北京市级金财网、应急视频会议系统链路和高可信共享内网的整合工作。

【公共信用信息服务平台】

2018 年，北京市按照“一网四库一平台”的总体框架，建设完成全市统一的公共信用信息服务平台和“信用北京”网站。截至 2018 年年底，平台共归集来自国家和北京市的 280 个目录、4 亿多条数据，包括 2100 万个自然人及 490 万家企业、社会组织、事业单位、个体工商户法人。平台完成对接单位 97 家，开通 632 户注册用户，与全市 11 套信用信息系统进行嵌入式对接，累计提供信用数据 1.05 亿条。向“信用中国”网站及时报送 196 万条“双公示”信息，并全部完成 190 余万个市场主体统一社会信用代码的转换工作。信用联合奖惩机制基本建立。2018 年 9 月，在国家发展改革委举办的全国公共信用信息共享平台和网站建设观摩评比中，北京市获得一等奖。

【信息资源开发利用】

2018 年，北京市完成 13 个区、73 个市级政务部门的 3515 套信息系统的自查，并制定了相应的整合清理实施方案；结合项目评审、系统入云等相关工作，汇总形成了一套综合系统，包含 98 家市级单位的 2906 套系统、13 个区的 1679 套信息系统。累计完成 1.6 亿条个人公共信用信息的归集和更新工作，包括 1300 万户籍人口、700 万流动人口，共涵盖公安、民政、交通、税务等 32 个部门的 172 项信息。累计完成北京市 190 余万家法人主体的 1 亿余条信用信息的归集和更新工作，共涵盖全市 60 余个部门的 100 余项数据；归集“双公示”信息共 480 余万条，新增信息 280 余万条。北京市法人服务库通过在线查询、数据交换和接口调用等方式为 53 个委办局、区提供共享服务，其中新增市纪委、市财政局、市安监局、东城区 4 家法人库使用申请；以接口方式为市高级人民法院、市环保局、市统计局等 27 个委办局提供数据共享共计 1.1 亿余次；以交换方式为国家安全局、海淀区、西城区等 13 个委办局、区提供法人数据支撑共计 4453 万余条次。北京市共享交换平台新增 4 个前置交换节点，现有交换节点 137 个；新增 711 类交换资源，现有交换资源 2693 类；新增交换流程 1100 个，现有交换流程 4549 个；累计开展 120 亿条数据的共享交换工作，交换量为 2559GB。北京市政务数据资源网现已开放 56 家单位，以及近 1100 类数据集、7653 万余条数据记录。其中，无条件开放 1031 类数据集、182 万余条数据记录，数据来自 54 家单位；定向开放 64 类数据集、7471 万余条数据记录，数据来自市环保局、市交通委、市水务局、市卫生计生委、市安全监管等 9 家单位。

北京市经济和信息化局建设完成了全市统一的公共信用信息服务平台和“信用北京”网站，共归集来自国家和北京市的 4 亿余条数据，包括 2100 万个自然人及 490 万家企业、社会组织、事业单位、个体工商户法人。

【两化融合】

2018 年，北京市两化融合水平实现了 5.3%的增长，高于全国平均 2%～3%的增长率。东方国信、用友和航天云网的工业互联网平台入选国家双跨工业互联网平台。国家工业互联网创新发展工程入选项目数量占全国的 47%，数量居全国第一。工业互联网标识解析国家顶级节点率先在北京市启动建设和运营，两化融合和工业互联网发展再上新台阶。北京市累计推动两化融合管理体系贯标试点企业 390 家，共有 84 家贯标试点企业通过两化融合管理体系评定，获得两化融合管理体系证书。组织开展 2018 年制造业与互联网融合发展试点示范征集，宝沃汽车、东方国信等 20 家企业的 24 个项目被评为年度制造业“双创”平台试点示范。

【科技创新】

2018 年，小米集团利用互联网开发模式、极客精神研发产品，利用“硬件+新零售+互联网”铁人三项的创新优势，迅速崛起并成为中国“互联网+”创新型企业的代表，身体力行激发实体经济新动能。2018 年 7 月，小米集团作为资本市场第一家“同股不同权”企业在中国香港成功上市。在专利方面，小米集团在中国注册 4222 项专利（另有 10900 余项专利在申请中；此数据不包括中国港澳台地区）；在海外注册 4600 余项专利（另有 4400 余项专利正在申请中）。

京东方科技集团股份有限公司新增专利申请 9585 项，其中，发明专利超过 90%，累计可使用专利超过 7 万项，覆盖美国、欧洲、日本、韩国等国家和地区。在产品创新方面，京东方 4K、8K、10K 超高清及柔性 AMOLED 等各类高端显示产品全球领先，并推出 BOE 画屏、移动健康管理平台等诸多物联网创新应用及解决方案。

联想集团把强有力的知识产权保护作为竞争力，已拥有全球专利 27000 项，每年新增专利 2000 余项，例如，在 5G 领域已有 540 多项关键专利。联想研究院主要致力于人工智能、设备创新、云计算、5G、智能生活方式创新与孵化、区块链等领域的技术产品研发，取得了丰硕的阶段性成果。2018 年备件预测融入了先进的机器学习算法，已应用于联想供应链，预测准确率已经超过人类。

紫光集团定位于世界级“从芯到云”的高科技产业集团，旗下以“紫光展锐”“长江存储”“紫光国微”为代表的芯片产业集群，以及以“新华三集团”“紫光云”“紫光股份”为代表的云网产业集群，通过“创新”与“合作”的方式，积极推动技术与产品进步。紫光集团在全球拥有 89 家分支机构、186 个运营支持中心、48 个研发中心，以及 15000 多名研发人员，在芯片与云网领域推动创新与研发，并不断产出丰硕的成果。截至 2018 年年底，紫光集团旗下科技产业集群拥有技术专利 20000 余项，其中 90%以上为发明专利，发明专利授权总量在科技产业排名第 3 位；紫光集团科研成果多次获得国家级奖项，拥有 1 项国家科技进步特等奖、3 项国家科技进步一等奖、1 项国家技术发明二等奖、3 项国家科技进步二等奖。

北大方正集团有限公司的科技创新成果包括 5 个。①中国最早从事中文字库开发的专业厂商：也是全球最大的中文字库产品供应商，字库产品进一步创新。②基于云管端一体化的智慧家庭服务平台：主要解决智慧家庭对家庭网络、云服务平台（包括云存储、云安全等技术）提出的挑战。③多模态互联网内容智能分析关键技术及应用：针对互联网内容语义抽象、复杂多变、多源异构、海量动态等难点，历经 10 多年技术攻关，取得了一系列关键技术的突破，提出了注意力驱动的概念识别和层次化的增量学习方法，在国际权威评测 TRECVID 语义概念识别比赛中获第 1 名，准确率比第 2 名牛津大学高 7%。④任意层互连（ELIC）电路板研发：任意层互连（ELIC）电路板是新一代高密度互连电路板，是高密度互连电路板（HDI）的升级产品，其主要应用于高端智能手机及高端手持性消费品。⑤城市轨道交通智能收费系统。

【政务公开】

2018 年，北京市利用“首都之窗”“信用北京”等门户网站，“北京 12345”“政务直通车”等微博平台，“首都之窗”微信公众号等途径，公开政府信息 920226 条，公开规范性文件 6433 件，公开重点领域政府信息 264575 条。《政府公报》公开政府信息 354 条，政府网站公开政府信息 785326 条，政务微博公开政府信息 214552 条，政务微信公开政府信息 179505 条，以其他方式公开政府信息 150531 条。

【无线电监管】

2018 年，北京市共完成频率审批 39 件，延期审批 57 件，配合国家无线电办公室完成外国元首访华临时频率指配 28 件，办理地铁 800MHz 数字集群通信系统无线电频率许可 4 件。落实了气象雷达、广播电台、民航华北空中交通管理局等部门用频需求的组织协调工作。共完成 28 家单位、28 个通信网、28 个测试点的电磁环境测试；完成 23 家单位、23 个通信网的台站技术验收，为频率及台站行政审批工作提供了技术支撑；完成 27 家单位的设台验收，测试设备 123 台。共完成 12 份监测频谱统计报告，累计监测时间达 8344 小时（按分站叠加计算）。完成了外国元首访华专项监测工作。按照工业和信息化部无线电管理局下达的频谱监测任务要求，对特定频谱进行专项频谱监测。共签署了 5 份入关检测协议，涉及进口设备 15601 台，共检测业余电台 4751 台。开展业余无线电培训和许可，累计发放业余无线电 A 类、B 类操作证 1665 件，发放业余无线电台执照 1953 件。组织了 2018“中国 HAM‘五·五节’北京业余无线电交流汇”和业余无线电“2018 应急通信演练”活动。完成 55 件设置无线电台的行政审批，办理台站年审 589 家单位。与北京市地税局紧密合作，完成收缴频率占用费 660 余万元。除了组织执法人员培训和学习《中华人民共和国无线电管理条例》，还发放宣传资料 3.2 万份、宣传品 2 万份。

【无线电安全保障】

中非合作论坛北京峰会期间，北京市无线电管理局作为安保组成员单位和北京市领导小组成员单位，协调国家无线电监测中心、预备役电磁频谱管理中心等单位在人民大会堂、钓鱼台国宾馆外围及首都国际机场开展了无线电安全保障工作，在国家会议中心、人民大会堂等重要区域设立了前线指挥部，及时解决和处理突发问题，圆满完成了无线电安全保障任务。

上合组织峰会期间，北京市无线电管理局成立了首都国际机场无线电安全保障团队，承担了定位查处航空专用频率干扰、保障外国政要访问北京用频、持续打击“黑广播”3 项重点工作。以首都国际机场和航路周边为重点防范区域，对航空导航频率开展保护性监测，及时定位查处发生在机场及航路的无线电干扰事件，加强对机场及航路周边大功率无线电台站及业余无线电台站的管控，持续打击治理“黑广播”，消除无线电干扰隐患，确保上合组织峰会期间首都国际机场及航路无线电用频安全。

【信息安全】

2018 年，北京市加强测评业务指导，拓展商用密码应用安全性评估业务；进一步规范业务秩序，开展工控安全监测探索，完成调研立项；推动网络安全产业高端发展，推进国家网络安全产业园区进入建设阶段。2018 年，共参与打击“黑广播”行动 45 起，查获非法设备 64 套，出具“伪基站”认定书 155 份，认定设备 158 套次；共开展无线电行政执法 4 起、立案 4 起、结案 4 起，罚没设备 44 套，下发责令改正通知书 35 份。2018 年 2 月 28 日，三六零安全科技股份有限公司（以下简称 360）在上交所上市，标志着历时近 3 年的运作，360 重组尘埃落定，回归国内 A 股。2018 年 4 月 28 日，微软公布最新一期 MBB 缓解绕过奖励名单，绿盟科技成为第一家连续 6 年获得微软缓解绕过奖励计划奖金的安全公司。2018 年 5 月 25 日，北京市召开网络安全和信息化工作会议，北京市委书记蔡奇强调要加强关键信息基础设施防护、加强网络安全技术手段建设、大力培养网络安全人才。2018 年 6 月 15 日，北京市经济和信息化委员会与工业和信息化部网安局共同组织召开国家网络安全产业园专家咨询委员会成立大会暨第一次会议。

### 【政策发布】

2018 年，北京市围绕人才发展、平台建设、推进政务服务等重点工作，出台了一系列政策和规范性文件，并组织落实。2018 年 2 月 27 日，5 家中央和国家有关部门会同北京市委、市政府联合印发了《关于深化中关村人才管理改革构建具有国际竞争力的引才用才机制的若干措施》，提出了包括便利国际人才出入境、开放国际人才引进使用方、支持国际人才兴业发展、加强国际人才服务保障等 5 个方面的 20 条政策。2018 年 7 月 31 日，中国信息通信研究院和工业互联网产业联盟发布了《工业互联网平台建设及推广指南》和《工业互联网平台评价方法》。2018 年 11 月 12 日，中关村管委会印发《中关村国家自主创新示范区关于支持颠覆性技术创新的指导意见》，这是国内首个公开发布的鼓励颠覆性技术创新的专项政策文件，有四大创新点：建立广泛的项目征集渠道，探索非共识性项目评审方式，实施分阶段逐步加大力度的支持方式，建立基于项目专员制的新监管机制。2018 年 11 月 29 日，北京市正式印发《北京工业互联网发展行动计划（2018—2020 年）》，旨在加快推动从“在北京制造”向“由北京创造”的转变，使北京成为引领中国制造向中国创造转变的先行区域和战略高地。2018 年 12 月 18 日，北京企业技术中心创新服务联盟举办揭牌仪式，并发布“北京市企业技术中心服务平台”和《北京市企业技术中心建设评价规范》。北京市政府办公厅出台《关于推进全市政务服务“一张网”建设（2018—2020 年）的意见》和《北京市推进政务服务“一网通办”工作实施方案》。北京市、区两级政务服务事项平均网上可办率达 90%以上。

### 【政务服务优化】

2018 年，北京市完善网上政务服务大厅功能，集中发布办事指南 28 万余项、指南要素 52 个；推出个人服务 48 项、企业服务 52 项。建成北京市统一身份认证体系，完成 25 个部门 72 个互联网系统与北京市网上政务服务大厅的单点登录对接。建设北京市政务服务资源共享平台和电子证照库，实现电子证照存储管理、授权查询、共享应用等功能。规范北京市网上政务服务大厅建设管理，变“集中审批”为“集成服务”。北京市政务服务中心建设综合窗口，全面实施“前台综合受理、后台分类审批、窗口统一出件”的“一窗”受理；印发事项进驻清单，进驻北京市政务服务中心事项比例达 90%，集中进驻区级实体大厅事项比例达 70%。为企业、群众提供集中服务，自来水、排水、燃气、热力、电力和电信 6 家市政公用企业 14 项报装事项实现“一门办理”。优化审批办事服务，市级审批服务事项由 2298 项减少至 1121 项；清理规范 29 项行政审批中介服务事项，取消第三批 53 项涉及企业、群众办事创业的证明。

### 【法人一证通】

截至 2018 年年底，北京市已累计签发证书 127.5 万张，其中，新办证书 19.8 万张，更新证书 107.7 万张。年度活跃证书数量达 140.8 万张（含往年发放证书），法人使用证书进行业务系统登录认证 6400 万次，进行电子签名操作 2.4 亿次。完成国产密码算法升级工作，实现了 SM2 算法的申报和签名。扩充 400 服务电话线路，并配备专业人员提供专项服务。

### 【北京市首个“无人驾驶”项目落地】

2018 年 1 月 3 日，北汽集团“无人驾驶”运营项目落户北京，是北京市出台国内首部自动驾驶新规以来首个开展“无人驾驶”试运营的项目。该项目位于顺义区奥林匹克水上公园，全长 7 千米，属于半开放实景道路，能使市民充分体验北汽集团无人驾驶运营。

### 【自动驾驶车辆封闭测试场启用】

2018 年 2 月 9 日，北京市首个自动驾驶车辆封闭测试场——国家智能汽车与智慧交通（京冀）示范区海淀基地正式启用。本次启用的自动驾驶封闭测试场由北京智能车联产业创新中心携手北京海淀驾校共同打造，是全国首个面向自动驾驶车辆研发测试、能力评估而建设的封闭测试场地，占地面积约 13.33 万平方米，符合 T1-T3 级自动驾驶车辆研发测试与能力评估场地要求。该自动驾驶封闭测试场的建设，是工业和信息化部、北京市、河北省共同建设的“基于移动宽带互联网的智能汽车与智慧交通应用示范”项目的重要组成内容。

【全国首个跨境电商智能机器人仓库建成】

2018 年 2 月 18 日，北京亦庄建成全国首个跨境电商智能机器人仓库，北京跨境电商网购保税业务也同时启动。北京市消费者通过网易考拉、京东等平台购买的跨境电商商品，快递时间和成本有望再降低。智能一号库可以支持园区日处理 30 万单以上的货物，同时部署 1 万台以上机器人进入监管区域进行生产作业。与传统库房相比，机器人预计每天工作 8 小时可处理包裹 1 万单，是人工处理量的 4 倍。

【34 家企业入选软件百强】

2018 年 11 月 7 日，根据工业和信息化部公布的 2018 年（第 17 届）中国软件业务收入前百家企业（以下简称软件百强企业）名单，北京市国网信通、航天信息等 34 家软件企业入选，入选企业数量居全国首位。数据显示，34 家入选企业 2017 年实现软件业务收入 1567.7 亿元，占北京市软件业务收入的 20%；占全国软件百强企业收入 7712 亿元的 20.3%。其中，国网信通、航天信息、小米移动软件、中软国际 4 家企业软件业务收入超过 100 亿元；17 家企业软件业务收入突破 40 亿元，占北京入选企业的 50%。北京市入选企业在保持原有领域优势地位的同时，加大创新力度，积极拓展云计算、大数据、人工智能等新兴业务领域，转型升级成效明显，实现突破式发展。例如，华胜天成公司实施服务转型并在云计算领域打造自主品牌“天成云”，排名提升 41 位；易华录公司将大数据和人工智能技术应用于智慧城市和交通、安防领域，排名提升 29 位；四维图新不断优化主营业务结构，“智能汽车大脑”战略初见成效，排名上升 14 位；小米移动深耕移动端解决方案，创新质量不断提高，排名提升 12 位；华宇深耕法律科技市场，并在教育信息化、食品安全与市场监管、安全可靠等领域占据领先优势，排名上升 11 位。第 17 届软件百强企业名单根据工业和信息化部统计的《2017 年全国软件和信息技术服务业年报》数据确定，第 17 届软件百强企业入围门槛为软件业务年收入 16.2 亿元，比第 16 届提高 1.7 亿元，增长 11.9%。

# 天津市信息化发展概况

【信息化总体发展水平】

天津市工业和信息化系统坚持以习近平新时代中国特色社会主义思想为引领，以“三个着力”重要要求为纲，以供给侧结构性改革为主线，深入践行新发展理念，全面落实制造强国和网络强国战略，积极抢抓信息化带来的历史机遇，推动数字产业化和产业数字化，进一步拓展数字经济、智能经济新空间，为产业升级塑造了智能动力，为城市发展插上了智能翅膀。据《数字中国建设发展报告（2018 年）》显示，2018 年天津市信息化发展水平列全国第 7 位，处于全国前列。

**【信息基础设施】**

2018 年，天津市制定出台了《天津市通信基础设施专项规划》《天津市通信基础设施专项提升计划（2018—2020 年）》等政策文件；成立了由姚来英副市长任组长、各区及相关部门组成的天津市推进通信基础设施建设工作领导小组。领导小组负责天津市通信基础设施建设统筹工作，研究制定支持通信基础设施可持续发展的相关政策，负责做好通信基础设施规划与政府相关规划的衔接，研究决策涉及市、区部门的重大问题。

截至 2018 年年末，天津城市出口带宽达 20300Gbps，同比增长 18%；通信基站达 6.34 万座，比 2017 年年末净增 7561 座，其中，4G 基站净增 2586 座，达 3.48 万座；光纤接入用户达 363 万户，同比增长 42.7 万户，占宽带用户总数的 82.8%。固定互联网宽带接入端口为 909 万个，比 2017 年年末净增 114 万个；固定互联网宽带平均可用下载速率为 29.53Mbps，居全国第 5 位；移动宽带用户使用 4G 网络访问互联网平均下载速率为 23.42Mbps，居全国第 4 位；100Mbps 及以上接入速率的宽带用户达 377 万户，同比增长 176 万户，占宽带用户总数的 86.1%，居全国第 1 位。移动互联网用户达 1422 万户，同比增长 8.6%；手机上网用户达 1350 万户，同比增长 8.7%；4G 上网用户为 1230 万户，同比增长 12%。

（一）中国移动天津公司

2018 年，中国移动天津公司坚持和加强党的全面领导，落实“以人民为中心”的发展思想，深化“大连接”战略落地和“四轮驱动”融合发展，凝心聚力，奋勇拼搏，市场发展企稳，网络基础夯实，改革转型进一步深化，各项工作取得成效。

筑牢根基，党的全面领导不断加强。中国移动天津公司把党的政治建设摆在首位，明确 30 项举措并推动落实，推进网络提速降费，取消流量“漫游”费；落实精准扶贫工作，对宝坻区后何辛村、蓟州区康庄村开展结对帮扶。建立巡察制度、体系和工作机构，持续推进嵌入式廉洁风险防控机制建设，充分发挥群团组织作用，强党建、促发展作用持续显现。

推动转型，“四轮驱动”取得成效。中国移动天津公司创新发展理念，从“敢于竞争”向“善于竞争”转变，移动市场趋势向好，家庭市场实现突破，集客市场持续增长，新业务助力客户运营，市场经营业绩得到进一步提升，4G 客户规模得到稳步提升，超过 610 万户。同时，网络能力持续增强，新建开通 4G 基站近 1600 座，网络质量显著提升，集团公司网络质量评估排名较 2017 年提升 7 位。“四轮驱动”有效支撑，大数据分析与市场运营深度结合。进一步提升渠道管控力，推进渠道网格化改革，逐步实现“由商到店”管理。面向未来储备能力，5G 建设和发展奋勇争先，对外开放天津首个 5G 联创中心，开通天津首座 5G 预商用基站，接通天津首个 5G 业务连接，完成国内首例 5G 远程中医诊断测试，在中新生态城实现无人机高清视频回传业务应用，研发“混合现实交互系统和方法”项目获得 5G 专利。

狠抓落实、精细管理提升效能。中国移动天津公司多措并举、狠抓过程、突出重点，将资源动态优先配置到市场发展领域。精益投资提质增效，开展室分造价专项研究，实施家客切块投资管理，推进集客装维式开通，开展工程项目清理。创新驱动核心能力提升，开展核心能力回收项目 16 个，推进创新奖励标准统一管理，“人证比对”项目入选工业和信息化部案例集，“AI 荷尔蒙”获得集团自主开发大赛铜奖。多举措激活人力资源，优化人员结构，加大专项奖励再分配及量化薪酬落地力度。公司上下解放思想、开拓进取，实现了从“面临压力”到“提升能力”的转型。

（二）中国联通天津分公司

2018 年，中国联通天津分公司落实集团聚焦战略，加快互联网化模式转型，各项工作取得新的进展。

立足客户感知，打造匠心网络。开展网络资源整治码化工作，完成 100%线路、设备码化，以及 357 千米杆路、650 个管井和 130 万线的资源整治工作。在宽带网络方面，通过动态预警、网络调优、质差整治等举措提升网络质量，有效降低障碍率。在移动网络方面，通过整治投诉热点区域和重点口碑场景，解决客户感知焦点问题。实施宽带装机流程再造，宽带业务实现客户下单7秒派单至装维人员，1小时开通；双线业务实现客户下单15秒派单至响应经理，开通历时3.5天。

加快业务发展，推进模式转型。聚焦全产品覆盖，聚焦工地、厂园、学校等封闭场景，实现融合引领。坚持资费跟随策略，以品质应对竞争。打造全码化、轻触点、易流入的互联网化渠道引流模式。线上引流发挥114品牌效应，深耕微信公众号运营；线下引流打造新零售运营团队，执行渠道“建、管、养”规定动作，同步建立佣金快返模式，探索权益合作。持续迭代基础管理平台和AI分级运营平台，实现实时流程监控、订单透明可视和精准数据赋能。开发应用沃津拓、114快装、微信下单等数据引流应用工具，完善沃装维和沃行销等交付承接类支撑工具，实现高效承接。

完善企业治理，践行社会责任。落实“三大攻坚战”工作要求，累计投入扶贫资金30万元。完成“世界智能大会”“夏季达沃斯”等重要活动通信保障工作，推进防范打击通信诈骗和数据安全漏洞治理，有效提升网络与信息安全。开展重点、高风险业务专项审计调查，确保业务合规性、效益性；践行“依法治企”，落实规章制度清查梳理优化工作。

（三）中国电信天津分公司

2018年，中国电信天津分公司深化转型升级，推动质量变革、效率变革、动力变革，在规模发展和服务社会民生方面取得了一定成效。

全业务经营持续向好。2018年全业务收入累计完成25.13亿元，同比增长2.38%，收入市场份额达16.50%，公司总资产为83.2亿元。移动出账用户总计188.46万户，过网用户市场份额达12.95%；宽带出账用户总计104.59万户，市场份额达23.88%。

贯彻国家战略部署，履行央企责任。践行以人民为中心的思想，结对帮扶武清区梅厂镇瓦房村、蓟州区杨津庄镇大胡庄村，网络扶贫、信息化扶贫、公益扶贫、党建扶贫等工作扎实推进；加大提速降费力度，2018年惠及光纤宽带用户25万户，家庭宽带平均接入速率为124Mbps，同比提升47.6%，带宽单价下降30%。持续加强网信安全，深入推进防范打击通信诈骗、实名制、网络信息安全等专项工作，手机实名率达100%；以纠风为主线，开展网络及服务“双提升”、用户个人信息安全保护等专项治理，2018年9月国务院大督查期间用户零问题反馈；圆满完成世界智能大会、夏季达沃斯论坛等通信保障任务，实现零重大通信网络故障。落实京津冀协同发展战略，积极接应非首都功能疏解工作，推动集团公司在武清高村科技园京津冀数据中心项目实施，培育区域自主创新能力。

助力智慧天津建设。践行中国电信集团公司与天津市人民政府先后于2016年、2018年签订的战略合作协议内容，加快供给侧结构性改革，坚持做网络强国的主力军和城市管理水平提升的倍增器。一是强化基础网络建设，推动中国电信集团公司与天津市政府达成通信基础设施建设战略合作，促成京津冀数据中心项目落地，为加快建设一流网络强市进行“跨越式恶补”，2018年投资9.7亿元建设重点网络服务能力（包括无线网、有线接入网、数据网、核心网、传输网、业务网、综合信息服务），截至2018年年底共完成2383座L800基站开通入网，同步部署NB-IoT物联网络，基本实现全市覆盖；FTTH覆盖用户为373.9万户，光纤宽带覆盖率达72.3%，较2018年年初提升16%；10GB EPON端口达31544个，城区全部具备千兆位接入能力。二是推广信息化新技术、新应用，津南智慧园区、河西智慧停车、南开消防平台等多个标杆项目落地；发挥本地唯一一个NB-IoT实验室的孵化效应，主动营造产业链双创环境，接待产业链客户160余批次；有效借助实验室孵化效应和NB-IoT商用先发优势，缔结生态联盟，与天津大学、鸿远电气合力研发电管医生平台，为政府机构、厂矿企业提供智能电器火灾预警；与天津市能源集团合作推广智慧燃气及供热服务，极大促进了安防监控、智能表具等各类应用的商用进程；云网融合有序推进，天翼云资源池天津节点落地中新生态城，为企业上云提供了有力基础资源保障。

（四）中国铁塔天津分公司

天津铁塔2018年新建基站2832座，天津市累计站址达到1.6万个；累计租户约2.3万户，较2017年年末增长6.5%；站址平均场租费用为4.01万元/年，较2017年下降约1.5%，服务行业降本增效；站址直供电比例为20%，与2017年基本持平；完成天津站公网信号覆盖项目，大力推进公共区域室分建设。作为天津市通信基础设施建设领导小组办公室成员，牵头梳理组织了“2557”工程、电信企业发展问题两张清单，“2557”工程开展顺利，2018年总体任务完成比例为98.4%，问题清单解决比例达到79.4%，有效推动天津通信基础设施建设水平。确保天津网络平稳运行，2018年平均断电退服时长同比提升25%，断电退服率同比下降6%，完成“安比”台风应急通信保障任务，在第二届世界智能大会、夏季达沃斯论坛等重点保障期间实现“零断站”。坚持创新驱动，2018年形成有效创新成果20多个。密切跟踪5G技术演进，承担中国铁塔5G网络创新中心组建工作，并取得阶段性进展。2018年，公司总部与天津市签署通信基础设施建设专项合作协议，全年在天津市投入10.5亿元，为加快天津5G改造进度，在“十三五”期间增加4.5亿元投入。

积极拓展社会资源获取，与邮政、公安、交通运输、石油、房地产行业开展合作，获取包括路灯杆、监控杆在内的社会杆体资源超过10万个，解决了一批疑难站址，破解老旧居民小区及还迁房信号覆盖难题，也为5G建设做好资源储备。秉承共享发展理念，创新研发的“能源管道智慧监控”人工智能解决方案成为管道行业的一次革命，利用公司塔、房、电资源优势，服务能源、农业、公交、消防、气象领域，通过智慧消防、垃圾收运监控、积水监测等产品的推广使用，助力天津智慧城市建设，成为国企改革的标杆。

【工业互联网发展】

2018年，天津市深入贯彻落实《国务院关于深化“互联网+先进制造业”发展工业互联网的指导意见》，围绕网络、平台、安全三大体系，加快推进工业互联网发展，打造产业生态，完善支撑环境建设。

强化顶层制度设计，逐步营造良好制度环境。成立了由分管市领导任组长的天津市工业互联网专项工作组，发布了《天津市工业互联网发展行动计划（2018—2020年）》；发布了《天津市人民政府关于深化“互联网+先进制造业”发展工业互联网的实施意见》，设立了100亿元的智能制造财政专项资金，出台落实了《天津市关于加快推进智能科技产业发展若干政策》的实施细则；发布了《天津市加快工业互联网创新应用推动工业企业“上云上平台”行动计划（2018—2020年）》和《天津市工业企业“上云上平台”财政补贴实施细则》，建立了“平台降一点、政府补一点、企业出一点”联合激励机制，搭建了电子化的“云惠券”申领系统。

加强基础设施建设，网络支撑能力稳步提升。天津市政府与中国电信、中国移动、中国联通、中国铁塔签署通信基础设施建设战略合作协议，推动4家企业聚集资源，“十三五”期间在天津共投入810多亿元，为建设高可靠、高速率的工业互联网外网络奠定了基础。成立了天津市推进通信基础设施建设工作领导小组，统筹负责天津市通信基础设施建设工作。天津市城市出口带宽为19000Gbps，4G基站达3.45万座，宽带下载速率跃居全国第6位。

加快基础平台建设，核心资源加速汇集。加强与阿里巴巴、华为、浪潮、紫光、航天云网等国内知名平台服务商合作，围绕合作内容推动云服务落地和平台资源本地化延伸。引入海尔工业互联网服务资源，在天津建设本地化平台。推进超算中心、海尔、沃德、联通等开展资源汇聚与合作，加快培育建设跨行业、跨领域综合性工业互联网平台。推动供给资源池建设，组织开展了首批咨询服务商、系统解决方案商、平台商遴选推荐工作，促进了供给侧和需求侧的精准对接。指导成立了天津市工业互联网产业联盟，推动构建了工业互联网发展生态和产业合作对接平台。

打造项目创新标杆，示范引领作用凸显。海尔COSMOPlat天津平台、沃德工业设备大数据预测性维护平台等示范项目全面推广。新兴燃气“天然气分布式能源工业互联网新模式应用项目”获得工业和信息化部工业转型升级资金支持，天津菲利科“跨行业设备全生命周期柔性物联网云平台”、中环计算机“自动化装备互联互通的电子制造系统”2 个项目入选 2018 年工业和信息化部工业互联网试点示范项目。

形成多角度合力，产业融合发展新生态形成。由工业和信息化部、天津市人民政府共同主办的“2018 中国（天津）工业 App 创新应用大赛”成功举办，吸引了全国 20 多个省（自治区、直辖市）的 8000 多支团队参赛，相关行业受众超过 20 万人，来自天津的 7 个团队获奖，天津工业技术软件化进程进一步加快。成立了天津市工业互联网产业联盟，召开了天津市企业上云暨天津工业互联网产业联盟成立大会，初步构建了政府企业的双向沟通平台和产业合作对接平台，工业互联网发展良性生态体系加速形成。

**【信息产业】**

（一）电子信息制造业

2018 年，天津市电子信息制造业规模以上企业为 238 家，其中，100 亿元以上企业达 4 家，10 亿元以上企业达 23 家，1 亿元以上企业达 96 家。产值同比下降 2.9%，占天津市工业比重 10.3%，与往年相比占比略有下降。

在集成电路方面，从事集成电路产业的企业总量已达到 109 家（其中，设计企业为 90 家，芯片制造企业为 3 家，封装测试企业为 9 家，材料和装备等企业为 7 家），基本形成了涵盖设计、芯片制造、封装测试、装备和材料的较为完整的产业链条。

在智能硬件方面，基本形成了涵盖智能手机、智能电视机、智能车载、智能传感器、智能医疗机器人、无人机系统开发、水下机器人探测等多元化的产业发展局面。

在计算机及通信设备方面，天津市从事高性能服务器行业的企业总数已超过 10 家，行业聚集了飞腾信息技术、银河麒麟、南大通用、中科曙光、金品计算机等多家自主可控高性能服务器行业领军企业，基本形成了涵盖芯片设计、操作系统开发、数据库应用开发、存储设备开发、整机适配、高性能应用开发等较为完整的产业链条。

在核心基础器件方面，尤其是在新型显示器件行业，天津市聚集了三星视界移动、三星电机、三星高新电机、三星 LED 等一批专业分工明确的支柱企业。三星视界移动产量占据全球 OLED 面板市场总产量的 40%。三星电机是多层陶瓷贴片电容器全球主要生产基地之一，产量占全球市场的 20%；三星电机生产的片式陶瓷电容产量居世界第 2 位。2018 年，为加速生产双目摄像头，三星高新电机新增 10 条全自动贴片生产线。

（二）软件和信息技术服务业

2018 年，天津市软件和信息技术服务业实现收入 1633 亿元，同比增长 20.7%，高于全国平均增速 6.5 个百分点（全国收入增速为 14.2%）。其中，滨海新区作为软件和信息技术服务产业发展的主要载体，收入水平继续保持平稳增长，达到 1300 亿元，占天津市软件和信息技术服务业收入的 79%。

天津市软件和信息技术服务业规模以上企业超过 700 家，从业人员达 10 万人以上；业务收入超过 10 亿元的企业有 20 家，超过 1 亿元的企业达 103 家。

2018 年，组建了天津市软件和信息技术服务业发展领导小组，制定和发布了《天津市软件和信息技术服务业三年行动方案（2018—2020）》，积极推动工业 App、大数据、互联网等新兴领域发展，成功举办全国首届工业 App 创新应用大赛，挖掘了一批像海尔云中控平台、沃德智能云应用、超算资产云应用等优秀的工业 App 产品。中汽研、沃德、天锻等 7 家企业获批工业和信息化部工业互联网 App 优秀解决案例，居全国第 2 位。在大数据领域，58 同城、腾讯数码、今日头条、360、合尔科技、未来电视等一批大数据龙头企业在天津发展壮大，曙光、超算、南大通用 3 家企业获批 2018 年国家大数据试点示范项目。在安全可靠领域，已经形成了以曙光、天河、飞腾、麒麟、南大通用、神舟通用、光电等企业为代表的全产业生态圈，是全国产业链条最全、产业聚集度最高的发展聚集区。

## 【经济与社会领域信息化】

### （一）信息化与工业化融合

2018 年，天津市持续深入贯彻落实《中华人民共和国国民经济和社会发展第十三个五年规划纲要》《国务院关于深化制造业与互联网融合发展的指导意见》及工业和信息化部发布的《信息化和工业化融合发展规划（2016—2020）》有关要求，着力提升两化融合发展水平。重点企业数字化研发设计工具普及率达 78%，关键工序数控化率达 49.4%，数字化设备联网率达 44.4%。

打造良好政策环境。天津市发布了《天津市人民政府关于深化“互联网+先进制造业”发展工业互联网的实施意见》；出台了《天津市工业和信息化委关于印发落实〈天津市关于加快推进智能科技产业发展若干政策〉实施细则的通知》《天津市工业和信息化委　天津市财政局关于印发〈天津市加快工业互联网创新应用推动工业企业“上云上平台”行动计划（2018—2020 年）〉和〈天津市工业企业“上云上平台”财政补贴实施细则〉的通知》等政策措施。

推进两化融合管理体系建设。2018 年共有 15 家企业入选国家级两化融合管理体系贯标试点企业，遴选了 19 家市级贯标试点企业，试点企业数量共达到 103 家，33 家企业通过两化融合管理体系贯标评定，航天精工有限公司两化融合贯标示范入选 2018 年工业和信息化部制造业与互联网融合试点示范项目。

加大创新驱动和资源汇集力度。打造互联网制造新模式，“互联网+”力量充分释放，重点企业实现网络化协同的比例为 34.7%，开展服务型制造的比例为 27.4%，开展个性化定制的企业比例为 9.7%。进一步推进国内工业互联网服务资源汇集。海尔集团引入 COSMOPlat 工业互联网平台服务资源，在天津积极建设示范线和服务展示中心；紫光云总部项目正式落地滨海新区，以专业化的咨询诊断、系统解决方案、平台系统和云应用服务等助力企业智能化升级；阿里巴巴、华为等纷纷与天津市机构加强合作，推动云服务落地和平台资源本地化延伸。

提升制造业“双创”平台和工业电子商务建设水平。智能网联汽车“双创”服务平台等 3 个项目进入工业和信息化部 2018 年制造业“双创”平台试点示范项目，通过试点示范支持大型制造业企业基于互联网的创业孵化、协同创新、网络众包等创新创业平台建设，以及基于云计算面向中小微企业的创新创业服务平台建设。融通物贸电商平台、51 有色、百利 MRO 工业品电商等一批工业电商平台相继建成，“天物大宗电子商务平台”借助天津物产集团优势资源，业务覆盖钢铁、矿石、煤炭、橡胶、有色、机电汽车六大行业，累计注册会员超过 2 万家。

### （二）云计算

天津滨海工业云平台以企业需求为导向，打造成为服务材料研发、产品设计、工艺优化、物联运维领域的信息化融合平台，以超级计算驱动制造业创新发展。经过两年的建设与推广，天津滨海工业云平台实现从“1.0 版”到“2.0 版”的升级，面向企业提供四大核心服务：一是基于国家超级计算天津中心的核心资源优势，通过 HPC 云、公有云、工业大数据、人工智能一体化平台等多个平台，面向工业企业提供安全、易用、高效的多样性融合信息化服务；二是开发集成了仿真云、焊接云、建筑云、渲染云等 9 个行业云平台，部署各行业领域应用软件超过 20 余个，提供了涵盖前端设计、中间计算、后端处理的一体化产品研发和软件工具服务；三是通过供需对接、企业展示等多个模块，面向天津市、滨海新区工业企业提供了产品和服务能力展示、供需撮合等服务；四是建立了模型库、标准库、专利库、文献库、专家库等信息数据库，收录了 3300 万条模型数据、1700 万项相关标准，面向工业企业提供最新的标准、前沿技术、资讯动态等服务。截至 2018 年年底，注册用户数超过 15 万户，为天津市数百家企业提供了服务，重点企业用户平均信息化投入成本降低 70%以上，实现间接经济效益 1 亿多元。

### （三）国产数据库软件

2018 年，天津市国产数据库软件发展继续保持国内市场领先地位，以南大通用和神舟通用等国产数据库为代表，市场份额稳步上升，全年数据库软件业务收入达 3.4 亿元。在大数据、数据分析、通用事务等领域，可以对标甚至超过国外技术水平。

南大通用继续保持国产数据库市场占有率第一，连续 6 年被赛迪顾问评选为国产数据库第一品牌，目前已经拥有国内技术领先、高度成熟的全线数据库产品，包括分析型数据库 GBase 8a、事务型数据库 GBase 8t、内存数据库 GBase 8m、安全数据库 GBase 8s、目录数据库 GBase 8d。GBase 数据库已在电信、银行、保险、电力、税务、海关、社保、卫计、公安、安全、军队等行业得到应用，并在 2018 年继续扩大了应用范围和规模，其中作为公司主力产品的 GBase 8a MPP 数据库部署规模已经超过 7000 台服务器，管理数据量超过 150PB。

神舟通用旗下神通数据库系列产品入围了中央政府采购名录、党政机关应用信息类产品采购目录、国产军用关键软硬件合格产品名录，通过了公安部等保四级、军 B+认证、涉密信息系统产品检测等多个国家权威机构的技术测评和认证。神舟通用产品在政府、电信、电力、国防、军工、教育和交通等行业得到了大量应用，可靠、稳定地支撑了政府机关和企事业单位的数据、业务平台，参与多个国家重大工程项目建设，参与福建、浙江、西藏、云南等累计 20 多个省（自治区、直辖市）试点项目，国内通用数据库市场占有率达 40%以上，2018 年再次获得“十三五”国家“核高基”重大专项立项基础软件方向的研发支持。

### （四）高性能服务器制造

一是产业链条进一步巩固。天津市从事高性能服务器行业的企业总数已超过 10 家，行业聚集了飞腾信息技术、银河麒麟、南大通用、中科曙光、金品计算机等多家自主可控高性能服务器行业领军企业，基本形成了涵盖芯片设计、操作系统开发、数据库应用开发、存储设备开发、整机适配、高性能应用开发等较为完整的产业链条。二是功能作用进一步显现。曙光高性能计算中心配置在中国华电集团大型燃气轮机发电设备项目中，实现了国内首套逾 2000 千米的设计仿真一体化平台，可同时满足近百个用户对平台的使用要求。目前，中科曙光在该领域已打造了众多行业高性能项目案例，为包括国电联合动力、大唐科学技术研究院、中国华电集团科学技术研究院等在内的重点企业提供了优质的高性能计算产品解决方案，助力其在产品研发、业务发展方面取得进一步发展。

### （五）智能终端

天津市智能终端行业基本形成了涵盖智能电视机、智能家居、智能安防、智能医疗机器人、无人机系统开发、水下机器人探测等多元化的产业发展局面。智能硬件行业在聚集了天地伟业、三星电子等行业龙头骨干企业的基础上，同时涌现出一飞智控、塔米机器人、华来科技、深之蓝、蓝酷科技、橙意家人、九安医疗等多家行业新兴特色企业，智能硬件行业发展势头良好。九安医疗血压计产品在全球市场占有率达 10%以上；蓝酷科技研发的裸眼 3D 手机，可实现 3D/2D 效果自由切换，填补了裸眼 3D 在国内终端显示市场的空白；塔米机器人开发出基于云端及 AI 技术的服务智能终端，推广到天津市 11 所小学、2 家养老机构开展试点应用；橙意家人通过与飞利浦的战略性深化合作，携手美年大健康，实现了 OSA、COPD 疾病从初筛、诊断、转诊、治疗、康复到自我健康管理的闭环逻辑，已成功建立医联体合作。截至 2019 年，医联体已进驻全国 48 个城市、162 家店、1008 家医院，较好地促进了天津慢性呼吸系统疾病防治示范基地建设，有力带动了区域医疗水平协同发展。

### （六）新型显示器件

天津市聚集了三星视界移动、三星电机、三星高新电机、三星 LED 等一批专业分工明确的支柱企业。三星视界移动产量占据全球 OLED 面板市场总产量的 40%；三星电机是多层陶瓷贴片电容器全球主要生产基地之一，产量占全球市场 20%。2018 年，三星高新电机新增 10 条全自动贴片生产线；三星电机生产的片式陶瓷电容产量居世界第 2 位；三星视界移动累计产值达 218 亿元，三星电池累计产值达 21 亿元。

（七）传感器制造

天津市传感器行业聚集了图尔克（天津）传感器有限公司、丹纳赫西特传感工业控制有限公司、宜科电子、天津博益气动等企业，生产的产品涉及电感式传感器、电容式传感器、磁感应传感器、流体传感器、压力/加速度/称重传感器、光电传感器、长野压力传感器、气象传感器、氦质谱检漏仪等领域。图尔克（天津）生产的传感器已结合 IOT 技术，广泛应用在智能工厂的不同场景中。丹纳赫西特传感工业控制有限公司在压力/加速度/称重传感器领域处于行业核心位置。宜科电子作为天津本土工业自动化产品的提供商和智能制造解决方案的供应商，在汽车、汽车零部件、工程机械、机器人、食品制药、印刷包装、纺织机械、物流设备、电子制造等诸多领域占据领先地位。宜科电子与国家燃气具检验中心、国家汽车检验中心、国家摩托车检验中心、日本燃气协会等国内外多家科研机构进行了广泛交流与合作，承接并完成了数个研发项目，其中多项成果已达国际领先水平。

（八）集成电路制造

目前，天津市集成电路产业已初步形成了滨海新区龙头带动，西青区、津南区等配套支撑的发展格局。一是企业总量攀升。从事集成电路产业的企业总数已达到 109 家。其中，设计企业为 90 家，芯片制造企业为 3 家，封装测试企业为 9 家，材料和装备等企业为 7 家。基本形成了涵盖设计、芯片制造、封装测试、装备和材料的较完整的产业链条。二是领军企业凸显。集成电路行业聚集了中芯国际、恩智浦、展讯通信、唯捷创芯、芯硕半导体等多家集成电路行业领军企业。三是项目进展顺利。中芯国际二期项目已经投产运行，65 纳米工艺晶圆产品月产能稳定在 6 万片；国产高性能微处理器项目基本完成建设，正在准备项目验收文件；超级计算机处理器项目已完成验证芯片流片和测试，正在进行小核设计和千核规模片上网络连接的设计工作；8 英寸抛光片项目已投产，预计实现销售收入 4 亿～5 亿元。

（九）智能科技产业

近年来，天津市以世界智能大会为平台，以科技创新为引擎，加快推动人工智能同经济、社会发展深度融合。

天津市培育了一批智能科技产业集群，形成了大数据和云计算、智能网联车、智能终端、先进通信、机器人、智能安防、智能制造、智能医疗等优势领域。智能网联汽车形成了“定位导航、环境感知、车载芯片、决策算法、安全辅助驾驶、无人驾驶、整车应用、智能车载平台与云控平台、人机交互、车载终端”的全产业链，开放了 29.85 千米测试道路，全球首批智能公交车、国内首台无人驾驶通勤车相继投入使用。机器人产业形成了从上游零部件加工到下游产业应用，以及面向机器人视觉感知和智能交互等新一代技术全覆盖的局面，白鲨 Max 水下机器人获得全球工业设计顶级奖项——德国红点奖。

天津市出台了一批强有力的扶持政策，成立了智能科技产业专家咨询委员会和 10 个分领域专家组，构建了“1+10”专家决策支撑体系；印发了 110 余项支持措施，形成了“顶层设计引领—行动计划深化—实施细则支撑”的政策体系，发布了 100 亿元智能制造财政专项资金和千亿元级新一代人工智能科技产业基金，出台了“智造十条”实施细则，支持企业智能化改造项目 183 个，奖补资金 6.2 亿元，拉动投资 60 亿元。超算中心、中科曙光、南大通用成为工业和信息化部大数据产业试点示范，空港、华苑等 4 个数据中心入选首批国家绿色数据中心。

（十）工业机器人

天津市机器人产业依托汽车制造业、电子信息行业等行业的兴盛，以及天津老工业基地的转型，近几年飞速发展。在汽车及零部件行业、医药电子行业中，有 90%的企业应用了工业机器人。在生产机器人本体方面，截至 2018 年年底，天津拥有机器人本体及集成企业超过 300 家，产业规模超过百亿元。

随着国家自主创新示范区“一区二十一园”建设的规划实施，天津市已形成了位于武清区的天津机器人产业园、开发区的泰达无人装备产业园、天津滨海中关村科技园等产业集群；吸引、培养了大批机器人方向的重点企业，包括：天津智通机器人有限公司，从事汽车白车身焊接生产线的设计、制造、安装、集成的天津福臻工业装备有限公司，世界第一大的平衡车研发、生产企业纳恩博（天津）科技有限公司，掌握飞行控制核心技术的一飞智控（天津）有限公司，专注并联机器人生产的辰星（天津）自动化设备有限公司，水下机器人研发企业天津深之蓝海洋设备科技有限公司，协作机器人生产商天津扬天科技有限公司，等等，并持续受到资本市场的关注，部分企业已完成多轮融资。

天津市有很强的科研实力，有天津大学、南开大学、河北工业大学等高校提供技术支持。2018年，6 项机器人项目获得天津市科学技术奖，天津大学副校长、机器人协会专家委专家王树新教授团队完成的《微创手术机器人系统关键技术与应用》获天津市技术发明特等奖。围绕机器人产业，天津市还涌现出一批高层次的科研院所，东丽区分别与中国科学院自动化研究所、清华大学共同建立了天津中科智能技术研究院、清华大学天津高端装备研究院，高新区与浙江大学成立了浙江大学滨海产业技术研究院，多数项目已完成产业化。

2018 年，天津市发布了《天津市加快推进智能科技产业发展的若干政策》，设立百亿元资金、千亿元基金支持传统产业智能化改造升级。其中，天津市 32 家企业“机器换人”项目获 4192 万元补助。天津市大力引进国内领军机器人厂商——新松机器人落地，是天津市首家布局机器人全产业价值链的高科技企业，将建设成以工业机器人为主导的大型研发生产基地，从而推进天津市高端智能装备产业发展。

（十一）天津滨海信息安全产业园

天津滨海信息安全产业园，是滨海新区高端信息技术产业聚集区。园区一期建筑面积 12 万平方米（含地下），12 栋楼宇全部竣工并投入使用，其中，写字楼总面积为 8.1 万平方米，公寓总面积为 3.2 万平方米。园区建设采用“政府搭建平台、专家团队指导、企业管理运营”三方协同创新的运作模式。塘沽海洋高新技术开发总公司全资子公司天津海明置业有限公司作为项目建设方，采用“量身定做”方式，统一进行项目规划建设和功能配套，统筹完善金融、商务、生活等服务设施。天津海信意成科技发展有限公司作为运营主体，负责整个园区的运营、管理与招商引资。

目前，园区已成功引入 130 多家科技类型企业，成功入驻企业人员 1000 余人，其中，中青年群体占比近 70%，本科及以上学历群体占比达 70%。天津市滨海新区军民融合创新研究院、飞腾 CPU、麒麟操作系统、物联网项目、紫光云项目、清华启迪项目等已先后在园区落地发展。园区在初步形成的良好产业基础上，将重点发挥龙头企业和行业领军企业带动作用，为打造完整自主可控的新一代信息技术和信息安全产业链注入新的活力，以此推进国家自主可控产业生态圈建设，实现优势互补、互利共赢。

产业园为入园企业提供安防、保洁、工程维修、绿化等基础物业服务，以及智慧餐饮、装修家电全部一体化的人才公寓、信息技术服务、会议服务、无人超市、健身房、茶室，以及集如斯厨房、瑞幸咖啡、上水茶业于一体的如斯生活空间等多元化、高品质的城市综合配套服务。未来园区将继续坚持以优质的服务和良好的信誉不断拓展服务功能，完善配套设施建设，持续扩大园区品牌影响力，努力争做科技型园区的示范点、排头兵。园区地理位置优越、交通便利，周边汇聚了红星美凯龙商业项目、奥特莱斯商业街、金水畔商业广场、妇幼保健中心、天津高新区行政服务中心（塘沽海洋）分中心等，方便园区企业和员工的居住与生活。

随着配套功能的完善、服务能力的提升，产业园活力迸发，相继入驻了紫光云总部、农信互联等项目，2018 年新增入驻企业 56 家，累计注册企业 110 家，公寓入住近 500 人，办公出租率达 76%，公寓出租率达 100%，成为海洋科技园产业发展的重要支撑。

**【重大举措或事件——第二届世界智能大会】**

第二届世界智能大会以“智能时代：新进展、

新趋势、新举措”为主题，以“高起点、入主流、国际化、有特色”为定位，于2018年5月16—18日在天津成功举办。大会举办了“一会一展四赛”等一系列活动，着力突出智能体验特色，形成了“会展赛+智能体验”“四位一体”的平台。在传播先进理念、搭建国际平台、发布产业政策、推进资源集聚、深化战略合作等方面取得了显著成果。

高端论坛嘉宾云集。第二届世界智能大会包括开幕式、主论坛、专题论坛3个版块，参会嘉宾超过5000人，超出首届世界智能大会人数近50%。在开幕式和主论坛上，全国政协副主席万钢出席并发表讲话，联合国教科文组织信息与传播知识社会局主任英德拉吉特·班纳吉、国家发展改革委副主任林念修、科技部副部长徐南平、工业和信息化部副部长陈肇雄致辞，波士顿咨询全球主席汉斯·保罗·博克纳，诺贝尔奖获得者乔治·斯穆特、爱德华·莫索尔，世界经济论坛AI和机器学习负责人凯·巴特菲尔德，中国工程院院长周济，中国工程院院士邬贺铨，智能科技企业领军人物马云、刘强东、周鸿祎、刘庆峰、张瑞敏、李东生、孙丕恕、赵伟国等33位嘉宾发表主旨演讲和对话。

政策含金量足，发布效果好。天津市发布了《天津市加快推进智能科技产业发展的若干政策》和《天津市“海河英才”行动计划》。以培育智能科技产业为目标，包括设立百亿元智能制造专项资金和千亿元智能科技产业基金、加强骨干企业引进培育等举措，形成了最优政策组合，为智能科技产业发展提供了有力支撑。

战略合作成果显著。围绕落实智能科技产业“1+10”行动计划体系，天津市政府与中国科协签署了全面战略合作协议，与华为、百度、360、科大讯飞、紫光集团、新松机器人、用友网络、中国电子科技集团、中国中车9家企业签署战略合作框架协议，投资1400亿元。天津市网信办、天津市工业和信息化委、天津市商务委、滨海新区、河西区、东丽区、津南区、中新生态城等有关单位、区与阿里巴巴、科大讯飞、重庆猪八戒网、北京易华录、启明星辰等企业签署23项协议、40个项目，总投资额达到600亿元。

人工智能高端资源汇聚。天津大学、南开大学分别成立人工智能学院并举行揭牌仪式。南开大学成立了网络空间安全学院、统计与数据科学学院。天津市成立了天津智能航空产业技术研究院、北方国际航运研究院，与北京航空航天大学联合建设北航天津智能驾驶研究院；发布了智能科技研究成果。中国新一代人工智能发展战略研究院发布了《新一代人工智能科技驱动的智能产业发展》研究报告，为我国智能经济发展提供了重要参考和借鉴。

形成了“会展赛+智能体验”“四位一体”的平台。举办了3场主论坛，以“远见：智能经济与可持续发展”“前沿：智能科技与产业创新”“方略：智能社会与美好生活”为主题，来自14个国家和地区的1800多位中外政要、学术泰斗、智能领域领军人物参加；举行了20余场专题论坛、闭门交流会、培训讲座。世界智能科技展面积达到3.5万平方米，比首届世界智能大会增大近6倍，规模跻身国内同类展会水平。展览以“开启智能新时代创造美好新生活”为主题，157家企业和机构参展，共有16.8万人次观展，创天津专业展历史新高；专业观众和采购商达2.61万人，其中，本市1.29万人，外地1.32万人。赛事有特色：世界智能驾驶挑战赛参赛队伍达到91支，比首届世界智能大会增加了一半，为国际智能汽车赛事之最，也是目前最综合、最全面的智能驾驶国际赛事；2018中国（天津）工业App创新应用大赛有近千支参赛队伍和近万件参赛作品，产生了3～5个基于工业企业真实场景的开发平台，打造了合作共赢、协同演进的工业互联网平台应用生态，引领工业App发展风向标；中国华录杯·开放数据创新应用大赛有2000多支队伍参赛，21家企业在启动仪式上签约，推动城市数据湖与地区产业深度融合。智能体验有品质：设置了未来城市和生活两个智能体验区，阿里城市大脑平台、百度自动驾驶平台、科大讯飞智能语音平台等新技术、新产品竞相亮相，集中展现了最前沿的人工智能技术和应用方案。

# 河北省信息化发展概况

党的十八大以来，党中央高度重视互联网、发展互联网、治理互联网，作出一系列重大决策，提出一系列重大举措，推动网信事业取得显著成就。河北省委、省政府高度重视网络安全和信息化工作，要求全省上下深入贯彻落实习近平新时代中国特色社会主义思想，特别是习近平总书记关于网络强国的重要思想，全面贯彻落实党中央、国务院决策部署，开创河北省网信工作新局面。

2019 年，在河北省委书记直接领导和省长亲自推动下，在各级单位共同努力下，河北省进一步加强统筹推动，加快电子政务建设，增强基础信息设施建设，推动信息技术创新突破，壮大数字经济发展，推进信息化惠民便民应用，信息化工作取得显著成效。

## 【进一步加强统筹推动】

顶层设计指导引领。2019 年，河北省继续深入贯彻落实《国家信息化发展战略纲要》《“十三五”国家信息化规划》，以《河北省信息化发展“十三五”规划》《关于进一步加强网络安全和信息化工作的实施意见》为指引，加快推进信息化发展，全面提升现代化水平。2019 年 2 月，河北省印发《关于加快推进新型智慧城市建设的指导意见》，指出新型智慧城市的发展目标；2019 年 5 月，出台《发展数字经济的实施意见》，明确河北省数字经济发展的实施路径；2019 年 7 月，制定《〈数字乡村发展战略纲要〉重点工作任务落实分工方案》，要求各地、各部门结合实际认真贯彻落实；2019 年 8 月，印发《关于加快 5G 发展的意见》，推动河北省 5G 网络建设，同时开展河北省“十四五”信息化规划预研，进一步加强全省信息化发展顶层设计。

信息化发展水平持续提升。开展信息化发展水平评价工作，研究确定评价方案和指标体系，形成评价报告，指导河北省未来信息化发展，推动提升信息化发展水平；举办河北省信息化专题研修班，课程覆盖区块链、大数据、人工智能、数字经济等多个方面，有效增强全省各级干部对信息化发展的驾驭能力，为信息化发展水平提升夯实基础。

## 【加快电子政务建设】

电子政务专家委员会正式组建。汇聚河北省内专家力量建立河北省电子政务专家库，组织召开省级电子政务专家咨询委全体大会，这标志着河北省电子政务专家咨询委员会正式成立，电子政务建设和管理工作在专业化、科学化、民主化和规范化进程中迈出了坚实一步，河北省信息化及电子政务工作站在新起点、步入新征程。

政务云建设应用持续推进。开展政务云招标续采后期工作，河北省政务云由独家服务转变为双服务商共同提供服务，实现省级政务云由单核驱动到多核并行的跨越式发展。截至 2019 年年底，河北省政务云已为 65 个部门的 370 个应用系统提供了云服务。持续推进云生态建设，河北省云视频会议系统、云办公系统、云邮箱等一批共性应用实现云端部署，同城异地灾备、应用级双活等新技术在云上应用，电子政务集约化建设程度进一步提升。

政务数据资源推动共享应用。完善交换共享平台功能，加快交换共享平台、目录管理系统升级建设，丰富可共享的数据资源；研究制定河北省第二批数据共享责任清单，印发各市和省直各部门实施；积极对接“互联网+政务服务”、法人共享应用、放管服改革等重点工作，推进政务服务、政府治理领域共享应用和业务协同。

**【增强信息基础设施建设】**

信息通信行业稳步发展。2019 年，河北省电信业务总收入达 4742.8 亿元，电信主营业务收入达 463.8 亿元；固定电话用户达 705.2 万户，移动电话用户达 8315.6 万户（其中，3G 移动电话用户为 511.6 万户，4G 移动电话用户为 6596.5 万户），互联网宽带用户达 2359.7 万户。

5G 网络提速建设。河北省政府与中国电信、中国联通、中国移动、中国铁塔公司签署《推进 5G 发展战略合作协议》。工业和信息化部宣布 5G 商用正式启动当日，雄安新区三大电信运营商立即启动 5G 商用，雄安新区率先正式进入 5G 时代。

IPv6 规模部署持续推进。河北省组织召开 IPv6 规模部署工作座谈会，持续推进 IPv6 部署和应用。通过不断努力，提升了应用基础设施承载能力，优化了网络性能，提高了用户渗透率和网络流量，加快了网站和互联网应用生态向 IPv6 升级，推进 LTE 网络 IPv6 活跃连接数不断增加。

**【推动信息技术创新突破】**

共性关键技术研发不断加强。加速推动新一代电子信息技术补短板、建优势、强能力，在集成电路及专用设备、通信与导航设备制造、大数据与物联网等方面，全面提升技术创新能力，攻破一批关键核心技术，填补一批空白产品。2018 年和 2019 年重点研发计划连续两年设立“大智移云专项”和“新一代电子信息技术创新专项”，投入研发经费 5500 万元，支持项目近 70 个。

信息产业关键核心技术攻关机制探索建立。积极开展大数据、现代通信产业链的梳理工作，筛选梳理产业链上优势企业和先进技术动态清单，制订工作方案，启动实施《河北省关键核心技术重点研发计划（2019—2022 年）》，形成“技术需求—项目指南—项目组织—项目实施—技术成果”的关键核心技术攻关机制。

创新主体培育工程深入实施。促进科技型中小企业发展，根据企业“创业、孵化、成长、扩张、上市”不同阶段成长需求，组织实施苗圃工程、雏鹰工程、小巨人工程和上市工程，搭建成长阶梯，提供差异化政策扶持。河北省高新技术企业达到 5099 家，科技型中小企业超过 7.6 万家。在电子信息领域，高新技术企业达 621 家，科技型中小企业超过 5500 家。

科技创新平台建设加快推进。围绕网络安全和信息化，加强省级以上创新平台建设，推动各类创新平台数量增长、质量提升、结构优化，打造标志性高水平研发平台。省级研发平台达到 853 家，其中，省级重点实验室达到 194 家，省级技术创新中心达到 570 家，省级产业技术研究院达到 89 家，为河北省网络安全和信息化产业发展提供有力技术支撑。

**【壮大数字经济发展】**

电子信息产业发展稳中向好。2019 年，河北省全行业实现主营业务收入 1720.1 亿元，同比增长 7.5%。其中，制造业实现主营业务收入 1295.1 亿元，同比增长 6.8%；软件业实现主营业务收入 425.1 亿元，同比增长 10.0%；全行业实现利税 168.2 亿元，同比增长 35.2%；全行业实现利润 121.2 亿元，同比增长 67.3%；出口创汇 31.7 亿美元，同比增长 16.6%；完成固定资产投资 93.7 亿元，同比增长 11.2%。

大数据产业增速发展。张家口新能源、廊坊物流金融遥感、承德旅游、秦皇岛健康、石家庄大数据应用 5 个京津冀大数据应用示范区基本建成，在环保、交通运输、健康、旅游、教育等领域大数据创新应用取得明显成效。河北省共有河北省大数据计算重点实验室等 13 个大数据相关学科重点实验室，依托企业建立了大数据、物联网等方面的 32 个省级技术创新中心（工程技术研究中心），张北县、承德县入选国家新型工业化产业示范基地（第八批）。

两化融合向纵深推进。河北省组织完成 8 个工业互联网平台和 28 个“互联网+先进制造业”模式应用试点示范项目建设，新培育省级融合发展重点项目 200 个；确定阿里巴巴、腾讯、华为等36家云平台服务商和35家云应用服务商，基于河北省供给资源池的上云企业数量已超过5000家；组织举办了河北省云应用服务生态培育交流对接会，引导河北省300家软件和信息技术服务企业把握企业上云市场机遇，加速向云服务业务转型。

数字经济博览会成功举办。习近平总书记向2019年中国（石家庄）国际数字经济博览会亲致贺信，王勇国务委员出席开幕式宣读贺信并讲话，工业和信息化部部长苗圩等18位省部级领导，邬贺铨、倪光南等17位院士出席；西门子、亚马逊、华为等世界500强、国际数字经济领跑企业和行业冠军企业参展，阿里巴巴集团董事局主席张勇、珠海格力电器公司董事长董明珠等近30位行业大咖发表主旨/主题演讲或高端对话，规格之高、规模之大、全球影响力之强前所未有。初步统计，数字经济博览会期间共签约项目150个，签约金额超过1500亿元；同时，发布信息技术制造、大数据、云计算等领域重点招商引资项目232个，投资规模达5200亿元。

**【推进信息化惠民便民应用】**

“互联网+政务服务”水平持续提高。网上政务服务体系初步建立，建成河北省一体化在线政务服务平台，开发的河北政务服务网涵盖53个省直部门及14个市级、191个县级、2269个乡级、49968个村级子站点，实现了省、市、县、乡、村5级贯通。省、市、县3级事项网上可办率达90%，“冀时办”App正式推广应用，网上办事水平大幅提高。

数字乡村工作加快推进。贯彻落实《数字乡村发展战略纲要》《〈数字乡村发展战略纲要〉重点工作任务落实分工方案》，河北省领导与阿里巴巴集团董事局张勇主席共同谋划合作推进河北省数字乡村示范项目建设，河北省有关单位共同筛选试点地区，探索开展数字乡村建设。

新型智慧城市建设水平明显提升。借助2019年全国“双创周”契机，河北省举办智慧城市创新发展高峰论坛，促进新型智慧城市健康发展。在2019年中国（石家庄）国际数字经济博览会中，举办智能雄安高峰论坛，推动雄安创建数字智能之城；组织召开河北省智慧城市和信息化推进现场会，总结推广河北省智慧城市建设先进经验和做法，提升河北省新型智慧城市建设水平。

2020年是全面建成小康社会和“十三五”规划收官之年。河北省将继续坚持以习近平新时代中国特色社会主义思想，特别是习近平总书记关于网络强国的重要思想为指导，深入贯彻落实党的十九大和党的十九届二中、三中、四中全会精神，坚持稳中求进工作总基调，持续加快新型基础设施建设步伐，大力推进网信领域技术创新，着力推动数字经济快速发展，全面深化信息化惠民便民应用，推动河北省信息化发展再上新台阶。

# 山西省信息化发展概况

**【信息基础设施建设】**

截至2019年12月底，山西省电话用户达4253.4万户，比2018年增加15.3万户。其中，固定电话用户为266.2万户，同比减少10.4万户；移动电话用户达3987.2万户，同比增加25.7万户。

截至2019年12月底，山西省移动宽带用户达 3285.8 万户，移动宽带用户普及率达 88.4%；固定宽带接入用户达 1126.1 万户，比 2018 年新增 135 万户，其中，光纤宽带用户达 1097.4 万户，占比达 97.5%，稳居全国第 1 位；使用 100Mbps 以上速率的宽带用户达 1037.4 万户，占固定宽带接入用户的 92.1%。山西省家庭宽带用户总数达 1013.6 万户，固定宽带家庭普及率达 80.3%。

截至 2019 年年底，山西省宽带接入端口增加 159 万个，总数达 2148 万个，其中，FTTH（光纤到户）端口增加 210 万个，总数达 2063 万个，FTTH 端口占宽带接入端口的比重达 96%。移动通信基站新增 4 万座，总数达 23 万座，其中 4G 基站达 14.2 万座。山西省光缆总长度达 127.9 万千米；互联网省际出口带宽达 18291Gbps。

（一）通信基础设施顶层设计不断完善

山西省制定印发了《山西省通信基础设施建设三年行动计划》，进一步规范了山西省通信基础设施规划和管理工作，实施通信基础设施规划编制、公共资源开放、建设和保护、支持保障 4 个方面的专项行动，优化通信基础设施建设发展环境；制定印发了《山西省加快 5G 产业发展实施意见》《山西省加快 5G 发展若干政策》，加快推进 5G 网络建设，大力发展 5G 产业，开展 5G 应用试点示范，构建 5G 产业生态体系，提出了支持 5G 发展的 18 条支持政策。

（二）建设开通综改区国际互联网数据专用通道

2019 年 6 月 23 日，山西转型综改示范区国际互联网数据专用通道正式开通运营，实现了山西省通达我国互联网国际出入口局的直连高速通道首条突破，提升了园区国际互联网访问性能，有力推进综改区产业转型，服务山西省外向型经济发展。

（三）移动物联网（NB-IoT）建设和应用不断深化

推动山西省基础电信运营商持续开展 NB-IoT 网络覆盖工程，做好站点建设规划。截至 2019 年年底，山西省移动物联网基站达 4.7 万座，基本实现乡镇以上区域连续覆盖；山西省移动物联网连接数量约 240 万户，其中 NB-IoT 连接数量约 70 万户。移动物联网在智能表计、智能充电终端、畜牧牛联网、电网“智能巡查系统”等方面取得典型示范应用。

**【软件和信息技术服务业】**

2019 年，山西省软件和信息技术服务业保持良好发展，产业规模快速壮大。经不完全统计，山西省规模以上软件和信息技术服务业企业达 141 家，较 2018 年增加 42 家。山西省规模以上软件和信息技术服务企业实现主营业务收入 69.68 亿元，同比增长 49.35%；软件业务收入为 48.63 亿元，同比大幅增长 69.43%，占主营业务收入比重为 69.79%，同比提高 8.27 个百分点。

（一）加强规划引领

山西省制定发布了《山西省软件和信息技术服务业 2019 年行动计划》，以推进产业发展壮大为主线，以提升产业创新力和竞争力、培育发展新动能为重点，促进软件与经济、社会各行业的深度融合；编制了《山西省信息安全产业发展规划（2019—2025）》，重点布局山西省转型综改示范区信息安全产业基地建设，重点发展通用计算机设备、国产密码、生物识别、电磁防护等特色信息安全产品。

（二）提升信息技术服务能力

山西省深化《信息技术服务标准化工作五年行动计划（2016—2020）》宣贯，指导软件和信息技术服务业企业加强运行维护能力建设。截至 2019 年 10 月 31 日，山西省共有 51 家企业通过 ITSS 能力评估（2019 年新增 22 家），排名全国第 13 位；组织运行维护服务、云计算服务等方面标准的宣贯培训，加强企业专业人才培养和服务标准化示范企业培育，提升软件企业服务大数据发展、企业上云的能力和水平。

（三）加强宣传推介

组团参展 2019 第二十三届中国国际软件博览会，以“数字山西 • 智享未来”为主题搭建山西展区，组织 16 家重点企业展示 40 余件产品，全面展现了山西软件和信息技术服务企业在智慧政务、智慧医疗、智慧能源、智慧环保等领域的最新研究成果和行业解决方案。工业和信息化部相关领导莅临山西展区，听取了山西软件产业发展成果汇报，并进行产品体验，对山西展区给予了充分肯定。

（四）提升安全技术能力

指导山西省内软件和信息技术服务企业成功申报2019年工业互联网发展项目，获得工业和信息化部专项资金800余万元；建设山西省省级工业互联网安全态势感知平台，通过综合部署主动探测、被动诱捕、流量监测和海量异构数据挖掘分析等系统手段，实现对山西省工业互联网的整体发展和安全态势综合研判，有效提升了山西省工业互联网安全隐患排查、攻击发现和应急处置能力，并对接国家级安全态势感知平台，支持安全事件联动发现和威胁情报交互机制；扎实推进应急演练和安全评估，组织开展建材、焦化、冶金、医药4个行业举办的工控安全应急演练。

（五）推动标准化工作

指导山西省网络安全和大数据信息技术标准化技术委员会组织申报16项大数据、信息安全相关标准，对2018年立项的标准进行指导跟踪，其中，13项标准召开技术性审查会议，与国内5个省级网络安全标准委员会共同发起“省级网络空间安全标准化技术委员会联合工作组”。

**【大数据发展】**

山西省围绕“网、数、智、器、芯”五大领域，统筹布局全省数字经济发展体系，加快全省工业数字化、网络化、智能化发展步伐，推动“山西制造”向“山西智造”转变。

（一）数字经济顶层设计持续完善

研究编制《大数据特色产业布局规划》；结合数字经济发展变化和趋势，制定印发《山西省加快推进数字经济发展的实施意见和若干政策》《关于加快山西省数据标注产业发展的实施意见》，探索建立数字经济发展评价体系；开展山西省数字化发展水平评估，编制完成《数字山西建设指南（2019年）》，为科学推进数字经济发展提供了指导依据；深化落实大数据相关政策措施，编制印发《数字经济专项资金管理办法》和《省级人工智能基础数据产业发展引导专项资金管理暂行办法》。山西省2019年共支持大数据领域项目46个，安排资金3206.24万元。

（二）核心数字产业呈现积极发展态势

推动高质量数据中心建设，推动中科院山西先进计算中心、华为山西（吕梁）大数据中心、阳泉百度云计算（阳泉）中心等建成投运，环首都·太行山能源信息技术产业基地、云中e谷大数据中心等项目建设顺利推进，山西省已建、在建数据中心设计机架达到21.63万个。发展数据标注产业，百度在综改区建立数据标注产业基地，入驻企业35家，标注人员达2000余人，成为全国最大的单体标注基地。发展信创产业，山西百信、龙芯中科、中标软件、中科曙光、中国长城等项目先后落地太原，山西省内20余家信创领域骨干企业、高校、研究机构等单位共同发起成立了山西省信创工作委员会，9家企业成为中国电子工业标准技术协会信创工委会会员单位，已初步构建信创产业生态。培育大数据应用企业，山西省涌现出云时代、精英数智、清众科技、和信基业、全球蛙等一批行业领军企业，研发的大数据产品涉及政务、能源、工业等20余个领域。

（三）行业创新发展基础不断夯实

山西省建立了3个大数据学院，设立大数据本科、专科专业20余个，毕业生每年超过2000人，人才培养体系逐步建立。山西省共建立大数据领域院士合作平台16个、省级行业技术中心5个、企业技术中心16个、研究生教育创新中心22个，成为行业创新发展的关键支撑。山西省内重点高校积极探索产学研用协同创新发展模式，推动组建山西智能大数据研究院、山西大学大数据科学与产业研究院等一批新型研发机构，成为联合国内外科研力量、衔接产学研链条环节、培养实用型产业人才的重要创新平台。

（四）大数据与实体经济融合发展持续深入

山西省8家企业入选国家大数据产业发展试点示范，全球蛙区域新零售平台、精英科技“煤矿大脑”、科大自控“智慧矿山”等优秀项目快速落地和推广；推动阳泉智能物联网应用基地建设，推动猪八戒网“互联网+”生产性服务业产业园区先后落地太原、长治、晋城等地；推动中国工商银行与山西省政府签署战略合作协议，加强数字经济领域信贷支持力度，打造“线上+线下”金融生态场景；开展扶贫大数据优秀案例、大数据试点示范项目等征集工作。

（五）产业交流合作持续深化

举办产业峰会。与吕梁市共同举办“数谷吕梁·智赢未来”第三届吕梁大数据产业发展推进会，与中国工程科技发展战略山西研究院共同举办“山西省区块链技术与产业创新发展论坛”。发挥产业联盟作用，举办数字经济产业政策宣传和交流活动，强化产业链协同合作。开展专项培训，举办“大数据及人工智能技术”高级研修班、未来产业发展大数据业务工作培训班等，强化各级领导干部和企业数字经济发展能力。扩大产业交流合作，组织省内重点企业、研究机构及重点产业园区，参加各类峰会论坛，对标一流，加大合作力度，提升行业创新水平。

**【两化融合推进工作】**

2019年，山西省两化融合发展水平指数为48.7，在全国排名第18位。截至2019年年底，山西省累计推荐国家级和省级贯标试点企业167家，共有58家企业通过国家贯标认证。通过推动两化融合贯标、企业信息化改造、工业互联网发展、企业上云等工作，山西省企业两化融合发展意识不断加强，两化融合发展水平指数逐年提高，两化融合发展环境不断优化。

（一）开展企业两化融合评估工作，推动分级分类发展

持续开展山西省企业两化融合自评估、自诊断、自对标。在国家两化融合评估体系的基础上，山西省各市县开始摸清企业两化融合发展现状，服务企业开展自评估、自诊断、自对标，找准两化融合发展重点、路径和方向，加速推进转型升级和新型能力培育，跟踪研判两化融合发展现状、发展重点、价值成效、特征模式及发展趋势。参与评估的企业数量逐年上升，截至2019年12月，山西参与评估企业提交调查表数量达到1718份，参与企业为1286家。

（二）开展技术改造资金项目申报，鼓励企业实施两化融合技术改造项目

2017年，山西省设立了技术改造专项资金，其中两化融合及新信息专项用于支持山西省内企业实施两化融合技术改造。截至2019年年底，专项共支持企业项目123个，累计支持资金达2.79亿元，有效带动33.5亿元企业投资。

（三）推动工业互联网创新发展

加强政策引导，制定实施《工业互联网发展的实施意见》，积极推动山西省工业互联网平台建设。推动百度与山西精英科技围绕煤炭行业建设“中国煤炭云”工业互联网平台；推动山西中科曙光围绕园区服务建设“产业园区综合工业互联网平台”；支持山西中鼎集团有限公司“中鼎物流云”和山西全球蛙电子商务有限公司“全球蛙新零售云”进一步深化应用；支持制造业龙头企业、大型互联网企业和细分领域平台企业建设一批综合性、行业性平台，营造山西省良好的工业互联网发展生态。积极培育工业互联网平台，立足山西省产业实际，打造与山西省经济发展相适应的工业互联网生态体系；搭建“企业上云”公共服务平台，推动企业上云；组织征集了两批“企业上云”云服务商（暨工业互联网服务资源池），进一步优化山西省“企业上云”发展环境，有力支撑山西省“企业上云”行动实施；推动同煤集团与中国信息通信研究院合作，建设并开通同煤集团工业互联网标识解析二级节点，是国内首个煤炭行业的工业互联网标识解析二级节点。

# 内蒙古自治区信息化发展概况

2018年，内蒙古自治区电子信息行业认真贯彻落实党中央、国务院和自治区的决策部署，攻坚克难、开拓进取，行业整体运行平稳，结构不断优化，创新能力不断提升，在自治区经济和社会发展中起到了不可或缺的重要作用。

## 【电子信息制造业】

2018年，自治区电子制造业主营业务实现收入79.01亿元，同比增长25.8%。自治区主要产品多晶硅产量达3.07万吨，同比增长47%；单晶硅产量为6.82万吨，同比增长122.0%。

## 【软件和信息技术服务业】

2018年，自治区软件业务收入为11.86亿元，同比下降24.6%；信息技术服务收入为7.05亿元，同比下降22.75%；软件外包服务收入为0.61亿元，同比增长339.46%。

## 【科技进步与应用】

内蒙古中环领先半导体材料有限公司主要从事半导体单晶硅棒的制造、生产加工、销售和技术研发，具有完善的生产线及配套设施设备，2018年产能达597.78吨，产品包括二极管、三极管、IC等各种用途的单晶硅棒。自主研发生产的集成电路用8～12寸IC硅单晶氧含量均匀性及电阻率均匀性较国内同类型产品更加稳定；单晶COP缺陷改善水平趋近无缺陷完美单晶硅，可以降低集成电路单个器件芯片成本，提高产品良率，用于制作90纳米及以下尺寸芯片。该公司是国内少有可批量供应12英寸IC级产品的厂家；其IC级单晶硅棒产能和技术水平列国内前3位，国内市场占有率达40%以上。

内蒙古瑞特优化科技股份有限公司掌握了云计算、大数据、物联网等新一代信息技术在建筑智能与节能优化、电厂锅炉机组全面性能优化节能与数字化电厂节能优化、工厂作业智能安全管控、智慧旅游等领域的应用。其中，内蒙古维图全景智慧旅游服务平台项目，实现了虚拟现实（VR）、增强现实（AR）、大数据、云计算等先进技术与“互联网+”旅游的结合，研发出面向游客、景区、商家、政府管理部门的4种平台功能模块，实现了虚拟现实关键技术、增强现实关键技术的应用。2018年，项目进行了初期的应用，效果良好。

赤峰埃晶电子科技有限公司是国内率先突破全面屏异形CNC技术的企业之一，通过开发全贴合超薄液晶显示模组技术和新型激光液晶倒角技术项目，可年生产液晶显示模组2400万片，80%的产品供应给京东方、华为、小米、vivo、OPPO等一线品牌大型企业，产品主要应用于一线品牌高端主流手机屏幕，受到了客户的广泛认可。

内蒙古欧晶科技股份有限公司是国内首家开发、生产26英寸和28英寸石英坩埚的厂家，也是目前国内26英寸、28英寸石英坩埚生产量最大的厂家，还是国内唯一一家具备32英寸石英坩埚生产能力的厂家。石英坩埚生产过程所涉及技术均由企业自主研发，该产品的生产成功打破了国外的技术垄断和市场垄断，实现了我国32英寸石英坩埚的自主生产。

## 【电信基础设施建设情况】

一是固定宽带网络实现从铜缆向光纤的升

级，光网城市全面建成。截至 2018 年年底自治区固定宽带用户总数达到 628.8 万户，覆盖自治区所有城市、乡镇及 98%以上的行政村。其中，采用光纤到户接入用户为 578.56 万户，占比为 92.1%；接入速率在 20Mbps 及以上的宽带用户占比达到 95.9%。城镇地区普遍具备 100Mbps 以上宽带接入能力，部分地区具备开通 1000Mbps 高速宽带业务能力，光纤化进程基本完成。

二是 4G 网络覆盖质量全面提升。截至 2018 年，内蒙古自治区累计建设 4G 基站 7.12 万座，实现了乡镇以上行政区域 4G 网络连续覆盖，以及 50 户以上自然村、200 户以上行政村有效覆盖。

三是国际通信网络布局进一步增强。2018 年，内蒙古自治区建成了呼和浩特区域性国际通信业务出入口局，以及满洲里、二连浩特两个国际通信信道出入口。内蒙古自治区联通、移动、电信 3 家企业经过这两个信道出入口铺设了 6 个通达蒙古国、俄罗斯的国际陆缆系统，总带宽达到 3.0Tbps，上述信道出入口和跨境陆缆系统的建设实现了内蒙古与蒙古国、俄罗斯信息通信设施的互联互通。

四是积极开展电信普遍服务。联合电信运营商及内蒙古自治区广播电视网络集团，为自治区 6637 个行政村通光纤宽带，自治区行政村通宽带比例已超过 98%，提前完成了国家“十三五”规划中行政村宽带网络覆盖率的目标。

**【工业互联网】**

一是打造内蒙古自治区协同制造平台。2018 年，包头网络协同制造平台发布协同订单 3172 笔，承载实际业务 3.2 亿元，在 2017 年基础上翻了一番，并入围工业和信息化部“2018 年制造业双创平台试点示范项目”，入选“2018 年工业互联网 App 优秀解决方案名单”。

二是建成乌兰察布能源管控云平台一期，接入企业 94 家，已有数据采集点 7235 个、有效数据 37 亿条，日数据产生量达 720 万条。利用已产生的平台数据，进行大数据分析和挖掘，建立数字模型，在生产降耗和质量提升上为企业提供数据服务。

三是开展万家企业登云三年行动，成立协同推进小组，组建创新联盟，开展宣讲系统活动。截至 2018 年年底，自治区登云企业已达 7735 家，其中规模以上登云企业为 944 家，累计为登云企业节省信息化资金投入 7900 万元。

**【两化融合】**

一是依托内蒙古自治区两化融合服务联盟、内蒙古自治区首席信息官（CIO）联盟，深入开展区域两化融合发展水平评估工作，积极探索精准贯标，深入企业进行贯标方向诊断，提供个性化指导和服务。截至 2018 年，自治区两化融合贯标企业达 104 家，其中，国家级贯标试点企业为 64 家，在全国排名第 15 位。启动评定企业 26 家，通过评定企业 24 家，其中，国家级试点通过评定企业 21 家，在全国排名第 16 位。自治区两化融合贯标企业为 2847 家，在全国排名第 11 位，其中，规模以上企业为 1967 家，覆盖自治区规模以上企业比例为 70.3%。自治区对标企业两化融合发展指数为 48.0，在全国排名第 16 位。

二是开展智能制造示范试点。支持智能企业、智能工厂、智能车间示范项目建设，推动农畜产品加工、煤化工、电解铝、铁合金等优势特色产业转型升级。2018 年，中煤蒙大入选国家智能制造示范试点，金宇生物、中煤蒙大两个项目获得国家智能制造专项资金支持。自治区遴选出了一批示范带动作用强的智能制造企业，给予了资金支持。争取国家资金 1500 万元，自治区本级配套资金 2170 万元。

**【电子政务】**

一是“互联网+政务服务”全力推进。由内蒙古自治区政府办公厅牵头建设了自治区“互联网+政务服务”平台、自治区人民政府系统办公业务平台、国家电子政务内网自治区人民政府管理区域工作平台。自治区“互联网+政务服务”平台已经上线测试运行；自治区人民政府系统办公业务平台正在逐步与自治区、盟市、旗县对接，覆盖三级的自治区人民政府系统办公业务“工作网”基本形成；国家电子政务内网自治区人民政府管理区城工作平台也已基本建成。

二是政府网上政务服务能力不断提升。截至 2018 年年底，内蒙古自治区人民政府网站建设数量共计635个。自治区网上政务服务中心共接入单位35家，可办理事项385项。政府信息公开上网度达10%，基本公共服务事项网上办理率达73.41%。2018年自治区政务微博认证账号达3804个，政务微博竞争力指数从2015年在全国排名的第28位跃升为2018年的第10位。

三是政务信息资源体系建设不断完善。建立了自治区发展改革委牵头抓总、经信委负责政务信息共享交换平台建设、大数据管理局负责政务信息资源目录编制、政府办公厅负责督促检查、相关部门整体配合的协同联动机制。自治区正在编制的《政务信息资源目录（第二期）》共包括59家单位、2632条信息资源、38328个信息项，并已全部上报国家平台。

四是信息资源共享与开放取得阶段性成果。搭建了自治区政务信息资源共享平台，并已按时完成了与国家平台的第一阶段、第二阶段交换级联、共享目录、全流程等各项对接等测试工作；接入国家共享交换平台，实现了国家要求的三级共享交换平台“网络通”“数据通”“应用通”的要求。2018年，通过政务信息资源共享平台共享政务信息资源3958条。自治区电子政务外网实现了四级纵横贯通，14个盟市（含2个计划单列市）、107个旗县（市、区、自治区级工业园区）、约70%的乡镇（街道、苏木）和8841个政务部门接入了电子政务外网。

## 【物联网】

窄带物联网（NB-IoT）基本实现城镇地区网络覆盖，物联网规模应用条件正在形成，公共事业、工业物联网、车联网、智能家居、环境监测等行业成为物联网典型应用场景。内蒙古自治区联通2018年启动NB-IoT网络建设工作，截至2018年年底共建成NB-IoT基站3360座，实现市、区及旗县城区NB-IoT网络连续覆盖。内蒙古自治区移动已建成NB-IoT基站3740座，实现乡镇以上区域NB-IoT网络连续覆盖，后续将根据业务发展需要在农牧区按需增建NB-IoT网络点状覆盖。内蒙古自治区电信截至2018年年底共建设NB-IoT基站7662座，其中开通7356座，开通率达到96.5%。

## 【政策环境】

2018年，内蒙古自治区政府出台《内蒙古自治区新兴产业高质量发展实施方案（2018—2020年）》（内政发〔2018〕42号），制定印发了《内蒙古自治区关于深化“互联网+先进制造业”发展工业互联实施意见》（内经信发〔2018〕151号）、《内蒙古自治区关于进一步扩大和升级信息消费持续释放内需潜力的实施方案》（内经信发〔2018〕161号）等政策文件，各盟市也相继出台配套政策措施，自治区政策体系日益完善，进一步营造了良好的政策发展氛围。

## 【大数据】

根据中国电子信息产业发展研究院发布的《中国大数据产业发展水平评估报告（2018年）》，内蒙古自治区大数据发展指数为27.14，居全国第22位、西部地区第6位，大数据发展指数增长6.8，居全国第9位、西部地区第2位（仅次于重庆），国家大数据综合试验区的辐射带动作用正逐渐显现。

一是加快数据中心建设。推动中国电信、华为二期、阿里巴巴、亚信数据港、UCloud（优刻得）、亿利科技等数据中心建设，苹果中国北方数据中心、同舟汇通数据中心和国家电子政务云数据中心北方节点落地内蒙古自治区。自治区大型数据中心服务器装机能力达到112万台，综合装机量超过40万台。

二是推进重点领域大数据应用。自治区宏观经济、农牧业、工业、能源、卫生健康、教育等多种大数据应用建设不断加快。生态环境大数据管理平台荣获首届数字中国年度最佳实践成果奖。纪检监察、党建、人社、气象、司法、林业等大数据应用稳步推进。同时，呼和浩特、乌海等信息惠民国家试点城市建设有力推进，呼和浩特、包头、呼伦贝尔、鄂尔多斯、乌海等国家智慧城市试点建设扎实推进，智慧社区建设破题起步。

三是推动技术产业创新。自治区设立了全国首个网络与知识安全院士工作站、首个官方授权数据资产评估中心、国家级软件评测中心、国家互联网医疗工程实验室内蒙古分中心、草原畜牧业溯源内蒙古大数据工程实验室、国家语言资源蒙古文大数据研究基地、分布式数据处理系统研究中心、链谷区块链产业研究中心、大数据分析技术内蒙古工程实验室等，在基础理论、数字技术、产业应用等方面开展创新研发。

四是实施大数据及相关产业培育工程。自治区大力培育数据采集、存储、加工、分析等大数据核心产业。呼和浩特大数据产业生态体系初步形成，乌兰察布培育发展大数据产业获得国务院第五次督查通报表扬。自治区实施大数据与产业深度融合工程，制定出台了《大数据与产业深度融合行动计划（2018—2020年）》，搭建了大数据与产业深度融合服务平台，组建了大数据与产业深度融合专家服务队，召开了企业数字化、智能化改造推介大会，开展了系列大数据与产业深度融合行动宣讲活动并组织试点示范。呼和浩特获批国家跨境电子商务综合试验区。

五是加大招商引资和宣传推介力度。把大数据发展与自治区全方位对内对外开放战略有机结合，推动苹果、阿里、百度、腾讯、华为、中兴、紫光等一批知名企业和重点项目先后落地自治区；与中国东盟环保中心签署《中蒙俄“一带一路”生态环保大数据服务平台战略合作协议》，积极参与“一带一路”建设；建立自治区大数据重点招商项目库，储备入库项目 152 个，计划投资额 1052 亿元；在北京、深圳、杭州分别举办了面向京津冀、珠三角、长三角地区的大数据招商推介会，共签订合作协议 67 个，协议投资额达 199.5 亿元。

内蒙古自治区电子信息制造业和软件产业情况如表 1～表 5 所示。

**表 1　2016—2018 年电子信息制造业基本情况**

| 项目名称 | 单　位 | 2016 年 | 2017 年 | 2018 年 |
|---|---|---|---|---|
| 工业总产值（现行价） | 万元 | 548890.6 | 630797.7 | 714581.8 |
| 工业销售产值 | 万元 | 496447.8 | 627608.8 | 641171.0 |
| 出口交货值 | 万元 | 14978.1 | 21098.7 | 26652.6 |
| 流动资产平均余额 | 万元 | | | 1311316.8 |
| 固定资产净值平均余额 | 万元 | | | 206787.2 |
| 资产总计 | 万元 | 1057839.3 | 1630393.8 | 1858945.6 |
| 负债合计 | 万元 | 653975.1 | 1340084.7 | 1584384.3 |
| 主营业务收入 | 万元 | 498986.0 | 632475.5 | 790106.8 |
| 税金总额 | 万元 | 5789.1 | 7345.5 | 6452.8 |
| 利润总额 | 万元 | 9199.5 | −12859.4 | −57789.9 |
| 应缴纳所得税 | 万元 | 3643.6 | 1168.6 | 2684.4 |
| 从业人员年末人数 | 人 | 4001 | 4282 | 6616 |
| 从业人员工资总额 | 万元 | 24734.5 | 25469.5 | 38628.5 |

注：内蒙古自治区工信厅科技电子处统计报表。其中，流动资产平均余额、固定资产净值平均余额没有统计，仅提供流动资产、固定资产总计。

**表 2　2016—2018 年电子信息制造业主要经济效益指标完成情况**

| 项目名称 | 单　位 | 2016 年 | 2017 年 | 2018 年 | 项目名称 | 单　位 | 2016 年 | 2017 年 | 2018 年 |
|---|---|---|---|---|---|---|---|---|---|
| 全员劳动生产率 | 元/人 | | | | 总资产贡献率 | % | 4.0 | 0 | −1.9 |
| 流动资产周转率 | 次 | 1.1 | 0.7 | 0.6 | 资产保值增值率 | % | 112.0 | 75.0 | 54.6 |
| 产品销售率 | % | 4.0 | 99.0 | 89.7 | 资产负债率 | % | 67.0 | 82.0 | 85.2 |

注：内蒙古自治区工信厅科技电子处统计报表。

**表 3　2016—2018 年主要电子信息产品产销量情况**

| 产品名称 | 单　位 | 产　量 | | | 销　量 | | |
|---|---|---|---|---|---|---|---|
| | | 2016 年 | 2017 年 | 2018 年 | 2016 年 | 2017 年 | 2018 年 |
| 智能电视 | 万台 | 109.2 | 137.4 | 155.9 | 108.5 | 138.2 | 156.0 |
| 太阳能电池组件 | 兆瓦 | 228.2 | 220.0 | 128.7 | 221.4 | 323.8 | 85.1 |
| 钕铁硼磁材 | 万千克 | 764.9 | 428.4 | 316.1 | 707.1 | 365.8 | 310.5 |

注：内蒙古自治区工信厅科技电子处统计报表。

表 4　2016—2018 年软件产业基本情况

| 项目名称 | 单　位 | 2016 年 | 2017 年 | 2018 年 |
|---|---|---|---|---|
| 软件业务收入 | 万元 | 281516.74 | 157280.45 | 118568.47 |
| 软件业务出口收入 | 万美元 | 0 | 218 | 0 |
| 软件产品销售收入 | 万元 | 163717.5 | 50385.34 | 37412.92 |
| 流动资产平均余额 | 万元 | 130441.91 | 69088.52 | 136840.91 |
| 固定资产投资额 | 万元 | 10701.04 | 3287.50 | 1538.05 |
| 资产合计 | 万元 | 304198.35 | 317891.00 | 254394.73 |
| 负债合计 | 万元 | 127967.66 | 139197.47 | 112150.54 |
| 税金总额 | 万元 | 12307.99 | 9503.75 | 6959.90 |
| 利润总额 | 万元 | 23686.89 | 18926.79 | 14980.92 |
| 应缴纳所得税 | 万元 | 2196.23 | 4014.01 | 2202.59 |
| 从业人员年末人数 | 人 | 4594 | 4631 | 3067 |
| 从业人员工资总额 | 万元 | 27583.37 | 27698.24 | 25254.17 |

注：内蒙古自治区工信厅信息化和软件服务业处统计报表。

表 5　2016—2018 年软件产业主要经济效益指标完成情况

| 项目名称 | 单　位 | 2016 年 | 2017 年 | 2018 年 | 项目名称 | 单　位 | 2016 年 | 2017 年 | 2018 年 |
|---|---|---|---|---|---|---|---|---|---|
| 全员劳动生产率 | 元/人 | | | | 总资产贡献率 | % | 12 | 9 | 9 |
| 流动资产周转率 | 次 | 2.2 | 1.05 | 0.87 | 资产保值增值率 | % | 140 | 80 | 98 |
| 产品销售率 | % | 100 | 100 | 100 | 资产负债率 | % | 37 | 43 | 44 |

注：内蒙古自治区工信厅信息化和软件服务业处统计报表。

# 辽宁省信息化发展概况

2019 年，辽宁省数字化研发工具普及率达 75%，关键工序数控化率为 51.8%，信息化与工业化融合程度不断深化，新一代信息技术在制造业重点领域应用取得显著进展。

## 【工业互联网】

### （一）2019 工业互联网全球峰会成功举办

2019 年 10 月 18—20 日，2019 工业互联网全球峰会在辽宁沈阳成功举办。大会以“赋能高质量·打造新动能”为主题，习近平总书记发去贺信，这是习近平总书记向“工业互联网”冠名会议发送的第一封贺信，充分体现了总书记对工业互联网发展的高度重视。峰会期间，万余人次参加主旨大会、13 场专题会议等活动，国内院士专家、行业精英和德国、美国、日本等知名学者参加开幕式，华为、腾讯、微软、西门子等 100 余家国内外领军企业参会，用友、SAP、沈阳自动化研究所、紫光集团、鞍钢等 14 家企业，从工业互联网网络、标识解析、工业云平台、人工智能等方面，展示了工业互联网创新成果。峰会首次发布了沈阳新松机器人“工业软件和控制平台”等 11 个项目（平台），组织知名工业互联网企业、科研机构、高校和国内外行业机构的专家学者实地调研考察了华晨宝马和沈阳新松机器人等企业，深入开展对接交流。

（二）加快推进工业互联网创新发展

一是制定出台三年行动计划，明确工作重点和发展目标。为贯彻落实习近平总书记贺信精神，深入实施工业互联网创新发展战略，推动工业化、信息化在更广范围、更深程度、更高水平上实现融合发展，按照辽宁省委、省政府工作部署，制定印发了《辽宁省工业互联网创新发展三年行动计划（2020—2022 年）》（辽政办发〔2019〕36 号），提出了加强技术创新、夯实网络基础、建设平台体系、强化安全保障、加快融合发展和扩大开放合作 6 项重点工作，以及加强标准制定和关键技术研发、建设新一代网络基础设施等 18 项具体工作措施，努力把工业互联网打造成辽宁工业经济高质量发展的重要支撑。

二是组织开展试点示范，推进工业互联网与制造业融合发展。沈阳格微软件航空制造领域人机协同工艺设计应用案例、沈阳科网通信基于人工智能的旋转类设备预测性维护应用案例入选工业互联网平台创新应用案例，起到典型示范作用。大杨集团支持深度定制与即时体验的服装行业工业互联网平台、辽宁忠旺面向高端铝材精深加工的协同制造工业互联网平台及示范等 3 个项目入选制造业“双创”平台试点示范。恒力石化工业互联网平台建设及数字孪生应用项目、沈阳新松 SAP 定制化机器智能制造系统供应商试点示范、国网辽宁电力公司基于城市能源互联网的供电服务指挥平台等 5 个项目入选制造业与互联网融合发展试点示范。辽宁移动、鞍钢自动化、中兴通讯联合参赛的“基于 5G 的机器视觉带钢表面检测平台”项目，荣获首届工业互联网大赛三等奖。

三是加快企业上云上平台，抓好典型案例推广应用。深入各市，走进县区，贴身服务企业，2018 年组织开展企业培训 19 次，培训企业超过 500 家、800 多人次。调度省级上云服务商工作进展情况，征集企业上云典型案例，本钢集团的本钢云平台管理系统等 3 个项目入选工业和信息化部企业上云典型案例。深入开展宣传工作，与《辽宁日报》共同完成企业上云、工业互联网典型案例系列宣传报道。截至 2019 年年底，辽宁省上云企业超过 3 万家，其中工业企业近 7000 家。

**【5G 发展】**

辽宁省制定印发了《辽宁省 5G 产业发展方案（2019—2020 年）》（辽政办发〔2019〕28 号），提出通过实施网络建设、示范应用、5G 产品三大工程，加快推进数字辽宁、工业互联网和智慧城市建设；重点推进华晨宝马、鞍钢、辽阳石化等工业企业 5G 和工业互联网融合项目建设，积极探索 5G 在工业转型升级、智慧城市等领域应用模式，华晨宝马建成全球首个 5G 汽车生产基地。东软汉枫牵头与中国医科大学附属盛京医院、辽宁省人民医院、中国联通辽宁省分公司、中国移动辽宁有限公司共同申报的“5G+智慧医联体创新基地”项目获第二届“绽放杯”5G 应用征集大赛全国一等奖及最佳人气奖。

**【两化融合】**

按行业加强分类指导，提升企业两化融合水平。组织企业开展两化融合贯标试点工作，2018 年评选大连日佳电子、锦州阳光能源等 47 家企业为省级两化融合贯标试点企业。鼓励企业参加两化融合评估，组织开展企业培训，推动 500 家企业参加两化融合水平评估，参评企业较 2018 年新增 300 余家。基于企业评估数据，绘制两化融合数据地图，多维度分析辽宁省两化融合发展水平及进程。辽宁省数字化研发工具普及率、关键工序数控化率已达到“十三五”规划目标。

**【工控安全】**

组织企业开展自查工作，组织企业开展工业

控制系统信息安全自查工作，覆盖了全省 14 个地市及沈抚新区，全省 184 家企业参与了自查，共计上报 786 个工业控制系统和 471 个应用系统情况。组织开展试点示范，东软集团智能网联汽车车载安全防护系统、大连福佳·大化工控系统网络安全防护等 3 个项目入选网络安全技术应用试点示范项目。

【对外合作】

与腾讯公司等知名企业合作。2019 年 6 月，辽宁省政府与腾讯公司签署战略合作协议，围绕数字经济、工业互联网发展和智慧城市建设，加快推动实体经济与互联网、云计算、大数据和人工智能等新一代信息技术深度融合，促进经济实现高质量发展，目前腾讯公司云启基地等项目已落地。2019 工业互联网全球峰会期间，辽宁省工业和信息化厅与用友网络、浪潮集团、中兴通讯、紫光集团、迈迪信息、奇安信 6 家国内知名企业签署合作协议，共同推进企业上云、工业软件、工业互联网平台、5G 和工控安全等产业发展。

# 吉林省信息化发展概况

从总体来看，吉林省软件和信息技术服务业面临良好的发展机遇。随着产品结构不断完善，产品种类不断丰富，软件产业自身发展模式实现了由单一向多元化的转变，为其持续、快速、健康发展奠定了良好的基础。

2018 年，吉林省软件业务收入达 667 亿元，同比增长 14.2%。其中，软件产品收入 202.3 亿元，占软件业务收入的 30.3%；信息技术服务收入 341.1 亿元，占软件业务收入的 51.1%；信息安全收入 12.9 亿元，占软件业务收入的 2%；嵌入式系统软件收入 110.7 亿元，占软件业务收入的 16.6%。软件行业实现利润 59 亿元，同比增长 15%，从业人员达 58953 人。

吉林省现有符合统计范围的软件和信息技术服务企业为 941 余家。其中，通过软件企业认定的 564 家，登记软件产品 2367 个；系统集成资质企业 154 家；信息系统工程监理资质企业 4 家。在软件和信息技术服务企业中，主营业务收入超 1 亿元的企业 19 家，超过 5000 万元的企业 33 家；国家规划布局内重点软件企业 1 家，上市企业 19 家，认定软件企业技术中心 25 家。

吉林省软件和信息技术服务业的产业规模逐步扩大，产业结构服务化趋势突出，数据处理和运营服务收入增速加快，技术整合更加明显，软件渗透到生产、生活各领域，推动传统产业的发展。一批具有自主知识产权的软件产品已遍布全国，在汽车、石化、指纹识别、教育、网络安全等领域都有非常活跃的市场，有些软件企业处于全国行业领先的地位。

网络信息服务业不断深化。在以电信网、广电网为主的基础网络体系，以及以光纤通信为骨干，以卫星通信、数字微波为辅的通信网络体系良性运行环境下，吉林省信息技术服务业的网络化建设取得了显著进展。在电子商务方面，小商品在线支付网络、防伪信息网络、网上银行、企业的电子商务采购平台等运行平稳，吉林省密钥管理中心和数字认证中心的综合服务能力进一步提高，尤其是电子商务中的短信业务实现较快增长。

信息技术服务平台建设不断加强。吉林省信息技术服务平台涉猎的领域不断拓宽，建设完善力度不断加强。例如，吉林省软件和信息技术服务公共服务平台、数字电视服务平台、农业综合信息服务平台、制造业信息化服务平台、企业基础信息交换平台、信息技术综合服务平台等的建设日趋完善、健全，大大提高了信息资源共享和开发应用的能力。同时，在就业、社会保障、安全生产、公共卫生等领域，信息技术服务平台的作用也日益突出。

启明信息技术股份有限公司在汽车管理软件产品研发与服务、车载信息系统研制与服务两个领域的市场份额居国内同行业前列，在全国百强软件企业中排名第 49 位。东北师范大学理想软件股份有限公司研究开发了 11 个系列、700 多种能够有效支撑教育信息化工作的软件产品，这些独到的研究成果为我国中小学教学方式的改革带来了历史性的突破。基础教育软件产品已经推广到 31 个省（自治区、直辖市）；职业教育软件产品已经推广到 50 多所职业院校。

# 黑龙江省信息化发展概况

**【着力夯基础，为网络强省提供坚强保障】**

（一）重点通信工程建设工作

一是哈牡、哈佳及大兴安岭景区重点工程建设工作。二是加强旅游景区及连线道路通信信号覆盖工作。黑龙江省作为我国主要冰雪旅游大省，旅游资源丰富，黑龙江省委、省政府主要领导多次对重点景区及连接公路无线信号覆盖提出明确要求，高度重视、积极促进旅游与信息化融合工作。

（二）实施电信普遍服务工作

黑龙江省通信管理局将电信普遍服务试点工作和黑龙江省脱贫攻坚任务紧密结合，举全行业之力加快实施网络扶贫。目前，光纤网络已覆盖全省，提前完成国务院要求的到 2020 年实现 98% 以上行政村光纤宽带覆盖的目标。4G 网络已实现城区和乡（镇）全覆盖，行政村实现 97%覆盖，力争到 2020 年 4G 网络覆盖率达到 100%。

（三）IPv6 规模部署工作

黑龙江省联通、移动、电信已经全部完成 LTE 网络的核心网、接入网、承载网的 IPv6 设备改造工作。3 家基础运营企业已经全部完成固定网络的骨干网、城域网、接入网 IPv6 设备改造工作，现网 IPv6 支持率达 100%，具备开通 IPv6 业务能力。

（四）加强互联互通工作

一是完成互联互通系统的合同签订工作。二是完成系统的日常维护工作，编制并及时发布通信质量季度报告。黑龙江省通信管理局积极协调，3 家基础运营商共同努力，从 2018 年 9 月开始链路连通率和链路收敛率均达到 100%，提前完成了工作目标。

（五）网络提速降费工作

自 2018 年 7 月 1 日起，黑龙江省与全国同步取消移动流量“漫游”费，全年移动网络流量资费降幅超过40%，中小企业互联网专线资费等进一步降低，有效支撑了“双创”企业发展。提前完成了网络提速降费的“三降低一取消”目标，2018年黑龙江省电话用户节省通信支出5.6亿元。

**【着力促融合，培育经济发展新动能】**

为加快建设“数字龙江”提供数字化、信息化、智能化支撑。一是研究完成《黑龙江省数字经济行业渗透及应用——客户感知调查报告》；二是开展黑龙江省电信业服务数字经济发展研究；三是升级“龙江现代信息服务网”，通过融合政府服务资源，为政府与企业、企业与企业搭平台，促进交流，实现资源对接，助力信息企业发展。

大数据中心建设工作。深入实施《黑龙江省促进大数据发展三年行动计划》，解决黑龙江省大数据中心企业用电价格高问题，会同黑龙江省财政厅对黑龙江省数据中心 2017 年度用电补贴资金约 1900 万元。黑龙江省数据中心服务器数量已由 2017 年的 16689 台增长为 38011 台，增长率达 127%。引入了阿里巴巴、爱奇艺、百度、搜狐、腾讯等大型互联网企业在黑龙江省落地。

大力发展工业互联网。围绕网络、标识解析、平台、安全 4 个方向，积极开展工业互联网发展情况调查摸底工作和 2018 年工业互联网试点示范项目推荐申报工作。

深入推进 IPTV、OTT 等融合性业务发展。目前，黑龙江省 IPTV 用户为 163.3 万户，OTT 用户为 145 万户。2018 年黑龙江省三网融合工作进入全省范围内全面实施阶段。

**【两化融合】**

2018 年，黑龙江省两化融合继续保持良好发展势头，两化融合发展水平指数为 44.8，同比增长 8%以上，增速居全国前列。

两化融合政策举措不断丰富创新，出台了《关于“数字龙江”建设的指导意见》《黑龙江省进一步扩大和升级信息消费持续释放内需潜力实施方案》《黑龙江省推动企业上云实施方案》等相关文件，从不同层面、不同角度推动两化融合发展。

装备、食品、石化、医药等重点行业两化融合扎实推进，“大智移云”新一代信息技术在企业研发、生产、经营、管理等环节得到了较好应用，企业数字化发展水平不断提升，数字化研发设计工具普及率为 38.9%，关键工序数控化率为 31.6%。

两化融合管理体系贯标深入实施，在引领企业组织方式变革、加快转型发展等方面发挥了积极作用，黑龙江省共有 1000 余家企业完成两化融合评估诊断和对标引导，35 家企业成为国家两化融合管理体系贯标试点企业。

制造业与互联网深度融合发展，制造业“双创”、工业电子商务等新业态加快发展，网络协同制造、服务型制造等新模式不断涌现，黑龙江省制造业重点行业骨干企业“双创”平台普及率为 55.9%，工业电子商务普及率为 38.5%，实现网络化协同的企业比例为21.2%，开展服务型制造的企业比例为28.6%。企业资源计划管理、产品全生命周期管理、制造执行系统等工业软件得到了较好的应用推广，有效地提高了制造企业精益管理、风险管控、供应链协同、市场快速响应等方面的能力和水平。黑龙江省主要工业软件普及率在全国居前列，其中，ERP（企业资源计划管理）普及率为 64.6%，PLM（产品全生命周期管理）普及率为 33.3%，MES（制造执行系统）普及率为 31.3%。

**【农业信息化】**

（一）全面推进信息进村入户工程整省示范

按照农业农村部文件精神和黑龙江省农业农村厅领导指示，做好遴选黑龙江省运营商、制订运营方案、出台信息员激励措施等工作，做到益农社建设规范、站点无死角、服务不缺项，全面推进整省运营。截至 2018 年年底，黑龙江省共培训信息员 29690 人，完成县乡中心社建设选址工作，提供公益服务 242 万人次，提供便民服务 210 万人次，交易额达 663 万元。在电商服务方面，黑龙江省 8857 个益农信息社网店设计工作全部完成，已经开通网店 5135 个。2018 年，黑龙江省电商服务交易额达 2879 万元，其中农产品交易额为 957 万元。逐步完善了具有黑龙江特色的“政府+服务商+运营商+益农社”运营模式，使政府公益服务落地、服务商的业务下沉、运营商有利可得、益农社和农民得到实惠，提高农民增收致富能力，进一步提升益农社信息员业务技能和服务能力，充分发挥益农信息社作用，助力乡村振兴。

（二）大力推进农业农村大数据平台建设

黑龙江省组建了由中国科学院院士牵头的“专家委员会”，成立了黑龙江省农业农村厅大数据工作推进组和工作专班，统筹全省农业农村大数据建设应用工作。—是拓展黑龙江省农业农村大数据综合服务系统和平台功能。2018 年开发建设了黑龙江省农业农村大数据平台、金融服务平台、经管站综合管理平台、新型农业主体服务平台、地市级大数据平台等 8 个平台及黑龙江省农业手机服务 App。二是做好业务系统完善和大数据更新工作，共开发、完善黑龙江省农业农村厅内相关处站业务系统功能 30 多个，充实完善数据 20 余万条，采集制作各类农业技术视频 500 多个；构建黑龙江省农业农村大数据一张图。三是推进农业数据资源整合，组织召开 3 次专题推进会议，编制农业农村大数据发展规划和农业数据目录，制定了数据共享机制，搭建了大数据底层架构，建立了共享数据池，开发了标准接口程序，为涉农数据资源交换共享和业务系统之间的互联互通奠定基础，促进黑龙江省农业农村大数据工作迈上新台阶。四是积极探索大数据应用，继续开展大数据在测土配方施肥、作物病虫害统防统治、大型农机具智能调度、农业投入品监管、农产品质量追溯、农产品电子商务推广等关键环节的示范应用，开发智慧种植、农产品质量安全和精准营销等大数据产品。

（三）积极开展金融支农创新工作

按照黑龙江省农业农村厅部署，联合计划财务处、农村合作经济指导处，与建设银行、哈尔滨工业大学共同打造“农业大数据+金融服务”新模式，推出黑龙江省农业金融服务项目。一是研发了农村土地承包经营权抵押担保贷款系统。以土地确权信息为核心支撑数据，实现土地流转和抵押线上规范化管理，实现足不出户、线上办理，使贷款业务流程更加高效、简洁、公开、透明。二是开发了黑龙江省农业金融服务手机 App。2018 年年底前，186 万户和 6069 万亩土地的信息录入应用平台，农民和农业新型经营主体通过手机客户端可便捷申请信用贷款及土地抵押贷款，实现线上操作“随借随还”“秒贷秒还”，缩短贷款办理时限，降低融资成本。三是开发惠农金融创新产品。针对农民专业合作社和家庭农场等农业新型经营主体、垦区农户，设计研发了地押云贷、农信云贷、垦区快贷等大数据信用和土地经营权抵押网络金融产品。截至 2018 年年底，面向用户提供授信融资服务 10 亿元。

（四）扎实推进农业物联网应用

以黑龙江省 1458 个“互联网+农业”高标准示范基地为基础，推进物联网技术在农业领域的应用，以省级农业物联网平台为汇集点，持续开展黑龙江省 321 个农业物联网高标准样板基地数据对接，实现物联网数据云端存储和可视化管理。组织样板基地追溯数据进入黑龙江省农产品质量安全追溯公共服务平台，使基地农产品入驻大米网，实现基地数据在物联网、大米网和追溯系统的互联互通。

## 【教育信息化】

（一）数字校园规范建设行动

2018 年，黑龙江省基础教育学校宽带接入的比例已达 97.76%，比 2017 年提高 6%；已建设多媒体教室占教室总数的 89%。黑龙江省配备学生终端学校为 3357 所，占学校总数的 75.2%；配备教师终端的学校 3995 所，占学校总数的 89.5%。23.4%的学校开通了学校空间，29%的教师和 22%的学生开通了个人空间。职业院校已建成校园主干网，最大带宽、出口总带宽均达千兆位以上的院校有 33 所，占黑龙江省高职院校总数的 80.49%。建成网络多媒体教室 3424 间，同比增长 6.9%。在 13 个地市中，已经有哈尔滨、牡丹江、黑河、鸡西、大兴安岭 5 个地市完成教育云平台建设并上线运行，大庆、双鸭山、鹤岗、佳木斯 4 个地市教育云平台正在建设中，其他地市也相应列入计划。黑龙江省启动了与国家教育资源公共服务平台的全面对接工作。

（二）数字资源服务普及行动

一是加强了省级职业教育资源库信息管理平台建设，以“互联网+”思路开展教学资源库和在线精品课程建设。2018年，黑龙江省电子信息资源总量达43.6TB，校均电子信息资源量为1.06TB，线上开设课程总数为1850门，完成四大专业教学资源库建设和创新创业教育教学资源库建设验收，涵盖农业、焊接、家具设计和建筑设备专业等。二是先后出台了《黑龙江省高等学校（本科）在线开放课程建设方案（试行）》《黑龙江省推进高等教育学分认定和转换试点工作方案》等文件。三是成立了黑龙江省高校优质在线课程联盟，建设在线开放课程361门，在爱课程、超星、智慧树、好大学等慕课公共服务平台上线269门次，为基于慕课学分的认定与转换工作提供了良好支撑。四是搭建共享平台，先后与爱课程、超星、智慧树、好大学、学堂在线等国内知名慕课平台开展合作，建设黑龙江省高校在线课程共享学习中心5个，基于龙江共享学习中心推动省内高校间完全自由开放选课和有条件学分认定工作。黑龙江省内高校在5个共享学习中心上线的269门次课程中，累计选课人数达5789287人次。

（三）网络学习空间覆盖行动

启动黑龙江省中小学“网络学习空间人人通”项目试点工作，继2017年在鸡西市召开黑龙江省中小学“网络学习空间人人通”项目试点工作启动会议后，41所中小学校成为省级“网络学习空间人人通”试点单位，3所中小学成为教育部2018年“网络学习空间人人通”专项培训基地学校。举办了黑龙江省“网络学习空间建设与应用”教研员培训班，完成了黑龙江省“网络学习空间普及应用”专项调研和布置工作。

（四）信息素养全面提升行动

组织黑龙江省部分市、县教育局局长35人参加的、教育部主办的“教育厅局长教育信息化专题培训班”。为提高网络与信息化专业技术人员的专业素质和业务能力，组织地市、直属单位、高校负责网络运维的工作人员100多人进行《网络安全法》《网络安全监测预警与应急处置》等相关内容的培训。不断加大黑龙江省中小学教育信息化应用培训，2018年6月在哈尔滨市举办黑龙江省第二期中小学教育信息化应用培训班，现场培训黑龙江省教育装备（信息）管理干部、中小学教研员、中小学校长300人次，在线培训10000余人次。

（五）智慧教育创新发展行动

强化信息化管理手段，完善信息化管理系统，全方位打造“智慧校园”，打通办公系统、教学管理系统、资产管理系统等相关功能，推动数字化校园建设，不断在实践中拓展信息化应用，管理信息系统数据总量达46TB，数字资源总量达426.23TB。教育系统数据共享工作全面展开。2018年11月，在牡丹江市召开黑龙江省基础教育信息化应用现场培训会议，围绕教育信息化2.0行动计划、网络学习空间建设与应用，以及数字校园、智慧校园建设进行充分研讨。

（六）名师优课教研引领行动

一是认真组织“一师一优课、一课一名师”活动，2018年黑龙江省共265节“优课”获得部级奖励，1612节“优课”获得省级奖励（其中，一等奖265节，二等奖785节，三等奖562节）；同时，广泛组织开展“看优课、学优课”活动，引导中小学教师增强应用信息技术的意识和能力。二是不断鼓励各地中小学探索信息技术支持下的教学模式和学习模式变革，不断增强信息技术对基础教育课程改革的服务和支撑，两年来先后举办了黑龙江省首届中小学实验教学课例设计评选活动、黑龙江省首届中小学实验教学说课活动、黑龙江省第二届中小学实验教学说课活动，全省2000余名教师参加。三是大力开展职业院校教师教学能力比赛，充分运用信息技术实现教学设计、课堂教学、实践教学等环节的改革与创新，深入探索慕课、微课混合式教学和翻转课堂等教学模式改革，推广信息化教学应用。2018年，共有721名职业院校教师参加了黑龙江省职业院校教学能力6个赛项26个组别的比赛，评定省赛一等奖34个、二等奖63个、三等奖84个。切实做到以赛促教、以训促改，全面提升教师信息化教学能力。

四是着力加强教育信息化教研工作，通过省、市、区研培部门和教师自组织管理社群两个渠道组织教师培训，涌现出鲲鹏小语、龙江微课等一批在全国有影响力的网络研修团队和一大批杰出教师。2018 年 5 月 5 日，教育部在北京农业展览馆举办第三届全国基础教育信息化应用展示交流活动，黑龙江省展示了自 2015 年青岛国际教育信息化大会以来基础教育信息化应用工作取得的长足进展。

（七）网络安全支撑保障得到改善

与黑龙江省网信办、公安厅联合开展“黑龙江省教育系统网络安全检查”工作，对高校、地市和厅 36 家直属单位进行现场检查。通过检查，各单位提升了网络安全意识，更加重视网络安全工作，全省网络安全工作登上了新台阶。和黑龙江省公安厅联合下发《关于加快推进教育行业信息系统安全等级保护的通知》，有 39 家单位提交等级保护申请。

## 【文化和旅游信息化】

（一）厅门户网站建设成效显著

2018 年，黑龙江省文化厅门户网站继续加强规范化建设，陆续出台了《黑龙江省文化厅门户网站管理办法》《黑龙江省文化厅门户网站内容保障方案》等规范性文件，严格内容发布审核制度。2018 年，黑龙江省文化厅门户网站共发布信息 3550 条，做到了政务信息的权威发布。2018 年机构改革后，原黑龙江省文化厅和原黑龙江省旅游发展委员会合并组建了黑龙江省文化和旅游厅，并对文化和旅游厅门户网站进行了改版，此次改版后的文化和旅游厅门户网站更加注重文旅融合新元素，助力文化强省和旅游强省新发展，新版文化和旅游厅门户网站于 2019 年 8 月底上线。

（二）政务新媒体发展迅速

2018 年文旅融合之后，原黑龙江省文化厅微信订阅号停用，“文化龙江”更名为“文旅龙江”，原黑龙江省旅游委更名为黑龙江省文化和旅游厅。“文旅龙江”作为官方政务订阅号，发挥政务新媒体功能，主要刊登与政务活动有关的信息；“黑龙江省文化和旅游厅”作为官方旅游订阅号，主要针对游客刊登形式新颖、内容活泼的旅游信息。同时，黑龙江省文化和旅游厅运行新浪微博、头条号、抖音等新媒体，形成了以微信、微博为主导，以其他新媒体形式为辅助的政务新媒体矩阵。黑龙江省文化和旅游厅紧扣文旅工作职能，积极推送省直文旅系统及各级文旅单位的工作动态，充分发挥互联网媒体宣传全省文旅工作的重要作用，形成多元化的网络及新媒体工作格局。

（三）信息化建设稳步推进

黑龙江省文化和旅游厅 OA 办公系统作为信息交换平台，具有公文发送与接收、简报查阅、会议管理等功能，可实时查询公文流转进程，保证了机关内部公文流转高效、便捷，实现了信息资源共享，提高了办公效率。黑龙江省文化和旅游厅还依托黑龙江省政府网站的网上办事平台简化办事程序，对办理程序、办理时限等信息进行细化，将主动公开与依申请公开相结合。

## 【住房和城乡建设信息化】

（一）建设工程招投标监管系统

建设工程招投标监管系统主要通过“四备案、一公示”功能实现监管，即招标登记备案、资格预审文件备案、招标文件备案、招标投标情况备案、中标公示。该系统还具有招标人项目信息发布、代理机构招投标业务代理操作、投标人网上投标、评标专家管理、招投标管理机构网上审批和监管等功能。

（二）黑龙江省勘察设计信息化服务平台

黑龙江省勘察设计信息化服务平台将传统纸质、线下审查方式转变为对电子图纸的线上审查方式，将信息化技术应用到施工图审查的全过程，进一步提高施工图审查工作效率和水平，提升审查服务能力，并加强政府主管部门监管能力。

该平台用户主要包括省市级主管部门、审图单位、审查专家和勘察设计单位。该平台的主要功能包括用户管理、项目信息登记、施工图电子图纸流转、在线审查、审查意见出具、电子签章及合格书、报告书生成和下载等。

### （三）黑龙江省建筑市场监管公共服务平台

黑龙江省建筑市场监管公共服务平台分为 3 个子系统，即建设单位管理子系统、行业单位管理子系统、主管部门管理子系统。该平台的主要功能包括项目报建、招投标、合同备案、施工图审查、质量监督登记、安全监督手续办理、施工许可、竣工备案等。该平台的主要用户包括 7 方主体，即建设单位、勘察单位、设计单位、施工单位、监理单位、图纸审查单位、检测单位。

### （四）黑龙江省住房和城乡建设政务服务管理信息系统

黑龙江省住房和城乡建设政务服务管理信息系统包含企业信息库、人才信息库、信息公开平台和网上办事平台 4 个部分。企业信息库和人才信息库将黑龙江省建设领域的企业和技术人员以上人才的资质资格、从业经营业绩、设备装备情况、奖惩诚信等信息以企业和个人独立网页形式建立动态化电子档案，全面、动态地反映建设企业的综合实力情况、诚信经营情况、从业人员流动情况等，是建设领域省级中心基础数据库，也是黑龙江省各建设行政（行业）主管部门有效开展行政许可、市场监管、执法监察等业务活动的基础数据支撑体系。信息公开平台将上述两个信息库中可公开的信息和网上办事平台相关信息对外发布，既方便查询和监督，又实现了政务数据开放和信息共享。网上办事平台是该系统的核心业务平台，企业可综合利用企业信息库、人才信息库的基础数据，申请 3 类事项：一是 8 项企业资质（建筑业资质、造价咨询企业资质、监理企业资质、勘察企业资质、设计企业资质、房地产开发资质、质量检测资质、安全生产许可证）申请、延续、变更、遗失补办、注销等全部事项类型；二是房地产估价机构备案、企业外出经营介绍信、赴住房和城乡建设部领取资质证书介绍信等社会服务事项；三是人员离职申请及企业信息维护基础数据服务事项。黑龙江省、市主管部门通过该业务平台履行企业资质类行政许可和行业监管职能。

该系统是黑龙江省住房和城乡建设厅与广东省住房和城乡建设厅对口合作重要成果，实现了企业申报、原件核查、收件登记、材料交接、一口受理、审批过程（受理、承办、审核、审批）、批后公示、文书制作、文书交接、文书发放、档案归档等各常规办理环节的全程在线办理；同时，结合各部门业务办理实际需要，设置了征询专业部门意见、申请启动特别程序、材料补正、申请网上陈述等非常规办理程序。除行政审批服务外，该系统还紧紧围绕打造行业监管体系和综合诚信评价体系建设目标，推进行政审批标准化工作进程，强化建筑市场监督管理和工作业务协同，建立健全黑龙江省各部门间信息共享和数据交换工作机制。

### （五）黑龙江省工程建设项目施工现场信息化管理平台

黑龙江省工程建设项目施工现场信息化管理平台对工程建设项目实施信息化管理，各级住建部门通过分析在工程建设项目管理过程中产生的项目进度、人员、行为和关键节点等数据，对工程建设项目实施有针对性的智能化动态监管，形成省、市、县 3 级住建部门对建筑市场、施工现场监管的联动，实现工程建设项目监管“数据一个库、监管一张网、管理一条线”的信息化监管目标，保障工程建设项目质量。

该系统主要有 11 个功能：一是构建农民工实名制银行代发体系；二是针对施工现场班子人员实现智能监管（人脸识别动画）；三是实现施工现场各方主体及人员行为监管（GPS 轨迹跟踪技术动画和质量安全检查）；四是创新的施工现场安全环节的数据化管理模式；五是针对施工过程每年发生的重大问题，建立重点环节监管；六是研发现场执法人员监督 App，实现标准执法；七是强化建设单位职责制；八是实现对检测机构的监管；九是建立覆盖全省的省、市、县（区）3 级联动的监管模式；十是建立健全“建筑市场诚信体系”；十一是基于大数据的建筑领域态势分析。

# 上海市信息化发展概况

2018年，上海市经济和信息化委员会依托上海自贸试验区改革开放优势及科创中心建设引领驱动，推动实施网络强国战略。上海市发布了《上海市推进新一代信息基础设施建设，助力提升城市能级和核心竞争力三年行动计划（2018—2020年）》，统筹推进上海市互联网数据中心建设。千兆位宽带网络基本全覆盖，建成5G百站规模试验网，签署《5G先试先用推动长三角数字经济率先发展战略合作框架协议》，成立长三角5G创新发展联盟。上海市发布了《新型城域物联专网建设导则（2018版）》，探索形成神经元部署模式；加强工业控制安全保障，发布了三年行动计划，启动了“千百十”企业防护能力提升工程，举办了国内首次工业互联网安全防护示范演练。

## 【电子信息制造业】

2018年，上海电子信息制造业继续呈现加速发展态势，新旧动能转换顺利，传统产业不断升级，新兴产业加速成长。一是电子信息制造业深化供给侧结构性改革，规模提升，全年工业总产值增速高于全市工业规模（见表1）。二是新一代信息技术体系不断完善，产业向中高端迈进，全年工业总产值高出电子信息制造业3.9个百分点，结构调整显著成效。三是核心环节形成突破，促进产业链整体提升。

表1　2018年上海电子信息产业工业总产值情况

| 项　目 | 数值（亿元） | 比2017年增长（%） |
|---|---|---|
| 电子信息制造业 | 6450 | 1.9 |
| 新一代信息技术 | 3651 | — |
| 电子专用设备制造业 | 448 | 20.1 |

1. 推进产业基金和重点项目

一是启动重大产业项目：规模100亿元的上海集成电路装备材料基金完成设立，进入运作；设计业基金二期完成募资；总规模达500亿元的集成电路产业基金启动。二是聚焦科创中心建设，提升产业创新影响力：国家集成电路创新中心和国家智能传感器创新中心成立运作。三是以园区为载体推动产业集聚：上海集成电路设计产业园成立，在张江科学城核心区域规划3平方千米，集聚和培育国内外一流设计企业，形成国际集成电路设计产业高地。

2. 推动产业共性平台建设

一是国家集成电路创新中心和国家智能传感器创新中心以解决技术方向选择和技术来源问题为目标，集聚全国研发资源，形成技术联合攻关机制，开展前期基础研究，创造前瞻工艺研发环境。二是完善新型显示公共服务平台，指导筹建激光制造业创新中心，组织筹建上海新型显示研发和转化功能性平台，成立上海光电工业技术研究院，推动政、产、学、研、用形成合力。

3. 新兴产业取得突破

一是聚焦5G推动通信产业创新：组织上海市企业参加国家5G创新中心，作为IMT-2020 5G工作组成员参与标准制定；紫光展锐（上海）科技有限公司加快5G核心芯片研发；上海诺基亚贝尔股份有限公司完成端到端5G新空口（5G NR）数据通话测试，会同中国移动通信集团公司布置中国国际进口博览会5G试验网；组织发布“5G+8K”试验网，成为国内首个基于5G测试网的8K视频应用平台。二是物联网领域及智能硬件应用：上海市企业是国家四大人工智能平台等的智能硬件供应商，产品覆盖智慧城市、智能家居、新零售、无人驾驶、机器人等；研制完成天通一号卫星终端，批量出货；培育在消费、汽车、工业等领域销售收入上亿元的潜力企业，布局机器视觉、激光雷达、高分辨率红外感知等领域创新企业；NB-IoT 网络基本全市覆盖，NB-IoT 模组规模化生产，出货量国内领先。三是汽车电子构建 ADAS 上下游产业链：芯片行业打破国际垄断，77GB CMOS 毫米波雷达自主芯片实现量产；激光芯片、图像处理芯片、车载通信芯片与国际研发同步；终端开发缩小差距，基于自主车载智能操作系统的数字座舱为 7 个车型量产配套；加快智能化系统开发，车载域控制系统、自动驾驶系统试点应用。四是医疗电子实现产业化突破：自主研发的全球首款氧化物平板探测器填补国际空白；上海微创电生理作为国内唯一提供三维心脏电生理标测系统手术解决方案的品牌，产品出口多个国家；上海 29 个项目入选国家智慧健康与养老试点示范、产品及服务推广目录。五是新型显示项目加快建设：上海和辉光电二期完成厂房土建，启动工艺设备搬入和调试，加快新产品、新技术研发，完成二期产线首款柔性显示产品；上海天马有机发光显示技术有限公司专业显示实现突破，高端医疗领域市场占有率居全球第 1 位，车载仪表领域居全球第 2 位，航空航海等领域居全球第 2 位，被联合国工业发展组织认定为国际信誉品牌。六是虚拟现实产业加速发展：指导召开虚拟现实商业化之路高峰论坛，筹备长三角虚拟现实内容大赛；支持全市行业组织和企业参与全国信息技术标准化技术委员会关于虚拟现实领域显示、通信等技术标准的制定；推动全市虚拟现实龙头企业发展，上海曼恒数字技术有限公司获批立项组建上海市唯一认定的虚拟现实领域工程技术中心，大朋 VR 成为全球首部虚拟现实长片电影唯一指定设备，叠镜完成亿元级融资。

**【信息化应用】**

1. 智慧城市建设

2018 年，会同上海市政府办公厅（上海市大数据中心）制定《上海公共数据和“一网通办”管理办法》。推进“互联网+政务服务”，发布《电子政务云平台基础设施层应用和数据迁移（部署）指南》，形成政务云服务管理办法，完成上海市 50%以上市级政务信息系统上云迁移。规划“数字智慧”长三角，布局世界级智慧城市群。

2. 推广信息化应用

完成智能辅助办案系统一期建设，上海旅游信息管理与发布平台、综合为老服务平台（二期）、医联工程分级诊疗平台等惠民项目运行；举办智慧城市体验周，启动人工智能首批十大应用场景建设，“一网通办”移动端载体“市民云”提供 206 项公共服务。

3. 实施智能上海行动

举办 2018 世界人工智能大会，发布全球人工智能产业地图、2018 年 Gartner 新兴技术成熟度曲线等 12 项成果，出台《加快人工智能高质量发展实施办法》；成立 3 个人工智能研究院，建立机器人、脑智等 8 个人工智能创新平台。微软公司、商汤科技、BAT（百度、阿里巴巴、腾讯）、网易、小米、科大讯飞股份有限公司等创新企业项目签约，加快发展人工智能“上海高地”。

4. 落实大数据战略

2018 年，完成国家公共信息资源开放试点任务，浦东新区、静安区、徐汇区 3 个试点实现开放数据对接。成立大数据应用创新中心，认定能源、交通、旅游等领域 7 个大数据联合创新实验室。上海市静安区成为全国首批新型工业化（大数据）产业示范基地，开展大数据精细化治理创新工程试点。

**【软件和信息技术服务业】**

1. 推进软件服务业发展

2018 年，上海 8 家软件企业入选中国软件业务收入百强企业，21 家企业入选中国互联网百强企业。上海市软件和信息技术服务业情况如表 2 所示。

**表 2　2018 年上海市软件和信息技术服务业情况**

| 项　目 | 单　位 | 数　值 | 比2017 年增长(%) |
| --- | --- | --- | --- |
| 规模以上企业 | 家 | 5000$^+$ | — |
| 年收入超 1 亿元 | 家 | 727 | — |
| 年收入超 100 亿元 | 家 | 6 | — |
| 营业收入 | 亿元 | 8690.52 | 11.2 |
| 软件产业 | 亿元 | 5144.08 | 11.3 |

（续）

| 项　目 | 单　位 | 数　值 | 比2017年增长(%) |
| --- | --- | --- | --- |
| 信息技术服务业 | 亿元 | 2120.02 | 17.3 |
| 增加值 | 亿元 | 2387.87 | 18.5 |
| 占全市GDP比重 | % | 7.3 | — |
| 占第三产业增加值比重 | % | 10.5 | — |
| 从业人员 | 万名 | 75.1 | 5.0 |

2. 聚焦软件新技术

2018年，上海市继续推进软件新技术发展，培育产业新的增长点。

一是推进工业技术软件化。2018年，组织参加国家工业互联网App优秀解决方案遴选，3个方案入选；组织评审发布上海工业App项目和应用示范企业，171个项目和10家企业入选；编制《工业软件政策汇编》，面向工业软件企业开展政策宣讲；聚焦工业行业网络安全保障，印发《上海市工业控制系统信息安全行动计划（2018—2020年）》；推动上海工业自动化仪表研究院有限公司获批国家工业控制系统安全质量监督检验中心，组织8家专业机构参加国家工业互联网安全评估评测机构遴选；企业集中化安全监测平台等4个安全项目获国家工业互联网安全创新发展专项支持；组织实施年度工业控制系统安全检查，覆盖8300余家规模以上企业和重点运行单位，汇总1334家企业、2291套工业控制系统及企业上云情况。

二是推动区块链技术应用落地。2018年，成立上海区块链技术研究中心、上海区块链技术测评服务中心，推动上海区块链技术测试公共服务平台建设，建设大宗商品区块链供应链金融应用示范等试点项目；指导举办上海区块链应用创新大赛、区块链技术及应用研讨会；指导发布《区块链隐私保护规范》团体标准。

三是促进虚拟现实产业对接交流。指导举办全球虚拟现实大会、XR.Cloud虚拟现实商业化之路高峰论坛，启动长三角虚拟现实内容产业大赛。

四是聚焦网络安全产业创新发展。编制《上海市网络安全产业创新工程实施方案》；开展新型城域物联专网安全防护试点，推进大数据应用安全专项；举办人工智能安全高端对话，发布《人工智能安全发展上海倡议》，指导举办网络安全产业创新（上海）论坛、信息安全助力企业上云等活动；完成中国国际进口博览会安全保障，举办国内首次工业互联网安全防护演练；开展工业信息安全专家库及咨询组遴选，调研形成《工业大数据安全专题报告》。

五是落实“云海计划3.0”。发布《上海市推进企业上云行动计划》；评选2018年上海云计算示范项目，10个应用示范项目和10个应用培育项目入选；指导举办第六届全球云计算大会·中国站和云海沙龙活动。

六是促进信息消费升级。承办全国信息消费工作交流会；组织申报国家新型信息消费示范项目，2家企业入选；启动全国新型信息消费大赛；参与综合型国家信息消费示范城市前期试点验证；推动上海金融信息服务促进平台建设，指导编制《2018上海金融信息服务行业发展白皮书》。

**【信息基础设施】**

1. 信息基础设施建设

2018年，上海市信息基础设施建设围绕提升上海城市能级和核心竞争力，对标国际水平，以软件化、知识化、智能化重构信息基础设施，打造城市战略性基础资源。另外，上海市加快构建技术多样、主体多元、模式创新的新一代信息基础设施供给格局，建设了“连接、枢纽、计算、感知”四大支柱体系。

2. 网络优化升级

2018年，上海市持续提升信息基础设施服务能级，包括：打造“双千兆宽带城市”，加快部署千兆宽带网络，累计完成千兆宽带网络覆盖900万户，上海市家庭宽带用户平均接入带宽达140Mbps，固定宽带用户感知速率达31.86Mbps，移动通信用户感知速率达25.63Mbps；5G先试先用，按照2018—2020年“百千万”三步走计划，上海市已完成建设5G百站规模试验网，覆盖虹桥商务区、虹口北外滩、徐汇滨江、中山公园商圈、嘉定汽车城等区域；结合2018世界人工智能大会、第二届中国国际进口博览会等，完成5G新业务试点和探索，组建上海5G创新发展联盟；持续开展4G网络弱覆盖区域优化建设，累计完成629处；优化i-Shanghai公益无线网络，覆盖总数达2600处；完成《上海市信息基础设施建设导则（草案）》编制工作。

3. 推进信息通信架空线入地

发布《上海市信息通信架空线入地整治工程建设导则》，明确信息通信架空线入地技术标准；完成《上海市公用移动通信基站与道路照明灯杆融合技术标准研究》，纳入《上海市道路合杆整治技术导则》；配合上海市发展改革委、上海市财政局发布《信息通信架空线入地专项资金管理办法》，完成各类权属单位资金预算初审；完成第二届中国国际进口博览会周边区域 130 千米道路信息通信架空线入地。

4. 规范商务楼宇宽带接入市场

与上海市通信管理局等 5 部门联合印发《关于规范上海市商务楼宇信息通信基础设施建设和运营的意见》，以规范全市商务楼宇信息通信基础设施建设和运营市场秩序，助力优化营商环境，保障电信用户的自由选择权；在上海市黄浦区开展试点，全面排查黄浦区商务楼宇宽带接入市场情况。

5. 推进长三角一体化协同发展，5G 布局先试先用

长三角地区 3 省 1 市与运营商集团公司签署《5G 先试先用推动长三角数字经济率先发展战略合作框架协议》；举办长三角数字经济协同发展高峰论坛，组建长三角 5G 创新发展联盟，发布《长三角 5G 协同发展白皮书》及行动倡议；IPv6 规模化部署，开展基础网络 IPv6 改造，构建自主技术体系和产业生态；安全可靠应用协同工程立足长三角各省市党政机关、企事业单位的实际需求，推进信息化系统的安全可靠应用。

6. 创建深度感知的智慧城市，部署新型城域物联专网

发布《新型城域物联专网建设导则（2018版）》，上海市浦东新区等 9 个区加快以其为引领部署神经元，神经元感知节点超过 35 万个；"3+6"市场主体基本形成竞合局面，创新服务应用类别超过 50 种，推进神经元感知综合服务平台建设；组建上海市感知专业委员会；完成上海市政府与中国电子科技集团有限公司战略合作签约，推动嘉定基于物联的未来城市项目。

7. 发展新一代信息基础设施，推进数据中心布局

发布《上海市经济信息化委、上海市发展改革委关于加强本市互联网数据中心统筹建设的指导意见》，编制完成《上海市互联网数据中心建设导则（草案）》，探索新建数据中心项目全过程管理模式，启动多委办和委内各处室的会商机制。

8. 拓展网络感知度评估体系

发布《基于个人用户感知的固定宽带及公用移动通信感知度测评报告》，促进区域和行业管理部门提升网络服务质量的主观能动性；探索建立面向商务楼宇的宽带接入市场评估评价体系。

**【人工智能加速发展】**

2018 年，上海市人工智能（AI）全面布局，成为国内发展领先的地区之一。上海市举办了 2018 世界人工智能大会，推进新经济品牌发展。

1. 发展企业集群

2018 年，上海市人工智能企业数量居全国第 2 位，核心企业达 1000 余家，泛人工智能企业为 3000 余家。上海市泛人工智能行业融资额超过 600 亿元，创历史新高。资本向头部企业集中，优势企业协同发展：微软等领军企业布局上海，并签署合作项目；商汤科技等国内独角兽企业落地发展；依图科技等本土人工智能企业、极链科技等初创企业快速成长。初步形成"东西集聚、多点联动"的格局：西带以徐汇西岸为核心，以智慧医疗、智慧金融、智能识别、智慧教育、智慧零售为主；东带以浦东张江为核心，主要发展智能芯片、智能制造、智慧医疗等产业；推进洞泾、马桥等人工智能小镇建设。

2. 加快技术创新布局

启动基础研发平台建设，成立微软—仪电人工智能创新平台、上海交通大学"上海人工智能研究院"、上海脑科学与类脑研究中心、复旦类脑智能创新平台、同济自主智能无人系统科学中心。落实行业创新中心发展，亚马逊、阿里巴巴、百度、科大讯飞等人工智能创新中心落户上海，腾讯、上汽集团、宝武集团等人工智能实验室成立运作，国家集成电路和智能传感器创新中心揭牌成立。上海寒武纪信息科技有限公司全国首发云端和终端人工智能芯片；商汤科技建设人工智能算力基础设施，推进软硬件开源开放平台、开放测试平台等研究。

3. 推进智慧应用

2018 年，上海市推进人工智能在医疗、教育、政务等领域应用，发布全国首个人工智能应用场景建设实施计划，10 个应用场景、19 个具体点位需求、60 个人工智能创新产品集中首发。促进供需对接，示范应用成效显现。人脸识别、语音转录翻译、人工智能辅助诊断等应用于安防、会务、医疗等领域。推进智慧城市建设，智慧政务“一网通办”“市民云”，以及智慧治理“城市网格化综合管理平台”“智慧辅助办案系统”功能升级。

4. 完善创新生态

推动人工智能产业发展机制，2018 年集中调研人工智能企业，加快关键核心技术和应用场景开发、培育产业集群、集聚全球创新要素等突破。出台推进人工智能高质量发展“22 条”实施办法、智能网联汽车路测等政策，以及公共数据和“一网通办”管理办法。两批共 83 个上海市人工智能项目获得支持，8 个项目入选工业和信息化部人工智能与实体经济深度融合创新项目名单，一批战略性新兴产业重大项目启动。完成上海人工智能产业投资基金（首期 100 亿元）初步方案，设立 G60 科创走廊人工智能产业基金、杨浦人工智能创业投资母基金等，初步形成基金群。

5. 搭建高端交流平台

2018 年 9 月 17—19 日，2018 世界人工智能大会在沪举行，吸引 40 多个国家的 7.2 万名嘉宾、20 万人次参展。大会汇聚一批重量级行业人士，并取得创新成果；国际人工智能科学家、行业领袖等参会演讲。设立上海人工智能战略专家咨询委员会、全球高校人工智能学术联盟、青年人工智能科学家联盟，发布《人工智能安全发展上海倡议》《人工智能与法治构建倡议》等“上海方案”。

# 江苏省信息化发展概况

2019 年，江苏省认真贯彻落实省委、省政府决策部署，积极践行新发展理念，加快实施智慧江苏“12345”行动，突出“互联网+先进制造业”“互联网+民生”“互联网+政务”，推动新一代信息技术与经济、社会发展各领域深度融合，建成一批智慧江苏重点工程项目和重点服务平台，经国家互联网信息中心评测，江苏省信息化发展水平指数达 82.70，居全国第 3 位、省区第 2 位；企业两化融合指数达 61.4，居全国第 1 位；数字经济规模占 GDP 比重为 40.37%，居全国第 2 位。

## 【智慧江苏重点工程建设加快推进】

组织实施智慧江苏建设年度计划，完成智慧江苏重点工程 59 个，投资总额达 113 亿元，其中，政府项目 37 个，总投资 25.5 亿元。江苏省工业和信息化厅（江苏省信息化领导小组办公室）联合教育、广电、文旅、审计等部门组织开展 31 个示范工程建设。重点支持智慧交通物流、智慧健康养老、智慧文化旅游、智慧城市、智慧校园等 16 个重点信息化项目；组织华为、中兴通讯、腾讯、阿里巴巴等互联网企业实施 30 多个信息化建设和产业化发展重大工程项目，投资总额达 700 亿元；制定城市智能门户、智慧园区、智慧校园、智慧旅游等一批建设指南和标准规范。

## 【信息基础设施建设实现提档升级】

2019 年，江苏省信息基础设施建设投资额为 365 亿元，采购省内相关产品和服务达 586.6

亿元，超额完成年度计划；江苏省4G网络和窄带物联网基本实现城乡全覆盖，4G用户超过8000万户，窄带物联网连接超过1.5个亿个；固定宽带用户达到3660万户，平均接入速率达130Mbps。

加快推动5G建设和应用，编制5G空间布局规划、产业行动计划，建成5G基站1.64万座，完成投资55亿元；编制5G试点应用专项实施方案，组织企业重点在政务服务、智慧城市、工业互联网、车联网等十大领域开展5G试点创新应用，完成签约项目280多个，无锡城市级V2X示范应用项目成果经验形成专题报告报工业和信息化部。

组织实施工业互联网标识解析体系建设重点工程7个，获得国家专项资金1.6亿元，推动工业互联网标识解析国家顶级节点灾备中心及托管系统落户江苏省，“企企通”应用企业超过2.5万家；完成南京互联网骨干直联点及运营商网络系统和大型数据中心IPv6改造，广电宽带网络IPv6改造化率达60%。在南京、苏州等地开展政务、金融及电力行业量子保密通信试点应用，推进省级IPTV集成播控平台与传输系统优化升级，IPTV用户超过1100万户。

**【信息技术产业发展质效进一步提升】**

电子信息产业、软件和信息技术服务业主营业务收入分别达2.5万亿元、9500亿元，其中，集成电路产业规模达2000亿元，物联网、人工智能产业规模分别超过6000亿元、700亿元。江苏省入选全国电子信息百强企业12家、软件百强企业8家、互联网百强企业6家，建成省级大数据产业园5个。

苏州市被授予“中国软件特色名城”称号，江苏（无锡）车联网先导区获批国家首个车联网先导区，成功举办软博会、物博会。南京软件和信息技术服务业、无锡物联网产业集群成功入围国家先进制造业集群竞赛榜单。江苏省及各地市出资100亿元参股国家集成电路基金二期；实施前瞻性产业技术创新专项42个，采取揭榜方式组织信息领域关键核心技术攻关13项；发布《2019年江苏省大数据产业地图》，构建大数据产业监测分析体系，实施“腾云驾数”转型升级计划，开展首批“数动未来”融合创新中心创建工作；实施信息消费“增品种、提品质、创品牌”三品行动，组织开展“信息消费环省行”，推广新型信息消费产品81种，入选国家试点示范15个，江苏省信息消费规模达5600亿元，同比增长10%以上。

**【产业数字化转型步伐进一步加快】**

坚持以促进两化融合发展为主线，以智能制造为主攻方向，以工业互联网创新发展为突破口，大力推动企业数字化转型，两化融合发展指数连续6年居全国第1位。

组织实施“528”行动计划，培育省级重点工业互联网平台42个，覆盖7个先进制造业集群，其中，徐工信息汉云平台、苏州紫光UNIPower平台入选国家级平台；6个平台被工业互联网联盟认定为星级平台；培育认定工业互联网标杆工厂34家、“互联网+先进制造业”特色基地11个；基本建成省级信息安全共享通报及应急服务平台、在线监测网络一期工程，初步建成涉及2000多家重点工业企业和工业互联网平台企业的省级工业信息安全数据库；深入推进“企业上云”，新增上云企业超过3.5万家，其中星级上云企业达2940家，累计上云企业超过25万家；建成国内首个工业App第三方应用商店“工业App汇聚平台”，已上架1600多个工业App。

组织江苏省智能制造示范工厂和省级智能制造示范区建设，累计培育智能车间1055个、省级智能工厂30家、智能制造服务领军机构68家，徐州、常州智能制造产业集群列入国家首批战略性新兴产业集群建设工程。

新建省级数字农业农村基地132个，农业信息化覆盖率达64.3%，规模设施农业物联网技术应用面积占比达19.3%；江苏省农产品网络销售额超过626亿元，同比增长30%以上；遴选省级电子商务示范基地95个、示范企业205家、国家级电子商务示范基地9个，居全国第1位。

**【数字政府集约化建设取得较大进展】**

全新改版江苏政务服务网，打造“七统一”

政务服务，移动端上线微信小程序，13个设区市政务服务全面进驻长三角“一网通办”专栏。江苏省电子政务外网云平台已汇聚省级部门的180多个业务系统和45个省级部门政府网站。

建成江苏省统一的大数据共享交换平台和“互联网+监管”数据中心，汇聚省级部门和各设区市数据1.7亿多条。警务大数据特色应用形成规模，建成重大风险监测预警、网格化社会治理、政法大数据平台三大省级重点系统。司法行政一体化智能平台实现全省部署应用，大力推进公共法律服务融合办理平台建设，开通农民工欠薪求助绿色通道，一站式解决农民工法律问题，为群众办理公证、法援等线上服务15000余项。整合市场监督管理、质监、食品监管的网络、系统、数据，高水平建设市场监管一体化信息平台，共享企业和个体工商户数据1000多万条。建成危险化学品安全生产风险监测预警系统、煤矿安全生产风险监测预警系统、自然灾害风险监测预警系统，打造应急指挥“一张网”。深化自然资源大数据平台应用，建成污染防治综合监管平台、生态环境大数据平台、固定污染源统一数据库。电子税务局建设居全国前列，建成江苏省财政票据大集中管理系统，组织开展“数字央行”大数据试点和审计大数据归集应用。

**【智慧民生应用加快拓展延伸覆盖】**

建成江苏省智慧教育云平台，资源总量达$5.58\times10^{6}$GB，“名师空中课堂”注册用户达563万户，覆盖义务教育阶段60%的学科知识点，惠及学生超过800万名。启动智慧校园审核认定工作，江苏省半数以上中小学和高校开展智慧校园建设。

推进“互联网+医疗健康”示范省建设，江苏省卫生健康平台完成160多家三级医院直连对接，汇聚门诊、住院等信息300亿余条，17家互联网医院正式运行，远程会诊、远程诊断已实现县（市、区）全覆盖；启用江苏省统一服务门户——“江苏健康通”App，远程会诊、远程诊断服务实现县（市、区）全覆盖，乡镇卫生院、社区卫生服务中心覆盖率超过80%。拓展社保卡全业务、全渠道应用，发卡量达8847万张；开展国家“金民工程”试点，建成“虚拟养老院”99家。

实施新一代国家交通控制网与智慧基础设施试点建设，完成半开放测试区的场地、DSRC，以及5G网络、车路协同驾驶的应用场景建设；交通一卡通发卡量达650万张，互通城市347个。

基本建成旅游产业综合管理与服务平台，具备景区监管、舆情监测、旅游客情大数据分析、旅游和文化场馆资源数据查询等功能。

**【智慧城市建设亮点突出、成效显著】**

组织开展新型智慧城市评价，推进智慧城市综合管理平台建设，江苏省被列为“智慧城管”国家试点。

智慧徐州时空信息云平台、智慧大丰时空信息云平台国家试点项目通过验收。大力推广“我的南京”建设模式，江苏省各设区市积极探索新型智慧城市和“城市大脑”建设，建成统一的城市智能门户。南京市加快推进“多屏联动”，打造全景式、全覆盖城市级公共服务平台，在溧水区建成首个智慧城市运营指挥中心和社会治理联动中心；“我的南京”用户已达430万户，占常住人口一半以上，月活跃用户达240万户。苏州深入推进市民卡整合运用，加载7项应用，累计发卡超过2000万张。“南通百通”建成“社会保障”“交通出行”10个版块，对接45个部门应用，900多项服务事项实现“掌上办”。

**【数字化疫情防控及复工复产效果显著】**

新冠肺炎疫情发生后，各地、各部门充分运用新一代信息技术做好疫情精准防控和企业复工复产支撑服务工作，取得了较好成效。公安、卫健等部门归集19个省级有关部门数据资源，开发了“苏康码”，建立了大数据疫情防控体系，形成了“大数据+网格化+铁脚板”工作模式，助力精准防控。江苏省各设区市依托“智慧城市门户+小程序”建立防控网络，南京市“宁归来”平台使用人数超过330万人，苏州市“苏城码”累计访问量达5.22亿人次。江苏省工业和信息化系统统一部署，积极组织软件和信息技术服务企业、工业互联网企业开发疫情防控、复工复产网络化服务平台和产品，开设“绿色通道”、工业 App 汇聚平台帮助企业上云、上平台（免费试用）。新冠肺炎疫情期间，江苏省共组织 3 批 600 余种疫情防控复工提效网络云化产品、400 多个工业 App 和 18 个抗疫复工大数据应用场景解决方案，超过 4 万家工业企业应用省内云平台支撑企业疫情防控复工复产。

# 浙江省信息化发展情况

2018 年，浙江省坚持以新发展理念为引领，按照高质量发展要求，深入贯彻创新驱动发展战略，围绕供给侧结构性改革，大力发展数字经济“一号工程”，积极推动互联网、大数据、人工智能、区块链等新一代信息技术和实体经济深度融合，培育发展新动能，不断提升信息化对经济、社会的驱动引领作用。2018 年，浙江省两化深度融合国家示范区建设再上新台阶，制造业与互联网融合发展持续深入，“数字浙江”建设取得新进展，数字产业规模能级不断提升，产业数字化转型深入推进，跨境电商发展再上新台阶，新型智慧城市场景应用全域推广，乡村数字新业态蓬勃发展，数字证书总量实现新突破。

## 【主要成效】

### （一）“数字浙江”建设取得新进展，全省共享互联互通成果

2018 年，浙江省建成杭州国家互联网骨干直联点、国家域名服务平台浙江节点等多个重要设施，5G 试验网和 IPv6 规模部署加速推进，网络性能等各项指标居全国前列。宽带网络提速升级，率先完成全省“光网城市”建设，实现 4G 网络和光纤网络城乡全覆盖，光纤用户占比超过 88%。骨干网络能力全面提升，杭州直联点网间带宽达 260Gbps，平均丢包率较直联点开通前明显提高，省内互联网网间通信质量显著提高。新一代网络基础设施体系建成雏形，杭州、宁波 5G 外场技术试验网建设稳步推进。NB-IoT 建成基站 4 万余座，实现浙江省 11 个设区市全覆盖，发展物联网用户 8141 万户。截至 2018 年年底，浙江省网民规模达 4543.7 万户，互联网普及率达 79.2%，比全国互联网普及率高 19.6 个百分点。据《数字中国建设发展报告》，2018 年浙江省信息化发展综合指数为 80.93，居全国第 5 位，其中信息服务应用分指数居全国第 1 位。

### （二）数字产业发展势头强劲，规模和能级不断提升。

2018 年，浙江省数字经济核心产业实现增加值 5547.7 亿元，同比增长 13.1%，对全省 GDP 的贡献率达到 17.5%，数字经济总量规模居全国第 4 位。规模以上电子信息制造业增加值为 1700.1 亿元，同比增长11.8%，增速居全省八大万亿元产业之首。软件业务收入达 5148.4 亿元，居全国第 5 位，同比增长 21.1%。新一代信息技术、智能硬件等新兴产业快速发展，区块链、人工智能、量子信息、柔性电子、智能网联汽车等前沿产业布局有序推进，区块链领域全球专利数量居全国第 3 位，已成为推进浙江省经济高质量发展的动力

支撑。

（三）产业数字化转型深入推进，促进传统产业提质增效

企业深度上云、产业数字化转型与智能制造等工作深入推进，工业互联网发展进入快车道。在全国率先打造“1+*N*”工业互联网平台体系，supET 工业互联网平台入选首批 8 家国家级跨行业、跨领域工业互联网平台名单，培育了 47 家省级工业互联网平台。浙江省有 8 家制造业与互联网融合发展试点示范企业，有 68 家两化融合管理体系贯标试点企业，累计达 232 家。浙江省累计上云企业达 28 万家，重点工业企业的上云普及率达 65.81%。工业企业利用工业互联网及云化产品和服务，加快数字化转型步伐，实现业务重构和价值链提升。

（四）新型智慧城市蓄势待发，场景应用全域推广

大数据、云计算、物联网、人工智能、5G 等新一代信息技术与智慧城市各领域跨界融合、全面拓展，应用场景从技术探索到广泛应用，为“智慧浙江”建设打下了良好的基础。“互联网+医疗健康”便民服务深入推进，积极建设浙江省互联网医院平台，切实提升便民、惠民服务水平，共有 5 家示范企业、16 个示范街道（乡镇）和 5 个示范基地进入国家智慧健康养老应用试点示范名单。智慧旅游建设成效明显，“浙里好玩”旅游信息公共服务平台入选全国首批优质旅游省级服务平台，成为全国首个省市县互联互通、跨部门数据充分共享的全域旅游信息服务平台。智慧交通建设稳步推进，建成交通基础地理信息、省综合交通应急指挥信息、长三角区域交通服务信息共享等一批智慧交通公共服务平台体系，人脸识别自助检票、交通移动支付等有序推广。

（五）农业数字化能力不断增强，乡村数字新业态蓬勃发展

加快物联网、大数据、空间信息、智能装备等新一代信息技术与种植、畜牧及生产过程的全面深度融合和应用，极大提升传统农业环境、气象服务监测专业化、精准化，农业科技的数字化和普及化，市场营销的电商化、服务化。浙江省 85 个涉农县（市、区）全部建成农产品质量安全追溯体系，21 个区域性现代生态循环农业示范区建成智能化信息监管系统，31 个县“智慧监管 App”试点有序推进，共 4.5 万家规模主体纳入追溯平台管理，2.15 万家农业生产主体实现可追溯。浙江省农业农村电子商务加快发展，重构农业农村经济产业链、供应链、价值链，促进农村一、二、三产业融合发展。浙江省共实现农产品网络零售额 667.6 亿元，同比增长 31.9%，拥有活跃的涉农网店 2.1 万家，新增农村电商服务站 1452 个，累计建成农村电商服务站 1.78 万多个，覆盖率达 68.24%，提升改造农村电商服务站 3200 个。

（六）跨境电商发展再上新台阶，金融服务业进入普惠新时代

跨境电商保持良好发展势头。杭州、宁波跨境电商综合试验区建设加快推进，义乌获批综合试验区；eWTP 秘书处落户杭州，比利时、卢旺达、马来西亚等 eWTP 试点项目有序开展。浙江省实现跨境网络零售出口额 574.4 亿元，同比增长 31.1%。金融科技创新活跃。新兴金融中心及移动支付之省建设稳步推进，钱塘江金融港湾汇聚了一批数字金融科技机构，中钞区块链技术研究院、浙大互联网金融研究院等金融科技产学研平台正快速集聚。据《2018 全球金融科技中心城市报告》显示，杭州已成为金融科技企业融资额最高及全球金融科技第一梯队城市。此外，浙江省深入开展互联网金融风险专项整治，开发金融风险“天罗地网”监测防控系统，实现金融风险的有效防控。

（七）数字证书总量实现新突破，有效助力“最多跑一次”改革

浙江省新发法人数字证书超过 54 万张，截至 2018 年年底，浙江省法人数字证书总量达到 164 万张，证书覆盖了全省企业法人总量的 68%左右，持续推进法人数字证书基础服务工作，有效加强数据共享服务能力，提升政务服务效能，打通商事登记全程电子化的“绿色通道”。

【重点工作】

（一）续写数字化转型制度供给新篇章

一是印发《浙江省人民政府关于加快发展工业互联网促进制造业高质量发展的实施意见》，指导打造浙江省特色工业互联网生态体系，为实现制造业高质量发展注入新动能。二是组织开展《信息化发展“十三五”规划》中期评估工作，编制《浙江省信息化发展“十三五”规划（“数字浙江 2.0”发展规划）中期评估报告》。三是编制《浙江省“1+*N*”工业互联网平台体系建设方案（2018—2020 年）》《浙江省“城市大脑”建设指南（2019—2021 年）（代拟稿）》《浙江省两化深度融合国家示范区建设 2018 年工作方案》等文件，加大相关政策储备和落实力度，为工业互联网平台、“城市大脑”、两化深度融合发展营造最优环境。

（二）构建数字经济产业化新生态

浙江省聚焦聚力高质量、竞争力、现代化，以争创国家数字经济示范省建设为抓手，做强云计算、大数据、物联网、人工智能等新兴产业，提升高端软件、集成电路、通信与网络、网络安全、元器件、材料等基础产业，布局区块链、量子信息、柔性电子等前沿产业，积极培育发展共享经济，加快发展融合型智能化新产品；构建以企业为主体的产业技术创新体系，之江实验室、阿里达摩院等一批创新平台汇聚了一批全球顶尖的研发团队，取得了一批具有影响力的重大共性技术成果，有效支撑了具有国际竞争力的创新型产业集群发展。2018 年浙江省新一代信息技术产业实现增加值 840.1 亿元，同比增长 19.9%，高出全省战略性新兴产业 8.4 个百分点；规模以上电子信息制造业新产品产值率达 61.7%，高出规模以上工业新品产值率 25.4 个百分点。

（三）激活产业数字化转型新动能

一是以省级两化融合试点示范区建设为抓手，务实推进两化深度融合国家示范区建设，截至 2018 年年底，浙江省已创建 46 个省级两化深度融合综合示范区、1 个省级两化深度融合综合试点区、6 个省级两化深度融合专项示范区、1 个省级两化深度融合专项试点区。二是加快布局工业互联网建设，建立工业互联网部省合作机制，与工业和信息化部签署共同推进工业互联网发展合作协议；着力推进“1+*N*”工业互联网平台体系建设，即高水平建设 1 个具有国际水准的基础性工业互联网平台（supET 平台）和若干个行业级、区域级、企业级工业互联网平台，积极推动“1”和“*N*”两类平台融合发展，公布 47 个省级工业互联网平台创建名单，为推动工业互联网发展营造良好氛围。三是大力实施智能化技术改造，新建数字化车间 60 个、无人工厂 6 家，新增工业机器人 1.6 万台，形成了新昌县轴承行业中小企业微智能改造等一批典型经验。四是加快推进“企业上云”，以企业上云为切入点，鼓励企业深度用云，2018 年新增上云企业超过 12 万家，上云企业累计达 28 万家。五是提升工业信息工程服务能力，持续推进相关工业信息工程服务公司培育认定工作，累计培育创建 19 个工业信息工程省级重点企业研究院、22 个云工程与云服务省级重点企业研究院，以及一批“机器换人”和智能化改造工程服务公司。

（四）树立一批产业转型新标杆

一是成功申报一批国家级示范试点企业和项目，入选工业和信息化部 2018 年工业互联网创新发展工程项目 3 个、2018 年工业互联网试点示范项目 2 个、2018 年制造业“双创”平台试点示范项目 7 个。二是评定了一批省级示范试点区域和项目，省级工业互联网创建区为 8 个，省级“城市大脑”创建区为 3 个；评定省级制造业与互联网融合发展试点示范企业 115 家、省级制造业“双创”平台试点示范企业 38 家；省内遴选了首批 5 家行业级、区域级平台，成立了“1+*N*”工业互联网平台联盟。

（五）加快构筑网络安全保障新体系

一是加强工业信息安全队伍建设，认真贯彻《工业控制系统信息安全行动计划（2018—2020 年）》等系列文件精神，举办浙江省工控系统信息安全工作会议和专题培训会，组织参加国家工业信息安全发展研究中心在南京举办的工业控制系统信息安全行动计划宣贯及工业信息安全培训。二是开展工控安全大检查，组织浙江省220家重点工业企业对1914个工控系统进行安全自查，对杭州、宁波等重点地区企业工控系统进行网络安全隐患和漏洞实地检查。三是加强技术支撑能力建设，联合国家工业信息安全发展研究中心共同举办2018年工业信息安全技能大赛华东赛区比赛，来自华东、华南地区等7省、1市的20支战队近百名选手参赛，挖掘了一批实战型信息安全人才队伍。其中，赛区十强队伍浙江大学代表队夺得全国决赛冠军。

（六）探索智慧城市建设新路径

一是进一步深化示范试点项目的应用与推广，继续推动智慧安防、智慧交通、智慧健康3个领域的14个示范推广项目建设；结合项目验收工作，加强经验做法的总结提炼和示范推广，组织起草《智慧城市建设的"浙江样板"》《智慧安防看"浙"里》等5篇综合性报道，梳理编制《智慧城市优秀案例汇编》，全面展示浙江省新型智慧城市建设的新应用和新成果。二是大力推进"城市大脑"建设应用，开展加快浙江省"城市大脑"建设的基础性研究工作，组织起草《浙江省"城市大脑"建设指南（2019—2021年）（代拟稿）》《关于推进浙江省"城市大脑"建设有关情况的汇报》；继续支持杭州"城市大脑"创新建设，启动省级"城市大脑"建设示范试点建设工作。三是借助世界互联网大会、宁波智博会等平台加强智慧城市建设的成果展示与交流推广，选定了25家企业的40个智慧化应用体验项目，构建了五大智慧应用场景。

（七）持续加强信息化领域统计研究和评估工作

一是开展覆盖省、市、县3级的年度信息化发展水平评估和年度区域两化融合发展水平评估，发布《浙江省信息化发展水平评估报告》《2018年浙江省区域两化融合发展水平评估报告》。二是开展对《浙江省信息化发展"十三五"规划（"数字浙江2.0"发展规划）》中期评估工作，对实施过程中存在的问题进行分析，并进一步提出推动规划实施的对策建议。三是完成《中国信息化年鉴2018》供稿。

（八）打造高层次宣传推广新体系

浙江省先后与相关单位联合举办了2018中国工业大数据大会·钱塘峰会暨浙江省工业互联网推进大会、2018长三角工业互联网峰会、中国工业互联网大会·嘉兴峰会等大型活动，交流推广工业互联网发展应用成果，开展工业互联网对接活动等；积极推动"1"和"*N*"两类平台融合发展，召开浙江省"1+*N*"工业互联网平台体系建设座谈会，举办supET"1+*N*"工业互联网平台建设启动仪式，成立"1+*N*"工业互联网平台联盟；负责牵头第五届世界互联网大会信息化工作部工作，与有关单位一起承办浙江分论坛、智慧化提升等活动；指导第八届宁波智博会及浙江馆布展工作。

**【下一步工作思路】**

浙江省将深入贯彻党的十九大关于"推动互联网、大数据、人工智能与实体经济深度融合"要求和浙江省委经济工作会议精神，聚力数字经济"一号工程"，全力打造两化深度融合国家示范区升级版，以推动制造业数字化转型为主攻方向，深化制造业与互联网融合发展，加快工业互联网平台体系建设，加快培育发展新一代信息技术产业，深化新型智慧城市建设，加强工业控制信息安全保障，优化新型网络信息基础设施，不断提升制造业数字化、网络化、智能化发展水平，打造产业数字化转型示范区，推动制造业高质量发展。

（一）全力打造两化深度融合国家示范区升级版

一是继续开展浙江省区域两化融合发展指数评估，做好已被列入《浙江省高质量发展指标体系（2018—2022年）》的"工业设备联网率"指标的测算工作。二是推进两化融合管理体系贯标工作，抓好工业和信息化部批复的232家企业管理体系贯标试点，组织贯标专题培训。三是深入实施2000家骨干企业信息化“登高”计划和中小企业两化融合能力提升计划，在ERP、MES、PLM、SCM、数字化设计工具、装备数据化、设备联网的基础上，加强企业内部的纵向集成、企业之间的横向集成和产品生命周期管理的端到端集成，推动企业从单向应用向综合集成、创新引领等高阶水平发展。

### （二）深化制造业与互联网融合发展

一是夯实企业两化融合基础能力：支持龙头企业建设一批基于互联网的“双创”平台，构建产业链“双创”新生态；推动企业信息化从单向应用向综合集成、协同创新等高阶水平迈进；继续开展两化融合管理体系贯标工作，指导企业开展两化融合自评估、自诊断、自对标。二是探索开展传统产业数字化转型：制定工业信息工程服务业发展三年工作方案，分行业培育100家左右工业信息工程服务商，初步形成浙江省传统产业数字化转型资源池；总结推广一批传统制造业转型典型经验，发布一批工业互联网平台典型应用案例。三是深入实施智能化技术改造：开展“十百千万”智能化技术改造行动，推广智能制造“新昌模式”，推进“工业大脑”在典型行业中的融合应用，深化重点企业智能制造新模式试点示范。

### （三）加快工业互联网平台体系建设

一是丰富supET平台生态环境，加大行业级、区域级、企业级平台培育力度，鼓励重点行业级平台与supET平台开展合作并实现互联互通。二是推动工业企业上云、上平台、用平台，深入实施“企业上云”三年行动计划，支持中小企业“上平台、用平台”。三是推动supET平台与省内重点信息工程服务公司等服务商加强合作，形成规模化服务能力，推动产业集群整体实现数字化转型。四是做好示范区创建工作，做好对余杭区等8个2019年度工业和信息化重点领域提升发展（工业互联网平台建设及应用）示范区建设的指导工作。五是开展应用推广活动，在11个设区市各组织一场现场会，搭建政府部门、专业服务商、行业企业等多方参与的交流合作平台，推广supET平台和重点“*N*”级平台。

### （四）加快培育发展新一代信息技术产业

一是着力推进软件与集成电路、物联网、云计算、大数据、人工智能、虚拟现实、柔性电子、量子通信等新兴产业培育发展，加快形成一批产业优势明显、龙头企业主导、产业配套完善、创新能力突出、辐射带动作用强的千亿元级产业集群。二是研究建立健全物联网产业统计监测机制，加强物联网技术在生产过程控制、设备监控管理、供应链优化、环保监测、能源管理等领域生产过程中的推广应用。三是优化大数据中心布局建设，培育一批大数据龙头骨干企业，加快推进杭州国际级软件名城和宁波市特色中国软件名城创建工作，提升产业基地发展能级。

### （五）推进“城市大脑”建设，打造智慧城市“升级版”

一是加强“城市大脑”建设顶层设计，指导设区市“城市大脑”平台的建设与部署，以及县（市、区）应用的延伸部署。二是加强“城市大脑”的理论研究与创新应用，探索“城市大脑”在数据资源、应用服务、标准规范、安全保障、运营模式等方面的建设。三是进一步加快智慧城市示范试点的验收与推广，深化智慧安防、智慧交通、智慧健康等领域智慧城市示范推广项目建设。四是依托世界互联网大会、宁波智博会等平台，加强智慧城市建设的成果展示与交流推广，促进浙江省各地更好地推进智慧城市建设。

### （六）加强工业控制系统信息安全保障工作

一是贯彻《工业控制系统信息安全防护指南》精神，继续加强工控安全检查评估，着力构建检查评估常态化机制，强化企业主体防护责任，持续完善地方工控安全保障体系。二是依托浙江省工控安全在线监测预警平台，定期对省内连接互联网的工控系统进行扫描，发现漏洞及时督促并指导企业修复，提升工控安全风险的实时监测、预警通报和应急处置能力。三是继续推进浙江省工业控制系统信息安全在线监测预警平台建设，谋划构建“两库三平台一服务”体系，为保障工业互联网设备、网络、控制、应用和数据的安全夯实基础。

（七）优化完善网络信息基础设施

一是升级网络信息基础设施，指导三大运营商深入开展 5G 网络规模试点和应用示范，开展 5G 试商用，加快部署窄带物联网；推进 IPv6 规模部署和应用。二是加快工业企业内网改造，鼓励工业企业采用时间敏感网络、软件定义网络等新型技术升级改造现有网络。三是加快推进工业互联网标识解析二级节点建设，围绕石油化工、汽车制造、电子制造、纺织服装、工程机械等传统优势行业，推动具有引领作用的龙头企业建设一批行业性二级节点；面向毛衫、袜业、水晶、轴承等块状经济产业集聚区，指导区域内企业联合或依托第三方机构建设一批区域性二级节点；推动全省重点工业互联网平台加快与二级节点之间的对接。

# 福建省信息化发展概况

2019 年，福建省深入贯彻落实习近平总书记致首届数字中国建设峰会贺信精神，持续推进新时代数字福建不断增加创新优势。中央网信办、国家发展改革委正式批复福建省作为全国首批“国家数字经济发展创新试验区”，开展数字经济发展先行先试探索。福建省数字经济规模突破 1.7 万亿元，同比增长 19.9%，数字经济总量占 GDP 比重突破 40%。数字政府服务能力居全国第 2 位，互联网普及率居全国第 4 位，注册域名数量居全国第 1 位。

**【成功举办第二届数字中国建设峰会】**

第二届数字中国建设峰会展示了数字中国建设的最新成果，参展企业达 493 家，162 家企业发布了新产品、新技术，首展率超过 50%。其中，63 项自主核心技术集体亮相。

第二届数字中国建设峰会发布了数字中国建设政策指引、技术标准和报告。中央网信办发布《数字中国建设发展报告（2018 年）》，工业和信息化部、生态环境部、农业农村部、卫生健康委等 10 个部委分别发布各自领域的政策报告，为各界参与数字中国建设提供了相关的政策指引。

打造了数字中国建设的产学研用合作平台。首次推出数字中国创新大赛，采取市场化做法，探寻“揭榜挂帅”新机制，推动技术、应用和资本对接。大赛吸引了 451 所高校、1182 家企业、8915 名选手参加，多项算法和解决方案均达到了行业领先水平，具有较大的商用潜力。多个参赛团队因出色表现获投资机构现场签约，部分项目后续将在福州市落地。

促成一批高新项目落地福建省。第二届数字中国建设峰会期间，福建省对接数字经济项目 587 个，投资意向总额达 4569 亿元。其中，签约落地项目 308 个，投资意向额超过 2500 亿元。

成为建设“数字海上丝绸之路”的重要平台，邀请了“21 世纪海上丝绸之路”沿线 19 个国家 60 名外宾；联合国项目事务署、国际数字地球学会 2 个国际组织，微软、IBM、施耐德电气、赛灵思电子等 9 家国际企业首次参加数字中国成果展。

**【信息基础设施不断优化提升】**

“数字福建·宽带工程”建设持续加快。光网和 4G 全面覆盖城乡，所有设区市和平潭综合试验区均达到光网城市标准。福建省光端口占比达 91.1%，光纤用户占比达 91.8%，福建省固定宽带家庭普及率、移动宽带用户普及率分别居全国第 2 位、第 6 位。福建省建成 1583 座 5G 基站，全省中小企业宽带资费下降 35.8%，流量资费下降 41.1%。

云计算基础设施建设统筹推进。数字福建云计算中心（政务云）已为 269 个部门、1723 个应用系统提供了 4077 台虚拟服务器、2043TB 存储容量、654 个数据库、近万兆外部网络互联带宽，交通运输、国土资源、医疗健康、安全生产等 5 个国家级项目落地数字福建产业园。

空间信息基础设施建设全面展开。启动北斗数据分中心建设，建成“21 世纪海上丝绸之路”卫星数据服务中心，接入中国资源卫星应用中心的高分、资源、环境、实践系列等卫星遥感数据，成立卫星数据人工智能实验室，并联合厦门大学等 5 所高校成立卫星遥感应用研究院；开展环保、农业、林业、海洋、水利等多个领域卫星应用试点建设。

**【电子政务应用体系不断健全完善】**

形成福建省行政审批“一张网”。构建了覆盖省、市、县、乡、村 5 级，以及统一架构、多级协同联动的一体化网上政务服务平台。福建省行政许可、行政确认等 6 类行政权力事项及公共服务事项全部入驻福建省网上办事大厅，共入驻省、市、县、乡、村 5 级申请事项 23 万项，其中 97% 以上事项可在网上办理。闽政通 App 整合政府及第三方可信便民服务事项 25 类 794 项，对接全省“12345”便民服务平台，提供咨询、投诉和求助等服务，综合服务能力居全国第 3 位。

开展“一号通认”“一码通行”，建设省级统一身份认证平台——福建省社会用户实名认证授权平台，完成与国家政务服务平台及省内超过 170 个政务服务平台的身份认证对接，具备企业和个人实名认证能力，避免用户多处注册、重复登录，实现全省“一号通认”；完成与公安部 eID（公民网络电子身份标识）对接，可生成居民身份证号码，在福建省“一码通行”。

完成“互联网+监管”系统建设，并和国家系统全面对接；已完成监管事项目录清单登记 19.9 万项，检查实施清单登记 3.9 万项，累计向国家平台推送企业、特种设备、场地场所、特定产品等监管对象信息 300 万条，以及执法人员信息 6.3 万条、存量监管行为数据 1394 万条、“双随机一公开”数据 8 万条。

推进工程建设项目审批制度改革。建成省级工程建设项目审批管理系统，并实现国家平台、全省 9 个设区市和平潭综合试验区工管系统、省直部门（省级审批事项）审批系统的数据对接，形成全省工程建设项目横向到边、纵向到底的监管网络。

**【数字经济成为福建高质量发展新动能】**

产业创新能力进一步提升。福建省数字经济领域共拥有国家级和省级重点实验室 13 个、工程（技术）研究中心（工程实验室）45 个、企业技术中心 28 个、国家地方联合共建工程（技术）研究中心（工程实验室）3 个。厦门瑞为公司的大兴机场全流程“刷脸”登机项目获评 2019 年互联网服务全国优秀案例第 1 名。

龙头骨干企业快速成长。2019 年福建省 7 家企业入选中国互联网企业百强，5 家企业入围中国电子信息制造业百强，4 家企业入围中国软件业务营收企业百强，8 家企业入选国家大数据产业发展试点示范项目。福建省累计有 49 家互联网企业在境内外上市。

制造业数字化转型加快推进。实施工业互联网“十百千万”工程，嘉泰数控、厦门天马微、中科云创等企业产品入选全国工业互联网 App 优秀解决方案。福建省超过 3 万家企业实现上云。福建省通过国家两化融合管理体系贯标评定企业达 1200 多家，居全国第 1 位；现有省级智能制造试点示范企业 125 家、样板工厂（车间）23 个。

新业态、新模式不断涌现。2019 年福建省新创建 8 个国家级电商示范基地和电商进农村综合示范县，依托阿里巴巴、京东等重点电商平台促进农产品上行和“闽货下乡”，实现网络零售额4589亿元，居全国第6位。福州、厦门、泉州入选全国50个5G商用试点城市，福州、厦门、泉州、莆田、龙岩、漳州获批国家跨境电商综合试验区。厦门获批国家数字服务出口基地。

重点项目加快落地建设。两届数字中国建设峰会福建省共签约数字经济项目462个，总投资额达3826亿元，已有125个项目建成投产、275个项目开工建设。福建省数字经济项目库入库项目1710个，总投资1.35万亿元。

数字经济发展营商环境不断优化。按照“一行业、一规划、一政策、一批滚动推进项目”的要求，陆续出台5G、线上经济、工业互联网、数字丝路、智能制造、人工智能等系列政策文件，数字经济政策体系不断健全、完善。

**【数据资源管理应用不断深化】**

加强数据资源管理制度建设。《福建省大数据发展促进条例（草案）》正在按照立法程序有序推动；制定实施《福建省级政务数据共享管理实施细则》，规范政务数据汇聚共享操作流程；建立省级政务数据汇聚共享平台运行情况定期通报制度。

深化政务数据汇聚。全面建成省、市两级政务数据汇聚共享平台，汇聚69家省级单位的2300多项、50多亿条数据记录和文件，建立健全“统一汇聚，按需共享”的政务数据汇聚共享模式；依托福建省电子证照共享服务平台建设“一人一档、一企一档”数据库，实现个人与法人信息随手可查。

推动政务数据共享应用。福建省政务数据汇聚共享平台在线提供查询/核验1.92亿次，提供1100多项数据批量交换，总记录达28亿多条；建成省、市两级电子证照共享服务体系，生成电子证照近900类、约1亿张，发布了298类群众办事高频使用的证照；落实《福建、广东、江苏、贵州跨省域大数据战略合作框架协议》，签署《闽赣跨省数据共享应用合作协议书》，探索跨省异地办事数据合作试点应用。

加快政务数据开放开发。建成上线福建省公共信息资源统一开放平台，在37个领域开放了近700个数据集、1300多个API接口，总开放数据量逾7亿条，成为社会公众获取政务数据资源的窗口。在2019中国开放数林指数排名中，福建省公共信息资源统一开放平台综合排名第5位。

# 安徽省信息化发展情况

**【电子信息制造业发展情况】**

2018年，安徽省电子信息制造业通过深入实施“建芯固屏强终端”行动，聚焦“关键布局、重大项目、核心攻坚、企业发展、产品创新、产业集聚”六大着力点，努力推进产业持续又好又快发展，对全省工业增长贡献继续居各行业前列。

2018年，在国内外宏观环境复杂多变的形势下，安徽省电子信息制造业克服诸多不利因素影响，按照高质量发展要求，全年规模以上工业增加值同比实现22.2%高速增长，高于全省工业增加值、全国工业增加值12.9个百分点、9.1个百分点，对全省工业增长贡献继续保持各行业前列；

主营业务收入同比增长12.6%，高于全省工业收入、全国工业收入3个百分点、4.2个百分点；实现利润总额171.2亿元，居全国同行业前10位。

“屏—芯—端”联动促进高质量发展。2018年，安徽省生产彩电2289.2万台，同比增长63.6%，产量跃居全国第2位，比2017年提升了2位；微型计算机生产量达2022.3万台，同比增长7.8%，跃居全国第5位，比2017年提升了1位；液晶显示屏产量为4.1亿片，同比增长3.3%；手机、集成电路等新兴产品产量分别同比增长15.3%、17%；安徽华米信息科技有限公司在全球智能可穿戴设备市场的占有率持续增长，并成功发布全球可穿戴领域第一颗人工智能AI芯片“黄山”1号。

产业高端领域多点突破。2018年，安徽省出台集成电路产业发展专项政策，在电子信息高端领域谋求新突破；会同国家02重大专项办、集成电路产业技术创新战略联盟和合肥市成功举办“国家集成电路重大专项走进安徽活动”，成为推动安徽省集成电路产业发展的一次“标志性”行动，吸引一批优质项目落地；会同安徽省台办、合肥市承办第十五届海峡两岸信息产业和技术标准论坛，700多名海峡两岸信息产业专家学者、企业代表参会；国务院台湾事务办公室、工业和信息化部批准合肥建设“海峡两岸集成电路产业合作试验区”；工业和信息化部批复合肥创建集成电路“芯火”双创基地（平台）。

重点企业培强扶大成效显著。2018年，安徽省电子信息制造业营业收入超过百亿元企业达5家，分别是联宝（合肥）电子科技有限公司、合肥京东方光电科技有限公司、安徽康佳电子有限公司、合肥鑫晟光电科技有限公司、合肥晶澳太阳能科技有限公司。其中，联宝（合肥）电子科技有限公司通过智能化升级，提升高端机生产比重和订单量，成为安徽省首家营业收入突破600亿元的电子信息企业。安徽天康（集团）股份有限公司、铜陵精达铜材（集团）有限责任公司、芜湖长信科技股份有限公司、阳光电源股份有限公司4家企业入选全国电子信息百强企业榜单。安徽晶奇网络科技股份有限公司、安徽华米信息科技有限公司2家企业的3种产品入选《国家智慧健康养老产品及服务推广目录》，安徽八千里科技发展有限公司等6家企业入选国家智慧健康养老应用试点示范。合肥晶澳太阳能科技有限公司、芜湖天弋能源科技有限公司等8家企业入选国家光伏制造和锂离子电池行业规范公告名单。

区域发展亮点不断显现。合肥电子信息制造业产业规模占全省的比重达到58.8%，增加值同比增长27.6%，产值同比增长16.7%。芜湖、滁州、蚌埠等城市在新型显示、集成电路等战略性新兴产业领域持续突破，发展实力和后劲不断增强，占全省电子信息制造业比重分别达12%、8.5%、3.6%。池州、马鞍山、六安等城市推进电子信息产业发展成效突出，2018年工业增加值同比分别增长30.5%、15.5%、15.3%。

行业综合发展水平不断提升。2018年，安徽省电子信息制造业紧密围绕制造强省建设，在产业规模、产品竞争力、发展环境、集聚效益、研发创新等方面均实现良好突破。工业和信息化部发布的2018年电子信息制造业综合发展指数，安徽省达到68.77，居全国第11位、中部地区第2位。

一批重大产业项目实施建设。2018年，全省电子信息工业投资、技改投资分别同比增长23.3%和20.5%。合肥京东方显示技术有限公司全球首条10.5代液晶面板产线产能和良率爬坡顺利，配套项目晶合12英寸驱动集成电路月产能达1万片，康宁10.5代玻璃基板产线贯通；总投资440亿元的维信诺6代AMOLED项目开工建设；总投资240亿元的滁州惠科8.6代液晶显示面板项目主体结构封顶；总投资50亿元的凯盛电子信息产业园项目结构封顶，启动设备招标；总投资24亿元的视涯硅基OLED微显示器项目一期设备搬入；蚌埠玻璃院国内首条自主研发8.5代显示玻璃基板线联合车间封顶；通威年产2.3GW高效晶硅电池、晶澳1.5GW光伏组件扩产、欣奕华智能装备和材料等重点项目稳步实施。

**【软件和信息技术服务业发展情况】**

产业规模再上新台阶。2018年，安徽省软件和信息技术服务业实现营业收入802.9亿元，同比增长28.8%；完成软件业务收入456.1亿元，同比增长33.7%。其中，软件产品收入192.5亿元，同比增长 48.7%；信息技术服务收入 181.6 亿元，同比增长 8%；嵌入式系统软件收入 67.2 亿元，同比增长 54.8%；软件外包服务收入 5.3 亿元，同比增长 18.2%；软件业务出口 8442 万美元，同比增长 3%。2018 年营业收入超过 500 万元的企业达 336 家，比 2017 年新增 67 家；从业人数达 7.5 万人，同比增长 32.6%。

重点企业快速增长。2018 年，安徽省软件业务收入 1 亿元以上企业突破 100 家。其中，软件业务收入 1 亿元以上企业 84 家，比 2017 年新增 23 家；软件业务收入 5 亿元以上企业 21 家；软件业务收入 10 亿元以上企业 5 家，分别是科大讯飞、四创电子、继远软件、安徽电信工程、阳光电源。科大讯飞实现营业收入 79.2 亿元，同比增长 45%；并入选 2018 年中国软件业务收入百强企业第 32 名，比 2017 年提升 18 名。安徽省上市软件企业共 8 家，华米科技在美国纽约证券交易所成功上市，成为中国首家在美国上市的智能可穿戴企业，2018 年华米科技实现营业收入 36 亿元，同比增长 76.2%。

重点领域保持领先。科大讯飞智能语音占全球中文智能语音应用市场的 80%，语音识别准确率超过 95%。2018 年，科大讯飞获得语音合成、语音识别、阅读理解、机器翻译等 12 项世界高水平大赛冠军，在人工智能，特别是智能语音领域，继续保持领先。2018 年，华米科技智能手环出货量达 2750 万台，比 2017 年增长了 51.9%，出货量全球第一；发布了全球第一款智能穿戴人工智能芯片“黄山 1 号”，发射了第一颗智能穿戴无线搜救卫星“华米星”。美亚光电色选机成为行业标杆，产品远销近 100 个国家和地区。继远软件、继远电网、科大智能等在电力自动化、配电网自动化等领域国内领先，是国家智能电网建设的重要力量。

产业盈利能力保持稳定。2018 年，安徽省软件企业实现利润总额 91.6 亿元，同比增长 17.7%；税金总额为 23.3 亿元，同比增长 16.3%；销售利润率达 11.5%，软件业务利润率达 20.1%，税金贡献率为 4.1%；行业资产负债率为 48.7%，比 2017 年上升 1.2 个百分点。人工成本不断上升，从业人员工资总额为 90.1 亿元，同比增长 46.6%；年人均报酬为 12 万元，比 2017 年增加 1 万元。研发投入增长较快，企业创新活力持续增强，2018 年全行业研发投入比达 8.3%，比 2017 年提升了 1.3 个百分点。

产业集聚优势明显。合肥市积极打造智能语音和人工智能产业集群，2018 年合肥市实现软件产业收入 656.8 亿元，同比增长 37.7%，占全省产业规模的比重达 81.8%。芜湖市动漫游戏、文化创意、现代物流产业集中区，马鞍山市电子商务、软件服务外包产业集中区，安庆市筑梦新区产业园，铜陵市智能交通应用软件集中区各具特色，构成了沿江软件产业城市集聚带。2018 年，芜湖市实现业务收入 67.3 亿元，马鞍山实现业务收入 26.7 亿元，合肥、芜湖、马鞍山 3 个城市软件产业规模占全省软件产业总规模的 93.5%。

中国声谷建设快速推进。2018 年，中国声谷产值达 650 亿元，入园企业达 430 家；积极推进企业投资项目建设，征集中国声谷投资项目 637 个，总投资额为 139.5 亿元，下达 6.72 亿元专项资金，支持 350 个技术创新及产业项目建设；翻译机、会议速记本、智能鼠标、智能机器人、翻译手机等一批软硬一体化智能终端产品相应生产上市。加强龙头企业招商，新华三、金山软件、浪潮、Nuance、商汤科技等一批龙头企业入驻，跟进在谈项目超过 200 个。推进公共服务平台建设，人工智能开放服务及产业支撑平台开发团队总数超过 83 万个，应用产品总数超过 51 万种，平台生态孵化团队总数超过 3800 家。

推动信息消费发展，积极拉动经济增长。制定落实政策措施，出台《安徽省人民政府关于进一步扩大和升级信息消费持续释放内需潜力的意见》（皖政〔2018〕20 号），引导合肥、芜湖、淮北、池州、黄山等地出台奖补措施。开展信息消费创新产品推荐工作，评选第六批信息消费创新产品 120 种，累计达 436 种，以加强供给引领产业升级。狠抓消费体验，开展“信息消费城市行”活动，评选第四批信息消费体验中心，累计认定信息消费体验中心 186 个，涉及智能硬件、智能制造、服务平台、文化创意、创客空间，形成了良好的信息消费氛围。华米信息、药博商城、科杰粮保、时代出版、安徽通服 5 个项目入选全国 100 个信息消费示范项目。

【两化融合发展情况】

积极推进数字经济建设。安徽省人民政府出台《支持数字经济发展若干政策》，安徽省政协举办关于大力发展数字经济专题协商会，大力宣贯数字经济发展若干政策。安徽省经济和信息化厅主办“2018 安徽数字经济发展推进会暨高峰论坛”，社会反响强烈，线下有1000多人参会，线上有几十万人观会，省内外数十家媒体深度跟踪报道。安徽省举办合肥互联网大会，将数字经济宣贯作为其中的主题思想，积极培育数字经济主体。科大讯飞、百助网络入选2018年中国互联网企业百强。

工业互联网平台建设初见成效。安徽省政府出台《关于深化“互联网+先进制造业”发展工业互联网的实施意见》（皖政〔2018〕32号）；成立安徽工业互联网产业联盟，促成中国联通 5G 工业互联网联盟在安徽省落户，进一步汇聚社会资源，形成推动安徽省工业互联网建设合力。积极推动安徽省工业互联网平台企业“走出去”，加强对外合作。与长三角地区2省、1市共同主办2018长三角工业互联网峰会，探讨长三角地区工业互联网合作机制和沟通协作模式。制造业与互联网融合发展不断深入，将两化融合贯标、对标工作引向深入；30家企业入围国家两化融合管理体系贯标试点企业。截至2018年年底，安徽省共有316家企业通过两化融合管理体系认定，通过数量居全国第4位。在安徽省工业企业广泛开展两化融合对标引导工作，累计近4000家工业企业开展了两化融合自评估、自诊断、自对标，为制造强省建设考核评价提供了强有力的支撑。抓试点示范，各类试点示范入围数量均居全国前列。奇瑞汽车入围国家工业互联网创新发展工程项目；10个项目入围国家级制造业与互联网融合试点示范；9 个项目荣获国家级制造业“双创”平台试点示范；7 个项目入围大数据产业发展试点示范；4家企业入围国家级工业互联网试点示范；100 家企业被认定为省级制造业与互联网融合发展试点企业。

实施“皖企登云”行动计划。安徽省出台了《皖企登云行动计划（2018—2020 年）》，促进云计算等新一代信息技术在企业的广泛、深度应用；汇集省内外优秀云资源，为“皖企登云”行动计划保驾护航；公布“皖企登云”第一批推荐云平台目录，确定阿里云计算平台等17个综合类云平台，以及安徽合力工业车辆行业工业互联网平台等 15 个专业类平台为安徽省首批推荐云服务平台；指导全省各地开展“皖企登云”行动计划宣贯活动，通过召开启动会、培训会，以及在世界制造业大会设立两化融合专区等方式全面宣贯“皖企登云”行动计划，营造了良好社会氛围。

积极做好信息化综合性工作。扎实开展调查研究，启动《安徽大数据产业发展条例》的调研工作，开展安徽省信息化大调研；加强长三角信息化合作，推动三省一市大数据产业联盟共同发布《长三角区域大数据发展报告（2018）》；中国信息通信研究院等与长三角首批5家工业互联网平台公司签署了《长三角地区推进工业互联网平台集群联动战略合作框架协议》，共同打造区域性工业互联网平台集群；推动成立长三角 CIO 联盟，长三角 CIO 发展论坛永久会址落地合肥。

【信息基础设施发展情况】

推进信息网络基础设施建设。贯彻落实《安徽省信息网络基础设施发展专项规划（2017—2021 年）》，安徽省经济和信息化厅、安徽省通信管理局等相关部门指导和协调省内通信运营商扎实推进光纤网络和移动宽带网络建设；建立日常联系机制，强化按月调度，推进“宽带安徽”建设与重点应用项目建设；安徽省内三大通信运营商和铁塔公司全年共完成“宽带安徽”重点项目投资92.38亿元，超额完成年度投资任务。

指导农村网络基础设施脱贫工作。根据安徽省脱贫攻坚有关任务分工，协调推动全省贫困地区宽带网络基础设施建设；指导协调通信运营商落实脱贫攻坚任务，加快宽带网络由贫困行政村向自然村、村民组延伸；组织电信运营商和铁塔公司编制《淮河行蓄洪区通信设施建设方案》，提升淮河流域4G网络覆盖面；将岳西县作为4G网络深度覆盖试点县，通过新建和优化基站实现岳西县99.9%村民组覆盖移动通信信号。

目前，安徽省100%的行政村和大多数自然村已实现光纤到村和 4G 网络覆盖，提前完成所定的脱贫攻坚目标任务，明显高于当前全国 98%行政村通光纤、95%贫困村通光纤的平均水平。

加快长三角信息网络协调发展。按照长三角更高质量一体化发展战略要求，推进长三角地区以 5G 为代表的新一代信息技术先试先用，促进数字经济发展。2018 年 6 月 1 日，长三角地区各省、市政府和 4 家通信运营商共同签署了《5G 先试先用推动长三角数字经济率先发展战略合作框架协议》；成功举办了长三角数字经济协同发展高峰论坛暨长三角 5G 创新发展联盟成立大会，发布了《长三角 5G 协同发展白皮书》，实现了长三角地区跨省 5G 视频首次四方连线，对 5G 的未来商用进行了积极探索。

# 江西省信息化发展概况

2019 年，江西省以建设物联江西、网络强省建设为主线，以融合发展为路径，夯实信息网络支撑基础，深入拓展信息技术应用，加快推进全省信息化建设，发展数字经济。

信息基础设施建设加快。2019 年，江西电信业务总量完成 2838.5 亿元，同比增长 76.6%；电信业务收入达 298.1 亿元，同比增长 2.3%；电话用户达 4614.6 万户，其中，移动电话用户达 4157.1 万户，固定电话用户达 457.5 万户；固定互联网宽带接入用户达 1448.8 万户，其中，光纤到户（FTTH）用户达 1348.7 万户，FTTH 用户占比达 93.1%。在固定互联网宽带用户中，接入速率为 20～100Mbps 的用户占比达 10.8%，100Mbps 及以上用户占比达 86.5%。城（省）域网出口带宽为 27540Gbps，固定宽带接入用户普及率为 31.2 部/百人。2019 年，江西省固定资产投资完成 75.3 亿元，全省光缆线路长度达到 187.9 万千米，其中，长途光缆线路长度达到 3.2 万千米，本地网中继光缆线路长度达到 66.1 万千米，4G 基站达到 15.2 万座。2019 年，江西省电信基础设施共建共享继续推进，全省重点场所电信基础设施共建共享持续推进，共建站址 495 个，共建杆路 408.1 线路千米，共建管道 205.8 线路千米，共享站址 7902 个，共享杆路 462.2 线路千米，共享管道 45.9 线路千米。

推动 5G 建设和融合应用。江西省出台《加快推进 5G 发展的若干措施》《江西省 5G 产业发展三年行动计划》，明确 5G 产业发展目标、路径及实施的重大工程等，强化 5G 发展顶层设计和政策引领；重点发展 5G 网络设备、核心器件、智能终端、相关软件和信息技术服务业，培育一批 5G 融合示范企业，打造江西省 5G 产业基地。2019 年，江西省累计安排 5G 相关资金 5000 余万元，支持 11 个重点产业项目、13 个示范应用项目和 4 个方案解决项目，培育 4 家 5G 应用方案解决供应商。2019 年 6 月 17 日，由江西移动、江西联通、江西铁塔、华为、中兴通讯、爱立信共同发起的全国首个正式注册的省级 5G 社会团体组织——江西省 5G 产业联合会成立。

推进物联江西建设。江西省出台《江西省移动物联网产业高质量跨越式发展行动方案》和《江西省移动物联网平台建设与管理暂行办法》，指导行业发展，规范行业秩序，完善物联江西整体架构；指导建设一批平台和云计算中心，鹰潭（江西）物联网平台、产业云平台上线运行，中国移动（江西）数据中心、华为江西云计算中心、抚州云计算数据中心等投入使用，2019年新增机架6000个。

推进新一代信息基础设施建设。推动企业内外网按照工业互联网标准要求改造升级，指导开展工业互联网标识解析二级节点建设；推进移动物联网网络建设，加快NB-IoT、eMTC、5G网络部署。南昌、抚州、鹰潭等重点区域和部分热点地区基本实现5G网络连片覆盖。推进下一代互联网（IPv6）规模部署，移动和固定网络端到端、重点数据中心和域名递归解析系统IPv6完成改造升级，典型互联网应用和重点网站IPv6加速升级替代。

发展工业互联网。推进万企上云，制定《企业上云三年行动计划》，多次召开江西省企业上云工作推进会或对接会，推进企业上云；开展企业上云试点，遴选的4家云服务商和4个试点地市列入全省企业上云试点，以试点打造企业上云升级版，推进企业深度上云。2019年，江西省上云企业突破8000家，总数超过1.5万家，试点区域企业上云率超过60%，企业上云应用极大丰富。江西省加强工业互联网平台及服务能力建设，培育了3个本地化运作的工业互联网平台，指导云平台服务商加强平台供给能力、咨询服务能力建设，对全省企业免费开放通用应用云服务软件。

深入推进两化融合。2019年共培育两化融合示范企业51家、示范园区1个，累计培育两化深度融合示范企业302家、示范园区15个。开展企业两化融合管理体系贯标，江西省列入国家贯标试点企业有56家，通过贯标评定企业达73家，全省企业20%以上处于两化融合集成提升和创新突破阶段，两化融合发展指数增速居全国第3位。

政府网站检查管理水平全面提升。2019年共抽查1324个网站，发现存在突出问题并通报网站39个，总体合格率达97.1%。落实国务院办公厅发布新指标的要求，将门户网站的抽查率提高到100%，得到较好的效果，在半年度通报中未发现江西省存在不合格的网站。江西省政府网站监测平台建设完成并对接新指标，于2019年第三季度首次运用新指标完成季度监测任务。在南昌举办了“2019年江西省政府网站创新管理专题培训班”，全省各地、各单位政府网站主管部门和承担网站日常保障机构的相关负责人共180余人参加培训。

大数据产业稳步发展。江西省大数据产业以企业培育、产业集聚、项目推进、技术支撑打造为重点实施攻坚，产业统筹发展工作有了长足进步。2019年，江西省认定第一批大数据试点示范企业，新增抚州高新区、宜春2个大数据基地，举办大数据高峰论坛，全省一批企业在大数据领域获得国家级荣誉。

软件和信息技术服务业发展保持良好势头。2019年主营业务收入达260.3亿元，同比增长22.2%；软件业务收入达191.9亿元，同比增长30.1%。其中，软件产品收入为102.9亿元，同比增长118.5%；信息技术服务收入为74亿元；嵌入式系统软件收入为1.21亿元；软件业务出口额同比增长11.8%。2019年山西省软件产业利润为19.9亿元。

电子信息产业高速发展。2019年，按照全口径数据统计，江西省电子信息制造业营业收入达4430.2亿元，超额完成年初确定的3000亿元目标任务，同比增长15.9%；完成利润221.2亿元，同比增长4.2%。江西省电子信息制造业规模居全国第9位，上升1位；在中部地区居第2位。全行业规模以上企业新增304家，增幅为42.6%，总数达1017家。江西省内产业龙头、骨干企业壮大，欧菲光电、欧菲生物识别、合力泰和立讯射频4家企业营业收入超过100亿元，欧菲华光、华勤、博硕、木林森、美晨、联创光电、联创电子、与德、协讯、红板、摩比通讯等20余家企业营业收入超过20亿元。

无线电工作扎实开展。2019年，江西省无线电管理工作坚持以频谱需求为导向，以监测技术为基础，以强化管理为手段，提升无线电管理能力水平，无线电业务继续保持良好发展势头，频谱资源利用效率进一步提升，空中电波更加规范有序。

网络信息安全。江西省信息安全工作从人才队伍培养、创新平台建设、行业态势研究、产业扶持培育等方面入手，努力实现信息安全“队伍、平台、产业”三大突破，支撑网络强省战略的实施。

# 山东省信息化发展概况

2018 年，山东省加快建设竞争力强、安全可控的信息技术产业体系，重视新一代信息技术产业新旧动能转换重大工程实施，全年信息技术产业（含制造业、软件业）总体保持平稳增长，主营业务收入实现 9061 亿元，同比增长 8.11%。其中，产业结构变化明显，制造业因统计体系调整，整体规模有所减小；软件业务收入保持两位数增长率，规模不断扩大，占信息技术产业的比重超过 50%。

## 【基础设施建设】

2018 年，四大通信企业完成信息基础设施投入 157.2 亿元。目前，山东省已全面建成“全光网省”，17 市全部实现全光网城市，山东省所有城区、行政村均实现 100%光纤覆盖，城乡家庭互联网接入能力基本达到 100Mbps，并积极推广 1000Mbps。行政村 4G 网络覆盖率达 100%。2018 年，山东联通、山东移动、山东电信各运营公司共完成电信业务总量 3652.6 亿元，同比增长 143.4%；完成电信业务收入 693.7 亿元，同比增长 2.3%，其中，数据流量收入占比达 62.3%，移动互联网用户月均流量为 5.2GB，增长 139.4%。山东省（固定）互联网宽带接入用户为 2884.8 万户，同比增长 11.4%。其中，光纤宽带用户为 2534.5 万户，占比为 87.9%；50Mbps 以上高速率固定宽带接入用户占比为 90.1%。移动互联网用户达 9552.3 万户，其中手机上网用户为 8399.8 万户；山东省电话用户为 11415.9 万户，其中，移动电话用户为 10569.6 万户，居全国第 2 位，4G 移动电话用户为 7294.2 万户，渗透率达 69%。

## 【信息技术制造业】

2018 年，山东省信息技术制造业统计内规模以上企业有 1161 家；信息技术产业主营业务收入为 4033.5 亿元，同比增长 0.7%；实现利润 191.9 亿元，同比下降 10.8%。山东省信息技术制造业统计体系不断调整，规模以上企业数量、主营业务收入等指标变化较大，分别较 2017 年下降了 6%、42%。截至 2018 年年底，山东省信息技术制造业主营业务收入占全省工业业务收入的 3.7%，占全国产业总值的 3.19%，居全国第 9 位。

2018 年，按照山东省委、省政府的统一安排，为加快推动“十强产业”发展，山东省建立了“6 个 1”[1 名省级领导牵头，1 个专班推进，1 个规划引领，1 个智库支持，1 个联盟（协会）助力，1 支（或 1 支以上）基金保障] 的协调推进体系，由副省长负责新一代信息技术产业工作，山东省工业和信息化厅牵头成立了由省政府办公厅、省科技厅、山东信息产业协会共同参与的工作专班，统筹协调、全面推动产业发展。

专项规划引导产业布局。2018 年山东省工业和信息化厅牵头编制、印发《山东省新一代信息技术产业专项规划（2018—2022 年）》（简称《规划》）。《规划》按照“优势领域争一流，核心领域补短板，前沿领域抢布局”的思路，着力培育集成电路等八大千亿元级产业集群。专班牵头编制《规划》细分领域的实施方案，提出推动《规划》落实工作的主要抓手、关键载体和支撑机构，建立了目标明确、重点突出、路径清晰、保障有力的工作体系，确保实现规划所制定的发展目标。

完善“六个十”体系建设。组建由中国工程院院士担任首席专家的产业智库，多次组织智库专家、地市代表、企业高管召开论证会，对专项规划、5G毫米波芯片项目、奇芯光电项目、安全可靠技术和应用、蓝光存储技术等进行研讨论证。组织山东省信息产业协会牵头组建山东省新一代信息技术产业联盟，整合山东电子学会等行业组织，吸纳海尔、海信等龙头企业及天岳等成长性较好的中小企业，以及部分科研院所、园区参与，推动政企交流合作。

以产业基金服务项目推进。积极协调成立浪潮集团和京东集团的母基金，协调设立山东正威半导体产业基金，引入省级政府引导基金和社会资本参与芯片等项目建设；调度、筛选并两次补充完善母基金项目库，按细分领域对入库项目进行分类，截至2018年年底项目库规模达到136个，总投资约1269亿元。向山东省新动能基金公司推荐总投资51亿元的14个项目，列入山东省新旧动能转换基金网上服务平台项目。参与组织山东省新旧动能转换基金项目推介会，向60余家机构推荐总投资208亿元的21个优质项目，并取得了较好的成效。

推进儒商大会签约项目等全省重大项目建设。2018年山东省组织召开首届儒商大会，其中新一代信息技术产业高峰论坛现场签约总投资约700亿元的13个重点项目。高功率芯片项目、猪八戒网“互联网+服务业”小镇项目、阿里云高新智汇谷等合作项目落地山东省。落实儒商大会签约项目调度机制，按月调度项目进展。在集成电路等核心领域，总投资400亿元的12英寸先进模拟集成电路制造项目、总投资150亿元的芯恩（青岛）协同集成电路制造项目进展顺利；总投资80亿元的德州有研科技集成电路用硅片项目已开工；总投资28亿的惠科6英寸晶圆和半导体功率器件生产项目正式签约。

积极布局超高清视频产业。做好超高清视频产业发展顶层设计，对标《超高清视频产业发展行动计划》，会同山东省有关部门编制出台推动产业发展的实施意见，明确公共服务平台建设、内容制作、超高清频道开播、示范试点、用户推广等方面的支持政策，引导成立产业发展联盟。

【工业电商】

山东省全面开展“工业电商百县行”和“工业电商进千企”活动，在全省确定1000家重点企业，围绕企业互联网的应用和发展，结合当地产业特点和企业实际需求，开展有针对性的公益活动，进行互联网发展的指导和长期帮扶，积极培育制造业与互联网融合发展新模式、新业态。通过工业电商培训、现场规划咨询、经验交流推广、企业对接合作等一系列活动推进当地企业与省内外电商服务、技术开发、工业设计、智能制造、大数据、云计算、物联网、互联网营销、品牌建设等领域的互联网服务企业的对接与合作。

【制造业与互联网融合发展】

推进制造业与互联网融合发展，组织编制《2018年度两化融合导向计划》，遴选出200个技术水平先进、影响力较大的重点项目，形成“山东省2018年度两化融合政策支持备选项目库”，开展精准对接，吸引社会资本、先进技术、优秀解决方案优先对导向计划项目予以支持。推荐山东景芝酒业的“基于互联网的营销管控能力”等6个项目入围工业和信息化部2018年制造业与互联网融合发展试点示范项目，形成可复制、可推广的新业态和新模式，增强制造业转型升级新动能。深入推进两化融合，加快两化融合管理体系贯标企业试点进程，采取多种形式加强宣贯对接，提高试点企业贯标速度和质量，2018年年底山东省有146家企业通过两化融合管理体系评定。引导13913家企业开展线上两化融合评估诊断工作，2018年山东省两化融合发展水平指数达到60.5，居全国第1位，实现集成提升以上阶段企业比例居全国第1位，达37.4%。组织8场两化融合深度行专题活动，为2000余家企业提供两化融合政策、知识等专题培训服务，为企业开展两化融合搭建了学习交流、互通有无的平台。全面落实中国通信企业与山东省政府战略合作协议，壮大两化融合支撑；山东省政府与华为签署战略合作协议，华为云计算数据中心、华为（山东）

软件开发云平台、华为（潍坊）物联网创新中心等一批项目相继落户山东省。

【工业互联网】

山东省研究制定了贯彻落实国发〔2017〕50号文件加快发展工业互联网的实施方案，海尔COSMOPlat、浪潮云工业互联网平台列入国家重点支持的8个工业互联网平台，浪潮、海尔、歌尔等5个项目入围国家工业互联网创新发展工程，获得国家支持资金2.16亿元，山东精益信息科技有限公司、荣成康派斯新能源车辆股份有限公司等7个项目入围国家工业互联网试点示范项目。继续推动企业上云"四个三"的目标任务，2018年省级财政列支5000万元，市级财政列支2亿元，全力推动企业上云发展；培育5家综合云平台服务商、80家行业云平台服务商、122家云应用服务商，遴选奖励39家上云标杆企业、14个上云优秀体验中心、12个优秀行业云平台；累计举办50多场大型宣贯和近100场专题"云行齐鲁"系列活动，培训和对接企业超过2万家，电视台、网络等媒体也多次对上云活动进行报道，形成了企业上云、用云的良好氛围。

【信息安全保障】

2018年，山东省信息安全保障能力稳步提升。开展工业信息安全态势感知平台试点工作，针对烟草、石化、制造、水泥、制药、能源等多个行业组织工业控制系统信息安全检查，指导成立"山东省工业信息安全产业发展联盟"，有效提升山东省安全防护能力建设。2018年8月，为进一步加大工业信息安全专业人才选拔与培养力度，举办2018年工业信息安全技能大赛华北赛区比赛，华北赛区4支队伍入选工业信息安全应急服务支撑单位，有力支撑我国的工业信息安全应急服务工作，提升行业整体安全意识。统筹配置频率资源，严格开展干扰查处和行政执法，2018年查处"伪基站"24台（套）、"黑广播"123台（套），扎实开展上海合作组织青岛峰会无线电安全保障工作，切实维护空中电波秩序，保障山东省无线电安全。

# 河南省信息化发展概况

【信息通信业发展基本情况】

2019年，河南省信息通信业经济运行稳中有进，电信业务总量保持快速增长，电话用户总数、业务收入规模均提升1位，分别居全国第4位、第5位。网络提速降费持续推进，移动电话、移动互联网用户新增数量均居全国第1位。

（一）电信业务量情况

2019年，河南省完成电信业务总量5998.8亿元，居全国第4位，较2018年增长52%，比全国平均水平低10.9个百分点；完成电信业务收入648.6亿元，居全国第5位，较2018年增长2.8%，比全国平均水平高2个百分点。河南省电信资费综合价格指数为10.8%，居全国第16位。

（二）电信用户发展情况

2019 年，河南省电话用户新增 923.4 万户，总数达到 11647.6 万户，居全国第 4 位。移动电话用户新增 942.8 万户，新增数量居全国第 1 位；移动电话用户达 10889.8 万户，居全国第 4 位。其中，移动转售电话用户新增 455.9 万户，总数达 1048.7 万户，居全国第 2 位。固定电话用户减少 19.4 万户，总数为 757.8 万户，居全国第 7 位。移动宽带用户新增 817.2 万户，总数达 8688.9 万户，居全国第 2 位。4G 移动电话用户新增 835.2 万户，总数达 8067.4 万户，居全国第 4 位；渗透率达到 82%，比全国平均水平高 1.9 个百分点。VoLTE（长期演进语音承载）用户达 3383.7 万户，占 4G 移动电话用户的比例为 42%。

2019 年，河南省互联网用户新增 746.4 万户（按可比口径计算），总数达 11016.8 万户，居全国第 4 位。互联网宽带接入用户新增 265.3 万户，总数达 2769.2 万户，居全国第 6 位。固定宽带家庭普及率达 91.1 部/百户，居全国第 15 位，比全国平均水平低 3.7 部/百户。其中，FTTH/O 用户占比为 94.3%，居全国第 10 位，比全国平均水平高 1.4 个百分点；100Mbps 以上带宽接入用户占比为 90%，居全国第 6 位，比全国平均水平高 4.8 个百分点；1000Mbps 以上带宽接入用户占比为 0.008%，居全国第 24 位，比全国平均水平低 0.192 个百分点；互联网专线用户占比为 0.6%，居全国第 18 位，比全国平均水平低 0.4 个百分点。河南联通、河南移动、河南电信公司 FTTH/O 用户占比分别为 95.8%、91.9%、96.8%，100Mbps 以上带宽接入用户占比分别为 90.5%、93.1%、81.4%，1000Mbps 以上带宽接入用户占比分别为 0.013%、0.0002%、0.017%，互联网专线用户占比分别为 0.5%、0.9%、0.6%。移动互联网用户新增 481.1 万户（按可比口径计算），总数达 8247.6 万户，居全国第 4 位。移动宽带用户普及率达 90.5 部/百人，居全国第 18 位，比全国平均水平低 5.3 部/百人。

2019 年，河南省物联网终端用户新增 3264.7 万户，总数达 7043.2 万户，居全国第 6 位，较 2018 年增长 86.4%。其中，NB-IoT 终端达到 505 万个；智慧公共事业、智能制造、智慧交通和车联网、智慧农业终端用户分别达 2740.8 万户、1380.5 万户、464.9 万户、5 万户。河南移动、河南联通、河南电信公司物联网终端用户分别为 5997.8 万户、501 万户、544.4 万户。IPTV（网络电视）用户新增 917.3 万户，总数达 1775.3 万户，居全国第 5 位，较 2018 年增长 17.1%。河南移动、河南联通、河南电信公司 IPTV（网络电视）用户分别为 924 万户、632.2 万户、219.1 万户。

（三）互联网业务使用情况

2019 年，河南省手机上网流量为 $68.5\times10^9$GB，居全国第 4 位，较 2018 年增长 57.4%，比全国平均水平低 15 个百分点。手机上网用户月户均流量为 6.2GB，居全国第 29 位，比全国平均水平低 2.1GB，月户均流量较 2018 年减少 6.3%，比全国平均水平低 28.1 个百分点。河南移动、河南联通、河南电信公司手机上网流量分别为 $32.4\times10^9$GB、$26.6\times10^9$GB、$9.4\times10^9$GB，增速分别为−33.6%、36.1%、26.2%。河南移动、河南联通、河南电信公司月户均流量分别为 3.4GB、10.7GB、10.2GB，增速分别为−36.3%、24.1%、12.7%。

2019 年，河南省物联网终端接入流量为 33739000GB，居全国第 9 位。其中，河南移动、河南联通、河南电信公司物联网终端接入流量分别为 13685000GB、6548000GB、13507000GB。河南省固定宽带用户总接入带宽为 4818000Gbps，其中，河南移动、河南联通、河南电信公司固定宽带用户总接入带宽分别为 2217000Gbps、1895000Gbps、707000Gbps。

（四）电信业务收入构成

2019 年，河南省非话音业务收入为 579.1 亿元，居全国第 5 位，较 2018 年增长 4.8%，占电信业务收入的 89.3%，占比居全国第 3 位。其中，数据及互联网业务收入（含固定和移动）为 450.9 亿元，居全国第 4 位，占电信业务收入的 69.5%；增值业务收入（含固定和移动）为 96.7 亿元，居全国第 7 位，占电信业务收入的 15%；物联网业务收入为 5.7 亿元，占电信业务收入的 0.9%。

在增值业务收入中，IPTV（网络电视）业务收入为 16.9 亿元，占电信业务收入的 2.6%；数据中心业务收入为16.8亿元，占电信业务收入的2.6%；云计算业务收入为3.8亿元，占电信业务收入的0.6%；大数据业务收入为0.6亿元，占电信业务收入的0.1%。

（五）固定资产投资

2019年，河南省信息通信业完成固定资产投资168亿元（注：含河南铁塔公司投资的17.6亿元），居全国第5位，较2018年增长10.3%，比全国平均水平高5.6个百分点，增速居全国第7位。其中，河南移动、河南联通、河南电信、河南铁塔公司分别完成固定资产投资85.9亿元、37.7亿元、26.7亿元、17.6亿元。

（六）主要通信能力

2019年，河南省移动电话基站新增9.9万座，达43万座，居全国第5位，较2018年增长30%，其中，4G基站新增9.3万座，总数达29.5万座，居全国第5位，较2018年增长46.3%。互联网省际出口带宽新增8994.1Gbps，达到38359Gbps，居全国第4位，较2018年增长30.6%。互联网宽带接入端口减少28万个，总数为4752.8万个，居全国第6位，较2018年减少2%。光缆线路长度减少2.5万千米，达到176.1万千米，居全国第12位，较2018年下降1.4%。

（七）电信经济效益

2019年，河南省各基础电信运营企业完成利润总额101.6亿元，居全国第7位，较2018年增长13.4%，增速居全国第3位。河南移动、河南联通、河南电信公司分别完成利润总额88.9亿元、18.2亿元、−5.5亿元，共完成税费总额33.8亿元，居全国第6位，较2018年减少0.7%，增速居全国第23位。河南移动、河南联通、河南电信公司分别完成税费总额26.9亿元、6.6亿元、0.3亿元。

（八）电信资费水平

2019年，河南省手机上网流量资费为5.4元/GB，居全国第7位，比全国平均水平高0.4元/GB；流量资费较2018年降幅（35.7%）居全国第29位，比全国平均水平低5.7个百分点。

【电子信息制造业发展基本情况】

河南省大力推动电子信息制造业转型升级和高质量发展，围绕“龙头带动、集群配套、创新协同、链式发展”思路，积极构建“1+4+*N*”产业格局，即建设世界级智能终端产业集群，培育智能传感器、信息安全、新型显示、电子材料4个千亿元级产业，打造若干个百亿元级电子信息产业特色园区，聚焦重大项目，促进产业集聚，加快关键技术研发，扩大智能产品有效供给。电子信息制造业规模逐渐扩大，层次不断提升，结构持续优化，保持稳定增长态势。2018年河南省电子信息制造业增加值增速为14.4%，高于全省工业增加值增速7.2个百分点。2019年河南省规模以上电子信息制造业增加值增速为11.4%，高于全省规模以上工业增加值增速3.6个百分点，占全省工业增加值的比重为5.5%，对全省工业贡献率为8.3%。

（一）创新能力不断增强

重点产业链上下游协同创新能力明显提升。郑州大学、河南工业大学、中国电子科技集团公司27所、汉威科技集团股份有限公司、河南仕佳光子科技股份有限公司等单位联合发起成立河南省智能传感器创新联盟。河南省智能传感器创新中心被认定为省级制造业创新中心培育单位；河南省工业新型成像技术创新中心被正式认定为省级制造业创新中心，重点细分行业发展较快。

（二）智能终端产业

郑州航空港经济综合试验区围绕富士康智能手机项目已经形成3000亿元级产业集群，智能终端（手机）产业园建设加快推进，力争在2025年达到5000亿元以上产业规模。在计算终端产业方面，河南省抢抓国家信息技术自主可控重要机遇期，在全国率先部署鲲鹏生态创新中心，建成基于鲲鹏架构的“Huanghe”服务器和PC机生产线。目前鲲鹏计算产业主要布局郑州大都市区，初步形成郑州、开封、新乡、许昌等地协同发展格局。在光电产业方面，中航光电56Gbps高速光电连接器占全国75%的市场份额；河南仕佳光子科技股份有限公司与中国科学院合作，在光分路器领域深耕多年，PLC（平面光波导）分路器芯片占全球市场份额的60%。在智能传感产业方面，河南省智能传感器在气体传感、红外传感、仪器仪表等方面具有一定的技术和产业优势，主要集中在郑州、洛阳、新乡等地。根据《河南省智能传感器产业发展行动方案》，河南省目前正在推进“一谷两基地”（郑州智能传感谷及洛阳、新乡传感器生产基地）建设，拥有汉威科技集团股份有限公司、光力科技、森霸传感、新天科技、中国电子科技集团公司 27 所等行业领域内的知名骨干企业，其中，汉威科技集团股份有限公司气体传感器和气体检测仪表国内市场占有率均居第 1 位；光力科技瓦斯抽采管网监控系统市场占有率为90%左右；森霸传感是中国电子元器件百强企业，生产的热释电红外传感器全国市场占有率第一。在电子材料产业方面，河南省电子材料产业基础较好，产品门类丰富；硅材料生产主要集中在郑州航空港区、洛阳、许昌等地，郑州合晶、洛阳单晶硅等骨干企业的 8 英寸硅片量产，缩小了我国与国际半导体硅片行业生产水平的差距。在汽车电子产业方面，河南省是全国重要汽车消费大省，汽车电子产业基础较好，聚焦汽车电子重点领域集中突破，形成了新的特色优势产业，对推动全省汽车产业加快向新能源及网联汽车方向转型具有重要意义。河南省汽车电子产业主要集中在郑州、鹤壁，建设了天海电器产业园、航盛汽车电子产业园等特色汽车电子专业园区。骨干企业天海集团生产的汽车线束、电子插接件国内市场占有率保持在 20%以上，是全国最大的连接器科研生产基地。

（三）推进行业规范公告和智慧健康养老试点示范工作

一是加强光伏、锂离子电池和印制电路板行业管理，按照工业和信息化部要求，做好行业规范公告工作。截至 2019 年，河南省已有 4 家企业进入光伏制造行业规范公告名单，3 家企业进入锂离子电池行业规范公告名单。二是做好智慧健康养老应用试点示范推荐申报工作。河南省共有 19 家单位获得国家智慧健康示范单位称号，4 家企业的 5 种产品和服务列入《智慧健康养老产品服务推广目录》。

**【两化融合发展基本情况】**

2019 年，河南省深入实施《智能制造和工业互联网发展三年行动计划》，推动制造业高质量发展，各项工作取得了积极进展。

（一）抓好标杆示范

加强省、市两级示范体系建设，由地市结合本地产业发展基础遴选确定市级示范名单，符合条件的纳入省级示范，形成省、市上下联动的工作格局，截至 2019 年 9 月底河南省遴选确定市级智能制造示范企业 966 家、省级智能车间（智能工厂）273 个，形成了一批较为成熟的解决方案，为制造企业转型升级提供学习案例。河南省围绕装备制造、食品、电子信息、汽车、冶金、建材、化工、轻纺、医药等重点行业，分行业遴选 20 家省级智能制造标杆企业，并组织编写标杆企业案例汇编，加快有效模式复制、移植和推广。

（二）推动项目建设

围绕关键岗位、生产线、车间、工厂等不同层面，指导各地对在建、新建项目进行梳理，建立智能化改造项目库，并依托项目库管理平台，加强项目动态监测和跟踪服务，及时协调解决项目建设中的重大问题，推动项目尽快建成、投产达效。截至 2019 年 9 月底，河南省投资 3000 万元以上的重点项目达 1072 个，总投资额为 2549.4 亿元，已完成投资 1006.4 亿元，为稳定增长发挥了积极作用。

（三）加快“企业上云”

开展第二批“企业上云”服务商遴选，认定云平台服务商 8 家、云应用服务商 20 家，并在前两批服务商基础上建立“企业上云”服务资源池，推动成立河南省“企业上云”推进联盟，强化“企业上云”服务支撑；先后在 17 个省辖市组织“企业上云”深度行活动，通过专家授课、案例分享、专题对接、现场展示等方式，帮助企业提高上云的思想认识，促进云服务商与企业交流合作，有效加快“企业上云”步伐，截至 2019 年 9 月底全省上云企业达 2.6 万家。

（四）强化基础支撑

加强两化融合管理体系建设，引导企业以贯标评定、对标诊断为抓手，建立、实施、保持和改进两化融合管理体系。截至 2019 年 9 月底河南省贯标企业达 1223 家，对标企业达 8462 家，232 家企业通过贯标评定。深化企业智能化改造诊断服务，面向国内知名系统解决方案供应商，累计征集 100 名具有专业知识和实战经验的智能制造技术专家，由地市及时发现企业智能化改造需求，在省级层面组织专家为企业提供专业化、常态化服务，帮助企业确定智能化改造方案，截至 2019 年 9 月底累计座谈企业 1440 家，为 481 家企业出具诊断报告。

（五）加强交流合作

河南省举办第三届中国服务型制造大会，来自全国政、产、学、研、用、金各领域代表共 1500 多人参会，总结服务型制造发展经验和成果，分享实践创新经验，研讨进一步推动服务型制造深入发展的政策措施；先后举办工业互联网平台建设培训对接活动、电气装备行业智能制造现场会、智能制造系统解决方案供应商专题培训会、纺织行业智能制造现场会，帮助企业负责人提高思想认识，提升转型发展能力。

（六）完善工作机制

经河南省政府同意，面向省辖市政府开展 2018 年度河南省智能制造工作考核，对各地工作完成情况进行打分排序，并对考核结果予以通报，营造对标先进、争当先进的良好氛围。组织 2019 年上半年河南省智能制造观摩点评活动，由副省长等领导带队，各省辖市、省直管县（市）政府分管领导，以及工业和信息化部门主要负责人参加，组成 4 个观摩组赴 18 个省辖市开展现场观摩，召开观摩总结大会，对各地工作推进情况进行点评排序，并表彰优秀企业。建立信息通报机制，每周编发简报宣传各地经验做法和动态信息，每月编发通报总结重点任务完成情况，累计编发简报 27 期、通报 8 期。

# 湖北省信息化发展概况

2019 年，湖北省深入贯彻落实习近平总书记视察湖北重要讲话精神和湖北“一芯两带三区”战略布局要求，以新一代信息技术与制造业深度融合为主线，提升信息基础设施，壮大产业规模，深化融合应用，助推湖北省工业经济高质量发展。

## 【信息基础设施建设】

2019 年，湖北省电信业务总量累计完成 3365.9 亿元，同比增长 65.4%。湖北省固定宽带用户达 1708.3 万户，其中光纤用户渗透率为 95%；移动电话用户达 5688.0 万户，同比增长 2.1%；手机上网用户达 4628.9 万户，其中 5G 用户为 5.7 万户；光纤接入端口达 2742 万个，占全省宽带接入端口总数的 89.5%；全省电话基站达到 30.3 万座，同比增长 36.0%，其中，3G/4G 基站总数为 23.5 万座，占基站总数的 77.6%；全省 20 户以上村民小组光纤通达率达 92.7%，4G 覆盖率达 92.5%。

一是网络架构不断优化。武汉国家级互联网

骨干直联点（综合监测系统）建设工程竣工初验，进一步推进骨干网带宽扩容，截至2019年年底，湖北省互联网出口带宽达到20.0Tbps。中部地区第一个互联网根镜像服务器正式完成部署，提升了湖北省互联网根域解析速度，提高了互联网安全性能，优化了全国网络整体布局，巩固了湖北网络中心、数据中心的领先地位。IPv6基础设施全面就绪，获得IPv6地址的LTE终端占比达90%以上，固定宽带终端占比达60%。

二是电信普遍服务试点取得新进展。2019年，湖北省完成了第4批276个4G基站建设和第5批317个4G基站招标采购，上报2020年储备基站2980座。“同网同速”取得实效，农村宽带速率达100Mbps，与城市宽带速率相当。启动城市千兆位宽带入户示范，通过先试点验证、后推广落实，在湖北省16个城市开展千兆位宽带入户示范行动。

三是5G网络建设加速推进。湖北省委、省政府高度重视，成立由湖北省委常委牵头的5G网络建设联席会议机制，协调解决疑难站址确定问题，简化基站建设审批流程。加强顶层设计，湖北省政府出台《湖北省5G产业发展行动计划（2019—2021年）》《湖北省电信设施建设与保护办法》。创新规划建设5G“万站工程”，以武汉市为建设重点，扩大5G试点城市范围，截至2019年年底，湖北5G基站达12714座，省内各地市均开通了5G试验基站。全面推动5G网络共建共享，在全国率先完成湖北省5G站址专项规划工作。推动成立湖北省5G产业联盟，建立信息共享、协同创新、产业交流、应用推广机制，加快5G在垂直行业的应用。

四是工业互联网稳步发展。高质量建设运营国家顶级节点，2019年国家顶级节点（武汉）标识注册量已超过4亿个；完成以长飞公司为代表的6个二级节点上线，稳步推进多个二级节点建设，初步形成二级节点及标识应用生态；支持地方企业争取工业和信息化部专项，湖北省华中数控机床行业二级节点等8个项目中标2019年制造业高质量发展专项；成功举办首届中国工业互联网标识大会和中国（黄石）工业互联网创新发展大会，推动成立了工业互联网产业联盟湖北分联盟，不断完善产业生态。

五是降费举措更加精准有效。截至2019年年底，移动流量平均资费为5.5元/GB，同比降低42.3%，三大运营商对中小企业宽带平均资费降低均超过15%。针对建档立卡贫困户出台了降低50%通信费的优惠政策，2019年湖北省共为81.3万户建档立卡贫困户减免通信费2亿元；免费将3935所农村中小学的宽带接入速率升级到100Mbps及以上。

**【电子信息制造业】**

2019年，湖北省电子信息产业总体呈现平稳较快增长的发展态势，实现主营业务收入6807亿元，同比增长9.97%，比全省规模以上工业收入增幅高2.17个百分点，其中，电子信息制造业主营业务收入为4651亿元，同比增长5.7%，比全国同行业规模以上企业收入增幅高1.2个百分点。电子信息制造业工业增加值为1303亿元，同比增长7.83%，比全省规模以上工业增加值增幅高0.03个百分点。电子信息制造业实现利润总额220亿元，同比增长10.2%，比全国同行业规模以上企业和全省规模以上工业利润增幅分别高7.1个百分点和6.2个百分点。电子信息制造业主要产品产量快速增长，其中，锂离子电池产量增长35.5%，半导体发光二极管产量增长25.5%，液晶显示器产量增长24.3%。电子信息制造业从业人员年平均人数达到39万人，同比增长4.6%。电子信息制造业综合发展指数明显提升，特色鲜明的“芯屏端网”产业集群具备雏形，产业经济逐步进入高质量发展模式。

一是产业投资稳步增长，加速形成发展新动能。2019年，湖北省电子信息制造业固定资产投资进一步加大，投资增长势头依然强劲，不断增强产业发展动力。主要投资项目有：总投资240亿美元的武汉国家存储器基地项目一号厂房项目陆续投产量产，32层三维闪存芯片2019年年初启动量产，良率超过90%，64层制程工艺完成搭建，性能不断提升，良率超过75%，9月正式量产，10月实现月产2万片的预期目标，128层产品工艺研发已全部完成，2020年启动量产；总投资350亿元的武汉华星光电T4项目厂房建设全部完工，一期设备采购、安装、调试已结束，产能与良率爬坡，客户开拓顺利，12 月实现量产；总投资约 460 亿元的武汉京东方光电科技有限公司（以下简称京东方）10.5 代薄膜晶体管液晶显示器件生产线项目，厂房建设装修工程完工，陆续进入设备采购、安装、调试阶段，9 月实现产品点亮，第 2 批设备已完成采购，第 3 批设备采购已启动，购入的设备正陆续搬入安装，12 月实现量产；武汉天马微电子有限公司（以下简称天马）的第 6 代 OPLED 显示面板扩产项目，6 月开始设备安装，2020 年第二季度完成安装调试，2020 年 9 月开始投产。

二是重点领域和龙头企业取得突破性发展。湖北省电子信息产业正向高质量发展模式不断升级，电子信息制造业重点领域取得了突破性进展。在新型显示领域，中小尺寸显示在全国规模领先，华星光电 T3 项目建成后已开始增长发力，全年收入已经突破 150 亿元，实现翻番增长，T4 项目全部厂房建成完工，并于 2019 年 12 月实现量产；京东方在武汉投资的生产线项目，是湖北单次投资规模最大的显示面板项目，2019 年 12 月实现量产；天马第 6 代线扩产项目于 2019 年 6 月开始设备安装调试，于 2020 年第三季度实现量产，当前国内显示领域三巨头齐聚武汉。在集成电路领域，湖北省对长江存储等重点建设项目实施全天候“直通车”服务，全力争取国家基金支持，国家大基金二期 150 亿元出资目前已经落实，并取得董事席位；已完成省级半导体三维集成制造业创新中心创建，进入国家级制造业创新中心培育期。在智能终端领域，顺应 5G 产品更新换代趋势，重点支持武汉华为科技有限公司、小米武汉总部、鸿富锦精密工业（武汉）有限公司（以下简称富士康）、中国信科集团等一批重点企业，加强高端光电子器件、智慧城市建设等新一代智能产品的研发、制造和示范应用，收效十分显著。龙头骨干企业充分发挥引领支撑作用：中国信科集团、长飞、骆驼集团股份有限公司（以下简称骆驼集团）被评为 2019 年（第 33 届）中国电子信息百强企业；长飞、武汉光迅、瀛通通讯、湖北科普达、泰晶被评为 2019 年（第 32 届）中国电子元件百强企业；一批重点企业营业收入稳步增长，为当地产业发展起到重要带动作用，2019 年有 6 家电子信息制造企业销售产值过百亿元，中国信科集团、摩托罗拉（武汉）移动技术通信有限公司、富士康、华星光电、骆驼集团、湖北凯乐科技产值分别达到 433 亿元、362 亿元、266 亿元、151 亿元、143 亿元、119 亿元。

三是市州产业发展潜力逐步显现。各市州充分发挥地方资源优势，把加快推进电子信息产业发展作为稳增长、促转型的战略选择和重要抓手，尤其在产业集聚、园区建设等方面成效十分显著。武汉在集成电路、新型显示、光通信等领域，襄阳在消费电子领域，宜昌在电子材料领域，荆州在电子元器件领域，黄石在印制电路板领域，随州在光伏电子领域，通过招商引资、企业培育和科技创新等举措，推动产业发展初具规模，正朝着集群集约方向迈进，为湖北省电子信息制造业快速发展锦上添花。湖北省有 12 个市州电子信息制造业保持稳定增长，有 4 个市州电子信息制造业主营业务收入同比增幅超过 21%，其中鄂州、黄冈电子信息制造业主营业务收入同比增幅达 84.4%和 80.4%。武汉在湖北省产业发展中依然具有重要的支撑作用，电子信息制造业主营业务收入占全省业务收入总额的 68.15%；荆州、襄阳电子信息制造业主营业务收入分别突破 298 亿元和 260 亿元；荆门、宜昌、孝感电子信息制造业主营业务收入分别达 191 亿元、167 亿元、135 亿元以上，湖北省电子信息制造业总体呈现稳步增长的良好态势。

**【软件和信息技术服务业】**

一是产业规模稳居中部地区第 1 位。2019 年，湖北省软件和信息技术服务业主营业务收入达 3096 亿元，其中，软件业务收入为 2156 亿元，同比增长 20.6%，高于全国平均水平。信息技术服务能力持续提升，通过 ITSS（信息技术服务标准）符合性评估企业达 195 家，企业数量居全国第 5 位。

二是企业培育成效显著。湖北省软件业务收入超过 50 亿元的企业由 2 家增加到 3 家，软件业务收入过 1 亿元的企业由 226 家增加到 258 家。在湖北省软件企业中，主板上市企业为 6 家，海外上市企业为 2 家，近 70 家企业在新三板和创业板上市。原武汉邮电科学研究院入选 2019 年（第

18届）中国软件业务收入百强企业名单，居第18位。中国信息通信科技集团有限公司自2018年成立后，2019年软件业务收入已达134亿元。领航动力信息系统有限公司、武汉天喻信息产业股份有限公司、武汉佰钧成技术有限责任公司3家企业进入中国电子信息行业联合会发布的2019软件与信息技术服务综合竞争力百强企业名单。武汉达梦数据库有限公司的达梦数据库管理系统、武汉安天信息技术有限责任公司的AVL智能终端反病毒软件获评2019第二十三届中国国际软件博览会优秀软件产品。

三是特色产业聚集效应明显。2019年3月，工业和信息化部正式批准授予武汉市“中国软件特色名城”称号。湖北省按照省、市联合创建武汉中国软件特色名城工作部署，出台了一系列支持软件产业发展政策，在“互联网+”、基础软件领域形成鲜明特色优势。一大批本土互联网企业成长迅速，在直播平台、数字出版平台、电商平台、教育云平台、翻译平台、网约车平台、新零售平台、车联网平台、智能制造平台、生活服务平台领域初步形成十大集群，用户数、销售规模、经济效益、社会效益国内领先。各地知名互联网企业纷纷入驻武汉中国光谷，以光谷为总部或第二总部的知名互联网企业已达70多家，总部效应不断发酵，带来了庞大的生态链。有些企业的“第二总部”在湖北如鱼得水，正悄然变身为“第一总部”。

四是信创工作走在全国前列。按照工业和信息化部工作部署，为尽快改变核心技术受制于人的局面，强化自主技术应用推广，湖北省提出信息技术应用创新“两基地一中心”（国家级适配基地、国家级人才培养基地、国家级基础软件研发中心）建设思路，得到工业和信息化部大力支持，目前正在工业和信息化部指导下加快实施，相关工作走在全国前列。

## 【人工智能产业】

中国信息通信研究院发布的《中国大数据应用发展指数报告（2019）》和《中国智能化发展指数报告（2019）》显示，湖北大数据应用发展指数、智能化发展指数评分分别居全国第14位、第9位。据统计，2019年湖北省现有人工智能企业超过50家，近3年研发投入超过4亿元，全省人工智能产业总产值超过40亿元。湖北省人工智能产业主要呈现4个特点。

一是基础创新有力支撑。华中科技大学、武汉科技大学相继设立了人工智能学院，小米科技与武汉大学联合设立了人工智能实验室。湖北省高校院所拥有一大批光电信息、智能制造、空间地理的院士、专家，设立了计算机、自动化、光电信息等人工智能基础学科，也设立了机械、遥感、生物信息、汽车等人工智能应用学科。

二是基础产业正在形成。人工智能产业的基础层包括芯片、操作系统、基础算法、数据库等。近年来，湖北积极承担国家战略，拥有以长江存储、武汉新芯、光迅科技、国家信息光电子创新中心等为代表的人工智能芯片集群，以达梦数据库、深之度操作系统等为代表的人工智能软件集群，以华中数控、国家数字化设计与制造创新中心等为代表的智能制造集群等。

三是一流企业纷纷集聚。近年来，湖北省将人工智能企业及人才作为“双招双引”的重要对象。小米人工智能总部在武汉市已建成；列为国家新一代人工智能创新平台的“BATKS”（百度、阿里巴巴、腾讯、科大讯飞、商汤科技）均在武汉市落地投资；视觉识别的四小龙“商汤科技、旷视、依图、云从”中前3个已落户武汉市；智能芯片龙头企业寒武纪、地平线等也有意向在湖北省投资。

四是创新创业氛围浓厚。湖北省已初步形成一批具有核心竞争力的企业，以光庭科技（无人车）、易瓦特（无人机）、南华工业（无人船）、合刃科技（新一代机器视觉技术）、精测电子（人工智能检测）、极目智能（智能驾驶辅助系统）、库伯特（智能机器人操作系统）等为代表的一批企业发展迅速，在智慧城市、智能制造、智能驾驶等领域开展了深入的应用推广。

## 【大数据产业】

一是大数据产业初具规模。截至2019年年底，武汉市已认定大数据企业373家，其中279家企业纳入软件和信息技术服务业统计范围，大数据软件业务收入达460.07亿元，大数据企业数量占湖北省软件企业的11.4%，产业规模占全省软件业务收入的22.9%。数据中心建设快速发展，2019年湖北省在用数据中心超过60个，机架服务器超过7.5万架，供给余量较大。

二是产业链各环节均有分布。湖北省在大数据产业链基础设施层、数据管理层和数据应用层集聚了一批创新能力较强的企业。烽火科技、光电工研院等在大数据光存储系统领域有一定的基础和实力；佰钧诚、湖北天地源、武汉云商在线提供数据中心基础设施服务；达梦数据库是我国自主创新能力最强的数据库企业；领航动力、神州数码、软通动力、开目信息等企业在云外包集成、云平台开发、云解决方案等方面能力突出；光庭信息、武大吉奥、立得空间、领航动力等利用地球空间信息数据提供导航、交通、智慧城市方面的服务；天喻信息在数据安全、移动支付服务、无线城市、教育云等领域拥有领先优势。在数据交易方面，湖北省拥有武汉长江大数据交易有限公司、武汉东湖大数据交易中心股份有限公司、湖北华中大数据交易股份有限公司3家企业。

三是产业载体已见雏形。以光谷云村、左岭大数据产业基地、武汉临空港大数据产业园、襄阳云谷等为代表的产业载体，已经成为湖北省大数据产业的核心力量。“光谷云村”创新“基地+基金”的发展模式，吸引上海云天、长江大数据交易中心等多家云计算大数据企业集聚；襄阳、宜昌在现有云计算设施的基础上，发展高性能计算、海量数据存储；华为、中国移动、锦云中国等大型数据中心项目落户襄阳；宜昌建设三峡大数据基地三峡数据中心、三峡大数据基地葛洲坝（紫阳）数据中心等重点项目，依托长江三峡大坝和葛洲坝流域的地理、能源和央企资源优势，打造“一区一园一基地”的大数据产业集群。

**【新一代信息技术与制造业融合发展】**

一是5G创新应用快速发展。湖北省以建设5G网络先行区、创新应用示范区、产业发展集聚区为目标，实施5G行业应用“十百千”工程，面向10个重点领域，开展100个示范应用，孵化培育1000家应用示范企业。2019年，虹信公司国内首条“5G+”工业互联网生产线投入运营；全国首例基于5G通信的港口集装箱智能运输在武汉花山港启动；武汉、襄阳国家级“5G+”智能网联汽车试点示范加快建设；第七届世界军人运动会率先实现5G商用，取得“五个”应用领域第一，向全球展示了湖北5G力量；湖北省以“5G+”为特征的智慧交通、智慧医疗、智慧城管、智慧教育、智慧旅游、智慧采编等应用快速发展。

二是工业互联网平台建设初具规模。目前，湖北省已经建成15个左右企业级工业互联网平台，其中长飞光纤“5G+”工业互联网平台入选工业和信息化部集成创新试点示范项目；华星光电等6家企业入选工业和信息化部互联网与制造业融合试点示范企业；武重集团面向国产高端数控装备的远程运维云解决方案，获批2019年国家工业互联网试点示范；盛隆电气等5家企业平台入围国家制造业“双创”平台，湖北省入围国家制造业“双创”平台企业累计达13家。

三是企业上云加速推进。湖北省为支持企业上云，每年在技改资金中分拨5%用于企业上云奖补，自2018年以来，累计投入财政资金6000余万元，带动地市政府投入2.3亿元用于奖补上云企业，湖北省上云企业达2.2万家，通过云化服务，企业降本成效明显。2019年按行业分类开展企业上云培训，共召开专题培训会7场，培训各市州工业和信息化厅分管领导及相关重点企业相关负责人1400人次；企业上云意识明显增强，涌现了一批典型企业上云案例。

四是两化融合不断深入。2019年遴选湖北省两化融合试点示范项目148个、基于互联网的制造业“双创”平台试点示范项目30个，并择优向工业和信息化部推荐优秀企业上云案例7个。2019年，湖北省两化融合试点示范企业达1000家，“双创”平台达45个，其中国家级“双创”平台为13个；湖北省参加对标诊断企业比2018年增加近1000家；湖北省开展贯标企业数量已达485家，新增226家，通过贯标企业数量达126家，新增52家，贯标工作进展在全国排名第9位，较2018年上升1位。

# 湖南省信息化发展概况

2018年，湖南省上下进一步抢抓电子信息产业加速转移的重大机遇，着力加强自主创新，大力推进结构调整，积极优化产业布局，保持了产业稳定快速增长。2018年实现主营业务收入2769.8亿元，其中电子信息制造业、软件和信息技术服务业分别实现主营收入2018.6亿元、751.2亿元，增速分别为11.2%、18.5%。

## 【电子信息制造业】

电子信息制造业保持快速增长。2018年，湖南省电子信息制造业累计完成增加值803.48亿元，同比增长21.6%，拉动全省规模工业增加值1.5个百分点；增速较全省规模工业平均增速高14.2个百分点，较2017年提高5.7个百分点。电子信息制造业实现主营业务收入2018.6亿元，同比增长11.2%。行业整体呈现稳中有升的态势。

项目建设扎实推进。总投资180亿元的新金宝喷墨打印机项目落地，实现湖南消费类电子整机重大突破。华为、腾讯、阿里巴巴、浪潮等多个项目落地湖南。中国电子在湖南布局持续拓展，中电工业互联网平台、中电自主可控及信息安全产业基地、中国长城海洋信息安全装备等项目相继落地，中电彩虹（邵阳）特种玻璃项目成功点火。

产业平台加快建设。国家网络安全产业园区（长沙）创建申报工作取得积极进展。自主可控适配中心获批并授牌。IGBT二期项目启动，湖南国芯半导体科技有限公司集成电路特色工艺及封装测试。功率半导体省级制造业创新中心获批挂牌，启动国家级制造业创新中心创建工作，功率半导体布局初步形成。中国电子科技集团48所集成电路成套装备国产化集成及验证平台项目开工建设。

产业服务不断加强。成功组织IGBT产业对接会、网络安全主题峰会及网络安全·湖湘力量展、人工智能发展论坛等活动，提升湖南相关产业影响力。积极争取工业和信息化部在国家级网络安全产业园区、智能汽车与智慧交通应用等工作的支持。推荐2家企业进入智慧健康养老示范试点、2家企业进入全国电子百强企业、12名企业家成为电子信息行业优秀企业家。

## 【软件和信息技术服务业】

产业规模稳步增长。2018年湖南省软件和信息技术服务业初步统计营业收入为751.2亿元，同比增长18.5%，增长速度高于全国平均水平3个百分点。2018年湖南省软件和信息技术服务业发展指数为67.09，在全国排名第10位，在中部地区排名第2位，产业规模保持稳步增长。

产业结构继续优化。信息技术服务业规模超过软件产业成为重点，产业向网络化、服务化迅速转变。2018年，湖南省软件业收入合计507.17亿元。其中，软件产品收入为222.12亿元，占43.79%，同比增加17.49%；信息技术服务收入为239.75亿元，占47.27%，同比增加5.54%［其中，运营相关服务（包括在线软件运营服务、平台运营服务、基础设施运营服务等在内的信息技术服务）收入同比增长12.89%］；嵌入式系统软件收入为 45.3 亿元，占 8.94%，同比增加 17.25%。

人才队伍不断扩大。作为知识技术密集型产业，人才是软件和信息技术服务业发展的关键因素。行业的融合化发展和服务化趋势吸引了各领域、各层次的人才跨界加入，人才队伍不断扩大。2018 年，湖南省软件和信息技术服务业从业人员达 7.2 万人，比 2017 年增长 2%。人才已经成为湖南省产业发展的突出优势之一。

产城融合发展迅速。2018 年，湖南省累计认定省级软件和信息技术服务产业重点园区 10 个，项目用地共 10200 亩，总投资额达 722 亿元；软件和信息技术服务业营业收入合计 533.6 亿元，比 2017 年增长 22%，占湖南省软件和信息技术服务业总营业收入的 70%，湖南省软件和信息技术服务业企业共 6622 家，比 2017 年增加 13%。

骨干企业实力增强。2018 年湖南省软件和信息技术服务业营业收入过 1 亿元的企业数量达 87 家，其营业收入占软件和信息技术服务业总营业收入的 87%，是 2015 年的 2 倍。其中，营业收入达 100 亿元的企业 1 家，10 亿元以上的企业 15 家，5 亿～10 亿元的企业 6 家，1 亿～5 亿元的企业 66 家。湖南省通过软件企业评估的企业 320 家，比 2017 年增长 50%；通过 CMMI 的企业有 101 家，比 2017 年增长 12%，其中，通过 CMMI5 的企业有 13 家，通过 CMMI3 的企业有 88 家。

【科技进步与应用】

电子信息制造业。中国长城科技集团自主可控计算机及信息安全产品研发顺利，产品线不断丰富。株洲中车时代电气股份有限公司在 IGBT 领域实现了从“跟跑”到与国际巨头“并跑”的重大跨越。湖南国科微电子股份有限公司携手嘉合劲威集团推出的光威“弈”系列 SSD 固态硬盘，性能达到国际先进水平；新一代智能监控 GK720x 系列芯片及解决方案成功推出；获得“十大闪存控制器企业”和“2018 年度闪存控制器金奖”荣誉称号。长沙景嘉微电子有限公司拥有的完全自主知识产权图形处理芯片 JM7200 获得重大突破，已完成流片、封装阶段工作。湖南麒麟信息工程技术有限公司自主研发的“麒麟云桌面系统”已成为军事应用领域云桌面首选方案产品，获得了第三届中国军民两用技术创新应用大赛创新类金奖第一名。

软件和信息技术服务业。2018 年，涉及软件和信息技术服务业的各类工程（技术）中心、重点实验室等科研创新机构中心比 2015 年数量翻一番。湖南大学信息科学与工程学院大数据研究与应用湖南省重点实验室的相关研究取得重要进展，2018 年多篇论文被国际顶级期刊录用。国防科技大学的量子信息研究所兼高性能计算国家重点实验室通过天河二号算出“量子霸权标准”。2018 年，湖南省内计算机软件著作权申报数量约 2 万件，授权专利 4266 件，拥有著作权和专利数量 50 件以上的企业有 70 余家，软件产品评估 345 件，第三方检测软件产品 897 件。其中，计算机软件产品 663 件，信息系统软件 132 件，嵌入式软件 102 件。受制造强省、“互联网+”等利好影响，软件数量增长较多的类型是：行业管理软件为 341 件，信息管理软件为 132 件，控制软件为 115 件，嵌入式软件为 102 件，分别比 2017 年增长 41%、34%、18%、21%。

【信息基础设施建设】

2018 年，湖南省通信业基础设施建设继续推进，投资收入比超过 24%。湖南省共完成固定资产投资 118.6 亿元（包括湖南铁塔公司），全行业投资收入比达到 24.5%。其中，4G 网络建设投资额达 38.8 亿元，占固定资产投资比重（不包含湖南铁塔公司，下同）达到 35.2%。湘西、怀化、邵阳、张家界、娄底、衡阳、永州、郴州、益阳、岳阳、常德、株洲 12 个市、州纳入国家 2018 年电信普遍服务试点，支持建设 4G 基站 1584 座，覆盖行政村 1581 个，共获得中央财政补助资金 31840 万元，补助资金总额仅次于四川、青海、云南，在全国居第 4 位。2018 年，湖南省基础电信业完成电信业务总量 2474.7 亿元，同比增长 166.5%，创近 10 年来历史新高，高于全国平均水平 28.6%，在全国居第 3 位；电信业务总量增速排名大幅提升，由 2017 年在全国排名第 24 位，上升到第 3 位。电信业务的高速增长推动湖南省电信业务规模在全国的排名提升到第 9 位，跃进到全国第二方阵，湖南省基础电信业正式步入“高增速，上台阶”的新起点。2018年，湖南省基础电信业完成电信业务收入484.3亿元，规模在全国排名第9位，较2017年提升1位，同比增长3.6%，增速在全国排名第12位，排名依然靠前。

**【信息产业基地和园区建设】**

浏阳经开区是湖南省目前唯一的电子信息类国家新型工业化产业示范基地。2018年，园区电子信息产业产值达517亿元，同比增长30%；完成财政收入40.1亿元，同比增长12.5%；高新技术产值占比达94.7%。浏阳经开区在全国219个国家级经开区中排名第68位，较2017年前进20位，并蝉联湖南省产业园区综合评价第1名。浏阳经开区电子信息产业的主要发展方向为消费类电子，注重两大主打产业的深度融合，挖掘两大主导产业的发展潜力，重点发展智能终端产品及与生物医药融合的电子产品，逐步形成了以蓝思科技、蓝思智能机器人、利尔电子、欧智通、孝文电子、丰灼通讯等企业为代表，以触控玻璃面板制造为核心，以触控传感器、WiFi模组、显示屏制造及贴合加工等为矩阵的显示功能器件产业集群，具备了冲击国家级产业集群的基础和实力。

**【两化融合】**

数字经济加快发展为推进企业贯标提供强大动力。移动互联网产业5年迈上千亿元台阶，2018年营业收入达1060亿元；营业收入过1亿元的企业达87家，占总营业收入的87%；计算机软件著作权申报数量约2万件，授权专利为4266件，拥有著作权和专利50件以上的企业有70余家。湖南省形成了一批为广大中小企业提供物流信息、法律咨询、移动支付等的信息化公共服务平台，一批工业制造企业积极应用互联网推进产业组织、商业模式、供应链、物流链创新，为转型升级插上互联网的翅膀。

中小企业“上云、上平台”积极性高，这为推进企业贯标奠定了良好基础。中小企业“上云、上平台”，是加快实现数字化、网络化、智能化转型的必经之路，是发展数字经济的重要措施。2017年，经报湖南省政府同意，湖南省工业和信息化厅在全省组织开展中小企业“上云”行动。通过一年的推动，“上云”知识得到大范围普及，中小企业“上云”意识和积极性明显提高，中小企业“上云”比例和应用深度大幅度提升，初步建立了多层次、系统化的云服务体系，“上云”生态不断优化。2018年，湖南省“上云”中小企业达11.2万家，超额完成10万家中小企业“上云”目标任务，培育“上云”标杆企业92家。“中小企业‘上云’超过10万家”作为2018年全省工作亮点，写入2019年年初《湖南省政府工作报告》，获得湖南省“两会”充分肯定和社会各界高度关注。2019年湖南省人民代表大会将“加快中小企业数字化转型”作为重点督办的6件湖南省人民代表大会代表建议之一。

前期基础工作扎实有效为推进企业贯标提供了强大支撑。自开展两化融合管理体系贯标工作以来，湖南省一直在积极探索促进企业两化深度融合的新路子；深入开展了企业贯标宣传和培训等工作，发布了2019年贯标试点企业和咨询服务机构名单，出台了《深化制造业与互联网融合发展的若干政策措施》，下发了《关于做好通过国家两化融合管理体系认定企业申报工作的通知》等文件，积极引导和推动企业信息化建设发展理念从技术导向向管理变革、组织优化、战略管控转变，发展目标从技术应用向能力提升转变，运营模式从传统的粗放型模式向以数据驱动为核心的精细化模式转变，等等。截至2019年4月20日，湖南省82家企业贯标启动，15家企业正处在评定申请过程中，湖南华菱湘潭钢铁有限公司等11家企业通过国家两化融合管理体系评定工作委员会评定并获得评定证书。随着贯标工作的不断深入，一批企业在精益管理、风险管控、供应链协同、市场快速响应等方面的竞争优势已初步显现。

**【主要问题】**

尽管近年来湖南省着力加强自主创新，大力推进结构调整，积极优化产业布局，保持了信息产业稳定快速增长，但是信息产业仍存在跨越发展动能不够、优势行业支撑不够、龙头企业数量偏少、重大项目布局不够、信息化发展不平衡不充分等问题，需要在下一步工作加强和改进。

# 广西壮族自治区信息化发展概况

2018 年，广西壮族自治区（以下简称广西）电子信息产业保持平稳增长态势，经济运行良好。2018 年，广西电子信息制造业完成工业总产值 1339.77 亿元（根据广西有关统计数据）；广西软件和信息技术服务业完成主营业务收入 183 亿元（根据广西工业和信息化厅《2018 年行业统计年报》不完全统计）。电子信息制造业主要集中在北海、南宁、桂林 3 个城市，软件和信息技术服务业主要集中在南宁、桂林、北海、柳州 4 个城市。另外，梧州、玉林、贵港、钦州、贺州等城市的电子信息产业也正在发展壮大。

## 【电子信息制造业】

根据广西有关统计数据，2018 年广西电子信息制造业规模以上企业有 197 家，全年完成工业总产值 1339.77 亿元，同比增长 18.4%；完成工业销售产值 1322.15 亿元，同比增长 18%；完成出口交货值 647.69 亿元，同比增长 24.9%；产品产销率达到 98.7%。以北海、南宁、桂林 3 个城市为区域中心的电子信息制造业聚集区进一步提升。另外，梧州、玉林、贵港、钦州、贺州、柳州等城市的电子信息制造业发展也取得新进展。

广西主要重点企业有南宁富桂精密工业有限公司、广西佳微科技股份有限公司、广西三创科技有限公司、广西惠科科技有限公司、建兴光电科技（北海）有限公司、冠捷显示科技（北海）有限公司、广西新未来信息产业股份有限公司、桂林光隆光电科技股份有限公司、桂林优利特医疗电子有限公司、桂林智神信息技术有限公司、桂林海威科技股份有限公司、桂林市思奇通信设备有限公司、赛尔康（贵港）有限公司、贵港市嘉龙海杰电子科技有限公司、钦州富仕通科技有限公司、广西卓能新能源科技有限公司等。

产品门类包括计算机、网络通信设备、手机、智能音箱、医疗等应用电子，以及彩色电视机、显示器、电子元件、锂离子电池、汽车电子等相关产品。产品系列有了新扩展，产品研发水平有了较大提升，主要产品生产技术水平达到国内先进水平，特别是桂林智神、桂林优利特、桂林思奇、广西新未来、广西南宁佳微、贵港嘉龙海杰、广西卓能的产品创新成效突出，达到国内产品先进水平，部分产品达到国际先进水平，主要产品竞争力明显增强，企业规模有了进一步扩大，产业结构得到了进一步提升。

## 【软件和信息技术服务业】

2018 年，广西软件和信息技术服务业保持平稳增长态势。据广西工业和信息化厅《2018 年行业统计年报》不完全统计，2018 年广西软件和信息技术服务业完成主营业务收入 183 亿元，列入统计范围的软件与信息技术服务业企业达 249 家，其中，国有企业为 7 家，有限责任公司为 205 家，股份有限公司为 23 家，私营企业为 9 家，其他企业为 5 家。主营业务收入 1000 万～4999 万元的企业有 74 家，5000 万～9999 万元的企业有 19 家，超过 10000 万元以上的企业有 25 家。

产品主要涉及工业、酒店、电力、动漫游戏、金融、交通、旅游、教育、医疗、北斗、城市综合管理等领域。主要产品有酒店信息管理系统软件、网络游戏软件、项目综合管理系统软件、工业软件、智能交通软件、旅游服务软件和信息化产品、通信应用系统软件开发、电子信息智能化产品研发、互联网金融大数据等。

重点企业包括北海石基信息技术有限公司、中国—东盟信息港股份有限公司、凡普金科集团有限公司、广西博联信息通信技术有限责任公司、广西航天信息技术有限公司、广西中科曙光云计算有限公司、广西天道信息技术有限公司、广西交通科技研究院、广西巨拓电子科技有限公司、广西苏中达科智能工程有限公司、广西星宇智能电气有限公司、广西天厉信息技术服务有限公司、广西通信规划设计咨询有限公司、广西壮族自治区公众信息产业有限公司、广西壮族自治区通信产业服务有限公司、桂林力港网络科技股份有限公司、桂林信通科技有限公司、桂林智神信息技术有限公司、润建通信股份有限公司、新三科技有限公司、广西普融信息技术服务有限公司、广西君安信息技术有限公司、广西潘多拉信息技术服务有限公司、北海普柏特信息技术有限公司、北海新拓科技有限公司等。

## 【电子产品出口贸易】

2018年，广西电子信息制造业完成出口交货值647.69亿元，主要出口产品有通信网络产品、电机产品、液晶显示器、液晶电视、卫星电视接收转发设备、微波通信设备、通信测试分析仪、电子印刷设备、数显量具、电子铝箔等。主要出口企业有南宁富桂精密工业有限公司、建兴光电科技（北海）有限公司、丰达电机（南宁）有限公司、冠捷显示科技（北海）有限公司、桂林思奇通信设备有限公司、广西桂东电子科技有限责任公司等。

## 【科技进步与应用】

2018年，广西下达工业和信息化发展专项资金（产品升级与工业强基）项目共31个，总投资14.5亿元，其中，电子信息产业项目1个，具体项目为桂林芯飞光电子科技有限公司“法拉第隔离芯片与光纤适配器一体化产品产业化项目”，总投资2400万元，安排补助资金100万元。

2018年，组织认定广西企业技术中心，共认定电子信息行业企业技术中心2家，分别为南宁市迈越软件有限责任公司技术中心、广西三诺数字科技有限公司技术中心；组织认定广西技术创新示范企业，共认定电子信息类技术创新示范企业2家，分别为桂林力港网络科技股份有限公司、广西贺州市桂东电子科技有限责任公司。

组织开展广西优秀新产品奖评选工作，共评选出电子信息类优秀新产品奖3个，分别为桂林飞宇科技股份有限公司的“穿戴云台WG”、广西交通科技研究院的“基于视觉技术的隧道LED灯亮度自适应控制系统”、中国电子科技集团公司34所的“航天导航定位激光信息源（LDDU）”

## 【两化融合】

持续推进两化融合体系对标贯标工作。企业两化融合水平稳步提高。2018年，累计参与两化融合评估诊断和对标引导企业数量达1630家，新增304家；推荐申报国家级两化融合管理体系贯标试点企业21家，最终7家成为国家贯标试点企业。其中，30%以上新增企业处于两化融合较高水平的创新突破阶段和集成提升阶段。

加强政策体系建设，推动广西工业互联网发展。根据国发〔2017〕50号文，牵头会同广西发展改革委、财政厅、科技厅等单位拟订并由广西壮族自治区人民政府印发了《关于印发〈广西深入推进“互联网+先进制造业”发展工业互联网实施方案〉的通知》，对广西工业互联网发展进行了全局性、系统性规划。广西壮族自治区人民政府印发的《广西工业高质量发展决定》《广西工业高质量发展行动计划（2018—2020年）》也对发展工业互联网做了部署；配套制定印发《广西壮族自治区“企业上云”行动实施方案》《广西壮族自治区千家企业两化融合能力提升实施方案》等相关文件。这些政策的出台明确了工作目标和工作重点，建立了协同工作机制，对促进工业互联网发展起到重要的推动作用。广西牵头制定了《广西工业互联网标准》《广西智慧园区信息化标准》两项地方标准。目前，广西壮族自治区人民政府正积极与广西市场监督管理局协商相关事宜，并组织专家召开标准研讨会。

培育新模式、新业态，促进工业互联网建设。组织制定《广西机械工业二次创业实施方案》，着力发展智能装备和智能产品，推进全产业链制造过程智能化，全面提升企业研发、生产、管理和服务的智能化水平，推动广西高端装备制造业智能化升级，重点在南宁、柳州、玉林 3 个城市建设智能制造城。

2018 年 8 月，《广西先进装备制造城（玉林）五年行动计划（2018—2022 年）》《推进柳州市工业高质量发展建设现代制造城实施方案（2018—2022 年）》先后由广西壮族自治区人民政府办公厅印发实施，依托广西龙头企业大力推进设备接入和边缘计算、数据融通与应用、数据智能分析的协同发展，打造以云计算为核心的工业互联网平台，推动工厂数字化改造。

抓好企业上云，推动企业转型升级。广西搭建了以三大电信运营商、阿里巴巴、华为、浪潮为主，以各行业云服务商为辅的立体化云供给池，2018 年第一批企业上云资源池共有 27 家云服务商，开展了企业上云供给资源池宣传推广、供需对接和上云标杆培育等工作，利用云服务、云应用降低信息系统构建成本，着力提高规模以上工业企业上云意识和积极性，推动工业企业生产设备、研发工具、业务系统等云化改造和云端迁移，引导工业企业使用标准云应用产品。各云服务商充分发挥自身优势和特色，结合广西工业行业和企业特点，强化安全保障体系建设，提供多样化、个性化的解决方案和优质、高效的上云服务，在促进企业降本提质增效和产业聚集发展等方面发挥了积极作用。广西工业企业上云意识明显提升、氛围日渐浓厚，上云企业数量和应用深度大幅增加，产生了一大批云应用企业，不少企业通过上云用云实现了管理升级和业务优化，取得了降低成本、提质增效等成效，形成了很多典型应用案例，企业上云工作取得了很好的成效。

编制智能工厂评价体系，加快建设智能工厂。围绕离散型智能制造、流程型智能制造、网络协同制造、大规模个性化定制、远程运维服务 5 种智能制造新模式，结合广西智能制造发展实际情况，编制了智能工厂评价体系，为开展智能工厂认定工作提供了重要依据；鼓励企业加快建设"智能工厂"，提高 MES、ERP、PLM 和机器设备网络的互联互通集成能力，形成联网协同、智能管控、大数据服务的制造模式，提升企业的资源配置优化、实时在线优化、生产管理精细化和智能决策科学化水平。2018 年 5 月，广西组织开展智能工厂认定工作，并组织专家进行现场复核审查，共认定首批 25 家广西"智能工厂"示范企业。

加强资金引导，推动试点示范。充分利用工业和信息化发展专项资金，遴选一批"两化融合""软件和信息技术服务业"项目，以项目带动行业、促进发展。2018 年，广西向工业和信息化部推荐了企业上云典型案例、工业互联网 App 优秀解决方案、工业互联网试点示范项目等 13 批次，以及富士康云工业互联网平台、玉柴云平台建设等 84 个项目，其中，中建泓泰通信工程有限公司"基于云计算和大数据的通信施工行业企业资源规划系统"等项目列入大数据产业发展试点示范项目，"北海市城市 WiFi 公共服务系统""桂林智慧政务云数据中心系统解决方案"等项目列入智慧城市优秀系统解决方案，"桂林出行网——交通、旅游信息综合应用服务平台"列入信息消费试点示范项目，"柳工智能管家云平台项目"列入制造业与互联网融合发展试点示范项目。

## 【信息安全】

根据工业和信息化部发布的《关于切实做好 2018 年度工业控制系统信息安全检查工作的通知》（工信软函〔2018〕88 号）、《关于开展 2018 年工业控制系统信息安全检查工作的通知》（工信厅信软函〔2017〕642 号）文件精神，2018 年 2 月广西工业和信息化厅对广西各工业行业当前工业控制系统信息安全进行了一次全面的调查，此次调查工作以各企业自查为主、以广西工业和信息化厅协助为辅的方式进行，检查范围包括工业行业重点企业的制造执行、监视控制与数据采集、分布式控制 / 过程控制、可编程逻辑控制器、智能电子设备等工业控制系统。广西 14 个地市共收到 168 家工业控制系统运营单位上报的自查数据，共上报 1798 个工业控制系统。2018 年 4 月底，《广西 2018 年全区工业控制系统信息安全自查工作总结报告》上报工业和信息化部信软司。2018 年 11 月，在广西范围内对工业企业开展工业控制系统信息安全抽查工作。

根据工业和信息化部发布的《关于印发〈工业控制系统信息安全行动计划（2018—2020年）〉的通知》（工信部信软〔2018〕316号）、广西工业和信息化厅领导的批示精神，加快广西工业控制系统信息安全保障体系建设，提升工业企业工业控制系统信息安全防护能力，促进工业信息安全产业发展，积极开展相关工作，结合广西实际情况确定行动方案。2018年8月31日，广西工业和信息化厅印发了《广西工业控制系统信息安全行动计划（2018—2020年）实施方案的通知》（桂工信信息〔2018〕720号）。

根据国家工业控制系统信息安全共享平台及相关技术机构发布的工业控制系统信息安全漏洞信息、风险提示等内容，经收集整理后编制印发了《工业控制系统信息安全漏洞及风险提示》，要求广西各市工业和信息化局及时通报本市重点领域相关企业，确保工业控制系统信息安全。

**【信息消费】**

深入实施宽带广西战略，协调推进宽带基础设施建设工作。推动广西电信在全国率先建成县以上城市千兆位光纤宽带网络，为广西数字经济发展铺路搭桥。

协调和推动广西全面开展三网融合工作。三网融合用户达964万户，提前两年超额、高质量完成到2020年年底三网融合用户达到600万户（IPTV用户为400万户，广电宽带用户为200万户）的既定目标。广西IPTV电信用户达431万户，其中，标清用户达42万户，高清用户达364万户，4K用户为25万户，覆盖人群超过1200万人；广西移动互联网电视（OTT）广西移动“魔百和”用户已发展至277万户；广电宽带用户达256万户。推动有关广电企业按照国家广播电视总局提出的下一代广播电视网络（NGB）建设标准，持续对广西网络进行优化改造，加入中国互联网信息中心IP地址分配联盟，积极与广西基础运营商开展业务合作；大力推进“广西广电网络100Gbps光传送网（Optical Transport Network，OTN）网格网建设工程”和“广西广电网络全业务承载网”等一系列重大建设工程；积极引入阿里巴巴、腾讯、爱奇艺等互联网企业，合作建设内容分发网络（CDN）。

**【重点信息化项目】**

2018年，广西工业和信息化厅会同广西财政厅在广西范围内组织企业申报2018年广西两化融合专项资金项目，安排财政补贴两化融合支持项目32个，涵盖大数据、云计算、物联网、工业电商、智能制造等制造业与互联网深度融合领域。

2018年，广西工业和信息化厅会同广西财政厅在广西范围内组织软件和信息技术服务业企业申报2018年广西信息技术服务业发展专项资金项目，安排广西信息技术服务业发展专项资金支持项目32个，重点支持了云计算、大数据、移动互联网、北斗卫星导航、面向广西重点产业的工业软件、工业互联网、重点行业解决方案、嵌入式软件、基于ICT的信息服务、信息安全、具有广西特色的电子商务服务等，推动广西软件和信息技术服务业发展。

**【产业环境】**

2018年10月，广西工业和信息化厅印发了《关于印发〈广西新一代信息技术、通信设备、智能家居、智能终端产业集群及产业链发展方案〉的通知》（桂工信电软〔2018〕876号），并组织实施。

2018年10月，广西工业和信息化厅、住房和城乡建设厅、交通运输厅、农业农村厅、发展改革委、扶贫办联合印发了《广西智能光伏产业发展实施方案（2018—2020年）》，并组织实施。

**【主要问题】**

2018年，广西电子信息产业总体保持增长态势，但增速有所放缓，存在的主要问题是：产业规模不够大，龙头企业不够多；新增项目和企业较少，产业增长动能不足；高端人才比较紧缺，引进人才较难；企业自主创新能力偏弱，缺乏技术积累；企业融资难度较大、成本较高；物流成本较高，企业负担较重；受中美贸易摩擦影响，部分企业订单减少，部分经营管理成本增加，进出口受阻，生产效益有所下降。

# 海南省信息化发展概况

2019 年，海南省持续推进《信息基础设施水平巩固提升三年（2018—2020 年）专项行动》，进一步提升信息基础设施建设水平，网速保持了全国先进水平，自然村光纤宽带和 4G 基本实现全覆盖，5G 建设取得重要突破。海南省组建成立了海南省大数据管理局，出台了《海南省大数据开发应用条例》，促进了政务信息系统整合和政务信息资源开放共享。海南省信息基础设施和信息化建设得到快速发展。

## 【信息基础设施建设】

2019 年，海南省紧盯海南自贸区（港）建设发展需要，持续推进信息基础设施建设。

加强信息基础设施建设顶层设计和政策保障。海南省制定《2019 年海南省信息基础设施建设任务实施方案》，重点推动基础骨干网络、国际通信通道建设，持续推进光纤宽带和 4G 网络进一步向自然村及农垦居民小组延伸，开展 5G 网络建设部署，信息基础设施建设投资累计达 41.8 亿元。海南省政府出台《海南省加快 5G 网络建设政策措施》，为海南省 5G 网络建设提供了有力的政策保障。

持续推动骨干网络性能提升。海南省实施互联网、城域网核心节点带宽扩容、网络优化，2019 年海南省互联网出省带宽新增 880Gbps，带宽增幅达 16%；城域网出口带宽新增 2710Gbps，带宽增幅为 38%，骨干网络性能进一步提升。

信息基础设施覆盖不断向偏远农村延伸。2019 年海南省自然村 4G 网络覆盖率达 99.76%，20 户以上自然村光纤宽带覆盖率达 98.66%，超额完成了《数字乡村发展战略纲要》提出的“到 2020 年，全国行政村通光缆比例超过 98%、4G 覆盖率超过 98%”的建设目标，海南省农村信息基础设施建设处于全国先进水平。农村电子商务、网络教育、扶贫讲座等应用也跟随光纤宽带网络的开通快速发展，进一步缩小了城乡“数字鸿沟”，助推了脱贫攻坚。

5G 网络建设取得重要进展。2019 年实际开通 5G 基站 1207 座，超额完成年度建设任务，并于 2019 年 9 月在全国率先实现了“县县通 5G”。海口、三亚、琼海（博鳌）等市县的部分政府机关、重要园区、交通枢纽、景区景点、学校、医院、热点商圈优先实现了 5G 网络接入。CDN 扩容、IDC 及云中心、物联网、抗灾能力建设设施的体量不断增大，启动“海南—香港”国际海缆等国际通信设施建设。

海南省网速全国排名保持先进水平。据中国宽带发展联盟报告，2019 年第四季度海南省固定宽带下载速率达到 41.85Mbps，比 2018 年第四季度提升 45.3%，在全国各省（自治区、直辖市）中排名第 8 位，4G 网速在全国排名第 11 位，信息基础设施建设主要指标保持在全国先进水平。

## 【信息化发展建设】

2019 年，海南省创新大数据管理体制机制，加强全省信息化统筹规划和建设管理，加快推进电子政务建设和政务大数据开放共享，信息化发展水平进一步提升。

依法成立海南省大数据管理局。2019 年 5 月 21 日，海南省政府出台《海南省大数据管理局管理暂行办法》。2019年5月23日，海南省大数据管理局正式挂牌成立，成为全国首个以法定机构形式设立的省级大数据管理局，承担海南省大数据和政务信息化建设、管理和服务等职责。

推动出台相关法律法规和规章制度。2019年9月27日，《海南省大数据开发应用条例》经海南省第六届人民代表大会常务委员会第十四次会议通过，并自2019年11月1日起实施，为政务信息资源开放共享、大数据产业发展和大数据开发应用提供了法规保障。同时，组织制定《政务信息化工程建设项目竣工验收管理办法》《项目评审专家管理办法》等，对信息化项目实现全流程管理。

有力推动重点信息化项目建设。2019年，海南省按照“全省一盘棋，全岛同城化”的理念，加强全省政务信息化的统筹管理；持续完善进出岛“人流、物流、资金流”信息管理系统，在2019年国务院第六次大督查中被列为典型经验做法，获国务院办公厅通报表扬；搭建海南省一体化政务服务平台、“互联网+监管”系统、工程建设项目审批系统，推动实施海南省国际投资单一窗口、国际贸易单一窗口、海南省人才发展大数据平台等一批行业大数据应用系统建设，大幅提升了政务服务水平。

加强政务信息资源归集。持续完善海南省信息共享交换平台、大数据公共服务平台、政务数据开放平台“三大”基础性平台及人口库、法人库、空间地理库、电子证照库、信用库五大基础数据库，为海南省各部门数据共享、开放和应用提供了可靠的基础支撑服务。海南省以数据全归集、需求全满足、目录全梳理为目标，开展公共数据归集共享工作，全省70家单位、383个系统共编制信息资源共享目录4339个，开发数据共享开放接口8061个。

推进行业和社会信息化发展。按照“管运分离”的原则，依法注册成立数字海南有限公司，支撑全省共建共享的电子政务基础设施和公共性平台的建设运维；举办第二届海南省大数据创新应用大赛，优选大数据优秀应用和创新解决方案，并以科技扶持、产业扶持、对接创投资本、优先采用政府购买服务等方式吸引项目落地应用，促进大数据创新应用发展；加快推进信息化与工业化深度融合，积极开展创新试点示范工程，海南金盘智能科技股份有限公司“智能干式变压器行业制造信息物理系统应用项目”入选工业和信息化部2019年制造业与互联网融合发展试点示范项目名单。

**【重点项目】**

1. 中国移动海南有限公司信息基础设施项目

2019年海南省工业和信息化系统信息基础设施重点项目建设范围覆盖全省，累计新建、扩容各类基站4124座，新建互联网专线781条，新建骨干光缆640皮长千米，汇聚光缆675皮长千米，主干配线光缆长度达1890皮长千米，道路管道长度为256管程千米，新建宽带端口45万个，新增传输节点机房65个，实际完成投资18亿元。

2. 中国铁塔海南省分公司信息基础设施项目

2019年海南省工业和信息化系统重点项目建设范围覆盖全省。项目累计新建基站铁塔221座，共享改造铁塔5651座，改造电源、空调、机房等站点563个，实际完成投资5亿元。

3. 中国电信海南省分公司5G示范网络建设项目

2019年海南省工业和信息化系统信息基础设施重点项目建设范围覆盖全省。项目建成开通277座5G基站，其中，海口建成195座，琼海建成57座，其他市县建成25座，实际完成投资3.586亿元。

4. 中国电信海南省分公司光网智能岛提升项目

2019年海南省工业和信息化系统信息基础设施重点项目，建设范围覆盖全省。项目累计新建FTTH端口262400个，新增移动基站647座，2019年实际完成投资5.10亿元。

5. 中国联通海南省分公司信息基础设施建设项目

2019年海南省工业和信息化系统信息基础设施重点项目，建设范围覆盖全省。项目累计建设4G基站1260座，新建宽带端口4.8万个，新增大客户专线830条，实际完成投资1.88亿元。

6. 中国有线电视海南省分公司广播电视融合宽带网示范建设项目

2019年海南省工业和信息化系统信息基础设施重点项目，建设范围覆盖海南省。项目累计完成节点改造5190个，设计用户268858户，实际完成投资1.789亿元。

# 重庆市信息化发展概况

## 【社会信息化建设取得新突破】

围绕“管云、管数、管用”，扎实推进社会信息化工作

在“管云”方面，重庆市出台《重庆市全面推行“云长制”实施方案》，重庆市政府主要领导任“总云长”，6位市领导任“系统云长”，55个市级部门、40个区县政府（管委会）主要负责人任“云长”，构建起上下联动、齐抓共管的“云长”组织体系；重庆市初步建成数字重庆云平台，实施政务信息系统《内部整合计划》《迁移上云计划》，全市信息系统整合率、上云比例分别达到50.7%、85.7%，“上云整合”水平居全国前列。

在“管数”方面，重庆市出台《重庆市政务数据资源管理暂行办法》，对政务数据资源的采集、汇聚、共享、开放、应用、监督、安全管理进行全面规范，重庆市在全国率先实现“国家—市—区县”3级政务数据共享体系全覆盖；实施政务数据资源“三清单”制度，市级政务数据汇聚共享由2517类增加到3309类，增长31.5%，共享接入率达90.9%，累计数据调用量超过78亿条；推动建设城市大数据资源中心，升级自然人、法人、自然资源和空间地理基础数据库，完成电子证照基础数据库主体建设，建成企业融资、精准扶贫等主题数据库。

在“管用”方面，重庆市出台《重庆市新型智慧城市建设方案（2019—2022年）》，构建新型智慧城市建设“135”总体建设框架，荣获2019年全国新型智慧城市典型地区实践和十大典型示范案例；数字重庆公司成功组建，推动智慧城市枢纽项目建设，智慧城市运行管理中心、智能中枢核心能力平台、重庆市协同办公云平台等重点项目有序推进；统筹推动一批具有鲜明特色、创新引领和典型示范的智慧城市应用场景，持续为经济赋能，为生活添彩。

在民生服务方面，重庆市建成全市精准扶贫大数据平台，用户达23万余户，使用量超过3000万次；普及应用居民电子健康卡3100万张，近80%的二级以上医院实现网上预约诊疗服务；高校在线开放课程平台已成为全国性服务平台，注册师生用户突破131万人。

在城市治理方面，智慧城管大数据平台加快建设，全面推广视频监控系统建设联网应用，数字化城管覆盖率达85%以上；主城区“城市交通智慧大脑”高效运转，日均接入16类动态交通数据，数据量近10亿条。

在政府管理方面，“渝快办”在线办理事项增至946项，用户突破1100万户，实现政务服务事项全覆盖；建成重庆市视频调度大数据平台，接入调度项目99个；市场监管注册许可系统升级完善，实现全市企业开办“一网、一窗、一次、一日”全流程办理。

在产业融合方面，建成上线重庆市企业融资大数据服务平台（“渝快融”），汇聚26个市级部门和单位的105类、1242项、4200万条涉企数据，注册用户达20万户，为民营企业、小微企业服务融资180多亿元；飞象工业互联网平台集聚应用和服务300余项，接入重庆企业264家。

在生态宜居方面，大气、水环境大数据综合

管理工作平台建成投用，整合146个空气质量自动监测站点、126个水质监测断面、6万家企业监测数据，实现大气、水环境质量实时监控、预报预警，以及监测数据分析、污染源动态管理；礼嘉智慧公园建成投用，入园体验人数超过36万人次。

【大数据产业发展取得新进展】

重庆市协调推进数字经济发展。2019年，重庆市数字经济增加值增长15.9%，智能产业发展进入全国第一方阵。2019年，两江数字经济产业园、高新区西永微电园、中国智谷等提速建设，集聚大数据智能化企业5727家，新增大数据智能化企业1200余家。重庆市推动阿里巴巴、腾讯、百度、浪潮、华为等行业巨头在渝进行战略性投资，一批重量级项目落地见效。其中，腾讯累计投资超过100亿元，纳税额超过20亿元，西南总部大厦投入使用，建成西部最大的云计算大数据中心；阿里巴巴累计投资200亿元，纳税额超过16亿元，新投建中西部区域总部，追加40亿元金融小贷投资；百度与重庆市政府签订合作协议，建设西部智能驾驶开放测试基地；浪潮与重庆市政府签署全面深化战略合作协议，百亿级服务器、PC生产基地项目加快落地；华为确定了打造鲲鹏产业生态体系等8项与重庆市政府的重大合作；360集团网络安全协同创新产业基地正式启用；京东云（重庆）数字经济产业园成功开园。重庆市推动互联网平台经济快速发展，猪八戒、英特尔FPGA、飞象工业互联网、忽米网、中移物联网等赋能平台达到226家。

【新型基础设施建设取得新成效】

重庆市推动建成中国首条、针对单一国家、点对点的中新（重庆）国际互联网数据专用通道，总带宽260Gbps，时延70～80ms，比普通互联网的时延缩短75%，丢包率低于0.5%，比普通互联网降低80%，“高速率”“大带宽”“低时延”“高可靠”跨境通信能力显著提升。重庆市成功举办了中新国际数据通道发展论坛，成立了中新（重庆）信息通信创新合作联盟，设立了中新信息通信媒体联合创新发展资金，促进了中新国际数据通道推广应用；启动了中新互联互通超算中心建设；推动建成了西部首个“全光网”城市，实现城市光纤到户家庭全覆盖，重庆市光缆线路总长度达98.7万千米，固定宽带家庭普及率为96.5%，移动宽带用户普及率为97.5%；推动重庆国家级互联网骨干直联点出省直联城市增加到31个，网内直联带宽达27Tbps，网间互联带宽达370Gbps；加快推进5G规模组网建设，重庆市建成5G基站1万座。

# 四川省信息化发展概况

2019年，四川省深入贯彻高质量发展战略，紧紧围绕关于加快构建以电子信息产业等5个万亿元级支柱产业和数字经济为主体的“5+1”现代产业体系总体部署，以建设网络强省和制造强省为目标，以信息化与经济社会深度融合发展为主线，全面加强信息化统筹规划，夯实新一代信息基础设施，加速数字产业迭代升级，创新发展工业互联网，扩大升级信息消费，持续激发信息化发展新动能。

【信息化推进机制不断完善】

按照四川省委十一届三次全会重大部署，着

力构建以 5 个万亿元级支柱产业和数字经济为主体的“5+1”现代产业体系，配套出台“16+1”产业培育方案，进一步优化产业布局，加快产业转型升级。充分发挥数字经济领导小组办公室职能，积极组织制定系列政策措施，加快数字经济发展。其中，《关于加快推进数字经济发展的意见》《新一代网络技术产业培育方案》《集成电路与新型显示产业培育方案》《软件和信息技术服务产业培育方案》《大数据产业培育方案》已相继印发，每项方案都建立了由四川省政府领导联系指导的工作推进机制；同时，还印发了《四川省推进数字经济发展领导小组工作机制》《关于落实 2019 年数字经济发展重点工作的通知》《四川省数字经济统计监测方案》等文件，明确了近年来四川省数字经济发展的目标、路径、任务、措施，持续强化信息化统筹能力，丰富信息消费政策保障供给，全面推进“数字四川”建设。

【信息基础设施提速建设】

一是网络规模和服务能力稳居西部第 1 位。四川省电话用户为 1.1 亿户，在全国排名第 4 位；IPTV 网络电视用户达 2724.5 万户，在全国排名第 1 位；固定光纤宽带用户达 2600 万户，千兆位光纤宽带用户为 15.3 万户，在全国排名第 6 位；光缆总长度为 332.9 万皮长千米，光纤接入端口占比为 95.8%，高于全国 4.3 个百分点，实现行政村光纤通达率 100%；有 4G 基站 27.9 万座，实现四川省城乡全覆盖，在全国排名第 6 位；有 5G 基站 9765 座，基本覆盖成都主城区和市（州）城区重点场所。二是进一步增强互联网能力。成都国家级互联网骨干直联点 2019 年扩容 250GB，达到 660GB，省际出口带宽达到 30.7Tbps，在全国排名第 5 位。三是完成 IPv6 网络就绪专项行动。四川省获得 IPv6 地址的 LTE 移动终端比达到 95%，固定宽带终端比达到 75%，IPv6 活跃用户达 6463 万户。四是加快窄带物联网（NB-IoT）基础设施部署，开通 NB-IoT 基站 3.8 万座，网络接入能力实现城镇全覆盖；推进窄带物联网（NB-IoT）在工业互联网、智能交通、车联网、水电气公共事业等的部署应用；四川省物联网终端用户达 3328 万户。五是数据支撑能力明显提升。建设完成雅安川西大数据产业园，布局机柜 10 万个以上。目前，四川省在用大型数据中心机架数约 7 万个，开工建设大型数据中心规划机架数 21 万个；开工建设成都超算中心。

【电子信息产业迈入万亿元规模】

四川省加快在集成电路、新型显示、大数据、人工智能、新一代网络产品、网络安全产品与服务等电子信息产业的布局，进一步延伸产业链，充分挖掘四川省电子信息产业优势。2019 年，四川省电子信息产业主营业务收入达 10259.9 亿元，同比增长13.8%；这也标志着四川省首个万亿元产业诞生。电子信息领域高新技术企业占四川省有效高新技术企业的比例超过 35%，产业营业收入占比达60.0%。其中，计算机、通信和其他电子设备制造业实现主营业务收入 5342.2 亿元，同比增长13.2%；软件和信息技术服务业实现主营业务收入4917.7 亿元，同比增长 14.4%。

重点项目取得多项突破。2019 年，京东方成都 6 代 AMOLED 生产线、京东方绵阳 6 代 AMOLED 生产线、成都中电熊猫 8.6 代液晶面板、信利仁寿高端显示项目等一批重大项目实现量产出货；紫光 IC 国际城项目、天府新区紫光芯城项目、诺思（绵阳）微系统基地项目等一批重大投资项目开工建设；协调、支持浪潮西南总部、华为西南云节点、云锦天府、川西大数据产业园、科成云计算（大数据）总部基地等项目开工建设，并取得阶段性进展；积极对接争取科大讯飞国家新一代人工智能开放创新平台——西部平台、京东大数据中心、中国科学院高能物理研究所科学大数据中心等项目落户四川省。

软件和信息技术服务业创新发展。四川省软件和信息技术服务产业结构不断优化，信息技术服务业比重不断扩大，占比由 2008 年的 33%增长到 2019 年的 60.7%；新兴行业不断涌现，产品领域也由传统的基础应用软件、系统集成、宽带、工程监理等向数字新媒体、游戏娱乐、VR/AR、大数据服务、在线交易等领域发展。2019 年，四川省大数据服务收入同比增长 47.2%，电子商务平台技术服务收入同比增长 24.1%，嵌入式系统软件收入同比增长 12.7%。四川省信息化和软件服务业规模以上企业有 1904 家，国家规划布局内重点软件企业有 13 家，成都积微物联、九洲电器 2 家企业入选2019年中国软件和信息技术服务综合竞争力百强企业；从业人数突破 40 万人，同比增长18.4%。2019年，四川省软件和信息技术服务业规模继续保持全国第7位、中西部地区第1位。

产业创新资源加速聚集。围绕增强供给能力，追踪和把握智能产业重点方向及机遇，深入实施创新驱动战略，鼓励企业加强产学研合作，推动科技资源共享和协同创新。2019年，四川省成功获批为6个国家数字经济创新发展试验区之一，数学经济研究院挂牌成立；获批创建国家“芯火”双创基地；5G产业联盟正式成立，成都建成全国最大规模的5G应用示范网，5G双千兆位全面商用；全国首个超高清视频研发基地在成都成立，超高清视频（四川）制作技术协同中心建设顺利；推动成都创建国家网络安全产业园；西门子智能制造创新中心、工业软件全球研发中心正式启用。人工智能联盟、人工智能研究院相继启动，目前四川省正在积极申报国家“人工智能创新应用先导区”。

## 【制造业数字化转型步伐加快】

2019年，四川省扎实推进两化深度融合，深入实施工业互联网创新发展行动，取得了积极进展。四川省两化融合发展水平稳居全国第10位，处于第一梯队。

持续扩大两化融合影响力。四川省联合工业和信息化部、国务院国资委共同主办了“2019世界工业互联网大会”，邀请国家部委领导、院士、国家级专家学者、优秀企业代表宣贯两化融合、工业互联网等相关政策，明晰行业发展方向，交流研讨工业企业当前面临的核心痛点，引起了广大工业企业和多方媒体的广泛关注。

两化融合管理体系加速推广。实现两化融合管理体系贯标机制新突破，纳入中国银行四川分行授信范围，2019年四川省新增省级贯标试点企业72家，新增55家企业通过贯标评定，同比增长129%；累计组织5093家企业参与两化融合评估诊断和对标引导，参评企业数量居全国第9位，参评企业数量同比增长49%。

工业互联网生态体系加快建设。一是四川省政府出台了《关于深化“互联网+先进制造业”发展工业互联网的实施意见》，政策支持体系不断完善。二是工业互联网标识解析（成都）节点正式上线，深化四川省企业在工业互联网标识解析体系的行业应用。三是打造行业特色平台，重点围绕四川省“5+1”现代产业体系，瞄准产业结构升级，强化大企业、大集团引领，打造了以四川长虹“电子信息工业互联网平台”和成都积微物联“钢铁钒钛工业互联网平台”等为代表的四川特色平台。四是深入实施“万家企业上云”行动，2019年新增上云企业4万多家，同比增长400%，累计超过5万家企业实现上云。五是完成了四川省工业互联网安全监测与态势感知平台建设，并实现与国家级平台成功对接。

## 【信息消费进一步扩大升级】

信息消费规模持续扩大。2019年，四川省信息消费规模保持平稳增长态势，同比增速超过14%；信息消费群体不断扩大，消费边界不断拓展，消费体验明显改善。四川省电信业务总量完成5155.0亿元，同比增长56.4%；实现网络交易额26694亿元，同比增长10.6%，居全国第6位，其中，实现网络零售额 3609.6 亿元，同比增长19.8%；限额以上企业（单位）通过互联网的商品零售额同比增长 23.1%，高于同期社会消费零售额增速13.4个百分点，通信器材类、家用电器和音像器材类零售额同比分别增长14.4%、14.8%，分别高于同期社会消费零售额增速4.1个百分点、5.1个百分点，增速较2018年同期加快5.5个百分点、1.6个百分点，新能源汽车、智能手机、智能家电零售额同比分别增长95.8%、42.0%和30.9%。

信息消费试点示范有序开展。一是组织开展了四川省信息消费示范企业遴选工作，授牌成都三泰智能、成都极米科技等8家企业作为首批四川省信息消费示范企业。二是组织开展了2019年新型信息消费示范项目申报工作，成都索贝数码“超高清网络化制播解决方案”等5个项目成功入围工业和信息化部新型信息消费示范项目，入选数量居全国前列；遴选了13个四川省新型信息消费示范项目，通过试点示范引领，培育可复制、可推广的信息消费新产品、新业态、新模式。三是积极推进信息消费载体建设，推动成都等市（州）创建新型信息消费示范城市和信息消费体验中心，进一步扩大信息消费覆盖面、挖掘信息消费潜力。

信息消费理念加速推广。一是开展了信息消费系列活动：推动2019中国信息消费推进联盟年会在眉山召开，并召开了全国信息消费城市行（四川站）启动会、2019信息消费工作推进会等活动；

成功举办了 2019（第二届）中国信息通信大会，三场主论坛开幕式网上直播观看 5.2 万余人次，有效构建了信息消费宣传舆论高地，营造了发展环境，展示了品牌与形象，引起了广大信息消费企业和多方媒体的广泛关注。二是不断加大信息消费推广力度：衔接了央视国际频道（CGTN），详细介绍了四川省信息消费工作开展情况，CGTN 以《信息消费不断满足日益升级的需求》为题，专题报道了中国（四川）信息消费情况，面向世界对四川广电和成都极米科技 2 家四川企业进行了重点介绍。随后，《人民日报》以《打动世界的科技产品》为题，对成都极米科技优秀信息消费产品进行了大篇幅报道，盛赞其“让中国用户享受极致体验”。

**【智慧社会应用持续深化】**

结合智慧城市建设，四川省深入推进互联网、云计算、物联网、大数据等信息技术在社会公共服务中的创新应用，大力支持各部门、企业开发各类便民应用，不断优化公共资源配置，提高信息惠民水平。2019 年，四川省实现 4.7 万个行政村“村村通光纤”，累计落实中央和省级财政补助资金约 12.4 亿元，带动企业投资超过 40 亿元，解决 9797 个行政村通光纤问题；持续开展网络精准降费，四川省 600 多万户贫困户全部纳入电信企业精准降费台账管理，总体水平比城市同类资费降低 50%，已惠及 145 万名贫困人民，降费金额达 2.1 亿元；不断拓展宽带应用，开展农村中小学联网攻坚行动，新建 2683 所中小学校通光纤宽带，网络接入率达 96.1%；建成 3.96 万个“益农信息社”，覆盖近 85%的行政村，三大基础电信企业农村电商平台交易金额累计超过 235 亿元。四川省实现 8760 个边远农村教学点数字教育资源全覆盖、15 万个班级“优质资源班班通”、450 万名师生“网络学习空间人人通”；高标准建设凉山、甘孜、阿坝、绵阳 4 地精准扶贫农民夜校 30 所、教学点 100 多个；四川科技扶贫在线入驻专家 1.8 万余名、信息员 4.5 万余名，提供在线专家服务 14.9 万次。智慧健康养老稳步推进，《四川省智慧健康养老产业发展行动方案（2019—2022 年）》印发实施，全国“互联网+医疗健康”示范省创建工作顺利启动，入选国家级智慧健康养老应用试点示范基地的数量连续 3 年居全国第 1 位。四川省打造了一批国家级电子商务进农村综合示范扶持项目。智游天府、健康医疗大数据中心、综合交通信息枢纽、教育三通两平台等项目持续推进，“天府通办”政务服务网改版上线。

# 贵州省信息化发展概况

**【大数据战略行动情况】**

（一）数字产业化快速发展，成为助推高质量发展重要增长点

一是主体产业贡献作用更加突出。数字经济增速连续 4 年排名全国第 1 位，数字经济吸纳就业增速连续 2 年排名全国第 1 位，大数据产业发展指数居全国第 3 位。2019 年 1—11 月，贵州省软件业务收入、规模以上电子信息制造业企业、电信业务总量、网络零售额分别同比增长 20.4%、8.5%、80.8%、19.8%。其中，电信业务总量增速

（80.8%）比全国平均水平高 12.7 个百分点，排名全国第 5 位；电信业务收入增速排名全国第 3 位，成为转动能、稳增长的重要支撑。二是重大项目快速、有序推进。纳入省级调度的大数据重大项目有 52 个，苹果 iCloud 贵安数据中心主体基本完工，华为数据中心进度超过 50%，腾讯数据中心一期运行稳定。贵阳“数博大道”首批总投资 22 亿元的 20 个项目集中开工，已完工项目 10 个。贵阳市信息技术服务产业集群入选首批国家战略性新兴产业集群名单。中国特色物联网产业（遵义）基地、贵安国际数字文化产业园、贵阳中国数谷智客小镇等大数据产业园区类项目建设有序推进。三是引领型企业快速成长。大数据新领域“百企引领”行动全面实施，233 个企业项目进入培育库。朗玛、满帮集团上榜 2019 中国互联网企业百强，朗玛成为国内唯一连续 4 年入选的“互联网+医疗”企业。满帮集团主营业务收入同比增长 97.66%，平台二手车业务正式上线运行；白山云主营业务收入同比增长 40.23%，连续两年软件业务收入突破 10 亿元，入选中国“科创企业百强榜”和硅谷“红鲱鱼亚洲百强”；易鲸捷主营业务收入同比增长 1122.5%；航天云网主营业务收入同比增长 41.4%；世纪恒通主营业务收入同比增长 88.1%；黔南迦太利华主营业务收入同比增长 55.6%；力创科技主营业务收入同比增长 32.1%；富士康主营业务收入同比增长 14.7%。铜仁山久长青进入广东市场，讯飞智联、人和致远等人工智能企业，高登世德、远东诚信等区块链企业，云景文旅、中声科技等 5G 应用企业快速成长。四是产业链招商精准铺开。落实四川省政府产业大招商“12345”部署，成立大数据电子信息产业链精准招商专班，深入实施“千企引进”工程，开展“寻苗行动”，引进 100 多家大数据潜力成长型企业。青岛启迪落户安顺，海康威视、快手、数澜科技等落户铜仁，奇安信、浪潮、神玥软件、七联智能科技等落户黔南，大数据产业由贵阳贵安集聚向贵州省遍地开花。

（二）产业数字化深入推进，持续迸发实体经济转型升级新动能

一是大数据与实体经济融合正在由初级阶段向中高级阶段加速迈进。“万企融合”大行动深入实施，开展大数据与实体经济深度融合评估，实施《贵州省大数据与实体经济深度融合实施指南》贯标达标，与工业和信息化部信软司共同开展“大数据与实体经济深度融合全国行贵州站暨贵州省‘企业上云’市州行”活动，实施“云使用券”助推企业上云。2019 年形成标杆项目 102 个、示范项目 1147 个，带动 2280 家企业开展两化融合。贵州省大数据与实体经济深度融合指数达 39.5，比 2018 年提升 2.6。融合部分占贵州省数字经济的比重为 89.6%，高出全国平均 10.1 个百分点。二是推动工业转型取得新成效。贵安综合保税区（贵安电子信息产业园）入选工业和信息化部 5 个国家大数据新型工业化示范基地之一。兴达兴建材、振华电子、货车帮、盘江精煤 4 家企业上云案例入选工业和信息化部“企业上云”典型案例，贵州省成为入选案例最多的省份之一。吉利汽车应用工业互联网对各生产环节进行数字化控制，实现多款车型混线生产，每年节省人力成本 500 万元、产品研发周期平均缩短 3 个月以上。六盘水发耳煤矿建设智能化综采工作面，生产效率提高 47%，探索在复杂地质条件下煤矿大数据融合应用新模式。贵州省两化融合指数在全国排名第 17 位，较 2018 年上升 2 位。三是推动农业升级迈出新步伐。建设农业大数据中心和农业“一张图”，搭建畜牧兽医信息平台，农产品质量追溯体系加快覆盖，农村电商提质增效，农业生产管理精准化、质量追溯全程化、市场销售网络化快速推进。“贵农网”建立县级电商运营中心 49 个、农村电商服务站点 8601 个，平均为农产品上行降低物流成本 20%以上，“修文农投猕猴桃大数据融合产业项目”“罗甸县郎当合作社火龙果大数据项目”入选全国“大数据+扶贫”十大应用案例。四是推动服务业发展开创新模式。智慧旅游、智慧交通、智慧金融等新模式、新业态不断涌现，服务业加速向平台型、智慧型、共享型融合升级。“云游贵州”全域旅游智慧服务平台接入贵州省全部 5A 级景区和 8 家 4A 级景区电子票务数据。贵阳地铁 1 号线及公交 BRT 车站实现“刷脸支付”。高速公路 ETC 加快普及，ETC 实现汽车安装率 80%以上。六盘水“水钢智慧物流平台”

成为交通运输部实施的无车承运企业之一。铜仁网络货运、数据标注等新业态迅速兴起。

（三）“一云一网一平台”建成投用

贵州省成为全国唯一一个实现省、市、县所有政务信息系统互联互通的省份。“一云一网一平台”数博会建成上线，支撑提升“一网通办”效能获国务院通报表扬。一是开创全国政务系统建设统建统管新机制：实施省级政务信息化项目209个，比2018年增长42.2%，整体平均相对节省资金约20%、建设周期平均缩短约4个月。二是形成“一云统揽”新体系：云上贵州“一朵云”在全国率先实现统揽全省所有政务信息系统和数据，实现所有系统网络通、应用通、数据通；除审计外，省、市、县3级政府所有部门、所有政务信息系统全部在“云上贵州”打得开、能使用，所有数据依据权限能查看、可调用，上云结构化数据量从2015年的10TB增长至2019年的1626TB。《2019年中国地方政府数据开放报告》显示，贵州省在省级开放数林指数排名全国第3位。三是形成“一网通办”新支撑。除国家有规定的审计外，省级20家单位23张业务专网全部打通，成为全国唯一实现业务专网和电子政务外网互联互通的省份；在全国率先实现电子政务网络省、市、县、乡、村5级全覆盖。“贵州政务服务网”首批接入国家政务服务平台，省、市、县、乡、村所有政务服务事项可查询、办理，注册用户达2371万户，占2019年贵州省常住人口的66%，“一网通办”省级政务服务事项网上可办率达100%。“云上贵州多彩宝”实名注册活跃用户达245万户，占贵州省常驻人口的7%左右，累计服务2.5亿人次，提供高频政务和民生服务546项。四是形成“一平台服务”新赋能。建设贵州省数据治理智能工作平台和覆盖省、市、县3级政府所有审批业务系统的政务服务平台，实现并联审批和协同办公。贵州省住房和城乡建设厅“贵州省工程项目审批监管系统”首批与国家平台数据互通，实现省、市、县3级联动审批，平均审批时间从2018年的356个工作日压缩到2019年的94个工作日以内。在全国率先建立数据调度机制和贵州省数据调度平台，探索政府数据治理体系，2019年开展各级、各部门数据共享交换2504万次。

（四）数据创新应用成果丰硕，各地、各部门大数据应用“百花齐放”

实施数据治理示范引领行动，大数据加快与民生服务、社会治理深度融合。一是有效服务脱贫攻坚和乡村振兴。“扶贫云”整合25家省直部门扶贫相关业务数据指标278项、2300万余条，日均访问量近5万人次，开展数据共享交换40万余次。大数据网络扶贫成效显著，“贵州省网络扶贫公益广告项目”入选2019年网络扶贫十大案例，贵州农村电商综合扶贫、“通村村”农村综合生活服务开放生态平台、“互联网+医疗”扶贫、新媒体技能培训项目、“向黔一公里”互联网+旅游产业扶贫5个项目入选全国典型案例。贵州省30户以上自然村90%通4G网络，在全国领先。二是涌现一批全国领先的提升政府治理能力的好应用。“全国‘互联网+政务服务’综合试点示范省”“国家社会信用体系与大数据融合发展试点省”等国家级试点示范深入推进。贵州省居全国省级政府电子服务能力综合指数第1位，省级政府网上政务服务能力连续3年排名全国前3位，贵阳市大数据提升政府治理效能评价指数居全国第2位。贵州省委办公厅“中央和省委重大决策部署贯彻落实大数据平台”运用现代信息技术抓落实走在全国前列，贵州省政府办公厅“贵州省电子政务网”荣获“2019中国政府信息化卓越成就奖”，贵州省发展改革委“贵州信用云”荣获“中国政府信息化管理创新奖”，贵州省公安厅“贵州公安App”在全国率先推出了身份证“一站式掌上办”，贵州省检察院“智能辅助办案系统”成为全国第一家上线运用的统一业务应用系统，贵州省高级人民法院“贵州移动微法院”率先实现省际跨域立案，贵州省委政法委“政法跨部门大数据办案平台”在全国首次实现刑事案件一审公诉、二审上诉电子换押，贵州省司法厅“贵州省刑事案件智能辅助办案系统”在全国首次实现司法智能化应用，贵州省应急厅“防汛抗旱指挥系统”被国家应急管理部上升为国家平台，贵州省机关事务局“机关事务云”被列为全国唯一一个省级“机关事务云”建设试点，贵州省公共资源交易中心“数字证书互认”向全国推广。铜仁市“大数据财源建设服务平台”“人力资源数据服务平台”分别获“中国政府信息化方案”案例创新奖、技术创新奖。三是涌现出一批全国领先的服务民生好应用。开展群众办事痛点疏解行动，推出176种“集成服务套餐”，贵阳市等地区行政审批时限较法定时限压缩60%以上，群众办事需要提供材料减少35%。“国家医疗健康大数据西部中心”“中国（贵州）智慧广电综合试验区”加快建设，大数据在教育、医疗、旅游、交通等领域的深入运用取得新成效。贵州省市场监管局推出企业登记“零见面”办理，贵州省自然资源厅“互联网+不动产登记”服务平台自2019年9月上线以来受理不动产登记申请7427件次，贵州省民政厅“社会救助大数据监控平台”上线3个月累计节约财政资金2980万元，贵州省教育厅推出省、市、县3级网上联动办理教龄荣誉证书，贵州省总工会“新长征App”服务贵州省800万名职工，被评为全国“互联网+”工会普惠服务创新型平台，贵州省交通运输厅“通村村”农村出行服务平台建成村级服务站点8600余个，为群众提供信息服务100多万人次。贵阳市“大数据+教育精准扶贫平台”“贵州教育管理公共服务监管平台”入选教育部教育管理信息化应用优秀案例。“数智贵阳”微信小程序建成上线，累计接入77项高频政务、民生服务事项。贵安新区“掌上贵安”平台获得“2019中国政府信息化管理创新奖”。

（五）数字设施开启升级换代，大数据支撑保障体系持续完善

一是5G应用部署立体推进，贵州省进入5G时代。贵州省政府出台《贵州省推进5G建设发展的实施意见》《贵州省推进5G网络建设实施方案》等政策文件；在全国首批启动5G商用，成功实施全球首例5G超远程机器人腹腔复杂手术；全国首个省级5G融媒体中心正式启用，首个5G医疗联合实验室成立；无人驾驶、无人机、AR/VR、智慧交通等5G应用场景加速落地。贵阳市实现5G基站在数博大道和重点区域覆盖。二是关键基础设施再获重大突破。贵阳·贵安国家级互联网骨干直联点扩容完成，总带宽提升了3倍；获批建设贵阳·贵安国际互联网数据专用通道，建成根镜像服务器和国家顶级域名节点，成为中西部地区第1个根镜像服务器节点、第3个国家顶级域名节点，贵州省国际通信网络性能和地位大幅提升，贵阳成为国际互联网络的重要节点；互联网出省带宽达到12000Gbps。三是法规标准日益完善。《贵州省大数据安全保障条例》颁布实施，《贵州省政府数据共享开放条例（草案）》经贵州省人民代表大会一审通过；国家技术标准创新基地（贵州大数据）成立数字经济专业委员会等5个专业委员会；完成10个“一云一网一平台”系列标准规范编制；“大数据产业统计核算体系研究——以贵州为例”课题入选2019年度全国统计科学研究重大项目，贵州探索经验为国家统计局开展新经济统计提供了借鉴。四是安全底线有效防护。常态化开展大数据安全攻防演练，强化重大节日、重大活动期间数据安全风险防控；云上贵州平台等关键信息基础设施防护水平大幅提升；贵州省数据共享交换平台、贵州省政务数据开放平台安全稳定运行。在全国党政机关电子公文系统AK应用第二批150家试点单位中，贵州省第一个完成项目竣工验收。海誉安全产品入选国家AK目录，遵义朗盛与360集团携手打造城市安全大数据龙头企业。黔西南义龙大数据存储中心取得国家保密科技测评中心颁发的涉密资质。五是初步形成从中职、高职到本科、研究生的多层次培养体系。贵州省132所中职院校、23所高职院校、13所本科高校大数据相关专业在校生9万余名，华为大数据学院每年招生高职生千余人，阿里大数据学院每年招生本科生300人，清华·贵州大数据研究生班首批入学。贵州省科技厅发布大数据技术榜单，贵州省人社厅发布大数据人才榜单、建设大数据人才云，初步构建了集培训、培养、引进于一体的多形式大数据人才建设模式。贵州省出台了《贵州省工程系列大数据专业技术职务任职资格申报评审条件（试行）》，在全国率先开展大数据职称评审，营造了政策引才、平台招才、服务留才、事业聚才的全天候大数据求才、用才氛围。

（六）"数博会"影响力再创新高，成为大数据领域国际性盛会、世界级平台

习近平总书记连续两年为"数博会"发来贺信，与 2018 年相比，参会国家从 29 个增加到 59 个，参会世界 500 强企业从 15 家增加到 39 家，参展企业从 388 家增加到 448 家，其中国外参展企业从 56 家增加到 156 家。大数据、人工智能、5G、下一代网络、数字经济等方面的新技术、新业态、新模式，纷纷借助"数博会"进行发布和推广。贵州探索成果持续扩散，贵州省与国际的合作向"一带一路"国家和地区延伸。

**【着力实现 6 个新突破】**

（一）实施"数字经济服务年"行动，助力经济高质量发展实现新突破

落实好中央经济工作会议"要大力发展数字经济"要求，充分发挥数据作为生产要素在加快现代化经济体系建设中的作用。一是聚焦千亿元级产业开展服务。围绕千亿元级大数据电子信息产业发展的关键环节和重点领域，实施智能制造、软件开发、信息服务等专题服务行动，帮助重点企业开展技术指导、供需对接、产品推广、场景打造、专业培训等。2019 年贵州省软件业务收入同比增长 16%，规模以上电子信息制造业收入同比增长 10%，电信业务总量同比增长 35%。二是聚焦"万企融合"开展服务。推广《贵州省大数据与实体经济深度融合评估体系》，编制发布《贵州省大数据与实体经济深度融合实施指南》，并开展贯标实施、应用推广，形成全国第一个大数据与实体经济深度融合的应用指南，持续发放"云使用券"助推企业上云用云，大力发展工业互联网，培育、推广工业软件和工业互联网 App 应用，高水平建设 100 个融合标杆项目，实施 1000 个融合示范项目，带动 2000 家企业和大数据深度融合，实现 20000 家以上企业上云。三是聚焦"百企引领"开展服务。梳理引领企业清单，实施"点对点"服务，2019 年培育引进 100 家"百企引领"企业，加速推动人工智能、物联网、云计算、信息安全、北斗卫星导航等新领域应用创新、模式创新和产业创新。进一步发挥数据资源集聚优势，加快探索以数据为生产要素的产业体系，围绕数据中心全产业链，引进培育一批上游规划设计及设备制造供应安装企业，中游解决方案服务商、运维服务商、外包服务商、系统集成商，以及下游云服务商、数据清洗加工企业、数据交易企业、数据标注企业、数据安全企业等。四是聚焦产业招商和重大项目开展服务。开展产业链精准招商，深入开展"寻苗行动"，2019 年引进大数据骨干企业 10 家、"寻苗行动"潜力企业 150 家。盯紧重大项目，设立工作专班，加强项目手续服务、建设服务、要素服务，力争华为鲲鹏服务器基地、华为技术创新基地等招商项目尽快落地，确保苹果 iCloud 贵安数据中心、华为数据中心、腾讯云西南区技术支撑中心、浪潮产业园、国致科技人工智能机器人产业基地等在建项目全面建成，实施"数博大道"十大重点工程，推动中国人民银行金融大数据和结算中心灾备基地、腾讯数据中心二期、华为灾备数据中心、FAST 数据中心、国家铁路集团数据中心等项目开工建设，加快建设中国南方数据中心示范基地，发挥数据中心集聚对产业发展的辐射带动效应。

（二）实施"一云一网一平台"提升行动，构建数据治理体系实现新突破

落实好省级政务信息化建设新机制，创建数据融通新模式。一是打破部门壁垒建设"大系统"，提升"一网通办"。集约建设"大应急""大政法""大旅游""互联网+政务服务""数字贵州"等大应用系统，"互联网+政务服务"全面建成全省一体化政务服务平台，"一网通办"市县政务服务网上可办率达到 100%；2020 年数博会前，"大应急"初步形成全省统一联动的应急调度指挥体系，"数字贵州"全面完成平台建设，"大政法"建成刑事案件智能辅助办公系统，全省统一的政务平台上线。建设一批村、社区政务服务一体机试点，一批政务服务事项在村实现办理，打通政务服务"最后一公里"。二是建设部门通用"大中台"，提升"一平台服务"。按照"集成共用、统一支撑"的原则，搭建视频中台、地图中台、审批中台、移动政务中台、区块链中台、统一身份认证中台，在全国率先实现应用建设与数据管理相对分离的模式。2020 年数博会前，"大中台"有效支撑应

用系统建设和科学决策、智能搜索、开发利用；视频中台进一步整合社会视频资源，为公安、交通运输、自然资源、旅游、生态环境等部门提供视频服务；移动政务中台实现所有部门移动政务系统接入，为全省公职人员提供移动办公服务；审批中台全面支撑“互联网+政务服务”，实现在一个平台上并联审批；区块链中台实现政府部门间共享交换数据互认。三是夯实数据共享“大基础”，强化“一云统揽”。发挥云上贵州平台优势，进一步夯实云上贵州政务云、电子政务网络“大基础”，支撑“大中台”和“大系统”。运用5G、人工智能技术，建设“一云一网一平台”调度系统二期。2020年数博会前，完成云上贵州系统平台联通节点和广电节点扩容建设，“一云一网一平台”PC端上线运行，完成宏观经济、扶贫、交通运输、农业等试点领域“领导驾驶舱”开发建设，为省委、省政府提供更多决策支撑服务。四是建设国家公共数据资源开发利用试点省，制定实施方案，在交通运输、人社、住建、税务、市场监管、自然资源、公共资源交易等领域开展数据资源开发利用试点，释放公共数据资源的经济价值和社会价值。2020年数博会前，发布一批“一云一网一平台”建设标准规范，发布“互联网+政务服务”系列研究成果和“数治”“数权”“数典”研究成果。

### （三）实施数据创新应用行动，助推政府治理能力和治理体系现代化实现新突破

贯彻落实党的十九届四中全会和贵州省委十二届六次全会“推进数字政府建设”“让数据多跑路、群众少跑腿，为人民提供更加智能、便捷、优质的公共服务”的要求，进一步运用大数据辅助科学决策和社会治理，推进政府管理和社会治理模式创新。一是运用大数据提升社会治理效能：加快“全国一体化在线政务服务平台试点省”“公共资源交易互联互通服务平台试点省”“社会信用体系与大数据融合试点省”建设；加强司法、自然资源、应急管理、交通运输、公共资源交易、行政许可和行政处罚等领域大数据分析应用，深入挖掘内在价值和规律，为开展社会治理提供参考；加快“206辅助办案系统”“司法大数据智能应用平台”“自然资源全息大数据平台”“应急管理云”“机关事务云”等被列入国家试点的系统建设；实施交通强国“智慧交通”试点任务，提升交通运输领域政务数据“全网搜索”质量；深化“放管服”改革大数据保障，加强“互联网+监管”、工程项目审批、“互联网+不动产登记”、企业开办注销等“放管服”改革大数据运用。二是运用大数据优化民生服务：推进“互联网+”“大数据+”“区块链+”等在教育、就业、社保、医疗、交通、食品安全等领域的普及应用，深度开发各类便民应用；完善省、市、县、乡4级远程医疗服务体系，推进“国家医疗健康大数据西部中心”建设；实施100所中小学“阳光校园·智慧教育”工程；升级完善“云游贵州”App，提升文化旅游的智能化、信息化水平；推进“交通+旅游”大数据深度融合应用，建立“交通旅游服务大数据综合应用平台”，实现交通与旅游的数据共享和业务协同；推进“交通一卡通平台”建设，推广二维码支付，扩大贵阳地铁和公交“刷脸支付”范围。三是推进“智慧城市”建设：支持各市州以中心城市为重点，探索在消防设施、公共照明、地下管网、水电气抄表、垃圾分类、停车管理等领域打造一批智慧城市示范项目；支持贵阳建设数字孪生城市平台，推进数博大道物理空间数字化映射，推进云上方舟等智慧商圈建设，探索“城市运行一网统管”。四是打造一批数字民生数据治理试点示范：分别打造10个省级、30个市州级数字民生试点示范项目和数据治理示范项目；支持“数智贵阳（二期）”建设，打造“政务服务一网通办”全国示范。

### （四）实施大数据助力大扶贫行动，服务脱贫攻坚和乡村振兴实现新突破

一是运用大数据支撑精准扶贫、精准脱贫：不断提升“扶贫云”，完善扶贫主题库，推动扶贫相关部门数据自流程适时交换共享，有效支撑贫困人口筛查；深化医疗、教育、农业、住建等领域的扶贫融合应用，为精准实现“两不愁三保障”和防止脱贫人口返贫提供大数据支撑。二是运用大数据助推农业产业革命：大力发展智慧农业，运用大数据助力“八要素”落实，通过“大数据+农业”不断深化农村产业革命；完善农业大数据平台建设，持续推广应用500亩以上坝区农业大

数据平台，建立完善信息采集、价格发现、产品追溯、市场交易、统一结算等功能完备、智慧互联的全省农产品大数据平台体系；完善“农经云”平台，加强与扶贫云、农业云融合，采集发布农产品价格信息5万条以上；加快“农业产业脱贫攻坚监测调度系统（二期）”“贵州省农业大数据中心（三期）”“贵州省农业一张图平台（三期）”等项目建设。三是运用大数据支撑农产品现代流通体系建设。推进“省级电子商务进农村公共服务平台”“农产品流通大数据平台”建设，大力推广遵义汇川农产品对接智慧服务中心模式，通过大数据运用创新农村流通服务体系，支撑农村电子商务发展，强化电商企业与小农户、农民合作社等产销对接，强化生产基地与市场配对。四是提升乡村数字设施水平：推进电信普遍服务和“小康讯”建设，推进中国（贵州）“智慧广电”综合试验区建设。

（五）实施新技术融合赋能行动，以5G、区块链为引领推动产业培育和场景应用实现新突破

一是加强区块链应用发展规划。按照贵州省委、省政府要求，研究制定《贵州省加快区块链应用发展的意见》，制定《贵阳贵安区块链发展三年行动计划》。二是加快区块链技术应用和产业发展。引进国内外优秀区块链企业10家以上、培育成长型区块链企业50家以上，在实体经济、政府治理、服务民生、智慧城市等领域开展区块链应用示范50个以上，研发一批区块链技术产品，建设区块链“双创”公共服务平台，“贵州区块链产业技术创新联盟”会员超过100家。三是加快推进5G基础设施建设。落实好《贵州省推进5G建设发展的实施意见》《贵州省推进5G网络建设实施方案》；制定5G站址专项规划，推动5G智慧杆塔建设，5G基站达到10000座，各市州和贵安新区核心区域实现5G网络连片覆盖，5G进行规模商用。四是深化5G场景融合应用和产业培育。大力部署以5G为支撑的工业互联网；推进5G在“一云一网一平台”中的运用，实现省市两级政务服务大厅5G覆盖；围绕先进制造、智慧政务、智慧交通、智慧医疗、智慧旅游等领域开展5G融合应用创新；引进培育一批5G软件和信息技术服务企业，大力发展5G智能手机等高端终端产品，打造基于5G的采集、传输、编辑、存储、播放等数字内容产业，加快培育5G产业集群。五是加快推动人工智能发展。加快科大讯飞人工智能产业园、英特尔人工智能实验室、翰凯斯无人驾驶、优必选智能机器人等项目建设；运用大数据、5G、区块链等，推进建设计算机视觉、智能语音处理、生物特征识别、新型人机交互、智能决策控制等核心技术研发及应用项目20个以上。六是加快推进北斗卫星导航大数据应用。力争获批建设“北斗民用授权服务管理试点省”，加快实施北斗综合应用示范项目，建好北斗物联网示范应用基地，在防灾减灾、智慧交通、智慧旅游等领域建设10个以上融合应用项目；支持欧比特卫星大数据综合应用示范基地建设，探索打造卫星大数据基础设施、技术体系、创新应用、产业集群和标准规范。

（六）实施保障体系强化行动，推动大数据发展“实验田”建设实现新突破

一是持续推动数字设施升级。扎实开展“六网会战”，完成信息基础设施投资120亿元，加快贵阳·贵安国际互联网数据专用通道建设，确保在2020年数博会前建成；通信光缆长度达到120万千米，出省带宽达14000Gbps。二是强化大数据安全保障。推进国家大数据安全靶场（二期）、大数据安全产业示范区、工业信息安全制造业创新中心建设；办好2020贵阳大数据及网络安全精英对抗演练；全面推进信息技术创新应用工程；强化政务数据安全，提升关键信息基础设施防护水平，加强重大节日、重大活动、重要信息系统、关键信息基础设施安全风险防控。三是持续打造开放合作平台。坚持全球化、高端化，办好2020年数博会，确保一届比一届精彩；面向“一带一路”深入推进大数据交流合作，推动跨境数据存储、处理和应用基地建设；主动融入粤港澳大湾区、泛珠三角区域开展合作，深度融入长江经济带，把贵州建设成为西部陆海数据新通道和数字丝绸之路重要节点。四是强化大数据人才建设。完善人才引进、培养、培训体系，用好人博会、数博会、大数据大赛等招才引才平台，强化人才服务；支持中高职和本科院校办好大数据相关专

业，办好大数据统计学院、贵州理工学院阿里巴巴学院、华为大数据学院、360大数据安全学院；完成清华·贵州大数据研究生实践基地第二批学员入驻；开展大数据人才职称评定，发挥大数据人才云作用；面向各级干部开展大数据培训，提升干部运用大数据等现代信息技术手段的能力。五是持续强化法规标准。出台《贵州省政府数据共享开放条例》；建设国家技术标准创新基地（贵州大数据），完成《大数据产业统计核算体系研究——以贵州为例》研究，力争在全国率先开展大数据产业统计试点；加快北斗大数据防灾应用创新中心等双创平台建设，打造一批大数据创业创新公共服务平台；总结国家大数据综合试验区建设成效和经验，积极申报国家大数据发展示范区；编制“十四五”大数据规划。

# 甘肃省信息化发展概况

2019年，甘肃省深入学习贯彻习近平总书记“推动互联网、大数据、人工智能与实体经济深度融合”及对甘肃重要讲话和指示精神，牢固树立创新、协调、绿色、开放、共享新发展理念，完善政策体系，加强制度保障，优化营商环境，以丝绸之路信息港建设为载体，扩大开放合作，深化推广应用，推进《数据信息产业发展专项行动计划》实施，加快信息化发展。

## 【主要成效】

### （一）产业规模稳步增长

2019年，甘肃省电子信息产业实现主营业务收入223.43亿元，同比上涨12.97%。其中，电子信息制造业实现工业增加值133.04亿元，同比上涨7.9%；电子信息制造业实现主营业务收入132.07亿元，同比上涨13.8%；软件和信息技术服务业实现主营业务收入91.36亿元，同比上涨11.74%。甘肃省电信业务总量为1958.9亿元，同比上涨64.2%；电信业务收入达181亿元，同比下降0.7%；固定互联网宽带接入用户达870.69万户，移动互联网用户达212.31万户。甘肃省电子信息产业利润总额逐步增长，从业人数平稳增加，工资水平保持较快增长，信息产业对经济和社会发展的带动和助推作用逐步显现。

### （二）顶层设计引领发展

为推进丝绸之路信息港建设，甘肃省先后出台印发了《丝绸之路信息港总体规划（2018—2025年）》《甘肃省人民政府办公厅关于于支持丝绸之路信息港建设的意见》《甘肃省抢占“一带一路”信息制高点实施方案》，有力推动互联网、大数据、人工智能和实体经济深度融合，全面构建了甘肃省数据信息产业生态产业体系；统筹部署“横向支持甘肃，纵向服务全国”的云计算、大数据中心布局，兰州新区大力推动大数据产业发展，编制《甘肃省大数据产业集聚区发展规划（2019—2025年）》，甘肃省兰州新区（大数据）入选第九批国家新型工业化产业示范基地；印发《关于执行电价支持政策大数据企业确认等相关工作的通知》，甘肃移动丝绸之路西北大数据中心、甘肃电信丝绸之路信息港“一带一路”大数据云中心、甘肃紫金云大数据产业园、兰州新区科技文化旅游大数据存储及云计算中心、甘肃鑫海成大数据产业技术有限公司大数据中心5个大数据中心落实了0.28元电价支持政策。

（三）创新体系不断完善

依托骨干企业、科研院所和高等院校，建设了一批国家重点实验室、国家地方联合工程研究中心（工程实验室），组建了一批省级创新平台，初步形成以企业为主体、以市场为导向、产学研用相结合的区域创新体系，对增强信息产业的创新能力和核心竞争力发挥了重要支撑作用。全行业79家企业设有研发机构，88家企业被国家认定为高新技术企业。中电万维公司通过了评价软件开发能力成熟度难度最大、级别最高的CMMI5级评估认证。兰州安信铁路科技有限公司高铁信号系统综合试验平台、天水华天传感器有限公司压力传感器2项产品获得甘肃省工业优秀新产品三等奖。重点企业天水华天电子集团拥有注册商标14项、计算机软件著作权登记56项、有效专利418项［其中，发明专利143项（含国外专利35项），实用新型专利264项，外观设计专利11项］。

（四）充分发挥示范引领

甘肃省机械科学研究院有限责任公司甘肃省装备制造业“双创”平台——科脉创新工厂能力建设与应用示范、甘肃海林中科科技股份有限公司滚动轴承协同研发设计双创平台、丝绸之路国际知识产权港有限责任公司制造业“双创”互联网+知识产权双创融合服务示范平台建设项目入选工业和信息化部2019年制造业“双创”平台试点示范项目。中电万维“甘肃省智慧城市移动应用服务平台项目”获批国家新型信息消费示范项目；金川集团工业企业网络安全综合防护平台项目获得国家2019年制造业高质量发展专项建设支持资金3000万元；兰石集团“兰石云”工业互联网平台建设项目获得2019年制造业与互联网融合发展试点称号。

（五）引智引资作用明显

落实甘肃省政府与中国技术市场协会、华为、京东、腾讯、中兴通讯、东软、中科曙光等公司签署的战略合作协议，推动丝绸之路信息港公司等省内企业与中科曙光、威睿、IBM、阿里云、新华三、东华软件、太极集团等多家公司建立合作伙伴关系，核心企业带动辐射能力不断加强，产业链条不断延伸。重点围绕区块链应用发展，结合省委领导多次批示和专题会议要求，甘肃省区块链发展应用取得积极进展。2020年1月9日，举办了“数字甘肃·如意之链”甘肃省区块链发展应用启动发布会，对外发出了甘肃声音、提出了甘肃主张，有利于吸引国内区块链领域企业入驻甘肃省，培育形成甘肃省区块链产业生态的条件，构建了多维度支撑区块链发展的产业生态。

**【重点工作】**

（一）持续推进电信普遍服务，助力全省脱贫攻坚

围绕全省脱贫攻坚，扎实推进电信普遍服务。2015年以来甘肃省抢抓国家电信普遍服务试点机遇，着力补齐全省农村信息通信基础设施短板，通过积极申报参与国家5批次电信普遍服务试点项目，争取中央补贴资金19.2亿元，支持全省12个市州11799个行政村光纤宽带网络建设及837座4G基站建设，实现全省99%以上的行政村通光纤宽带和4G网络。

（二）构筑产业升级之基，加快新型基础设施建设

为加快建设高速、移动、安全、泛在的新一代信息基础设施，甘肃省印发了《甘肃省人民政府办公厅关于进一步支持5G通信网建设发展的意见》；组织三大运营商开展庆阳、酒泉、白银、金昌至兰州国际互联网数据专用通道高速链路的

建设准备工作，启动《“一带一路”国际互联专用通道建设规划方案》编制工作。以人工智能技术为引导，按照《国务院关于印发〈新一代人工智能发展规划〉的通知》，围绕创新体系构建、基础平台建设、行业融合试点建设等方面，研究起草《甘肃省推动人工智能和实体经济深度融合的专项行动计划》，提出近期甘肃省在人工智能领域建设发展的 9 项重点任务，以重点任务的有序实施推进人工智能和实体经济深度融合，努力提升全省经济、社会发展智能化水平。

（三）开展工业互联网培育工程，赋能产业转型升级

甘肃省依据《甘肃省工业互联网发展三年行动计划（2018—2020 年）》，围绕工业互联网基础、试点、机构和技术 4 个方面，点面结合，全力推进省级工业互联网平台建设；高质量完成工业互联网标识解析二级节点基础平台建设筹备工作，基础平台主节点已搭建完成；组织省内外工业互联网领域龙头企业、高校院所 30 余家成立甘肃省工业互联网产业联盟；联合腾讯、用友、亚信等国内龙头企业及中国信息通信研究院、赛迪等科研院所专业技术团队，加大对白银、兰州、平凉等市州，以及酒钢、金川、兰石等大型国有企业在构建工业互联网平台方面的业务指导力度和技术支撑帮助，促进全省工业和信息化跨界融合及行业的资源对接，探索构建贯穿创新链、产业链、价值链的工业互联网生态体系。

（四）着力推进省级重点工程，打造数字经济高地

甘肃省“数字甘肃·如意之链”区块链基础平台上线，成立了甘肃省区块链研究院、行业技术中心、产业创新孵化基地、制造业自动化国家工程研究中心兰州分中心 4 个研究机构。金昌紫金云大数据中心、庆阳华为云计算服务中心、西部·丝绸之路信息港云服务大数据产业基地数据中心、丝绸之路西北大数据产业园数据中心、甘肃联通马滩大数据中心、兰州新区大数据产业园大数据中心 6 个数据中心一期已投入运营。国网云数据中心、兰州新区大数据产业园（二期）等一批重点项目在兰州新区落地实施，通过加速大数据产业集聚，加快推进甘肃省数据中心规范化、绿色化发展，着力打造丝绸之路信息港云计算大数据集群品牌。

（五）聚焦数字惠民，统筹推进丝绸之路信息港建设

认真贯彻落实甘肃省委、省政府部署，围绕便民政务、社会治理、产业升级、电商物流领域，多点发力，全面加大丝绸之路信息港拳头性、成长性项目的协调推进力度。组织丝绸之路信息港专家库专家学者，研究遴选出紫金云大数据产业园区数据中心、“陇政钉”政务移动办公平台、“一带一路”特色农产品多语言电子商务平台、丝绸之路信息港云平台、甘肃省工程建设项目审批管理系统、甘肃省农民工实名制及工资支付管理公共服务平台 6 个重点项目，构建部署、落实、跟踪、督查、反馈的“闭环回路”，持续做好建设主体与建设工作领导小组成员单位的沟通协作，协调解决各项任务建设中的相关重大问题，创新重大任务管理模式，提升管理效益。

**【下一步工作重点】**

甘肃省将践行绿色生态产业发展理念，以推动区块链、大数据、人工智能与实体经济深度融合为发展主线，着力健全政策支撑体系，推进以 5G、数据中心、工业互联网、物联网等为代表的甘肃省数字新型基础设施建设，尽快出台相关扶持政策；着力深入推进电信普遍服务试点，全面做好 2020 年电信普遍服务试点申报推进工作，助力全省农村地区信息通信基础设施再上新台阶；突出发挥信息技术在促进传统产业“三化改造”中的支撑作用，通过招引合作与本地培育等模式，以应用促进技术成果快速转化；深化支持天水华天电子集团等龙头企业做大做强，打造集成电路封测产业链，做强做优天水集成电路产业集群；以数字产业化和产业数字化为发展支柱，培育壮大经济发展新动能，支撑全省经济、社会实现高质量发展。

# 新疆生产建设兵团信息化发展概况

2019 年，新疆生产建设兵团工业和信息化系统坚持以习近平新时代中国特色社会主义思想为指导，认真学习党的十九大、党的十九届二中全会、党的十九届三中全会、党的十九届四中全会精神，贯彻落实中央文件精神及工业和信息化部关于推进电子信息产业发展和信息基础设施建设的系列政策措施，围绕兵团党委七届四次、五次、六次全会精神及对深化兵团改革、促进兵地融合和向南发展等一系列重大决策部署，以不断完善信息基础设施、加快实施两化深度融合、推进信息技术应用、培育发展信息产业为主要着力点，务实推进各项工作，取得了积极成效。

## 【基本运行情况】

### （一）电子信息产业稳步发展

通信业、软件和信息技术服务业、电子产品制造/组装业等支撑兵团信息产业稳步发展。截至 2019 年年底，兵团电子信息产业主营业务收入达 58.82 亿元，同比上涨 13.38%。其中，兵团软件和信息技术服务业主营业务收入为 4.75 亿元，同比上涨 24.95%；信息传输业主营业务收入达 16.93 亿元，同比下降 9.16%；电子信息制造业总产值为 37.14 亿元，同比上涨 26.13%。一是建立重点电子信息类企业运行监测联系名录，重点对 26 家电子信息企业运行情况进行监测分析，定期了解企业经营运行情况，帮助企业协调解决经营中遇到的困难。二是发挥“数字兵团”的带动引领作用，吸引广州中智软件公司、安徽科大讯飞公司等 8 家知名电子信息企业落户南疆。三是发挥兵团软件行业协会的桥梁纽带作用，为软件和信息技术服务企业在软件产品认定、投融资、法律、财务等方面提供服务，2019 年完成 5 家软件和信息技术服务企业的“双软”认定工作。

### （二）通信基础设施更加完善

新疆三大电信运营商光纤网络和移动通信网络实现师市、团场全覆盖，“宽带入户”率逐年提升，光纤网络通达团场、连队、交通线路和工业园区，4G 网络不断向偏远边境团场连队延伸，通信质量不断得到提高。2019 年年底，兵团师市、团场光网覆盖率达100%，连队光网覆盖率达 98%。4G 网络覆盖 100%的师市、团场和 98%的连队。其中，南疆师市、团场光网覆盖率达 100%，连队光网覆盖率达 97%，4G 网络覆盖 100%的师市、团场和 97%的连队。加快推进 5G 内外网建设，2019 年兵团工业和信息化局与中国电信集团新疆公司签订了《“十四五战略合作及 5G 试验网络建设及创新应用”合作框架协议》，共同推进 5G 网络覆盖、建设工业互联网和企业上云等工作。

### （三）两化融合水平大幅提升

兵团利用信息技术改造传统产业的步伐在不断加快，不断推动信息技术向工业领域全面渗透，产业协同能力不断加强。一是积极组织兵团辖区企业申报工业和信息化部大数据产业发展试点示范项目、信息消费试点示范项目、两化融合试点示范项目等，列入国家信息消费试点示范项目企业 2 家、两化深度融合储备项目 10 个，通过两化融合管理体系贯标企业 2 家，新疆烽火光通信的“应急柔性通信光缆的开发应用”被列入兵团科技局重大科技攻关项目；组织 300 余家企业开展两化融合水平评估工作，不断提升企业精益管理、风险管控、供应链协同、市场快速响应水平。二是加快推进制造企业互联网“双创”平台建设和“双创”服务平台支撑能力提升工程，共组织兵团 5 家企业申报制造业“双创”试点示范项目。三是积极引导兵团企业上云，相继举办两化融合专题培训班和“企业上云”、工业互联网等网络直播培训，累计培训学员 2 万余人。四是为贯彻落实工业和信息化部《工业控制系统信息安全行动计划（2018—2020 年)》，连续两年采取单位自查、现场检查和回头看等多种方式，对兵团重点企业进行合规和技术检查，并反馈整改意见、督促落实；组织企业申报工业控制系统应用项目库、企业上云典型案例，共报送 13 个工业控制系统应用项目和 2 家企业上云典型案例。五是与自治区工业和信息化厅联合举办 2019 年新疆 App 创新应用大赛，鼓励 App 研发和服务模式创新，促进自治区和兵团数字经济发展，兵团第十一师金来数字传媒有限责任公司的“智慧社区综合服务平台”项目获得优秀奖。

（四）信息产业发展环境进一步优化

一是加强组织领导：兵团成立了网络安全和信息化领导小组，统筹推进兵团信息化发展。二是强化政策指导：近年来，兵团相继出台了《兵团贯彻〈国务院关于积极推进“互联网+”行动指导意见〉的实施意见》《兵团贯彻落实〈国务院关于制造业与互联网融合发展的指导意见〉的实施方案》《关于加快数字兵团建设指导意见》等文件，指导信息产业健康平稳发展。三是整合力量，增强引领带动作用：推动兵团与中信科、航天科工等央企签订战略合作协议，兵团工业和信息化局与中国电信、中国移动、中国联通、中国铁塔公司建立了良好的工作互动，有力推动了兵团信息基础设施建设和信息产业发展，引进了一大批先进信息技术和人才。

【主要工作举措】

（一）推进通信基础设施建设

一是开展兵团通信基础设施建设情况调查摸底，对偏远地区、边境的 4G 网络覆盖能力进行摸底，加强与自治区通信管理局的协调沟通，进一步提升信息网络基础设施供给能力。二是以电信普遍服务试点为契机，深入推进兵团通信基础设施建设，实现光纤宽带和 4G 网络在师市、产业园区、团场（镇）、交通要道、旅游景区、连队全覆盖；重点解决部分连队、道路、光纤宽带未接通、无信号或信号不稳定、网速低（未达到 12Mbps）等突出问题。

（二）推进制造业与互联网融合发展

坚持创新驱动，加快工业大数据、物联网、云计算等新兴技术在制造业领域的深度集成与应用，培育新技术、新业态和新模式。发挥兵团两化融合发展资金导向作用，支持技术创新和两化融合项目，鼓励采用先进信息技术和适用技术加大对现有工业企业的技术改造，淘汰落后产能，优化生产工艺，提高工业产品实物质量。提升兵团特色装备制造业数字化、网络化、智能化水平；组织开展制造业与互联网融合发展试点示范企业申报工作，深化制造业与互联网融合发展和融合创新工作。开展工业云及工业大数据创新应用试点，支持制造业云平台建设，已完成 32 家企业上云部署建设。组织企业申报工业和信息化部 2019 年大数据产业发展试点示范项目。推动兵团与烽火科技集团战略合作协议落地实施，打造互联网信息化人才培养试验基地，为兵团信息化产业发展培养实用型、创新型人才；双方合作建设“互联网+”创客平台，引进内地合作伙伴，孵化本地“双创”企业。鼓励企业、个人和创新单元积极利用云计算服务创业创新，促进中小企业聚集。

（三）利用新一代信息技术助力企业复工复产

兵团向各师市下发了《关于运用新一代信息技术支撑服务疫情防控和复工复产工作的通知》。一是开展“企业微课”线上培训，通过“兵团软件协会”微信公众号举办 5 期“企业微课”线上培训，吸引了来自新疆天富、新疆天业、新疆伊力特、新疆锦龙电力、汇业公司、天隆镍业等多家企业共计近 2 万余人次参与活动交流。二是免费开放云服务资源。在新冠肺炎疫情防控期间，工业和信息化部组织动员 15 家云服务商免费开放 70 余类云服务资源助力企业复工复产，为兵团辖区内企业免费开放财务物流管理、协同办公、视频会议、防疫管理、安全认证等云服务产品，并做好服务保障。三是推动大数据产品应用。在新冠肺炎疫情期间，数字兵团公司和合作伙伴开发的“智医助理”已在兵团 14 个师市使用，完成 4088 名一线工作人员账号的系统导入工作，总计服务 14 多万人次。新疆电信在兵团各地开通智慧社区；兵团辖区 14 个师市的团场、街道利用智慧社区平台，向兵团家庭用户推送疫情信息及公告通知。新疆移动在兵团市场共推广云视讯软终端 72190 套、硬终端 42 套、5G 体温筛查仪 34 台，累计给 30 个园区、339 家工业企业推荐使用了复工复产产品，使用云视讯业务用户达 8528 户（企业人数）、和易报业务用户达 2414 户、和对讲业务用户达 759 户，与兵团 26 个园区、48 家兵团龙头企业分别交流沟通了新疆移动“智慧园区”和“5G+工业互联网”两大平台核心能力。

## 【存在的问题和不足】

兵团受政策、环境、地域、技术、人才等因素制约，电子信息产业应用和发展与内地发达省市相比差距较大。一是通信基础设施建设尚未做到全覆盖，支撑信息产业发展的基础设施尚不完善。南疆师市部分连队、偏远山区、交通要道和景区通信基础设施覆盖面窄，122 个连队只有一家基础运营商提供基础服务，甚至还存有空白点。兵团没有通信管理机构，管理体制机制有待理顺。二是信息产业基础薄弱。兵团电子信息产业共有规模以上企业 26 家，并且主要以生产多晶硅、碳化硅、电子产品组装类企业为主，产业基础薄弱，企业规模偏小，创新能力不足，企业发挥全产业链优势较弱，引领带动作用不明显。

## 【发展目标和形势展望】

### （一）加大兵团通信基础设施建设力度

一是深入推进信息网络基础设施建设，实现光纤宽带网络师（市）、产业园区和连队作业点全面覆盖，推进 4G 网络向边境、困难团场、连队、交通要道和旅游景区覆盖延伸；积极协调新疆通信管理局，在实施电信普遍服务等信息通信重点工程中，重点向兵团南疆地区倾斜；支持南疆连队 4G 网络全面覆盖，不断提高南疆地区兵团团场、连队的宽带接入能力。二是加快 5G 网络建设，起草并推动尽快印发《新疆生产建设兵团推进 5G 网络建设发展实施意见》，协调新疆通信管理局，统筹推进兵团辖区 5G 网络建设、发展和创新应用，实施可复制推广的项目，积极培育 5G 应用新业态、新模式。

### （二）持续推进两化深度融合发展

研究制定发展工业互联网的实施方案，推动制造业与互联网融合发展，围绕工业大数据、工业电子商务、制造业“双创”等领域开展融合发展试点示范；持续开展两化融合管理体系贯标工作，引导兵团工业企业开展两化融合水平能力在线自评估；开展“企业上云”试点工作，推动生产设备、研发工具、业务系统等云化改造和云端迁移，支撑企业数字化、网络化、智能化转型；组织开展企业智能化改造诊断工作，指导和帮助企业确定智能制造助推转型升级方案，做好申报国家和兵团推进两化融合试点示范项目的储备工作。

### （三）培育发展电子信息产业

采取多种方式，不断完善电子信息产业统计指数报送机制，对兵团电子信息类企业进行认真梳理，对规模以上企业及重点企业应统尽统，按月上报企业运行情况，充分了解企业运行情况，重点掌握产业发展态势。充分发挥兵团软件行业协会等行业组织的作用，有效凝聚和协调各方拥有资源，加强合作交流，建设公共服务平台，为企业提供服务。利用好国家支持电子信息产业发展的政策，加大各类资源向电子信息产业的倾斜，推动兵团电子信息产业做大做强。

# 青岛市信息化发展概况

2018年，青岛市深入贯彻落实党的十九大和习近平总书记视察山东、青岛重要指示精神，突破发展集成电路产业，全面开展中国软件名城创建试点工作，推动一批重大项目签约落地，青岛市电子信息产业呈现稳中有进的良好发展态势。

## 【电子信息制造业平稳健康发展】

主要指标保持平稳增长。2018年1—12月，青岛市规模以上电子信息制造企业累计完成工业产值同比增长5.9%，占全市规模以上工业总产值的比重为19.7%，其中广播电视设备制造产值同比增长10.1%；完成出口交货值同比增长1.0%。在青岛市电子信息制造业主要产品中，电冰箱产量为886.6万台，电冰柜产量为471.9万台；空调产量为1058.1万台，洗衣机产量为601.7万台，电视机产量为1695.2万台，移动电话产量为2010.2万部，同比分别增长3.3%、−7.8%、5.3%、−0.3%、−0.5%、−28.9%。2018年，青岛市生产电子元件30亿只，同比下降13%；生产电力电缆90562千米，同比增长7%。

骨干企业影响力增强。2018年1—12月，海尔集团、海信集团、澳柯玛集团、乐金浪潮分别完成产值1032.4亿元、522.1亿元、61.1亿元、51.4亿元，分别同比增长11.8%、−2%、1.1%、−8.4%。在2018年中国电子信息百强企业评选中，海尔集团、海信集团分列第3名、第9名。海尔集团第9次蝉联全球大型家用电器品牌零售第一，海信集团电视连续14年居中国市场第一。海尔集团收购意大利家电企业Candy，海信集团收购斯洛文尼亚白色家电品牌Gorenje，加速全球扩张。

创新体系建设深入推进。国际三大标准组织IEEE、ISO、IEC批准由海尔集团牵头主导制定大规模定制国际标准，海尔集团国家家用电器技术标准创新基地（青岛）通过验收，启动建设高端智能家电创新中心，开展对高端智能家电关键共性技术的研究攻关。海信集团整合青岛、顺德两地研发中心，建设白色智能家电研发中心集群。澳柯玛集团智能产业园项目一期封顶，将建设大数据运营中心、智能技术研究中心、仿真设计中心、工业软件研发中心等多个创新平台。

集成电路产业实现突破。集成电路招商引资取得突破，引进了一批集成电路设计、晶圆制造、第三代半导体材料项目，泰睿思集成电路封测项目、中科钢研碳化硅材料、聚能晶源氮化镓外延材料项目一批产业链重点项目正在建设中。集成电路设计、制造、封装、装备、材料和创新、融资、人才服务的全产业链发展格局已有雏形，集成电路产业链企业超过80家，集成电路设计类企业达50家。青岛市成功举办了2018年国际集成电路产业投资（青岛）峰会，国内外集成电路产业精英400余人参会。

智能家居生态体系加速推进。海尔集团聚焦智慧家庭战略，制定推出了首个以用户为中心、用户可定制的全场景定制化智慧成套方案，累计用户突破5000万户。COSMOPlat工业互联网平台赋能智慧家庭生态，已建成 11 家全球引领的互联工厂样板，可提供大规模定制服务。海信集团在全面实施家电智能化的基础上，开发推出了智慧家居 Hi-Smart 有线系统，建成了聚好联 1.0 智能家居物联网平台，量产了智能家居中央控制器“信果”，建成了绍兴路 66 号智能家居示范项目。澳柯玛集团推出“互联网+全冷链”品牌战略，开发了智能家电物联平台、智慧冷链管理系统，AI 智能自助柜已接到订单上万台。

新兴产业发展动能增强。青岛市初步形成了集基础研发、设备制造、产业应用、平台服务于一体的增材制造产业链生态体系，以三迪时空 • 3D 智造云平台为代表的增材制造云服务平台在国内领先。青岛市物联网相关企业近 300 家，主要以软件和系统集成、硬件产品生产为主，应用领域主要集中在智能家居和工业控制方面，在感知、传输、平台和应用等方面均有较大进展。青岛市以崂山区为核心打造全国首个国家级虚拟现实高新技术产业化基地；引进高校和高层次人才团队，成立了北航歌尔虚拟现实创新研究院等 11 家虚拟现实高端研发机构，引进集聚了歌尔科技等虚拟现实企业 80 余家，成功举办了“2018 国际虚拟现实创新大会”，吸引了来自 22 个国家和地区的 300 余名嘉宾和 1000 余家国内外企业参会。

## 【软件和信息技术服务业稳定发展】

软件业务收入实现较快增长。2018 年，青岛市软件和信息技术服务业相关企业达 1722 家，软件业务收入为 2156.7 亿元，同比增长 15.1%，高于全国平均增速 2.7 个百分点。海尔集团、海信集团分列 2018 年软件百强企业第 3 位、第 8 位，海尔集团、海信集团、软控股份入选 2018 年中国软件和信息技术服务综合竞争力百强企业。大快搜索、百洋信息等 7 个软件产品入选山东省首版高端软件。青岛市新入选“青岛市优秀软件产品”20 个、“省级优秀软件产品”24 个、“国家级年度优秀软件产品”31 个。

中国软件名城创建加快推进。以获批中国软件名城创建试点城市为契机，青岛市出台了《关于加快培育提升“五名”高标准创建中国软件名城的实施意见》（青政字〔2018〕24 号），并进行了责任分解，发布了《引领推进中国软件名城创建的行动指南》和《未来五年青岛市软件和信息技术服务业高质量发展的行动纲领》；编制了《青岛市创建中国软件名城“五名”汇编手册》，召开新闻发布会及青岛市深入开展中国软件名城创建推进大会，深化部、省、市合作创建机制，加速推进试点城市建设，为今后通过中国软件名城评估奠定了坚实基础。

工业互联网 App 培育稳步提升。青岛市印发了《青岛市落实工业互联网 App 培育工程实施方案（2018—2020 年）行动计划》（青经信发〔2018〕8 号），将工业互联网 App 列入中国软件名城创建发展重点。加快工业 App 培育应用，海尔集团 COSMOPlat 构建了从交互到研发制造，再到物流售后全价值链的大规模定制 App 集群，复制到 12 个行业 3.5 万家企业，被中国软件行业协会评为“2018 优秀工业互联网平台”；COSMO-iMES 智慧生产 App、COSMO-iWMS 智慧仓储 App 被评为“2018 优秀工业 App”；酷特云蓝已签约 20 个行业、70 家企业；容商天下 C2P 工业云 PaaS 平台注册用户过万户，已生成分发千余个工业 App；在华为企业云、中软国际云平台上云的工业软件研发企业达 400 余家。

## 【科技创新与应用取得实效】

扎实做好新旧动能转换、“一业一策”“双百千”工程等各项工作，提升产业自主创新能力。青岛市指导海尔集团、歌尔、海信集团、中科曙光等人工智能骨干企业申报国家新一代人工智能产业创新重点任务 15 项，包含智能家居产品、医疗影像辅助诊断系统、智能传感器、智能制造关键技术装备、智能网联汽车等多个人工智能产业领域。海尔集团“蓝火苗燃气热水器的燃烧器”“一种空调变频压缩机全频域恒力矩控制系统及方法”“磁悬浮多机头中央空调负荷分配系统及方法”获得第二届山东省专利奖；“价值链协同业务科技资源及服务集成技术”项目获得国家立项支持。海信集团“全筒自清洁技术”在“第十五届中国家用电器创新成果评选”中获得年度技术创新成果；食神冰箱再获“德国 IF 工业设计大奖”；超高清帧率转化及时序控制芯片 HS3710 获“中国芯”优秀技术创新产品。澳柯玛集团发布国内首款智能无人驾驶电动车。

【信息基础设施支撑能力增强】

青岛市加快 IPv6、4G、WLAN 部署，支持宽带提速、光纤到户、无线城市、三网融合等工程，大力改善基础网络、基础数据中心、基础云平台等基础环境，率先建成全光网城市，成功获批国家首批三网融合试点城市、“宽带中国”示范城市、国家下一代互联网示范城市，获得“宽带中国”示范城市最佳实践奖等。

基础网络提速。青岛市组织和完成 ADSL 和传统 LAN 用户的光纤改造，三大基础电信运营商光纤到户覆盖用户合计超过 900 万户，城市家庭光纤接入能力超过 200Mbps，青岛市纳入中国联通 5G 规模组网和中国移动 5G 应用示范试点；建成 2G、3G、4G、WLAN 互为补充的无线网络，移动基站超过 5 万座，其中 3G、4G 基站占比超过 86%，WLAN 热点达 9000 余个，AP 接入设备达 13.5 万个，无线宽带业务在政务、商务、生产、生活等各领域实现深入应用。

基础互联网数据中心（IDC）建设加快。青岛市投入使用的 IDC 机柜接近 2 万个，阿里巴巴、腾讯、百度、新浪等知名互联网企业及国内前 20 名的网站均已入驻青岛市；中国联通、中国移动、中国电信等一批 IDC 项目在建，建成后青岛市 IDC 机柜可达 10 万个。

基础云平台顺利推进。青岛市在全国率先建成政务云计算与灾备一体化平台，为青岛市政府部门提供基础设施、平台、应用等共享服务；率先建成中小企业云服务平台，实现线上公益化与线下市场化，提供政务、融资、认证认可、检验检测等 12 类 450 多项服务。

【信息产业基地和园区建设提速】

2018 年，“青岛软件和信息技术服务”“家电及电子信息”两个国家新型工业化产业示范基地被评为五星级示范基地。青岛市拥有产值过百亿元的家电及电子信息产业集聚区 4 个，其中黄岛家电产业集聚区产值过千亿元。青岛市软件及动漫产业园、青岛国际创新园被认定为山东省软件产业园区，软控股份被认定为山东省软件工程技术中心。青岛市协调推进歌尔青岛科技产业园、浪潮青岛大数据产业园、华录山东总部基地等重点项目加快开工建设，“千万平方米”软件产业园区新竣工 51 万平方米，累计竣工 684 万平方米。

【工业互联网加快融合发展】

制造业与互联网融合发展。青岛市动态调整制造业与互联网融合发展项目库，入库企业达 400 余家，引导服务商为重点企业做好个性化服务；开展 2018 年互联网工业“555”项目认定工作，认定 86 个互联网工业“555”项目，其中智能（互联）工厂 3 个、数字化车间 17 个、自动化生产线 66 条；新增 5 个国家级智能制造试点示范项目，4 家企业入选国家首批人工智能与实体经济深度融合创新项目；易邦生物、软控股份等 4 家企业获得国家智能制造综合标准化与新模式应用项目专项资金 2900 万元；1 家企业获评国家制造业与互联网融合发展试点示范，3 家企业的 5 个项目入围国家制造业“双创”试点示范，5 家企业进入国家级服务型制造示范，2 家企业入选山东省智能制造标杆企业。

开展企业两化融合评估和两化融合管理体系贯标。青岛市组织企业开展两化融合评估，最终参加评估企业超过 800 家，收到有效问卷 741 家，确保了青岛市企业两化融合指数在山东省的领先地位；17 家企业成为 2018 年国家两化融合管理体系贯标试点企业，14 家企业入围 2018 年山东省两化融合管理体系贯标试点示范。

大力促进工业互联网平台建设。青岛市认定海尔集团 COSMOPLat、酷特云蓝、特来电智能充电、三迪时空·3D 智造等 8 个工业互联网平台，支持平台建设财政补助资金近 2000 万元；储备了中车四方、红妮、益和电气等 10 余家平台企业。海尔集团 COSMOPLat 获批首批“国家级工业互联网平台”，并获得工业和信息化部国家工业互联网创新发展工程专项资金支持；海尔集团工业互联网平台省级制造业创新中心通过验收，并积极创建国家级创新中心；引进国内知名工业互联网平台东方国信“Cloudiip”在青岛市落地能源子平台；5个项目入选国家制造业“双创”平台试点示范。

搭建对接国家战略的交流合作平台。青岛市举办2018世界互联网工业大会，聚焦工业互联网“网络、平台、安全”三大领域，国内外知名院士、美国参数技术公司、瑞士ABB公司等国内外业内大咖云集，来自上海、江苏等20多个外省市代表团300余人参会，吸引了青岛市各部门、企业等近2000人次参与活动，交流推广“工业互联”新技术和“融通共享”创新成果；推动成立化工橡胶工业互联网产业联盟，国家工业信息安全发展研究中心青岛研究院落户青岛市高新区。

**【物联网产业加快发展】**

产业基础不断增强。青岛市有物联网相关企业近300家，青岛市物联网协会发展物联网会员单位120家，涵盖物联网技术和服务、物联网应用、通信运营和平台商三大类。在物联网企业集群方面，拥有海尔集团、海信集团、澳柯玛集团、软控股份、青岛港、东软载波、电子研究所、中科英泰等一批物联网研发和应用领域的骨干单位；建立了包括芯片设计制造、电子标签封装、传感器制造、读写设备研发、软件/中间件、嵌入式软件与硬件、设备销售、系统集成、网络服务、第三方服务等环节的物联网产业链结构。青岛海尔科技有限公司正在承担的国家核高基项目“面向智能家电的物联网安全操作系统产业化及规模化应用”，有望填补我国物联网操作系统领域的空白。

物联网应用领域广泛。青岛市加大物联网在智能家电、精准农业、无人码头、智能仓储、智慧停车、智慧旅游、智慧医疗、健康养老等诸多领域的推广应用，产生了良好的示范作用和社会效益。青岛港基于RFID、传感技术等实现了对闸口、车辆、货物、堆场的有效管理；海信网络科技公司作为国内智能交通领域的骨干企业，拥有一批智能交通领域的物联网技术与产品成果；在融合RFID和胎压感知等诸多技术手段的数字化轮胎方面，软控股份在国际上占有领先地位；海尔集团发布了首个智慧家庭操作系统UHomeOS，推动智能家电产业发展；崂山风景区通过应用景区电子商务系统、高清视频监控系统、路灯节能联网控制系统，推动景区智慧旅游发展；海信NB-IoT智能停车系统针对邻车位干扰、地铁干扰等特殊场景优化算法设计，解决了行业普遍存在的检测精度低、建设成本高等问题。

平台运营及发展环境日趋成熟。中国移动在青岛市建设5G联创中心青岛实验室、山东移动物联网开放实验室；青岛市共拥有3个山东省RFID工程技术中心，依托海尔集团设立了中国RFID产业联盟海尔开放实验室；成立了青岛市射频识别（RFID）技术及产业促进会，建成了青岛市RFID实验室；在物联网家电领域，拥有数字化家电国家重点实验室、数字家庭网络国家工程实验室；在数字化轮胎方面，拥有国家轮胎工艺与控制工程技术研究中心等国家级研发机构。

**【大数据云计算加速推广】**

海尔集团、海信集团列2017中国大数据企业发展指数20强，青岛市西海岸新区成为山东省大数据产业集聚区之一，海信网络科技等5家企业成为山东省大数据重点骨干企业，海尔数字科技等6家企业入选山东省行业云平台服务商，萨纳斯等6家企业入选山东省云应用服务商，特锐德电气等6家企业大数据产业项目入选工业和信息化部2018年大数据产业发展试点示范项目，大快搜索等9家企业的产品或解决方案获2018年山东省优秀大数据产业和应用解决方案。山东易华录集团总部、大唐半导体公司、中国科学院青岛EDA中心、国家级辣椒产业大数据中心、58集团华北区域总部等大数据相关企业和项目相继落户青岛市，浪潮（青岛）大数据产业园等重点项目已正式启动建设，青岛市大数据产业生态体系逐步建立。青岛市梳理已有相关产业政策，形成大数据、云计算服务产业发展17条基本政策。青岛市市北区、李沧区、西海岸新区、平度市、莱西市等区（市）相继出台了促进大数据发展相关政策措施。青岛市推进政务大数据和云计算中心建设，累计完成60多家委办局、近200个业务系统、近1000台主机上云，上云业务涉及民政、人社、财政、工商、税务、交通、医疗、教育、行政审批、安监等众多领域。

**【智慧青岛建设基本架构正在形成】**

青岛市制定《推进便捷支付城市建设工作实施方案和"企业上云"工作行动计划》，形成青岛市智慧城市建设评估标准方案，协调推进总投资83亿元的135个智慧青岛年度建设项目，已有32个项目建成运营；把推进信息通信技术在行业领域的应用作为智慧青岛建设的重点，在已经建成的年度计划重点项目中，智慧应用项目占73%以上。

城市智慧化建设加快。青岛市建成城市道路智能交通系统，可实现重要路口信号自适应、交通出行引导、电子警察、数据分析等10项功能，系统上线后市区整体路网平均速度提高约10%。该项目荣获世界智能交通年会最佳应用奖。

产业智慧化不断深入。青岛市率先发展工业互联网，海尔集团COSMO PLat、三迪时空・3D智造、特来电智能充电等一批开放性的工业互联网平台投入运营，双星、森麒麟、德胜机械等一批智能制造企业形成的示范效应。海尔互联工厂、酷特大规模个性定制、特锐德电气由卖产品到卖服务，一批新模式显现。世界工业互联网大会落户青岛市。海尔COSMOPlat获批"基于工业互联网的智能制造集成应用示范平台"，成为全国首家国家级示范平台。青岛市连续两年被评为促进工业稳增长和转型升级成效明显的城市，受到国务院督查激励。

行业管理智慧化进一步深化。青岛市创新打造工商电子营业执照与"e证通"企业数字证书平台，通过电子营业执照和"e证通"的结合，提供市场主体网络身份识别、签名验证等服务，提升企业服务效率。2018年，青岛市再次获得中国领军智慧城市、中国信息化十强城市，并荣获2018中国城市治理智慧化综合奖、中国智慧城市建设智慧基础奖。

智慧化民生服务较为突出。青岛市建成智慧教育中心平台、教育资源平台、教育管理平台，推进智慧校园建设，1000多所学校通过验收，探索翻转课堂，普及电子书包，形成了青岛经验。国际教育信息化大会落户青岛市，并连续3年在青岛市召开。

**【产业环境不断优化】**

2018年，青岛市积极发挥财政政策的引导作用，引导各类创新要素向企业集聚，加快推进电子信息制造业发展。青岛市出台了《关于实施制造业"五个一批"企业技术创新工程推进新旧动能转换的意见》，提出到2022年青岛市规模以上工业企业研发经费内部支出占主营业务收入的比重达到2.2%以上；创建1～2个国家级制造业创新中心和10个左右省级制造业创新中心。青岛市建成20家左右国家技术创新示范企业、40家左右国家级企业技术中心；培育形成5家左右国家级工业设计中心、30家左右省级工业设计中心。

青岛市出台了《关于加快培育提升"五名"高标准创建中国软件名城的实施意见》，提出重点培育软件和信息技术服务业名品、名企、名园、名展、名人，明确了发展目标，即到2022年产业规模进一步扩大，软件业务收入达到3500亿元左右，技术创新体系更加完备，两化融合支撑更加坚实，培育一批有影响力的特色软件产品和龙头企业，形成具有较强竞争力的产业生态体系，推动国家软件和信息技术服务业示范基地建设迈上更高层次，达到中国软件名城创建指标要求，努力建成比较优势明显、"五名"特色突出的中国软件名城。

青岛市加快云计算技术、产业、应用和服务体系及产业生态构建，印发《青岛市推进"企业上云"工作行动计划》，明确到2020年新增"企业上云"企业5万家以上，形成一批国内一流的云计算领域的服务商；全国云计算产业中心建设取得明显进展。

# 宁波市信息化发展概况

2019年，围绕《数字宁波建设规划（2018—2022)》和《宁波市智慧城市发展“十三五”规划》总体要求，遵循“数据驱动、业务协同、产业融合、应用升级、信息安全”的建设路径，宁波市不断夯实公共基础支撑，加快推动城市数据整合共享，积极谋划“城市大脑”建设，持续深化智慧应用体系改造提升，全力培育数字经济，智慧城市建设取得了良好进展，建设水平居全国前列，荣获了中欧绿色智慧卓越城市、中国领军智慧城市等荣誉称号。

## 【注重以人为本，惠民服务应用持续完善】

宁波市按照智慧城市建设“以人为本”的总要求，坚持“数据多跑路、群众少跑腿”的理念，进一步完善城市智能化服务体系建设，持续提升城市服务水平。

一是“互联网+政务服务”全面提升。按照“最多跑一次”改革总体部署，宁波市统筹推进数字政府建设，推动政务服务事项网上办、掌上办。截至2019年年底，市级部门政府服务事项为2547项，实现网上可办率99.37%，掌上可办率达98.9%，跑零次比例达95.01%。宁波市加快推进“无证件（证明）办事之城”创建，运用人脸识别技术探索推出一整套在互联网环境下的身份验证新模式，新增开发9类电子证照，实现在公安窗口和市县两级行政服务中心100%覆盖应用，并持续拓展不同应用场景。截至2019年年底，承载电子证照卡包的“阿拉警察”App下载量达446万人次，注册用户达383万户，实名认证用户为185万户，电子证照二维码调用量为392万人次。

二是智慧健康养老服务加快发展。宁波市持续推进全民健康信息平台互联互通，并正式成为国内首个市平台及所有区县（市）平台都通过国家医疗健康信息区域信息互联互通标准化成熟度四级以上测评的城市；持续推广基于云医院的互联网健康服务，在线诊疗与药品配送、双向转诊、协同门诊、远程会诊、互联网护理等各项服务量快速增长；拓展远程医疗扶贫，实现对17家帮扶医疗机构远程医疗精准扶贫；创新推进服务多元化、响应智能化的智慧养老服务模式，鄞州区入选国家级“智慧健康养老示范基地”，东流街道、东胜街道、白鹤街道入选“智慧健康养老示范街道”，成为智慧健康养老示范新样本。

三是智慧文教旅游服务持续拓展。宁波市持续深化智慧教育应用，智慧教育学习平台日均访问量近10万次，年访问总量达3000余万次；“甬上云校”持续开设直播课，年度收看量超过150万人次；进一步整合宁波旅游票务平台、民宿平台、年卡平台，提升建设旅游接待平台，初步建成了汇聚交通、餐饮、购物、娱乐、文化、个性旅游等要素的大旅游公共服务平台，“一机一码畅游宁波”；推进文旅设施智能化改造，“天一阁”率先试点探索运用5G技术提升建设智慧博物馆。

四是智慧支付便民服务深度推广。宁波市持续推动“智慧支付工程”和“移动支付便民示范工程”建设，组织开展金融科技应用试点工作，推动大数据、人工智能等技术深度应用于金融业务，提升民生领域金融服务的智能化水平。宁波市在全国率先实现银联二维码支付的城乡公交全覆盖，累计建成智慧菜场100个、智慧停车场139个，交易笔数分别同比增长9倍、4.94倍；宁波市移动支付活跃用户达127.6万户，同比增长84.4%。

**【注重协同联动，智慧社会治理深度拓展】**

宁波市把握社会治理模式创新发展新需求，持续深化新一代信息技术在基层治理、安全管理、生态环保、经济监管等各领域的深度应用，不断拓展联动协同智慧治理体系。

一是"四个平台"统领基层社会治理。宁波市持续推进基层社会治理综合信息系统二期项目建设，强化基层社会治理数据融合和多条线业务整合，目前平台已汇聚人口数据903万条，组织机构110万家，收集房屋信息149万条，实现了信访、综合治理、公安、市场监管等10多个部门的22类基层业务事件的自动流转和协同处置，平台已在全市所有乡镇、街道全面推广应用，并与浙江省基层治理协同平台实现精准对接；同时，以基层社会治理平台为载体，推进河长通、流管通等多通融合，基本实现了基层社会治理"一个系统管到底"。

二是"全域监测"筑牢城市安全底线。持续推进智能警务亭、智安小区和人脸车脸卡口布建，不断完善"覆盖全域、智能动态、紧扣实战"全息感知网络，建成集105万个关注点、660个图层的"六图合一"超级地图，实现城市治理管理"一张图"，目前宁波市视联网平台已整合视频监控19.5万路，整合视频数量居浙江省第1位。持续推进城市交通运行智能化监测管理，构建了交通运行综合监测、应急处置等应用系统，实现高速公路、"两客一危"、公交、公共自行车、出租车和轨道交通的实时监测。谋划推广企业智慧用电，编制《宁波市促进企业智慧用电实施方案》，推广企业智慧用电应用，促进企业用电安全。

三是创新示范探索绿色智慧生态。快速推进垃圾分类智能化，推广应用"搭把手"新型智慧再生资源回收体系、加多美农村垃圾智分类平台等系统，以物联网应用为核心构建垃圾分类+资源回收"两网融合"新模式。截至2019年年底，在宁波市部署2007个"搭把手"回收站点，全年累计完成回收订单269.7万次，累计回收量达5.62万吨，完成垃圾减量约4.05万吨。聚焦"蓝天""碧水""净土""清肺"等污染防治攻坚战专项行动需求，加快统筹部署环境协同管理平台。深化智慧水利建设，构建了山洪灾害短历时风险预报预警、水库水源地供需智能预警、水利工程区域集控管理等10个智能应用场景，在全国智慧水利建设中发挥了引领示范作用。

四是大数据分析助力经济运行监管。有效整合了宁波市经济运行数据，初步构建了宁波市经济运行监测分析数字化平台，实现了市本级经济运行指标监测和市、区县（市）两级经济运行分析可视化展示。结合传统产业转型发展需求，建成宁波市制造强市大数据平台，汇集了宁波市11万家工业企业的2000多万条数据，实现工业经济运行精准监测和有效预警。在浙江省率先建成金融风险"天罗地网"监测防控系统，对宁波市108万家工商企业实现全覆盖，对25000多家金融机构实现全天候监测。

**【注重融合发展，数字经济培育成效明显】**

围绕"246"万千亿元级产业集群建设总体部署，深入实施数字经济"一号工程"，聚焦数字产业化和产业数字化两条主线，持续推进新一代信息技术融合应用和产业发展，不断壮大经济新动能。

一是数字产业化不断壮大。积极创建特色型中国软件名城，《部省市协同开展中国软件名城创建工作合作备忘录》正式签约，加快发展电子信息制造业、软件和新兴服务业产业集群，注重培育市场主体、提升创新能力、壮大产业规模，形成数字经济发展核心竞争力。2019年1—11月，数字经济核心产业增加值增长13.1%；实现软件业务收入819.03亿元，同比增长25.1%，增速居全国、浙江省前列；3家企业入围2019全国电子信息制造百强企业，1家企业入围2019全国软件百强企业，累计超过30家软件企业成功上市。集成电路、光学电子、智能终端等特色产业快速发展，其中，集成电路产业集聚相关企业近70家，初步构建成"材料—芯片—整机—应用"产业生态体系，进一步夯实数字经济核心产业发展根基。5G、工业互联网、人工智能、区块链等新技术、新产业、新业态不断涌现，培育了家电云、纺织服装云、一云通等行业级云平台和海天、慈星等企业级工业互联网平台，引进了华为、旷视科技等一批领军企业，鲲鹏产业生态基地成功落地，搭载鲲鹏处理器的“鹏霄”服务器在全国首发应用；推进国家北斗导航位置服务数据中心浙江（宁波）北斗数据中心建设，持续拓展北斗导航服务在各领域的试点应用，培育北斗产业；引进智能视觉计算重点实验室、视频国家工程实验室宁波基地落地，推进智能警务产业化发展。

二是产业数字化全面推进。全面实施技术改造和企业智能化诊断“两个全覆盖”工程、“企业上云”工程，持续推进新一代信息技术在制造业领域的深度融合应用，大力发展智能制造。截至2019 年年底，宁波市累计有 7942 家规模以上企业实施了 8761 个技改项目，其中，自动化智能化改造项目 5434 个；实施数字化车间项目 84 个，推广应用机器人 6500 多台。36 家企业通过国家两化融合贯标评定，累计上云企业超过 7 万家，其中省级上云标杆企业达 78 家。据 21 世纪产业研究院发布的《2019 中国智能制造指数（CIMI）报告》显示，宁波市智能制造指数居全国第 5 位。宁波市持续深化“互联网+流通”工程，全面推进“电商换市”战略，电商经济快速发展。截至 2019 年年底，宁波市培育引进了电商平台 100 余个，包括大宗商品交易网、2 个中国塑料城千亿元级平台，以及 7 个世贸通、海上鲜等准百亿元级平台；建设了港口 EDI 信息交换平台、电子口岸、铁大大网等一批智慧物流平台；拥有中小网商 5.6 万家，2019 年网络零售额约 2100 亿元，同比增长 20%左右，占社会消费品零售总额比值达 46%，居民网络消费额超过 1500 亿元。宁波市加快推进信息技术在农业农村领域的应用，持续推进数字农田建设，形成了 1.09 万亩水稻种植数字化集成示范基地，提高了农业生产效率。

**【注重一体支撑，公共基础保障不断夯实】**

宁波市统筹建设互联互通、智能感知的高速网络基础设施及高度整合、开放共享的城市公共数据体系，持续谋划推进“城市大脑”建设，为智慧城市建设奠定了良好的基础。

一是基础网络一体互联。宁波市积极抢抓 5G 新发展机遇，印发了《宁波市 5G 应用和产业化实施方案》（甬政发〔2019〕37 号）、《宁波市推进 5G 通信基础设施建设的实施意见》（甬政办发〔2019〕76 号），快速部署了 5G 网络建设，已建成 5G 基站约 3000 座；持续推进光纤网络和 4G 网络覆盖，光网实现市域全覆盖，互联网城域出口带宽为 7000Gbps；城乡居民家庭宽带接入能力普遍达 100Mbps；4G、4G+网络全面覆盖，4G 用户超过 1111 万户。宁波市加快推进 IPv6 升级改造，3 家电信运营商和宁波华数公司已完成 IPv6 网络的全网骨干网、城域网及数据中心改造，并在部分网站开展了应用接入；持续部署窄带物联网建设，推进物联网城市开放平台应用，连接传感器超 400 万个，已接入城管、公交总公司、邮政管理局等部门系统，逐步为宁波市公共设施管理行业及各产业提供服务。

二是公共数据逐步整合。宁波市统筹部署了大数据中心建设，不断建设完善通用计算（智能计算）能力和云计算中心，构建了完善的公共基础数据库、共享交换开放平台；印发了《宁波市公共数据管理办法》（甬政办发〔2019〕72 号），为公共数据整合共享应用提供了制度保障。2019 年，宁波市已全面建成公共数据共享体系，其中数据交换平台已覆盖 34 个部门、90 个业务系统，并在各区县（市）、管委会建设了数据交换分中心；数据共享平台累计提供 818 个数据共享接口，共归集 49 个部门、649 个信息资源的 35 亿条数据；建成了覆盖全市陆地范围二三维一体化、城市地下管线、沿海水下地形和部分重点建筑室内三维的基础地理信息资源库。

三是“城市大脑”统筹谋划。宁波市加快推进城市大脑建设情况调研，并结合现实基础，初步形成“城市大脑”建设方案，明确“城市大脑”功能定位为，以“行业大脑”为支撑，以数字整合共享为立足点，盘活城市数据资产，构建城市级应用（“城市大脑”），赋能智慧城市建设和数字经济发展；主要建设内容包括构建城市大数据中心、计算服务平台、行业领域智慧应用系统（“行业大脑”）、城市运行平台和开放式数字经济生态圈。

四是信息安全同步保障。宁波市出台了一系列网络安全方面的规章制度，逐步完善了网络安全和信息化体制机制，出台了《宁波市网络强市战略实施纲要》，明确了网络安全和信息化发展方向；全面启动了网络安全协调指挥平台建设，推动网络安全主动防御体系建设；建立健全应急响应体系，提升网络安全事件处置能力；加强关键信息基础设施安全防护，有效防范网络安全重大风险。

**【注重氛围营造，发展环境持续优化】**

宁波市着重加强政策规划引领和标准规范指导，明晰建设发展方向和改造提升重点；同时，以重大活动为载体，深化合作交流，营造发展氛围。

一是政策规划引领发展方向。2019 年，宁波市先后出台了《数字宁波建设规划》《数字宁波建设三年行动计划（2018—2022）》，将新型智慧城市建设与数字经济发展作为数字宁波两大关键任务，进一步明确了加快新型智慧城市建设的目标要求和重点任务；同时，坚持“统筹协调、联动发展”工作机制，充分运用智慧城市建设专项资金，统筹保障了一批智慧城市重大项目的落地建设；依托智慧城市考核的工作抓手，进一步凝聚建设共识，形成市县联动，加快建设落实。

二是标准规范提升建设质量。宁波市充分对标国家发展改革委、中央网信办发布的《新型智慧城市评价指标（2018）》，积极参与评价，通过“以评促建、以评促改、以评促用”，进一步加快智慧城市建设和改造提升；作为主导单位深度参与《浙江省“基层治理四平台”数字化建设指南》（浙基治办〔2019〕2 号）编制工作，充分掌握智慧基层治理建设主动权。此外，2019 年宁波市还形成了《宁波市智能交通系统标准体系》《宁波市水利工程视频监控系统建设技术指南》等一系列行业应用标准规范。

三是重大活动推动合作交流。宁波市高水平举办了 2019 世界数字经济大会暨第九届中国智慧城市与智能经济博览会，搭建了宁波智慧城市建设和展示交流的重要平台，累计超过 400 家企业集中参展，签约项目达 45 个，投资总额为 310 亿元，为智慧城市建设和数字经济发展注入了新动力；梳理编制了《数字驱动智慧引领——宁波数字经济和智慧城市案例集》，形成了宁波智慧城市建设案例库，树立了一批典型标杆，并通过组织参展参会、参评申报、现场推介对接等多种方式予以推广，农村垃圾智分类、“啾啾云”、宁波制造强市大数据平台等多个项目获得国家级奖项荣誉。

# 厦门市信息化发展概况

近年来，厦门市委、市政府高度重视智慧城市建设工作，以不断提升人民群众幸福感为宗旨，促进信息技术与经济、社会各领域的深度融合，大力推进惠民服务、城市治理、资源共享、基础设施等领域的智慧化建设，逐渐摸索出适合厦门市实际的智慧城市建设之路，并取得了显著成效。自2017年以来，厦门市相继获评“中国十大智慧城市”“中国智慧城市发展评估应用创新奖”“中国智慧治理领军城市”“十二五智慧城市领军城市”“2017中国智慧城市示范城市”等荣誉称号。

**【提升网络基础设施，集约化建设政务数据中心】**

厦门市积极推动中国电信、中国移动、中国联通、中国广电四大运营商共同进行网络基础设施的共建共享、互联互通，采取多项举措提升光纤宽带网络建设水平，探索三网融合新技术、新模式，建设国内首个“宽带地图”。2019年年底，厦门市实现行政村100%建成全光网，全市FTTH光纤覆盖率达99.8%，100Mbps以上带宽用户占比达66.8%，建成高水平光网城市；4G移动电话用户占比为84.8%，普及率居福建省第1位。企业宽带和专线平均速率为42Mbps，同比增长20%。持续推进宽带网络提速降费，取消移动流量“漫游”费，降低移动流量资费超过60%。厦门市累计建设窄带物联网（NB-IoT）基站3193座，实现全城覆盖，为物联网应用奠定了坚实的网络基础。

积极推进政务信息化基础设施集约化。在国内率先开展电子政务云平台建设，开展相关设施资源的共享服务和集约化管理，现已开设虚拟机580台，部署了近200个应用系统，不仅避免了各部门自建机房造成的重复建设及资源浪费，也为后续的政务信息共享及部门协同应用提供了有力保障。自2017年以来，厦门市开始引入政务云服务外包的方式，自此形成了自建云与外包云并存，“两朵云”各司其职、互为补充的新模式，构建了一个技术更先进、安全性更高、服务更完备的信息枢纽中心。

**【以基础数据库为根本，促进信息资源的开放共享】**

（一）逐步夯实基础信息资源库，促进政务信息资源共享及部门协同应用

一是建成了人口、法人、空间、交通、信用、证照6个基础数据库，汇聚了公共服务、生态环境保护、全民健康保障等14个重点领域的数据，共入库8.8亿多条数据，月均更新5000万余条数据，包括人口、法人、信用、婚姻、充电桩基站信息、水情水位信息、竣工备案信息、投资项目信息等，为70个部门提供数据共享支持。二是搭建了政务信息共享协同平台，出台了相关政务信息资源共享管理办法及技术规范，平台共接入67家企业，注册并发布了1093个服务接口，累计调用资源超过3.3亿次；建立交通通道73个，实现交换数据量近7.4TB，为公共安全平台、i厦门、智慧审批平台等39个业务提供了数据支撑。

（二）探索公共信息资源开放，促进资源的社会化利用

厦门市构建了包含22个领域主题、20个行业分类及涵盖39个政府部门的数据开放门户——厦门市大数据开放平台。该平台支持各类数据的目录编制、汇集、集中发布、便捷检索、统计分析、互动评价、应用展示、多样接口、安全存储等功能，第一批开放的政务信息资源为800万条数据记录、709个数据集、302个服务接口，涵盖信用服务、交通运输、市场监管、生态环境、地理空间、生活服务等内容，与群众生活和企业发展息息相关。

**【以便民惠民为出发点，切实提升政府公共服务水平】**

（一）深化“互联网+”政务服务，推进政务服务“一网、一门、一次”改革

依托i厦门平台为厦门市网上政务服务提供统一入口，构建统一身份认证体系，提升i厦门移动终端使用体验，推出“随手拍、政企直通车、权威资讯中心、即时在线评价”4项政民政企互动功能，推进高频服务事项“掌上办”，目前共提供15类、106项应用服务，有效提高了政务服务水平；完善“一门式”办理，优化提升政务服务大厅一站式功能，做到审批服务事项“应进必进”，避免企业和群众在不同部门间的来回奔波；做好

电子证照转化应用和部门间数据共享互认，增加“全程网办”覆盖面，实现大部分审批服务事项“最多跑一次”和“一趟不用跑”。

（二）深化“互联网+”城市服务，发展便民服务新业态

厦门市深入推进医疗卫生、社会保障、社区服务、文化教育、交通出行、劳动就业等领域信息惠民建设，提升城市服务的便捷化和多元化；依托厦门健康云平台，开展居民电子健康档案共享、全流程就诊预约、电子健康卡多卡整合应用、多渠道移动支付、妇儿分级诊疗服务、家庭医生及慢病管理等多种惠民应用，降低群众就医成本，缓解百姓“看病难问题”；建立社会保障卡系统，可办理社会保险、公积金查询、医疗就诊、图书馆借书等社会事务，并实现医保全省同城刷卡结算，逐步构建起以“一号码呼叫、一卡通应用、一机通自助、一窗口受理、一网式经办、两平台支撑”为核心的社保信息系统，为市民提供一站式社会保障公共服务，实现生育保险待遇、外来人员失业保险待遇、就业失业登记等事项自助办理或全程网办，实现社保异地业务联网办理；在教育领域，除依托网络为师生构建智慧学习环境之外，还创新建设积分入学一站式办理和课后延时服务在线办理等服务应用，不但极大地提高了家长的便利性，而且有效地减轻了在校老师的工作负担；为缓解百姓出行难问题，开展红绿灯智能联网联控、交通事故远程定责定损、交通信息共享和大数据应用、停车场信息服务等智慧交通应用，宁波市、区所有公交线路实现公共汽车来车信息实时预报及乘车电子支付；社区网格化服务管理信息平台全面覆盖了宁波市 6 个区、38 个镇（街）和 494 个城乡社区，实现了社区业务的“一个网络、一个终端、一个入口”，社工只需要一个账号登录，即可办理社区主要业务（计生、人社、民政、卫生、残疾、教育等），并延伸出“社区证明套打”“业务报表一网清”“社区微信”等一批特色应用；推出“厦门市民卡 App”，实现了市民卡用户与各政务服务部门用户体系的互认互通，整合了社保、交通、医疗、文体、公共事业缴费、消费支付等功能，打造出线上线下无缝对接的“多卡融合”服务体系。

**【以精准治理为目标，大幅提高城市现代化管理能力】**

打造横纵联通、覆盖市区两级的数字城管平台，2019 年在线受理、处置、派发、反馈群众投诉约 13 万件，建设噪声粉尘远程监控、共享单车监管、“门前三包”监管、户外广告审批、执法案件一体化、移动执法等模块，有效提升执法效能和城市精细化管理能力；以“雪亮工程”为契机，大力推动厦门市开展视频监控系统及前端建设应用，建成市、区两级视频监控联网平台、共享平台及互联网的视频图像云平台，开展视频图像资源的整合与共享，目前已接入各类视频监控资源 77878 路，为维护治安、打击犯罪提供有力手段；发展智能化市政基础设施，建设一体化管理平台，对路灯、井盖、城市绿化等市政基础设施进行联网监控管理，运用物联网技术，基本实现对水、电、煤气等市政管网、管线的智能化监测，城区新建道路均同步建设综合管廊；大力推进“多规合一”平台建设，解决城市规划存在的“打架”问题，使经济社会发展规划、城乡建设规划、土地利用规划等多个规划的重要空间参数一致，形成“多规合一”的“一张图”，实现了国土、规划、发展改革委等多部门的业务协同管理，大幅提升了规划项目的审批效率，审批时限从 53 个工作日缩减为 5 个工作日；建设城市公共安全管理平台，汇集融合了公安、信访、安监、气象、水利、消防等各部门数据，应用大数据分析等信息化技术手段，实现对风险事前发现、事中控制、事后总结的全流程管理，构建一体化的公共安全防控体系，并借助市级共享协同平台，实现 110、120、119“三台合一”联动调度，公共安全管理平台共通过任务协同平台联动处置了 6.7 万多起事件，其中已结案 6.1 万多起事件，共汇聚了 95 万多起实时事件；建立国际贸易“单一窗口”，整合贸易供应链各环节信息资源，将原有多口岸、多部门申报受理模式改变为一点接入、一次申报、一次办结的“单一窗口”模式，实现了跨部门的“信息互换、监管互认、执法互助”。

# 济南市信息化发展概况

2019年，济南市认真贯彻落实山东省委、省政府关于实施新旧动能转换重大工程的决策部署，按照《济南市大数据与新一代信息技术产业发展规划（2018—2022年）》，以数字产业化、产业数字化、城市数字化三化协同发展为引领，大力实施数字经济引领战略，着力打造数字之城、智造之城、智慧名城，信息化建设取得重要进展，信息产业保持快速增长势头，对经济增长贡献度稳步上升。

## 【中国智慧名城先行示范】

2019年，围绕“优政、惠民、兴业”三大目标，按照济南市委、市政府统一部署，对照《济南市新型智慧城市建设行动计划（2018—2020）》和《2019年度制度创新工作方案》要求，济南市进一步提升智慧泉城建设的整体性意识，切实做好“深化、拓展、提升”3篇文章，坚定不移地朝着建设中国智慧名城的目标迈进。

济南市不断深化对智慧城市建设的本质要求和内在规律的认识，以开放的视野、一流的标准提升境界，持续完善顶层设计，不断深化现有智慧成果的应用，深化智慧泉城运行管理中心运行水平，整合防汛、急救、消防、安监等应急管理系统，切实提升实战功能；持续拓展智慧应用建设，不断拓展智慧感知和智慧应用服务范围，不断扩大智慧城市覆盖领域和服务社会民生的广度，增强市民的获得感。“爱城市网”App累计注册用户达470万户，月活跃用户为113万户，便民服务应用有100个，基本实现一个App畅享所有城市服务；数字金融“一贷通”打造了全国第一个数字金融服务平台，创新性地实现了“101”贷款模式，缓解了小微企业融资难、融资贵的问题，获得了李克强总理点赞。济南市不断提升城市数字化、网络化和智慧化水平，“云、管、端”的智慧城市有机生命体持续健康成长，满足人民日益增长的美好生活需要，济南政务云获评国内首个“先进级”评估（最高级），政务数据开放指数居全国第2位。2019年4月，济南市智慧泉城建设获评全国“智慧城市十大样板工程”。2019年11月，在西班牙巴塞罗那举行的第9届全球智慧城市大会（SCEWC）上，济南市新型智慧城市建设获得产业数字化转型奖；在国际工程科技发展战略高端论坛暨第十三届中国工程管理论坛闭幕式上，智慧城市作为济南市的亮点工作，被列为《济南共识》第四条。

## 【软件名城加速提档升级】

2019年3月，山东省政府办公厅印发《数字山东2019行动方案》（鲁政办字〔2019〕45号），明确提出要支持济南市建设具有国际影响力的高水平中国软件名城，为济南市软件名城加速提档升级奠定了坚实基础。以此为契机，济南市牢牢把握“软件定义”趋势，围绕“打造一流产业生态”目标，聚焦“加快软件名城提档升级”重点任务，大力实施“名城、名园、名企、名品、名展”五名工程，软件和信息技术服务业实现高质量发展。2019年，济南市软件企业达2000多家，软件和信息技术服务业实现业务收入2805亿元，同比增长15.57%；济南市入选国家首批战略性新兴产业集群，规模总量、创新平台等10项关键指标连续15年居山东省首位。

强化体制机制建设。2019年7月，济南市制定出台《加快软件名城提档升级促进软件和信息技术服务业发展的若干政策》；2019年11月，济南市制定出台《关于促进软件和信息技术服务业高质量发展的意见》，为全市软件和信息技术服务业发展提供了政策支撑。

加快园区提档升级。济南市“信息技术服务产业集群”获批全国第一批战略性新兴产业集群（山东省唯一），“新一代信息技术产业集群”获批2019年山东省支柱产业集群（山东省唯一）。

大力培育骨干企业。浪潮、中创继续入选2019全国软件百强企业，开创等4家企业入选2019全国互联网百强企业和2019全国成长型企业20强企业（山东省唯一），山东公链、凤岐创业等5家企业入选国家区块链备案名单，居山东省首位。

### 【两化融合走在山东省前列】

2019年，济南市累计上云企业突破2.7万家，上云企业数量居山东省前列。济南市拥有工业互联网相关企业1000余家，初步形成涵盖工业互联网平台、系统解决方案、新一代网络设备、工业软件、工控系统与传感器、安全设备与产品等领域的完整产业链。济南市是山东省首个、全国第11个落地国家工业互联网标识二级解析节点（综合型应用服务平台）的城市，也是山东省首个落地国家工业互联网标识解析二级节点（仪表行业应用服务平台）的城市。“浪潮云In-Cloud工业互联网平台”获评全国10个跨行业、跨领域工业互联网平台，围绕企业应用市场，提供涵盖IaaS、PaaS和SaaS的全方位应用服务，累计服务128万家企业，连接设备385万台。济南市共有31家企业入选山东省产业互联网平台示范，居山东省首位。

### 【5G先锋城市加速领跑】

2019年，济南市抢抓新基建重大机遇，推动5G先导、4G优化，全力打造“双千兆精品宽带城市”。2019年6月，济南市出台《济南市促进5G创新发展行动计划（2019—2021年）》《济南市5G应用场景试点推广计划》《济南市5G移动通信基础设施建设专项规划（2019—2030年）》，成立了5G创新发展工作专班。济南市依托全光纤信息高速公路体系和国内一流宽带网络性价比，网络质量及运维水平居全国前列。2019年，济南市建成5G基站6025座，开通4508座，开通比例达74.82%；42个5G产品及项目入选山东省首批5G试点示范，居山东省首位。奥体中心、交通枢纽、重点景区、核心商圈等重点区域实现5G网络覆盖。地铁R3线成为全国首条采用全频段漏缆技术的5G全覆盖地铁线路；首条氢能源公交车沿线、“泉城马拉松”沿途实现5G全程覆盖。济南市城区和行政村全部实现宽带网络覆盖。2019年，济南市固定互联网宽带接入用户达392万户，同比增长9%；移动互联网接入用户达934万户，同比增长4%。济南市被列入全国首批5G商用城市和“双千兆精品宽带城市”。

### 【人工智能产业飞速发展】

2019年，济南市形成了从基础支撑、核心技术到行业应用较为完整的人工智能产业链，其中规模以上企业180余家，带动相关产业规模650亿元。山东省人工智能产业联盟有120家企业，其中，济南市企业有80余家。济南市培育上市企业7家、新三板挂牌企业50余家、独角兽企业2家、省级瞪羚企业50余家。济南市获批创建国家人工智能创新应用先导区，并入选“2019年中国人工智能产业发展潜力城市20强”榜单。2018年11月，济南市制定出台了《关于促进新一代人工智能发展的指导意见》；2019年11月，济南市出台了《济南市新一代人工智能发展行动计划（2020—2022年）》，成立了人工智能发展工作专班，明确了“现代优势产业集群+人工智能”的规划发展布局；成立了济南市人工智能产业创新发展联盟，目前联盟已发展会员单位80多家。济南市39个项目入选山东省第一批“现代优势产业集群+人工智能”示范企业，占山东省项目的26%，居山东省首位；16家企业入选山东省人工智能领军企业和优势产品名单，占山东省入选总数的64%，居山东省首位。

**【数字经济生态更优】**

2019年，济南市率先成立信息技术应用、工业互联网、人工智能、大数据、机器人五大产业联盟和协会，成立了山东省首支人工智能产业的天使基金，成功举办了全国工业机器人技术应用技能大赛、全国新型信息消费大赛、“创客中国”智能融合应用中小企业创新创业大赛等五大国家级赛事；成功召开了全国DCMM大数据标准启动宣贯会、世界人工智能融合发展大会、信息技术博览会和数字经济高端峰会三大会议，强力赋能济南市数字经济生态建设。2019年，济南市数字经济规模达到全市经济总量的39%，软件和信息技术服务业主营业务收入连续15年居山东省首位。济南量子技术研究院、国家超算济南中心、山东产业技术研究院等园区载体迅速崛起，全国医疗大数据北方中心在济南市投入运营，为济南市数字经济发展奠定了坚强的平台支撑。

# 产业发展篇

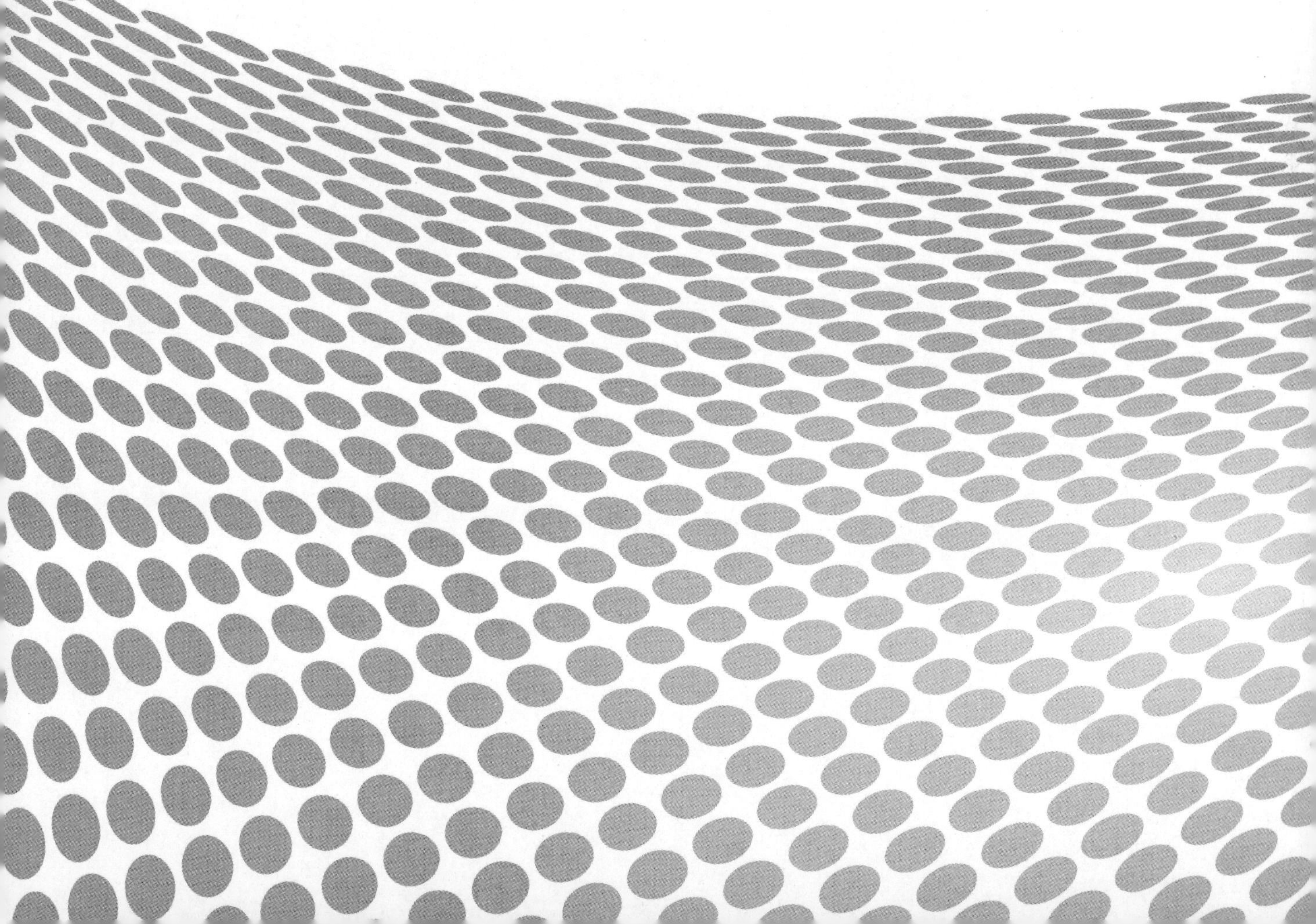

# 电子信息产业发展情况

2018年，在复杂多变的全球经济贸易和持续推进的国内供给侧结构性改革形势下，我国电子信息制造业在波动中维持平稳增长。同时，随着中美贸易摩擦的加剧，逆全球化趋势和贸易投资保护主义倾向加强，全球经济贸易分工合作的共识和基础开始动摇。在产业发展内外部环境多变的形势下，应加快构建电子信息产业供应链安全体系，攻坚电子信息领域基础核心技术，塑造产业竞争优势和发展新路径。

## 【发展情况】

### （一）产业整体发展情况

在宏观形势方面，可归纳为以下两点。

一是全球经济回落趋势显现，消费电子市场增长乏力。2018年，全球经济复苏效应渐趋弱化，经济增速趋于放缓，逐步趋紧的货币流动性对内需增长和经济动能形成了一定的抑制作用，产业发展经贸不确定性有所提升。美国税改、财政刺激效应逐步弱化，欧元区、日本等发达经济体的增长动能已经开始明显回落。IMF下调2019年全球经济增速预期至3%。受整体负面趋势影响，全球消费电子产品市场需求逐渐萎靡，笔记本电脑、平板电脑、智能手机等主要产品出货量增速放缓。我国电子信息制造业中量大面广的核心产品增长有限，品牌厂商和配套厂商面临市场份额下降的外部环境。

二是贸易保护主义和逆全球化思潮抬头，中美贸易关系不确定性陡升。国际贸易形势和产业外部经济环境复杂多变，中美贸易摩擦对我国电子信息制造业影响逐步开始显现，部分电子信息制造企业的订单受到贸易冲突影响，负面影响的广度和深度将继续扩大。

在整体形势方面，电子信息制造业整体运行呈现“稳中有进、稳中育新”的运行态势，也应看到3项基本面数据“稳中存忧、稳中有险”的潜在态势。电子信息制造业增加值增速、投资、出口等数据保持持续增长，但增速普遍下降。

一是增加值平稳增长，增速小幅下降。工业和信息化部运行局数据显示，2018年1—11月，电子信息制造业增加值同比增长13.4%，低于2017年同期0.5个百分点。其中，11月增速低于2017年同期2.7个百分点。

二是投资增幅整体下滑。2018年1—11月，全行业固定资产投资同比增长19.1%，较2017年降低4.2个百分点。集成电路、光电器件等分领域投资在新兴市场拉动下仍有增长。

三是产业出口保持增长，增速放缓明显。2018年规模以上电子信息制造业实现出口交货值同比增长9.8%，增速比2017年回落4.4个百分点。其中，电子器件、计算机等制造业出口交货值同比增长7%、9.4%，较2017年同期分别回落8.1个百分点、0.3个百分点，主要行业的出口增速呈现出不同程度的回落。

### （二）产业经营情况

在盈利能力方面，行业经营面临“两重挤压”，盈利能力下降显著。

一是主营业务收入、利润总额增速双双大幅

下降。2018 年 1—11 月，全行业主营业务收入同比增长 9.9%，低于 2017 年同期 3.4 个百分点；利润总额增速大幅下降。2017 年规模以上电子信息制造业利润总额超过 7000 亿元，同比增长 15%；相较而言，2018 年全年利润总额同比下降 3.1%，盈利能力目前仍处于较弱水平。

二是主营业务成本和期间费用有所提升。行业经营面临主营业务成本和期间费用提升的“两重挤压”（见图 1）。2018 年前三季度，主营业务成本增速高达 9.8%，高于主营业务收入增速。从期间费用来看，管理费用同比增加10.2%，财务费用受汇率影响，2018 年上半年增速迅猛，最高增速达 73.3%，2018 年下半年波动幅度较大，不排除后期汇兑损失持续提升的可能。

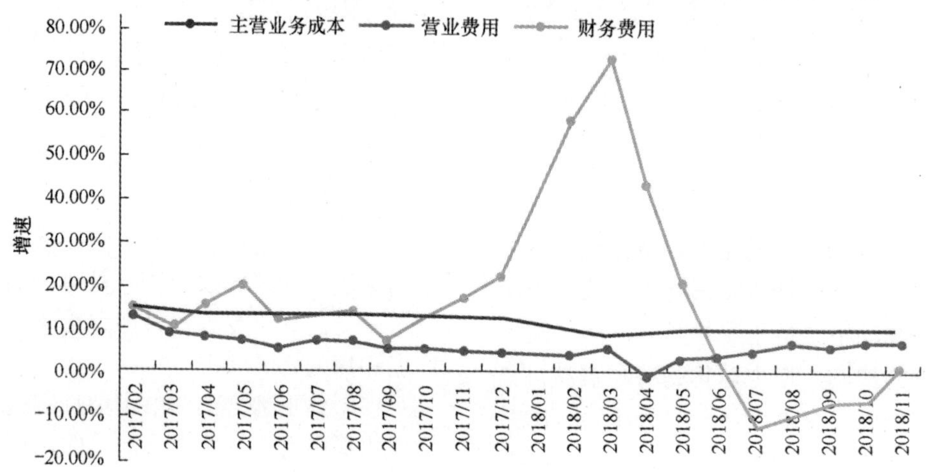


**图 1　2017 年以来计算机、通信和其他电子设备制造业主营业务成本与期间费用累计增速**

数据来源：国家统计局，2018 年 12 月。

（三）重点产业情况

1. 集成电路持续发力，部分核心技术实现突破

（1）集成电路产业保持高速发展态势。

由于 2017 年的高基数，2018 年前三季度中国集成电路产业及设计、制造、封测三业增速较 2017 年略有下降，但仍维持高增长态势。据中国集成电路协会统计，2018 年前三季度中国集成电路产业销售收入为 4461.5 亿元，同比增长 22.4%，较 2017 年降低 2.4 个百分点。其中，设计业收入为 1791.4 亿元，同比增长 22.0%；制造业收入为 1147.3 亿元，同比增长 27.6%；封测业收入为 1522.8 亿元，同比增长 19.1%；分别较 2017 年降低 4.1 个百分点、0.9 个百分点和 1.7 个百分点。同时，在产业链部分环节实现了核心技术突破。在芯片设计方面，海思推出全球首款量产的 7nm 手机芯片麒麟 980。在芯片制造方面，中芯国际 14nm 的试产良率已从 3%提升到 95%。在芯片封测方面，部分企业在高端封装技术上已达到国际先进水平，江苏长电、华天科技和通富微电已囊括国内近 1/4 的市场份额。在集成电路材料方面，第三代集成电路碳化硅材料项目及成套工艺生产线已正式开建。

（2）国家持续投入为集成电路产业注入发展后劲。

据 IC Insights 的数据显示，2018 年中国集成电路公司的资本支出约合 110 亿美元，达到 2015 年投入的 5 倍，超过日本和欧洲公司 2018 年相关资本的支出总和，2019 年的投入规模将继续扩大。随着 2018 年年底大基金二期募资的完成，以及更多地方政府资金的进入，中国集成电路产业的投入将保持增长态势。此外，长江存储采用了自主 Xtacking 架构的 64 层堆叠的 3D NAND 闪存芯片，并在 2019 年第三季度量产，中芯国际开始量产 14nm 手机芯片，中国在芯片制造领域与国际先进技术的差距在不断缩小。

2. 国产手机品牌进一步占领存量市场，新技术、新产品百花齐放

（1）在智能手机市场大幅萎缩背景下，国产品牌海外表现亮眼。

在国内市场方面，自 2017 年第二季度开始，

国内智能手机市场已经持续 6 个季度缩减，且下滑速度日趋明显；2018 年前三季度，国内智能手机市场出货量为 2.87 亿部，同比下降 16.8%。在国际市场方面，海外市场拓展成为国产手机品牌的主要方向，我国智能手机国际市场份额持续上升，7 家厂商入围全球十大手机厂商。据 Counterpoint 数据统计，2018 年前三季度华为、小米、OPPO 和 vivo 分别占据全球市场份额的 13%、9%、9% 和 8%，同比增长 33%、25%、4%和 7%（见表 1）。2019 年第一季度，华为智能手机总出货量超越苹果，成为全球第二大智能手机制造商。

**表 1　2018 年前三季度全球市场国内厂商市场占有率**

| 主要厂商 | 全球市场占比 | 同比增长 |
| --- | --- | --- |
| 华为 | 13% | 33% |
| 小米 | 9% | 25% |
| OPPO | 9% | 4% |
| vivo | 8% | 7% |

数据来源：Counterpoint，2018 年 12 月。

（2）高端市场竞争加剧，新技术、新产品将拉动新消费。

随着全球智能手机市场由增量转为存量，各大品牌纷纷瞄准高端市场发力。在产品方面，iPhone XS、Mate 20、Pixel 3、V40、Note 9、Find X 等高性能、高价位的产品被集中推出。在技术方面，全面屏、折叠屏、AR 拍照、快充、AI 识别等功能技术的成熟，有望拉动智能手机的新一波消费。此外，随着 5G 商用的不断推进，几乎所有品牌均表示在 2019 年发布 5G 手机，5G 成为推动智能手机消费的另一个增长点。

3. 家用视听行业发展情况

（1）零售量规模基本持平。

2018 年，彩电行业仍然面临面板价格下行、需求不旺、传统促销折戟、线上增长瓶颈等诸多困境，2018 年前三季度彩电市场零售量规模与 2017 年基本持平，为 3307 万台；零售额规模为 1030 亿元，同比下降 15.2%；终端价格下降明显。目前，55 英寸 OLED 电视的市场均价接近 10000 元，65 英寸 OLED 电视的市场均价为 22000 元。与此同时，产品的差异化不断满足多元化需求，2018 年第三季度，UHD 电视的市场渗透率达 64.9%，较 2017 年同期增长 4.8 个百分点；超轻薄电视的市场渗透率达 7.7%，较 2017 年同期增长 4.2 个百分点；全面屏电视的市场渗透率达 4.2%，远超 2017 年同期。

（2）产品差异化需求显现。

彩电行业持续处于智能化、高清化、大屏化发展的提质升级中，量子点、人工智能、新型显示等新兴技术的发展让彩电从同质化竞争的束缚走向新概念、新产品导向的良性竞争格局。2018 年，TCL 推出的曲面屏电视及浮窗全场景 TV 打破了传统电视的外观设计，打造了融合“家庭美术馆+家庭音乐厅”功能的全方位家庭影院互动设备；小米电视推出了 4A、4S、4C、4X 等不同系列和 55～75 英寸的产品，逐步向配置功能提升和大屏化稳步迈进；长虹聚焦人工智能技术，相继发布 Q5R 系列、A8U、Q6K 等高端智能 AI 电视产品，凭借 CHIQ 智能电视系列建立了集“硬件+软件+内容+运营+服务”于一体的智能生态物联网；海信推出的 L5 系列、L7 系列成为首批通过 4K 超高清认证测试的激光电视。

4. 新型显示领域发展情况

（1）我国新型显示产业规模正在快速跻身全球第一。

近年来，我国面板企业大幅提升新产能投建水平。2018 年，我国多条 OLED 面板线投产或扩产，京东方、华星光电、维信诺、天马等厂商的柔性屏、全面屏、异形屏等产品纷纷问世，国产高端屏幕进步显著，我国面板产能在 2019 年居全球第一。在 LCD（液晶显示屏）方面，随着 4K 基本完成普及，8K 市场和技术窗口逐渐打开，众多面板企业瞄准大尺寸和 8K 持续发力，多条 10.5 代线、11 代线的投产推动 65 英寸电视市场走向普及阶段。在 AMOLED（有源矩阵有机发光二极管）显示屏方面，企业进一步把握行业快速发展机遇期，维信诺合肥、京东方绵阳、京东方重庆、华星光电武汉等第 6 代 AMOLED 生产线陆续投产。

（2）国内面板企业产能优势逐步建立，产品价格有所回落。

随着我国诸多面板生产线陆续投产，各尺寸液晶面板价格自 2017 年下半年以来持续下滑。2018 年第三季度，部分尺寸液晶面板价格迎来短暂拐点后继续下滑。2018 年 10 月，32 英寸、43 英寸、55 英寸液晶电视面板价格分别下降至 52 美元/片、90 美元/片、154 美元/片，较 2017 年同期分别下降 22.3%、24.3%、14%。受面板价格下降影响，国内主要面板企业收入和利润有所下滑，企业经营压力增大。2018 年上半年，京东方、LGD、群创、友达、华星光电、深天马等面板企业主营业务收入下降逾 10%，除华星光电外，五大面板企业平均净利润降幅逾 90%。国内面板企业 2019 年后拟投产显示面板项目如表 2 所示。

**表 2　2019 年后拟投产显示面板项目**

| 公　司 | 世 代 数 | 类　型 | 投产时间 | 产能（万片/月） | 投 资 额（亿元） |
|---|---|---|---|---|---|
| 京东方 | 6 代 | AMOLED | 2019 年 | 4.8 | 465 |
| 华星光电 | 6 代 | AMOLED | 2019 年 | 4.5 | 350 |
| 惠科电子 | 11 代 | LCD | 2019 年 | 9.0 | 400 |
| 鸿海夏普 | 11 代 | LCD | 2019 年 | 9.0 | 480 |
| LGD | 8.5 代 | OLED | 2019 年 | 6.0 | 450 |
| 京东方 | 6 代 | AMOLED | 2020 年 | 4.8 | 465 |
| 京东方 | 10.5 代 | LCD | 2020 年 | 12.0 | 460 |
| 维信诺 | 6 代 | AMOLED | 2020 年 | 3.0 | 440 |
| 华星光电 | 11 代 | LCD、OLED | 2020 年 | 9.0 | 427 |

数据来源：赛迪智库整理，2018 年 12 月。

**【发展特点】**

（一）重点领域技术突破，创新发展持续升温

电子信息领域核心技术实现多点突破。在芯片领域，寒武纪推出了首款云端 AI 芯片 MLU 100，等效理论峰值速度最高可达 166.4 万亿次定点运算。百度发布了国内首款云端全功能 AI 芯片“昆仑”，可在功耗 100W 的情况下提供 260Tops 的运算能力，是迄今为止业内设计算力最高的 AI 芯片。华为在 2018 年 8 月 31 日发布了新一代处理器麒麟 980，其应用了 7nm 工艺，采用了 4 个 A76 大核+4 个 A55 小核架构，最高主频为 2.8GHz。在人工智能领域，展锐发布了首款支持人工智能应用的 8 核 LTESoC 芯片平台。阿里达摩院机器智能实验室推出了新一代语音识别模型 DFSMN，将全球语音识别准确率纪录提高至 96.04%。我国电子信息领域发展迈出了坚实步伐，为制造强国和网络强国建设发挥了重要作用。

（二）新兴领域势能增强，释放经济发展新动能

各大厂商积极前瞻性布局 5G、人工智能、无人驾驶、虚拟现实、超高清视频等重点领域。

在 5G 领域，华为等手机企业高度重视 5G 研发布局。2018 年 2 月，华为推出全球首款基于 3GPP 标准的商用 5G 芯片“Balong 5G01”，支持全球主流 5G 频谱；2018 年 4 月，5G NR 产品获得全球首张“欧盟通行证”，并在 2019 年下半年推出支持 5G 网络频谱的手机。OPPO、小米、联想、vivo 等诸多智能手机厂商均成为高通“5G 领航计划”的合作伙伴。

在人工智能领域，根据市场研究和咨询公司 Compass Intelligence 发布的 2018 年度全球 AI 芯片公司排行榜，我国的海思、寒武纪等 7 家企业入围 Top 24 榜单，在 AI 芯片领域进步明显。

在无人驾驶领域，2018 年 2 月，小马智行在广州投放无人驾驶车队并进行运营测试；2018 年 7 月，百度宣布其与金龙客车联合发行的第 100 辆全球首款 L4 级自动驾驶巴士“阿波龙”正式量产下线；2018 年 4 月，腾讯与长安汽车正式签署智能网联汽车合资合作协议，合资公司主要开展车联网平台开发等业务。

在虚拟现实领域，行业巨头积极推动 VR/AR 技术商用化进程。腾讯与人民教育出版社签署战略合作协议，共同推动 AR 教材等新技术、新产品及其在教育领域的融合创新应用。

在超高清视频领域，“国产芯”加速迈进。2018 年 6 月，海思推出 AI 专用芯片，搭载在华北工控推出的 ARM 架构嵌入式主板上，具有高品质超高清视频编解码能力。国产超高清芯片应用逐渐广泛。2018 年 4 月，晶晨半导体与爱立信合作，将芯片用在 Media First 机顶盒中，帮助用户快速访问超高清、HDR 等内容。2018 年 3 月，京东方 10.5 代线量产，能够生产超高清面板，5 月、6 月出货量达 3 万～5 万片。TCL 已有两条 11 代线在建项目，主要生产大尺寸、超高清面板。

新技术、新模式、新业态不断孕育涌现，持续引燃了信息产业与融合领域发展的新活力。例如，京东将无人机、导航与物流相结合，打造了“无人机航空物流多式联运”新模式，第一架超重

型无人机有效载重量达到40～60吨，还打造了无人智慧配送站、无人仓等配套系统，形成了对传统物流模式的极大颠覆。美团等企业在2018年7月发布了无人配送开放平台，采用激光雷达、超声波、摄像头等多传感器融合方案，支持L4级自动驾驶，具有城市道路低速自动驾驶的通行能力，形成"人机混送"新模式。同时，各地方也不断开拓孕育信息产业与各领域融合发展的新模式，成为推动、带动地方经济、政务等发展的重要动能。例如，济南将无人机、超高清视频与地方政务相结合，2018年7月上岗了多架采用4K高清摄像头的多旋翼无人机"空中交警"，使得各类动态交通违法行为的抓拍取证更为便捷。

（三）产业安全意识欠缺，核心技术持续性投入不足

我国电子信息产业长期以来处于"大而不强"的局面，特别是自2018年以来中美贸易摩擦加剧和常态化的新外部形势下，集中表现为四大问题。

一是供应链视角的产业安全意识欠缺。"中兴事件"的棘手和被动体现了美国对我国电子信息产业进行的精准打击，反映了我国仍缺乏对电子信息产业供应链中芯片、操作系统、材料、设备等部分核心环节的掌控力，存在由点到面的产业安全威胁。

二是核心技术路线方向不明和持续性投入不足。在芯片计算架构、手机操作系统等存在不同路线的基础核心领域，长期以来的资金和项目支持存在分散、量小、不持续等问题，偏离了当前电子信息领域核心技术全球竞争的强投入、高风险、系统化竞争的趋势，难以助力我国实现从后发追赶到引领发展。

三是缺乏对专利保护和反垄断等的全球法律框架的系统认识和集成应对。自2018年上半年以来，针对电子信息产业领域的知识产权保护、专利授权摩擦、反垄断调查等国际案件频发，在中美贸易摩擦加剧的背景下，单家企业的单打独斗难以抵挡国家和地区主管部门和龙头企业的施压，往往落得不利结局。

四是产学研用未发挥联合效应。与美国等电子信息强国相比，我国电子信息产业的发展侧重于应用领域创新，未将市场规模和优势与基础研发领域相结合，我国在电子信息领域的原始创新与应用创新呈现"两张皮"，底层基础核心技术研发能力和储备远远低于新产品和新服务的市场开拓能力。

（四）外贸形势严峻依旧，不确定性风险因素犹存

当前电子信息产业发展中存在的不确定因素和对外贸易面临的风险逐步加剧，企业业绩增速进入换挡期。一是2018年上半年行业利润增速的大幅波动使企业经营不确定性增加，经营绩效可能受到影响。二是手机、彩电等传统电子信息产业在新兴产业爆发式增长的市场背景下，市场规模渐趋下降，企业面临较大的竞争压力。三是在行业结构性转型升级的趋势下，企业生产经营难度加大，技术水平、研发能力、资本实力较弱的企业面临被淘汰的风险。四是中美政治经济关系进入质变期，逆全球化趋势和贸易投资保护主义倾向加强，全球经济贸易分工合作的共识和基础开始动摇，为产业发展和贸易环境日渐笼罩上不确定性阴霾，部分电子信息制造企业的订单或将受到中美贸易摩擦影响，电子信息制造业2018年下半年的增长压力陡然增加，未来负面影响的广度和深度或将继续扩大。

**【分领域发展情况】**

（一）计算机行业

1. 发展情况

计算机行业生产、出口情况明显好转。2018年，我国计算机制造业主营业务收入同比增长8.7%，利润同比增长4.7%；计算机制造业增加值同比增长9.5%，出口交货值同比增长9.4%。在主要计算机产品中，微型计算机设备产量同比下降1.0%，其中，笔记本电脑产量同比增长0.6%，平板电脑产量同比增长2.8%。

个人计算机（PC）市场仍在下滑。由于市场需求疲软，全球PC出货量继续保持下滑态势。2018年全球PC出货量总计2.594亿台，较2017

年下降 1.3%，下降幅度小于过去 3 年。联想、惠普、戴尔 3 家领头企业 PC 出货量均有所增长，其他公司则出现不同程度的下滑。Gartner 和 IDC 继续对 PC 市场持乐观态度，认为计算机行业已经触底，逆转即将到来。

服务器市场收入和出货量逆势大幅增长。2018 年在全球经济并不景气的大环境下，服务器市场不仅未受影响，反而实现连续 5 个季度呈现两位数强劲增长，成为计算机领域的一匹黑马。据 ZDC 统计数据显示：2018 年第三季度，全球服务器出货量同比增长 18.3%，达到 320 万台；收入同比增长 37.7%，达到 234 亿美元。其中，低端服务器收入同比增长 40.2%，增至 200 亿美元；中端服务器收入同比增长 39.4%，增至 20 亿美元；高端服务器同比增长 6.9%，增至 13 亿美元。

在全球出货量方面，戴尔易安信出货量同比增长10.5%，占第三季度全球服务器市场总出货量的17.6%，继续领跑全球服务器市场。在国内市场方面，国产 x86 服务器国内市场总体份额升至 7 成。2018 年，在中国服务器市场，戴尔易安信以 21.48%的份额再次蝉联第一，同时也是 TOP 6 中唯一的外商品牌；浪潮、华为、H3C、联想、中科曙光分别排名第 2～6 位，市场份额分别为 19.72%、16.83%、15.72%、12.44%、8.79%（见图 2）。国产服务器厂商已成为全球服务器市场的重要组成部分。

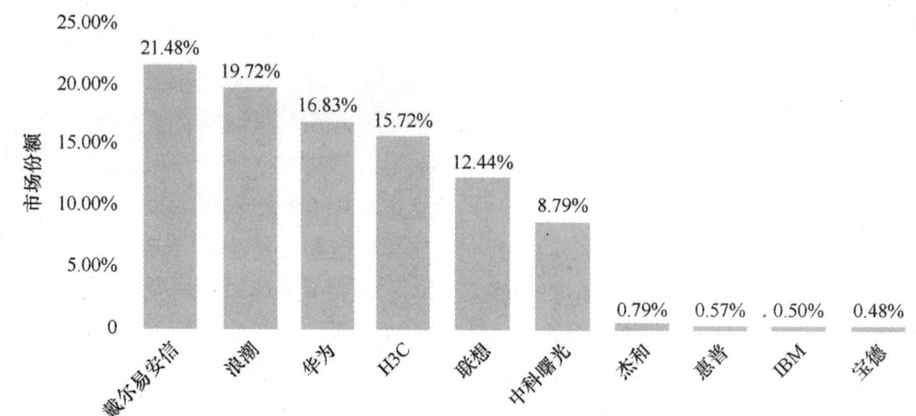


**图 2　2018 年中国 x86 服务器市场份额排名**

数据来源：中关村在线，2019 年 1 月。

2. 产业创新

中国超算集团优势扩大，E级超级计算机（简称“超算”）布局加速推进。中美两国在超算领域正形成交错领先发展态势。在 2018 年 6 月和 11 月两份全球超算 500 强榜单中，我国的神威·太湖之光依次被美国的顶点（Summit）和山脊（Sierra）超过。Summit 浮点运算能力可达到 20 亿亿次/秒，神威·太湖之光的运算能力为 10 亿亿次/秒。神威·太湖之光所用的芯片是自主研发的，在单个芯片上与美国尚有一定差距；但从整体来看，在榜单中，中国高性能计算机的数量已经增加至206 台（美国为 124 台），稳居第一，正形成集团优势。在 500 强榜单排名前 5 位的制造商中，中国的联想、浪潮和中科曙光分别居第 1 名、第 3 名和第 5 名。在 2018 年中国 HPC TOP 100 榜单中，入围的超算全部为我国产品。我国 3 台 E 级超算（运算能力为百亿亿次/秒）——天河 3 号、神威 E 级、曙光 E 级的原型机均进入了 TOP 10，在自主可控、持续性能等方面实现了较大突破。中国的 E 级超算规划布局已经展开，有望在超算领域世界领先。

3. 发展特点

（1）云计算、人工智能等新场景数据爆发式需求拉动服务器市场大幅增长。

云计算、人工智能等新型场景数据的爆发式增长及对企业业务的重要性需求，推动服务器市场收入和出货量的大幅增长，主要包括以下几个方面。一是企业数字化转型。无论是互联网、金融、电信、政府等服务器使用大户，还是制造、能源和服务等传统行业，在数字化 IT 架构建设上的投入均有不同程度的增长，均不断采购服务器升级IT架构以适应数字化发展需求，其中制造、能源和服务行业的投入增长尤为明显，带动了服务器市场的增长。二是企业上云。无论是公有云厂商采购更多的基础设施来提供更加成熟的云服务，还是企业内部构建私有云系统，其均对服务器市场发挥着正向促进作用。三是人工智能兴起。人工智能的发展与应用，需要借助大量的算力来进行模型的训练及推理，这些均刺激从事人工智能的相关企业大批量采购服务器。四是高性能计算（HPC）需求旺盛。全球HPC市场正以8.3%的年复合增长率增长，中国HPC市场发展速度更是高于全球市场。HPC需要大规模采购服务器构建集群，对服务器市场形成拉动。

（2）高端定制化服务器市场成为厂商争夺的焦点。

在超大规模数据中心使用的服务器，通常对处理器、主板、机架、扩展单元、存储单元等有自己的要求，需要通过某些“硬件重构”，在功耗、输入/输出能力方面做到通用服务器难以达到的改善。为了满足这部分用户，服务器厂商在整个服务器平台有自己的创新性，以满足不同用户的需求。更大的定制化服务功能的开启，成为当前服务器厂商们竞争走出同质化的突破口。随着虚拟化、云计算等新一代信息技术普及程度的进一步提高，基于大型服务器的私有云方案能够提供更为理想的性能密度比，而且整体成本、可靠性方面都具有优势。越来越多的行业用户开始采用基于大型服务器的私有云解决方案，来改造原有的数据中心结构，这种趋势将长期推动四路及以上服务器的增长，服务器的融合架构和集成系统得到快速发展，高端定制化服务器市场成为厂商争夺的焦点。

### （二）通信设备行业

#### 1. 总体情况

2017年，我国通信设备行业市场规模为2457.3亿元。其中，光通信设备规模为987.9亿元，占比达到40.2%；移动通信设备市场规模为1034.5亿元，占比达到42.1%；网络通信设备市场规模为434.9亿元，占比为17.7%。2018年，通信设备行业整体市场规模达到2307.4亿元，同比下降6.1%。2019年，随着5G网络建设的启动及宽带速度的不断提升，整个市场增速开始回升。2020年，中国通信设备行业市场规模达到3086.9亿元。

通信设备进出口量出现明显下滑。据海关总署数据显示，2018年1—12月，我国出口手持或车载无线电话11.19亿部，同比下降7.8%；出口额为9342.85亿元，同比增长9.8%。在进口方面，电话机进口量达421万部，同比下降29.7%；进口额为20.45亿元，同比下降61.2%；数字式程控交换机或电报交换机进口量为5810万台，同比上升42.7%；进口额达1.29亿元，同比上升50.1%。

在移动通信方面，国际上5G第一阶段的国际标准已经制定完成，我国企业全面参与了5G国际标准的制定，新型网络架构等多项技术方案被国际标准组织采纳。目前，我国已经突破大规模天线、网络编码等关键技术，各项测试工作加速进行，2018年年底前推出了符合第一版本5G国际标准的商用系统设备。

国内光通信设备产业由高速增长过渡到平稳增长期，智能制造和产品多元化也更加明显，正在超出光通信产业原有的边际。我国已成为全球最大的光通信市场，产业链核心环节“卡脖子”局面仍然存在。在光器件领域，我国占全球20%～25%的市场份额，在无源及有源光器件芯片中低端产品领域及光模块等产业链下游领域紧跟领先水平，或者与领先水平保持同步。然而，高端产品研发能力薄弱，10Gbps光芯片国产化率接近50%，25Gbps及以上光芯片国产化率仅为3%。此外，高速驱动、PAM4和DSP等电芯片国产化率极低，依赖以美、日为主的进口。目前，苏州旭创、光迅科技、亨通光电等企业将100Gbps高速光模块作为发展重点，投入了大量资金进行研发，未来有望在该领域实现突破。

#### 2. 创新进展

在系统设备方面，我国在无线传输、核心网及业务承载支撑等系统设备上已经达到了世界领先水平。在5G时代，基于先天的市场优势，配合技术标准上的超前布局，我国系统设备厂商在5G网络架构、空口技术等方面，已经形成了一定的领先优势。例如，华为早在2014年就展示了

5G接入和回传的微站系统；于2017年发布了面向5G常用场景的核心网解决方案SOC 2.0，随后发布了业界首款5G承载分片路由器；在2018年进一步完成了对符合3GPP标准的5G端到端产品的覆盖。中兴通讯在2014年提出了Pre5G的概念，于2016年展示了5G高频原型机与MUSA多址接入原型机，当前已经发布了5G全系列高低频预商用挤占产品，还与英特尔合作开发了全球首个基于软件定义架构（SDN）和网络功能虚拟化（NFV）的5G无线接入解决方案。

在网络通信领域，产品创新成果丰富。2018年，中兴通讯推出全球最高速光通信编码研究测试系统，发布全球最高容量核心交换机9900E，打造智能高效云数据中心网络。2018年10月，中兴通讯在SDN/NFV全球大会上连获最佳新云原生VNF、最佳新型自动化和管理、最佳新云基础设施、最佳开源产品、最佳网络边缘、最佳边缘与接入解决方案6项大奖。2018年11月，Global Data发布报告，中兴通讯5G RAN、5G Core、5G Transport进入Global Data 5G预评级报告中的领导者象限。华为发布了全球首个5G Cloud VR服务整体解决方案，该解决方案基于业界先进的开源组件和API，研发了Cloud VR连接协议和软件，并针对华为云平台进行了核心代码重构和优化。服务涵盖Cloud VR开发套件、华为云Cloud VR连接服务和Cloud VR开发者社区，旨在解决Cloud VR基础设施及广域网适配问题，构建VR开发生态。

3. 发展特点

（1）通信设备制造厂商逆势崛起。

经过几十年的技术演进和市场推广，目前全球通信设备制造商已经形成了以爱立信、诺基亚、华为、中兴通讯为代表四足鼎立的竞争格局。2017年以前，爱立信通信设备的市场份额稳居市场第一。但是，随着近年来华为技术竞争和市场竞争力的拓展，其市场份额不断增加。2017年华为反超爱立信，全年实现全球销售收入6036亿元，较2016年的5216亿元增长15.7%，净利润达475亿元，同比增长28.1%，市场份额为28%，成为全球最大的通信设备制造商。近年来，华为凭借其技术水平的不断提升和全球发展战略的推进，在全球通信设备领域的竞争实力不断增强，这在一定程度上促进了我国整体竞争实力的提升。尤其是在5G时代，当欧洲、美国、日本、韩国运营商还在通过高价格来实现高收入与高利润时，中国运营商就开始以用户群为基础建立低价格、高收入的市场体系。也正是基于价格优势，截至2018年年底，华为已获得26个5G商用合同，与全球50多个商业伙伴签署合作协议，5G基站商用发货数量超10000座，是全球发货数量最多的企业。

（2）通信设备领域国际形势愈发严峻。

2018年，在中美贸易摩擦持续升温和全球5G商用日益临近相叠加的大背景下，美国对我国通信设备产业发起阻击。2018年4月，美国商务部宣布禁止美国企业向中兴通讯出售零部件产品；2018年8月，美国商务部工业和安全局（BIS）宣布将我国44家实体列入“出口管制实体清单”。2018年8月，美国在宣布禁用华为、中兴通讯等中国企业的产品、服务之后，澳大利亚、新西兰、加拿大、英国、日本、韩国等多国陆续传出类似消息。

（3）多重因素驱动光通信设备行业快速发展。

在通信网络建设及大数据、云计算、VR/AR、4K/8K超高清视频带来数据流量爆发及数据中心大规模投资等因素的带动下，我国光通信行业的投资保持高位增长，光通信材料、光通信器件的市场需求也依然强劲。一是4G基站建设继续，据工业和信息化部数据显示，2018年我国新建4G基站43.9万座，总数达到372万座。截至2018年12月底，4G用户总数达到11.7亿户，2018年净增1.69亿户，普及率接近84%，低于国际领先的日本（近110%）和韩国（99%）等国家和地区，仍有发展空间。二是在光纤光缆方面，运营商为应对5G规模商用，会提前布局，大量建设新的宏基站和微基站，光纤光缆需求量大幅增加。鉴于通信基础设施建设具有一定的周期，因此2019年第二季度运营商就会启动新一轮的光纤光缆集采，规模将达数亿芯千米，略多于2018年。2020年5G规模商用将推动运营商继续加大集采量，光纤光缆需求依然会很旺盛。

### （三）消费电子行业

2018年，我国消费电子行业的市场规模稳定增长，技术和产品创新保持活跃。随着人工智能、大数据、云计算等信息技术的快速发展，消费电子产业已进入动能转换、提质增效、转型升级发展的关键阶段，手机、平板电脑、计算机和电视机等传统产品增长见顶，超高清视频、智慧健康养老、虚拟现实、智能家居、人工智能、智能驾驶等新产品、新应用、新型通用平台不断涌现。消费电子行业丰富的产品形态和广阔的应用场景，正不断激发信息消费需求，成为电子信息产业扩大内需市场、促进消费升级的重要抓手和关键组成部分。

1. 发展情况

2018年，中国彩电市场持续低迷，彩电销量微增而销售额下降。根据奥维云网数据，2018年我国生产彩电1.6亿台，而国内零售量规模为4774万台，同比微增0.5%；零售额为1490亿元，同比下降8.6%；零售均价为3121元，同比下降9%。2018年1—11月，中国彩电出口量为8857万台，同比增长19.4%；出口额为898.02亿元，同比增长4.5%。

2018年，中国智能音箱国内市场热度不减，成绩斐然。2018年智能音箱出货量达到2200万台，接近2017年出货量的14倍，呈现井喷式发展，约占全球出货量的1/3。在企业补贴竞争下，用户增长迅速，整个产业链呈现蓬勃发展的状态。2018年，中国VR/AR市场稳步推进，全球市场呈现“由暖转冷再转暖”态势，对国内市场也产生了一定影响。国内VR头戴式显示设备、VR眼镜销量相对下降，而VR一体机销量大幅提升，国内VR内容市场也实现了快速增长。

彩电的国际市场开拓成绩斐然，成为效益增长点和利润的主要来源。TCL电视在北美、印度、欧洲发展迅速，与三星、LG、索尼展开激烈竞争。海信电视在欧洲、南非、澳洲、北美、日本等主要市场均保持两位数的高速增长态势。在国内市场，TCL、海信、创维、LG、三星、索尼等企业仍然占据主导地位，以小米电视为代表的互联网电视追赶速度较快，2018年上半年小米电视的国内市场份额为12.8%，全球出货量达到320万台。华为、一加等企业也开始布局智能电视行业，对海信、TCL等龙头企业形成冲击。

智能音箱市场呈现以科技/互联网厂商为主导的市场格局，阿里巴巴、小米、百度和京东（灵隆科技）4家厂商的出货量比重超过90%，其中，阿里智能音箱出货量约1000万台，小米智能音箱出货量约600万台，百度和京东出货量均达到200万台，其余200万台由其他企业生产。此外，华为、腾讯等企业也开始涉足智能音箱市场。在语音方案环节，思必驰、科大讯飞、声智科技等占据主要市场份额；在代工生产环节，主要以奋达科技、台德实业、通力电子、三诺等几家厂商为主。

2. 产业创新

2018年，我国彩电企业的产业创新加快，新产品、新设计、新技术、新应用层出不穷，包括激光电视、超高清蓝光电视、4K全面屏电视、OLED屏幕发声电视、超大屏电视、浮窗全场景设计电视、智能场景自动识别电视等，以人工智能、面部识别、8K超高清为代表的新技术也得到应用。

在智能音箱领域，科技企业不断发掘智能音箱功能，从语音识别、自然对话，到可视化、智能家居控制、在线购物，功能不断拓展。智能音箱与人工智能、物联网结合，与其他智能家居产品的联系进一步增强，承担起物联网入口的功能。百度、腾讯等多家科技公司发布可视化智能音箱，打造新的用户窗口。

在VR/AR领域，关键技术进一步成熟，在图像引擎、渲染算法、眼球追踪、移动空间定位等领域有重大突破，提升VR服务的沉浸感和可靠性。此外，VR/AR企业加速行业应用市场布局，在飞机、汽车、船舶等大型装备的制造中已经实现初步应用，提高研发、装配和检修环节的生产效率，并在虚拟社交、虚拟购物等领域实现应用。

在智能网联汽车领域，L3/L4级自动驾驶解决方案逐步成熟。自动驾驶技术的创新和产品化进程明显加快。“虚拟空间触控技术”、窗户显示技术和通信照明技术等前沿信息技术加速向自动驾驶领域融合集成。AI技术应用助推驾驶行为向乘驾体验转变，实时情绪自适应驾驶技术可以通过生物信号捕捉驾驶员的情绪变化做出驾驶操作方面的优化处理，沉浸式车载信息娱乐系统可根据车辆移动情况实时匹配虚拟娱乐内容。

3. 发展特点

（1）消费电子产业规模稳居世界第一。

我国以广阔的消费市场和成熟的制造能力承接国际消费电子产品生产基地转移，使得消费电子产业快速增长，规模稳居世界第一。我国手机、PC、电视等主要电子消费产品产量均居世界第一，占全球出货量的比重均超过 1/2。我国消费电子市场成长空间最大，拥有全球最庞大的消费人口基数，且 20 世纪 80 年代、90 年代及 21 世纪的“新世代消费者”快速崛起，中产及富裕阶层消费者日渐增多，均促使消费电子市场需求量大幅提升。此外，随着手机、计算机等主要电子产品更新换代速度的加快，庞大的用户群体更换消费电子产品的需求又进一步延展了消费电子市场的成长空间。我国是全球消费电子产品的主要出口国，电视、手机和笔记本电脑作为消费电子产业的主要产品，出口始终稳居电子信息产品前列。

（2）消费电子行业竞争格局不断变革。

消费电子是电子信息产业中市场竞争最充分的领域，也是产业生态竞争最显著的领域。消费电子行业产品覆盖黑电、白电、手机、VR、AR、汽车、智能家居、可穿戴设备、PC 产品及外设等消费电子的各领域。一方面，智能手机、PC 等传统消费电子产品面临瓶颈，现有主要移动智能终端操作系统生态短期内看不到突破变化的可能。另一方面，随着消费电子跨界融合渗透加剧、个性化设计愈发突出、底层软硬件进一步平台化发展，不断涌现出虚拟现实/增强现实、超高清视频、自动驾驶等新兴领域。这些领域还属于创新无人区，竞争格局尚未固化，为“独角兽”“小巨人”“瞪羚”等创新成长型企业带来难得的机遇，为产业新秩序的形成带来了机会。

（3）终端产品智能体验和设计不断优化。

个人计算机（PC）产品继续延续硬件性能升级和特色化设计兼顾的演进路线，既持续围绕处理器、固态存储、电池续航、显示屏、摄像头等性能指标推出升级产品，又更加注重智能化体验设计，贴合消费者需求。华硕笔记本推出了 NumberPad 双功能触控板，解决用户在小尺寸笔记本上使用数字键盘的尴尬；联想推出 3D 曲面屏笔记本，搭载杜比视界和杜比全景声音箱系统，可满足用户 4K HDR 娱乐体验，同时内置了联想 AI 智能助手，可对用户使用习惯进行学习，合理分配内置资源达到最优性能。

（4）人工智能、超高清、柔性显示等技术引领创新发展。

在云端智能方面，百度发布了中国首款智能边缘计算产品 BIE（Baidu Intelligent Edge）和智能边缘计算开源版本 OpenEdge。在终端智能方面，宝乐机器人发布了首款激光+AI 摄像头导航扫地机器人，将激光识别与机器视觉结合，实现了最佳清扫路径规划。8K 面板成为品牌电视机厂商旗舰产品标配。TCL、创维、夏普、海信等均推出基于 8K 屏的电视产品。曲面屏（可折叠屏、可卷曲屏）在智能电视、智能手机上实现应用。柔宇、天马展示了可折叠屏手机。MicroLED、QLED、OLED 等显示技术并行创新发力。

## （四）集成电路行业

1. 总体情况

伴随着 2014 年《国家集成电路产业发展纲要》的出台，我国集成电路产业发展政策环境和投融资环境进一步完善，各类社会资金在近年来不断加大对集成电路产业的投资力度，一批重点项目陆续开工。2018 年，在前期重点项目相继投产、自主关键技术不断取得突破、全球行业景气度持续走高等因素的拉动下，我国集成电路产业再次实现高速增长，产业总销售额突破 6000 亿元大关，达到 6531.4 亿元，同比增长 20.7%，增长率连续 3 年超过 20%，继续成为全球产业发展最快的地区之一（见图 3）。

实现产业各环节协调发展一直是我国集成电路产业发展的重要目标之一。2018 年，我国集成电路产业结构得到进一步优化，设计业、制造业产值比重进一步提升，为我国芯片自主能力提升、推动下游制造、封测环节规模持续增长提供保障。其中，设计业销售额为 2519.3 亿元，同比增长 21.5%；制造业销售额为 1818.2 亿元，同比增长 25.6%；封测业销售额为 2193.9 亿元，同比增长 16.1%。

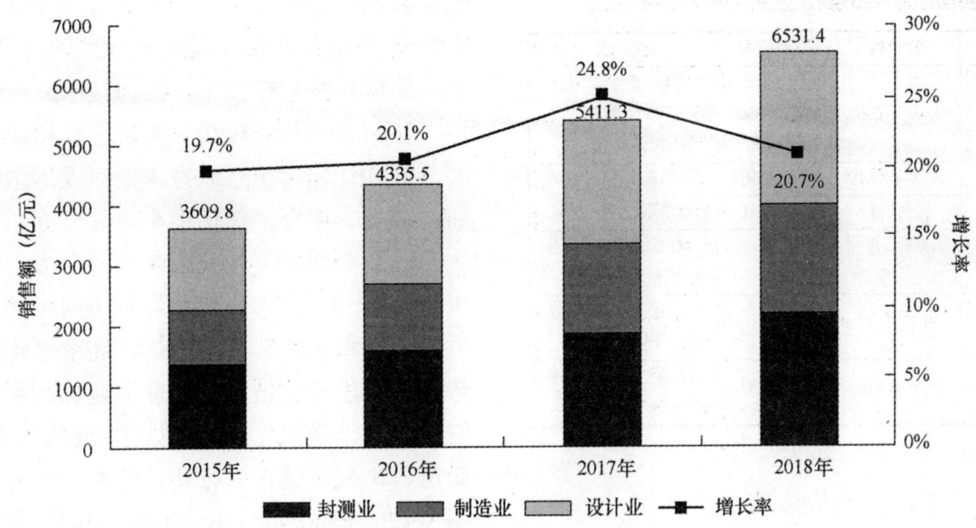


图 3　2015—2018 年我国集成电路销售额及增长率

数据来源：中国半导体行业协会，2019 年 3 月。

集成电路产业具有明显的国际化特点，产品生产环节存在大量的国际物流和转口贸易，集成电路因此成为全球最重要的贸易货物之一。据 WTO 统计，2017 年全球各国/地区集成电路产品进口总额约为 9600 亿美元，约占全球货物贸易进口总额的 5.3%。我国作为全球最大的集成电路产品消费国，同样是全球进口集成电路量最大的国家。据海关总署统计，2018 年我国累计进口集成电路 4175.7 亿块，较 2017 年增长 10.8%；进口额达到 3120.6 亿美元，同比增长 19.8%。其中，处理器及控制器进口额为 1274 亿美元，占集成电路进口总额的 41%；其次是存储器，由于存储器涨价，进口额同比上涨为 38.3%，进口额达到 1230.6 亿美元。中国台湾地区、韩国作为全球最重要的集成电路生产代工基地和存储器生产基地，分别贡献了中国大陆地区集成电路购买额的 31%和 25.3%。

目前，我国集成电路产业主要分布在京津环渤海、长三角、珠三角三大地区，汇聚了全国主要重点企业和产能。近年来，在国家、地方优惠政策和资金的支持下，西安、合肥、武汉、重庆、成都等中西部地区城市，以及福州、厦门、泉州等沿海城市的集成电路产业同样得到了快速发展，正在形成新的产业集群。

2. 创新进展

虽然我国集成电路产业市场化发展较晚，仍处于市场跟随者地位，但是在技术研发投入不断加大、本土应用市场持续向好的带动下，近年来我国集成电路产品自主技术发展取得了巨大突破。

（1）设计业技术发展情况。

目前，我国企业在移动智能终端芯片、数字电视芯片、智能卡芯片、人工智能芯片等专用器件市场，以及 CMOS 图像传感器、MEMS 麦克风传感器、指纹传感器等通用器件市场发展较好，整体技术达到或接近世界先进水平。在移动处理器方面，采用 7nm FinFET 工艺的海思麒麟 980 芯片于 2018 年上市，继续成为全球主流的高端移动处理器芯片之一。在基带芯片方面，我国企业紧追 5G 应用趋势，已有海思巴龙 5G01 芯片、紫光展锐春藤 510 芯片等支持 5G 通信协议的国产芯片问世，我国企业迈入了全球 5G 第一梯队。在人工智能芯片方面，除寒武纪等企业外，地平线、百度等公司纷纷推出自家的人工智能芯片，我国人工智能芯片技术正在继续缩小同国际先进水平的距离。在桌面级处理器方面，上海兆芯 2018 年推出的 ZX-D 芯片成为国内首款支持 DDR4 CPU 的产品，缩短了我国桌面级处理器技术同国际先进水平之间的差距。在嵌入式处理器方面，杭州中天微 CK 系列嵌入式 CPU 芯片 2018 年的出货量超过 2 亿片，产品成功进入电网等重要物联网应用市场（见表 3）。

表 3 我国集成电路设计业重点技术发展情况

| 芯片类型 | 公 司 | 产品型号 | 意 义 |
| --- | --- | --- | --- |
| 移动处理器 | 海思半导体 | 麒麟 980 | 保持在全球主流高端移动处理器芯片的市场地位 |
| 5G 通信芯片 | 海思半导体 | 巴龙 5G01 | 我国企业进入全球5G芯片第一梯队 |
| | 紫光展锐 | 春藤 510 | |
| 人工智能芯片 | 寒武纪、地平线、百度等 | | 继续缩短同国际先进水平差距 |
| 桌面级处理器 | 上海兆芯 | ZX-D | 缩短了与国际先进水平间的距离 |
| 嵌入式处理器 | 杭州中天微 | CK 系列 | 广泛应用于物联网市场 |

数据来源：赛迪智库整理，2019 年 3 月。

（2）制造业技术发展情况。

目前，我国集成电路制造技术仍与国际先进水平存在一定距离，先进逻辑工艺同国际领先水平存在 3 代左右的技术差距。但是，以中芯国际、华力微电子等为代表的企业正在通过快速布局 16/14nm 工艺实现先进逻辑工艺的追赶。中芯国际 16/14nm 工艺试产良率于 2018 年年中达到 95%，于 2019 年实现工艺量产；华力微电子于 2019 年年底前量产 28nm HKC+工艺，于 2020 年年底前量产 14nm FinFET 工艺。同时，我国企业正在存储器领域实现突破，长江存储发布了应用于 3D NAND 闪存芯片中的 Xtacking 技术，将芯片 I/O 接口速度提升至 3Gbps，与 DDR4 内存相当，并于 2018 年量产 32 层堆栈的 3D NAND 闪存芯片，于 2019 年量产 64 层堆栈的 3D NAND 闪存芯片（见表 4）。

表 4 我国集成电路制造业重点技术发展情况

| 公 司 | 技术发展情况 |
| --- | --- |
| 中芯国际 | 16/14nm 工艺试产良率达到 95%，该工艺于 2019 年实现量产 |
| 华力微电子 | 于 2019 年年底前量产 28nm HKC+工艺，于 2020 年年底前量产 14nm FinFET 工艺 |
| 长江存储 | 自由 Xtacking 大幅度提升 I/O 接口速度，2018 年量产 32 层堆栈的 3D NAND 闪存芯片 |

数据来源：赛迪智库整理，2019 年 3 月。

（3）封装测试业技术发展情况。

由于我国企业进入行业时间较早、技术研发持续性较好、内资龙头企业对国外优质标的进行收购等原因，我国封装测试技术已经整体达到世界先进水平，部分技术工艺达到世界领先水平。配合我国在生产成本方面的优势，封装测试成为全球集成电路产业中最先向我国进行转移的环节。面向传统封装技术，因为技术具有不可替代性，在新款芯片对传统封装工艺提出新需求的同时，继续优化传统封装技术依然受到主流封装厂商的重视。现今，包括中小封装厂商在内的我国企业已经全面掌握传统封装技术，成本、工艺技术差异化是厂商形成市场竞争力的关键。面向先进封装技术，在芯片小型化、高密度化的发展趋势下，先进封装技术是全球主流封装测试厂商研发的核心。我国先进封装技术由长电科技、通富微电、华天科技、晶方科技等企业掌握，技术覆盖 WLP、Fan-Out、Flip Chip、2.5/3D 等。伴随着我国封装技术的发展，先进封装技术应用比例不断提高，整体约 33%的产值来自先进封装技术，对于龙头企业，先进封装技术为企业贡献产值比例超过 50%。入选 2017 年中国半导体创新产品和技术项目榜单的 IC 封装与测试技术如表 5 所示。

表 5 入选 2017 年中国半导体创新产品和技术项目榜单的 IC 封装与测试技术

| 企业名称 | 创新产品和技术名称 |
| --- | --- |
| 华进半导体封装先导技术研发中心有限公司 | 大板集成扇出先进封装技术 |
| 华天科技（昆山）电子有限公司 | 硅基晶圆级扇出型封装技术 |
| 江苏长电科技股份有限公司 | 应用于高速高功率芯片的新型激光工艺高散热 IC 封装技术 |
| 江阴长电先进封装有限公司 | 圆片级六面包覆极小型芯片尺寸封装产品 |
| 天水华天科技股份有限公司 | 基于引线框架的小外形倒装封装技术 |
| 苏州通富超威半导体有限公司 | 多芯片高功率倒装封装技术 |
| 苏州日月新半导体有限公司 | 微机电系统（MEMS）集成电路堆叠封装产品 |
| 浙江洁美电子科技股份有限公司 | 电子元器件用塑料载带一体化成型技术 |
| 通富微电子股份有限公司 | 基于高可靠汽车电子智能控制的传感器封装技术 |

数据来源：中国半导体行业协会封装分会，2019 年 3 月。

3. 发展特点

（1）完整的工艺体系带动我国集成电路产业各环节发展。

我国是全球工业体系最完整的国家，完整的工业体系为我国集成电路企业提供了丰富的本土供应商，有效降低了我国企业的生产成本。在设备领域，虽然我国产业上游零部件企业在技术难度高的关键零部件领域与国际先进水平有一定技术差距，现阶段尚不足以支撑关键设备零部件的国产化，但是我国已经具备了占设备零部件种类数量大多数的基础零部件的供应能力。在材料领域，我国已经具备各种金属、合金、气体、混合溶剂等的生产能力，近年来随着我国工业工艺技术的不断提升，满足集成电路产业使用的工业原材料数量得以增加，为降低我国集成电路产品生产环节可变成本带来了保障。

（2）发达的电子元器件分销市场为我国产业供需稳定提供进一步保障。

分销是集成电路产业重要的产品销售方式，面向中小厂商的集成电路产品销售主要通过分销商完成。我国大量且多样化的电子市场培育了数量众多的电子元器件分销商。据统计，仅深圳华强北就聚集了 20000 多家独立分销商。发达的电子元器件分销市场增加了我国集成电路产业抵御产品供需变化的能力，为我国集成电路产品市场供应稳定带来更多保障，有助于产业平稳发展。

（3）产业投资与技术攻关紧密结合。

以国家集成电路产业投资基金（大基金）为代表的产业投资基金成为近年来满足我国集成电路产业投资需求的主要来源。截至 2018 年 9 月 30 日，大基金累计有效承诺投资额超过 1200 亿元，实际出资额超过 1000 亿元，有效决策超过 70 个项目，涉及 50 家企业，成为助推我国集成电路产业发展的重要力量。此外，伴随大基金的投资，全国多地陆续成立了地方产业投资基金，吸引了各类设备资本参与集成电路产业投资，实现了大基金的资本放大效应，进一步保障了产业对资金的需求。

### （五）新型显示行业

#### 1. 总体情况

2018 年，显示面板出货面积约为 2.38 亿平方米，同比增长8%。未来，网络流量中 90%的内容将以视频方式呈现，显示面板将扮演不可或缺的角色。5G、人工智能、无人驾驶、生物识别等新技术的发展均将进一步带动新型显示产业持续增长，2020 年全球液晶面板出货面积将达到 2.66 亿平方米，年均增长率为 4%。

从出货规模来看，2018 年，在面板生产线量产的带动下，我国显示产业产能规模继续增长，全年出货面积超过 8000 平方米，全球市场份额接近 40%，TFT-LCD 出货面积居世界第一位。面板企业累计营业收入超过 2200 亿元，其中 TFT-LCD 居世界第一位。2018 年前三季度，京东方、华星光电、中国电子和天马等骨干企业销售收入超过 1150 亿元，同比增长 13%。在 TFT-LCD 领域，多条 8.6 代及以上生产线进入量产阶段，Oxide 和 LTPS TFT-LCD 面板生产能力进一步成熟，进一步保持我国在 TFT-LCD 领域的优势地位。

从进出口规模来看，2018 年液晶面板进出口逆差继续缩窄。2018 年前三季度，液晶显示面板进口 16 亿片，进口额为 199 亿美元，同比下降 7.6%和11.5%；出口 10 亿片，出口额为 86 亿美元，同比增长 1.6%和−10.2%，贸易逆差持续缩减 12.5%。

从应用市场来看，新型显示产业的应用范围得到进一步拓展。智慧城市建设正处于加速阶段，以公共交通、休闲娱乐为代表的大屏商用显示面板呈现爆发式增长态势。据 IHS 预测，2018—2021 年全球商用显示销售收入年复合增长率将达到 18%，远高于显示面板 2%～3%的年增长率。智能网联汽车的发展为显示技术提供了新的应用场景，车载显示成为中小尺寸应用中继手机之后的第二大市场。虚拟现实技术逐步走向成熟，对显示技术进步和性能提升将产生重要推动作用，将在未来数年给竞争激烈的新型显示产业带来新的挑战与机会。

从区域布局来看，LCD 技术起源于美国、成熟于日本，韩国凭借反周期投资后来居上，中国承接产业转移，与日本、韩国共同形成“三国”的产业格局。日本最先将液晶面板成功投入商用，然而由于日本企业经营模式与产业变化脱钩，加之主体分散，政府在关键时刻的投资未能跟上，导致日本面板企业的竞争力逐渐衰落。目前，日本依托在新型显示领域的长期投入和技术积累，在玻璃基板、掩膜版、光刻胶、OLED 发光材料、蒸镀设备及偏光片原材料等领域仍然具有竞争实力。韩国企业在政府的支持下通过“反周期投资”

一举超过日本，凭借在消费电子领域的市场地位，韩国成为显示产业的主导国家。进入 21 世纪，韩国超前布局，三星和 LG Display 目标明确，确定以 AMOLED 技术作为保持其领先地位的重要选择，同时逐渐降低 TFT-LCD 的产能。中国台湾地区 TFT-LCD 产业发展稍晚于韩国，得益于及时抓住日本产业转移良机，具备了独立开发高世代生产线的能力，作为“两兆双星”计划的重点，在政策的有力支持下，中国台湾地区 TFT-LCD 产业得到快速发展。随着中国大陆地区显示产业的崛起，中国台湾地区企业竞争压力骤升，下游市场缺乏的问题也成为明显制约因素。

2. 创新进展

随着我国新型显示企业创新实力不断增强，新型显示领域的创新取得了较大进展。在 TFT-LCD 领域，多条 8.6 代及以上生产线进入量产阶段，Oxide 和 LTPS TFT-LCD 面板生产能力进一步成熟。在 AMOLED 领域，多条柔性 AMOLED 面板生产线进入量产，产能逐渐开出，为国内手机企业的技术创新提供了基础。

在企业创新方面，世界知识产权组织（WIPO）公布了 2018 年全球国际专利申请（PCT）排名情况，中国 3 家企业进入 TOP 10。其中，京东方（BOE）以 1813 件全球国际专利申请量居全球第 7 位。全球国际专利申请已成为国际化创新型企业进行全球专利布局的主要途径之一，从近 3 年全球 PCT 榜单来看，京东方与华为、中兴通讯共同成为进入榜单 TOP 10 的 3 家中国企业。目前，京东方累计可使用专利已超过 7 万件，覆盖美国、欧洲、日本、韩国等国家和地区。此外，华星光电、维信诺、天马等企业也在技术创新方面取得多项成绩，华星光电针对用户在使用显示屏时遇到的普遍痛点着手进行创新研究，分别从高清晰度、超长待机、健康护眼等方面进行创新，自主研发了 Fine Pixel、IEST、CPLP、Nice Blue 等独特的领先技术。天马在 LTPS 领域的市场份额已经跃居全球第 1 位。天马通过制定富有成效的制度、挖掘有价值的技术、对有价值的专利进行布局等，推进了公司的技术创新进程。目前，天马在非晶硅（a-Si）、OLED、LTPS 显示屏等领域都开展了相应的专利布局，在全球范围内已经提交了近万件专利申请。

在应用模式方面，中国面板企业积极迎接超高清视频时代的来临，京东方自主研发了 8K 拼接屏播放及控制系统解决方案，完美实现了 8K 超高清分辨率信号传输，让观看者体验到如临影院的震撼之感。此外，京东方还开发了数字艺术物联网解决方案，将数字化的摄影作品通过人工智能及新型显示等技术进行完美展示。2018 年华星光电投资 426.8 亿元建设的 11 代超高清新型显示器件生产线项目正式开工，该生产线增配了印刷显示技术，产品以 8K 高附加值为主。

在技术储备方面，在大屏柔性显示最有前途的印刷显示技术中，京东方和华星光电近些年的专利申请量突飞猛进，京东方在全球申请人的排名中保持前列，而华星光电也属于国内的佼佼者。京东方和华星光电在印刷 OLED 方面都展现出了较强的实力，专利数量均超过了曾经的 OLED 专利强者 LG 和默克，这反映了我国企业该项技术研发能力的进步。

3. 发展特点

（1）产业规模不断扩大，重要地位逐渐确立。

近年来，我国新型显示产业实现跨越式发展，已成为全球显示产业的重要力量，对保持产业增长活力、推动上下游产业发展起到决定作用。中国新型显示产业始终保持正增长，整体增长速度已经连续多年超过全球产业增长速度，对上游产业材料市场规模增长率贡献超过 70%。经过多年发展，我国显示产业已经建立了从供给端到应用端的产业体系，具有完整的面板制造产能和下游品牌话语权。

（2）产业规模不断增长，产品结构不断优化。

截至 2018 年年底，我国共有 39 条 TFT-LCD 面板生产线量产，另有 10 条生产线在建。据 CODA 统计，2017 年我国新型显示产业实现销售收入 2758 亿元，同比增长 37%。其中，显示器件营业收入 1998 亿元，同比增长 42%；上游材料和装备营业收入 760 亿元，同比增长 25%。特别是京东方武汉和华星光电深圳 10.5 代（或称 11 代）TFT-LCD 生产线开工建设，京东方重庆、天马武汉二期和维信诺合肥等 6 代柔性 AMOLED 生产线先后确定并发布公告，相关项目投资近 1500 亿元。这些高水平、高产能生产线的投产，为我国新型显示产业的持续发展和竞争力提升起到了决定性作用。

（3）骨干企业实力增强，创新能力明显提升。

随着我国显示产业规模的不断增长，龙头企业创新经营能力明显改善。2018 年上半年，京东方在智能手机、平板电脑、笔记本电脑、显示器、电视显示屏出货量方面继续蝉联全球第一。在超高清（4K/8K）、新型显示应用等领域不断创新，与华为等合作伙伴共同提出 4K/8K、VR/AR 等物联网端口解决方案。华星光电 2018 年上半年实现销售收入 121.4 亿元，实现息税折旧摊销前利润（EBITDA）41.13 亿元，大尺寸液晶面板出货量保持全球第 5 位，32 英寸液晶面板和 55 英寸超高清面板出货量均居全球第 2 位。生产能力达 4000 万片的 TCL 模组整机一体化智能制造产业基地的建设和投产进一步提升了 TCL 产业链垂直一体化能力。

（4）装备和材料迎来发展机遇期，产业链建设逐渐完善。

在面板生产线建设的带动下，我国上游装备和材料迎来发展机遇期。在上游材料方面，国内液晶材料企业 2018 年出货量接近 100 吨，自给率超过 35%，铜靶、铝靶、钼靶已实现规模化生产，打破了国外企业在技术和市场上的垄断。随着全球显示产业重心向中国转移，核心材料优势企业开始加速在中国建厂，锦江集团与日东电工合作，投资 48 亿元在广州建设 1500mm、2500mm 偏光片和偏光片上游生产线，LG 化学、三星 SDI、奇美材料、三利谱等企业的偏光片项目也在江苏、安徽等地陆续开建或扩产。康宁在合肥、重庆、咸阳等地建设玻璃基板项目，默克继在韩国和中国台湾地区设立 OLED 应用实验室之后，又在上海正式成立了 OLED 技术中心。

（5）各地投资热情仍然高涨，大尺寸和柔性显示成为投资重点。

我国新型显示产业投资继续保持快速增长（见表 6）。在大尺寸方面，除京东方合肥 10.5 代线量产外，京东方、华星光电、富士康等企业在武汉、深圳、广州等地也建设了 10.5 代 TFT-LCD 生产线。在柔性方面，华星光电武汉、维信诺固安和京东方绵阳等 6 代柔性 AMOLED 生产线正在建设中。地方政府在投资方面扮演了积极的角色，中国电子、惠科、信利等企业与安徽、四川、河南等地方政府洽谈，计划建设 8.6 代、10.5 代 TFT-LCD 生产线及 AMOLED 生产线。据不完全统计，我国新型显示投资已超过万亿元，未来 2 年相关项目投资预计将超过 3000 亿元。

**表 6　我国在建面板生产线**

| 序号 | 企业 | 代线 | 地点 | 种类 | 投产时间 | 投资额（亿元） |
|---|---|---|---|---|---|---|
| 1 | 京东方 | 6 | 绵阳 | 柔性 AMOLED | 2019 年第一季度 | 465 |
| 2 | 京东方 | 10.5 | 武汉 | a-Si LCD | 2019 年第四季度 | 460 |
| 3 | 华星光电 | 6 | 武汉 | 柔性 AMOLED | 2020 年第二季度 | 350 |
| 4 | 华星光电 | 11 | 深圳 | a-Si LCD | 2020 年第四季度 | 427 |
| 5 | 信利 | 5 | 仁寿 | a-Si LCD | 2019 年第四季度 | 125 |
| 6 | 益丰泰 | 5.5 | 井冈山 | a-Si LCD | 2019 年第二季度 | 100 |
| 7 | 和辉 | 6 | 上海 | 柔性 AMOLED | 2019 年第一季度 | 273 |
| 8 | LGD | 8.5 | 广州 | Oxide OLED | 2019 年第二季度 | 305 |
| 9 | 惠科 | 8.6 | 滁州 | a-Si LCD | 2019 年第一季度 | 240 |
| 10 | 富士康 | 1 | 广州 | a-Si LCD | 2019 年第二季度 | 610 |

数据来源：赛迪智库，2019 年 3 月。

## （六）电子原材料元器件行业

2018 年是全面落实“十三五”规划的关键之年，我国电子原材料元器件行业整体运行平稳，投资增速良好，关键领域创新持续推进，重点产品国内自给率明显提升，有力地保障了我国电子信息制造业的健康发展。

1. 总体情况

产业规模保持较快增长。2018 年我国电子原材料元器件行业销售收入达 4.70 万亿元，同比增长 10.3%，增速高于电子信息制造业全行业 1.3 个百分点，占我国电子信息制造业的比重为 33.2%，比 2017 年提高了 0.4 个百分点，占比延续上升势头。其中，电子材料行业实现销售收入 0.35 万亿元，同比增长 12.9%；电子元件行业实现销售收入 2.30 万亿元，同比增长 10.6%；电子器件行业实现销售收入 2.05 万亿元，同比增长 9.9%。

主要产品进出口增速差异明显。2018 年，我国电子原材料元器件行业主要产品进出口贸易情况出现明显分化。集成电路进出口额和数量均延续了增长态势，2018 年实现进口额 3120.6 亿美元，同比增长 19.8%；进口集成电路数量为 4175.7 亿块，同比增长 10.8%；出口额为 846.4 亿美元，同比增长 26.6%；出口集成电路数量为 2171.0 亿块，同比增长 6.2%。而由于多条国内液晶面板生产线点亮投产，液晶显示面板进出口额和数量继续呈现双降态势，2018 年实现进口额 261.4 亿美元，同比下降 13.6%；进口数量为 21.5 亿片，同比下降 10.8%；实现出口额 231.9 亿美元，同比下降 9.9%；出口数量为 17.6 亿片，同比下降 9.3%。二极管及类似半导体器件进出口额增速双双收窄，进出口数量温和变化，2018 年实现进口额 216.5 亿美元，同比增长 4.9%；进口数量 5235.4 亿只，同比增长 1.2%；实现出口额 292.0 亿美元，同比增长 9.5%；出口数量 6052 亿只，同比下降 1.3%。

固定资产投资增速持续向好。在一批重大项目带动下，2018 年我国电子原材料元器件行业固定资产投资保持良好增长势头，全行业累计完成固定资产投资超过 10000 亿元，同比增长超过 18%。其中，集成电路、光缆、光电子器件在汽车电子、人工智能、5G 等新兴市场拉动下投资势头良好，同比增长 64.7%、60.7%和 58.2%。在电子元件方面，锂离子电池投资持续火热，多个 100 亿元级项目动工；借助 MLCC 涨价势头，国内骨干企业纷纷加快 MLCC 生产线建设。在电子器件方面，集成电路和平板显示贡献显著，2018 年我国多条 8 英寸、12 英寸集成电路生产线项目持续落地，华力二期 12 英寸先进生产线等建成投产，紫光成都存储器制造基地、投资 70 亿美元的三星西安半导体二期等一批项目动工；华星光电 11 代 TFT-LCD 生产线等多条高世代 LCD 生产线点亮投产，多条 6 代 AMOLED 生产线量产，多条 AMOLED 生产线开工建设。

2. 创新进展

（1）关键技术和产品取得重大突破。

在半导体器件方面，我国企业在 3D NAND 闪存芯片研发上取得突破，首次提出重要的新架构和技术路径；国内芯片先进设计能力导入 7nm，华为先后发布了 7nm 麒麟 980 芯片、昇腾 910 芯片、鲲鹏 920 芯片，主流设计水平达到 16/14nm；16/14nm 制造工艺研发取得重要进展，100GB 硅光收发芯片正式投产，25Gbps 电吸收调制激光器芯片（EML）进入批量验证阶段，高性能车规级 IGBT 4.0 技术达到国际领先水平；SIP、超薄指纹封装等封装技术实现突破；首条金属溅射膜压敏芯片生产线成功通线。在新型显示方面，全球首条最高世代线、全球第 2 条柔性 AMOLED 生产线实现量产，引领全球大尺寸超高清显示产业发展，打破海外巨头在小尺寸 OLED 领域的垄断局面，柔宇科技率先推进可折叠显示屏手机产品。在太阳能光伏方面，我国刷新了多个电池转换效率纪录，晶科能源高效 P 型单晶电池转换效率达到 23.95%；南开大学化学学院陈永胜教授领衔的团队设计和制备的叠层有机太阳能电池材料和器件，实现了17.3%的光电转化效率；天合光能自主研发的 6 英寸面积 N 型单晶全背电极太阳能电池（IBC）效率高达 25.04%（全面积）；汉能砷化镓薄膜单结电池效率达 29.1%。在电子材料方面，关键材料规模化量产，解决了“卡脖子”问题，中镓半导体国内首创 4 英寸氮化镓自支撑衬底量产技术，上海新昇 300mm 大硅片正式导入中芯国际生产线；内蒙古晶环电子生产出全球最大 450 千克级超大尺寸高品质蓝宝石晶体，将蓝宝石晶体世界纪录由 350 千克级提升至 450 千克级；蚌埠中建材信息显示拉出 0.12mm 的超薄电子触控玻璃，创建了浮法技术工业化生产最薄玻璃的世界纪录；电子科技大学研制的高磁导率磁性基板，打破了国外基板厂商垄断市场的局面。

（2）行业国家创新中心建设步伐加快。

在动力电池、印刷与柔性显示、信息光电子 3 家制造业创新中心基础上，2018 年电子原材料元器件行业又新增集成电路、智能传感器两家国家制造业创新中心，2019 年广东省 5G 中高频器件创新中心建成。国家集成电路创新中心由复旦大学、中芯国际和华虹集团等单位共同发起，以上海集成电路制造创新中心有限公司为依托，围绕集成电路关键工艺节点和系统集成开展共性技术研发。国家智能传感器创新中心由上海新微、中电海康、格科微电子等 14 家单位共同发起筹建，以上海芯物科技有限公司为依托，通过关键共性工艺技术的研发，建设研发平台、检测技术平台、设计服务平台、工程服务平台等，促进传感器产业链协同发展。

（3）企业创新能力稳步增强。

骨干企业研发投入持续增强，2018 年（第三十二届）中国电子信息百强企业研发投入总额同比增长 16%，平均研发投入强度达到 6.3%；2018 年中国电子元件百强企业研发投入总额同比增长 30.9%，平均研发投资比为 3.6%。在 2018 年我国发明专利授权量前 10 位的企业中，电子信息行业占有 7 席，京东方作为唯一一家电子原材料元器件行业企业入选。电子原材料元器件行业制修订标准数量稳步增长，太阳能光伏、LED、锂离子电池等领域联盟标准蓬勃发展，标准体系逐步完善。

3. 发展特点

（1）产业整体增速回调。

2018 年，我国手机、彩色电视机等终端产品产量出现不同程度负增长，加上中美贸易摩擦、“中兴事件”“晋华事件”等因素影响，我国电子原材料元器件行业规模增速略有下滑，呈现回调态势。2018 年我国电子原材料元器件行业规模整体增速为 10.3%，较 2017 年回落 4.2 个百分点。从细分领域看，2018 年电子材料、电子元件和电子器件行业规模的增速分别为 12.9%、10.6%和 9.9%，分别较 2017 年回落 0.9 个百分点、5.3 个百分点和 3.1 个百分点。从增长贡献率看，电子元件是拉动电子原材料元器件行业增长的主要力量，2018 年其贡献率达到 50%，电子材料和电子器件的贡献率分别为 9%和 41%。

（2）主要产品产量增速明显放缓。

2018 年，我国手机、彩色电视机等终端产品产量出现不同程度负增长，对上游电子材料、元器件带动作用减弱，电子原材料元器件行业主要产品产量增速显著放缓。在电子材料方面，2018 年我国多晶硅产量超过 25 万吨，同比增长 3.3%，增速较 2017 年下滑近 10 个百分点。在电子元件方面，2018 年我国电子元件产量达 4.9 万亿只，同比增长 12.0%，增速较 2017 年下滑 5 个百分点；锂离子电池产量上升至 139.9 亿只，同比增长 12.9%，增速较 2017 年下滑了 18.4 个百分点；我国光缆产量为 31734.5 万芯千米，同比下降 3.5%，连续多年增长势头受到遏制，增速较 2017 年下降 8.7 个百分点。在电子器件方面，2017 年我国集成电路产量为 1739.5 亿块，同比增长 9.7%，增速较 2017 年下滑 8.5 个百分点；半导体分立器件产量突破 8700 亿只，同比增长 13.9%，增速较 2017 年下降 11.4 个百分点；光电子器件产量达 17060.0 亿只（片、套），同比下降 1.1%，出现负增长，增速较 2017 年下滑 18 个百分点；太阳能光伏电池产量达 96.1GW，同比增长 7.7%，增幅较 2017 年下滑 22.9 个百分点。

（3）主要产品进出口贸易逆差分化态势加剧。

2018 年，国内电子原材料元器件行业需求旺盛，进口稳健增长，出口增速放缓，国内部分产品自给率显著提升，行业主要产品进出口贸易逆差分化态势加剧。2018 年，集成电路进出口逆差高达 2274.2 亿美元，同比增长 37.0%，增速较 2017 年提高 20.5 个百分点，增幅创近 10 年以来的新高；液晶显示面板进出口逆差为 29.5 亿美元，同比收窄 34.7%；二极管及类似半导体器件实现进出口顺差 75.5 亿美元，同比增长 13.9%，增速较 2017 年下调 73.6 个百分点。

（4）我国电子原材料元器件存在短板。

2018 年，我国电子信息行业热点事件不断，中微半导体与 Veeco 的专利纠纷、“中兴事件”等摩擦最终平息，但“晋华事件”尚未得到根本解决，这反映出我国电子原材料元器件还存在很多关键短板。中微半导体与 Veeco 的专利纠纷虽然最终和解，但我们要看到 Veeco 提出的禁止西格里碳素向中微半导体提供石墨盘（晶圆承载器）的主张，差点让我国众多 MOVCD 设备因缺乏更换配件而停工。美国商务部以中兴通讯未完全履行和解协议为由将中兴通讯列入“出口管制实体清单”，长达 3 个月的“休克”状态差点让中兴通讯现金流断裂，最终中兴通讯付出了巨额罚款，并同意了一系列制约条件才达成和解，关键就在于模数转换器件（AD/DA）、CPU、DSP、FPGA 等关键元器件都被美国掌握。美国商务部将福建晋华列入“出口管制实体清单”，其理由之一是福建晋华会威胁到美国唯一的 DRAM 生产商的长期经济生存能力，进而危及美国军用系统的供应链安全，但是最根本的原因还在于我国电子原材料元器件制造存在短板。

（七）智能手机

1. 发展情况

从行业生产看，智能手机生产规模有所下降。据工业和信息化部运行局数据，2018 年我国手机产量同比下降 4.1%，其中智能手机产量同比下降 0.6%。从出货量看，受消费者换机周期拉长、碎片化智能终端分流、普及率提升及新功能驱动力下降等因素影响，国内手机出货量下降态势明显。据工业和信息化部统计，2018 年 1—12 月国内手机出货量为 4.14 亿部，同比下降 15.6%；上市新机型 764 款，同比下降 27.5%；国产品牌手机出货量为 3.71 亿部，同比下降 14.9%，占同期手机出货量的 89.5%；智能手机出货量为 3.90 亿部，同比下降 15.5%，占同期手机出货量的 94.1%，其中安卓手机在智能手机中的占比为 89.3%。

从整体格局看，排名前 10 位的厂商合计出货量份额达到 93%，较 2017 年提高 7.9 个百分点。头部品牌产品竞争力实现了进一步提升，行业集中度趋高，排名前 10 位厂商的市场份额增长明显，中国智能手机行业格局趋于稳固。与此同时，国产品牌手机出货量下降幅度低于市场总体 0.7 个百分点，国内消费者对于国产品牌的认可度得到进一步强化。

从主要厂商看，华为、OPPO、vivo、小米、苹果是国内手机出货量排名前 5 位的厂商（见表 7）。其中，华为中国市场手机出货量达 1.05 亿部，同比增长 15.5%，以 26.4%的市场份额稳居首位；OPPO 中国市场出货量为 7890 万部，同比小幅下降 2%，市场份额为 19.8%，其在 2018 年将品牌重心继续靠拢科技创新，并通过主流价位段的 A 系列、K 系列保证市场份额；vivo 中国市场出货量为 7600 万部，同比增长 10.8%，市场份额为 19.1%，其 2018 年 6 月发布的首款主打“真全面屏”的 NEX 机型激发了消费者的购买意愿，并通过线上渠道寻求新市场拓展；小米中国市场出货量为 5200 万部，同比下滑 5.6%，市场份额为 13.1%，在 2018 年下半年进入调整阶段；苹果中国市场出货量为 3630 万部，同比下跌 11.7%，市场份额仅为 9.1%，已连续 3 年出货量同比下滑。苹果在 2018 年发布的新品除常规性能升级和外观小幅优化外，并无更突出的创新点。同时，国产品牌创新产品百花齐放也是苹果中国市场份额持续下滑的原因。

**表 7　2018 年主要智能手机厂商在中国的出货量情况**

单位：百万部

| 厂　商 | 2018 年出货量 | 2018 年市场份额 | 2017 年出货量 | 2017 年市场份额 | 同比增幅 |
|---|---|---|---|---|---|
| 华为 | 105.1 | 26.4% | 90.9 | 20.4% | 15.5% |
| OPPO | 78.9 | 19.8% | 80.5 | 18.1% | −2.0% |
| vivo | 76.0 | 19.1% | 68.6 | 15.4% | 10.8% |
| 小米 | 52.0 | 13.1% | 55.1 | 12.4% | −5.6% |
| 苹果 | 36.3 | 9.1% | 41.1 | 9.3% | −11.7% |
| 其他 | 49.5 | 12.5% | 108.1 | 24.4% | 54.2% |
| 合计 | 397.7 | 100.0% | 444.3 | 100.0% | −10.5% |

数据来源：IDC，2018 年 12 月。

2. 产业创新

从新兴领域看，在手机市场衰退周期中，各大手机厂商积极寻求前瞻性布局前沿领域，以期保有自身市场地位或实现弯道超车。华为等手机企业高度重视 5G 研发布局。2018 年 2 月，华为推出全球首款基于 3GPP 标准的商用 5G 芯片“Balong 5G01”，支持全球主流 5G 频谱，并在 2019 年下半年推出支持 5G 网络频谱的手机。OPPO、小米、联想、vivo 等诸多智能手机厂商均成为高通“5G 领航计划”合作伙伴。苹果和三星等手机巨头竞相发展以人工智能技术为基础的语音虚拟助手，纷纷扩大 Siri 和 Bixby 等语音助手研发团队，提升研发实力。HTC 等企业正积极布局 VR 领域，展开对未来智能终端新型交互方式的探索，通过“手机+VR”一体机模式，使消费者在满足社交需求的同时，还享有“沉浸体验”。智能手机企业持续拓新与转型升级成为发展新趋势。

从局部创新看，屏幕、拍照、快充、识别等功能技术的成熟，一批高性能、高价位的产品被集中推出。在屏幕方面，各大厂商纷纷推出“真全面屏”手机，OPPO Find X、vivo NEX、小米 MIX3、荣耀 Magic 2 等产品采用机械结构，将摄像头藏在手机之中。部分厂商采用各类异形屏，如水滴屏、打孔屏等，尽可能缩小摄像头所占面积。努比亚 X、vivo NEX 双屏版等产品采用双屏，将自拍功能挪至背面。三星则在 SDC 2018 开发者大会上展示了一款折叠屏手机，这种屏幕技术被三星命名为 Infinity Flex Display，该款手机拥有正面和背面的双屏设计，正面是一块 4.6 英寸的显示屏，背面则是一块可展开的 7.3 英寸的显示屏。华为在 MWC 2019 现场发布了全球首款 5G 折叠屏智能手机——Mate X。在屏下指纹方面，vivo 发布全球首款采用屏幕指纹识别设计的机型 X20 Plus 屏幕指纹版，由 Synaptics 提供指纹识别传感器。2018 年 9 月，随着 OPPO R17、vivo X23 的发布，屏幕指纹渗透率大幅提升。2018 年 10 月，OPPO 发布的 K1 成为首款采用屏幕指纹识别设计的千元机，屏幕指纹识别成为主流的生物识别传感器。在摄像头方面，后置多摄已经迅速得到普及。2018 年 12 月，三摄手机新增设备数总计超过 200 万部，华为作为三摄手机的主要推动者，是目前三摄手机的主要供应厂商。OPPO、vivo 也推出了首款采用 TOF 摄像头的三摄手机 OPPO R17 Pro、vivo NEX 双屏版。不过，由于目前三摄镜头模组复杂程度及镜头分布方案难度较高，其主要为中高端机型所采用。

3. 发展特点

（1）智能手机出货量增速放缓乃至下滑的趋势难以逆转。

近年来，存量市场饱和、技术创新乏力、消费者换机频率下降等因素导致智能手机行业进入“负增长”时代。从市场需求来看，除印度手机市场仍存在增量红利外，全球主要市场已接近饱和状态，智能手机平均渗透率高达 76%。从技术迭代来看，无论是屏幕、摄像头、内存、传感器等硬件堆砌，还是无线充电、异形设计、异形切割等局部单点创新，都难以有效激发消费主体的换机意愿。从市场数据来看，智能手机出货量在波动中缓降成为行业“新常态”。据 IDC 数据显示，2018 年第一季度全球智能手机出货量为 3.34 亿部，同比下降 2.9%。国内手机市场面临形势更加不容乐观，2018 年第一季度国内手机市场出货量出现断崖式下跌，跌幅高达 27.9%，跌速创历史纪录。

（2）存量市场寡头竞争趋势强化，诸多昔日巨头驶入下滑轨道。

全球智能手机品牌在有限的存量市场内展开激烈竞争，市场由“倒三角”向“T 型”格局演变。一方面，苹果、三星和华为等头部品牌，借助其核心技术能力、融合创新能力、市场开拓能力等竞争优势，持续扩大市场份额。另一方面，尾部品牌的生存空间被大幅挤压，相当数量的中小品牌，乃至昔日的大品牌厂商，由于经营思维欠缺、创新能力不足、产品结构单一、品牌定位模糊，以及在全球市场布局欠缺等原因，面临市场份额下降、被收购重组或逐渐消失的危机。金立、魅族、联想等昔日巨头的市场出货量持续衰减，纷纷裁员保产。金立手机 2017 年和 2018 年第一季度销量同比降速分别达 10.3%、27%；曾为亚洲最大单体智能终端制造中心的金立工业园，通过裁员 50%引资保产。魅族已连续 3 年大量裁员，裁员比例约 10%。联想手机 2017 年销量同比下降 28%，2018 年裁员比例达 50%。

（3）中国头部品牌海外表现亮眼，挤占国际巨头市场空间。

中国手机品牌在全球市场迅速扩张，日渐动摇苹果、三星的霸主地位。在苹果方面，2018 年第二季度全球智能手机出货量被华为超越，跌出全球前两位；在中国市场的排名下滑至第 4 位，落后华为、OPPO 和 vivo。在三星方面，三星集团手机业务在全球范围内遭遇了中国品牌的挑战，其中国市场份额从 5 年前的 20%下滑至不到 1%；印度高端市场份额被中国的一加品牌超越；在以往颇具优势的欧洲市场，华为已经站稳脚跟，小米、OPPO 也开始发力；在拉美市场，荣耀等中国手机品牌已开始布局；非洲的市场份额被传音大幅挤占，三星的市场统治地位已失。

（4）新兴动能和创新势能尚难弥补传统产品降势。

从全球产业发展态势来看，传统电子信息产品出货量增速放缓乃至下滑的趋势难以根本逆转，但 5G、人工智能、超高清视频等新兴领域尚处于孕育期或爆发前夕，现阶段还难以产生根本性提振作用。从创新势能来看，苹果、三星等巨头的颠覆性创新水平与消费者成长速度的矛盾日益凸显，无论是屏幕、摄像头、内存、传感器等硬件堆砌，还是无线充电、异形设计、异形切割等局部单点创新，均尚难以有效激发消费主体的换机意愿。

（5）产业上游价值与业务利润多元化价值更加突出。

从苹果、三星财报利润增长点来看，产品供应链前端布局与新兴领域的多元化布局愈发重要。三星在芯片、内存、屏幕、电池等关键元器件方面横向一体化供应链布局，整合下游资源，形成规模效应，通过大量核心元器件的供应持续稳固产业根基，以分散对单类型产品的利润依赖，降低了企业整体风险。苹果则在服务业务、可穿戴设备、智能家居等新兴领域的营业收入增势突出，反映出企业对全球新一轮信息技术趋势的判断。通过对未来技术与产品进行关联性投资，以多线程能力和布局稳固市场地位和营业收入，成为化解传统产品销量不振和营业收入潜在危机的有效办法，也是高技术企业培育核心竞争力、创新整合能力、敏锐捕捉前沿技术的重要手段。

（八）虚拟现实

2018 年，我国虚拟现实产业市场规模持续增长，应用场景进一步拓展，产品多样化进一步增强，关键技术不断突破，产业投资更加理性，产业生态体系初步形成。在行业应用方面，虚拟现实技术成为生产领域的重要工具，在飞机、汽车、船舶等大型装备制造中已经实现初步应用。虚拟现实得到中央和地方政府的高度重视，VR 产业相关的政策、规划纷纷出台，明确提出鼓励和支持 VR 产业的发展。

1. 发展情况

2018 年，虚拟现实产业市场规模持续扩大。在整体规模方面，据 Greenlight Insights 预测，2018 年全球市场规模超过 700 亿元，同比增长 126%。其中，虚拟现实整体市场规模超过 600 亿元，虚拟现实内容市场规模约 200 亿元，增强现实整体市场规模超过 100 亿元，增强现实内容市场规模接近 80 亿元。在行业应用方面，虚拟现实技术成为生产领域的重要工具，在飞机、汽车、船舶等大型装备制造中已经实现初步应用，在研发、装配和检修中发挥作用，在教育、医疗等领域革新知识获取渠道及提升教学与培训质量，并在文化、军事等领域继续深化拓展。

国内 VR/AR 创业公司已超过千家，主要分布在游戏、硬件、教育、地产、影视、工业等方向，创业公司聚集地以北京、深圳、上海、杭州为主，福州、南昌、成都、武汉、西安、南京也有不少创新企业。虚拟现实产业链包含硬件、软件、内容制作与分发、应用和服务等环节。

中国虚拟现实市场主流设备仍以移动端 VR 眼镜为主，中国 VR 视频内容的开发数量远多于 VR 游戏内容。中国 VR 平台上已有约 2700 款视频和 800 款游戏。与此同时，中国 VR 线下体验馆数量增长迅速，已超过 5000 家。中国 VR 体验店以小型体验店为绝对主力，体系化运营的中大型体验品牌店有望突围，二、三、四线城市的体验店更容易盈利。

虚拟现实产业作为新兴战略性产业，得到国家的高度重视，相关的政策措施和规划方案处于高密度发布时期。国家和各有关部委对产业发展出台大量专项政策，鼓励、支持、促进虚拟现实产业的发展。2018 年 12 月 25 日，工业和信息化部正式发布《关于加快推进虚拟现实产业发展的指导意见》，推动虚拟现实产业快速发展。中国多地政府纷纷启动规划或建设虚拟现实产业基地，包括南昌、福州、贵安、青岛、成都、郑州、嘉兴、武汉、宁波、重庆、长沙等十几个城市已经或者正在进行 VR 产业的发展规划。各地方的 VR 小镇、VR 产业基地、VR 孵化器纷纷开始兴建，其中多半位于中西部地区。2018 年各地出台的政策有《江西省加快推进虚拟现实产业发展的若干措施》《南昌市关于加快 VR/AR 产业发展的若干政策（修订版）》《成都市虚拟现实产业发展推进工作方案》等。

2. 发展特点

（1）消费市场快速培育，产品形态更加丰富。

2018 年，消费级虚拟现实产品不断涌现，“VR+”应用场景不断拓展。在游戏、娱乐、影视等消费市场，线上与线下结合更加紧密，商业模式逐渐走向成熟。虚拟现实产品供给更加多元化，头戴式、一体机、移动端等各类产品层出不穷，Oculus、小米的一体机新品上市，拉动一体机销量大幅提升。根据 IDC 数据，2018 年第一季度虚拟现实一体机出货量达 11.5 万台，同比增长 234%，第二季度销量同比增长幅度达到 417.7%。虚拟现实内容开发平台生态架构基本完善，3D 模型/场景、3D 动效、全景图片、虚拟现实视频、网页等不同内容素材源日益丰富，以 Oculus、百度、VRCORE 为代表的开发者平台开始实现开发者集聚。

（2）关键技术不断突破，VR+5G 成为关注热点。

2018 年，虚拟现实关键技术进一步成熟，在画面质量、图像处理、眼球捕捉、3D 声场、手势交互、人体工程、机器视觉等领域有重大突破。在图像处理方面，AMOLED 显示技术已经成熟，同时 GPU 处理技术的成熟带动了图像引擎和渲染算法的优化发展。在交互技术方面，从视觉向触觉、听觉、动作等多通道交互发展，弥补了单个特征识别技术的缺陷，进一步提升了虚拟现实服务的沉浸感和可靠性。5G 技术的应用将全面提升虚拟现实体验，华为、HTC、联想等企业纷纷加快布局 VR+5G 业务。

（3）产业资本理性投入，软件与应用成为投资热点。

2018 年，虚拟现实产业投资再度高涨，集中化趋势明显。据映维网数据，2018 年 1—10 月，国内创业投资总额达到 108.14 亿元，同比增长 27.10%。2018 年 10 月在南昌成功举办的世界虚拟现实产业大会达成投资额 631.5 亿元，进一步提高了地方发展虚拟现实产业的热情。资本投资的热点领域也逐渐由单一游戏、社交、视频、直播等大众应用向工业、医疗、教育等多元垂直领域聚集。虚拟现实产业投资已经进入更加理性的阶段，行业投资方向更加明晰。

（4）产业生态初步形成，标准体系逐步建立。

2018 年，我国虚拟现实产业生态初步形成，在硬件、软件、内容制作与分发、应用与服务等环节逐步完善。在硬件领域，据市场调研机构 Canalys 数据，2018 年第一季度我国在全球虚拟现实一体机的出货量占比达 82%，整体虚拟现实头显出货量占 28%，成为全球重要的终端产品生产地，并在 AMOLED、快速响应液晶屏、近眼显示、追踪定位、多通道交互等领域实现突破。在软件领域，国内企业和高校纷纷搭建开源平台和资源共享平台，开放软件开发工具包，促进了生态形成。在内容制作与分发领域，制作、集成、分发、增值、安全等服务分工日益明确，内容生态已逐渐建立。在应用领域，我国虚拟现实技术广泛应用于娱乐、制造、教育、医疗、交通、商贸等领域，加快了线上和线下的融合。

（5）行业应用需求更加明晰，融合应用更加紧密。

虚拟现实在行业端应用的共性结合点可归纳为 3 个方面：一是规划决策，二是设计评价，三是训练体验。国家发展改革委虚拟现实/增强现实技术及应用国家工程实验室的创建，以及国家制造业创新中心的建设，将进一步明确制造领域虚拟现实技术的应用场景，推动虚拟三维设计、虚拟装配、虚拟维修等新型生产方式形成，提升研发、制造、流通、服务等各环节生产效率。教育部成立了虚拟现实应用教育部工程研究中心，以推进虚拟现实在教育行业的应用，基础教育、高职教育、科研教育等一体化解决方案未来将相继落地开花。此外，虚拟现实和健康医疗、养老关怀、文化教育等领域进一步融合，不断创新社会服务方式，有效缓解医疗、养老、教育等社会公共资源不均衡问题，促进社会和谐发展。

### （九）超高清视频

视频是信息呈现、传播和利用的重要载体，是电子信息产业的核心基础技术之一。据预测，未来个人消费者网络流量的 80%以上和行业应用流量的 70%以上都将是视频数据。我国视频技术经历了由模拟向数字标清、数字高清的演进，正在向超高清（4K/8K）跨越式发展。超高清视频的定义源自画面分辨率达到 4K 及以上，4K 超高清（3840 像素×2160 像素，约 829 万像素）、8K 超高清（7680 像素×4320 像素，约 3318 万像素）的画面分辨率分别为高清的 4 倍和 16 倍。但分辨率提高并非体验效果提升的全部，必须全面突破高分辨率、高帧率、高色深、宽色域、高动态范围、三维声 6 个方面的技术，才能有更具感染力和沉浸感的体验。

超高清视频产业是以超高清视频的采集、制作、传输、呈现为主的相关经济活动。超高清视频以其更强的信息承载能力和应用价值，为消费升级、行业创新、社会治理提供新场景、新要素、新工具，必将有力推动经济、社会各领域的深刻变革。发展超高清视频产业将有效带动终端产品替代升级及制作播出设备的更新，带动上游芯片、面板等产业发展，促进宽带网络投资建设、5G 网络商用和业务发展。

1. 发展情况

在产业界共同努力下，2018年超高清视频产业发展取得了不俗成绩，在关键设备研发、显示终端普及、网络传输、频道建设、内容制作、4K用户等方面取得了突破。

在关键设备研发方面，超高清视频制作技术协同中心牵头开展了国内首台商用8K超高清转播车的研制工作，采用了100GB核心IP交换系统、高性能8K存储系统、8K视频显示设备、8K记录和慢动作回放系统等国产化设备，于2019年7月完成整车制造和系统集成调试并交付使用。

在显示终端普及方面，2018年我国超高清电视销量达3189万台，同比增长约11.5%，占彩电总销量的比重达到66.8%。

在网络传输方面，截至2018年年底，国内100Mbps及以上光纤网络用户数占比已经达到70.3%。

在频道建设方面，2018年中央广播电视总台和广东广播电视台分别开通了一个4K超高清频道，实现了从无到有的突破。北京、上海、四川等地已开展4K超高清频道开通的准备工作，多地推出了4K超高清IPTV点播业务。

在内容制作方面，中央广播电视总台已具备每天6小时4K内容的生产能力，4K节目内容累计总时长达2000小时；广东广播电视台4K节目内容总时长达1400小时；4K内容（包括自制、合制和外来引进）累计总时长达6100小时；咪咕文化在2018年俄罗斯世界杯期间完成了20个比赛场次的4K超高清直播，形成了较大的社会反响。

在4K用户方面，三大电信运营商4K机顶盒用户数达1.5亿户，中央广播电视总台4K频道覆盖用户数超过1000万户。

2. 发展特点

（1）消费升级推动超高清视频需求不断增长。

信息消费新产品、新业态、新模式不断涌现和发展为超高清视频产业带来重要机遇。宽带网络提速、5G商用临近及虚拟现实等新型视听媒体终端快速兴起增加了对超高清视频技术和内容的需求。国内有条件的地区加快推进超高清战略，广东实施“新数字家庭行动”，推进4K电视网络应用与产业发展，打造以4K电视为核心的超高清互动数字家庭网络；北京瞄准冬奥会8K转播目标，推进8K关键技术研发和产业链建设，积极开展试点试播。中央广播电视总台及上海、江苏、湖南、广东等地方电视台陆续开展4K电视的节目制作和在有线电视网的传输试验。中国电信、中国联通自2015年起在IPTV中推出4K电视点播节目。

（2）终端呈现环节已具备全球领先优势。

我国在超高清电视机市场普及方面全球领先，海信、TCL、创维、海尔、康佳、长虹等传统电视企业和小米、微鲸等互联网电视企业已推出4K电视产品。面板企业京东方、华星光电在8K超高清显示面板领域全球领先，韩国三星、LG在美国获奖的8K系列产品，以及日本在巴西奥运会上试播的显示终端均采用了中国制造的8K液晶显示屏。小派科技推出全球首款8K分辨率的VR设备，满足深度沉浸效果，可提供200°视场角。中央广播电视总台、百视通等推出4K广电机顶盒，华为、小米、TCL、创维等推出4K互联网机顶盒。

（3）超高清视频行业应用正在加速起步。

我国超高清视频行业应用主要集中在安防监控、医疗健康、教育科研等领域。在安防监控领域，中国处于全球领先地位，国内一、二线城市的地铁、机场、高速、道路卡口超高清改造已开始启动，以超高清视频为主的智慧天网正在形成。在医疗健康领域，海信在诊断显示和会诊显示领域已有超高清产品问世，内窥超高清显示技术储备基本完成。在教育科研领域，海尔推出基于4K的互动增强现实（AR）幼教专区，可提供更加生动的教学互动体验。

## （十）智能家居

1. 发展情况

2017年，我国智能家居市场规模为3254.7亿元，预计未来智能家居市场仍将保持快速增长态势，2018—2020年保持21.4%的年复合增长率，2020年市场规模达到5819.3亿元。从全球市场来看，据Strategy Analytics数据，预计2018—2023

年全球智能家居年复合增长率为 10%，到 2023 年全球智能家居市场规模将达到 1550 亿美元。在新一代信息技术的强力带动下，智能家居作为应用人工智能技术的核心场景和提升生活品质的重要载体，正迎来蓬勃发展的重大契机，将成为推动经济发展和产业跃升的巨大力量，有望迅速发展成为量大面广、前瞻引领的新兴领域，并带来规模巨大的增量市场。

2. 发展特点

（1）从驱动因素看，“技术+政策+需求”三力强势驱动产业崛起。

近年来，在技术创新、政策支持和市场需求的三重驱动下，智能家居产业进入快速发展时期。从技术创新来看，人工智能、物联网、云计算、大数据等新一代信息技术的突飞猛进为智能家居产业加速崛起奠定了坚实基础。从政策方面来看，《2016 年国务院政府工作报告》提出壮大智能家居等新型消费，国家发展改革委、工业和信息化部、科技部等部门联合发布的《物联网发展专项行动计划》将智能家居列为发展重点，智能家居有望获得更多配套政策支持。从需求来看，据前瞻研究院行业分析报告，我国拥有超过 4 亿户家庭，住宅家庭智能家居潜在存量市场约 12 万亿元，住宅家庭智能家居每年潜在新增市场超过 6030 亿元，发展潜力巨大。过去 10 多年来，我国住宅施工面积和竣工面积两大指标始终维持在高位，地产黄金期所积累的大量住房库存为智能家居市场增长打下了坚实的基础。

（2）从竞争态势看，“系统中枢+平台”成为巨头抢滩布局焦点。

智能家居产业的巨大前景已吸引了众多国内外巨头公司争相布局。亚马逊、苹果、谷歌、小米、海尔等科技巨头围绕构筑智能家居生态体系的总目标，纷纷打造各类系统中枢型产品，展开了智能化家居场景中流量入口和控制中心的争夺战。与此同时，各巨头企业大力抢占智能家居产业上下游的支持者资源，搭建完善以自己为核心的智能家居平台。例如，亚马逊推出了智能蓝牙音箱 Echo 作为智能家居中枢提供服务；苹果发布了 HomePod 智能音箱及 HomeKit 平台；谷歌则推出携带 Google Assistant 的 Google Home 智能音箱；小米也发布了小爱音箱，并积极打造小米物联网生态链。

（3）从推广路径看，前装与后装模式共同延展市场空间。

智能家居产品的家居属性使其对终端销售渠道的依赖性较大。当前，智能家居制造商通过与房地产开发商、装修公司、零售渠道商合作，搭建了前装、后装两种模式，以推进智能家居产品渗透，延展产业发展空间。在前装市场渠道方面，制造商与房地产开发商、家装公司等合作，依托用户购房、装修等刚性需求，一站式打造体验完整的智能家居系统产品，以吸引用户消费并增强用户黏性。例如，少海汇通过与有屋、博洛尼、克路德等家装公司合作，将众多智能家居单品打包进入家庭，而用户可以根据不同需求进行选择。在后装市场渠道方面，智能家居制造商积极采用最新技术打造爆款产品，并大力开展营销宣传，借助线上、线下多种零售渠道进行产品销售，挖掘规模庞大的家居存量市场。

（4）从商业模式看，“硬件销售+衍生服务”已成主要盈利方式。

随着智能家居产业发展阶段由单品向系统演进，相关企业盈利模式也在改变，以往智能家居产品制造商聚焦硬件产品设计制造，通过硬件产销差价实现盈利。随着智能家居平台化运营发展，信息技术在软件层面的增值服务有了新的价值空间，其中既包含对硬件产品赋能的价值，也包含借助智能家居流量入口可实现的流量变现和数据变现的价值。一方面，通过向消费者提供支付、游戏、视频、社区生活等互联网服务，依靠增值服务实现流量变现；另一方面，依托掌握的海量数据，面向企业提供技术迭代、精准营销等数据服务实现数据变现。随着智能家居生态体系的逐步建立完善，未来硬件和软件层面的价值创新还将更加活跃。

### （十一）汽车电子

1. 发展情况

汽车电子市场规模快速增长。2018 年我国汽车电子市场规模达 7049 亿元（见图 4）。我国汽车电子市场需求规模增长的直接动力主要表现在两个方面：一是汽车整车市场的发展，汽车作为汽车电子的载体，其产量和增长速度直接影响汽车电子市场规模；二是汽车电子化程度大幅提高。

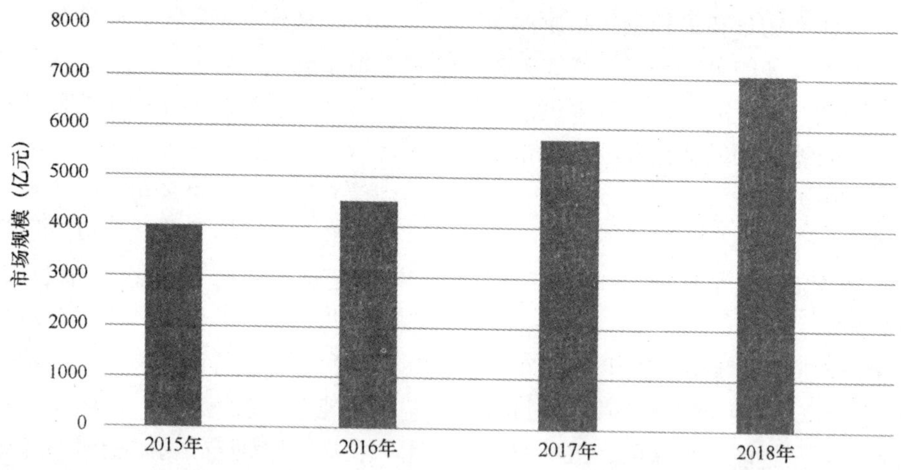


图 4　2015—2018 年中国汽车电子市场规模

数据来源：中商产业研究院，赛迪智库整理，2019 年 1 月。

汽车半导体市场销售额持续增长。汽车电子作为汽车控制系统的核心部件，使用场景不断拓展，市场需求不断攀升。自 2012 年以来，中国汽车半导体市场销售额持续稳定增长（见图 5），由 39.7 亿美元增长至 79.9 亿美元，7 年间增长了 40.2 亿美元，年复合增长率达 12.37%。

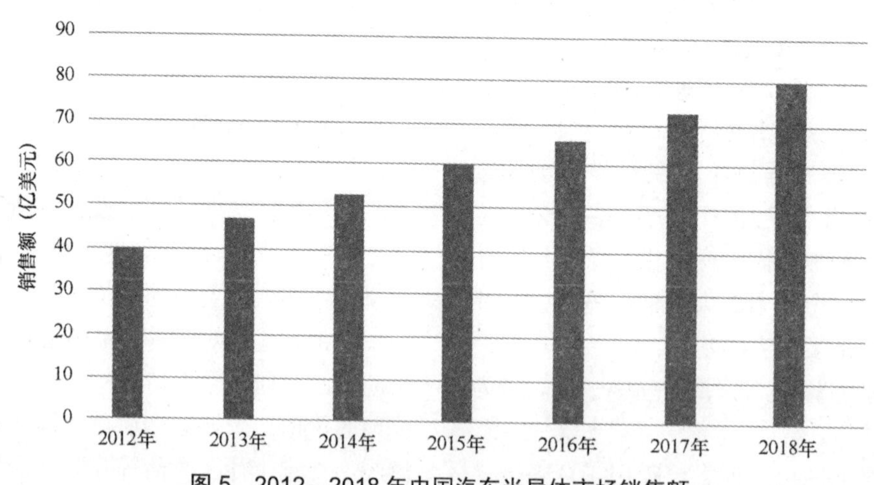


图 5　2012—2018 年中国汽车半导体市场销售额

数据来源：中商产业研究院，赛迪智库整理，2019 年 1 月。

自动驾驶时代来临。自动驾驶改变汽车产业格局和出行方式。与传统的汽车行业相比，电动车在系统控制与执行层面更适合自动驾驶，而自动驾驶与车联网、共享化结合的趋势，能够有效地预防交通事故，同时减少拥堵，提高道路的通行效率，使其容纳不断上升的通流量。全球近 20 万亿元的汽车产业将面临前所未有的变革，行业更迭催生巨大的投资机会，预计我国 2030 年自动驾驶汽车会占据整体出行里程的 40%以上。目前，在 ADAS 基础上，L2～L3 级自动驾驶贡献标配化需求，是目前主要的投资机会；L4～L5 级尚待成熟化。自动驾驶在部分领域的商业模式逐渐确立。行业发展沿着基础理论、传感器、芯片和解决方案逐步传导，发展关键点集中于降本、优化及数据积累。

在芯片领域，汽车电子发展初期以分布式

ECU 架构为主流，芯片与传感器一一对应；随着汽车电子化程度提升，传感器增多，线路复杂度增加，中心化架构 DCU、MDC 逐步成为发展趋势。随着汽车辅助驾驶功能渗透率越来越高，传统 CPU 算力不足，难以满足处理视频、图片等非结构化数据的需求，而 GPU 同时处理大量简单计算任务的特性，使其在自动驾驶领域取代 CPU 成为主流方案。在从 ADAS 向自动驾驶进化过程中，激光雷达点云数据及大量传感器加入系统，需要接受、分析、处理的信号大量且复杂，定制化的 ASIC 芯片可以在相对低水平的能耗下，使车载信息的数据处理速度提升更快，并且性能、能耗和大规模量产成本均显著优于 GPU 和 FPGA，随着自动驾驶定制化需求的提升，ASIC 专用芯片将成为主流。

目前，随着 ADAS 功能模块渗透率的不断提升，短期内传感器市场主要由对摄像头和毫米波雷达的需求驱动；而 L3 级自动驾驶的奥迪 A8 量产给整个汽车行业打了一剂强心剂，自动驾驶的进程比想象中来得要早，各传感器及控制系统都在迅速迭代；2020 年前后，L4 级自动驾驶汽车量产上路，激光雷达的市场将迅速扩大。

在现代汽车系统及模块电子化的趋势下，电子控制执行系统的渗透率不断提升；随着电动汽车的发展，由于传统发动机的消失，传动、转向、制动的动力源与执行方式发生了根本性的转变，电动控制执行系统成为基本配置；进入自动驾驶时代后，控制执行系统收集来自感知层的大量传感器的信息，将其处理分析以感知周围环境、规划驾驶线路，最终通过线控执行系统操纵车辆。

2. 发展特点

（1）传感器性能不断提高、数量不断增加。

由于汽车电子控制系统的多样化，其所需要的传感器种类、数量不断增加，且需要不断研制出新型、高精度、高可靠性、低成本和智能化的传感器。在性能上，具有较强的抵抗外部电磁干扰的能力，保证传感器信号的质量不受影响，在特别严格的使用条件下能保持较高的精度；在结构上，具有结构紧凑、安装方便的优点，从而免受机械特性的影响。同时，随着汽车电子占整车比重的不断提高，MCU（微控制单元）在汽车领域的应用将超过在家电领域和通信领域应用的数量，汽车领域将成为世界上最大的 MCU 应用领域。

（2）新技术在汽车电子产品中不断得到应用。

以卫星通信、移动通信、计算机技术为依托，进行车载电子产品的开发和应用，实现计算机、通信和消费类电子产品“3C”整合，如车辆定位、自主导航、无线通信、语音识别、出行信息通报、电子防撞产品、车路通信及多媒体车载终端等。光纤在汽车信号传输中的应用、新的控制理论和方法的大量应用、蓝牙技术等都是汽车电子技术的发展趋势。国际汽车巨头纷纷将更多的电子信息技术设备装备到整车中，而电子信息技术设备供应商也纷纷将下一个经济增长点定位在汽车电子行业。

（3）受环保驱动的汽车电子向绿色转型。

汽车行业一直致力于节能减排。其中的部分原因是受到更加严格的二氧化碳减排规则限制。例如，欧盟委员会的新规则要求到 2021 年将车辆二氧化碳平均排放量减少到 95g/km。同时，越来越多的中产阶级也充分意识到减少燃料消耗可以节省资金，并减少对健康和环境的影响，有助于提高生活质量，这都直接增加了对新能源汽车的使用需求。与燃油发动机汽车相比，纯电动汽车使用电动机代替了燃油车的柴油/汽油发动机；以电池组代替了燃油，为电动机提供动力；其中一个最主要的部件就是电控系统。电控系统由电池管理系统和控制系统构成，管理电池组和控制电池的能量输出，以及调节电动机的转速等，是连接新能源电池和电机的重要中间载体。

（4）新能源汽车带来功率半导体质的变化。

不同新能源汽车电力系统的主要作用不同，中微混动汽车的电力系统主要在空挡滑行时提供电动助力，而全混动或纯电动汽车电力系统的主要功能则是提供电力驱动。一方面，由于电力系统的主要功能不同，不同新能源汽车电力系统运行电压功率的范围差异巨大。中微混动汽车的电压一般在 150V 以下，而全混动或纯电动汽车的电压超过 400V，甚至更高。另一方面，不同功率半导体的工作电压不同，IGBT 适合高压工作，而 MOSFET 适合低压工作。在电力驱动系统中，IGBT 用于逆变器模块，该模块将蓄电池的直流电转换成交流电驱动电机。在电源系统中，IGBT 用于各种交流/直流与直流/直流变换器中，实现为蓄电池充电、完成所需电压等级的电源变换等功能。另外，在新能源汽车充电桩中也需要大量使用IGBT。因此，新能源汽车使汽车功率半导体中IGBT/MOSFET 的使用量越来越多，种类也越来越丰富。

（十二）锂离子电池

2018 年，在新能源汽车销量持续迅猛增长的带动下，我国锂离子电池行业继续保持良好发展势头，产业规模稳步增长，骨干企业快速成长，技术创新步伐加快，全球竞争力逐步提升。

1. 发展情况

2018 年我国新能源汽车产量达到 127 万辆，同比增长 59.9%，增速较 2017 年提高 6 个百分点，呈现加速增长态势。在此带动下，2018 年我国锂离子电池产量保持快速增长势头，全年累计产量达 139.9 亿只，同比增长 25.9%，并继续保持快速增长态势（见图 6）。

2018 年，我国锂离子电池产业规模达到 1830 亿元，同比增长 15%，继续保持快速增长态势（见图 7）。产业规模增速较产量增速低了近 11 个百分点，主要原因是 2018 年动力电池价格出现了明显下滑。

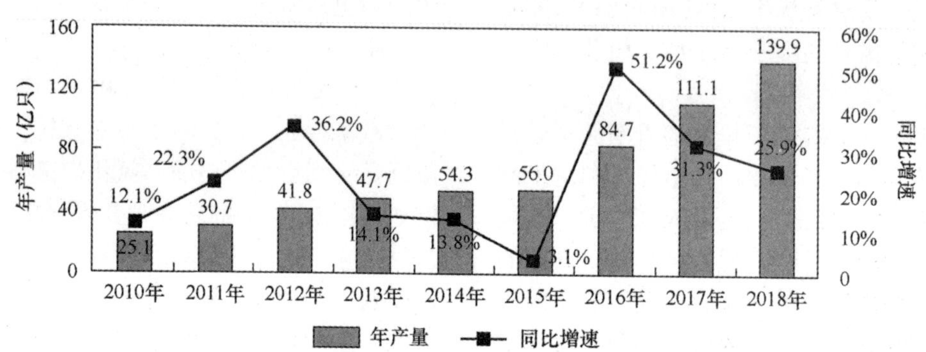


图 6　2010—2018 年我国锂离子电池产量和同比增速

数据来源：国家统计局，赛迪智库，2019 年 3 月。

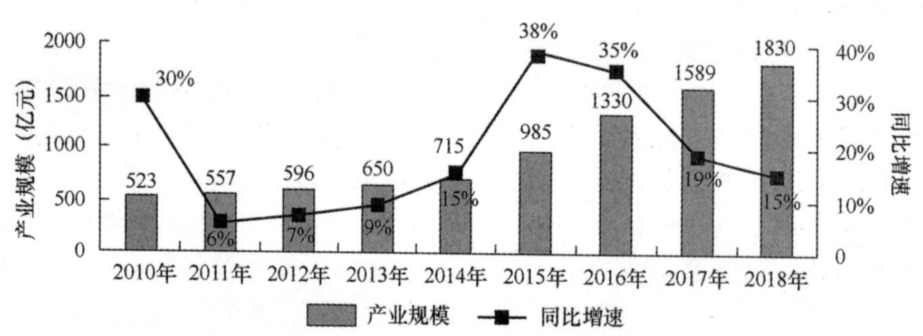


图 7　2010—2018 年我国锂离子电池产业规模和同比增速

数据来源：赛迪智库，2019 年 3 月。

自 2015 年起，随着动力型锂离子电池产量的迅猛增长，我国锂离子电池产业结构发生了显著变化，消费型锂离子电池独大的市场格局被打破。从锂离子电池出货量看，2018 年我国锂离子电池总出货量达到 102GW·h，同比增长 27%。其中，主要应用于新能源汽车、电动自行车、电动工具三大市场的动力型电池出货量达到 65GW·h，占比增至 63.7%，较 2017 年提高了 8.3 个百分点；消费型电池出货量为 32.4GW·h，占比仅为 31.8%，较 2017 年下滑了 9.7 个百分点，主要是由于全球及国内智能手机、笔记本电脑、移动电源等出货量减少；储能型电池出货量为 4.6GW·h，较 2017 年增长 40%以上，占比提升至 4.5%，逐年上一个台阶。动力型电池已经成为推动锂离子电池行业发展的决定性因素，2018 年动力型电池对锂离子电池增长的贡献率达到了 94%。

2018年我国锂离子电池产量持续快速增长，带动关键配套材料市场稳步扩张。在正极材料方面，2018年我国正极材料出货量为27.5万吨，同比增长28.5%。其中，三元正极材料出货量为13.7万吨，同比增长57.1%，占正极材料市场份额达49.7%，较2017年提高9个百分点；磷酸铁锂出货量为5.8万吨，同比下降1.2%。2018年我国正极材料市场规模达到535亿元，同比增长22.7%。在负极材料方面，2018年我国负极材料出货量为19.2万吨，同比增长29.7%。其中，人造石墨出货量为13.3万吨，同比增长32.7%，占负极材料市场份额达69.3%；天然石墨出货量为4.6万吨，同比增长19%。2018年我国负极材料市场规模突破100亿元，同比增长27.9%。在隔膜方面，2018年我国锂离子电池用隔膜出货量达20.2亿平方米，同比增长39.7%。其中，湿法隔膜出货量为13.1亿平方米，同比增长66.4%；干法隔膜出货量为7.1亿平方米，同比增长7.8%。2018年我国隔膜市场规模约为41亿元，同比下降8.8%。在电解液方面，2018年我国电解液出货量为14万吨，同比增长27.3%；电解液市场规模达64亿元，同比下降3.1%。

2. 发展特点

（1）技术创新不断取得突破，能量密度稳步提升。

高能量密度电池研究不断突破。2018年，国轩高科实现磷酸铁锂电池能量密度190W·h/kg，三元300W·h/kg高比能电池的研究成果得到了科技部认可，其自主开发的622三元电芯产品单体能量密度超过210W·h/kg，已于2018年6月开始交付下游客户。由力神电池牵头的“高比能量动力锂离子电池开发与产业化技术攻关”项目已完成了高镍正极材料的开发，可逆克容量达到213mA·h/g，首次效率达到91.4%；完成了硅碳复合负极材料的开发，可逆克容量达到754.8mA·h/g，首次效率达到89.87%；开发了高比能量电池单体，比能量达到302W·h/kg，并进行了软包电池生产线的建设；国内正极材料龙头企业当升科技实现高镍811三元材料量产。

电池成本显著下降。2018年三元电池规模应用产品的单体比能量提升至265W·h/kg，成本降至1元/(W·h)以下，较2012年的单体比能量提高2.2倍，成本下降75%；磷酸铁锂电池技术趋于成熟，单体比能量达到了160W·h/kg，成本降至0.7元/(W·h)，已实现我国提出的“到2020年动力电池的成本要降低到1元/(W·h)”规划目标。

（2）补贴政策更加细化，进一步鼓励高能量密度电池。

2018年年初，财政部、科技部、工业和信息化部、国家发展改革委联合印发了《关于调整完善新能源汽车推广应用财政补贴政策的通知》，继续调整我国新能源汽车补贴政策，进一步提高技术门槛，加大对搭载高能量密度动力电池的新能源汽车补贴力度。

鼓励使用高能量密度动力电池。乘用车补贴车型能量密度不低于105W·h/kg，对于能量密度大的电池，给予较高的补贴系数（160W·h/kg及以上的车型按1.2倍补贴），新能源客车的能量密度要求也进一步提升。此外，补贴政策还提高了新能源汽车整车能耗的要求，根据乘用车的百公里耗电量和客车的单位载质量能量消耗量设置调整系数。

完善新能源汽车补贴标准。根据成本变化等情况，调整优化新能源乘用车补贴标准，合理降低新能源客车和新能源专用车补贴标准。燃料电池汽车补贴力度保持不变，燃料电池乘用车按燃料电池系统的额定功率进行补贴，燃料电池客车和专用车采用定额补贴方式。鼓励技术水平高、安全可靠的产品推广应用。

（3）三元电池强势崛起，产业集中度显著提升。

自2017年以来，我国新能源汽车补贴政策加大了对高能量密度动力电池的支持力度。三元电池凭借高能量密度优势快速崛起，强势改变动力电池市场格局。2017年，三元电池装机容量达到16.5GW·h，增加了近10GW·h，占动力电池装机容量的比重达45%，较2016年的22%提高了23个百分点；2018年，我国动力电池装机容量达到57GW·h，其中三元电池装机容量为30.7GW·h，同比增长91.7%，占动力电池装机容量的比重达54%，较2017年提高了9个百分点（见图8）。随着三元电池能量密度和安全性的不断提升，其在动力电池市场的占比将稳步提升。

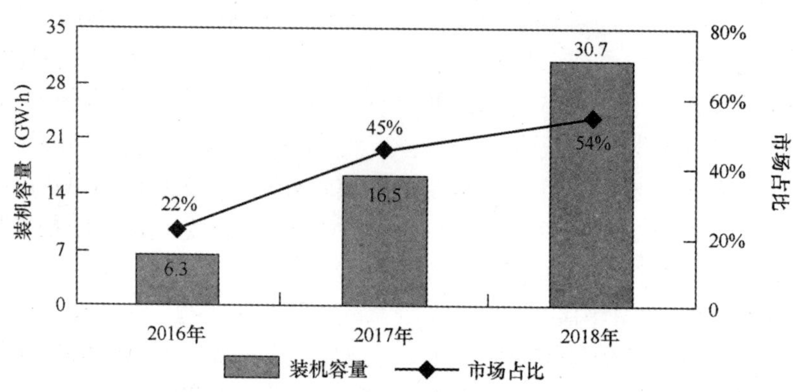


**图 8　2016—2018 年我国三元电池装机容量及市场占比**

数据来源：《企业财报》，赛迪智库，2019 年 3 月。

动力电池市场集中度显著提升。据 GBII 的数据显示，2018 年我国动力电池装机容量约为 57GW·h，位列 TOP 10 的企业分别是（按装机容量高低排列）宁德时代（CATL）、比亚迪、国轩高科、天津力神、孚能科技、深圳比克、亿纬锂能、国能电池、中航锂电、卡耐新能源。相对于 2017 年，沃特玛、智航新能源跌出榜单外，其他 8 家动力电池企业仍然稳定在前 10 位，中航锂电、卡耐新能源跻身前 10 位。2018 年，CATL 的动力电池市场占有率达到 41.1%，比亚迪为 20.1%，相比 2017 年均有大幅提升，合计约占 61%。2018 年，动力电池 CR2、CR5 和 CR10 的市场集中度分别达到 61.2%、73.5%和 82.6%，分别较 2017 年提高了 19.2 个百分点、16.7 个百分点和 15.3 个百分点（见图 9）。

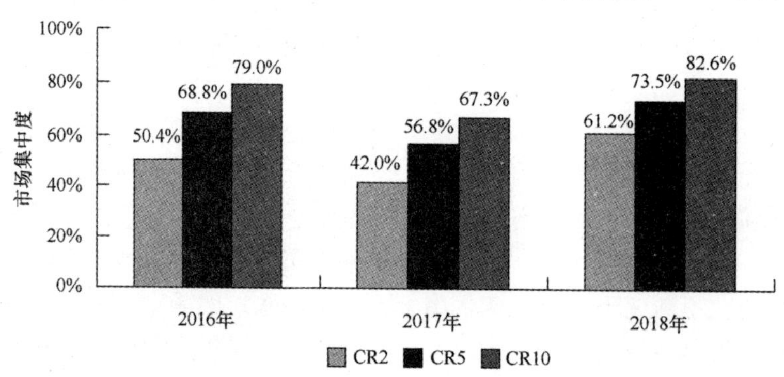


**图 9　2016—2018 年我国动力电池市场集中度**

数据来源：《企业财报》，赛迪智库，2019 年 3 月。

（4）投资热度不减，产能结构性过剩态势延续。

随着新能源汽车热潮的到来，动力电池迅速成为各大企业竞相布局的焦点。自 2015 年以来，我国动力电池领域迎来了投资高潮，2015—2019 年我国动力电池投资额累计超过 3000 亿元，CATL、比亚迪、国轩高科、天津力神等国内龙头企业投资额均在 100 亿元以上。2018 年锂离子电池投资热度不减。从项目建设情况看，根据不完全统计，2018 年国内锂离子电池产业公开报道的投资项目为 101 个（包括发布公告项目 33 个、签约项目 39 个和开工项目 29 个，但不包括 2018 年之前投资 2018 年投产的项目），合同投资额累计超过 3300 亿元。其中，电池材料和电池制造项目个数和额度较多，占比分别达到 29%和 56%，而三元电池和三元正极材料领域投资热度较高。从投融资并购情况看，在财政补贴退坡、融资渠道收紧的背景下，锂离子电池行业投融资并购偏谨慎。2018 年，锂离子电池行业涉及投融资并购相关案例超过 60 起，涉及金额约 800 亿元，与之前动辄上千亿元的金额相比，资本投资更加冷静和理性。其中，上游资源和动力电池成为投资热点。上游资源项目交易额合计近 400 亿元，占总交易额的一半左右，以天齐锂业 40.66 亿美元收购 SQM 23.77%股份为代表；动力电池项目主要集中在投资并购排名靠前的骨干企业，如孚能科技完成 C 轮融资逾 10 亿美元、复星战略投资捷威动力等。

投资持续高涨使我国锂离子电池产能快速增长。据不完全统计，2015—2017 年，我国锂离子电池产能由不到 50GW·h 增至近 200GW·h，而 2017 年我国锂离子电池产量约为 80GW·h，产能整体利用率不到 4 成。2018 年，国内龙头宁德时代、比亚迪规划了大量的产能扩张，部分二线电池企业，如国轩高科、孚能科技、万向等规划了新的产能扩建，或者开启了原有产能建设计划的设备招标。2018 年年底我国锂离子电池产能超过 250GW·h，而 2018 年锂离子电池出货量约为 102GW·h，产能结构性过剩态势未得到明显改善。

电池产能快速扩大导致绝大部分企业产能利用率不高。2018 年第三季度，CATL 产能利用率达到了 90%，比亚迪、孚能科技、捷威动力、哈光宇的产能利用率为 50%～60%，而捷威动力和哈光宇的产能还较低，包括天津力神、国轩高科、深圳比克、北京国能等在内的一大批企业的产能利用率都在 30%以下。

（5）国内企业积极走出国门，跨国企业加快中国布局。

随着全球新能源汽车持续快速增长，国内企业积极走出国门，加速拓展国际市场，深化与海外企业合作。2018 年，CATL 先后与大众、宝马、戴姆勒等达成动力电池供应合作关系，并在德国投资 2.4 亿欧元建立动力电池生产基地；孚能科技成为戴姆勒供应商，并启动欧洲动力电池工厂建设；亿纬锂能与戴姆勒达成长期供应合作，中航锂电与德国大陆集团合作，等等。

随着国内政策松绑（动力电池投资股比限制取消），加上中国新能源汽车市场火爆，跨国企业加大在中国的投资力度。2018 年，三星开始在西安新建动力电池二期工厂，总投资 105 亿元，建设了 5 条 60A·h 锂离子动力电池生产线，并将在天津建立工厂；LG 化学总投资 20 亿美元的动力电池项目在江宁滨江开发区动工建设，并将中国总产能目标调高至 90GW·h；松下启用大连动力电池工厂二期厂房，动力电池产能增加近 1 倍；SKI 在常州投资约 24 亿元新建锂离子电池隔膜（LiBS）和陶瓷涂层隔膜（CCS）生产工厂，并与北汽合作在常州投资 50 亿元建设年产 7.5GW·h 的动力电池工厂。

（6）价格持续下滑，锂电行业洗牌加速。

近年来，我国锂离子电池尤其是动力电池价格持续下滑，主要原因在于：一是动力电池产量迅猛增长，规模化生产效应增强，再加上市场竞争加剧，众多企业不得不降低价格；二是我国新能源汽车补贴政策调整，补贴力度大幅下调，车企为了控制成本，不断压低动力电池采购价格。2018 年年底，动力电池价格已经降至 1.1 元/(W·h)左右，较 2017 年同期下降了 25%以上（见图 10）。不仅锂离子电池价格出现了下滑，通过层层传导，四大关键配套材料价格在 2018 年也出现了不同程度的下滑，磷酸铁锂 2018 年均价较 2017 年下跌约 20%，隔膜 2018 年均价下跌幅度超过 40%，电解液 2018 年均价较 2017 年下降 15%左右。

2018 年，新能源汽车补贴不能及时发放，动力电池产品价格持续下降，资本市场融资收紧。我国锂离子电池行业多家企业现金流紧缺、业绩对赌失败、资金链断裂甚至直接倒闭，行业洗牌加速。沃特玛负债达 221 亿元，董事长股份遭冻结；猛狮科技现金流紧张，银行账户被冻结，虽然最后找到了国资背景资金入驻，但到 2019 年才复产；银隆拖欠货款引发供应商不满。据不完全统计，2018 年我国锂离子电池产业链中倒闭、退出、暂停等不良经营企业超过 60 家。2018 年，我国实现新能源汽车配套的动力电池厂商减少至 90 家，较 2016 年减少了一半，较 2017 年减少 33%。

### （十三）智能传感器

#### 1. 发展情况

随着消费电子、汽车电子、工业电子等领域的快速发展，以及物联网的不断推进，全球范围内传感器市场始终保持较快增长。2018 年，全球传感器市场规模突破 2000 亿美元，是 2010 年 720 亿美元市场规模的 2.8 倍，年复合增长率达 13.6%。

2018 年我国传感器市场规模达到 1472 亿元，相比 2017 年的 1300 亿元同比增长 13.2%；相较 2015 年的 995 亿元，年复合增长率达到 13.9%。预计未来仍将保持 12.1%的年复合增长率，有望于 2022 年达到 2327 亿元（见图 11）。

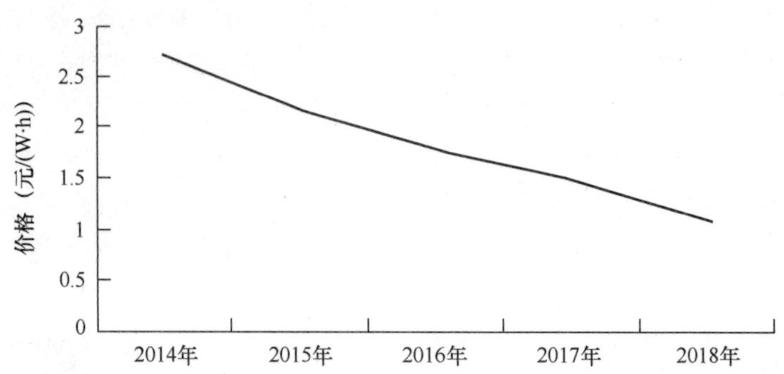


**图 10　2014—2018 年我国三元动力电池价格变化情况**

数据来源：《企业财报》，赛迪智库，2019 年 3 月。

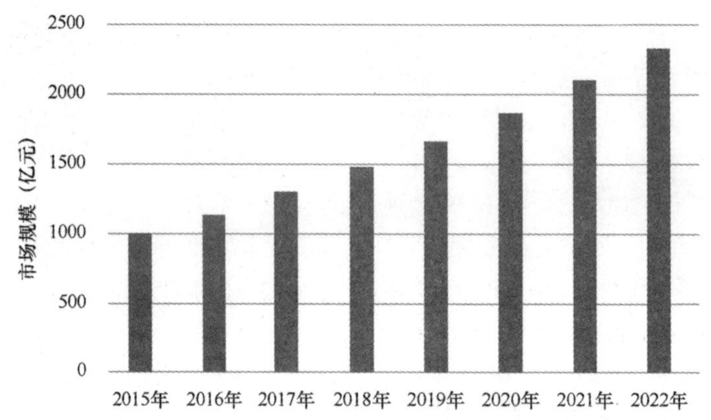


**图 11　2015—2022 年我国传感器市场规模及预测**

数据来源：前瞻产业研究院，2019 年 1 月。

智能传感器作为传感器领域的前沿方向，其市场渗透率也在逐步提高。据数据统计，2018 年，全球智能传感器市场规模超过 330 亿美元，相较 2016 年的 258 亿美元，年复合增长率达到 13.6%，预计未来几年有望持续保持较高增速。从全球区域市场看，北美地区是智能传感器市场规模最大的地区，近年来的市场份额超过 40%；含我国在内的亚太地区排名第二，市场份额超过 20%，并在消费电子、汽车电子等领域的强劲带领下增速最大，未来有望超过北美地区。从国内市场看，2018 年，我国智能传感器市场规模超过 120 亿美元。然而，由于国内智能传感器企业的规模较小、技术较为落后，因此超过 70%的市场份额被国外企业垄断，2018 年国内企业的产值约为 35 亿美元。2017 年 5 月，工业和信息化部发布了《智能传感器产业三年行动指南（2017—2019 年）》，提出到 2019 年国内智能传感器产业规模要达到 260 亿元，未来也会在政策驱动和市场需求的双重推动下持续保持高速增长。

智能传感器的种类繁多。CMOS 图像传感器所占的比例最高，达到全球智能传感器市场的 45%；其次是指纹传感器、压力传感器、射频识别传感器。2018 年，上述 4 类传感器占据了全球智能传感器市场超过 75%的份额。此外，份额较大的智能传感器种类还有加速度计、MEMS 麦克风、陀螺仪、组合式运动传感器、电子罗盘等。

近年来，智能传感器的应用更加广泛。从应用领域来看，消费电子、汽车电子、工业电子已经成为智能传感器需求最旺盛的领域，对应的市场规模及预测如图 12 所示。2018 年，上述领域合计占智能传感器下游市场约 90%的份额。同时，随着新一代信息技术的快速发展，智能机器人、智能医疗器械等新兴领域的不断延展为智能传感器带来了诸多新的增长点。

（1）消费电子领域。

得益于以智能手机为代表的智能移动终端的普及应用，消费电子目前仍是智能传感器最主要的应用领域。2018年，全球消费电子领域智能传感器的市场规模超过 240 亿美元。具体而言，CMOS 图像传感器、指纹传感器、惯性传感器等 MEMS 传感器成为消费电子领域应用最多、增长最快的智能传感器。例如，随着苹果手机引发的智能手机指纹识别功能浪潮，2013 年出货量仅有 2300 万颗的指纹传感器，到 2016 年增至 6.89 亿颗，市场规模达到 28 亿美元，2018 年的市场规模进一步达到约 40 亿美元，2013—2018 年的年复合增长率高达 51.3%。

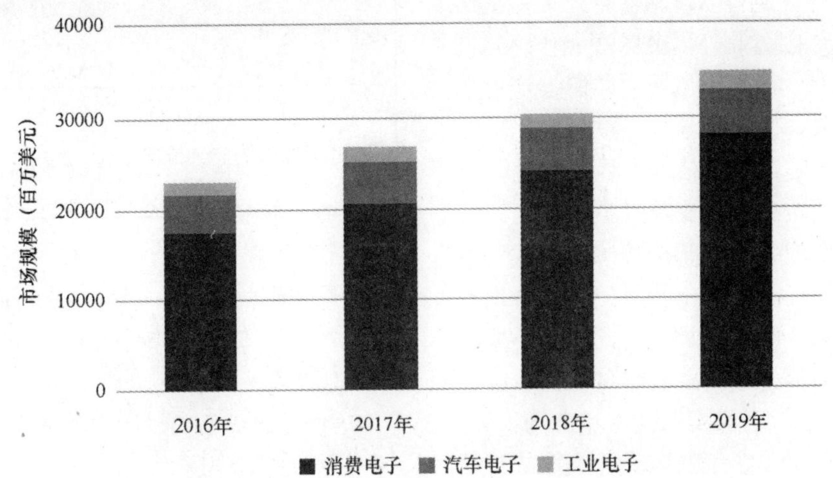


图 12　2016—2019 年我国传感器应用领域市场规模及预测

数据来源：赛迪智库整理，2019 年 1 月。

（2）汽车电子领域。

随着汽车的智能化、网联化发展，智能传感器已经渗透至汽车的动力、车身、安全等诸多系统中。例如，运用在汽车动力系统中的加速度计、压力传感器和力矩传感器等。此外，随着自动驾驶技术的蓬勃发展，高性能摄像头、毫米波雷达、激光雷达等高端智能传感器也逐步进入汽车领域。高级辅助驾驶系统（ADAS）是智能传感器在汽车领域应用的典型代表。ADAS 能够通过摄像头、雷达等传感器感知周边信息、识别周围物体，并结合高精度地图等做出行为决策，继而有效提升驾驶安全性、舒适性。近年来，ADAS 已呈现出持续高增长态势。2018 年，全球 ADAS 市场达到 300 亿美元，国内 ADAS 市场规模超过 370 亿元。

（3）工业电子领域。

2017 年，我国工业传感器市场规模达到 204.8 亿元，同比增长 13.1%，2013—2017 年的年复合增长率达到 12.5%。2018 年，我国工业传感器市场规模超过 230 亿元，2020 年达到 308 亿元。随着我国经济步入追求高质量发展的新阶段，先进制造业受到高度重视，工业领域的结构演变和转型升级正在成为经济增长的新动力。在此过程中，智能化改造成为推动制造业转型的重要力量，智能传感器在工业领域的应用也更加广泛。

2. 发展特点

（1）全球智能传感器产业的集中程度很高。

从全球来看，传感器领域的龙头企业主要分布于美国、日本和德国等。具体来看，智能传感器领域的主要厂商包括 GE、爱默生、博世、意法半导体、霍尼韦尔、欧姆龙、西门子、施耐德电气等工业和半导体领域的传统巨头。2018 年，上述企业持续垄断全球传感器市场，也占据了我国传感器市场份额的 70%。例如，在消费电子领域，2018 年，智能手机等智能移动终端的创新升级，对加速度计、陀螺仪等惯性传感器的需求保持高涨，意法半导体、旭化成微电子、应美盛、博世共占据惯性传感器市场约 75%的市场份额。再如，三轴电子罗盘、六轴电子罗盘因其在精确定位等方面的功能已被广泛用于智能手机等消费电子产品中，旭化成微电子在该领域长期垄断全球市场，市场份额高达 80%。

（2）智能传感器的技术和行业门槛极高。

智能传感器日渐发展成为结构特殊、复杂的微型分立器件，其设计制造类似半导体器件，但难度高于一般的半导体器件。智能传感器的种类繁多，不同厂家同类产品的结构和工艺也有所不同，因此每类产品的产量较少，规模效应不显著，不适合代工厂的工艺平台模式。例如，台积电拥有200亿美元年销售额，但MEMS传感器代工仅占4000万美元，这也是智能传感器企业大多采用IDM模式的重要原因。此外，全球智能传感器产业竞争激烈、集中度很高，但国内传感器产业仍处于起步爬坡阶段，企业数量少、规模小且成立时间普遍较短，面临较高的技术和行业门槛。

（3）我国智能传感器产业发展亟待加速。

近年来，我国成为全球智能传感器产业发展最迅速的国家之一，产值和出货量的年复合增长率分别达到37%和34%。然而，与此形成鲜明对比的是，国内智能传感器企业的数量依然较少、规模大多偏小，企业缺乏长期的技术和市场积累，与消费电子、汽车电子、工业电子等领域的整机企业之间的合作不够密切，难以进入后者的供应链体系，因而存在“技术落后—市场缺乏”的恶性循环。在国内市场蓬勃发展的同时，国内企业的产值、市场份额占比均不足30%，且产品主要集中于附加值较低的环节。因此，面对我国庞大的市场需求，国内智能传感器企业亟须在政策支持和市场牵引下，加大研发投入、强化产业合作，尽快改变落后局面。

### （十四）电子信息行业智能制造

1. 发展情况

（1）试点推进。

2015—2018年，我国智能制造试点示范项目累计遴选305个，其中电子信息行业共遴选了62个。从项目数量分析，电子信息行业智能制造试点示范项目呈现逐年增多态势。从覆盖领域分析，电子信息行业智能制造试点示范项目涵盖领域不断扩大，基本实现计算机、智能终端、通信设备、视听设备、电子元件、电子器件、电子材料等大类全覆盖，着重支持显示面板、太阳能光伏等重点领域（见表8）。从示范模式看，试点示范项目重点建设智能工厂，集中在离散型智能制造、流程型智能制造两大模式，重点是离散型智能制造。近两年试点示范项目还涉及网络化协同制造、远程运维服务等新模式。

**表8 历年电子信息行业智能制造试点示范领域**

| 年 份 | 涉及电子信息领域 |
|---|---|
| 2015年 | 通信设备、智能家电、光纤、移动终端、控制系统 |
| 2016年 | 液晶玻璃基板、物联网、高性能锂电池、印制电路板、LED照明、可穿戴设备、液晶显示器件、智能金融终端、智能家电、智能终端、晶体硅 |
| 2017年 | 智能终端、光纤、光缆、液晶显示器件、汽车电子、摄像头模组、通信产品、太阳能电池、高端服务器、面板、光电子器件、智能家电、物联网、光学镜头 |
| 2018年 | 光通信设备、航空航天机电产品、高效太阳能光伏组件、AMOLED、特种计算机、远程运维平台、液晶玻璃基板、大规模集成电路硅基底、LED 芯片、精密电子元器件、智能驾驶、光纤光缆、显示面板 |

数据来源：赛迪智库整理，2019年1月。

自2015年以来，随着国家智能制造项目总数的扩充，从绝对值讲，电子信息行业试点示范项目数量不断增加，涵盖新型领域逐步增多。从相对值讲，行业试点项目占国家试点项目总数呈现同趋势的增长。2015年，电子信息行业试点项目数量占国家总项目数量的26%，2017年该占比下降到17%，2018年回升到19%。占比的变化趋势反映出两个方面的内容。一是体现了电子信息行业是国民经济的先导性行业。在试点示范项目开展伊始，电子信息行业的试点项目数量占比为26%，通过先行实施电子信息行业智能化改造，引领整个工业体系的技术发展和产业结构演进方向。二是占比的回升体现了电子信息行业对深入开展智能制造的关键支撑作用不容忽视。随着两化融合的深入推进，电子信息行业的支柱性地位更加突出。

（2）政策完善。

为贯彻落实制造强国部署，国家相继出台一系列政策文件，着力提升制造业智能制造水平，电子信息产业被作为重要领域和发展重点之一。自2016年以来，国务院及相关部委连续发布多个推进发展的重要政策文件，包括2016年5月发布的《国务院关于深化制造业与互联网融合发展的指导意见》（以下简称《指导意见》）、9月发布的《智能制造工程实施指南（2016—2020）》（以下简称《实施指南》）、12月发布的《智能制造发展规划（2016—2020年）》（以下简称《发展规划》）等。《指导意见》是对电子信息行业赋能其他行业智能转型路径的指引，是制造业智能化转型的方法。《实施指南》突出电子信息行业在实施智能制造工程的两个阶段内不同的支撑重点，是电子信息行业助力制造业转型的基本路径。《发展规划》阐明电子信息行业在十大重点任务中的具体支撑作用，是电子信息行业与制造业深度融合的指导文件。

具体来看，新一代信息技术作为建设制造强国的十大领域之一被率先提出，从提升集成电路及专用装备的供货能力，到推动核心信息通信设备体系发展和规模化应用，以及推进自主工业软件体系化发展和产业化应用的角度，鼓励电子信息产业夯实关键技术、软件和核心设备的供给能力。《指导意见》更加强化信息技术对互联网与制造业融合发展的支撑作用。例如，为强化互联网与制造业融合发展，需要发展基础支撑能力。“强化制造业自动化、数字化、智能化基础技术和产业支撑能力，加快构筑自动控制与感知、工业云与智能服务平台、工业互联网等制造新基础。组织实施‘芯火’计划和传感器产业提升工程，加快传感器、过程控制芯片、可编程逻辑控制器等产业化。”《实施指南》更加突出电子信息行业在实施智能制造工程的两个阶段内不同的支撑重点。例如，智能制造工程分为两个阶段实施：“十三五”期间通过数字化制造的普及，智能化制造的试点示范，推动传统制造业重点领域基本实现数字化制造；“十四五”期间加大智能制造实施力度，关键技术装备、智能制造标准/工业互联网/信息安全、核心软件支撑能力显著增强，构建新型制造体系，重点产业逐步实现智能转型。《发展规划》着力阐明在分类指导、分步推进智能制造的过程中，电子信息行业在十大重点任务中的具体支撑作用。例如，在加强关键共性技术创新任务中，要“突破先进感知与测量、高精度运动控制、高可靠智能控制、建模与仿真、工业互联网安全等一批关键共性技术，研发智能制造相关的核心支撑软件，布局和积累一批核心知识产权，为实现制造装备和制造过程的智能化提供技术支撑”。

（3）发展成效。

电子信息行业智能制造试点项目取得了可喜的进展，发挥了较强的示范作用。

试点示范项目成效显著。从已经完成生产线智能制造改造的示范项目运行情况看，生产效率平均提升20%以上，不良品率降低20%以上，单位产值能耗降低10%以上，均超过了示范项目预期目标，通过生产线智能制造改造，实现了生产过程的标准化。部分领域试点示范作用突出。在彩电行业，在示范企业带动下，六大骨干企业全部开展了生产线智能化改造，在标准化基础上基本实现了生产模块化、定制化；在显示面板行业，京东方、华星光电等试点示范项目通过生产线智能化改造大大缩短了新品开发周期；在多晶硅行业，新特能源、新疆大全等试点示范企业实现了从原材料、设备到尾气处理的全流程监测控制，有效降低了多晶硅生产能耗和污染物排放。

关键器件系统实现突破。工业传感器不断取得应用，国内市场满足率约为20%。上海步科、信捷电气、汇川技术等国内企业从小型可编程逻辑控制器（PLC）开始切入，利用自身高性价比及服务本地化优势实现快速发展，市场份额逐步提升。工业机器人最核心的减速机、伺服电机等关键零部件，国内企业正逐步起量，产品的安全可靠性差距逐步缩小。苏州绿的已在谐波减速器市场有一定的市场占有率，南通振康、双环传动、中大力德等RV减速器产品正在放量。米格电机是国内最大的伺服电机生产厂家，2017年产销量近90万台（套），增长超过30%。埃斯顿、新松机器人、拓斯达、双环传动等本体生产企业快速成长，不断扩充产能抢占市场。

解决方案供应商逐步成长。我国智能制造系统解决方案市场仍处于起步阶段，但局部环节已有成熟案例，基本生态初步形成。随着智能制造逐步“由点及面”、向各行业深入推进，专业化的智能制造系统解决方案供应商开始崛起。当前我国具备智能制造系统解决方案的供应商数量为500～600家，未来将有更多的传统解决方案商向智能制造系统解决方案商转型。2017年12月，在《工业和信息化部办公厅关于印发第一批智能制造系统解决方案供应商推荐目录的通知》中，共有23家企业入选。入选企业主要有3类：一是国内制造企业技术部门转型成为智能制造系统解决方案供应商；二是专业的智能硬件厂商转型；三是制造业科研机构或下属企业的业务延伸。

2. 发展特点

（1）电子信息产业是推进智能制造的战略基础。

实施智能制造的关键在于运用物联网、人工智能、移动互联网、云计算、大数据等新一代信息技术改造传统制造业，优化配置市场资源，整合生产要素，推动生产方式和发展模式深刻变革，实现生产力又一次质的飞跃。集成电路、PLC、传感器、工控设备、工控软件等电子信息产品，以及基于此的系统解决方案已经成为实现智能制造的关键环节和战略基础。而信息技术的持续演进及与制造业深度融合，也正在为智能制造创新发展提供源源不断的动力。

（2）智能制造是加快电子信息产业转型升级的重要抓手。

智能制造是推进电子信息行业供给侧结构性改革的新动能。一方面，传统规模优势继续保持，2017 年我国手机、计算机和彩电产量分别达到 19.2 亿部、3.1 亿台和 1.7 亿台，占全球产量的比重分别达到 90%、95%和 80%以上。另一方面，主要行业和产品的高端化、智能化发展成果显著，智能手机、智能电视市场渗透率超过 80%，智能可穿戴设备、智能家居产品、虚拟现实设备等新兴产品种类日益丰富。在人工智能、VR/AR、无人机、无人驾驶、智慧健康养老等新兴领域，国内涌现出一大批创新型企业，其技术和应用水平在全球处于领先位置。

（3）聚焦自主研发创新，骨干企业国际竞争力进一步巩固。

企业研发投入比例持续上升。据工业和信息化部电子信息司数据，2017 年全国电子百强企业研发投入合计超过 2194 亿元，是 2012 年 994 亿元的 2.2 倍，百强企业研发投入强度达到 6.3%，较 2012 年提高 1.4 个百分点。专利申请数量不断上升，截至 2017 年年底，国内信息技术专利申请总量已超过 398.6 万件。2017 年中国提交的全球专利申请量为 4.8882 万件，首次排名全球第二；同时，华为与中兴通讯分别居 2017 年全球国际专利申请人前两名。龙头企业培育成果显著。据华为财报数据显示，2017 年华为营业收入突破 6000 亿元，成为全球首屈一指的通信设备制造商。在个人计算机领域，据 Gartner 数据显示，2018 年联想成为全球最大的个人计算机供应商，占全球个人计算机市场份额的 22.5%。在智能手机领域，据 IDC 数据显示，2018 年华为、小米、OPPO、vivo 分别为全球智能手机出货量第 3～6 名的厂商。在新型显示领域，据京东方发布的公告，2018 年京东方成为智能手机液晶显示屏、平板电脑显示屏、笔记本电脑显示屏领域全球出货量第一的供应商。

（4）融合发展深入推进，引领经济、社会数字化发展。

电子信息行业是我国制造业转型升级的主战场。新一代信息技术与经济、社会各领域的跨界融合不断加深，以其强大的渗透力、融合力、变革力引领我国数字经济快速发展，并改变着全球的经济和产业格局。信息技术与制造业融合不断深入，两化融合持续加深，各行业智能制造水平显著提升，尤其是在“天宫二号”“神舟十一号”和“墨子号”等国防和国家重点工程领域发挥重要作用。信息技术进一步与交通、金融、教育、医疗等领域的产业、技术和市场融合，智慧城市、智慧交通、智慧健康养老、远程医疗等新业态、新模式不断涌现，对国民经济和社会发展的支撑引领作用愈发凸显，加速经济、社会深度变革。信息消费从生活消费向产业消费加速渗透，已发展成为创新最活跃、增长最迅猛、辐射最广泛的经济领域之一。

# 软件产业发展情况

2018 年，我国经济发展步入新常态，软件和信息技术服务业发展进入全面转型调整期，业务收入保持平稳较快增长，呈现出稳中向好的运行态势，创新能力不断提升，产业结构持续调整优化，云计算、大数据、人工智能、区块链等新兴领域增势突出，"互联网+"持续推动软件与互联网融合创新，培育形成一大批新产品、新服务、新模式和新业态，企业市场综合竞争力稳步提升。

**【总体情况】**

（一）业务收入高速增长，企业利润不断提升

2018 年，在全球政治环境不稳定因素增多、市场竞争激烈、国内经济步入新常态的背景下，我国软件和信息技术服务业整体运行保持稳中向好的发展态势。软件和信息技术服务业软件业务收入为 6.3 万亿元，比 2017 年增长 14.2%，如图 1 所示。从全年增长情况来看，走势基本平稳。全行业实现利润总额 8079 亿元，比 2017 年增长 9.7%。从分季度数据来看，2018 年第一季度至第三季度利润总额增速分别为 10.8%、10.5%、14.4%。如图 2 所示为 2018 年与 2017 年软件产业利润总额增速对比。

软件产业增速较往年有所放缓，但产业增速依然保持较高水平。随着软件与经济、社会的深度融合，其日益成为经济增长的重要引擎，为国民经济在新常态下保持平稳增长起着越来越重要的作用。从软件产业占 GDP 比重来看，近年来中国软件产业占 GDP 的比重不断上升，2013 年比重仅为 5.1%，2016 年达到 6.5%，2018 年达到 7.0%。

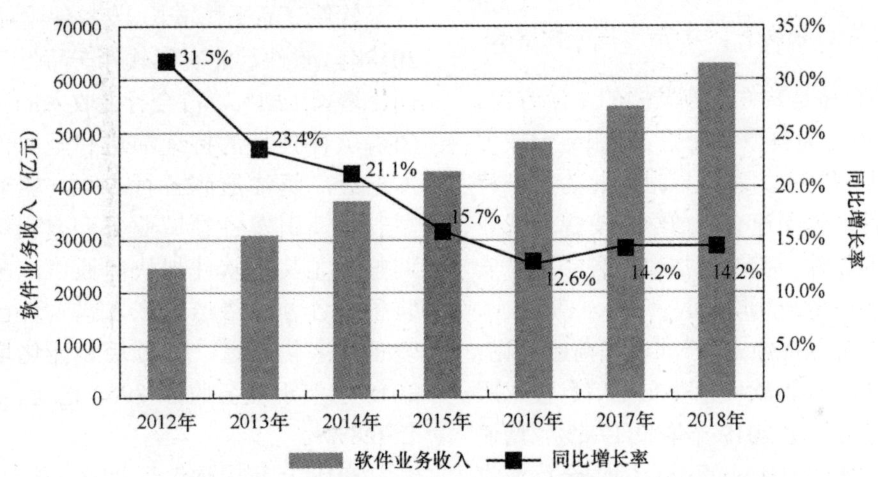


图 1　2012—2018 年软件和信息技术服务业软件业务收入及增长情况

数据来源：工业和信息化部运行监测协调局，2019 年 2 月。

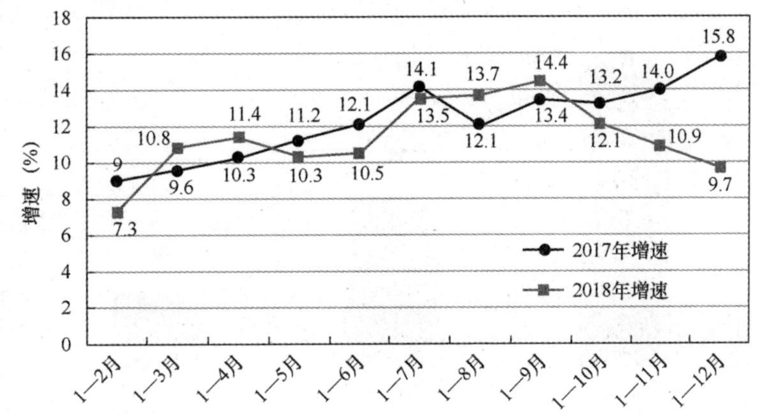


图 2　2018 年与 2017 年软件产业利润总额增速对比

数据来源：工业和信息化部运行监测协调局，2019 年 2 月。

从软件产业占电子信息产业比重来看，中国软件产业在电子信息产业中所占的比重逐年提高，地位和作用不断增强。2018 年，软件产业业务收入占电子信息产业比重达到 28.8%，如图 3 所示。

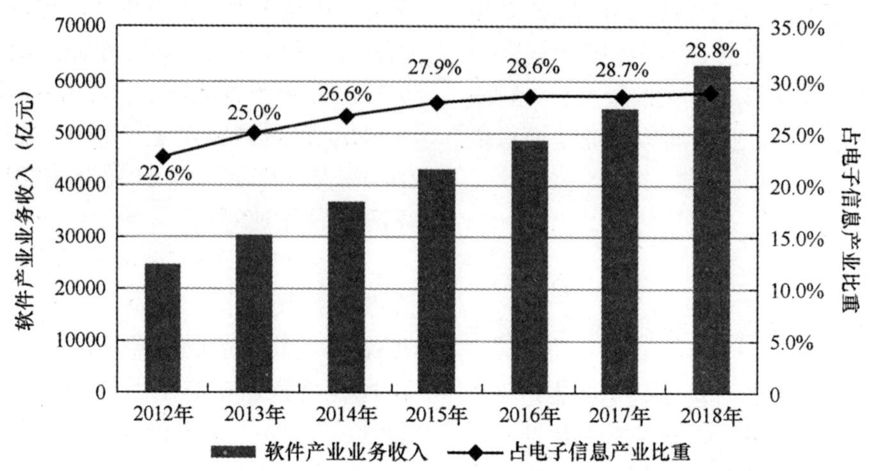


**图 3　2012—2018 年软件产业业务收入及其占电子信息产业比重**

数据来源：工业和信息化部运行监测协调局，2019 年 2 月。

### （二）IT 服务引领发展，软件产品平稳增长

服务化、融合化是软件产业发展的主流方向。2018 年，以服务化为典型特征的 IT 服务已成为我国软件产业发展的主力军，以融合化为典型特征的嵌入式软件产值增速有所放缓，支撑制造业创新发展的工业软件产值增速加快，各类信息安全软件产品收入保持高速增长。

信息技术服务保持领先，产业继续向服务化、平台化演进。2018 年，软件行业实现信息技术服务收入 34756 亿元，比 2017 年增长 17.6%，增速高出全行业平均水平 3.4 个百分点，占全行业收入的比重为 55%。

软件产品平稳增长，支撑保障能力显著增强。2018 年，软件行业实现软件产品收入 19353 亿元，同比增长 12.1%，占全行业收入的比重为 30.7%。随着软件技术的持续演进和全面创新，软件技术已经广泛渗透到各行各业，驱动传统行业转型升级，引发各领域业务形态变革和产业结构调整，尤其是软件加快向通信、医院、交通、装备等各领域渗透，嵌入式软件已成为产品和装备数字化改造、各领域智能化增值的关键，2018 年实现业务收入 8952 亿元，比 2017 年增长 6.8%。

2018 年我国软件行业业务情况如图 4～图 6 所示。

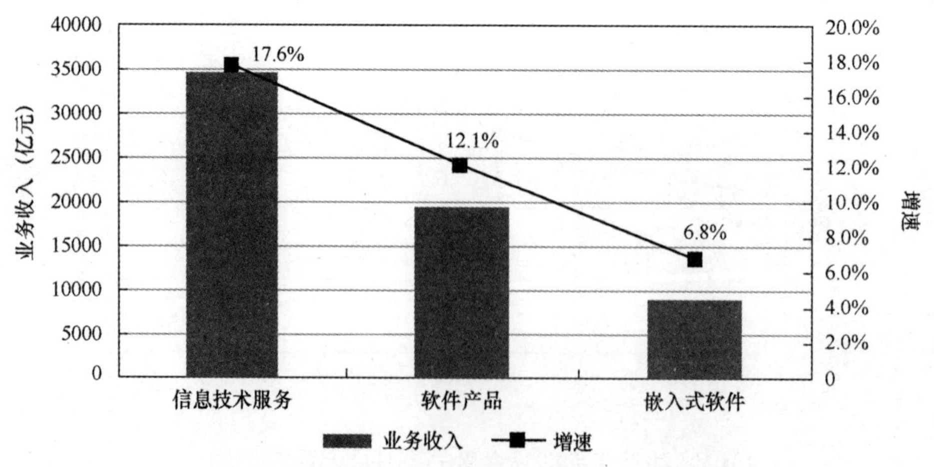


**图 4　2018 年软件行业分领域业务收入及增速情况**

数据来源：工业和信息化部运行监测协调局，2018 年 12 月。

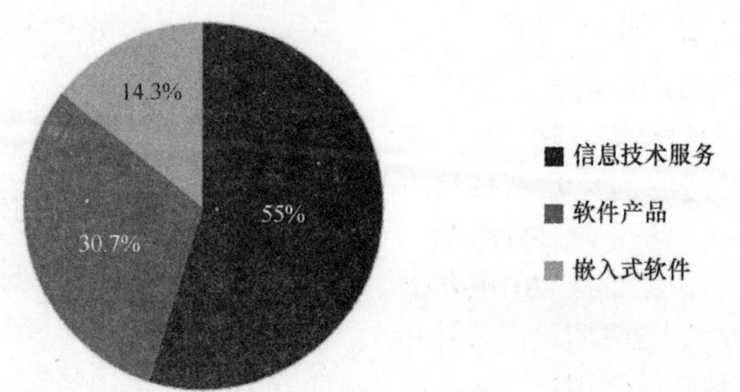


图 5　2018 年软件行业业务收入构成

数据来源：工业和信息化部运行监测协调局，2018 年 12 月。

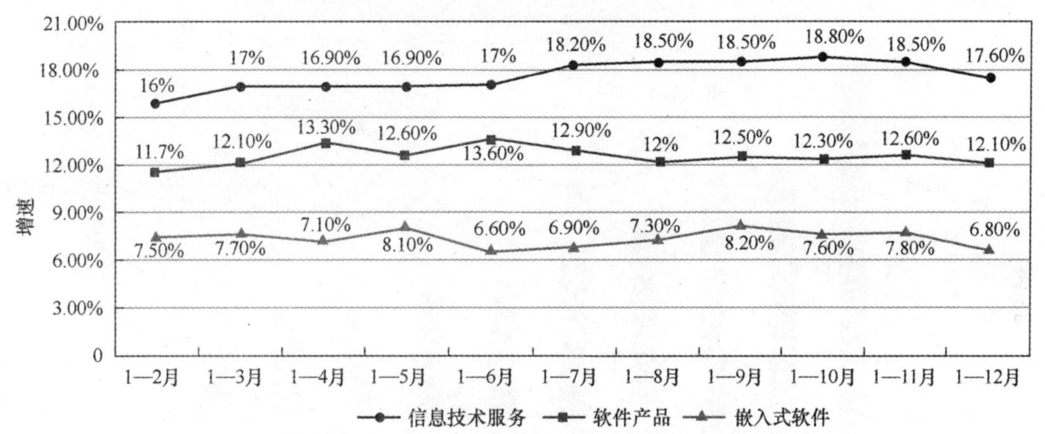


图 6　2018 年软件行业分领域业务收入增长情况

数据来源：工业和信息化部运行监测协调局，2019 年 2 月。

（三）软件出口增速回落，国际化进程需要加快

受全球宏观经济形势弱势复苏、主要国家政治不稳定因素激增等因素影响，我国软件出口延续过去几年的低增长态势。2018 年，软件和信息技术服务业实现出口 554.5 亿美元，同比增长 0.8%。从 2012—2018 年我国软件出口增长情况来看，我国软件出口规模增速持续放缓。从出口规模来看，从 2012 年的 394 亿美元增长到 2018 年的 554.5 亿美元，增长了 40.7%。2018 年软件出口的增速放缓，与 2015 年之前存在较大落差，如图 7 所示。

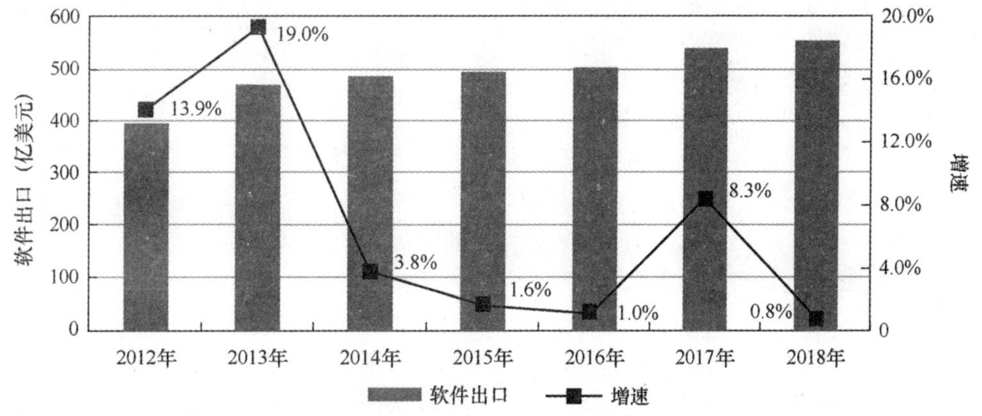


图 7　2012—2018 年软件出口增长情况

数据来源：工业和信息化部运行监测协调局，2019 年 2 月。

从月度出口增长情况来看，2018 年第一季度软件出口量增速达到全年最高，为 4.7%，2018 年后三季度软件出口量整体增势平稳。软件出口量的低速增长使软件出口对产业的贡献率持续下降。自 2010 年以来，软件出口量占软件业务的比重呈现逐年下降的趋势，所占比重从 2010 年的 13.2%下降至 2018 年的 6%。这表明我国软件和信息技术服务业发展仍主要依赖于国内市场，企业的国际业务开拓能力仍然需要增强，全球化发展水平还有待提升。

（四）集聚发展态势凸显，中心城市保持领先

中心城市软件业务收入和利润同比均保持增长。2018 年，全国 15 个副省级中心城市实现软件业务收入 3.6 万亿元，比 2017 年增长 13.8%，占全国软件业务收入的比重为 57.2%，比 2017 年增长 2 个百分点，其中排名前 10 位的城市情况如图 8 所示。全国软件业务收入达到千亿元的中心城市和直辖市共 15 个，合计实现软件业务收入 5.1 万亿元，占全国软件业务收入的比重达到 81%。

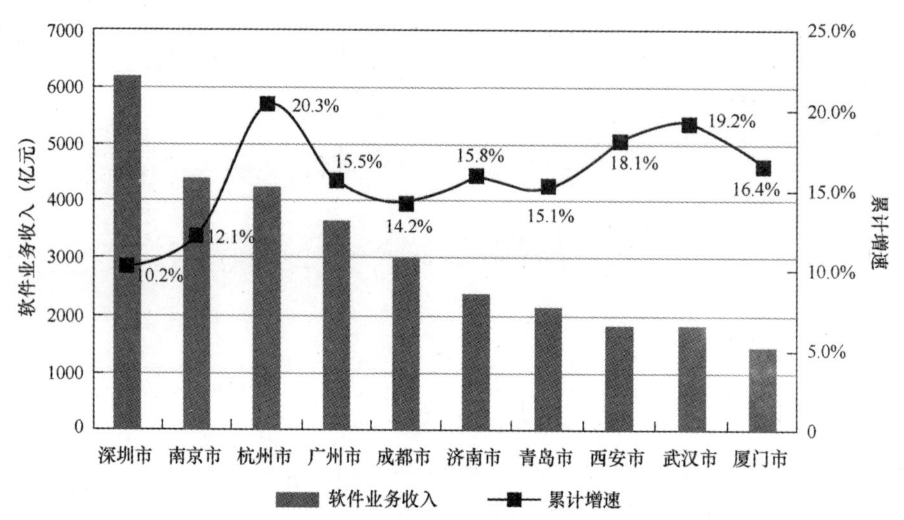


**图 8　2018 年软件业务收入排名前 10 位的副省级中心城市情况**

数据来源：工业和信息化部运行监测协调局，2019 年 2 月。

（五）东部地区稳定发展，中西部地区增速加快

2018 年，我国软件产业区域发展呈现中西部地区增速快、东部地区持续领先、东北地区增速较缓的态势。作为我国软件产业发展的主要集聚地，东部地区完成软件业务收入 49795 亿元，同比增长 14.2%，占全国软件业务收入的比重为 79.0%，与 2017 年基本持平；中部地区和西部地区增速较快，分别完成软件业务收入 3163 亿元和 7189 亿元，分别增长 19.2%和 16.2%，占全国软件业务收入的比重为 5.0%和 11.4%，同比均提高 0.2 个百分点；东北地区完成软件业务收入 2914 亿元，同比增长 5.7%，占全国软件业务收入的比重为 4.6%，同比下降 0.4 个百分点。

从各区域软件业务收入增速来看，主要软件大省保持平稳发展，部分省市快速增长。产业总量居前 5 名的广东（增长 12.2%）、江苏（增长 10.7%）、北京（增长 16.8%）、浙江（增长 21.2%）和山东（增长 15.9%）共完成软件业务收入 40192 亿元，占全国的比重为 63.7%。与 2017 年相比，北京、上海软件业务收入增速分别提高 4.6 个百分点、0.4 个百分点。软件业务收入增速高于全国平均水平的省份有 19 个，其中，海南同比增速达 89.9%，西部地区的广西、青海、云南和贵州增速分别达 77.0%、50.3%、23.7%和 23.4%，中部地区的江西、安徽增速达 37.7%、27.7%。

（六）从业队伍不断壮大，人均收入稳步增长

作为知识技术密集型产业，软件业呈现绿色性、创新性、高增长性等特点，人才是产业发展的最关键要素。行业前沿领域的不断创新和软件产业的快速发展不断吸引各领域、各层次的软件人才集聚，软件从业人员队伍日益壮大。2018 年，中国软件和信息技术服务业从业人员为 643 万人，比 2017 年增加 25 万人，同比增长 4.2%。总体来看，软件行业人才需求依然旺盛、人才缺口仍然较大，我国当前的软件从业人员规模尚不能

满足产业发展的需求。

薪酬是吸引软件人才的重要因素。据统计，2018 年软件从业人员工资总额增长 14.3%，增速和 2017 年基本保持一致，人均工资增长 9.1%。软件业人均工资的增长有效刺激了人才培训机构建设，为行业发展带来较大利好。

（七）特色领域持续发展，新兴业态加速演进

1．工业互联网平台建设加速

我国高度重视工业互联网平台的发展，《国务院关于深化制造业与互联网融合发展的指导意见》等文件均将工业互联网列为重点发展领域。当前，我国在部分领域已经建立了较为坚实的基础。在共性基础平台层面，航天云网、三一重工、海尔等企业依托自身制造能力和规模优势，率先推出工业互联网平台服务，并逐步实现由企业内应用向企业外服务的拓展。在行业通用平台层面，海尔建设了 COSMO 平台，开发了与工业技术相对应的功能模块及技术组件，在云平台上灵活配置形成了定制化智能工厂解决方案。在工业 App 层面，海尔、航天科工、三一重工、徐工集团、华为等在工业 App 领域开展了卓有成效的工作，国内工业 App 数量约 10000 个，海量工业 App 和海量工业用户互促共进、双向迭代的双边市场正在初步形成。从产业发展格局来看，我国工业互联网平台建设双轮驱动格局初步形成，制造企业和互联网企业成为平台建设的两股核心力量。海尔、航天科工、徐工集团、三一重工、富士康等龙头制造企业基于较强的工业知识和模型沉淀能力，纷纷发展工业互联网平台；阿里巴巴、东方国信、浪潮、用友、华为、紫光等大型 ICT 企业基于云计算、大数据等使能技术，纷纷积极建设工业互联网平台。

2．大数据产业步入快速成长期

2018 年，我国大数据发展政策环境不断优化，中央、地方出台 160 多份大数据相关政策文件，20 多个省级单位设立了大数据专门机构，多层次协同推进机制基本形成；产业技术不断突破，大数据专利公开量全球占比已达到 40%；与各行业的融合应用不断深化，在制造、商务、金融、交通、医疗等众多领域，一批大数据平台快速发展，一批独角兽企业迅速崛起。

3．人工智能产业发展不断加速

在《新一代人工智能发展规划》《促进新一代人工智能产业发展三年行动计划（2018—2020 年）》等国家政策及地方配套政策的推动下，智能语音、图像识别等领域产业链初具规模，应用领域不断扩展，对教育、汽车电子、智能家电、公共安全等相关产业高端化发展形成了较强的带动作用。百度的 PaddlePaddle 深度学习算法框架、科大讯飞的语音识别技术、旷视科技的图像识别技术等均实现了对国际领先水平的赶超。

4．云计算应用逐步落地

2018 年，我国云计算骨干企业纷纷加快云计算服务平台建设，推出新的产品和服务。阿里云成为唯一进入世界前三的中国云计算企业，腾讯、百度等企业积极发展 PaaS（平台即服务）和 SaaS（软件即服务），推出云计算加速芯片、AI 即服务等新产品与服务框架。中国移动面向政务、金融、教育等领域发布一系列创新的云解决方案；华为面向政务云领域推出了 Cloud BU；中国联通、中国电信，以及传统设备厂商中兴通讯、浪潮也推出了基于各行业的云计算解决方案。

5．区块链应用落地不尽如人意

2018 年，我国区块链行业政策环境显著优化，技术能力快速提升，行业应用逐步拓展。在技术方面，区块链技术尚不成熟，仍处于发展早期，对于区块链性能、隐私安全、可扩展等方面的技术创新正在不断涌现。底层平台的市场竞争日趋激烈，国内 NEO、公信宝、星云链等公有链项目提出了各自的基础架构设计理念，并予以实现；微众银行、万向区块链及矩阵元三方共同开发了 BCOS 区块链开源平台；互联网巨头纷纷战略布局 BaaS（区块链即服务）平台。在应用方面，效果有所显现但仍不及业界预期。在跨境支付、数字内容版权、电子存证等天然数字化的场景之中，区块链已有一些应用探索，但在其他传统行业领域，概念验证多于实际应用。

**【分领域发展情况】**

## 一、基础软件

（一）发展情况

1．操作系统领域

2018 年，基础软件得到国家高度关注和大力

支持，尤其是在“核高基”国家科技重大专项的支持下，国产操作系统发展取得了可喜的进步。在“2019 中国 IT 市场年会暨赛迪生态伙伴大会”上，中标麒麟操作系统毫无悬念地蝉联 2018—2019 年中国 Linux 市场占有率第一，中标麒麟高级服务器操作系统（ARM64 版）V7.0 与中标麒麟可视化单向光闸分别获得中国软件市场和信息安全市场年度创新产品，同时中标麒麟产品全线入围中直和政府采购名录。深度操作系统在 2018 年发展迅速，获得全球 40 多个国家或地区用户的支持，目前全球下载量达 4000 万次，用户达几十万人，系统支持十几种语言，国外用户占 6 成以上，已成为全球知名的系统之一，并在 Distrowatch 中排名进入前 10 名。北京红旗软件已向大型国有银行提供了基于 Linux 的专用操作系统和中间件的整体解决方案，结合应用软件实现安全可靠的部署。截至 2018 年年底，应用红旗 Linux 的金融自助终端设备超过 70000 台。

除传统计算机操作系统企业外，终端制造、互联网服务等领域大型 IT 企业加大操作系统研发力度，推动操作系统向物联网、车联网领域进发。在移动操作系统领域，阿里巴巴与上汽深度合作，通过整合斑马网络与 YunOS，将合作领域扩大至汽车出行平台、自动驾驶、汽车行业云等领域；华为发布了鸿蒙操作系统，未来可应用于可穿戴设备、智慧屏、车机设备等，以及工业自动化控制、无人驾驶等领域，横跨手机、平板电脑、电视、物联网等多个平台。

2．数据库领域

2018 年，我国数据库市场仍被国外厂商主导，主要包括 Oracle、IBM、微软、SAP 等，并且国外品牌的市场份额一直在 70%以上。2018 年，在国家政策的引导和支持下，国产传统数据库厂商稳步前进，互联网公司的自研数据库取得突破。国产数据库企业在可靠性、易用性等方面不断拓宽业务空间，并结合新技术革新推动数据库云化、服务化。目前，南大通用用户已经覆盖 17 个国家，以及国内 32 个省级行政区；部署总节点超过 6500 个，总数据量超过 100PB。2018 年、2019 年南大通用连续两年入选 Gartner 分析型数据库管理解决方案魔力象限。人大金仓申报的“数据库管理系统核心技术的创新与金仓数据库产业化”项目荣获 2018 年度国家科学技术进步二等奖，产学研的融合进一步助力国家信息化建设。巨杉数据库坚持从零开始打造分布式开源数据库引擎，是中国首家连续两年入选 Gartner 数据库报告的数据库厂商。

新兴数据库发展浪潮日益高涨，多模数据库也备受关注。2019 年，华为发布了全球首款人工智能原生（AI-Native）数据库 GaussDB 和分布式存储 FusionStorage 8.0，并持续入选 Gartner 数据库报告。腾讯云推出云原生数据库 CynosDB，该款数据库的单节点读性能达到惊人的 130 万 QPS，并且是业界第一款全面兼容 MySQL 和 PostgreSQL 的高性能企业级分布式云数据库。阿里云的云原生数据库 POLARDB 闯入 2018 年全球数据库魔力象限的远见者（Visionaries）象限，为国内首次。

3．中间件领域

2018 年，中国中间件市场总体规模达到 65 亿元，同比增长 4.8%。受益于“十三五”规划，以及云计算、大数据、人工智能、数字经济相关政策的出台，中间件的需求随着行业信息化水平的进一步提升也相应增强，中间件市场规模保持稳定增长。国产中间件企业中创软件、金蝶、东方通、用友等在政府、交通、金融、证券、保险、税务、电信、教育、军事等行业或领域的数字化、信息化、智能化建设中持续发力，并坚持走 SaaS 化的道路。

4．办公软件领域

办公软件国产化进程日益加速，国产办公软件在政府采购中获得了主要关注，平均应用率达 60%以上，典型的如政务市场，其办公软件国产化率已超过 50%。我国典型的办公软件，如金山 WPS、福昕软件、亿图软件、阿里蓝凌 OA 系统等均在市场广受好评。截至 2018 年 12 月底，在备受关注的政企市场，金山办公的众多产品和服务已在政务、金融、能源、航空等多个领域得到广泛应用，并荣获“2018 中国智能办公明星企业”大奖。在政务市场，金山办公业务已覆盖 30 多个省（自治区、直辖市）政府、400 多个市县级政府；在企业市场，金山办公服务世界 500 强中 57.5%的中国企业，在央企中市场占有率达 85.41%，服务 91.7%的全国性股份制商业银行。福昕软件已形成具有完全自主知识产权的PDF核心技术，提供文档的生成、转换、显示、编辑、搜索、打印、存储、签章、保护、安全分发管理等涵盖文档全生命周期的产品技术与解决方案。亿图软件已开发出亿图图示 Edraw Max、思维导图软件 Mind Master、项目管理软件 Edraw Project、平面设计软件菲果、组织架构图软件 OrgCharting 等一系列体系化办公绘图软件，成为国内外专业的办公绘图软件提供商。

移动化、云化是当前国产办公软件取得突破的重要途径。以国产办公软件金山 WPS 为例，截至 2018 年年底，WPS 移动版全球用户已超过 3.3 亿人，金山办公平台在移动端和计算机端的月活跃用户总量已经超过 2.3 亿人。在海外市场开拓方面，以福昕软件为代表的企业拓展了大批全球客户，如微软、亚马逊、英特尔、IBM、三星、索尼、HTC、印象笔记、IKB 银行、纳斯达克、摩根大通、腾讯、百度、当当、360 等。福昕软件在 2018 年全球小微企业创新大会中被评为“2018 中国 PDF 电子文件领军企业”。

### （二）发展特点

1．操作系统领域

从应用领域来看，国产操作系统在政府部门及国防、金融、公安、审计、财税、教育、制造、医疗、交通等行业得到了广泛应用，应用领域涉及信息化和民生多个方面。中标麒麟 OEM 装机量达百万套级规模，已经在政府部门及轨道交通、医疗、能源、教育等行业成功实现部署应用。

从市场占有率来看，中标软件、中科方德、普华、凝思科技、华为、浪潮、百度、阿里巴巴等企业成为当前我国操作系统发展的重要力量，形成鸿蒙 OS、阿里云 OS、中标麒麟、中科方德、凝思科技、深之度等多个操作系统品牌，市场份额逐年提升。武汉深之度桌面操作系统已跻身全球最受欢迎的前 20 位 Linux 系统行列。国产服务器操作系统在邮政储蓄银行服务器系统中的安装率高达 97.6%，在国家电网的电网调度控制系统中的占有率为 100%。国产智能终端操作系统已应用于智能手机、平板电脑等终端，累计装机应用量超过 3500 万套。

从发展趋势来看，除传统计算机操作系统企业外，终端制造、互联网服务等领域大型 IT 企业也加大了操作系统的研发力度，推动形成芯片和操作系统软硬结合、自主可控的基础软硬件产品体系。

2．数据库领域

一方面，从市场来看，国产数据库已经在医疗卫生、教育、金融、通信、政府部门、军工国防、交通物流等 10 多个业务领域实现应用。同时，大数据、云计算、人工智能带来的技术革新给我国数据库厂商带来了“弯道超车”的发展机遇。基于深厚的数据存储、处理、挖掘和分析技术，国产数据库企业正在不断拓宽业务空间，并且在云计算、大数据、人工智能等新兴领域持续发力。另一方面，从产品特点来看，安全性高是我国自研数据库产品的主要特色，对保障国家信息安全、支撑网络强国和制造强国建设起到了重要保障作用。此外，基于数据库的大数据平台目前已成为国产数据库厂商加快发展的着力点。部分龙头企业通过创新业务领域、企业兼并与收购、与其他企业开展深度合作来提升其实力。

3．中间件领域

随着以云计算、大数据、物联网、人工智能为代表的新一代信息技术的兴起，传统的中间件产品已经不能满足“互联网+”时代企业的需求。针对这一市场变化，各主要中间件厂商也在积极研发新的产品线以满足市场需求，传统的中间件概念也随之发生改变，催生出大量能够支撑云计算、大数据、移动化、人工智能等的新一代中间件产品。我国传统的中间件企业，如东方通、金蝶、用友、中创等企业基于更加理解国内企业、更加了解国内市场实际情况的优势，通过技术迭代、产品创新和营销模式转型等手段，持续专注在企业和公共组织信息化领域的创新和发展，构建全新的互联网服务产品体系。

4．办公软件领域

一是依托政府采购逐步增加市场份额。政务市场是办公软件的主要应用环境，由于我国办公软件的安全性能较高，基本功能较为完善，在政府采购的引领之下，国产办公软件的市场份额逐年提高。

二是面向移动办公、云办公、协同办公积极开展新型产品研发和业务模式创新。企业不仅利用互联网市场开拓市场渠道，同时积极研发新型移动平台办公软件、云平台办公软件，取得新兴市场的先机。

三是加大国际化力度。在不满足国内市场竞争的基础上，企业在海外市场积极寻求更多的突破，尤其是海外移动端市场已经成为国产办公软件提高影响力和获取增益的重要渠道，如金山WPS 与福昕 PDF 在苹果和安卓应用商店中广受好评，并且获奖颇多。

## 二、工业软件

2018 年，我国工业软件发展政策环境向好，产业增长态势稳定，产业结构进一步调整优化，工业软件产品收入较同期增长 14.2%，全年工业软件市场规模达到 1678.4 亿元。我国工业软件进入快速发展期，市场规模增速高于全球 10 个百分点以上。

### （一）发展情况

2018 年，随着《国务院关于深化制造业与互联网融合发展的指导意见》《智能制造发展规划（2016—2020 年）》《国务院关于深化“互联网+先进制造业”发展工业互联网的指导意见》《工业互联网 App 培育工程实施方案（2018—2020 年）》《工业互联网发展行动计划（2018—2020 年）》等一系列政策文件的深入实施，以及《2018 年工业互联网试点示范项目名单》的正式公布，我国工业软件发展政策利好频出，产业增长态势稳定。2018 年工业软件产品收入较同期增长 14.2%，增速高于全行业平均增速。据公开资料显示，2015—2018 年我国工业软件市场规模分别为 1150 亿元、1247.3 亿元、1446.9 亿元和 1678.4 亿元，2018 年我国工业软件市场规模同比增长约16.0%，高于国内软件和信息技术服务业平均增速。受智能制造稳步推进和软件赋能作用凸显的影响，2019 年我国工业软件产业规模达到 1950 亿元，同比增长 16.2%，如表 1 所示。

表 1　2015—2018 年中国工业软件市场规模

| 年　份 | 2015 年 | 2016 年 | 2017 年 | 2018 年 | 2019 年 |
|---|---|---|---|---|---|
| 市场规模（亿元） | 1150 | 1247.3 | 1446.9 | 1678.4 | 1950 |
| 同比增速 | 15% | 8.5% | 16.0% | 16.0% | 16.2% |

数据来源：赛迪智库整理，2019 年 9 月。

2018 年，我国工业软件市场仍以控制管理类为主体，其中，生产控制类工业软件全年销售额为 285.6 亿元，信息管理类工业软件全年销售额为 287.1 亿元，占非嵌入式工业软件总销售额的 80.1%（见图 9）。从客户类型来看，大型工业企业的工业软件需求占比超过了 50%（见图 10），中小型工业企业的工业软件需求还有待进一步挖掘，从侧面反映出中小型工业企业的数字化转型之路仍面临挑战。控制管理类工业软件是工业管理与控制知识的表达，具有促进信息交互、降低运行成本、提高运转效率等功能，包含生产控制类工业软件和信息管理类工业软件。

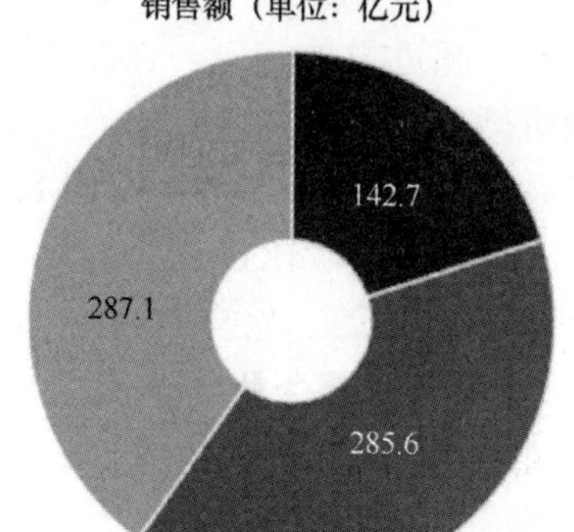


图 9　2018 年中国非嵌入式工业软件市场细分产品结构

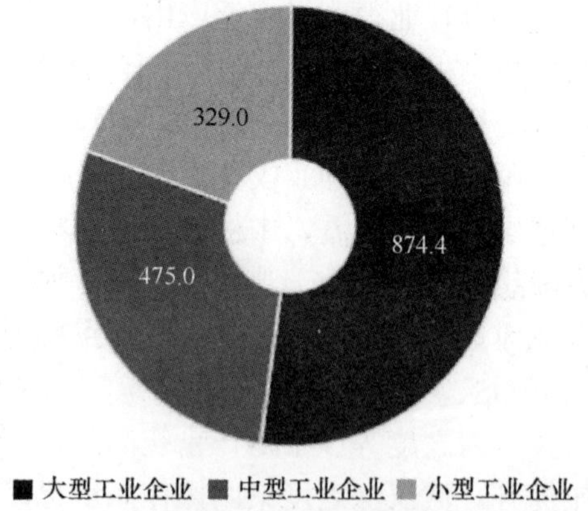

销售额（单位：亿元）

329.0

874.4

475.0

大型工业企业　中型工业企业　小型工业企业

图 10　2018 年中国工业软件市场客户类型结构

### （二）发展特点

1．政策特点

工业软件作为智能化工业时代的灵魂，是新一代工业革命的核心驱动，随着“软件定义”的不断深化和《智能制造发展规划（2016—2020 年）》

的深入实施，工业软件发展环境不断优化。党中央、国务院及各部委高度重视工业软件在推动软件产业进一步发展壮大和支撑智能制造发展上的重要作用，出台了《国务院关于深化制造业与互联网融合发展的指导意见》《国务院关于深化“互联网+先进制造业”发展工业互联网的指导意见》等一系列政策文件。2018年，《工业互联网发展行动计划（2018—2020年）》正式实施，对工业互联网的基础设施能力提升、标识解析体系构建、工业互联网平台建设、核心技术标准突破、新模式新业态培育、产业生态融通发展等提出了相应部署，为工业软件与互联网的融合发展指明了方向，为促进制造业数字化转型和智能化工业革命确定了方案。随着工业软件相关政策的不断出台和政策红利的持续释放，工业软件发展环境不断优化，智能制造产业转型稳步推进。

2．企业特点

研发设计类工业软件企业注重完善技术体系，兼并合作是主要手段，仿真融合是主攻方向。研发设计类工业软件是工业技术创新及新产品、新设备设计研发的基础，具有技术含量高、应用价值高、市场壁垒高等特点，是我国工业软件发展的短板领域。当前，新型工业产品研发设计新需求和大数据、人工智能等新技术驱使研发设计类工业软件企业加速完善既有的技术体系，培育形成研发设计软件新功能、新产品。例如，工业软件巨头达索系统自2018年12月以来，已陆续收购了IQMS、Argosim等4家企业，并与Cognata、ABB等3家企业建立了合作关系。2019年2月，达索系统通过收购需求建模和仿真分析软件公司Argosim，进一步夯实了其在全球工业设计研发领域的技术创新领军地位。达索系统、西门子、海尔等建立的新一代工业软件服务平台（如3DEXPERIENCE）均致力于实现研发设计与工业企业多业务功能的深度融合。

控制管理类工业软件企业强调业务模式创新，集成上云是主流态势，构建生态是核心目标。当前，为实现海量异构工业数据集成与数字化业务的融合创新，工业软件企业主要通过采用云服务的新模式加速业务拓展，并积极致力于搭建全方位一体化的新型产品生态。例如，金蝶最近推出了全新的工业互联网解决方案K/3 WISE，既可实现工业生产资源部署与管理，针对工业数据进行建模、分析、可视，又可为客户提供基于云端的工业SaaS和工业应用App；SAP与三宁化工、新松机器人等企业达成战略合作，基于SAPS/4HANA、SAPC/4HANA（CRM云）、SAP Ariba（采购云）、MES（制造执行系统）、TMS（智慧物流运输）等解决方案，搭建形成一体化的信息平台。

3．技术特点

（1）数字孪生技术成为助推工业软件发展的关键。

数字孪生（Digital Twin）技术是指通过在虚拟空间呈现工业实体的数字化形式，模拟其在现实环境中的行为特征，实现工业品从现实世界到赛博空间的映射，是仿真优化领域的核心技术。一方面，数字孪生技术可应用于产品工艺研发、生产指导、运营服务、维修维护、产品营销展示等多个环节，应用价值极大。另一方面，大数据、人工智能等新兴信息技术的快速演进，为数字孪生技术的创新突破提供了基础和条件。因此，全球各界均将数字孪生技术看作工业软件创新发展的关键，国际权威信息技术研究机构Gartner已经将数字孪生列为十大战略性技术趋势之一。目前来看，老牌仿真企业ANSYS、ESI，工业软件巨头达索系统、Autodesk，工业设备制造商西门子等均确立了以工业仿真为核心的技术创新战略布局，并通过加大研发投入、企业并购等方式迅速提升自身的数字孪生技术能力。

（2）大数据技术成为破除工业软件数字孤岛的重要抓手。

传统的工业软件大多功能单一，缺乏多环节的有效集成，在应用过程中产生了大量缺乏联系的数字孤岛，致使出现即便相同的数据内容也需要重复录入等问题，数据交换流程冗长，甚至面临失真风险。因此，打破数字孤岛，研发互联互通的大数据采集及管理技术已成为在新形势下工业企业数字化转型的关键，也是大型工业软件企业创新的重要聚焦。据最新行业动态显示，达索系统、PTC等工业软件企业正着力于运用大数据技术，建立工业数据资源的有效采集、整合和分析体系，打造形成互联互通的工业数字化平台，力争实现资源的高效利用。

（3）云计算技术成为构筑工业软件生态体系的有力支撑。

经过 10 多年的技术迭代、产品研发和应用推广，云计算产业体系已趋于成熟，并深刻影响着各行各业的信息技术体系。随着云服务业务的不断拓展，在云计算等信息技术的支持下，工业企业正加速将生产环节、现有业务和云服务相结合，基于云计算的工业软件正迎来广阔的发展空间。从工业软件发展新态势来看，通过与云计算相结合来实现业务模式创新已经成为全球工业软件企业创新发展的主要方向之一。各企业在此方面已开展了积极探索，如金蝶已同华为达成合作协议，共建面向工业领域的云计算生态系统；用友也携手忽米网等多家企业推出了针对工业领域的云生态产品；2019 年 4 月，西门子通过与阿里云合作加快推动 MindSphere 平台在中国落地。

## 三、信息技术服务

### （一）发展情况

2018 年，在国家政策、社会需求和产业资金不断改善的驱动下，国内信息技术服务业继续呈现稳中向好的运行态势，收入和效益同步加快增长，增速高于软件产业整体增速。根据工业和信息化部数据，2018 年我国信息技术服务业实现业务收入近 3.5 万亿元，占软件产业收入的比重达到 55.1%。

2018 年，信息技术服务业保持良好发展势头，持续领先全行业发展。产业向高质量方向发展步伐加快，新兴技术产业和应用推广持续推进，全面融入经济、社会各领域，正在成为数字经济发展、智慧社会演进的重要驱动力量。2018 年，信息技术服务业收入约 3.5 万亿元，比 2017 年同期增长 17.6%（见图 11），增速高出软件行业平均水平 3.4 个百分点。其中，云计算相关的运营服务（包括在线软件运营服务、平台运营服务、基础设施运营服务等在内的信息基础服务）收入突破 1 万亿元，同比增长 21.4%，占信息技术服务业收入的比重达 30.0%；电子商务平台技术服务收入为 4846 亿元，同比增长 21.9%。

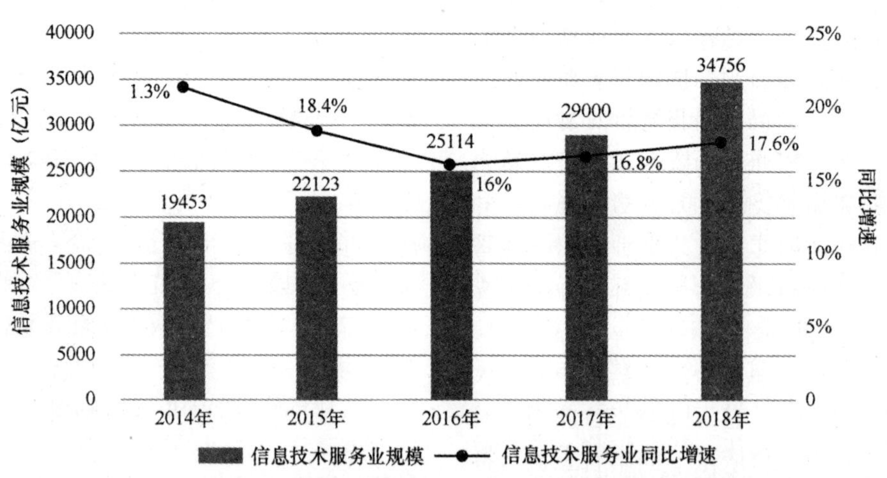


**图 11　2014—2018 年我国信息技术服务业规模及同比增速**

数据来源：工业和信息化部运行监测协调局，2019 年 2 月。

### （二）产业创新

2018 年，信息技术服务业创新能力持续增强，在主要技术和服务创新研发方面取得了不错的进展和突破。企业着力加强研发，打造智能、全面、完整的信息技术服务体系，综合云计算、大数据、人工智能等技术优势，形成企业及行业间的智能连接，打破市场边界，致力于提供开放、安全、无缝衔接的完整流程服务。

在应用创新方面，由于人工智能和云计算技术产业化速度加快，各行各业以互联网为载体创新发展的需求迫切，我国信息化应用逐步深化，助推信息技术服务加速向更多领域深度渗透，行业解决方案在医疗领域、民生服务等方面的支撑服务能力全面提升。

### （三）发展特点

1．规模特点

业务收入保持稳定增长，持续领先全行业发

展。2018 年，信息技术服务业规模同比增长 17.6%，较软件产品和嵌入式软件增速分别高出 5.5 个百分点和 10.8 个百分点。信息消费的扩大和升级、"企业上云"等重大工程与重点项目进展顺利，为信息技术服务业带来更广阔的发展空间。随着信息技术服务业与社会各行各业间跨界渗透的广度不断扩大，产业对国民经济、社会发展的引领和支撑作用进一步凸显。

2．结构特点

（1）PaaS 建设成为行业云化的共同选择。

近两年我国云市场发展迅速，以阿里云为代表的 IaaS（基础设施即服务）厂商技术趋于成熟，SaaS（软件即服务）应用市场接受度逐渐提升，业务发展呈现高速增长态势。但随着行业数字化转型的深入，企业业务上云迅猛推进，通用 SaaS 难以满足不同行业、细分领域的需求，建设行业云平台、集聚内容和服务的趋势逐渐显现。平台能力的提升也推动 IT 服务企业由"项目+产品"向"平台+服务"模式转变，PaaS（平台即服务）建设成为企业共同的研发方向。例如，用友基于其云平台已推出业务中台、技术中台、数据中台三位一体的中台解决方案，服务中兴通讯、三一重工、绿城等行业代表企业；恒生电子计划斥资 11.2 亿元建设金融云平台，并已获得政府大力扶持，旨在为中小金融机构服务，搭建金融 IT 生态；东软基于自身 SaCaX 行业云平台，已经推出云 HIS、影响云平台、人社医保平台、环保云平台等多种平台服务。

（2）物联网成为推动产业升级的加速器。

物联网应用逐渐普及，截至 2018 年年底，我国授权频谱蜂窝物联网连接数量已达到 6.72 亿个，占全球物联网连接数的 60%以上。物联网的核心和基础仍是互联网，具有强渗透性和持续高速发展的内在需求，这使得物联网技术必然寻求与多领域融合，催生信息技术新的发展空间。在生产制造领域，随着全国企业上云步伐加速，上云内容已从业务系统上云向工业设备上云演进，工业设备上云牵引工业互联网平台技术、相关信息技术服务的迭代升级，激发行业企业、IT 服务企业等加快信息技术与行业技术的融合创新。东方国信基于自身 Cloudiip 平台连接了全国 30%的炼铁高炉设备，为其提升锅炉使用效率 30%，降低煤炭消耗 20%。在社会服务领域，物联网技术渗透智慧城市、智慧交通、智慧社区、智慧医疗等领域的各个角落，创造出大量新的 IT 服务需求，提升社会管理和民生服务效率。杭州"城市大脑"基于城市交通传感器、监控设备等的感知数据，建立城市交通算法并实现信号灯实时优化，已优化路口 1300 个，覆盖了杭州市 1/4 的路口。

3．市场特点

（1）经济、社会数字化转型催生市场空间。

2018 年，"数字中国"首次写入《政府工作报告》，加快建设数字中国，使其更好地服务我国经济、社会发展和人民生活改善，奠定了未来我国数字化转型的总基调。各行业的数字化转型蕴藏着巨大的市场机遇，吸引了国内外 IT 服务企业的目光，2018 年受到高度关注的领域包括制造、医疗、金融等。在制造领域，行业企业与 IT 企业聚焦大数据、云服务、工业 App 培育等领域，通过跨界合作等方式，共同推进工业互联网平台建设。在医疗领域，自 2018 年以来，国务院办公厅、国家卫生健康委员会、国家医疗保障局等推出了一系列政策，推进"互联网+医疗健康"的发展，产业资本开始大举进入医疗 IT 服务业。

（2）海外市场布局和本地化经营全面深化。

IT 服务企业坚持开放创新的发展理念，统筹利用国内外创新要素和市场资源，全面推进海外市场布局和本地化经营。2018 年，全国软件和信息技术服务业实现出口 554.5 亿美元。随着"一带一路"基础设施的互联互通及各类国际合作的不断落地，对"一带一路"沿线国家和地区的 IT 服务输出明显上升。企业开展跨国经营活动活跃度上升，通过在境外设立分公司、研发中心、分支机构和海外数据中心等方式拓展业务，节省出海成本。

4．应用特点

信息技术服务企业积极推动人工智能技术从技术层走向落地和场景应用。人工智能技术快速发展，现已形成完整的产业链，在算法、算力、数据均满足要求后，应用场景快速孵化，创新服务层出不穷。人工智能技术可分为计算机视觉、自然语言处理、生物识别、人机交互、VR/AR 等技术，各类技术的成熟度、数据完备程度差异较大，进入商业阶段的程度也有较大差异。

其中，计算机视觉技术成熟度相对更高，各企业积极推进其落地，已在安防、金融等领域初见成效，如商汤科技与深圳市公安局开展战略合作，推动深圳市“AI+警务”建设，实现城市级监控、秒级人脸检索等应用。同时，企业抓住自然语言处理技术的突破口，大幅提升其应用价值，将其向会议中的机器同传翻译服务，社交网络、目标营销等场景下的情感分析、舆情分析等功能实现推进。此外，2018 年生物识别技术也在各 IT 企业的努力下广泛落地于各类实名认证和身份识别场景。

## 四、嵌入式软件

### （一）发展情况

2019 年，嵌入式软件收入平稳增长，实现收入 8952 亿元，同比增长 6.8%（见图 12），占软件行业收入的比重为 14.2%。虽然随着移动通信终端、平板电脑等产业逐渐步入平稳区间，我国嵌入式软件市场规模增速有所减缓，呈现稳定发展态势，但嵌入式软件已成为产品和装备数字化改造、各领域智能化增值的关键。

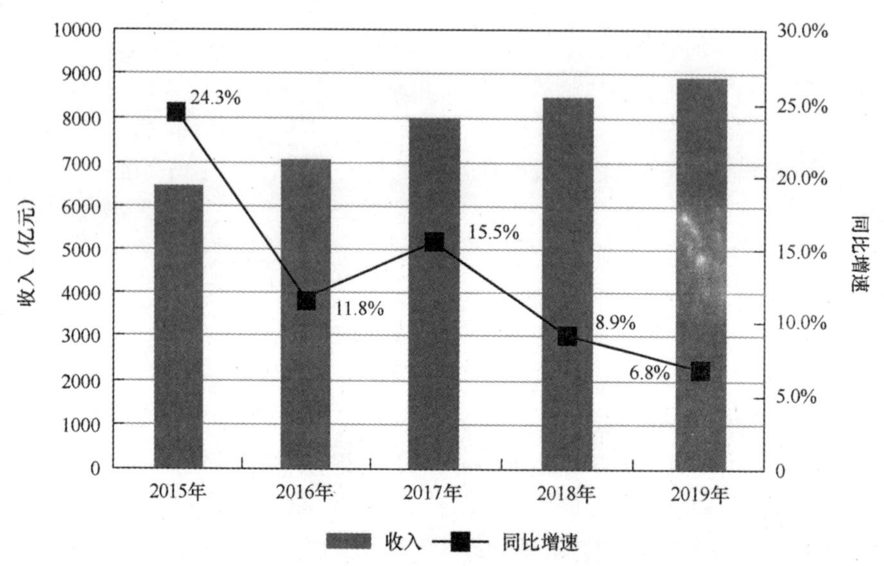


图 12　2015—2019 年我国嵌入式软件收入及同比增速

### （二）发展特点

1. 嵌入式操作系统重要性不断提升

随着物联网和人工智能的快速发展，以及 5G 基础设施建设的不断推进，嵌入式操作系统在智能系统中发挥的作用越来越重大。例如，机器人操作系统从最开始的专用控制程序管理到系统管理操作系统，一直发展到目前的智能嵌入式多任务实时操作系统，可以管理庞大的硬件资源及丰富的协议栈、UI 界面，并兼容第三方接口，可以更加智能地根据用户需求设定定制化的任务。对于未来更加丰富的场景、更加智能化的时代，基于云平台的智能机器人操作系统呼之欲出，目前国内与国际上都将基于群体智能的嵌入式操作系统作为未来的研究方向。例如，面向物联网的嵌入式操作系统虽然在产品开发周期、终端软件质量、端云互联对接及应用服务部署等方面存在需求和痛点，但面向 AIoT 的开源嵌入式实时操作系统，在架构优化、内存保护、开源社区、完备中间件与跨平台特性等多个方面具有发展优势，能广泛应用于智慧城市、智能家居、机场调度、智能电网等场景。

2. 国内已具备嵌入式操作系统的发展基础

阿里巴巴 AliOS Things 是专为物联网应用设计和优化的新一代操作系统，致力于搭建云端一体化 IoT 基础设施，打造极致性能、极简开发、云端一体、丰富组件、安全防护等关键能力，可广泛应用于家电家居、城市、商业、物流、制造等领域的数字化和设备的智能化。到目前为止，基于 AliOS Things 物联网操作系统的连接设备已超过 1 亿台。AliOS Things 物联网操作系统已经实现权限分离、内存权限隔离、内存地址隔离、任务栈隔离、进程管理及模块动态加载的安全性功能，使用户开发更加便捷、版本迭代更新更加方便、扩展更加可靠和灵活成为可能，为实现物理世界数字化、数字世界场景化的愿景提供有效的方法和技术。

华为在嵌入式操作系统方面起步较早，目前已经基于开源的 Linux 构建了高可靠、高安全与高实时性的自研操作系统，覆盖了公司管道产品中的各业务，并且已经通过全球布局来支撑产品与业务的创新。在基于 5G 万物互联的物联网时代，对操作系统安全性的考虑尤其重要，为满足安全、可靠、自主的嵌入式操作系统要求，华为相继在软件栈、用户态、微内核裁剪与多进程实时性等方面进行了许多优化工作，并且已应用到华为众多产品的应用场景中。

翼辉信息经过两年的研发，实现了轻量级、实时性，基于权限分离、可物理隔离，并能够快速部署的嵌入式操作系统 SylixOS。它具有自适应环境、可快速开发部署、可跨平台、自主可控、高安全性的特点，能够为物联网时代的嵌入式操作系统保驾护航。SylixOS 具有强大的支持架构能力、丰富的外设支持、强大的文件系统、更多功能的网络支持、优化功能的集成开发环境、开源自主的内核支持。

3. 嵌入式软件持续推动互联系统向智能系统演变

随着嵌入式处理器性能的增强及互联网、移动互联等技术的深度发展，嵌入式系统拥有更强的处理能力和更好的网络互联性，并逐渐演变成功能更丰富、更强大的智能系统。“智能”涉及的设备不仅是指连接在云端的高性能计算机，还包括嵌入式领域的处理器和集成电路。智能系统基于网络、高级操作系统和强大的处理器，可以灵活运行本地或云端的应用，更好地将物理世界与信息世界相连接，将嵌入式系统提升到下一个进化阶段。有了嵌入式智能系统，以机器学习和人工智能为代表的新技术将应用于更多领域。例如，高通广泛的设备采用率可以为用户提供 3 种不同的人工智能子系统，包括 Adreno GPU、Hexagon DSP 和 Kyro CPU，这些都是构成骁龙 845 芯片的关键部分。2020 年，至少有 1/3 的智能手机芯片内置了人工智能处理器。

4. 嵌入式软件仍是物联网应用开发的突破口

传统的嵌入式系统与互联网的发展衍生出了物联网，物联网应用开发是典型的嵌入式开发，嵌入式软件是物联网开发的基础。随着产品和设备的智能化、网络化、信息化发展，后 PC 时代集成电路、软件等应用和市场重心正在变化，从过去的以计算机为中心向以消费电子、智能移动终端、智能设备等领域嵌入式的应用设备为中心转移，集成电路 SOC 技术、微操作系统、实时数据库等技术和产品在嵌入式设备、智能终端中不断被应用。物联网感知层的感知和控制设备为嵌入式系统软件、应用软件提供了巨大的应用空间，因此物联网感知层的嵌入式软件是物联网研发的重点和突破口。

5. 开源与云化成为嵌入式软件的主要技术特征

当前，嵌入式系统的快速发展与云计算技术的逐渐成熟和开源软件的不断应用密不可分。开源软件具备灵活性、开放性、低成本的特征，可以很好地满足嵌入式系统广泛性、多样性、创新性的需求。开源可以使用户免费获得广泛的硬件平台和设备支持，降低用户在硬件层的开发工作量，且更容易形成完善的生态环境，降低用户开发应用难度。云端的计算资源为嵌入式终端丰富的产品功能提供了重要的支撑。针对新兴技术产业的发展需求，嵌入式软件产业面临的主要技术困难是日益增长的功能更新需求、灵活的网络连接需求、移动终端的轻量化需求、多种类型的信息处理需求，而云计算技术的高速发展可以很好地缓解嵌入式系统面临的压力。云计算可以使原本独立运行的嵌入式操作系统通过网络连接到云端，使其计算性能得到极大的加强，使得资源管理虚拟化和硬件通用化程度不断提高。随着嵌入式软件平台计算性能的提升，机器视觉、智能语音等人工智能和模式识别算法逐渐移植到嵌入式平台上，产生芯片级的解决方案，在手机、机器人、可穿戴设备、智能家居产品、汽车等众多领域实现应用。

6. 嵌入式软件定制化成为智能化解决方案的重要选择

以功能划分，嵌入式系统市场可以划分为四大块，分别是单机、实时、网络和移动，其中实时嵌入式系统市场份额最大。按微控制器种类划分，嵌入式系统市场可以分为小型、中型、大型嵌入式系统。其中，中型嵌入式系统占据全球市场的最大份额；实时、中型嵌入式系统对于定制化、专业性的要求不断提高。制造业客户不再满足于接受单一的产品，而更倾向于厂商可以提供以工控机为核心的整体解决方案，这势必改变整个嵌入式工控机产业的服务模式。以嵌入式工控机为核心，利用云计算、云存储等信息化技术，构建面向行业应用的完整的智能制造系统解决方案，将更受用户青睐。而随着工控机应用领域的不断拓展，对嵌入式系统的定制化和专用化要求也在不断提高。各行业间存在较大差异，传统的通用型嵌入式系统难以满足所有行业的需求。同时，在行业内部，为了突出自身优势、体现核心竞争力，也不宜采用通用的解决方案，因此面向行业的专业嵌入式定制化是嵌入式系统行业发展的必然结果。

# 云计算产业发展情况

随着云计算相关政策的不断落实推进，我国云计算产业发展势头迅猛、创新能力显著增强、服务能力大幅提升、应用范围不断拓展，已成为提升信息化发展水平、打造数字经济新动能的重要支撑。2018 年，我国云计算市场规模持续增长，工业和信息化部印发的《云计算发展三年行动计划（2017—2019 年）》提出，到 2019 年我国云计算产业规模突破 4300 亿元，同时推出“百万企业上云”行动计划，进一步优化云计算产业发展环境。据测算，2018 年我国云计算带动的上下游产业整体规模达 6000 亿元；到 2021 年，中国云计算 IT 支出占比有望超过 50%；同时，在全球 IT 支出中，传统 IT 支出占比将下降至 46%，美国的这一数据将下降至 38.2%。

## 【总体情况】

### （一）产业规模

我国正处于数字经济蓬勃发展的浪潮下，云计算的推广普及已成为各行各业的共识，已从游戏、电商、移动、社交等在内的互联网行业向制造、金融、交通、医疗健康等传统行业迈进。2018 年，我国云计算市场规模继续保持高速增长，根据测算，我国公有云市场规模约为 332 亿元，增速为 38.2%；私有云市场规模约为 502 亿元，增速为 22.3%。到 2020 年，我国云计算市场规模有望达到 1400 亿元（见图 1、图 2），占全球云计算市场的 10%以上。2018 年，中国云计算市场投资并购不断，巨头厂商在公有云市场的布局已基本完成，私有云、混合云市场还未形成绝对巨头，存在较多可以从纵深切入的方向，私有云、混合云成为投资机构重点关注的领域。

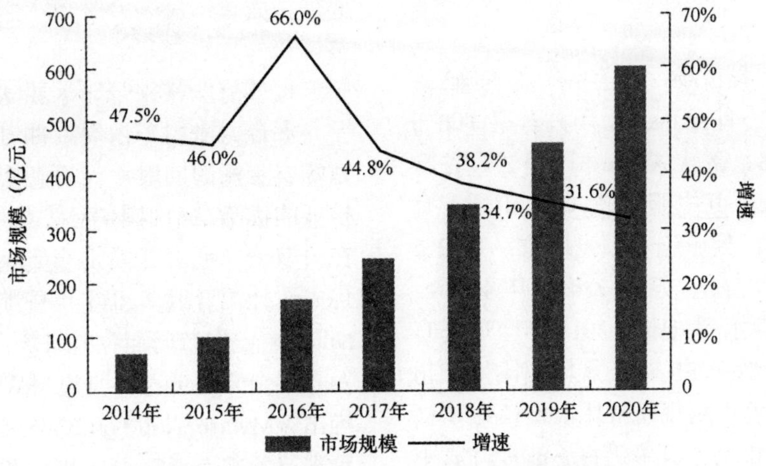


图 1　2014—2020 年我国公有云市场规模

数据来源：赛迪智库，2019 年 1 月。

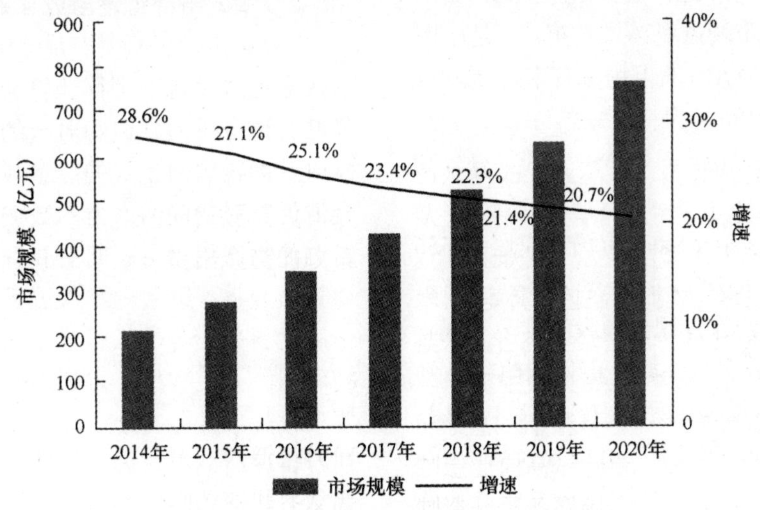


图 2　2014—2020 年我国私有云市场规模

数据来源：赛迪智库，2019 年 1 月。

（二）产业结构

从公有云服务的 3 个类别来看，2018 年，我国 SaaS（软件即服务）市场规模最大，占比约为 75%；IaaS（基础设施即服务）市场规模占比约为 17%，是我国云计算市场中增速最快的细分领域；PaaS（平台即服务）市场规模占比最小，约为 8%（见图 3）。随着云计算、大数据和人工智能的交叉创新，以及与传统行业的深度融合，云计算的服务化特征逐步成熟，基于云平台的综合解决方案和综合服务项目快速增长，增速已明显高出基础设施即服务和平台即服务。

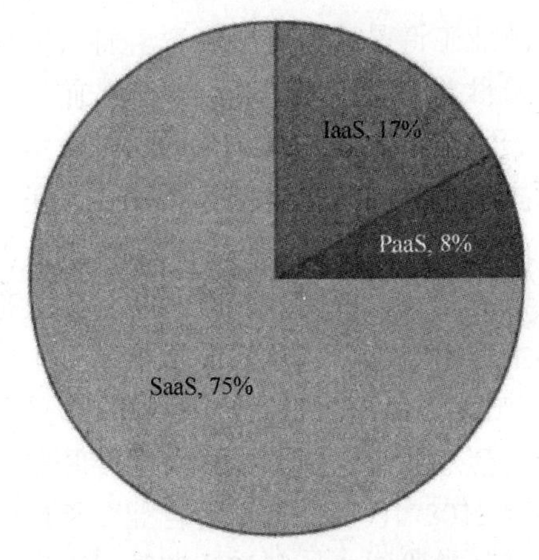


图 3　2018 年我国公有云服务架构占比

【发展特点】

（一）市场特点

1．IaaS 巨头主导市场，竞争格局基本确立

2018 年，全球公有云 IaaS 市场占有率 TOP 5 分别为亚马逊 AWS、微软 Azure、阿里云、谷歌云平台、IBM Cloud，其中亚马逊 AMS 市场占有率最高，达 51.8%，处于绝对领先地位；TOP 5 的市场占有率达到 75%，较 2017 年提升 4.6%，IaaS 市场基本被几大巨头把持。2018 年全球公有云 IaaS 市场占有率 TOP 5 的市场规模同比增长超过 25%，非 TOP 5 的市场规模整体增长仅为 8%，预计未来 TOP 5 的市场占有率仍将逐渐提升。中国公有云 IaaS 市场占有率 TOP 5 分别为阿里云、腾讯云、中国电信、金山云、亚马逊 AWS，其中阿里云以 45.50%的市场占有率排名第一，是中国 IaaS 市场的领头羊；TOP 5 的市场占有率达75.3%，竞争格局基本与全球市场保持一致。

2．SaaS 市场规模巨大，CRM、ERP、办公套件市场占有率居前三

2018 年，全球公有云 SaaS 市场规模达到 656 亿美元，同比增长 26.64%，占全球公有云市场总规模的 59.09%，是云计算规模最大的细分市场，预计 2021 年全球公有云 SaaS 市场规模将达到 1276 亿美元，年复合增长率为 18.1%。CRM、ERP、办公套件是 SaaS 版块排名前三的细分领域，三者合计占据市场 75%的份额。内容服务、商务智能应用、项目组合管理等服务虽然规模较小但增速较快，内容服务 2018 年的增速达到 53%，未来几年的年复合增长率将超过 30%。

3．PaaS 市场规模较小，受上下游挤压难以单独存在

2018 年，全球与中国 PaaS 市场规模分别为 128 亿美元和 12 亿元，市场规模远小于 IaaS 和 SaaS。2018 年国内 PaaS 市场占有率 TOP 5 依次为阿里云、Oracle、亚马逊 AWS、微软、IBM，TOP 5 的市场占有率达 52%。其中，阿里云、亚马逊 AWS、IBM 的 PaaS 业务均由 IaaS 向 PaaS 衍生而成；Oracle 和微软则在 IaaS、SaaS、PaaS 均有布局。PaaS 处于产业链中间环节，易受上下游挤压，且 PaaS 起步较晚，市场还处于激烈竞争状态时上下游竞争格局就已经确立，IaaS、SaaS 向中游 PaaS 衍生对其形成了强烈的挤压效应。

（二）创新特点

1．混合云将迎来快速发展

混合云采用多云混合部署，在保证核心业务系统安全性的同时，又可利用公有云低成本和可扩展的优势。据中国信息通信研究院的数据显示，在公有云、私有云及混合云策略中，82%的企业优先选择混合云。2018 年谷歌与超融合龙头厂商 Nutanix 合作布局混合云市场；阿里云联合 ZStack 发布混合云服务；亚马逊 AWS 与 VMware 合作推出 VMware Cloud on AWS 服务；微软推出多云管理服务 Cloud Service Map 助力多云混合部署，众巨头加码推动混合云市场进入快速增长期。

2．端云结合将逐渐成为趋势

2018 年，云计算厂商纷纷强化边缘计算服务，在边缘设备上进行计算和分析的方式有助于降低关键应用的延迟和对云的依赖。边缘计算在及时处理物联网生成的大量数据的同时，还可结合云计算对物联网产生的数据进行存储和自主学习，使物联网设备不断更新升级。边缘计算与云计算结合将帮助云向更靠近用户的方向延伸，便于满足新兴业务的低时延、高带宽等需求。随着物联网、人工智能、虚拟现实等对时效性和带宽要求较高的业务发展，端云结合互相配合、各负其责将逐渐成为趋势。

（三）应用特点

1．“云智能”开启新时代，智能云加速数字化转型

智能云是智能化应用落地的引擎，可缩短研究和创新周期。人工智能技术能够帮助企业实现降本增效，激发企业创新发展动能。然而，人工智能技术对研发能力要求高且资金投入量大，这在一定程度上限制了人工智能的落地进程。因此，企业希望“云智能”共同为产业赋能，根据各类业务场景进行需求匹配，以云的方式获得包括资源、平台、应用在内的人工智能服务能力，降低企业智能化应用门槛。当前，国内厂商纷纷布局智能云市场，积极开放自身智能化技术能力。同时，智能云服务落地多个行业应用，助力企业实

现数字化转型。在零售领域，通过对客户消费行为进行智能分析，制作客户画像，精准识别客户需求，从而大幅提升转化率。以阿里巴巴“新零售”、苏宁“智慧零售”和京东“无界零售”等理念为代表，提出打造智慧营销解决方案，以提升消费者体验为核心，实现精准营销。在金融领域，借助大数据分析进行智能反欺诈预测和风险控制。在医疗领域，远程诊疗平台、辅助诊疗系统、医学影像分析等依靠图像识别技术，大大提升了医生的诊疗效率，并在一定程度上提高了落后地区的诊疗水平。

2．各云计算应用领域发展稳健

政务行业是云计算应用最为成熟的领域，全国超9成的省级行政区和超7成的地市级行政区均已建成或正在建设政务云平台；金融行业是云计算深化应用的重要突破口，《中国银行业信息科技“十三五”发展规划监管指导意见（征求意见稿）》指出，到“十三五”末期，面向互联网场景的主要信息系统尽可能迁移至云计算架构平台；工业云是推动两化深度融合、发展工业互联网的关键抓手，在国家政策的指引下，全国各地方政府纷纷进行工业云发展规划，积极推进工业云的发展；轨道交通是城市运转的命脉，轨道交通信息化已经成为国家信息化的重要布局，轨道交通云正处于蓬勃发展、方兴未艾的关键时期。

（四）区域特点

1．我国各省云计算产业发展情况呈现由东向西递减的态势

根据《中国企业上云指数（2018）》披露的信息，2018年以山东、江苏、浙江、福建、广东为等代表的省份云计算产业发展最好，其次是陕西、河南、湖北、湖南、四川等省份，而甘肃等西部地区企业数字化程度较低，处于全国最后梯队。

2．云计算产业增速较快省份向中西部转移

随着地方政府采取企业上云补贴措施，大力推进云计算产业的发展，我国云计算产业发展较为落后的中西部地区开始迅速崛起。以四川、河南、陕西、湖北等地为代表的省份2018年云计算市场增速处于全国第一梯队；西部省份甘肃的云计算产业也有了明显起色，同比增速处于全国第三梯队；而处于云计算第一梯队的山东与广东等省份市场增速处于全国第二梯队。由此可知，进入2019年后我国云计算相对落后的中西部地区也开始快速发展起来。

# 大数据产业发展情况

我国各省市高度重视大数据发展，推动大数据发展已成为各级政府主管部门的共识。随着《促进大数据发展行动纲要》《大数据产业发展规划（2016—2020年）》等一系列国家大数据政策的深入推进实施，我国大数据发展的政策环境迎来了加速优化期。在2018年国务院机构改革中，“大数据”已经成为一大亮点。山东、福建、浙江、广西等省（自治区）新成立了省级大数据管理局。广东在原有大数据管理局的基础上，新组建了广东省政务服务数据管理局。贵州大数据管理局等已存在的机构，也被明确提升至贵州省政府直属机构级别。围绕大数据的咨询服务、知识产权保护、产权交易、品牌推广、投融资服务等服务机构也逐渐发展成熟。

【总体发展情况】

（一）产业规模高速增长

2018 年，我国大数据产业保持快速发展态势，产业规模持续扩大，产业链条加速完善，包括大数据硬件、大数据软件、大数据服务等在内的大数据核心产业环节的产业规模达到 5700 亿元，2020 年达到 1.2 万亿元，如图 1 所示。从大数据核心产业结构来看，基于大数据的服务仍然是核心产业的主体，其规模约占大数据核心产业规模的 90%。随着大数据在各行业领域的不断深入应用，大数据融合应用产业将迎来巨大的发展前景，其增速将远远超过大数据核心产业本身。此外，2019 年上半年，互联网大数据服务、大数据服务（纳入软件产业统计部分）增速突出，如图 2 所示，均高于全行业平均增长水平。

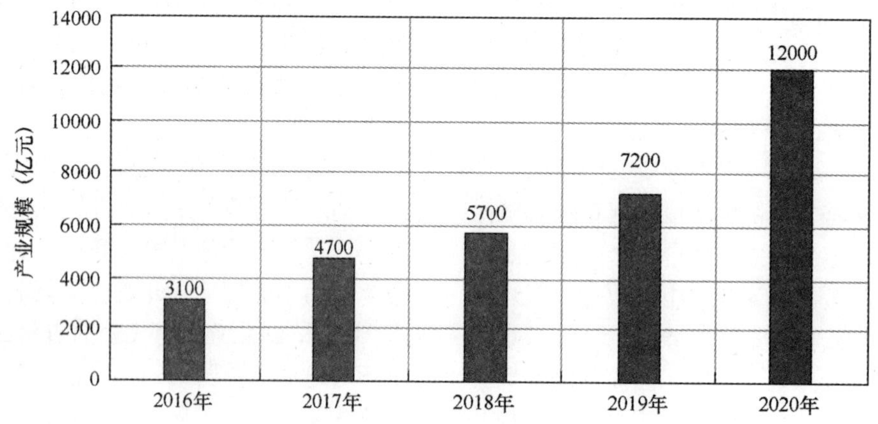


图 1　2016—2020 年我国大数据产业规模

数据来源：赛迪研究院，2018 年 12 月。

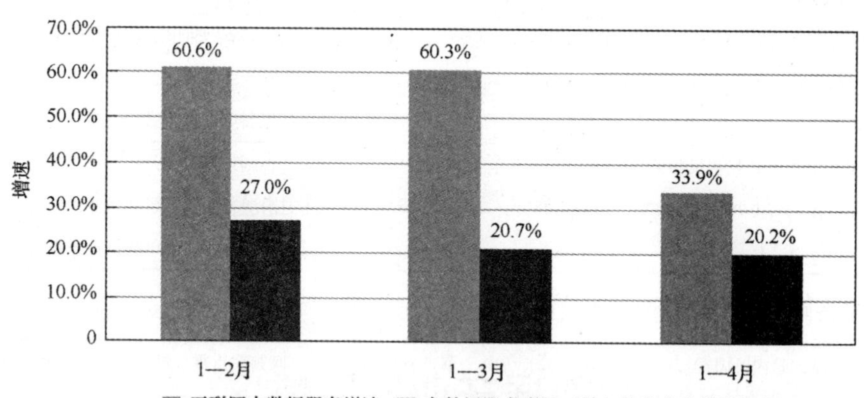


图 2　2019 年上半年互联网大数据服务、大数据服务（纳入软件产业统计部分）增长情况

（二）发展环境不断向好

2018 年，推动大数据发展已成为各级政府主管部门的共识。随着《促进大数据发展行动纲要》《大数据产业发展规划（2016—2020 年）》等一系列政策进入落地实施阶段，政策环境迎来了加速优化期。据研究机构统计，全国 30 多个省份制定、实施了大数据相关政策文件。在国务院机构改革中，“大数据”成为一大亮点。

山东、福建、浙江、广西等地区新成立了省级大数据管理局；广东在原有大数据管理局基础上，新组建广东省政务服务数据管理局；贵州大数据管理局等已存在机构，也被明确提升至贵州省政府直属机构级别。据不完全统计，截至 2019 年 6 月，全国 17 个地方已设置了省级大数据管理机构，超过 79 个地市成立了大数据管理机构。在人才培养方面，2018 年教育部在全国范围内新批准 248 所高校开设大数据专业；同时，成立了如达摩院、北京大学健康医疗大数据国家研究院、重庆邮电大学科大讯飞人工智能学院等大数据研究培训机构，不断加强大数据人才培养力度。在大数据标准化方面，2018 年贵州获批建设国家技术标准（贵州大数据）创新基地，用于加快制定大数据关键共性标准，并引导国内外企业加强大数据关键技术、产品的研发合作。在公共服务方面，围绕大数据的咨询服务、知识产权保护、产权交易、品牌推广、投融资服务等服务机构也逐渐发展成熟。

（三）骨干企业实力强劲

国内大数据企业实力不断增强，已具备自主开发建设和运维超大规模大数据平台的能力，一批大数据和智慧城市方面的独角兽企业快速崛起。业务覆盖领域日益完备，垂直领域业务布局不断深化，在数据采集、数据存储、数据分析、数据安全与数据可视化等领域均成长起一批有一定实力和特色的大数据企业代表，国内大数据企业生态地图不断完善。此外，国内大数据企业技术创新能力不断增强，大数据产品和服务创新层出不穷，大数据和智慧城市领域专利申请数量逐年增加。目前，据不完全统计，我国大数据领域的专利公开数量约占全球的 40%，居世界第 2 位，全国新产品、新服务、新模式不断涌现。

（四）行业应用逐渐深入

2018 年，随着《国务院关于深化制造业与互联网融合发展的指导意见》等一系列政策文件的出台、实施和深入贯彻，制造业数字化、网络化、智能化转型步伐不断加快。高质量数据已成为工业系统运行的核心要素，用于推动大中型企业实现智能制造升级和工业互联网转型，并支撑中小企业创新创业。企业级工业大数据平台应用场景不断丰富，百度的工业大数据监测平台已逐渐延伸到汽车、日化等行业；三一重工利用大数据分析技术为智能工程机械物联网提供有效决策支持。工业大数据生态环境不断优化，在工业和信息化部领导下成立的工业互联网产业联盟，目前会员已突破 400 家，已从产业需求、技术标准、应用推广、安全保障、国际合作等角度开展了多项务实工作并取得了诸多研究成果。此外，大数据与电信、金融、医疗、制造业等领域融合应用催生出越来越多的新业态、新模式，推动数字经济走向应用和服务深化的发展新阶段。

（五）区域布局持续优化

2018 年，以八大国家大数据综合试验区为引领的大数据发展态势已基本形成。京津冀地区着力打造大数据走廊格局，已初步形成大数据协同发展体系；以上海为核心的长三角地区，持续推进大数据与当地智慧城市建设，以及与云计算、人工智能等其他新一代信息技术发展深度结合；珠三角地区在大数据应用创新、产品研发及产业管理方面率先垂范、具有成效；贵州、重庆、河南、沈阳 4 个大数据综合试验区近年来大数据产业发展势头迅猛，有望成为我国大数据发展的新增长极；而位于内蒙古自治区的基础设施类综合试验区，充分发挥其在气候、资源、地形上的优势，不断加大资源整合力度，与东部、中西部地区的产业合作不断增强，在绿色集约的原则下逐步开始了跨越式发展。

**【发展特点】**

（一）技术特点

1．大数据与新兴技术交叉融合态势日趋增强

大数据通过与人工智能、云计算、物联网、边缘计算等新兴技术渗透融合，在智能制造、绿色低碳、共享经济、现代供应链、中高端消费等领域培育形成了新的增长点，成为创新发展的重要驱动力。1999 年“大数据”术语首次出现在《美国计算机协会通讯》中，这代表大数据技术正式诞生。2001 年 Gartner 首次开发大数据模型，此后谷歌、雅虎相继入局，分别发布了第一个大规模商用分布式文件系统 GFS 和第一个 Hadoop 分布式计算系统。此后，随着大数据进入技术上升期，大数据基础技术逐步成熟，更多 ICT 企业入局大数据领域，并成为投资新热点。该时期大数据分析类、事务处理类、流通类技术快速发展，算法算力大幅提升，大数据进入广泛应用时期。其在 Gartner 新兴技术成熟度曲线中也逐步从期望膨胀爬升期逐步过渡到期望膨胀巅峰期，最后到泡沫破裂低谷期。自此，大数据不再作为热点出现在 Gartner 的新兴技术成熟度曲线图上，其发

展回归理性。继续深入研究 Gartner 新兴技术成熟度曲线图可以发现，2015 年智能顾问、微数据中心、数字化办公成为新热点；2016 年智能机器人、机器学习成为新热点；2017 年深度学习、自动驾驶、边缘计算、认知计算进入期望膨胀巅峰期；2018 年边缘人工智能、智能机器人、深度神经网络、数字孪生成为新热点。可以认为，大数据不再出现在 Gartner 新兴技术成熟度曲线上，标志着大数据进入融合发展时期，大数据技术不再独立成为热点，而是融合渗透到人工智能、云计算、边缘计算等新兴信息技术之中，并通过紧密相关的新兴技术发展体现其价值。

2．开源技术仍是大数据技术创新的重要模式

开源是大数据技术创新的主要模式，开源大数据软件是推动大数据技术发展和服务创新的重要基础。根据初步统计，开源软件和开源工具包括计算软件、存储软件、查询软件、基础平台、平台管理、系统工具、数据应用等多个类型，覆盖了大数据服务产业发展的各环节。基于开源软件，企业可以快速构建大数据应用平台，提供各种各样的大数据服务。根据开源中国的统计，截至 2018 年 1 月，数据库、平台管理等大数据领域的开源软件超过 2000 个。大数据领域开源软件的丰富和不断创新为大数据服务企业提供了必要的技术支持，是推动大数据服务产业发展的重要力量。

### （二）结构特点

1．数据治理成为保障数据价值发挥的重要一环

随着大数据的高速发展，数据资源的基础性战略资源作用日益凸显。数据规模随之提升到 PB（千万亿字节）级乃至 EB（百亿亿字节）级。据研究机构统计，近年全球数据总量快速增长，2012—2020 年全球数据总量年增长率维持在 50%左右，2019 年全球数据流量在 2005 年的基础上增长 66 倍，2020 年全球数据总量达到 44ZB。我国数据总量正在以年均 50%的速度增长，2020 年达到 8000EB，占全球数据总量的 21%，成为世界第一的数据资源大国和全球数据中心。随着数据规模的爆发式增长，数据资源管理、数据开放共享、数据流通、数据安全等问题日益突出，推动数据治理成为数据资源体系建设的关键一环。

2．工业大数据成为行业应用的重要方向

当前，我国正处于加快建设现代化经济体系的关键阶段，现代化经济体系建设的着力点主要在实体经济，而我国作为制造大国，加快发展先进制造业，成为当前我国经济建设的重要任务。大数据技术是指对数量巨大、来源分散、格式多样的数据进行采集、存储和关联分析，从中发现新知识、创造新价值、提升新能力的新一代信息技术和服务业态。发展工业大数据，加快推动大数据与实体经济的深度融合已成为行业应用的重要发展方向。加快发展工业大数据也是深入贯彻国家大数据、数字经济、工业互联网创新发展战略的重要抓手。随着各项政策红利的相继释放，工业大数据将迎来重要机遇期，在工业产品创新、工业物联网、工业供应链等方面将不断创造价值，持续推动我国工业高质量发展。

工业互联网平台成为工业大数据竞争的制高点，我国制造业企业围绕平台布局实现转型升级的步伐将显著加快。随着各地工业大数据试点示范工作的全面开展，工业大数据骨干企业和创新型企业的服务供给能力不断提升，工业大数据在加速产品创新设计、产品故障诊断与预测、供应链的分析和优化等具体生产场景中的引领作用将不断强化。

### （三）企业特点

1．龙头企业积极构建数据服务生态

随着数据的基础性、战略性资源作用日益凸显，全球龙头企业加快构建以云平台为载体、以端到端的行业数据服务为核心、以业务深度融合为特征的产业生态。在国际上，Saleforce 以 157 亿美元收购商业智能和分析软件 Tableau，在产品中集成数据分析功能，提升客户关系管理、营销等业务环节的智能化水平。在国内，百度、腾讯、阿里巴巴和华为等巨头公司更多地基于平台技术优势抢占基础支撑市场，并进一步与垂直行业数据企业合作，在大金融、大健康、大安全、融媒体、智慧政府等领域构建产业生态。在这个趋势下，更多的企业将依托自身数据能力，“嫁接”行业优势资源，积极打造大数据时代产业竞争新优势。

2．行业企业深耕行业应用需求，提升垂直领域竞争优势

除大型互联网企业外，我国行业领军企业和深耕行业信息化的科技企业聚焦于行业应用，研制面向特定应用场景的行业解决方案，为特定行业企业提供大数据服务。经过多年的积累和发展，工业、金融、电信、政务、商贸等领域数据资源较为丰富，信息化发展水平较高，为行业大数据的发展提供了有利条件。在此背景下，垂直领域的大数据服务业呈现快速发展态势，在营销、预测、预警、智能管理等场景下实现应用，行业企业继续加大布局力度。

# 人工智能产业发展情况

人工智能，也被称为机器智能，是指利用机器实现必须借助人类智慧才能实现的任务或行为，其本质是对人类智能的模拟、延伸甚至超越的一门新技术学科。从产业视角来看，狭义的人工智能产业涵盖基于人工智能算法和技术进行研发和拓展应用的企业，主要提供人工智能核心产品、服务及行业解决方案；广义的人工智能产业则包括计算、数据资源、人工智能算法和计算研究、应用服务在内的企业。

## 【总体发展情况】

2018 年，人工智能呼声依然高涨，我国人工智能产业发展势头良好，政策环境不断优化，技术创新势头高涨，行业应用逐步深入，产业化能力稳步提升。截至 2018 年年底，超过 20 个省份发布了人工智能专项扶持政策，中国人工智能核心产业规模达到 686 亿元。

### （一）产业规模

人工智能作为重要的基础性信息技术研究方向，其发展并不是完全独立的，而呈现出与其他信息技术方向协同演进的特征。在各方的推动下，全球人工智能及其相关产业规模持续提升。根据中国电子学会统计，2018 年全球人工智能核心产业市场规模超过 555 亿美元，较 2017 年增长 50.2%。我国已成为全球人工智能专利布局最多的国家，论文总量与高被引论文数量均居世界首位。

### （二）技术创新

近年来，我国科研机构和高等院校结合产业发展状况和趋势，不断加大对人工智能领域的研究，为关键技术突破、企业人才输送等提供了重要支持。在基础技术方面，我国在人工智能芯片、底层算法、机器学习和语音识别等领域取得了具有创新竞争力的成果，人工智能技术将在越来越多的应用场景中落地。

2018 年 3 月，云从科技凭借其对抗神经网络技术代表中国人工智能企业入选美国《麻省理工科技评论》全球“十大突破性技术”榜单；2018 年 9 月，依图智能人像大平台获得 SAIL 创新奖。在创新应用方面，2018 年 7 月百度发布中国首款云端全功能 AI 芯片“昆仑”；2018 年 10 月华为发布全球首款覆盖全场景人工智能的 Ascend 系列芯片。在创新生态支撑方面，2018 年 2 月，商汤科技联手美国麻省理工学院成立人工智能联盟，共同推进人工智能技术研究；2018 年 9 月，阿里巴巴宣布此前收购的中天微和达摩院自研芯片业务整合成“平头哥半导体有限公司”，主要研发人工智能芯片和嵌入式芯片，同时负责产业化推广、生态构建等任务。

（三）区域分布

从地域来看，由于人工智能产业属于典型的智力密集型行业，我国人工智能企业主要集中在北京、上海、广州、深圳、杭州等智力资源丰富的区域。据赛迪顾问发布的“2018年中国人工智能城市排行榜”显示，北京、上海凭借其在政策、科研、产业、资本等领域的优势，位于第一梯队，分别排名第1位、第2位；杭州、深圳有良好的创业企业积淀，分别排名第3位、第4位；合肥依靠科研、政策优势异军突起，排名第5位；广州、重庆、苏州、武汉、南京分列第6～10位。

（四）产业结构

从人工智能产业结构来看，我国人工智能领域有以下3类企业。

一是拥有大量的数据资源，从数据出发，不断强化人工智能核心算法，并率先将人工智能技术应用到其自身业务中的企业，典型企业包括百度、阿里巴巴、腾讯、京东等。作为近几年在人工智能领域投入最多的企业之一，百度建立了深度学习研究院，自成立以来获得了270余项神经语言程序学领域专利和120余项深度学习专利。阿里巴巴于2018年9月在云栖大会上推出了两款智能机器人、AliGenie 3.0人工智能平台和一套智能驾驶生态。两款智能机器人有视觉导航技术、多模态交互能力、可变舱体空间及双向往复的行进能力，可以实现自身实时定位与导航，辅助用户运输或配送物品。AliGenie 3.0人工智能平台是阿里巴巴研发的第三代人工智能平台，这个平台使机器能够感知环境、识别障碍物、定位自身位置，搭载AliGenie 3.0的智能机器人可以完成更多任务。2018年6月，腾讯机器学习平台打破AI训练世界纪录，在ImageNet数据集上用4分钟训练好AlexNet，大幅提高了AI模型训练速度。

二是拥有人工智能核心算法，并依托技术优势不断强化底层数据和计算基础，发展各类面向应用的产品和服务的企业。这类人工智能企业通常专注于产业链垂直领域，典型企业有智能语音市场的领先企业科大讯飞、专注于安防领域人脸识别的商汤科技和Face++、聚焦于中文语音搜索的出门问问、语音识别领域的“领头羊”云知声、消费级视频识别技术的开拓者Video++等。

三是从应用端出发，面向各类应用场景开发相应的智能服务产品和解决方案，并以此为基础不断强化基础储备和技术能力的企业。这类企业主要以初创企业为主，例如，地平线机器人、旗瀚科技、智位科技、科沃斯等机器人企业，大疆、臻迪科技等无人机企业，华大基因、碳云智能等智能医疗企业，等等。

**【发展特点】**

（一）政策特点

党中央与各级政府一直高度重视人工智能技术创新和产业发展。2018年3月，李克强总理在《政府工作报告》中指出，要加强新一代人工智能研发应用，发展智能产业，拓展智能生活。2018年5月，科技部印发的《关于技术市场发展的若干意见》指出，要推进人工智能等行业性技术交易市场发展，发挥专业化众创空间等创新创业服务载体的作用，提供专业化技术转移服务。2018年10月，中共中央政治局就人工智能发展现状和趋势举行第九次集体学习，习近平总书记强调要深刻认识加快发展新一代人工智能的重大意义，加强领导，做好规划，明确任务，夯实基础，促进其同经济社会发展深度融合，推动我国新一代人工智能健康发展。同时，多个省市也专门针对人工智能产业发布相关政策。

（二）投融资特点

根据IT桔子数据，2018年我国人工智能行业发生投融资事件602起，总融资额达1278亿元；投融资事件同比增长71%，投融资额同比增长69.5%。

从技术领域的角度来看，计算机视觉与智能驾驶是最热门的两大领域，而机器人、智能芯片、智慧医疗等领域也颇受资本青睐。

从地域分布的角度来看，北京的人工智能企业吸引了超过70%的投资资金，96%的投资资金集中投向北京、深圳、上海、杭州、广州。

从投资轮次来看，绝大多数项目处于发展初期，A轮及以前的投资项目共有117个，占比为

58.2%，早期项目融资活动更为频繁；B 轮、C 轮、D 轮获投资项目较少、金额大，所得投资金额占比为 60.31%。整体来看，2018 年投资机构偏好中后期项目。

### （三）应用特点

人工智能技术在各行业领域有广阔的应用空间和应用价值，在安防、金融、汽车、家居、医疗、健康、教育、物流、出行等领域已经有了较为成熟的应用。但由于各行业信息化水平存在差异，智能服务的发展层次不尽相同。

一是安防是人工智能应用最成熟的领域。从应用的实际需求出发，人工智能技术在安防领域的应用场景众多，如人脸识别、车牌识别、身份证比对、被动人像卡口、嫌疑人照片检索等应用。2018 年 5 月，海康威视与上海市公安局交警总队共同成立“智瞳”图像创新应用联合实验室，面向一线交警实际需求打造信息服务体系。

二是金融成为我国人工智能应用先锋。在金融领域，人工智能可用于身份验证、市场分析、商业智能、人力资源管理、客户服务、风险控制、反欺诈、反洗钱、金融分析和交易等。人脸识别技术已应用在柜台人脸识别辅助、ETM 可视化柜台、远程开户等场景中；智能视频分析技术应用于 ATM 及自助厅自动报警；语音识别、语义识别技术应用于机器人大堂经理。2018 年 6 月，招商银行与上海交通大学共同建立“上海交通大学—招商银行掌上生活 AI 联合实验室”，这也是银行业首个 AI 实验室。

三是自动驾驶加速落地。在汽车领域，围绕智能驾驶汽车，人工智能在 3 个关键环节均有所应用和体现，即环境感知、路径规划与决策、高精度定位。在汽车领域，百度、地平线等企业已经开展了卓有成效的实践。2018 年 1 月，百度正式公布阿波罗 2.0 自动驾驶技术平台，在全球与 90 多个合作伙伴共同推进自动驾驶技术的研发。

# 区块链产业发展情况

区块链（Blockchain）通过去中心化方式集体维护可信数据库，具有去中心化、防篡改、高度可扩展等特点，正成为继大数据、云计算、人工智能、虚拟现实等技术之后又一项对未来信息化发展产生重大影响的新兴技术，有望推动人类从信息互联网时代步入价值互联网时代。美国、日本和欧盟一些国家和地区纷纷将区块链发展上升为国家重要战略，大力推动区块链技术研发和应用推广。我国也高度重视区块链产业发展与技术创新，在区块链政策和监管方面，我国政府及各部委积极布局，不断完善顶层设计，在相关部门的大力推动下，区块链监管体系正在逐渐完善，区块链发展环境逐渐得到优化。在区块链产业和企业方面，我国已经逐渐形成以百度、腾讯、阿里巴巴等互联网巨头、传统制造企业、金融机构、初创企业、研究机构为核心的产业链条，产业分工逐渐细化，产业规模不断增长，应用落地项目不断涌现。根据赛迪智库统计，截至 2018 年年底，中国在区块链专利申请数量上领先全球，区块链专利数量约占世界主要国家区块链专利数量的 67%，产业实力和核心竞争力不断增强。

【总体发展情况】

（一）产业规模

区块链技术快速发展，助推产业规模与竞争持续升级。2018 年，区块链技术不断完善，我国区块链产业进入快速发展阶段，区块链赋能传统行业为我国区块链产业发展带来崭新机遇，引发大型 IT 企业纷纷布局区块链，不断提升产业规模与核心竞争力。从产业规模来看，2018 年，我国区块链产业形态不断成熟，在资本的助推下产业规模持续增大。根据赛迪区块链研究院公布的报告，2018 年我国区块链产业规模约 10 亿元，区块链相关产品交易、教育等衍生产业的规模约为 40 亿元。根据赛迪智库的初步推算，预计我国区块链市场将迎来快速增长，2022 年我国区块链市场产业规模预计达到 31.1 亿美元，2018—2022 年的年复合增长率为 76.3%。从行业竞争来看，伴随着区块链技术的不断成熟和资本市场的热捧，各大银行、科技巨头纷纷强势加入，助推竞争升级。根据赛迪智库的统计，人民银行、四大国有商业银行、各地区城市银行、股份制商业银行及民营银行等 34 家银行正在进行区块链应用探索。阿里巴巴、腾讯、华为等互联网科技企业均加大了在区块链领域的布局，积极加入相关组织并布局相关业务。截至 2018 年 12 月，我国提供区块链专业技术支持、产品、解决方案等服务，并且有投入或产出的区块链企业共 672 家，其中从事“区块链+金融”领域的企业有 179 家，占总数的 26.6%；金融、供应链、溯源、硬件、公益慈善 5 个领域领跑区块链应用，共有区块链企业 401 家，约占总数的 60%。2016—2018 年我国区块链企业数量与产业规模变化如图 1 所示。

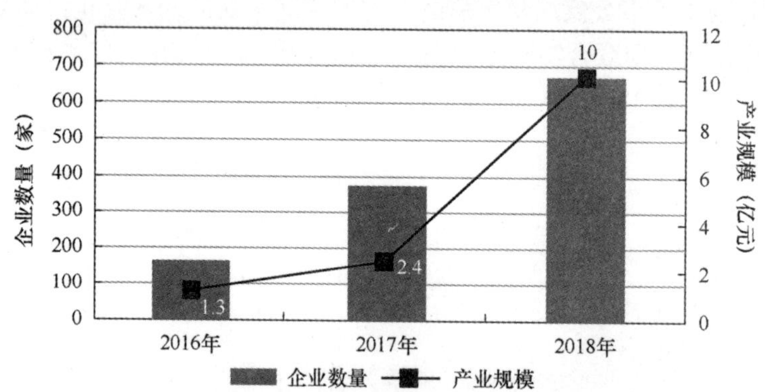


**图 1　2016—2018 年我国区块链企业数量与产业规模变化**

数据来源：赛迪区块链研究院，赛迪智库整理，2019 年 9 月。

（二）产业结构

区块链技术应用场景日益丰富，产业结构持续完善。自 2018 年以来，我国区块链相关应用日益趋向多样化，区块链技术在医疗健康、文化娱乐、社会管理、版权保护、教育和共享经济等领域增长趋势明显，应用需求驱动产业结构持续完善。从产业结构来看，我国区块链产业结构可以分为 3 个层次。第 1 层为硬件基础设施和底层技术平台层，主要包括矿机、芯片等硬件，以及基础协议、底层基础平台等；第 2 层为通用技术扩展层，主要聚焦于区块链通用应用及技术扩展平台，包括智能合约、快速计算、信息安全、数据服务、分布式存储等业务形态；第 3 层为行业应用层，主要将区块链技术与行业应用场景相结合，提供面向行业应用的解决方案，主要面向金融、供应链管理、医疗、能源等领域。根据赛迪智库的统计，2018 年我国从事区块链行业应用研发项目的企业数量居首位，占比为 38%；其次是底层平台研发企业，占比为 25%；基础设施和硬件制造、通用技术、服务设施企业相对较少，占比分别为 17%、13%、7%。从产业链细分领域和各领域占比来看，我国区块链产业服务同质化现象渐显。

【发展特点】

（一）政策特点

政策和监管并行，双重驱动区块链产业良性发展。2018 年，我国政府及各部委积极布局区块链，出台相关政策和监管条例，积极推动区块链与大数据、人工智能、云计算等信息化技术的融合，鼓励区块链技术在金融科技等领域的创新应用，优化区块链产业环境。

从政策方面来看，一是国家层面的区块链政策主要分为顶层设计和应用推广两大类，顶层设计类主要梳理区块链在我国经济和信息化发展中的总体思路，应用推广类主要涉及区块链赋能我国实体经济的发展策略，加速技术融合，推动区块链产业应用落地；二是地方政府从基础设施建设、产业扶持、技术研发创新及产业应用落地等角度积极出台配套政策支持区块链产业发展。北京、上海、深圳、广州等城市纷纷出台区块链相关政策，贯彻国家有关区块链发展战略，积极鼓励、支持区块链产业发展，推动区块链应用落地。根据赛迪智库统计，截至 2018 年，我国已有 29 个省级行政区出台区块链相关政策，共计 149 条。

从监管方面来看，国家及地方监管部门不断探索区块链监管体系的建设，依托密码算法、签名、底层框架技术等技术手段，以行业标准和规范制定为抓手，持续优化区块链产业环境，推进区块链应用健康落地。根据赛迪智库统计，2018 年我国组织区块链标准及行业规范制定相关重要会议 10 次以上。

### （二）企业特点

初创企业实力渐显，巨头企业强势加入。2018 年，我国区块链企业数量增速较快。根据赛迪智库统计，2018 年我国共注册成立区块链相关企业 299 家，同比增长 89%；2018 年新成立的区块链企业约占全部企业的 44%。根据赛迪区块链研究院发布的区块链初创企业百强榜单，云象、阿尔山、天德科技、太一云、数秦科技等区块链初创企业纷纷入选。各企业的团队实力、科研实力、创新实力、产品竞争力、运营能力均表现优异，企业研发团队占比超过 5 成的企业达到 73 家，实现盈利的企业占比达 70%。此外，国内科技及互联网巨头纷纷布局区块链产业，并推出各自的产品及应用案例。阿里巴巴、腾讯、华为依托自身云平台建设基础打造基于云计算的区块链 BaaS 服务平台；海尔、东软、迅雷、360 等企业以主打行业为基础，积极拓展区块链应用布局，在工业互联网、分布式系统、区块链安全等领域取得了一定成果。

### （三）应用特点

区块链应用加速推进，产品研发和平台建设尚存在不足。2018 年，区块链行业应用仍处于探索期，在区块链企业、互联网企业等多方共同推进下，一批新产品、新平台、新服务不断涌现，以合作共建、平台先行为突出特点的应用模式持续显现，我国区块链应用正持续展开。从综合应用来看，当前我国区块链行业应用仍处于起步阶段，形成的应用产品有待市场验证，建设的应用平台需要实际落地。从细分行业来看，金融领域是我国区块链技术应用最为活跃的领域，在数字货币、跨境支付、资产管理、供应链金融等方面已经形成了一批能够承担实际业务的新产品，市场推广正逐步展开；在电子存证和公益慈善领域，区块链技术的应用已经取得了阶段性成果；在医疗服务、政府管理、交通物流、现代征信等领域，很多企业已经在探索和开展区块链应用，但由于产品研发和平台建设需要一定时间，目前成熟的产品和平台相对较少，应用水平相对较低。

# 专题研究篇

# 工业互联网赋能制造业数字化转型

国家制造强国建设战略咨询委员会委员
工信智能制造专家咨询委员会主任
朱森第

在各方倡导推动下，工业互联网风起云涌、高潮迭起，一时成为各地、各行业的热点、重点，也成为制造企业拥抱的对象。与此同时，大数据、云计算、物联网、区块链、人工智能、边缘计算等新技术纷至沓来。公有云、私有云、云制造、雾计算等新词层出不穷，让企业尤其是中小企业，感到云里雾里、摸不着头脑。

工业互联网，顾名思义，应该围绕工业、服务工业、提升工业。我国工业正处于转型升级、高质量发展的重要时期。作为工业之主体，制造业正处于前所未有的重大变革中。转型升级、高质量发展，异常紧迫地提到日程上来。如此多的新技术密集地“+”到制造业领域，制造业有些不知所措。制造业被重新定义，如制造业服务化为服务业、制造业被平台经济覆盖。种种提法，引发人们的困惑和思考。信息社会制造业的地位如何，智能时代制造业如何发展，工业互联网如何与制造业融合，一系列复杂问题亟待求解。为此，有必要从制造业的发展、制造系统演进，到数字化转型及工业互联网来梳理发展和演化的脉络。

## 【制造业发展和制造系统的演进】

时代的变迁，社会的进步，不是弱化制造业、消亡制造业，而是演化制造业、提升制造业。考察制造业发展，最基本的视角是研究制造系统的演进。制造系统凝结了科学技术的成果、思想理论的精华、社会人文的良知。无论是远古时代，还是信息社会，人类生活的基本需求，衣食住行使用的物品，以及更进一步的精神文化生活所需的物品，都离不开制造业。难以想象，当社会没有制造业将是何种情形。信息社会的信息采集和传输、数据的挖掘分析，所用的装备都是制造出来的；智能时代人们须臾不可离开的智能手机、智能终端，都是制造出来的；探索未知的天眼和飞船，也是制造出来的。

制造是一种经济活动，是指经物理变化或化学变化后成为新产品的经济活动。不论人类社会如何发展、产业形态如何变化，其经济活动始终存在。但随着社会的不断发展、技术的不断进步，制造业也在不断发展；制造业的发展又推动了社会的进步。

可以说，千百年来人们从未停止过对制造技术研究和制造活动方式探求的步伐。在某一时期，人们按一定技术和逻辑以某种相对定型的方式来组织制造活动，从而形成一定的制造模式。

近百年来，制造模式不断涌现、层出不穷。制造系统是制造活动赖以进行的载体，是由人和劳动资料构成的。“各种经济时代的区别，不在于生产什么，而在于怎样生产，以及用什么劳动资料生产。劳动资料不仅是人类劳动力发展的测量器，而且是劳动借以进行的社会关系的指示器。”可以说，制造系统的不断演进，是人类文明进步的标志。

工业革命初期的制造系统，无疑是由人和简单的工具组成的。之后，有了流水线生产；之后，有了自动化生产线，工人跟着生产线的节拍走；

再之后，自动化程度不断提高，工人成为生产线不可分割的一部分，像机器那样工作，而机器又如人那样灵巧地动作。可谓人如机器、机器如人。制造系统的演进，从未停止过，如今，正朝着智能化方向发展。

观察制造系统的演进，可以从中抽取什么特征来表征其演进过程？

从制造系统演进过程可以发现两个特征性的变化：一是从“以人力为主”到“人是机器，机器是人”，再到“人力逐渐退出”；二是从“人操作生产工具”到“机器按程序运行”，再到“自学习系统”。第一个变化反映了人力在制造系统中的比重逐渐降低；第二个变化反映了制造系统中固化的人的知识和经验所占比重逐渐提高。图 1 展示了这种变化趋势，由此可以预期制造系统演进的方向，人们力求人力（强调是人力而不是人）从制造系统中退出，使系统学会像人一样思考和工作，成为一个自学习系统。新一代信息技术、人工智能与制造业的融合发展，有力促进了制造业往这个方向逼近。

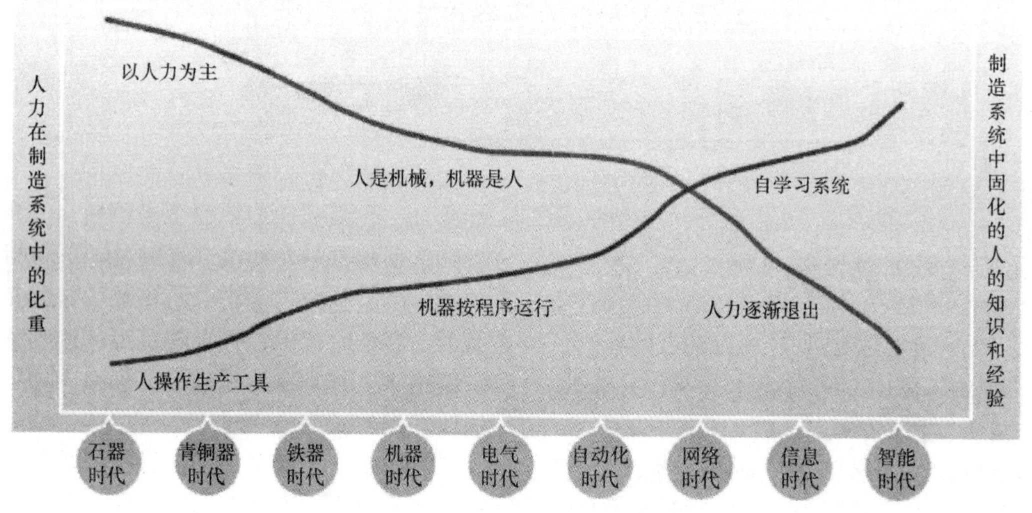


**图 1　制造系统演进的表征**

**【智能制造和数字化转型】**

制造企业向数字化转型是应对重大变革的唯一正确选择。大多数制造企业尚处于转型的前夜或初期，少数企业已开始数字化转型。相对于数字产业化，产业数字化空间大，其复杂程度和实施难度也大，是数字经济发展的重点和难点。

我国制造业在实施制造强国战略过程中，以两化融合为主线，以智能制造为主攻方向。之所以做出这种选择，是基于对全球制造业发展格局重大变化的把握，是基于对如何提升我国制造业的思考，也是基于对有效解决效益效率、质量品种、资源消耗、环境影响等突出问题的权衡。早期的制造业两化融合，就是力图解决这些问题。

自 20 世纪 80 年代开始，我国制造业在信息化的推动下，经过甩图板、CAD 应用工程、甩账表、CIMS（计算机集成制造系统）工程，在计算机应用、信息集成、快速响应市场、提高效率等方面取得了长足进步。计算机技术和集成电路的快速发展，使制造系统构建起神经系统和控制系统成为可能，从而有利于制造系统的高效运转，有利于制造系统的物料流、信息流、能量流、资金流、业务流、人员流的顺畅、准确、有效。几十年来，人们为此而努力，各种不同的制造模式应运而生。精益生产（LP）、敏捷制造（AM）、柔性制造（FM）、计算机集成制造（CIM）、协同制造（HM）、网络合作制造（NCM）、可重构制造系统（RCMS）、大批量定制化生产（MCP）、分散网络化生产系统（DNPS）、自组织生产系统（SOPS）等制造模式和制造系统集中体现了人们对提升制造业的不懈努力和孜孜追求。但在那个年代，人们未能解决制造系统信息孤岛的问题。

当今时代，新一代信息技术和其他高新技术

发展迅猛异常，加速了制造模式的创新和制造系统的演进。让制造系统更加智能，使其更能自动适应市场变化和制造条件的变更，智能制造已不是遥不可及的追求，而是可以脚踏实地地实施。智能制造是以往努力的延续，是几十年技术的积淀。有关智能制造内涵的表述，仁者见仁、智者见智，众说纷纭。笔者比较认同这种表述："智能制造是基于新一代信息通信技术与先进制造技术深度融合，贯穿于设计、生产、管理、服务等制造活动的各环节，具有自感知、自学习、自决策、自执行、自适应等功能的新型生产方式。"

智能制造是制造业的发展方向和目标，这个目标的实现需要经过制造业智能化的过程，关键是构建智能化制造系统。一般来说，一个智能化制造系统由 5 个层级构成（见图 2）。各层级间需要实现信息集成，底层设备间更需要实现互联互通。目前，制造系统底层设备间的信息互联，通过各种现场总线得以实现，如 Profibus、CanBus、LonWorks、CC-link、DeviceNet、Modbus 等。层级间则通过工业以太网实现通信。信息集成的前提是设备各种各样的信息需要表达为计算机能读懂的数字语言。这就要求凡在制造系统内的各种设备必须先进行数字化，然后才有可能按照智能制造的要求进行调度、运行。智能制造还需要将企业的各类业务流程、运营过程均纳入制造系统中。因此，业务流程、运营过程也需要进行数字化，并贯穿于全生命周期。一句话，制造企业必须成为数字化企业，实现数字化转型，才能适应信息时代。

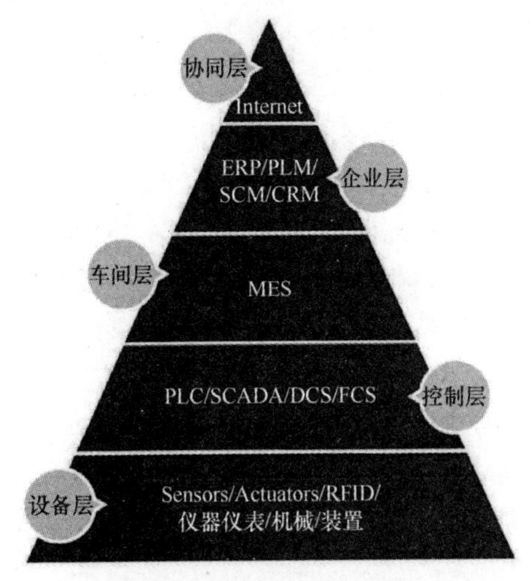


图 2　智能化制造系统

数字化转型的主要内容包括要素、过程和产出的数字化。要素数字化体现在推动数字技术创新，推进生产设备的数字化改造，培育融合型数字化人才；过程数字化主要涉及研发、设计、采购、生产、销售等业务流程的数字化升级；产出数字化体现在产品的智能升级和服务模式的数字化创新。

数字经济的热潮正迎面涌来，相对于数字产业化，产业数字化的空间要大得多，其复杂程度和实施难度也大得多，因而发展速度低得多。产业数字化是数字经济发展的重点和难点。工业互联网将数字化技术和工业（尤其是制造业）连接起来，使物物连接成为可能，使制造系统智能化易于实现。

## 【工业互联网和平台】

工业互联网平台建设有 3 种情况，一是基础云建设方，向上延伸到应用行业；二是互联网公司，向自身熟悉的行业靠拢；三是制造企业在智能化改造中取得经验和技术后，建设面向行业的平台。

工业互联网是互联网和新一代信息技术与工业系统全方位深度融合所形成的产业和应用生态，是工业智能化发展的关键综合信息基础设施。对工业互联网的理解也多种多样，与工业互联网类似的名称有产业互联网、工业物联网、物联网、工业中的互联网等。

工业互联网将已在企业内部运行的内网和企业间相互通信的外网涵盖在内，成为制造企业数字化转型的关键支撑，成为制造业智能化必需的网络环境和基础设施。智能化制造与工业互联网密不可分，智能化制造依托工业互联网实现，工业互联网扶持制造业走向智能化。工业互联网的主要应用场景和用武之地在制造业，但是，工业互联网并非狭隘的"设备联网"或"机器换人"，而需要将制造业知识、软件与硬件三者相互融合。

由于工业互联网可将位于各处的成千上万台的设备和硬件接入互联网中，实现泛在互联，因此又遇到了突出的问题，即大量的数据都上到云上，使互联网不堪重负。于是有了边缘计算技术，即将若干底层设备的数据先行处理，再将经过“预处理”的数据放到云上。从云端着眼，“预处理”位于云的边缘，故称为边缘计算。有些单位在构建工业互联网平台时，将其称为“雾计算”。云计算、雾计算，还有众多新名词、新概念，难免有点让人感到云里雾里。

工业互联网产业联盟在工业互联网体系架构 1.0 的基础上，继续不断完善，于 2019 年 8 月在重庆正式发布了工业互联网体系架构 2.0（见图 3）。这个体系架构是工业互联网技术生态协同发展的基础指南，可用于指导工业互联网与制造业智能化、数字化转型的融合发展，厘清了相互关系和工作侧重点。

工业互联网适合大企业和行业骨干企业，因其资金、技术等实力较强，在早年两化融合阶段，就建立了企业自己的专网。现在，这些企业中的不少企业运用工业互联网技术建立了私有云；也有些企业依托自己的技术基础，建立了公有云，成为工业互联网平台，为行业内外提供平台服务。

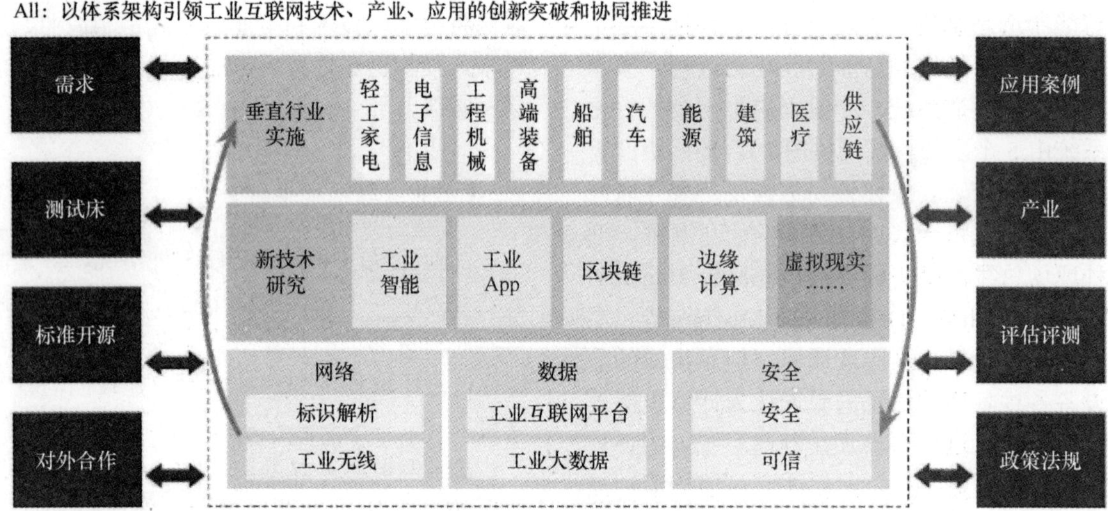


图 3　工业互联网体系架构 2.0

制造业中企业数量占 90%以上的中小企业，在数字化转型和工业互联网面前，深感力不从心。因此，急需一些面向行业的公共服务平台为它们提供咨询、培训，以提供简便的云服务。可喜的是，已出现不少这样的工业互联网平台。

在这些平台中，相当多的企业在两化深度融合、智能化制造、数字化车间、智能工厂的建设中，积累了相关的经验和技术，在此基础上加以固化、形成规范、制定标准，可为同类企业提供相应服务。在取得成效后，其平台又进一步扩展延伸，成为有影响力的工业互联网平台。

美的美云智数是在建设智能家电工厂的基础上发展起来的；树根互联、徐工汉云是在工程机械远程运维的业务上扩展形成的；苏州博众精工先在公司的机械加工车间进行智能化改造，有了经验后，建立了 TSAMO 工业互联网平台，为类似企业提供服务；富士康集团的工业富联，在建设智能工厂的同时，总结手机背板加工过程中材料、工艺、设备等方面的技术问题，构建了工业富士专业云，为 12 个行业提供服务。海尔的 COSMOPlat 是整合海尔集团工业智能研究院等有关工业互联网业务与机构后形成的一个服务于产业的平台，既为海尔的家电、中央空调企业实现智能制造提供网络和技术支撑，也形成了“1+7+*N*”的业务模式。“1”即 COSMOPlat，“7”即研发设计、制造生产、智能物流、智能服务等 7 个领域，“*N*”则为衣、食、住、行、医、康、养、教等方面。至今，COSMOPlat 已为 15 个行业、7 个领域提供 3 类、28 个应用场景、179 项解决方案。

目前，在工业互联网平台建设单位的 3 种情况中，相对而言第 3 种情况成效较明显。

**【工业互联网加速制造业数字化转型】**

工业互联网是工业智能化发展的关键综合信息基础设施，制造活动在其上才能进行，一系列数字化转型的业务借此才有可能开展。通过近几年实践和思考，制造企业已逐渐看到数字化转型的方向和着力点，聚焦 10 个领域。

随着技术、产业、应用的创新突破和协同推进，工业互联网与制造业数字化转型和智能化制造更加紧密结合，加速制造业数字化转型。如何实现融合发展，工业互联网和制造企业两个方面都在摸索和实践，制造企业期望工业互联网能够带给它们转型红利。从一些企业的实践和制造业数字化转型的要求看，以下 10 个领域（方面）是当前重要的切入点、结合部和着力点。

1．远程运维

制造中的大型关键设备，对制造工厂来说，相当于大脑和心脏，一旦发生故障，整个工厂将停产，甚至发生重大事故。对这些设备的智能监控、故障诊断、预测性维护，极大地保障了工厂的安全运行。一些实力较强的先进企业，通过在装备和产品中集成传感、控制、通信等功能，对设备进行全面联网，打造大数据监测分析的服务平台，实现装备在线状态监控、远程运维和全生命周期管理，加快了装备制造企业向服务型制造企业转变。陕鼓、沈鼓较早开展了大型鼓风机的远程运维业务，取得了较好成效。大型挖掘机、起重机械的安全操作和运行也十分重要，徐工集团、三一重工通过对工程机械的远程监控，建立起以工程机械远程运维为主和几十万台设备接入的工业互联网。金风科技建立风机远程运维服务平台，实现风机和风电场的智能监控、故障诊断、预测性维护，比传统方法维护成本减少 20%～25%，故障预警准确率达 91%以上，发电效率提高 10%～15%。

2．质量管控

自动化生产线上各工序间的质量检测和最终的成品检验，是生产作业中的重要环节，也是制造智能化的必要组成。通过现场实时采集和大数据分析，再反馈到生产线调节工艺参数，从而提高良率、减少质量损耗。工业互联网对此得心应手。结合人工智能的应用对产品进行质量检验，可以大大提高检测效率、降低人工检测的强度。为保障用户对产品使用安全的信任，也为了不断提升产品质量，特别是使药品和食品的生产过程可控制、可追溯，工业互联网结合传感、识别技术，帮助企业实现与用户的互信。康恩贝药业建立了覆盖采购、仓库、生产、质检、销售等全流程的数字化管控系统，实现了对药物生产过程的全程有效监控和自动化控制，改善了生产工艺，降低了药物生产质量风险，提升了药品的安全性、有效性、稳定性。

3．协同设计

制造企业规模的扩大、业务的国际化、市场响应速度的加快，以及不同地域、不同部门的协同设计，成为企业赢得竞争的重要手段。工业互联网为协同设计提供了便捷的环境和工具。尤其是在 5G 环境下，设计人员间的对话、交流、讨论，变得十分方便、有效。协同设计的开展，需要图像、三维图形的快速传递，目前 5G 条件下的下载速度可以满足要求，而上行速度较慢，尚满足不了协同设计的要求。随着 5G 技术的不断发展和完善，协同设计变得如同在一个会议室里进行交流、讨论一样。上海商飞建立的全球网络化协同研发平台，通过国内跨地区协同研发和制造，使 C919 飞机研制周期缩短 20%、生产效率提高 30%、制造成本降低 20%、制造质量问题发生率降低 25%。

4．共享制造

制造资源越来越不需要也不可能完全集中在一个企业内部。整合制造资源，开展企业的制造活动，从订单到交货及后服务的一系列制造环节，已有可能通过工业互联网实现。这已在一些企业的某些制造环节实施，并取得成效。早些年就有研究人员提出网络协同制造，并做了初步尝试，希望充分利用和整合分散在各地各处的制造资源，以高效开展制造活动，只是由于当时技术和环境尚未成熟而未能实现。航天云网，是在“863”项目研究工作基础和技术积累上建立起来的面向制造业和其他领域的工业互联网平台，其可以为制造企业提供交易、协作、配套，以及智能化改造所需的服务。某电视机和智能终端制造企业已通过网络协同制造，分析了其产线上影响生产效率的关键工艺，并进行了仿真模拟，从而提高了产线的日生产量；十几家生产航天机械元器件的制造企业通过网络协同制造开展了新产品研制服务，使企业新产品研制周期从 6.5 个月缩短到 5 个月，使新产品上线时间从 24 个月缩短到 18 个月。

5．定制生产

随着自动化技术的提高和个性化需求的普及，大批量定制的制造模式日益被制造业推崇，并受到客户的欢迎。自动化技术和智能化制造的发展，使在同一条生产线上以大批量生产的单件成本生产出个性化的产品成为可能，这是大批量定制这种制造模式的要义。大连大杨服装、青岛红领服装首先在服装行业实施大批量定制生产方式。服装企业可以根据消费者的体形、身材，以及对款式、面料、品位等的喜好，几天内做出令消费者赞赏的、合身的、漂亮的服装，既提高了产品的附加值，加快了企业的发展，又满足了人们日益提高的生活、文化需求。维尚家具通过构建“新居网”互动开放设计平台，建立“大规模家具设计定制生产系统”，实现消费驱动生产，企业得以快速扩张。尚品宅配可以根据客户的需求，定制生产板式家具，满足不同消费群体的个性化需求。

6．物流仓储

制造活动离不开物料的移动、配送、仓储，智慧物流是智能化制造的重要环节。物流已超出一个制造企业的范围，逐渐成为一项专业的业务活动。大多数制造企业的进货物流、出货物流已普遍交由专门的物流企业承担，而物料适时、适量地配送到企业生产线各工序的上线物流，也开始委托专业公司来承担。第三方、第四方物流应运而生，智慧物流装备（AGV、叉车、立体库）制造业也得到快速发展。通过工业互联网，可有效掌握物料的移动、调度、仓储，对物料跟踪追溯，以减少差错、降低库存、提高效益。无锡中鼎集成已累计生产了 700 多个立体库，在此基础上，可开展立体库装备的远程运维，也可根据用户的需要和许可对物流数据进行分析，以帮助用户企业实现精益生产和智能化制造。

7．工艺革新

制造活动是按照一定工序、一定工艺、一定组织进行的。制造工艺是将物件如何做出来及如何做得更好的技术。制造工艺是制造业的核心技术，是制造业实现高质量发展的重要抓手，是制造企业的看家本领和商业秘密。工业互联网代替不了制造工艺，但可以赋能工艺革新，可以促使研究出更好的工艺。在当前智能化制造推进过程中，对工艺革新重要性的认识和艰巨性的预估都远远不够。工业互联网与工艺革新的研究、优化过程结合，在参数优化、反馈补偿、智能迭代、工艺仿真、数值模拟和方案比较等方面发挥作用，从而缩短工艺研究和优化周期，触发新工艺的产生和应用。工业互联网，还可以在工艺过程中实时监控，改善工艺质量，提高成品率。

智能手机品牌企业，从响应消费者美感出发，不断改变手机背板材料，而代工企业必须在短期内满足和适应手机企业的变化。工业富联为达到材料改变后手机背板大批量生产的要求，从材料性能到加工工艺，从切削工具到切削参数，从加工机床到质量检测，进行了一系列深入研究，其深度不亚于研究机构和高校。研究成功后在企业内首先实现工艺验证和批量生产，并通过工业互联网将加工设备联网，实时管控生产过程，既按智能手机企业要求完成了订单，又以此为基础建立了工业互联网平台。山东临沂中瑞电子有限公司生产的铁氧体磁环线圈，批量大、手工作业多，为实现电感器智能化制造，首先从研究铁氧体磁环线圈的自动绕制工艺入手，进而研制自动化装备，再进行车间一系列智能化改造，最后完成电感器数字化车间的建设。与原工艺和老工厂相比，研发周期从 8 天缩短到 3 天，交货期从 35 天缩短到 7 天，作业人员从 70 人减少到 7 人，不良率从 80ppm 降到 20ppm。

8．精益管理

精益是制造业的哲学和重要理念。从精益生产、准时化生产到精益管理、精益思维，制造企业进入新的发展阶段。但多数制造企业并未重视这一点，不免有些遗憾。精益生产、精益管理是智能制造的基础和前提。工业互联网为制造企业实现精益生产和管理提供了新的机会和手段，也为精益生产与智能制造的结合提供了环境和可能。天津爱波瑞公司，在多年从事精益管理咨询和帮助制造企业实施精益生产的基础上，研究完成精益数字云（LDC），为大量中小制造企业提供便捷的工具和服务。九江石化通过建立一体化的能源管控中心平台，建立针对高附加值用能的氢气和瓦斯的产耗平衡模型和优化系统，对能源计划、生产、优化、评价进行闭环管控，从而实现节能降耗，近三年能源利用效率提高了4%。

9．营销服务

制造业从“提供产品”向“提供产品+服务”转型，后服务在制造业中的比重越来越大、越来越重要。伴随着企业经营规模扩大、服务地域扩展、服务门类增多，信息通畅实时、物品调度供应及时、人员到达及时显得格外重要。工业互联网给制造业营销服务带来便捷、实时、高效，并将数据反馈给制造过程，使制造更有效、更敏捷、更贴近用户。树根互联、徐工汉云可对三一重工、徐工集团在各地使用的工程机械进行实时监控，掌握运行状态，及时了解备品配件的情况，合理调度备品配件，就近安排维修和技术人员，为企业节省了时间、减少了开支、提高了效益，也为用户提高了开机效率、减少了停工带来的损失。

10．解决方案

将业务数字化、流程数字化等的经验、规范总结成数字化解决方案，从为本企业或几个企业解决本行业的数字化转型问题，提升为细分行业的解决方案，并将其转化成适合上云的产品。行业内一批企业尤其是中小企业可从平台企业获取SaaS、PaaS等服务，从而在面上促进整个行业的数字化转型。美云智数，依托美的集团的智能制造业务实践和KUKA机器人的自动化经验，已为汽车、家电、新能源等10多个行业提供了覆盖全价值链的数字化转型服务。芜湖埃夫特公司，在为卫浴行业提供打磨机器人的基础上，总结提炼卫浴行业机器人打磨解决方案，并提供云服务，为卫浴行业的绿色、高效发展做出了贡献。

制造业和工业互联网的融合发展远不止以上10个方面或领域，创新和创造永无止境，制造业发展永不停息，制造系统演进持续进行。演进的方向是“六个自”：自度量、自决策、自诊断、自维护、自适应、自学习。在努力逐渐降低人力在制造系统中的比重、逐步提高人的知识和经验固化在制造系统中的比重的过程中，在数字化转型和智能制造的进程中，企业应根据自身实际探求各种不同的模式，实行多种多样的方式。

不论制造系统规模的大小、水平的高低、工作的难易，须始终不忘构建智能制造系统的目的：生产效率更高、单件成本更低、产品品质更好、市场响应更快、资源消耗更少、环境影响更小、持续发展更强、职工生活更美。这“八个更”也是制造业永恒的主题。工业互联网与制造业融合发展将使“八个更”更加丰富多彩，使制造业数字化转型增速提效，使我国制造业迈向又大又强的战略目标尽早实现。

**【工业互联网与中小企业：“1+*M*+*N*”模式】**

制造业总体水平的提高和数字化转型实现，仅有一批先进企业的引领和示范远远不够。需要一批为中小企业实现数字化转型提供应用服务的提供商（ASP），他们本身就是中小企业，需要政府扶持。数量占90%以上的中小企业，如何进行数字化转型、如何提升生产力水平、如何增强竞争力，是我国制造业实施制造强国战略的重要课题和突出重点，工业互联网平台企业肩负着重要任务。平台企业应通过自身的设施和服务，让广大中小企业受益、扶持广大中小企业提升。可喜的是，一些工业互联网平台已面向中小企业开发出部分适用产品，开展了受人欢迎的服务。但制造业中小企业身处众多行业、面临种种问题，除了平台的利用，还需要得到具体的帮助和指导。

因此，需要一批帮助中小企业实现数字化转型的应用服务提供商（ASP）。这些ASP，人员不一定要很多，但对中小企业所处的行业要熟悉，解决中小企业的问题要实在。同时，这些ASP盈利不高，本身就是中小企业，因而需要政府的扶持。

从工业互联网与制造业融合发展及一些企业的实践中，笔者思考提出工业互联网助力中小企业数字化转型的“1+*M*+*N*”模式（见图4）。

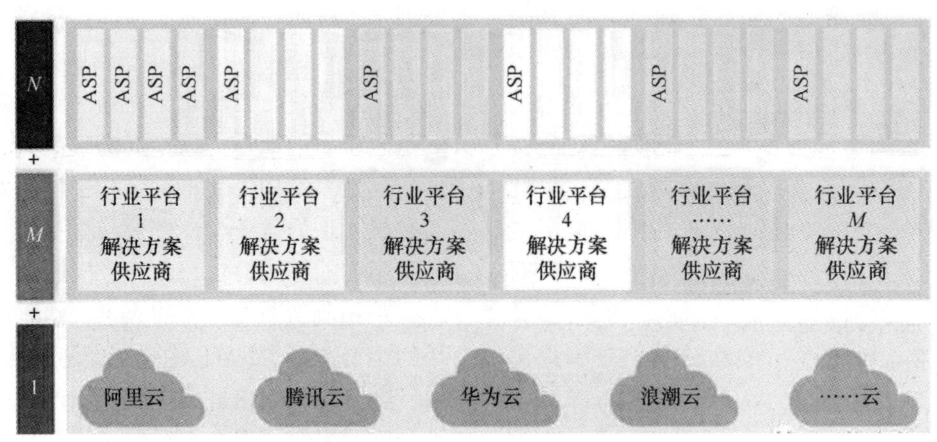


图 4　工业互联网助力中小企业数字化转型的“1+*M*+*N*”模式

在这个模式中，“1+*M*”已被人们所认识，“*N*”则需要培育。在这个模式中，中小企业受益的方式主要有 SaaS、解决方案、咨询、培训、后服务。中小企业从平台通过 SaaS、PaaS 等服务，便捷得到所需软件的使用和辅导；获取所在行业的整体解决方案，为本企业所遇到的生产、工艺、装备等问题，找到解决问题的钥匙；提出问题和困难，在平台上找到提供相应咨询的机构或单位；所需的技能和技术人员可利用网络教育、培训；产品出厂后，借助平台开展后服务，这方面中小企业能力有限，恰好可以发挥平台的优势和作用。

随着制造业数字化转型的深入，以及智能化制造的大力推进，工业互联网与制造业深度融合取得实效。经过几年的不懈努力，我国制造业终将实现高质量发展，最终实现制造强国的目标。

新一代信息基础设施亟须同步建设网络安全能力。中国工程院院士邬贺铨 2018 年 12 月在中央经济工作会上提出了新基建的概念，在 2020 年 3 月中央统筹推进新冠肺炎疫情防控和经济社会发展会议上更是将新基建提到战略高度。新基建指的是建设“集约高效、经济适用、智能绿色、安全可靠的现代化基础设施体系”，新一代信息基础设施是其中的重点，还包括能源、交通等战略性网络型基础设施。发展新基建也是为了更好地发挥传统基建的作用，传统基建和新型基础设施协同融合、统筹发展，为中国经济长期高质量、可持续发展打下了扎实的基础。

**【新一代信息基础设施赋能传统基建领域提质增效】**

5G 提供无线数据的宽带实时传输与分发，数据中心作为云计算的后台承担了数据存储、计算与处理的任务，AI 平台实现数据挖掘与分析决策，工业互联网支撑数据在产业链的采集、应用及与线上线下的联动。它们共同完成数据链从采集到分析决策和应用的全过程，发挥数据作为生产要素的作用。上述数据链的各环节还需要由作为底层网络的 IPv6 下一代互联网和光纤传输网承载，网络安全能力将嵌入数据链的各环节中。新一代信息基础设施既是基建项目，又是新型信息消费平台，更是战略性新兴产业，还是传统产业数字化的新引擎，同时也是其他领域新基建的通用支撑技术，可赋能传统基建领域提质增效。

新一代信息技术及其基础设施，在新冠肺炎疫情防控期间初露锋芒。新一代信息技术有力支撑了对云课堂、云办公、云复工、云签约、云商贸等的需求，培育了云经济，激活了超高清视频直播和 VR/AR 等应用，助力流行病学调查与密切接触者的管理，提升了医学影像数据分析与药效评估的效率，促成了各类机器人在医院送药、护理、消毒和医疗废物处理等场景的应用，优化了紧缺物资的组织调配与物流，保障了对社区的精细化管理。

新一代信息基础设施在经济领域的贡献更为显著，不仅表现在保驾复工复产，在生产组织、智能制造、智能质检、供应链管理、市场营销、客户服务、财务管理、产业信贷和人员培训等环节也有成功的应用案例，今后还将加快推广以取得更大的效益。

**【新一代信息基础设施的建设促进经济增长】**

根据 IHS Market 咨询公司的预测，2035 年全球会因为 5G 使 GDP 提升 7%，其中，中国将因 5G 增加 GDP 1.13 万亿美元，新增就业 1090 万人。中国信息通信研究院发布的《5G 对中国经济短期（2020—2025 年）影响》的报告预测，5G 直接和间接带动 GDP 分别增加 3.3 万亿元和 8.4 万亿元，新增就业岗位 300 万人。根据 Gregory L. Richards 等在 2012 年发表的论文，云计算的投资加倍将使 GDP 增长 12.2%～13.5%。根据 2010—2020 年对美国云计算投资增长的测算，该期间美国 GDP 增速的 1/3 与云计算有关。据埃森哲公司对 12 个主要国家的研究，AI 将使这些国家 2035 年的平均 GDP 增速加倍，其中中国 GDP 将因 AI 增加 1.6 个百分点。麦肯锡公司则认为，到 2030 年 AI 可为全球额外贡献 13 万亿美元的 GDP 增长，年平均增长率为 1.2%。埃森哲公司还对工业互联网的经济贡献做出了预测，到 2030 年工业互联网能为全球经济带来 14.2 万亿美元的增长。中国信息通信研究院预计，2020 年我国工业互联网产业占 GDP 比重约为 2.9%，对经济增长的贡献超过 11%，带动超过 255 万个新增就业岗位。从上述数据可以看出，新一代信息基础设施是当之无愧的数字经济新动能。

**【数字经济价值释放与长远发展的前提是网络安全保障】**

新一代信息基础设施在设计上已考虑到更灵活的安全机制，并强化了网络安全技术与配置。例如，5G 基于软件定义架构将安全能力以模块方式封装，并通过相应接口方便调用。

5G 与 4G 相比，在接入域、网络域、用户域、应用域安全之外还增加了服务域安全，采用完善的服务注册、发现、授权安全机制与安全协议及统一认证框架来应对全新服务化架构带来的安全风险。在数据传输方面，5G 对用户身份标识采用空口加密传送，对用户数据不仅加密还增加了数据完整性保护，对网络运营商网间信令传送增加了端到端的保护措施。云数据中心的虚拟化和资源池化保证数据中心的可用性不受某一设备故障的影响。AI 可实时检测网络流量异常、关联用户行为信息、制定数据风险模型、侦测可疑文件、定位黑客入侵位置等。工业互联网建立设备、网络、平台和数据全方位的安全措施，实现对企业生产全流程的安全智能监控。

**【新一代信息基础设施将面对新的安全挑战】**

第一，虚拟化的挑战。5G 网络和云数据中心的虚拟化模糊了网络的物理边界，基于逻辑拓扑定义的虚拟安全域需要根据虚拟机的迁移状况动态变化，传统依赖物理边界防护的安全机制难以奏效。另外，软件定义网络与网络功能虚拟化的上层控制系统高度集中，容易成为网络安全攻击的对象，而底层计算、存储及网络资源共享将考验安全隔离手段。

第二，开放性的挑战。5G 采用基于服务的网络体系，开放业务生成和调用，网络切片也可以开放给客户自定义与调配，与传统移动网络封闭的业务管理相比，恶意第三方容易获得对网络的操控能力。5G 采用通用互联网协议代替传统移动网络专用协议，扩展了业务能力，但更易受到外部攻击。

第三，切片化的挑战。5G、数据中心和工业互联网都会面对大量有不同业务要求的租户，以网络切片方式在共享资源上按需提供 VPN 服务，切片间需要有效的安全隔离机制，以免某个低防护能力的网络切片受攻击后成为跳板波及其他切片。

第四，大连接的挑战。工业互联网使用大量传感器和 PLC，量大、永远在线且易成为 DDoS 攻击的跳板，防入侵能力又受限于低功耗的轻量级安全算法。5G 要支持每平方千米上百万颗传感器联网，复杂的认证会引发信令风暴，还会影响低时延的性能。车联网还要求支持点到多点的 V2V 快速认证。

第五，开源化的挑战。5G、数据中心和工业互联网领域大量采用开源软件，AI 领域对第三方开源基础库过度依赖，加大了引入安全漏洞的风险。

第六，大数据的挑战。新一代信息基础设施依赖大数据挖掘，但难以保证数据不被污染；以失真的数据来训练神经网络，会使决策错误且因 AI 的结果具有不可解释性而难以发现错误。通过将数据分布存储和加密，可以防备数据被盗窃或篡改，但对于以勒索为目的的外部攻击，会强行将数据再加密，使原有数据的拥有方也无法读取数据。

**【亟须新战略思路增强安全能力】**

第一，需要建立软件定义的网络安全机制。过去网络安全依靠“老三件”（防火墙、入侵检测和防病毒），基于以硬件为主的外挂设备的被动和固化的防御方式；今后仍需要边界防护，但入口的安全能力应实现软件定义，并与网络内部安全机制联动。

第二，要以强化免疫能力为本。新一代信息基础设施基本都是网络化、云化、虚拟化和智能化的，很多安全挑战是内生的，需要增强免疫能力，从基础设施技术开发与网络设计开始就要有内生的安全理念，网络安全能力与基础设施是一个整体，网络安全能力需要与基础设施同步建设并融入其中。

第三，从以产品为中心到以服务为中心。过去我国网络安全企业的主要收入来自硬件销售，而国外同行则以服务收入为主。网络安全永远是“魔高一尺道高一丈”，网络安全企业需要建立专业的服务队伍，熟悉被服务企业的生产流程和信息技术产品，要将客户从销售对象转为合作对象，为企业提供个性化安全服务。需要明确网络安全企业与被服务企业间安全责任的边界，保护被服务企业的数据安全与商业秘密。

第四，完善网络安全的生态系统。网络安全能力与基础设施有同样的生命周期，覆盖从系统开发设计到项目上线检测及运行应急处置，全过程需要有可以依据的标准体系、制度规范和法律法规，需要建立第三方的应用服务安全检测环境和生命周期的安全风险评估平台，建设国家工业互联网平台安全监测预警系统，开展风险信息通报与应急处置工作。网络安全生态的另一个维度覆盖工业企业、设备供应商、基础电信运营商、云服务商、工业互联网平台运营商、工业应用提供商、网络安全企业、第三方检测机构和用户等，上下游都有维护网络安全的责任，需要紧密合作实现威胁与处置情报共享。

网络安全不是一个单纯的技术问题，是涉及业务、管理、流程、团队等各方面的系统工程。网络安全需要国际合作，但基础是建立我国自主可控的网络安全技术、产品和服务的完整体系。

# 推动新一代信息技术与实体经济融合发展：基于智能制造视角

中国社会科学院工业经济研究所副研究员　赵剑波

新工业革命发展到现在，有必要对其进行阶段性总结，以准确调整未来发展方向。经过前期探索，“新工业革命”或“第四次工业革命”等概念已经被广泛接受，各工业国家纷纷制定相关产业发展战略，以应对新一轮的科技革命和产业变革。在这场正在发生的新工业革命过程中，一方面，制造业的重要性不可替代；另一方面，需要以新一代信息技术革新制造业发展模式，新科技需要与制造业融合发展才能带来产业变革。我国也制定了制造强国战略，提出“以加快新一代信息技术与制造业深度融合为主线，以推进智能制造为主攻方向”。但是，对于新科技革命与产业变革的认识还存在不少误区，产业实践的发展也不尽如人意。例如，德国“工业 4.0”自 2011 年被提出至今已经 8 年，但实践性较强的示范项目和产品仍然有限。我国制造业企业的数字化改造、智能化发展任重道远。新科技革命对产业变革的影响还存在不确定性，当前各国普遍存在经济政策焦虑，新一代信息技术与实体经济融合程度不足，对新科技革命的认知还存在误区。本文认为，要重新认识新科技革命与产业变革的逻辑，必须正视新工业革命的发生背景，以及各工业化国家生产效率停滞的现实，正确理解新一轮科技革命和产业变革的本质，找准新一代通用目的技术和实体经济融合的关键，选择合适的发展范式和战略路径，策划必要的行动计划，提出适当的政策措施。

## 【新科技革命的本质与范式选择】

虽然有诸多不同的概念与说法，以新一代信息技术为代表的新科技革命将深刻改变世界发展格局，带来“百年未有之大变局”。在以信息技术为代表的新一轮科技革命引发的产业变革中，生产方式和产业组织等将发生深刻变化，并改变国家间的比较优势和全球竞争格局。

### （一）科技革命的本质

从历次工业革命的经验看，通用目的技术（General-Purposed Technology，GPT）的扩散是驱动经济动能转换的关键。通用目的技术具有用途普遍性、技术动态性、创新诱导性 3 个特性。通用目的技术被广泛应用于各产业领域，尤其在实现某一应用领域的创新突破后，可以向多个领域扩张，并持续促进生产率提高，还能促进其他技术领域的技术创新与管理优化。迄今为止人类工业化的前 3 个阶段都拥有明确的通用目的技术，如蒸汽机、内燃机、电动机等广泛应用于社会生产和生活，改变了产业结构、生产方式、管理模式，乃至国际竞争格局。因此，对于正在发生的新科技革命和产业变革，若能在核心技术尤其是通用目的技术领域取得突破，就能赢得新兴产业发展的先机。

对于什么是新的通用目的技术，党的十九大报告把互联网、大数据、人工智能等新一代信息技术确定为重点领域。2019 年美国白宫科学与技术政策办公室在《美国将主宰未来的工业》中提出人工智能、高端制造、量子信息和 5G 四大领域。德国《国家工业战略 2030》中也包括基础创新技术，特别是数字化和人工智能的应用被多次提起。人工智能更是被德国政府看作自蒸汽机以来人类最重要的基础创新，此外还包括纳米和生物技术、新材料、轻量化技术和量子计算机等。可以说，以互联网、大数据、人工智能为代表的新一代信息技术正在改变传统的产业组织形态，引发新的工业革命。国务院发展研究中心课题组认为，新科技呈现出“一主多翼”的格局，“一主”就是互联网、大数据、人工智能等新一代信息技术，“多翼”包括新能源、新材料和生命科技等新技术。也有专家提出“2+6”模式，“2”是指信息经济和生命经济，“6”是指新能源、新材料、智能装备、节能环保、海洋装备、航空航天，推动制造业向高端制造、绿色制造、智能制造、都市制造、服务型制造发展。

把握新工业革命的本质要抓住变革目的、关键技术、产业变革三大要素。

首先，优化资源配置效率是新工业革命的落脚点。当前，全球经济增速下行，并将保持长期较低速度增长，预计 2020—2035 年全球经济平均增长速度为 2.6%，发达经济体的经济平均增长速度大约为 1.7%左右。对于发达工业化国家，创新是经济发展的持续动力。例如，德国在新兴产业的发展上仍然不尽如人意，信息技术和生物技术未见起色，互联网平台经济已落后于美国和中国，人工智能和数字化发展缓慢，企业家精神的不足让德国缺乏产业自我革新的动力。2019 年德国出台《国家工业战略 2030》，力图保持其工业制造业的世界领先地位，促进新兴产业的发展。对于发展中国家，新一代信息技术与实体经济的融合不但能够提升生产效率，还将为后发经济体赶超提供机遇，助推发展中国家的工业化进程。

其次，新一代信息技术具有强大的渗透性。历史上每次制造技术和制造系统的革命都会重塑全球产业竞争格局。新一代信息技术是数字经济时代的通用目的技术，不断推动价值链横向、纵向及纵横之间的创新资源整合。从潜在影响看，新工业革命将引发产业变革，能够提振长期低迷的生产效率。从根本动力看，要找到新的通用目的技术，目前看是新一代信息技术的概率较大。从发展目标看，要促进新一代信息技术与实体经济融合，提升实体经济的生产效率，推动产业变革。单纯的技术突破和创新并不一定会引发产业变革，只有当技术创新和突破导致生产方式的革命性变化，以及推进产业体系出现重大变化时，才会引发产业变革，不断催生新模式、新业态。一方面，信息技术提升企业创新能力。以新一代信息技术的信息化和计算能力大幅度提升为基础，通过与传统产业的融合创新，从而提升创新能力。另一方面，信息技术为企业提供了更多有价值的信息，提升企业运营效率。通过新一代信息技术的渗透，企业可以便捷地、低成本地获得上下游反馈的信息，从而优化供应、推动规模定制，进而满足上下游客户与最终用户的需求。

最后，新工业革命意味着广泛的产业变革。新一代信息技术不是"上帝之手"，不可能放到任何行业都会产生颠覆性效果。纵观历次产业革命的历史不难发现，新的通用目的技术融入各产业都有一定的规律，新一代信息技术引发的产业变革带来"关键生产要素"的变迁。新一代信息技术向经济社会纵深不断拓展，与数字制造技术、可再生能源技术、新材料技术、生物技术之间相互融合、渗透、扩散，塑造新的技术领域，推动新兴产业诞生与发展。新科技革命将引发技术范式、生产要素、生产方式、贸易方式、国际分工的全面变革。新的通用目的技术或者新的制造范式的出现，意味着新的人力资本投入、企业战略方向的调整，以及新的产业组织形态。新工业革命不但改变现有的生产方式、产业组织形式、商业运行模式，还将改变国家间的比较优势，进而重塑全球产业格局。新工业革命给中国带来利用新技术"变轨"实现跨越的新机遇，必须要利用新工业革命创造的机会窗口，做好前瞻性的战略部署和政策准备，及时调整经济发展方向和重点产业领域。

### （二）融合范式的选择

新一代信息技术与实体经济融合发展存在3种不同的研究范式，即中国信息通信研究院倡导的"工业互联网"，中国工程院提出的"智能制造"，腾讯推动的"产业互联网"。

工业互联网是"互联网+"政策的深入拓展，其将互联网技术融入工业领域，利用数据分析等技术充分释放生产潜能，从而更好地提高生产效率。工业互联网的基本定位还是基础设施，其发展空间有限。有时候，互联网的颠覆性和渗透作用可能被过渡夸大。例如，《工业互联网：突破智能和机器的界限》预测，如果工业互联网和消费互联网一样得到充分应用，那么，从现在到2030年，工业互联网可能为中国经济带来累计 3 万亿美元的 GDP 增量。

产业互联网是指互联网企业想把自己的优势向产业领域延伸。我国消费端互联网企业的数字化水平领先世界，在全球十大互联网企业中占据半壁江山。随着互联网经济的繁荣发展，众多独角兽企业不断出现。随着企业发展壮大，腾讯等互联网企业想把生活互联网领域的优势引入产业领域。整体来看，相对于德国的制造优势、美国的互联网优势，中国企业完全有可能把这两者结合起来。腾讯提出，产业互联网发展模式必将不同于消费互联网，它能够协助传统零售企业进行数字化转型升级。除了腾讯，阿里巴巴也提出智能经济，以"数据+算力+算法"等技术帮助传统企业实现资源优化配置。一般观点认为，互联网为中国企业带来唯一引领产业发展的机会，这项革命性技术将帮助我国实现经济赶超，以及企业乃至社会组织模式的创新，甚至加速社会文明的发展进程。事实上，消费互联网的带动作用并不明显，反而存在严重的挤压效应，并且还导致了数据垄断和信息安全等新的问题。

在三大范式中，本书认为智能制造范式最具包容性，也最接近中国制造企业发展的基本国情。智能制造与工业互联网存在包含关系，工业互联网作为基础设施支撑智能制造的发展，智能制造的发展依赖于工业互联网等基础设施的配套升级；智能制造的实施载体明确，那就是实体经济或制造业；智能制造的核心技术明确，那就是新一代人工智能技术。作为通用目的技术，新一代人工智能技术的使用可以为全社会带来重大的社会效益和经济效益。有了人工智能，计算机可以比人类更准确、更快地分析和学习信息。例如，从药物研发到物流，人工智能为大多数或所有行业部门提供了巨大的效率和性能提升的可能。近年来，人工智能加速发展，新一代人工智能正在成为新一轮产业变革的核心驱动力，带给制造业最大的变革是将以往难以发掘价值的海量数据变得可处理、可识别、可使用。数据要素的开发利用决定产业竞争优势，并促使人类生产、生活方式向智能化发展，促使人类思维模式向人工智能思维转变。新一代人工智能的应用促使制造业发展步入新阶段，即新一代智能制造——数字化、网络化、智能化制造发展阶段，全球制造业有望进入一个颠覆性革命的新时期。因此，智能制造模式以新一代人工智能技术为核心技术，新一代智能制造技术的突破和广泛应用将形成此次工业革命的高潮，并重塑制造业的技术体系、生产模式、发展要素及价值链。

### 【新科技与实体经济融合的障碍】

广义的实体经济包括制造业、工业、农业及部分服务业。以制造业为例，全球制造业面临着提升效率、降低成本的强烈愿望，我国要不断挖掘新一代信息技术的通用目的属性，打造新一代智能制造模式，并发挥国内市场优势尽早形成主导应用。但是，新一代信息技术与实体经济的融合还存在不少问题与障碍，融合实践进展缓慢。

#### （一）现存问题

面对新一代信息技术引发的产业变革，我国企业还未做好准备。

首先，大部分企业仍然存在认知障碍。中国的制造业企业呈现加剧分化的特征。一方面，中国拥有不少具有国际竞争力的大型企业，这些企业的制造生产过程已经实现了高度自动化；行业龙头和冠军企业通过智能化改造，大部分都已经增加了互联网、云平台的技术内容，一些人工智能技术，如图像识别、语音识别等，也已经在机器人上下料、质量检查等环节得到较为普遍的应用，帮助解决企业的实际问题。有的企业虽然只实现了部分的数字化改造，也同样通过云计算、大数据、工业互联网等技术不断创新制造模式，提高了发展质量和效益。另一方面，大部分企业包括中小企业由于资源条件的局限，在数字化进程中可能会出现一些障碍，这些企业对“工业 4.0”的接受和吸收程度仍然不高。从“造词”和“玩概念”这些说法可以看出，广大企业对新一代信息技术和实体经济融合发展的理性认识、发展方向、工作重点、路径选择、实施策略等方面还存在许多困惑和误区。在政策层面，我国存在“智能制造”和“工业互联网”两种发展范式，在业界也引发了一些混乱，众多的范式在实践中也给企业造成困扰。尤其是制造强国战略等政策并没有关注企业的投资回报和创新收益，大部分企业还在权衡投入和产出是否成比例。例如，智能制造、工业互联网、服务型制造、“双创”平台等示范项目很多，企业要么无所适从，要么热衷申请示范工程。要知道，智能制造从技术走向市场，根本目的在于提升企业的经营绩效，即智能制造是促进新业态发展的手段，而不是目的。因此，如何提升企业投资智能制造的收益率是决定新业态发展程度最为核心的问题。只有提高企业创新性投资的回报率，才能激励广大企业参与到智能制造行动中来。

其次，企业实践还处于数字化阶段。现有的战略都是对于美好前景的描绘，智能制造也不例外。当前有些企业已经开始成为智能产品和服务的先行者，但大多数企业都还在小规模验证，投入回报水平相对较低。如果把智能制造分为数字化、网络化、智能化 3 个阶段，国内制造企业大部分还处于数字化改造发展阶段。近年来，一批数字化生产线、数字化车间、数字化工厂建立起来，国内企业如宁煤集团煤制油基地的“两智一数”项目、中航工业基于三位数据信息的大飞机研制项目、美的集团的智能制造项目等，都通过数字化、网络化手段优化企业的资源配置和运营效率。不可否认的是，这些企业的做法还停留在数字化阶段，在现实中很难看到智能化应用的成熟案例。更重要的是，广大中小企业还没有完成数字化制造转型，为数众多的中小企业在自动化和数字化发展方面仍然十分落后。对中小企业来说，数字化能力是其进一步提高竞争力的保障，但是数字化技术在中小企业价值链流程中的应用还比较少，中小企业实施数字化改造意识还不强，并且缺少实施智能制造的技术资源，包括软硬件设备不足、专业人员缺失等。

最后，示范项目的引领作用不突出。随着国家相关政策的出台，一批企业申请成为示范项目。示范项目本应起到向行业内其他企业传递信息、引导方向的作用，但目前来看示范效应并不突出。例如，工业互联网示范项目有海尔COSMOPlat、三一重工树根互联、阿里云等。从实际效果来看，它们离“智能制造”还有一定的差距，与国外通用电气Predix、西门子MindSphere、微软Azure等相比也有不小差距。制造业有其独特的技术和经济规律，尤其是在离散型制造领域，很难实现消费互联网和工业互联网的完全融合，从而也很难实施智能化运营和大规模定制。自2018年6月以来，通用电气先后经历了从道琼斯工业平均指数中被剔除（GE在该指数中已有110年历史）、信用降级、股价暴跌、GE Digital寻求出售等重大事件，标志着通用电气所提出的“工业互联网”现实发展远没有设想的那样美好。通过对以上企业的调研发现，有的企业虽然做出一定自动化改进，但并不是如其宣传的“代表了全球工业的未来”“工业互联网第三极”那样，其距离智能化目标还很遥远，仍需要不断努力提升生产的智能化水平。

### （二）融合障碍

无论是互联网，还是人工智能技术，其与实体经济之间还存在“两张皮”问题，各自发展各其的，也造成新一代信息技术与制造业等融合程度不深。

首先，新通用目的技术发展本身还存在一些问题。在新一代信息技术领域，存在产业上游原创理论缺乏、底层技术不足等问题，但在技术层面和应用层面具有优势。我国工业领域的“四基”短板需要补齐，在人工智能的基本算法、芯片、传感器等方面，我国人工智能产业在基础元器件、基础工艺等方面与国际先进水平差距尤其大。美国的商业模式创新更多以底层技术创新为基础，超前布局工业互联网、人工智能、能源互联网等领域，我国的互联网创新主要通过学习，依赖市场规模效应实现快速成长。与德国相比，目前中国企业的差距主要表现为，尽管中国在工业机器人、智能工厂解决方案等细分领域出现了不少掌握先进技术的企业，但缺乏像德国西门子、博世、SAP等能够架构整体数字物理系统和全流程数字化解决方案的综合集成企业。再以机器人产业为例，创新产品大都是面向终端市场的智能消费类产品，面向制造业升级的智能机器人、智能机床等“大国重器”太少。在新一代人工智能等领域，我国出现了大量的独角兽企业。虽然它们在某些环节拥有先进技术，但是缺乏落地能力，繁荣的动力是资本支撑而不是需求拉动，并未建立在产业融合基础之上，与实体经济关联不大。例如，在人脸识别、无人驾驶等领域，企业有时过于追求流量和估值，一旦以资本力量维持的潮涌退去，就会从盛极一时跌入停摆或裁员困境。

其次，新通用目的技术尚未突破自身行业范畴。新一代信息技术的渗透性尚未完全发挥，通用目的技术在自身领域的应用潜力是有限的，但与生产制造、企业经营相结合就能产生巨大的社会效益和经济效益。作为核心技术，新一代信息技术尚未能大规模带动机器人及智能装备等相关产业发展，与实体经济融合发展仅停留在在典型、示范、部分制造环节或者部分制造领域。新一代信息技术的革命性归根到底要体现在企业智能转型和生产力提升中，要帮助实体经济获得更高的生产效率，不能本末倒置。目前看，这些技术依然没有突破自己的行业范畴。很多企业关注生产过程的稳定性，对数字化升级改造顾虑较多，造成企业数字化水平普遍不高。工业互联网的成熟应用场景较少，且相互隔离，很难连接现实并广泛应用，再加上工业互联网应用难以实现标准化，因而难以实现工厂之间的复制。最大的难题还是人才的缺乏，新一代信息技术创新领域高端人才较少，理解实体经济实践的人才更少，严重制约着两者的融合发展，制约着我国制造业、新科技产业的高端化发展。

## 【新科技与实体经济融合的关键】

作为新通用目的技术，只有当新一代信息技术远远超出它所缘起的产业领域或者部门界限，扩散到更加广泛的领域时，才是新科技革命和产业变革真正发生的时候。本文认为，智能制造是新科技与实体经济融合的主要载体之一，融合的关键在于促进新一代信息技术尤其是新一代智能制造技术在实体经济领域的扩散应用。

### （一）融合载体

智能制造是新科技与实体经济融合的主要载体之一。新一代人工智能技术只有与先进制造技术深度融合，并广泛应用于国民经济各行业，才能成为新一轮工业革命的核心驱动力。根据中国工程院 2017 年发布的《中国智能制造发展战略》，智能制造模式可以归纳为 3 个基本范式，即数字化制造、网络化制造、智能化制造。数字化制造是指数字化技术和制造技术融合，通过数字化建模把所有的生产信息数字化。网络化则把这些数字化信息和工作状态通过网络连接起来，实现信息共享与集成。网络化制造促进了服务型制造的发展，个性化定制、远程运维服务、网络协同制造等新模式兴起，大数据技术在制造业领域也开始得到应用。智能制造则是更高级阶段，其实现了生产系统的决策优化和自我调整，使制造业创新能力极大提高。

智能制造的 3 个技术范式既是不断进步的递进过程，又是相互融合的关系。一方面，三者并联发展，也就是数字化、网络化、智能化同步发展。数字化制造是智能制造的基础，贯穿于 3 个范式始终，并不断演进发展；网络化制造是新一代智能制造技术的支撑，它为新一代智能制造提供必要的硬件和软件基础设施，并能够采集环境的海量信息；而新一代智能制造包含制造业的数字化、网络化、智能化，在前两个范式的基础上，通过人工智能等新技术在制造业的创新应用，推动制造业向更高水平发展。另一方面，三者融合发展。3 个范式并行不是简单孤立的并行发展，我国应利用互联网、大数据等技术的领先地位和提前布局人工智能的优势，在智能制造发展过程中瞄准高端方向，积极探索全球前沿技术及其产业化应用，力争占据全球智能制造的制高点。在智能制造发展过程中，企业应根据自身发展的实际需要，在发展数字化制造阶段应用网络化、智能化的各种技术，更好地解决制造过程中的问题。

除了 3 个层次递进的基本技术范式维度，还可以从价值创造和组织方式两个维度理解智能制造。在价值创造维度，产品本身的智能化、制造过程（包括设计、生产、管理等过程）的智能化及服务的智能化是新一代智能制造实现价值创造的主要方向，其使制造企业从主要提供产品向提供产品和服务转变，价值链得以延伸。组织方式维度主要包括智能单元、智能工厂和智能企业 3 个层次。智能单元是指构建智能制造系统或智能产品所需的核心构成要素，是发展智能制造必须具备的基础条件；智能工厂是集成相关关键技术、核心单元等，形成的满足具体目标和需求的智能制造工厂；智能企业是指企业边界被打破后，汇聚企业内部及外部的供应链、价值链和产业链资源，形成资源协同的生态型智能制造企业。

智能制造是新一代人工智能等信息技术与制造业的深度融合，涵盖制造业所有发展阶段、全生命周期，形成了柔性制造、云制造、分布式制造等十几种制造范式，这些范式都体现出信息技术和制造业的不断融合与发展，在不同程度、不同层次上反映出制造业的数字化、网络化、智能化特征。总之，新一代信息技术能够优化制造业产业结构，提高制造业生产效率，重塑全球制造业产业链。

### （二）重点做法

德国“工业 4.0”的参与者分为 3 类：西门子等提供关键产品的技术供应方，德国电信和 SAP 等基础设施供应方，大众汽车等工业用户。从国内业态看，新科技革命与产业变革的参与者可以分为制造业企业、技术提供商和互联网企业。

对于制造业企业，要积极实施数字化技术改造。企业必须认识到数字资产是未来最大的财富，首先构建一套搜集数据的数字化体系，然后利用智能化工具从数据资产中挖掘出数据信息，梳理和判断用户需求，这是企业实现智能化转型的关键。我国大部分制造业企业还没有完成数字化转型，应积极推动制造业产业链从材料、零部件、整机、成套装备到生产线的数字化改造。按照智能制造范式的要求，借助机器学习、人机混合智能等新一代人工智能技术，制造能力以智能单元和智能工厂为载体，不断提升生产效率和创新能力。利用智能机器人、智能装备等改变制造过程，一些制造业过去的技术难题，如复杂系统的优化控制、设备健康状态的预测维护、大型产品装配的质量控制等，都将有新的解决方案。信息互联互通将从企业内部延伸至全供应链和全产业链，实现制造过程的柔性和高效，质量、成本、效率等竞争要素显著提升，产品实现高度智能化。互联网技术与制造技术的融合已经引发大规模个性化制造、协同设计研发、协同制造、服务型制造等一批新制造模式。例如，基于服务型制造模式，向用户提供远程诊断、故障预测、远程维修等系列服务，并结合运营过程中积累的数据，进行数据挖掘和商业智能分析，主动给用户提供精准、高效的服务。

对于集成方案供应商，要主动提供智能制造解决方案。从技术服务商的角度看，国外软件服务商如 Oracle、Salesforce、SAP 等已经形成巨大的市场规模，而我国还没有主营业务是企业级 SaaS 的主流互联网企业。因此，要大力发展智能制造系统解决方案供应商，支持产业创新联盟、生产装备制造企业向系统解决方案供应商转变，培育一大批国际知名的系统集成企业，引导发展智能制造系统解决方案供应商，支持生产装备制造企业向系统解决方案供应商转变，通过业务升级逐步发展成智能制造系统解决方案供应商。鼓励企业与装备制造商、软件供应商、智能制造系统解决方案供应商联合，形成可复制、可推广的经验与模式。例如，浙江中控、和利时等民营高科技企业已经开始把握这一需求所创造出的市场机会。以和利时 HiaCloud 平台为例，通过不断将现有工业应用向云端迁移，尤其是将成熟的工业知识、经验和模型进行封装与复用，构建应用服务平台，实现云应用的灵活部署与调用。

对于互联网企业，要帮助制造业企业实施云平台布局。鼓励互联网企业利用“云服务”为制造业企业提供个性化解决方案。通过“数据+算力+算法”的结合助力制造业企业实现产业链各环节的数字化转型，或者向中小企业提供云服务，通过基础设施、设备产品、业务应用、制造能力的云化，不断打造企业应用。例如，阿里云、腾讯云等，基于云平台帮助中小企业综合集成与优化资源配置，积极实现产品、机器、数据、人的全面互联互通。

## 【政策建议】

当前，全球经济发展的动力不足，传统的增长模式难以为继。面对生产力的停滞，各国都希望通过新科技革命，提振本国的产业竞争力。各界普遍认为，以大数据和人工智能为代表的新一代信息技术是此次新科技革命的主要通用目的技术，通过不断与传统经济融合发展，打造新的经济增长动能。

新科技革命与产业变革的本质是推动通用目的技术的跨领域应用与扩散。互联网、大数据、人工智能等新一代信息技术的突破和广泛应用将形成本次工业革命的高潮，并成为新一轮工业革命的核心技术，重塑制造业的发展要素、生产体系、商业模式，实现生产力的整体跃升。

在这场新的工业革命中，实体经济必然会在新思维和新技术的引领下走出一条创新发展的道路。考察现有的工业互联网、智能制造、产业互联网 3 种发展范式，智能制造范式最具包容性，工业互联网作为基础设施支撑智能制造的发展，实体经济或者制造业作为重要的实施载体之一，新一代人工智能技术等则作为核心技术。新一代信息技术正在与制造业发生深度融合，彻底改变制造产品、过程、装备、模式、业态等，促使制造业发展进入智能化阶段。

当前，新科技与实体经济融合还存在程度不深等问题。从制造业企业来看，企业现有的数字化水平较低，技术发展范式不清晰，创新性投资的回报率较低等；对于信息技术企业，底层技术创新不足，新通用目的技术尚未突破自身行业范畴。这些问题造成新一代信息技术与实体经济发展存在“两张皮”问题，两者融合程度不深。

促进两者融合发展的关键在于以智能制造为主要载体，将人工智能等新一代信息技术应用于制造业所有发展阶段、全生命周期，推动制造业数字化、网络化、智能化并联发展、同步发展。制造业企业、技术提供商和互联网企业是参与新科技革命与产业变革的主要角色，从分工来看，制造业企业要积极实施数字化技术改造，集成方案供应商要主动提供智能制造解决方案，互联网企业要帮助制造业企业实施云平台布局。

只有当突变式的颠覆性创新引发技术变革时才会出现产业赶超的机会，所谓面临百年来之大变局，在科技创新领域正是如此。对于正在发生的新科技革命和产业变革，我国应采取各种措施，以智能制造为重要载体，积极推动新一代信息技术与实体经济的融合发展。

### （一）坚持发展先进制造

纵观从机器到电气，再到信息和智能时代的历次工业革命，只有那些真正能够改变制造产业的关键性技术、代表性技术才能影响和推动人类的进步。当前科技革命的前途还存在不确定性，作为一个制造业大国，我国一定要保持战略定力。从德国的政策经验看，德国“工业 4.0”的战略意图是，对内德国需要尽快实现产业升级，促进数字技术等新兴行业的发展，尽快摆脱“路径依赖”的负面效应；对外又要同时面对美国等发达国家和以中国为代表的新兴国家在国际市场上的竞争。回溯近年来德国的经济政策就可以发现，德国 2019 年的《国家工业战略 2030》并非孤立提出的，而具有一定的政策连续性，是对德国国内产业变革需求和国际环境变化的最新回应，背后反映了德国经济的焦虑，以及对未来本国国际竞争力受到威胁的担忧，尤其是在作为“游戏规则改变者”的突破性创新和创新速度竞争中，德国有掉队的危险。德国企业在营业收入、盈利、雇员数量及市值方面，都远远落后于新兴的、以数字技术和互联网技术为基础的中美企业。国内有些研究在夸大德国制造优势的同时，很少认识到德国制造业存在的劣势，“工业 4.0”的出发点正是基于这些劣势而提出的，《国家工业战略 2030》也是如此。当前，全球制造业的进一步发展面临巨大瓶颈和困难，各国都在积极采取行动，期待成为新一代通用目的技术的发现者，抢占未来发展战略制高点。作为制造大国，我国还需要有战略定力，坚持发展先进制造业，不断促进制造业转型升级，这一决心不可动摇。

以智能制造为例，从国家层面的战略规划，到相关行动计划，再到创新平台和产业联盟建设，从人才培养到创新园区建设，我国已经初步形成了政学产研用的融合创新政策体系。在人工智能领域，我国的产业聚集不断形成与成熟，中小企业和创业企业大量增长，例如，在视觉识别领域的创业科技企业有 100 多家。在新一代人工智能这一通用目的技术及智能制造这一产业变革的主要载体等方面，我国不但与发达国家处在同一起跑线上，而且自身优势很突出。虽然我国在核心技术方面稍显落后，但随着中国成为全球最大的消费市场，中国企业在商业模式创新方面又非常大胆、超前。很多先进核心技术到最后一定会到中国来，在中国市场得到应用，因此必须利用好巨大市场空间所创造出的“中国机会”。只要继续保持开放，国内外的先进技术都能够在“中国机会”中找到发展和成熟的空间，最终带动我国制造业从大到强。因此，应把推动发展智能制造放在国家战略层面，系统布局、主动谋划，进一步统一对发展智能制造的认识，明确战略目标、方针和路径，策划必要的行动计划，推出适当的政策措施。

### （二）重点实施示范工程

推广各领域的示范工程。经过多年的实践，在新兴产业领域采用“探索—试点—推广—普及”的分步推进模式是合理、有效的。以示范企业为切入点，通过做好示范项目，在示范企业取得一定成果之后，积极采取措施进行成果的推广、应用。因此，发展智能制造从两个方面入手。一方面，积极开展智能制造技术创新应用示范。通过验证智能制造技术的可行性，逐步开展企业试点示范，在形成推广条件后，推动人工智能技术应用于智能制造的成果转化、重大产品集成创新和示范应用，形成可复制、可推广的经验，进而探索出一条可操作性强、成功率高的新一代智能制造的实施路径。不断加快重点突破，开展数字化车间/智能工厂的集成创新与应用示范。发挥大中型企业智能化改造示范作用，支持中小企业聚焦关键环节，抓住见效快的项目先行示范和突破，及时总结经验，做好推广应用，促进大批企业智能化转型升级。完善示范项目管理机制，设立评价和淘汰制度，让示范项目真正具有引领作用。另一方面，加快培育智能制造产业领军企业。推动智能制造在制造业重点领域的应用深度和广度，在优势领域加快打造智能制造领军企业和品牌，支持领军企业牵头或参与国际标准制定，支持龙头骨干企业形成集聚各类资源的创新生态。通过协同创新，推动智能制造示范、专项项目实施企业不断总结经验，与装备制造商、软件开发商联合向行业提供系统集成服务，培育一批行业知名的专业化系统集成服务供应商。加大对典型集成服务案例、模式的宣传推广，分行业开展智能化改造诊断、方案设计、项目实施等专业指导和服务。

### （三）夯实产业发展基础

新一代人工智能制造范式的发展，使智能制造云和工业互联网实现质的飞跃，为生产力和生产方式变革提供发展空间和可靠保障。在加快推动 5G、大数据、计算中心等数字化、网络化信息基础设施建设之外，还应重点关注以下 3 个方面的内容。

首先，制定相关行业标准。互联网、大数据、人工智能三者相互关联，建立统一、科学的数据标准是进行广泛数据分享和实现系统间交互操作的重要前提条件。依托云平台、创新平台或安全平台，制定行业标准和国家标准。推动智能制造国家标准上升为国际标准，提高我国在国际标准制定过程中的话语权。基于市场规模优势，在与中文相关的数据规范制定方面，我国也应起到主导作用。例如，大数据领域的相关规范，虽然本文并没有把大数据作为研究重点，但是无论智能制造还是工业互联网，实现更加智能、高效发展的基础必定是把数据作为新的生产要素。规模巨大的数据量和日益强大的计算能力是提升人工智能技术水平的基础，因此需要在更广泛的领域增加获取数据的便利性，包括发展数据信任、分享数据，并将非格式化的数据进行规范，为支持文本和数据挖掘提供研究标准和必要工具。

其次，补齐行业技术短板。推进智能关键零部件与核心软件的自主研发与产业化。重点突破控制器、伺服电机、传感器、控制系统等核心关键部件，突破人工智能基本算法、芯片等底层技术和基础工艺，支持关键零部件、核心软件的首批应用，支持高精度工业控制传感器开发并实现集成应用。开发应用于人工智能领域的通用系统、数据库、知识软件等，使国产人工智能软件大规模、成体系、高可靠地应用于智能制造。

最后，打造工业互联网体系。构建跨行业、跨领域的工业互联网平台，构建数字经济的行业主导权。支持骨干制造业企业、大型互联网企业、知名科研机构联合建设，建成一批国家级、区域级、行业级、企业级的工业互联网平台。加速工业互联网数据采集、网络传输、云端数据存储和使用等全方位各环节安全防护产品的技术研发、测试检测、产业化推广，围绕工业互联网与云平台建设开展安全评估。建设符合国情、适合我国制造业的数字化转型平台，尽快形成国家工业互联网标准，占据全球制高点，推进中国智造的升级发展，提升国际话语权和影响力。

### （四）规范相关管理问题

探索数据信息规范监管。在数字经济领域，尤其是在数据隐私和安全方面我国的法律框架滞后于新技术发展水平。探索数字安全立法，明确数字资产产权，构建数字化标准，鼓励数字资产交易和流动。主张“数据权利”，强调数据主体对于数据的控制权、同意权、获利权，建立《个人信息保护法》。通过数据安全立法，重点明确数据安全管理机制，完善数据全生命周期管理规范。通过《个人信息保护法》，构建更加系统、全面的个人信息保护法律体系。在利用数据资源方面，以法律为依据，厘清数据产权及平台企业的收益边界，引导企业遵守竞争规范。此外，人工智能、区块链等领域的立法工作也应该加快推进，避免重蹈“先发展，后治理”的困境。

规范网络平台治理问题。新一代信息技术与实体经济的融合发展，推动形成了众多平台型企业，数据竞争、算法价值观、平台垄断等治理难题也在不断出现。数据成为关键生产要素，平台之间的数据归属争议越来越多，平台之间的数据流动壁垒也越来越高。数据流动和数据保护决定未来信息技术与实体经济融合的程度，决定数字经济领域商业模式创新的合法性，这个问题如何解决并没有成熟的经验。算法是平台创新和人工智能应用的主要领域，平台的信息推送深刻影响信息传播的方式，但是也有可能会侵犯用户的个人隐私。算法作为新型生产力，还可能涉及商业机密，如何规范算法的价值观，并对其进行有效监管，现在并未形成一套行之有效的办法。此外还存在平台责任的界定与划分、平台信用的构建与共享等问题。新一代信息技术与实体经济的融合发展在促生新模式、新业态同时，也带来了新的问题，而这些问题是传统的监管方式难以解决的。因此，在网络平台监管方面，应充分发挥政府、企业、社会组织、消费者及专家的作用，在政策制定和监管实施中形成开放协同机制，采用立法手段为平台发展立规矩，逐步提高监管的科学性和精准度。

加强理论创新研究。人工智能等对人类社会的影响远远不止经济方面，越来越多的社会问题会随着新科技的普及不断出现。对于新科技革命与产业变革的影响，社会学、哲学、心理学等方面的学者发声不多，应从人文与社会科学层面进一步加强对人工智能等的研究，准确评估人工智能发展带来的伦理道德、法律问题及社会影响。

# 两化融合步入制造业数字化转型新阶段

中国电子信息产业发展研究院院长　张立

两化融合是信息化和工业化两个历史进程的交汇点，是信息技术在制造业领域应用不断深化的过程，是实现生产力、生产方式、生产关系不断变革的重要途径。随着信息技术加速创新、快速迭代、群体突破，信息化和工业化融合从起步建设，到制造业与互联网深度融合，再到新一代信息技术与制造业融合发展，“由点到线、由线及面”向更大范围、更广领域和更深层次迈进，逐步进入以制造业数字化转型为核心特征和重要模式的新阶段。

2020 年《政府工作报告》提出，推动制造业升级和新兴产业发展，重点是“发展工业互联网，推进智能制造”“全面推进‘互联网+’，打造数字经济新优势”。在常态化疫情防控和中国制造业升级的关键时期，以制造业数字化转型推进两化融合走向深入，发展壮大工业数字经济，是制造资源配置效率优化、制造业全要素生产率提高的迫切需求，也是加快制造业供给侧结构性改革、努力实现制造业高质量发展的必由之路。

## 【制造业数字化转型是两化融合的新特征、新模式】

从发展理念看，新冠肺炎疫情倒逼制造主体从“被动转型”向“主动转型”转变。新冠肺炎疫情暴发后，我国制造业遭受较大冲击，2020 年第一季度增加值同比下降 10.2%，不少制造业企业面临生死存亡的严峻考验。与此同时，一些有基础的制造业企业主动寻求“数字突围”，把疫情当作新技术的“试验场”、新模式的“练兵场”、新业态的“培育场”，积极推动数字化转型，通过远程协同办公、电子商务、无人制造、共享员工等方式快速实现复工复产，有效应对新冠肺炎疫情带来的影响。

世界经济论坛发布的《第四次工业革命对供

应链的影响》白皮书指出，数字化转型使制造企业成本降低 17.6%、营收增加 22.6%，使物流服务业成本降低 34.2%、营收增加 33.6%。经新冠肺炎疫情一役，越来越多的制造业企业直观、深切感受到数字化转型带来的显著优势，不再踌躇于“要不要”转型，而是更加深入地思考“转什么”“怎么转”。需要强调的是，数字化转型是一项系统工程，不能局限于所取得的点滴成就，要从战略层面谋划与发展基础适配的转型路径、方法和模式，从而推动实现全局优化和系统升级。

从生产要素看，数字化转型促进制造资源配置范围从传统要素向数据要素拓展。土地、资本、劳动力是传统工业经济发展不可或缺的生产要素，正面临土地约束趋紧、资金投入产出率不高、劳动力结构性失衡等日益严峻的发展挑战。在制造业数字化转型进程中，网络全面普及、计算无处不在、要素广泛连接，由此产生源源不断的数据，日益成为工业经济全要素生产率提升的新动力源。

数字化转型以数据流带动资金流、人才流、物资流，不断突破地域、组织、技术边界，促进制造资源配置从单点优化向多点优化演进，从局部优化向全局优化演进，从静态优化向动态优化演进，全面提升资源配置的效率和水平。同时，数据具有可复制性强、迭代速度快、复用价值高、无限增长和供给等禀赋，数据规模越大、维度越多，数据边际价值不减反而成倍增加，能够打破传统要素有限供给束缚，为制造业高质量发展提供充分的要素支持。

从价值创造看，数字化转型推动制造价值链重心从“提质增效”向“开放共享”转移。在传统封闭的工业技术体系下，制造业价值创造以产品为中心，关注的是产品质量和制造效率的提升。数字化转型帮助打通制造全要素、全环节、全流程数据链，推动产品与服务、硬件与软件、应用与平台趋于交融，促进产业链各环节及不同产业链的跨界融合，搭建形成信息互通、资源共享、能力协同、开放合作的价值共创生态。基于此生态，企业更精准地定义用户需求、更大范围地动态配置资源、更高效地提供个性化服务，实现远程诊断维护、全生命周期管理、总集成总承包、精准供应链管理等新模式、新服务发展。

基于此生态，企业与员工、客户、供应商、合作伙伴等利益相关者更加紧密互动，共享技术、资源和能力，实现以产业生态构建为核心的价值创造机制、模式和路径变革，围绕数字化转型底层技术、标准和专利掌控权的竞争将更激烈。

从组织变革看，数字化转型加速产业组织从金字塔静态管理向扁平化动态管理转变。数字技术构建形成泛在、及时、准确的信息交互方式，大幅降低信息、评价、决策、监督、违约等交易成本，引发产业组织形态、流程、机制和主体的深刻变化。扁平化组织加速形成，破除企业自上而下垂直高耸的管理架构，增加管理幅度，精简管理流程，缩短最高决策层到一线员工之间的距离，通过管理幅度的增加与分权，充分为个体赋能。

柔性化组织加速形成，促进多品种、小批量、按需定制的灵活制造发展，形成基于市场需求、环境变化和项目任务快速建立工作团队的机制，通过客户需求充分理解、传递提供高效服务。无边界化组织加速形成，基于跨行业、跨领域、跨主体的产业链平台，推动创新主体广泛参与协作，不再受既定组织边界的束缚，充分激发个体创新潜能。

从生态建设看，数字化转型助力产业链从“内循环”向国内国际双向循环升级。受新冠肺炎疫情影响，我国国际产业链和供应链安全压力日益增加，上游断供和部分外贸撤单等都给产业链、供应链带来极大冲击。部分企业依托数字化平台，对市场需求、生产能力、产业链配套等情况进行监测预警，以保障重点产业链为抓手，推动国内上下游、产供销、中小微企业协同，对于可能停产断供的关键环节提前组织柔性转产和产能共享，以数字化转型畅通产业链“内循环”，有效保障供应链完整。

面对外部环境变化，依托开放式、协同化、网络化平台建设，能够全面整合国际市场和全球产业链、供应链资源，在确保产业链主导权的前提下，基于产业“内循环”聚焦具有优势的产品生产，基于平台进行上游供给全球采购，补充“外循环”缺失链条，形成国内国际双循环相互促进、协同运行、良性互动的发展格局。

**【制造业数字化转型呈现新内容、新趋势】**

“5G+云数智链”融合重构，筑牢数字化转型新基础。数字化转型与5G、云计算、大数据、人工智能、区块链等新一代信息技术深度融合，形成“以5G网络为入口、以云计算平台为支撑、以数据融通为核心、以智能应用为关键、以可信环境为保障、以轻量服务为特色”的基础架构，助力企业单环节数字化应用向全要素、全流程、全链条的优化重构升级。

新一代基础架构及应用正在重塑ICT产业新格局，竞争重点从技术产品本身向生态系统构建转移，数字化服务商将围绕边缘智能、数字孪生、智能决策等融合性技术推进联合攻关，基于平台纵向整合产业链、供应链，横向整合跨系统、跨领域、跨平台资源和合作伙伴，发展体系化、综合性解决方案。

工业数据价值大量释放，激发数字化转型新活力。工业数据贯穿于制造全过程、全产业链、产品全生命周期，通过端到端的流通共享构建“感知—洞察—评估—响应”闭环机制，支持实现设备精准控制自执行、企业智慧决策自优化和产业链协同自适应。工业数据融入设备，将设备运行状态“透明化”，有助于设备故障诊断和运行优化。工业数据融入研发、生产、管理、服务等各环节，支持基于内部数据协同的流程优化，提升组织运行效率。工业数据融入产业链上下游，促进企业间信息交互，催生共享制造、供应链金融等新服务、新业态。

随着工业数据应用深化，数据资源掌控的多寡及数据管理能力的优劣成为衡量企业软实力和竞争力水平的重要标志，以战略、治理、架构、标准、质量、安全、应用、生存周期等为核心内容的数据管理能力建设将关系企业发展的未来。

工业互联网平台深度渗透，壮大数字化转型新动能。工业互联网平台全面整合“服务商+开发者+用户”资源，推动工业知识生产与扩散，助力构建数字化创新生态，赋能数字化转型迭代升级。

在知识创新层面，工业互联网平台通过软件等技术将行业原理、基础工艺、业务流程、专家经验等共性技术知识代码化、组件化、模型化，促进工业知识的复用、共享和价值再造。在协同创新层面，工业互联网平台支撑创新资源要素的泛在连接、弹性供给和高效配置，促使创新协作在时空上交叉、重组和优化，实现创新主体多元化、创新流程并行化、创新体系开放化，提升协同研发效率和融合创新水平。在应用创新层面，工业互联网平台环境中的技术和产品研发者不再是唯一的创新发起者，用户可以共同参与创新，形成了技术产品应用多方合作、相互促进、快速迭代的创新机制。

数字孪生应用加快落地，引领数字化转型迈向“工业智能”新方向。数字孪生运用数据科学手段，基于建模仿真构建生产制造物理实体与业务流程虚拟运营的精准映射关系，促进物理生产与数字制造的互联、互通、互操作，赋予制造系统动态感知、敏捷分析、全局优化、智能决策的强大能力。

数字孪生应用于研发，基于数字样机推动产品结构和性能的智能仿真、虚拟试验、交互体验和学习优化，大幅缩短研发周期。数字孪生应用于生产，基于模拟生产制订实施计划、排产最优方案，有效提高产品交付速度。据Gartner预测，到2020年，互联传感器与端点将超200亿个、数字孪生将服务于数十亿个物件。随着时间的推移，数字孪生应用将逐步向管理、服务等环节渗透，促进从设备级、车间级到产业链级的全向突破，助力实现“工业智能”。

**【发展建议】**

举旗定向，部署数字化转型总体战略。以习近平新时代中国特色社会主义思想为指导，贯彻落实党的十九大精神和发展数字经济相关部署，顺应数字化转型趋势，研究编制推动制造业数字化转型的战略规划和实施路线图，促进工业化与信息化在更广范围、更深程度、更高水平上实现融合发展。把握新一代信息技术在不同行业、环节、领域的扩散规律和融合模式，加强系统布局，针对不同企业、行业、区域数字化转型基础、阶段和水平差异性，构建方法科学、机制灵活、政策精准的推进政策体系。

鼓励创新，充分发挥企业转型主体作用。制造业企业是数字化转型的需求方，也是数字化转型的推动者。要突出企业主体地位，支持大企业加快探索新一代信息技术创新应用，加强工业数据、工业互联网、数字孪生等各类应用场景建设，主动加快组织变革、业务创新和流程再造，引领研发、生产、管理、服务等关键环节的数字化转型，实现创新网络开放化、生产方式智能化、产品服务个性化、组织边界弹性化、价值体系生态化。鼓励中小企业以管理、服务数字化为起点，推动业务系统上云、上平台，探索基于产业链平台的模式创新和服务创新路径，先易后难地推动数字化能力提升。

开放合作，增强数字化转型发展合力。数字化转型不是一蹴而就的，需要充分调动政企产学研各界，举全社会之力共同推动。引导大型制造企业、互联网企业联合搭建数字化转型服务平台，持续丰富架构设计、工具模型、数据运营等服务。引导产业联盟、行业协会和科研机构等整合资源，围绕数字化转型开展需求征集、案例推广、经验交流、产品交易等活动，完善面向数字化转型的政策咨询、智力支持、标准制定、人才培训等公共服务。

依托第三方咨询机构围绕数字化转型战略、路径、策略等决策需求，研究发布数字化转型发展路线图和发展指南，为行业、企业数字化转型提供指引。引导金融机构探索新型融资新服务，构建企业信用监测、产能对接、大数据风控等服务体系，为数字化转型提供充分的资金支持。

# 赋能数字经济发展的数字政府建设：内在逻辑与创新路径

中共浙江省委党校数字化发展战略研究中心副主任、副教授　徐梦周

中国社会科学院工业经济研究所研究员　吕铁

当前我国经济发展进入以数字经济为核心动力的新阶段，数字经济占GDP的比重超过30%，对GDP增长的贡献率达60%以上。区别于传统经济，数字经济以数字化的知识和信息作为关键生产要素，通过数字产业化和产业数字化两种方式推动数字技术和实体经济深度融合、快速发展。大数据、人工智能、区块链等新技术及共享经济、无人驾驶、数字货币等新业态的涌现，导致了市场体系特征的巨大变化，同时也对原有的治理模式带来了较大挑战。面对数据产权模糊、平台企业垄断、电商假货横行等各类现象，政府治理普遍面临服务缺失、规则缺乏、监管缺位等问题。

处理好政府与市场关系是经济行稳致远、健康发展的关键。经济形态的变化自然而然会对上层建筑提出新的要求。为适应数字化浪潮，加快数字政府建设成为政府优化治理的重要实践。在中央政策及“最多跑一次”“不见面审批”等地方创新推动下，我国数字政府建设全面提速。党的十九届四中全会提出，要“建立健全运用互联网、大数据、人工智能等技术手段进行行政管理的制度规则。推进数字政府建设，加强数据有序共享，依法保护个人信息”，表明深入运用数字化手段拓宽治理体系、提升治理能力的理念得到了进一步强化。

政府职能设置能否与市场发展协调一致是现代化进程中最重要的因素和最明显的标志。数字技术赋予政府治理的新工具、新手段，不少学者围绕数字政府的业务流程、技术架构、平台组件

等具体问题进行了诸多讨论，但在一定程度上忽略了数字政府建设应以更好地促进市场发挥作用为立足点的根本取向。弱政府难以支撑强市场，但强而无道的政府也不可能支撑强的、好的市场。正如党的十八届三中全会所强调的，以深化经济体制改革为牵引加快发展方式转变的关键在于充分发挥市场在资源配置中的决定性作用，以及更好地发挥政府作用。当仅强调大数据的精准性、可预测性，甚至如乐观者认为有望解决计划经济所需信息问题时，数字政府建设无疑会偏离方向。

立足数字经济发展的现实诉求，我们认为数字政府建设的实质是：在推动生产关系同生产力、上层建筑同经济基础相适应的过程中，政府如何用现代化、数字化的理念和方法优化与市场的关系，以市场机能增进为关键目标，创造性地推动数字经济竞争力全面提升。

## 【数字经济条件下市场体系的特征变化及面临的挑战】

自20世纪70年代以来，数字经济发展经历了以单机应用为主要特征的电子化阶段和以互联网应用为主要特征的网络化阶段，目前正进入以大数据驱动为主要特征的智能化阶段。电子化、网络化和智能化进程改变了市场体系中生产要素结构及生产者、消费者的行为，形成了区别于以往的市场客体、市场主体和市场载体结构。

### （一）数字经济条件下市场体系的特征变化

1．数据作为关键生产要素的客体结构

在要素市场上，数据成为劳动、资本、技术、管理和自然资源之外的关键要素，对数据的分析、挖掘与利用蕴含着巨大价值。2019年我国大数据产业产值达到8500亿元，2020年有望突破万亿元。党的十九届四中全会首次提出要健全数据要素由市场评价贡献、按贡献决定报酬的机制，这表明数据要素已经从投入阶段发展到产出、分配阶段，资本化诉求强烈。在产品市场上，数字经济发展衍生出诸多智能产品，以及以软件服务、电子商务、数字文创为代表的新型服务。据统计，2018年我国信息消费规模约为5万亿元，其中信息服务消费规模首次超过信息产品，出现了结构性变化。更重要的是，无论是智能产品还是数字服务都在源源不断地产生大量数据，呈现出“产品即要素”的发展态势。

2．平台企业主导的主体结构

数字经济下的交易主体规模极其庞大，长尾理论已充分表明数字化极大地拓展了消费者参与的范围，让很多利基市场成为可能。在供给端，平台企业的崛起是全球数字经济发展中的突出现象。所谓平台企业是指连接两个或多个特定群体，通过满足各群体需求，激发跨边网络效应从中获利的组织。哈佛大学托马斯·艾斯曼研究发现，在全球最大的100家企业中有60家企业的主要收入来自平台商业模式。截至2019年12月，在全球市值前10位的企业中有8家为平台企业，市值规模达6.23万亿美元。

3．无边界、全天候泛在的载体结构

在数字经济中，互联网天然的无边界打破了市场交易的地域和时间限制，全球性、全天候泛在市场的形成改变了传统市场的载体结构。目前，全球已有超过12%的跨境货物贸易通过数字化平台实现，2019年我国社会消费品网上零售额超10万亿元，占零售总额比例已达25.8%。交易市场的泛在和连通带来了市场资源的广泛重组与聚合，市场交易更加便捷，市场主体的互动行为趋于高频且多元，在线协作大幅增加，企业间竞合复杂化，而企业的兴衰成败也呈现加速趋势。

### （二）市场体系新变化带来的挑战

在数字经济现有市场条件下，要素和商品流动的自由性、市场竞争的公平性、市场契约执行的有效性都面临巨大挑战，形成了对政府赋能的迫切诉求。

1．数据要素市场建设的滞后性

要素的自由流动是高质量发展的基础保障，对照数字经济的快速发展，我国数据要素的市场建设明显滞后。一是企业、政府及社会的诸多业务尚未数据化，而已有的数据大多格式单一、时效性弱、质量参差不齐；二是数据交易存在价值不确定性和权利范围模糊性，市场交易缺乏准入、隐私保护、安全分类、质量价值评估及数据接口等各类标准。产权明晰的最大价值是促使市场主体形成投资动力，但在现有条件下各类主体并不愿意花大成本投入或将已有的高质量数据拿出来交易。受限于数据的规模、种类、质量，企业的数据应用主要集中在精准营销等有限场景。而非法来源及未经加工的“黑市”数据主要用于商业“杀熟”、精准诈骗、人肉搜索等不良行为，进一步引发了数据要素市场的乱序。

2．平台企业引致的市场垄断

数字技术赋权所形成的市场主体结构催生了新的权力结构。平台企业成为一个局部市场，有众多市场主体在其中进行经济活动和社会交往。面对国际竞争压力，阿里巴巴、腾讯等互联网巨头面临的生存威胁也十分严峻。目前这些企业正通过并购、业务拓展加快进入工业互联网、数字政府、智慧城市等领域。丰富应用场景、进一步做大产业生态成为平台企业竞争的不二选择。但由于平台企业具有市场交易主体和市场裁决者双重身份，其行为存在天然的局限性。当前存在的大数据“杀熟”及对中小商户、创业者的权益侵犯等现象都表明，机会均等、公平竞争等问题影响着数字经济的高质量发展。

3．契约有效执行的监管不足

契约的签订并不意味着契约的有效执行。数字经济市场载体结构的变化增强了交易的便利性，但交易主体的多元化、复杂化、虚拟化、隐蔽化也产生了广泛的信用风险。在市场从有界走向无界的过程中，由于信息不对称及法律制度的不完善，市场交易很容易出现乱象。在泛化的市场关系中，声誉、互惠、信任等社会资本难以发挥作用，导致假货销售、信用炒作、网络诈骗等非法行为大行其道。据统计，2018 年全国市场监督管理部门共受理假冒伪劣、虚假广告等网络购物投诉 168.20 万件，比 2017 年增长 126.2%。对于监管部门而言，面对在线化、跨领域、跨地区的海量交易，传统“以批代管”“重审批轻监管”及属地化管理模式已经远远跟不上节奏和步伐。

4．政策制定部门快速响应能力偏弱

在数字经济发展中，产品和产业更新换代的速度远远超过以往。市场的快速变化对政策制定部门提出了更高要求，不仅要在市场准入、流通、监管、社会诚信、市场退出及市场激励等环节建立起有效规则，还要有快速响应、迭代创新的政策调整能力。另外，数字经济是融合性经济，很多新业态如工业互联网、共享经济等均涉及多部门的协调。但在传统治理模式中，政策制定部门的反应普遍滞后，众多新问题难以找到相对应的法律法规条文，或者出现政出多门，不同部门之间的政策、标准要求相抵触的现象。这反映出，政策制定部门对新技术、新经济理解不到位，面临服务对象模糊不清、原有规制原则和方法难以适应的尴尬局面。

## 【数字政府赋能数字经济发展的内在逻辑】

数字政府建设是政府部门通过使用数字技术改善信息和服务的供给，鼓励民众参与决策，使政府更具责任感、更透明、更有效的过程。与数字经济发展阶段相对应，数字政府建设也经历了政务电子化、网络化、智能化 3 个阶段。在智能化阶段，政府整体性、开放性运行的理念及服务市场的导向进一步强化，为赋能数字经济发展提供了现实基础。

### （一）数字政府运行原理

根据数字化影响的程度，数字政府建设区分为转型（Transformation）、参与（Engagement）、场景化（Contextualization）3 种变化。其中，“转型”主要体现在政府自身，“参与”主要表现为政府与民众、经济社会部门的关系变化，“场景化”确定了数字政府建设的应用导向，比如面向可持续发展及追求特定公共政策。对照我国数字政府建设过程，这三大变化与数字政府建设所经历的政务电子化、网络化、智能化 3 个阶段存在内在耦合。

我国数字政府建设起步于 20 世纪 80 年代初，党政机关办公自动化、部门信息化及 1993 年启动的金关、金卡、金桥“三金工程”都标志着政务电子化的深入推进，但这个阶段以政务内网建设为基础，重点在政府内部转型。自 1999 年起，全国范围内兴起“政府上网”工程，政府网站建设延伸至乡镇部门。2002 年国务院信息化工作办公室成立，随后出台《国家信息化领导小组关于我国电子政务建设指导意见》，“一站、两网、四库、十二金”的基本框架加速了政务服务网络化。也正是在这之后的10余年间，我国网民数量迎来爆发式增长，特别是2014年手机上网比例首次超过台式计算机上网比例，为公众、企业在线获取及灵活参与政务服务提供了基础。2015年3月，“互联网+”在《政府工作报告》中首次出现，同年7月《国务院关于加快推进“互联网+政务服务”工作的指导意见》出台，表明政府部门在推动政务网络化中的积极导向。2016年年底，“最多跑一次”改革在浙江首次被提出，意味着我国数字政府建设的场景化创新加速。在原有电子化、网络化基础上，政府朝更高政策供给和服务水平方向发展。在这个阶段，场景化成为主导，在数据智能的驱动下倒逼政府加快内部转型和强化公众参与；面向社会开放数据，共同寻求解决方案成为该阶段数据应用的重要内容（见图1）。

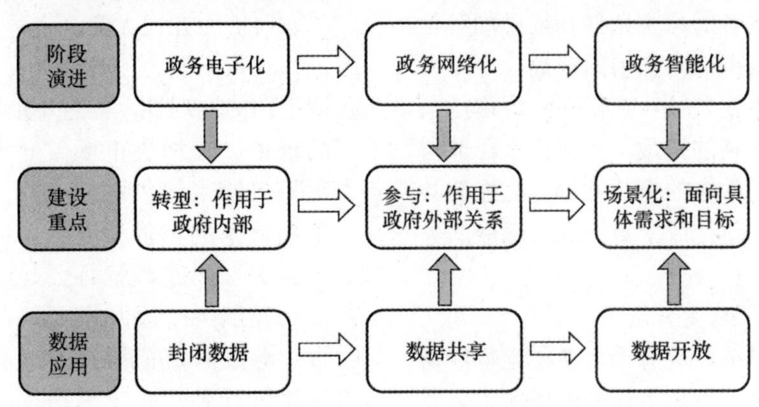


**图1　数字政府演进阶段及运行原理**

（二）数字政府赋能数字经济的根本取向

所谓赋能是指为行动主体实现目标提供一种新的方法、路径和可能性。回顾数字政府演进历程，可以看出数字政府的兴起是政府部门对经济演进到数字形态的自我适应。但被动的、简单化的适应难以支撑数字经济的有序发展：一是处于转型期的经济发展必然面临游戏规则、利益格局的改变，需要政府部门参与消除对改革的阻碍；二是越高级的经济体系越要求高水平地协调多样化的市场活动。相比传统经济，数字经济的协调活动更为复杂，市场主体的多元、信用风险的泛化与平台垄断的加剧都充分说明了这一点。面对市场的协调失灵，政府部门必须也必然要在市场体系培育中发挥积极作用。

但这种积极有为绝不是对微观经济过程的全面干预。在数字技术的作用下，政府比以往更接近市场，能够以更便捷的方式、更低的成本实时获得市场主体的行为数据、经营数据。当实践中过于强调全流程、全方位、“天罗地网”式介入市场获取数据，甚至受资本力量、技术平台的俘获形成主动、被动合谋时，数字政府应有的“扶持之手”将演变成“掠夺之手”，市场主体的安全感及创新活力将受到严重抑制。

关于这一点，青木昌彦的“市场增进论”为理解数字政府赋能应把握的根本取向提供了重要视角。“市场增进论”超越了“亲善市场论”（Market-Friendly View）与“国家推动发展论”（Developmental State View），认为政府与市场之间并非相互替代、非此即彼。经济发展普遍存在协调失灵，作为经济体系的参与者，政府同样面临信息不充分的问题，当无法判断什么才是最佳方案时，过多干预会限制市场的多样化及各类协调试验。但这并不是否定政府的作用，而是将作用的重点转变为推动企业、金融中介等市场主体发展及相互协调，引导其增强解决市场失灵的能力。激励市场主体对协调活动的多元尝试及逐渐摸索是增进市场机能的关键所在。该理论探讨的是工业经济发展，但在数字经济环境下相关理论仍然成立。首先数字经济协调失灵广泛存在，其次即便拥有大量数据的政府也不能覆盖所有的解决方案并从中选出最佳路径。面对数字经济市场体系发育程度不高、要素资源缺乏、市场秩序不稳定的现实，数字政府建设的根本取向仍然是促进市场更好发挥作用，其赋能是否有效在于是否为政府部门增进市场机能，以及是否为推动市场体系发展、市场秩序扩张提供一种新的方法和路径。如果无法达到这一点，所谓的治理模式创新或优越性均无从体现。

### （三）数字政府赋能数字经济的关键环节

要素和商品的自由流动，企业的自主经营、公平竞争，以及消费者的自主选择、机会均等是市场在资源配置中发挥决定作用的前提，也是市场体系逐步完善的重要表征。在数字经济市场条件下，针对发展所面临的挑战，加快要素释放与主体培育、赋能市场秩序的有效维护，赋能公共政策的动态调整与创新构成了数字政府赋能的关键环节（见图2）。

1. 赋能要素释放与主体培育

在市场增进逻辑下，政府不再参与竞争性物品和服务的生产供给，市场主体是市场体系生成和扩展的核心，当大量企业在“无意识协作的海洋中建立有意识力量的岛屿”时，辅之以充裕的生产要素，市场自主协调的可能性大幅提升。

2. 赋能市场秩序的有效维护

政府最积极的作用在于增强和发展每个主体的意志行使能力和经济活动能力。一个稳定、规范、公正、透明的制度环境将大幅降低经济主体自发协调与合作的交易成本，为分散化的协调试验及破解市场失灵创造有利条件。

3. 赋能公共政策的动态调整与创新

政府能力在很大意义上体现为有效制定和实施公共政策的能力。协调失灵的逻辑并不能证明政策干预的合理性，但也不能被看作削弱政府作用的理由。在增进市场导向下，政府倾向于利用市场机制来解决协调问题，但具体效果取决于市场体系的完善程度。只要存在外部性或多主体协调性问题，就有公共政策的作用空间。在市场发展各阶段及重要环节，数字政府建设能否审时度势，依据民间部门能力和实际需求的变化进行公共政策的动态调整与创新，对于能否有效地发挥市场发展引导者和助推器作用至关重要。

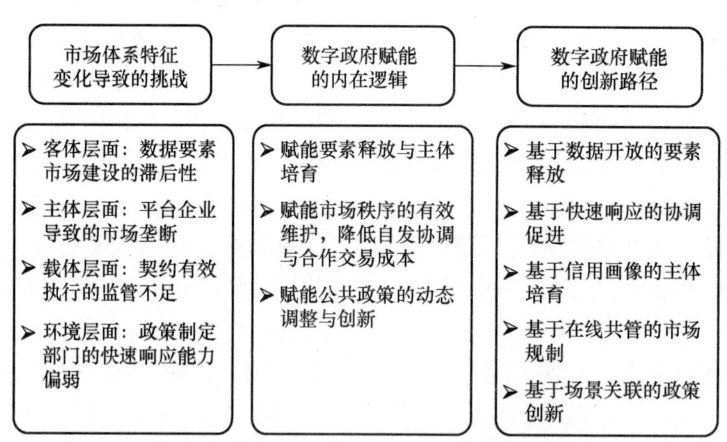


图2 数字政府赋能的内在逻辑和创新路径

## 【数字政府赋能数字经济发展的创新路径】

据统计，在2018年全国政府资金招投标项目中，涉及信息化行业采购金额1496.46亿元，比2017年增长28.62%，其中，物联网、大数据、信息安全、人工智能等热点数字技术采购金额达309.85亿元，比2017年增长41.64%。可见，数字政府建设本身为数字经济发展提供了稳定需求源。更重要的是，立足公共数据开放、市场需求快速响应、市场主体信用画像、在线协同共管及场景关联下的政策创新，我国数字政府建设逐步探索形成了赋能数字经济发展的创新路径。

### （一）基于数据开放的要素释放

经过政务电子化、网络化阶段，政府内部积累了大量基础数据、流程数据和结果数据，同时政府部门是连接经济、社会部门的重要节点，从企业到居民，从服务到消费，能够触达的数据包罗万象。数据开放是政府部门主动供给公共物品、释放数据这一核心要素的重要选择。数据开放赋予市场主体调用公共数据的权利，鼓励其利用技术优势和服务经验对公共数据的潜在价值进行挖掘。类似苹果的 AppStore，政府数据开放平台变成“Gov Store”，大量的应用创新促进了数据要素的流动与组合，为数据市场的形成与完善提供了条件。目前，数据开放成为各地数字政府建设的重要突破口。以上海市为例，2019 年 9 月上海市出台全国首部公共数据开放规章，重点开放金融、医疗、旅游、交通、能源、城市管理等领域数据，并利用联合创新实验室推动公共数据的价值创造。比如，在金融普惠领域，集中开放了纳税、社保缴纳、住房公积金、市场监管、发明专利、科创企业认定、环保处罚、商标、司法判决等 300 多项数据，为银行部门丰富信贷产品体系、加强对中小企业服务提供了支持。

### （二）基于快速响应的协调促进

面对市场主体交互行为的敏捷化、交互关系的迭代化，强化快速响应成为政府部门推动市场协调的重要导向。数字政府建设实现了政府与市场主体的“双在线”，面对多样化需求，政府通过跨部门、跨系统、跨辖区的业务整合推进“前台一口受理，后台协同办理”，在原有职能框架下的稳态服务转为在需求框架下的敏捷服务，“移动办”“24 小时在线办”“政府秒批”等模式提供了多类别、多渠道的便捷服务。由于市场的动态变化，很难说数字政府实现了精准服务或需求预测，但确实带来了政府服务能力的快速迭代和持续调整。业务的在线流动能够及时发现在行政审批过程中繁复的流程、冗余的环节和多余的证照。当现有服务与企业需求不匹配时，可以利用数字技术应用和大数据分析查找问题、快速适配。企业开办简化、项目审批流程缩减，企业办事“只进一扇门”“最多跑一次”等所降低的交易成本和节省下的时间为市场主体加速自主协调、开展分散化试验提供了巨大的空间。

### （三）基于信用画像的主体培育

在数字政府的实践中，关于市场主体信用信息的开发、共享及开放更为便利，基于信用的监管价值进一步凸显。一是部门之间实现了信用信息的快速共享，红黑名单、信用评价、信用档案的完善等为部门业务协作提供了支撑。二是政府与企业“双在线”为信用评价的透明化和场景创新提供了可能。以杭州市为例，在新冠肺炎疫情中杭州市率先推出了政商平台“亲清在线”，其中一项功能为“企业不需要提交任何材料，政府政策在线兑付”，一些企业违背承诺，政府部门依托数据技术及时发现并公开了其失信行为。这种“直通车式”的在线服务为政府提供了多元的信用评价维度和评价渠道。三是公共信用数据的开放有效激发了社会信用评价机构的积极参与，有利于加快完善社会信用体系。市场主体的信用画像为政府实施联合奖惩和科学监管提供了支撑，也为数字经济发展营造了良好的信用环境。在 2019 年《政府工作报告》中，信用监管的提法首次出现，这意味着以信用评价为核心的监管机制成为数字经济市场主体培育的重要抓手。

### （四）基于在线共管的市场规制

为应对数字经济无边界、全天候泛在的市场载体结构，政府部门以在线化联合执法及社会参与共管为突破口加强市场规制。以浙江省为例，2018 年浙江省成立了全国首个市场监管互联网执法办案平台，实现了从举报、立案、调查、送达、举证、告知、核审、处罚、缴款、公示等各环节的全流程在线，以此加速推进市场监管综合执法，着力破解传统涉网案件中发现难、落地难、取证难、执行难等问题。与此同时，数字化变革为市场主体及社会力量在更大范围和更深层次上参与治理创造了条件。社会参与的在线共管模式汇聚了不同主体及多元化监管思路、方法和工具，有利于政府部门更准确地发现问题及寻找切实可行的解决方案。在平台化、生态化的运行逻辑下，数字政府以“平台对平台”“生态对生态”理念充分激发了市场和社会部门参与的动力，构建形成了与平台企业相互制衡、相互作用的监管格局，对加强平台治理和保障参与用户权益方面产生了积极作用。

### （五）基于场景关联的政策创新

在协调市场过程中，政府部门只有提供市场

上得不到的信息才有参与的价值。数字政府是服务场景的综合，场景的多样化推动了政府数据从单一来源转向多源异构，不同场景的数据关联为政府构建了一个感知社会、经济、环境等方面的"神经系统"。对于政府自身而言，强化对宏观经济走势的监测、预报和分析能力，有利于优化决策。对于市场主体而言，数字政府汇聚并协调了来自不同企业、行业的信息，基于场景关联的综合信息披露及政策创新能够为市场决策提供多样化、多侧面的认知参考。以杭州市为例，新冠肺炎疫情期间杭州市率先于2020年2月11日推出健康码，短时间内成为全国标配。健康码综合运用了政务、电信运营商、互联网企业等多方数据，根据"数据可用不可见"的原则，设定"红黄绿码"生成规范，有效区分密切接触人员、重点疫区来杭人员、健康人群，极大地便利了企业复工管理。此外，各地推出的产业链电力复工指数也为市场复工决策提供了系统性参考，发挥了良好的市场引导作用。

**【进一步强化数字政府赋能的对策建议】**

诚然我国数字政府建设还处于起步期，而上述有关创新路径的概括多源于部分发达地区的实践观察，包含了理想化的构想和潜在可能的探讨。对照现实，可以发现我国数字政府建设面临顶层设计不够完善、部门业务应用条块化、政务服务分割化、数据资源开发利用水平低、对科学决策支持有限、区域发展水平严重失衡等问题，数字政府赋能数字经济发展的潜力远远没有发挥。为了改变这种格局，本文提出以下建议。

（一）以政务服务一体化平台建设增强区域间联动协同

为提升各级政府部门"一站式"服务能力，在更大范围实现对数字经济发展的赋能，应进一步优化顶层设计，加快推动我国政务服务公共支撑和综合保障的一体化建设。一是推进基础设施整合和集约建设，充分发挥国家政务服务平台作为公共入口、公共通道、公共支撑的总枢纽作用，防止重复建设、投资浪费；二是加快推进政务数据资源跨地区、跨层级、跨部门共享和交换，加快构建基础性、主题性和业务性信息资源目录，进一步明确无条件、有条件及不予共享的范围；三是对政务资源的配置由条块分割转为全局化部署，全面推进"一网通办"，除法律法规另有规定或涉及国家秘密等外，政务服务事项全部纳入平台办理，并在全国范围内推进服务事项及办事流程的标准统筹。

（二）以服务场景的创新竞赛提升数字政府的应用效能

在全国一体化政府服务平台深入推进的背景下，地方政府成为连接本地需求和全国政务资源的重要接口，相应地也就成为政务服务场景创新的竞争者。当前政务服务正从单一、浅层次的需求满足逐步转向多元、深层次的需求满足，业务的复杂性、创新性要求不断提高。源源不断地推出类似"最多跑一次""政府秒批""健康码""电力复工指数"等新应用场景成为各地优化营商环境的新基石，以及数字政府有效赋能的重要标识。在这个过程中，无论是数据开放、政务服务、信用画像、市场监管，还是政策创新各个环节，都需要政府部门强化生态建设的理念。换言之，谁能在更大范围内最大限度地调动内部和外部主体的参与动力和信息共享，谁就能在这场竞赛中胜出。因而，为提升数字政府建设的应用效能，应以场景创新和生态建设一体化为导向构建激励制度，鼓励地方政府打造出更多的智慧政务"爆品"。

（三）以技术保障和制度性规范强化数字政府的可信度

数字政府建设的可靠性面临两个方面的考验：一方面是技术上的安全性，需要解决好基础设施安全保障及敏感数据、个人隐私保护等问题；另一方面是制度的规范性，在数字技术助力下，如何防止政府的"扶持之手"变成"掠夺之手"。为此，在驱动数字政府赋能过程中，要同步强化技术的安全性及制度的规范性：一是树立安全的底线思维，坚持技术的自主可控，建立健全安全防护体系，保障物理设施、网络、平台、应用、数据等各层面的平稳、高效、健康运行；二是建立数据流动的安全评估机制，明确不同数据资源的安全级别和流动机制，强化对数据市场交易的引导作用，以及对个人和法人信息的隐私保护；三是增强数字政府运营的法律保障，依据法律法规优化业务流程，做到法无授权不可为、法定职责必须为，同时加强数字政府运维过程中的执法监督，依托电子监察实现全程留痕和有据可查，规范和约束权力运行。

（四）以领导干部数字能力培养提升数字政府的自主性

数字政府建设中庞大的技术架构体系对于工作人员的科技素养和能力提出了很高的要求，善于获取数据、分析数据和运用数据成为领导干部的基本功。而在传统领导干部培养体系中，主要着眼于干部队伍的政治素养、领导能力及协调能力提升，与数字政府运营所需理念、知识及能力要求存在差距。此外，数字政府建设主要依赖于外部承包商，各级政府内部普遍缺乏技术性人才，难以审查外部人员的专业性和规范性，而“算法黑箱”等问题在很大程度上对数字政府建设的自主性带来较大挑战。为避免数字政府建设被强势资本力量俘获，导致数字经济发展中更大范围的垄断，政府部门应加快培养和建设一支业务熟、技术精、素质高的年轻化、专业化队伍，切实提高数字政府的运营和管理能力。

# 装备制造业智能化升级与数字化转型路径研究

安永咨询　李涛　李峰　王涛　李发旭　程衍巧

作为机械工业的核心部分，装备制造业是先进生产力的代表和竞争力的关键，其发展程度已成为体现国家综合国力的重要因素。

根据制造强国战略的“三步走”目标：到2020年，基本实现工业化，制造大国地位进一步巩固，制造业信息化水平大幅提升；掌握一批重点领域关键核心技术，优势领域竞争力进一步增强，产品质量有较大提高；制造业数字化、网络化、智能化取得明显进展。

基于这个目标，为实现产业升级，装备制造业需要产品与运营两手抓。一方面通过研发的资源投入和产品的服务化拓展实现产品本身的迭代升级；另一方面，需要借力数字化、网络化和物联化等技术的发展，实现内部数字化运营能力和产业协同运营能力的阶段性提升。

## 【智能化产品升级】

### （一）研发先行

作为集资金、技术和劳动于一体的密集型产业，装备制造业在研发领域普遍具有专业性强、技术含量高的特点。从全球来看，装备制造业相关的创新技术研究活动较为频繁；随着大量新技术、新工艺的渗入应用，装备制造业对研发的要求不断被强化。

借助人口红利带来的低劳动成本，我国装备制造业在生产规模和速度上一度处于全球先进水平。但目前来看，我国的装备制造水平仍然处于“大”而不“强”的阶段，低成本的比较优势也正在逐渐消失，发达国家和新兴经济体正纷纷抢占制造业发展先机。究其根本，我国装备制造业在部分关键领域和关键零部件的核心技术上受制于人的现象较为普遍（见表 1），依靠设备进口和技术引进的发展模式势必会受到国际贸易环境的牵绊。因此，提高关键技术的研发水平和创新能力是我国装备制造业形成国际竞争优势的必要要求。

根据 2019 年 10 月工业和信息化部等 13 个部门联合印发的《关于印发制造业设计能力提升专项行为计划（2019—2022）的通知》，“强化高端装备制造业的关键设计”被作为重点设计突破工程的首要任务（见表 2）。

**表 1　几大重点装备制造细分行业发展趋势**

| 装备制造细分行业 | 发展形势 |
|---|---|
| 高档数控机床与机器人装备 | 进出口下降态势明显，关键核心技术有所突破；<br>产品质量与性能等方面与国外先进水平有较大差距，关键零部件设计领域尤为突出 |
| 先进轨道交通装备 | 以中车为主的轨道交通装备制造企业研发投入稳定，创新体系不断完善，“走出去”步伐进一步加快；<br>关键系统和核心零部件的基础研发依然较为薄弱，在产品安全性、可靠性和使用寿命等方面有待提高，产品标准体系尚未形成，总成、转向架和牵引制动技术方面的科技成果仅形成国内标准，尚未得到国际认可 |
| 航天航空装备 | 大型民航客机与支线客机研发方面取得突破，航空设备自主创新稳步推进；<br>通用航空方面制造规模和产业规模偏小，核心技术的研发难度估计不足，投入欠缺，导致产业基础薄弱，航空方面的应用潜力未得到释放，经济效益待加强 |
| 海洋工程装备与高技术产业 | 产架结构性过剩得到理解，市场和技术竞争开始升级，中国在总装备建设方面的优势有所提升；<br>研发投入强度和技术储备力量不足，导致创新力和引领力较日本、韩国等先进造船国家相比亟待提高 |
| 节能与新能源汽车 | 绝大多数节能技术在农用车、家用车和客车方面均已获得不同程度的应用；<br>尚未形成国际一流水准的企业和品牌，国际化运营模式和引资、引智、引技术水平亟待提高 |
| 电力工程装备 | 在供给侧结构性改革深入的背景下，产业发展平稳提升，燃煤发电技术、水电工程建设相关领域均达到全球领先水平；<br>在关键基础零部件、基础共性技术、关键基础材料、电气成套设备和核心控制系统等方面进口依赖程度仍较高，产业智能化发展进一步提速 |
| 农业发展装备 | 集合省级政府、科研院所和企业资源，形成农业装备协同创新机制，关键设备品种数量向发达国家逐步靠拢；<br>农业产品数字化、智能化技术仍处于起步阶段，具备实时、自动监控功能品种较少，主流产品的关键零部件和整机设备类型单一、附加值较低、整体较落后 |

**表 2　《关于印发制造业设计能力提升专项行为计划（2019—2022）的通知》中关于装备制造业的关键设计**

| | |
|---|---|
| 强化高端装备制造业的关键设计 | 在轨道交通领域，重点突破列车转向架、高速列车车轴设计，列车车体材料、结构和内部布局及辅助设备设施优化设计，先进城市有轨电车、中低速磁悬浮、跨座式单轨、市郊通勤动车组等新型轨道交通工具设计 |
| | 在航空航天领域，重点突破飞机气动及结构、航空发动机、机载设备及系统、无人系统、火箭发动机等系统关键设计 |
| | 在船舶海工领域，重点突破智能船、邮轮等高技术船舶，深远海油气资源开发装备等海洋工程装备，以及核心配套系统及设备的关键设计 |
| | 在电力装备领域，重点突破燃气轮机整体设计、核心热端部件设计、现役装备热端部件的修复及优化升级设计、特高压交直流关键装备设计等 |

一方面，以市场机制为纽带，推动“产、学、研、用”一体化发展，是坚持创新驱动发展、加强创新体系和创新能力建设的一项重要内容。装备制造业产业链长，各环节关联性强，利用“产、学、研、用”的协同力量促进研发创新是必然选择。在“产”的环节，企业应主动担起主要行动者和执行者的角色；在“学”和“研”的环节，创新人才和研发能力的培养是重要推动力，推动从源头上补足装备制造业人才短板；在“用”的环节，通过有效的市场反馈、体验参与和局部微

创等方式，拉动创新系统的前进。

另一方面，装备制造业应借力数字孪生、3D打印等技术，实现在产品设计、建模仿真、样机制造和设计反馈等阶段的数字化转型。通过实现产品三维数字化设计，建立产品工艺布局、加工流程、装备和试验等环节的虚拟仿真；通过五维仿真技术，补足传统三维模型无法承载的作业环境信息和时间维度信息，实现不同时间、不同地理环境与产品的动态耦合。

（二）服务共赢

在消费升级的大背景下，中国社会的经济形态正在经历从“工业经济”到“服务经济”的转型更迭。作为制造业与服务业深度融合的重点发展领域，装备制造业在不断探索“服务化”的发展路径模式。但由于其涉及的设备复杂度和多元性，装备制造业产业服务化进程相对于其他产业较慢，行业内厂商更多地将服务作为后市场层面“附加价值”的载体，还未实现“产品服务化”，甚至“活产品”的产业模式。

对于传统的大型复杂装备制造领域，如轨道交通、航天航空、船舶海工等，核心设备的检维修均已逐步产业化，形成完整的后市场服务产业链，但这样的服务更多以针对特定产品的故障维修工作和定期的预防性维护工作为主，从而导致成本虚高、服务不及时等多种问题出现，整体后市场的服务质量和收益情况并不乐观。

从市场需求来看，“成果性经济”盛行的时代即将来临，实体产品越来越无法满足客户的需求，除了单纯的硬件产品，与产品相关的信息和数字化服务已经逐步从后市场步入前端需求；从产品的生命周期来看，装备制造业产品由于其复杂度，其工艺设计、加工制造过程、部件装配过程、维护维修过程、再制造过程都需要产品制造商提供大量支持。因此，提供“成果”而非单纯产品是装备制造业“产品及服务”这一转型路径的重中之重。

随着以传感、识别、通信、物联技术为基础的智能装备制造业的大力发展，设备状态的实时监控与数据采集逐渐成为可能。智能产品与平台服务的连接，将实现以数据为核心的泛力生态系统。在“成果性经济”的推动下，数据和基于数据的洞察与决策将成为工业的价值驱动力，而企业融入这个生态系统，将是其立足数字化市场的根本。

例如，在产品使用过程中，装备制造厂商可利用产品回传的数据，有针对性地实现设备状态信息、环境信息等各种数据的实时监控，再通过机器学习和大数据分析的推演，建立数理模型，对设备的健康状况做出评估，并对可预测性故障发生频次、程度等进行提前预测分析。

一方面，这些分析数据可以提高内部运营的效率，增强市场响应能力，在指导产品备件的及时采购和产品可靠性的优化升级等方面均能产生决策性影响。另一方面，也是更重要的，数字化价值链的形成需要各环节企业共同参与制定和决策，快速实现外部变化的根本是在专注自身核心竞争力的同时，开展并引导彼此的合作，而物联生态系统是促成合作的桥梁。设备数据的积累将逐步加速产品数据的资产化进程，利用设备监测与机器学习带来的大数据资产，制造厂商可研制出设备全生命周期管理等服务方案，实现从设备产品提供商到“活产品”提供商的转型升级，成为可为客户提供设备状态监测、大数据分析等配套服务的合作伙伴。

**【数字化运营转型】**

高新技术的突破，促进装备制造业发展提速。传统装备制造业的数字化改造是重中之重，这决定着中国制造业的整体价值。

大数据产业的快速发展，为装备制造业注入新的生产原动力。一方面，大到全球性互联网巨头、咨询公司，小到科技类创业公司，都在不断探索“大数据+”等相关新兴技术在制造业中的数字化转型解决方案；另一方面，工业巨头也立足于深耕多年的产业链，拥抱新技术为生产运营带来的红利。在此格局下，“新制造”已经成为不可阻挡的未来。

相较于数字化发展如火如荼的零售业，装备制造业在数据管理和分析能力上一直存在短板。因运营资本较重、运营流程复杂等原因，行业内企业信息系统众多，系统管理相互独立，数据存储分散。因此，在运营的数字化发展上，装备制造业仍然沉浸在将数据作为管理辅助工具的阶段。

借鉴其他行业的先进管理模式，我们认为企业数据运营往往需要经历3个阶段（见表3）。而作为数据化程度相对较弱的装备制造业，需要通过前端、中端、后端的变革逐步实现阶段性突破。

表3　企业数据运营经历的3个阶段

| | 阶段特点 | 管理模式 | 主要产物 |
|---|---|---|---|
| 第一阶段：统计分析 | 以业务需求为导向，通过IT建设实现业务过程的流程化、自动化，可能会有少量数据记录，但并没有以数据为导向积累数据 | 企业战略：战略定位纯粹以业务为驱动，以流程与自动化为导向<br>数据形态：数据以业务系统为依托，数据无组织、维度单一、无质量管控<br>数据场景：仅针对关键指标和数据进行单一的统计分析，用于辅助业务总结<br>数据应用工具：主要基于系统报表模块和导出后的Excel，模式单一<br>组织架构：无专业数据部门，以IT部门的数据库运维管理和业务管理人员为主 | 基于现状的描述性报告，主要回答“发生了什么”和“正在发生什么”的问题 |
| 第二阶段：决策支撑 | 在业务系统建设的基础上，基于业务目标进行数据收集、管理和分析，通过数据仓库的建设，为企业的业务提供决策支撑 | 企业战略：通过数据支撑经营决策，并考虑实现数据与业务的融合<br>数据形态：注重业务各环节的数据汇聚，数据维度逐渐丰富，开始注重数据质量<br>数据场景：基于数据仓位进行各业务主体的数据收集、管理和分析，构建管理驾驶舱、企业运行指数等场景应用<br>数据应用工具：开始建立数据仓库、数据开发工具和专业可视化工具，进行系统化数据收集、管理和分析<br>组织架构：出现数据分析师岗位，可能会专设数据挖掘或商业职能部门 | 基于现状对未来趋势做出预判分析的预测性报告，主要回答“将来会发生什么”的问题 |
| 第三阶段：数据驱动 | 基于海量数据积累利用大数据、机器学习和深度学习等技术，进行数据的深度挖掘和分析，通过对多源、异构的全域数据的汇聚和打通，跨界考虑数据价值的应用，实现业务与数据的深度融合 | 企业战略：开始将数据作为企业的重要资产和生产资料，真正开始考虑数据驱动业务发展<br>数据形态：数据积累具备一定规模，对结构化和非结构化数据进行处理和应用，开始进行数据清洗加工和标准化处理<br>数据场景：以满足业务需求为主，用数据提升现有业务能力，进行智能化升级，从业务上认识到数据的价值，实现业数融合<br>数据应用工具：开始通过以Hadoop/Spark生态体系为代表的批计算、流计算、在线计算等大数据处理技术，以及机器学习、深度学习算法进行数据汇聚与开发<br>组织架构：设立业务部门的数据团队，为业务场景的需求提供数据能力的支撑，设置大数据工程师、算法工程师、数据科学家等职位 | 基于趋势判断和业务倾向的指向性分析报告，主要回答“我应该做什么”的问题 |

### （一）后端：全量化大数据挖掘

所谓全量化大数据，是相较于传统的局部性小数据，综合了图像、音频等非结构化数据，综合了企业内外部不同来源数据的集合总称。上一个十年，随着ERP、CRM等企业系统应用的兴起，装备制造业的信息化水平大幅度提升，“业务数据化”工作已逐步完善。虽然业务人员对数据有了一定的认识，但这种认识大多停留在对业务系统中简单结构化的理解上。因此，从两个方向上拓展多元化大数据是企业数字化决策实现的基础。

一方面，通过网页和社交媒体等相关平台中的数据获取，可以帮助装备制造企业打破2B局限，直面最终用户。在数字时代下，企业追求“以人为本”，客户作为有温度的个体，需求应当得到察觉并给予充分响应；装备生产也一样，最终落地的体验还在人身上。但相较于2C行业，装备制造业很难直接获取较为明确的2C端市场用户意愿。在全量化大数据的思路下，越过2B的屏障，直接通过人产生的数据理解群体思想，能更好地帮助装备制造企业跳出2B的局限。

另一方面，装备制造业涉及较多传感技术与物联设备，高效利用机器生成的数据，可以大大提升装备制造业的生产能力。在智能化时代，多种设备前端的数据收集系统已逐步自动化，加上物联网与互联网的发展，庞大而丰富的数据源有待开采。行业特点决定了行业优势，通过采集设备的第一手数据抢占先机，将是装备制造业智能化路径的重要里程碑。

（二）中端：战略性数据中台

从数据处理层来看，以BW/BO系统为主的企业数据分析工具已在各行业被广泛应用；但就实现情况而言，在装备制造业，大部分的BW/BO应用仅能基于以ERP为主的业务系统数据提供事后分析报表，这些报表大多强调业务的标准化和规范性。但由于市场需求多样化和生产模式多元化的快速发展，这类标准报表已无法满足企业发展所需的数据支持。在装备制造业，系统数据各自独立、数据服务效率不高及业务诉求不匹配等问题成为常态。

随着数字产业化逐步从C端走向B端市场，以Hadoop、Spark等分布式技术和组件为核心，以“计算&存储混搭”的数据处理架构为主体的数据中台战略，将在制造业兴起并日渐成熟。数据中台的出现使得企业对于多源异构数据的预测性分析、实时分析和主动分析成为可能。

（三）前端：场景化数据决策

在数据的前端展现层面，传统的单一报表或简单图表输出模式已无法满足目前企业的业务决策。

在硬件与软件的优化升级中，多样化的数据展示应用已逐步形成，管理驾驶舱、即时分析、生产看板、自助报告、数据大屏、预警通知等，企业可以根据不同的使用场景，如高管办公室、会议室、生产车间等，选择适当的数据展示方式。除了展示方式的场景化，数据决策过程的场景化更重要，不再是传统的基于单向流程的基础性数据展示，而是双向的使用和反馈，并通过闭环的场景化过程形成新一轮的业务数据化，从而实现不断优化的智能模式。

零售业和服务业等第三产业，往往更注重满足“千人千面”的用户个性化需求；但对装备制造业来说，需要清晰地认识到，场景化数据决策的建立不仅取决于技术的发展，更重要的是需要对业务场景有明确的把握。一方面，决策者应该明确将数据决策过程嵌入运营环节，深入现场，而非闭门造车；另一方面，也需要在必要的时候借助业务专家对发展趋势和业务重点给予专业的建议，从而真正实现从“数据辅助业务”向“数据驱动业务”的转变。

# 深化工业数据应用　赋能制造业数字化转型

赛迪智库信息化与软件产业研究所　高婴劢　王宇霞

数字经济时代，参与制造生产全流程的人、资源、机器和产品之间实现了无所不“连”（连接）和无所不“知”（感知），促进形成人与人、人与物、物与物之间的信息交互，并由此产生源源不断的工业大数据。随着美国工业互联网和德国“工业4.0”等制造业数字化转型战略的相继实施，工业大数据作为贯穿整个产品全生命周期和企业全价值链始终的核心因素，日益成为全球制造业挖掘价值、推动变革的主要抓手。

2020 年 5 月 13 日，工业和信息化部发布《关于工业大数据发展的指导意见》，围绕进一步深化工业数据应用，从开展应用示范、提升平台支撑作用、打造应用生态等方面进行重点部署，为推进更大范围、更高水平、更深层次的工业数据应用创新指明了方向。在我国大力发展工业互联网、推进制造业与互联网深度融合、促进制造业高质量发展的当下，如何进一步挖掘工业大数据的应用价值必将成为关注焦点。

## 【深化工业大数据应用意义重大】

一方面，工业大数据应用助力推动制造业数字化转型。工业大数据贯穿于设计、生产、管理、服务等各环节，以数据流动促进制造全过程、全产业链、产品全生命周期的无缝衔接和综合集成，加速个性化、协同化、服务化制造新模式发展，催生无人制造、共享制造、供应链金融等新服务、新业态。从国家战略看，发达国家均把数据作为数字化转型战略的核心，美国制定《联邦数据战略》，欧洲发布《欧洲数据战略》，日本推进价值链促进计划等，都在数据开发利用方面提出相关任务要求。从企业发展看，GE、PTC、西门子等纷纷推出基于工业互联网、以数据为驱动的数字化解决方案，主动变革商业模式，抢占数字化转型高地。开展大数据深度应用，引导企业发展数据驱动制造的新模式、新业态，是以数字化转型带动工业全要素、全产业链、全价值链升级的重要举措。

另一方面，工业大数据应用助力构建未来"工业智脑"。20 世纪 50 年代，英国科学家图灵第一次提出"机器思维"的概念，认为机器将拥有智能，可以像人类一样进行思考。如今，通过大数据、人工智能等新一代信息技术与制造系统的全面融合，通过工业知识、业务、流程的数据化、算法化、模型化，不仅赋予单一机器、单一设备、单一设施"智能思维"，而且整体制造体系也将装上"大脑"系统，拥有动态感知、敏捷分析、全局优化、智能决策的强大能力，真正实现"制造智能"。深化工业大数据应用，推动从产品级、设备级向产业链级拓展，逐步实现制造"智脑"系统的整体提升，是加速制造业数字化、网络化、智能化发展的必由之路。

## 【工业大数据应用通过多种方式创造价值】

### （一）促进设计协同化，构建新型研发模式

通过应用工业大数据，企业与消费者、供应商、合作伙伴之间建立起数据驱动的信息主动反馈机制，基于资源共享和数据集成，加速研发端与制造端、消费端的协同创新。

在消费端，用户深度参与产品的需求分析和产品设计等创新活动，其个性化产品需求数据、产品的交互和交易数据被挖掘分析，促进实现定制化设计。

在制造端，企业构建研发知识库，推进数字化图纸、标准零部件库等设计数据在内部及产业链上下游的资源共享，实现跨平台研发资源统筹管理和产业链协同设计能力提升。研究与咨询机构 Forrester 发布的 *The Forrester Wave*：*Industrial IoT Software Platforms in China*，*Q4 2019* 报告显示，海尔 COSMOPlat 连接超过 3.3 亿户用户和 4.3 万家企业数据，通过设计资源的社会化共享和用户广泛参与，创造数据驱动的大规模定制生态。

### （二）加速生产透明化，打造新型制造体系

工业大数据将每个生产因素以客观、真实的量化信息形式加以呈现，方便决策者对制造能力进行整体评估，精准掌握如零部件偶发失效、机器性能磨损等诸多不确定因素，助力实现生产流程优化和生产方式变革。

在车间管理层面，通过生产线传统器采集温度、压力、热能、振动和噪声等数据，精准预判机器设备性能发生损耗和失效的时间、位置和类型，追踪能源消耗情况，采取恰当的事先控制行为以避免产能和效率降低。例如，中策橡胶借助阿里云 ET 工业大脑的工业大数据分析系统，对橡胶密封过程的产品数据、工艺数据、生产数据、监测数据等进行综合分析和优化，实现密炼时长缩短 10%、密炼温度降低 10℃，降低了次品率和能耗率。

在生产流程层面，通过设备、工艺、产线等环节数据汇聚整合，对产品制造全过程进行建模

仿真，实现物理生产在数字空间的全面映射，反向指导生产流程的柔性化组建和自我优化。

### （三）助推供应链优化，建立新型管理体系

工业大数据贯穿企业生产、管理、财务、采购、销售等全环节，通过挖掘分析，促进业务系统、制造系统和供应链系统的无缝衔接和协同，实现基于数据的企业运营管理精准决策。

在组织管理方面，企业运用工业大数据全面抓取自身资源信息，利用云端集成分析开展管理决策，实现从金字塔静态管理向扁平化动态管理转变。

在供应链管理方面，企业通过将仓储、配送、销售等环节数据与市场需求、销售价格等数据整合，运用数据分析得到更好的决策来优化供应链。例如，华为以订单数据为中心，整合全球客户数据、企业内部数据、供应商数据等资源，对供应链进行持续改进调整，保障企业对客户的敏捷响应。

### （四）实现产品服务化，创造新型商业模式

工业大数据帮助企业不断创新产品和服务，发展新的商业模式。

通过内嵌传感器和算法模型，产品基于前端联网和计算推进其内部数据与外界数据的交换，并将交互结果快速反馈至后端，基于后端远程控制实现与用户的实时互动，帮助企业实时监测产品运行状态。

通过大数据平台，企业获得产品的销售数据和客户数据，延伸打造基于平台的故障预警、远程监控、远程运维、质量诊断等在线增值服务，推动以产品为核心的经营模式向“制造+服务”模式转变。

## 【加快探索工业大数据应用发展路径】

### （一）在生产和市场中推进量的积累

我国制造业基础坚实，工业互联网、智能制造等的广泛实践创造出全球最庞大、最复杂、最活跃的工业大数据，客观上成为我国企业深度挖掘数据价值的后发优势。作为制造业大国，我国已经形成门类齐全、规模庞大的现代工业体系，覆盖39个大类、191个中类和525个小类等全部工业门类，创造出海量的机器设备市场需求。随着制造业数字化、网络化、智能化的不断演进，我国工业机器人、数控机床、智能生产线、智能工厂等先进应用加速普及。可以预见，门类丰富的工业生产、制造智能化应用，以及数字技术与制造技术的融合发展将引起我国工业数据规模的加速、加倍增长，为数据应用价值的挖掘提供了充足的样本空间和试验机会。我国这一数据资产优势远远超过德国、美国、日本等制造强国。

### （二）通过全流程应用获得质的突破

数据管理能力是基本功，也是构建“工业智脑”的关键和基础。要重视提升数据管理能力，围绕数据战略、数据治理、数据架构、数据标准、数据质量、数据安全、数据应用、数据生存周期等内容规划数据管理能力建设路径，夯实企业数据应用基础。建设完善设计工具、标准部件、流程工艺、试验测试等云端资源库，打通产品全生命周期数据链。深化虚拟仿真、知识挖掘、智能决策等技术在数字设计中的应用，构建数字化高效研发体系。推动产品研发、生产制造、经营管理等系统数据的共享和应用，提升在高级排产、协同制造、质量管理、远程维护、能源管控等方面的智能化能力。

### （三）加强全方位创新实现系统升级

围绕工业互联网平台和制造业“双创”平台培育，深化工业大数据与边缘计算、信息物理系统（CPS）等新兴技术在制造业领域的融合应用，发展数据驱动的新技术、新业态和新模式。利用大数据技术开展用户精准画像，促进用户数据与制造全流程数据的贯通集成，实现面向用户需求的柔性化、定制化生产。企业开放数据资源和工具，扩大跨产业链、跨平台、跨区域数据流通和协作范围，提升数据复用创新能力，培育规模化定制、协同制造、制造能力交易等制造业新模式、新业态。制造企业、供应链企业和金融企业加强数据对接和信息开放共享，建立基于工业运行数据分析的主体资信评级体系，依托评级结果探索开展融资租赁、质押担保、信用保险等产融服务新模式。

**【积极打造工业大数据应用生态】**

（一）加强工业大数据应用发展指导

分行业梳理工业大数据应用路径、方法模式和发展重点，编制工业大数据应用指南，引导企业工业大数据应用方向。加快研究制定科学、有效的工业大数据应用水平评估标准，对我国、各地及企业工业大数据应用现状、应用水平进行监测、分析和评估，引导地方、企业依据评估标准和结果，循序渐进地提升应用水平。落实《工业数据分类分级指南（试行）》，推动构建以企业为主体的工业数据分类分级管理体系，促进工业大数据应用价值有效释放。

（二）开展工业大数据应用试点示范

围绕钢铁、化工、冶金等行业能源管理需求，支持开展能源精细化管理服务平台试点示范，探索基于数据可视化分析的节能诊断、能耗预测、即时响应等能耗智能管理模式。围绕工程机械、汽车等行业产品管理维护需求，支持开展基于数据分析的产品全生命周期服务平台试点示范，探索产品追溯、远程运维、质量诊断、资产管理等增值服务创新。支持消费电子、服装、制鞋、家电等制造企业建设完善直达最终用户的需求感知平台和服务平台，提供个性化、在线化、便捷化的泛在服务，实现商业模式从以产品销售为主向以增值服务为主转变。

（三）提升工业大数据应用服务能力

聚焦能源、航空航天、建筑、钢铁、化工、工程机械、消费电子、服装、家电等新一代信息技术与制造业融合发展的重点领域，以推动大数据在研发设计、生产制造、经营管理等工业领域各环节应用为目标，培育一批市场份额大、具备自主研发能力的工业大数据系统解决方案服务商，推动解决方案服务商与制造企业等融通发展。分行业、分领域开展系统解决方案的研制与推广，不断提升系统解决方案专业化、集成化水平。构建完善工业大数据解决方案服务商评价体系，制定工业大数据解决方案服务商评价评估标准，支持专业机构开展工业大数据解决方案质量诊断与测试评估，分行业、分领域定期发布大数据技术解决方案服务商名录和关键产品清单。

（四）营造工业大数据应用创新环境

筹划在全国范围内开展工业大数据创新应用竞赛，整合业界各方资源，谋划构建真实需求场景，面向全社会征集优秀解决方案，助力工业大数据应用创新和专业技术人才挖掘。加大工业大数据应用宣传推广力度，搭建工业大数据应用公共服务平台，开展工业大数据应用实训，加快打造工业大数据应用新生态。

# 数字创新与全球价值链变革

清华大学技术创新研究中心副主任　王毅

人工智能（A）、区块链（B）、云计算（C）、大数据（D）技术（以下简称ABCD技术）的兴起和迅速发展，引发了企业管理实践界和理论界对新一轮技术革命和产业革命的热议，一场变革即将发生成为共识。

以工业革命为起始点，一种观点认为正在发

生的是第六次技术和产业革命，另一种观点认为是第二次机器革命。

“六次论”认为，在过去工业发展过程中，我们已经经历了五次技术革命：第一次是工业革命，人们开始大量使用机器、工厂化生产，并开凿运河，运河就是当时的互联网；第二次是从 1829 年起，产业发展进入蒸汽、煤、钢铁和铁路时代；第三次从 1875 年开始，产业发展进入钢铁和重工业时代，电力应用开始普及，化学工业兴起，海运兴旺发达，这个时代经历了第一轮全球化的过程；第四次开始于 1908 年，以福特 T 型汽车的出现为标志，产业发展进入汽车、石油、石油化工及大规模生产时代；第五次开始于 1971 年，英特尔推出了微处理器，标志着信息技术和通信时代的来临；ABCD 技术开启的是第六次技术和产业革命。

“二次机器革命论”认为，以蒸汽机、电动机、内燃机为代表的第一次机器革命使人们克服了肌肉力量的限制；以 ABCD 技术为代表的第二次机器革命则以增强人类思维能力为特征，将使工作岗位、公司和产业发生巨大的变化，而且 ABCD 技术只是一个开始，未来还会有更多的新技术到来，从这种意义来看，这场革命的影响会更为深远。

无论是第六次技术和产业革命，还是第二次机器革命，ABCD 技术驱动的数字创新都会在这场变革中发挥重要作用。五次技术和产业革命，或者说第一次机器革命推动了企业经营活动的全球化，形成了今日的全球价值链；数字创新会驱动价值链的变革，从而推动全球价值链的变革。

**【数字创新】**

数字创新以人工智能、区块链、云计算、大数据技术为基础，以实现用户价值的产品和服务创新为核心，以战略创新为引领，以（运营和工艺）流程创新、商业模式创新、组织创新为支撑。

数字创新的核心是实现用户价值的产品和服务创新，这使数字创新能够始于构想，经过研究开发和（或）设计、制造和（或）运营获得用户，从而成功商业化。用户价值就是直接或帮助解决用户痛点，让用户愿意使用产品和服务，用户会对产品和服务形成信赖（场景激发、碰到问题时首先想到）或依赖（离不开、频繁使用、付出时间），并产生实际的货币支付或具有强烈的支付意愿。

数字创新的用户价值可以通过 3 种形式确定：第一种方式是由供给方定义、用户做出选择；第二种方式是用户和供给方一起定义；第三种方式是用户定义，供给方予以满足。从第一种方式到第三种方式，用户的主动性逐渐提高。用户在价值定义中的权力升级是数字创新的显著优势，对这种优势的认识和利用，不但会出现在新兴产业，也会渗透到成熟产业。

在产品创新中的数字成分大幅度提升，包括数字芯片、软件、在线实时数据交互等多种形式。实体成分和数字成分共同实现用户价值，飞机、高铁、汽车等复杂产品如此，简单产品如音箱、风扇、冰箱、空调，甚至一棵青菜、一张纸都可以有数字成分的增值。在服务创新中的数字成分同样大幅度提升，尤其是用于服务的数字硬件、软件，服务的实体硬件和数字软件共同实现用户价值，高技术复杂服务如数据与语音通信、金融服务等，简单服务如餐厅点菜、便利店购物等都可以做到数据交互实时在线。

数字创新带来的一个新趋势是产品和服务创新的融合程度大幅度提升，可以实现用户价值的场景化实时满足，简单如共享单车和共享充电宝等产品、服务创新的融合，复杂如飞机发动机的实时在线和按飞行时间付费，远如汽车无人驾驶技术实现之后的按需呼叫使用。数字创新中的产品和服务融合还体现在接口的开放，不仅有一些硬件的接口，还有更灵活的软件和数据接口，通常都可以由在线实时数据为价值延伸、价值植入、价值重构提供基本条件。

数字创新的技术基础是 ABCD 技术，即人工智能、区块链、云计算、大数据等，以及未来将出现的新技术。数据实时在线是数字创新中的必要组成部分，原材料或零部件的制造过程、产品的制造销售和交付过程、服务的运营过程、产品和服务的用户使用过程等多个环节都有数据实时在线的可能性，而且能为用户的产品和服务价值感知做出贡献。ABCD 技术需要以各种形式融入企业原有技术体系，企业要形成新的技术创新能力。

数字创新以战略创新为引领。数字创新具有

综合性、长期性、全局性、跨部门甚至跨产业等特点，因此要以战略创新为引领。综合性体现为数字创新中数字部分和非数字部分的协调融合，其中既有相互促进的效应，也不排除挤压甚至替代的效应。长期性主要指投入产出时间长，对未来多年的效益、竞争优势甚至企业生存都具有影响。全局性是指企业的各层面，甚至外部的利益相关者都会受到数字创新的实质影响，具备牵一发而动全身的作用。跨部门是指数字创新的实现需要在多个部门的协同努力下完成。跨产业表现在数字创新让产业之间的界限模糊，例如，最为基础的制造业和服务业之间的界限，不同制造业、不同服务业之间的界限不再那么分明，而是围绕用户最终的使用价值来重构的。

数字创新以（运营和工艺）流程创新、商业模式创新、组织创新为支撑。数字创新需要企业对运营流程、工艺流程、组织结构甚至商业模式等方面的创新予以支持，甚至形成企业的全面创新局面。运营流程、工艺流程、组织结构的调整为数字创新的成功实现提供与ABCD技术并行的组织管理基础，以及商业模式创新和全面创新的转型调整支撑作用。这里要特别强调的是，商业模式创新并不是独立的，也不是与产品和服务创新的核心地位相提并论的，而是对产品和服务创新形成了强大的支撑作用；用户感受到的是产品和服务价值，而不是商业模式。但商业模式创新和全面创新在有些情况下不仅是需要的，而且是必要的。产品和服务创新这个核心与技术基础、组织管理基础之间具有复杂、动态的交互作用，数字创新过程的多主体性、开放性、复杂系统特性由此产生。

**【价值链变革】**

价值链是实现用户价值的产品和服务的所有活动的集合，这些活动可以称为价值链活动，包括原材料、研究开发与设计、制造或运营、物流、销售、交付、售后、弃用后处理等活动域。工业革命以来，价值链变革的大趋势是裂变，即从一体化向企业内部的专业化分工，再进一步向企业外部的专业化分工转变，企业价值链演变为产业价值链，规模制造、规模分销、规模物流和规模消费成为主流范式，专业化、规模化和协同带来规模经济和范围经济，甚至推动了产业链环节或活动的区域集群，从而形成了全球产业链的格局。数字创新对用户价值及其定义方式的变革，驱动价值链的变革。从价值链结构和价值链范围的变革来看，价值链变革包括价值链数字重生、价值链数字增生、价值链数字孪生、价值链数字新生等基本形式。

价值链数字重生指价值链的某个环节以数字化方式实现，以数据实时在线为基础来完成价值链环节的必要活动。对于销售环节，尤其是更为具体的零售环节，在线销售的出现和快速发展，是价值链数字重生的典型代表。在线销售的发展从书籍、电子产品等标准化、交付便利的品类开始，已经实现了生鲜等非标准化、需要冷链物流交付的品类的在线销售。无人零售、线上线下融合的新零售等方式都进入实用阶段，交易物品和交易对象的实时在线成为零售数字化的关键。与在线销售密切相关联的一个环节，就是在线支付。在线支付的便利甚至有取代现金支付的趋势。在线设计是正在大力发展的数字化价值链环节，从简单的平面图形、到3D立体等复杂产品的设计，都已经有一些相当规模的在线平台。在线销售能够让用户需求更好地与商品或服务匹配。在线设计能够帮助用户实现个性化需求。一些开放创新平台甚至能帮助企业发布需要解决的技术问题，并找到解决方案。开源软件平台能够聚集全球的程序员来协同完成软件设计。

价值链数字增生是指以数字化的形式来实现新增价值链环节，这些环节给用户带来全新的价值。依靠在线实时数据完成供需匹配的价值链新环节，催生了一些互联网平台，在线打车、在线外卖、在线民宿等多个环节都在短期内实现了快速发展，让用户的出行需求、美食需求和住宿需求得到更好、更快、更便利的满足，同时也让多样化的出行服务提供者、美食供应商、民宿拥有者更便利地找到合适的用户，彻底改变用户出行、美食和住宿的习惯。新型数字价值环节的引入，是数字价值链增生的另一种形式。例如，被寄予厚望的自动驾驶汽车，既需要在汽车上新增数字控制系统，甚至汽车操作系统，也需要实时数据在线的智能平台支撑。产品和服务数字化程度越高，价值链数字增生就越多，数字价值的比例也越高。

价值链数字孪生是指多个价值链环节实现数字化，主机数字化、制造数字化、产品使用数字化、产品维护数字化等多个环节利用实时在线数据创造价值。例如，高铁车厢、核电设备等复杂产品系统的数字三维模型能够为设计、制造、运行、维护等多个环节带来新价值。飞机、发动机、风力发电设备、空调等多种设备，其运行过程的在线实时数据能再现一个虚拟设备的使用情况，制造商可以据此进行设备远程监控、预检、维护和维修等。价值链数字孪生能够实时在线复现具象的价值链，孪生数据的积累为价值链的持续改进带来众多价值创造的机会。

价值链数字新生以新定义的用户价值为中心，以数据实时在线为基础，融合新价值链要素，创造全新价值链结构。价值链数字新生是变革最大的一类，价值链结构变化，融入新的数字化价值链要素，涉及的价值链范围广，甚至波及价值链全局。新定义的用户价值是价值链数字新生的中心，用户的显在和潜在需求得到挖掘和满足。例如，整合旅游目的地的各种资源要素，为用户提供更便利、服务质量有保障的综合旅游服务，大幅度提升用户旅行前、旅行中和旅行后的服务体验，需要整合旅游服务价值链上的景点、酒店、交通、餐饮、旅行社、纪念品商店等要素，更重要的是这些价值链要素、用户旅行轨迹能够实时数据在线，这些数据既能直接提升用户的旅游体验，又能为相关政府监管部门对用户和商家的服务提供数据基础，从而做到快速跟踪处理，跟原有的分散价值链结构和大量信息不对称的情况相比，大幅度提升用户旅游体验，实现用户价值和旅游资源要素的正反馈和良性发展。

以价值链数字重生、价值链数字增生、价值链数字孪生、价值链数字新生为表现形式的价值链结构和价值链范围变化，推动价值链变革的趋势从以裂变为主转化为聚变和裂变的辩证统一。价值链的聚变从需求端出发，以用户价值为中心，催生一些与用户价值密切关联的平台，甚至是超级平台；价值链的裂变从供给端出发，对用户价值实现有贡献的供给，分工更细，专业化更强，接入价值链更便利。价值网络演化推动复杂开放生态系统的形成。

## 【全球价值链变革】

价值链的结构变化和聚变、裂变趋势驱动全球价值链的纵向聚变、横向聚变、价值重构和开放畅联。

### （一）全球价值链的纵向聚变

全球价值链的纵向聚变是指价值链上的某个主体（一般是处于领导地位的主体）采用 ABCD 技术使分布在全球的主要或全部价值链环节实现一体化，其中通常都会用到实时在线数据。纵向聚变跟原有复杂产品系统在全球分工、裂变的过程相反。产品越复杂，其生产包括的工序越多，其纵向维度越长。但是，纵向聚变不是简单地回到最初价值链的企业内纵向一体化的状态，而是在既有市场型、模块化、关系型或领导型的治理机制的基础上，增加数据治理。纵向聚变者对企业外部价值链活动的信息、指导和监管，通过实时在线数据的聚集来实现，价值链活动的组织界限不再对全球价值链的效率带来负面效应。

纵向聚变还是价值链的延伸，一种形式是从制造向服务延伸，另一种形式是从服务向制造延伸。例如，飞机发动机、风力发电设备、机床等制造商，通过设备运行数据实时在线，可以在研发、制造、销售和金融服务的价值链上延伸到分时租赁或发电效益分享，甚至有设备制造商提出转型为软件和服务提供商，以工业互联软件完成全球价值链的纵向聚变。共享单车服务商自主设计专用自行车只是小试牛刀，多个互联网汽车出行平台对无人驾驶汽车研发和制造的兴趣和投入，则是服务向制造延伸的典型例子。无论是从服务向制造延伸聚变，还是从制造向服务延伸聚变，数据实时在线集聚都是必要组成部分。

### （二）全球价值链的横向聚变

以用户为起点的价值定义带来围绕用户价值的横向聚变，用户价值的聚合平台得以实现。对于已有标准价值定义的产品或服务，在数字化过程中用户从终点变为起点，可以在标准价值定义的基础上使用户在线完成个性化价值定义。个性化价值定义平台中的用户参与可以满足用户的多样化需求，例如，多种家用电器、服装、服装配饰、首饰、礼品等用户可以参与的聚合平台。聚合平台以用户为起点，围绕用户定义价值的实现来组织价值链活动，原材料、设计、制造、销售、交付等活动都可以通过平台协调完成。从全球价值链的地理维度来看，价值定义和需要交付的用户分散在全球各地，价值定义的数字平台集中度可以很高，产品生产成本和交付成本的平衡决定了原材料和成品生产的地理布局，全球价值链面临地理布局的调整。与地理布局调整相联系的是全球价值链组织和主体的相应调整，而使全球价值链治理中的数据实时在线成为可能，横向聚变平台拥有对全球价值链活动的实时、跨层次管控能力。

横向聚变平台有 4 类强有力的候选者。第一类是原本拥有多元化产品和服务、具有规模经济和范围经济的领先企业，可以在此基础上增加用户个性化定制的价值经济，并让价值经济反哺规模经济和范围经济，形成良性循环，如一些家电业巨头、大型装备制造商等。第二类是大规模信息化终端制造商，以手机制造商为典型代表，以手机终端加物联网，或者手机终端加在线内容服务、手机终端加多样化信息终端等多种形式成为横向聚变平台，新兴电动汽车作为信息终端也有这种可能。第三类是一些众包在线设计和新兴个性化定制平台，随着设计师数量和水平的上升、平台上资源要素集聚的完善，以及用户消费习惯的培育，这些平台可以演变成横向聚变平台。第四类是一些超级 App，超级 App 一站解决多个用户痛点，成为强有力的聚变平台。

### （三）全球价值链的价值重构

全球价值链的价值重构体现在价值结构的变化，以及数字价值比例的提升。无论是对已有价值链的嵌入，还是在新生的价值链中都是如此。全球价值链的价值重构的影响会率先在信息密集、数据资产重要、安全性要求高、信息不对称程度高的行业出现，然后波及所有产业。这种价值重构对全球价值链的影响是革命性的。对于全球价值链的地理布局来说，数字鸿沟的影响会体现在全球价值链的分布之中，原有的全球价值链领先、追赶和落后的格局将叠加上数字价值的分布。这种影响不只波及后发国家，自工业革命以来形成的美、欧、日等价值链领先者的格局也将发生变化。欧洲一些国家推出的数字税政策，是这种价值链变局的自然反应。从全球价值链的主体维度来看，数字化领先的平台将有机会实现更大的范围经济和规模经济；全球价值链中新增的数字价值，拥有很高的专业技术含量，甚至有专业化、集中化的趋势。无论是实体经济拥抱数字经济，还是互联网企业助力实体经济，全球价值链的主体结构都将因此实现变革。全球领先的互联网公司将在全球价值链的价值重构中发挥重要作用。

### （四）全球价值链的开放畅联

从技术层面来看，不论是产品还是服务，数字化接口为各种价值链活动的连接提供了便利，全球价值链的环节畅通。从交易的便利程度来看，全球价值链上的交易复杂程度下降、标准化程度提高、信息不对称显著下降甚至消除，让智能合约成为可能。参与主体之间的单次交易、多次交易或长期交易都能在数字平台上低成本（甚至零成本）、短时间、高质量地完成。

从用户价值端来看，产品和服务的即时增值、柔性增值空间扩张，基于数字产品和服务的可延展性、可编辑性、开放性、可转移性等，可为数据实时在线、开放接口提供基础条件。手机等智能终端特别典型，App 的供应商可以在短时间之内服务全球用户，这些用户会通过这些 App 把价值链连通，实现自己个性化的价值需求。鞋子、袜子、配饰等可以增加数字接口，以接入全球用户的价值链中，如医疗健康数据监测和处理等。

从供应商来看，无论是自然人个体，还是新成立的小企业，都可以通过多种平台参与到全球价值链中。独立作家、设计师、网约车司机、民宿拥有者等都只是冰山一角。各类要素市场在全球价值链中实现动态实时连接，形成了全球价值链的开放畅联局面。

## 【我国企业的战略响应】

面对全球价值链的纵向聚变、横向聚变、价值重构和开放畅联，我国企业不仅要从全球价值链中升级这个层面来认识，而且要提高到第六次产业和技术革命或者第二次机器革命这种范式变革的高度来应对，进而把握机会窗口，成为此次全球价值链变革的领先者。

（一）抓住战略变革的机遇，布局全球价值链中的数字增值

我国企业要从战略层面来审视ABCD技术等和所在全球价值链的关系，积极探索数字增值的方向。企业在探索数字增值的过程中，要围绕用户价值的重新定义来推动甚至引导用户需求，让用户能够感知到数字增值的价值。用户价值扩展了，全球价值链才会有增值的空间。数字增值在降本增效中的作用，企业能够有直接的感知，但不能仅满足于此。全球价值链中的数字增值要让价值链中的参与者为用户价值做贡献的机会更多、更大，这样的全球价值链将更有机会变革为符合用户需求的全球开放生态系统。企业不仅是自己参与的价值链环节的架构师，也要做全球产业链变革的架构师。

（二）利用我国在线用户的优势，形成我国用户价值引领的全球价值链

我国拥有全球规模最大的互联网用户，达到9亿人。用户形成了在线习惯，生活和工作中在线的时间越来越长。数字创新驱动的全球价值链变革，用户在其中的作用是决定性的，用户在很多全球价值链中甚至成为起点。我国用户有可能成为全球用户价值的引领者，这样我国企业就能在满足我国用户需求的基础上，形成领先的全球价值链。我们不仅要继续发挥满足我国用户需求的移动支付、在线交易、计算规模、高铁等多方面的价值链优势，还要在更多的全球价值链领域形成领先态势。

（三）把握范式变迁的机会窗口，力争成为全球价值链的聚变平台

我国企业可以在进行全球价值链的数字增值的同时，从战略上进行全球价值链聚变平台的设计和实施。从全球价值链的聚变趋势来看，聚变平台在全球价值链中的治理地位、利益占比等方面都会处于有利地位。如果不能成为聚变平台，在全球价值链中的地位甚至可能下降，价值链升级将更加难以实现。企业要根据全球用户价值的变化趋势，努力发展成为全球价值链中的纵向聚变平台或横向聚变平台，未来的10年或20年之内，是重要的机会窗口期。

（四）积极融入全球价值链的复杂开放生态系统

对于我国所有企业来说，不论规模多小、是否刚成立，都可以融入全球价值链的复杂开放生态系统。企业对用户的定义要从全球视角出发，全球视角要放到全球价值链的层面来考察。企业的产品和服务，一方面要有接入全球价值链的接口，另一方面要从用户价值扩展的角度来审视给用户价值扩展预留的接口。全球价值链的复杂开放生态系统对企业充满挑战，但也要乐观地看到，数字创新让全球价值链的透明度提高，包括用户在内的参与者的数据呈现爆炸式增长趋势，企业要以ABCD技术为基础，拥抱数字创新驱动的全球价值链变革。

# 中国工业软件企业发展现状与瓶颈突破梯度

周倩

当今中国的工业产能、工业出口规模已经领先世界，中国制造业增加值占全球的份额为28%

以上，在联合国划定的所有工业门类和细分领域（41 个工业大类、191 个中类、525 个小类）当中，中国企业都已是“重量级玩家”。可是，中国工业企业要真正进入世界，至今仍面临一个绕不过去的关键短板——工业软件。

可能很多人不知道，中国现在最大的工业软件公司是华为。即使华为如此强大，在设计产品时也要用3家美国公司Synopsys、Cadence、Mentor提供的EDA（电子设计自动化）工具。芯片设计极其复杂，里面有几十亿只晶体管，EDA 工具的极限设计精度是无可替代的。

工业软件绝不是一般的 IT 软件，更不是一般互联网公司可以涉足的。仅就代码行数而言，世界上最大的软件公司不是微软，也不是 SAP，而是全球最大军火商洛克希德·马丁公司。去掉制造业的表皮，剩下的核心技术就是工业软件，包括编程、数据分析、设备驱动、程序更改、传感器应用等全要依赖软件技术。近年来，德国西门子、美国 GE、法国施耐德为了维持传统垄断地位，使劲并购工业软件公司。例如，2016 年 11 月西门子以 45 亿美元收购了全球三大电子设计自动化软件 EDA 之一的 Mentor。

目前，进入中国工业领域的重要工业软件包括：研发类的 CAD、CAE、CAM、CAPP，信息管理类的 ERP、CRM、HRM，生产控制类的 MES、PCS、PLC，总占比接近 40%。另外 60%主要是嵌入式软件（嵌入特定设备的专用软件），因为工业企业对工业智能终端、工业传感器、工业自动化装备需求巨大。

工业软件企业是各工业领域的一流公司，是长期积累的工业知识、诀窍的宝贵沉淀，而非 IT 的产物。时至今日，几乎每件工业品的出产、每台工业设备的运行，都是先存在于工业软件的数字世界中，然后才有实体的产品和运行。

可以这么说，我国工业发展的最大瓶颈就是工业软件，而工业软件企业的发展瓶颈也会成为下游工业企业极大的掣肘因素。例如，中国核电技术已经世界一流，国产“华龙一号”核电系统已经整体推向世界。可是业内人士透露：“如果德国西门子现在对中国民用核工业领域禁用 NX 软件（西门子公司提供的产品工程解决方案），将是一场灾难——所有用 NX 软件设计的模型、生产制造过程的管理都将被中断，整个产业将受到巨大影响，甚至无法正常运转。”

为何中国工业软件企业目前难当大任，难以实现替代？通过分析工业软件公司的发展现状和面临的瓶颈可以找出答案。

## 【3 个尴尬现实】

至今，“中国制造”仍被认为是大而不强，那么，具体是哪里“不强”？工业软件长期未能实现自主可控，是未来产业升级绕不过去的最大弱点。目前看来，中国工业软件企业至少面对 3 个尴尬现实。

### （一）工业软件是中国工业企业“短板中的短板”

现今，中国工业体系中产生的很多优势技术、优势产业开始竞逐全球市场，但是国内更多地关注哪些短板要补。集成电路、数控机床、工业软件，已经是亟须突破的三大短板。

国内数控机床和集成电路已经有了不小的创新突破，中国机床产业至少在规模上世界第一，华为海思设计的很多芯片产品也具有世界一流水准，唯独国产工业软件（尤其是计算机辅助设计 CAD、仿真软件 CAE、辅助制造软件 CAM、电子设计自动化工具 EDA）依然落后国际最高水平 30 年以上。国产工业软件起步不晚，20 世纪 90 年代中期甚至占国内市场 25%的份额，可是现今急剧萎缩到 5%左右，技术和规模都没有优势。甚至有人认为，工业软件是中国企业 30 年唯一没有多少进步的工业细分领域。

根据赛迪顾问与中国工业软件产业发展联盟近年的研究数据，中国工业软件公司普遍的营收规模集中在 1 亿～100 亿元。各工业细分领域都有相应的工业软件公司存在，而且分布平均，但几乎没有接近世界一流水平（技术、规模）的国产工业软件企业出现。

### （二）中国工业软件企业数量不少，但完全没有行业主导能力

曾经有人发问：为什么芯片设计与制造、数

控机床、汽车、机器人、激光、兵器、航空、航天，以及钣金、模具、机械制造等各工业领域，中国企业用于设计、加工、分析的工业软件几乎都是欧美产品，这些关键领域的国产工业软件公司几乎没有。

在 CAD 研发设计领域，法国达索、德国西门子、美国 PTC、美国 Autodesk 公司在中国市场的份额超过 90%，国内数码大方、中望软件、山大华天等只有不到 10%的市场份额，神舟航天、金航数码也仅在军工航天领域拥有一定的市场份额。在 CAE 仿真软件领域，美国公司 ANSYS、ALTAIR、NASTRAN 占据的市场份额超过 95%。在汽车研发、建筑 CAD 领域，中国工业软件企业开始向国际对手发起冲击。

在生产管理领域，德国 SAP 与美国 Oracle 公司占有高端市场的 90%以上，国内的用友、金蝶大概只占据中低端市场份额的 80%左右。德国 SAP 公司现今的营收水平为 250 亿欧元上下，超过国内同行用友网络营收水平的 15 倍以上。在生产控制领域，西门子、施耐德、GE、罗克韦尔也具有明显优势；而国内的南瑞、宝信、石化盈科因为在电力、钢铁冶金和石化行业深耕多年，具有一定的竞争实力。

（三）中国工业软件企业最缺乏技术诀窍的时间沉淀

中国很多互联网公司可以在很短时间内就拥有多位一流产品经理，并开发几款世界级的 App（如微信、抖音）。可是，为什么我国的工业软件企业不行？因为需要时间沉淀。

在工业软件行业内有两个基本共识。第一，软件是软件（代码+算法），工业软件是工业软件（典型的高端工业品），是工业知识、工作经验和技术诀窍（Know-How）的集大成者。没有工业知识，没有制造业经验，只学过计算机软件的工程师，是设计不了先进工业软件的。第二，很多乡镇企业、街道工厂甚至车库里诞生的互联网公司，可以短短几年快速崛起震惊世界，但工业软件公司绝无这种可能。因为工业软件是千万聪明人的无数技术发明和经验积累，是被反复证明有效的、经年累月持续迭代和优化出来的。这个时间是多长呢？20 年？30 年？只会更长。哪怕苹果、谷歌、亚马逊这些市值过万亿美元的科技公司，也难以在工业软件领域有所作为。你再有产品创意，再会集成那些炫酷科技，也跨不过成熟工业软件的时间门槛。

工业软件企业当然知道要忍受寂寞，要持续投入，例如，全球最大的 CAE 公司 ANSYS，每年的研发投入达 3 亿美元左右。但问题是，工业软件本来就难度极大、市场规模很小，2018 年中国工业软件市场规模为 1600 亿元左右，还不如华为销售手机的营收规模。

沈阳机床曾经多次进入国产工业软件公司 10 强榜单，历经千辛万苦开发出来的 i5 数控系统软件也进入了国际主流数控系统阵营。可是，因为商业模式一时难有可持续性，沈阳机床临近破产边缘。商业上的不成功，往往使很多工业软件公司熬不起时间。

**【持续融合与迭代】**

为什么工业软件具有极广泛的重要性？因为智能制造的核心技术就是工业软件，中国智能制造的发展瓶颈也是工业软件。

国内各工业细分领域都在推进智能制造、机器换人，若没有成熟、可靠的工业软件支持，这一切都可能建立在失控的流沙之上。因为所有硬件技术、网络技术、传感技术要和制造工艺融合，都要由软件定义、编码和封装。另外，工厂是“重资产”，折旧快，产能利用率、技术效能稍微发挥不足就可能面临亏损；而工业软件是资源调动、配置的核心大脑，决定了工厂运营（成本效率）是否可以持续。

为什么中国工业软件一直没有做起来，瓶颈何在？缺钱、缺人才、缺技术都是原因，但最缺的是用力深耕。

在中国工业软件企业中，神舟航天、金航数码算是技术一流的。原本这些公司是没多大机会的，中国航天工业曾长期使用美国 Analytical Graphics 公司开发的 STK 分析软件，STK 可以支持航天任务的全部过程，包括设计、测试、发射、运行和任务应用等。可是，美国政府从 STK7.0

版本就开始对中国实施禁用，目前 STK 最高版本为 STK11.0。中国航天工业只能转向神舟航天、金航数码这些国内公司。在现实需求的倒逼之下，反而促使中国航天领域的自主研发、持续深耕，国产航天工业软件已经达到相当高的技术水平。

工业软件企业先天具有垄断优势，中国公司想要后发制人，是很少见的，慢一步会步步皆输。为什么呢？工业软件不像阿里巴巴的钉钉或微软的 Office，任何公司都能使用，而是针对不同工业现场的专用定制。

工业软件公司需要与很多不同的工业企业进行融合，工业流程和技术的程序化要以强大的工业流程和庞大的技术数据作为支撑，单打独斗的“纯工业软件公司”是活不下去的。可是，中国大型工业科技企业是否愿意与本土工业软件公司进行融合？例如，华为过去在采购国产软硬件产品时往往会安排一个专家组，只要专家组中有一人保留意见，采购就有很大可能谈不成。不过，美国商务部在将华为纳入“实体清单”以后，华为就开始主动培育本土供应链，并且与本土工业软件企业（如自主 ERP 公司用友、自主 EDA 公司华大九天）深度融合。

用友与华为有过长期合作，与华为云更是深度融合，华为的打磨非常有益于用友产品的迭代升级。用友已经完成 NC Cloud、A++等产品与华为 GaussDB 数据库、鲲鹏云服务等 IT 基础设施产品的适配工作，下一代 ERP 产品 YonSuite 也在测试与部署中。

EDA 绝对是工业软件的尖端领域，中国集成电路芯片技术的进化迭代，很大一个制约因素就是 EDA。目前，3 家美国公司 Cadence、Synopsys 和 Mentor 占据了全球 EDA 行业营业收入的 70%以上。哪怕是中国本土的华大九天，经过多年积累已经有了一批特色方案和工具，仍然与国际一流水平存在 20 年以上的技术差距。其中最难的地方就是融合与迭代。

EDA 主要用于芯片设计，而且设计费用持续增长，大概从 65nm 的 2800 万美元，上升至 5nm 的 5.4 亿美元；而且从 65nm、40nm、28nm、14/16nm，到 10nm、7nm、5nm，每次技术精度的迭代，软件都会有 30%～50%的代码需要重新编写。纳米量级的很多物理现象以前没有见过，运算的复杂度也有极大的提高。很多物理突破，软件瓶颈是关键限制因素。

**【突破瓶颈的 3 个梯度】**

国内软件企业相对擅长管理软件（如办公软件、财税软件），而工程软件明显偏弱。至今，国内80%的规划软件、50%的制作软件、95%的效劳软件无法做到自主可控。就算研发出来性能不错的工业软件，在应用层面也需要时间打磨成熟。工业软件的核心技术，需要建模、虚拟仿真、数学运算。可是国产工业软件的内核，目前主要由国外授权（国内仅有一家工业软件公司具有几何建模引擎的知识产权），这更是国内工业软件公司难以逾越的一道壁垒。

长期来看，国内工业软件企业突破发展瓶颈要跨越 3 个梯度。

（一）第一个梯度：驾驭软件工程本身的极端复杂性

工业软件企业每天要面对的最大难题是什么？无疑是制造业的复杂性问题。金山公司调整了一次 WPS Office 软件代码，就用了 3 年时间，而 WPS Office 的代码行数不到微软 Windows 10 系统软件的 1/10，Windows 软件的代码行数和洛克希德・马丁公司、波音公司自己用的工业软件也不可同日而语。可见，工业软件承载的是非常大尺度的工程量。

另外，写代码太容易出错，代码写得越长，出错的频率成指数级增加，总有一些错误藏匿在你不知道的角落里。有些程序员甚至直言，也许他的余生都要在纠正自己的错误中度过。Windows 软件出错了，你大不了重启系统。但工业软件是不能容忍一点瑕疵的，程序中的各处关联非常密集。比如发射火箭，软件是要控制火箭做动作的，哪个细节不对，火箭立即失控。

工业软件太过复杂，成本和可靠性就成了问题。你要确保这个软件不但能用，还得安全不出事，更要考虑成本和可行性，要让企业客户用得上、用得起。这就是为什么苹果手机每隔十几个月就要更新换代，而一款飞机或者一种航空发动机可以有 30～50 年的寿命。不仅精细制造环节，就是升级一次工业软件也是旷日持久的。

### （二）第二个梯度：实现工业软件与企业运行流程的协同应用和优化

工业软件企业最大的生存价值是“融入应用场景”。例如，谷歌、百度下大力气投入的自动驾驶技术，核心技术就是嵌入式工业软件——通过汽车上各种外置、内置传感器把行驶环境的物理信息转换成计算机处理的数据，内置 AI（人工智能）算法快速处理，然后给车内的各种控制器发出正确的动作指令。而软件、AI 算法是不断用路况场景数据训练成熟的。

由工厂场景数据训练出来的工业软件算法，更是价值重大。中国工业企业数十年来积累的海量关键工艺流程和工业技术数据，很多因为软件能力孱弱而无法沉淀下来、利用起来。很多核心技术、知识经验和工业场景数据，大量散落、闭锁在技术人员的头脑中，随着企业人员的流动而不断耗散、流失。企业里最聪明的永远是流程和软件，因为人再聪明也是会流动的，但所有人很多年的经验、才智会沉淀在流程和软件中。

德国或者美国的工业软件都是在航空航天、汽车领域的应用场景下催生出来的。相比之下，中国工业软件的应用场景要丰富得多，从核电到航空航天，从高铁到船舶，从风电到光伏，从电子产品到汽车、共享单车，甚至电商物流……都广泛使用工业软件。工业和信息化部统计的数据显示，2018 年中国企业的数字化研发设计工具普及率和关键工序数控化比例分别达到 68%和 49%。

### （三）第三个梯度：大范围进入“工业云”阶段，软件不再是单一的软件，而是集成了多种软件并提供了“软件+服务”的整体解决方案

5G 时代万物互联，工业软件更不可能只作为一种辅助的角色出现在特定的工业应用场景中。工业软件将会以一种深度嵌入、隐秘内生的平台方式主导工业企业的命运方向。不同以往的一点是，这可能是成熟企业的挑战，也可能是新兴企业的机会。

SaaS（软件即服务）已经是大势所趋，工业软件大多不是被“采购”的，而是被“订阅”的，工业软件以增值服务的形式进入“云”端。多年以前就有了“云 CAD”的概念，云端大量的共用资源、成熟方法可以大大提高所有用户的所有设计的品质效率。

可是，Autodesk 的创始人 Michael Riddle 认为，“云 CAD 的复杂性是桌面 CAD 的 10 倍以上。”这不完全是因为这类程序动辄有数千万行的代码，而是指建模的难度，以及像国际象棋一样复杂的可能性。当然，重建架构体系是必须的，而这简直是成熟软件厂商的梦魇。很多成熟的软件公司都有一种遗产的重负——做任何事都建立在过去的、遗留下来的优势资源之上。现在你要放弃遗产，重建软件架构，这个痛苦是不可描述的。相反，国内新兴的工业软件公司得到了逆袭机会，而且反应迅速。例如，浩辰、利驰加强了线上 CAD 的应用；在 CAE 领域，北京云道、上海数巧、蓝威已经在市场的缝隙中有所突破。

有时，我们真的要冷静下来思考一下，究竟什么才是“中国制造”的中流砥柱。

当国内工业企业一直在考虑机器换人的时候，你可能不知道，目前中国工业机器人的市场规模仅数十亿美元，不及淘宝“网红”一年的带货规模。中国已经是世界上最大的工业软件市场，占全球市场份额的 1/3 以上，可是这个市场规模不及国内一家头部手机品牌或空调品牌一年的营收规模。哪怕工业软件是一个小产业，但是，由于其处于中国工业体系的咽喉位置，涉及各类工业企业的研发设计、生产调度控制、业务管理及运营维护多个环节，哪里稍微出现一点瑕疵也一定是全局性的大问题，这就是牵一发而动全身。

更重要的是，中国工业软件产业的发展面对一个相对成熟的存量市场，相对于开拓一个全新需求的增量市场，其实难度更大。唯有沉潜下来，以国家整个产业体系的大局观和安全观为第一考量，精细投入、持久深耕，方能实现技术上、商业上的真正突围。

# 破生态瓶颈立产业生态——发展设计仿真工业软件的思考

工业和信息化部电子第五研究所　谢克强

中美贸易摩擦引发了国人对掌握核心技术的广泛关注和深入思考，而我国工业软件正是话题之一。工业软件体系复杂、门类众多、涉及面广，面临的瓶颈、短板多，如资金困境、技术困境、市场困境、人才困境等。但是，从破局工业软件体系化发展和产业化应用最迫切的角度看，需要解决工业软件产业生态瓶颈。因为设计仿真软件是我国对外依赖度最高的工业软件种类之一，在产品研制中占据核心地位，是工业数字化转型的关键所在。

## 【设计仿真软件产业生态链现状与问题】

设计仿真软件作为工业软件产业的重要组成部分，从产业生态链相关单位构成来看，可以分为政、用、产、学、研、金六大部分。其中，政是指政府引导的设计仿真软件产业规划和资金投入；用是指设计仿真软件技术和软件的应用单位；产是指从事设计仿真软件技术产品化和商业化市场推广的企业；学是指为设计仿真软件行业提供人才培养的院校；研是指和设计仿真软件产业相关的核心技术和算法的研制单位；金是指社会资金对设计仿真软件产业的投资资源单位。

### （一）政

从 20 世纪 90 年代的“甩图板”工程开始，20 多年来，各级政府对工业软件给予了大量支持。《关于深化制造业与互联网融合发展的指导意见》《深化“互联网+先进制造业”发展工业互联网的指导意见》《软件和信息技术服务业发展规划（2016—2020 年）》《信息产业发展指南》等一系列政策文件均将推动工业软件发展作为一项重点工作。国家高度重视发展软件产业，通过“双软”认定等方式，给予各类软件企业税收优惠，同时多举措、间接地支持工业软件企业。但受限于诸多历史原因，存在如《国产软件遭遇三不管、四困境》这篇文章所述的一些情况。

### （二）用

我国设计仿真软件应用单位主要可以分为三大类：一是军工和装备制造类的大型国企，如航空、航天、船舶、兵器、电子、核电、汽车等；二是创新能力强、对设计仿真软件需求较大的市场导向型企业，如格力、华为等；三是中小型技术创新型企业。其中，第一类约占国产设计仿真软件市场的 80%，主体部分是国家经费的技改项目；第二类约占 15%的市场空间，主体部分是企业自身经费；第三类中小企业，在软件采购、人才聘用等方面都无法投入更多资金，在整个产业占比微弱，没有形成良性市场主导的产业需求体系。

20 世纪 90 年代中期以后，国内产业创新对设计仿真软件需求加大，这时国外商业软件公司推出的产品在工程实践、用户体验、功能、可靠性等方面都远远优于国内产品，同时中国打开了进口国外设计仿真软件的市场，大批国外软件涌入中国市场。应用企业每年花几十亿元资金引进大量的国外设计仿真软件，其中也存在盲目对标国外工业巨头、非理性购买国外软件的情况。当时，国外设计仿真技术和软件确实对我国工业企业创新设计起到了非常重要的作用，有些行业如汽车、航空、航天等，数字化设计和仿真已经成为产品研发和设计的关键一环，但同时也形成了我国技术创新对国外高端工业软件完全依赖的局面。

国外为中国企业提供的软件基本上都是通用软件。近10年来，随着国内自主创新需求的不断加大，国外通用软件的功能和体验已经满足不了国内市场对专业化、定制化的需求，而国外软件的国内代理公司或分公司没有能力进行定制化的开发和打造。打造行业定制化软件渐渐有了一定的市场，自主商业设计仿真软件研发企业逐步发展。我国具有行业领先地位的设计仿真技术应用企业对行业专用设计仿真平台、模型、数据库的定制开发需求逐步加大。

### （三）产

当前，国内设计仿真软件产品化的企业普遍弱小，没有突出的主力军，主要包括以下3类：一是市场化的设计仿真软件产品研发企业；二是大学和科研院所派生的设计仿真软件研发单位；三是国外设计仿真软件产品代理和技术咨询公司。

大学和科研院所：我国从20世纪七八十年代开始，一直到20世纪90年代中期，大学里设计仿真领域的研究积累了不少软件成果。例如，大连理工大学研制出了JIGFEX有限元分析软件；北京大学袁明武教授研制出了SAP-84；中国科学院梁国平老师研制的飞箭软件；等等。还有一些研究所的成果，如航空工业强度研究所推出的航空结构分析软件HAJIF、中国空气动力学发展中心推出的气动分析“风雷”软件等。这些软件技术和产品大多以学院的模式在运营，没有完全用商业模式来运作，没有形成真正的商业化产品，止步于“学术成果”或单位内部成果。

国外软件与技术代理：20世纪八九十年代中期以后，国内产业创新对设计仿真软件技术需求加大，国外商业软件公司推出的产品打开了中国设计仿真软件的市场，大批国外软件的涌入产生了一批国外软件产品代理和技术咨询服务商。

自主设计仿真公司：国产设计仿真企业又分为纯民营企业和隶属于大型央企的企业。2000年左右，一批企业以商业化为核心开始打造国产商业化设计仿真软件品牌，一些代理公司也逐步认识到销售国外软件的商业弊端而开始尝试走自主开发的道路，商业自主设计仿真软件研发企业逐步兴起。设计仿真软件产业逐步有了产业聚集态势，也有了一些代表性的企业和产品。但是，由于产品的成熟度、市场的“锁定效应”壁垒等原因，企业运营和市场推广困难重重。设计仿真软件自主研发企业规模、市场占有率都非常小，呈现“小、散、弱”的特征。“小”体现在目前设计仿真软件企业的技术相对薄弱，技术相对单一，导致软件产品单一，企业很难形成规模化优势，难以把企业做大。“散”体现在工业软件涉及的行业众多、专业划分细，导致针对特定专业行业深化应用的工业软件散落在各行各业。“弱”体现在国内企业在工业软件的核心技术上与国外企业有非常大的差距，核心竞争力弱。

### （四）学

我国目前主流设计仿真软件公司的研发人才相当一部分都是20世纪八九十年代培养出来的人才。20世纪90年代中期以后，国内大学内部由研发软件和算法技术转向了使用国外软件以做横向技术服务项目为主。自2000年开始，国内设计仿真软件研发人才的培养进入萧条期。目前，传统的设计仿真软件技术和算法逐渐成熟，突破性领域和课题逐渐减少，国家的研发投入也不断减少，大学人才培养和研究已经过了黄金期。这也是我国设计仿真软件这类产业既要补上历史课，又要重新吸引人才和投入资源到研发和创新的共性挑战。

### （五）研

目前国内的科研院所，设计仿真技术和软件研发定位有两种情况：一种是以项目为导向的设计仿真技术和软件研发单位；另一种是以算法研究为导向的单位。

以项目为导向的产品研发：其核心目标是获

得国家项目支持，获得项目经费，一旦项目结束软件研发就基本停止，没有形成产品和产业化，而且项目团队成果完全归属于该团队，甚至同一家单位的不同实验室也不能分享，造成国家财政投入没有转变为社会财富。这种单位往往也会提出进行产品化的规划，但通常因为体制、机制、绩效等原因，开发的软件产品在本单位都很难推广使用，更谈不上在行业内推广和在社会上推广了。

以算法研究为导向的设计仿真软件技术开发：以算法研究为核心目标，因追求速度和上手简单，大部分是学生进行基于 MATLAB 的开发，或者基于国外商业软件的二次开发，持续积累的自主设计仿真软件的研发成为纸上谈兵。最终导致科研院所和大学院校研发的产品缺乏持续性投入、功能不完备、没有用户体验或与国外产品差距巨大，无法产品化，甚至无法和企业合作进行成果转化。

（六）金

工业软件尤其是设计仿真软件，风险高、投入高、回报周期长，以获得短期回报为导向的社会资本更愿意投入“短平快”项目，对工业软件投入甚少。随着国内对工业软件市场需求的加大，近年也有不少投资公司关注设计仿真软件研发企业，有一批国产设计仿真软件公司也获得了投资。但是，有些投资公司和被投资企业没有充分认识到行业特点和所处阶段，因没有完成对赌业绩要求最后企业被资本绑架，影响了企业的健康发展。

产业链各类要素之间尚未形成有机整体是最大的问题。至少在 2018 年之前，各类要素比较分散、独立，相互间缺乏深度合作，未能有效资源互补、价值共创，难以构建体系化发展能力。具体来说，非完全市场行为的军工单位和国有企业采购占据应用市场绝对主体，市场行为强的中小型创新型企业市场占有率非常有限。以应用单位对国外软件的需求为牵引，国家资金大部分流向国内代理商和国外软件供应商。设计仿真软件产品化单位和国外软件代理无法形成产品化和商业化的能力，自主研发企业生存艰辛并几乎成为生态链下端。国内产用脱节：应用单位认为国产软件不够成熟不愿意使用；国产软件缺少在应用单位迭代优化成熟的机会，形成恶性循环。设计仿真技术研究类单位以政府项目为导向而不是以产品为导向，设计仿真核心技术研究能力匮乏，大学培养的行业人才以国外软件的二次开发和使用为主，既无法将研究的技术转移给软件企业商业化，也无法形成研发人员的有效供给，因而社会资本几乎游离在整个产业生态链之外。

**【建设设计仿真软件产业生态链的思考】**

庆幸的是，近两年来，随着各界对工业软件重视程度的提升，以及政策红利、产业趋势、技术变革等因素的多重叠加，有关政府部门正积极作为，“工业软件的春天”已经到来，产业生态链的构建也迎来新的曙光。

通过产业生态链内要素单位的协作与联营，生态链中能量传递的规律充分得以发挥，产业上游、下游的运营成本更节约、更经济。通过政策引导，统筹发挥各类市场配置资源的决定性作用，加强技术与经营的创新，由此产生的要素单元整体变革行为将为整个产业创造新的生机。

设计仿真软件产业生态链的构建要求政府、企业、研究机构、高等院校和用户等各环节定位准确，发挥出各自的功能。同时，各环节需要相互依存、相互配合、协同发展。我国要构建自己的设计仿真软件产业生态链，必须立足于我国具体国情，通过政策引导、资源引流、服务保障和鼓励创新等方式来主导设计仿真软件产业发展。

例如，以应用单位的实际工程需求为导向，构建以商业化软件自主研发企业为主体的产用协同枢纽，汇聚各类资源投放，形成研发与应用的闭环迭代，提升工业软件的互操作性、开放性，推动工业软件产品化、市场化、体系化。由工业软件企业的产品和项目带动“学”和“研”的加入，使“学”和“研”成为研发人才培养、产品和需求驱动的核心技术和算法攻关的主体。发挥第三方机构在组织产用对接、资源汇聚、协同攻关、测试验证、标准制定等方面的作用，形成以产品化和市场化为导向的健康产业环境。

（一）政

政府在产业生态链中起统筹引导作用。建议

挥舞好工业软件发展的指挥棒，破除限制产业发展的体制性、机制性问题，创造良好的政策环境，开展体系布局，注重通过政府“有限资源”投入，撬动市场“无限资源”的积聚，发挥生态整合的优势。

（二）产

产品研发和市场推广单位是生态的主体，是设计仿真软件产业生态链的主要参与者，承担着产品研发创新与供给。设计仿真软件研制和产品化单位要形成以软件自主研发为主、以技术服务为辅的新产业特色，需要以产品市场化为导向，采用市场化企业经营模式定位产品和企业经营模式。自主研发软件企业需要将吸收的各类资源投入市场化的产品研发中，同时给科研院所和高校立项，集成和转化科研院所和高校的成果，成为整个设计仿真软件产业健康发展的主力，不要成为科研院所承接项目的服务单位。申请政府项目要以符合公司产品发展战略方向为第一要务，突出本单位的技术优势。提高研发工程师待遇，吸引人才加入。软件企业围绕具体业务开展合作，通过合作加深双方了解，促进业务融合，提升业务能力，在此基础上推动企业通过股权置换等方式开展合并。有条件的企业应积极展开海外并购，全力将企业打造成具有较大市场占有率的行业领军企业和小巨人企业。

（三）用

应用单位是设计仿真软件的主要需求者、软件迭代优化的承接者、产业生态链循环发展的牵引者，能够提供应用需求反馈，刺激产业提高供给能力。行业领军应用单位应结合自己的企业需求，与国产设计仿真软件研发公司产用协同，联合打造和推广行业专用设计仿真软件与行业标准。从点到线再到面，坚定方向，宽容国产软件成长阶段的不成熟，实现联合开发、逐步替代，在行业专用仿真平台、模型、数据库等替代国外货架通用产品上实现率先突破。中小型创新类企业要利用政府引导资金等方式，降低初期投入的压力，逐步成为市场需求的主体单位。

（四）学

高校推动基础理论研究，开发并输出工业知识、软件知识，培养设计仿真软件类人才，是产业生态链得以生长的重要动力。高校以数学、物理底层算法研究为基础，采用国产工业软件平台进行科研项目，加强与企业的交流合作，推动国产设计仿真软件技术研发和应用。传统的设计仿真技术已经相对成熟，大幅度的技术突破比较困难，需要重新定位和梳理大学与科研院所设计仿真基础研发类课题方向，从传统设计仿真技术的新应用突破、与新技术领域结合突破、吸引人才加入设计仿真技术的研发工作等方面下手提升传统学科的新活力。

（五）研

科研院所对产业生态链起引导和支撑作用。专业院所主导设计仿真软件标准、质量、安全、知识产权等研究，促进研究成果产业化。军工、央企附属的有研制条件的科研院所，注重核心技术和算法的研发、模块产品的成果转化等，开放由政府项目支持的技术和软件成果为社会化财富，注重技术成果的开放，与商业软件公司合作推进成果转化和产业化。

（六）金

社会资本对产业生态链起到催化与撬动作用。发挥多层次资本市场的作用，建立工业软件基金等市场化、多元化经费投入机制，引入风投、创投等资金推动企业的创新，由社会资本参与工业软件产业发展，支持企业通过海外并购、上市融资做强、做大。

**【共生共赢生态链是竞争根基】**

打造具有循环造血功能的产业生态链对当下发展以设计仿真软件为代表的工业软件产业意义重大。协作是未来的价值，联营是未来的结构，共生共赢是未来竞争的根基。产业生态链的打造不是单打独斗，需要统筹好各方资源，应用牵引、产用协同、产融互动、优势互补、相互补位，打通主动脉，疏通小循环，营造大生态。

# 位置智能：企业数字化的下一个竞争优势

中欧国际工商学院经济学与决策科学系主任　方跃
极海信息技术有限公司联合创始人、CEO　王昊

"麦当劳不是卖汉堡的，它的本质是房地产商。"这句话出自约翰·李·汉考执导的麦当劳公司创始人 Ray Kroc 的传记片《大创业家》。作为风靡全球半个多世纪的快餐零售食品服务业龙头，麦当劳始终将店面选址作为企业核心竞争要素，并将房地产所有权作为企业利润的重要来源。

在工业革命时代，企业的战略主要围绕满足客户的基本需求。"满足客户的基本需求"是麦当劳成功的秘诀，其为消费者带来快捷、便利、"物美价廉"的标准化产品。自 1955 年全球第一家麦当劳餐厅在美国伊利诺伊州芝加哥 Des Plaines 创立至今，全球有超过 37000 家麦当劳餐厅，每天服务 100 多个国家和地区的 6900 万名顾客，麦当劳在 BrandZ 全球最具价值品牌排行榜连续 11 年排名前 10 名，品牌价值超过 1300 亿美元。

然而在数字化时代，企业的竞争需要差异化，只有洞察并满足客户多层次、个性化价值需求，才能赢得市场。

今天，数字世界可以通过多种方式和实体世界连接，大数据和位置智能技术的快速发展正在不断推动其商业应用和规模化落地。

首先，数字化为传统的选址问题带来更加精细的解决方法。人们可以精确地计算步行、骑行、驾车这 3 种方式在一定时间条件下的活动范围，使用更加贴近客户真实活动状态的交通等时圈来替换传统选址方法中采用的直线距离；今天的选址方案可以精确到附近办公楼到一家便利店的步行时长，或者某餐厅可以覆盖的半小时车程边界。

其次，数字化使地理特征具有更高的可视化程度。例如，2019 年年初，百度地图慧眼联合 Keep、嘀嗒出行，通过慧眼地图可视化技术以 3D 柱状图、飞线图、星空图等展现了北京工作人口的 24 小时流动轨迹。

最后，数字化帮助企业更准确地捕捉用户个性化需求。例如，在不同地域，麦当劳采用不同的菜单以满足客户的差异化价值需求，如在中国曾推出米饭套餐，而在美国部分地区推出龙虾卷。

事实上，大数据和位置智能并非仅解决上面列举的几个场景，对于正在为数字化转型而奋斗的企业管理者来说，它应成为企业实施数字化战略的重要组成部分，有效利用好大数据和位置智能帮助企业建立客户信任，提高品牌忠诚度，辅助企业运营决策，以及实现差异化竞争。

我们首先介绍大数据和位置智能的核心——"位置数据"。

**【什么是位置数据】**

位置数据是特定设备行踪的地理信息，这类设备通常带有时间装置。设备产生的数据大部分与人相关，但设备标识会将相关人的身份隐藏，使此人与从数据生成的有价值信息分离开来。

位置数据产生有 3 个关键要素。一是位置信号源。信号源并非由被定位设备产生，而是来自

外部技术，如 GPS、WiFi、通信基站、智能信标等。以 GPS 为例，其卫星信号发射器向地面设备发出信号，并根据信号传输时间计算相对距离，当设备接收到 4 个卫星信号时，其地理位置就可以被精准确定。

二是设备唯一标识符。每部智能手机都有一个设备标识符，可以记录设备随时间变化的运动轨迹。对 iOS 系统而言，它叫 IDFA；对安卓系统而言，它叫 AAID。位置信号源与设备唯一标识符相结合，将产生设备随时间移动的位置数据。

三是元数据或其他数据集（可选）。要从位置数据中获取更多价值，需要结合元数据或其他数据集。例如，伦敦人在早上 7～10 时移动的位置数据可能很有用，若将此数据与包含地铁站和主要旅行路线的数据集绑定，就可以对初始数据执行更多操作。

位置数据的来源有多种渠道，不同的来源可能带来不同质量的位置数据。位置数据的质量可以由两个维度理解：一是位置数据的准确度，用于表示测量位置与设备实际位置的接近程度；二是位置数据的精度，指两个或多个测量值之间的接近程度。

位置信息时代有 3 个重要特征。一是不断扩大的位置数据提供者与使用者，使用者从最初使用的制图师和地理专家，转变为今天数以万计的公司和软件开发者。二是数据量的快速增长，越来越多收集位置信息的方式，包括无线网络、GPS 设备、应用程序、网站、摄像机、RFID 芯片、卫星、刷卡等。三是不断加强的智能推理能力，位置数据可以作为不同信息片段之间的纽带，以构建更完整的个人或事件描述。位置数据通常被聚合，以便对人群的移动进行规模分析。

**【助力企业数字化落地的 4 个方面】**

位置数据在金融（识别欺诈交易、设置个性化交通卡）、医疗保健（利用可穿戴设备监控医学指标）、房地产（帮助投资决策）、政府机构（更好地了解城市如何运行、进行城市规划）和市场营销（消费者细分、改善客户体验）等领域都有十分广泛的应用。从企业的角度来看，大数据和位置智能在以下 4 个方面可助力企业数字化落地。

**（一）建立客户信任**

信任是企业与客户建立关系的基础。要实现客户信任，企业必须捕获和分析整个产品生命周期，因而需要在细分市场深入了解消费者和市场行为，而这正是大数据和位置智能最擅长解决的问题。下面我们介绍几个例子。

轮胎制造商：在美国堪萨斯城，有一家具有配送中心的轮胎制造商，它借助大数据和位置智能，预测和分析该地区基础设施建设增减、异常恶劣的天气变化、同区域是否有新竞争者出现等事件，并研究这些事件如何影响和改变消费者对产品的需求。这种智能化的洞察力，可确保它正确地预测库存需求，并在需要的时间和地点交付，从而最大限度地提高为客户服务的水平。

眼科诊所选址：企业需要综合考虑交通、学校和小区分布、竞争等因素，筛选出满足开店的自然街区。基于眼科诊所客源主要来自中小学和各小区，借助大数据和位置智能，可对中小学和各住宅小区计算相应的便利度指数。便利度指数利用开放数据——兴趣点（POI）数据评价不同区域的公共服务设施现状、居民社区生活便利性、基于社区生活圈的社区商业布局等因素，实践证明基于 POI 数据的便利度指数对眼科诊所选址的成功至关重要。

**（二）提高品牌忠诚度**

品牌忠诚度是消费者对品牌感情的量度，提高品牌忠诚度的重点在于满足客户的个性化需求。通过大数据和位置智能，企业能够更深入地了解消费者心理和行为，将企业对消费者的见解从“何时与如何”（When and How）提升到“何地与为何”（Where and Why）的高度。在了解、互动、满足客户个性化需求的过程中，通过发展基于位置的客户参与，积极提供与客户行为相关的创意，企业可逐渐培养客户忠诚度，树立良好的品牌形象。

**（三）辅助企业运营决策**

实时的大数据和位置智能技术可以辅助企业的运营决策：小至根据周边客户分布选择收货和送货地点，大至根据周边竞争者分布规划整体竞争布局。

Natura 是巴西第一大家居用品制造商，拥有7000 多名员工，在全球 21 个国家和地区拥有自己的业务，产品遍及数千万个家庭。自 1969 年成立以来，Natura 一直坚持可持续发展战略。2013 年，Natura 投产 Ekos 生产线，承诺使用来自巴西本土的天然原料，以支持生物多样性并减少对环境的影响。Ekos 生产线非常独特，其供应链并非始于任何工厂，而是始于亚马孙雨林。因此，企业面临更为复杂的供应链，同时还需要通过供应链公平分享利益。为了实现可持续发展目标，Natura 近年来开始实施新的数字化转型计划，借助 GIS 构建企业范围内的供应链可追溯系统。

Natura 使用企业 GIS 平台来收集数据，并将分析结果可视化后分发给供应链上相关的当地员工。亚马孙雨林中的很多地方缺乏基础设施，也没有互联网，收集数据和进行地理考察工作并非易事。借助 GIS 软件，员工可以使用移动设备在亚马孙雨林中离线收集生产数据。离线收集的数据，会在设备连接到互联网时自动同步，并可以在整个公司内即时分享。因此，即使条件不尽如人意，企业也能够回答日常运营决策所遇到的问题：在哪里收获庄稼？原料从何而来？从农场到下一级供应站的最快路线是什么？天气因素是否会影响物流运输？GIS 还能将位置数据与来自 Natura 核心业务系统 SAP 的业务数据相结合，从而加快信息流，使工作流程变快。

（四）实现差异化竞争

基于大数据和位置智能的分析，企业不仅可以将日常的运营决策优化，还可以实现大规模的业务增长，契机之一就是在与对手竞争过程中“知己知彼，百战不殆”，实现差异化竞争战略。

例如，星巴克已不是简单的咖啡公司，而是数据技术公司，是数字化公司在食品和饮料零售领域的典型代表。早在 2014 年，星巴克就采用苹果公司的 Apple iBeacon 的位置系统和物联网技术；2017 年推出 Digital Flywheel 对目标细分市场和忠诚计划会员进行个性化促销；2019 年，星巴克推出 Deep Brew，利用 AI 技术减少员工做咖啡的时间，让员工有更多机会与客户交流，提高客户感受。

在数字化时代的今天，无论哪个行业，企业都需要通过全面数字化（转型），战略性关注并利用新技术和数据（包括位置数据和位置智能）。更重要的是，有效建立数据、技术与商业的联系，正如本文作者之一方跃教授在《数字化领导力》一书中强调的：“数字化不是一个单纯的技术概念，其重点不是利用数字技术提高某个商品的销量或某条生产线的效率，而是全面重新构建流程、产品和服务，向数字业务转移，提高数字化竞争力，最终实现商业转型。”

# 工业人工智能：赋能未来制造业的全新引擎

麦肯锡（中国）咨询公司

近年来，随着计算机算力及全球数据总量呈现指数级增长，算法研究快速迭代，人工智能已经登上了科技革命的风口。Gartner 咨询公司最新发布的技术成熟度曲线显示，在目前全球处于上升期或巅峰期的新兴技术中，一半以上与人工智能有关。2020 年，人工智能在全球产生约 470 亿美元总收入，成为全球经济发展、科技创新及社会变革的一大驱动力。

人工智能逐渐走出科幻的迷雾，并成为切实改变世界的革新技术，“工业 4.0”时代的企业逐渐认识到它对制造业转型升级的巨大价值。根据麦肯锡全球研究院预测，人工智能将为全球企业额外创造 3.5 万亿～5.8 万亿美元经济价值，这个数字甚至超过了德国 2018 年的 GDP 总量。同样地，人工智能遇上工业所能发挥的潜力让人们浮想联翩、趋之若鹜，工业人工智能也首次站在了工业舞台的聚光灯下。

工业人工智能的概念最初由美国国家科学基金会智能维护系统中心提出，它作为一种系统化的方法和规则，专注于开发、验证和部署各种不同的机器学习算法，进而形成具备可持续性能的工业应用，重复、有效、可靠地解决工业问题。不过，大多数企业仍对人工智能的商用前景和投资回报心存疑虑，工业人工智能的规模化应用任重而道远。尽管如此，以全球“灯塔工厂”为代表的工业人工智能领军者已经证明，人工智能将重塑产品服务、生产运营、组织流程等业务场景，打造具有颠覆潜力的创新业态，成为企业发起智能制造“攻坚战”的新引擎。

如今，制造业智能化曙光初现，人工智能技术竞争方兴未艾。企业必须思考自身如何“点亮”工业人工智能，才能在这场独属于“追光者”的竞赛中占据先发优势。

**【先者为王】**

工业物联网技术的广泛应用，为企业创造了海量的物联网大数据。然而，人脑的算力和思维范式存在上限，这为传统战略运营工具的数据处理、分析和应用能力加上了一个难以突破的阈值，企业的价值创造因此面临瓶颈。

人工智能作为一项“智慧”科学，其本质就是研究如何使计算机具备类似人脑的学习、推理、思考和决策能力，并借助远超人脑的算力为工业企业带来一次端到端全价值链的智能化革命，具体包括：精准投放、打造极致个性化旅程的智能化销售；虚拟仿真和优化驱动的智能化研发；从采购到付款的“一站式”智能化采购；实时透明、动态决策的智能化供应链；以高级分析驱动生产力和质量提升的智能化生产；机器人流程自动化赋能的智能化后台；基于工业物联网和大数据的智能化售后。这些人工智能和机器学习用例在企业全价值流中不断涌现，显著提升了企业的运营水平、财务表现和竞争力。

首先，积极拥抱人工智能技术，有助于企业显著提高生产运营水平。根据麦肯锡的预测，仅在制造业和供应链领域，人工智能引领的业务变革就将在未来额外创造近 2 万亿美元的经济价值。在世界经济论坛评选的全球 26 家“灯塔工厂”中，人工智能应用实现了工厂产出平均提升 7%～10%，生产效率增加 4%～17%，产品质量提升至少 10%，并减少了至少 50%的延迟交付和 2%～4%的能源消耗。我们看到，在制造业全面优化成本、效率、质量和敏捷性的过程中，人工智能发挥了关键作用，成为继自动化和数字化技术之后，推动企业智能制造转型的全新杠杆。

更为重要的是，只要在人工智能领域先行一步，企业便能收获“真金白银”的财务收益。麦肯锡旗下的 Analytics Quotient（AQ）数据库分析发现，人工智能领军企业相对于同类企业具有更强的盈利创造能力。而麦肯锡的预测模型表明，即使先行者与跟随者只在决策时点上存在细微差异，从长期来看也会演变成企业之间发展的巨大差距。

企业管理者必须认识到人工智能对于企业战略的重要意义。长远来看，在这个问题上犹豫不前，必将挫伤企业的经营竞争力和行业领导力。工业人工智能的赛道上不存在后来者居上的奇迹——永远是先行者获胜，亦步亦趋者苟活，落后者则被无情淘汰。

**【灯塔引路】**

尽管人工智能对于企业发展潜力巨大，但其在工业领域的试验和规模化部署程度仍然很低。纵观全球制造业，规模化实施“工业 4.0”技术的企业尚不足 3%；而在这些企业中，仅有约 25%的企业刚刚开始落地工业人工智能；其中仅有不足 10%的企业真正实现了一项或多项工业人工智能的成熟应用。由此可之，真正踏上工业人工智能舞台的企业还不足1%，工业人工智能真正发挥的影响还不足其潜力的1%。

灯塔的光芒可以刺破暗夜，引导航船穿过汹涌的大洋——这1%的先行者就是工业人工智能的灯塔，为更多企业提供了人工智能应用的优秀示范。通过解读世界经济论坛全球“灯塔工厂”的32个人工智能应用案例，有如下发现。

（一）成本和用户是企业部署工业人工智能的两大动因

随着劳动力群体老龄化加剧，以及工资成本和离职率不断攀升，制造业企业感受到了前所未有的人力成本压力。与此同时，精益管理和数字化杠杆的潜力开发殆尽，工厂很难找到继续优化生产成本的方法。但机器智能可以提升工人的劳动效率，大数据分析辅助决策能够提升投入产出比的效率，因此人工智能成为开启制造成本优化新阶段的钥匙。

优化用户服务的追求，则是制造业把目光转向人工智能的另一个核心动因。随着市场对用户体验的要求越来越高，生产商亟须向小批次、多品类、高质量、快周转的大规模、定制化生产模式转型。如何为用户提供个性化的产品旅程？如何在大规模定制的条件下提升产品质量？如何准确预测需求、迅速交付？传统的自动化设备和简单的数字化改造无法彻底解决这些问题。生产者需要具备一条以用户价值为中心的智能化生产线，才能为用户创造端到端的极致定制体验。

（二）高级分析和机器视觉是工业人工智能领域的两大主流应用

在工业领域，机器学习驱动的高级分析是普及较早的一项人工智能应用。该技术通过预测技术和最优化模型，助力生产效率、能源效率和产品质量获得进一步提升。在浦项钢铁集团的浦项工厂，基于深度学习的炉温控制模型能够自动预测高炉温度，实现过程参数优化值的人工智能推荐，推动高炉产出增加4%、综合能耗降低0.7%。拜耳制药的加巴纳特工厂，通过机器学习在线分析设备关键参数，智能分析和预测设备故障原因并自动提出行动建议，将关键设备的综合效率（OEE）提升了50%。博世无锡工厂以高级分析系统实现刀具全生命周期的最优化，根据性能影响因素分析调整操作方式，并结合设备效率和更换成本优化换模规则，将刀具库存降至10%以下。富士康工业互联网公司在深圳工厂部署了集成工业大数据的中央决策云平台，并通过全局规划和智能应用将无人运营的“关灯工厂”变为现实，从而节省了88%的人力，提升了30%的生产效率。

机器视觉是工业人工智能的另一项主流应用。该技术通过解析非结构性图像数据来提供洞见，在质量过程控制和检验方面效果卓著。在塔塔钢铁集团（TATA Group）的艾默伊登（Ijmuiden）工厂，集团旗下的分析卓越中心自行研发的机器视觉应用能够快速识别带钢表面缺陷，确保有质量问题的产品不流入市场，由此将该问题带来的质量成本损失降低了50%。在丹佛斯集团（Danfoss）的天津工厂，以三维机器视觉技术为内核的在线质量控制系统可以对压缩机油面位置进行精确监控，以保证此类问题客户“零投诉”。在Arcelik A. S.公司的格艾什提工厂，机器视觉实现了线上操作质量的全自动控制，将单品间接人力成本降低了17%。

除此以外，这些“灯塔工厂”也在积极探索自然语言处理、先进机器人、流程自动化、智能云等其他人工智能技术的工业应用，以期在不同行业的丰富场景中进一步释放工业人工智能的价值潜力。

**【破译密码】**

如何点亮工业人工智能？无数看到人工智能的商用前景却因为落地实施的潜在挑战而逡巡不前的企业，都渴望破译工业人工智能的通关密码。然而，大多数企业落入了“人工智能技术陷阱”——过分强调技术本身，忽视了其他关键赋能要素，导致工业人工智能技术难以规模化落地。事实上，部署工业人工智能是一项系统工程，企业必须在价值、数据、人才、文化和生态五大赋能要素上勤练“内功”。在此，让我们把目光聚焦于国内先进电子制造企业富士康工业互联网股份有限公司（以下简称“工业富联”），了解它积极推进“AI+*X*”五大赋能要素协同发展、拥抱工业人工智能的故事。

（一）AI+价值：以企业价值为导向，规划人工智能战略

企业制定人工智能战略的前提，是其对工业人工智能的价值取向形成清晰认识。富士康工业互联网在人工智能领域起步之初，也曾尝试开发跨行业、跨价值链横向整合的工业互联网平台，但由于进度缓慢、回报不清晰，富士康工业互联网很快意识到了专业领域知识的重要性。相对模型和算法，工业经验和场域验证才是决定应用工业软件产品的关键证据。于是，工业富联高层重新思考并明确了部署工业人工智能的价值取向：立足优势行业，注重行业价值。

此后，工业富联从深耕多年的电子制造行业出发，制定了以“VaaS”（Value-as-a-Service，价值即服务）为导向的人工智能发展战略：针对电子制造行业的价值痛点，研发智能管理、智能排配、智能监控、智能分析、机器视觉检测、智能调试等一系列智能技术应用，以价值创造作为工业软件开发的初心，以价值实现作为工业软件产品的始终。基于这种价值导向的战略定位，工业富联很快便找到了工业人工智能的发力点，在垂直整合市场的赛道上跑得有声有色。

（二）AI+数据：搭建从数据到洞见的工业物联网架构

工业人工智能在把海量数据转化为智慧洞见的过程中，离不开强大、可扩展的工业物联网架构这个保障。工业富联的工业互联网平台分为设备层、车间层和企业层，在数据采集、传输、管理、分析、应用等各阶段针对每个层级详细设计了架构需求：明确全面、精确、统一、兼容的数据采集；确保灵活、安全的数据传输和交互；建立安全、稳定、高速、可扩展的数据管理平台；强化可视化和先进分析能力；打造以用户为核心的敏捷开发环境。

如果说人工智能是企业的大脑，那么工业物联网架构就是支撑大脑思考的神经元群。正是通过完备的工业物联网架构，工业富联才得以充分驱动并释放来自数以万计的机器人、传感器和关键设备的巨大数据资源，实现工业人工智能应用的快速孵化和规模推进。

（三）AI+人才：工匠、器匠、智匠，一个都不能少

推动工业人工智能，仅依靠数据科学家的力量显然是不够的。工业富联在探索人工智能落地的征程中领悟到，只有打造一个融合了运营技术（OT）、信息技术（IT）和分析技术（AT）等各领域人才的跨职能敏捷作战团队，才能有效赋能人工智能项目的迭代开发。

OT 专家是团队的“工匠”，主要负责描述业务。他们凭借丰富的生产和运营经验准确判断业务痛点和用户需求，在精益改善和流程优化方面发挥重要作用。IT 专家是团队的“器匠”，主要负责整合数据。他们懂得如何快速采集、清洗并整合数据，包括跨部门、跨地区的系统、设备、人员和第三方数据，为人工智能提供全面、高时效性的数据土壤。AT 专家则是团队的“智匠”，主要负责生成洞见，他们执行算法策略设计和模型开发，在大数据的海洋中捕获具有业务意义的洞见信息。

与此同时，3 类人员彼此之间的合作和反馈也必不可少。在工业富联，OT 人员的业务需求决定了 IT 人员的数据清单；IT 人员的数据质量将显著影响 AT 人员的分析效果；AT 人员的模型验证和调校也需要 OT 人员的经验输入。工业富联的成功经验表明，为了推动工业人工智能成功落地，工匠、器匠、智匠，一个都不能少。

（四）AI+文化：讲好故事，自上而下推动全员理念变革

作为领导整个集团向人工智能全面转型的顶层力量，工业富联的管理者深知，只有自上而下讲述坚定不移、振奋人心的转型故事，才能推动全员持续的文化变革，将工业人工智能真正烙印于企业的血脉之中。具体而言，工业富联从公司愿景、组织架构和文化建设 3 个方面，讲述了一个精彩的“工业人工智能”故事。

首先是公司愿景。在谈到工业富联未来将走向何方时，其掌舵人不止一次明确表示：“我们要做一家智能制造和大数据公司！”AI、工业智慧和

大数据也是关注焦点。从传统的外包电子制造到创新的智能制造，工业富联对工业人工智能的赤诚之心始终未改。

其次是组织架构。工业富联在旗下单独设立了一个工业互联网子公司，专门负责集团的智能制造及工业物联网技术的研究和业务拓展。该子公司的负责人位列集团董事会，昭示了集团上下对于工业人工智能的重视。

最后是文化建设。在工业富联偌大的工业园内，建于多年前的“IE（工业工程）学院”旧貌换新颜，变成了“工业互联网学院”，这使每位员工都意识到，集团对数字化转型的决心势不可挡。同时，工业富联还专门成立了一个“灯塔学院”，致力于培养工业大数据人才和人工智能人才，通过理念宣贯和实践训练，鼓励每位员工为推动企业向工业人工智能前进而提升自我，携手成为照亮未来制造业的曙光。

### （五）AI+生态：创造并引领独属于自己的人工智能“朋友圈”

企业的人工智能之路并非闭门造车的孤独之旅，而是结交良朋益友的共创共赢之路。工业富联的人工智能“朋友圈”兼具深度、广度与灵活度。在深度上，工业富联纵贯工业物联网架构，从工业应用、功能平台、系统整合、智慧产品到关键零部件，在各技术堆栈中储备了丰富的技术伙伴资源，确保逾千个应用和数十万台联网设备能够稳定服务各类型用户。在广度上，工业富联积极筹划“政产学研用”的深度融合，一方面协助区域工业智能产业升级，另一方面通过联合国内外高校和科研院所进行人工智能的研究和试点，以期在技术供应生态圈之外形成更加广泛的工业人工智能合作环境。在灵活度上，无论行业专家、互联网新贵，还是初创先锋，都可以成为工业富联欢迎的“AI之友”，工业富联也在积极运用战略合作、投资和并购等多种方式拓展人工智能“朋友圈”。

先做到技术生态纵向整合，继而推进“政产学研用”全盘融合——工业富联打造的极具品牌领导力的人工智能“朋友圈”，成为其持续保持工业人工智能竞争力的重要保障。

纵观全球，涉足工业人工智能领域的企业早已证明了人工智能技术的独特价值。人工智能技术在改善企业的生产力、效率、质量和成本等方面具备的巨大潜力，无疑使其成为赋能未来制造业的全新引擎。不过，企业的人工智能转型之路任重而道远。率先觉醒的企业必须坚定信念、勤练内功、即刻出发，在工业人工智能领域开疆拓土，力求将自己变成闪耀未来智能制造之光的“灯塔”。

# 坚持标准引领　持续推进两化深度融合

国家工业信息安全发展研究中心纪委书记　郝志强

推进信息化与工业化深度融合是党中央、国务院做出的一项长期性、战略性部署。经过多年探索，我们形成了一条以标准引领两化深度融合的道路，推动两化融合步入快速发展轨道。在新一轮科技革命和产业变革加速兴起的背景下，一以贯之坚持标准先行，深化新一代信息技术与制造业深度融合，加速制造业全面数字化转型，对于推进制造业高质量发展、加快制造强国和网络强国建设具有重要意义。

**【推进两化融合是新时代强国之路的战略选择】**

相较于美国、德国、日本等发达国家先工业化、后信息化的发展路径，我国面临工业化进程尚未完成、信息化浪潮接踵而至的特殊国情。深入推进两化融合，统筹两者的有机协调和融合创新发展，既是中国特色新型工业化在现阶段的集中体现，也是新时代加快我国制造强国、网络强国建设的首选。

两化融合是党中央、国务院做出的长期战略部署。党中央、国务院高度重视两化深度融合。习近平总书记多次强调，要“做好信息化和工业化深度融合这篇大文章”；在致 2019 年工业互联网全球峰会的贺信中进一步指出，要“持续提升工业互联网创新能力，推动工业化与信息化在更广范围、更深程度、更高水平上实现融合发展”。党的十五大首次将信息化提升到国家战略高度。党的十六大提出，“以信息化带动工业化、以工业化促进信息化，走新型工业化的道路。”党的十七大正式提出了两化融合，党的十八大进一步提出了两化深度融合。党的十九大提出，要“推动互联网、大数据、人工智能和实体经济深度融合”。尽管新一代信息技术日新月异，产业实践不断发展，认识和理论也在与时俱进，但两化融合的本质内涵始终如一、推进思路一脉相承，并随着技术和产业的发展不断深化，成为党中央、国务院一以贯之的战略部署。

两化融合是制造强国和网络强国建设的扣合点。当前，我国既是全球制造业第一大国，建成了门类齐全、独立完整的工业体系，又是互联网大国，数字经济规模居世界第 2 位，具备了通过两化融合抢占产业升级先机、争夺产业竞争制高点的独特优势。从历史看，自改革开放以来，我国充分吸取了国外数十年发展积累的工业化和信息化成果，为两化融合积累了宝贵经验。从趋势看，随着互联网应用从消费环节向制造环节扩散，网络连接对象从人与人延伸到物与物、物与人，为两化深度融合提供了基础条件。因此，深入推进两化融合，充分发挥我国制造体系和信息网络的规模优势，一方面可以促进制造业技术进步、管理变革和业务模式创新；另一方面可以拓展新一代信息通信技术与实体经济渗透融合的深度与广度，为 ICT 产业发展开辟巨大市场空间，从而有效助力我国制造业和 ICT 产业由大变强，推动制造强国、网络强国协调融合发展。

两化融合是我国制造业高质量发展的必由之路。制造业是实体经济的主体，制造业的高质量发展关系到经济高质量发展的全局。当前，我国实体经济尤其是制造业，仍然面临许多问题和挑战，例如，在新冠肺炎疫情冲击下全球供应链重组、低端供给过剩、高端供给不足、产品质量有待提升、缺少具有国际影响力的领军企业等，从规模速度型发展向质量效益型提升转变，仍然任重而道远。推动两化深度融合，充分释放融合发展的叠加、聚合、倍增效应，有助于促进传统产业优化升级，以信息流带动技术流、资金流、人才流、物资流，提高全要素生产率；有助于加速新经济成长壮大，通过发挥网络信息技术的创新引领作用，培育新技术、新产品、新模式、新业态，实现一二三产业、大中小企业融通创新发展；有助于推动实体经济沿着数字化、网络化、智能化方向演进升级。

**【标准引领是推进两化融合的重要举措和有力抓手】**

“两化融合，标准先行。”多年来，我国探索了一条以标准引领两化深度融合的工作思路、工作方法和工作体系，取得了显著成效。

标准凝聚了融合发展理念共识。在工业和信息化部、国家标准化技术委员会的指导下，全国两化融合管理标准化技术委员会（TC573）于 2018 年 6 月正式成立，成为我国两化融合领域的首个标准化技术委员会。全国两化融合管理标准化技术委员会由来自各级政府、科研院所、重点企业、行业组织、跨国企业的 68 名知名专家组成，构建了政产学研用多方联动的工作机制，打造了标准研制和应用互动协同的交流平台，凝聚了融合发展共识，汇聚了转型推进合力，促进了两化融合标准化由单点突破向系统化推进的转轨发展。

标准指明了两化融合发展方法、发展路径。

基于几十年来我国企业在信息化发展历程中积累的技术应用成果和管理创新经验，我国提出了两化融合领域首套自主研制且实现大范围应用的两化融合管理体系系列国家标准，累计发布 2 项国际标准、5 项国家标准，完成了 12 项国家标准的立项。系列标准引导企业系统推进技术创新、组织变革、流程重构和数据利用，为广大企业全面加速数字化转型、提升数字经济背景下新型竞争能力指明了方法路径。

标准提升了融合发展价值成效。近年来，两化融合管理体系标准应用的广度和深度不断拓展，标准在战略转型、管理优化、技术融合、数据应用和核心竞争力提升方面成效日益彰显。截至目前，全国 23000 余家企业开展了两化融合管理体系贯标，160000 余家企业开展自评估、自诊断、自对标，贯标达标企业在研发、生产和服务等方面的水平显著提升，运营成本平均下降 1%、经营利润平均增加 11.2%。企业贯标的积极性、自觉性、实效性不断增强。

标准给出了融合发展的“中国方案”。在社会各界的共同努力下，我国两化融合国际标准化工作不断取得突破，2019 年，两项两化融合国际标准先后在国际电信联盟（ITU）正式发布。两项国际标准均基于我国两化融合管理体系系列标准核心成果研制，标志着我国两化融合理念方法首次走向国际舞台，为各国推进产业数字化转型提供了“中国方案”，对于提升我国标准影响力和话语权具有重要意义。

**【以标准为引领继续做好两化深度融合这篇大文章】**

下一步，需要从“强协同、促融合、助转型、优合作”4 个方面发力，以标准为引领持续推进两化深度融合，加速制造业数字转型和创新发展。

强化平台作用，完善全国两化融合标准化技术委员会建设。充分发挥全国两化融合标准化技术委员会在两化融合标准化领域的组织协调和技术归口作用，完善两化融合管理体系、工业互联网管理等标准工作组的组织体系建设，聚焦制造业数字化转型需求，适时新增成立一批标准工作组，动态优化两化融合标准化工作顶层设计，组织研制、发布两化融合标准体系 2.0，指导社会各界统一认识、协同开展标准化工作。

聚焦融合发展，加快两化融合管理标准研制、应用。紧紧抓住两化融合标准化这个“牛鼻子”，持续推进两化融合管理标准体系建设和应用推广，尽快推进两化融合生态系统参考架构、咨询服务指南、新型能力体系指南、价值效益指南等标准研制发布，创新开展两化融合管理标准体系贯标推广，分行业、分区域组织标准宣贯交流，引导企业通过贯标推进生产方式创新、管理模式变革和商业模式转型。

坚持需求牵引，推动数字化转型亟须标准发展。围绕国家“新基建”战略布局，聚焦制造业数字化转型需求，加快工业互联网平台、生产设备上云、数字化运营管理、供应链数字化管理等关键亟须标准研制，加快钢铁、石化、建材、机械、电子等重点行业数字化转型行业标准研制，加速标准化成果转化应用和落地实施。

促进合作交流，提升两化融合标准国际话语权。挖掘整合相关研究资源、专家队伍和推进力量，深化与 ISO、IEC、ITU、The Open Group 等国际标准组织的合作交流，适时推动筹建围绕两化融合的国际标准化技术委员会，持续推进两化融合、工业互联网平台、数字化转型等领域国际标准化工作，积极推介我国两化融合标准化最新成果，不断增强我国两化融合标准的国际影响力和话语权。

# 政策法规篇

# 区块链信息服务管理规定

第一条　为了规范区块链信息服务活动，维护国家安全和社会公共利益，保护公民、法人和其他组织的合法权益，促进区块链技术及相关服务的健康发展，根据《中华人民共和国网络安全法》《互联网信息服务管理办法》和《国务院关于授权国家互联网信息办公室负责互联网信息内容管理工作的通知》，制定本规定。

第二条　在中华人民共和国境内从事区块链信息服务，应当遵守本规定。法律、行政法规另有规定的，遵照其规定。

本规定所称区块链信息服务，是指基于区块链技术或者系统，通过互联网站、应用程序等形式，向社会公众提供信息服务。

本规定所称区块链信息服务提供者，是指向社会公众提供区块链信息服务的主体或者节点，以及为区块链信息服务的主体提供技术支持的机构或者组织；本规定所称区块链信息服务使用者，是指使用区块链信息服务的组织或者个人。

第三条　国家互联网信息办公室依据职责负责全国区块链信息服务的监督管理执法工作。省、自治区、直辖市互联网信息办公室依据职责负责本行政区域内区块链信息服务的监督管理执法工作。

第四条　鼓励区块链行业组织加强行业自律，建立健全行业自律制度和行业准则，指导区块链信息服务提供者建立健全服务规范，推动行业信用评价体系建设，督促区块链信息服务提供者依法提供服务、接受社会监督，提高区块链信息服务从业人员的职业素养，促进行业健康有序发展。

第五条　区块链信息服务提供者应当落实信息内容安全管理责任，建立健全用户注册、信息审核、应急处置、安全防护等管理制度。

第六条　区块链信息服务提供者应当具备与其服务相适应的技术条件，对于法律、行政法规禁止的信息内容，应当具备对其发布、记录、存储、传播的即时和应急处置能力，技术方案应当符合国家相关标准规范。

第七条　区块链信息服务提供者应当制定并公开管理规则和平台公约，与区块链信息服务使用者签订服务协议，明确双方权利义务，要求其承诺遵守法律规定和平台公约。

第八条　区块链信息服务提供者应当按照《中华人民共和国网络安全法》的规定，对区块链信息服务使用者进行基于组织机构代码、身份证件号码或者移动电话号码等方式的真实身份信息认证。用户不进行真实身份信息认证的，区块链信息服务提供者不得为其提供相关服务。

第九条　区块链信息服务提供者开发上线新产品、新应用、新功能的，应当按照有关规定报国家和省、自治区、直辖市互联网信息办公室进行安全评估。

第十条　区块链信息服务提供者和使用者不得利用区块链信息服务从事危害国家安全、扰乱社会秩序、侵犯他人合法权益等法律、行政法规禁止的活动，不得利用区块链信息服务制作、复制、发布、传播法律、行政法规禁止的信息内容。

第十一条　区块链信息服务提供者应当在提供服务之日起十个工作日内通过国家互联网信息办公室区块链信息服务备案管理系统填报服务提供者的名称、服务类别、服务形式、应用领域、服务器地址等信息，履行备案手续。

区块链信息服务提供者变更服务项目、平台网址等事项的，应当在变更之日起五个工作日内办理变更手续。

区块链信息服务提供者终止服务的，应当在终止服务三十个工作日前办理注销手续，并作出妥善安排。

第十二条　国家和省、自治区、直辖市互联网信息办公室收到备案人提交的备案材料后，材料齐全的，应当在二十个工作日内予以备案，发放备案编号，并通过国家互联网信息办公室区块链信息服务备案管理系统向社会公布备案信息；材料不齐全的，不予备案，在二十个工作日内通知备案人并说明理由。

第十三条　完成备案的区块链信息服务提供者应当在其对外提供服务的互联网站、应用程序等的显著位置标明其备案编号。

第十四条　国家和省、自治区、直辖市互联网信息办公室对区块链信息服务备案信息实行定期查验，区块链信息服务提供者应当在规定时间内登录区块链信息服务备案管理系统，提供相关信息。

第十五条　区块链信息服务提供者提供的区块链信息服务存在信息安全隐患的，应当进行整改，符合法律、行政法规等相关规定和国家相关标准规范后方可继续提供信息服务。

第十六条　区块链信息服务提供者应当对违反法律、行政法规规定和服务协议的区块链信息服务使用者，依法依约采取警示、限制功能、关闭账号等处置措施，对违法信息内容及时采取相应的处理措施，防止信息扩散，保存有关记录，并向有关主管部门报告。

第十七条　区块链信息服务提供者应当记录区块链信息服务使用者发布内容和日志等信息，记录备份应当保存不少于六个月，并在相关执法部门依法查询时予以提供。

第十八条　区块链信息服务提供者应当配合网信部门依法实施的监督检查，并提供必要的技术支持和协助。

区块链信息服务提供者应当接受社会监督，设置便捷的投诉举报入口，及时处理公众投诉举报。

第十九条　区块链信息服务提供者违反本规定第五条、第六条、第七条、第九条、第十一条第二款、第十三条、第十五条、第十七条、第十八条规定的，由国家和省、自治区、直辖市互联网信息办公室依据职责给予警告，责令限期改正，改正前应当暂停相关业务；拒不改正或者情节严重的，并处五千元以上三万元以下罚款；构成犯罪的，依法追究刑事责任。

第二十条　区块链信息服务提供者违反本规定第八条、第十六条规定的，由国家和省、自治区、直辖市互联网信息办公室依据职责，按照《中华人民共和国网络安全法》的规定予以处理。

第二十一条　区块链信息服务提供者违反本规定第十条的规定，制作、复制、发布、传播法律、行政法规禁止的信息内容的，由国家和省、自治区、直辖市互联网信息办公室依据职责给予警告，责令限期改正，改正前应当暂停相关业务；拒不改正或者情节严重的，并处二万元以上三万元以下罚款；构成犯罪的，依法追究刑事责任。

区块链信息服务使用者违反本规定第十条的规定，制作、复制、发布、传播法律、行政法规禁止的信息内容的，由国家和省、自治区、直辖市互联网信息办公室依照有关法律、行政法规的规定予以处理。

第二十二条　区块链信息服务提供者违反本规定第十一条第一款的规定，未按照本规定履行备案手续或者填报虚假备案信息的，由国家和省、自治区、直辖市互联网信息办公室依据职责责令限期改正；拒不改正或者情节严重的，给予警告，并处一万元以上三万元以下罚款。

第二十三条　在本规定公布前从事区块链信息服务的，应当自本规定生效之日起二十个工作日内依照本规定补办有关手续。

第二十四条　本规定自 2019 年 2 月 15 日起施行。

# 工业互联网网络建设及推广指南

工业互联网网络是构建工业环境下人、机、物全面互联的关键基础设施，通过工业互联网网络可以实现工业研发、设计、生产、销售、管理、服务等产业全要素的泛在互联，对于促进工业数据的开放流动与深度融合、推动工业资源的优化集成与高效配置、支撑工业应用的创新升级与推广普及具有重要意义。为贯彻落实《国务院关于深化“互联网+先进制造业”发展工业互联网的指导意见》，加快工业互联网网络基础设施建设及推广，制定本指南。

## 一、总体要求

### （一）指导思想

以习近平新时代中国特色社会主义思想为指导，深入贯彻落实党的十九大和十九届二中、三中全会精神，坚持新发展理念，坚持高质量发展，以加快企业外网络和企业内网络建设与改造为主线，以构筑支撑工业全要素、全产业链、全价值链互联互通的网络基础设施为目标，以企业网络应用创新和传统产业升级为牵引，着力构建网络标准体系、加强技术引导，着力打造工业互联网标杆网络、创新网络应用，着力建设标识解析体系、拓展标识应用，着力完善网络创新环境，规范发展秩序，加快培育网络新技术、新产品、新模式、新业态，有力支撑制造强国和网络强国建设。

### （二）工作目标

到2020年，形成相对完善的工业互联网网络顶层设计，初步建成工业互联网基础设施和技术产业体系。一是建设满足试验和商用需求的工业互联网企业外网标杆网络，初步建成适用于工业互联网高可靠、广覆盖、大带宽、可定制的支持互联网协议第六版（IPv6）的企业外网络基础设施；建设一批工业互联网企业内网标杆网络，形成企业内网络建设和改造的典型模式，完成100个以上企业内网络建设和升级。二是建成集成网络技术创新、标准研制、测试认证、应用示范、产业促进、国际合作等功能的开放公共服务平台；建成一批关键技术和重点行业的工业互联网网络试验环境，建设20个以上网络技术创新和行业应用测试床，初步形成工业互联网网络创新基地。三是形成先进、系统的工业互联网网络技术体系和标准体系，在网络领域建成一批工业互联网应用创新示范项目，建立工业互联网网络改造评估认证机制，构建适应工业互联网发展的网络技术产业生态。四是初步构建工业互联网标识解析体系，建设一批面向行业或区域的标识解析二级节点及公共递归节点，制定并完善标识注册和解析等管理办法，标识注册量超过20亿个。

## 二、制定工业互联网网络标准

工业和信息化部会同国家标准化管理机构加强工业互联网网络标准体系的顶层设计和统筹协调，充分发挥工业互联网产业联盟及工业、电子信息、通信等领域标准化机构和行业协会优势，依托企业、科研机构和高校等加快研制工业互联网网络标准。地方工业和信息化主管部门、通信管理部门积极推动工业互联网网络标准在企业中的应用与推广。

（一）建立工业互联网网络标准体系

一是制定工业互联网网络通用需求、网络架构、通信协议、关键接口等总体性标准，时间敏感网络（TSN）、工业无源光网络（PON）、工业软件定义网络（SDN）、无线专网等新型网络技术标准，以及针对垂直行业的特色网络应用技术标准。二是制定工业互联网网络服务标准，进一步规范网络服务提供商的服务流程与服务质量。三是制定企业外网、内网及相互间的互联互通规范，构建公平、有序、开放的网络互联互通环境。

（二）完善标识解析技术标准

一是制定标识解析整体架构、数据管理、分布式注册、可信解析、多源异构信息管理、标识数据互操作等关键技术标准。二是搭建规模性的基础技术创新与试验验证环境，打造安全可控的标签、读写器、中间件等标识存取关键软硬件设备，提供标识注册、标识解析、标识搜索等关键技术测试验证服务。

（三）形成网络标准制定与推广机制

一是在工业互联网领域建立国际标准、国家标准、行业标准、团体标准和企业标准协同推进机制。二是建立一批工业互联网网络新技术标准符合性试验验证系统，开发和推广网络测试测量工具。三是针对重点行业或重点区域，组织开展工业互联网网络标准的宣贯培训。四是支持企业和科研机构积极参与国际标准的研制，建立与国际标准化组织、主流开源项目的对标机制，加快国际标准的国内转化。五是开展网络标准相关专利等知识产权的研究，加强知识产权的布局和保护，提高网络标准专利的知识普及。

## 三、打造工业互联网标杆网络

以基础电信企业和相关科研机构为主体，加快建设面向商用和面向试验的工业互联网企业外网标杆网络。地方工业和信息化主管部门、通信管理部门组织和支持重点行业、典型企业打造工业互联网企业内网标杆网络。

（四）建设企业外网标杆网络

一是充分利用科研机构既有和正在建设的各类试验网络资源，构建面向试验的标杆网络，开展工业互联网网络及应用的研究、试验、验证和试点示范。二是鼓励和支持基础电信企业推进网络技术研究和基础设施建设，开展 IPv6 网络改造，打造面向实际应用的标杆网络，支撑成熟、可商用的工业互联网应用。三是打造支撑企业上云时企业网络与云之间的网络接入典型解决方案，形成企业上云“最后一公里”的网络模板。四是支持工业互联网应用从试验平面向实用平面的安全平滑迁移。

（五）打造企业内网标杆网络

一是支持企业建设基于 TSN、工业 PON 等关键网络技术的工业互联网企业内网标杆网络，形成不同网络技术在企业内网部署的参考模板。二是支持企业针对典型行业需求和不同企业规模，建设垂直行业企业内网标杆网络，树立汽车、航空航天、石油化工、机械制造等重点行业的工业互联网企业内网络样板。

## 四、推动工业互联网网络改造与应用

发挥产业联盟和各行业协会的平台纽带作用，地方工业和信息化主管部门、通信管理部门积极组织协调推动工业企业网络化改造和网络应用创新。

（六）推进传统企业网络化改造

一是支持企业开展针对既有生产设备与系统的网络化二次开发，推动“接口开放、机器上网”，扩大网络覆盖范围和终端连接数量。二是加快企业内网络的 IPv6 改造进程，不断优化企业内网络架构，提升网络服务能力。三是支持企业参照标杆网络开展企业网络建设和改造，将生产性网络的改造纳入中小企业扶持政策范畴。四是支持高性能、高灵活、高安全隔离的新型企业专线应用，推进企业内外网络互联互通，协调推进基础电信企业与能源、交通、工业制造等重点垂直行业的网络与业务对接，打通企业内外网络之间的信息通道。

（七）开展工业互联网网络应用创新

一是充分发挥企业、高校、科研院所、产业联盟作用，开展基于IPv6、标识解析等网络技术的应用创新，繁荣工业互联网网络上的应用生态。二是开展工业互联网网络应用示范，培育新业态与新模式。三是鼓励企业依托工业互联网网络环境，改造传统生产流程，优化组织模式，提升生产效率，促进产业升级。

## 五、构建工业互联网标识解析体系

工业和信息化部推动建立工业互联网标识解析管理机制，地方通信管理部门与工业和信息化主管部门加强工作协同，依托相关行业协会、骨干工业企业、信息化服务提供商、基础电信企业、标识研究机构及高等院校加快建设各级服务节点。

（八）建立标识解析管理机制

针对标识注册服务规范和标识解析节点运行要求，制定工业互联网标识解析管理办法，建设一批面向重点行业或区域的二级服务节点运营机构，建立国际根节点、国家顶级节点、二级及以下其他服务节点的建设和运营的统筹协调机制。

（九）建设各级标识解析节点

一是建设和运营国家顶级节点，提供顶级域解析服务，与国内外各主要标识解析系统实现互联互通，形成备案、监测等公共服务能力。二是选择汽车、机械制造、新材料、能源化工、生物医药、高端装备等领域，建设和运营一批标识解析二级节点。

## 六、拓展工业互联网标识解析应用

地方工业和信息化主管部门、通信管理部门组织和推动典型工业企业、信息化服务提供商、基础电信企业、标识研究机构和高等院校等开展工业互联网标识解析应用创新，加强标识技术产品研发。

（十）推动标识解析集成创新应用

一是加快工业互联网标识解析集成创新，开展基于标识解析服务的关键产品追溯、供应链管理、智能产品全生命周期管理等创新应用，形成一批有较强影响力的工业互联网标识解析先导应用模式。二是建立标识解析服务提供商名录，实现标识解析服务资源池和标识解析应用需求池对接，打通供需对接渠道。

（十一）提升标识解析技术产业能力

一是打造标识解析创新开源社区，汇聚科研机构和企业等的研发资源，加强前沿技术领域共创共享，推进标识解析核心软硬件产品。二是结合区域性产业特色与资源优势，围绕标识解析产业上下游的关键技术、核心装置、系统软件、集成应用等环节，打造一批具有竞争力的龙头企业，形成聚集基础研究、技术研发、服务支持、应用推广、产业化、教育培训、投融资等各环节的产业生态。

## 七、创建网络发展环境

以工业互联网产业联盟为依托，加快建设工业互联网网络创新公共服务平台；地方工业和信息化主管部门、通信管理部门组织开展面向先进技术和重点行业的工业互联网网络技术与应用测试床建设。

（十二）建设网络创新公共服务平台

一是依托工业互联网产业联盟，组织各方力量，建设创新领先、开放共享的工业互联网网络创新公共服务平台，实现对工业互联网网络技术创新、标准研制、测试认证、应用示范、产业促进、人才培育、国际合作等方面的全方位支撑。二是强化公共服务平台和产业联盟对中小企业的支持力度，为中小企业与产业链各方合作提供便利条件。三是加强对工业互联网网络和标识解析等核心技术、运营机制、应用模式的培训，组织开展工业互联网网络创新大赛，加快工业互联网网络人才队伍建设。

（十三）建设网络技术与应用测试床

一是支持企业、科研机构、高校，针对 5G、窄带物联网（NB-IoT）、软件定义网络（SDN）、网络虚拟化（NFV）、TSN、边缘计算等新型网络技术，联合建设 10 个以上网络技术测试床，开展基础通用关键技术、标准、设备、解决方案的研制研发、试验测试等工作。二是支持企业、科研机构、高校合作，在汽车、航空航天、石油化工、机械制造等重点行业，建设 10 个以上垂直行业网络化改造和标识解析应用测试床。

八、规范网络发展秩序

工业和信息化部加强工业互联网网络建设与应用相关的网络地址、频谱资源的规划和管理，建立工业互联网网络发展监测评估机制。地方工业和信息化主管部门、通信管理部门指导企业落实网络安全要求，统计报送地方工业互联网网络发展情况；支持工业互联网产业联盟等第三方机构积极开展工业互联网网络发展宣传推广工作。

（十四）加强网络资源管理和安全保障

一是推动在工业互联网领域落实 IPv6 地址编码规划方案，建立工业互联网 IPv6 地址申请、分配、使用、备案管理体制。二是加强频率资源管理和统筹，研究制定工业互联网频率使用指南，做好 5G 系统试验的基站与卫星地球站干扰协调、电台执照许可工作，依法做好工业互联网专用频率的干扰保护。三是指导相关企业在进行网络化改造的同时落实网络安全标准相关要求，提升标识解析顶级节点，二级节点的安全防护能力。四是进行工业互联网设备进网管理制度研究，组织开展联网设备检测。

（十五）加强网络发展监测和宣传推广

一是探索建立工业互联网网络运行监测体系，逐步开展工业互联网外网和企业内网发展情况的动态监测，定期发布工业互联网网络发展报告。二是组织编制工业互联网网络建设与改造优秀案例，通过组织大型峰会、高峰论坛、现场会、成果发布会、巡讲团等形式，加强对工业互联网网络、标识解析领域相关成果和典型经验的推广，提升产业和企业对工业互联网网络的认知。

# 加强工业互联网安全工作的指导意见

按照《国务院关于深化“互联网+先进制造业”发展工业互联网的指导意见》（以下简称《指导意见》）部署，为加快构建工业互联网安全保障体系，提升工业互联网安全保障能力，促进工业互联网高质量发展，推动现代化经济体系建设，护航制造强国和网络强国战略实施，现就加强工业互联网安全工作提出如下意见。

## 一、总体要求

（一）指导思想

坚持以习近平新时代中国特色社会主义思想

为指导，全面贯彻党的十九大和十九届二中、三中全会精神，按照《指导意见》有关要求，围绕设备、控制、网络、平台、数据安全，落实企业主体责任、政府监管责任，健全制度机制、建设技术手段、促进产业发展、强化人才培育，构建责任清晰、制度健全、技术先进的工业互联网安全保障体系，覆盖工业互联网规划、建设、运行等全生命周期，形成事前防范、事中监测、事后应急能力，全面提升工业互联网创新发展安全保障能力和服务水平。

（二）基本原则

筑牢安全，保障发展。以安全保发展，以发展促安全。严格落实《中华人民共和国网络安全法》等法律法规，按照谁运营谁负责、谁主管谁负责的原则，坚持发展与安全并重，安全和发展同步规划、同步建设、同步运行。

统筹指导，协同推进。做好顶层设计和系统谋划，结合各地实际，突出重点，分步协同推进，加快构建工业互联网安全保障体系，确保安全工作落实到位。

分类施策，分级管理。根据行业重要性、企业规模、安全风险程度等因素，对企业实施分类分级管理，集中力量指导、监管重要行业、重点企业提升工业互联网安全保障能力，夯实企业安全主体责任。

融合创新，重点突破。基于工业互联网融合发展特性，创新安全管理机制和技术手段，鼓励推动重点领域技术突破，加快安全可靠产品的创新推广应用，有效应对新型安全挑战。

（三）总体目标

到2020年年底，工业互联网安全保障体系初步建立。制度机制方面，建立监督检查、信息共享和通报、应急处置等工业互联网安全管理制度，构建企业安全主体责任制，制定设备、平台、数据等至少20项亟须的工业互联网安全标准，探索构建工业互联网安全评估体系。技术手段方面，初步建成国家工业互联网安全技术保障平台、基础资源库和安全测试验证环境。产业发展方面，在汽车、电子信息、航空航天、能源等重点领域，形成至少20个创新实用的安全产品、解决方案的试点示范，培育若干具有核心竞争力的工业互联网安全企业。

到2025年，制度机制健全完善，技术手段能力显著提升，安全产业形成规模，基本建立起较为完备可靠的工业互联网安全保障体系。

## 二、主要任务

（一）推动工业互联网安全责任落实

依法落实企业主体责任。工业互联网企业明确工业互联网安全责任部门和责任人，建立健全重点设备装置和系统平台联网前后的风险评估、安全审计等制度，建立安全事件报告和问责机制，加大安全投入，部署有效安全技术防护手段，保障工业互联网安全稳定运行。由网络安全事件引发的安全生产事故，按照安全生产有关法规进行处置。

政府履行监督管理责任。工业和信息化部组织开展工业互联网安全相关政策制定、标准研制等综合性工作，并对装备制造、电子信息及通信等主管行业领域的工业互联网安全开展行业指导管理。地方工业和信息化主管部门指导本行政区域内应用工业互联网的工业企业的安全工作，同步推进安全产业发展，并联合应急管理部门推进工业互联网在安全生产监管中的作用；地方通信管理局监管本行政区域内标识解析系统、公共工业互联网平台等的安全工作，并在公共互联网上对联网设备、系统等进行安全监测。生态环境、卫生健康、能源、国防科技工业等部门根据各自职责，开展本行业领域工业互联网推广应用的安全指导、监管工作。

（二）构建工业互联网安全管理体系

健全安全管理制度。围绕工业互联网安全监督检查、风险评估、数据保护、信息共享和通报、应急处置等方面建立健全安全管理制度和工作机制，强化对企业的安全监管。

建立分类分级管理机制。建立工业互联网行业分类指导目录、企业分级指标体系，制定工业互联网行业企业分类分级指南，形成重点企业清单，强化逐级负责的政府监管模式，实施差异化管理。

建立工业互联网安全标准体系。推动工业互联网设备、控制、网络（含标识解析系统）、平台、数据等重点领域安全标准的研究制定，建设安全技术与标准试验验证环境，支持专业机构、企业积极参与相关国际标准制定，加快标准落地实施。

### （三）提升企业工业互联网安全防护水平

夯实设备和控制安全。督促工业企业部署针对性防护措施，加强工业生产、主机、智能终端等设备安全接入和防护，强化控制网络协议、装置装备、工业软件等安全保障，推动设备制造商、自动化集成商与安全企业加强合作，提升设备和控制系统的本质安全。

提升网络设施安全。指导工业企业、基础电信企业在网络化改造及部署 IPv6、应用 5G 的过程中，落实安全标准要求并开展安全评估，部署安全设施，提升企业内外网的安全防护能力。要求标识解析系统的建设运营单位同步加强安全防护技术能力建设，确保标识解析系统的安全运行。

强化平台和工业应用程序（App）安全。要求工业互联网平台的建设、运营单位按照相关标准开展平台建设，在平台上线前进行安全评估，针对边缘层、IaaS 层（云基础设施）、平台层（工业 PaaS）、应用层（工业 SaaS）分层部署安全防护措施。建立健全工业 App 应用前安全检测机制，强化应用过程中用户信息和数据安全保护。

### （四）强化工业互联网数据安全保护能力

强化企业数据安全防护能力。明确数据收集、存储、处理、转移、删除等环节安全保护要求，指导企业完善研发设计、工业生产、运维管理、平台知识机理和数字化模型等数据的防窃密、防篡改和数据备份等安全防护措施，鼓励商用密码在工业互联网数据保护工作中的应用。

建立工业互联网全产业链数据安全管理体系。依据工业门类领域、数据类型、数据价值等建立工业互联网数据分级分类管理制度，开展重要数据出境安全评估和监测，完善重大工业互联网数据泄露事件触发响应机制。

### （五）建设国家工业互联网安全技术手段

建设国家、省、企业三级协同的工业互联网安全技术保障平台。工业和信息化部统筹建设国家工业互联网安全技术保障平台。工业基础较好的省、自治区、直辖市先期试点建设省级技术保障平台。支持鼓励机械制造、电子信息、航空航天等重点行业企业建设企业级安全平台，强化地方、企业与国家平台之间的系统对接、数据共享、业务协作，打造整体态势感知、信息共享和应急协同能力。

建立工业互联网安全基础资源库。建设工业互联网资产目录库、工业协议库、安全漏洞库、恶意代码病毒库和安全威胁信息库等基础资源库，推动研制面向典型行业工业互联网安全应急处置、安全事件现场取证等工具集，加强工业互联网安全资源储备。

建设工业互联网安全测试验证环境。搭建面向机械制造、电子信息、航空航天等行业的工业互联网安全攻防演练环境，测试、验证各环节存在的网络安全风险及相应的安全防护解决方案，提升识别安全隐患、抵御安全威胁、化解安全风险的能力。

### （六）加强工业互联网安全公共服务能力

开展工业互联网安全评估认证。构建工业互联网设备、网络、平台、工业 App 等的安全评估体系，依托产业联盟、行业协会等第三方机构为工业互联网企业持续开展安全能力评测评估服务，推动工业互联网安全测评机构的审核认定。

提升工业互联网安全服务水平。鼓励和支持专业机构、网络安全企业等提供安全诊断评估、安全咨询、数据保护、代码检查、系统加固、云端防护等服务。鼓励基础电信企业、互联网企业、系统解决方案提供商等依托专业技术优势，加强与工业互联网企业的需求对接，输出安全保障服务。

### （七）推动工业互联网安全科技创新与产业发展

支持工业互联网安全科技创新。加大对工业互联网安全技术研发和成果转化的支持力度，强化标识解析系统安全、平台安全、工业控制系统安全、数据安全、5G安全等相关核心技术研究，加强攻击防护、漏洞挖掘、态势感知等安全产品研发。支持通过众测众研等创新方式，聚集社会力量，提升漏洞隐患发现技术能力。支持专业机构、高校、企业等联合建设工业互联网安全创新中心和安全实验室。探索利用人工智能、大数据、区块链等新技术提升安全防护水平。

促进工业互联网安全产业发展。充分利用国家和地方网络安全产业园（基地）等形式，整合相关行业资源，打造产学研用协同创新发展平台，形成工业互联网安全对外展示和市场服务能力，培育一批核心技术水平高、市场竞争能力强、辐射带动范围广的工业互联网安全企业。在汽车、电子信息、航空航天、能源等重点领域开展试点示范，遴选优秀安全解决方案和最佳实践，并加强应用推广。

## 三、保障措施

### （一）加强组织领导，健全工作机制

在工业互联网专项工作组的统一指导下，加强统筹协调，强化部门协同、部省合作，构建各负其责、紧密配合、运转高效的工作机制。各地工业和信息化、教育、人力资源社会保障、生态环境、卫生健康、应急管理、国有资产监管、市场监管、能源、国防科技工业等主管部门及地方通信管理局要加强配合，形成合力。

### （二）加大支持力度，优化创新环境

各地相关部门要结合本地工业互联网发展现状，优化政府支持机制和方式，加大对工业互联网安全的支持力度，鼓励企业技术创新和安全应用，加快建设工业互联网安全技术手段，推动安全产业集聚发展。

### （三）发挥市场作用，汇聚多方力量

充分发挥市场在资源配置中的决定性作用，以工业互联网企业的安全需求为着力点，形成市场需求牵引、政府支持推动的发展局面。汇聚政产学研用多方力量，逐步建立覆盖决策研究、公共研发、标准推进、联盟论坛、人才培养等的创新支撑平台，形成支持工业互联网安全发展合力。

### （四）加强宣传教育，加快人才培养

深入推进产教融合、校企合作，建立安全人才联合培养机制，培养复合型、创新型高技能人才。开展工业互联网安全宣传教育，提升企业和相关从业人员网络安全意识。开展网络安全演练、安全竞赛等，培养选拔不同层次的工业互联网安全从业人员。依托国家专业机构等，打造技术领先、业界知名的工业互联网安全高端智库。

# 儿童个人信息网络保护规定

国家互联网信息办公室令第4号

《儿童个人信息网络保护规定》已经国家互联网信息办公室室务会议审议通过，现予公布，自2019年10月1日起施行。

主任 庄荣文

2019年8月22日

## 儿童个人信息网络保护规定

第一条　为了保护儿童个人信息安全，促进儿童健康成长，根据《中华人民共和国网络安全法》《中华人民共和国未成年人保护法》等法律法规，制定本规定。

第二条　本规定所称儿童，是指不满十四周岁的未成年人。

第三条　在中华人民共和国境内通过网络从事收集、存储、使用、转移、披露儿童个人信息等活动，适用本规定。

第四条　任何组织和个人不得制作、发布、传播侵害儿童个人信息安全的信息。

第五条　儿童监护人应当正确履行监护职责，教育引导儿童增强个人信息保护意识和能力，保护儿童个人信息安全。

第六条　鼓励互联网行业组织指导推动网络运营者制定儿童个人信息保护的行业规范、行为准则等，加强行业自律，履行社会责任。

第七条　网络运营者收集、存储、使用、转移、披露儿童个人信息的，应当遵循正当必要、知情同意、目的明确、安全保障、依法利用的原则。

第八条　网络运营者应当设置专门的儿童个人信息保护规则和用户协议，并指定专人负责儿童个人信息保护。

第九条　网络运营者收集、使用、转移、披露儿童个人信息的，应当以显著、清晰的方式告知儿童监护人，并应当征得儿童监护人的同意。

第十条　网络运营者征得同意时，应当同时提供拒绝选项，并明确告知以下事项：

（一）收集、存储、使用、转移、披露儿童个人信息的目的、方式和范围；

（二）儿童个人信息存储的地点、期限和到期后的处理方式；

（三）儿童个人信息的安全保障措施；

（四）拒绝的后果；

（五）投诉、举报的渠道和方式；

（六）更正、删除儿童个人信息的途径和方法；

（七）其他应当告知的事项。

前款规定的告知事项发生实质性变化的，应当再次征得儿童监护人的同意。

第十一条　网络运营者不得收集与其提供的服务无关的儿童个人信息，不得违反法律、行政法规的规定和双方的约定收集儿童个人信息。

第十二条　网络运营者存储儿童个人信息，不得超过实现其收集、使用目的所必需的期限。

第十三条　网络运营者应当采取加密等措施存储儿童个人信息，确保信息安全。

第十四条　网络运营者使用儿童个人信息，不得违反法律、行政法规的规定和双方约定的目的、范围。因业务需要，确需超出约定的目的、范围使用的，应当再次征得儿童监护人的同意。

第十五条　网络运营者对其工作人员应当以最小授权为原则，严格设定信息访问权限，控制儿童个人信息知悉范围。工作人员访问儿童个人信息的，应当经过儿童个人信息保护负责人或者其授权的管理人员审批，记录访问情况，并采取技术措施，避免违法复制、下载儿童个人信息。

第十六条　网络运营者委托第三方处理儿童个人信息的，应当对受委托方及委托行为等进行安全评估，签署委托协议，明确双方责任、处理事项、处理期限、处理性质和目的等，委托行为不得超出授权范围。

前款规定的受委托方，应当履行以下义务：

（一）按照法律、行政法规的规定和网络运营者的要求处理儿童个人信息；

（二）协助网络运营者回应儿童监护人提出的申请；

（三）采取措施保障信息安全，并在发生儿童个人信息泄露安全事件时，及时向网络运营者反馈；

（四）委托关系解除时及时删除儿童个人信息；

（五）不得转委托；

（六）其他依法应当履行的儿童个人信息保护义务。

第十七条　网络运营者向第三方转移儿童个人信息的，应当自行或者委托第三方机构进行安全评估。

第十八条　网络运营者不得披露儿童个人信息，但法律、行政法规规定应当披露或者根据与儿童监护人的约定可以披露的除外。

第十九条　儿童或者其监护人发现网络运营者收集、存储、使用、披露的儿童个人信息有错误的，有权要求网络运营者予以更正。网络运营者应当及时采取措施予以更正。

第二十条　儿童或者其监护人要求网络运营者删除其收集、存储、使用、披露的儿童个人信息的，网络运营者应当及时采取措施予以删除，包括但不限于以下情形：

（一）网络运营者违反法律、行政法规的规定或者双方的约定收集、存储、使用、转移、披露儿童个人信息的；

（二）超出目的范围或者必要期限收集、存储、使用、转移、披露儿童个人信息的；

（三）儿童监护人撤回同意的；

（四）儿童或者其监护人通过注销等方式终止使用产品或者服务的。

第二十一条　网络运营者发现儿童个人信息发生或者可能发生泄露、毁损、丢失的，应当立即启动应急预案，采取补救措施；造成或者可能造成严重后果的，应当立即向有关主管部门报告，并将事件相关情况以邮件、信函、电话、推送通知等方式告知受影响的儿童及其监护人，难以逐一告知的，应当采取合理、有效的方式发布相关警示信息。

第二十二条　网络运营者应当对网信部门和其他有关部门依法开展的监督检查予以配合。

第二十三条　网络运营者停止运营产品或者服务的，应当立即停止收集儿童个人信息的活动，删除其持有的儿童个人信息，并将停止运营的通知及时告知儿童监护人。

第二十四条　任何组织和个人发现有违反本规定行为的，可以向网信部门和其他有关部门举报。

网信部门和其他有关部门收到相关举报的，应当依据职责及时进行处理。

第二十五条　网络运营者落实儿童个人信息安全管理责任不到位，存在较大安全风险或者发生安全事件的，由网信部门依据职责进行约谈，网络运营者应当及时采取措施进行整改，消除隐患。

第二十六条　违反本规定的，由网信部门和其他有关部门依据职责，根据《中华人民共和国网络安全法》《互联网信息服务管理办法》等相关法律法规规定处理；构成犯罪的，依法追究刑事责任。

第二十七条　违反本规定被追究法律责任的，依照有关法律、行政法规的规定记入信用档案，并予以公示。

第二十八条　通过计算机信息系统自动留存处理信息且无法识别所留存处理的信息属于儿童个人信息的，依照其他有关规定执行。

第二十九条　本规定自2019年10月1日起施行。

# 中华人民共和国密码法

## 第一章 总　则

第一条　为了规范密码应用和管理，促进密码事业发展，保障网络与信息安全，维护国家安全和社会公共利益，保护公民、法人和其他组织的合法权益，制定本法。

第二条　本法所称密码，是指采用特定变换的方法对信息等进行加密保护、安全认证的技术、产品和服务。

第三条　密码工作坚持总体国家安全观，遵循统一领导、分级负责，创新发展、服务大局，依法管理、保障安全的原则。

第四条　坚持中国共产党对密码工作的领导。中央密码工作领导机构对全国密码工作实行统一领导，制定国家密码工作重大方针政策，统筹协调国家密码重大事项和重要工作，推进国家密码法治建设。

第五条　国家密码管理部门负责管理全国的密码工作。县级以上地方各级密码管理部门负责管理本行政区域的密码工作。

国家机关和涉及密码工作的单位在其职责范围内负责本机关、本单位或者本系统的密码工作。

第六条　国家对密码实行分类管理。

密码分为核心密码、普通密码和商用密码。

第七条　核心密码、普通密码用于保护国家秘密信息，核心密码保护信息的最高密级为绝密级，普通密码保护信息的最高密级为机密级。

核心密码、普通密码属于国家秘密。密码管理部门依照本法和有关法律、行政法规、国家有关规定对核心密码、普通密码实行严格统一管理。

第八条　商用密码用于保护不属于国家秘密的信息。

公民、法人和其他组织可以依法使用商用密码保护网络与信息安全。

第九条　国家鼓励和支持密码科学技术研究和应用，依法保护密码领域的知识产权，促进密码科学技术进步和创新。

国家加强密码人才培养和队伍建设，对在密码工作中作出突出贡献的组织和个人，按照国家有关规定给予表彰和奖励。

第十条　国家采取多种形式加强密码安全教育，将密码安全教育纳入国民教育体系和公务员教育培训体系，增强公民、法人和其他组织的密码安全意识。

第十一条　县级以上人民政府应当将密码工作纳入本级国民经济和社会发展规划，所需经费列入本级财政预算。

第十二条　任何组织或者个人不得窃取他人加密保护的信息或者非法侵入他人的密码保障系统。

任何组织或者个人不得利用密码从事危害国家安全、社会公共利益、他人合法权益等违法犯罪活动。

## 第二章　核心密码、普通密码

第十三条　国家加强核心密码、普通密码的科学规划、管理和使用，加强制度建设，完善管理措施，增强密码安全保障能力。

第十四条　在有线、无线通信中传递的国家秘密信息，以及存储、处理国家秘密信息的信息系统，应当依照法律、行政法规和国家有关规定使用核心密码、普通密码进行加密保护、安全认证。

第十五条　从事核心密码、普通密码科研、生产、服务、检测、装备、使用和销毁等工作的机构（以下统称密码工作机构）应当按照法律、行政法规、国家有关规定以及核心密码、普通密码标准的要求，建立健全安全管理制度，采取严格的保密措施和保密责任制，确保核心密码、普通密码的安全。

第十六条　密码管理部门依法对密码工作机构的核心密码、普通密码工作进行指导、监督和检查，密码工作机构应当配合。

第十七条　密码管理部门根据工作需要会同有关部门建立核心密码、普通密码的安全监测预警、安全风险评估、信息通报、重大事项会商和应急处置等协作机制，确保核心密码、普通密码安全管理的协同联动和有序高效。

密码工作机构发现核心密码、普通密码泄密或者影响核心密码、普通密码安全的重大问题、风险隐患的，应当立即采取应对措施，并及时向保密行政管理部门、密码管理部门报告，由保密行政管理部门、密码管理部门会同有关部门组织开展调查、处置，并指导有关密码工作机构及时消除安全隐患。

第十八条　国家加强密码工作机构建设，保障其履行工作职责。

国家建立适应核心密码、普通密码工作需要的人员录用、选调、保密、考核、培训、待遇、奖惩、交流、退出等管理制度。

第十九条　密码管理部门因工作需要，按照国家有关规定，可以提请公安、交通运输、海关等部门对核心密码、普通密码有关物品和人员提供免检等便利，有关部门应当予以协助。

第二十条　密码管理部门和密码工作机构应当建立健全严格的监督和安全审查制度，对其工作人员遵守法律和纪律等情况进行监督，并依法采取必要措施，定期或者不定期组织开展安全审查。

## 第三章　商用密码

第二十一条　国家鼓励商用密码技术的研究开发、学术交流、成果转化和推广应用，健全统一、开放、竞争、有序的商用密码市场体系，鼓励和促进商用密码产业发展。

各级人民政府及其有关部门应当遵循非歧视原则，依法平等对待包括外商投资企业在内的商用密码科研、生产、销售、服务、进出口等单位（以下统称商用密码从业单位）。国家鼓励在外商投资过程中基于自愿原则和商业规则开展商用密码技术合作。行政机关及其工作人员不得利用行政手段强制转让商用密码技术。

商用密码的科研、生产、销售、服务和进出口，不得损害国家安全、社会公共利益或者他人合法权益。

第二十二条　国家建立和完善商用密码标准体系。

国务院标准化行政主管部门和国家密码管理部门依据各自职责，组织制定商用密码国家标准、行业标准。

国家支持社会团体、企业利用自主创新技术制定高于国家标准、行业标准相关技术要求的商用密码团体标准、企业标准。

第二十三条　国家推动参与商用密码国际标准化活动，参与制定商用密码国际标准，推进商用密码中国标准与国外标准之间的转化运用。

国家鼓励企业、社会团体和教育、科研机构等参与商用密码国际标准化活动。

第二十四条　商用密码从业单位开展商用密码活动，应当符合有关法律、行政法规、商用密码强制性国家标准以及该从业单位公开标准的技术要求。

国家鼓励商 用密码从业单位采用商用密码推荐性国家标准、行业标准，提升商用密码的防护能力，维护用户的合法权益。

第二十五条　国家推进商用密码检测认证体系建设，制定商用密码检测认证技术规范、规则，鼓励商用密码从业单位自愿接受商用密码检测认证，提升市场竞争力。

商用密码检测、认证机构应当依法取得相关资质，并依照法律、行政法规的规定和商用密码检测认证技术规范、规则开展商用密码检测认证。

商用密码检测、认证机构应当对其在商用密码检测认证中所知悉的国家秘密和商业秘密承担保密义务。

第二十六条　涉及国家安全、国计民生、社会公共利益的商用密码产品，应当依法列入网络关键设备和网络安全专用产品目录，由具备资格的机构检测认证合格后，方可销售或者提供。商用密码产品检测认证适用《中华人民共和国网络安全法》的有关规定，避免重复检测认证。

商用密码服务使用网络关键设备和网络安全专用产品的，应当经商用密码认证机构对该商用密码服务认证合格。

第二十七条　法律、行政法规和国家有关规定要求使用商用密码进行保护的关键信息基础设施，其运营者应当使用商用密码进行保护，自行或者委托商用密码检测机构开展商用密码应用安全性评估。商用密码应用安全性评估应当与关键信息基础设施安全检测评估、网络安全等级测评制度相衔接，避免重复评估、测评。

关键信息基础设施的运营者采购涉及商用密码的网络产品和服务，可能影响国家安全的，应当按照《中华人民共和国网络安全法》的规定，通过国家网信部门会同国家密码管理部门等有关部门组织的国家安全审查。

第二十八条　国务院商务主管部门、国家密码管理部门依法对涉及国家安全、社会公共利益且具有加密保护功能的商用密码实施进口许可，对涉及国家安全、社会公共利益或者中国承担国际义务的商用密码实施出口管制。商用密码进口许可清单和出口管制清单由国务院商务主管部门会同国家密码管理部门和海关总署制定并公布。

大众消费类产品所采用的商用密码不实行进口许可和出口管制制度。

第二十九条　国家密码管理部门对采用商用密码技术从事电子政务电子认证服务的机构进行认定，会同有关部门负责政务活动中使用电子签名、数据电文的管理。

第三十条　商用密码领域的行业协会等组织依照法律、行政法规及其章程的规定，为商用密码从业单位提供信息、技术、培训等服务，引导和督促商用密码从业单位依法开展商用密码活动，加强行业自律，推动行业诚信建设，促进行业健康发展。

第三十一条　密码管理部门和有关部门建立日常监管和随机抽查相结合的商用密码事中事后监管制度，建立统一的商用密码监督管理信息平台，推进事中事后监管与社会信用体系相衔接，强化商用密码从业单位自律和社会监督。

密码管理部门和有关部门及其工作人员不得要求商用密码从业单位和商用密码检测、认证机构向其披露源代码等密码相关专有信息，并对其在履行职责中知悉的商业秘密和个人隐私严格保密，不得泄露或者非法向他人提供。

## 第四章　法律责任

第三十二条　违反本法第十二条规定，窃取他人加密保护的信息，非法侵入他人的密码保障系统，或者利用密码从事危害国家安全、社会公共利益、他人合法权益等违法活动的，由有关部门依照《中华人民共和国网络安全法》和其他有关法律、行政法规的规定追究法律责任。

第三十三条　违反本法第十四条规定，未按照要求使用核心密码、普通密码的，由密码管理部门责令改正或者停止违法行为，给予警告；情节严重的，由密码管理部门建议有关国家机关、单位对直接负责的主管人员和其他直接责任人员依法给予处分或者处理。

第三十四条　违反本法规定，发生核心密码、普通密码泄密案件的，由保密行政管理部门、密码管理部门建议有关国家机关、单位对直接负责的主管人员和其他直接责任人员依法给予处分或者处理。

违反本法第十七条第二款规定，发现核心密码、普通密码泄密或者影响核心密码、普通密码安全的重大问题、风险隐患，未立即采取应对措施，或者未及时报告的，由保密行政管理部门、密码管理部门建议有关国家机关、单位对直接负责的主管人员和其他直接责任人员依法给予处分或者处理。

第三十五条　商用密码检测、认证机构违反本法第二十五条第二款、第三款规定开展商用密码检测认证的，由市场监督管理部门会同密码管理部门责令改正或者停止违法行为，给予警告，没收违法所得；违法所得三十万元以上的，可以并处违法所得一倍以上三倍以下罚款；没有违法所得或者违法所得不足三十万元的，可以并处十万元以上三十万元以下罚款；情节严重的，依法吊销相关资质。

第三十六条　违反本法第二十六条规定，销售或者提供未经检测认证或者检测认证不合格的商用密码产品，或者提供未经认证或者认证不合格的商用密码服务的，由市场监督管理部门会同密码管理部门责令改正或者停止违法行为，给予警告，没收违法产品和违法所得；违法所得十万元以上的，可以并处违法所得一倍以上三倍以下罚款；没有违法所得或者违法所得不足十万元的，可以并处三万元以上十万元以下罚款。

第三十七条　关键信息基础设施的运营者违反本法第二十七条第一款规定，未按照要求使用商用密码，或者未按照要求开展商用密码应用安全性评估的，由密码管理部门责令改正，给予警告；拒不改正或者导致危害网络安全等后果的，处十万元以上一百万元以下罚款，对直接负责的主管人员处一万元以上十万元以下罚款。

关键信息基础设施的运营者违反本法第二十七条第二款规定，使用未经安全审查或者安全审查未通过的产品或者服务的，由有关主管部门责令停止使用，处采购金额一倍以上十倍以下罚款；对直接负责的主管人员和其他直接责任人员处一万元以上十万元以下罚款。

第三十八条　违反本法第二十八条实施进口许可、出口管制的规定，进出口商用密码的，由国务院商务主管部门或者海关依法予以处罚。

第三十九条　违反本法第二十九条规定，未经认定从事电子政务电子认证服务的，由密码管理部门责令改正或者停止违法行为，给予警告，没收违法产品和违法所得；违法所得三十万元以上的，可以并处违法所得一倍以上三倍以下罚款；没有违法所得或者违法所得不足三十万元的，可以并处十万元以上三十万元以下罚款。

第四十条　密码管理部门和有关部门、单位的工作人员在密码工作中滥用职权、玩忽职守、徇私舞弊，或者泄露、非法向他人提供在履行职责中知悉的商业秘密和个人隐私的，依法给予处分。

第四十一条　违反本法规定，构成犯罪的，依法追究刑事责任；给他人造成损害的，依法承担民事责任。

### 第五章　附　则

第四十二条　国家密码管理部门依照法律、行政法规的规定，制定密码管理规章。

第四十三条　中国人民解放军和中国人民武装警察部队的密码工作管理办法，由中央军事委员会根据本法制定。

第四十四条　本法自2020年1月1日起施行。

# App违法违规收集使用个人信息行为认定方法

根据《关于开展App违法违规收集使用个人信息专项治理的公告》，为监督管理部门认定App违法违规收集使用个人信息行为提供参考，为App运营者自查自纠和网民社会监督提供指引，落实《中华人民共和国网络安全法》等法律法规，制定本方法。

## 一、以下行为可被认定为“未公开收集使用规则”

在App中没有隐私政策，或者隐私政策中没有收集使用个人信息规则；

在App首次运行时未通过弹窗等明显方式提示用户阅读隐私政策等收集使用规则；

隐私政策等收集使用规则难以访问，如进入App主界面后，需要多于4次点击等操作才能访问到；

隐私政策等收集使用规则难以阅读，如文字过小过密、颜色过淡、模糊不清，或未提供简体中文版等。

## 二、以下行为可被认定为“未明示收集使用个人信息的目的、方式和范围”

未逐一列出App（包括委托的第三方或嵌入的第三方代码、插件）收集使用个人信息的目的、方式、范围等；

收集使用个人信息的目的、方式、范围发生变化时，未以适当方式通知用户，适当方式包括更新隐私政策等收集使用规则并提醒用户阅读等；

在申请打开可收集个人信息的权限，或申请收集用户身份证号、银行账号、行踪轨迹等个人敏感信息时，未同步告知用户目的，或者目的不明确、难以理解；

有关收集使用规则的内容晦涩难懂、冗长烦琐，用户难以理解，如使用大量专业术语等。

## 三、以下行为可被认定为“未经用户同意收集使用个人信息”

征得用户同意前就开始收集个人信息或打开可收集个人信息的权限；

用户明确表示不同意后，仍收集个人信息或打开可收集个人信息的权限，或频繁征求用户同意、干扰用户正常使用；

实际收集的个人信息或打开的可收集个人信息权限超出用户授权范围；

以默认选择同意隐私政策等非明示方式征求用户同意；

未经用户同意更改其设置的可收集个人信息权限状态，如 App 更新时自动将用户设置的权限恢复到默认状态；

利用用户个人信息和算法定向推送信息，未提供非定向推送信息的选项；

以欺诈、诱骗等不正当方式误导用户同意收集个人信息或打开可收集个人信息的权限，如故意欺瞒、掩饰收集使用个人信息的真实目的；

未向用户提供撤回同意收集个人信息的途径、方式；

违反其所声明的收集使用规则，收集使用个人信息。

**四、以下行为可被认定为“违反必要原则，收集与其提供的服务无关的个人信息”**

收集的个人信息类型或打开的可收集个人信息权限与现有业务功能无关；

因用户不同意收集非必要个人信息或打开非必要权限，拒绝提供业务功能；

App 新增业务功能申请收集的个人信息超出用户原有同意范围，若用户不同意，则拒绝提供原有业务功能，新增业务功能取代原有业务功能的除外；

收集个人信息的频度等超出业务功能实际需要；

仅以改善服务质量、提升用户体验、定向推送信息、研发新产品等为由，强制要求用户同意收集个人信息；

要求用户一次性同意打开多个可收集个人信息的权限，用户不同意则无法使用。

**五、以下行为可被认定为“未经同意向他人提供个人信息”**

既未经用户同意，也未做匿名化处理，App 客户端直接向第三方提供个人信息，包括通过客户端嵌入的第三方代码、插件等方式向第三方提供个人信息；

既未经用户同意，也未做匿名化处理，数据传输至 App 后台服务器后，向第三方提供其收集的个人信息；

App 接入第三方应用，未经用户同意，向第三方应用提供个人信息。

**六、以下行为可被认定为“未按法律规定提供删除或更正个人信息功能”或“未公布投诉、举报方式等信息”**

未提供有效的更正、删除个人信息及注销用户账号功能；

为更正、删除个人信息或注销用户账号设置不必要或不合理条件；

虽提供了更正、删除个人信息及注销用户账号功能，但未及时响应用户相应操作，需要人工处理的，未在承诺时限内（承诺时限不得超过 15 个工作日，无承诺时限的，以 15 个工作日为限）完成核查和处理；

更正、删除个人信息或注销用户账号等用户操作已执行完毕，但 App 后台并未完成的；

未建立并公布个人信息安全投诉、举报渠道，或未在承诺时限内（承诺时限不得超过 15 个工作日，无承诺时限的，以 15 个工作日为限）受理并处理的。

# 先进典范篇

# 优 秀 单 位

## 中国商飞公司

中国商飞公司坚持集团统一管控原则，按照“一个整体，两个层次”，大力推进公司信息化建设，覆盖研发、制造、服务等民机核心业务领域，以管控主线和业务主线为统领，初步形成支持公司战略、计划、执行控制等在内的闭环管理环境，有效支撑公司各类业务的“横向联动、纵向贯通”。2019年，以打造智能制造为核心的“数字”商飞为指引，稳步推进中国商飞制造运行管理系统（CMOS）、新一代数字研发平台、制造运营管理（MOM）平台、企业资源计划管理（ERP）平台及基础设施信息安全建设。

### 【工程信息化】

采用同期国际民机行业主流数字化设计制造软件（CAD、CAE、CAM等近百种工业软件），通过数据集成、应用整合等，实现结构零部件基于MBD（基于模型的定义）的全三维设计、制造，结构零部件的计算分析，总体、系统等部分专业建模仿真，构建民用飞机联合协同研制平台，推动传统研制方式的数字化变革，总体上与国内航空制造业数字化应用水平基本同步。基于MBSE理念，采用新软件架构、高效算法、云计算等技术，构建以“基于模型、在线设计、在线仿真”为特征的新一代数字研发平台。

采用全三维数字化工艺设计，开展产线仿真、装配仿真与虚拟生产应用研究和探索，以虚拟环境中的验证结果指导物理生产过程。中国商飞公司建成4条自动化装配生产线（智能装配子系统），实现飞机大部件自动化对接、自动化钻铆、数字化测量和三维质量分析，以及基于AGV的大部件自动化运输；以制造执行为核心，围绕“飞机总装集成、关键零部件制造、飞机维修改装”等核心业务建设制造运营管理平台（MOM），记录产品实现过程，打通从工程研发到产品制造的数据链，集成制造运行系统和生产现场物理环境（加工中心、运输设备、装配设备、智能工装等），实现对实物生产过程的实时管控。

### 【管理信息化】

以公司战略目标为指引，遵循架构方法，基于统一的软件开发平台，打造中国商飞制造运行管理系统（CMOS），承接公司战略任务策划、流程驱动任务过程执行，实现运行监控，面向过程管理打通公司运营管理的策划、执行、管控3条线，推进COMAC管理体系落地，推动型号研制、生产与管理过程进一步显性化、规范化，促进持续改善、管理创新和生产提速。

### 【信息化基础设施建设】

中国商飞公司建成张江主数据中心，以及大场、紫竹、祝桥和北研中心等机房，网络专线覆盖国内14个城市；按公安部等级保护三级要求建成覆盖公司及所属单位的内部专网，公司终端采用内外网分离部署；按照公安部等级保护要求，配置以国产防火墙为主的防护系统；建设统一的（云）基础设施，强化安全保障。

采用5G等新一代通信技术，统一建设高性能计算中心，形成专属云、公有云、私有云混合布局，推广桌面云，逐步实现基础设施云化；全面推行 IPv6，实现泛在连接；对接国家工业互联网标识解析体系建设，研究利用标识实现全球供应链系统和企业生产系统间的精准对接，以及跨企业、跨地区、跨行业的产品全生命周期管理，促进信息资源集成共享。统一互联网出口、身份认证和终端计算机管理，建立涵盖设备安全、控制安全、网络安全、平台安全和数据安全的工业互联网多层次安全保障体系。

正在建设企业级 PaaS 平台，构建以微服务为核心的敏捷软件开发环境；形成一套整合商用软件与基础组件、公共组件、领域组件等各类组件的统一软件开发平台，实现各类业务场景的敏捷交付；整合传统平台软件服务，优化统一轻量级平台、企业级平台等，固化核心应用，明确升级和运维路线；完善数据治理体系，围绕民机产品优化定义各类数字编码与数据规范。

**【新技术应用】**

设计研发中心结合 5G 等新一代信息技术，完成数字化园区三维模型的初步建模和建设规划。增设 5G 赋能大飞机精湛设计展区，组织首届以 5G 应用为主题的大飞机设计师创新大赛。重点开发包括先行先试的场景和创新大赛场景等，部分已局部落地实施。

总装制造中心探索 5G 赋能智能制造创新实践，试点建设 5G 工业园区，开展 5G 全连接工厂试点，开发一批基于 5G 的工业创新应用场景，探索基于 5G 的新型工业互联网平台，制定一批 5G 工业创新应用标准规范，初步形成一个全产业链 5G 制造创新生态。完成数 10 项 5G 工业场景开发和初步应用：开发基于 5G 的虚拟现实（VR）沉浸式透明工厂，初步实现了车间现场模型的全数字化；结合 5G 技术实现 AR 辅助线缆铺设系统在云端渲染模型实时传输，效率提高 50%，装配质量达 95%；开发基于 5G 低时延的 AGV 双机协同配送系统；基于深度学习复合材料无损检测系统初步实现工业相机实时拍摄与图像上传，提升检测效率和精度；将 AR/VR 与 5G 融合，提供沉浸式体验，实现作业指导、维护执行和人员培训等功能。

基础能力中心开展 5G、人工智能、区块链等新技术的试点应用工作。通过人工智能技术提供智能化自助服务，训练面向民机领域的手册智能翻译引擎，利用 5G、物联网数据库和分析技术，为试飞大数据打开端到端通路，探索物联网与 5G 技术结合采集零件信息并同步云，5G 赋能基于云架构高性能计算，试点“数据+模型+算法+可视化”的跨专业合作模式，验证区块链航材履历管理应用。

北研中心利用 5G 结合监控、定位等技术，解决实验室实时管控、优化和共享问题，通过 AR 技术及图像识别实现仓储全生命周期感知。结合高清识别、实时交互、现实感知等技术，形成信息三方“透明”，形成设备、物资和人员等互联“感知”，打造协同办公平台，最终建成基于 5G 的互联感知实验室。

# 中国宝武钢铁集团有限公司

2019 年，中国宝武钢铁集团有限公司（以下简称“中国宝武”）智慧化与大数据建设体系坚守公司的愿景使命，围绕打造国有资本投资公司及钢铁生态圈建设的战略规划方向，以“三高两化”（高科技、高市场占有率、高效率、生态化、国际化）为路径，加大创新转型力度，持续提升技术引领能力，规划数字化转型背景下的数字技术战略，设计新一代技术平台架构体系、大数据中心建设模式、数据治理和运营体系，迭代支撑数字业务战略下的新业务应用建设，加强网络安全体系和能力建设，严守网络信息安全防线，助力中国宝武成为以钢铁业为载体的高科技公司。

【智慧化与大数据重点工作完成情况】

（一）新技术、新模式引领驱动、顶层设计方面

赋能智慧钢铁生态圈，驱动中国宝武“数·智化”转型，设计中国宝武新一代生态技术平台暨大数据中心建设及运营方案。2019 年 8 月正式启动管理咨询项目，历时 11 周，期间进行了 5 场外部专家访谈，开展了 50 余场内部专题讨论，调研全集团数据资源，解读中国宝武战略规划，结合埃森哲、阿里巴巴全球最佳实践及中国宝武数字化现状，兼顾实用性和前瞻性，形成包括宝武生态技术平台架构规划、宝武 ePlat 技术架构多维评估及建议、宝武大数据中心建设能力评估与组织设计、宝武大数据中心蓝图描绘与治理机制设计、宝武技术平台、宝武大数据中心相关运营原则建议等 8 份主题报告作为核心交付物，以及 500 余页 PPT 材料的工作总结；形成“一个新技术平台、一个大数据中心、一套运营体系”的“111”成果，并描绘出中国宝武智慧钢铁生态圈数字孪生愿景图。

强化智慧化与大数据规划工作，根据中国宝武新一轮战略规划纲要，完成中国宝武智慧化与大数据规划修编工作。围绕集团资本投资公司定位及集团总部整体改革方向，强化顶层设计；聚焦大数据中心建设、穿透式监督平台、钢铁生态技术平台、集团运营共享系统能力评估、网络安全防护体系等内容，整合信息资源，强化集团层面信息资源共建共享，重新规划集团应用系统分层分类原则及定位，编制集团整体数据运营架构，推进“区域+版块”进一步协同共享，完成 2020—2022 年度中国宝武智慧化与大数据规划修编，聚焦形成规划期内重点工作任务。

落实党中央开展“不忘初心、牢记使命”主题教育的总体部署，开展“围绕智慧化信息服务体系建设，提升大数据创新驱动能力”调研工作。作为公司级调研课题“构建智慧服务业体系，推动智慧钢铁生态圈高质量发展”的子课题之一，开展对标找差和调查研究，形成调研成果报告。报告围绕“中国宝武实施钢铁生态圈战略和数字化转型的背景要求”“中国宝武大数据现状和分析”“大数据建设解决方案对标”“智慧化与大数据建设近阶段行动计划”几个方面进行深入分析对标和后续工作策划，为后续智慧化与大数据建设工作提供具体工作方向和目标。

（二）穿透式监督纵深推进、数字化应用迭代创新方面

与国资委国资监管信息化同步对接，根据国资委三年监管展示系统建设行动计划及统一部署，组织中国宝武内部相关资源快速响应与国资在线监管系统的对接工作。2018 年，国资监管信息化建设“三年行动计划”试点阶段任务全面完成，初步建成国资在线监管系统，中国宝武基于良好的运营共享系统基础，率先完成“大额资金、三重一大”各项应用建设及对接工作，建设效果居央企前列。2019 年，国资委力争实现“基本好用”目标，通过监管信息系统全覆盖和实时在线监管，抓住关键环节，消除监管盲点，突出监管成效。中国宝武按照国资委要求，积极推进“三重一大”、国资监管信息交换自建系统建设及优化工作，全面推进中国宝武全层级法人企业及管理主体“三重一大”监管范围全覆盖工作，做到所有上传数据及时、完整、准确。

探索设计穿透式监督应用方案，围绕“分层管理、充分授权、严格监督”，进一步支撑国有资本投资运营的体系能力建设，以“资本、资产、资源”为对象，分步构建国有资本投资穿透式监督应用平台，实现与国资监管综合信息监测展示系统的融合集成，寓监督于管理。2019 年，集团公司将穿透式监督应用作为数据驱动型新模式创新项目进行探索和突破，引入中台技术设计各类数据模型，利用新一代技术平台支撑满足建设跨域、异构数据融通分析需求，积累沉淀数据复用能力，支撑灵活多变的业务场景。通过该项目建设，探索中台技术应用模式、数据驱动场景下的应用建设开发方式，为后续中国宝武钢铁生态圈大数据治理及运营工作提供实践基础。

强化穿透式监督业务内控管理，完成标准财务系统全覆盖方案策划。集团公司完成标准财务系统全覆盖方案策划，并通过了公司党委常委会、公司常务会的审核批准。各子公司围绕中国宝武钢铁生态圈大数据体系建设要求，根据财务、审计、内部监管及业务财务集成要求，完成经营类

子公司、金融类子公司、境外子公司业务系统建设和标准财务系统全覆盖工作。

持续推进集团运营共享系统延伸覆盖工作，支撑“亿吨宝武”目标，深入推进业务聚焦整合，支撑公司进一步深化整合融合和发挥协同叠加效益。主要包括：根据集团公司整合融合目标、内控管理要求及马钢整合重组推进计划，制订集团主要运营共享系统的整体延伸对接工作安排，按计划实现与宝钢德盛总部及下属分子公司、宝钢包装及下属各分子公司、宝地南京、宝武物流资产、宝武装备、宝武水务、宝地广东等单位的延伸对接，完成宝地临港、宝地上实的运营共享系统覆盖和调整工作。

支撑中国宝武数字化转型的“在线”经营与管理建设，围绕“聚焦客户需求、生态企业运营、移动互联办公、敏捷快速迭代”等多维视角探索智慧服务、智慧企业等新数字化应用场景孵化。支撑各业务部门启动公务采购、票税应用、互联网平台建设、投资项目管理、不动产业务管理、绿色能环管理等多个应用场景建设工作。

（三）夯实网络安全技术、运营、管理各方面工作

1. 网络攻防演练和培训方面

开展网络攻防演练，参与网络安全竞赛，实施网络安全专业和全员培训，提高网络安全意识，提升安全技术水平和实战能力。2019 年 3 月，参加了国资委组织的新型信息基础设施网络安全技术大赛，提升安全专业人员技术水平。2019 年 5—7 月，组织开展 HW2019 网络攻防实战演练，参与攻防演练 1000 余人。通过攻防演练，整改了大量漏洞隐患，熟悉了应对攻击的方法，提升了应急响应能力。2019 年 9 月开始，组织开展了集团公司网络安全专业培训，总结 2019 年网络攻防演习得失，组织开展网络安全规划、网络安全态势感知能力建设研讨，参加培训 125 人；同步开展全员网络安全意识培训，共有 23653 人参加培训。

2. 网络安全检查和保障方面

组织开展集团公司网络安全大检查，落实网络安全整改措施，圆满完成 2019 年 4 项国家重大活动和 3 项集团重要活动网络安全保障工作。组织对关键信息基础设施和重要系统实施网络安全大检查、排除隐患、减少风险，同步落实网络安全值守、信息通报机制，对集团重要互联网出口实施持续威胁监测。采取“人防+技防”双管齐下措施，圆满完成“两会”、中华人民共和国成立七十周年、第七届军运会等国家重大活动网络安全保障工作；落实集团重要活动网络安全保障要求，组织完成集团海外培训项目人员选拔、上海片区 5 家央企庆祝中华人民共和国成立七十周年“放歌新时代”现场活动等集团重要活动网络安全保障工作。

3. 落实国资委网络安全和信息化工作方面

根据国资委网络安全和信息化工作要求，做好网络安全和信息化总结、调查和报送工作，持续推进 IPv6 行动计划。2019 年，完成国资委要求的网络安全和信息化工作调查、信息化典型案例总结、智能制造典型案例总结、电力企业网络安全调查、境外网络安全和信息化工作调查等工作，其中宝钢股份智能工厂列入国资委优秀案例。落实《推进互联网协议第六版（IPv6）规模部署行动计划》工作要求，2019 年完成集团公司 IPv6 地址规划初步方案编制，完成宝信软件互联网出口、华宝信托互联网出口 IPv6 服务。目前集团公司统一互联网出口全部实现 IPv6 服务，提供 IPv6 服务网站超过 100 个。

4. 网络安全整体技术防护能力提升方面

落实集团公司领导要求，推进集团公司共享网站群平台的建设和应用，落实集团网站安全防护措施；开展网络安全态势感知能力建设，提升集团公司网络安全整体技术防护能力。遵照“统一规划、统一建设、统一运营、统一防护”原则，推进集团公司共享网站群平台的建设和应用，统一部署 Web 防火墙、网站防篡改等安全防护技术措施，降低安全防护成本，统一运营，提高网站安全保障能力和应急响应速度，同时清理老旧网站，压缩网站数量，规范域名服务。开展网络安全态势感知能力建设，按照“统一规划、统一标准、统筹建设、统一运营”的原则，开展网络安全态势感知能力建设。组织集团公司安全专业人员与 10 家央企、网络安全公司开展了网络安全态势感知系统建设交流，对 5 家公司的网络安全态势感知产品进行了技术测试和优劣势分析，建立

网络安全防护能力模型，按照信息化水平制定相应的网络安全防护能级，为开展网络技术防护能力建设奠定基础。

**【智慧化与大数据组织建设及体系能力提升】**

（一）组织机制创新建设方面

提升智慧化服务体系及大数据应用能力，加快钢铁生态圈建设，建立智慧化与大数据建设工作推进体系。集团公司积极推进智慧化与大数据顶层设计，2019年7月2日，成立智慧化与大数据建设领导小组，领导小组下设智慧化与大数据建设领导小组办公室（以下简称智数办），2020年1月挂牌成立“中国宝武工业互联网研究院”和“中国宝武大数据中心”，细化设计整体运作机制，积极探索面向工业制造场景、钢铁生态圈和国有资本投资公司的智慧服务、智慧企业大数据分析整体解决方案。

（二）持续对标找差，提升体系能力方面

持续对标找差，深挖潜力，补齐短板，提升体系能力建设。聚焦基础管理提升，进一步深化整合融合，发挥协同效应，实现价值最大化。2019年重点在IT治理体系能力建设、网络安全能力建设等方面进行提升。

1. IT治理体系能力建设方面

组织集团各一级子公司结合规划期内智能制造、智慧服务方面的业务规划要求，编制各子公司智慧化与大数据专项规划。

借助信息化专业能力和公司的整体要求，指导子公司信息化项目建设工作，对子公司智慧化与大数据规划和年度计划、计划外项目进行专业审查，参与子公司重点信息化建设项目的各类审查，指导子公司依托信息技术支撑管理提升。

全面推进集团穿透式监督应用中信息化治理模块深化应用，要求各子公司季度信息化项目执行管理在线化、精细化，集团公司采取系统抽检、巡检方式进行在线穿透式监督。

修订《网络与信息安全管理办法》《网络与信息安全应急预案》，根据智数办的管理职责，梳理现有信息化职能的相关制度、标准、规范等体系文件。同时，结合咨询项目策划设计未来集团大数据中心实施运营治理相关的原则、制度、办法和规范。

2. 网络安全体系能力建设方面

编制完成《关于加强网络安全工作的指导意见》，并下发子公司，推进网络安全体系能力建设。全面落实网络安全工作责任制，加强组织保障，压实网络安全工作责任，深化推进网络与信息安全信息通报工作，提升网络安全突发事件应急响应能力；深入开展网络安全等级保护工作，加强关键信息基础设施和重要系统保护，落实网络安全主动防护措施，强化数据安全保护和合规管理，提高网络安全保障水平，真正提升网络安全技术防护能力水平。

**【子公司智慧化与大数据重点工作】**

2019年，各子公司聚焦集团公司“创新提升体系能力、协同共建钢铁生态圈”管理主题，围绕“三高两化”战略路径，大力推进“一基五元”产业布局优化；通过技术创新和商业模式创新的有机结合，加快智慧化与大数据战略布局，加大研发投入，以智能制造、智慧服务作为双轮驱动，努力转型打造钢铁高科技企业，共建高质量钢铁生态圈，按预定计划完成年度重点工作，亮点可圈可点，主要体现在以下几个方面。

智慧化与大数据体系能力建设方面，在集团公司智慧化与大数据专项规划的编制工作要求下，各子公司结合规划期内智能制造、智慧服务方面的业务规划要求，对打造高科技钢铁公司需要面对的新挑战、新要求进行全面梳理和积极思考，编制本单位智慧化与大数据专项规划；结合集团公司商业计划书编制要求，各子公司协同推进落实智慧化与大数据专业职能管控指标内容；围绕集团公司大力推进“一基五元”产业布局、打造“亿吨宝武”战略要求和目标，优化持续推进聚焦融合、管理对接工作，全面落实集团运营共享系统深化应用；落实推进日常运维，保障重点网站、重要信息系统高效稳定运行，夯实网络与信息安全管理，深度开展网络安全风险排查与隐患整改。

围绕智能制造建设，技术水平整体提升。按“四个一律”目标和要求，全面推进《2018—2020

年中国宝武智慧制造行动方案》实施。“操作室一律集中”方面，形成宝钢股份炼铁中心、硅钢智慧决策中心、韶钢智慧中心、鄂钢集控中心、青山基地集控中心、宝武炭材集控中心等优秀实践，打破传统工厂管理架构，使高度集约化管理成为可能。宝钢工程围绕“全生命周期智能连铸机建设”，形成智能连铸数字设计交付示范案例，为智慧运营搭建数字化平台。“现场操作一律机器人”方面，加快工业机器人、无人化行车、人工智能等新技术应用。宝山基地率先实现“一键炼钢出钢”，韶关钢铁将人工智能视觉识别技术引入金相分析，实现钢铁产品金相组织智慧识别定级。

围绕智慧服务建设，通过技术创新提升整体生产和经营效率，引领行业技术进步和转型发展，构建了钢铁生态圈发展的新模式，确立了制造、交易、物流、原料、金融、数据、技术、园区八大功能体系及交易、物流、金融、数据四大基础平台。欧冶云商持续优化完善电商交易核心平台功能，产成品智慧物流业务建设进展显著，“产成品智慧物流平台”正式上线，实现集团内主要基地仓储、运输一体化管理，以及全程车辆跟踪、物流要素的数字化、在线化，以区块链核心技术自主创新为重要突破口，推动区块链技术和产业融合。“设备运维一律远程”方面，各公司主动思考、宝武装备协同推进，体系联动开展多基地设备远程运维布局，推动公司设备管理体系转型升级。“服务一律上线”方面，各单元按照“应上尽上、能上快上”原则，强化系统间在线协同联动，大力推进网上采购和钢铁产品网上销售。

未来，集团及各子公司智慧化与大数据专业职能体系将紧紧围绕集团公司战略要求和管理主题，努力提升钢铁产业生态圈基础设施能力，培育新一代信息技术集成与服务能力，加速推进智慧化新产业，形成共建、共享、共治“平台+生态”新型核心竞争能力，助力集团公司智数化转型，创建世界一流的高科技钢铁企业。

# 中国华能集团有限公司

2019 年，中国华能集团有限公司（以下简称华能集团）信息化发展坚持以《中国华能集团有限公司信息化及“互联网+”发展“十三五”战略规划》为指导方向，以华能集团 2019 年“六个提升”“两个突破”为战略任务，以打造“数字华能”“智慧华能”为发展目标，积极探索运用现代信息技术，驱动管理变革和转型升级，努力提高信息化支撑、引领水平，促进信息化与公司生产、经营、管理工作更深层次融合，各项重点工作取得显著成效。

## 【基础管理工作情况】

### （一）完成信息化“十三五”规划修编工作

按照加快建设制造强国，加快发展先进制造业，推动互联网、大数据、人工智能和实体经济深度融合，支持传统产业优化升级的指示精神，以及华能集团大力推进“数字华能”“智慧华能”建设的要求，开展信息化“十三五”规划的修编工作，对“数字华能”“智慧华能”的具体内涵进行了诠释，对信息化发展的总体思路、总体目标进行了调整，提出信息化工作的定位要由管理信息化上的“支撑”向生产信息化上的“引领”转变。

### （二）完善信息化业务管理制度体系

按照华能集团对信息化管理“全覆盖”的总体要求，结合以往工作中发现的具体问题，设计了信息化业务管理“1+9+$N$”制度体系框架，制定和发布了 1 项基本制度和 9 项 2 级制度。进一步明确了华能集团在网络安全、信息化需求和项目前期工作、计划和预算、立项和建设、应用运行维护、信息技术、数据资产、基础资源和考核等领域的管理思路和要求。

（三）进一步明确管理职责分工

按照华能集团信息化管理全流程、全覆盖的要求，遵循职责分工专业化的原则，对各管理岗位职责进行全面梳理和调整，使信息化管办职能更加清晰、权责进一步明确。

【网络安全建设情况】

（一）成立电力基础设施网络安全研究中心

随着云计算、大数据、物联网、5G移动应用等新技术的快速发展，IT与OT技术逐步融合，电力基础设施网络安全面临新的挑战。同时，随着《网络安全法》《网络安全等级保护条例2.0》《关键信息基础设施安全保护条例》等法律、法规的颁布，电力基础设施网络安全合规问题凸显。习近平总书记在中央网络安全和信息化领导小组工作会议上强调“没有网络安全就没有国家安全”，华能集团积极贯彻落实中央领导重要批示精神，成立电力基础设施网络安全研究中心，开展电力基础设施网络安全风险隐患和管控措施的基础性、前瞻性及关键核心技术研究，凝聚优秀科技人才，突破重大科技瓶颈，争取建设成为国家级研究平台。

电力基础设施网络安全研究中心从成立之初即投入到华能集团“HY2019”护网行动中。在总结“HY2019”护网行动及对相关单位调研基础上，组织编制了“华能集团网络安全风险管控支持系统研发”和“电力基础设施网络安全综合试验平台的研究与开发”科技项目研究计划，已开始启动前期准备和技术研究工作。

（二）“HY2019”护网行动取得较好成绩

为深入贯彻落实习近平总书记关于建设网络强国的重要指示精神，全力做好庆祝中华人民共和国成立70周年安全保障和国家关键信息基础设施安全保卫工作，2019年5—6月公安部组织开展了网络安全攻防演练专项工作“HY2019”。华能集团第一次以防守方的身份参加了此次专项工作。在工作准备阶段，华能集团派出由总部信息、生产部门，内部研究院所、产业单位，以及外部技术团队组成的8个督导组共38人分赴8个区域，覆盖华能集团所有省区和业务版块，对准备工作进行为期两周的督导检查，及时发现问题并督促整改。华能集团编制了《“HY2019”值守监视和应急方案》，设立了指挥中心、监测和处置中心。专项工作正式开始后，华能集团总部指挥中心与47家二级单位分指挥中心形成一体化全系统联动机制，实行24小时值守。对攻击行为及时发现、取证报告、采取措施及时处置，形成日报机制每天及时通报相关情况。专项工作实战阶段结束后，华能集团总部和下属各单位监测到攻击及内网病毒异动共18万余次，遭受疑似攻击72次。华能集团共向公安部上报了287份防守成果报告，通过公安部演习指挥平台报送成果共得分1105分。实现了生产控制大区未被攻破、内网和内网服务未被攻破的既定目标。此次专项工作取得了较好的成绩，在中央企业排名第13位，获得“最佳防守单位”称号，工作报告入选公安部《防守方优秀报告汇编》，5名职工被公安部授予“先进个人”称号。

【华能集团工业互联网建设情况】

华能集团工业互联网建设项目从2018年年初正式启动，是自ERP系统建设推广完成后最大规模的统建项目。华能集团工业互联网建设紧密围绕集团核心业务，基于大数据、人工智能与生产设备、系统机理相结合的应用开发思路，解决生产过程中存在的痛点、难点问题，探索将工业智能分析应用扩展到工业控制领域，以及工业智能应用驱动管理业务闭环的新模式。

华能集团工业互联网建设主要从推进平台建设、加强应用开发、制定标准规范3个方面着手，将工业互联网平台建设和智能应用开发相结合开展工作。在利用新技术解决具体生产问题的同时，着力打造流程型行业工业互联网平台，引进灵活的市场化机制进行商业运营，实现工业互联网产业化生态的发展目标，促进华能集团提质增效、转型升级。

（一）在平台建设方面

主要结合工业和信息化部工业互联网试点示

范工程，开展 AIdustry 工业互联网平台建设。AIdustry 工业互联网基于领先的云计算和大数据技术，依托数据、业务、管理和安全 4 个强大的中台，提供融合存储、弹性计算、统一访问、集中监管、嵌入安全、敏捷开发、快速探索、规模化创新和无间歇转化能力。

（二）在应用开发方面

华能集团工业互联网项目已完成水电版块全覆盖，火电版块已覆盖 10 个区域公司、19 家电厂，共接入了 186 万个测点，数据量达 13.7TB。

水电版块，在澜沧江公司对水电设备故障预警应用进行了现场验证，已检测出部分设备的故障，实现了对现场设备的劣化预警与故障诊断，可辅助现场人员及时发现故障，避免重大事故的发生。《基于工业互联网的设备健康状态检修体系方案》已编写完成，并推动其成为水电领域智能检修的示范样本和检修标准。

火电版块，以玉环电厂为试点，组织技术团队开展了 22 个方面的攻关工作，目前 18 个应用已完成开发并上线运行。其中，环保岛智能应用可为电厂每年带来大约 300 万元经济效益，磨煤机智能预警应用于 2019 年 10 月底成功预测了磨煤机爆燃事故。针对多项创新应用开发成果，华能集团科技部组织召开了工业互联网试点应用评审会，其中智慧环保岛、磨煤机智能预警、炉管壁温智能监测、智能仓储 4 项应用通过评审，已具备在华能集团内部推广应用的条件。

（三）制定标准规范推进风电应用

全面参与华能集团锡盟风电示范项目工业互联网建设工作，组织 7 家风电设备制造商梳理相关数据标准，并用于风电设备招标中；编写《华能集团智慧风电 I3 方案》《智慧集控数据采集标准》《新能源集控中心工业互联网子平台建设方案》，指导北方公司编制锡盟风电项目实施方案。

（四）在成果推广和科技指标方面

积极参与工业互联网各相关组织的活动，共组织和参加华能集团内部、外部会议 30 余次。2019 年 8 月下旬，华能 AIdustry 工业互联网平台参加了在重庆举办的国际智能产业博览会。在参展期间通过屏幕演示、3D 全息投影等方式展示了华能工业互联网平台建设和应用开发方面取得的成果。短短 3 天时间，接待了国务院、国家相关部委和地方政府领导参观，与 200 多家相关企业进行了交流，在扩大成果宣传的同时，也为今后的技术合作和应用推广拓宽了渠道。经过对工业互联网项目的持续研究和成果积累，2019 年共取得专利 19 项，获得软件著作权 1 项，发布企业标准 2 项，独立和联合发表学术论文 12 篇。

**【华能云数据中心建设情况】**

华能云数据中心是在青岛异地容灾中心基础上规划建设的。建设目标是构建华能企业云构架基础设施，建立华能云数据中心，同时为今后华能集团工业互联网星云结构建设奠定基础。在华能集团企业云建设中，全面采用以华为为主的国产云软件、服务器和安全设备，全面替换 VMware 进口虚拟化软件。云数据中心按照国家 A 级机房标准进行设计和建造，全面支持大数据、云计算、移动应用、“互联网+”和灾备等业务，支撑华能集团业务云化发展，兼顾社会服务，同时构建华能“互联网+”业务大平台。除为华能集团各单位提供服务外，未来还将对社会提供云数据中心服务。华能云数据中心已于 2019 年 7 月底投入运营，实现了华能云零的突破。截至 2019 年年底，云平台已上线运行智慧党建、核电 ERP 等 11 个应用系统。

**【管理信息化应用情况】**

2019 年，华能集团继续大力推进业务管理领域信息化应用，努力实现“数字华能”的目标。一是不断扩大信息化管理的业务领域，重点开展了营销管理、现货竞报价系统、核电 ERP、智慧党建、安全生产管理等业务管理系统建设。二是继续加强集团管控信息化，重点开展了“三重一大”决策和运行监督管理、采购监督管理等系统建设。三是结合新的管理要求，对原有系统功能进行优化完善和深化应用，具体包括物资平台优化、数字化财务综合应用建设及人力资源、法务、数据中心等信息系统整合工作。

# 中国第一汽车集团有限公司

## 【总体情况】

2019年，中国第一汽车集团有限公司（简称“中国一汽”）制定了新的数字化转型战略，中国一汽的数字化发展将以“数字驱动美妙出行”为使命，以“业务赋能、产品智能、生态智慧、数据增值”为目标，以用户为中心，以产品和服务为载体，内携员工、外联生态，以构建企业运营平台、用户生态平台、业务中台和数据中台为核心（简称“双平台双中台”），打造支撑研发、制造、决策、产品、运营、办公、文化、营销、出行、生态企业十大运营场景的红旗智慧生态操作系统，并以运营红旗为承载，固化沉淀提炼中国一汽管理体系，以数字化为载体向集团内横展，全面驱动集团业务转型和创新。

2019年，中国一汽的数字化工作取得了显著成绩。工厂数字化完整解决方案在红旗H总装车间全面上线，可配置化超级BOM实现全业务链贯通，具有行业先进水平的客户云生态平台在用户端、经销商端、营销端、管理端全面布局，与阿里巴巴共创的一汽专属协同办公平台把一汽员工带入了敏捷化、协同化、共享化、个性化的智慧办公新境界，架构领先的全栈式一体化“红旗智云”混合云平台在实现资源全面整合的基础上大幅降低运营成本，全价值链财务数据基台建设等工作也取得了里程碑式的进展。

## 【企业运营平台建设情况】

### （一）研发数字化

完成产品BOM系统二期建设，红旗HS7、E115、C229的BOM数据均已进入系统管理，实现了销售、研发、工艺、制造、售后等领域BOM的一体化管理。优化产品项目管理系统，建立产品项目计划管控标准。建设和完善试制、试验、仿真、产品策划等系统，实现仿真业务自动化，效率提升40%；实现试验、试制、对标、创新业务数字化，效率提升20%；实现焊点设计标准化、规范化，效率提升30%。

### （二）制造数字化

伴随红旗新工厂建设，开展数字化工厂项目。以实现“工艺—制造—设备”数字化工艺闭环、“订单—制造—设备”数字化物流闭环、“设计—工艺—仿真—制造—服务”数字化质量闭环三大闭环为目标，物流、生产、质量、采购等领域的15个项目全部启动，TCM、MOM、LES、QMS等系统相继上线，实现总装、冲压、焊装及涂装车间数字化。

### （三）建设集团统一报告平台（管理驾驶舱）

围绕公司经管会、司务会和月度会议的重点可量化指标，实现报告可量化指标的在线展示。平台主要承载驾驶舱日常分析、智能会议、数字化大屏展现等功能，实现高层基于驾驶舱对集团核心经营数据的实时获取，为高层提供及时、准确的数据支撑，同时为管理层提供全新职能会议场景，为三大会议提供数据支撑。

### （四）建设客户声音（VOC）分析系统

实时获得微信群、QQ群、汽车之家论坛、汽车之家App、400客服电话及TDS系统的用户声音，通过建模分析以可视化报表的形式反馈给业务人员，使业务部门真实、实时获取用户关于红旗品牌车型的声音，为用户运营管理、客户黏度、品牌宣传提供重要支撑。该项目是行业首个成功案例。

### （五）新能源电池管理

通过新能源电池数据应用项目，建立电池维保提醒、电池寿命预估、电池故障诊断、压差一致性 4 个数据分析模型，建立一流的电池全寿命管理体系。

（六）协同办公平台

与阿里巴巴共创中国一汽专属协同办公平台“一汽 easy”，围绕员工办公旅程、场景驱动，以用户体验为切入点，通过统一用户、统一体验、统一待办、端到端流程打通，构建“一次登录”“一键设置”“千人千面”的一站式办公体验。系统已进入试运行阶段。

（七）知识资产管理平台

完成集团知识资产管理平台建设，围绕知识与项目融合、知识与业务融合、知识与人员融合，已录入 14373 篇知识文档、31 个知识专题，达成了集团各业务知识的持续成果积累，减少了重复投入，快速赋能适变，助推经营增值，使企业知识资产化、共享化、创新化。

（八）集团财务管控平台

完善以全面预算为核心的集团财务管控平台，构建完成包括预算管理组织、制度、标准、信息化，以及目标、编制、监控、分析、调整、考评“四横六纵”的框架体系，实现“横到边，纵到底”的管理目标，做到集团各级合并报表单位预算编制的同时进行同域管理和预实分析。

（九）国资监管信息化

落实国资委国资监管信息化建设“三年行动计划”，全面接入国资委国资监管平台，完成集团各级财务核算单位与国资委央企大额资金监控系统的实时数据对接，实现资金监管工作的全过程、多方位实时在线；建设集团“三重一大”运行监管系统并与国资委国资监管平台对接，形成“三重一大”决策制度执行硬约束，保证执行情况监管规范、高效。

**【客户生态平台建设情况】**

以营销服务业务为先导，建设业务中台和数据中台。围绕用户消费旅程，以用户体验为中心，覆盖用户线上线下全流程，构建用户端、经销商端、营销端、管理端的统一用户生态云平台，打造行业领先的全新营销体系。

（一）业务前台

面向用户消费旅程，以红旗智联 App、红旗微店小程序和红旗品牌公众号为重点，完成用户触点应用建设，承载营销体系从“粉丝”到车主服务等全量红旗会员运营工作。同时，构建集团要客营销平台，实现要客营销线上流程打通，为集团各品牌大客户业务深度赋能。

面向经销商端，围绕线索邀约、展厅接待、潜客跟进、试乘试驾、订单开单、自媒传播和运营看板，完成 DMS 系统（含销售助手 App、售后服务助手 PAD）主体功能开发，启动 2 家经销商试点，2019 年完成 20 家新店的推广。以全生命周期智能销售、提升客户服务体验、基于数据的门店运营管理为核心，完成数字化门店系统建设和 20 家经销商数字展厅的实施。

（二）业务中台

建设了线索、内容、营销、会员、电商、用户、车辆和认证八大业务中心、60 个共享微服务，全面支撑用户端（小程序、公众号、App）和经销商端（DMS 和数字化门店）。线索中心实现了红旗品牌线上线下及全渠道销售线索的全生命周期管理；内容中心实现了全渠道内容和数字资产的统一管理和运营；营销中心提供活动渠道管理、在线活动创建、活动数据与效果跟踪；会员中心实现集中的红旗会员等级、成长、权益管理；电商中心支撑 App、车机、小程序等触点端到端精品和配件商品的交易；用户中心实现了用户统一管理；车辆中心实现了 C、B、D 三端车辆主数据的统一管理；认证中心实现了不同类型应用的登录认证。

建设红旗营销数据运营平台，打通第一方（自建触点）、第二方（媒体）和第三方（联通、腾讯等数据合作厂商）数据，实现从采集到加工、建模、数据可视化、场景应用与变现的端到端数据运营，实现统一客户 ID 和 360 度客户画像，完成用户数据标签平台（共 150 多个标签），完成基于用户旅程的营销数字化在线大屏（涵盖实时流量、活跃度、销售漏斗、售后指标）、线索智能评级（预期提升线索转化率为4%)和个性化推荐3个场景的数据应用。

（三）数据中台

数据中台基本框架已搭建完毕，在海量数据接入方面，中国一汽已具备实时、定时、流式数据的同步能力，为统一报告平台提供实时（日级提升至分钟级）的业务数据同步，从10个源端外部网站实时爬取26类结构化数据，实现对客户、“粉丝”、潜客的情感分析与业务洞察，与5家外部整车单位运营指标实现实时、定期数据接入，支持集团实时运营监控。

在海量数据存储方面，中国一汽已构建可满足大营销、车联网等业务至少一年的数据存储能力(1.66PB)，已存储红旗、奔腾共计19款车型的新能源和智能网联的车辆数据，以及11个业务系统的业务数据。

在海量数据计算方面，已实现高并发、低延迟的海量数据计算能力，为车联网、移动出行、大营销多个场景提供计算能力。百亿条记录单表查询时间小于10s，支持实时数据秒级预警。构建实时流处理引擎，提供高效分析型数据处理，为车身姿态方针还原、车辆位置分析等场景还原提供高效的车辆实时数据服务。

在数据资产管理方面，构建了完整的红旗营销数据地图，形成了数据资产管理规范，编制了数据资产和元数据管理流程，面向不同场景拟定了场景库，定义了营销数据资产术语库，搭建了数据资产管理平台，实现了大营销核心数据资产的沉淀，有效规范了营销数据资产的设计与开发，提升了数据资产质量，实现了数据资产的统一管理和使用，为数据资产使用者、开发者和管理者提供完整的数据管理视图。

在数据科学方面，构建了一套NLP（自然语言处理模型）与集团分词库，为集团客户声音分析（VOC）提供高质量的语义服务，准确率可达73%；搭建了数据科学平台，支持AI模型的建模、训练、验证、部署及运行，同时与中国一汽大学合作开发了面向多部门、多级别的AI课程，培养中国一汽的AI人才。

在数据库服务建设方面，以营销云、协同办公、数字化工厂等业务场景为重点，搭建了集团数据库服务（DBaaS）平台，面向各个业务系统提供私有云环境和公有云环境服务。目前已具备提供7类数据存储与数据传输组件、4个环境的服务能力，可通过多种备份金控策略保证服务的高可用和数据安全。

在外部数据管理与服务方面，面向集团内9个品牌、5个部门的外部数据服务需求，已完成三大类（销量、行业变化跟踪、市场预测）数据的统一服务，实现数据的统一采购、统一存储、统一管理、统一共享与发布。

**【新型信息基础设施建设情况】**

（一）基于5G的工业互联网平台

为响应国家推进制造强国和网络强国战略，贯彻落实《关于深化“互联网+先进制造业”发展工业互联网的指导意见》《吉林省人民政府关于深化工业互联网发展的实施意见》，中国一汽联合6家单位共同承接了工业和信息化部“汽车行业工业互联网平台试验测试项目”。中国一汽工业互联网平台以“智能制造”领域为切入点，从运营目标、业务目标、技术目标3个层面建设工业互联网平台，重点打造“智能化生产”“网络化协同”“个性化定制”“服务化延伸”等应用场景。

2019年，中国一汽进行了工业互联网平台的基础建设，包括业务中台（工业App库、微服务库、机理模型库、知识库)、技术中台（技术平台、开发者社区、IoT)、验证测试平台（测试模型、系统引擎、测试代理)、数字运营地图等，并在2019年8月向工业和信息化部专家组展示了项目成果。

在平台推广方面，中国一汽已经打造了生产管理、设计研发、营销采购等领域的一系列工业App，计划在2020年年底前完成2000个工业App的建设。基于工业互联网平台，红旗工厂数字化系统在总装车间已上线运行，大大提高了生产管理水平，现场质量管理、现场设备管理实现完全无纸化办公，质量信息采集时间有了大幅改善，可追溯体系关键件采集率提升50%以上，设备维修、检修效率提升20%以上。设备预测性维护项目上线以后，节约维护成本15%，减少非计划停机时长20%，预警准确率达90%以上。5G-AR-VR

试点应用已完成虚拟车展厅、数字园区和数字工厂 3 个场景的建设。

（二）智能网联平台

基于云服务、微服务架构，开放的、自主掌控的集团智能网联 TSP2.0 平台上线，具备多品牌、多车型的车载设备接入能力，拥有多级资源聚合管理和延伸场景扩展能力，建立了车主统一账户体系，4 家整车厂、17 款车型约 6 万辆智能网联车接入智能网联平台，支撑规模化智能网联运营。

（三）智能网联汽车及智慧交通监控管理云平台

2019 年，在中国一汽承建的国家智能网联汽车应用（北方）示范区投入运营一周年之际，中国一汽发布了北方示范区管理平台 2.0 版，由运营及测试管理平台全面升级为智能网联汽车先导应用综合服务管理平台。2.0 版采用产品化的思路进行开发，基于车联网相关技术，并充分利用中国一汽启明车联网应用平台架构在云计算、大数据、互联网、移动互联网、人工智能方面的能力进行深度定制。平台通过与车载监控智能终端进行深度集成打造整体测试监控体系，实现车辆高精度定位、车内外监控视频、车辆 CAN 数据的实时采集和上传，满足测试监控需求。通过集成交通基础设施及测试设备，打造基础设施云平台，除满足日常示范运营需求外，为进一步打造智慧交通体系提供技术支撑。平台不仅可以满足示范区测试日常管理功能，还支持智能网联车上路示范运营及移动出行的管理，整合各类车联网大数据应用分析功能，打造智能网联汽车运营管理体系。

（四）大数据服务平台

中国一汽“启明星智”大数据增值服务平台继续在多个业务领域开展大数据应用。

在中国一汽解放公司，依据统计学和计量经济学等成熟的知识理论体系，对中重卡产品销量做出准确预测，为公司制定第二年预算、编制生产计划、管理生产供应量等方面提供数据支撑。

在集团审计与法务部，运用大数据分析技术，解决审计项目多、业务复杂、工作量大的手工审计困境。利用计算机工具辅助审计，提升审计工作效率，控制审计工作质量，降低审计工作风险；实现远程网络审计、在线业务督导、实时监控管理，以及跨组织、跨层级的协同审计；实现“一个平台、一套程序、一个数据库”，支撑集团对各级子公司的管控，实现审计经验的高度共享和审计资源的统筹利用，优化资源配置和调度能力，提升审计队伍的综合素质。

（五）基础设施云平台建设

启动“红旗智云”混合云平台建设。完成集团总部互联网访问 IPv4 到 IPv6 的 100%改造，督导分子公司完成 IPv6 改造工作。研发总院全面上线推广研发桌面云（100%覆盖，15 个处所，1625 人），实现云端接入、云化办公、云上管理的预期目标，使研发数据更安全、桌面交付更快速、办公方式更灵活、工作效率更高效。创新运维服务管理模式，通过合并同类业务、人员复用、工程师前置服务等措施，有效保障核心系统可用性达到 99.9%以上，终端用户服务平均响应时间缩短到 20 分钟内；在业务范围平均增长 30%的情况下，同比降低运维服务费 1500 万元。

**【新技术应用情况】**

中国一汽启明公司持续探索北斗、5G、人工智能等新一代技术的应用及融合创新，在智能制造、智能网联等新兴应用领域，打造出车载终端、OBD、中央信息处理单元等多款终端产品，形成自动驾驶、自动泊车、自动物流等多个创新应用。

（一）北斗导航

中国一汽启明公司率先研制高端兼容型北斗导航车载终端产品，将成熟的导航车载终端中的 GPS 定位模块更换为北斗 / GPS 双模兼容定位模块，实现北斗 / GPS 卫星定位。配合 DR 航位推算系统及地图匹配进行三重精度定位、3G 技术、语音识别技术、汽车电子技术、广播技术（AM/FM）、显示技术、有线通信技术（USB）等进行研究，开发出集导航、通信、娱乐等功能服务于一体的更完善的导航车载终端。截至 2019 年年底，搭载北斗定位的行驶记录、OBD、中央信息处理单元等终端产品销量达 53 万套。

（二）人工智能

2019年，AI智能算法平台立项。平台采用微服务架构，支持海量数据存储，集算法训练、算法应用于一体，提供语音识别、语义识别、通用智能算法、智能优化等多种智能服务。平台基于海量数据进行大数据分析，基于深度学习、机器学习实现智能识别、智能规划，基于REST服务对外提供智能服务，支持手机端、PC端调用。2019年9月，AI智能算法应用平台正式环境搭建完成，已在多个业务系统上应用。

（三）5G

5G时代的到来，预示着智能网联汽车技术必将走上一个全新的高度。中国一汽公司开发的基于5G的遥控驾驶平台，可以遥控接管5G信号覆盖范围内的无人驾驶车辆，甚至远在数千千米外的车辆也可以流畅地远程驾驶；通过采集车辆前方、左侧、右侧、后方的高清视频，遥控驾驶人员可以远程操控车辆，并可以实时监控车辆的各类状态，包含实时位置、实时速度、方向盘转角、车辆航向角等。

遥控驾驶平台由车端设备、遥控平台和云平台构成。车端设备将行驶状态信息和环境视频实时上传到云平台，并从云平台接收遥控平台的遥控驾驶信号；遥控平台从云平台实时获取车辆信息，并将遥控驾驶信号通过云平台传输至车辆，实现远程监测、远程遥控驾驶及驾驶仿真等功能。

**【关键信息基础设施安全防护和工控系统信息安全】**

中国一汽持续推进网络安全工作，开展网络安全策略和管理流程的规划与重构；参加国家网络安全演习，目标系统成功抵御有组织的攻击，整改系统200余套，修复漏洞10000余个，监测阻断攻击2000余万次；组织开展集团公司网络安全审核检查和网络安全等级保护工作，完成57套系统的定级和重要信息系统的备案与测评；完成红旗工厂工控安全整体防护方案在H总装车间的部署，并承接工业和信息化部“工业互联网漏洞挖掘设备”项目。

# 中国华电集团有限公司

2019年，中国华电集团有限公司（以下简称“中国华电”）党组、网络安全与信息化工作领导小组（以下简称“网信领导小组”）认真学习领会习近平总书记网络强国战略思想、建设数字中国、发展数字经济和建设智慧社会的系列指示精神，准确把握中国华电“五三六战略”，按照“安全、实用、高效”的网信工作总原则，扎实开展网信项目建设和系统可靠运维服务，坚持“强服务，促转型”的要求，践行“一直在线、与您相伴”的承诺，全面完成网信年度工作任务，为中国华电强化管控提供了全面的信息化支撑，用数字化转型创新助力高质量发展。

**【信息化管理】**

（一）数字化转型研究

2019年7月，温枢刚董事长在国资委《综合参阅（第31期）》发表以《战略牵引 数据驱动 数字化为高质量发展赋能》为题的署名文章。

2019年10月，中国华电党组邀请数字化转型专家开展党组中心数字化转型扩大学习。

（二）数字中心建设课题研究

2019年7月，中国华电完成数字中心建设课题研究，编制形成《数字中心建设研究报告》和《数字中心建设行动计划》，签报请示集团公司领导审批通过。

（三）综合能源智慧平台技术研究

2019 年 11 月，中国华电正式发布《综合能源智慧平台技术白皮书》。

（四）管理创新

2019 年 1 月，中国华电编制形成《中国华电集团有限公司信息化管办建分离创新方案》，签报请示集团公司领导审批同意。

（五）培训活动

2019 年组织开展各类培训 8000 余人次，主要包括 ERP 系统（企业资源计划）、OA 档案商密“三合一”办公系统、财务共享服务平台、广域网路由器、视频会议终端、SSL VPN 移动接入平台、网络安全意识与技术培训等内容。

（六）成果荣誉

《互联网管控网络安全岛链解决方案》荣获国务院国资委、国家网络与信息安全信息通报中心联合举办的 2019 中央企业“智能+”网络安全十佳创新解决方案奖。

《面向电力行业自主安全可控的工业自动化控制系统的研究与应用》作为发电集团唯一典型案例入选国务院国资委举办的、中国华电承办的 2019年中央企业关键信息基础设施安全防护典型应用案例。

中国华电被国家网络与信息安全信息通报中心评为“2019 年度中央企业网络与信息安全信息通报工作先进单位”。

《OA、档案、商密“三合一”智慧办公平台研究及应用》荣获中国能源企业信息化创新成果“卓越成就奖”。

《网络安全保障与信息通报平台解决方案》荣获中国能源企业信息化创新成果“管理创新奖”。

《ERP 两票升级项目》荣获中国 SAP 用户协会（CSUA）“金龙腾飞奖”。

【网络安全】

2019 年 9 月 18 日至 10 月 7 日，中国华电开展并完成庆祝中华人民共和国成立 70 周年网络安全保障和信息通报工作任务。

2019 年 10 月 31 日，在国务院国资委组织的中央企业 2019 年网络安全和信息化工作培训班上，中国华电进行了“央企集团网络安全能力建设的探索与实践”汇报，中国华电网络安全工作经验被广泛分享。

【应用系统建设】

财务共享服务平台试点项目：2019 年 12 月，中国华电完成湖北、乌江、福建、宁夏 4 个区域 17 家试点单位财务共享服务平台试点项目，具备切换上线条件。

ERP 系统：2019 年 10 月，中国华电完成 22 家单位财务一本账、4 家单位设备资产（EAM）模块、15 家单位合同模块、7 家单位区域物资采集推广实施及上线评审工作。2019 年 12 月，中国华电完成 10 家 ERP 两票模块升级试点、39 家项目模块升级试点验收。

电力市场与营销管理系统：2019 年 11 月，山东区域和云南区域售电模块验收；2019 年 12 月，广东区域竞争报价子系统正式上线。

人力资源管理系统：2019 年 7 月，试点单位山东公司、江苏公司和中国华电上线；2019 年 9 月，462 家推广单位全功能系统正式上线；2019 年 12 月，系统通过集团组织的上线评审。

OA、档案、商密“三合一”办公系统推广：2019 年 3 月，完成总部及 44 个区域 374 家单位推广实施，实现全覆盖；2019 年 7 月，系统整体通过验收。

燃料全过程管理系统：2019 年 10 月，完成燃料全过程管理系统升级，通过上线评审，实现了由“操作+管理”基本功能向“操作+管理+监督+决策”高级功能的转变。

环保信息化管理平台：2019 年 11 月，完成全集团 346 台火电机组环保平台三期实施，通过上线评审，实现环保在线培训考试、废水在线监测等功能，进一步提升集团环保监督工作成效和信息化管理水平。

碳排放管理系统：2019 年 5 月 30 日，碳排放管理系统正式上线；2019 月 8 月 30 日，项目验收，实现集团 27 个区域公司及所属 120 余家火电企业全覆盖，提升碳排放管理水平，减轻基层负担，增强应对全国碳市场的能力。

国资监管“三重一大”系统：2019 年 10 月，“三重一大”系统正式上线，实现 346 家系统单位接入报送系统。

三会管理系统：2019 年 1 月 1 日，系统正式上线；2019 年 5 月，项目验收，实现 28 家直属单位、11 家托管基层企业及 4 家集团直接参股企业“三会”议案的在线上报、审核、流转，提升了“三会”议案审核工作的效率和“三会”运作的规范性。

# 国网大连供电公司

国网大连供电公司（以下简称“大连供电”）是国家电网公司大型重点供电企业，供电区域达 1.33 万平方千米，用电客户达 404 万户。大连供电下设 13 个职能部室、17 个业务实施机构、9 家供电分公司；在职职工为 4120 人，资产总额达 117.21 亿元；管辖 66 千伏及以上（含 35 千伏）变电站 264 座，变电容量为 2649 万千伏安，输电线路长 6297 千米。2019 年，大连供电完成售电量 314.3 亿千瓦时，售电收入达 168.3 亿元，固定资产投资为 18.2 亿元。大连供电先后荣获中央企业先进集体、国家级两化深度融合示范单位、全国供电可靠性 A 级企业、国家电网公司先进集体、国家电网公司文明单位、国网辽宁电力标兵单位等荣誉称号，一直保持全国五一劳动奖状、全国文明单位、全国用户满意企业等称号。

大连供电认真落实国家安全生产重大战略部署，加快推进设备智能化升级改造，以数据融合为主线，构建智能化安全运行管理体系，在重大活动保电及应对高温大负荷和台风等方面发挥重要作用，电网安全运行管理工作得到国家电网公司及辽宁省政府的高度认可，在推动企业高质量发展、提升区域电网智能化安全运行管理等方面具有典型的示范意义。

## 【基于数据融合的智能化电网安全运行管理实施背景】

### （一）落实国家安全生产重大战略部署的需要

以习近平同志为核心的党中央树立“以人民安全为宗旨”的总体国家安全观，明确提出“四个革命、一个合作”新时代能源安全重大战略部署。电力作为基础性能源产业，对保障国计民生和社会稳定具有举足轻重的作用。随着大连城市电网规模的持续扩大，局部设备故障对整个电网安全稳定的影响逐步增大，处置不及时可能导致事故扩大，同时对辽宁省电网也会产生重大影响，甚至酿成大规模停电事故。因此，加强电网设备安全管控，提升电网风险防控能力，缩短事故停电时间，有效控制和降低故障危害，是切实落实国家安全生产重大战略部署，以及维护社会稳定和人民群众正常生产生活的重要保障。

### （二）提高安全供电能力和效率的需要

大连位于辽东半岛最南端，面临着雷暴、台风等恶劣天气与自然灾害风险，大型石化企业泄漏、爆炸的安全风险依然存在。同时，大连电网结构同样存在薄弱环节，部分电网设备老化现象严重，输电线路沿线地形、气候等环境因素非常复杂，密集输电通道、同塔双回、重要线路交叉跨越等高风险隐患亟待解决，一旦发生重大自然灾害将严重威胁电网安全，容易造成输电通道中断，导致电力供需失去平衡，引发大面积停电。建设电网安全智能化管控平台，强化电网安全防控与故障处置，建立内外融合的电网故障应急保障机制，实现设备故障快速切除、运行方式快速调整、供电负荷快速恢复，提高电网供电能力和效率，是大连供电的当务之急。

**【智能化电网安全运行管理内涵和主要做法】**

大连供电以提升安全供电能力和效率为目标，贯彻落实国家安全生产重大安全部署，积极推进国家电网公司能源互联网建设，明确以数据融合为主线的总体工作思路，以设备安全和数据安全为管理主体，构建智能化电网安全运行管理体系，建设多业务融合的电网智能化安全管控平台，开展基于数据驱动的电网设备安全管理，采用多层防御技术构建全场景网络安全防护体系，建立内外部协同的电网应急保障机制，从而不断提高区域电网智能化水平，提升电网应急保障能力和供电可靠性，对促进地方经济社会可持续发展、提升电网安全运行管理水平具有显著的推广实践意义。

主要做法如下。

（一）明确“安全第一、预防为主”的电网安全运行管理指导思想

确保电网安全运行和电力可靠供应是公司履行政治责任、经济责任和社会责任的基本要求。大连供电坚持以“安全第一、预防为主”为指导思想，认真贯彻落实党中央及国家电网公司安全生产决策部署，以“突出设备、强化数据、精益管理”为基本原则，以数据融合为主线，以设备安全和数据安全为管理主体，构建智能化电网安全运行管理体系，采用智能物联技术和大数据技术搭建电网智能化安全管控平台，持续提升设备状态管控能力和运行维护管理穿透力，不断提高电网安全、质量、效率和优质服务水平。

（二）构建以设备安全和数据安全为主体的电网安全运行管理体系

1. 确立电网安全运行管理主体

确立以电网设备安全与数据安全为管理主体。大连供电在传统的设备检修运行维护基础上，采用多元物联感知技术，实现设备状态的即时感知和双向可控，提升设备运行维护管理穿透力，并贯穿于资产全寿命周期。数据是电网设备智能化后的新型驱动模式，感知层采集的数据通过网络层传输至末端数据融合支撑平台，数据从采集、传输、存储、计算及安全防护实现全过程管控，确保数据安全成为电网安全运行的重要保障。

2. 修订安全运行管理制度标准，重构安全管控流程

梳理现有安全运行管理制度和标准，修订人工巡查及数据统计管理部分流程，新增数据采集、远程控制和智能分析等数字化管理手段，建立基于数据融合的安全运行管理制度，新增数据安全管理标准，从而建立体系严谨、规范的安全管理制度标准。重构电网安全管控流程，增加数据监控节点和数据分析环节，业务流程更加精简、高效。强化电网安全调控管理，统一地区电网整定原则及业务流程。依托数据融合优势，围绕作业计划、作业准备、现场施工、作业总结和监督考核 5 个方面，建立推行以作业计划制定、审批为起点，以作业后评价、考核为终点的标准化过程管控模型，有效提升公司整体安全管控水平。

（三）建设多业务融合的电网智能化安全管控平台

1. 搭建电网风险实时监控系统，在线分析识别风险点

在国家电网系统内率先部署应用智能电网调度技术支持系统，并与电网在线安全分析系统有效集成，搭建电网风险实时监控系统，开展电网实时监视与预警。从单一设备到整个变电站，从输电线路到整个联络线断面多个层面和维度，实现对电网运行情况的全方位实时监视，以及对电网故障风险的智能预判。

2. 开发作业现场风险管理系统，实现三级风险管控联动处置

开发作业现场风险管理系统，规范作业现场风险管理。作业人员根据作业任务辨识风险，并查找对应的预控措施，编制作业现场风险管控卡，做到“一任务、一风险卡”。建立三级风险管控联动机制，生产班组编制作业现场风险管控卡，熟练掌握每项风险及控制措施。基层单位对风险管控卡进行审核，确保风险辨识准确、管控措施无误，并开展作业现场全过程监督管控。公司职能部门每周对重点现场主要风险进行分析，提出预控措施要求，确保现场作业安全。

3. 搭建末端数据融合支撑平台，提供海量基础数据保障

针对多源采集的海量异构数据，搭建末端数

据融合支撑平台，实现电网末端数据的精准分析和高效处理，为大连电网智能化安全管控平台提供重要的数据支撑保障。制定统一的数据标准，根据外部采集终端来定义数据采集标准，依据内部管理业务确定数据展示模板。深度定制移动采集终端，实现设备信息、经纬度坐标、拓扑关系一次性采集完成。平台内设置数据上传、提交、审批、制图、归档等多个管控节点，有效控制异常数据，实现数据业务全流程可追溯。

（四）开展基于数据驱动的电网设备安全运行管理

1. 采用多元物联感知技术，提升设备数字化管控能力

大连供电以国家电网公司配电网规划大数据试点项目为基础，全面开展电网设备升级改造工作，设备物联感知能力大幅提升。在配电网建设方面，对开关站、配电站加装智能感知设备，升级配电自动化主站，利用电力光纤、宽带载波、无线专网等通道，将设备运行状态信息上传至末端数据融合支撑平台，大连配电网设备物联率达到 97.5%。在电网设备调控方面，升级改造可远程操作的开关设备，提升远程操作水平，为事故情况下远程遥控操作开关快速隔离故障、恢复电网运行提供有力保障。

2. 加大数字化辅助设施投入，拓展设备运检智能化手段

在原有电网设备上增加数字化辅助设施，提高设备运维检修的智能化水平。输电专业大力推进数字视频监控设施的安装及无人机应用，实现输电线路“人工+无人机”协同巡检工作。变电专业积极开展变电站智能化改造，在 220 千伏变电站推广智能巡检机器人，实现“一键顺控、自动巡检、主动预警、智能决策”。电缆专业加快隧道监控系统安装及有线 / 无线主站的建设，实现全天候隧道智能监控运行。配电专业积极深化配网抢修移动作业 App，开展网架建设、配变低电压、重过载、三相不平衡等专项治理，不断提高配网设备运行可靠性。

3. 采用多种大数据算法，建立电网安全分析模型

采用深度学习、模糊聚类等大数据算法，对生产、营销、配电专业的大数据和覆盖大连全市的 GIS 进行多维分析和深度挖掘，建立多种电网安全分析模型，对配电网架构优化、设备故障预警、差异化电网设备分类、状态数据变化行为等进行预测分析，为电网末端数据融合及设备安全管控能力提升提供了辅助决策支持。利用大数据深度学习算法，以配电网基础数据和运行数据为输入量，建立满足系统约束边界的优化模型，有效指导配电网架构优化，总体提高大连配电网安全运行能力。

（五）打造立体防护的数据安全管控模式

1. 建设全场景网络安全防护体系

制定《电力物联网全场景网络安全防护方案》，明确网络分区、系统部署、终端接入及接入数据存储防护原则。优化数据网络，完成双网双机隔离，实现信息内外网的物理隔离；以“分区分域、多层防御”为原则，实现网络边界防护、服务器分区域防护、接入网络分区域防护的三层技术防御，同时在网络边界安装 IPS、IDS 等安全防护设备，形成立体化的数据安全技术防护模式。

2. 新建边缘计算中心，提升数据安全处理时效

大连供电建设以私有云为核心的边缘计算中心，利用服务器集群和高速网络设备，采用全融合架构建设基础资源池化、网络高可靠、资源可管理、平台可扩展、业务高可靠的企业私有云架构，全面支撑末端数据融合支撑平台。采用虚拟化技术管理和调配计算资源、存储资源和网络资源，存储部分实现 $N$−2 备份，网络部分实现 $N$−1 备份，大幅提升数据存储及高速处理的安全性和及时性。

3. 分区管控电网数据，确保电网关键系统安全

针对感知层采集的数据，按照“安全分区、网络专用、横向隔离、纵向认证”原则，将生产区数据与管理区数据实行强隔离；同时在管理区，内网、外网（互联网）也实行物理级隔离，避免数据被攻击、篡改，确保应用数据的电网关键系统安全可靠。建立电力调度数据专网，电网关键业务系统均部署在专网内。在管理区内网存放电网设备及专业管理数据，部署业务系统，并与信息外网进行物理介质隔离，内网、外网之间完全隔离，有效避免互联网的病毒木马等安全风险攻击、破坏内网，从而确保内网数据安全可靠。

（六）建立内外部协同的电网应急保障机制

1. 制定多层级电网设备应急预案

大连供电制定由总体预案、专项预案、现场处置预案构成的多层级电网设备应急预案。公司制定总体预案和专项预案，各专业部门制定大面积停电事件应急处置操作卡与预警指导卡；各基层单位对应设计总体预案、专项预案与现场处置预案。

2. 采用红蓝对抗方式开展数据网应急演练

定期开展数据网应急演练，采用红蓝对抗方式，模拟现实环境中的网络攻击和防御，有组织开展数据网故障处置应急演练。红队作为安全攻击演练组对互联网出口、数据外网网络、各业务应用系统及相关边界开展实战攻击；蓝队作为数据安全防御演练组进行前期自查及实时监测防御演练，及时进行加固整改。以红队查点、蓝队防控为基础，建立网络安全红队、蓝队与辽宁省公安厅网警大队之间的协同联动工作机制，实行事件汇报、下发、备案3项管控流程，实现网络安全省级横向联防联动。

【智能化电网安全运行管理实施效果】

电网安全供电能力显著提高。通过构建电网智能化安全管控平台，整合应用综合智能告警系统、调度监控系统、在线监测系统等多个系统提供的信息，协助调控人员对设备运行情况进行综合分析，提高事故研判的准确性。大连地区电网故障跳闸发生数量逐年降低，事故处置效率大幅提升，城市综合供电可靠率达到99.99%，充分履行了央企的社会责任，为维护大连社会稳定和人民群众生产、生活提供了安全可靠的保障。

电网智能化水平大幅提升。大连供电充分利用多元物联感知技术，构建电网调控安全管理架构，以设备数字化管控为基础，在国家电网系统内率先解决10千伏线路—变压器拓扑关系自动识别难题，实现了电网智能监测、运检主动抢修、营配数据贯通及规划，电网智能化水平大幅提升。大连供电先后高质量地完成全运会、党的十九大、夏季达沃斯论坛、国际啤酒节、中高考、防台防汛、迎峰度夏、极端天气等突发事件的紧急保电任务，得到大连市政府和社会各界的充分认可与肯定，在大连市公共服务领域行风评测中连续多年名列前茅。

# 哈尔滨电气集团有限公司

哈尔滨电气集团有限公司（以下简称“哈电集团”）由“一五”期间苏联援建的156个重点建设项目中的6个项目沿革发展而来，是在哈尔滨原“三大动力厂”（锅炉厂、电机厂、汽轮机厂）基础上组建而成的我国最早的发电设备研制基地，也是中央管理的关系国家安全和国民经济命脉的国有重要骨干企业。

作为中华人民共和国装备制造业的“长子”，经过60多年的发展和积累，哈电集团已形成以核电、水电、煤电、气电、舰船动力装置、电气驱动装置、电站交钥匙工程等为主导产品的产业布局，引领和推动了中国发电设备行业从无到有、从小到大、从弱到强的发展历程，走出了一条独具特色的引进、消化、吸收、再创新的创新发展之路，实现了发电设备由中国制造向中国创造的新转变、新跨越，为我国国民经济发展和国防建设做出了突出贡献。

哈电集团始终坚持服务和践行国家战略，助力我国发电设备产业发展与振兴，累计生产发电设备装机量达4.2亿千瓦，产品装备了海内外500余座电站；大型水电机组占国产装机总量的1/2，煤电机组占国产装机总量的1/3，重型燃气轮机占国内市场份额的1/3，积极参与“一带一路”建设，大力开发国际市场，挺进世界高端电站工程总承包领域，产品出口到亚洲、非洲、欧洲、美洲50多个国家和地区。

哈电集团始终坚持把创新作为引领发展的第一动力，成功突破系列关键核心技术，着力推进民族工业发展。哈电集团拥有1个国家级企业技术中心、3个国家工程（技术）研究中心（国家水力发电设备工程技术研究中心、发电设备国家工程研究中心、国家防爆电机工程技术研究中心）、2个国家重点实验室（水力发电设备国家重点实验室、高效清洁燃煤电站锅炉国家重点实验室）、4个博士后工作站和2个院士工作站。“十一五”以来，哈电集团累计获得省部级以上科技成果奖励216项，国家科技进步特等奖1项、一等奖4项、二等奖17项；拥有有效专利2734项，其中发明专利672项。

## 【信息化建设情况】

2019年，哈电集团深入贯彻党中央关于网络强国战略的决策部署，以创新、发展、转型为主线，围绕建设数字哈电的目标开展工作，信息化建设取得阶段性成果。

### （一）信息化建设成果

1. 加强顶层设计，编制信息化提升方案

为了提高网信水平、弥补与先进央企的差距，哈电集团认真梳理信息化工作现状，结合信息化建设内容，立足加强集团管控、助力企业高质量发展，编制了到2020年年底的信息化提升方案，提出了信息化提升的具体措施，为哈电集团从根本上提升信息化水平提供了组织保障和方案支撑。

2. 落实国资委要求，推进集团管控平台建设

按照国资委要求，加强在线监管平台顶层设计，确定国资国企在线监管系统总体IT架构；根据国资监管信息化建设三年行动计划，编制国资委在线监管平台实施方案；按照国资委要求的工作内容，完成“三重一大”决策、运行监管系统的建设任务和数据共享交换平台的建设。

3. 搭建ERP业务财务一体化核心系统

2019年，哈电集团ERP项目建设取得突破。以打通人力、财务、项目、质量等纵向管控线和试点企业业务财务一体化为重点建设目标的ERP一期项目，于2019年3月8日在试点企业锅炉公司和动装公司成功上线。经过不断优化，集团级业务财务一体化核心系统逐步与企业运营深度融合，实现从业务单项覆盖阶段向高度集成联动阶段的跨越，有力促进集团管控和企业精益化管理。

在总结一期建设经验的基础上，哈电集团经过充分前期策划准备，于2019年11月召开了ERP二期项目建设启动布置会，ERP二期项目建设正在稳步推进中。

4. 主数据管理平台建设初见成效

2019年3月，主数据管理平台成功上线运行，实现哈电集团内数据统一标准、统一编码、统一平台管理。哈电集团制定印发《哈电集团主数据管理办法》《哈电集团主数据管理维护细则》等配套制度，并初步建立了哈电集团主数据运行管理体系，指导和规范主数据管理和运维工作，提高哈电集团的信息化数据标准管控能力，为集团信息化转型提供有力支撑。

5. 电站服务平台持续深化应用

2019年11月8日，在北京举办的电站服务产业推介暨电站服务平台上线发布会上，哈电集团成功上线电站服务平台。电站服务平台是哈电集团打造的用户服务业务平台，为用户提供信息化服务窗口，使用户能够获得更加高效、便捷的服务，提高用户的满意度、忠诚度，避免用户流失，实现电站服务新模式，提供了全生命周期的服务体验。

6. 信息化车间建设工作稳步推进

哈电集团各所属企业深入开展适合本企业运营特点的信息化转型规划与体系架构制定工作，不断推进信息化车间建设工作。电机公司以信息化车间建设为主攻目标，相继完成了公司智能制造发展规划、信息化车间建设规划、产品三维设计与制造协同平台建设的方案设计，并深度应用MES系统，实现在全部生产单位上线运行；汽轮机公司加强信息化车间顶层设计，明确信息化车间体系架构。持续推进信息化车间建设，完成了叶片分厂和军工分厂MES二期建设工作；锅炉公司提出了三维设计、三维工艺、PLM、数控加工一体化项目实施方案，初步拟定MOM实施方案，

启动信息化车间的试点建设工作。

7. 工业大数据应用逐渐加深

工业大数据平台是数字哈电之远程运维产业的核心，通过整合哈电集团内部资源，统一哈电集团发电设备工业大数据运维平台。2019 年，哈电集团在平台一期基础上扩展升级，进行平台二期建设。运用分布式、云技术面向集群用户开展远程诊断工作；开发具备自主知识产权的数据采集系统，以保证机组数据安全、可控、规范；建成基于机理推理的专家知识库，可将专家的经验和知识转化为故障知识库中的相关表达，建立较为完善的知识库。

8. 智能远程运维服务持续建设

哈电集团与下属企业密切合作，开展智能运维模块的平台化开发工作，为用户提供智能运维服务。截至 2019 年年底，哈电集团已实现平台化部署的智能运维模块 17 个，自主完成了可直接供电厂用户使用的端平台开发工作。目前，该平台已应用于多个项目，完成相关开发和部署工作。

9. 数据中心建设保质完成

2019 年，哈电集团如期保质完成了数据中心二期建设工作并验收通过。二期项目主要在一期项目的基础上进行扩建，增加电池后备时间；对 UPS 进行并机配置，提高电气系统稳定性和安全性；增加机柜组，增强净水及防入侵功能，提高数据中心安全防护能力；为网络、服务器等硬件资源提供了基础环境支撑，为后期机房网络及存储设备增加提供了保障。

10. 企业自动化办公系统纵向贯通

哈电集团 OA 系统深化应用，实现集团总部与所属企业互联互通，完成人力资源服务平台、主数据管理平台的系统集成工作。

11. 网络与信息安全工作扎实推进

2019 年，哈电集团认真学习习近平总书记网络强国战略思想，落实《网络安全法》要求，积极推进网络安全建设工作；落实网络安全等级保护制度，开展网络安全攻防应急演练，完善网络安全相关制度和信息安全通报机制，完成集团和所属企业上云工作等。2019 年，哈电集团圆满完成“两会”、庆祝中华人民共和国成立 70 周年期间的网络安全保障工作，全年无重大网络安全事件发生。

### （二）资源投入

哈电集团高度重视信息化工作，将信息化转型作为集团发展战略的重要组成部分，积极推进集团信息化建设工作。为确保信息化建设工作有序推进，哈电集团成立了集团党委书记、董事长为第一责任人的网络安全与信息化工作小组，负责对集团信息化转型工作的组织领导。持续加大信息化建设投入力度，不断加强信息化建设物质保障，2019 年共投入资金 1.34 亿元用于信息化建设。提升信息化工作人才队伍建设，为信息化工作提供有力的人才保障和智力支撑。目前，哈电集团及所属专职信息化转型工作人员有 112 名。另外，在业务一体化平台建设过程中从业务部门抽调关键用户，为其提供专业培训，作为专职信息化转型工作人员的有力补充。

### （三）成效经验

2019 年，哈电集团围绕“十三五”规划和哈电集团“12348”发展战略，推进数字哈电“1358”工程，将信息化、智能化思维贯穿于生产经营管理全过程，以信息化转型升级推动集团战略目标实现。

1. 业务财务一体化系统建设取得突破

以企业资源管理为核心的业务财务一体化系统一期项目的完成，实现了哈电集团总部纵向贯通的财务管理、人力资源管理、项目管理、质量管理；试点企业实现从销售管理、采购仓储管理、项目管理、生产管理到业务财务一体化管理；实现了集团内部资源高效共享，信息化运营工作取得了突破。

2. 设计制造信息化水平稳步提升

研发设计系统改造及与 MES 系统的数据集成，使哈电集团所属企业建立了针对大型发电装备面向订单边设计、边生产的基于多级计划动态协同的智能制造新模式。

3. 业务创新开展服务化延伸新模式

基于大数据、工业互联网技术的多种软件集成系统的成功开发，实现了异构数据整合、远程实时监测、在线故障诊断、趋势分析预判、离线评估分析和制造服务，为电厂机组运行及维护提供了技术支撑；同时，缩短了维修周期，为用户提供了及时、准确的服务，为打造服务化延伸新模式奠定了基础。

4. 数据整合应用能力逐渐加深

主数据体系的构建、主数据标准的制定及代码库的编制，不仅强化了集团企业管理、业务所需核心数据管理，打通了管理闭环，而且实现了集团业务横向紧密集成、纵向信息贯通，保障了业务过程中数据的一致性，增强了业务透明度、业务可视度及顶层决策分析能力。

5. 推进产品数据管理系统建设

哈电集团锅炉公司通过对同行业应用情况的调研，形成了三维设计、三维工艺、PLM、数控加工一体化选型策划方案和能力目标策划方案，研究论证了 PLM 及三维应用一体化平台实施方案。通过 CAPP T5 升级工作，提升了产品数据可用性，同时对系统进行升级，增强了流程协作与数据集成，为智能制造奠定了基础。

6. 信息化制造水平稳步提升

构建生产计划管理平台，提升协同生产能力，积极进行 MES 系统建设和信息化车间改造。通过信息化排产，提升了计划的编制效率与准确性；搭建了统一的信息共享平台，通过触摸屏、手持智能终端等信息化设备采集数据，提高了生产过程数据的及时性、准确性。车间物料流转管理实现产品与原材料之间的追溯与跟踪。统计数据信息化，通过对车间生产数据进行深入挖掘和分析，为生产管理与决策提供可靠的量化数据。

7. 持续深化电站服务平台应用

哈电集团电站服务平台为用户打造获取哈电服务的便捷渠道，从用户视角设置了平台功能，具备备件与服务、共享联储、用户反馈、项目跟踪、远程运维等 7 个功能模块和用户信息管理、电站设备信息管理、合同信息管理 3 个管理模块，满足用户需求，提升服务效率和服务质量。

8. 打造企业运营管理平台

哈电集团建设以 ERP 为核心的运营管理平台，通过系统搭建实现集团纵向管控和企业横向业务财务一体化，提升企业管理效能，优化业务流程，降低运营损耗，减少信息孤岛，打通管理闭环，保障业务过程中数据的一致性，增强业务透明度、业务可视度及顶层决策分析能力。帮助企业摆脱传统管理方式的束缚，加快企业发展的步伐，为企业在市场中竞争提供强有力的支撑。

9. 网络化协同办公深入应用

2019 年，哈电集团深入优化办公系统，实现与企业纵向打通，与所属企业达成互联互通以规范管理流程，提高工作效率，消除信息孤岛、资源孤岛，促进知识传播，涵盖集团生产、经营、管理等多个领域，显著提升了集团整体管理效率，节约了运营成本，提高了企业竞争力和凝聚力。

10. 开展智能远程运维服务新模式

哈电集团搭建的发电设备工业互联网平台，针对发电行业的平台建设和数据采集提供系统解决方案。平台支持海量异构数据的采集、处理、存储和查询，提供大数据分析和建模工具，集成大数据应用服务环境，并提供开放性的数据接口、友好的管理界面。该服务系统通过历史数据和实时数据进行深度挖掘，建立性能评估与故障诊断模型，并利用实验室半物理仿真设备等系列技术手段，提前发现现场设备故障隐患并进行相应的检修维护，实现智能运维与决策支持。

11. 培育信息化产品

哈电集团以智能制造为目标，以促进信息技术与制造技术融合为主线，着力建设产品三维设计与制造协同平台。通过统一的全 PMI 标注的三维模型，统一源头数据，实现从设计到工艺的主参数传递，达到信息全过程贯通；通过自动生成工序模型、建立典型工艺模板库、机加工序自动编程等手段提高了工艺编制效率；通过机床加工模拟仿真，确保了工艺编制质量，降低了生产风险，提高了产品质量；通过设计与工艺信息化相关信息，提高了产品信息化水平。

## 【信息基础设施建设情况】

### （一）数据资源管理情况

哈电集团目前共有 11 个数据中心，随着集团整体信息化工作的推进，基础业务正在逐步转移至集团总部。OA 业务实现纵向打通，规范了管理流程，提高了工作效率；企业邮箱业务已完成整体资源整合，统一部署至网易企业邮箱；网站方面通过开展集团网站上云，将集团公司与三大主机公司统一托管至天翼云。同时，以集团为依托逐步整合其他生产数据管理。

集团总部建立了相对完善的信息安全管理制度，并于2019年重新修订了包括《网络安全管理制度》在内的9项管理规定。集团总部的重要资源目前均已存储在私有云平台与工业大数据平台上，对于上述平台涉及的服务器、网络、存储等基础设施采用标准管理模式，目前已稳定运行17个月。

（二）云平台建设情况

2018年，哈电集团开展私有云平台项目建设，并于同年11月正式交付。哈电集团私有云平台共由30台高性能服务器组成，配套SSD分层存储、光纤交换机等组件，共提供3008个CPU、7.98GB内存、99.39TB的存储空间，同时为ERP、主数据、电站服务平台、财务系统等130多个应用服务器提供基础运营环境，为所属企业汽轮机公司、佳电公司提供基础云服务。

安全理念在私有云建设中得到充分考量，通过部署cas、clouds、NFV、SDN、亚信安全等各类安全组件保障了整体业务的稳定性、连续性，实现了业务系统逻辑层面的完全分离，保障了各用户之间的安全。

（三）工业互联网建设情况

哈电集团发电设备工业互联网平台针对发电行业的特点，配套研发了“数据采集及边缘计算一体化终端”，集异构数据采集、高复杂度边缘计算、数据标准化、数据缓存、网络安全策略等功能模块于一体，以大数据的思想和架构应对海量工业数据采集场景。终端提供传感器级的数据采集和半定制化的边缘计算方案，解决了工业现场原始信号不易采集、数据种类多、接口协议繁杂、数据传输不安全等技术瓶颈。

平台目前按照用户角色分类共有管理员、数据采集工程师、算法工程师、应用开发工程师和用户5类角色。其中，管理员负责平台维护并对其他角色的权限进行管理；数据采集工程师负责一体化数据采集解决方案的实施；算法工程师利用平台IDE进行数据分析和算法模型开发；应用开发工程师进行微服务开发；用户即电厂企业用户，通过Web方式登录平台，以对发电设备进行运维管理。

**【新技术应用情况】**

（一）物联网技术应用

哈电集团所属企业锅炉公司现场使用无线手持终端操作产成品装箱发运业务流程，提高了公司产品包装质量和物流效率，为公司项目进度管理提供了翔实、准确的数据支撑，提高了产成品装箱发运物流过程的准确性。

（二）传感器技术应用

积极推进智能制造工业骨干网建设，通过对生产设备配备传感器，实现设备数据采集并集中展现，实现了对关键设备运行情况的实时监控。

（三）大数据分析技术应用

哈电集团打造由发电设备智能数据采集、海量数据综合管理、用户服务资源部署等功能构建的行业级开放性平台。平台利用大数据分析技术，提供工业智能算法建模工具，实现业务知识抽象化，帮助算法开发人员在可视化环境下实现工业算法建模和生产环境无缝对接模型快速部署。平台具有通用性强、易集成、易推广的特点，满足多种类设备上云、多维度数据管理、多模式服务部署等工业大数据应用的关键需求。

# 先进人物

## 侯兴泽

鹏博士电信传媒集团云网通信事业部总工程师，兼任鹏博士大数据有限公司总工程师、鹏博士电信传媒集团战略决策委员会成员、2020—2021 年度 CDCC 数据中心专家组技术委员。

在 2000 年加入长城宽带网络服务有限公司，历任北方区域分公司技术副总经理，总部技术支撑部、互联互通部经理；参与长城宽带网络服务有限公司全国 IP 网络建设及鹏博士内容调度平台、鹏博士 DCI 网络规划和设计。

在 2012 年鹏博士电信传媒集团收购长城宽带网络服务有限公司后，任鹏博士电信传媒集团互联互通中心总经理，2019 年任鹏博士大数据有限公司总工程师，2020 年任鹏博士电信传媒集团云网通信事业部总工程师。

拥有 20 余年 ICT 行业工作经验，在数据中心、云计算等领域具有较深建树。代表鹏博士电信传媒集团参加了 2019 世界数字经济大会，并发表了题为《5G 时代数据机房构想》的演讲，在 2019 中国信息通信业发展高层论坛发表题为《5G 与边缘计算》的演讲，在 2020 世界工业互联网大会发表题为《工业互联网时代的网络结构与安全》的主题演讲。

## 胡湿

清华大学硕士，鹏博士电信传媒集团产业互联网事业部副总经理，曾先后就职于搜狗、淘宝、蓝汛、航天科工下属航天信息、人民日报出版社下属人民搜索等单位，之后作为联合创始人创立 CloudIn 云英，从事云计算和工业大数据技术创业，有 10 多年央企、互联网行业从业和千人技术团队管理经验。在工业互联网 / 智能制造、智慧 / 数字城市、超大规模数据存储分析处理、搜索引擎、云计算、大数据、区块链等领域有长期技术积累。

曾负责搜狗大数据基础设施 500 台服务器规模分布式集群从 0 到 1 的建设；曾负责人民搜索 5000 台搜索服务器集群的研发基础设施建设，并负责日抓取 5 亿个网页、总量 1600 亿个网页规模的爬虫系统研发；曾主导蓝汛全国 100 余个 IDC 节点、总量超 3 万台服务器的全国性大型商用分布式 CDN 系统重构研发和运营；负责鹏博士从 0 到 1 建设面向数字城市，以及传统企业数字化转型的产业互联网技术和产品体系建设，通过走访全国 40 多个城市，对 200 余家传统企业深入业务调研，初步形成了产城融合、工业互联网、数字城市 3 条主干产品线，加速了鹏博士电信传媒集团的业务转型升级。

# 刘炳宇

鞍钢集团有限公司管理与信息化部副总经理，教授级高级经济师，国际高级人力资源管理师，具有国家法律顾问资格认证，在钢铁、矿山企业信息化规划和建设实施方面具有丰富经验。2008—2014 年，历任鞍钢矿业公司综合管理部部长、信息化领导小组办公室主任。工作期间，组织制定了《数字矿山发展规划》《智慧矿山发展规划》，先后获得国家级企业管理现代化创新成果一等奖、二等奖 7 次，冶金科学技术二等奖 1 次，拥有计算机软件著作权 16 项。曾被评为鞍钢集团劳动模范、鞍山市劳动模范。

自 2017 年以来，负责鞍钢集团信息化规划与推进工作，先后组织编制了《鞍钢集团公司两化融合发展规划》《智慧鞍钢发展规划》，完成了“基础资源、数据、安全、网络、标准”体系建设，推动了鞍钢集团信息化规范发展；建成了鞍钢集团云数据中心，整合了信息化基础资源，提升了数据中心资源利用率和安全可靠性；制定了数据交互规范，建成了鞍钢集团主数据管理平台及数据总线；建成了“基础+技术+机制”三位一体的网络安全防护体系，实现了网络和信息系统安全的有效防控；建成了“管理规范化、标准统一化、技术共性化”的信息化标准体系，涵盖信息资源、信息应用、基础技术、IT 建设、IT 管理等信息化标准内容。

2019 年，刘炳宇主持的“特大型钢铁企业集团基于顶层设计的智慧化转型”项目获国家管理创新成果二等奖，“大型钢铁企业数字化转型的架构设计与实践”项目获钢铁工业协会管理创新成果一等奖，“大型钢铁企业信息化标准体系研究与实践”被钢铁工业协会评为优秀案例。

在刘炳宇的组织推动下，2019 年鞍钢矿业公司被评为国家智能制造标杆企业，“鞍钢矿业智慧生产平台”被工业和信息化部评为工业互联网平台试点示范，“鞍山钢铁全流程质量管控大数据”项目被工业和信息化部评为工业互联网试点示范，“攀钢重轨数字化产线”被工业和信息化部评为制造业与互联网融合试点示范，“积微物联 CIII 产业互联网平台”被工业和信息化部评为制造业“双创”平台试点示范，“鞍钢矿业移动应用平台”被工业和信息化部评为工业互联网 App 优秀解决方案，“钢铁企业智慧能源管控平台”被评为工业大数据优秀解决方案，“鞍钢集团精钢云平台”被评为工业和能源行业“十佳上云”优秀案例。

# 吴少岩

鹏博士电信传媒集团首席战略官、战略决策咨询委员会主任。1996 年 6 月于国防科技大学获计算机专业 AI 方向博士学位，曾参与超级计算机银河-I、银河-II 研制，获得国家部委级科学技术进步成果一等奖 1 次、二等奖 3 次。

1997 年 1 月至 2002 年 6 月，在北京大学做博士后、任副教授，从事教学、科研工作；合著《数字地球：人类认识世界的第三次飞跃》，发表论文 20 余篇。

2001 年 1 月至 2004 年 4 月，发起创办中信网络科技股份有限公司，任董事总经理。

2004 年 4 月至 2012 年 6 月，任长城宽带网络服务有限公司常务副总经理。

2012 年 6 月至 2016 年 8 月，任鹏博士电信传媒集团股份有限公司常务副总裁。

# 张爱军

扬子江药业 CIO，精通快消、零售、服装、化工、制药等行业的 IT 管理与实践；曾利用 SAP 系统实施过多个大型项目（如国美电器、中石化、李宁、王老吉、中国人寿保险、立邦等）。在多年的快消行业实践中，利用互联网手段对门店、商品、库存、会员的全生命周期管理及人力与财务共享中心进行了企业信息化战略规划、实施和项目推进落地；在制药企业的数字化转型过程中，合规、安全地利用药品流向、库存分配、柔性生产、精准营销、共享财务等各大体系为业务部门产生了价值；从管理视角出发，分别根据短期价值、中期价值、长期价值目标实现了企业管理数字化、运营数字化、生产数字化、营销数字化的快速创新与发展。

近三年获得奖项包括 2020 年华东十佳首席信息官、2019 年度中国企业信息化优秀 CIO、2019 年中国数字化贡献人物、2018 年度中国企业信息化优秀 CIO、2018 年度中国优秀 CIO（中国行业互联网）、2018 年中国数字化创新大会零售技术创新奖、2017 年上海十佳优秀首席信息官（上海首席信息官联盟）、2017 年中国优秀首席信息官（中国首席信息管联盟）。

## 张剑文

鹏博士电信传媒集团全球网络通信事业部产品总监，曾先后就职于 KDDI、网宿科技、Aryaka Networks 等公司，有 10 年以上 SDN 和 CDN 相关领域的技术、产品设计和研发经验，在软件定义网络、网络功能虚拟化、内容分发网络、云计算领域有长期的产品技术积累。

将 Aryaka SD-WAN 产品从零引入国内，是 Aryaka 在国内的首位员工，是国内最早一批 SD-WAN 的技术从业者；在鹏博士电信传媒集团任职期间设计并组织开发完成软件定义数据中心互联产品（SD-DCI），连接国内和海外 300 余个 IDC 和公有云节点，推动向云网融合方向的发展；负责鹏博士电信传媒集团 SD-WAN 产品从零开始的设计和开发，推动完成从传统 MPLS-VPN 业务向 SD-WAN 的数字化升级和产品体系建设。

## 朱俊伟

上海市大数据中心副主任，曾任上海市政府办公信息处理中心软件开发部主任、上海市政府公众信息网管理中心副主任，先后参与了上海市政府办公厅核心办公信息化系统、上海市政务外网、上海市行政审批平台、上海市网上政务大厅、上海市“一网通办”等重点项目的建设，在电子政务、大数据领域具有丰富的经验，参与的项目也取得了良好的效益。

作为上海市“一网通办”建设的主要负责人，坚持以人民为中心的理念，参与了项目的顶层设计、研究开发、建设实施、组织协调、运营优化等全过程工作，建设成效在全国及全球得到了肯定，具有先进引领和示范效应；上海市“一网通办”及移动端“随申办”品牌深入人心，得到了市民、企业、社会的高度认可。朱俊伟在实践“人民城市人民建，人民城市为人民”中，发挥了积极的作用；2003 年、2006 年、2007 年获得上海市科技进步奖二等奖，2014 年获得上海市科技进步奖三等奖。

# 信息化大事记

2018 年 1 月 1 日，《建筑信息模型施工应用标准》（GB/T51235—2017）开始实施，由住房和城乡建设部标准定额研究所组织，中国建筑工业出版社出版发行。

2018 年 1 月 8 日，中共中央、国务院举行国家科学技术奖励大会。习近平首先向获得 2017 年度国家最高科学技术奖的南京理工大学王泽山院士和中国疾病预防控制中心病毒病预防控制所侯云德院士颁发奖励证书。随后，习近平等党和国家领导人向获得国家自然科学奖、国家技术发明奖、国家科学技术进步奖和中华人民共和国国际科学技术合作奖的代表颁奖。

2018 年 1 月 10 日，我国首个拥有完全自主知识产权的“云轨”无人驾驶系统发布。

2018 年 1 月 11 日，广西壮族自治区人民政府印发的《广西教育提升三年行动计划（2018—2020 年）》指出，广西壮族自治区投入资金 730.88 亿元，推进八大工程及“十百千万”建设，教育信息化推进工程被列为八大工程之一。

2018 年 1 月 12 日，首批骨干物流信息平台试点名单公布。

2018 年 1 月 23 日，国务院办公厅印发《关于推进电子商务与快递物流协同发展的意见》。

2018 年 1 月 23 日，我国首颗高通量通信卫星实践十三号在轨交付，正式投入使用。

2018 年 1 月 30 日，教育资源公共服务体系建设成绩显著。截至 2018 年 1 月底，国家教育资源公共服务平台已开通教师空间 1149 万个、学生空间 570 万个、家长空间 510 万个、学校和机构空间 47 万个，正在广西实施落地部署工作。

2018 年 2 月 1 日，《军队互联网媒体管理规定》（以下简称《规定》）开始施行。《规定》深入贯彻党的十九大精神，明确军队互联网媒体管理基本原则和总体要求，涵盖军队互联网媒体资质准入、审批备案、传播运行、建设保障等方面，就军队互联网媒体的开办范围、资格条件、审批程序、信息发布、保密要求、主体责任等作了统一规范，并对平台建设、技术监管、人才培养等工作进行明确，对军队互联网媒体违反国家和军队法律法规的各种情形作出追究责任的规定。

2018 年 2 月 10 日，首届世界海关跨境电商大会在北京闭幕。大会发布了《北京宣言》，表达了各国海关及其他利益攸关方对全球跨境电商发展的共识和愿景，就进一步完善《世界海关组织跨境电商标准框架》原则赞同并达成基本共识，重点确定跨境电子商务管理的八大核心原则，这是首个世界海关跨境电商监管与服务的指导性文件。

2018 年 2 月 12 日，中央网信办会同国家发展改革委、工业和信息化部、国家标准委等有关部门联合成立国家电子政务专家委员会。国家电子政务专家委员会的主要任务是：研判国际电子政务发展态势，研究国家电子政务建设和管理中的重大问题，指导各地开展电子政务综合试点，为制定国家电子政务发展战略规划和重大工程建设提供咨询意见，为中央网络安全和信息化领导小组提供电子政务领域的政策建议。

2018 年 2 月 12 日，我国在西昌卫星发射中心用长征三号乙运载火箭（及远征一号上面级），以“一箭双星”方式成功发射第 28 颗、第 29 颗北斗导航卫星。这两颗卫星属于中圆地球轨道卫星，是我国北斗三号工程第 5 颗、第 6 颗组网卫星。

2018 年 2 月 28 日，最高人民法院开发建设的人民法院调解平台上线，在全国法院试运行。该平台能够集合法院的审判调解资源和全社会的纠纷化解资源，共同做好纠纷调解工作；能够打通线下线上多种渠道，灵活组织开展调解；可以实现在线制作调解协议和在线司法确认，提高调解效率；对调解不成功的案件，法官引导当事人在线申请立案。

2018 年 3 月 16 日，国家电子政务专家委员会成立大会暨第一次会议在北京召开。会议以习近平新时代中国特色社会主义思想为指导，深入学习习近平总书记关于网络强国战略思想，明确了国家电子政务专家委员会的职能定位、宗旨使命、工作机制等，审议通过了《国家电子政务专家委员会章程》，讨论了《国家电子政务专家委员会 2018 年度工作计划》。

2018 年 3 月 19 日，民政部和最高人民法院正式签署《关于开展部门间信息共享的合作备忘录》，建立当事人婚姻登记信息和涉婚姻案由的案件信息的共享机制。

2018 年 3 月 21 日，《“物联网与智慧城市关键技术及示范”重点专项 2018 年度指南》编制启动会召开。

2018 年 4 月 2 日，教育部印发《高等学校人工智能创新行动计划》，将“推进智能教育发展”列为重点任务，提出“推动智能教育应用示范”，加快推进人工智能与教育的深度融合和创新发展，研究智能教育的发展策略、标准规范，探索人工智能技术与教育环境、教学模式、教学内容、教学方法、教育管理、教育评价、教育科研等的融合路径和方法，发展智能化教育云平台，鼓励人工智能支撑下的教育新业态，全面推动教育现代化。

2018 年 4 月 4 日，国务院常务会议明确将进一步推动网络提速降费工作落实。会议指出，按照国务院部署，近年来网络提速降费成效明显；下一步，将积极落实《政府工作报告》确定的任务，围绕促进经济升级和扩大消费，督促电信企业加大降费力度，自 2018 年 7 月 1 日起取消流量“漫游”费，确保 2018 年流量资费降幅达 30%以上，推动家庭宽带降价 30%、中小企业专线降价 10%～15%，进一步降低国际及港澳台“漫游”资费。

2018 年 4 月 8 日，全国电子信息行业工作座谈会在深圳召开。2017 年我国规模以上电子信息产业整体规模达 18.5 万亿元，手机、计算机和彩电产量稳居全球第一，通信设备、互联网等领域涌现了一批具有全球竞争力的龙头企业。

2018 年 4 月 10 日，工业和信息化部推动智慧城市建设。在中国智慧城市产业与技术创新高峰论坛上，信息化和软件服务业司副司长表示为推动智慧城市建设，下一步将重点做好 4 个方面的工作：一是推进网络强国建设，深入实施“宽带中国”战略，完善信息基础设施体系；二是加快制造强国建设，提升信息技术产业支撑能力；三是发展工业互联网平台，打造产业新生态；四是促进数字经济繁荣，进一步扩大和升级信息消费，打造信息消费升级版。

2018 年 4 月 13 日，最高人民法院设立的“全国法院决胜‘基本解决执行难’信息网”正式上线。该网站与中国裁判文书网、执行信息公开网、失信被执行人名单信息公布与查询平台等进行对接，实现执行工作重要数据每日发布，为人民群众了解执行、监督执行提供了一站式服务。

2018 年 4 月 13 日，教育部印发《教育信息化 2.0 行动计划》，提出“三全两高一大”的发展目标，部署实施了数字资源服务普及行动、网络学习空间覆盖行动、网络扶智工程攻坚行动、教育治理能力优化行动、百区千校万课引领行动、数字校园规范建设行动、智慧教育创新发展行动、信息素养全面提升行动八大行动。

2018 年 4 月 16 日，“2018 年 ISO/IECJTC1/SC27 国际网络安全标准化工作会议”在湖北省武汉市举行。

2018 年 4 月 16 日，教育部发布了《网络学习空间建设与应用指南》，包括总则、网络学习空间的构成、个人与机构空间、公共应用服务、数据分析服务、空间安全保障 6 个部分。

2018 年 4 月 17 日，国家行政学院电子政务研究中心发布的《省级政府网上政务服务能力调查评估报告（2018）》显示，2017 年我国省级政府网上政务服务能力持续提高，“互联网+政务服务”工作推进取得明显成效。根据综合评估，2017 年我国省级政府网上政务服务能力前 10 名依次为浙江、江苏、贵州、广东、安徽、北京、福建、重庆、四川和山东。

2018 年 4 月 20—21 日，全国网络安全和信息化工作会议在北京召开。中共中央总书记、国家主席、中央军委主席、中央网络安全和信息化委员会主任习近平出席会议并发表重要讲话。习近平强调，“信息化为中华民族带来了千载难逢的机遇。我们必须敏锐抓住信息化发展的历史机遇。”

2018 年 4 月 21 日，“政务服务中心国家标准发布会暨全国政务大厅服务标准化工作组年度会议”在国家行政学院召开，发布了《政务服务中心进驻事项服务指南编制规范》《政务服务中心服务现场管理规范》《政务服务中心服务投诉处置规范》3 项国家标准。

2018 年 4 月 22 日，国家互联网信息办公室发布《数字中国建设发展报告（2017 年）》，总结了党的十八大以来数字中国建设取得的重大成就和基本经验，评估了“十三五”信息化发展的主要目标、重大任务、重点工程和优先行动的进展情况，分析了数字中国建设面临的形势，提出了下一步努力方向。

2018 年 4 月 23 日，首届数字中国建设峰会新型智慧城市论坛在福州举行。论坛由国家发展改革委、国家互联网信息办公室联合主办，以“满足人民美好生活新期待”为主题，围绕分级分类推进新型智慧城市建设的方法路径、新型智慧城市发展趋势及创新应用等话题展开交流。

2018 年 4 月 24 日，2018 年全国教育信息化工作会议召开。会议就加快推进教育信息化融合创新发展进行了交流研讨，重庆、上海、江苏、贵州、宁夏 5 个省（自治区、直辖市）在会上作典型发言，教育部科技司、基教司、职成司、高教司、教师司负责同志对年度重点工作进行了部署。各省（自治区、直辖市）、新疆生产建设兵团教育行政部门负责人、教育部相关司局和直属单位负责人参加会议，参加全国电教馆馆长会议的代表列席会议。

2018 年 4 月 25 日，国务院办公厅发布《关于促进“互联网+医疗健康”发展的意见》指出，要深入贯彻落实习近平新时代中国特色社会主义思想和党的十九大精神，推进实施健康中国战略，提升医疗卫生现代化管理水平，优化资源配置，创新服务模式，提高服务效率，降低服务成本，满足人民群众日益增长的医疗卫生健康需求。要突出包容审慎、鼓励创新的政策导向，鼓励医疗机构运用“互联网+”优化现有医疗服务，“做优存量”；推动互联网与医疗健康深度融合，“做大增量”，丰富服务供给。

2018 年 4 月 26 日，中国联通宣布在 16 个城市开展 5G 规模试点。中国联通在国内布局的 16 个 5G 试点城市及运营内容分别是北京（智慧奥运）、雄安（智慧城市）、沈阳（工业控制）、天津（智慧交通）、青岛（智慧港口）、南京（智慧教育）、上海（边缘计算）、杭州（电子商务）、福州（智慧安防）、深圳（智慧金融）、郑州（智慧园区）、成都（智慧医疗）、重庆（车联网）、武汉（智慧水利）、贵阳（智慧足迹）、广州（智慧物流）。

2018 年 5 月 3 日，工业和信息化部印发《关于推进网络扶贫的实施方案（2018—2020 年）》。

2018 年 5 月 5—7 日，第三届全国基础教育信息化应用展示交流活动在北京举办。活动以“信息技术推动基础教育教与学模式的变革与创新”为主题，总结交流各地近年来推进基础教育信息化深度融合应用的经验，展示新成果、新技术、新模式，提高利用信息技术服务教育教学能力。基础教育信息化应用典型示范案例交流会同期举行。

2018 年 5 月 13 日，全国首家物联网·智慧停车·云平台在聊城市高唐县正式上线。该智能立体车库项目可实现无人值守自动泊车，是通过云计算、物联网、大数据、移动互联网等新一代信息技术打造的新产业模式。

2018 年 5 月 14 日，工业和信息化部印发的《工业互联网 App 培育工程方案（2018—2020 年）》提出，到 2020 年，培育 30 万个面向特定行业、特定场景的工业 App，全面覆盖研发设计、生产制造、运营维护和经营管理等制造业关键业务环节的重点需求；突破一批工业技术软件化共性关键技术，构建工业 App 标准体系，培育出一批具有重要支撑意义的高价值、高质量工业 App，形成一批具有国际竞争力的工业 App 企业；工业 App 应用取得积极成效，创新应用企业关键业务环节工业技术软件化率达到 50%；工业 App 市场化流通、可持续发展能力初步形成，对繁荣工业互联网平台应用生态、促进工业提质增效和转型升级的支撑作用初步显现。

2018 年 5 月 16 日，第二届世界智能大会在天津成功开幕。大会由天津市人民政府联合国家发展改革委、科学技术部、工业和信息化部、国家网信办、中国科学院、中国工程院、中国科协主办。

2018 年 5 月 16 日，国务院总理李克强主持召开国务院常务会议，部署推进政务服务一网通办和企业群众办事“只进一扇门”“最多跑一次”；决定在全国推开外资企业设立商务备案与工商登记“一口办理”；确定进一步降低实体经济物流成本的措施。

2018 年 5 月 17 日，福建省首个智慧交通平台进入试运行阶段。建宁县智慧交通平台指挥管理中心采取“3 个 1+*N*”的模式，即建立“一个公路管理数据资源中心、一个路长信息管理平台、一个应用支撑平台和 *N* 个业务管理系统”的模式。业务管理系统包括公路综合管理系统、涉路事务管理系统、视频监控管理系统、路长监督管理 App、专管员巡查 App 等。

2018 年 5 月 17 日，首届“中国网络文学周”在浙江省杭州市开幕。该活动由中国作家协会、中共浙江省委宣传部、中共杭州市委宣传部共同主办。开幕式上，中国作家协会首次发布了《中国网络文学蓝皮书（2017）》，并揭晓了“2017 中国网络小说排行榜”。来自网络文学界、文学评论界、网络文学组织、文学和翻译网站、网络文学相关企业等的 400 余名代表齐聚杭州，共话网络文学发展。

2018 年 5 月 22 日，百度与亚信数据在北京签署战略合作框架协议，双方将充分发挥各自的技术优势和资源禀赋，聚焦智慧城市、智慧交通领域，共同为城市提供全面、可靠、创新的人工智能和大数据解决方案。

2018 年 5 月 25 日，电子商务研究中心发布的《2017 年度中国出口跨境电商发展报告》显示，在“一带一路”倡议带动下，2017 年中国出口跨境电商交易规模为 6.3 万亿元，同比增长 14.5%。商品品类主要分布在 3C 电子产品、服装服饰、家居园艺、户外用品、健康美容、鞋帽箱包、母婴玩具、汽车配件、灯光照明等。

2018 年 5 月 26 日，“2018 中国国际大数据产业博览会”开幕式在贵州省贵阳市举行。博览会由国家发展改革委、工业和信息化部、国家互联网信息办公室、贵州省人民政府联合主办。

2018 年 5 月 28 日，北斗导航认证试点启动。中国北斗卫星导航产品检测认证联盟举办了“北斗卫星导航产品认证试点工作推进会”，正式启动对包括芯片、终端产品、信息系统、运营服务在内的北斗卫星导航产品和服务的认证试点工作，将进一步推进北斗卫星导航产品认证体系建设，有助于提升北斗卫星导航产品整体质量水平，规范北斗卫星导航行业管理，加速北斗卫星导航产业化进程，确保产业健康、可持续发展。

2018 年 6 月 1 日，《民用无人驾驶航空器经营性飞行活动管理办法（暂行）》正式实施。“民用无人驾驶航空器经营许可证管理系统”也于同日上线，上线当日共有 328 家单位在线提交了许可申请，25 家企业获得经营许可证。

2018 年 6 月 5 日，“京津冀互通卡”正式发售。市民持此卡可以在北京、天津及河北省的 11 个地市的公交、地铁刷卡乘车，在全国纳入“交通联合”范围内的 190 个城市也都可以使用。

2018 年 6 月 6 日，交通运输部、国家互联网信息办公室、工业和信息化部、公安部、中国人民银行、国家税务总局和国家市场监督管理总局 7 部门联合印发了《关于加强网络预约出租汽车行业事中事后联合监管有关工作的通知》。

2018 年 6 月 7 日，工业和信息化部印发的《关于推进网络扶贫的实施方案（2018—2020 年）》提出，到 2018 年，《国家“十三五”规划纲要》明确提出的“宽带网络覆盖 90%以上的贫困村”目标提前完成；到 2020 年，全国 12.29 万个建档立卡贫困村宽带网络覆盖比例超过 98%。保障建档立卡贫困人口方便、快捷接入高速、低成本的网络服务，保障各类网络应用基本网络需求，更多建档立卡贫困人口都有机会通过农村电商、远程教育、远程医疗等享受优质公共服务、实现家庭脱贫，高速宽带网络助力脱贫攻坚的能力显著增强。

2018 年 6 月 11—12 日，由联合国教科文组织亚太地区办事处、中国联合国教科文组织全国委员会和南方科技大学共同主办的“2018 年亚太地区高等教育慕课研讨会”在深圳举行。

2018 年 6 月 14 日，中央网信办、国家发展改革委、国务院扶贫办、工业和信息化部联合印发《2018 年网络扶贫工作要点》，部署了 5 个方面、21 项重点任务。一是深入推进网络扶贫五大工程；二是聚力攻克深度贫困地区脱贫攻坚任务；三是深入实施东西部网络扶贫协作；四是深化大数据在精准扶贫中的应用；五是加强统筹协调抓深抓实网络扶贫各项工作。

2018 年 6 月 14 日，5G 独立组网标准出台。国际标准组织“第三代合作伙伴计划”（3GPP）全体会议批准第五代移动通信技术 5GNR 的独立组网标准。会议发布的 5G 独立组网标准采用了全新设计思路的端到端架构，在引入全新网元与接口的同时，还将支持网络虚拟化、软件定义网络等新技术。5G 独立组网可降低对现有 4G 网络的依赖性，更好地支持 5G 大带宽、低时延和大连接等各类业务，并可根据场景提供定制化服务，满足各类崭新业务需求。

2018 年 6 月 20 日，“促进共享经济市场健康发展研讨会”在北京召开。研讨会由中国互联网协会主办，由中国互联网协会共享经济工作委员会承办，相关政府部门领导、专家学者及企业高管结合近期共享经济出现的新问题、新情况，共同探讨如何构建有助于共享经济建设与发展的生态环境，推动共享经济高质量发展，共话共享经济蓝图，助力行业健康发展。

2018年6月20日，第12届中国智慧城市建设技术研讨会暨设备博览会开幕式在北京隆重召开。大会现场发布了由中国电子技术标准化研究院携手大华股份牵头，由多家单位联合编制的我国智慧城市标准化领域最新研究成果《新型智慧城市发展白皮书(2018)——评价引领标准支撑》。这是推进我国智慧城市建设发展的重要举措之一，标志着我国智慧城市的应用和创新将走向更成熟的阶段。

2018年6月21日，新能源汽车国家监管平台建设运营任务顺利通过验收。新能源汽车国家监管平台的建设完成，为新能源汽车的信息化监管迈出了重要一步，对有效推动新能源汽车全产业链、全生命周期安全管理，以及提高新能源汽车安全运营水平有重要意义。

2018年6月27日，中国移动打通全球首个5G独立组网全息视频通话。中国移动联合合作伙伴共同发布了《5GSA（独立组网）核心网实现优化白皮书》，展示了5G独立组网技术和产业发展的最新进展。其中，电网差动保护系统利用了5G的网络切片特性，快速完成了配网线路的故障判断及隔离；AR/VR直播系统利用了5G网络切片和边缘计算特性，实现了高清视频信号的独立采集、跨域传输和本地分发。

2018年6月28日，中国联通和华为5G战略合作签约发布。双方将充分发挥各自在5G领域的业务创新优势，并明确聚焦在5G端到端技术验证、垂直行业伙伴合作、5G生态圈构建、5G业务孵化和示范推广等领域展开重点创新合作。

2018年7月5日，由中国铁路投资有限公司、浙江吉利控股集团与腾讯公司共同组建的国铁吉讯科技有限公司正式揭牌成立。这标志着动车组WiFi平台建设经营取得重要进展。国铁吉讯科技有限公司将负责向旅客提供包括WiFi服务、休闲文化娱乐、新闻资讯、在线点餐、特色电商、联程出行、智慧零售等站车一体化、线上线下协同的出行服务。

2018年7月10日，由中国互联网协会主办的2018（第十七届）中国互联网大会在北京国家会议中心开幕。大会以“融合发展协同共治——新时代新征程新动能”为主题，为期3天，围绕互联网独角兽、“一带一路”建设、区块链、互联网金融安全、产业互联网、教育、文化旅游、人工智能、网络与设备安全、知识产权保护、个人信息保护等热点领域密集推出论坛25场。

2018年7月10日，华为、英特尔、中国移动三大科技巨头宣布，三方共同完成了5G互操作测试（IODT），这将有助于加速全球5G网络设备的商业化。

2018年7月17日，国家卫生健康委员会出台《互联网诊疗管理办法（试行）》《互联网医院管理办法（试行）》和《远程医疗服务管理规范（试行）》，为中国快速发展的“互联网+医疗”指明了方向。

2018年7月19日，日本软银公司和中国网约车巨头“滴滴出行”宣布成立合资公司，并将自2018年秋起依次在日本各地推出出租车打车服务。该服务将面向出租车公司免费提供，力图扩大合作方。以大阪为开端，计划陆续推广至东京、京都、福冈和冲绳等日本主要城市。

2018年7月27日，工业和信息化部、国家发展改革委印发的《扩大和升级信息消费三年行动计划（2018—2020年）》提出，到2020年，信息消费规模达到6万亿元，年均增长11%以上。信息技术在消费领域的带动作用显著增强，拉动相关领域产出达15万亿元。到2020年，98%的行政村实现光纤通达和4G网络覆盖，释放网络提速降费红利。创建一批新型信息消费示范城市，在医疗、养老、教育、文化等多领域推进“互联网+”，基本形成高效便捷、安全可信、公平有序的信息消费环境。

2018年7月27日，2018年中国互联网企业100强榜单和《2018年中国互联网企业100强发展报告》发布。榜单和报告由中国互联网协会、工业和信息化部信息中心联合发布，100强企业呈现6个特点：一是整体规模显著提升，“大象快跑”动力不减；二是应用场景不断丰富，消费互联网促进生活品质提升；三是研发投入突破千亿元，核心技术挺进国际第一方阵；四是精耕细作产业互联网，累计服务企业近3000万家；五是“独角兽”企业高速增长，“出海”竞争力持续提升；

六是中西部互联网业务收入超 300 亿元，助力区域经济大发展。

2018 年 7 月 29 日，北京二维码乘车微信支付正式接入上线运行。据交通委介绍，此前推行的易通行 App、扫二维码乘车服务只支持工商银行、支付宝、京东支付，微信支付接入易通行 App 当中，以后就是 4 个支付渠道了。

2018 年 8 月 5 日，李克强总理在全国深化“放管服”改革转变政府职能电视电话会议上作了重要讲话，部署深化“放管服”改革，加快政府职能深刻转变，优化发展环境，最大限度激发市场活力。为确保会议确定的重点任务落到实处，制定了《全国深化“放管服”改革转变政府职能电视电话会议重点任务分工方案》。

2018 年 8 月 7 日，国务院发布《关于同意在北京等 22 个城市设立跨境电子商务综合试验区的批复》，批复同意在北京、呼和浩特、沈阳、长春、哈尔滨、南京、南昌、武汉、长沙、南宁、海口、贵阳、昆明、西安、兰州、厦门、唐山、无锡、威海、珠海、东莞、义乌 22 个城市设立跨境电子商务综合试验区。

2018 年 8 月 13 日，首批 5G 基站启用，北京迈入 5G 时代。北京联通一楼大厅内，随着 5G 基站传送的海淀稻香湖和西城金融街街头实景被投射到大屏幕上，北京正式迈入 5G 时代。

2018 年 8 月 29 日，中国互联网联合辟谣平台正式上线仪式在北京举行。中国互联网联合辟谣平台设立了部委发布、地方回应、媒体求证、专家视角、辟谣课堂等栏目，具备举报谣言、查证谣言的功能，可以获取相关部门和专家的权威辟谣信息。平台还可以起到大数据精准识谣、联盟权威辟谣、多终端立体传播、指尖即时查证、关口前移防范的作用。

2018 年 8 月 31 日，人工智能遴选发布 10 项最具特色的成长性技术。为加强对新一代人工智能技术的前瞻预判，把握全球技术创新动态及发展趋势，中国电子学会遴选发布了 10 项最具特色的成长性技术，主要包括对抗性神经网络、胶囊网络、云端人工智能、深度强化学习、智能脑机交互、对话式人工智能平台、情感智能、神经形态计算、元学习、量子神经网络。

2018 年 9 月 5 日，“2018（第三届）中国工业互联网大会·嘉兴峰会”在浙江省嘉兴市召开。大会由浙江省人民政府指导，由中国互联网协会、浙江省经济和信息化委员会、嘉兴市人民政府主办，以“工业互联新引擎，产业变革新动力”为主题。

2018 年 9 月 6 日，国务院办公厅发布的《关于加强政府网站域名管理的通知》要求，要积极采取域名系统（DNS）安全协议技术、抗攻击技术等措施，防止域名被劫持、被冒用，确保域名解析安全。

2018 年 9 月 6 日，2018 中国网络媒体论坛在浙江省宁波市举行。2018 中国网络媒体论坛设置主论坛和内容、技术、产业 3 个分论坛。其中，内容分论坛以“智能互联时代的传播新语态”为主题，探讨媒体机构如何主动适应互联网传播理念，巩固市场占有率，并实现传统媒体与新兴媒体的深度融合；技术分论坛充分探讨“5G 时代的传播新格局”，分析 5G 时代网络媒体的机遇和挑战；产业分论坛则以“传媒+：跨界融合推动产业升级”为主题，从传统媒体、文创、社群、视频等多种业态、多个角度探讨媒体产业升级所激发的新实践、新模式、新挑战，为媒体产业寻找更多发展可能。

2018 年 9 月 7 日，全球智能经济峰会暨第八届中国智慧城市技术与应用产品博览会在浙江省宁波市举办。本次峰会暨智博会围绕“数字驱动、智能发展”主题，聚焦智能经济和智慧城市重点发展领域，通过峰会、展览、颁奖和大赛活动，集中展示一批新技术、新产品、新成果，交流研讨发展新思路、新模式、新策略，开展重大项目合作对接，推动智能经济高质量发展和智慧城市高水平建设。

2018 年 9 月 9 日，北京互联网法院正式挂牌收案，成为继杭州互联网法院后我国第二家互联网法院。北京互联网法院集中管辖北京市辖区内应当由基层人民法院受理的第一审特定类型互联网案件，包括：互联网购物合同纠纷，互联网服务合同纠纷，互联网金融借款、小额借款合同纠纷，互联网著作权权属纠纷，互联网著作权侵权纠纷，互联网域名纠纷，互联网侵权责任纠纷，互联网购物产品责任纠纷，检察机关提起的互联网公益诉讼案件，因对互联网进行行政管理引发的行政纠纷，上级人民法院指定管辖的其他互联网民事、行政案件。

2018 年 9 月 10 日，河北省印发《河北省企业上云三年行动计划（2018—2020 年）》提出，以基础设施上云、平台系统上云、业务应用上云、设备产品上云、制造能力（资源）上云为重点，大力推进万家企业上云，加快各类信息技术在企业中的普及应用，低成本提高两化融合水平，迅速提高生产管理效率、优化业务流程，促进产业链上下游高效对接、业务协同和资源优化配置，为构建数据驱动的制造业新生态提供支撑。

2018 年 9 月 11 日，民政部印发《“互联网+社会组织（社会工作、志愿服务）”行动方案（2018—2020 年）》提出，到 2020 年实现各级社会组织登记管理机关信息化办公、网络化服务，实现全国社会工作和志愿服务等相关数据的互联互通、共建共享。

2018 年 9 月 11 日，中国—东盟环境信息共享平台正式启动。中国—东盟环境信息共享平台建成了平台网站，涵盖生物多样性信息和环境可持续城市两个专题平台，组建了平台工作组，制定并通过了《中国—东盟环境信息共享平台实施方案》。目前，在这个平台上，中国与东盟多国在环境法规、环保制度和生物多样性等方面已实现信息共享。

2018 年 9 月 13 日，国家技术标准创新基地（贵州大数据）在贵阳国家高新技术产业开发区正式揭牌成立。创新基地通过创新标准化机制，优化配置资源，实现标准化与科技创新、产业发展“无缝对接”，不断孵化出创新性、先导性标准，培育发展标准化服务业，为社会提供标准咨询、评估等服务，在充分发挥市场在资源配置中的决定性作用的同时，更好地发挥政府作用，提升标准供给水平和供给质量。同时，搭建标准化创新服务平台，为创新创业者提供更加高效、灵活、便捷的服务。

2018 年 9 月 13 日，2018 福建互联网大会暨智慧城市高峰论坛在莆田成功举办。大会由福建省网信办、福建省通信管理局、福建省数字办共同指导，由福建省互联网协会主办，大会以“新时代·新平台·新动能”为主题，分为 1 场主论坛和 3 场主题分论坛，围绕“智慧城市”“平台经济”“人工智能”“物联网”“区块链”“新莆商”等主题各抒己见，为新时代福建传统经济与互联网的深度融合发展提供新思路，为数字福建建设建言献策。

2018 年 9 月 15 日，世界物联网博览会在无锡开幕。本届世界物联网博览会由工业和信息化部、科学技术部、江苏省人民政府共同主办，主题为“数字新经济·物联新时代”，会期 4 天，来自国内外的 31 位院士参会。

2018 年 9 月 17 日，2018 世界人工智能大会举行。大会由国家发展改革委、科学技术部、工业和信息化部、国家互联网信息办公室、中国科学院、中国工程院和上海市政府共同主办。来自近 40 个国家和地区的专家学者、企业家等围绕人工智能技术前沿、产业趋势和热点问题开展对话交流，200 多家人工智能领域领军企业参加论坛和展示活动。

2018 年 9 月 17 日，2018 年国家网络安全宣传周在全国范围内统一举行。宣传周主题是“网络安全为人民，网络安全靠人民”，网络安全宣传周活动主要包括举办网络安全博览会、举办网络安全技术高峰论坛、举办主题日活动、表彰网络安全先进典型。

2018 年 9 月 17 日，国家发展改革委与国家开发银行签署了《全面支持数字经济发展开发性金融合作协议》。根据协议，国家发展改革委与国家开发银行将建立促进数字经济发展的战略合作机制，发挥政策引导与开发性金融支持相结合的优势，拟在未来 5 年内投入 1000 亿元，支持大数据、物联网、云计算、新型智慧城市等领域的建设，优先培育和支持一批数字经济领域重点项目，助力数字经济和数字丝绸之路建设。

2018 年 9 月 18 日，首届数字经济暨数字丝绸之路国际会议在杭州召开。本届会议以“数字经济引领未来，共建 21 世纪数字丝绸之路”为主题，围绕大数据、云计算、互联网+、电子商务、智慧城市建设等领域进行了交流。来自塞尔维亚、捷克、韩国、老挝、马来西亚等多个国家政府部门、研究机构和数字经济领域企业代表参加。

2018 年 9 月 19 日，阿里巴巴集团在杭州云栖大会上宣布，将成立芯片企业平头哥半导体有限公司，开发芯片。

2018 年 9 月 20 日，“广东政务服务网”上线。该网站汇聚了广东省、市、县、镇、村 5 级政务服务事项，企业设立变更、资质认证、金融投资等多类涉企事项，以及生育收养、户籍办理、出境入境、婚姻登记等多项涉民生事项均可在该网站统一办理。

2018 年 9 月 20 日，中国林业大数据中心、中国林权交易（收储）中心在昆明浪潮云计算产业园揭牌。“中国林业双中心”项目将以支撑林业现代化建设为根本，盘活政府和社会海量数据资产，建立开放共享的林业数据资源管理流通模式，利用并创新大数据技术，建立现代化数据资源管理应用和快速反应机制，为国家决策、企业决策和林农增收提供准确、及时、可靠的数据资源，提高工作效率和公众服务水平。

2018 年 9 月 20 日，2018 国际数字经济博览会在石家庄国际会展中心开幕。2018 国际数字经济博览会以“数字经济引领未来”为主题，由中国网络社会组织联合会、中国电子商会、中国国际电子商务中心、中国网络视听节目服务协会、石家庄市政府共同主办。此次博览会举办了 1 场主题峰会和 27 场分论坛活动，还设置了数字生活、金融、商务、教育、健康等 10 个数字经济展区及国际展区，着力打造全球数字经济新技术、新产品、新服务推广展示及行业交流合作平台。

2018 年 9 月 20 日，科学技术部正式宣布，依托商汤集团建设智能视觉国家新一代人工智能开放创新平台。商汤集团成为继阿里云、百度、腾讯、科大讯飞之后的第五大国家人工智能开放创新平台。

2018 年 9 月 27 日，中国联通携手德勤中国，共同发布了《5G 重塑行业应用白皮书》，从技术成熟度、商业场景、风险投资等多角度探索如何加快基于 5G 的创新行业应用。

2018 年 9 月 27 日，中国互联网络信息中心（CNNIC）发布《新闻客户端信息生态指数 2018 年 8 月榜》。评估结果显示，商业网站新闻客户端生态表现一般，总体评分环比小幅下降；用户管理与响应进步明显，内容安全保障能力仍显不足。

2018 年 10 月 10 日，国家市场监督管理总局、国家标准化管理委员会发布《智慧城市信息技术运营指南》等 6 项国家标准。本次新国标的实施，为智慧城市信息化建设提供理论基础和技术支撑，有助于实现数据资源的标准化，有利于梳理智慧城市物联网系统建设的关键功能要素，并对系统建设进行总体指导，提升智慧城市信息化建设水平和建设质量。

2018 年 10 月 19 日，全国首个市场监管互联网执法办案平台在杭州上线。该平台将人工智能、自动化办公、电子签名等技术应用于举报案件的处理，可以跨越时空限制，实现从举报、立案、调查、送达、举证、告知、核审、处罚、缴款、公示等各环节的全流程在线，所有举报案件的处理、当事人参与的任何步骤可以即时、连续地记录留痕。

2018 年 10 月 23 日，中国智慧交通大会召开。大会由中国交通报社、深圳市腾讯计算机系统有限公司联合主办。交通运输部周伟总工程师表示，交通运输部以智慧交通为行业发展主攻方向，聚焦基础设施、生产组织、运输服务和决策监管等领域，推动实现交通数字化、网络化、智能化，支撑交通强国建设。未来要强化顶层设计，明确中长期发展目标和实现路径；坚持重点突破，加快先进信息技术与交通运输融合应用；加强跨界协调，明确政企定位；防范“一窝蜂现象”“孤岛现象”和“两张皮现象”。

2018 年 10 月 24 日，第二届全球程序员节在西安高新国际会议中心开幕。本届程序员节号召以程序的力量“码”动人类文明进程的未来，聚焦程序员，聚焦务实创新，聚焦科学武装，聚焦创新人才，聚焦“软件定义世界”，聚焦“一带一路”。

2018 年 10 月 28 日，司法部在内蒙古自治区呼和浩特市召开全国司法行政信息化工作推进会。司法部部长出席会议并强调，司法行政系统要深入贯彻落实习近平总书记网络强国战略思想、全面依法治国新理念新思想新战略，深入践行司法为民服务宗旨，站在全面依法治国的高度谋划信息化建设，进一步提升政治站位，全力推进“数字法治、智慧司法”信息化体系建设，不断开创新时代司法行政事业新局面。

2018 年 10 月 30 日，云南高速公路“ETC+无感支付”上线运行。“ETC+无感支付”以 ETC 技术为基础，运用移动支付等手段，通过“游云南”App 等平台，把 ETC 车辆信息与微信等第三方支付账户绑定，车辆在通行 ETC 车道交费时，自动从绑定的微信等账户中扣除通行费。

2018 年 11 月 8 日，全国首家“5G+北斗”创新实验室落户武汉。中国移动湖北有限公司与武汉大学签署合作协议，双方将开展全面的科技合作并成立“5G 北斗精准定位联合创新实验室”，共同在 5G 北斗高精定位技术测试及应用、智慧校区、远程教育、智慧医疗等领域开展创新性研究，促进 5G 技术商用和创新业务发展。这是中国移动乃至全国首个“5G+北斗”创新实验室。

2018 年 11 月 14 日，农业农村部行政审批手机客户端“益农 e 审”App 正式上线。“益农 e 审”App 实现了与农业农村部行政审批综合办公系统等业务办理系统的无缝对接，社会公众可通过 App 方便、快捷地查询农业农村部行政许可有关公告通知、设立行政许可的法律法规依据、申请办理行政许可的办事指南和常见问题、行政许可办理结果公开信息，对农业农村部行政许可行为进行监督评价，提出意见建议。企业注册账户可实时查询已提交申请事项、当前正在办理的申请事项进度、已办结申请事项，对具体事项办理的窗口服务进行评价，并可通过 App 进行预约取号。

2018 年 11 月 22 日，中国（贵州）智慧广电综合试验区揭牌，贵州成为国内首个国家级智慧广电综合试验区。国家“智慧广电”建设以全面提升广播电视业务能力和服务能力为目标，以有线、无线、卫星、互联网等多种手段协同承载为依托，以云计算、大数据、物联网、IPv6、人工智能等综合数字信息技术为支撑，实现广播电视智慧化生产、智慧化传播、智慧化服务和智慧化监管，着力提供无所不在、无时不在的高质量广播电视服务，更好地肩负起广播电视在新时代的重大职责使命。

2018 年 12 月 3 日，工业和信息化部向基础电信运营企业发放 5G 系统试验频率使用许可。其中，中国电信和中国联通获得 3500MHz 频段试验频率使用许可，中国移动获得 2600MHz 和 4900MHz 频段试验频率使用许可。5G 系统试验频率使用许可的发放，有力地保障了各基础电信运营企业开展 5G 系统试验必须使用的频率资源，向产业界发出了明确信号，进一步推动我国 5G 产业链的成熟与发展。

2018 年 12 月 4 日，中国气象局发布《中国气象大数据（2018）》显示，开放共享的气象数据已广泛应用于交通运输、新能源、农业、移动互联软件开发和服务、公共管理等领域，效益显著。

2018 年 12 月 7 日，新版贵州政务服务网正式上线运行。一方面，贵州政务服务网对审批服务系统、电子监察系统、电子证照批文、互联网门户等系统进行了升级改造，进一步满足审批人员及办事群众需求；另一方面，结合大数据和人工智能最新发展趋势，贵州政务服务网新开发建设了个人/企业专属网页、套餐服务、网上支付、帮办代办、中介服务、智能导办、便民服务、咨询投诉、智能问答、一生办通、一页通办、一册案例等系统功能，群众可通过刷脸、支付宝扫码等智能方式登录贵州政务服务网办理事务，切实解决企业群众办事难、办事慢和来回跑的问题，逐步实现“服务到家、服务上手”。

2018 年 12 月 10 日，宁夏回族自治区中医医疗信息共享平台暨宁夏中医药数据中心正式启用。该项目涵盖宁夏中医医疗信息共享平台、中医馆健康信息平台和中医云 HIS 项目 3 个子项目，由国家及宁夏回族自治区多个财政项目支持建设。借助这个平台，自治区 18 家公立中医医院、237 家基层中医馆可实现互联互通、数据共享和业务协同。

2018 年 12 月 11 日，工业互联网战略咨询专家委员会成员名单公布。专家委员会以贯彻落实党中央和国务院关于推动我国工业互联网发展的各项决策部署为宗旨，充分发挥市场在资源配置中的决定性作用，以探寻工业互联网发展规律和尊重我国发展实际为基础，坚持科学、客观、公正的原则，围绕工业互联网发展有关的重大问题，开展相关咨询、论证活动。

2018 年 12 月 17 日，中央和国家机关党建门户网站旗帜网正式上线。旗帜网由中央和国家机关工委主管，由原中直党建网、紫光阁网、中直机关党校门户网站和干部学习网整合组建，分为内容宣传和管理服务两大类。在内容宣传方面，包括“深入学习贯彻习近平新时代中国特色社会主义思想”长期特设专题、“今日要闻”“中央精神”“工委工作”等 13 个频道，下设 33 个二级栏目。在管理服务方面，强调互动性和实用性，设置了“工委子站”“党建资料库”“党建业务通”等9个版块。

2018年12月17日，北京正式发布老城历史文化地理信息平台“北京印迹”。“北京印迹”平台系统梳理和采集了北京老城18大类、73小类历史文化资源3万余条，以网站为基础，拓展建设“北京印迹”App、新媒体矩阵。“北京印迹”平台主要栏目有“老城整体保护”“老城历史遗迹”“地图见证历史”“非物质文化遗产”“旅游文化导览”等。

2018年12月18日，江西实现1.6万个行政村光纤宽带网络全覆盖。农村光纤宽带网络覆盖率提升推动江西农村信息化应用水平不断加强，一批村级淘宝店迅速发展，农村远程教育、远程医疗等信息化应用稳步推进。借助“互联网+”，江西农产品进城和消费品下乡双向流动提速，电信网络成为助力脱贫攻坚的重要基石。

2018年12月21日，湖北省网络空间安全学会正式成立。该学会由湖北省委网络安全和信息化委员会办公室业务指导，由湖北省科学技术协会业务主管，挂靠华中科技大学，旨在发挥桥梁纽带作用，构建政、产、学、研、用“五位一体”的多学科交叉协同创新联盟，组织和动员湖北省网络空间安全工作者，为国家战略服务，促进中国网络空间的安全和发展。

2018年12月26日，“济南交通大脑”正式上线。“济南交通大脑”的核心是“一云四中枢”。其中，“一云”是交通专享云，是“济南交通大脑”的数据仓库和计算基础，汇集政府数据（卡口、两客一危、渣土车、公交车等）、互联网数据及其他各类数据，为“济南交通大脑”提供基础数据；“四中枢”由感知中枢、分析中枢、决策中枢、评估中枢构成。

2019年1月1日，《中华人民共和国电子商务法》实施，规定了利用微信朋友圈、直播等方式从事商品、服务经营活动的自然人、个人代购及微商都归属为电子商务经营者，须依法办理工商登记取得相关行政许可，并依法纳税。

2019年1月4日，海南商事主体登记平台（“海南e登记”）正式上线。“海南e登记”是依据《中国（海南）自由贸易试验区商事登记管理条例》相关要求，通过立法形式大幅推行自主申报登记制度改革的创新载体。申请人在法律法规范围内自主填报或选择的内容，通过全省统一的“海南e登记”在线自动审核确认，最大限度地提高企业登记自主权，实现企业“自由生、自由死”。通过该平台，海南商事主体登记将真正实现自主申报，企业注册可以“一次不用跑”。

2019年1月7日，北京市高级人民法院和北京市司法局联合发布上线“微律师”服务平台。平台依托“北京法院诉讼服务”微信公众号，推行“互联网+电子诉讼”新模式，集合了网上立案、案件查询、文书送达等功能，为律师参与诉讼和办理案件提供了便捷网络诉讼服务。

2019年1月8日，河北省公安机关一体化报警调度系统“公安110”App正式上线。“公安110”App包括视频报警、静默报警、语音报警、亲友互助、寻人启事、线索举报六大功能。群众可以将现场情况准确、直观地直播给公安机关，还可以帮助公安机关保存犯罪证据；在对出行安全不放心时，可以让亲朋好友实时查看出行人的轨迹位置、周边环境音视频，发现危险后一键报警，具有极强的安全防范价值。

2019年1月10日，福建成功实施全球首例5G远程外科手术。这台手术由福建联通、北京301医院、福建医科大学孟超肝胆医院三方联合开展，手术两地相距约50千米。手术的成功实施，标志着全球首例在5G环境下进行的远程外科手术测试取得圆满成功，为今后5G远程外科手术的临床应用创造了条件。

2019年1月11日，司法部在浙江省杭州市召开了“智慧监狱”建设工作推进会。司法部党组成员、副部长出席会议并讲话。会议强调，“智慧监狱”是“数字法治、智慧司法”信息化体系建设中不可或缺的重要组成部分，要提高政治站位，深刻认识加快推进“智慧监狱”建设的重要性、紧迫性，要坚持以“智慧化应用”为目标，全力推进“智慧监狱”建设，要加强对“智慧监狱”建设的组织领导，不断推进“智慧监狱”建设，努力实现奋斗目标，为全系统做出表率。

2019年1月22日，公安部召开“净网2018”专项行动总结暨“净网2019”专项行动部署会。

2019年2月1日，贵州省发布的《关于推进政务新媒体健康有序发展的实施意见》明确，到2020年，基本建成以贵州省人民政府网政务新媒体为龙头，整体协同、响应迅速的政务新媒体矩阵体系，政务新媒体发布信息、解读政策、回应关切、政民互动、办事服务等功能得到充分发挥，初步建成一批群众喜闻乐见的优质精品账号及应用。

2019年2月1日，工业和信息化部公布2018年互联网和相关服务业经济运行情况。

2019年2月18日，采用5G室内数字系统建设的全球首个5G火车站在上海虹桥火车站启动建设。5G火车站的建设启动是上海5G商用步伐的重要里程碑，为上海建设“双千兆宽带城市”（移动通信网络和固定宽带网络双双实现千兆覆盖）奠定坚实基础；同时，这也是我国5G技术使能智慧化转型应用的重要里程碑。

2019年2月22日，国家版权局通报“剑网2018”专项行动工作成果。专项行动期间，各级版权执法监管部门删除侵权盗版链接185万条，收缴侵权盗版制品123万件，查处网络侵权盗版案件544件，其中，查办刑事案件74件，涉案金额达1.5亿元，专项行动取得显著成效。

2019年3月5日，国家卫生健康委员会发布《医院智慧服务分级评估标准体系（试行）》，以指导医疗机构科学、规范开展智慧医院建设，逐步建立适合国情的医疗机构智慧服务分级评估体系。

2019年3月14日，广东省智慧杆产业联盟正式成立。广东省智慧杆产业联盟是全国首个由政府官方指导成立并呈现产业化布局、规模化推广的智慧杆联盟。广东省工业和信息化厅、广东省住房和城乡建设厅、广东省通信管理局作为指导单位，将为包括华为、中兴通讯等在内的30家联盟理事单位给予全面支持和指导，将推动广东省城市基础设施尤其是杆塔类设施的高效整合和集约建设，批复储备5G站址资源。

2019年3月19日，“全国首个5G高校建成启用暨5G+人工智能应用联合创新实验室揭牌仪式”在上海工程技术大学举办。上海联通已在上海工程技术大学建成满足3GPPNSA架构的3.5GHz的5G室外宏站5个，在联合创新实验室部署了5G室内型微基站1个，实现校园、办公区、科研区、宿舍区的5G信号覆盖。

2019年3月20日，中国多个省份的固定宽带家庭普及率超过100%。工业和信息化部发布的第11期《中国宽带普及状态报告》显示，中国有6个省（自治区、直辖市）固定宽带家庭普及率超过100%，9个省（自治区、直辖市）移动宽带普及率超过100%。

2019年3月20日，上海成为全国首个中国移动5G试用城市。上海市虹口区已建成5G基站228座，实现了千兆固定宽带网络和5G网络全区覆盖，成为全球首个固定宽带和移动通信网络双双实现千兆覆盖的地区。在5G应用场景方面，虹口将聚焦智慧医疗、智慧教育、智慧楼宇、虹口区足球场、智慧社区、无人机巡航、城市安全、城市管理、金融服务、文创体育十大领域加大探索创新。

2019年3月22日，粤港澳首次实现固网宽带互联互通。中国联通、香港电讯、澳门电讯3家合作，推出粤港澳大湾区精品网，率先实现粤港澳光纤固网互联互通。首张实现粤港澳互通的光纤网络将主要为腾讯、美的等企业客户服务。以往，企业客户在中国港澳地区访问中国内地网络时，可能会遇到速度上的问题，实现“一张网”后，企业客户在访问时可实现粤港澳同网同速。

2019年3月29日，国家健康医疗大数据中心及产业园（中卫）在宁夏回族自治区中卫市正式揭牌成立。中心规划建设A、B、C共3个数据中心功能区，A区以政务云和医疗云为主，B区为市场化运作的医疗云，C区为多云灵活的数据中心。3个数据中心功能区将基于配套完善的“一体化”大数据基础平台，实现资源有效整合和集中管控，承接医疗健康大数据的存储、计算、应用等服务，保障互联互通。

2019年3月31日，《中国IT产业发展报告》发布。《中国IT产业发展报告》显示，中国IT产业正在进入由大变强、由“跟随并跑”向“并跑领跑”转变的重要战略机遇期；国际排名快速攀升，产业实力排名居世界第2位；IT产业发展指数居全球第4位，排在美国、日本、德国之后；在IT产业创新、IT产业融合等方面，中国均有所进步。截至2018年年底，在全球313家独角兽企业中，中国企业有76家，仅次于美国的151家。

2019年4月1日，北京市首例“AI客服”正式上岗。AI（人工智能）机器人“小商”在海淀区市场监督管理局正式上岗，拨打咨询服务热线，将由AI客服机器人接听，不仅接听能力增加10倍，服务时间也拓宽至8小时以外，实现7×24小时接听，解决了咨询电话难打通、等候时间长等问题。如果遇到AI客服机器人无法解答的问题，电话会自动转接人工客服接听，实现“AI+人工”的全新服务模式。

2019年4月3日，我国启动互联网信息服务备案用户真实身份信息电子化核验试点。此次试点工作主要内容为ICP备案主体身份信息电子化采集和提交。参与试点的网络接入服务提供者可采用“人脸识别”“唇语识别”“动作识别”等技术手段，采集确认ICP备案主体真实身份信息，并与其提供的主体身份证件、权威库留存的主体身份证件进行交叉比对后电子化提交。

2019年4月8日，中国互联网协会建设的互联网信息服务投诉平台上线运行。网友可在线进行互联网信息服务相关投诉。目前涵盖阿里巴巴、百度、滴滴、今日头条、京东、美团、腾讯、唯品会、携程、新浪、支付宝11家企业。

2019年4月9日，互联网域名系统国家地方联合工程研究中心在北京怀柔科学城揭牌成立。这是我国在域名领域批准的唯一一家国家级工程研究中心。互联网域名系统国家地方联合工程研究中心的目标是努力打造全球领先的互联网基础资源创新中心。

2019年4月10日，全国“扫黄打非”办公室决定在全国范围内开展网上低俗信息专项整治。此次专项行动于2019年4月启动，持续开展了8个月，综合运用行政管理、行业规范、道德约束等多种手段，重点清理网络传播淫秽色情和夹杂淫秽色情信息内容，网络恶搞、调侃等迎合低级趣味的内容，宣扬暴力、血腥、恐怖、残酷的内容等。

2019年4月16日，国家互联网应急中心发布了《2018年我国互联网网络安全态势综述》。该报告坚持立足于CNCERT自有监测数据与工作实践，结合2018年典型网络安全事件、网络安全新趋势及日常网络安全事件应急处置实践成果编撰而成，为我国党政机关、行业企业及社会公众提供了有力参考。该报告从网络安全法律法规、网络安全威胁治理、勒索软件威胁、APT攻击、云平台安全、拒绝服务攻击、工业控制系统安全、恶意移动应用、数据安全共9个方面对2018年我国互联网网络安全状况进行了总结。该报告还对网络安全趋势进行了4点预测，认为2019年带有特殊目的和针对性更强的网络攻击、国家关键信息基础设施安全、个人信息与数据安全、5G与IPv6等新技术安全值得关注。

2019年4月20日，《2019全国县域数字农业农村发展水平评价报告》发布。报告从发展环境、基础支撑、信息消费、生产信息化、经营信息化、乡村治理信息化、服务信息化7个维度对全国2094个有效样本县（市、区）的县域数字农业农村发展水平进行了评价。报告显示，全国已有77.7%的县（市、区）设立了农业农村信息化管理服务机构；2018年县域财政总计投入数字农业农村建设资金129亿元；县域城乡居民人均电信消费突破500元；农业生产数字化快速起步，农业生产数字化水平达5%；农村电子商务加快发展，行政村电子商务站点覆盖率达64%，县域农产品网络零售额为5542亿元，占农产品交易总额的9.8%；信息进村入户工程建设取得显著成效，建成益农信息社覆盖行政村比例达49.7%。

2019年4月22日，国科微发布GK2302系列芯片，搭载龙芯嵌入式CPU IP核，成为国内首款实现全国产化的固态硬盘控制芯片。作为首款全国产化的固态硬盘控制芯片，GK2302系列芯片具有以下优势：第一，搭载国产嵌入式CPU IP核；第二，从芯片设计到流片再到生产封装等各环节全部在国内完成；第三，与国产整机品牌实现全面适配；第四，集成国密加解密算法，安全可信。

2019年4月22日，全国首个融媒体数据安全实验室在贵阳揭牌。实验室将组建来自媒体、大数据安全企业、大数据研究机构等领域的人才团队，按照安全研究、业务孵化、产业化运作的路径，逐步构建全国首个融媒体安全体系，建设全国首个融媒体安全靶场，发布全国融媒体安全研究成果等；建立网络安全、信息安全、数据安全、内容安全的联合防控和协同机制，从安全技术、安全产品、安全服务、安全治理4个维度形成全国融媒体安全的“贵阳模式”，为融媒体中心健康发展保驾护航。

2019年4月26日，国家版权局网络版权产业研究基地发布《2018年中国网络版权产业发展报告》。报告显示，2018年网络新闻媒体、网络游戏（含电竞）、网络视频（含动画）依然是中国网络版权产业三大支柱，比重占网络版权产业总规模的85%。其中，中国网络游戏市场规模为2480亿元，除传统游戏业务外，电竞游戏成为游戏市场的最大亮点。2018年我国自主研发网络游戏海外市场实际销售收入达95.9亿美元，同比增长15.8%。

2019年4月26日，国家版权局、国家互联网信息办公室、工业和信息化部、公安部4个部门联合启动打击网络侵权盗版“剑网2019”专项行动。“剑网2019”专项行动坚持以人民为中心的工作导向，高度关注权利人和群众反映强烈的网络侵权问题，不断加大版权执法监管力度，着力规范相关行业版权秩序，积极应对5G、人工智能、区块链等新技术带来的挑战，不断提升版权管网、治网能力，为庆祝中华人民共和国成立70周年营造良好的网络环境。

2019年4月26日，“法信知识产权版”上线。“法信知识产权版”全面汇集了知识产权审判所需的法律、案例、裁判、观点、图书等专业内容资源，通过搭建知识产权专有的知识图谱体系，以时间、效力坐标梳理案例裁判规则，能够提供更为精准、规范、智能化的类案检索和推送。平台收集知识产权各类专业文献110万篇，共计22亿字，通过智能检索和智能推送两大路径，提供跨库检索、一站式解决方案、文书智推、案情智推、智能问答五大功能。

2019年5月6日，《中国移动支付发展报告（2019）》发布。中国移动支付发展指数由国家信息中心、中国经济信息社、蚂蚁金融服务集团联合编制，从信息化基础、商业消费和政务民生支付3个维度测度移动支付与城市竞争力的互促关系，为引领城市发展转型、提升城市治理能力提供了参考路径。报告显示，2018年移动支付总指数前10强城市为上海、杭州、北京、武汉、重庆、天津、深圳、广州、温州、南京。从分类项看，北京在移动支付信息化基础指数排名第1位，上海在移动支付商业消费指数排名第1位，杭州在移动支付政务民生指数排名第1位。

2019年5月6日，《数字中国建设发展报告（2018年）》发布。报告显示，2018年我国数字经济规模达31.3万亿元，占GDP的34.8%；我国信息基础设施建设加快推进，截至2018年年底，网民规模为8.29亿人，互联网普及率达59.6%，较2017年提升3.8%；网信产业保持良好增长势头，电子信息制造业、软件和信息技术服务业、通信业、大数据产业等保持较快增长；信息技术研发创新活跃，2018年国内信息技术发明专利授权数达18.5万件，同比增长10.8%。

2019年5月7日，《区块链电信行业应用白皮书（1.0版）》正式发布。该白皮书是全球首个区块链电信行业应用白皮书，由三大基础电信企业牵头，联合华为、中兴通讯、趣链科技、华麒通信等10余家单位共同撰写完成。白皮书从电信运营商业务管理、业务服务、网络运营3个方面入手，深入探讨了电信设备管理、动态频谱管理与共享、数字身份认证、国际漫游结算、数据流通及共享、物联网、云网融合、多接入边缘计算8个场景的区块链解决方案及未来发展策略，为区块链与电信行业的融合发展提供了技术支撑与引导。

2019年5月7日，中国国家地名信息库启动开通。这是我国在国家层面首次公布全国地名信息，首次公布全国省、市、县3级界线界桩信息，首次公布全国地名专用字、专读音信息，首次公布全国地名原读音信息。

2019年5月9日，在2019全球人工智能产品应用博览会上，我国五大国家级人工智能开放创新平台首度集中亮相，展示了我国人工智能产品应用的最新成果。目前，国家五大人工智能开放创新平台涉及AI的应用领域，分别为：依托百度建设的自动驾驶国家新一代人工智能开放创新平台；依托阿里云建设的“城市大脑”国家新一代人工智能开放创新平台；依托腾讯建设的医疗影像国家新一代人工智能开放创新平台；依托科大讯飞建设的智能语音国家新一代人工智能开放创新平台；依托商汤集团建设的智能视觉国家新一代人工智能开放创新平台。

2019年5月13日，2019中国云计算和物联网大会在重庆国际会展中心举行，展示了国内外云计算、物联网、大数据领域的最新成果，并邀请了国内外专家学者参会，围绕“云物智联·引领数字经济新发展”主题，分享观点与建议。

2019 年 5 月 15 日，中国卫星导航定位协会发布的《中国卫星导航与位置服务产业发展白皮书（2019）》显示，2018 年我国卫星导航与位置服务产业总体产值达 3016 亿元，较 2017 年增长 18.3%。其中，包括芯片、器件、算法、软件、导航数据、终端设备、基础设施等在内的产业核心产值达 1069 亿元，“北斗”对产业的核心产值贡献率达 80%，为我国经济高质量发展注入了创新动能。

2019 年 5 月 16 日，国家大数据综合试验区展示中心于贵州正式开馆。展示中心共包含“数字中国贵州方案展区”“数化万物智在融合展区”“云上筑梦躬身耕耘展区”“未来已来展区”“智慧体验区”5 个展区，分别就贵州大数据发展的历程、顶层设计及综合试验区推进情况，贵州·中国南方数据中心示范基地建设情况，大数据与实体经济、民生服务、社会治理、精准扶贫和乡村振兴等领域融合情况，工业互联网、AI 人工智能、区块链、5G 发展情况，大数据企业创新发展、创新产品、国际合作方面的发展情况及数博大道建设等情况进行展示。

2019 年 5 月 20 日，中国软件评测中心发布的《第十七届部委政府网站绩效评估报告》显示，我国部委网站整体建设水平持续向好，信息内容建设及管理持续加强，并以数据开放为支撑，引入人工智能等技术，不断提升互联网政务服务水平；大数据、人工智能等新技术接入网站。报告统计，约 1/4 的部委网站建立了“数据”类专栏，一些网站提供了数据接口，集中、规范向社会开放政府数据，并提供语音搜索、智能咨询等服务。

2019 年 5 月 20 日，2019 年全国网络扶贫工作视频会议在北京召开。会议深入学习贯彻习近平总书记关于打赢脱贫攻坚战、推进网络扶贫行动作出的重要指示批示精神和中央领导同志批示要求，部署推进 2019 年网络扶贫工作。

2019 年 5 月 21 日，全国首个人工智能创新应用先导区在上海启动建设。先导区在人工智能产业布局、基础设施建设、标准体系构建、知识产权交易等方面积极探索，注重创新政府管理，建立包容审慎的监管政策，消除融合发展面临的资质、数据、安全等壁垒。

2019 年 5 月 26 日，2019 中国国际大数据产业博览会在贵阳开幕。以“创新发展·数说未来”为主题，本届数博会聚焦前沿、聚焦共赢，围绕大数据最新技术创新与成就，开展高端对话、系列论坛、大赛、展览会等活动，为高科技企业搭建合作、交流、推介、展示的国际舞台。

2019 年 5 月 28 日，国家互联网信息办公室在其官网发布了目前国内主要网络视频平台推行“青少年防沉迷系统”情况，统筹指导西瓜视频、好看视频、全民小视频、哔哩哔哩等 14 家短视频平台，以及腾讯视频、爱奇艺、优酷、PP 视频 4 家网络视频平台，在“六一”儿童节前夕统一上线“青少年防沉迷系统”。加上此前试点的短视频平台，目前国内已有 21 家主流网络视频平台上线了“青少年防沉迷系统”。

2019 年 5 月 29 日，国务院明确于 2019 年 11 月底前全面实施携号转网。工业和信息化部表示分三阶段有序推进携号转网。第一阶段是 8 月底前，各基础电信企业完成网络及系统建设和改造工作，具备企业间联调联测的条件。第二阶段是 11 月 10 日前，各基础电信企业、中国信息通信研究院完成全业务流程联调联测相关工作，具备向用户提供携号转网服务能力。第三阶段是 11 月底前，在全国范围内正式向用户提供携号转网服务。

2019 年 5 月 30 日，中国电信在上海举行“共建双千兆示范城市暨中国电信智慧家庭生态合作大会”。中国电信认为，智慧家庭应由智能宽带、智家平台、智能应用、智能安全、智能服务组成。其中，智能宽带是基础，智家平台是载体，智能应用是方向，智能安全贯穿其中，智能服务是目的。

2019 年 5 月 31 日，“上海市养老服务平台”正式开通。平台涵盖了养老服务领域官方信息、最新政策、热点动态、全量数据、规划报告、办事指南、实事项目等各类实用信息，提高行业从业者服务水平，为专家智库开展研究工作提供资源支持。平台依托民政数据海，实现了养老机构、社区居家养老、老年综合津贴、长期护理保险等数据联动共享，从而服务行业管理、助力政府决策。

2019 年 6 月 6 日，工业和信息化部正式向中国电信、中国移动、中国联通、中国广电发放 5G 商用牌照，这标志着我国正式进入 5G 商用元年。

2019 年 6 月 18 日，中国已建立全球规模最大的征信系统。在防范金融风险、维护金融稳定、促进金融业发展等方面发挥了不可替代的重要作用，在改善营商环境方面赢得了国内外的广泛认可。目前，征信系统累计收录 9.9 亿个自然人、2591 万家企业和其他组织的有关信息，个人和企业信用报告日均查询量分别达 550 万次和 30 万次。

2019 年 6 月 19 日，“2019 中德互联网经济对话”在北京举行。对话由中国国家互联网信息办公室与德国联邦经济和能源部联合主办，围绕中德两国网络安全政策法规、中德两国企业落实相关法律法规的实践案例和意见建议，以及双方深化网信领域交流合作等进行了深入交流。中德两国相关政府部门负责人和企业家代表等 80 余人参加会议。中国国家互联网信息办公室与德国联邦经济和能源部共同发布了《2019 中德互联网经济对话成果文件》。

2019 年 6 月 21 日，2019 年中国工业信息安全大会在北京举行。大会由工业和信息化部指导，由国家工业信息安全发展研究中心、工业信息安全产业发展联盟主办。本次大会是聚焦工业信息安全领域的国际性会议，主题是“智慧连接工业 安全守护未来”，聚焦工业信息安全发展趋势、工业互联网安全、工业信息安全应急响应、工业信息安全检测评估、数据安全等关键议题，吸引了来自政府、企业、科研院所、高校的专家和代表超过 1000 人。

2019 年 6 月 22 日，《中国工业信息安全产业发展白皮书（2018—2019 年）》发布。白皮书显示，我国工业信息安全产业在持续成长，涌现出了一批成长性高、创新能力强的企业；2018 年我国工业信息安全产业规模为 70.32 亿元，市场增长率达 33.55%，工业信息安全产业规模加速扩容；2019 年工业信息安全产业市场增长率达 19.23%，市场整体规模增长至 93.91 亿元。

2019 年 6 月 24 日，《中国移动互联网发展报告（2019）》发布，主题为“智能时代的移动互联网”，延续了往年的结构框架，全书分为 5 个部分，包括总报告、综合篇、产业篇、市场篇、专题篇，全面梳理了 2018 年中国移动互联网发展状况，分析了年度发展特点，并对未来发展趋势进行了预判。

2019 年 6 月 25 日，华为 Mate 20X 获得中国首张 5G 终端电信设备进网许可证。它还是同时支持 SA/NSA 的双模手机。

2019 年 6 月 26 日，中央广播电视总台成功实现我国首次 8K 超高清内容的 5G 远程传输，并为参加 2019 世界移动大会的嘉宾现场呈现了极致流畅的传输速度，以及色彩鲜艳、纤毫毕现的画质体验。

2019 年 6 月 27 日，科学技术部公布的《国家重点研发计划“智能机器人”等重点专项 2019 年度项目申报指南》显示，“智能机器人”等 6 个重点专项涉及国拨经费总概算约 22.6 亿元。其中，“智能机器人”重点专项安排国拨经费总概算约 4 亿元，“现代服务业共性关键技术研发及应用示范”重点专项约 3 亿元，“综合交通运输与智能交通”重点专项约 1.7 亿元，“网络协同制造和智能工厂”重点专项约 6.8 亿元，“制造基础技术与关键部件”重点专项约 4.5 亿元，“物联网与智慧城市关键技术及示范”重点专项约 2.6 亿元。

2019 年 6 月 27 日，“一带一路”经济信息共享网络在北京宣告成立。“一带一路”经济信息共享网络由新华通讯社牵头发起，创始成员来自亚洲、欧洲、非洲、拉丁美洲、大洋洲的 26 个国家和地区，包括国际知名通讯社、信息服务机构、研究机构等，旨在通过建立完善的经济信息国际传播体系，消除信息不对称，为“一带一路”倡议参与各方提供示范、引导和服务，助力政策沟通的深化、设施联通的加强、贸易畅通的提升、资金融通的扩大、民心相通的促进，吸引更多国家和地区加入“一带一路”建设，打造国际合作新平台，增添共同发展新动力。

2019 年 6 月 30 日，“中国互联网基础资源大会 2019”在北京举办。该大会由国家互联网信息办公室指导，由中国互联网络信息中心主办。大会定位为中国互联网基础资源领域的行业大会，主题为“筑牢根基，砥砺前行，共绘未来”。大会围绕网络强国战略大局，回顾了中国互联网 25 周年发展历程，聚焦互联网基础资源行业发展，展示前沿创新技术，搭建行业交流平台，推动行业规范有序发展。

2019 年 7 月 4 日，全国首个“5G+AIOT（智能物联网）智慧社区”——海淀区北太平庄街道志强北园小区亮相。

2019 年 7 月 8 日，云南省互联网信息办公室发布《关键信息基础设施边界识别研究报告》，从关键信息基础设施形态与本质、受到攻击后的表现形式、支撑关键业务的模式 3 个维度出发，阐释了基于信息 / 数据流的关键信息基础设施边界识别流程和识别方法，并结合实际应用提供了具体案例。

2019 年 7 月 9 日，《中国“智能+”社会发展指数报告 2019》正式发布。报告由中国互联网协会和中国信息通信研究院联合撰写，研究显示，目前我国“智能+”社会发展水平还处于初级阶段，数字化和网络化仍在快速发展，智能化初步应用，未来数字化、网络化与智能化长期并存。

2019 年 7 月 11 日，《中国互联网发展报告 2019》显示，截至 2018 年年底，中国网络出行市场规模达 2478 亿元，用户规模近 5 亿人。其中，网约车交易规模达 1888.52 亿元；共享单车市场规模为 132.96 亿元，用户规模达 2.35 亿人。

2019 年 7 月 11 日，互联网信息服务投诉平台正式上线运行。投诉平台是在工业和信息化部指导下，由中国互联网协会建设运营的第三方投诉渠道。投诉平台坚持“以人民为中心”的发展思想，定位于“绿色通道”，旨在快速化解用户与企业之间的服务纠纷，是保护用户合法权益的重要途径，也是行业自律和社会监督的重要组成部分、政府监管的有力支撑。自 2019 年 4 月 8 日试运行起，投诉平台充分发挥了桥梁作用，用户投诉得到了及时处理，企业的快速响应有效提升了用户获得感。

2019 年 7 月 16 日，中英智慧城市研讨会在杭州成功召开。研讨会由中国工程院、英国皇家工程院主办，中英两国院士、专家和与会代表围绕“智慧城市技术应用——挑战和解决方案”主题，主要聚焦智慧城市建设，围绕智慧城市发展技术应用、标准作用及实施方式、可持续发展、能力建设、智慧城市和未来社区 5 个专题，分别从智慧城市的研究者、设计者、实施者、管理者、使用者等多个角度开展解读和对话，并进行深入研讨。

2019 年 7 月 18 日，中兴通讯获得由工业和信息化部颁发的中国 5G 增强技术研发试验“5G 互操作测试证书”，实现基于商用芯片的多厂商 5G 互操作测试。

2019 年 7 月 20 日，国家网络安全人才与创新基地展示中心投入使用。国家网络安全人才与创新基地总体规划面积 40 平方千米，包括展示中心、网络安全学院、培训中心等主体建筑。截至 2019 年 7 月，国家网络安全人才与创新基地已注册企业 95 家，已开工项目 15 个，总投资约 2000 亿元，基本形成了从数据存储到数据传输、处理和应用的网络安全产业链。

2019 年 7 月 21 日，2019（第十四届）中国电子政务论坛暨“数字政府”高峰论坛在广州开幕。本次论坛以“推动政府数字化转型 引领经济社会高质量发展”为主题，发布了《2019 中国电子政务发展报告（蓝皮书）》《2019 数字政府建设发展报告》《2019 移动政务服务发展报告》《2019 年省级政府和重点城市网上政务服务能力第三方评估指标体系》4 项研究成果。

2019 年 7 月 25 日，2019 世界工业互联网产业大会开幕。大会以“智联互通，智享共赢”为主题，设置开幕式、主题峰会、主题报告、平行主题论坛等版块，邀请行业大咖、前沿企业共同探讨人工智能与高端制造业融合发展新路径，搭建高端产业交流合作平台，推动全球互联网与工业各领域协同创新、融合发展。

2019 年 7 月 27 日，全国“互联网+”社会扶贫工作现场观摩暨培训班在湖北省孝感市大悟县举办。本次培训班旨在认真贯彻中央脱贫攻坚决策部署，总结交流各地“互联网+”社会扶贫工作经验做法，发挥好中国社会扶贫网等互联网平台在脱贫攻坚中的重要作用，促进社会扶贫资源与需求规范有效对接。

2019 年 8 月 1 日，2019 年粤港澳大湾区儿童互联网大会在广州召开。本次大会是首次由粤港澳大湾区儿童作为主角的互联网盛会，旨在联合粤港澳三地少年儿童共同参与好网民工程建设，共建网络清朗空间。从 2019 年 5 月开始，活动组委会和广东省青少年宫协会一起面向粤港澳大湾区 11 个城市青少年宫、中小学开展“儿童提案征集”，收集儿童提案上千份。儿童代表们围绕“网络学习”“短视频直播”“网络消费”“家长网络监管”等热点议题，开展小调研，撰写小提案。

2019 年 8 月 14 日，2019 年中国互联网企业 100 强发布会暨 100 强企业高峰论坛召开，公布了 2019 年互联网企业 100 强和互联网成长型企业 20 强，并发布了《2019 年中国互联网企业 100 强发展报告》，阿里巴巴（中国）有限公司、深圳市腾讯计算机系统有限责任公司、百度公司、京东集团、浙江蚂蚁小微金融服务集团股份有限公司、网易集团、美团点评、北京字节跳动科技有限公司、三六零安全科技股份有限公司、新浪公司位列榜单前 10 名。

2019 年 8 月 20 日，2019 世界机器人大会开幕式在北京举行。大会以“智能新生态、开放新时代”为主题，通过举办论坛、博览会、大赛等活动，开展交流研讨、成果展示、创新探索，促进协同创新和产业交流合作，得到了 22 家国际机器人机构的大力支持。

2019 年 8 月 26 日，2019 中国国际智能产业博览会在重庆开幕。本届智能产业博览会以“智能化：为经济赋能，为生活添彩”为主题，主要开展“会”“展”“赛”“论” 4 个版块活动，来自近 60 个国家和地区的代表参会，参会嘉宾包括国际组织负责人、国外知名学者和 60 多名世界 500 强企业高管等，同时有 843 家国内外企业参展。据统计，本届智能产业博览会现场集中签约和场外签约项目共 530 个，合计投资 8169 亿元，项目数量和投资额均超过首届智能产业博览会。

2019 年 8 月 29 日，2019 世界人工智能大会在上海举办。大会以“智联世界，无限可能”为主题，国内外顶级高校、行业领军企业、国际组织的 500 余名嘉宾参会，大会举办了 200 多场各类论坛和特色活动，分享海内外顶尖专家学者的前沿观点，并设置创新应用展区和智能应用场景体验区，全面展现世界人工智能发展前沿趋势。

2019 年 9 月 4 日，联合国发布的《2019 数字经济报告》称，全球数字财富高度集中在美国和中国等国家的几个平台；世界其他地区尤其是非洲和拉丁美洲国家则远远落后。美国和中国占所有区块链相关专利技术的 75%，占全球网购总额的 50%，占全球云计算市场的 75%以上，占全球最大市值 70 家数字平台公司的 90%。

2019 年 9 月 5 日，2019 网上丝绸之路大会在银川召开。大会由国家互联网信息办公室、国家发展和改革委员会、宁夏回族自治区人民政府主办，来自中国和“一带一路”沿线 20 多个国家的 500 多名政府主管部门高层官员、专家学者、企业精英出席会议。会议聚焦“网上丝路 • 互利共赢”，围绕信息基础设施建设、互联网新技术新应用等内容进行研讨。

2019 年 9 月 7 日，2019 年中国国际工业互联网创新发展大会在厦门举办。大会以“构建工业互联生态体系，推动制造业高质量发展”为主题，来自中国及“一带一路”沿线国家政府领导、业界专家学者、中外企业领袖及国内外著名的投资人等 800 余人参加大会。

2019 年 9 月 8 日，中国卫星物联网产业联盟成立。联盟由中关村物联网产业联盟与国电高科等单位共同发起，旨在促进中国物联网的技术、应用及产业研究。两家单位与中海油信息科技有限公司、智钧（深圳）数据科技有限公司共同发起成立“中海油卫星物联网产业研究院”，特聘中国科学院院士姚健铨为名誉院长，旨在利用航天低轨卫星通信技术实现全球万物互联。北京国电高科科技有限公司宣布其天启卫星物联网系统正式上线提供服务，意味着中国卫星物联网进入实际应用新阶段。

2019 年 9 月 10 日，华为在世界电信展发布《5G 应用立场白皮书》，展望了 5G 在多个领域的应用场景，并呼吁全球行业组织和监管机构积极推进标准协同、频谱到位，为 5G 商用部署和应用提供良好的资源保障与商业环境。

2019 年 9 月 16 日，2019 世界智能网联汽车大会在上海嘉定举行，启动了 5GAA（5G 汽车通信技术联盟）全球首个 5G 智慧交通示范项目，上海嘉定与上汽集团、中国移动、华为等 5GAA 会员单位携手探索智慧出行生态链，推进 5G 车联网示范应用和推广，打造未来指挥交通样板工程。

2019 年 9 月 17 日，中国首个自主开放“城市大脑”在福州启动建设。福州“城市大脑”包括自主可控的 AI 算力云、融合共享的数据湖、开放创新的生态体系等，打造了“数字福州”的智能中枢和数字经济发展的新引擎，探索了智能算力时代城市治理、公共服务和产业发展的“福州模式”。

2019 年 9 月 18 日，2019 年国家网络安全宣传周“电信日”主题论坛在天津举办。论坛由工业和信息化部指导，由天津市通信管理局主办，由中国信息通信研究院和中国通信企业协会联合承办；同时进行了 2019 年中国技能大赛全国电信和互联网行业网络安全管理职业技能竞赛全国总决赛启动仪式，以及 2019 年天津市网络安全暨信息通信网络运行管理员技能竞赛颁奖仪式。

2019 年 9 月 19 日，《交通强国建设纲要》提出大力发展智慧交通。在大力发展智慧交通方面，将推动大数据、互联网、人工智能、区块链、超级计算等新技术与交通行业深度融合；推进数据资源赋能交通发展，加速交通基础设施网、运输服务网、能源网与信息网络融合发展，构建泛在、先进的交通信息基础设施；构建综合交通大数据中心体系，深化交通公共服务和电子政务发展，推进北斗卫星导航系统应用。

2019 年 9 月 25 日，阿里巴巴发布了全球最高性能推理 AI 芯片——含光 800。该芯片基于 RISC-V 和阿里巴巴自有算法，性能达 78563IPS，能效达 500IPS，算力是传统 GPU 的 10 倍以上。同时，阿里巴巴宣布基于含光 800 的 AI 云服务已经上线。

2019 年 10 月 14 日，工业和信息化部组织召开全国电视电话会议，学习宣贯工业和信息化部等 10 部门联合印发的《加强工业互联网安全工作的指导意见》。

2019 年 10 月 21 日，国际电信联盟（ITU）2019 年无线电通信全会在埃及沙姆沙伊赫开幕。这是 ITU 无线电通信部门本研究周期和下一个研究周期之间承前启后的重要会议。

2019 年 10 月 31 日，为期 4 天的 2019 年中国国际信息通信展览会在北京国家会议中心开幕。

2019 年 11 月 19 日，工业和信息化部印发《增强机器类通信系统频率使用管理规定（暂行）》，并确定自 2020 年 1 月 1 日起正式施行。

2019 年 11 月 28 日，四部委联合发布《App 违法违规收集使用个人信息行为认定方法》，共分为 6 项认定准则，包含 31 种场景。

2019 年 12 月 10 日，2019 第六届中国国际大数据大会在北京召开，工业和信息化部总经济师王新哲出席并致辞，中国工程院院士邬贺铨作主旨报告，中国工程院院士郑纬民主持开幕式。

# 世界资料篇

# 全球电子信息产业发展概况

## 【发展情况】

展望未来，全球经济持续复苏，但不稳定因素依然存在。美国在政府换届后，政策日趋保守，在美国带动下，传统发达经济体的贸易保护主义进一步抬头。自英国启动脱欧程序后，欧盟面临严峻挑战，产业增长不稳定性增加。日本经济在主要发达国家经济普遍复苏的情况下依然下行。美国、英国经济增速预期下调，表明发达经济体成长阻力因素不可忽视。新兴经济体保持较强的上升势头，成为推动全球经济增长的主要力量。在全球经济整体复苏及新兴经济体地位提升的影响下，预计未来全球电子信息产品市场规模将保持稳定增长，以智能化为特征的应用需求的带动性逐渐显现。

### （一）整体情况

全球电子信息产业市场规模稍有增势，将踏入缓幅增长区间。2018 年以来，全球经济放缓压力增大，国际金融波动频繁，地缘政治和逆全球化倾向日益显现，国际经济博弈进入新的调整期，世界经济蕴含的不确定性因素增多。在全球经济环境整体影响下，全球制造业景气程度普遍降低，但全球消费电子市场在高端设备消费需求的带动下实现逆势增长。据 GfK 数据，2018 年全球消费电子市场的销售额增长 6%，约为 1380 亿欧元；伴随全球经济复苏效应渐趋弱化，2019 年全球消费电子产品市场规模仍延续增长趋势，但增速小幅下降至 4%左右，市场规模由 2018 年的 1380 亿欧元增至 2019 年的 1435 亿欧元。

### （二）重点行业发展情况

1．智能手机领域发展情况

全球智能手机市场萎靡，国内厂商表现亮眼。2018 年，全球智能手机市场呈现下行趋势，同比下降 4.1%，全球总出货量为 14 亿部。头部手机厂商在出货量和排名方面均有所变化。三星以全年 2.9 亿部智能手机的出货量继续稳坐市场头把交椅，但市场占有率已从 2017 年的 21.7%降至 2018 年的 20.8%。苹果以全年 2 亿部智能手机的出货量处于第 2 名的位置，但从 2018 年第二季度开始被华为超越，且出货量较 2017 年减少 700 万部，市场占有率基本稳定不变。华为智能手机出货量从 2017 年的 1.54 亿部提升到了 2018 年的 2.06 亿部，同比大幅增长 33.6%，市场占有率从 2017 年的 10.50%提升至 2018 年的 14.7%；在华为手机 2018 年的出货量中，荣耀占比约 50%，近年来在全球市场发展势头正盛。小米凭借 1.22 亿部的出货量超越 OPPO，排名全球第 4 位，出货量同比增长 32.2%，市场占有率从 2017 年的 6.30%提升至 2018 年的 8.7%。智能手机市场集中度持续提升，挤压尾部品牌市场占有率。

2018 年，除全球头部前 5 名的品牌外，尾部品牌的市场空间被进一步压缩。据 IDC 数据，2018 年尾部品牌的出货量进一步下降，从 2017 年的 5.7 亿部下降至 2018 年的 4.6 亿部，市场占有率较 2017 年下降 6.2 个百分点，被压缩至 32.9%，市场竞争格局逐渐从倒三角格局向“T”字形格局转变。

2．计算机领域发展情况

PC 销量稳中缓降，集中度持续攀升。2018 年全球 PC 总出货量呈现稳中缓降的态势，全年出货量约 2.594 亿台，同比下降 1.3%（见表 1）。其中，排名前 3 位厂商的出货量较 2017 年小幅增长，但是排名第 4～6 位厂商的出货量降幅较大。联想以 5847 万台的出货量居榜首，同比稳增 6.9%，市场占有率从 2017 年的 20.8%提升至 2018 年的 22.5%。惠普以 5633 万台的出货量排名第 2 位，同比小幅增长 2.1%，市场占有率从 2017 年的 21%微增至 2018 年的 21.7%。戴尔以 4191 万台的出货量居第 3 位，同比增长 5.3%，市场占有率从 2017 年的 15.1%提升至 2018 年的 16.2%。苹果以 1802 万台的出货量居第 4 位，同比下降 5%。除苹果外，华硕、宏碁的出货量也大幅压缩。截至 2018 年，全球 PC 销量已连续 7 年呈现下滑趋势，但在 Windows 10 升级等因素的推动下，降幅较以往年份有所收窄，领先者与跟跑者之间存在较为明显的差距。

**表 1 2018 年全球 PC 厂商出货量**

| 企 业 | 2017 年出货量（万台） | 2017 年市场占有率（%） | 2018 年出货量（万台） | 2018 年市场占有率（%） | 2017—2018 年增长率(%) |
|---|---|---|---|---|---|
| 联想 | 5467 | 20.8 | 5847 | 22.5 | 6.9 |
| 惠普 | 5518 | 21.0 | 5633 | 21.7 | 2.1 |
| 戴尔 | 3979 | 15.1 | 4191 | 16.2 | 5.3 |
| 苹果 | 1896 | 7.2 | 1802 | 6.9 | −5.0 |
| 华硕 | 1709 | 6.5 | 1573 | 6.1 | −7.9 |
| 宏碁 | 1795 | 6.8 | 1554 | 6.0 | −13.5 |
| 其他 | 5903 | 22.5 | 5339 | 20.6 | −9.6 |
| 总计 | 26267 | 100 | 25939 | 100 | −1.3 |

数据来源：Gartner，2019 年 1 月。以上数据包含台式计算机、笔记本电脑与顶级 Ultramobile（超便携）机型，但不包括 Chromebook 和 iPad。所有数据均根据初步研究结果推算，最终估计值可能有所变动。本统计数据依据销售至渠道的出货量得出，部分数据因四舍五入并未计入总数。

3．彩电领域发展情况

彩电市场小幅稳增，高端市场需求显现。据 WitsView 数据，2018 年，全球液晶电视市场在消费者高端需求的拉动下，出货量约为 2.182 亿台，同比增长 3.4%；2019 年出货量达 2.211 亿台，同比增长 1.3%，低于 2018 年的同比增速。WitsView 统计显示，全球液晶电视出货量排名前 5 位的品牌依次为三星电子、LG 电子、TCL、海信和索尼，它们的排名在 2019 年没有变化（见表 2）。8K、QLED 和 OLED 等技术的不断成熟将会推动电视出货量的增长。

**表 2 液晶电视品牌 2018 年、2019 年出货量**

| 品 牌 | 2018 年 | | 2019 年 | | 同比增速 |
|---|---|---|---|---|---|
| | 排名 | 出货量（百万台） | 排名 | 出货量（百万台） | |
| 三星电子 | 1 | 40.8 | 1 | 41.3 | 1.2% |
| LG 电子 | 2 | 28.8 | 2 | 29.0 | 0.7% |
| TCL | 3 | 17.5 | 3 | 19.0 | 8.6% |
| 海信 | 4 | 13.4 | 4 | 13.5 | 0.7% |
| 索尼 | 5 | 11.9 | 5 | 11.7 | −1.7% |
| 夏普 | 7 | 9.40 | 6 | 12.10 | 28.7% |

数据来源：WitsView，2018 年 12 月。

4．新兴领域发展情况

人工智能领域呈现“三足鼎立”之势。据电子学会数据，2018 年全球人工智能核心产业市场规模超过 555.7 亿美元，同比增长 50.2%。全球人工智能产业的发展主要集中在美国、欧洲、中国，呈现“三足鼎立”之势。美国硅谷聚集了以谷歌、微软、亚马逊等为代表的人工智能企业 2905 家，成为当今人工智能基础层和技术层产业发展的重点区域，在人工智能企业数量、投融资规模、专利数量等方面全球领先。中国在人工智能领域的论文总量和高引用率论文数量、专利数量、投融资规模方面跃居全球首位，人工智能企业总数达到 670 家，占全球的 11.2%。欧洲通过大量的科技孵化机构助力早期的人工智能初创企业，高新技术产业转化率较高，诞生了大量优秀的人工智能初创企业，人工智能企业总数为 657 家，占全球的 10.88%。

虚拟现实市场成长释放可期。全球虚拟现实市场快速增长，融合类应用成为主要增长点。据著名市场研究公司 Tractica 预测，全球 VR（虚拟现实）产业市场规模将从 2018 年的 10 亿美元增至 2025 年的 126 亿美元（见图 1）。其中，培训模拟、医学治疗、娱乐类、教育类等 VR 与不同领域的融合应用将成为 VR 产业中增长最快的应用市场。各大厂商争先推出新款虚拟现实设备，Facebook / Oculus、HTC、三星等公司相继推出的新款 VR 头戴式显示设备进一步提升配置，也激发了利用消费级 VR 解决方案应用于企业的案例，预计未来市场上将出现开发更加完善、更加贴合用户需求的高真实度 VR 应用。

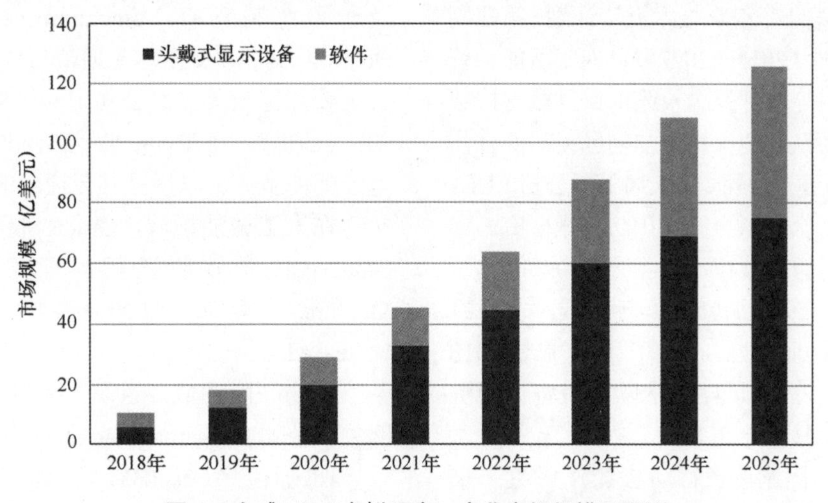


**图 1 全球 VR（虚拟现实）产业市场规模及预测**

数据来源：Tractica，2018 年 12 月。

### （三）重点国家和地区发展情况

近年来，全球电子信息产业布局在保持基本稳定的同时向亚太地区（除美国、日本以外）的市场倾斜，美国、西欧、日本等传统发达经济体的总体量仍然占据主导地位。中国等除美国、日本以外的亚太地区市场保持加速增长，产业份额不断提升。以中国为代表的新兴市场国家在产业格局中所占比重呈上升态势。

从国家层面看，美国、欧盟和日本等发达经济体在全球经济复苏效应弱化的影响下，电子信息产业呈现微弱下降趋势。据美国能源资料协会数据，美国计算机和电子产品市场规模由 2017 年的 3350 亿美元增长到 2018 年的 3448 亿美元，同比小幅增长 3%。据德国电子技术和电子工业中央行业协会数据，2018 年德国半导体市场规模达到 160 亿美元，同比增长 8%，2019 年增长率维持在 4%左右。2018 年年底韩国电子元件、无线电、电视机和通信器材制造业生产指数为 116.2，较 2017 年同期下降 0.4。2018 年年底印度计算机、电子和光学产品的制造业批发价格指数为 151.9，较 2017 年同期增长 5.1。2018 年年底日本信息和通信电子设备生产指数为 98，较 2017 年同期增长 1.9。2018 年，美国、日本、欧盟等发达经济体仍处于产业链和价值链的高端环节，在世界电子信息格局中依然占据核心领导地位。中国、印度等新兴经济体保持快速增长，在电子信息领域的技术实力与市场规模持续呈现上升态势，在全球电子信息产业格局中的地位和作用持续凸显。

【发展特点】

（一）出台政策引导创新，抢滩布局新兴领域

1．加大政策支持，鼓励行业技术创新

2018 年，美国在人工智能、量子技术、网络安全等领域出台多项科技战略，并签署总统备忘录，计划制定国家频谱长期战略以引导 5G 网络建设，力图持续巩固美国在电子信息领域的技术优势地位。德国发布《高科技战略 2025》，在自动驾驶、数字安全、自动化和先进制造等领域出台行动计划、开发解决方案，以及建立若干尖端研究集群，并在人工智能领域加大政策引导力度。2018 年韩国发布第 4 个科学技术五年计划《第四期科学技术基本计划（2018—2022）》，人工智能、智慧城市、3D 打印等项目首次入选重点科技支持项目。以色列加强军队和情报机构与初创公司的合作力度，军工企业拉斐尔公司、航天局下属公司 ELTA 和从事安全技术的公司联合开展国防技术研究。

2．抢滩布局新兴领域，占据产业新高地

全球发达国家纷纷加紧部署新领域，发挥财政资金作用助推行业发展。在量子计算领域，2018 年 10 月，欧盟宣布启动 1.32 亿欧元投资计划资助首批 20 个量子技术示范项目。2018 年 6 月，美国众议院通过《国家量子行动法案》，计划未来 5 年在量子通信、量子计算机和超精密量子传感器三大领域投入 12.75 亿美元研发资金，并于 9 月发布《量子信息科学国家战略概述》。2018 年 11 月，英国政府宣布 2000 万英镑的《量子技术支持计划》，用于研发适用于通信、测绘等领域的量子计算机。2018 年 11 月，德国政府通过《量子技术：从基础到市场》计划，投入 6.5 亿欧元用于量子计算、量子卫星及高性能、高安全数据网络测量技术等领域的科学研究。在人工智能领域，2018 年 11 月德国联邦政府发布计划，将在 2025 年前向人工智能领域投资 30 亿欧元；2019 年 9 月德国联邦政府提出在 2020 年前为人工智能研究机构提供 1.28 亿欧元的资金支持，进一步强化德国在人工智能领域的国际竞争力。

（二）巨头加快国际并购步伐，加速提升综合竞争能力

2018 年，全球电子信息领域科技巨头加快国际并购步伐。据路孚特数据，2018 年全球并购交易数量达 4.7 万项，交易额高达 4 万亿美元，较 2017 年提高了 19 个百分点。

在半导体领域，贝恩收购东芝存储芯片部门的出售程序通过中国反垄断审查，正式完成对东芝 NAND 存储业务的出资；博通收购软件公司 CATechnologies，实现了技术服务的多元化发展；美国芯片制造商微芯科技完成对美国军事和航空半导体设备领域著名供应商美高森美的收购；美满电子科技公司收购了芯片制造商 Cavium；阿里巴巴收购了芯片厂商中天微。

在通信领域，全球领先的光电子、光学元件及子系统制造商 Lumentum 收购光器件厂商 Oclaro，或将改变全球光通信市场格局；美国科瑞公司兼并德国英飞凌公司射频（RF）功率业务分部；云通信公司 Twilio 收购 SendGrid 基于 API 的电子邮件服务，以增强其云通信的整体业务能力。

在人工智能领域，Oracle 收购 AI 初创公司 DataFox；微软收购机器学习公司 Semantic Machines；英特尔收购开源深度学习引擎企业 Vertex.AI。

在物联网领域，京东方完成对法国零售物联网领域公司 SES-imagotag 的收购。

在云计算领域，IBM 以 340 亿美元收购 Linux 巨头 Red Hat，意图通过开源软件发展混合云业务；全球最大客户关系管理（CRM）解决方案提供商 Salesforce 宣布收购 API 集成供应商 Mulesoft，以期将传统的企业内部计算与公共云中的数据和应用程序相结合。

在信息服务领域，思科收购软件服务商 Duo Security，推动其移动设备安全战略持续推进；AT&T Inc. 完成对时代华纳的收购。全球电子信息领域各大跨国公司纷纷通过并购重组完善产品与服务体系，加速布局物联网、人工智能、半导体、云计算等前沿和高技术领域，企业竞争模式正在向体系化、全向度、生态化方向演进。

（三）创新浪潮持续涌现，尖端技术加速突破

新一轮科技革命和产业变革为电子信息产业发展提供了新的技术手段、要素条件和组织方式，全球范围内信息技术创新呈现高效率、多方向、宽前沿、集群式突破的特征。

在超算领域，美国“顶点”和“山脊”两台计算机一举拿下新一期全球超级计算机 500 强榜单冠、亚军；英国曼彻斯特大学激活了拥有 100 万个处理器内核和 1200 个互联电路板的超级计算机，是世界模拟人脑最准确的超级计算机。

在半导体领域，美国科学家研发出基于内存计算技术的 AI 芯片、具有精准分发光信号能力的硅芯片、可同时存储和处理信息的记忆晶体管等新型元器件，为新型计算机开发夯实基础。

在量子科技领域，英国科学家在英国国防部资助下制造出首个量子指南针，能抵抗干扰且不依赖于 GPS；以色列科学家找到捕捉和释放单个光子的方法，有望用于量子信息存储及保障量子光学系统的通信安全方面；日本横滨国立大学利用电子和核子的自旋作为量子比特，首次成功实现了室温无磁场条件下的万能量子门操作。

在光通信领域，英国国家物理实验室研制出一种全光二极管，有望为微纳光子芯片和光子通信等领域提供廉价高效的光二极管。

在人工智能领域，日本理化学研究所开发出可模拟人脑整体神经电路的、应用于下一代超级计算机的算法，能够节省内存并大幅提升模拟脑的速度。

在电子材料领域，德国埃尔朗根—纽伦堡大学在石墨烯中找到了直接接触和移动错位实现材料全新属性的方法，推进了石墨烯纳米结构材料及其性能拓展的科技进展。电子信息领域诸多主要技术正在创新中加速孕育突破，当前技术发展处于颠覆性变革的重大机遇期。

（四）国际产业力量加速调整，全球电子信息产业竞争提速

在国际金融危机后，各国展开更为激烈的博弈与角力，综合运用经济、政治、外交各方面的手段和资源，强化自身竞争实力，积极构建电子信息产业竞争新优势，抢占未来产业发展制高点。例如，美国、日本、欧洲等围绕物联网、人工智能等新一代信息技术出台了一系列国家发展战略和规划，欧盟积极推动“单一数字市场”，日本则进一步强化其在核心电子材料、专用设备和关键电子元器件方面的优势地位。同时，美国、德国、日本、英国等都努力促使国际资本调整布局，吸引高端制造业“回流”。印度、巴西等新兴市场国家也积极发展电子信息产业，规模和全球竞争力不断提升。这使当今世界围绕信息技术创新的竞争空前激烈，也使我国遭遇的阻截甚至遏制愈发明显，我国电子信息产业亟待提升国际竞争力，以应对错综复杂、瞬息万变的外部环境及空前激烈、日益加剧的竞争压力。

# 全球软件产业发展概况

软件和信息技术服务业是全球经济和社会发展的基础性、先导性、战略性产业，自 20 世纪 70 年代产业化以来，其一直是国际科技竞争和经济发展的重要战略制高点。随着云计算、大数据、人工智能、区块链等以软件为核心或支撑的新一代信息技术与传统行业融合程度不断向更深层次演进，软件也越来越成为各领域创新发展必不可少的支撑工具或环节。当前，软件正呈现基础设施化的典型特征，“软件定义”正从局部领域、部分行业向各行各业延伸，软件技术和产品对于经

济、社会各领域业务运行的支撑功能越来越显著，其在应用领域的"赋能""赋值""赋智"作用表现也更加突出。

【产业规模保持稳步增长】

2018年，伴随着全球信息技术创新的持续高速演进，全球软件和信息技术服务业在全球经济普遍放缓的背景下保持了稳定的增长势头，IT行业加快转型升级步伐。根据Gartner数据，2018年全球IT支出为3.65万亿美元，较2017年增加3.9%，增速较2017年提高0.1个百分点。据Statista数据显示，2017年全球IT服务支出已超过6700亿美元，其中最大的市场是美国。有专家指出，IT支出增速在未来几年将会保持增长态势，但由于英国脱欧等事件正在导致国际竞争格局发生变化，全球经济衰退可能出现，产业发展的不确定性加大。尽管存在一定的不确定性，但各企业的收入预期仍在增长，特别是有关数字化、区块链和物联网的项目，以及从大数据、算法、机器学习到人工智能的一系列技术进步，将继续带动IT支出的增长。同时，伴随着软件服务化、平台化的不断深入，传统的IT服务正渐渐被捆绑服务的交付新模式所取代，这导致单一信息技术服务业务的市场份额减少，而新型的产品及服务业态得到快速发展。数据显示，企业软件支出仍呈现增长态势，2018年增长9.5%。据Gartner预计，各企业将把更多预算转向软件即服务（SaaS），并带动相关解决方案的支出，如金融管理系统（FMS）、人力资本管理（HCM）和分析应用程序等。

【开源模式驱动技术创新】

在开源等技术创新模式的推动下，软件业核心技术仍处在高速创新演进之中。开源软件是由信息技术发展引发的网络革命带来的，面向未来以开放创新、共同创新为特点的，以人为本的创新2.0模式在软件行业的典型体现。开源软件已经成为整个互联网时代的支撑。Android手机以开源操作系统Linux为基础开发；互联网公司、金融交易机构采用开源数据库MySQL作为数据库引擎；开源Web服务器Apache可在大多数计算机操作系统中运行，是最流行的Web服务器端软件之一，市场占有率达60%左右；开源安全开发包OpenSSL包括了主流的密码算法、常用密钥、证书封装管理功能及SSL协议，在互联网上提供加密传输，广泛被网银、电商网站、在线支付、电子邮件等重要网站使用。目前，开源技术在云计算、大数据、人工智能、虚拟现实等新兴信息技术领域正发挥着越来越重要的作用，开源模式已经成为软件技术创新的重要模式。谷歌、Facebook、IBM、微软、华为均加大在全球主要开源项目中的投入力度，成为推动全球软件技术创新的主要力量。2018年，开源世界的竞争更加激烈，开源的价值得到广泛认可，全球开源竞争格局发生了巨大变化。微软成功收购了全球最大的开源代码托管平台Github，这成为全球开源软件发展历史中的里程碑事件。此外，IBM也完成了对全球最大开源软件服务企业Red Hat的收购。

2018年，全球参与开源项目的开发者数量保持稳定增长。根据Github发布的报告，截至2018年9月30日，GitHub用户超过3100万户，较2017年增加了700万户，其中80%的开发者来自美国以外的国家，GitHub用户已遍布全球。从开源组织来看，2018年GitHub上累计注册了超过210万个组织，较2017年增长了40%，增加的注册组织主要来自美国、中国和印度。从全球范围来看，Github上的开发者也主要来自美国、中国和印度，之后为英国、德国和加拿大。

【新兴领域加速发展】

新兴领域主要指云计算、大数据、人工智能、虚拟现实、物联网、区块链等，这些领域在政策支持和需求增长的双重推动下，发展势头较快，正成为全球软件产业发展的新引擎。

（一）云计算

根据Gartner发布的报告，全球云服务市场继续呈现高速发展态势，2017年全球公有云服务市场规模达2602亿美元，同比增长18.5%。云服务呈现的这种强劲发展势头有望在未来5～7年内继续保持下去。预计到2020年，全球云计算市场的规模将达到4114亿美元。从市场发展阶段来看，美国市场起步最早、发展最快。2017年，美国云计算市场占全球 59.3%的市场份额，增速达20%。从服务商来看，美国云计算市场呈现向巨头汇聚的特点，主要市场被亚马逊、微软、IBM和谷歌四大巨头所占据。

（二）大数据

大数据已跨过基础设施建设带来的规模性高速增长阶段，进入应用发展阶段，在各行业应用逐步成熟，应用价值不断提升。国际数据公司（IDC）的监测数据显示，2016年和2017年全球大数据储量分别为 16.1ZB 和 21.6ZB，预计未来几年，全球大数据储量规模仍将保持 40%左右的增长率，预计到2022年市场规模将达805亿美元。

（三）人工智能

在深度学习技术和开源平台的推动下，人工智能技术门槛逐渐降低，受全球下游应用需求的迫切倒逼，人工智能进入了加速发展的黄金期。据 Gartner 的预测报告，2018 年全球人工智能市场规模高达 1.2 万亿美元，较 2017 年增长 70%以上；到 2022 年，人工智能驱动的商业价值将高达 3.9 万亿美元，其中决策支持、增强 / 虚拟助理、智能产品和决策自动化系统将成为人工智能应用的主要产品或服务。

（四）虚拟现实（VR）

据 ABI ReseARch 预计，虚拟现实技术在未来几年将不断普及，到 2022 年，虚拟现实用户将达到 2.56 亿户，市场规模将超过 600 亿美元。此外，增强现实与虚拟现实未来将不断融合。据预测，构成 VR 用户主体的是大众消费者，其贡献了虚拟现实市场大部分的营收。但与此同时，虚拟现实企业及商用市场份额也在扩大，从 2015 年的 26%增长到 2022 年的 40%以上。

（五）物联网

据 IDC 报告，2018 年全球物联网支出达到 7725 亿美元，比 2017 年的 6740 亿美元增长 14.6%；预计未来 4～5 年物联网行业复合年均增长率将达到 14.4%，市场规模到 2020 年将超过 1 万亿美元，到 2021 年将超过 1.1 万亿美元。

2018 年，物联网硬件成为最大的技术类别，主要涉及模块和传感器，以及基础设施和安全设备，服务成为第二大技术类别，软件和接入排名第 3 位。

（六）区块链

当前，区块链经济处于爆发前夜，金融行业应用已经相对广泛，其他行业的应用情况也进入探索研发阶段。根据 Gartner、Marketsand-Markets 等机构的整理数据，2016—2021 年，区块链直接市场价值将由 2016 年的 2.1 亿美元增长到 2021 年的 23.1 亿美元，年复合增长率为 61.5%，各类基于区块链的延伸业务将达到 1000 亿美元，除金融业外，制造业和供应链管理行业将为区块链带来万亿美元级的潜在市场。

**【跨界融合拓展应用空间】**

伴随软件的无处不在及软件价值的下沉，“软件定义世界”的进程正在加快，也逐渐成为全球共识。正如 C++编程语言发明者 BjarneStroustrup 所言，人类文明将运行在软件之上，软件技术和产品已经成为支撑经济、社会各领域业务运行的基本工具。一方面，软件和信息技术服务业已经脱离原来的细分行业领域，加速向工业生产、电力、金融、交通、旅游、医疗、家居、电子商务、物流等各行业、各领域渗透融合，引发了多领域、多维度、深层次的变革，拓展了大量新的市场需求。其中，典型的表现在于当前软件行业人才需求旺盛，各行各业都需要大量软件人才来支撑自身新型业务的发展，而传统的软件企业人才储备的难度也正在不断加大。另一方面，软件技术加速与经济、社会各领域业务深度融合，催生了云计算、大数据、移动互联网、物联网、人工智能、虚拟现实、区块链等一批新技术、新产品和新服务，形成新的经济增长点。这些新技术很难被纳入传统的软件和信息技术服务业统计范畴，其技术具有鲜明的多行业技术的融合特征，并且基于软件而不限于软件。

**【生态体系主导竞争格局】**

伴随全球软件业态向服务化、网络化转变，软件企业普遍面临产品向服务转型的压力，软件和信息技术服务业的竞争正从单一企业竞争演进到聚合生态系统协同的全产业生态竞争，产品、资源和服务的生态化趋势日趋明显，软件向更加综合、广泛的生态圈演变，硬件与软件、内容与终端、应用与服务的一体化整合速度加快。未来，随着软件和信息技术服务业在经济、社会领域的渗透力不断增强，软件服务将围绕主流软件平台体系构造产业生态，市场竞争从单一产品的竞争发展为基于平台体系的产业链竞争，产业纵向、横向整合步伐加快，围绕主流软件平台体系形成的产业生态系统将主导市场竞争。

# 全球互联网产业发展概况

**【整体发展情况】**

（一）全球互联网接入人口增幅回升，数字鸿沟依然较大

国际电信联盟（ITU）发布的《2018 年衡量信息社会报告》显示，截至 2018 年年底，ICT 接入和使用继续保持总体上扬趋势，全球互联网接入人口跨越“中线”，达到 51.2%（39 亿人），比 2017 年的 48%（约 35.8 亿人）提高了 3.2 个百分点。从增长幅度看，2017 年增长幅度稍有回落，仅比 2016 年提高了 1 个百分点（从 47%增长到 48%），增长人数仅为 0.8 亿人；相较而言，2018 年比 2017 年增长了 3.2 亿人，网络普及速度明显回升。其中，发达国家使用互联网的人数比例从 2005 年的 51.3%增长到 2018 年的 80.9%，接近饱和水平。发展中国家使用互联网的人数比例从 2005 年的 7.7%增长至 2018 年的 45.3%，不足 50%，特别是在最不发达国家中，互联网使用率仍然较低，80%的人仍未使用互联网。从区域看，2018 年，欧洲使用互联网的人口比例为 79.6%，排在首位；其次是独联体国家，比例为 71.3%；美洲、阿拉伯国家、亚太地区分列第 3～5 位，比例分别为 69.6%、54.7%、47%；尽管非洲使用互联网的人数比例从 2005 年的 2.1%增长到 2018 年的 24.4%，但仍排在最末位，且与发达地区差距巨大。

（二）人工智能发展空前，各国布局步伐加快

2018 年，人工智能进入快速发展阶段，世界主要发达国家纷纷出台相关战略和政策措施，抢占人工智能发展制高点。目前已有 18 个国家启动了人工智能国家战略。

美国为了保持人工智能“领头羊”的地位，在国家政策层面加紧布局。

2018 年 5 月，白宫举办了“美国工业人工智能峰会”，提出了保持美国在人工智能方面的领导地位、支持美国工人、促进公共研发、消除创新障碍 4 个目标，随后成立了人工智能特别委员会，负责美国联邦政府在人工智能领域投入、创新、监管等方面的事宜。同时，美国加快了人工智能在国防安全领域的应用，美国国防部成立了“联合人工智能中心”，在未来 5 年将投资 20 亿美元到其机器常识研究中，启动下一代人工智能项目。2018 年 10 月，美国众议院监督和政府改革委员会信息技术小组委员会发表了《机器崛起：人工智能及对美国政策不断增长的影响》白皮书，分析了人工智能在应用方面面临的挑战，并在失业、

隐私、偏见和恶意使用4个方面提出了建议。2019年2月，特朗普签署了《维护美国人工智能领导地位的行政命令》，发出《美国人工智能倡议》，这是特朗普政府首次发布的人工智能战略，旨在通过研究和开发、释放资源、道德标准、自动化、国际推广5个方面保持美国在人工智能领域的全球主导权。除美国外，英国、德国、法国等国家也在大力布局人工智能。

2018年4月，欧盟成员国签署了《人工智能合作宣言》，目的是加强欧盟各国在技术研发、投资、道德法律、社会经济变革等方面的协调沟通，同时还在2018—2020年投资15亿欧元用于人工智能研发；2018年6月，欧盟又在“数字欧洲”计划中提出以10.4亿美元的预算重点发展人工智能。英国发布了《产业战略：人工智能领域行动》，同时计划投资9.5亿英镑支持人工智能研究、教育，增强英国的数据基础设施。法国制定了《国家人工智能战略》，在人才培养、研究、应用、生态等方面提出了战略目标，成立了全球人工智能影响研究小组。德国先后通过了《联邦政府人工智能战略要点》《“人工智能战略”计划》，以及人工智能国家战略（*AI Made in Germany*）等多份文件，并计划投资30亿欧元支持人工智能发展。

### （三）数字经济持续繁荣，数据保护成各国重点

2018年，数字经济继续蓬勃发展。各国普遍把发展数字经济列为国家经济发展的重要战略，并在资金投入、技术创新、产业应用、设施建设及治理方面采取系列措施。澳大利亚发布了针对小型企业的《网络安全最佳实践指南》，扶持小型数字企业发展，同时启动了“澳大利亚技术未来”数字经济战略。英国先后发布了《英国数字战略》《“网络安全出口”战略》等，前者旨在帮助英国推进数字化业务，后者则希望帮助中小企业赢得海外市场。法国发布了《利用数字技术促进工业转型的方案》，以解决法国工业脆弱的就业率和缺乏竞争力的产品结构。印度发布了《印度电子商务国家政策框架草案》，以促进电子商务行业快速发展。

同时，以美国和欧盟为代表的数字经济体，纷纷加强个人数据保护，目前已有120多个国家和地区制定了数据保护政策或法律法规。欧盟一直提倡建立“欧洲数字化单一市场战略”，并在2018年5月25日正式实施《通用数据保护条例》（GDPR），在数据保护和隐私权方面提出了多项规制，此后又通过了《非个人数据自由流动条例》。美国紧随欧洲，出台了《澄清合法使用海外数据法》《数据泄露预防和赔偿法案2018》等法律法规，前者使美国可以避开他国法律，跨境调取美国公民的海外信息；美国地方政府出台了地方性法律法规，如加利福尼亚州公布了《2018年加利福尼亚州消费者隐私法案》，加强了用户隐私和数据控制。澳大利亚实施了《数据泄露通报法案》，要求任何组织和机构在发现隐私泄露事件时尽快通知涉及的个人。爱尔兰以欧盟数据保护框架为基准，出台了《2018数据保护法案》，这是欧盟的第一部国内立法。西班牙秉承GDPR的内容和价值设定，通过了新的《个人数据保护法》。印度、巴西等国家紧跟欧盟GDPR制定了相关保护法以强化数据保护，印度发布了《2018年个人数据保护法案（草案）》，巴西批准了《通用数据保护法》以完善本国的数据保护制度。

### （四）5G商用步伐加快，中美竞争成焦点

2018年，5G技术成熟加速落地，商用化步伐加快，全球各大运营商加速商用网络部署节奏。全球移动供应商协会（GSA）的报告显示，截至2018年12月中旬，全球197家运营商对226张5G移动网络和5GFWA网络进行了测试、试验、计划部署、试商用部署和商用部署。全球有14家运营商宣布已经试商用部署或非常有限地可用部署了“非3GPP标准兼容 / 3GPP标准兼容”的5G服务。在2018年2月平昌冬奥会期间，韩国电信运营商KT Corporation与英特尔合作提供了5G服务。尽管美国电信运营商AT&T在2018年12月推出的5G网络被指为“假5G”，但其已经覆盖了美国12个城市。欧洲电信运营商Vodafone在2019年2月21日实现了全球首个5G标准通话，并于2020年第一季度在西班牙6个城市上线商用5G网络。

同时，中美两国关于5G的竞争成为全球相关行业及媒体关注的焦点。

2018 年，中美贸易摩擦加剧，美国以国家安全为由向多个国家施压，禁止华为参与相关国的 5G 网络建设，英国、德国、日本、澳大利亚、新西兰、加拿大、挪威等国家纷纷表态。然而，华为凭借自身技术优势和性价比，已经在全球多个国家和地区开展了合作，签订了 26 份商业合同，5G 基站出货量超过 10000 座，与 50 多个商业伙伴签署了合作协议，参与多个国家的 5G 网络建设。

**【发展特点】**

（一）数字经济领域地方保护主义色彩渐浓

2018 年，数字经济领域呈现地方保护主义趋势，数据本地留存、加强对互联网巨头的监管、限制境外产品和投资成为主要手段。在数据本地留存方面，多个国家要求外国公司将数据存储在本地，如印度政府颁布了管理国内电商领域的新草案，要求外国公司将数据存储在本地，并在印度建立更多的数据中心和服务器。在加强世界互联网巨头监管方面，欧盟及其成员国监管相继升级，欧盟在 2018 年 3 月提出了针对美国科技巨头的征税计划，预计每年新增征税额50 亿欧元以上，法国、德国、意大利、西班牙、英国相继表态支持此征税计划。英国在2018 年10 月29 日宣布对全球每年收入超过 5 亿英镑的公司在英国本地产生的销售额开征数字税。2018 年 11 月，法国宣布向谷歌、苹果、Facebook 和亚马逊等科技企业征收“数字税”。同时，欧盟针对谷歌、Facebook 等科技巨头的监管与处罚力度，开出的罚单均在数十亿欧元以上。韩国、印度、墨西哥、智利等国家也在探索“数字税”。在限制境外产品和投资方面，美国先后出台了《外国投资风险评估现代化法案》和《联邦采购供应链安全法案》，加强对重点国家投资交易审查力度，保护美国供应链安全。

（二）人工智能伦理问题引起重视

随着人工智能的快速发展，人工智能的伦理问题引起各国重视。2018 年 12 月，欧盟委员会的人工智能高级专家组（High-Level Expert Group on Artificial Intelligence，AI HLEG）发布了《可信人工智能伦理指南草案》，提出了一个可信人工智能框架，强调伦理规范性和技术健壮性，并提出总计 10 项可信人工智能的要求及 12 项用于实现可信人工智能的技术性、非技术性方法，同时设计出一套评估清单，便于企业和监管方进行对照；欧盟的 52 名各领域专家发布了《人工智能发展和运用的伦理指导》，提出了欧盟发展人工智能伦理的指导性原则。

《人工智能伦理与数据保护宣言》在第 40 届数据保护与隐私专员国际大会上发布，来自法国、意大利、阿根廷、加拿大、英国、瑞士等数十个国家的政府部门和有关组织签署了宣言。英国发布了《人工智能在英国：充分准备、意愿积极、能力爆棚？》，聚焦于伦理道德问题，强调英国要领导国际社会人工智能伦理的发展。同时，在人工智能发展规划中，英国计划建立数据伦理中心，以管理大数据。除政府部门外，各个科技巨头也在人工智能伦理方面发出声音。IBM 在 2018 年世界移动通信大会上提出了 IBM 人工智能开发的三大原则——信任、尊重与隐私保护。微软提出应由政府为面部识别技术制定规制，同时提出了公平、透明、责任、无歧视、知情同意、法律控制六大原则。Facebook 在 2019 年年初出资 750 万美元与慕尼黑技术大学合作建立人工智能伦理研究所；同时，许多高校也设置了人工智能伦理课程，如哈佛、康奈尔、MIT、斯坦福等美国高校开设了人工智能伦理、数据科学伦理、技术伦理、机器人伦理等人工智能课程。

（三）网络空间国际治理在曲折中发展

网络空间多边治理止步不前。2018 年，网络安全议题呈现以美国为代表的西方国家和以俄罗斯为代表的新兴国家“两派拉锯”的特点。美国联合加拿大、日本、澳大利亚、爱尔兰等国家向联合国大会提交的《从国际安全角度促进网络空间国家负责任行为》的决议草案，与俄罗斯联合中国、伊朗、朝鲜、哈萨克斯坦等国家向联合国提交的《从国际安全的角度看信息和电信领域的发展》的协议草案针锋相对，在重大问题上分歧较大。2018 年 12 月 17 日，联合国大会通过了俄罗斯提出的名为《防止将信息通信技术用于犯罪目的》的决议，决议由金砖国家在内的 36 个国家共同起草，但遭到美国、欧盟、加拿大、澳大利亚等国家和地区的反对。法国在第13届联合国互联网治理论坛（IGF）上发起的《网络空间信任和安全巴黎倡议》引起国际社会关注，签署方超过450个，但美国、中国、俄罗斯均未签署。网络大国互信程度低，使网络空间多变治理规则的制定陷入僵局。同时，全球主要科技企业和组织机构开始发声，多边利益攸关方治理模式开始抬头。2018年4月，微软联合Facebook、诺基亚、思科、戴尔等34家科技巨头共同缔结《网络安全科技公约》，提出加强对网络攻击的联合防御、技术合作与漏洞披露等。2018年8月，微软发布《网络安全政策框架》，提出帮助网络后发国家制定网络安全战略，建立国家网络安全机构。全球网络空间稳定委员会（GCSC）在2018年5月和11月分别提出“保护选举基础设施”和“新加坡一揽子规范”，在防范僵尸网络、建立漏洞公平裁决程序等方面提出了一系列措施。

# 全球智慧社会发展概况

“智慧社会”是党的十九大报告中提出的新概念，也是信息化建设的新方向和新目标。在此之前，虽然也有国内外学者论及“智慧社会”，但从具体内容上看，所谓的“智慧社会”只是“智慧城市”“信息化”“信息社会”的同义。党的十九大提出建设“智慧社会”，是在深刻理解全球信息化发展趋势、精准把握我国信息社会建设实践基础上提出来的新理念和新论断，对于加快我国的信息化进程、推动网络强国建设，具有十分重要的理论价值和现实意义。

## 【全球智慧社会发展进程】

智慧社会的概念发源于信息社会。信息社会的研究起源于20世纪50年代马克卢普等人关于知识经济的研究；改革开放之后，以托夫勒的“第三次浪潮”等为代表的西方信息社会理论传入我国，引发广泛关注；20世纪90年代之后，全球掀起了以电子计算机和互联网为核心的信息革命，信息化成为全社会关注的热点话题，并持续至今。同时，智慧社会又高于信息社会，是信息社会在新技术和社会条件下的升级，是对“信息社会”“智慧经济”“智慧城市”等概念的延续和提升，体现了信息化从“辅人”“拟人”走向“共生”的社会动力学发展规律。

### （一）智慧社会的内涵

信息社会理论可大致分为两个流派：一是技术主义，认为社会信息化进程就是信息技术不断创新并在社会各领域得到广泛、深入应用的过程；二是信息主义，认为社会信息化的本质是信息和知识资源在社会生产生活中的地位不断提升，并成为一种核心资源。

从技术主义维度来理解智慧社会，要旨是智慧科技的创新与应用带来的网络通信设备普及，以及数字经济、智慧治理、智慧生活等新现象；从信息主义维度来分析智慧社会，要旨是数据、信息、知识等极大丰富并成为社会核心资源，引发知识生产和传播加速、创新活动空前活跃、知识密集型产业飞速发展等新变化。智慧社会应当是两个维度的综合，一方面是新技术社会，需要加快人工智能、大数据、云计算等智慧技术的创新及其在各领域的深入渗透；另一方面是创新型社会，需要完善社会创新环境，加快知识生产、传播与利用，提升社会创新能力。

综合两个层面的分析，智慧社会的体系框架应当包括以下几个方面。①智慧设施：加强智慧设施、知识资源设施建设，提高服务质量，降低使用价格，促进应用。②智慧政府：推进电子政务，促进“互联网+政务”，为广大民众提供方便、快捷、安全的网上政务服务，加快政府信息共享和开放，将政府信息资源转化为社会数据资产。③智慧经济：发展数字经济、创意经济、知识经济、共享经济，促进数据资源和经济体系构建。④智慧生活：完善交通、健康、教育、旅游、文化、安全等智慧公共服务，实现“智慧惠民”的目标。⑤智慧治理：加强网络空间治理，以及基于智慧技术的国家治理、社会治理、生态治理，加快国家治理现代化。

### （二）全球智慧社会发展趋势

智慧社会产生于新的技术背景，特别是以大数据、云计算、物联网、人工智能等为代表的新兴信息技术，是智慧社会产生与发展的重要技术驱动。另外，智慧社会的出现与发展，也体现了世界各国信息化建设从低级走向高级、从量变走向质变的内在演进路径。

当前，各国都紧抓智能时代的机遇，根据本国经济社会发展实际，加快智慧社会建设，如日本提出了“超智能社会”计划，新加坡提出了“智慧国”计划，美国、欧洲各国也积极推动新兴信息技术在经济、社会各领域的深入应用。从全球范围来看，各国智慧社会呈现以下发展趋势。

1．注重数据驱动

智慧社会的核心是创造、处理、分析和共享有关城市智慧设施、公共服务、社会运作的海量数据。因此，真正的智慧社会应当是数据驱动的，通过大数据的分析加工来预测、预警，然后实现各业务单元的联动，从而使社会运行系统和公共服务能够对实时数据做出即时反应并采取行动。从这个意义上讲，智慧社会就是利用信息技术采集多源数据，并将其转化为可操作智能，从而支撑社会的有效管理和可持续发展。美国是率先将大数据从商业概念上升到国家战略的国家。2012年3月，美国政府公布了2亿美元的《大数据研究发展计划》，提出通过提高美国从大型复杂数据中提取知识和观点的能力，加快科学与工程研究步伐，加强国家安全；2014年5月，美国发布《大数据：把握机遇，守护价值》，对美国大数据应用与管理的现状、政策框架和改进建议进行了集中阐述；2016年，美国政府发布《联邦大数据研发战略计划》，包含新兴技术、数据质量、智慧设施、共享机制、隐私安全、人才培养、相互合作7项战略内容。

2．注重智能技术应用

基于大数据的人工智能技术将在社会管理与服务各领域得到更广泛、更深入的应用，实现智慧社会系统的广泛感知、深度思考、智能决策和精准服务，推动公共治理与服务体系由被动到主动的转型，并真正实现以人为中心的社会价值回归。

一是系统连接与集成推进公共服务升级。智慧社会将更多关注基于互联网的端到端连接，从重视垂直应用转向重视横向整合，利用云计算和物联网将分散的公共服务系统连接起来，消除信息孤岛，实现集成应用，建立涵盖公众生活各领域的完整应用，提升民众的公共服务体验。二是智慧应用提升智慧社会包容性。未来将有更多的智慧应用构架于移动终端、社交媒体等个人应用之上，从而降低智慧社会服务的使用门槛；同时服务机器人、陪伴机器人、护理机器人应用将出现井喷式增长，为老年人、残疾人提供服务，使智慧社会惠及面更广，使民众获得感更强。三是大数据技术推动主动式社会治理。借助万物互联的新型社会智慧设施，通过大数据的采集共享与挖掘分析，不仅让政府部门实时监控社会每个角落的运行状态，在民众需要时能做出反应，而且为政府管理社会提供研判和预判能力，使社会治理由被动转为主动，让社会更加安全、和谐、高效。

3．注重以人为本发展

以人为本建设智慧社会，一方面体现为智慧社会的建设目标更加聚焦于提升民众生活质量，智慧社会中的智慧经济发展、智慧科技创新、智能服务开发、智慧社会治理，最终要服务于全体人民，服务于人民长远、根本利益。因此，智慧社会建设不仅要重视技术先进和产业繁荣，更要扩大惠及范围，增强应用效果，加强安全保障，构建便捷、包容、安全的智慧社会。另一方面，体现为智慧社会的建设模式从以前的自上而下、政府驱动社会，到今后的上下互动、更多地从民众的角度去开展工作，充分发挥人民群众的主观能动性，通过智能网络信息技术构建开放环境与平台，增加各类信息平台建设、信息政策制定、信息资源开发中的民众参与程度。

4．注重可持续发展

联合国在2015年9月正式宣布了“联合国可持续发展目标”（SDGs）。SDGs是对联合国千年发展目标的继承与发扬，包括17个可持续发展目标，旨在转向可持续发展道路，解决社会、经济和环境3个维度的发展问题。联合国可持续发展目标对全球智慧社会建设产生了巨大影响，根据研究机构Gartner的研究报告，许多国家在建设智慧城市时将气候变化、快速修复能力及可持续性等关键绩效指标纳入城市的发展目标之中。

特别是欧洲国家，普遍将可持续发展作为智慧社会建设的重要目标，侧重于资源环境的可持续发展，包括通过发展共享经济、改造物流体系、发展清洁生产等实现资源的集约化利用，并考虑到环境保护。欧洲国家普遍受环保主义影响很大，许多欧洲城市都将利用信息技术促进节能减排和环境保护作为首要任务，在智慧战略中低碳出行、绿色建筑、智能电网等占有相当比例。近年来，各机构评选出来的欧洲最佳智慧城市几乎都以可持续发展见长。例如，阿姆斯特丹通过运用智慧电表和能源反馈等技术让耗能状况“可视化”，从而对能源使用情况进行评估和改善；奥地利一直在大力推行“市民太阳能电厂”；巴黎的共享自行车被ICF评为欧洲智慧城市最佳案例；伦敦重点发展绿色智能建筑；等等。

5．注重创新能力提升

正如信息社会理论可分为技术主义和信息主义两大流派，对智慧社会中的“智慧”也有两种理解，一种认为“智慧”代表信息技术，另一种认为智慧就是知识。从近几年国外智慧社会建设实践来看，各国十分重视经济创新发展，通过信息技术创新和数字经济培育，创造更多、更好的就业机会，促进国民经济增长。例如，美国在《白宫智慧城市行动倡议》中提出的4项重点任务，有3项（创建物联网试验平台、加强与民间科技活动的合作、促进信息技术和产品出口）都是关于信息科技创新与信息产业发展的；在欧盟的“数字城市指数”中，包括了许多有关创新创业环境、城市营商环境、企业研发能力、人才资源状况等方面的指标；澳大利亚于2016年推出的《智慧城市计划》涵盖智慧投资、智慧政策和智慧技术3个方面，但都是关于扩大城市投资、促进城市治理优化、加快技术研发与创新的，直接涉及信息技术的反而很少。

## 【全球智慧社会发展水平测评指标体系】

为了科学、准确地了解世界各国智慧社会建设状况，本书建立“全球智慧社会发展水平测评指标体系”，并利用权威部门数据，对各国智慧社会水平进行定量评估。

### （一）评价指标及数据来源

根据上述对智慧社会内涵的分析，智慧社会包括智慧设施、智慧政府、智慧经济、智慧生活、智慧治理几个方面，评价指标和数据来源见表1。

表1　智慧社会评价指标及数据来源

| 一级指标 | 二级指标 | 三级指标 | 数据来源 |
|---|---|---|---|
| 智慧设施 | 通信设施 | 固定电话普及率 | 国际电信联盟 |
| | | 移动电话普及率 | 国际电信联盟 |
| | 网络设施 | 互联网普及率 | 国际电信联盟 |
| | | 固定宽带普及率 | 国际电信联盟 |
| | | 移动宽带普及率 | 国际电信联盟 |
| | | 人均国际互联网出口带宽 | 国际电信联盟 |
| | | 固定宽带平均速度 | http://www. speedltest nrt/ghodual-inder |
| | | 移动宽带平均速度 | http://www. spwedtert net/*guilual-index |

续表

| 一级指标 | 二级指标 | 三级指标 | 数据来源 |
|---|---|---|---|
| 智慧政府 | 电子政府 | 电子参与 | 《联合国电子政务发展报告》 |
| | | 在线服务 | 《联合国电子政务发展报告》 |
| | 数据开放 | 数据开放评分 | — |
| | 政务协同 | 创办企业时间 | 世界银行 |
| | | 企业注册启动程序数量 | 世界银行 |
| 智慧经济 | 经济规模 | 人均 GDP | 世界银行 |
| | | 电信从业人数比例 | 世界银行 |
| | 竞争水平 | ICT 产品出口比例 | 世界银行 |
| | | ICT 服务出口比例 | 世界银行 |
| | | 高新技术出口占比 | 世界银行 |
| | 创新能力 | 专利强度 | 世界银行 |
| | | 新注册企业数 | 世界银行 |
| | | 研发强度 | 世界银行 |
| 智慧生活 | 设备使用 | 家庭上网普及率 | 国际电信联盟 |
| | | 家庭计算机普及率 | 国际电信联盟 |
| | 知识素养 | 大学入学率 | 世界银行 |
| | | 研发人员比例 | 世界银行 |
| 智慧治理 | 信息法规 | 信息化法规完备度 | 世界经济论坛 http://qpta.weforum.org/ |
| | 信息安全 | 全球网络安全指数 | MU-CC1 报告 |
| | | 网络安全服务器密度 | 世界银行 |
| | | 非授权软件安全比例 | ww2.bast.org |
| | 市场秩序 | 企业信息披露程度 | 世界银行 |
| | | 征信信息深度 | 世界银行 |

### （二）指标计算方法

测度智慧社会的 5 个方面，即智慧设施、智慧政府、智慧经济、智慧生活、智慧治理。为了便于比较，对以上指标的得分采取标准化处理方式。所有数据都正则化到[0,1]，这样的处理既能够去除数据单位和量纲的影响，也便于各变量之间的相互比较和合并计算。

对智慧社会发展水平指标以等权的方式进行量化分析。智慧社会评价得分由 5 个方面的评价得分等权加总的方式得到，即智慧设施、智慧政府、智慧经济、智慧生活、智慧治理的评价得分各取 1/5 权重后相加得到。

智慧设施由通信设施、网络设施的评价得分各取 1/2 权重后加总得到。通信设施由固定电话普及率、移动电话普及率各取 1/2 权重后加总得到。网络设施由互联网普及率、固定宽带普及率、移动宽带普及率、人均国际互联网出口带宽、固定宽带平均速度、移动宽带平均速度各取 1/6 权重后加总得到。

智慧政府由电子政务、数据开放、政务协同各取 1/3 权重后加总得到。电子政务由电子参与、在线服务各取 1/2 权重后加总得到。数据开放由数据开放评分指标代表。政务协同由创办企业时间、企业注册启动程序数量各取 1/2 权重后加总得到。创办企业时间、企业注册启动程序数量这两项指标都是逆向指标。

智慧经济由经济规模、竞争水平、创新能力各取 1/3 权重后加总得到。经济规模由人均 GDP、电信从业人数比例各取 1/2 权重后加总得到。竞争水平由 ICT 产品出口比例、ICT 服务出口比例、高新技术出口占比各取 1/3 权重后加总得到。创新能力由专利强度、新注册企业数、研发强度各取 1/3 权重后加总得到。

智慧生活由设备使用、知识素养各取 1/2 权重后加总得到。设备使用由家庭上网普及率、家庭计算机普及率各取 1/2 权重后加总得到。知识素养由大学入学率、研发人员比例各取 1/2 权重后加总得到。

智慧治理由信息法规、信息安全、市场秩序各取 1/3 权重后加总得到。信息法规由信息化法规完备度指标代表。信息安全由全球网络安全指数、网络安全服务器密度、非授权软件安全比例各取 1/3 权重后加总得到。市场秩序由企业信息披露程度、征信信息深度各取 1/2 权重后加总得到。

### （三）智慧社会发展水平测评总体结果

中国在智慧社会发展水平世界总排名中居第 40 位。中国在智慧治理和智慧经济方面有比较优势，而在智慧生活、智慧设施方面需要进一步提升。在智慧社会的评价中，中小经济规模的发达国家或地区体现了更强的竞争力，说明智慧社会是一项庞大的社会工程。社会规模及差异程度是智慧社会发展的重要因素。

### 【世界各大洲智慧社会发展状况】

### （一）智慧设施

从智慧设施测评的平均水平看，大洋洲的智慧设施平均水平最高（见图 1）。这是由于大洋洲统计的只有澳大利亚和新西兰两个国家，而这两个国家的智慧设施完善程度高。以下的分析中也普遍出现大洋洲的发展水平很高的情况，原因亦如此。

除大洋洲之外，欧洲智慧设施的平均水平是最高的，其次是亚洲、南美洲、中北美洲和非洲。亚洲、南美洲、中北美洲的智慧设施水平比较接近；非洲的智慧设施水平显著低于其他大洲。

各大洲的智慧设施水平差距如图 2 所示。国家之间智慧设施水平差距最大的是亚洲。中国香港地区、阿联酋等的智慧设施水平处于亚洲乃至世界领先地位。印度、孟加拉国等国家的智慧设施水平处于亚洲最落后的位置，仅高于世界最低水平的非洲。

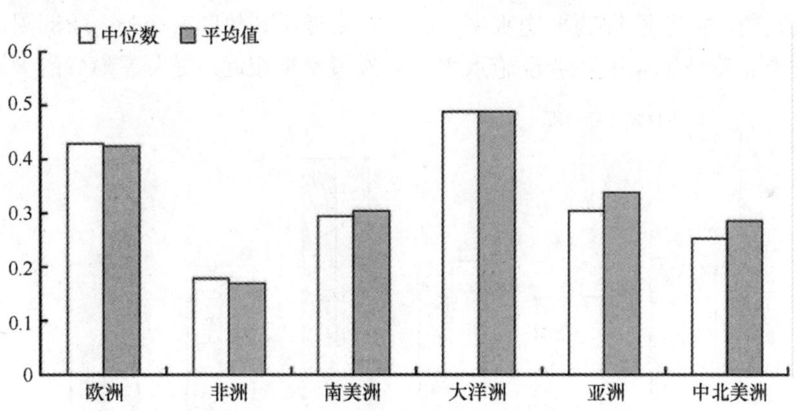


图 1　各大洲智慧设施测度的平均值、中位数

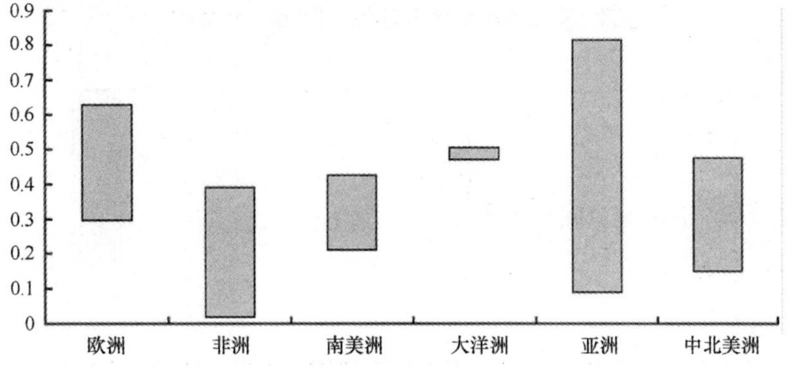


图 2　各大洲智慧设施测度的最大值、最小值

非洲国家整体智慧设施水平是最低的，国家之间的差距也比较大。毛里求斯、塞舌尔等国家的智慧设施水平在非洲国家中属于最高水平。这些国家的旅游业比较发达，但智慧设施在世界上仍然处于比较低的水平，仅接近南美洲的最高水平，与其他大洲的最高水平相比差距更大。南美洲国家之间智慧设施水平差距较小，但整体水平比较低。乌拉圭、阿根廷是南美洲中智慧设施水平最高的国家，接近欧洲的平均水平。玻利维亚、巴拉圭是南美洲中智慧设施水平最低的国家，高于非洲的平均水平，接近中北美洲的平均水平。欧洲国家的智慧设施平均水平是除大洋洲之外最高的。卢森堡、瑞士、法国、荷兰是欧洲国家中智慧设施水平最高的国家，在世界上也属于领先国家。乌克兰、阿尔巴尼亚、亚美尼亚等国家是欧洲国家中智慧设施水平最低的国家，但也与南美洲、亚洲、中北美洲的平均水平相当。欧洲国家之间智慧设施水平差距并不大，整体水平较高。

中北美洲国家之间的智慧设施水平差距较大。加拿大、美国两个发达国家是中北美洲国家中智慧设施水平最高的，高于欧洲的平均水平。古巴、洪都拉斯是中北美洲国家中智慧设施水平最低的国家，在世界上也属于智慧设施水平比较低的国家。世界上各大洲之间智慧设施水平差距比较大。大洋洲、欧洲的智慧设施发展水平最高；非洲、南美洲的智慧设施发展水平比较低；中北美洲和亚洲部分国家的智慧设施水平较高，但发展非常不平衡。

（二）智慧政府

世界各大洲的智慧政府平均水平差距并不大（见图 3）。大洋洲只有两个发达国家澳大利亚和新西兰进入统计，智慧政府平均水平最高。除大洋洲之外，智慧政府平均水平由高到低依次为欧洲、南美洲、中北美洲、亚洲、非洲。南美洲、中北美洲和亚洲的智慧政府平均水平非常接近。

欧洲国家的智慧政府发展水平普遍较高。英国、法国、挪威、瑞典等国家是欧洲智慧政府发展水平最高的，在世界上也处于领先地位，代表了智慧政府发展的最高水平。波黑是欧洲智慧政府发展水平最低的国家，低于大部分大洲的平均值，仅高于非洲的平均值。除波黑的智慧政府水平显著低于其他国家之外，欧洲国家之间的智慧政府发展水平相近，是发展最好的大洲之一（见图 4）。

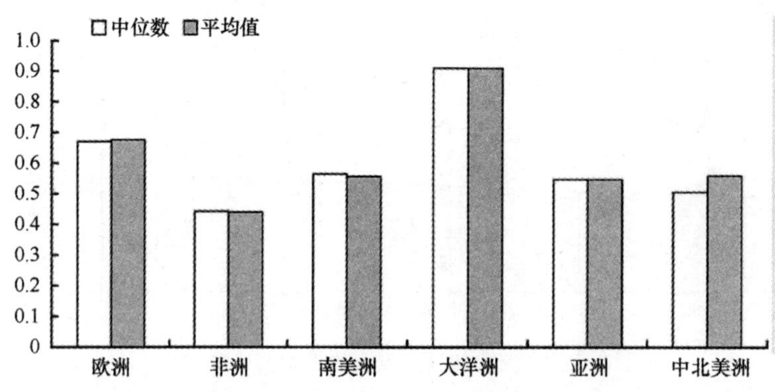


图 3　各大洲智慧政府测度的平均值、中位数

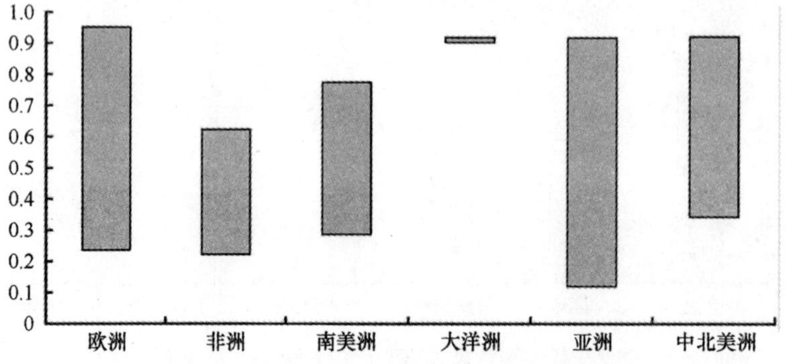


图 4　各大洲智慧政府测度的最大值、最小值

非洲是智慧政府发展水平最低的大洲。突尼斯、南非等是非洲智慧政府发展最好的国家，但仍然没有达到欧洲国家的平均水平。博茨瓦纳、阿尔及利亚等国家则是非洲智慧政府发展水平最低的，在世界上也位于最低水平的国家之列。非洲国家智慧政府发展水平普遍较低，相互之间的差异程度也不是很大。

南美洲、亚洲、中北美洲的智慧政府平均发展水平相差不大。亚洲国家之间的智慧政府发展水平差距最大，其次是中北美洲和南美洲。韩国是亚洲智慧政府发展水平最高的国家，新加坡、日本是世界上智慧政府发展水平比较高的国家。中国智慧政府的发展水平高于亚洲、中北美洲、南美洲、非洲的平均水平。老挝、缅甸等则是亚洲智慧政府发展水平最低的国家，在世界上也属于智慧政府发展最落后的国家。亚洲国家之间的智慧政府发展水平差距巨大，领先者处于世界领先，落后者处于世界最低水平，整体水平不高。

加拿大、美国是中北美洲智慧政府发展水平最高的国家，在世界上也属于最先进的行列。古巴、尼加拉瓜、洪都拉斯是中北美洲智慧政府水平最低的国家，但与其他大洲的国家相比，这些国家不在发展最差的国家之列。中北美洲智慧政府发展水平从北向南依次递减，北美洲明显优于中美洲及加勒比海地区。

南美洲智慧政府发展水平最高的国家是乌拉圭、哥伦比亚、巴西，在世界上也属于发展水平较高的国家。苏里南、玻利维亚是南美洲智慧政府发展水平最低的国家，属于世界上发展水平较低的国家。南美洲的智慧政府整体发展水平不高，国家之间的水平相差并不大。

### （三）智慧经济

智慧经济体现的是经济领域与信息技术、人工智能技术等相关的产业及经济活动。智慧经济平均水平最高的仍然是大洋洲。除大洋洲之外，欧洲的智慧经济平均水平是最高的，其次是亚洲、中北美洲、南美洲、非洲，各大洲的中位数明显低于平均值，说明各大洲的国家或地区之间普遍存在差异（见图5）。

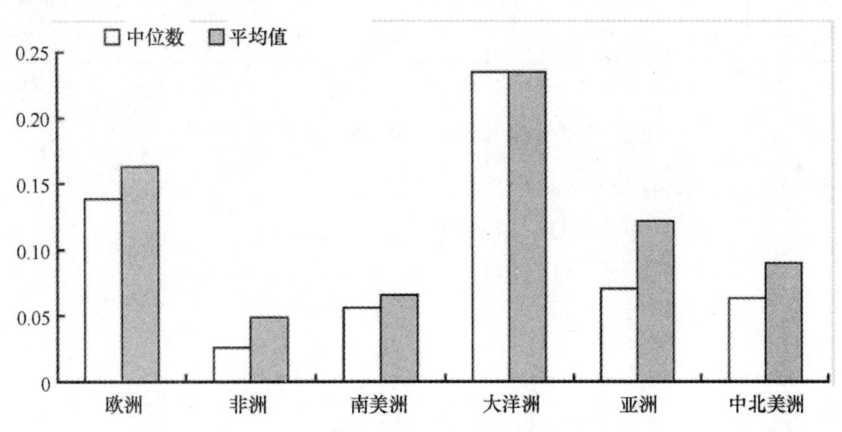


图5 各大洲智慧经济测度的平均值、中位数

欧洲智慧经济的平均水平处于最高之列。爱尔兰、卢森堡、德国、英国是欧洲智慧经济最发达的国家，也是世界上智慧经济比较发达的国家。阿尔巴尼亚、波黑、亚美尼亚是欧洲智慧经济发展水平最低的国家，也是世界上智慧经济发展水平较低的国家。虽然欧洲的整体水平比较高，但国家之间的差距巨大，智慧经济的发展主要集中在西欧的发达国家。

非洲智慧经济的平均水平是世界最低的。毛里求斯、塞舌尔这两个以旅游业为主要经济支柱的国家是非洲智慧经济最发达的。马达加斯加是非洲智慧经济最落后的国家，也是世界智慧经济水平最低的国家。另外，塞内加尔、多哥、马里也是非洲智慧经济比较落后的国家。非洲整体智慧经济水平落后，国家之间的差距也比较大。

亚洲的智慧经济平均水平低于欧洲，但也属于水平较高的大洲。中国香港地区、韩国是亚洲智慧经济发展水平最高的，也是全球智慧经济水平最高的。日本、以色列也是亚洲智慧经济发展领先的国家，仅次于中国香港地区和韩国。塔吉克斯坦、尼泊尔、乌兹别克斯坦则是亚洲智慧经济发展水平最低的国家，在世界上也处于最落后的行列。亚洲国家或地区之间的差异程度是世界上最大的。

中北美洲智慧经济平均水平低于亚洲。美国一枝独秀，其次是加拿大和墨西哥。美国的智慧经济在世界上也处于最发达之列。萨尔瓦多、牙买加、尼加拉瓜是中北美洲智慧经济最不发达的国家。中北美洲智慧经济的特点是北美洲的发展水平显著高于中美洲及加勒比海地区。

南美洲智慧经济平均水平仅高于非洲。智利是南美洲智慧经济最发达的国家，显著高于其他国家。巴拉圭、玻利维亚则是南美洲智慧经济发展最低的国家。南美洲的智慧经济发展水平整体不高，国家之间的差距较小（见图6）。

（四）智慧生活

智慧生活测度了互联网、移动互联网、人工智能等信息技术在社会、家庭中的使用，以及个人的应用能力及使用情况。从平均水平来看，大洋洲的平均水平最高，其次是欧洲、亚洲、南美洲、中北美洲、非洲。大洋洲、欧洲的智慧生活平均水平显著高于其他大洲（见图7）。

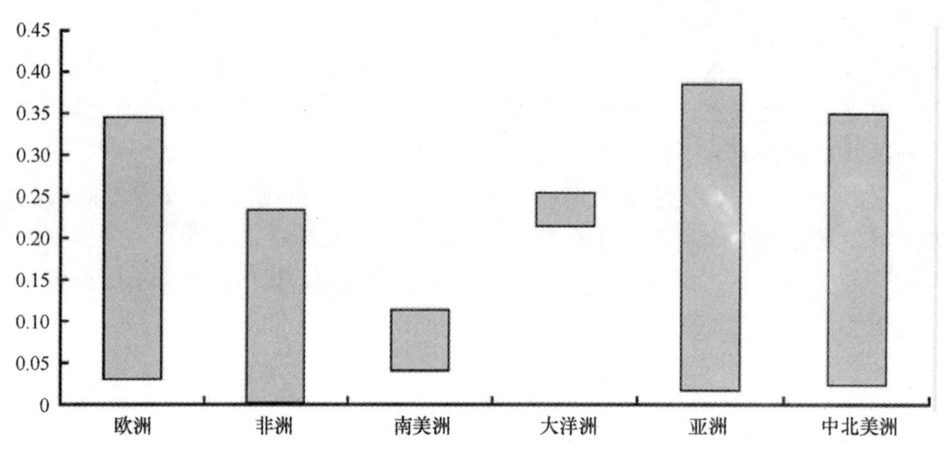


图6　各大洲智慧经济测度的最大值、最小值

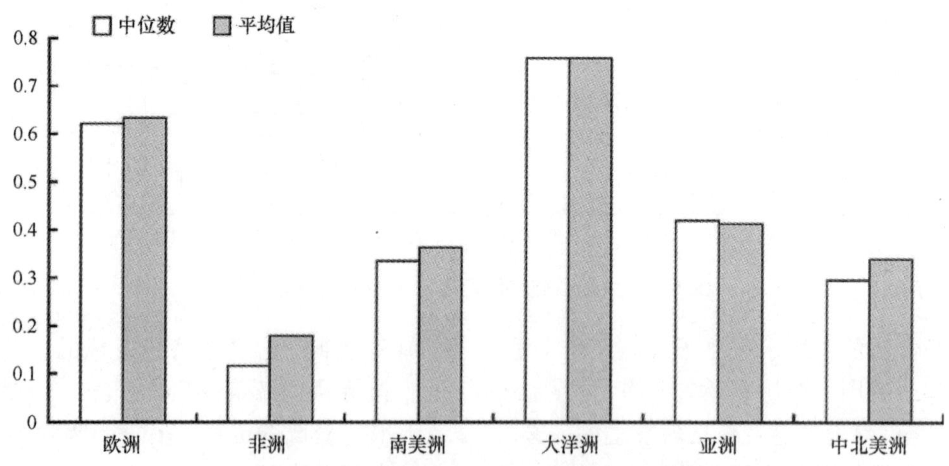


图7　各大洲智慧生活测度的平均值、中位数

欧洲智慧生活的整体水平高，并且国家之间的差距并不大。丹麦、冰岛、挪威是欧洲乃至世界智慧生活水平最高的国家；阿尔巴尼亚、波黑是欧洲智慧生活水平最低的国家，但接近南美洲、中北美洲的平均水平。除了阿尔巴尼亚、波黑，欧洲其他国家智慧生活水平普遍较高。

亚洲的智慧生活平均水平次于欧洲。韩国、日本、新加坡是亚洲智慧生活水平最高的国家，也是世界上智慧生活水平顶尖的国家。尼泊尔、孟加拉国、塔吉克斯坦是亚洲智慧生活水平最低的国家。中国则处于亚洲的平均水平。亚洲的智慧生活整体水平较高，但国家或地区之间的差距巨大，是所有大洲中差距最大的。

南美洲智慧生活平均水平低于亚洲。阿根廷是南美洲智慧生活水平最高的国家，显著高于南美洲其他国家，接近欧洲的平均水平。乌拉圭、巴西的智慧生活水平在南美洲也属于比较高的，仅次于阿根廷。巴拉圭是南美洲智慧生活水平最低的国家，显著低于其他国家。南美洲国家的整体水平偏低，但国家之间的差距并不大。

中北美洲智慧生活平均水平低于南美洲。美国、加拿大是中北美洲智慧生活水平最高的国家，远超其他中北美洲国家。萨尔瓦多、尼加拉瓜、古巴是中北美洲智慧生活水平最低的国家。中北美洲国家之间的差异很大，美国、加拿大水平最高，中美洲及加勒比海地区的国家在世界上属于智慧生活水平较低的。

非洲智慧生活平均水平最低。摩洛哥、毛里求斯是非洲国家中智慧生活水平最高的国家，但仅达到了亚洲的平均水平。马达加斯加是非洲国家中智慧生活水平最低的，也是世界上智慧生活水平最低的国家。非洲国家之间的智慧生活水平差距不大，整体水平是最低的（见图 8）。

### （五）智慧治理

智慧治理测度了智慧社会的相关法规制度、信息安全和市场秩序的完备程度。大洋洲的智慧治理平均水平最高，其次为欧洲、亚洲、中北美洲、南美洲、非洲。各大洲智慧治理的平均水平差距相对较小（见图 9）。

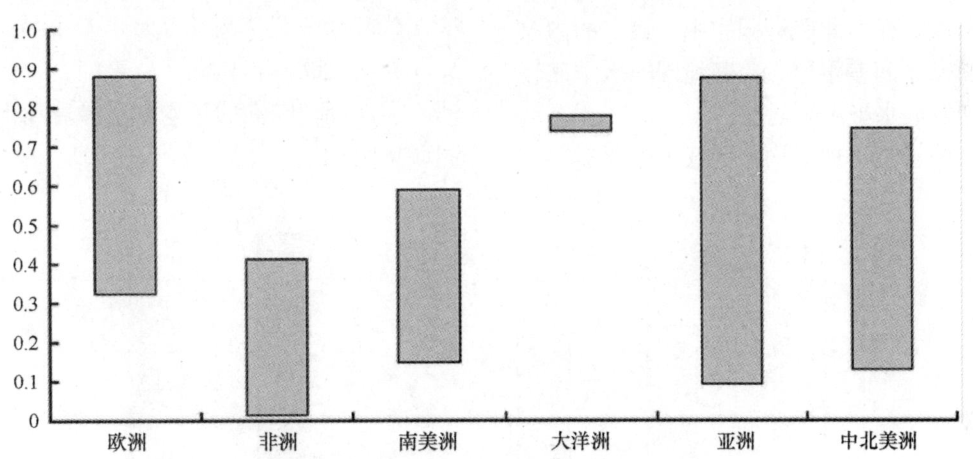


图 8　各大洲智慧生活测度的最大值、最小值

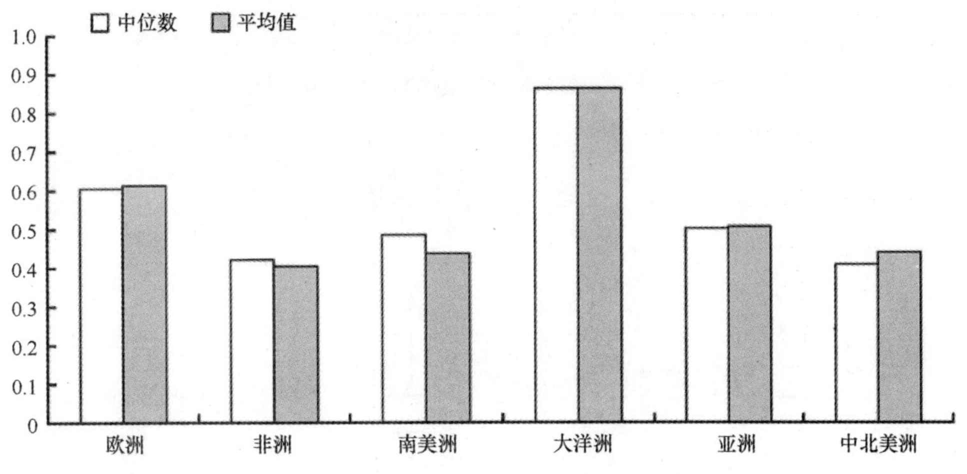


图 9　各大洲智慧治理测度的平均值、中位数

欧洲的智慧治理平均水平是除大洋洲之外最高的。英国、丹麦、荷兰、爱尔兰是欧洲智慧治理发展水平最高的国家，也是世界上领先的国家。波黑是欧洲智慧治理水平最低的国家，显著低于

欧洲其他国家。欧洲国家的智慧治理水平相互之间的差距并不大，整体水平比较高。

亚洲的智慧治理平均水平低于欧洲。新加坡是亚洲智慧治理水平最高的国家，也是世界上智慧治理水平最高的国家。除新加坡之外，阿联酋等也处于世界领先地位，显著高于亚洲和欧洲的平均水平。缅甸、尼泊尔等是亚洲智慧治理最落后的国家，在世界上也处于落后行列。亚洲国家或地区智慧治理水平的差异比较大，领先国家或地区与落后国家或地区之间的差距巨大，但平均水平仍然较高。

中北美洲的智慧治理平均水平低于亚洲。加拿大、美国是中北美洲智慧治理水平最高的国家，在世界上居最发达的行列，显著高于其他中北美洲国家。古巴、多米尼克是中北美洲智慧治理水平最低的国家。在中北美洲国家中，最好的国家与最差的国家之间差距巨大，其他国家水平比较接近，平均发展水平不高。

南美洲的智慧治理平均水平低于中北美洲。智利、哥伦比亚、巴西是南美洲智慧治理水平最高的国家，达到了欧洲的平均水平。苏里南是南美洲智慧治理水平最低的国家，也处于世界上智慧治理水平最低的国家行列。除了苏里南，南美洲国家之间智慧治理水平的差距并不大，各国之间水平比较均衡。

非洲的智慧治理平均水平是最低的。南非、毛里求斯是非洲智慧治理水平最高的国家，超过了绝大多数大洲的平均水平。阿尔及利亚、埃塞俄比亚则是非洲智慧治理水平最低的国家，处于世界上最落后的行列。非洲国家之间的差距很大，并且整体平均水平是最低的（见图 10）。

（六）各大洲智慧社会总体评价

智慧社会总体测度方面，大洋洲平均水平最高，其次是欧洲、亚洲、南美洲、中北美洲、非洲。大洋洲、欧洲的平均水平显著高于其他各大洲（见图 11）。

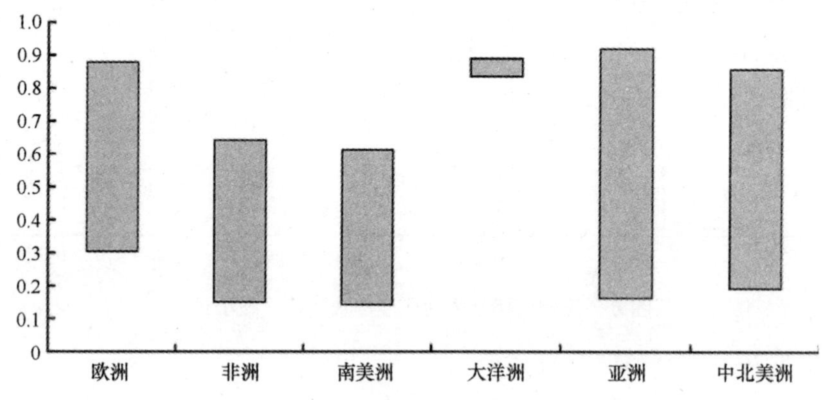


图 10　各大洲智慧治理测度的最大值、最小值

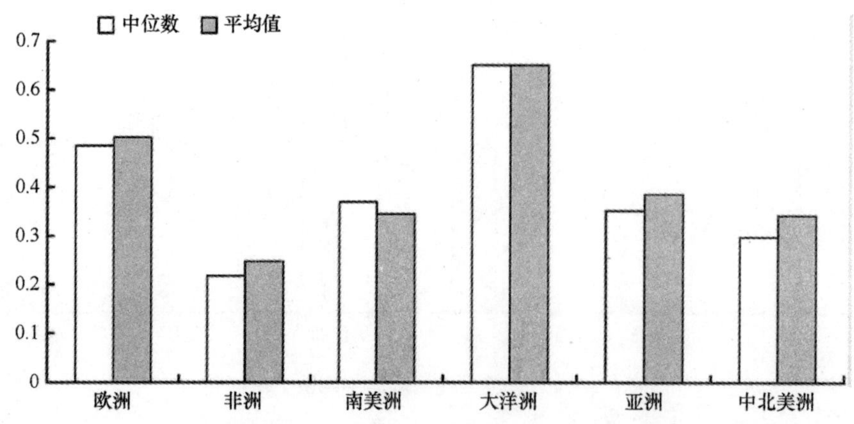


图 11　各大洲智慧社会测度的平均值、中位数

欧洲智慧社会的平均发展水平仅次于大洋洲。欧洲国家智慧社会发展水平由高到低依次为英国、丹麦、荷兰、瑞典、挪威、爱尔兰、德国、卢森堡、芬兰、冰岛、法国、奥地利、瑞士、爱沙尼亚、比利时、西班牙、葡萄牙、斯洛文尼亚、意大利、立陶宛、希腊、波兰、塞浦路斯、俄罗斯、捷克、拉脱维亚、斯洛伐克、匈牙利、保加利亚、格鲁吉亚、白俄罗斯、罗马尼亚、克罗地亚、塞尔维亚、摩尔多瓦、亚美尼亚、黑山、乌克兰、阿尔巴尼亚、波黑。欧洲国家之间的智慧社会发展水平差距并不大，整体水平高。西欧、北欧国家的智慧社会显著发达。

亚洲智慧社会的平均发展水平低于欧洲，但智慧社会发展水平最高的国家或地区在亚洲。亚洲国家或地区智慧社会发展水平由高到低依次为新加坡、韩国、日本、阿联酋、以色列、卡塔尔、马来西亚、中国、土耳其、阿曼、沙特阿拉伯、哈萨克斯坦、科威特、文莱、泰国、伊朗、印度、乌兹别克斯坦、印度尼西亚、约旦、黎巴嫩、菲律宾、越南、蒙古、吉尔吉斯斯坦、塔吉克斯坦、伊拉克、尼泊尔、孟加拉国、巴基斯坦、老挝、缅甸。东亚、西亚及东南亚部分国家是亚洲智慧社会发展水平较高的，处于世界领先的位置，而南亚、中亚则是亚洲最落后的，两者的差距非常大。

南美洲智慧社会平均发展水平低于亚洲。南美洲国家智慧社会发展水平由高到低依次为智利、乌拉圭、巴西、阿根廷、哥伦比亚、秘鲁、厄瓜多尔、巴拉圭、玻利维亚、苏里南。南美洲国家之间的差距不大，整体水平偏低。

中北美洲智慧社会平均发展水平低于南美洲，仅高于非洲。中北美洲国家智慧社会发展水平由高到低依次为美国、加拿大、墨西哥、哥斯达黎加、巴拿马、牙买加、多米尼加、危地马拉、多米尼克、萨尔瓦多、洪都拉斯、尼加拉瓜、古巴。北美洲的美国、加拿大属于世界上智慧社会发展程度最高的国家；中美洲及加勒比海地区则属于智慧社会发展最落后的。中北美洲智慧社会区域内发展极不平衡。

非洲是智慧社会平均发展水平最低的，发展水平由高到低依次为毛里求斯、南非、塞舌尔、摩洛哥、突尼斯、埃及、加纳、肯尼亚、卢旺达、博茨瓦纳、科特迪瓦、坦桑尼亚、纳米比亚、尼日利亚、塞内加尔、阿尔及利亚、多哥、马达加斯加、马里、尼日尔、埃塞俄比亚、莫桑比克。非洲大多数国家智慧社会发展落后，整体水平最低。

大洋洲两国智慧社会发展呈现整体发达的状况；欧洲呈现西欧、北欧发达，东欧、巴尔干地区相对落后的特征；亚洲呈现东亚、西亚、东南亚发达，中亚、南亚落后的特征；中北美洲呈现由北向南智慧社会发展水平逐渐降低，北美发达，中美洲及加勒比海地区落后的特征。南美洲国家之间智慧社会发展水平接近，而非洲国家则呈普遍落后的情况。智慧社会区域性发展的特征显著，点状发展的情况较少。

从各国或地区发展的情况来看，小国尤其是城市型经济体，智慧社会发展水平更容易提高；大国或大型经济体由于自身存在地区差距、贫富差距、城乡差距等问题，智慧社会的发展受到一定程度的制约。因此，小国或小型经济体的智慧社会排名更加靠前（见图 12）。

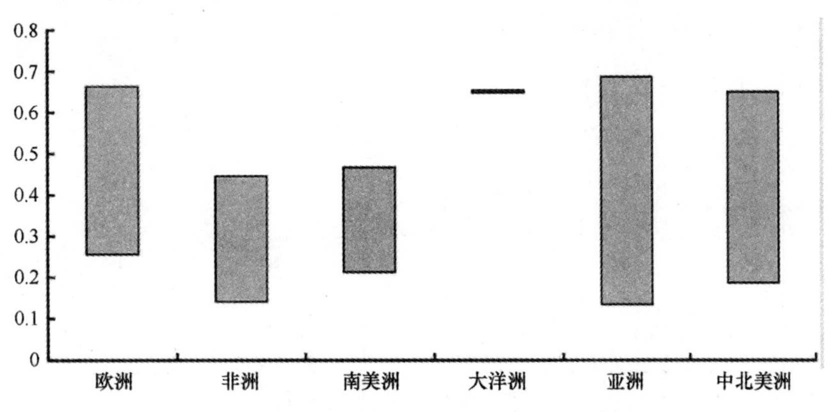


**图 12　各大洲智慧社会测度的最大值、最小值**

【各国家或地区经济发展与智慧社会建设】

智慧社会与经济发展程度息息相关。智慧社会与人均 GDP 之间的关系类似于二阶导数为负的曲线形状。人均 GDP 在 2 万美元以下的区域，智慧社会与人均 GDP 成强正向相关关系；而人均 GDP 在 2 万美元以上的区域，智慧社会与人均 GDP 成弱正向相关关系。

智慧社会与经济发展程度虽然具有正向相关关系，但不同经济发展水平对智慧社会的作用是不同的。在经济发展水平极低的状况下，经济发展对智慧社会的作用是很弱的；在经济发展水平由低向高递进的阶段，经济发展对智慧社会的作用是巨大的；在经济发展水平比较高的阶段，经济发展对智慧社会的作用有所减弱。

在一般情况下，国家或地区的经济发展程度越高，智慧社会发展程度越高。为分析智慧社会与经济发展之间的关系，基于世界银行根据国民收入对国家或地区收入差异的划分，将本书研究的国家或地区划入相应的收入档次（见表 2），以此比较国家或地区经济发展程度与智慧社会的关系。

表 2 按国民收入对国家或地区的分类

| 国民收入分类 | 国家或地区 |
|---|---|
| 高收人 | 韩国、新加坡、英国、丹麦、新西兰、美国、澳大利亚、挪威、瑞典、荷兰、阿联酋、加拿大、日本、爱尔兰、芬兰、冰岛、德国、法国、卢森堡、奥地利、瑞士、爱沙尼亚、西班牙、以色列、比利时、葡萄牙、卡塔尔、希腊、立陶宛、意大利、斯洛文尼亚、俄罗斯、波兰、塞浦路斯、智利、乌拉圭、拉脱维亚、阿曼、捷克、斯洛伐克、沙特阿拉伯、匈牙利、阿根廷、科威特、克罗地亚、文莱、塞舌尔 |
| 中等偏上收入 | 马来西亚、中国、毛里求斯、白俄罗斯、土耳其、哈萨克斯坦、保加利亚、罗马尼亚、墨西哥、塞尔维亚、巴西、黑山、泰国、哥伦比亚、哥斯达黎加、巴拿马、南非、阿尔巴尼亚、秘鲁、突尼斯、伊朗、黎巴嫩、约旦、多米尼加、牙买加、蒙古、厄瓜多尔、巴拉圭、博茨瓦纳、多米尼克、波黑、伊拉克、阿尔及利亚、苏里南、纳米比亚 |
| 中等偏下收入 | 古巴、格鲁吉亚、摩尔多瓦、亚美尼亚、乌克兰、摩洛哥、印度尼西亚、印度、埃及、菲律宾、越南、乌兹别克斯坦、危地马拉、肯尼亚、加纳、吉尔吉斯斯坦、萨尔瓦多、洪都拉斯、玻利维亚、尼加拉瓜、科特迪瓦、塔吉克斯坦、塞内加尔、孟加拉国、巴基斯坦、老挝、缅甸 |
| 低收入 | 卢旺达、坦桑尼亚、尼泊尔、多哥、马达加斯加、马里、埃塞俄比亚、尼日尔、莫桑比克 |

（一）智慧设施

智慧设施与国民收入之间的关系是，国民收入越高，智慧设施水平越高（见图 13）。高收入国家或地区的智慧设施平均水平显著高于其他收入水平国家或地区。中等偏下收入国家或地区的平均水平与低收入国家或地区接近。中等偏上收入国家或地区的平均水平则显著低于高收入国家或地区，高于中等偏下收入、低收入国家或地区。

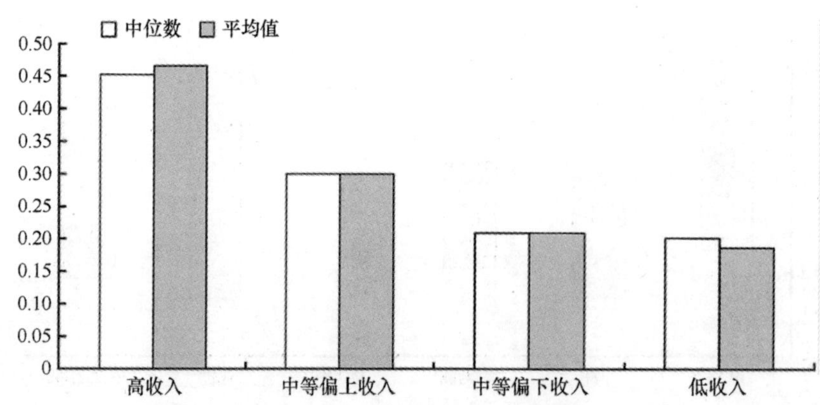


图 13 各收入档次智慧设施测度的平均值、中位数

从各收入档次国家或地区智慧设施的差异程度来看，智慧设施的最高水平随着国民收入的降低而依次降低（见图 14）。高收入国家或地区中智慧设施水平的最小值高于中等偏下收入、低收入国家或地区的最大值，接近中等偏上收入国家或地区的最大值。由此可见，国家或地区的经济情况、国民收入情况对智慧设施具有完全的正向作用。

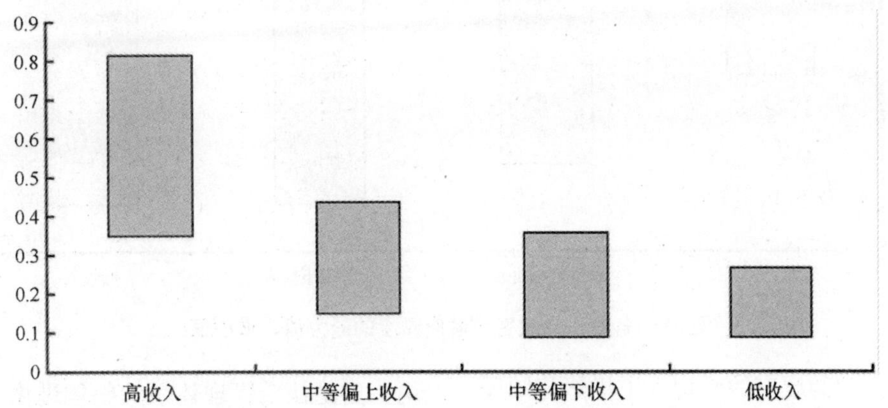


图 14　各收入档次智慧设施测度的最大值、最小值

智慧设施水平随着国民收入的降低而依次降低，中等偏下收入国家或地区最低的智慧设施水平与低收入国家或地区最低的智慧设施水平相近。这种情况说明，智慧设施的发展严重依赖于经济发展，并且只有经济发展到了一定程度智慧设施才会得到充分发展。在经济发展水平比较低的情况下，智慧社会的智慧设施并不一定是国家或地区的首要发展目标。智慧设施的发展会促进智慧社会的建设，智慧社会的建设会促进经济的进一步发展。这使得各国或地区“强者恒强，弱者恒弱”，智慧社会发展不平衡。

（二）智慧政府

国民收入越高的国家或地区，智慧政府发展的程度越高。高收入国家或地区的智慧政府平均水平高于其他收入档次的国家或地区。中等偏上收入国家或地区的智慧政府平均水平高于中等偏下收入、低收入国家或地区。低收入国家或地区的智慧政府水平是最低的（见图 15）。

各收入档次国家或地区智慧政府水平的差异程度是相当大的（见图 16）。高收入国家或地区之间的差距是最小的。中等偏上收入国家或地区之间的差距相对较大。中等偏上收入国家或地区中智慧政府水平最高的国家如墨西哥、巴西等，已经达到或超过了高收入国家或地区的平均水平。中等偏下收入、低收入国家或地区中智慧政府水平最高的国家或地区也都超过了中等偏上收入国家或地区的平均水平。

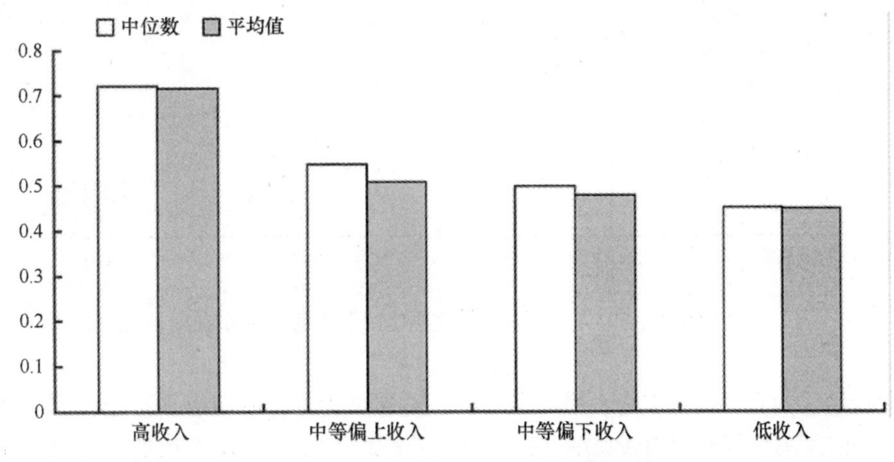


图 15　各收入档次智慧政府测度的平均值、中位数

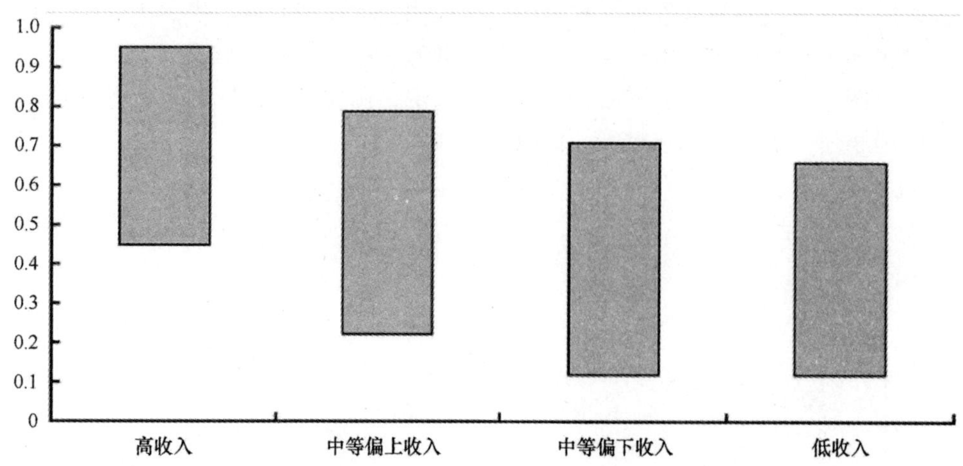


图 16　各收入档次智慧政府测度的最大值、最小值

总体而言，智慧政府的平均水平仍然与国民收入成正相关，但各国民收入档次之间的差异程度说明智慧政府建设不仅受到国家或地区经济状况的影响，而且受到政府办事效率、公共事务决策透明程度等其他社会因素的影响。经济水平不高的国家或地区，通过政府办事效率的提高，政府工作流程的电子化、智能化，公众更多地参与公共事务决策等机制性的建设，也能够达到比较高的智慧政府水平。相反，经济水平比较高的国家或地区也可能因社会管理水平的落后而使智慧政府建设水平落后。智慧政府不仅是互联网、人工智能等信息技术在公共事务、公共服务上的应用，更是社会管理体系的整体进化，经济情况只是其中一项影响因素。

### （三）智慧经济

智慧经济的平均水平呈现高收入国家或地区特别高、其他国家或地区都很低的状况(见图17)。中等偏上收入国家或地区智慧经济平均水平略高于中等偏下收入、低收入国家或地区。中等偏下收入国家或地区与低收入国家或地区的智慧经济平均水平非常接近。中等偏上收入、中等偏下收入、低收入国家或地区智慧经济平均水平远低于高收入国家或地区的智慧经济平均水平。

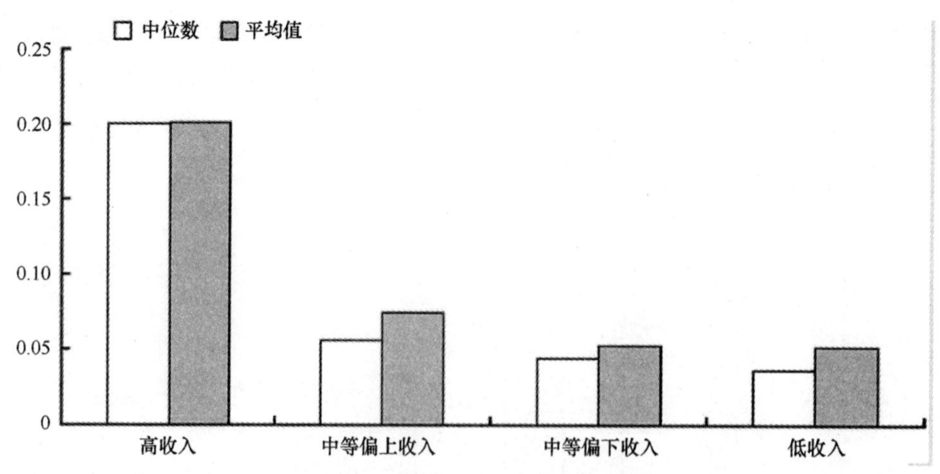


图 17　各收入档次智慧经济测度的平均值、中位数

高收入国家或地区的智慧经济平均水平最高，但国家或地区之间的差距也是最大的（见图 18)。中等偏上收入、中等偏下收入、低收入国家或地区的智慧经济平均水平接近，国家或地区之间的差距程度也相近，都远低于高收入国家或地区之间的差距程度。

智慧经济的发展水平虽然与国民收入成正相关，但智慧经济的发展水平更加向头部国家或地区集中。即使高收入国家或地区，也只有少部分国家或地区能够发展智慧经济。创新、研发、知识产权及规模经济效应在智慧经济中发挥的作用远大于其他产业。智慧经济的相关产业向个别国家或地区集中，形成创新、研发的比较优势和规模经济效应，造成世界性的发展不平衡。智慧经济发达的国家或地区必然能够推动智慧社会发展，使本国或本地区的智慧社会水平高于其他国家或地区，形成发展优势。高收入国家或地区以发达国家或地区为主，在依赖创新、研发的高端产业上具有明显的优势，在智慧经济的发展上也具有显著的禀赋优势。

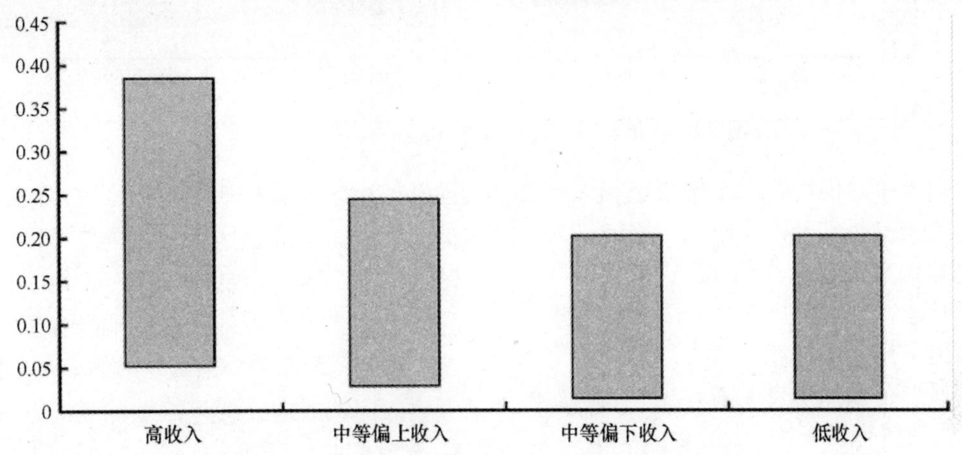


图 18 各收入档次智慧经济测度的最大值、最小值

（四）智慧生活

智慧生活发展水平随着国民收入水平提高而提高（见图 19）。高收入国家或地区的智慧生活平均水平超过了中等偏上收入、中等偏下收入、低收入国家或地区的平均水平。中等偏上收入国家或地区的智慧生活平均水平只达到了高收入国家或地区的一半。中等偏下收入国家或地区的智慧生活平均水平略高于低收入国家或地区。中等偏下收入、低收入国家或地区的智慧生活平均水平都只达到中等偏上收入国家或地区的一半。

从智慧生活的差异程度来看，低收入国家或地区智慧生活水平的差异程度最小（见图 20），高收入、中等偏上收入、中等偏下收入国家或地区都有比较大的差异。尽管高收入国家或地区整体智慧生活水平较高，但也有比较大的差异，部分国家或地区的智慧生活水平低于中等偏上收入国家或地区的水平。

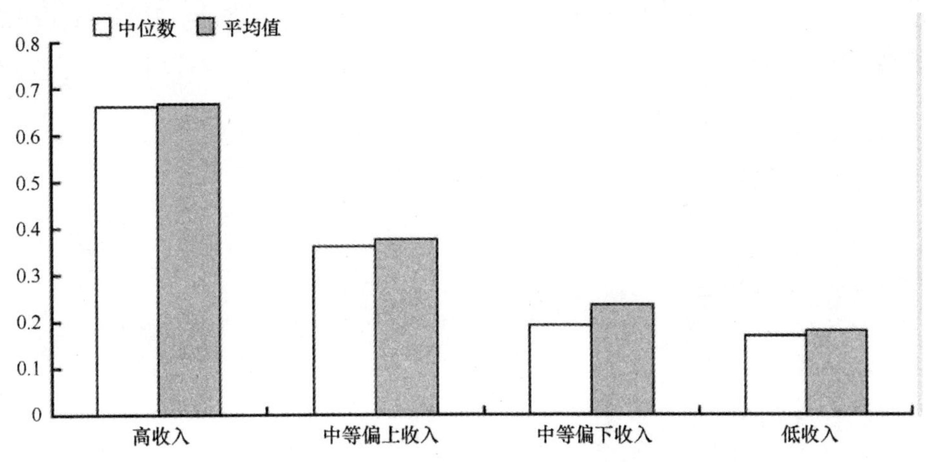


图 19 各收入档次智慧生活测度的平均值、中位数

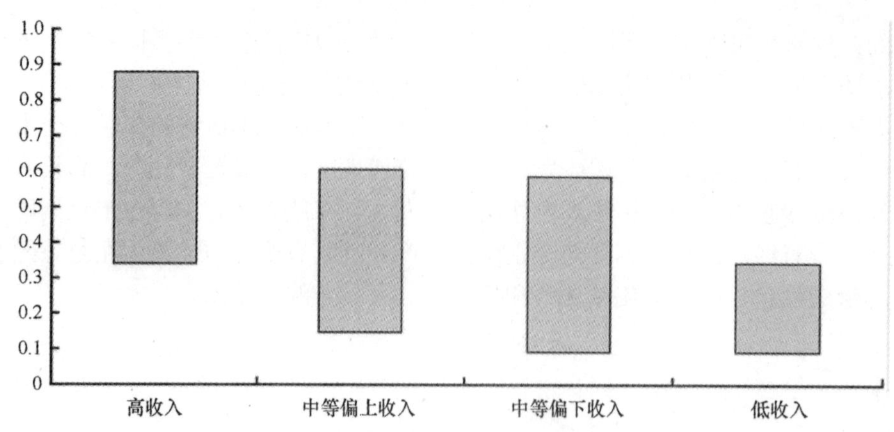


图20　各收入档次智慧生活测度的最大值、最小值

智慧生活水平与国民收入水平成正相关。公众的知识文化素养越高，国民收入水平越高。同时，公众的知识文化素养越高，会更多学习和使用现代科学技术，能将互联网、人工智能等信息技术更容易地应用到工作和生活中，提高工作效率和生活品质。公众知识文化素养越高的国家或地区，智慧生活越容易普及，智慧社会水平越高。智慧生活更多的是社会发展的结果，智慧社会的发展必然体现为智慧生活的发展。从统计数据可以看出，智慧生活水平与国民收入水平成正相关关系。

### （五）智慧治理

智慧治理的平均水平也与国民收入成正相关（见图21）。高收入、中等偏上收入、中等偏下收入、低收入国家或地区的智慧治理平均水平相差不大，按国民收入由高到低略微降低。高收入国家或地区智慧生活平均水平明显高于其他收入水平的国家或地区。

从智慧治理的差异程度来看，中等偏下收入国家或地区的智慧治理差异程度是最小的，中等偏上收入国家或地区智慧治理差异程度最大（见图22）。高收入、低收入国家或地区智慧治理差异程度相当。高收入国家或地区智慧治理水平是最高的，显著高于中等偏上收入、中等偏下收入、低收入国家或地区智慧治理的最高水平。智慧治理水平最差的国家或地区是中等偏上收入国家或地区，这说明国民收入、经济状况与智慧治理水平之间的正相关关系偏弱。

智慧治理是国家法规制度、公共事务对智慧社会的支撑体系。在这方面，国家或地区的智慧治理对经济发展程度的依赖程度并不太高。国家或地区的法制完备度、社会信息的透明程度、信息安全保障等这些智慧社会发展重要保障的完善程度并不完全取决于国家或地区的经济条件，因此即使经济状况较差的国家或地区也能够有比较高的智慧治理水平。智慧治理不仅体现了智慧社会发展的潜力，也能够反映智慧社会发展的瓶颈，为智慧社会发展指明方向。

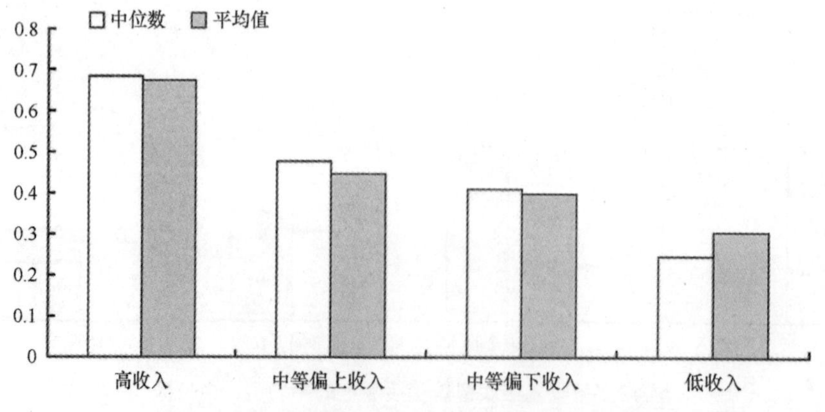


图21　各收入档次智慧治理测度的平均值、中位数

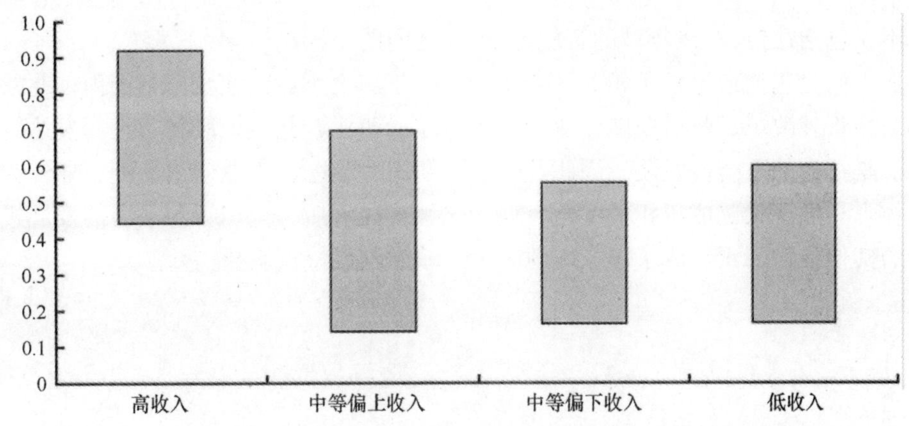


图 22　各收入档次智慧治理测度的最大值、最小值

（六）各收入档次国家智慧社会发展状况

智慧社会平均水平与国家的经济状况成正相关关系，国民收入越高的国家或地区，智慧社会水平越高（见图 23）。高收入、中等偏上收入、中等偏下收入、低收入国家或地区的智慧社会平均水平依次降低。各收入档次之间智慧社会平均水平的差异程度是非常显著的。

具体而言，智慧社会中智慧设施、智慧经济、智慧生活与国家或地区经济状况呈现强正相关关系，而智慧政府、智慧治理则与国家或地区经济状况呈现弱正相关关系。从差异程度来看，低收入国家或地区的智慧社会差异程度最小，发展水平较低（见图 24）；高收入、中等偏上收入、中等偏下收入国家或地区的智慧社会差异程度都比较大。高收入国家或地区的智慧社会整体水平比较高，其最低水平也高于低收入国家或地区的最高水平。

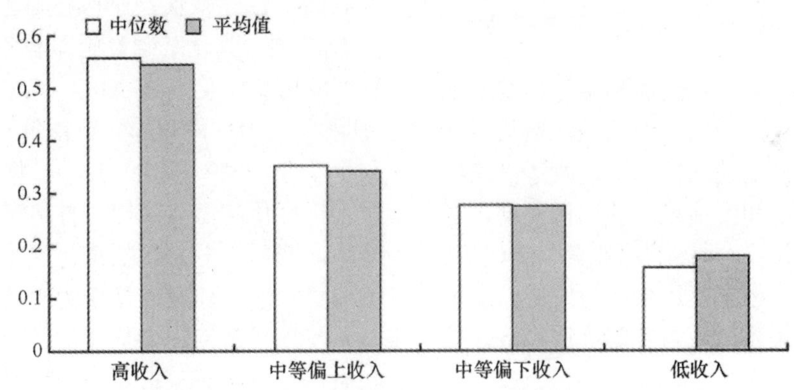


图 23　各收入档次智慧社会测度的平均值、中位数

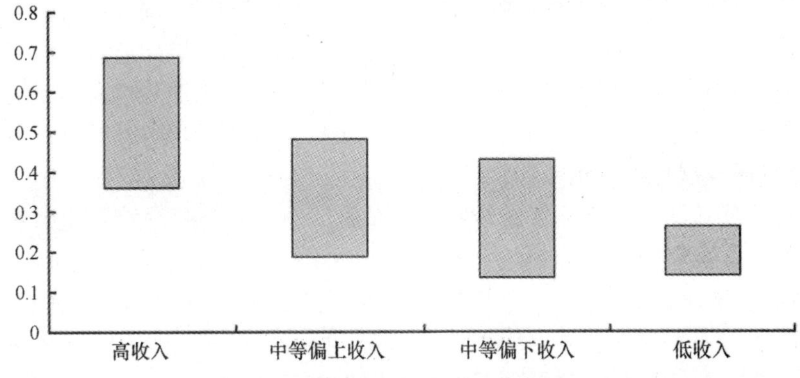


图 24　各收入档次智慧社会测度的最大值、最小值

智慧社会不仅包括社会、经济领域的智能化、信息化、网络化，而且包括信息技术相关社会管理制度建设、公共管理改革、政府职能转变、公共服务优化等，是社会的系统性发展。因此，尽管智慧社会总体上与经济状况成正相关关系，但影响智慧社会的其他社会因素造成了国家或地区之间的差异。

综上所述，在全球范围内，北欧、西欧、东亚、西亚、北美地区智慧社会发达，中美洲及加勒比海地区、南亚、南美洲、非洲大部分地区智慧社会落后。全球智慧社会的发展极不平衡，区域性发展特点明显。

# 全球工业互联网发展概况

## 【整体发展情况】

### （一）工业互联网加速打造全球经济新动能

近年来，全球经济增长动能不足，传统增长引擎对经济的拉动作用减弱，新的经济增长点尚未形成。在这种经济低迷的情形下，发达国家纷纷高度重视虚拟经济和实体经济的协调发展，变革传统的经济增长模式，重塑制造业竞争新优势。工业互联网通过技术创新促进生产力发展，通过模式创新重塑生产关系，成为各国打造经济新动能的共同选择。

工业互联网是新工业革命的关键基础设施，是制造业转型升级的路径，是各国塑造竞争力的重要手段。随着工业互联网平台的逐渐发展，以工业互联网为核心的制造业数字化转型之争已成为世界主要国家新的竞争焦点。

1．美国工业互联网发展持续领跑全球

一是美国政府大力实施工业化战略，组织实施“先进制造业伙伴计划”，构建“国家制造业创新网络”，重点突破信息物理系统、先进传感与控制、大数据分析等工业互联网关键技术，为工业互联网的发展和应用提供有力支撑。二是领军企业引领工业互联网发展。GE 作为美国传统制造业的巨头，率先推进数字化转型，推出 Predix 工业互联网平台。微软、亚马逊等建设工业互联网平台 IaaS 层，强化基础设施即服务能力。三是积极打造联盟集团化发展。2014 年，GE、AT&T、Cisco（思科）、IBM 和 Intel（英特尔）5 家企业联合成立了工业互联网联盟（IIC），推动了工业互联网技术标准化和试点应用，打造了工业互联网生态体系。四是充分发挥信息化优势。在推进策略上美国更加注重建设以创新为驱动的工业互联网平台，发挥互联网、信息通信、工业软件等优势，利用信息技术对制造业企业进行“自上而下”的重塑。

2．德国工业互联网步伐不断加快

一是在国家层面进行工业 4.0 战略部署。通过信息网络与工业生产系统的充分融合，打造数字工厂，强调机器与互联网的互联互通，创新工业生产与服务模式，打造工业生产全要素、全价值链、全产业链的生产制造服务体系。二是领先企业积极布局。西门子作为欧洲老牌制造业企业，推出了 MindSphere 工业互联网平台，并联合库卡、Festo、艾森曼集团等 18 家合作伙伴企业共同创建了“MindSphere World”联盟，打造围绕

MindSphere 平台的生态系统。三是发挥制造业优势，建设注重与工厂互联的工业互联网平台。在推进战略上更加注重发挥自身在制造装备、自动化系统、工艺流程等方面的优势，利用互联网等信息技术对制造业企业进行“自下而上”的改造。

3. 日本工业互联网建设紧随其后

一是日本政府提出了“互联工业”战略，将人、设备、系统、技术等相互连接起来，以创造新的附加值和解决相关的社会问题。二是企业布局特色工业互联网。丰田汽车公司和日立合作建立一个以工业大数据分析为主要使能的基于日立的高效生产模式 Lumada IoT（物联网）平台，其中包括 AI（人工智能）技术和大数据分析，构建全面的数据驱动解决方案。三是在国家战略推进上，发挥物联网（IoT）和智能机器人等方面的产业基础优势，重点关注企业之间的互联互通，从而提升制造业的整体效率。

英国、法国、韩国、印度、俄罗斯等国家也推出了一系列战略，虽然名称各异、侧重点不同，但核心都是推动新一代信息技术和制造业的深度融合，大力加快制造业的数字化、网络化、平台化、智能化转型。

### （二）跨界合作和生态建设走向国际化道路

工业互联网企业深化跨界产业合作，持续拓展生态范围。一是技术合作，实现能力互补。围绕基础技术开展合作，如 GE、西门子分别与微软、阿里云在平台部署方面展开合作。围绕前沿技术开展合作，如微软与高通共同创建边缘侧的全新视觉 AI 解决方案。二是行业合作，纵深应用领域。平台企业与行业用户围绕实际应用联合打造专业解决方案，如 GE 与 BP（英国石油公司）合作提高油气生产环节的效率、可靠性和安全性。平台企业整合技术及行业知识形成专业解决方案，如施耐德借助 EcoStruxure 平台汇聚超过 4000 家工业系统集成商的行业知识。三是资本合作，扩大发展实力。大型企业之间进行投资，深化合作关系，如罗克韦尔向 PTC 注入 10 亿美元股权投资；大型企业对创新企业的战略投资，如 GE、博世、西门子等行业巨头分别对 FogHorn、Claroty、Maana 等工业互联网初创公司提供资金支持，实现多元化业务布局。

### （三）并购成为提升平台核心能力的重要形式

工业互联网平台是以数据为驱动、以制造能力为核心的专业服务平台。数据是平台的核心要素，基于数据能力合作是平台业务发展和模式创新的动力源泉。几年来，国际上围绕数据竞争力的收购案例逐年增多。一方面，全球主要的工业互联网平台都在积极争夺数据资源及争取数据能力合作，如 GE 收购了 Bit Stew Systems 和 Wise.io，PTC 收购了 Coldlight 等；另一方面，数据管理和分析能力成为创新热点。各平台纷纷强化数据管理和实时分析能力，例如，Predix 推出了边缘功能 Predix Edge，在网络边缘端进行数据收集、分析、机器学习，利用边缘计算优化性能以提供更为精确的洞察能力。西门子以用户场景化需求为导向，以数据挖掘增值服务，提供现场实时运营管理支持和服务，以及行业或专业数据存储、分析、收益分享服务。MindSphere 平台为用户提供了数据价值服务，如 MindAccess IoT Value Plan 功能可以让用户无须额外开发工作，直接通过 MindSphere 平台上的 App 对现场采集到的设备或系统数据进行管理、分析、展示。同时，市场上也涌现出了 C3 IoT、ArundoAnalytics 等一批数据分析解决方案提供商。

### （四）国际整体解决方案服务公司初具规模

埃森哲预计，到 2030 年，全球工业物联网市场价值将达到 14.2 万亿美元，工业互联网领域的初创企业受到资本青睐。这类初创企业往往专注于某个细分领域，解决某类实际问题，属于“小而美”的解决方案企业。总体来看，国际企业主要聚焦于工业 App 开发公司、工业大数据分析软件开发公司、工业互联网安全公司 3 类企业。

1. 工业 App 开发公司

Uptake 是美国工业互联网领域的明星创业公司，于 2014 年 7 月成立，主要业务是围绕高价值设备提供设备监管、运维、预测性维护等产品服务，目前已是估值 23 亿美元的独角兽企业。融资和估值迅速提升的背后，是 Uptake 业务的爆发增长。截至目前，Uptake已服务了100多家企业，横跨能源、制造、矿业、农业、航空、建筑、施工、车队、政府、石油和天然气、轨道等领域。另外，初创公司FogHorn是边缘智能平台和软件提供商，主要产品为FogHornLightning边缘智能软件。该公司B轮获得3000万美元投资，并与思科、HPE、Google Cloud及其他大型科技公司建立了合作伙伴关系。

2．工业大数据分析软件开发公司

C3 IoT是一家提供工业互联网PaaS平台的美国初创企业，成立于2009年，公司经过近期的D轮融资后，总融资已达1.1亿美元。C3 IoT运用大数据、高级分析、机器学习等技术实现新一代智能业务流程管理及预测性分析应用。针对不同行业，C3 IoT提供了预测性维护、欺诈检测、能源管理、网络传感器健康检查等应用，已服务思科、ENGIE、Endesa等20多家企业级的大客户。另外，在工业数据分析领域的初创企业还有提供高级分析软件和机器学习集成服务的Arundo Analytics、专注于处理工业互联网汇聚制造业数据的Seeq等。

3．工业互联网安全公司

Xage Security提供了全球首个用于工业物联网部署的区块链保护安全平台。该平台提供了一个分散的安全层，可实现自主网络通信和大规模信任的建立。公司获得GE Ventures提供的1200万美元投资，以加速其工业物联网边缘网络和国家基础设施安全结构的开发。

## 【国际典型平台发展情况】

### （一）GE的Predix工业互联网平台

工业巨头GE被视为以工业互联网为核心的数字化转型的先驱。2012年，时任GE董事长兼CEO杰夫•伊梅尔特发表了题为《互联网的未来是智能机器》的文章，文中称工业互联网革命即将到来，全球都在期待下一个生产力提升的重大机会，而工业互联网将是其中的一个。为实现公司的数字化转型，2013年GE推出了工业互联网平台Predix，这是GE重要的平台和数字化创新，是数字化转型的标志创新。

1．战略层面：从内部资产管理平台向综合性工业平台转型

随着制造业智能化的不断推进，制造业对承载设备泛在联系、海量数据集聚管理、深度智能应用的通用PaaS平台的需求越来越大，而Predix正是现阶段为工业数字化提供PaaS服务的典型代表，其发展经历了从资产管理平台向综合工业平台转型、从IT向OT延伸的过程。最初，Predix只是作为企业内部的资产管理平台，负责连接、监控、优化GE数以百万计的数据资产。随后，GE将Predix升级为面向全球服务的工业互联网平台，具体表现在：扩充了连接设备，允许连接各种机器、传感器、控制系统等非GE资产；完善了工业服务，同时提供云服务和边缘计算服务；扩展了开发功能，允许第三方进行资产建模和应用程序开发。之后，Predix借助美国强大的互联网优势，通过与IT厂商的合作向工业领域逐步推进。与思科合作推出了经过强化处理、适用于油气行业的工业路由器，与软银、Verizon和沃达丰组成联盟，为工业互联网提供经过优化的无线网络连接方案。

2．技术路线：从平台端云计算向移动端边缘计算扩展

便捷、高效的移动体验是工业互联网发展的趋势之一。基于这种判断，GE于2017年10月宣布与苹果合作，将业务从PC和HMI（人机交互界面）向移动端扩展。双方将共同为iOS平台推出一套Predix软件开发工具包（SDK），推动移动端的工业互联网应用开发。同时，工业互联网发展的另一个趋势是边缘计算。据Gartner预测，到2022年，全部企业数据中约75%是在数据中心和云之外生成和处理的。于是，Predix于2017年10月推出了重要的更新功能Predix Edge（边缘功能），可以在网络边缘端进行数据收集、分析、事件响应，利用边缘计算优化性能以提供更精准的洞察能力。随后，Predix Edge被应用于实际案例中。例如，2018年1月，GE子公司Avitas Systems为全球领先的数字内容分发商Limelight Networks部署的下一代自动化检测平台，就是使用Predix Edge处理对时间敏感的工业物联网数据的。

3．推进路径：从全行业覆盖向优势行业集中

随着工业互联网平台的不断涌现，平台之间“差异化竞争”的特征越来越明显。GE 也适时调整业务战略，其新任董事长在 2017 年 11 月的投资者大会上宣布，要将 Predix 的业务范围由全行业覆盖向优势行业集中，聚焦于电力、航空和医疗三大核心业务领域，减少对生产制造等其他领域的投入。众所周知，GE 的主要业务是生产高端装备，如风力发电机、飞机发动机、燃气轮机、机车等大型工业产品，其在离散制造行业既有庞大的设备装机量，也有深厚的工业知识积淀。这次战略调整，使得 Predix 能更紧密地围绕离散制造的高端装备的设计、生产和运维，提供以设备运行监测和工业设备数据分析为主线的一系列能力。

### （二）西门子的 MindSphere 工业互联网平台

2018 年 8 月，西门子调整公司组织架构，调整后的西门子组织架构包括三大运营公司，其中一个为数字化工业。自此，数字化工业成为西门子全新战略的重中之重，也成为业绩增长的生力军。西门子的数字化转型以其工业互联网平台 MindSphere 为核心，不断扩展其数字化企业业务组合并融入诸多未来技术，以推动离散和过程工业的数字化转型。

1. 战略层面：软件定义未来制造业，软硬件结合全面布局工业互联网

（1）由硬件主导向软硬件结合转型。西门子在制造业硬件方面具有传统优势，借助数字化转型，将信息化、互联网和数字化手段引入制造业，包括产品的研发过程、产品的制造过程、产品的生产过程，以及产品的维护和维修过程，旨在以数字化串联产品的全生命周期。

（2）以收购布点工业软件。早在 2001 年，西门子就收购了意大利的 ORSI、Unilab / InterSpec 等工业软件，布局了 MES 系统，实现对生产工艺、制造流程建模的能力，以及平台化、组件化的架构。2017 年又收购了 UGS 公司，布局实体领域的自动化及虚拟领域的 PLM 软件。

（3）依托平台构建生态系统。西门子 MindSphere 生态系统遍布全球，并与 18 家合作伙伴创立了“MindSphere World”联盟，有超过 300 家合作伙伴，其中有 50 家大型系统集成商。

2. 推进模式：横向、纵向全面深入转型，实现管理、生产、服务、质量管理数字化

（1）横向业务整合实现数字化管理。企业各个部门横向集成，将传统的采购、研发设计、生产制造、运维管理整合到工业互联网平台，实现数据在平台上的开放共享。

（2）纵向数据流打造数字化生产。纵向集成从研发到生产的全过程，将产品生命周期管理的系统纵深连接到生产车间的每台设备上，通过这些系统互联实现同一个数据在不同深度的应用。

（3）大数据支撑数字化服务。将产品、工艺、制造过程等数据汇聚到平台进行存储，企业可以利用数据对产品设计制造过程进行追溯，也可以利用数据提供个性化客户服务。

（4）预测性数据分析提供数字化质量管理。在新模式下通过工业大数据建模分析能够对系统、设备、产品进行检测，并自动进行质量数据的收集，还能基于质量数据进行产品质量分析，实现实时收集、实时分析、实时检测。

3. 技术路线：坚持科技创新与实践应用并行，引领数字化转型未来

（1）推出工业物联网平台驱动创新。MindSphere 支持 App 和数字化服务开发、运营和供应，依托西门子在自动化、电气化领域的优势，帮助企业收集和分析工厂产生的大量数据，为企业的运营和优化提供支持。

（2）利用数字孪生实现全生命周期管理。西门子率先提出了数字孪生解决方案，为产品设计、生产规划、生产工程、生产制造、服务这 5 个产品全生命周期的阶段打造无缝连接的数据平台，实现虚拟世界与物理世界的贯通，支持企业进行涵盖其整个价值链的整合和数字化转型。

（3）可视化管理全生命周期。西门子打造了全新的数字化平台系统——利用 MindSphere 评估驱动系统数据的全新数字化平台 Sidrive IQ，为工厂和设备用户提供驱动系统的透明化数据，简化管理并优化维修服务，通过对数据的连续分析发现潜在问题，延长设备正常运行的时间，提高生产效率。

（三）PTC 的 ThingWorx 工业互联网平台

PTC 是一家全球领先的工业软件企业，近年来，PTC 公司以轻量级工业互联网平台 ThingWorx 作为推行工业互联网战略的核心，通过平台及基于平台的解决方案帮助工业领域企业实现以研发工艺和产品全生命周期管理为主的工业互联和应用，是一家工业互联网领域典型的解决方案提供商。

1. 战略层面：以传统业务作为新业务的市场入口，着重行业纵深发展

早在 2013 年，PTC 率先提出了数物融合的数字化转型，收购 ThingWorx 作为其工业互联网平台支撑未来技术框架，实施技术驱动转型战略，进军工业互联网领域。

（1）明确转型路径。PTC 以在生命周期管理（PLM）领域的几十年沉淀为核心能力，通过平台着力将生命周期管理从以往的设计和制造领域延展到服务和运营领域，旨在实现现代工业体系下的产品全生命周期管理的闭环。

（2）打造核心竞争力。PTC 通过收购提升平台纵深服务能力，先后收购了物联网设备管理公司 Axeda、专注设备互联的 Kepware、数据分析预测平台 ColdLight、增强现实（AR）技术平台 Vuforia，将相关技术与 ThingWorx 融合，并深入制造领域，逐步建成拥有完整产品级工业互联网技术组合的平台。

（3）构建能力互补生态圈。在研发方面，PTC 与工程仿真领域的领先企业 ANSYS 联合，共同为客户打造世界级仿真驱动的设计解决方案。在 IaaS 方面，ThingWorx 与微软 Azure 深入集成，建立了统一的边缘智能战略，实现两个平台间的数据和技术共享。在自动化方面，PTC 与罗克韦尔达成战略合作协议，更好地将 IT 与 OT 深入融合。PTC 通过加强战略关系进一步将技术差异化，将 ThingWorx 的使能范围尽量延展到工业应用的最前端。

2. 商业模式层面：明确市场定位和发展策略，实践产品即服务的新模式

在目前工业互联网平台盈利普遍薄弱的情况下，2018 年 PTC 的 IoT 软件收入较 2017 年增长 32%。其中，ThingWorx 成为收入增长最快的部门，这在很大程度上归功于公司商业模式的转变。

（1）通过 SaaS 产业带动 PaaS 平台获利。以工业软件研发出身的 PTC 抓住工业互联网应用层工业软件发展的机遇，以数字孪生的思维重塑工业软件，以平台为载体为客户提供丰富、实用的工业自动化软件产品组合，包括 PLM、CAD、SLM、ALM 等，迅速占领盈利模式清晰的 SaaS 市场。

（2）启用订阅许可的新模式。这种即用即付的创新模式，具有快速的更新周期、更高的灵活性、更低的前期成本，对中小企业更具市场亲和力，符合企业个性化需求的趋势，为 PTC 带来各种规模客户数量的增长。目前，PTC 应用商店超过 40 个工业 SaaS 以订阅方式提供。PTC 分析师预测，订阅销售已为软件收入带来增长，并将在未来几年持续增长。

（3）打造开放的开发环境。App 层是帮助企业加速业务应用和转型的关键，PTC 开放 App 层，并为工业企业和开发者提供广泛而强大的工业互联网开发工具，帮助客户轻松开发、部署和扩展应用程序和服务，加速将 App 作用于现实业务，提升客户对平台的接受度。

3. 技术层面：实践人、机、物互联技术理念，打造平台核心能力

ThingWorx 在数据建模、快速构建、AR 应用、协议支持、边缘计算等方面的能力是其在欧美市场脱颖而出的重要原因。

（1）强大的数据建模能力。ThingWorx 获取的全生命周期数据通过 ColdLight 技术支撑数据的聚类、建模和仿真，快速建立数据之间的关联，进行实时预测，是 ThingWorx 的核心竞争优势。

（2）快速构建和灵活迁移的能力。ThingWorx 支持通过 Docker（容器）部署方式在公有云、私有云、混合云等多种基础设施上的构建和迁移，允许企业充分利用现有基础设施为未来需求预留空间。这是 ThingWorx 在工业互联网领域“连得多、跑得快”的重要原因。

（3）IoT 和 AR 的结合能力。ThingWorx 通过 Vuforia 在 AR 领域开辟了大量实际应用案例和应

用场景，包括服务、制造、销售与市场、设计、培训和操作等。目前，超过 6500 名客户在工业环境中使用 Vuforia。ThingWorx 强大的协议 / 设备支持能力能够支持包括 LonWorks、KNX、XML、SNMP、Modbus 和 BACnet 等在内的 140 多种通信协议。同时，平台也提供全面的分布式实时边缘计算功能，能够收集并汇总来自传感器的数据，进行高度自动化的机器学习和预测分析。

### （四）SAP 的 HANA 工业互联网平台

SAP 是总部位于德国的全球最大的 ERP 公司，是一家重量级的企业应用软件公司。SAP 在 2011 年推出了基于内存计算技术的高性能实时数据计算平台 HANA。作为 SAP 实时数据平台的核心，SAP HANA 已成为 SAP 历史上发展最快的产品，它摒弃硬盘而采用内存，将交易型数据库和分析型数据库合二为一，打造了真正意义上的实时企业。

1. 战略层面：从 ERP 走向全面开放的云计算平台

过去 10 年，SAP 花费了 700 亿美元将企业主营业务向云计算转型。一是并购业界领先公司，SAP 并购了 Sybase、Hybris、Success Factors、Ariba、Concur、Fieldglass、Qualtrics 等业界领先的公司。二是云化传统软件，SAP 将传统 ERP 的 4 亿条代码在云架构基础上重构，让它更加符合云计算的架构。三是提供覆盖企业运营全价值链的云服务解决方案，SAP 将人工智能、机器学习、大数据、物联网、区块链等技术融入 HANA 平台，把企业底层数据与企业的经营管理无缝地集成在一起，以实现数据自上到下的完整贯通，从而赋能企业的业务智能。

2. 技术层面：对非结构性数据进行分析，基于当下数据和信息对未来进行预测和判断

（1）SAP HANA 提供单一内存数据平台，这是支持现代实时数字业务应用的关键要求。通过 Data Services 和 Modeling Studio 实现多源异构系统数据采集，基于开发服务平台 Hybris 为开发者提供了几万种通用算法模块。在当今的数字经济中，真正的内存数据平台应该支持针对公司所有数据交易和分析的实时处理，这是 SAP HANA 平台与其他传统数据库供应商的主要区别。

（2）SAP HANA 不仅提供强大的应用程序开发平台，还提供基于 CloudFoundry 的新架构，支持常用的 Java、JavaScript 和 Node 等编程语言。采用 CloudFoundry 使平台具备更高的可移植性，以提供多云部署方案和更广泛的开放性，使开发人员可以轻松地利用开源社区中可用的技术与 SAP 的增值服务。

（3）SAP HANA 可在更多云平台上提供。HANA 平台既可以在私有云上部署，也可以在公有云上部署，让客户可以选择符合自己需求的供应商和消费模式。

### （五）Software AG 的 Cumulocity 工业互联网平台

德国 Software AG 最知名的产品是 BPM 软件，作为全球最大的业务流程管理（BPM）软件公司，Software AG 的主要产品包括业务流程建模和分析软件 ARIS、企业架构和 IT 资产管理 Alfabet、内存式数据库 Terracotta、系统集成和流程自动化套件 webMethods 等。

1. 战略层面：基于流分析加速部署工业互联网业务

（1）通过收购平台进入工业互联网领域。2016 年 Software AG 收购 Zementis，为其带来了“深度学习”的机会。2017 年，Software AG 收购工业互联网平台 Cumulocity（集成 IT、IoT 设备与运营技术的工业互联网平台），正式进入工业互联网领域。此后，Softwore AG 还收购了专注于制造和流程行业的可视化数据分析平台 TrendMiner。

（2）组建联盟扩大行业标准影响力。Software AG 牵头组建了机械工程与信息技术联盟（ADAMOS），以开放、共享的 IIoT 平台形式建立了数字行业标准，很好地适应了机械和工厂工程部门及其客户的特定需求。

（3）与德国电信联手在全球范围内提供物联网服务。通过汇集 Software AG 的专业知识和德国电信的通信资源，两家公司在美国、德国和更广泛的欧洲市场扩大业务范围。

2. 商业模式层面：市场扩展与生态建设同步推进

（1）聚焦 IIoT Marketplace，在销售团队基础

上建立 IoT 能力中心(CoE)。2019 年,Software AG 超过 55%的收入来自超过 55 家渠道合作伙伴,包括 ADAMOS 联盟、设备厂家、系统集成商、专业服务提供商等。

(2)积极开拓区域市场。Softwore AG 加速在中国和日本的投资和业务。

(3)在平台的设备物联能力方面,已支持 350 多种协议、150 多种预集成的设备,同时在集成、数据管理、数据分析方面能力突出。

3. 技术层面:提供高效的平台接口全面管理工业互联网解决方案

(1)融合 IT 和 OT 技术。Cumulocity IoT 平台将 IT 和 OT 融合在一起,提供包括一系列预先打包的解决方案,如状态监控、预测性维护和跟踪,以及快速简便的设备和传感器管理。

(2)解决方案具备灵活性。Cumulocity IoT 平台可以运行在云端、本地和边缘,为企业和服务提供商提供设计、构建、部署和升级企业工业互联网平台、解决方案和服务的完全自由和选择。

(3)提供支持快速开发的应用使能平台(AEP)。为工业互联网应用开发者提供了快速开发、部署及管理应用的平台,而无须考虑下层基础设施扩展、数据管理和归集、通信协议、通信安全等问题,降低了开发成本,大大缩短了开发时间。

# 全球人工智能产业发展概况

人工智能是一个较为宽泛的概念,概括而言是通过对人的意识和思维过程的模拟,利用机器学习和数据分析方法,赋予机器类人的能力。在移动互联网、大数据、超级计算、传感网、脑科学等新理论、新技术的驱动下,人工智能加速发展,呈现出深度学习、跨界融合、人机协同、群智开放、自主操控等新特征,正在对经济发展、社会进步、国际政治经济格局等方面产生重大而深远的影响,已成为引领未来的战略性技术,是新一轮科技革命和产业变革的重要驱动力量,在支撑供给侧结构性改革、打造高质量的现代经济体系、促进社会进步等方面发挥着越来越重要的作用。在此背景下,2018 年被看作人工智能的“产业化元年”,我国和世界各国均对此高度重视。

## 【人工智能正在塑造世界智能经济雏形】

智能经济是以大数据、互联网、物联网、云计算等新一代信息技术为基础,以人工智能技术为支撑,以智能产业化和产业智能化为核心,以经济和产业各领域为应用对象的新型经济发展形态。随着人工智能技术更广泛地应用于社会生活的各领域,智能经济雏形正在全球范围内初步显现。麦肯锡的测算数据表明,到 2020 年全球人工智能市场规模将达到 183 亿美元,年均增长率约 20%。普华永道指出,到 2025 年,全球人工智能应用市场总值将达到 1270 亿美元;在人工智能技术推动下,相关行业的生产效率将提高 30%,生产成本将降低 25%;到 2024 年,全球范围内人工智能解决方案的市场价值将超过 300 亿美元;到 2030 年,人工智能将拉动全球 GDP 增长 14%,为全球经济带来 15.7 万亿美元贡献总额,超过中国和印度目前生产总值之和。其中,中国的 GDP 增长规模为 26%,北美地区的 GDP 增长规模为 14%,是全球受到人工智能带动效应最大的地区。截至 2018 年,我国人工智能核心产业规模达 180

亿元，带动相关产业规模达2200亿元；人工智能领域的资本总量稳步增长，我国人工智能投融资总额超过700亿元，占全球的30%以上。

**【全球产业竞争更激烈、环境更复杂】**

2018年以来，美国政府酝酿新一轮的系列顶层设计，希望确保美国在未来全球产业竞争中占据主导地位。2018年，白宫宣布成立人工智能特别委员会，负责统筹人工智能相关的跨部门重点事项，与国防部展开密切合作。2019年2月，美国科学和技术政策办公室在白宫网站发布由美国总统特朗普签署的《美国将主导未来产业》行政令，宣布美国将在人工智能、先进制造、量子信息科学和5G四大重点领域制定一系列全新国家战略，通过此行政令及其相关文件，从基础设施建设、研发创新、应用管理、就业结构调整到协调机制建设等方面，对美国未来人工智能领域的发展做出部署。

欧洲方面，欧盟委员会于2018年4月通过了《欧洲人工智能战略》，提出到2020年前将人工智能领域投资增加到20亿欧元，建立欧洲人工智能联盟，重视人工智能社会伦理和标准研究。法国于2018年3月出台《法国及欧洲人工智能赋能战略研究报告》，试图提升法国的人工智能全球竞争话语权。德国于2018年12月发布《国家人工智能战略》，依托德国人工智能研究中心，推动工业4.0与人工智能技术充分融合。英国于2018年发布《产业战略：人工智能领域行动》，目标是主导全球人工智能数据伦理，建立人工智能应用和发展的国际准则。针对"人工智能与数据经济"挑战，在想法、人民、基础设施、商业环境、地区5个生产力基础领域制定了具体的行动措施，以确保英国在人工智能行业的领先地位。此外，日本、印度均结合各自的特点发布了人工智能相关发展规划。

**【全球人工智能投融资向中后期过渡】**

2018—2019年，全球人工智能投融资轮次向中后期过渡。从全球范围看，自2014年以来，人工智能领域的投融资轮次逐步后移。截至2018年，全球人工智能领域B轮、C轮、D轮融资额已超过种子轮及A轮之和，人工智能领域的投资机构和创业者都更加关注技术的应用落地能力（见图1）。其中，美国的投资机构最为成熟、活跃。在AI 100强上榜企业中，77家为美国企业，这与美国有一批较为成熟的风险投资机构密不可分。以投资AI 100强中的企业数量和资金规模为指标进行综合测算，排名前10位的风险投资机构均来自美国，投资AI 100强中的初创企业数量为10～20家不等。上述活跃投资机构主要分为3种类型：一是知名科技企业旗下的投资基金，如谷歌投资、英特尔投资；二是美国老牌风险投资基金，如凯鹏华盈（KPCB）、Accel、Battery Ventures、Norwest Venture Partners（NVP）、New Enterprise Associates；三是专注于科技领域的新兴风险投资机构，如IA Ventures、The Data Collective（DCVC）。

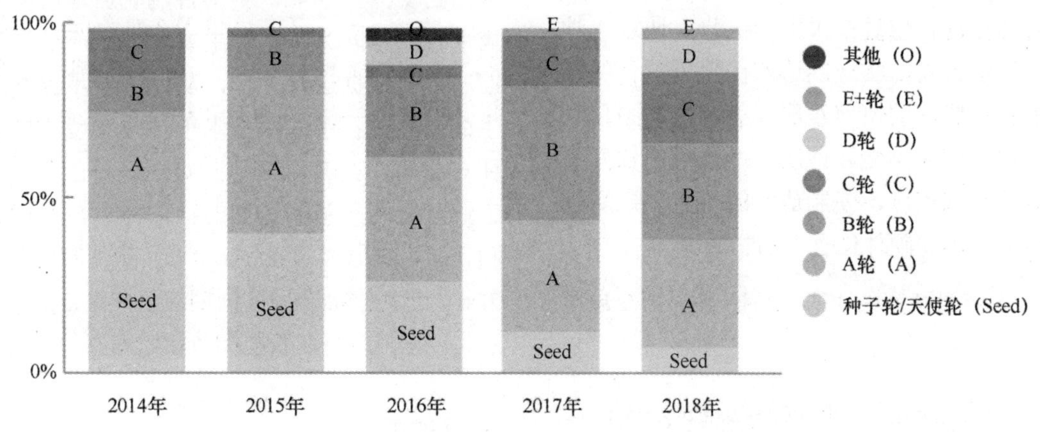


**图1 2014—2018年全球人工智能领域投融资轮次变化情况**

数据来源：CB Insights，赛迪智库整理，2019年9月。

# 全球智能制造发展概况

## 【美国】

美国于2009年年底启动“再工业化”战略，围绕人工智能、大数据、数字化技术等领域出台系列行动计划，采用“软硬结合”的方式拓展先进制造业的发展空间，推进产品全生命周期管理模式，打造美国智能制造领域竞争优势。

### （一）“再工业化”战略引导，重塑本国制造业优势

美国科技实力强大，在智能制造领域全球领先。在信息化、全球化背景下，美国为降低制造业生产成本、提升利润，将大量中低端制造业迁往亚洲新兴经济体，将经济重心转向第三产业和新兴高新技术产业，在一定程度上导致本国“产业空心化”。金融危机的爆发让美国进一步认识到制造业对经济发展的重要性，并开始推动制造业回流，借助自身在信息技术上的优势，通过“软硬件结合”的方式，实现制造业优势重塑。随着信息技术和互联网的快速发展，美国政府强化利用软件来定义产品功能和性能，增强对以软件为主导创新的重视程度，使制造业的价值源泉从硬件转移到了以“软硬件结合”为主导。

### （二）多项措施组合出台，加快制造业智能化升级

随着“再工业化”战略的持续推进，美国政府陆续出台了《美国创新战略》《美国国家人工智能研究和发展战略规划》《为人工智能的未来做好准备》《人工智能、自动化和经济》《美国先进制造业领导战略》《未来工业发展规划》等系列行动计划，将人工智能、大数据、数字化技术、量子通信等列为优先发展和重点发展的领域，保证相关领域的基础和长期研究。通过推动数字化生产、大数据分析、人工智能、量子通信、纳米技术等领域的技术进步和应用，使美国制造业企业能够不断地基于网络获取信息，及时对市场需求做出快速反应，同时能够将各种资源集成与共享，以合理利用各种资源。

### （三）利用产品全生命周期管理模式，打造颠覆式创新

在美国，随着智能制造的推进，数据变得更加重要。从客户需求方面分析，双方/多方关系维护、产品自身的质量管理、生产相关设备健康管理、供应链管理、产品运营服务等方面都需要数据的支撑。当前，美国智能制造以产品全生命周期管理模式为特色，主要对围绕产品全生命周期产生的数据进行管理，从而进一步提升产品全生命周期过程中的服务水平，并实现整体数据闭环与监测。美国工业巨头GE公司正在尝试利用工业互联网颠覆制造业的价值体系，利用数字化和新的生产方式（3D打印等）颠覆制造业的生产方式，针对产品全生命周期的数据整合，挖掘增值潜力，增加自身在智能制造领域的竞争优势。

## 【德国】

面对互联网时代新兴经济体工业经济的蓬勃

发展，生产效率、研发速度及生产制造的灵活性成为德国亟待解决的问题，为此德国适时提出了“工业 4.0”愿景，相继出台一系列推动智能制造的战略行动计划，确保德国能够进一步发挥在嵌入式系统与自动化工程领域的技术优势，实现创新质量和成本速度相融合，保证德国能够持续主导新一代工业生产技术的话语权。

（一）国家战略及平台引导新方向，推进合力发展

互联网时代，德国在技术水平、创新能力上的领先地位开始受到新兴经济体的挑战，之后德国认识到应将重点转移到借助互联网技术提升生产效率、研发速度及生产制造的灵活性等方面。德国提出“工业 4.0”愿景，引导企业开展工业自动化技术变革，强化互联网技术在生产制造模式中的应用，以实现创新质量和成本速度相融合，推动生产方式的变革。德国充分发挥了政府的统筹协调和引领作用，在发布一系列制造业领域战略规划和产业政策的同时，构建起了与之配套、以“工业 4.0”平台为代表的推进机制，调动社会各界共同参与“工业 4.0”战略的实施。通过该平台及其运作机制，德国明确了各参与方的定位和职能，达成了突出工业强国地位、赢得未来产品和市场竞争的共识，并形成了分工明确、相互配合、协同推进“工业 4.0”的强大合力。

（二）构建行业共识标准与样板，加快生产率跃升

德国相继出台了《德国高科技战略》《高科技战略行动计划》《德国工业 4.0 战略计划实施建议》《国家工业战略 2030》等系列行动计划，推动制造企业智能化转型，利用 CPS 将各类生产要素和资源进行连接，并利用新一代信息技术实现模式更新；同时，推动标准化建设，围绕新模式中各类技术标准为所有参与方提供一个阶段性的基础，打造样板工厂。

智能制造推动了德国制造模式的变革，实现了创新质量和成本速度的融合。尽管工厂生产的产品更为复杂、生产研发更为耗时，但德国劳动生产率仍呈现整体上升态势，尤其在 2013 年“工业 4.0”提出后迎来一波快速拉动。德国中央合作银行在报告中指出：到 2025 年，“工业 4.0”将推动德国劳动生产率较 2013 年提升 12%，其中化工、机械制造和电气设备 3 个产业劳动生产率提升幅度将达到 30%。

（三）完善整体解决方案，提速智能化、服务化转型

近年来，随着中国等发展中国家在装备制造等方面能力的崛起，以出口为主的德国意识到单一卖装备竞争力的不足，打造智能化和服务化的整体解决方案才是其独特的优势所在。德国企业通过长时间的积累，从生产现场到企业管理，实战经验丰富，加上严谨的质量把控、对缺陷的零容忍，能够通过改造彻底解决问题。德国通过系统的知识体系制造系统的产品，并将德国制造的知识和诀窍通过软件给予客户，以提供增值服务，最终实现持续的盈利能力，与客户深度绑定。

**【日本】**

近年来，老龄化对日本经济发展的限制、资源和产品供应不足等问题日益凸显，日本政府及时发布“新增长”战略，并提出构建“超智能社会 5.0”的战略，在工业领域开始积极推进数字化进程，寻求物联网应用，着力提升劳动生产率和资源利用率，有效应对老龄化造成的人力资源不足、社会能源紧缺问题，保证了日本在互联网时代保持制造业优势和竞争力。

（一）提出超智能社会和工业互联，提供智能制造发展路径

当前，日本的老龄化限制制造业发展、对外投资过多造成“产业空心化”等问题日益突出，同时，2011 年日本大地震暴露了日本在能源和产品供应不足等方面的问题，日本开始积极寻求物联网应用，利用智能制造提升劳动生产率和资源利用效率，弥补老龄化和劳动力不足的短板。日本政府于 2015 年和 2016 年提出“超智能社会 5.0”构想和“工业互联”计划，引导工业领域数字化进程，通过 IoT、人工智能、机器人等技术，推动各类产业发展，并将其融入社会生活中。这不仅提供了智能制造的发展路径，还面向社会提供解决方案，实现“超智能社会 5.0”。

（二）示范与支撑双抓手，推动企业的数字化进程

日本采取系列措施推动工厂智能化及物联网的应用，包括示范应用案例的整理和可视化（制造白皮书、应用案例在线地图、智能工厂示范项目、机器人引进示范项目等），建立中小企业的外部支援（建立了“智能制造声援团”对中小企业进行支持、派遣专家、普及中小企业容易使用的工具等），以提供技术、人员、工具的支撑。此外，日本还采取了标准国际化、面向制造的网络安全、数字化人才培养、研发支撑等有效手段。工厂数据采集水平明显提升，根据日本经济产业省的调查结果，在工厂中采集数据的日本企业，2015 年只有 40%，2016 年则达到 66%，其中大型企业达到 88%。同时，近年来日本宏观经济已显示出重要改善迹象，名义 GDP 增长明显加速，预计 2021—2025 年日本 GDP 平均增速将达到 2.2%。

（三）软硬件双向齐发力，体系化提升日本智能制造水平

日本从开发设计相关 IT 技术、物联网技术及机器人 3 个方面提升智能制造水平，以节约劳动力成本、节约能耗、提高劳动生产率。在开发设计相关 IT 技术方面，日本提出了为实现大系统全局最优的“基于模型设计”的方法和连接多个系统的复杂模型设计开发方法，即“基于模型的系统工程”，依靠大型的 IT 技术平台，将大系统分割成各个小系统，各种需求与各个小系统建立关联，以小系统为单位进行开发设计，连接之前各系统开发的各类小研发系统。在物联网技术方面，一是通过 PLM 工具实现工程之间的最优化，二是将制造工厂和公司总部关联，实现企业内部的最优化，三是完成企业间的数据共享，实现社会活动的最优化。在机器人方面，日本是世界第一的机器人大国，日本的机器人革命重点在汽车、住宅等各个生活空间中的机器人化。

# 全球网络安全发展概况

当今社会，科技日益发展，互联网连接万物，生活中的方方面面都离不开网络。尤其是近年来发展迅猛的物联网，让人们的生产和生活方式发生了翻天覆地的变化，人们对网络的依赖度也达到了前所未有的高度。在这一背景下，网络安全的重要性就显得尤为突出。2018 年，各国国家层面、行业管理相关的网络安全战略持续推进；法律法规制度设计进一步完善，着重在防范打击网络犯罪、网络不良信息监管和关键信息基础设施保护方面开展立法探索；安全管理体制加速调整，陆续成立新的国家与行业网络安全管理机构，并对现有机构职能进行调整；数据安全治理重要性凸显，多国制定数据安全保护法规政策，积极探索数据跨境流动，并不断加大对数据安全事件的执法监督；新兴技术发展得到高度重视，纷纷制定 5G、人工智能等发展战略，研究新兴技术在网络安全领域的应用；网络安全领域国际合作与交流持续推进。

**【网络安全战略规划大量出台】**

网络安全是一个关系国家安全和主权，关系社会稳定，关系民族文化继承和发扬的重要问题，

其重要性随着全球信息化步伐的加快与信息技术的深入发展不断提升。2018年，多国持续推进国家与行业等不同层面网络安全战略的制定，构建立体的网络安全战略规划体系。除此之外，部分国家还在数字经济发展等相关战略中明确了对网络安全的相关要求。

### （一）国家网络安全战略不断完善

2018年2月，埃及最高网络安全委员会正式启动《2017—2021年国家网络安全战略》，旨在为各领域的综合电子服务创造一个安全的环境。2018年4月，日本网络安全战略本部于首相官邸召开第17次会议，就《新一期日本网络安全战略纲要（草案）》等7项内容进行讨论，旨在强化网络安全保障能力。2018年5月，卢森堡发布《第三版国家网络安全战略》，旨在提出欧盟委员会制定国家层面一揽子计划的目标，同时也反映了日益数字化的世界。2018年7月，乌克兰内阁批准《关于乌克兰网络安全战略实施的行动计划》，确定了网络安全领域活动的监管办法、提升国家网络安全系统的技术手段、与乌克兰的国际伙伴建立合作关系、网络安全领域人员培训流程等18项任务。2018年8月，立陶宛政府批准了新版的《国家网络安全战略》，明确了未来5年国家公共、私营部门网络安全政策的主要方向，并将其纳入了欧盟《网络和信息系统安全指令》的规定。2018年9月，美国总统特朗普签署《美国国家网络战略》，确定了美国联邦政府为保护免受网络威胁和加强在网络空间的能力采取的新举措。多国国家网络安全战略的制修订显示出各国对于网络安全顶层设计的高度重视，不仅要填补网络安全战略的空白，还要不断依照形势变化对相关战略进行完善。

### （二）专项网络安全战略陆续出台

2018年3月，英国政府公布《网络安全出口战略》，旨在帮助本国中小企业开展海外贸易。2018年4月，美国网络司令部发布《实现和维护网络空间优势：美国网络司令部指挥愿景》，明确了美国网络司令部的目的、方式和手段。2018年5月，美国能源部发布《能源行业网络安全多年计划》，确定了未来5年力图实现的目标及相应举措。2018年9月，美国国防部发布了《2018国防部网络战略》，保护网络和主要基础设施免受网络攻击，确定为防范网络攻击可进行先发制人攻击。2018年10月，日本金融服务厅发布最新的金融部门网络安全政策文件，以提高金融基础设施的网络弹性，应对可能在东京奥运会之际遭到的大规模网络攻击。2018年12月，美国联邦能源监管委员会发布《规则制定提案公告》，引导北美电力可靠性中心修改关键基础设施保护可靠性标准，拓宽网络事件报告范围，增强电网威胁意识。英国政府推出了一项新的网络安全技能战略，旨在招募更多技能熟练的专业人员进入网络安全行业，提高普通劳动力的网络安全意识，改善教育和培训方式，确保英国拥有一个“结构良好、易于引导”的职业，并成立了一个新的独立机构，帮助塑造该行业的未来。重点领域与关键行业积极开展行业网络安全战略制定，不断细化网络安全顶层设计，使其在行业、领域内更具有实践性。

### （三）国家发展战略中的网络安全要求进一步明确

2018年7月，美国政府公布的《联邦数据战略（草案）》指出，数据的使用和治理应优先考虑数据的安全、隐私、透明度，同时加强“联邦数据实践对公众影响”的评估。2018年12月，美国国土安全部发布新版《部门优先目标行动计划》，强调加强网络安全防御，提升态势感知能力。澳大利亚政府启动《澳大利亚技术未来数字经济战略》，涵盖了七大主题，即数字技能、包容性、数字政府、数字基础设施、数据服务、网络安全、网络监管，其中数字技能、数字服务等成为重点内容。网络安全是国家发展，尤其是信息化发展中重要的部分，各国通过在发展战略中明确网络安全要求，进一步平衡了国家发展与网络安全的关系，不断在国家发展中强化网络安全保障。

## 【法律法规体系加速调整】

法律法规是开展网络威胁治理、保障网络空间安全的重要依据，近年来，世界各国在网络安全法律法规制定方面已经取得了一定的成果，在打击网络犯罪、监管不良信息与保护关键信息基础设施等重点领域发力，着力完善法律法规体系，以更好地适应网络威胁治理新形势的发展。

（一）网络犯罪打击力度不断增强

2018年8月，埃及总统签署了《反网络及信息技术犯罪法》，打击极端分子利用互联网开展恐怖行动的行为。阿联酋颁布了修订的《网络犯罪法》，扩大了对违法者实施制裁的范围，引入缓刑、限制使用电子媒介、强制驱逐等制裁措施。澳大利亚发布了《2018年电信和其他立法修正案（援助和访问）条例草案》，要求向澳大利亚公民提供通信服务的公司在涉及犯罪问题时向执法部门提供加密通信记录。2018年11月，南非议会司法委员会正式通过《网络犯罪和网络安全法案》，旨在让南非与其他国家的网络法律接轨，以应对不断增长的网络犯罪趋势。2018年12月，津巴布韦批准了《2018网络保护、数据保护和电子交易法》，进一步明确了计算机网络犯罪的定义，强化网络犯罪打击力度。网络恐怖主义、网络犯罪等依靠网络的新型违法犯罪类型、数量均不断增加，各国也在持续加强相关法律法规建设，使网络犯罪治理有法可依。

（二）网上不良信息监管力量不断加强

2018年4月，俄罗斯总统普京签署了《互联网诽谤法案》，允许当局封锁发布诽谤公众人物信息的网站。2018年8月，美国联邦调查局宣布制定《打击外国影响力指南》，旨在教育公众，并开展有关虚假信息、网络攻击和“境外势力对社会的整体影响”的政治运动。2018年9月，俄罗斯通过的一项法案规定，拒绝撤下被法院裁定为“虚假”网上信息的俄罗斯公民可能被判入狱长达1年，还可能被处以5万卢布的罚款。同月，埃及总统正式批准《社交媒体监控法》，授权最高媒体监管委员会可以对在社交媒体、个人博客或网站上“粉丝”超过5000名的用户进行监控，也可以暂停或阻止任何账户“发布或播放煽动暴力或仇恨的虚假信息”。近年来，社交媒体在重大政治事件中发挥了重要的作用，其对于舆论乃至社会的影响受到广泛关注，各国均积极强化网上不良信息监管，努力营造风清气正的网络空间环境。

（三）关键信息基础设施保护不断深化

2018年4月，美国国家标准与技术研究院发布《提升关键基础设施网络安全的框架》，适用于对美国国家与经济安全至关重要的行业（能源、银行、通信和国防工业等）。2018年7月，乌克兰内阁批准《关于乌克兰网络安全战略实施的行动计划》，确定了关键基础设施信息安全的独立审计需求、国家关键基础设施的设备分配流程及标准，并形成设施清单。2018年8月，波兰总统正式签署《网络安全法案》，将在欧盟《网络与信息安全指令》框架下为波兰关键信息基础设施保护提供更直接的遵循依据。南非警察委员会通过《关键基础设施保护法案》替代1980年实施且有争议的《国家重点设施法案》，规定了识别关键基础设施风险、提交漏洞报告的全部流程，以及关键基础设施的保护和恢复措施要求。各国进一步明确了关键信息基础设施清单、风险及相关流程，关键信息基础设施保护工作不断深化。

**【安全管理体制进一步完善】**

随着网络威胁的增加，各国进一步完善安全管理体制，部分国家根据网络安全威胁应对需求，建立新的国家与行业网络安全机构，已建立了网络安全机构的国家也在实践中对现有机构不断进行升级重组，使其能够满足现实要求。

（一）国家或地区网络安全机构逐步完备

2018年6月，西澳大利亚州宣布建立数字政府办公室，重点改进政府网络安全措施，确保西澳大利亚州人民的信息安全。2018年8月，美国国土安全部国家计划和保护局成立国家风险管理中心，负责保障关键基础设施安全。英国国家网络安全中心宣布，批准在坎特伯雷肯特大学、伦敦国王学院、卡迪夫大学新设立3个网络安全卓越学术中心。德国内政部和国防部宣布成立德国网络安全创新局，以进一步加强网络安全领域能力建设，摆脱对美国、中国和其他国家的技术依赖。2018年9月，泰国政府设立国家数据保护局和网络安全局，国家数据保护局负责打击非法数据盗版，保护数据隐私；国家网络安全局将成为泰国网络安全的通信中心和数据中心，负责解决和防范网络安全问题。2018 年 11 月，澳大利亚国防部宣布启用在南澳大利亚州首府阿德莱德市的联合网络安全中心。美国国防部成立名为“保护关键技术任务组”的跨职能工作小组，旨在加强数据安全防御能力，防止外国窃取美国机密消息。2018 年，全球各国按照网络安全形势的发展和变化，建立各级网络安全机构，强化网络安全管理体制。

（二）行业网络安全机构加快成立

2018 年 4 月，新加坡海事与港务管理局成立海事网络安全运营中心，以支持提高网络安全意识和能力发展，帮助提高行业网络应变能力。霍尼韦尔公司在新加坡开设亚洲首个卓越工业网络安全中心，旨在帮助保护该地区的工业制造商免受不断增加的网络安全威胁。2018 年 6 月，美国能源部成立网络安全、能源安全和应急响应办公室（CESER）。2018 年 9 月，印度首个网络取证实验室在维杰亚瓦达市投入运营，主要用于打击与“一次性口令”认证、金融诈骗、短信、电子邮件、ATM 卡偷窃及社交媒体信息滥用等相关的网络犯罪行为。2018 年 10 月，北约成立新军事指挥中心“网络指挥部”，以便全面、及时掌握网络空间状况，并有效对抗各类网络威胁。2018 年 11 月，美国华盛顿州、伊利诺伊州、威斯康星州为加强中期选举网络安全保障，计划启用国民警卫队网络安全部队；美国海事、工业、军事等多个重点领域行业也加速成立行业网络安全机构，有效提升行业网络安全保障水平。

（三）现有网络安全机构加速调整

2018 年 11 月，美国国土安全部管理网络安全的全国防护与计划处改组为网络安全与基础设施安全局，负责保护重要基础设施免受物理和网络威胁，同时与各级政府部门、私营部门合作以应对未来不断变化的风险。意大利副总理宣布意大利国防相关机构的网络部门将进行内部重组，要求整个国防部门必须使用统一指令，不仅要达成提高网络安全防御能力的目标，还要提高网络空间的进攻能力。2018 年 12 月，欧洲议会、欧洲理事会和欧盟委员会就《网络安全法案》达成一致，增强了欧洲网络与信息安全局授权，能够更好地支持成员国应对网络安全威胁和攻击。除建立新的网络安全机构外，各国还加速调整现有网络安全机构的设置与职能，不断适应新的网络安全形势与需求。

**【数据治理日益加强】**

随着云计算、物联网等新兴技术的蓬勃发展，数据资源的重要性在数字社会日益凸显，其安全问题也持续受到广泛关注。全球范围内数据安全法律法规密集出台，积极探索数据跨境流动规则的制定，并大力加强数据安全执法监督。

（一）数据安全保护法律密集出台

2018 年 5 月，欧盟的《一般数据保护条例》在欧盟全体成员国正式生效，全面加强欧盟所有网络用户的数据隐私权利，明确提升了企业的数据保护责任，并显著完善了有关监管机制。2018 年 7 月，巴西参议院通过《个人数据保护法案》，旨在建立一套保护国内个人数据的完整体系。印度公布首份数据保护法案《2018 年个人数据保护法案》，其在印度《2000 年信息技术法》的基础上，借鉴欧盟的《一般数据保护条例》而成。2018 年 9 月，为匹配欧盟的《一般数据保护条例》，比利时新的《数据保护法》生效，其整合了比利时不完善的数据保护监管框架。西班牙部长理事会通过皇家法令，确保欧盟的《一般数据保护条例》在西班牙应用，规定涉及个人数据保护相关的检查、制裁制度和指导程序。阿根廷的行政部门向国会提交《数据保护法案（草案）》，使其国内的数据保护标准与欧盟的《一般数据保护条例》保持一致。2018 年 11 月，塞尔维亚议会通过的《个人数据保护法》，符合欧盟的《一般数据保护条例》，同时对公共、私营部门起到了约束作用。2018 年 11 月，加拿大公布新的《保护个人信息和电子文件法》，要求企业在发生客户信息及数据泄露事件时尽快报告，否则将面临处罚，每次违规的罚款额最高可达 10 万加元。自 2018 年 5 月起，欧盟的《一般数据保护条例》（GDPR）正式生效，爱尔兰、西班牙、比利时、塞尔维亚等欧盟国家参照 GDPR 相继研究制定或发布了国内数据保护相关规定；阿根廷、巴西、伊朗、印度、泰国等非欧盟国家也将其数据保护法规与 GDPR 保持一致。

（二）数据跨境流动规则不断完善

2018年4月，巴西向世界贸易组织提交文件，对互联网数据流动的规则展开讨论。2018年7月，日本和欧盟达成协议，以实现双方数据自由流动。2018年10月，欧盟议会通过《欧盟非个人数据自由流动条例》，以消除欧盟成员国数据本地化的限制；美国、日本和欧盟共同制定跨境数据传输规则，并在2019年6月G20大阪峰会召开前制定完成。2018年11月，欧盟理事会批准关于非个人数据在欧盟自由流动的新法规，旨在限制在特定国家存储非个人数据，鼓励在整个欧盟范围内交换数据，支持单一市场发展。2018年12月，欧盟各国政府同意加强规则，允许执法部门直接获取科技公司存储在另一个欧洲国家云端的电子证据。欧盟委员会公布《欧盟—美国隐私盾报告》，认为美国实施了2017年审查中提出的建议，隐私保护框架得到了显著改善，数据从欧盟向美国传输是充分安全的。2018年，多个国家和地区积极探索数据跨境流动理论与实践，制定了一系列数据跨境流动规则，为全球化发展提供了支撑与保障。

（三）数据安全执法检查力度不断加大

2018年1月，美国联邦贸易委员会对伟易达处以65万美元罚款，因其安全漏洞导致数百万个家长和孩子的数据遭曝光。2018年2月，比利时某个法院判定，Facebook在比利时网民不知情的情况下收集和保存其上网信息，违反比利时隐私法规。2018年3月，韩国通信委员会表示，将针对Facebook即时消息应用收集用户通话和短信记录的情况启动正式调查。2018年4月，美国逾20个保护儿童及消费者组织向美国联邦贸易委员会投诉，要求调查优兔允许广告商向儿童推送广告是否违反《儿童在线隐私保护法》，优兔母公司谷歌可能面临数十亿美元的罚款；巴西联邦检察官要求法院强制微软更改Windows 10的默认安装过程，称其违反当地法律，未经“明确同意”收集用户数据。2018年8月，韩国政府开始对20家跨国公司在韩国办事处展开用户数据安全审查。2018年11月，荷兰、波兰、捷克、希腊、挪威、斯洛文尼亚和瑞典7国消费者团体投诉谷歌的位置跟踪功能违反了欧盟的《一般数据保护条例》；英国信息专员办公室表示，Facebook数据保护力度缺乏，呼吁议员加强立法和监督，并将联合爱尔兰数据保护专员办公室对其数据安全保护进行调查。2018年，多国对重大数据安全事件与企业数据保护责任落实展开执法监督，惩处了一批违反数据保护相关法律法规的企业。

**【新兴技术应用成为各国关注焦点】**

新兴技术的发展为网络安全能力的提升带来了新机会，也提出了新挑战，各国对其重视程度也逐渐提升。多国陆续发布人工智能、量子计算、5G等新兴技术发展战略，并探索将新兴技术应用于网络安全领域。与此同时，以美国为首的西方国家，不断以国家安全名义限制我国科技企业的国际交流与发展。

（一）新技术研究开发与监督管理持续加强

2018年2月，美国国家标准与技术研究院发布报告草案，提出了物联网设备和系统上实施网络安全的标准。2018年3月，英国政府公布投入2500万英镑的5G试验和测试平台计划的6个获资助项目，为在英国推出5G技术铺平道路。2018年6月，荷兰政府公布了最新国家数字战略，旨在充分实现荷兰社会和经济的数字化，确保企业、消费者和公共部门应用更好的数字技术，并有效维护国家网络安全。2018年7月，马耳他议会通过法案将区块链技术的监管框架纳入法律。2018年8月，英国信息专员办公室发布了《2018—2021年科技战略》，概述了应对快速变化的新技术挑战的监管方法，确定了网络安全、人工智能、网络和跨设备跟踪3个2018—2019年度优先领域。2018年9月，美国国防部高级研究计划局宣布，五角大楼计划在未来5年花费超过20亿美元推动人工智能技术发展。2018年10月，英国发布消费类物联网设备安全行为准则，指导参与物联网设备的开发、制造和零售的相关方。世界各国大力推动5G、人工智能、区块链、物联网等新技术、新业务发展，同时也高度关注其中可能面临的网络安全问题。

（二）网络安全领域新兴技术应用不断深入

2018年1月，日本总务省下属的信息通信研究机构开发出了新型加密技术，连新一代超高速计算机量子计算机也难以破解它。2018年2月，英国内政部发布利用人工智能检测涉恐信息的软件工具。2018年4月，美国国防部高级研究计划局（DARPA）表示希望利用人工智能来提高网络漏洞检测的速度。2018年7月，俄罗斯国防部提出建立区块链研究实验室，研究利用区块链技术加强网络安全和打击针对关键信息基础设施的网络攻击。2018年8月，美国国防部高级研究计划局与英国BAE系统公司联合研发人工智能网络安全技术以应对高级别网络攻击。美国联邦调查局启动了两个新的项目，利用人工智能系统追踪和应对内部威胁。多国积极探索将人工智能、密码、区块链等技术应用于网络安全领域，为网络安全保障提供新思路、新手段。

（三）我国科技企业发展受到各种限制

2018年7月，美国国防部官员表示，五角大楼正在制定一个"不购买"清单，其中包括禁止购买由中国和俄罗斯公司编写的软件程序。2018年8月，美国总统特朗普签署《2019财年国防授权法案》，禁止任何美国政府部门使用华为、中兴通讯两家公司的产品，同时禁止美国联邦政府采购海康威视、大华股份等中国制造商供应的视频监控设备。澳大利亚表示禁止华为、中兴通讯向澳大利亚提供5G技术，原因是存在安全风险。2018年10月，美国商务部宣布对中国福建晋华集成电路有限公司进行出口限制，禁止其购买美国技术产品，理由是该公司新增的存储芯片生产能力将威胁到为美国军方提供此类芯片的美国供应商的生存能力。2018年11月，新西兰通信部部长宣称将禁止华为参加该国的5G网络建设。2018年12月，捷克国家网络与信息安全局警告其国内网络运营商，称不要使用华为、中兴通讯生产的软硬件产品，原因是构成安全威胁。2018年，以美国为代表的部分西方国家，以网络安全风险为借口，持续限制我国科技企业的正常贸易合作。

**【国际间网络安全合作日趋深化】**

国际合作是网络空间安全治理的不变主题，随着各国之间各项合作与交流的增多，国际网络安全合作也日趋深化，各国积极推动与相关国家的单边和多边网络安全合作，有效提升全球网络安全威胁治理、关键信息基础设施保护、打击网络犯罪等各项能力。

（一）双边战略合作持续加强

2018年6月，澳大利亚和英国政府发表联合声明支持《英国联邦网络宣言》，呼吁公共、私营部门在网络上为公益事业共同努力，并鼓励全球各国将应用在现实世界中的法律和规范以同样的方式应用在网络行动上。2018年9月，日本和美国在东京举办为期5天的演习，内容为防御针对企业的网络攻击，参与者包括来自日本、美国、东盟、韩国和印度的政府官员；智利电信部副部长与以色列大使馆就电信网络安全和关键基础设施展开对话，表示将与以色列签署协议，以加强智利电信基础设施的网络安全。2018年11月，新西兰和澳大利亚外交部部长宣布了一项联合承诺，将与太平洋岛国合作，以增强太平洋地区的集体网络弹性。2018年，网络安全合作仍是世界各国开展合作的重要领域，多国在关键信息基础设施保护、电信网络安全等领域积极开展合作，共同推进全球网络安全保障能力的提升。

（二）多边战略合作不断深入

2018年7月，美国、日本和韩国在华盛顿就网络安全问题举行了三方网络安全专家会议，会议同意就网络安全相关问题继续加强合作。2018年10月，加纳总统表示，正在努力推动议会批准联合国签署的《网络犯罪公约》，加纳将成为第3个将该公约签署为法律的非洲国家。2018年11月，乌拉圭和20个欧洲委员会成员国签署一项欧洲理事会条约，旨在加强国际层面保护个人数据的原则和规则。法国总统马克龙在巴黎和平论坛上公布了《巴黎网络空间信任与安全倡议》，目前该文件签署方增至450多个，签署各方就限制攻击性和防御性网络武器的原则达成了一致意见，还承诺采取行动防止外国对选举的干涉，并保护平民免遭网络攻击。日本与东盟十国建立网络攻击情报共享机制，以进一步提高应对网络攻击的时效性。网络安全问题作为一个全球性问题，并非某个或某些国家可以解决的，世界各国对网络安全合作之间的需求逐渐增大，全球网络安全多边战略合作内容不断扩展、范围不断增大。

# 全球大数据发展概况

## 【大数据已成为全球各国战略竞争的焦点】

伴随着大数据成为基础性战略资源，世界各国将推动大数据发展作为提升国家竞争力、夺取新一轮竞争制高点的战略选择。各国普遍认为，掌握大数据及相关能力，是保障经济持续增长、提升国家战略决策能力、强化科技发展综合实力、强化军事建设等方面的支撑力量。

美国当前已进入大数据“第三步战略阶段”，发布了《联邦大数据研发战略计划》，形成了涵盖技术研发、数据可信度、基础设施、数据开放与共享等 7 个维度的系统顶层设计，打造面向未来的大数据创新生态，特别是对大数据应用及其产业发展持续关注，构建并开放高质量数据库，强化 5G、物联网和高速宽带互联网等大数据基础设施，促进数字贸易和跨境数据流动等。英国紧抓大数据产业机遇，密集发布了《数字战略 2017》《工业战略：建设适应未来的英国》等，希望到 2025 年数字经济对英国经济总量的贡献值可达 2000 亿英镑，积极应对“脱欧”可能带来的经济增速放缓的挑战。韩国布局大数据发展战略以应对第四次工业革命，韩国的智能终端普及率、移动互联网接入速度多年来居世界前列，这使得其数据产出量也达到了世界先进水平。为充分利用这一天然优势，韩国持续推进大数据发展战略，发布以大数据、云计算等技术为基础的《智能信息社会中长期综合对策》，以积极应对第四次工业革命的挑战，希望大数据成为经济增长的引擎。

## 【大数据产业增长势头保持强劲】

全球的数据规模总量已呈现爆炸式增长。据美国 IDC 预测，全球数据量大约每两年翻一番，这意味着人类在最近两年产生的数据量相当于之前产生的全部数据量。IDC 预计，到 2020 年，全球将会拥有 33ZB 数据量，且非结构化数据在存储系统中所占比例接近 80%；到 2025 年，全球数据量将突破 175ZB。

产业规模仍保持增长态势，根据监测数据，2018 年全球大数据市场规模达到 454 亿美元，而未来 5 年的年复合增长率约为 15.37%，至 2022 年，全球大数据市场规模将达到 800 亿美元。

超大规模数据中心建设不断加快，根据市场研究机构 Synergy Research 发布的数据，2018 年全球超大规模数据中心为430个，较2017年增长11%。同时，该机构预计在 2019 年年底前，全球超大规模数据中心的总量将会超过 500 个，云计算的领先企业仍是超大规模数据中心的主要拥有者。

企业级服务已成为云计算、大数据市场的重要组成部分。IDG 对云计算、大数据企业的调查和预测结果显示，目前超过 70%的大企业和 56%的中小企业已经部署或正在计划部署大数据项目，其中各大企业与大数据有关项目的平均花费为 800 万美元。

## 【大数据关联产业核心技术研发步伐加速】

世界主要发达国家重点围绕大数据、芯片、人工智能、云计算等领域加大研发投入，推动大数据与人工智能、云计算、物联网、区块链等技术深入融合，创新支持方式，引导企业加快技术创新，力图巩固和强化数字转型发展主导权。2018年，美国国防部宣布，在未来5年内投资20亿美元用于研发下一代人工智能技术，用于将第二波机器学习技术向“上下文推理”能力发展。英国在工业战略中强调大数据与人工智能的发展，宣布投资10亿英镑以支持人工智能的研究，确保英国在人工智能领域的国际领先地位，将来很有可能会推动现有的商品和服务市场被颠覆和取代。欧盟委员会宣布将在2024年前投资17.5亿欧元，重点研究节能芯片、功率半导体、智能传感器、先进光学设备和复合材料五大领域。德国政府在内阁会议上提出，计划在2025年前向人工智能领域投资30亿欧元，以推动德国人工智能的发展。法国政府在今后4年内将投入15亿欧元支持前沿技术发展，其中，4 亿欧元用于科研项目招标和颠覆性创新研究，8 亿欧元用于纳米电子学。日本将大数据、物联网和人工智能界定为建设超智能社会服务平台必不可少的共性技术，专门拨款901.40亿日元（包括补贴）用于物联网、人工智能、机器人等技术的研发。韩国政府将智能信息化社会定义为“ICBM（物联网、云服务、大数据和手机）与AI（人工智能）相融合的社会”，将在未来4年内投资2.2万亿韩元开发核心人工智能技术，希望能在2022年前成为该领域的全球巨头。

**【各国政府不断加大对大数据核心产业培育力度】**

世界各国不断加大对大数据核心产业及相关领域的投入力度，促进产学研用协同，引导社会资本支持，不断扩大大数据产业化发展水平。美国投资 2 亿美元用于提高大数据分析技术与工具，重点资助大数据核心技术研发，推动大数据在政府治理、公共服务、国防安全等领域的应用和发展，并在研发支持中注重多部门协同，强调与大学、研究机构和企业协同。欧盟加强数据处理技术投入，支持与行业协会签署PPP协议，制定政策、运作项目，引导产业投资、研发创新。法国以新兴企业、软件制造商、工程师、信息系统设计师等为目标，先后投入1150万欧元用于支持信息系统设计、大数据新兴企业、软件制造等7 个投资项目；同时，中小企业、创新和数字经济部投资3亿欧元，重点发展大数据孵化器，并向数百家大数据初创企业提供启动资金。韩国投入6444亿韩元，推进大数据及相关产业发展。

**【大数据在重点领域的融合应用持续深入】**

近年来，大数据应用基础条件发生跨越式变化。一方面，数据流通、共享的边界将进一步拓宽，多源数据融合技术的进步为公共服务数字化与智能化水平的提升提供了技术层面的保障，数据的标准化及开放成为各国建设服务型政府和平台型政府的资源保障。另一方面，大数据应用的基础设施成为与水、电、气、暖等类似的设施，成为人们生活中必不可少的部分。其中包括：物联网、智能硬件等数据采集类设施，5G、光通信等超高速数据传输类设施，超级计算机、云计算、边缘计算等计算类设施，新型的存储设施，等等。

各国政府高度重视并积极推动大数据的应用，并创造需求，以进一步加速大数据产业化和市场化进程。美国着力推动大数据在服务领域的应用，在公共政策、敏感人群和事件监控、犯罪预测、反恐等领域依据大数据分析辅助决策，以大数据应用增强社会服务能力，人口、交通、医疗等公共事业部门通过大数据的挖掘，实现了对人口流动、交通拥堵、传染病蔓延等情况的实时分析。英国积极促进大数据技术从科研向应用领域转化，在资金上大力支持大数据在医疗、农业、商业、学术研究领域的发展。法国通过大数据应用提升产业供给能力，提高产业供给效率，法国经济、财政和工业部通过投资政府项目，促进大数据技术、产品及解决方案研发创新，并将其用于实践，促进了法国大数据产业的发展。

**【各国政府公共数据开放快步推进】**

加快数据开放共享成为各国提升数据价值的重要手段。政府拥有的数据资源规模大、种类丰富，蕴含着巨大的经济和社会价值。社会各界对政府数据资源开放共享的需求非常迫切。因此，整合相关部门公共数据资源，建立公共数据开放平台，推动公共数据资源实现开放共享，已成为发达国家实施大数据战略的重要内容。从总体上看，世界上实施数据开放的国家有近 100 个，截至 2018 年 11 月 14 日，加拿大共开放 98 万个公共数据集，欧盟发布了 86 万个公共数据集，印度发布了 23 万个公共数据集，英国发布了 4.5 万个公共数据集，如图 1 所示。各国数据开放网站开放数据集数量如图 2 所示。据欧盟测算，2016—2020 年，欧盟开放数据直接市场规模的增长率为 36.9%，预计到 2020 年将达到 757 亿欧元。其中，美国通过开放政府公共数据开发移动应用的企业已超过 500 家，至少有 4 家企业市值已超过 10 亿美元。

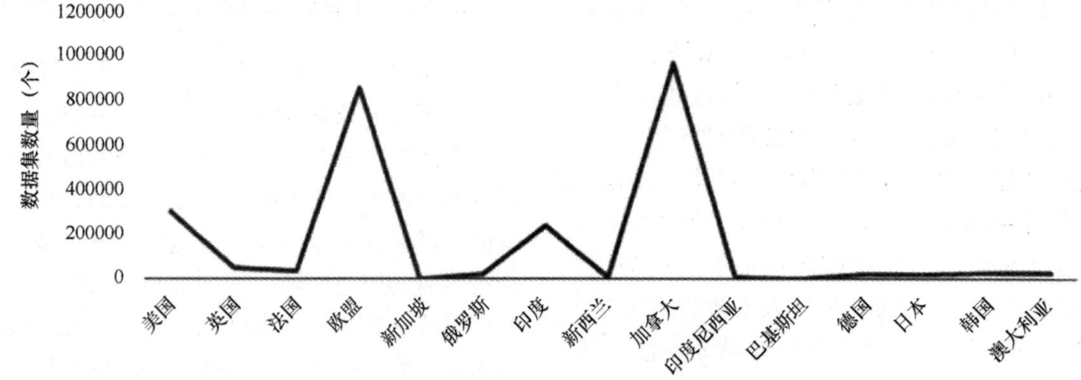


**图 1　2018 年世界主要发达国家开放数据集数量**

数据来源：天府大数据国际战略与技术研究院。

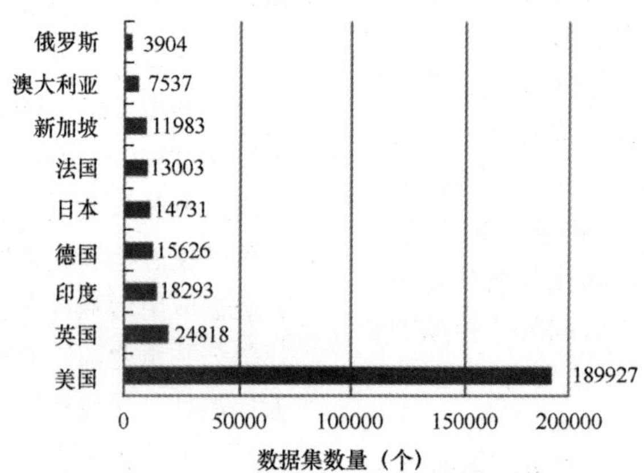


**图 2　各国数据开放网站开放数据集数量**

数据来源：赛迪智库。

美国是数据开放政策的倡导者和实践者，非常重视数据开放的顶层设计。自 2011 年起至今，美国共公布了 3 个开放政府国家行动计划，2018 年 12 月 21 日，美国众议院投票决定启用《公共、公开、电子与必要性政府数据法案》（又称《开放政府数据法案》），标志着美国政府在数据开放上又迈出历史性的一步。英国同样是政府数据开放的领导者和先行者，致力于成为“世界上最开放、最透明的政府”，如今英国已成为世界上政府数据开放最为成功的国家之一。如表 1 所示，2018 年万维网基金会发布的《开放数据晴雨表》显示，英国在政府数据开放方面的指数（总得分）与加拿大并列第一。一份国际行业报告显示，英国政府通过大数据技术每年已节省约 330 亿英镑。韩国积极建设“透明、称职、服务至上的政府”，通过利用新一代信息技术和“电子政府”，将“智能政府”作为一项国家战略，围绕政府数据开放构建一系列完整的体制机制保障，包括：成立开放数据中心，建立开放数据战略委员会，颁布并实施《促进公共数据提供与推广基本计划》《韩国 2018—2020 国家行动计划》等。

表 1 2018 年各国数据开放方面指数

| 国家 | 总得分 | 就绪度 | 实施度 | 影响度 | G20 成员 | 国家 | 总得分 | 就绪度 | 实施度 | 影响度 | G20 成员 |
|---|---|---|---|---|---|---|---|---|---|---|---|
| 加拿大 | 76 | 86 | 87 | 55 | √ | 墨西哥 | 69 | 79 | 67 | 62 | √ |
| 英国 | 76 | 83 | 89 | 57 | √ | 日本 | 68 | 78 | 68 | 58 | √ |
| 澳大利亚 | 75 | 79 | 84 | 62 | √ | 新西兰 | 68 | 79 | 72 | 52 | × |
| 法国 | 72 | 84 | 77 | 55 | √ | 英国 | 64 | 79 | 76 | 37 | √ |
| 韩国 | 72 | 82 | 67 | 67 | √ | 德国 | 58 | 76 | 72 | 27 | √ |

数据来源：万维网基金会。

# 全球 5G 产业发展概况

5G 作为下一代移动通信技术，具备高带宽、低延时、大连接特性，与人工智能、工业互联网、物联网深度融合，拉动网络信息基础设施建设的投资需求，促进传统各行各业的数字化、网络化和智能化转型升级，已经成为全球范围的关注重点和竞争焦点。

全球主要国家都大力推动 5G 竞赛，将 5G 上升到国家战略高度，从频谱、标准、产业链等多个环境大力推动 5G 的发展，5G 产业链也基本成熟，5G 商用浪潮即将掀起。

## 【频谱进展】

全球移动设备供应商协会（GSA）2019 年 2 月发布的报告显示，全球已经有 21 个国家或地区发布了 5G 频谱拍卖或 5G 商用牌照发放计划，涉及频段主要包括 3.5GHz、4.9GHz 附近的中频段，以及 26GHz、28GHz 附近的高频段。美国、日本、韩国、欧洲、中国等主要国家和地区都发布了 5G 频谱规划。

### （一）国外频谱工作开展情况

#### 1. 美国

美国频谱战略重点关注 5G 高频、中频、低频三大频段范围。FCC 规划了丰富的高频资源，重视中频资源的共享，积极释放低频资源。在高频资源方面，美国于 2016 年 7 月和 2017 年 11 月两次发布了 5G 频谱计划，共 12.55GHz 授权频率用于 5G（包括 24.25～24.45GHz、24.75～25.25GHz、47.2～48.2GHz、27.5～28.35GHz、37～40GHz、64～71GHz 等频段）。2018 年 11 月，美国启动了 28GHz 的 5G 频谱拍卖，并于 2019 年 1 月完成了首轮拍卖。之后美国很快开始了 24GHz 频段的拍卖，并在 2019 年下半年完成了其余毫米波频段的拍卖。在中频资源方面，美国 3550～3700MHz 频段的使用与全球大部分国家有区别，目前主要应用于军用雷达。为促进中频资源共享，美国于 2018 年 7 月公开征求意见，推动将 3.7～4.2GHz 频段通过灵活使用的方式支持 5G 系统与现有其他业务共享，并提出了该频段 5G 与其他系统协调发展的相关建议措施。目前，AT&T 已经正式向 FCC 提出在 3.5GHz 频段进行 5G 设备测试的特殊临时权限。此外，美国运营商 Sprint 还拥有可用于 5G 建设的 2.5GHz 频段的中频资源。在低频资源方面，美国积极释放低频资源。2017 年 4 月，美国 FCC 完成 600MHz 频段拍卖，释放出

2×35MHz 带宽资源，其中，T-Mobile 获得约 30.8MHz 带宽资源，Dish 获得约 17.8MHz 带宽资源。目前 T-Mobile 正计划用 600MHz 来部署 5G。若 T-Mobile 与 Sprint 完成合并，则其 600MHz 可进行全国性 5G 覆盖，2.5GHz 可进行热点地区的容量覆盖。

2．韩国

韩国政府在2016年就对低频700MHz频段资源进行拍卖，但因价格太昂贵，韩国三大运营商均未参与拍卖。在中频资源和高频资源方面，韩国于 2018 年 6 月在 3.5GHz 和 28GHz 频段分别完成了 280MHz 和 2400MHz 带宽资源的拍卖。但目前韩国三大运营商 5G 的商用均基于 3.5GHz 频段，也都在积极开展 28GHz 频段的 5G 试验。

3．日本

日本的 5G 频谱规划主要聚焦在 3600～3800MHz、4400～4900MHz、27.5～29.5GHz 频段。日本于 2019 年 3 月分配了 3.6～4.2GHz、4.4～4.9GHz、27～29.5GHz 频段的 5G 频谱资源，并于 2020 年前在 43.5GHz 以下毫米波频段为 5G 争取了更多频谱资源。

4．欧盟

欧洲发布统一的 5G 频谱战略，全面提供低频、中频、高频资源。2016 年 11 月和 2018 年 1 月，欧盟发布了两次统一的频谱观点，为 5G 全面争取了 700MHz、3400～3800MHz、24.25～27.5GHz 频段资源，并明确指出 3400～3800MHz 频段是 2020 年前欧洲 5G 系统的主要频段。

### （二）国内频谱工作开展情况

中国三大运营商于 2018 年 12 月初获得了工业和信息化部颁发的全国范围内 5G 中低频试验频谱使用许可。中国联通和中国电信均获得 3.5GHz 各 100MHz 带宽资源，中国移动获得 2.6GHz（160MHz 带宽资源）和 4.9GHz（100MHz 带宽资源）频段。广电网络宣布已获得工业和信息化部同意参与 5G 网络建设，目前正在积极申请移动通信资质和 5G 试验牌照，有望获得 4.9GHz 频段 60MHz 带宽资源的 5G 牌照，但其部分 700MHz 频段可能交回工业和信息化部重新分配。在毫米波频段，工业和信息化部 2019 年适时发布 5G 系统部分毫米波频段使用规划。

### （三）5G 标准进展

5G 标准工作主要集中在 3GPP R15 和 3GPP R16，包括无线接入网及核心网。目前基于 3GPP R15 的 5G 标准已经冻结，最新版本已具备商用条件。根据各国运营商不同的网络部署需求及完成时间，3GPP R15 的 5G 标准分为 3 个版本。其中，Earlydrop（早期版本），即 5G NSA（非独立部署）标准，主要基于 Option3 组网方案，2017 年 12 月冻结；Maindrop（主要版本），即 5G SA（独立部署）标准，主要基于 Option2 组网方案，2018 年 6 月冻结；Latedrop（晚期版本），包含其他优先级较低的混合架构的组网方案，主要基于 Option4、Option7 等组网方案，将推迟到 2019 年 3 月冻结（见表 1）。

**表 1　3GPP 5G 标准进程**

| | 3GPP R15（第一阶段 5G 标准） | | | 3GPP R16（完整 5G 标准） |
|---|---|---|---|---|
| | Earlydrop 早期版本 | Maindrop 主要版本 | Latedrop 晚期版本 | |
| 组网方案 | 5G NSA，主要包括 Option3 | 5G SA，主要包括 Option2 | 其他混合架构组网方案，主要包括 Option4、Option7 | 所有组网方案 |
| 冻结时间 | 2017 年 12 月 | 2018 年 6 月 | 2019 年 3 月 | 2020年3月 |
| 标准版本稳定时间 | 2018 年 12 月 | 2018 年 12 月 | 待定 | 待定 |

其中，5G NSA 标准和 5G SA 标准是主流运营商的关注重点。虽然其标准版本冻结时间较早，但仍遗留了不少重要技术问题亟待解决和完善，根据业内共识于 2018 年 12 月最新发布的 5G（5G NSA、5G SA）标准版本，才能够满足 5G 产业正式商用的基本条件。另外，由于 Latedrop 晚期版本不符合国际主流运营商及中国运营商的 5G 部署需求，该版本的延期不会影响早期全球 5G 商用的进程。

## 【5G 产业进展】

5G 产业进展主要从全球主要地区主要运营商 5G 部署情况、5G 主流芯片及终端、5G 网络产品、5G 创新业务发展等方面分析和阐述。

### （一）运营商部署进展及计划

2019 年是全球 5G 运营商竞争部署的关键一

年。截至2019年2月，已有21个国家完成了5G部署，12个运营商宣布5G正式商用，其中商用规模较大的有美国的Verizon、AT&T，韩国的SKT、KT、LGU+。

美国运营商Verizon早在2018年10月就基于其自研标准（V5G），在28GHz毫米波频段部署5GFWA固定无线接入的服务——“5GHome”，目前已在4个城市开通服务，后期计划将FWA服务升级为3GPP 5G国际标准。目前，Verizon是美国第四大宽带服务商，市场占比为6%。Verizon期望通过FWA服务的快速部署，短时间内在美国3000万户家庭潜在市场形成先发优势，抢跑5G时代的固定宽带市场。美国运营商AT&T于2018年12月宣布在美国12个城市正式商用5G移动服务，采用3GPP标准，目前主要提供基于5G的移动热点服务。此外，AT&T于2019年年底开展LTE的FWA服务，后续将升级到5G FWA服务。

韩国三大运营商在2018年12月推出5G商用服务，计划初期以3.5GHz频段为主实现5G全国性或主要城市覆盖，后续将28GHz频段用于热点和主要道路覆盖，主要面向企业用户提供固定及移动无线接入服务。韩国三大运营商均采用5G NSA和5G SA共存的网络架构，初期为5G NSA架构，后期向5G SA架构演进。在终端方面，目前韩国市场的5G终端产品为华为的5G CPE和三星的5G移动热点设备，韩国在2019年3月推出首款三星5G商用手机。

中国三大运营商均于2019年实现了5G预商用，在2020年进行大规模商用。中国联通在全国17个城市开展了5G规模试点，同时做好产业布局，聚焦重点生态。中国移动全面推动5G试验及建设，并在车联网、智能电网、智能制造等垂直行业积极布局，打造5G多样化生态系统。中国电信的5G网络方案优先选择5G SA部署，坚持多网协同、分阶段演进和技术经济性原则，打造5G智能生态，从标准、网络、应用、终端4个方面全面推动5G发展。

### （二）5G芯片及终端

5G商用初期，5G消费类终端仍以智能手机为主。首发5G手机为各品牌的旗舰机型，价格高、功能全。多种形态的消费类新型终端虽然出货量小，但增长速度快，是5G重要的终端类型，如上网本、移动路由器、AR / VR设备等。基于5G的行业终端也将成为未来5G终端产业的重要部分，如行业CPE、无人机、车载终端等，但需要根据使用场景和产品形成定制化方案。中国作为5G发展的第一梯队，既拥有首发5G运营商的领先优势，又存在开拓5G市场及业务的风险。据赛迪预测，到2021年，市场上5G手机销售占比将达到10%。

芯片是推动5G终端发展的关键因素。高通在5G手机芯片平台方面仍然领先，已在2019年率先推出仅支持5G NSA的芯片产品，成为首批5G智能手机产品的第一选择。目前，采用高通X50平台实现5G智能手机首发的国内终端厂家有OPPO、vivo、小米、中兴、Oneplus、联想等，国外终端厂家有三星、HTC、LG等。2019年上半年，各品牌5G手机陆续发布，但在国内市场以友好体验为主，不具备向普通消费者正式商用的条件。到2019年年底，主流芯片厂家才陆续推出面向商用手机的5G系统级（SoC）芯片平台，到2020年，5G终端开始真正被消费者广泛使用。

### （三）设备产业发展趋势

我国主设备商四足鼎立（华为、爱立信、中兴通讯、诺基亚），中国厂商崛起。网络设备是移动通信系统的核心环节，主要包括无线、传输、核心网及业务承载支撑等系统设备，占5G总投资额的近40%。纵观从1G到4G的竞争格局，主设备产业一直都是国家之间竞争水平和综合实力对比的体现。我国主设备商华为和中兴通讯凭借4G时代技术标准和产品研发的经验积累，已成为全球前四大设备商。在5G时期，这个格局仍将保持。根据中国IMT—2020 5G推进组近期完成的第三阶段测试结果，目前5G基站和核心网设备已经能够支持非独立5G NSA和独立5G SA组网架构，主要功能符合预期，这标志着5G主设备已具备预商用条件。上游芯片制造业主要由美国企业把控，中国芯片制造有望突破。在全球化趋势下，主设备商产品设计和材料采购时，往往会选择采用部分其他国家更优质的器件或技术，以实现最大的经济效益。

上游产业芯片制造主要由美国企业把控。华为和中兴通讯主设备基带芯片、射频芯片、关键元器件仍对美国高通、Avago、TI 等有较高的依赖程度。随着我国对芯片制造重视程度的不断提高，我国芯片产业正不断加大对芯片研发的投资力度，以减少对美国芯片产品的依赖程度。近期，华为已经发布全球首款 5G 基站芯片“天罡”，实现我国 5G 基站芯片研发的重要突破。

在目前 5G 三大应用场景中，eMBB（增强移动宽带）业务成熟度最高，在 2020 年 5G 第一阶段部署时率先商用；uRLLC（超高可靠、低时延）的标准尚在制定中，预计 2022 年将具备商用条件。从保护现有物联网建设投资的角度出发，5G mMTC（海量机器通信）技术将是现有 NB-IoT / eMTC 技术的升级和演进。短期内物联网发展将仍以现有技术为主。

前期，5G 部署以面向消费类（2C）业务为主要发展重点。VR / AR 是 5G 部署前期的典型业务。5G 的大带宽和低时延将有效缓解 4G 时代不能满足的 VR 体验的眩晕感。运营商可率先借助 VR / AR 应用切入直播、教育、医疗、游戏等重点垂直行业，抢占市场先机。根据 Ovum 预测，到 2028 年，中国将成为全球最大的 VR 和 AR 市场，直接营收将超过 150 亿美元。高清视频也将是 5G 部署前期的热点，4K / 8K 视频应用成为基础。预计到 2028 年，消费者在视频、音乐和游戏方面的支出会增加近 1 倍，全球总体量将达到近 1500 亿美元。

5G 行业应用（2B）将成为 5G 中远期应用创新的关键。随着消费互联网的进一步饱和，产业互联网将成为 5G 应用发展的蓝海。运营商正在提前布局垂直行业领域，包括制造、能源、医疗、教育、交通等，抓住 5G 机遇，以网络长板为基础，打造云网一体的泛智能化网络，定位数字经济时代的使能者，获得生态红利。一方面，通过建立产业合作平台，推进通信运营企业和其他重点产业单位的合作对接，推进 5G 在重点行业应用方面的研究和示范；另一方面，推动相关政策、法规完善，积极出台激励措施推进跨行业合作，营造产业生态环境，推动各领域应用的融合发展。

**【5G 发展面临的主要挑战】**

随着 5G 标准的完善和产业链的进一步成熟，5G 商用的步伐越来越快。2019 年中国正式实现 5G 的预商用，2020 实现 5G 的大规模正式商用。从技术来看，5G 技术已经成熟，从实验室到运营商，再到大规模的商用部署只是时间问题，但 5G 的成功商用仍面临一些挑战。

一是网络投资成本的挑战。从成本来看，若要大规模推进 5G 商业化，必须建立更多的大中型基站及密集的微型基站群，预计 5G 基站密度至少为 4G 基站密度的 1.5 倍，室外基站总数超过 600 万座，网络投资额约为 4G 的 4 倍，将超过 2 万亿元。在 5G 网络部署方面，由于使用较高的频段，5G 除了满足个人移动通信需求，还要满足工业互联网、车联网等实时性、可靠性、安全性要求更高的行业应用需求，因此 5G 网络的服务质量更高，需要更多的投入。另外，4G 已部署 5 年但还未完全收回投资，并因履行提速降费责任而陷入“增量不增收”的困境，使得运营商在推进 5G 网络建设时面临较大的资金压力。基于此，运营商前期的投入大、利润低，加大了运营风险。

二是终端普及的挑战。在 5G 终端方面，按照通信行业发展的普遍规律，每次移动通信技术的更新换代，终端的发展总会滞后于网络半年以上时间。没有 5G 终端的快速普及，5G 网络和应用的价值也将无法快速实现。因此，要加快 5G 商用步伐，让 5G 快速惠及民生，助力我国社会和经济的发展，迫切需要终端和网络的协同发展。另外，5G 时代的终端类型，不仅是智能手机，还有各种各样的行业终端。行业终端的通信核心是 5G 模组，在初期推广过程中将面临规模小、成本高、利润低、见效慢等问题，因此快速降低 5G 模组成本、加快推动 5G 行业终端规模发展，将成为加快 5G 商用需要解决的问题。

三是面向消费者的创新业务的挑战。从消费者的角度来看，虽然 5G 相对于 4G 在通信速度、应用场景上都有质的飞跃，但目前尚未有创新的商业模式出现，并且基于个人用户的高清视频消费场景目前面临内容资源欠缺的问题。体验做不好，意味着没有更多的消费者去做消费升级，因此可能造成 5G 的市场占有率不足。

5G 作为全球新一轮经济增长的驱动力，拥有无限的市场机遇，全球产业界正在齐心协力、努力从技术标准、产业和应用等多个方面携手并进，全面推动 5G 的成功商用，力争实现“5G 改变社会”的梦想。

# 基础数据篇

# 全国信息化发展基础数据

## 2014—2018 年全国电子信息产业主要经济指标完成情况

| 指　标 | 单 位 | 2014 年 | 2015 年 | 2016 年 | 2017 年 | 2018 年 |
|---|---|---|---|---|---|---|
| 销售收入 | 亿元 | 152000 | 166355 | 184815 | 185350 | 169027 |
| 固定资产投资额 | 亿元 | 7952 | 9035 | 10464 | 12914 | 15057 |
| 出口额 | 亿元 | 51500 | 51733 | 51208 | 57390 | 62602 |
| 进口额 | 亿元 | 33233 | 33397 | 34108 | 38762 | 42719 |
| 市场规模 | 亿元 | 133733 | 148019 | 167715 | 166722 | 149144 |

数据来源：工业和信息化部。

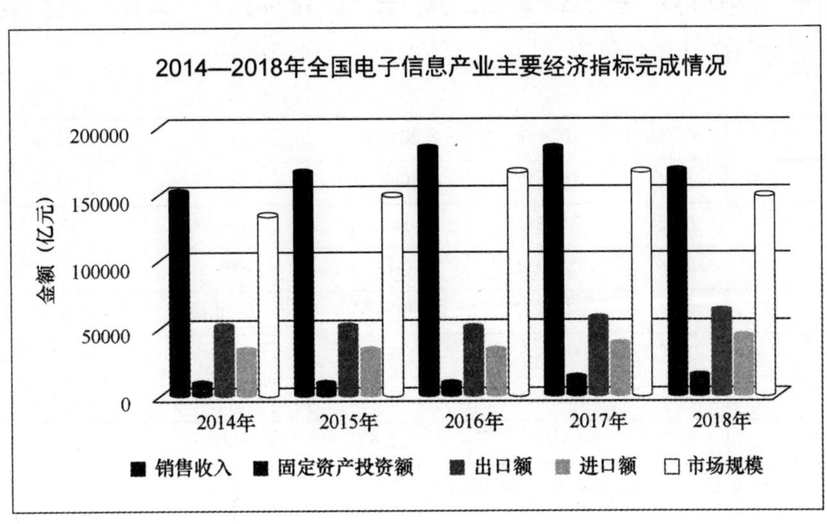

# 2014—2018 年全国电子信息制造业主要经济指标完成情况

| 指　　标 | 单　位 | 2014 年 | 2015 年 | 2016 年 | 2017 年 | 2018 年 |
|---|---|---|---|---|---|---|
| 销售收入 | 亿元 | 103000 | 111318 | 121754 | 130313 | 105966 |
| 工业增加值增长率 | % | 12.2 | 10.5 | 10.0 | 13.8 | 13.1 |
| 利润总额 | 亿元 | 5052 | 5602 | 6464 | 7000 | 4781 |
| 出口额 | 亿元 | 48510 | 48650 | 47891 | 53738 | 58931 |
| 进口额 | 亿元 | 32803 | 32867 | 33444 | 38006 | 41898 |
| 市场规模 | 亿元 | 87293 | 95535 | 107307 | 114581 | 88933 |

注：表中为规模以上制造业数据。

数据来源：工业和信息化部。

# 2014—2018 年全国主要电子信息产品产量情况

| 指　　标 | 单　位 | 2014 年 | 2015 年 | 2016 年 | 2017 年 | 2018 年 |
|---|---|---|---|---|---|---|
| 集成电路 | 亿块 | 1015.53 | 1087.20 | 1317.95 | 1564.58 | 1739.47 |
| 程控交换机 | 万线 | 2148.15 | 1880.30 | 1457.69 | 937.86 | 1006.63 |
| 微型计算机 | 万台 | 35079.63 | 31418.70 | 29008.51 | 30678.37 | 30700.19 |
| 笔记本电脑 | 万台 | 22728.73 | 17436.03 | 16498.14 | 17243.52 | 17327.43 |
| 移动通信手机 | 万部 | 168202.75 | 181261.4 | 184845.66 | 188982.37 | 179846.37 |
| 彩色电视机 | 万台 | 14128.90 | 14475.73 | 15769.64 | 15932.62 | 18834.82 |
| 数字激光视盘机* | 万台 | 8866 | 7226 | 6600 | 5509 | 4503 |

注：带“*”数据来自工业和信息化部，其他数据来自《中国统计年鉴》。

# 2014—2018 年全国主要电子信息产品出口情况

| 指　　标 | 单　位 | 2014 年 | 2015 年 | 2016 年 | 2017 年 | 2018 年 |
|---|---|---|---|---|---|---|
| 移动通信手机 | 亿部 | 13.1 | 13.4 | 12.7 | 12.1 | 11.2 |
| 彩色电视机 | 万台 | 7406 | 7183 | 8064 | 8151 | 9688 |
| 数字激光视盘机 | 万台 | 8267 | 6722 | 5395 | 4522 | 3695 |

数据来源：工业和信息化部。

# 2014—2018 年全国软件和信息技术服务业主要经济指标完成情况

| 指　　标 | 单　位 | 2014 年 | 2015 年 | 2016 年 | 2017 年 | 2018 年 |
|---|---|---|---|---|---|---|
| 软件业务收入 | 亿元 | 37026.4 | 42847.9 | 48232.2 | 55103.1 | 61908.7 |
| 软件产品收入 | 亿元 | 12198.5 | 13656.1 | 15027.8 | 16983.6 | 17378.6 |
| 信息技术服务收入 | 亿元 | 18711.1 | 22211.0 | 26090.4 | 30603.7 | 37563.1 |
| 嵌入式系统软件收入 | 亿元 | 6116.8 | 6980.8 | 7114.0 | 7515.8 | 5804.2 |
| 软件业务出口 | 亿美元 | 486.7 | 494.9 | 499.5 | 541.2 | 510.7 |

注：本表统计口径为主营业务收入 500 万元以上的软件和信息技术服务业等企业。

数据来源：《中国统计年鉴》。

# 2018 年全国各省（自治区、直辖市）软件和信息技术服务业发展情况

| 地　区 | 软件业务收入（万元） | 软件产品收入（万元） | 信息技术服务收入（万元） | 信息安全收入（万元） | 嵌入式系统软件收入（万元） | 软件业务出口额（万美元） |
|---|---|---|---|---|---|---|
| 北京 | 97289177.8 | 30650174.0 | 62800499.4 | 3516787.5 | 321716.9 | 382497.4 |
| 天津 | 16405911.3 | 3740463.0 | 12355652.0 | 27754.6 | 282041.7 | 26415.2 |
| 河北 | 2641618.6 | 392005.3 | 2176540.6 | 5597.5 | 67475.1 | 3800.2 |
| 山西 | 286991.7 | 140867.6 | 120870.8 | 2323.4 | 22929.9 | — |
| 内蒙古 | 16699.4 | 36650.5 | 70501.3 | 311.0 | 9236.6 | — |
| 辽宁 | 15095709.6 | 6997948.8 | 6439154.9 | 1497153.1 | 161452.8 | 259862.7 |
| 吉林 | 6671132.0 | 2022633.0 | 3411101.2 | 129852.8 | 1107545.0 | 4608.8 |
| 黑龙江 | 82541.1 | 190838.4 | 161818.3 | 73603.9 | 56280.5 | 70.0 |
| 上海 | 48368600.2 | 12126226.1 | 36106660.8 | 133609.5 | 2103.8 | 390858.8 |
| 江苏 | 88331850.6 | 21732299.9 | 53442384.8 | 1178135.2 | 11979030.8 | 583171.3 |
| 浙江 | 52006147.9 | 12039185.0 | 36900870.6 | 433666.5 | 2632425.8 | 314115.3 |
| 安徽 | 4560507.2 | 1925038.0 | 1816223.3 | 147560.0 | 671685.9 | 8441.9 |
| 福建 | 28900454.4 | 9752276.9 | 15170855.2 | 476182.8 | 3501139.6 | 47174.5 |
| 江西 | 1529390.9 | 821975.4 | 670848.9 | 27768.4 | 8798.2 | 7383.9 |
| 山东 | 49493473.0 | 16897183.8 | 21152555.3 | 1485104.7 | 9958629.1 | 70952.8 |
| 河南 | 3364308.6 | 897030.6 | 2338231.6 | 46229.6 | 82816.8 | 486.6 |
| 湖北 | 17914891.5 | 8005681.7 | 9063547.1 | 791595.0 | 54067.7 | 25114.9 |
| 湖南 | 4925764.0 | 1797990.3 | 1917027.9 | 22059.3 | 1188686.5 | 14470.0 |
| 广东 | 106874315.5 | 22821002.0 | 62255565.6 | 374446.9 | 21423301.0 | 2673335.1 |
| 广西 | 1524849.5 | 121029.2 | 1341663.1 | 17865.6 | 44291.6 | 2502.2 |
| 海南 | 2532700.9 | 531234.6 | 1997566.8 | 3441.2 | 458.3 | 933.2 |
| 重庆 | 13929501.4 | 3222231.8 | 8783398.6 | 293895.7 | 1629975.3 | 15828.3 |
| 四川 | 31726384.7 | 11402521.7 | 17728543.9 | 825448.8 | 1769870.2 | 152417.8 |
| 贵州 | 1767338.7 | 299588.3 | 1439490.2 | 8655.7 | 19604.5 | 1739.1 |
| 云南 | 911126.1 | 216782.3 | 668009.5 | 22063.5 | 4270.9 | — |
| 西藏 | — | — | — | — | — | — |
| 陕西 | 19948948.0 | 4660556.4 | 14208275.4 | 45504.6 | 1034611.6 | 120449.0 |
| 甘肃 | 522834.9 | 192556.9 | 320829.2 | 7748.0 | 1700.8 | — |
| 青海 | 14105.7 | 3455.7 | 9684.2 | — | 965.9 | — |
| 宁夏 | 185752.3 | 63157.9 | 118836.4 | 950.4 | 2807.7 | — |
| 新疆 | 764310.4 | 85013.2 | 643552.6 | 33887.6 | 1857.0 | — |

注：本表统计口径为主营业务收入 500 万元以上的软件和信息技术服务业等企业。

数据来源：《中国统计年鉴》。

# 2014—2018 年全国通信业务主要经济指标完成情况

| 指　标 | 单　位 | 2014 年 | 2015 年 | 2016 年 | 2017 年 | 2018 年 |
|---|---|---|---|---|---|---|
| 通信业务总量* | 亿元 | 21834.4 | 28425.0 | 23014.2 | 37360.4 | 77979.1 |
| 电信业务总量 | 亿元 | 18138.8 | 23346.3 | 15617.0 | 27596.7 | 65633.9 |
| 邮政业务总量 | 亿元 | 3696.1 | 5078.7 | 7397.2 | 9763.7 | 12345.2 |
| 通信业务收入 | 亿元 | 14744.4 | 15290.7 | 17272.2 | 19242.8 | 20914.7 |
| 电信业务收入 | 亿元 | 11541.1 | 11251.4 | 11893 | 12620.2 | 13010 |
| 邮政业务收入** | 亿元 | 3203.3 | 4039.3 | 5379.2 | 6622.6 | 7904.7 |
| 电信固定资产投资额 | 亿元 | 3993.6 | 4539.1 | 4350 | — | — |

注：邮政业务总量、2014—2015 年电信业务总量按 2010 年不变价格计算，自 2016 年起电信业务总量按 2015 年不变价格计算，2016 年按可比口径比 2015 年增长 30.3%，邮政业务总量为规模以上（年业务收入 200 万元以上）邮政业法人企业数据。

数据来源：带“*”数据来自《中国统计年鉴》，带“**”数据来自国家邮政局，其他数据来自工业和信息化部。

# 2014—2018 年全国通信业务使用情况

| 指　标 | 单　位 | 2014 年 | 2015 年 | 2016 年 | 2017 年 | 2018 年 |
|---|---|---|---|---|---|---|
| 移动电话通话时长 | 亿分钟 | 59012.7 | 57648.9 | 56599.0 | 54004.7 | 51125.2 |
| 固定本地电话通话时长 | 亿分钟 | 2613.9 | 2251.1 | 1876.4 | 1527.9 | — |
| 固定长途电话通话时长 | 亿分钟 | 530.1 | 472.6 | 400.8 | 314.1 | — |
| 移动短信业务量 | 亿条 | 7674.2 | 6991.8 | 6670.9 | 6641.4 | 11398.6 |

数据来源：《中国统计年鉴》。

# 2014—2018 年全国通信网络基础设施发展情况

| 指　　标 | 单　　位 | 2014 年 | 2015 年 | 2016 年 | 2017 年 | 2018 年 |
|---|---|---|---|---|---|---|
| 光缆线路长度 | 万千米 | 2061.25 | 2486.33 | 3042.08 | 3780.1 | 4316.8 |
| 长途光缆线路长度 | 万千米 | 92.8 | 96.5 | 99.41 | 104.5 | 99.4 |
| 固定长途电话交换机容量 | 万路端 | 982.9 | 811.1 | 681.1 | 603.5 | 392.4 |
| 局用交换机容量 | 万门 | 40517.1 | 26446.5 | 22441.6 | 18398.7 | 11440.4 |
| 移动电话交换机容量 | 万户 | 205024.9 | 218150.0 | 218540.0 | 242185.8 | 259452.1 |
| 移动电话基站 | 万座 | 350.8 | 465.6 | 559.4 | 618.7 | 667.2 |
| 互联网宽带接入端口 | 万个 | 40546.1 | 57709.4 | 71275.9 | 77599.1 | 86752.3 |

数据来源：《中国统计年鉴》。

# 2014—2018 年全国电话用户发展情况

| 指　　标 | 单　　位 | 2014 年 | 2015 年 | 2016 年 | 2017 年 | 2018 年 |
|---|---|---|---|---|---|---|
| 固定电话用户 | 万户 | 24943.0 | 23099.6 | 20662.4 | 19375.7 | 19208.5 |
| 城市电话用户 | 万户 | 17627.9 | 17320.8 | 15619.2 | 14730.8 | — |
| 农村电话用户 | 万户 | 7315.1 | 5778.9 | 5043.3 | 4644.9 | — |
| 移动电话用户 | 万户 | 128609.3 | 127139.7 | 132193.4 | 141748.7 | 156609.8 |
| 3G 移动电话用户 | 万户 | 48525.5 | 27573.0 | 17080.5 | 13463.2 | 14018.3 |
| 4G 移动电话用户 | 万户 | 9728.4 | 43038.1 | 76994.9 | 99688.9 | 116546.4 |

注：2015 年移动电话用户及 3G 移动电话用户统计口径有调整，与往年不可比。

数据来源：《中国统计年鉴》。

# 2014—2018 年全国电话普及情况

| 指　标 | 单　位 | 2014 年 | 2015 年 | 2016 年 | 2017 年 | 2018 年 |
|---|---|---|---|---|---|---|
| 电话普及率* | 部/百人 | 112.26 | 109.30 | 110.55 | 115.91 | 126.0 |
| 固定电话普及率 | 部/百人 | 18.24 | 16.80 | 14.94 | 13.94 | 13.77 |
| 移动电话普及率 | 部/百人 | 94.03 | 92.49 | 95.60 | 101.97 | 112.23 |

注：带“*”数据包括固定电话和移动电话；2015 年移动电话用户统计口径有调整，移动电话普及率与往年不可比。

数据来源：《中国统计年鉴》。

# 2014—2018 年全国居民家庭平均每百户移动电话、计算机拥有量

| 指　标 | 单　位 | 2014 年 | 2015 年 | 2016 年 | 2017 年 | 2018 年 |
|---|---|---|---|---|---|---|
| 移动电话 | 部/百户 | 215.9 | 224.8 | 235.4 | 240.0 | 249.1 |
| 其中，城镇居民 | 部/百户 | 216.6 | 223.8 | 231.4 | 235.4 | 243.1 |
| 农村居民 | 部/百户 | 215.0 | 226.1 | 240.7 | 246.1 | 257.0 |
| 计算机 | 台/百户 | 53.0 | 55.5 | 57.5 | 58.7 | 53.4 |
| 其中，城镇居民 | 台/百户 | 76.2 | 78.5 | 80.0 | 80.8 | 73.1 |
| 农村居民 | 台/百户 | 23.5 | 25.7 | 27.9 | 29.2 | 26.9 |

数据来源：《中国统计年鉴》。

# 2018 年全国各省（自治区、直辖市）邮电业务量

| 地　区 | 电信业务总量（亿元） | 邮政业务总量（亿元） |
|---|---|---|
| 北京 | 1755.46 | 397.93 |
| 天津 | 737.82 | 115.34 |
| 河北 | 2790.14 | 380.11 |
| 山西 | 1372.93 | 94.06 |
| 内蒙古 | 1270.77 | 44.35 |
| 辽宁 | 1774.96 | 160.64 |
| 吉林 | 1077.80 | 72.64 |
| 黑龙江 | 1131.53 | 93.74 |
| 上海 | 1436.34 | 820.62 |
| 江苏 | 4814.66 | 1050.23 |
| 浙江 | 4101.33 | 2326.23 |
| 安徽 | 2260.95 | 316.75 |
| 福建 | 2026.23 | 499.04 |
| 江西 | 1609.18 | 176.64 |
| 山东 | 3659.14 | 528.44 |
| 河南 | 3950.31 | 436.71 |
| 湖北 | 2040.03 | 345.24 |
| 湖南 | 2477.10 | 248.24 |
| 广东 | 7798.43 | 3215.75 |
| 广西 | 2053.66 | 126.77 |
| 海南 | 569.24 | 21.84 |
| 重庆 | 1543.52 | 134.83 |
| 四川 | 3297.15 | 348.45 |
| 贵州 | 2193.37 | 63.07 |
| 云南 | 2478.73 | 90.43 |
| 西藏 | 112.47 | 4.21 |
| 陕西 | 2215.91 | 138.88 |
| 甘肃 | 1194.20 | 31.05 |
| 青海 | 422.81 | 7.15 |
| 宁夏 | 462.92 | 17.79 |
| 新疆 | 856.18 | 38.03 |

注：邮政业务总量按 2010 年不变价格计算，电信业务总量按 2015 年不变价格计算。

数据来源：《中国统计年鉴》。

# 2018 年全国各省（自治区、直辖市）电话用户数

| 地　区 | 固定电话年末用户（万户） | 移动电话年末用户（万户） | 3G 移动电话年末用户（万户） | 4G 移动电话年末用户（万户） |
|---|---|---|---|---|
| 北京 | 577.4 | 4009.2 | 383.6 | 3164.6 |
| 天津 | 337.1 | 1648.5 | 147.0 | 1260.9 |
| 河北 | 698.0 | 8195.6 | 686.3 | 5919.9 |
| 山西 | 276.6 | 3961.5 | 342.2 | 2947.2 |
| 内蒙古 | 213.5 | 3044.4 | 306.7 | 2230.9 |
| 辽宁 | 690.2 | 4880.7 | 418.7 | 3605.3 |
| 吉林 | 477.9 | 3001.1 | 307.9 | 2130.5 |
| 黑龙江 | 360.2 | 3833.6 | 385.5 | 2615.8 |
| 上海 | 663.2 | 3722.3 | 361.8 | 3265.2 |
| 江苏 | 1418.3 | 9794.0 | 691.7 | 7707.6 |
| 浙江 | 1260.9 | 8308.8 | 570.2 | 6501.3 |
| 安徽 | 576.3 | 5535.8 | 596.9 | 4122.9 |
| 福建 | 785.4 | 4553.5 | 311.4 | 3633.4 |
| 江西 | 465.4 | 4043.5 | 293.6 | 2970.0 |
| 山东 | 1031.6 | 10569.6 | 1074.2 | 7294.2 |
| 河南 | 777.2 | 9354.1 | 639.5 | 7232.2 |
| 湖北 | 602.8 | 5569.8 | 403.3 | 4162.6 |
| 湖南 | 646.8 | 6302.9 | 505.2 | 4710.9 |
| 广东 | 2211.4 | 16823.3 | 1190.4 | 13631.7 |
| 广西 | 331.1 | 5045.3 | 436.6 | 3672.0 |
| 海南 | 171.7 | 1085.3 | 73.1 | 854.7 |
| 重庆 | 593.1 | 3650.7 | 331.6 | 2553.1 |
| 四川 | 1833.0 | 9068.6 | 541.3 | 6540.7 |
| 贵州 | 244.1 | 3940.4 | 330.5 | 2960.2 |
| 云南 | 303.6 | 4659.1 | 284.2 | 3375.5 |
| 西藏 | 61.9 | 312.3 | 43.2 | 232.3 |
| 陕西 | 650.7 | 4688.6 | 371.4 | 3598.1 |

续表

| 地　区 | 固定电话年末用户（万户） | 移动电话年末用户（万户） | 3G移动电话年末用户（万户） | 4G移动电话年末用户（万户） |
|---|---|---|---|---|
| 甘肃 | 332.8 | 2736.0 | 280.3 | 2001.0 |
| 青海 | 119.9 | 686.4 | 65.6 | 526.1 |
| 宁夏 | 56.0 | 881.0 | 76.0 | 669.6 |
| 新疆 | 440.7 | 2703.8 | 1568.5 | 456.2 |

数据来源：《中国统计年鉴》。

# 2018年全国各省（自治区、直辖市）电信主要通信能力

| 地　区 | 固定长途电话交换机容量（路端） | 局用交换机容量（万门） | 移动电话交换机容量（万户） | 移动电话基站（万座） | 光缆线路长度（千米） | 长途光缆线路长度（千米） |
|---|---|---|---|---|---|---|
| 北京 | 376770 | 1149.9 | 6540.0 | 16.6 | 377020 | 4217 |
| 天津 | 95520 | 421.8 | 3456.0 | 6.7 | 238077 | 4146 |
| 河北 | 112800 | 891.9 | 14637.0 | 29.9 | 2119472 | 35102 |
| 山西 | 176130 | 267.6 | 6090.8 | 19.0 | 1194828 | 30060 |
| 内蒙古 | — | 181.5 | 5969.0 | 14.2 | 876328 | 75109 |
| 辽宁 | 112800 | 429.4 | 6499.2 | 22.0 | 1354703 | 21866 |
| 吉林 | 102570 | 256.0 | 5244.0 | 11.3 | 872629 | 33747 |
| 黑龙江 | 234684 | 608.9 | 9067.4 | 14.2 | 1063840 | 50242 |
| 上海 | 357840 | 480.1 | 6548.0 | 11.6 | 617611 | 4024 |
| 江苏 | 122460 | 73.0 | 19333.7 | 40.8 | 3511781 | 37391 |
| 浙江 | 667907 | 375.7 | 16202.0 | 40.6 | 3021205 | 26770 |
| 安徽 | — | 106.9 | 8224.3 | 22.7 | 2161095 | 35275 |
| 福建 | — | 249.6 | 7417.6 | 23.6 | 1547784 | 23477 |
| 江西 | 83520 | 346.7 | 6484.9 | 19.3 | 1772865 | 28385 |
| 山东 | 123988 | 357.2 | 12870.4 | 42.3 | 2340000 | 36400 |
| 河南 | — | 774.2 | 12115.5 | 33.8 | 1768718 | 34124 |
| 湖北 | — | 322.1 | 8502.3 | 23.1 | 1592659 | 29055 |

续表

| 地　区 | 固定长途电话交换机容量（路端） | 局用交换机容量（万门） | 移动电话交换机容量（万户） | 移动电话基站（万座） | 光缆线路长度（千米） | 长途光缆线路长度（千米） |
|---|---|---|---|---|---|---|
| 湖南 | 364040 | 310.9 | 10123.0 | 24.0 | 2001617 | 41797 |
| 广东 | 257964 | 473.8 | 23037.5 | 65.1 | 2588927 | 53955 |
| 广西 | 235488 | 912.2 | 12582.0 | 18.8 | 1340276 | 39725 |
| 海南 | — | 49.1 | 2119.0 | 5.5 | 255302 | 915 |
| 重庆 | — | 333.4 | 4099.0 | 16.2 | 1059427 | 6174 |
| 四川 | 164370 | 598.8 | 16388.3 | 34.2 | 2775875 | 67133 |
| 贵州 | — | 309.8 | 5605.0 | 20.9 | 1057248 | 35006 |
| 云南 | 185344 | 682.6 | 7627.7 | 24.8 | 1523855 | 48060 |
| 西藏 | — | — | 2820.0 | 3.8 | 194143 | 35419 |
| 陕西 | — | 219.6 | 5105.5 | 20.9 | 1215546 | 27973 |
| 甘肃 | 42955 | 16.9 | 5465.1 | 15.8 | 826956 | 36100 |
| 青海 | 67192 | 7.6 | 927.0 | 3.7 | 288659 | 40330 |
| 宁夏 | 40000 | 64.3 | 1583.0 | 3.7 | 223071 | 11224 |
| 新疆 | — | 169.2 | 6769.0 | 18.1 | 1386371 | 40929 |

注：电话交换机容量中不包括用户交换机容量。

数据来源：《中国统计年鉴》。

# 2014—2018 年全国广播电视发展情况

| 指　标 | 单　位 | 2014 年 | 2015 年 | 2016 年 | 2017 年 | 2018 年 |
|---|---|---|---|---|---|---|
| 广播电视总收入 | 亿元 | 4226.27 | 4634.56 | 5039.77 | 6070.21 | 6952.14 |
| 广播节目综合人口覆盖率 | % | 97.99 | 98.17 | 98.37 | 98.71 | 98.94 |
| 公共广播节目套数 | 套 | 2686 | 2782 | 2741 | 2825 | 2900 |
| 全年公共广播节目播出时间 | 万小时 | 1405.8 | 1421.8 | 1456.5 | 1491.9 | 1526.7 |
| 电视节目综合人口覆盖率 | % | 98.60 | 98.77 | 98.88 | 99.07 | 99.25 |
| 公共电视节目集数 | 集 | 3329 | 3442 | 3360 | 3493 | 3559 |
| 全年公共电视节目播出时间 | 万小时 | 1747.61 | 1779.6 | 1792.4 | 1881.0 | 1925.0 |
| 有线广播电视用户数 | 万户 | 23458 | 23567 | 22830 | 21446 | 21832 |
| 数字电视用户数 | 万户 | 19143 | 19776 | 20157 | 19404 | 20144 |
| 有线广播电视入户率 | % | 54.82 | 54.63 | 52.75 | 48.32 | 49.01 |
| 有线广播电视传输干线网络总长 | 万千米 | 415.34 | 426.2 | 477.6 | 214.5 | 225.3 |

数据来源：《中国统计年鉴》。

# 2018 年全国各省（自治区、直辖市）广播电视发展情况

| 地　　区 | 广播综合人口覆盖率（%） | 电视综合人口覆盖率（%） | 有线广播电视用户（万户） | 数字电视用户（万户） | 有线广播电视入户率（%） |
|---|---|---|---|---|---|
| 北京 | 100 | 100 | 594.6 | 571.5 | 109.48 |
| 天津 | 100 | 100 | 352.9 | 348 | 91.62 |
| 河北 | 99.36 | 99.29 | 734.6 | 653.2 | 30.4 |
| 山西 | 98.8 | 99.57 | 382 | 311.8 | 29.34 |
| 内蒙古 | 99.24 | 99.22 | 228.4 | 216.1 | 23.34 |
| 辽宁 | 99.09 | 99.17 | 732.8 | 666.4 | 47.91 |
| 吉林 | 99.01 | 99.1 | 453.5 | 440.7 | 43.99 |
| 黑龙江 | 99.04 | 99.07 | 591.6 | 568.8 | 38.56 |
| 上海 | 100 | 100 | 484 | 451.5 | 88.56 |
| 江苏 | 100 | 100 | 1640.5 | 1566.7 | 66.43 |
| 浙江 | 99.73 | 99.8 | 1434.7 | 1405.6 | 85.81 |
| 安徽 | 99.84 | 99.83 | 796 | 589.7 | 37.06 |
| 福建 | 99.04 | 99.19 | 716.2 | 716.2 | 65.22 |
| 江西 | 98.54 | 99.09 | 618.2 | 576.7 | 48.06 |
| 山东 | 99.12 | 99.09 | 1684.2 | 1567.7 | 52.99 |
| 河南 | 99.05 | 99.04 | 974.9 | 811.7 | 29.86 |
| 湖北 | 99.68 | 99.58 | 1082.8 | 1060.8 | 51.61 |
| 湖南 | 99.02 | 99.64 | 1014.6 | 874.8 | 47.89 |
| 广东 | 99.98 | 99.98 | 1844.9 | 1760.7 | 71.09 |
| 广西 | 97.56 | 98.78 | 689.3 | 605.7 | 43.48 |
| 海南 | 99.06 | 99.08 | 226.7 | 152 | 85.66 |
| 重庆 | 99.04 | 99.27 | 736.8 | 557 | 58.43 |
| 四川 | 97.84 | 98.79 | 1181.6 | 1123.8 | 36.5 |
| 贵州 | 93.92 | 96.76 | 702.9 | 702.9 | 53.19 |
| 云南 | 98.69 | 98.9 | 460.3 | 434.6 | 32.95 |
| 西藏 | 97.14 | 98.21 | 24.1 | 21.5 | 30.6 |
| 陕西 | 98.84 | 99.34 | 730.7 | 730.7 | 56.2 |
| 甘肃 | 98.45 | 98.81 | 191.6 | 144.5 | 22.69 |
| 青海 | 98.62 | 98.65 | 95.8 | 94.7 | 53.9 |
| 宁夏 | 98.98 | 99.79 | 105.7 | 104.6 | 48.42 |
| 新疆 | 97.83 | 98.07 | 325.1 | 312.9 | 43.15 |

数据来源：《中国统计年鉴》。

# 2014—2018 年全国互联网用户发展情况

| 指　标 | 单　位 | 2014 年 | 2015 年 | 2016 年 | 2017 年 | 2018 年 |
|---|---|---|---|---|---|---|
| 互联网普及率 | % | 47.9 | 50.3 | 53.2 | 55.8 | 59.6 |
| 互联网上网人数 | 万人 | 64875 | 68826 | 73125 | 77198 | 82851 |
| 手机上网人数 | 万人 | 55678 | 61981 | 69531 | 75265 | 81698 |
| 互联网宽带接入用户数* | 万人 | 20048.3 | 25946.6 | 29720.7 | 34854.0 | 40738.2 |
| 互联网拨号接入用户数* | 万人 | 441.6 | 331.6 | 306.3 | 301.7 | — |
| 移动互联网用户数* | 万户 | 87522.1 | 96447.2 | 109395.0 | 127153.7 | 127481.5 |

数据来源：中国互联网络信息中心，带“*”数据来自《中国统计年鉴》。

# 2014—2018 年全国互联网基础资源情况

| 指　标 | 单　位 | 2014 年 | 2015 年 | 2016 年 | 2017 年 | 2018 年 |
|---|---|---|---|---|---|---|
| IPv4 地址数 | 万个 | 33199 | 33652 | 33810 | 33870 | 33892 |
| IPv6 地址数 | 块/32 | 18797 | 20594 | 21188 | 23430 | 41079 |
| 域名数 | 万个 | 2060 | 3102.1 | 4227.6 | 3848.0 | 3792.8 |
| .CN 域名数 | 万个 | 1108.9 | 1636.4 | 2060.8 | 2084.6 | 2124.3 |
| 国际出口带宽 | Mbps | 4118663 | 5392116 | 6640291 | 7320180 | 8946570 |

数据来源：中国互联网络信息中心。

# 2014—2018 年全国互联网基础资源应用情况

| 指　　标 | 单　　位 | 2014 年 | 2015 年 | 2016 年 | 2017 年 | 2018 年 |
|---|---|---|---|---|---|---|
| 网站数① | 万个 | 334.9 | 422.9 | 482.4 | 533 | 523 |
| .CN 下网站数② | 万个 | 158.3 | 213.1 | 258.7 | 315 | 326 |
| 网页数③ | 亿个 | 1899 | 2123 | 2360 | 2604 | 2816 |
| 移动互联网接入流④ | 亿 GB | 20.6 | 41.9 | 93.8 | 246.0 | 711.1 |
| 移动应用程序（App）在架数量 | 万款 | — | — | — | — | 449 |

注：①域名注册者在中国境内的网站，①②数据不包含.EDU、.CN 下网站。

数据来源：③数据来自百度在线网络技术（北京）有限公司；④2014—2016 年数据来自《中国通信统计年度报告》，2017—2018 年数据来自工业和信息化部网站《通信业主要指标完成情况》报表；其他数据来自中国互联网络信息中心。

# 2018 年全国各省（自治区、直辖市）互联网主要指标发展情况（表 1）

| 地　　区 | 域名数（万个） | 网站数（万个） | 网页数（万个） | IPv4 地址数（万个） |
|---|---|---|---|---|
| 北京 | 443.5 | 71.9 | 10695275.1 | 8639.2 |
| 天津 | 26.7 | 5.4 | 465062.9 | 355.9 |
| 河北 | 86.8 | 12.3 | 1025297.9 | 965.9 |
| 山西 | 107.6 | 5.7 | 294992.3 | 433.8 |
| 内蒙古 | 12.2 | 1.6 | 15460.5 | 264.4 |
| 辽宁 | 64.7 | 11.4 | 177231.7 | 1128.6 |
| 吉林 | 37.1 | 3.5 | 180765.9 | 410.1 |
| 黑龙江 | 28.1 | 4.3 | 205114.9 | 410.1 |
| 上海 | 147.4 | 37.8 | 2069686.3 | 1528.5 |
| 江苏 | 188.3 | 28.7 | 1378142.3 | 1613.3 |
| 浙江 | 149.2 | 41.7 | 3354070.9 | 2192.8 |
| 安徽 | 90.5 | 8.7 | 319693.7 | 559.2 |
| 福建 | 736.4 | 28.0 | 812747.7 | 657.5 |
| 江西 | 77.1 | 5.0 | 208694.3 | 586.3 |

续表

| 地区 | 域名数（万个） | 网站数（万个） | 网页数（万个） | IPv4 地址数（万个） |
|---|---|---|---|---|
| 山东 | 151.7 | 31.7 | 525752.0 | 1657.3 |
| 河南 | 207.5 | 24.9 | 1310626.7 | 891.4 |
| 湖北 | 106.2 | 12.3 | 156806.1 | 813.4 |
| 湖南 | 122.3 | 9.5 | 127461.9 | 799.9 |
| 广东 | 449.0 | 72.8 | 3806253.4 | 3230.0 |
| 广西 | 52.7 | 5.3 | 163749.2 | 467.7 |
| 海南 | 28.4 | 2.7 | 86290.1 | 159.3 |
| 重庆 | 46.7 | 5.6 | 50562.1 | 569.4 |
| 四川 | 144.6 | 24.0 | 354133.2 | 938.8 |
| 贵州 | 39.8 | 2.2 | 15726.2 | 149.1 |
| 云南 | 46.6 | 2.9 | 175784.1 | 332.1 |
| 西藏 | 1.2 | 0.1 | 459.2 | 44.1 |
| 陕西 | 53.0 | 7.4 | 158674.5 | 552.4 |
| 甘肃 | 25.4 | 1.4 | 12908.6 | 159.3 |
| 青海 | 3.0 | 0.4 | 1656.7 | 61.0 |
| 宁夏 | 7.2 | 0.8 | 1018.3 | 94.9 |
| 新疆 | 8.0 | 1.0 | 12141.9 | 203.4 |

注：各地 IPv4 地址数根据各地区占全国的比例推算得出。

数据来源：《中国统计年鉴》。

# 2018 年全国各省（自治区、直辖市）互联网主要指标发展情况（表 2）

| 地　区 | 互联网宽带接入端口数（万个） | 移动互联网用户（万户） | 移动互联网接入流量（万 GB） | 互联网宽带接入用户（万户） |
|---|---|---|---|---|
| 北京 | 2059.9 | 3291.1 | 181330.2 | 638.8 |
| 天津 | 897.4 | 1352.5 | 79874.1 | 437.9 |
| 河北 | 4192.4 | 6505.3 | 306648.4 | 2159.8 |
| 山西 | 1989.2 | 3086.3 | 145721.1 | 991.0 |
| 内蒙古 | 1358.4 | 2508.1 | 142977.5 | 628.3 |
| 辽宁 | 3240.3 | 3905.9 | 190081.1 | 1136.0 |
| 吉林 | 1526.7 | 2366.2 | 135590.4 | 588.2 |
| 黑龙江 | 2113.2 | 2894.9 | 120181.5 | 810.7 |
| 上海 | 1871.8 | 3032.0 | 134846.8 | 772.9 |
| 江苏 | 7131.5 | 7979.5 | 514026.7 | 3351.9 |
| 浙江 | 5971.0 | 6833.6 | 429803.0 | 2653.8 |
| 安徽 | 3374.0 | 4596.3 | 251826.2 | 1662.4 |
| 福建 | 3245.0 | 3793.6 | 209900.3 | 1629.1 |

续表

| 地　区 | 互联网宽带接入端口数（万个） | 移动互联网用户（万户） | 移动互联网接入流量（万 GB） | 互联网宽带接入用户（万户） |
|---|---|---|---|---|
| 江西 | 2032.7 | 3340.8 | 173557.3 | 1323.4 |
| 山东 | 6312.3 | 8418.6 | 383441.1 | 2884.8 |
| 河南 | 4780.8 | 7766.5 | 434883.9 | 2503.9 |
| 湖北 | 2961.3 | 4552.0 | 217677.7 | 1480.7 |
| 湖南 | 2821.1 | 5226.6 | 266950.4 | 1635.3 |
| 广东 | 8149.1 | 14106.9 | 845841.2 | 3597.8 |
| 广西 | 2760.1 | 4130.8 | 228728.8 | 1230.6 |
| 海南 | 726.1 | 914.0 | 61944.2 | 279.1 |
| 重庆 | 2245.7 | 2862.2 | 169556.6 | 1070.1 |
| 四川 | 5400.5 | 7332.0 | 355855.9 | 2624.5 |
| 贵州 | 1535.4 | 3323.1 | 250673.2 | 732.0 |
| 云南 | 1962.6 | 3918.9 | 280875.1 | 1019.4 |
| 西藏 | 194.3 | 260.2 | 10618.4 | 78.2 |
| 陕西 | 2239.6 | 3726.8 | 248683.2 | 1057.4 |
| 甘肃 | 1128.0 | 2210.6 | 131267.3 | 742.8 |
| 青海 | 355.4 | 559.0 | 49550.7 | 152.9 |
| 宁夏 | 498.2 | 694.6 | 52402.9 | 217.0 |
| 新疆 | 1678.6 | 1992.5 | 84724.5 | 647.3 |

数据来源：《中国统计年鉴》。

# 2014—2018 年各类网络应用用户规模和使用率

| 应　用 | 2014 年 | | 2015 年 | | 2016 年 | | 2017 年 | | 2018 年 | |
|---|---|---|---|---|---|---|---|---|---|---|
| | 用户规模（万户） | 使用率（%） | 用户规模（万户） | 使用率（%） | 用户规模（万户） | 使用率（%） | 用户规模（万户） | 使用率（%） | 用户规模（万户） | 使用率（%） |
| 即时通信 | 58776 | 90.6 | 62408 | 90.7 | 66628 | 91.1 | 72023 | 93.3 | 79172 | 95.6 |
| 搜索引擎 | 52223 | 80.5 | 56623 | 82.3 | 60238 | 82.4 | 63956 | 82.8 | 68132 | 82.2 |
| 网络新闻 | 51894 | 80.0 | 56440 | 82.0 | 61390 | 84.0 | 64689 | 83.8 | 67473 | 81.4 |
| 网络视频 | 43298 | 66.7 | 50391 | 73.2 | 54455 | 74.5 | 57892 | 75.0 | 61201 | 73.9 |
| 网络购物 | 36142 | 55.7 | 41325 | 60.0 | 46670 | 63.8 | 53332 | 69.1 | 61011 | 73.6 |
| 网上支付 | 30431 | 46.9 | 41618 | 60.5 | 47450 | 64.9 | 53110 | 68.8 | 60040 | 72.5 |
| 网络音乐 | 47807 | 73.7 | 50137 | 72.8 | 50313 | 68.8 | 54809 | 71.0 | 57560 | 69.5 |
| 网络游戏 | 36585 | 56.4 | 39148 | 56.9 | 41704 | 57.0 | 44161 | 57.2 | 48384 | 58.4 |
| 网络文学 | 29385 | 45.3 | 29674 | 43.1 | 33319 | 45.6 | 37774 | 48.9 | 43201 | 52.1 |
| 网上银行 | 28214 | 43.5 | 33639 | 48.9 | 36552 | 50.0 | 39911 | 51.7 | 41980 | 50.7 |
| 旅行预订 | 22173 | 34.2 | 25955 | 37.7 | 29922 | 40,9 | 37578 | 48.7 | 41001 | 49.5 |
| 网上订外卖 | — | — | 11356 | 16.5 | 20856 | 28.5 | 34338 | 44.5 | 40601 | 49.0 |

续表

| 应用 | 2014 年 | | 2015 年 | | 2016 年 | | 2017 年 | | 2018 年 | |
|---|---|---|---|---|---|---|---|---|---|---|
| | 用户规模（万户） | 使用率（%） | 用户规模（万户） | 使用率（%） | 用户规模（万户） | 使用率（%） | 用户规模（万户） | 使用率（%） | 用户规模（万户） | 使用率（%） |
| 网络直播 | — | — | — | — | 34431 | 47.1 | 42209 | 54.7 | 39676 | 47.9 |
| 微博 | 24884 | 38.4 | 23045 | 33.5 | 27143 | 37.1 | 31601 | 40.9 | 35057 | 42.3 |
| 网约专车或快车 | — | — | — | — | 16799 | 23.0 | 23623 | 30.6 | 33282 | 40.2 |
| 网约出租车 | — | — | — | — | 22463 | 30.7 | 28651 | 37.1 | 32988 | 39.8 |
| 在线教育 | — | — | 11014 | 16.0 | 13764 | 18.8 | 15518 | 20.1 | 20123 | 24.3 |
| 互联网理财 | 7849 | 12.1 | 9026 | 13.1 | 9890 | 13.5 | 12881 | 16.7 | 15138 | 18.3 |

注：旅行预订定义为最近半年在网上预订过机票、酒店、火车票或旅行度假产品，网络直播服务包括体育直播、真人聊天秀直播、游戏直播和演唱会直播。

数据来源：中国互联网络信息中心。

# 2018 年全国按行业分企业信息化及电子商务情况（表 1）

| 行业 | 企业数（家） | 期末使用计算机数（台） | 每百人使用计算机数（台） | 企业拥有网站数（个） | 每百家企业拥有网站数（个） |
|---|---|---|---|---|---|
| 总计 | 985463 | 50380625 | 29 | 527843 | 54 |
| 采矿业 | 9716 | 1141911 | 23 | 3652 | 38 |
| 制造业 | 343681 | 17971618 | 25 | 232554 | 68 |
| 电力、热力、燃气及水生产和供应业 | 11798 | 2011912 | 61 | 6190 | 52 |
| 建筑业 | 106510 | 4068652 | 9 | 44253 | 42 |
| 批发和零售业 | 207906 | 5876290 | 50 | 85225 | 41 |
| 交通运输、仓储和邮政业 | 40039 | 2714954 | 33 | 16884 | 42 |
| 住宿和餐饮业 | 45884 | 938491 | 23 | 20113 | 44 |
| 信息传输、软件和信息技术服务业 | 20700 | 6406463 | 132 | 21092 | 102 |
| 房地产业 | 109953 | 2517002 | 38 | 42021 | 38 |
| 租赁和商务服务业 | 33542 | 2042628 | 30 | 19843 | 59 |
| 科学研究和技术服务业 | 20753 | 2435019 | 82 | 14957 | 72 |
| 水利、环境和公共设施管理业 | 5897 | 201757 | 18 | 3193 | 54 |
| 居民服务、修理和其他服务业 | 6779 | 152573 | 15 | 2866 | 42 |
| 教育 | 5544 | 793532 | 102 | 3814 | 69 |
| 卫生和社会工作 | 6212 | 560235 | 55 | 4738 | 76 |
| 文化、体育和娱乐业 | 10549 | 547588 | 63 | 6448 | 61 |

数据来源：《中国统计年鉴》。

# 2018 年全国按行业分企业信息化及电子商务情况（表 2）

| 行业 | 有电子商务交易活动 | | 电子商务销售额 | 电子商务采购额 |
|---|---|---|---|---|
| | 企业数（家） | 比重（%） | （亿元） | （亿元） |
| 总计 | 99035 | 10.0 | 152424.5 | 85597.8 |
| 采矿业 | 297 | 3.1 | 1984.2 | 718.7 |
| 制造业 | 34709 | 10.1 | 55925.8 | 37842.7 |
| 电力、热力、燃气及水生产和供应业 | 718 | 6.1 | 2739.6 | 2691.5 |
| 建筑业 | 3937 | 3.7 | 156.1 | 5440.8 |
| 批发和零售业 | 25080 | 12.1 | 68984.7 | 33508.1 |
| 交通运输、仓储和邮政业 | 2479 | 6.2 | 5227.2 | 364.9 |
| 住宿和餐饮业 | 14492 | 31.6 | 881.2 | 26.4 |
| 信息传输、软件和信息技术服务业 | 4494 | 21.7 | 11164.9 | 2540.7 |
| 房地产业 | 3589 | 3.3 | 249.6 | 44.7 |
| 租赁和商务服务业 | 3085 | 9.2 | 4294.1 | 1839.4 |
| 科学研究和技术服务业 | 1756 | 8.5 | 236.5 | 510.5 |
| 水利、环境和公共设施管理业 | 809 | 13.7 | 58.5 | 3.9 |
| 居民服务、修理和其他服务业 | 544 | 8.0 | 47.3 | 9.8 |
| 教育 | 383 | 6.9 | 133.3 | 3.2 |
| 卫生和社会工作 | 455 | 7.3 | 8.6 | 25.3 |
| 文化、体育和娱乐业 | 2208 | 20.9 | 332.9 | 27.3 |

注：有电子商务交易活动的企业是指通过互联网开展电子商务销售或采购的企业。

数据来源：《中国统计年鉴》。

# 2018年分地区企业信息化及电子商务情况（表1）

| 地　区 | 企业数（家） | 期末使用计算机数（台） | 每百人使用计算机数（台） | 企业拥有网站数（个） | 每百家企业拥有网站数（个） |
|---|---|---|---|---|---|
| 北京 | 31534 | 4581161 | 70 | 20286 | 64 |
| 天津 | 16725 | 909710 | 37 | 7848 | 47 |
| 河北 | 29231 | 1261891 | 25 | 16362 | 56 |
| 山西 | 14635 | 721306 | 23 | 5637 | 39 |
| 内蒙古 | 9317 | 486112 | 31 | 4111 | 44 |
| 辽宁 | 24758 | 1301083 | 35 | 12282 | 50 |
| 吉林 | 12855 | 537090 | 30 | 5417 | 42 |
| 黑龙江 | 9867 | 575864 | 35 | 4322 | 44 |
| 上海 | 33967 | 3698775 | 56 | 22718 | 67 |
| 江苏 | 103460 | 4990547 | 24 | 62794 | 61 |
| 浙江 | 88443 | 4055446 | 24 | 46586 | 53 |
| 安徽 | 39818 | 1383775 | 23 | 24875 | 62 |
| 福建 | 46357 | 1645811 | 17 | 20261 | 44 |
| 江西 | 27056 | 896706 | 19 | 13837 | 51 |
| 山东 | 78913 | 2803319 | 24 | 41713 | 53 |
| 河南 | 53291 | 1612445 | 17 | 25586 | 48 |
| 湖北 | 40082 | 1788207 | 26 | 23869 | 60 |
| 湖南 | 38803 | 1267433 | 22 | 19863 | 51 |
| 广东 | 124606 | 8459520 | 37 | 74939 | 60 |
| 广西 | 17285 | 721030 | 24 | 4101 | 24 |
| 海南 | 3023 | 194262 | 40 | 1820 | 60 |
| 重庆 | 21990 | 1069389 | 24 | 10861 | 49 |
| 四川 | 39274 | 1898955 | 24 | 21220 | 54 |
| 贵州 | 16293 | 508564 | 26 | 7093 |  |
| 云南 | 16541 | 728873 | 30 | 7189 | 43 |
| 西藏 | 796 | 34874 | 34 | 467 | 59 |
| 陕西 | 22692 | 1145226 | 32 | 11904 | 52 |
| 甘肃 | 8183 | 322096 | 23 | 3986 | 49 |
| 青海 | 2070 | 131203 | 36 | 1062 | 51 |
| 宁夏 | 3347 | 167865 | 31 | 1667 | 50 |
| 新疆 | 10251 | 482087 | 28 | 3167 | 31 |

数据来源:《中国统计年鉴》。

# 2018年分地区企业信息化及电子商务情况（表2）

| 地　区 | 有电子商务交易活动 | | 电子商务销售额（亿元） | 电子商务采购额（亿元） |
|---|---|---|---|---|
| | 企业数（家） | 比重（%） | | |
| 北京 | 6536 | 20.7 | 18261.2 | 10623.6 |
| 天津 | 1103 | 6.6 | 3106.0 | 1906.3 |
| 河北 | 1954 | 6.7 | 2556.1 | 1971.4 |
| 山西 | 916 | 6.3 | 2450.2 | 922.1 |
| 内蒙古 | 571 | 6.1 | 1948.6 | 1258.3 |
| 辽宁 | 1226 | 5.0 | 3638.4 | 2264.2 |
| 吉林 | 635 | 4.9 | 553.1 | 288.4 |
| 黑龙江 | 466 | 4.7 | 593.3 | 310.8 |
| 上海 | 3645 | 10.7 | 17412.0 | 9664.4 |
| 江苏 | 8939 | 8.6 | 8659.9 | 6534.8 |
| 浙江 | 10558 | 11.9 | 8846.5 | 2648.9 |
| 安徽 | 4704 | 11.8 | 4864.4 | 2103.2 |
| 福建 | 5028 | 10.8 | 3481.0 | 998.1 |
| 江西 | 2234 | 8.3 | 2817.9 | 1048.9 |
| 山东 | 10654 | 13.5 | 15992.2 | 10034.3 |
| 河南 | 3618 | 6.8 | 5183.9 | 2220.2 |
| 湖北 | 3666 | 9.1 | 4051.4 | 1825.9 |
| 湖南 | 3988 | 10.3 | 3127.5 | 2581.3 |
| 广东 | 12158 | 9.8 | 27829.9 | 17104.6 |
| 广西 | 1530 | 8.9 | 1168.2 | 815.8 |
| 海南 | 392 | 13.0 | 689.5 | 284.5 |
| 重庆 | 2545 | 11.6 | 4186.8 | 1624.7 |
| 四川 | 4501 | 11.5 | 4219.2 | 2463.9 |
| 贵州 | 1576 | 9.7 | 1612.1 | 616.3 |
| 云南 | 1713 | 10.4 | 1443.1 | 867.3 |
| 西藏 | 89 | 11.2 | 119.3 | 48.3 |
| 陕西 | 2483 | 10.9 | 1820.3 | 814.7 |
| 甘肃 | 614 | 7.5 | 506.4 | 784.8 |
| 青海 | 186 | 9.0 | 168.0 | 169.1 |
| 宁夏 | 286 | 8.5 | 267.1 | 217.6 |
| 新疆 | 521 | 5.1 | 850.9 | 580.9 |

注：有电子商务交易活动的企业是指通过互联网开展电子商务销售或采购的企业。

数据来源：《中国统计年鉴》。

# 世界各国和地区信息化综合指标数据

## 2013—2017 年世界各国和地区每千人宽带用户数

单位：户

| 国家和地区 | 2013 年 | 2014 年 | 2015 年 | 2016 年 | 2017 年 |
|---|---|---|---|---|---|
| 世界 | 94.89 | 105.58 | 116.22 | 125.17 | 137.18 |
| 阿富汗 | 0.05 | 0.05 | 0.22 | 0.27 | 0.46 |
| 阿尔巴尼亚 | 57.53 | 65.74 | 75.97 | 82.27 | 105.27 |
| 阿尔及利亚 | 32.65 | 40.06 | 55.85 | 69.20 | 77.56 |
| 安道尔共和国 | 345.54 | 358.94 | 379.17 | 398.24 | 445.24 |
| 安哥拉 | 2.22 | 4.13 | 6.73 | 5.24 | 3.25 |
| 安提瓜和巴布达 | 44.84 | 118.30 | 108.91 | 99.86 | 94.31 |
| 阿根廷 | 138.55 | 155.73 | 162.63 | 169.39 | 178.50 |
| 亚美尼亚 | 78.76 | 91.45 | 95.78 | 101.26 | 107.08 |
| 澳大利亚 | 250.14 | 276.60 | 285.41 | 304.42 | 322.23 |
| 奥地利 | 260.15 | 276.67 | 286.93 | 293.78 | 284.72 |
| 阿塞拜疆 | 170.33 | 199.48 | 197.60 | 185.83 | 183.36 |
| 巴哈马 | 41.07 | 201.71 | 209.05 | 219.90 | 227.55 |
| 巴林 | 131.55 | 213.95 | 186.10 | 168.20 | 142.99 |
| 孟加拉国 | 6.32 | 19.51 | 30.50 | 37.67 | 45.72 |
| 巴巴多斯 | 238.19 | 271.72 | 272.26 | 300.76 | 312.12 |
| 白俄罗斯 | 297.65 | 288.40 | 313.56 | 332.95 | 334.73 |
| 比利时 | 343.95 | 359.93 | 368.50 | 380.06 | 383.46 |
| 伯利兹 | 31.33 | 29.14 | 50.00 | 61.90 | 50.58 |
| 贝宁 | 0.42 | 4.01 | 6.73 | 8.15 | 2.56 |
| 百慕大 | 613.70 | 530.56 | 457.47 | — | 361.75 |
| 不丹 | 27.17 | 32.63 | 35.90 | 39.41 | 22.41 |
| 玻利维亚 | 13.28 | 15.93 | 16.41 | 25.67 | 33.95 |
| 波黑 | 117.59 | 141.81 | 166.24 | 173.69 | 198.09 |
| 博茨瓦纳 | 10.68 | 16.33 | 17.92 | 28.47 | 14.71 |
| 巴西 | 100.77 | 116.76 | 122.48 | 129.74 | 139.09 |
| 文莱 | 57.07 | 71.50 | 80.33 | 83.26 | 97.08 |

续表

| 国家和地区 | 2013 年 | 2014 年 | 2015 年 | 2016 年 | 2017 年 |
|---|---|---|---|---|---|
| 保加利亚 | 189.69 | 206.60 | 227.00 | 232.53 | 252.97 |
| 布基纳法索 | 0.77 | 0.31 | 0.40 | 0.47 | 0.64 |
| 布隆迪 | 0.01 | 0.16 | 0.34 | 0.35 | 0.36 |
| 柬埔寨 | 2.16 | 4.29 | 5.33 | 6.07 | 8.35 |
| 喀麦隆 | 0.76 | 0.71 | 0.68 | 1.92 | 1.71 |
| 加拿大 | 332.84 | 353.78 | 363.24 | 372.70 | 379.06 |
| 佛得角 | 42.52 | 34.43 | 32.59 | 30.30 | 27.89 |
| 智利 | 122.51 | 140.84 | 151.72 | 159.74 | 165.91 |
| 中国（不含港澳台地区） | 136.34 | 143.84 | 197.67 | 228.97 | 277.40 |
| 哥伦比亚 | 92.85 | 102.73 | 111.57 | 117.98 | 129.44 |
| 科摩罗 | 1.77 | 2.10 | 2.60 | 3.60 | 2.02 |
| 刚果（金） | 0.07 | 0.11 | 0.01 | 0.01 | 0.01 |
| 哥斯达黎加 | 97.21 | 105.22 | 111.69 | 115.92 | 150.31 |
| 科特迪瓦 | 2.77 | 6.10 | 5.15 | 6.26 | 5.84 |
| 克罗地亚 | 215.37 | 230.45 | 231.76 | 246.18 | 261.99 |
| 古巴 | 0.48 | 0.69 | 0.73 | 1.28 | 2.96 |
| 塞浦路斯 | 199.13 | 211.27 | 309.14 | 330.31 | 347.95 |
| 捷克 | 170.34 | 278.83 | 273.42 | 276.51 | 295.66 |
| 丹麦 | 401.74 | 413.45 | 424.78 | 427.53 | 438.22 |
| 吉布提 | 20.28 | 22.68 | 26.86 | 29.58 | 25.83 |
| 多米尼克 | 148.15 | 157.59 | 208.57 | 212.10 | 215.83 |
| 多米尼加共和国 | 46.61 | 56.99 | 64.41 | 64.74 | 74.81 |
| 厄瓜多尔 | 63.39 | 82.57 | 97.40 | 97.39 | 100.31 |
| 阿拉伯埃及共和国 | 32.60 | 36.79 | 45.17 | 51.96 | 54.27 |
| 萨尔瓦多 | 44.53 | 49.96 | 54.93 | 60.08 | 70.64 |
| 赤道几内亚 | 4.65 | 4.99 | 4.75 | 4.87 | 1.50 |
| 爱沙尼亚 | 265.38 | 289.00 | 300.05 | 310.68 | 306.72 |
| 埃塞俄比亚 | 2.53 | 4.88 | 4.83 | 5.51 | 0.59 |
| 法罗群岛 | 337.59 | 349.82 | 360.98 | 362.45 | 373.28 |
| 斐济 | 11.96 | 14.01 | 14.26 | 13.73 | 13.83 |
| 芬兰 | 308.96 | 323.05 | 316.80 | 312.18 | 310.27 |
| 法国 | 387.92 | 401.74 | 413.45 | 423.54 | 438.14 |
| 法属波利尼西亚 | 162.19 | 177.75 | 183.57 | 193.59 | 208.92 |
| 加蓬 | 5.32 | 6.31 | 6.33 | 7.32 | 7.25 |
| 冈比亚 | 0.24 | 1.44 | 1.81 | 1.84 | 1.81 |
| 格鲁吉亚 | 102.42 | 121.53 | 147.42 | 158.11 | 192.31 |
| 德国 | 345.76 | 357.80 | 371.93 | 380.54 | 402.04 |
| 加纳 | 2.66 | 2.65 | 2.71 | 3.15 | 1.95 |
| 希腊 | 261.51 | 283.60 | 309.10 | 325.09 | 357.47 |
| 格陵兰 | 189.52 | 181.93 | 174.60 | — | 212.74 |
| 格林纳达 | 169.98 | 182.87 | 185.17 | 194.47 | 200.54 |
| 关岛 | 18.17 | 17.91 | — | — | 0.00 |
| 危地马拉 | 18.02 | 27.35 | 28.29 | 30.38 | 31.39 |

续表

| 国家和地区 | 2013 年 | 2014 年 | 2015 年 | 2016 年 | 2017 年 |
|---|---|---|---|---|---|
| 圭亚那 | 0.07 | 56.27 | 66.48 | 76.41 | 83.70 |
| 中国香港特别行政区 | 307.54 | 314.24 | 321.02 | 354.61 | 363.80 |
| 匈牙利 | 241.20 | 273.47 | 274.31 | 284.59 | 303.87 |
| 冰岛 | 351.48 | 359.15 | 369.54 | 376.19 | 399.45 |
| 印度 | 11.61 | 12.43 | 13.21 | 14.44 | 13.34 |
| 印度尼西亚 | 13.01 | 11.90 | 15.58 | 18.94 | 23.49 |
| 伊朗伊斯兰共和国 | 56.18 | 94.63 | 108.63 | 115.82 | 121.30 |
| 爱尔兰 | 242.38 | 269.12 | 277.03 | 284.83 | 294.28 |
| 以色列 | 256.69 | 272.43 | 274.39 | 281.27 | 284.09 |
| 意大利 | 222.99 | 235.37 | 243.70 | 254.26 | 273.37 |
| 牙买加 | 47.61 | 54.15 | 81.36 | 101.19 | 81.87 |
| 日本 | 288.37 | 293.11 | 306.52 | 314.71 | 317.89 |
| 约旦 | 28.26 | 46.87 | 41.64 | 58.39 | 34.10 |
| 哈萨克斯坦 | 116.01 | 129.34 | 137.21 | 136.81 | 142.48 |
| 肯尼亚 | 1.29 | 1.86 | 2.89 | 3.29 | 5.74 |
| 韩国 | 380.35 | 387.76 | 402.50 | 411.31 | 414.82 |
| 科威特 | 13.95 | 13.80 | 15.35 | 27.55 | 40.19 |
| 吉尔吉斯斯坦 | 9.62 | 41.58 | 37.06 | 40.76 | 41.68 |
| 老挝 | 1.33 | 1.64 | 5.25 | 3.42 | 3.91 |
| 拉脱维亚 | 246.79 | 247.41 | 247.86 | 256.36 | 269.71 |
| 黎巴嫩 | 99.54 | 227.98 | 253.93 | 256.17 | 0.00 |
| 莱索托 | 1.10 | 0.72 | 0.97 | 1.04 | 2.31 |
| 利比亚 | 10.43 | 10.04 | 9.66 | 26.41 | 48.32 |
| 列支敦士登 | 324.98 | 419.69 | 419.00 | 424.09 | 429.97 |
| 立陶宛 | 220.11 | 266.55 | 277.86 | 287.05 | 280.72 |
| 卢森堡 | 334.89 | 348.01 | 359.50 | 367.32 | 362.56 |
| 中国澳门特别行政区 | 268.01 | 280.63 | 290.78 | 300.00 | 298.75 |
| 马其顿 | 156.99 | 167.94 | 171.82 | 178.77 | 190.34 |
| 马达加斯加 | 0.61 | 1.05 | 0.98 | 0.57 | 0.98 |
| 马拉维 | 0.17 | 0.51 | 0.34 | 0.49 | 0.61 |
| 马来西亚 | 82.21 | 101.40 | 99.96 | 87.41 | 86.41 |
| 马尔代夫 | 58.37 | 56.44 | 64.74 | 72.20 | 73.60 |
| 马里 | 0.19 | 0.19 | 0.22 | 0.35 | 2.19 |
| 马耳他 | 327.62 | 352.34 | 378.46 | 396.25 | 414.03 |
| 毛里塔尼亚 | 1.94 | 2.01 | 2.36 | 2.55 | 2.95 |
| 毛里求斯 | 125.36 | 145.70 | 157.47 | 169.05 | 194.54 |
| 墨西哥 | 111.39 | 104.79 | 117.84 | 126.74 | 137.45 |
| 密克罗尼西亚联邦 | 19.92 | 29.76 | — | — | 0.00 |
| 摩尔多瓦 | 133.94 | 147.11 | 155.49 | 163.30 | 143.93 |
| 蒙古 | 49.22 | 68.45 | 71.17 | 76.31 | 91.56 |
| 摩洛哥 | 25.33 | 29.66 | 33.80 | 36.51 | 501.61 |
| 莫桑比克 | 0.70 | 0.76 | 1.57 | 1.45 | 2.15 |
| 缅甸 | 1.79 | 2.67 | 0.61 | 0.55 | 2.09 |

续表

| 国家和地区 | 2013 年 | 2014 年 | 2015 年 | 2016 年 | 2017 年 |
|---|---|---|---|---|---|
| 纳米比亚 | 12.93 | 17.55 | 19.31 | 21.91 | 27.38 |
| 尼泊尔 | 7.51 | 8.91 | 10.64 | 7.80 | 18.21 |
| 荷兰 | 400.79 | 407.74 | 417.30 | 421.63 | 423.63 |
| 新喀里多尼亚 | 208.97 | 224.38 | 210.42 | — | 0.00 |
| 新西兰 | 292.07 | 309.80 | 315.66 | 323.99 | 336.66 |
| 尼加拉瓜 | 21.66 | 24.77 | 18.59 | 27.91 | 32.91 |
| 尼日尔 | 0.36 | 0.50 | 0.57 | 0.68 | 0.40 |
| 尼日利亚 | 0.09 | 0.09 | 0.08 | 0.15 | 0.58 |
| 挪威 | 364.30 | 388.28 | 397.13 | 403.71 | 408.82 |
| 阿曼 | 26.22 | 45.09 | 56.10 | 61.91 | 74.78 |
| 巴拿马 | 77.07 | 78.98 | 79.28 | 95.49 | 107.42 |
| 巴布亚新几内亚 | 1.54 | 1.77 | 1.97 | 2.18 | 2.13 |
| 巴拉圭 | 15.85 | 24.34 | 31.40 | 33.50 | 40.51 |
| 秘鲁 | 51.83 | 57.43 | 64.17 | 67.22 | 73.47 |
| 菲律宾 | 26.15 | — | 47.84 | 54.58 | 32.32 |
| 波兰 | 156.08 | 189.27 | 190.09 | 192.21 | 201.06 |
| 葡萄牙 | 238.37 | 256.68 | 296.15 | 318.23 | 347.44 |
| 波多黎各 | 162.69 | 165.69 | 179.96 | 186.76 | 208.64 |
| 卡塔尔 | 99.36 | 99.05 | 101.16 | 107.66 | 94.16 |
| 罗马尼亚 | 173.28 | 185.21 | 197.51 | 206.78 | 243.06 |
| 俄罗斯 | 166.17 | 175.13 | 189.18 | 194.66 | 213.72 |
| 卢旺达 | 0.24 | 0.24 | 1.70 | 1.70 | 1.82 |
| 萨摩亚 | 1.05 | 10.54 | 10.79 | 12.29 | 8.66 |
| 圣马力诺 | 325.33 | 369.82 | 366.05 | 375.68 | 311.84 |
| 圣多美和普林西比 | 5.07 | 5.56 | 6.48 | 6.86 | 7.14 |
| 沙特阿拉伯 | 73.25 | 233.84 | 119.24 | 108.10 | 0.00 |
| 塞内加尔 | 7.55 | 7.10 | 6.72 | 6.39 | 7.25 |
| 塞尔维亚和黑山 | 139.33 | 155.67 | 173.79 | 189.47 | 0.00 |
| 塞舌尔 | 129.40 | 126.75 | 143.14 | 149.01 | 157.86 |
| 新加坡 | 257.00 | 267.17 | 264.50 | 254.47 | 258.53 |
| 斯洛伐克 | 155.22 | 218.41 | 233.39 | 244.72 | 257.85 |
| 斯洛文尼亚 | 249.64 | 265.51 | 273.69 | 282.50 | 289.84 |
| 所罗门群岛 | 3.36 | 2.33 | 2.43 | 2.13 | 1.83 |
| 南非 | 30.60 | 32.11 | 26.35 | 28.41 | 19.70 |
| 西班牙 | 255.71 | 272.68 | 286.93 | 294.53 | 314.45 |
| 斯里兰卡 | 19.91 | 26.47 | 28.96 | 40.98 | 57.77 |
| 圣基茨和尼维斯 | 245.43 | 255.53 | 295.72 | 293.10 | 166.45 |
| 圣卢西亚 | 137.16 | 153.97 | 153.71 | 159.27 | 175.63 |
| 圣文森特和格林纳丁斯 | 133.52 | 149.19 | 155.06 | 199.88 | 175.49 |
| 苏丹 | 1.18 | 0.54 | 0.70 | 0.64 | 0.76 |
| 苏里南 | 68.79 | 85.31 | 96.07 | 128.81 | 124.83 |
| 斯威士兰 | 3.36 | 4.02 | 4.67 | 5.37 | 463.06 |
| 瑞典 | 325.53 | 340.70 | 360.66 | 362.83 | 390.35 |
| 瑞士 | 430.09 | 424.73 | 451.08 | 462.75 | 0.00 |

续表

| 国家和地区 | 2013 年 | 2014 年 | 2015 年 | 2016 年 | 2017 年 |
|---|---|---|---|---|---|
| 阿拉伯叙利亚共和国 | 15.81 | 22.80 | 31.44 | 40.12 | 83.24 |
| 塔吉克斯坦 | 0.71 | 0.73 | 0.70 | 0.68 | 0.68 |
| 坦桑尼亚 | 1.05 | 1.67 | 2.03 | 2.54 | 13.97 |
| 泰国 | 73.51 | 84.69 | 92.42 | 106.88 | 118.60 |
| 多哥 | 1.01 | 1.80 | 8.80 | 6.07 | 6.57 |
| 汤加 | 16.14 | 17.02 | 23.11 | 28.00 | 29.41 |
| 特立尼达和多巴哥 | 145.56 | 175.66 | 199.72 | 189.41 | 236.10 |
| 突尼斯 | 47.71 | 44.84 | 51.09 | 56.48 | 70.13 |
| 土耳其 | 111.87 | 116.91 | 123.93 | 135.51 | 147.01 |
| 土库曼斯坦 | 0.34 | 0.43 | 0.56 | 0.74 | 0.87 |
| 乌干达 | 1.10 | 2.92 | 2.01 | 2.61 | 0.24 |
| 乌克兰 | 88.31 | 92.94 | 118.09 | 119.87 | 125.54 |
| 阿联酋 | 111.14 | 115.58 | 128.90 | 133.00 | 291.11 |
| 英国 | 357.31 | 373.76 | 386.13 | 391.80 | 390.53 |
| 美国 | 285.40 | 310.59 | 314.32 | 323.70 | 339.95 |
| 乌拉圭 | 211.32 | 245.78 | 262.66 | 267.90 | 277.39 |
| 乌兹别克斯坦 | 10.59 | 18.66 | 60.17 | 91.28 | 103.89 |
| 瓦努阿图 | 1.19 | 17.69 | 16.28 | 16.25 | 39.58 |
| 委内瑞拉玻利瓦尔共和国 | 73.11 | 77.80 | 82.45 | 82.33 | 88.69 |
| 越南 | 56.19 | 64.84 | 82.00 | 99.11 | 119.13 |
| 美属维京群岛 | 85,34 | 85.21 | 84.19 | — | 0.00 |
| 也门共和国 | 10.52 | 13.62 | 15.47 | 16.49 | 16.85 |
| 赞比亚 | 0.75 | 1.42 | 1.51 | 1.98 | 2.13 |
| 津巴布韦 | 7.32 | 10.43 | 10.90 | 11.03 | 13.16 |

数据来源：世界银行数据库。

# 2013—2017 年世界各国和地区每千人所拥有的电话线路数量

单位：线

| 国家和地区 | 2013 年 | 2014 年 | 2015 年 | 2016 年 | 2017 年 |
|---|---|---|---|---|---|
| 世界 | 161.55 | 150.93 | 142.91 | 134.92 | 130.15 |
| 阿富汗 | 3.13 | 3.26 | 3.44 | 3.30 | 3.27 |
| 阿尔巴尼亚 | 88.62 | 74.00 | 70.92 | 84.97 | 85.54 |
| 阿尔及利亚 | 79.83 | 77.61 | 80.42 | 83.85 | 99.08 |
| 美属萨摩亚 | 181.27 | 178.96 | 180.06 | 49.60 | 0.00 |
| 安道尔共和国 | 486.91 | 477.05 | 479.93 | 500.69 | 498.84 |
| 安哥拉 | 10.01 | 12.71 | 12.49 | 10.57 | 5.40 |
| 安提瓜和巴布达 | 368.21 | 219.08 | 217.81 | 222.89 | 251.50 |
| 阿根廷 | 233.12 | 229.71 | 238.95 | 226.66 | 221.78 |
| 亚美尼亚 | 194.33 | 191.95 | 184.44 | 181.76 | 170.14 |
| 阿鲁巴 | 340.10 | 338.39 | 336.90 | 0.00 | 0.00 |
| 澳大利亚 | 443.40 | 388.91 | 355.31 | 339.06 | 344.12 |
| 奥地利 | 394.23 | 381.72 | 421.83 | 409.45 | 426.63 |
| 阿塞拜疆 | 186.74 | 188.70 | 186.84 | 174.82 | 171.49 |
| 巴哈马 | 360.39 | 328.46 | 312.03 | 309.50 | 298.23 |
| 巴林 | 217.80 | 211.80 | 206.01 | 196.37 | 200.67 |
| 孟加拉国 | 7.27 | 6.15 | 5.39 | 4.70 | 4.43 |
| 巴巴多斯 | 522.53 | 529.23 | 520.14 | 490.23 | 420.89 |
| 白俄罗斯 | 477.58 | 485.01 | 490.37 | 476.30 | 476.16 |
| 比利时 | 413.14 | 406.70 | 401.37 | 384.83 | 372.30 |
| 伯利兹 | 72.31 | 66.81 | 67.90 | 62.68 | 56.11 |
| 贝宁 | 15.44 | 18.46 | 17.89 | 11.49 | 5.08 |
| 百慕大 | 1101.91 | 446.59 | — | 0.00 | 347.08 |
| 不丹 | 35.13 | 31.12 | 28.09 | 26.43 | 28.65 |
| 玻利维亚 | 81.94 | 80.76 | 79.93 | 79.66 | 76.04 |
| 波黑 | 232.37 | 221.63 | 202.29 | 211.84 | 226.57 |
| 博茨瓦纳 | 86.17 | 83.02 | 78.05 | 63.16 | 64.04 |
| 巴西 | 222.75 | 218.42 | 214.46 | 201.50 | 194.28 |
| 文莱 | 135.75 | 114.01 | 177.35 | 175.36 | 169.62 |
| 保加利亚 | 268.92 | 253.48 | 232.67 | 207.39 | 181.61 |
| 布基纳法索 | 8.11 | 7.15 | 4.19 | 4.06 | 3.96 |
| 布隆迪 | 2.09 | 2.07 | 2.01 | 1.86 | 2.16 |

续表

| 国家和地区 | 2013 年 | 2014 年 | 2015 年 | 2016 年 | 2017 年 |
|---|---|---|---|---|---|
| 柬埔寨 | 27.81 | 23.43 | 16.35 | 14.42 | 8.30 |
| 喀麦隆 | 35.90 | 46.07 | 45.10 | 44.84 | 36.06 |
| 加拿大 | 497.39 | 461.75 | 435.23 | 417.62 | 393.91 |
| 佛得角 | 132.65 | 116.22 | 115.00 | 119.96 | 120.87 |
| 开曼群岛 | 628.34 | 555.55 | 559.21 | 561.44 | 548.55 |
| 中非共和国 | 0.17 | 0.17 | 0.39 | 0.43 | 0.46 |
| 乍得 | 2.44 | 1.78 | 1.25 | 0.97 | 0.58 |
| 智利 | 181.80 | 191.73 | 192.25 | 188.45 | 173.26 |
| 中国（不含港澳台地区） | 192.69 | 178.96 | 164.81 | 147.22 | 136.35 |
| 哥伦比亚 | 147.79 | 146.76 | 143.54 | 146.26 | 142.87 |
| 科摩罗 | 31.30 | 31.23 | 18.96 | 16.40 | 21.15 |
| 刚果（金） | 0.00 | 0.00 | 0.00 | 0.00 | 0.00 |
| 刚果（布） | 3.53 | 3.58 | 3.64 | 3.32 | 3.33 |
| 哥斯达黎加 | 198.58 | 178.47 | 171.85 | 174.96 | 164.63 |
| 科特迪瓦 | 13.40 | 11.66 | 13.02 | 12.20 | 12.50 |
| 克罗地亚 | 367.60 | 367.27 | 346.97 | 340.82 | 335.02 |
| 古巴 | 109.83 | 112.34 | 115.20 | 115.20 | 118.98 |
| 塞浦路斯 | 305.92 | 284.35 | 383.95 | 377.23 | 373.31 |
| 捷克 | 186.60 | 186.39 | 176.91 | 165.73 | 154.13 |
| 丹麦 | 374.47 | 332.15 | 299.73 | 272.61 | 215.30 |
| 吉布提 | 23.70 | 24.72 | 25.46 | 26.45 | 38.75 |
| 多米尼克 | 238.10 | 243.29 | 283.23 | 181.23 | 181.38 |
| 多米尼加共和国 | 112.56 | 116.45 | 122.51 | 126.31 | 126.49 |
| 厄瓜多尔 | 152.17 | 152.77 | 154.86 | 149.63 | 143.89 |
| 阿拉伯埃及共和国 | 83.12 | 75.74 | 73.61 | 63.94 | 68.48 |
| 萨尔瓦多 | 149.78 | 149.41 | 146.94 | 147.11 | 143.28 |
| 赤道几内亚 | 19.65 | 19.42 | 14.18 | 9.00 | 8.86 |
| 厄立特里亚 | 9.78 | 9.79 | 9.80 | 13.34 | 19.39 |
| 爱沙尼亚 | 331.32 | 317.26 | 302.76 | 282.37 | 274.46 |
| 埃塞俄比亚 | 8.09 | 8.50 | 9.00 | 11.20 | 11.10 |
| 法罗群岛 | 363.86 | 349.94 | 401.06 | 411.12 | 372.87 |
| 斐济 | 85.11 | 85.40 | 81.28 | 82.54 | 86.56 |
| 芬兰 | 138.62 | 117.35 | 98.38 | 83.10 | 68.59 |
| 法国 | 607.84 | 600.31 | 599.07 | 602.68 | 597.26 |
| 法属波利尼西亚 | 198.68 | 217.79 | 212.19 | 216.02 | 217.76 |
| 加蓬 | 11.52 | 10.81 | 10.71 | 9.57 | 10.28 |
| 冈比亚 | 34.71 | 29.25 | 22.84 | 18.63 | 14.47 |
| 格鲁吉亚 | 276.73 | 253.85 | 220.74 | 212.44 | 178.07 |
| 德国 | 588.69 | 568.90 | 549.28 | 538.37 | 537.15 |
| 加纳 | 10.44 | 9.85 | 10.21 | 8.92 | 10.35 |
| 希腊 | 479.20 | 469.01 | 472.82 | 465.05 | 489.76 |
| 格陵兰 | 315.86 | 300.89 | 279.35 | 0.00 | 164.07 |
| 格林纳达 | 269.93 | 256.62 | 253.38 | 249.50 | 293.04 |

续表

| 国家和地区 | 2013 年 | 2014 年 | 2015 年 | 2016 年 | 2017 年 |
|---|---|---|---|---|---|
| 关岛 | 405.76 | 402.28 | 400.27 | 0.00 | 0.00 |
| 危地马拉 | 120.44 | 108.34 | 105.74 | 148.03 | 145.50 |
| 几内亚 | 0.00 | 0.00 | 0.00 | 0.00 | 0.00 |
| 几内亚比绍共和国 | 2.93 | 2.86 | 0.00 | 0.00 | 0.00 |
| 圭亚那 | 196.10 | 198.75 | 190.76 | 183.10 | 175.17 |
| 海地 | 3.97 | 3.92 | 0.54 | 0.52 | 0.54 |
| 洪都拉斯 | 76.45 | 63.84 | 59.01 | 48.60 | 52.08 |
| 中国香港特别行政区 | 630.01 | 608.56 | 592.29 | 591.32 | 581.60 |
| 匈牙利 | 299.15 | 303.15 | 312.19 | 319.87 | 321.86 |
| 冰岛 | 509.88 | 514.91 | 499.36 | 494.97 | 437.25 |
| 印度 | 23.08 | 21.30 | 19.90 | 18.43 | 17.36 |
| 印度尼西亚 | 160.75 | 103.73 | 40.20 | 41.18 | 41.77 |
| 伊朗伊斯兰共和国 | 383.34 | 390.64 | 382.74 | 382.38 | 386.53 |
| 伊拉克 | 56.27 | 56.02 | 55.83 | 54.59 | 86.22 |
| 爱尔兰 | 439.68 | 432.41 | 408.74 | 401.43 | 393.90 |
| 以色列 | 448.07 | 370.74 | 430.83 | 407.75 | 393.02 |
| 意大利 | 343.11 | 337.01 | 330.53 | 341.03 | 341.18 |
| 牙买加 | 89.04 | 90.93 | 89.88 | 107.66 | 101.69 |
| 日本 | 503.85 | 500.87 | 502.34 | 501.76 | 501.59 |
| 约旦 | 52.02 | 50.03 | 47.98 | 42.74 | 33.52 |
| 哈萨克斯坦 | 266.68 | 262.14 | 247.33 | 218.54 | 203.90 |
| 肯尼亚 | 4.64 | 3.95 | 1.83 | 1.50 | 1.39 |
| 朝鲜 | 47.40 | 47.15 | 46.91 | 46.51 | 46.40 |
| 韩国 | 615.74 | 595.44 | 580.56 | 551.97 | 525.37 |
| 科威特 | 150.81 | 141.98 | 133.95 | 99.50 | 133.65 |
| 吉尔吉斯斯坦 | 83.15 | 78.79 | 71.49 | 64.16 | 58.53 |
| 老挝 | 100.25 | 133.56 | 137.11 | 187.41 | 161.87 |
| 拉脱维亚 | 234.11 | 195.97 | 175.25 | 184.18 | 175.44 |
| 黎巴嫩 | 180.42 | 194.47 | 200.42 | 302.37 | 133.13 |
| 莱索托 | 27.81 | 19.58 | 19.14 | 18.68 | 5.09 |
| 利比里亚 | 0.00 | 2.28 | 2.00 | 1.73 | 0.00 |
| 利比亚 | 127.23 | 112.96 | 168.32 | 218.39 | 239.49 |
| 列支敦士登 | 487.47 | 485.11 | 462.77 | 435.01 | 405.87 |
| 立陶宛 | 207.09 | 194.63 | 187.37 | 182.54 | 171.12 |
| 卢森堡 | 504.54 | 505.07 | 509.70 | 480.07 | 465.10 |
| 中国澳门特别行政区 | 279.70 | 266.88 | 250.06 | 231.96 | 221.66 |
| 马其顿 | 189.53 | 181.93 | 175.89 | 177.00 | 176.05 |
| 马达加斯加 | 10.91 | 10.57 | 10.29 | 5.97 | 2.69 |
| 马拉维 | 2.05 | 3.82 | 0.84 | 0.62 | 0.98 |
| 马来西亚 | 152.63 | 146.09 | 146.47 | 155.10 | 211.49 |
| 马尔代夫 | 65.38 | 61.09 | 61.21 | 49.41 | 41.05 |
| 马里 | 7.49 | 9.79 | 10.39 | 11.16 | 11.61 |
| 马耳他 | 539.23 | 535.54 | 533.87 | 545.85 | 548.67 |

续表

| 国家和地区 | 2013 年 | 2014 年 | 2015 年 | 2016 年 | 2017 年 |
|---|---|---|---|---|---|
| 毛里塔尼亚 | 13.88 | 12.91 | 12.57 | 12.37 | 13.32 |
| 毛里求斯 | 291.71 | 297.96 | 303.13 | 308.60 | 326.69 |
| 墨西哥 | 168.32 | 177.73 | 154.39 | 160.38 | 166.32 |
| 密克罗尼西亚联邦 | 97.03 | 67.61 | 0.00 | 65.59 | 62.33 |
| 摩尔多瓦 | 350.27 | 351.96 | 349.88 | 288.52 | 281.76 |
| 蒙古 | 61.89 | 79.24 | 87.45 | 74.42 | 93.97 |
| 黑山 | 272.03 | 264.94 | 248.49 | 235.46 | 242.45 |
| 摩洛哥 | 88.61 | 74.28 | 65.45 | 58.68 | 1224.55 |
| 莫桑比克 | 3.00 | 3.28 | 3.29 | 2.86 | 2.81 |
| 缅甸 | 10.04 | 9.81 | 9.51 | 9.73 | 10.42 |
| 纳米比亚 | 79.68 | 77.77 | 76.29 | 75.76 | 80.35 |
| 尼泊尔 | 30.62 | 29.77 | 29.78 | 29.61 | 31.17 |
| 荷兰 | 425.17 | 413.39 | 412.70 | 398.77 | 384.87 |
| 新喀里多尼亚 | 331.39 | 340.62 | 295.34 | 0.00 | 0.00 |
| 新西兰 | 410.59 | 406.47 | 402.49 | 377.61 | 380.69 |
| 尼加拉瓜 | 53.44 | 55.05 | 56.58 | 59.62 | 58.87 |
| 尼日尔 | 5.64 | 5.68 | 5.71 | 7.78 | 5.29 |
| 尼日利亚 | 2.08 | 1.03 | 1.02 | 0.83 | 0.73 |
| 北马里亚纳群岛 | 427.07 | 410.78 | 399.49 | — | 0.00 |
| 挪威 | 262.03 | 212.27 | 183.66 | 153.44 | 129.66 |
| 阿曼 | 96.74 | 95.56 | 104.61 | 95.49 | 109.25 |
| 巴基斯坦 | 34.98 | 26.46 | 18.80 | 16.07 | 14.14 |
| 帕劳 | 334.64 | 337.73 | 338.36 | 0.00 | 0.00 |
| 巴拿马 | 151.73 | 149.87 | 155.58 | 159.07 | 161.34 |
| 巴布亚新几内亚 | 19.12 | 19.41 | 19.65 | 19.05 | 18.72 |
| 巴拉圭 | 59.19 | 53.76 | 54.62 | 52.11 | 42.85 |
| 秘鲁 | 112.60 | 98.56 | 93.43 | 96.76 | 98.02 |
| 菲律宾 | 32.00 | 30.90 | 31.67 | 37.13 | 39.59 |
| 波兰 | 138.66 | 126.17 | 236.87 | 213.04 | 195.30 |
| 葡萄牙 | 427.01 | 432.46 | 441.38 | 461.61 | 469.58 |
| 波多黎各 | 179.17 | 223.57 | 220.95 | 221.80 | 247.73 |
| 卡塔尔 | 190.25 | 184.13 | 175.88 | 181.78 | 169.40 |
| 罗马尼亚 | 218.45 | 210.72 | 197.88 | 207.81 | 197.92 |
| 俄罗斯 | 284.68 | 268.22 | 250.20 | 224.20 | 219.56 |
| 卢旺达 | 3.85 | 4.10 | 1.37 | 1.12 | 1.03 |
| 圣马力诺 | 596.29 | 587.92 | 520.41 | 481.88 | 534.58 |
| 圣多美和普林西比 | 36.15 | 34.36 | 31.76 | 28.68 | 26.89 |
| 沙特阿拉伯 | 163.66 | 123.33 | 125.32 | 112.70 | 140.78 |
| 塞内加尔 | 24.32 | 21.44 | 20.06 | 18.55 | 18.85 |
| 塞尔维亚 | 393.48 | 373.28 | 364.69 | 375.32 | 295.55 |
| 塞舌尔 | 234.30 | 227.30 | 227.63 | 221.12 | 203.82 |
| 塞拉利昂 | 2.63 | 2.66 | 2.69 | 2.30 | 2.27 |
| 新加坡 | 364.17 | 361.91 | 358.81 | 355.43 | 348.93 |

续表

| 国家和地区 | 2013年 | 2014年 | 2015年 | 2016年 | 2017年 |
|---|---|---|---|---|---|
| 斯洛伐克 | 177.44 | 168.43 | 158.78 | 151.28 | 139.29 |
| 斯洛文尼亚 | 382.23 | 370.83 | 362.22 | 351.96 | 345.42 |
| 所罗门群岛 | 13.57 | 13.14 | 12.73 | 12.35 | 11.64 |
| 索马里 | 6.10 | 5.29 | 4.59 | 3.35 | 0.00 |
| 南非 | 91.63 | 68.65 | 77.23 | 80.74 | 84.37 |
| 西班牙 | 407.13 | 405.58 | 415.25 | 423.55 | 422.10 |
| 斯里兰卡 | 127.24 | 124.91 | 152.12 | 119.23 | 123.21 |
| 圣基茨和尼维斯 | 354.30 | 354.09 | 356.62 | 318.00 | 332.27 |
| 圣卢西亚 | 183.79 | 178.83 | 188.57 | 199.67 | 193.50 |
| 圣文森特和格林纳丁斯 | 174.35 | 218.55 | 227.34 | 187.43 | 182.94 |
| 苏丹 | 10.95 | 10.78 | 3.00 | 3.45 | 3.51 |
| 苏里南 | 157.51 | 156.09 | 167.59 | 159.45 | 156.06 |
| 斯威士兰 | 36.81 | 35.02 | 33.45 | 31.27 | 420.37 |
| 瑞典 | 406.11 | 392.32 | 366.69 | 315.56 | 264.73 |
| 瑞士 | 578.98 | 536.25 | 502.51 | 472.34 | 0.00 |
| 阿拉伯叙利亚共和国 | 202.25 | 165.06 | 158.98 | 188.00 | 159.47 |
| 塔吉克斯坦 | 51.78 | 52.41 | 53.08 | 53.58 | 53.94 |
| 坦桑尼亚 | 3.35 | 2.98 | 2.73 | 2.33 | 2.33 |
| 泰国 | 90.40 | 84.64 | 78.77 | 68.34 | 50.08 |
| 东帝汶 | 2.65 | 3.09 | 2.32 | 2.14 | 1.92 |
| 多哥 | 9.17 | 7.62 | 7.35 | 4.45 | 4.69 |
| 汤加 | 294.33 | 113.44 | 124.27 | 102.69 | 144.09 |
| 特立尼达和多巴哥 | 217.19 | 214.80 | 201.14 | 199.41 | 186.01 |
| 突尼斯 | 92.94 | 85.40 | 83.99 | 85.50 | 97.36 |
| 土耳其 | 180.85 | 165.21 | 149.86 | 139.32 | 139.41 |
| 土库曼斯坦 | 114.88 | 117.65 | 120.59 | 117.44 | 118.45 |
| 图瓦卢 | 146.82 | 151.61 | 201.69 | 180.23 | 175.90 |
| 乌干达 | 5.52 | 8.35 | 8.19 | 8.88 | 6.37 |
| 乌克兰 | 261.52 | 246.40 | 216.15 | 201.45 | 172.19 |
| 阿联酋 | 223.20 | 222.65 | 235.84 | 246.59 | 244.63 |
| 英国 | 528.76 | 523.52 | 520.20 | 509.41 | 482.60 |
| 美国 | 422.25 | 398.33 | 384.00 | 377.21 | 366.07 |
| 乌拉圭 | 307.73 | 316.76 | 322.57 | 323.33 | 330.84 |
| 乌兹别克斯坦 | 69.12 | 85.51 | 94.80 | 108.53 | 107.77 |
| 瓦努阿图 | 19.78 | 22.17 | 18.18 | 16.85 | 15.80 |
| 委内瑞拉玻利瓦尔共和国 | 255.67 | 253.10 | 248.62 | 242.66 | 201.64 |
| 越南 | 101.32 | 60.10 | 78.44 | 59.20 | 46.36 |
| 美属维京群岛 | 712.77 | 712.60 | 710.90 | 0.00 | 0.00 |
| 约旦河西岸和加沙 | 92.92 | 90.87 | 0.00 | 0.00 | 0.00 |
| 也门共和国 | 46.83 | 46.80 | 46.80 | 42.26 | 42.75 |
| 赞比亚 | 7.96 | 7.62 | 7.49 | 6.11 | 6.02 |
| 津巴布韦 | 21.50 | 22.57 | 22.18 | 18.93 | 18.55 |

数据来源：世界银行数据库。

# 2013—2017 年世界各国和地区每百万人安全互联网服务器数量

单位：台

| 国家和地区 | 2013 年 | 2014 年 | 2015 年 | 2016 年 | 2017 年 |
|---|---|---|---|---|---|
| 世界 | 160.50 | 190.37 | 208.45 | 215.06 | 3518.10 |
| 阿富汗 | 0.98 | 1.02 | 1.36 | 1.41 | 43.45 |
| 阿尔巴尼亚 | 18.39 | 23.84 | 37.84 | 53.20 | 443.02 |
| 阿尔及利亚 | 1.53 | 1.93 | 2.53 | 3.60 | 63.33 |
| 安道尔共和国 | 643.79 | 798.47 | 1474.09 | 1759.81 | 3415.54 |
| 安哥拉 | 3.87 | 4.97 | 4.92 | 4.55 | 10.80 |
| 安提瓜和巴布达 | 689.00 | 363.02 | 280.22 | 247.62 | 890.74 |
| 阿根廷 | 42.87 | 54.21 | 63.29 | 61.55 | 1628.59 |
| 亚美尼亚 | 40.31 | 41.22 | 50.74 | 54.70 | 271.32 |
| 阿鲁巴 | 281.80 | 338.39 | 277.93 | 391.14 | 977.54 |
| 澳大利亚 | 1252.26 | 1348.57 | 1460.44 | 1435.77 | 21544.79 |
| 奥地利 | 1079.33 | 1267.68 | 1496.67 | 1517.03 | 7431.71 |
| 阿塞拜疆 | 8.50 | 13.53 | 16.37 | 20.49 | 259.49 |
| 巴哈马 | 267.64 | 256.16 | 338.64 | 339.95 | 1508.80 |
| 巴林 | 141.87 | 179.30 | 188.07 | 195.77 | 359.42 |
| 孟加拉国 | 0.77 | 0.86 | 1.32 | 1.68 | 65.22 |
| 巴巴多斯 | 340.78 | 402.01 | 457.40 | 487.73 | 768.60 |
| 白俄罗斯 | 26.09 | 44.56 | 63.02 | 101.71 | 2259.89 |
| 比利时 | 737.46 | 854.24 | 977.90 | 1016.82 | 8300.54 |
| 伯利兹 | 177.76 | 217.80 | 411.93 | 226.19 | 8002.26 |
| 贝宁 | 1.07 | 2.17 | 3.97 | 3.31 | 4.21 |
| 百慕大 | 4936.64 | 6489.62 | 7204.72 | 6428.80 | 7874.88 |
| 不丹 | 9.28 | 14.37 | 16.51 | 23.82 | 118.03 |
| 玻利维亚 | 8.90 | 12.54 | 15.76 | 18.37 | 109.53 |
| 波黑 | 24.03 | 35.82 | 46.10 | 37.53 | 1499.02 |
| 博茨瓦纳 | 10.39 | 12.26 | 17.65 | 25.33 | 68.48 |
| 巴西 | 57.45 | 70.01 | 77.76 | 79.17 | 1581.64 |
| 文莱 | 117.29 | 148.86 | 205.97 | 233.93 | 1620.83 |
| 保加利亚 | 145.90 | 176.72 | 181.53 | 172.84 | 32308.33 |
| 布基纳法索 | 0.83 | 0.63 | 0.66 | 1.18 | 1.93 |
| 布隆迪 | 0.30 | 0.57 | 0.59 | 0.67 | 4.62 |
| 柬埔寨 | 2.05 | 2.99 | 5.16 | 6.85 | 55.16 |

续表

| 国家和地区 | 2013 年 | 2014 年 | 2015 年 | 2016 年 | 2017 年 |
|---|---|---|---|---|---|
| 喀麦隆 | 1.48 | 1.67 | 2.54 | 2.13 | 8.55 |
| 加拿大 | 1035.26 | 1210.00 | 1308.89 | 1253.47 | 26568.88 |
| 佛得角 | 26.06 | 51.62 | 50.66 | 59.31 | 260.47 |
| 开曼群岛 | 2087.79 | 2363.83 | 2284.74 | 2106.48 | 6058.50 |
| 智利 | 93.59 | 127.55 | 146.66 | 151.98 | 7258.19 |
| 中国（不含港澳台地区） | 3.87 | 7.04 | 10.12 | 20.50 | 209.12 |
| 哥伦比亚 | 33.48 | 46.05 | 57.29 | 60.16 | 462.98 |
| 科摩罗 | 1.36 | — | — | — | 4.91 |
| 刚果（金） | 0.34 | 0.43 | 0.35 | 0.38 | 2.56 |
| 刚果（布） | 1.12 | 1.54 | 1.60 | 2.15 | 4.70 |
| 哥斯达黎加 | 79.02 | 95.79 | 103.58 | 104.59 | 1161.42 |
| 科特迪瓦 | 1.97 | 2.74 | 4.02 | 5.36 | 8.68 |
| 克罗地亚 | 193.29 | 219.53 | 265.72 | 323.93 | 14607.96 |
| 塞浦路斯 | 621.29 | 607.08 | 679.60 | 760.60 | 17364.03 |
| 捷克 | 563.51 | 691.59 | 867.24 | 1346.29 | 25419.94 |
| 丹麦 | 2103.07 | 2080.83 | 1973.26 | 1670.53 | 43757.83 |
| 吉布提 | 4.58 | 10.15 | 8.63 | 7.43 | 22.24 |
| 多米尼克 | 430.54 | 428.53 | 451.05 | 190.36 | 6969.13 |
| 多米尼加共和国 | 20.38 | 27.92 | 30.68 | 33.81 | 98.16 |
| 厄瓜多尔 | 24.46 | 34.29 | 41.87 | 43.09 | 209.94 |
| 阿拉伯埃及共和国 | 3.47 | 5.14 | 5.31 | 5.20 | 36.19 |
| 萨尔瓦多 | 18.77 | 21.15 | 25.03 | 26.64 | 61.52 |
| 赤道几内亚 | 1.32 | 3.86 | 2.55 | 3.27 | 0.00 |
| 爱沙尼亚 | 748.90 | 927.19 | 1142.61 | 1109.02 | 29131.22 |
| 埃塞俄比亚 | 0.17 | 0.23 | 0.24 | 0.27 | 0.71 |
| 斐济 | 30.64 | 41.71 | 51.56 | 50.07 | 149.29 |
| 芬兰 | 1546.86 | 1791.31 | 1782.45 | 1790.87 | 22324.11 |
| 法国 | 486.12 | 683.51 | 811.55 | 849.39 | 14831.20 |
| 法属波利尼西亚 | 133.66 | 160.81 | 183.66 | 157.03 | 597.60 |
| 加蓬 | 9.57 | 10.52 | 8.81 | 18.18 | 28.09 |
| 冈比亚 | 4.33 | 5.76 | 5.56 | 5.40 | 47.88 |
| 格鲁吉亚 | 28.81 | 37.08 | 62.68 | 62.92 | 2360.24 |
| 德国 | 1070.93 | 1420.02 | 1756.84 | 1644.03 | 34181.28 |
| 加纳 | 2.63 | 3.74 | 4.97 | 6.28 | 94.23 |
| 希腊 | 136.24 | 147.38 | 192.04 | 235.05 | 3695.69 |
| 格陵兰 | 1434.06 | 1385.56 | 1318.74 | 1192.47 | 2527.99 |
| 格林纳达 | 28.33 | 37.63 | 46.81 | 27.95 | 234.50 |
| 关岛 | 242.24 | 196.96 | 216.32 | 196.44 | 730.46 |
| 危地马拉 | 13.32 | 17.72 | 20.86 | 21.59 | 68.28 |
| 几内亚 | 0.09 | 0.33 | 0.50 | 0.16 | 1.57 |
| 圭亚那 | 12.51 | 9.95 | 16.92 | 21.98 | 32.25 |
| 海地 | 1.07 | 1.72 | 2.05 | 2.95 | 4.55 |
| 洪都拉斯 | 9.14 | 11.02 | 11.83 | 11.96 | 79.54 |

续表

| 国家和地区 | 2013年 | 2014年 | 2015年 | 2016年 | 2017年 |
|---|---|---|---|---|---|
| 中国香港特别行政区 | 623.58 | 790.56 | 904.50 | 961.38 | 10484.87 |
| 匈牙利 | 249.46 | 300.76 | 366.35 | 403.85 | 13627.14 |
| 冰岛 | 2922.58 | 3214.39 | 3406.74 | 3162.28 | 57638.32 |
| 印度 | 3.90 | 5.66 | 6.83 | 7.82 | 123.10 |
| 印度尼西亚 | 4.12 | 6.27 | 7.94 | 10.11 | — |
| 伊朗伊斯兰共和国 | 1.27 | 2.13 | 5.51 | 14.19 | 225.70 |
| 伊拉克 | 0.27 | 0.73 | 1.33 | 1.53 | 10.41 |
| 爱尔兰 | 718.56 | 775.03 | 844.16 | 861.50 | 38597.47 |
| 马恩岛 | 2223.83 | 2578.78 | 3378.74 | 4824.63 | — |
| 以色列 | 270.37 | 254.28 | 288.78 | 293.20 | 6967.62 |
| 意大利 | 203.22 | 249.20 | 288.88 | 333.38 | 7744.06 |
| 牙买加 | 44.57 | 56.96 | 62.33 | 63.51 | 137.29 |
| 日本 | 736.67 | 911.68 | 969.62 | 1070.68 | 5980.24 |
| 约旦 | 26.94 | 30.42 | 22.93 | 24.01 | 108.09 |
| 哈萨克斯坦 | 9.39 | 14.46 | 17.61 | 30.96 | 1232.25 |
| 肯尼亚 | 4.78 | 7.68 | 8.91 | 10.77 | 36.58 |
| 韩国 | 1994.90 | 2178.35 | 2301.46 | 2200.79 | 1196.51 |
| 科威特 | 184.94 | 214.41 | 220.79 | 235.41 | 484.21 |
| 吉尔吉斯斯坦 | 5.42 | 9.08 | 11.42 | 12.66 | 103.09 |
| 老挝 | 1.03 | 2.03 | 2.55 | 3.40 | 16.40 |
| 拉脱维亚 | 272.18 | 360.74 | 456.63 | 433.58 | 11948.01 |
| 黎巴嫩 | 42.98 | 54.99 | 48.19 | 49.45 | 119.35 |
| 利比亚 | 3.39 | 3.04 | 3.85 | 3.97 | 938.19 |
| 列支敦士登 | 8232.90 | 9786.52 | 10266.56 | 11017.89 | 23915.34 |
| 立陶宛 | 256.76 | 206.87 | 244.07 | 277.13 | 13058.25 |
| 卢森堡 | 2190.71 | 2645.33 | 2914.31 | 2634.77 | 43014.34 |
| 中国澳门特别行政区 | 310.75 | 340.58 | 455.95 | 473.73 | 1779.68 |
| 马其顿 | 51.73 | 75.41 | 91.38 | 93.22 | 498.08 |
| 马达加斯加 | 0.65 | 0.93 | 1.65 | 1.53 | 4.93 |
| 马拉维 | 0.92 | 1.13 | 1.31 | 1.88 | 10.41 |
| 马来西亚 | 66.83 | 87.68 | 102.46 | 106.45 | 4917.73 |
| 马尔代夫 | 86.95 | 88.18 | 102.65 | 105.39 | 421.03 |
| 马里 | 1.05 | 1.40 | 1.26 | 1.72 | 7.67 |
| 马耳他 | 1469.47 | 1691.61 | 1863.97 | 1906.41 | 14102.59 |
| 马绍尔群岛 | 113.99 | 18.95 | 113.22 | 113.07 | 103.34 |
| 毛里塔尼亚 | 2.06 | 2.51 | 2.63 | 2.56 | 4.20 |
| 毛里求斯 | 127.29 | 154.65 | 175.83 | 186.79 | 379.56 |
| 墨西哥 | 26.45 | 34.55 | 39.51 | 40.90 | 185.48 |
| 密克罗尼西亚联邦 | 19.31 | — | — | — | — |
| 摩尔多瓦 | 24.73 | 48.36 | 61.62 | 78.83 | 2837.54 |
| 摩纳哥 | 2749.07 | 3178.69 | 3915.73 | 4233.88 | 9715.57 |
| 蒙古 | 22.19 | 28.81 | 29.90 | 31.05 | 1527.08 |
| 摩洛哥 | 3.64 | 4.99 | 6.09 | 7.14 | 284.28 |

续表

| 国家和地区 | 2013 年 | 2014 年 | 2015 年 | 2016 年 | 2017 年 |
|---|---|---|---|---|---|
| 莫桑比克 | 1.59 | 1.81 | 2.18 | 2.19 | 7.75 |
| 缅甸 | 0.13 | 0.48 | 0.73 | 1.68 | 9.91 |
| 纳米比亚 | 18.23 | 23.00 | 28.86 | 26.21 | 119.45 |
| 尼泊尔 | 2.37 | 2.99 | 3.77 | 4.28 | 158.25 |
| 荷兰 | 2382.14 | 2635.07 | 2827.58 | 2905.68 | 70412.13 |
| 新喀里多尼亚 | 240.46 | 349.62 | 476.19 | 589.93 | 2857.14 |
| 新西兰 | 1100.92 | 1211.17 | 1298.61 | 1186.95 | 14980.50 |
| 尼加拉瓜 | 8.39 | 11.02 | 14.30 | 13.50 | 122.32 |
| 尼日尔 | 0.17 | 0.16 | 0.25 | 0.19 | 0.46 |
| 尼日利亚 | 1.68 | 2.31 | 2.62 | 2.80 | 222.81 |
| 北马里亚纳群岛 | 37.14 | 73.35 | 54.73 | 54.52 | 247.52 |
| 挪威 | 1725.74 | 1941.99 | 2033.30 | 2076.66 | 14572.57 |
| 阿曼 | 62.77 | 85.57 | 93.81 | 96.28 | 141.88 |
| 巴基斯坦 | 1.28 | 1.85 | 2.37 | 2.79 | 115.07 |
| 帕劳 | 95.61 | 142.20 | 140.92 | 186.02 | 224.62 |
| 巴拿马 | 89.80 | 114.87 | 120.68 | 122.21 | 2151.33 |
| 巴布亚新几内亚 | 7.79 | 10.70 | 10.61 | 12.12 | 31.05 |
| 巴拉圭 | 15.44 | 22.84 | 27.87 | 30.93 | 186.83 |
| 秘鲁 | 21.37 | 28.24 | 32.41 | 35.72 | 218.58 |
| 菲律宾 | 8.06 | 10.83 | 13.55 | 14.77 | 87.85 |
| 波兰 | 309.00 | 429.71 | 547.33 | 763.73 | 6534.93 |
| 葡萄牙 | 218.36 | 262.85 | 315.60 | 381.03 | 12464.78 |
| 波多黎各 | 108.99 | 127.95 | 139.07 | 155.66 | 283.01 |
| 卡塔尔 | 161.85 | 221.79 | 267.17 | 268.89 | 401.14 |
| 罗马尼亚 | 69.03 | 125.11 | 229.47 | 158.59 | 12255.17 |
| 俄罗斯 | 51.14 | 84.42 | 126.39 | 214.52 | 3541.10 |
| 卢旺达 | 2.55 | 3.64 | 4.13 | 5.54 | 18.28 |
| 萨摩亚 | 26.26 | 31.28 | 41.29 | 46.12 | 296.90 |
| 圣马力诺 | 1430.93 | 1864.91 | 1577.67 | 1746.83 | 18858.96 |
| 圣多美和普林西比 | 46.63 | 10.11 | — | — | 38.63 |
| 沙特阿拉伯 | 34.24 | 48.25 | 53.71 | 57.63 | 166.80 |
| 塞内加尔 | 2.19 | 3.57 | 5.27 | 5.19 | 8.82 |
| 塞尔维亚 | 34.76 | 43.76 | 63.56 | 63.20 | — |
| 塞舌尔 | 616.78 | 469.81 | 481.70 | 464.74 | — |
| 塞拉利昂 | 0.82 | 0.97 | 0.83 | 0.68 | 1.87 |
| 新加坡 | 609.35 | 822.35 | 932.07 | 890.27 | 58690.33 |
| 斯洛伐克 | 262.83 | 321.31 | 392.53 | 360.68 | 6963.67 |
| 斯洛文尼亚 | 547.44 | 648.33 | 806.87 | 768.58 | 19594.09 |
| 所罗门群岛 | 5.35 | 3.49 | 10.21 | 15.01 | 61.32 |
| 索马里 | — | 0.09 | 0.07 | 0.21 | 25.91 |
| 南非 | 86.35 | 115.55 | 129.84 | 124.52 | 9430.70 |
| 西班牙 | 269.04 | 316.76 | 362.24 | 419.62 | 7247.04 |
| 斯里兰卡 | 8.98 | 11.43 | 13.83 | 16.88 | 305.21 |

续表

| 国家和地区 | 2013 年 | 2014 年 | 2015 年 | 2016 年 | 2017 年 |
|---|---|---|---|---|---|
| 圣基茨和尼维斯 | 1383.99 | 1277.63 | — | — | 3112.69 |
| 圣卢西亚 | 71.32 | 92.59 | 90.29 | 106.73 | 193.42 |
| 圣文森特和格林纳丁斯 | 237.72 | 192.01 | 210.13 | 191.53 | 163.89 |
| 苏丹 | 0.04 | 0.03 | 0.07 | 0.24 | 1.87 |
| 苏里南 | 33.38 | 55.15 | 79.54 | 100.29 | 201.58 |
| 斯威士兰 | 8.80 | 10.25 | 15.16 | 15.64 | 32952.00 |
| 瑞典 | 1439.14 | 1602.24 | 1755.35 | 1784.08 | 13619.12 |
| 瑞士 | 2212.84 | 2820.43 | 3101.76 | 3063.15 | — |
| 阿拉伯叙利亚共和国 | 0.44 | 0.47 | 0.91 | 0.60 | 5802.57 |
| 坦桑尼亚 | 1.08 | 1.54 | 2.02 | 2.14 | 22.70 |
| 泰国 | 18.10 | 23.52 | 30.11 | 33.37 | 578.28 |
| 多哥 | 3.08 | 4.29 | 6.20 | 7.49 | 4.55 |
| 汤加 | 18.99 | 28.36 | 9.40 | 37.34 | 205.89 |
| 特立尼达和多巴哥 | 93.20 | 112.33 | 127.20 | 123.08 | 290.45 |
| 突尼斯 | 16.99 | 17.91 | 13.04 | 13.42 | 214.28 |
| 土耳其 | 50.43 | 57.41 | 67.43 | 80.08 | 3351.87 |
| 乌干达 | 1.17 | 1.57 | 1.87 | 2.34 | 20.41 |
| 乌克兰 | 26.49 | 45.48 | 65.53 | 90.57 | 3948.26 |
| 阿联酋 | 194.20 | 283.20 | 354.81 | 390.85 | 1285.10 |
| 英国 | 1193.46 | 1291.23 | 1382.77 | 1407.63 | 21195.89 |
| 美国 | 1305.97 | 1548.20 | 1652.59 | 1623.35 | 30335.70 |
| 乌拉圭 | 75.14 | 95.36 | 106.66 | 111.21 | 1103.69 |
| 乌兹别克斯坦 | 0.79 | 1.66 | 2.68 | 5.93 | 202.17 |
| 瓦努阿图 | 43.52 | 27.10 | 71.81 | 62.87 | 178.63 |
| 委内瑞拉玻利瓦尔共和国 | 11.08 | 12.12 | 12.68 | 12.67 | 293.50 |
| 越南 | 8.16 | 11.86 | 14.75 | 18.94 | 1348.72 |
| 美属维京群岛 | 401.00 | 422.39 | 453.78 | 514.81 | 1053.44 |
| 约旦河西岸和加沙 | 4.56 | 5.12 | — | — | — |
| 也门共和国 | 0.66 | 0.76 | 0.63 | 0.62 | 3.38 |
| 赞比亚 | 2.75 | 3.59 | 4.35 | 5.06 | 42.36 |
| 津巴布韦 | 3.18 | 4.73 | 6.53 | 7.74 | 30.55 |

数据来源：世界银行数据库。

# 2013—2017 年世界各国和地区高技术产品出口占工业制成品出口的比重

单位：%

| 国家和地区 | 2013 年 | 2014 年 | 2015 年 | 2016 年 | 2017 年 |
|---|---|---|---|---|---|
| 世界 | 17.05 | 17.08 | 18.47 | 17.88 | 21.52 |
| 阿尔巴尼亚 | 0.51 | 0.12 | 1.49 | 0.65 | 0.10 |
| 阿尔及利亚 | 0.19 | 0.15 | 0.15 | 0.34 | 0.60 |
| 阿根廷 | 9.84 | 6.68 | 9.01 | 8.79 | 9.24 |
| 亚美尼亚 | 2.88 | 2.70 | 5.27 | 5.94 | 7.57 |
| 阿鲁巴 | 4.92 | 5.45 | 4.69 | 3.76 | 6.54 |
| 澳大利亚 | 12.91 | 13.60 | 13.51 | 14.78 | 14.62 |
| 奥地利 | 13.72 | 13.88 | 13.35 | 17.57 | 12.87 |
| 阿塞拜疆 | 13.42 | 7.00 | 2.53 | 2.08 | 3.05 |
| 巴林 | — | 1.49 | 0.96 | 1.05 | — |
| 巴巴多斯 | 15.27 | 16.44 | 18.35 | 24.35 | — |
| 白俄罗斯 | 4.40 | 3.93 | 4.31 | 4.69 | 4.36 |
| 比利时 | — | 12.81 | 13.02 | 12.54 | 10.68 |
| 玻利维亚 | 9.43 | 8.07 | 6.46 | 4.46 | 5.68 |
| 博茨瓦纳 | 0.38 | 0.23 | 0.63 | 0.40 | 0.94 |
| 巴西 | 9.63 | 10.61 | 12.31 | 13.45 | 13.31 |
| 保加利亚 | 7.96 | 6.88 | 7.65 | 7.96 | 9.53 |
| 布基纳法索 | 13.68 | 10.65 | 4.98 | 4.39 | 5.96 |
| 布隆迪 | — | 1.28 | 3.49 | — | 1.66 |
| 柬埔寨 | 0.19 | 0.31 | 0.76 | 0.43 | — |
| 喀麦隆 | — | 4.92 | 3.71 | — | 4.91 |
| 加拿大 | 14.06 | 14.85 | 13.83 | 12.93 | 14.64 |
| 中非 | 0.04 | — | — | 0.09 | 27.93 |
| 智利 | 4.90 | 6.17 | 5.90 | 6.95 | 6.44 |
| 中国（不含港澳台地区） | 26.97 | 25.37 | 25.75 | 25.24 | 30.89 |
| 哥伦比亚 | 7.39 | 7.71 | 9.49 | 9.83 | 8.99 |
| 哥斯达黎加 | 43.32 | — | 16.83 | 18.26 | 18.52 |
| 科特迪瓦 | 1.34 | 3.72 | 4.79 | — | 7.19 |
| 克罗地亚 | 8.00 | 8.43 | 8.98 | 11.62 | 8.80 |

续表

| 国家和地区 | 2013年 | 2014年 | 2015年 | 2016年 | 2017年 |
|---|---|---|---|---|---|
| 塞浦路斯 | 7.15 | 6.23 | 6.15 | 7.28 | 14.05 |
| 捷克 | 14.70 | 14.92 | 14.90 | 13.88 | 17.90 |
| 丹麦 | 14.25 | 14.35 | 15.96 | 15.67 | 13.88 |
| 多米尼加共和国 | — | 3.73 | 3.83 | 4.38 | 8.57 |
| 厄瓜多尔 | 4.36 | 4.76 | 7.17 | 8.37 | 8.01 |
| 阿拉伯埃及共和国 | 0.52 | 1.31 | 0.78 | 0.49 | 0.57 |
| 萨尔瓦多 | 4.44 | 4.76 | 4.39 | 4.62 | 5.74 |
| 爱沙尼亚 | 10.50 | 11.44 | 11.40 | 10.34 | 17.61 |
| 斐济 | 2.22 | 2.08 | 2.29 | 2.25 | 3.37 |
| 芬兰 | 7.21 | 7.86 | 8.73 | 8.44 | 9.56 |
| 法国 | 25.84 | 26.09 | 26.85 | 26.67 | 26.09 |
| 法属波利尼西亚 | 7.81 | 14.82 | 11.20 | — | — |
| 冈比亚 | 7.32 | — | — | 1.25 | 0.08 |
| 格鲁吉亚 | 2.59 | 3.02 | 5.57 | 3.90 | 3.50 |
| 德国 | 16.08 | 16.00 | 16.66 | 16.91 | 15.86 |
| 加纳 | 4.88 | — | — | 1.51 | 4.44 |
| 希腊 | 7.54 | 10.32 | 10.99 | 11.44 | 11.99 |
| 格陵兰 | 8.05 | 4.36 | 12.00 | 2.24 | 4.34 |
| 危地马拉 | 4.74 | 4.96 | 5.02 | 5.45 | 5.34 |
| 几内亚 | — | 4.86 | 0.96 | — | — |
| 圭亚那 | 0.11 | 0.22 | 0.06 | 0.18 | 0.09 |
| 洪都拉斯 | — | 2.42 | — | 2.48 | 3.13 |
| 中国香港特别行政区 | 12.25 | 9.84 | 10.71 | 12.12 | — |
| 匈牙利 | 16.34 | 13.71 | — | 14.04 | 17.30 |
| 冰岛 | 15.47 | 16.94 | 19.90 | 23.25 | 26.37 |
| 印度 | 8.07 | 8.59 | 7.52 | 7.13 | 7.35 |
| 印度尼西亚 | 7.05 | 6.97 | 6.63 | 5.79 | 8.20 |
| 以色列 | 15.61 | 16.01 | 19.66 | 18.38 | 21.36 |
| 意大利 | 7.25 | 7.24 | — | 7.49 | 7.91 |
| 牙买加 | 0.67 | 0.56 | 0.09 | 0.43 | 2.11 |
| 日本 | 16.78 | 16.69 | 16.78 | 16.22 | 17.56 |
| 约旦 | 1.60 | 1.55 | 1.82 | 1.92 | 1.81 |
| 哈萨克斯坦 | 36.87 | 37.17 | 41.19 | 30.39 | 22.90 |
| 肯尼亚 | — | — | — | — | 3.35 |
| 韩国 | 27.10 | 26.88 | 26.84 | 26.58 | 32.52 |
| 科威特 | 1.43 | 0.13 | 2.72 | 1.91 | 4.64 |
| 吉尔吉斯斯坦 | 5.29 | — | 11.86 | 18.49 | 17.62 |
| 拉脱维亚 | 13.01 | 15.05 | — | 12.51 | 17.50 |
| 黎巴嫩 | 2.21 | 2.07 | — | 2.37 | 7.90 |
| 立陶宛 | 10.33 | 10.14 | 11.85 | 11.75 | 12.57 |
| 卢森堡 | — | 5.66 | 6.82 | 7.60 | 7.14 |
| 中国澳门特别行政区 | — | 0.16 | — | — | — |

续表

| 国家和地区 | 2013 年 | 2014 年 | 2015 年 | 2016 年 | 2017 年 |
|---|---|---|---|---|---|
| 马其顿 | 3.66 | 3.12 | 2.99 | 1.96 | 3.99 |
| 马达加斯加 | 0.58 | 0.57 | 0.19 | 0.65 | 0.56 |
| 马拉维 | 5.97 | 2.52 | 2.16 | — | 11.51 |
| 马来西亚 | 43.57 | 43.87 | 42.80 | 42.97 | 50.48 |
| 马里 | — | — | — | 4.71 | 1.24 |
| 马耳他 | 38.55 | 34.41 | 31.90 | 21.47 | — |
| 毛里求斯 | 0.56 | 0.02 | 0.06 | 0.07 | 2.39 |
| 墨西哥 | 15.92 | 15.99 | 14.69 | 15.29 | 21.33 |
| 摩尔多瓦 | 2.36 | 4.81 | 3.99 | — | 5.40 |
| 蒙古 | 15.85 | 19.51 | 4.03 | — | 3.47 |
| 摩洛哥 | 6.55 | 5.31 | 3.54 | 3.67 | 3.84 |
| 莫桑比克 | 13.35 | 5.63 | 11.61 | — | 11.75 |
| 纳米比亚 | 1.72 | 2.68 | — | 2.19 | 1.33 |
| 尼泊尔 | 0.30 | 0.17 | 0.62 | — | 1.18 |
| 荷兰 | 20.41 | 19.90 | 19.32 | 17.78 | 22.95 |
| 新西兰 | 10.25 | 9.11 | 9.62 | 10.14 | 9.13 |
| 尼加拉瓜 | 0.37 | 0.39 | 0.49 | — | 0.60 |
| 尼日尔 | 52.45 | 57.15 | 14.24 | 1.94 | — |
| 尼日利亚 | 2.74 | 2.10 | — | 1.97 | 1.91 |
| 挪威 | 19.12 | 20.68 | 20.52 | 19.28 | 21.94 |
| 阿曼 | 3.41 | 4.33 | 4.13 | 2.83 | 1.12 |
| 巴基斯坦 | 1.88 | 1.41 | 1.56 | 1.91 | 2.18 |
| 巴拿马 | 0.05 | 0.20 | 0.00 | — | — |
| 巴拉圭 | 7.49 | 6.13 | 5.68 | 7.25 | 6.39 |
| 秘鲁 | 3.57 | 3.85 | 4.74 | 4.22 | 5.02 |
| 菲律宾 | 47.11 | 49.00 | 53.06 | 55.10 | 60.17 |
| 波兰 | 7.71 | 8.70 | 8.78 | 8.46 | 10.89 |
| 葡萄牙 | 4.26 | 4.38 | — | 5.29 | 5.96 |
| 卡塔尔 | — | 0.05 | 3.41 | 2.20 | — |
| 罗马尼亚 | 5.72 | 6.45 | 7.50 | 8.50 | 9.82 |
| 俄罗斯 | 10.01 | 11.45 | 13.76 | 10.72 | 12.47 |
| 卢旺达 | 4.35 | 11.90 | 12.98 | 12.28 | — |
| 萨摩亚 | 0.64 | 1.67 | 0.37 | 0.85 | 1.38 |
| 沙特阿拉伯 | 0.70 | 0.58 | 0.77 | 2.97 | 0.73 |
| 塞内加尔 | 2.72 | 3.55 | 3.62 | 2.08 | 2.18 |
| 新加坡 | 46.99 | 47.18 | 49.28 | 48.85 | 53.15 |
| 斯洛伐克 | 10.31 | 10.22 | 10.29 | 9.83 | 11.80 |
| 斯洛文尼亚 | 6.22 | 5.84 | 6.42 | 7.42 | 6.50 |
| 南非 | 5.47 | 5.85 | 5.88 | 5.29 | 5.21 |
| 西班牙 | 7.67 | 7.00 | 7.15 | 6.98 | 7.74 |
| 斯里兰卡 | 0.99 | 0.91 | 0.84 | 0.84 | 1.02 |
| 圣基茨和尼维斯 | — | — | — | — | 34.60 |

续表

| 国家和地区 | 2013 年 | 2014 年 | 2015 年 | 2016 年 | 2017 年 |
|---|---|---|---|---|---|
| 圣卢西亚 | 7.92 | 5.18 | | 5.92 | 4.57 |
| 圣文森特和格林纳丁斯 | — | — | — | — | 1.03 |
| 苏里南 | 13.20 | 20.75 | — | 15.57 | 11.62 |
| 瑞典 | 14.00 | 13.90 | 14.26 | 14.29 | 15.38 |
| 瑞士 | 26.55 | 26.40 | 26.84 | 27.08 | 14.08 |
| 坦桑尼亚 | 5.42 | 2.74 | 0.76 | 2.02 | 2.57 |
| 泰国 | 20.09 | 20.43 | 21.44 | 21.51 | — |
| 多哥 | 0.22 | 0.15 | 0.41 | 0.03 | 0.17 |
| 突尼斯 | 4.94 | 5.49 | 6.33 | 6.07 | 7.39 |
| 土耳其 | 1.88 | 1.94 | 2.16 | 2.03 | 2.90 |
| 乌干达 | 1.87 | 2.44 | 1.83 | 1.83 | 2.05 |
| 乌克兰 | 5.89 | 6.51 | 7.27 | — | 6.25 |
| 阿联酋 | 3.18 | 8.46 | — | 2.32 | 119.94 |
| 英国 | 7.65 | 20.65 | 20.81 | 21.83 | 23.03 |
| 美国 | 17.76 | 18.23 | 18.99 | 19.96 | 19.69 |
| 乌拉圭 | 8.66 | 7.93 | 13.85 | 9.71 | 8.15 |
| 委内瑞拉玻利瓦尔共和国 | 1.13 | — | — | — | — |
| 越南 | 28.21 | 26.93 | — | — | 41.41 |
| 也门共和国 | 0.36 | 1.21 | 4.70 | — | — |
| 赞比亚 | 2.37 | 1.70 | 5.27 | — | 4.49 |
| 津巴布韦 | 3.61 | 1.71 | 2.89 | 5.21 | 2.59 |

数据来源：世界银行数据库。

# 2013—2017 年世界各国和地区信息和通信技术产品出口占产品出口总量的比重

单位：%

| 国家和地区 | 2013 年 | 2014 年 | 2015 年 | 2016 年 | 2017 年 |
|---|---|---|---|---|---|
| 世界 | 9.79 | 10.83 | 11.09 | 11.28 | 11.51 |
| 阿尔巴尼亚 | 0.36 | 0.07 | 0.79 | 0.27 | 0.03 |
| 阿根廷 | 0.15 | 0.23 | 0.12 | 0.09 | 0.11 |
| 亚美尼亚 | 0.16 | 0.26 | 0.15 | 0.18 | 0.19 |
| 澳大利亚 | 0.92 | 1.08 | 1.40 | 1.30 | 1.11 |
| 奥地利 | 4.21 | 4.28 | 4.12 | 6.01 | 3.48 |
| 巴哈马 | 0.26 | 0.62 | 1.40 | — | — |
| 巴林 | — | 1.71 | 4.03 | 1.77 | — |
| 巴巴多斯 | 0.70 | 0.77 | 1.56 | 1.55 | 0.66 |
| 白俄罗斯 | 0.66 | 0.56 | 0.52 | 0.62 | 0.70 |
| 比利时 | 1.74 | 1.75 | 2.08 | 2.01 | 1.91 |
| 波黑 | 0.18 | 0.17 | 0.26 | 0.17 | 0.15 |
| 博茨瓦纳 | 0.10 | 0.11 | 0.15 | 0.11 | 0.18 |
| 巴西 | 0.48 | 0.39 | 0.45 | 0.39 | 0.36 |
| 保加利亚 | 2.35 | 2.52 | 2.90 | 2.85 | 2.75 |
| 布基纳法索 | 0.04 | 0.03 | 0.02 | 0.04 | — |
| 布隆迪 | — | 0.57 | 0.50 | 0.59 | 0.09 |
| 柬埔寨 | 1.23 | — | 2.18 | 1.90 | — |
| 喀麦隆 | — | 0.03 | 0.03 | 0.03 | 0.05 |
| 加拿大 | 2.10 | 1.93 | 2.14 | 2.12 | 1.95 |
| 智利 | 0.40 | 0.50 | 0.46 | 0.57 | 0.36 |
| 中国（不含港澳台地区） | 27.42 | 25.94 | 26.63 | 26.50 | 27.07 |
| 哥伦比亚 | 0.15 | 0.18 | 0.24 | 0.28 | 0.25 |
| 哥斯达黎加 | 21.87 | 16.43 | 1.70 | 0.65 | — |
| 克罗地亚 | 1.45 | 2.01 | 2.45 | 2.70 | 2.51 |
| 塞浦路斯 | 3.88 | 4.98 | 6.22 | 7.55 | 4.91 |

续表

| 国家和地区 | 2013年 | 2014年 | 2015年 | 2016年 | 2017年 |
|---|---|---|---|---|---|
| 捷克 | 13.09 | 13.42 | 13.54 | 12.72 | 13.33 |
| 丹麦 | 3.34 | 3.61 | 3.66 | 3.72 | 3.87 |
| 多米尼加共和国 | — | 1.01 | 1.00 | 1.25 | 2.16 |
| 厄瓜多尔 | 0.07 | 0.05 | 0.08 | 0.10 | 0.11 |
| 阿拉伯埃及共和国 | 0.42 | 2.84 | 3.70 | 2.70 | 2.88 |
| 萨尔瓦多 | 0.45 | 0.39 | 0.26 | 0.30 | 0.23 |
| 爱沙尼亚 | 11.61 | 12.72 | 11.92 | 12.53 | 9.28 |
| 埃塞俄比亚 | 0.08 | 0.18 | 0.24 | 1.69 | — |
| 斐济 | 0.83 | 4.33 | 0.76 | 3.30 | 5.24 |
| 芬兰 | 2.31 | 2.62 | 2.46 | 2.69 | 2.69 |
| 法国 | 3.96 | 3.86 | 4.02 | 3.98 | 3.93 |
| 法属波利尼西亚 | 0.52 | 0.86 | 0.70 | — | — |
| 冈比亚 | 0.10 | 0.14 | 0.50 | 0.20 | — |
| 格鲁吉亚 | 0.69 | 0.63 | 1.05 | 0.46 | 0.56 |
| 德国 | 4.27 | 4.52 | 4.65 | 4.66 | 4.96 |
| 加纳 | 0.19 | — | 0.10 | 0.09 | 0.02 |
| 希腊 | 1.36 | 2.41 | 3.07 | 3.49 | 2.78 |
| 危地马拉 | 0.25 | 0.24 | 0.27 | 0.23 | — |
| 几内亚 | — | 0.04 | 0.04 | 0.17 | 0.05 |
| 圭亚那 | 0.08 | 0.09 | 0.05 | 0.17 | — |
| 洪都拉斯 | — | 0.17 | 0.20 | 0.52 | 0.45 |
| 中国香港特别行政区 | 41.54 | 45.50 | 48.65 | 49.99 | 51.67 |
| 匈牙利 | 14.80 | 11.95 | 11.62 | 11.38 | 11.18 |
| 冰岛 | 0.10 | 0.15 | 0.18 | 0.15 | 0.17 |
| 印度 | 1.59 | 0.97 | 0.89 | 0.95 | 0.86 |
| 印度尼西亚 | 3.62 | 3.47 | 3.52 | 3.37 | 2.99 |
| 爱尔兰 | 5.83 | 5.75 | 6.00 | 9.09 | 7.87 |
| 以色列 | 11.84 | 11.19 | 14.33 | 11.73 | 10.77 |
| 意大利 | 1.75 | 1.67 | 1.90 | 1.86 | 1.90 |
| 牙买加 | 0.34 | 0.29 | 0.27 | 0.54 | 1.05 |
| 日本 | 8.64 | 8.37 | 8.52 | 8.31 | 8.35 |
| 约旦 | 1.39 | 1.89 | 1.78 | 3.18 | 3.39 |
| 哈萨克斯坦 | 0.34 | 0.84 | 0.19 | 0.16 | 0.12 |
| 肯尼亚 | 0.75 | — | — | — | 0.38 |
| 韩国 | 19.14 | 19.79 | 21.72 | 22.27 | 24.74 |
| 科威特 | 0.05 | 0.06 | 0.16 | 0.14 | 0.26 |
| 吉尔吉斯斯坦 | 0.06 | — | 0.07 | 0.37 | 0.15 |
| 拉脱维亚 | 7.67 | 9.80 | 11.52 | 10.50 | 9.34 |

续表

| 国家和地区 | 2013 年 | 2014 年 | 2015 年 | 2016 年 | 2017 年 |
|---|---|---|---|---|---|
| 黎巴嫩 | 0.86 | 1.04 | 1.30 | 0.83 | 2.88 |
| 立陶宛 | 2.43 | 2.94 | 3.95 | 3.86 | 4.08 |
| 卢森堡 | 2.04 | 1.99 | 2.29 | 2.49 | 2.36 |
| 中国澳门特别行政区 | — | 12.17 | 6.42 | 2.85 | — |
| 马达加斯加 | 0.11 | 0.06 | 0.09 | 0.14 | 0.06 |
| 马拉维 | 0.06 | 0.63 | 0.13 | — | — |
| 马来西亚 | 28.18 | 28.73 | 30.05 | 30.53 | 31.00 |
| 马里 | — | — | 0.10 | 0.07 | 0.05 |
| 马耳他 | 18.80 | 15.17 | 22.53 | 13.22 | — |
| 毛里求斯 | 2.84 | 11.76 | 12.80 | 5.44 | 1.80 |
| 墨西哥 | 16.27 | 16.03 | 16.19 | 16.14 | 16.11 |
| 摩尔多瓦 | 0.17 | 0.20 | 0.26 | 0.28 | 0.28 |
| 蒙古 | 0.19 | 0.07 | 0.08 | 0.09 | 0.02 |
| 摩洛哥 | 2.87 | 2.71 | 2.17 | 2.25 | — |
| 莫桑比克 | 0.11 | 0.03 | 0.10 | 0.12 | 0.04 |
| 纳米比亚 | 0.64 | 0.87 | 0.10 | 0.17 | 0.31 |
| 荷兰 | 10.33 | 10.82 | 10.92 | 11.34 | 10.98 |
| 新西兰 | 0.98 | 0.88 | 1.08 | 1.03 | 1.02 |
| 尼加拉瓜 | — | 0.08 | 0.07 | — | 0.08 |
| 尼日尔 | 0.45 | 0.40 | 0.25 | 0.13 | 0.00 |
| 挪威 | 0.80 | 0.88 | 1.08 | 1.11 | 1.08 |
| 阿曼 | 0.09 | — | 0.16 | 0.25 | 0.50 |
| 巴基斯坦 | 0.23 | 0.19 | 0.24 | 0.30 | 0.20 |
| 巴拿马 | 7.40 | 7.48 | 7.22 | 8.71 | 0.09 |
| 巴拉圭 | 0.05 | 0.14 | 0.24 | 0.07 | 0.07 |
| 秘鲁 | 0.12 | 0.10 | 0.15 | 0.10 | — |
| 菲律宾 | 31.60 | 34.62 | 42.91 | 43.21 | 35.87 |
| 波兰 | 6.82 | 7.74 | 8.12 | 7.14 | 6.92 |
| 葡萄牙 | 2.70 | 2.28 | 2.44 | 3.31 | 3.23 |
| 卡塔尔 | — | 0.00 | 0.08 | 0.00 | — |
| 罗马尼亚 | 3.97 | 3.83 | 3.66 | 3.38 | 2.99 |
| 俄罗斯 | 0.42 | 0.80 | 0.81 | 0.55 | 0.58 |
| 卢旺达 | 0.46 | 1.12 | 0.81 | 1.00 | — |
| 萨摩亚 | 0.06 | 0.37 | — | 0.13 | 0.14 |
| 沙特阿拉伯 | 0.22 | — | 0.16 | 0.17 | — |
| 塞内加尔 | — | 0.36 | 1.05 | 0.52 | 0.22 |
| 塞尔维亚 | 1.50 | 1.39 | 1.21 | 1.28 | 1.14 |
| 新加坡 | 29.94 | 29.95 | 33.46 | 33.64 | 32.02 |

续表

| 国家和地区 | 2013 年 | 2014 年 | 2015 年 | 2016 年 | 2017 年 |
|---|---|---|---|---|---|
| 斯洛伐克 | 17.55 | 17.63 | 16.65 | 16.56 | 16.35 |
| 斯洛文尼亚 | 1.67 | 1.88 | 2.02 | 2.16 | 1.83 |
| 南非 | 1.22 | 1.59 | 1.44 | 1.40 | 1.09 |
| 西班牙 | 1.07 | 1.13 | 1.26 | 1.38 | 1.49 |
| 斯里兰卡 | 0.30 | 0.62 | 0.35 | 0.39 | 0.56 |
| 圣文森特和格林纳丁斯 | — | — | 1.72 | — | 0.48 |
| 苏丹 | — | — | 0.01 | — | — |
| 瑞典 | 6.72 | 6.92 | 6.95 | 6.78 | 6.07 |
| 瑞士 | 1.48 | — | — | 1.06 | 1.10 |
| 坦桑尼亚 | 0.17 | 0.40 | 6.07 | 0.21 | 0.07 |
| 泰国 | 15.59 | 16.03 | 16.61 | 15.79 | — |
| 多哥 | 0.03 | 0.78 | 0.12 | 0.44 | 0.13 |
| 突尼斯 | 5.85 | — | 5.41 | 6.34 | 6.01 |
| 土耳其 | 1.45 | 1.52 | 1.47 | 1.35 | 1.25 |
| 乌干达 | 2.32 | 0.67 | 1.42 | 1.02 | 0.36 |
| 乌克兰 | 0.93 | 0.96 | 0.82 | — | 0.93 |
| 阿联酋 | 8.89 | 8.87 | 2.26 | 2.06 | — |
| 英国 | 3.82 | 4.16 | 4.10 | 4.50 | 4.25 |
| 美国 | 8.87 | 8.97 | 9.43 | 9.66 | 9.49 |
| 乌拉圭 | 0.08 | 0.10 | 0.15 | 0.11 | 0.13 |
| 委内瑞拉玻利瓦尔共和国 | 0.00 | — | — | — | — |
| 越南 | 24.54 | 23.97 | 29.37 | 31.24 | — |
| 也门共和国 | 0.01 | 0.08 | 0.08 | — | — |
| 赞比亚 | 0.23 | 0.10 | 0.47 | 0.10 | 0.40 |
| 津巴布韦 | 0.04 | 0.06 | 0.06 | 0.08 | — |

数据来源：世界银行数据库。

# 2013—2017 年世界各国和地区
# 信息和通信技术产品进口占产品进口总量的比重

单位：%

| 国家和地区 | 2013 年 | 2014 年 | 2015 年 | 2016 年 | 2017 年 |
|---|---|---|---|---|---|
| 世界 | 11.06 | 11.61 | 12.73 | 12.99 | 13.00 |
| 阿尔巴尼亚 | 2.97 | 1.02 | 3.58 | 2.94 | 1.17 |
| 阿尔及利亚 | 4.15 | 5.08 | 5.38 | 5.18 | 4.87 |
| 阿根廷 | 8.51 | 7.35 | 9.40 | 8.48 | 8.69 |
| 亚美尼亚 | 2.98 | 3.51 | 3.19 | 4.90 | 4.13 |
| 澳大利亚 | 8.86 | 9.18 | 9.99 | 10.00 | 9.55 |
| 奥地利 | 5.24 | 5.25 | 5.41 | 7.45 | 5.23 |
| 阿塞拜疆 | 2.41 | 2.97 | 2.84 | 2.73 | 3.75 |
| 巴哈马 | 2.90 | 3.00 | 3.55 | — | — |
| 巴林 | — | 3.77 | 4.60 | 4.81 | — |
| 巴巴多斯 | 5.43 | 5.37 | 5.45 | 5.33 | 4.52 |
| 白俄罗斯 | 3.62 | 3.17 | 2.88 | 3.25 | 3.27 |
| 比利时 | 2.75 | 2.88 | 2.96 | 3.00 | 2.90 |
| 伯利兹 | 2.83 | 2.94 | 3.35 | 4.96 | 3.12 |
| 玻利维亚 | 2.74 | 3.73 | 4.35 | 4.32 | 4.11 |
| 波黑 | 2.80 | 2.93 | 3.02 | 2.96 | 2.63 |
| 博茨瓦纳 | 2.23 | 2.57 | 2.37 | 2.65 | 2.98 |
| 巴西 | 8.65 | 8.79 | 8.41 | 8.44 | 10.11 |
| 保加利亚 | 4.71 | 4.93 | 5.15 | 5.37 | 4.94 |
| 布基纳法索 | 1.85 | 2.35 | 3.25 | 2.50 | — |
| 布隆迪 | — | 4.48 | 7.52 | 5.95 | 2.72 |
| 柬埔寨 | 1.48 | — | 2.51 | 2.24 | — |
| 喀麦隆 | — | 4.21 | 3.40 | 7.60 | 3.39 |
| 加拿大 | 7.30 | 6.87 | 7.13 | 7.07 | 7.25 |
| 佛得角 | 3.89 | 4.41 | 4.53 | 5.07 | 5.02 |
| 智利 | 7.64 | 7.18 | 8.55 | 9.20 | 8.58 |

续表

| 国家和地区 | 2013 年 | 2014 年 | 2015 年 | 2016 年 | 2017 年 |
|---|---|---|---|---|---|
| 中国（不含港澳台地区） | 20.55 | 19.72 | 23.46 | 23.76 | 22.72 |
| 哥伦比亚 | 9.95 | 10.17 | 9.33 | 9.21 | 9.62 |
| 哥斯达黎加 | 18.47 | — | 9.16 | 7.20 | — |
| 克罗地亚 | 5.45 | 4.86 | 5.23 | 5.05 | 5.02 |
| 塞浦路斯 | 4.44 | 4.26 | 4.73 | 4.24 | 3.44 |
| 捷克 | 13.69 | 14.11 | 15.63 | 14.24 | 15.33 |
| 丹麦 | 7.26 | 7.28 | 7.68 | 7.72 | 7.56 |
| 多米尼加共和国 | — | 3.67 | 3.87 | 4.33 | 4.75 |
| 厄瓜多尔 | 6.64 | 6.58 | 5.65 | 5.62 | 5.53 |
| 萨尔瓦多 | 4.98 | 5.16 | 5.38 | 5.31 | 5.10 |
| 爱沙尼亚 | 10.72 | 11.49 | 11.20 | 11.52 | 9.41 |
| 埃塞俄比亚 | 3.33 | 4.56 | 6.30 | 6.15 | — |
| 斐济 | 3.66 | 5.72 | 4.37 | 4.86 | 5.19 |
| 芬兰 | 5.77 | 6.24 | 6.89 | 7.29 | 7.07 |
| 法国 | 6.25 | 6.21 | 6.67 | 6.67 | 6.51 |
| 法属波利尼西亚 | 5.37 | 4.95 | 4.63 | — | — |
| 冈比亚 | 1.76 | 2.20 | — | 0.78 | — |
| 格鲁吉亚 | 5.10 | 5.50 | 4.49 | 4.75 | 5.73 |
| 德国 | 7.20 | 7.74 | 8.44 | 8.43 | 8.78 |
| 加纳 | 3.77 | — | — | 2.50 | 2.51 |
| 希腊 | 3.95 | 4.17 | 4.89 | 4.67 | 4.34 |
| 危地马拉 | 5.65 | 5.87 | 6.16 | 6.24 | — |
| 几内亚 | — | 3.20 | 0.96 | — | — |
| 圭亚那 | 2.45 | 2.34 | 2.42 | 2.87 | 2.78 |
| 洪都拉斯 | — | 5.20 | 8.36 | 5.49 | 5.16 |
| 中国香港特别行政区 | 38.76 | 43.52 | 47.66 | 50.31 | 51.86 |
| 匈牙利 | 15.10 | 12.51 | 12.58 | 12.36 | 12.56 |
| 冰岛 | 4.79 | 5.12 | 5.37 | 5.47 | 5.51 |
| 印度 | 5.78 | 6.31 | 8.56 | 9.33 | 9.72 |
| 印度尼西亚 | 7.09 | 7.00 | 7.63 | 7.97 | 7.28 |
| 爱尔兰 | 9.01 | 9.44 | 8.99 | 8.58 | 7.50 |
| 以色列 | 8.76 | 9.00 | 11.46 | 10.88 | 8.94 |
| 意大利 | 4.64 | 4.81 | 5.19 | 5.11 | 4.99 |
| 牙买加 | 2.58 | 3.65 | 4.73 | 4.48 | 3.62 |
| 日本 | 10.89 | 11.26 | 12.79 | 13.01 | 13.01 |
| 约旦 | 3.45 | 3.17 | 4.40 | 4.79 | 4.45 |
| 哈萨克斯坦 | 5.83 | 5.99 | 4.89 | 5.20 | 5.84 |
| 肯尼亚 | — | — | — | — | 4.79 |

续表

| 国家和地区 | 2013 年 | 2014 年 | 2015 年 | 2016 年 | 2017 年 |
|---|---|---|---|---|---|
| 韩国 | 10.44 | 11.42 | 14.67 | 15.70 | 15.02 |
| 科威特 | 6.84 | 7.21 | 7.63 | 6.53 | 8.10 |
| 吉尔吉斯斯坦 | 2.21 | — | 2.80 | 3.13 | 3.66 |
| 拉脱维亚 | 7.02 | 8.95 | 10.18 | 10.05 | 9.34 |
| 黎巴嫩 | 3.14 | 2.52 | — | 2.30 | 9.85 |
| 立陶宛 | 3.61 | 4.07 | 5.10 | 5.51 | 5.76 |
| 卢森堡 | 3.79 | 3.96 | 4.25 | 4.41 | 4.37 |
| 中国澳门特别行政区 | — | 12.35 | 13.73 | 10.83 | — |
| 马其顿 | 4.01 | 3.92 | 3.72 | 3.55 | 3.62 |
| 马达加斯加 | 1.41 | 2.47 | 3.29 | 2.74 | 2.72 |
| 马拉维 | 2.15 | 3.37 | 3.33 | — | — |
| 马来西亚 | 22.61 | 23.08 | 24.01 | 24.70 | 25.17 |
| 马里 | — | — | — | 4.29 | 4.09 |
| 马耳他 | 11.49 | 6.86 | 8.67 | 5.84 | — |
| 毛里求斯 | 5.60 | 9.70 | 10.83 | 7.46 | 5.42 |
| 墨西哥 | 17.11 | 16.34 | 16.45 | 16.51 | 15.11 |
| 摩尔多瓦 | 3.32 | 3.10 | 3.23 | 3.50 | 3.87 |
| 蒙古 | 3.46 | 3.88 | 5.01 | 6.45 | 4.58 |
| 摩洛哥 | 3.61 | 3.80 | 4.10 | 3.94 | — |
| 莫桑比克 | 3.01 | 3.97 | 3.27 | 2.83 | 2.97 |
| 纳米比亚 | 3.51 | 3.02 | 2.98 | 3.08 | 3.08 |
| 荷兰 | 12.56 | 12.90 | 13.46 | 13.68 | 13.99 |
| 新西兰 | 7.55 | 6.91 | 7.84 | 7.52 | 7.57 |
| 尼加拉瓜 | 4.39 | 5.25 | 5.53 | — | 3.86 |
| 尼日尔 | 2.67 | 2.86 | 3.70 | 4.20 | 3.27 |
| 挪威 | 6.91 | 6.89 | 6.62 | 6.88 | 6.50 |
| 阿曼 | 2.38 | 3.01 | 3.13 | 3.64 | 3.36 |
| 巴基斯坦 | 3.79 | 4.59 | 4.90 | 4.95 | 4.69 |
| 巴拿马 | 5.26 | 4.86 | 4.96 | 9.25 | — |
| 巴拉圭 | 17.78 | 14.55 | 11.53 | 15.38 | 17.77 |
| 秘鲁 | 7.85 | 8.99 | 9.56 | 9.69 | 8.86 |
| 菲律宾 | 23.21 | 20.89 | 27.47 | 23.98 | 19.76 |
| 波兰 | 8.62 | 8.88 | 9.79 | 9.24 | 9.06 |
| 葡萄牙 | 4.68 | 4.67 | 4.93 | 5.57 | 5.68 |
| 卡塔尔 | 5.57 | 5.57 | 5.77 | 5.46 | — |
| 罗马尼亚 | 7.06 | 7.08 | 7.28 | 7.35 | 7.10 |
| 俄罗斯 | 6.84 | 7.88 | 9.14 | 8.86 | 9.21 |
| 卢旺达 | 7.05 | 9.17 | 9.82 | 9.82 | — |

续表

| 国家和地区 | 2013 年 | 2014 年 | 2015 年 | 2016 年 | 2017 年 |
|---|---|---|---|---|---|
| 萨摩亚 | 2.71 | 3.76 | 3.68 | 4.62 | 3.38 |
| 沙特阿拉伯 | 7.41 | — | 7.77 | 6.70 | — |
| 塞内加尔 | — | 2.76 | 3.81 | 4.40 | 4.00 |
| 塞尔维亚 | 3.72 | 3.17 | 3.96 | 3.42 | 3.53 |
| 新加坡 | 24.87 | 24.48 | 28.01 | 29.00 | 27.88 |
| 斯洛伐克 | 14.23 | 14.50 | 15.01 | 14.38 | 14.98 |
| 斯洛文尼亚 | 3.28 | 3.75 | 4.05 | 4.06 | 3.86 |
| 南非 | 8.18 | 7.82 | 8.80 | 8.60 | 8.11 |
| 西班牙 | 4.54 | 4.60 | 4.98 | 5.07 | 4.86 |
| 斯里兰卡 | 3.78 | 3.39 | 4.22 | 4.95 | 4.73 |
| 圣文森特和格林纳丁斯 | — | — | 4.43 | — | 3.60 |
| 苏丹 | — | — | 2.22 | — | 1.65 |
| 瑞典 | 9.72 | 9.89 | 10.17 | 9.83 | 9.24 |
| 瑞士 | 5.58 | 4.08 | 4.14 | 3.69 | 3.91 |
| 坦桑尼亚 | 3.44 | 3.08 | 3.88 | 4.23 | 3.87 |
| 泰国 | 11.30 | 12.62 | 13.87 | 14.00 | — |
| 多哥 | 1.34 | — | 3.30 | 3.09 | — |
| 突尼斯 | 4.96 | — | 5.60 | 6.21 | 5.34 |
| 土耳其 | 4.57 | 5.09 | 5.67 | 6.74 | 6.17 |
| 乌干达 | 5.39 | 4.26 | 5.24 | 4.21 | 4.07 |
| 乌克兰 | 3.79 | 3.56 | 4.01 | — | 5.13 |
| 阿联酋 | — | — | — | 5.54 | — |
| 英国 | 7.86 | 7.82 | 8.29 | 7.63 | 7.77 |
| 美国 | 12.96 | 13.06 | 13.80 | 14.06 | 14.27 |
| 乌拉圭 | 6.09 | 6.95 | 6.48 | 7.12 | 8.00 |
| 委内瑞拉玻利瓦尔共和国 | 4.19 | — | — | — | — |
| 越南 | 19.93 | 19.14 | 21.13 | 22.59 | — |
| 也门共和国 | 1.16 | 1.33 | 1.13 | — | — |
| 赞比亚 | 2.22 | 2.48 | 2.61 | — | 3.09 |
| 津巴布韦 | 3.78 | 3.87 | 4.88 | 3.73 | — |

数据来源：世界银行数据库。

# 2013—2017 年世界各国和地区
# 信息和通信技术服务出口占服务出口总量的比重

单位：%

| 国家和地区 | 2013 年 | 2014 年 | 2015 年 | 2016 年 | 2017 年 |
|---|---|---|---|---|---|
| 世界 | 31.66 | 31.30 | 31.52 | 31.52 | 10.52 |
| 阿尔巴尼亚 | 11.07 | 9.18 | 10.07 | 12.35 | 3.04 |
| 阿尔及利亚 | 60.46 | 49.45 | 50.67 | 48.92 | 5.24 |
| 阿根廷 | 47.12 | 42.09 | 45.06 | 40.07 | 13.23 |
| 亚美尼亚 | 14.86 | 11.02 | 11.44 | 13.57 | 10.98 |
| 澳大利亚 | 19.69 | 18.29 | 19.16 | 17.73 | 4.33 |
| 奥地利 | 30.62 | 31.48 | 31.53 | 31.49 | 9.81 |
| 阿塞拜疆 | 17.18 | 12.91 | 10.68 | 8.98 | 1.41 |
| 孟加拉国 | 25.14 | 27.42 | 28.29 | 31.24 | 13.59 |
| 白俄罗斯 | 18.35 | 20.16 | 23.65 | 24.64 | 18.57 |
| 比利时 | 44.40 | 46.11 | 46.12 | 47.68 | 10.51 |
| 玻利维亚 | 10.29 | 8.53 | 8.29 | 8.36 | 4.66 |
| 博茨瓦纳 | 33.82 | 13.76 | 12.33 | 13.96 | 2.17 |
| 巴西 | 54.23 | 57.16 | 56.43 | 55.06 | 6.34 |
| 保加利亚 | 21.30 | 21.14 | 25.68 | 24.57 | 12.99 |
| 柬埔寨 | 8.44 | 7.90 | — | 3.82 | 1.44 |
| 喀麦隆 | 26.43 | — | 23.69 | 23.93 | 6.79 |
| 加拿大 | 42.83 | 42.31 | 40.77 | 40.14 | 8.91 |
| 佛得角 | 6.05 | 9.36 | 7.40 | 14.35 | 4.82 |
| 智利 | 26.03 | 27.00 | 30.50 | 30.57 | 3.45 |
| 中国（不含港澳台地区） | 34.56 | 31.76 | 38.16 | 40.01 | 12.66 |
| 哥伦比亚 | 15.53 | 13.75 | 16.60 | 15.82 | 4.07 |
| 哥斯达黎加 | 31.63 | 42.46 | 46.47 | 47.90 | 14.64 |
| 科特迪瓦 | 29.91 | 31.69 | 31.84 | 12.60 | — |
| 克罗地亚 | 12.67 | 11.98 | 13.02 | 13.49 | 5.00 |
| 塞浦路斯 | 15.38 | 14.62 | 16.78 | 19.31 | 18.62 |

续表

| 国家和地区 | 2013 年 | 2014 年 | 2015 年 | 2016 年 | 2017 年 |
|---|---|---|---|---|---|
| 捷克 | 32.52 | 31.98 | 31.86 | 33.35 | 14.02 |
| 多米尼加共和国 | 6.11 | 5.39 | 5.85 | 5.82 | 1.62 |
| 阿拉伯埃及共和国 | — | 10.47 | 6.92 | 10.45 | 3.49 |
| 萨尔瓦多 | 8.96 | 9.46 | 10.67 | — | 8.00 |
| 埃塞俄比亚 | 5.43 | 5.48 | 5.40 | 5.97 | 2.17 |
| 斐济 | 4.44 | 3.75 | 3.76 | 3.54 | 1.66 |
| 芬兰 | 39.29 | 46.67 | 50.55 | 46.56 | 26.17 |
| 法国 | 36.00 | 38.19 | 40.64 | 40.84 | 6.75 |
| 格鲁吉亚 | 4.09 | 3.91 | 3.28 | 3.49 | 2.25 |
| 德国 | 38.44 | 38.96 | 39.70 | 40.72 | 11.73 |
| 希腊 | 8.02 | 8.05 | 8.12 | 10.11 | 2.96 |
| 危地马拉 | 19.92 | 20.92 | 22.93 | 24.33 | 8.85 |
| 几内亚 | 69.26 | 47.76 | 56.06 | 22.63 | 1.09 |
| 圭亚那 | 29.33 | 26.17 | 23.34 | 16.96 | — |
| 洪都拉斯 | 11.23 | 11.52 | 11.36 | 13.27 | 9.54 |
| 中国香港特别行政区 | 14.77 | 15.07 | 15.74 | — | — |
| 匈牙利 | 27.72 | 28.22 | 28.74 | 29.76 | 8.19 |
| 冰岛 | 12.89 | 13.43 | 12.54 | 11.44 | 4.79 |
| 印度 | 66.73 | 67.51 | 67.28 | 67.03 | 42.38 |
| 印度尼西亚 | 33.48 | 30.48 | 26.50 | 27.14 | 4.00 |
| 爱尔兰 | 68.43 | 67.18 | 65.79 | — | 43.17 |
| 以色列 | 62.47 | 63.45 | 65.12 | 69.49 | 45.42 |
| 意大利 | 32.37 | 32.38 | 30.80 | 31.37 | 8.19 |
| 牙买加 | 7.29 | 6.88 | 10.45 | 10.91 | 3.63 |
| 日本 | 23.05 | 24.95 | 22.95 | 24.55 | 2.70 |
| 哈萨克斯坦 | 11.85 | 11.13 | 8.84 | 9.60 | 1.79 |
| 韩国 | 19.10 | 22.01 | 23.09 | 25.85 | 4.79 |
| 拉脱维亚 | 22.01 | 22.63 | 24.33 | 24.53 | 12.73 |
| 黎巴嫩 | 34.75 | 24.77 | 23.21 | 21.67 | 4.22 |
| 莱索托 | 24.34 | 27.35 | 15.42 | 12.72 | 5.53 |
| 立陶宛 | 10.66 | 11.15 | 12.43 | 13.55 | 5.81 |
| 卢森堡 | 21.74 | 20.28 | 20.90 | 22.38 | 3.83 |
| 马其顿 | 24.60 | 22.65 | 22.30 | 25.82 | 10.68 |
| 马来西亚 | 29.11 | 23.25 | 23.73 | 23.41 | 7.21 |
| 马耳他 | 24.96 | 26.16 | 24.21 | 24.10 | 0.62 |
| 毛里求斯 | 38.04 | 34.19 | 30.12 | 27.06 | 4.17 |
| 摩尔多瓦 | 24.88 | 24.83 | 25.73 | 23.48 | 14.03 |
| 蒙古 | 35.79 | 27.39 | 21.93 | 21.78 | 2.65 |

续表

| 国家和地区 | 2013 年 | 2014 年 | 2015 年 | 2016 年 | 2017 年 |
|---|---|---|---|---|---|
| 摩洛哥 | 22.68 | 17.45 | 19.24 | 20.33 | 8.61 |
| 莫桑比克 | 26.15 | 11.81 | — | 10.71 | 3.18 |
| 纳米比亚 | 38.74 | 45.98 | 47.81 | 6.65 | 5.13 |
| 荷兰 | 45.57 | 34.30 | 34.58 | 35.32 | 9.43 |
| 新喀里多尼亚 | 10.66 | 11.47 | — | 11.05 | — |
| 新西兰 | 14.75 | 14.15 | 12.95 | 13.01 | 3.61 |
| 尼日尔 | — | 7.72 | 5.21 | 44.55 | 5.77 |
| 挪威 | 33.70 | 32.82 | 32.48 | 33.69 | 5.63 |
| 巴基斯坦 | 32.64 | 28.38 | 29.34 | 39.51 | 17.52 |
| 巴拿马 | 5.96 | 7.65 | 7.09 | 6.80 | 2.19 |
| 巴布亚新几内亚 | — | 63.48 | 56.74 | 50.61 | 1.95 |
| 巴拉圭 | 1.64 | 1.73 | 1.91 | 1.80 | 1.38 |
| 秘鲁 | 12.52 | 13.03 | 10.65 | 11.14 | 2.11 |
| 菲律宾 | 70.89 | 71.46 | 72.29 | 66.08 | 16.54 |
| 波兰 | 29.49 | 31.12 | 32.12 | 32.42 | 10.88 |
| 葡萄牙 | 18.45 | 22.16 | 23.37 | 21.88 | 4.71 |
| 罗马尼亚 | 38.09 | 37.22 | 36.92 | 39.15 | 19.04 |
| 俄罗斯 | 32.25 | 32.27 | 32.07 | 30.84 | 8.07 |
| 卢旺达 | — | — | 3.17 | 2.55 | 2.00 |
| 萨摩亚 | 6.93 | 9.50 | 11.28 | 10.84 | 7.95 |
| 新加坡 | 27.15 | 27.13 | 29.38 | 32.75 | 6.59 |
| 斯洛伐克 | 26.47 | 30.74 | 29.58 | 29.43 | 14.85 |
| 斯洛文尼亚 | 22.02 | 22.27 | 22.27 | 23.06 | 7.43 |
| 所罗门群岛 | 22.95 | — | — | 13.95 | 0.29 |
| 南非 | 15.13 | 15.41 | 18.24 | 17.51 | 4.22 |
| 西班牙 | 31.79 | 26.66 | 27.00 | 27.83 | 9.05 |
| 斯里兰卡 | 16.18 | 14.10 | 13.24 | 12.61 | 11.98 |
| 苏丹 | 7.39 | 8.45 | 5.68 | 12.79 | 0.04 |
| 斯威士兰 | 48.01 | 54.55 | 47.62 | 7.20 | — |
| 瑞典 | 47.71 | 45.84 | 45.66 | 46.40 | 19.13 |
| 阿拉伯叙利亚共和国 | — | — | — | — | 17.12 |
| 塔吉克斯坦 | — | 5.37 | 5.96 | 4.64 | 2.13 |
| 坦桑尼亚 | 12.99 | 11.77 | 10.28 | 9.05 | 0.41 |
| 汤加 | — | — | — | — | 9.67 |
| 突尼斯 | 10.53 | 10.10 | 12.17 | 12.90 | 9.18 |
| 土耳其 | 1.54 | 1.25 | 0.98 | 2.06 | 0.73 |
| 乌干达 | 17.31 | 28.19 | 18.36 | 12.78 | 2.39 |
| 乌克兰 | 22.20 | 30.48 | 31.44 | 31.76 | 19.48 |

续表

| 国家和地区 | 2013 年 | 2014 年 | 2015 年 | 2016 年 | 2017 年 |
|---|---|---|---|---|---|
| 英国 | 38.29 | 33.97 | 35.67 | 34.67 | 7.37 |
| 美国 | 22.82 | 22.82 | 22.71 | 23.75 | 5.28 |
| 乌拉圭 | 18.97 | 20.32 | 23.65 | 31.53 | 7.55 |
| 委内瑞拉玻利瓦尔共和国 | 13.36 | 9.24 | 12.99 | 11.91 | — |
| 约旦河西岸和加沙地带 | 18.17 | 28.55 | 5.60 | 5.16 | 0.36 |

数据来源：世界银行数据库。

# 2012—2016 年世界各国和地区研发支出占国内生产总值的比重

单位：%

| 国家和地区 | 2012 年 | 2013 年 | 2014 年 | 2015 年 | 2016 年 |
|---|---|---|---|---|---|
| 世界 | 2.09 | 2.06 | 2.15 | 2.23 | 2.23 |
| 阿根廷 | — | 0.62 | 0.59 | — | 0.53 |
| 亚美尼亚 | — | 0.22 | 0.24 | 0.25 | 0.23 |
| 澳大利亚 | — | 2.20 | — | — | — |
| 奥地利 | 2.84 | 2.96 | 3.06 | 3.07 | 3.09 |
| 阿塞拜疆 | — | 0.21 | 0.21 | 0.22 | 0.21 |
| 白俄罗斯 | — | 0.67 | 0.52 | 0.52 | 0.50 |
| 比利时 | 2.24 | 2.44 | 2.46 | 2.46 | 2.49 |
| 波黑 | — | 0.32 | 0.26 | 0.22 | 0.22 |
| 巴西 | — | 1.20 | 1.17 | — | 1.27 |
| 保加利亚 | 0.64 | 0.63 | 0.79 | 0.96 | 0.78 |
| 加拿大 | 1.73 | 1.69 | 1.62 | — | 1.60 |
| 智利 | — | 0.39 | 0.38 | 0.38 | 0.36 |
| 中国（不含港澳台地区） | 1.98 | 1.99 | 2.02 | 2.07 | 2.11 |
| 哥伦比亚 | 0.17 | 0.27 | 0.25 | 0.24 | 0.27 |
| 哥斯达黎加 | — | 0.56 | 0.58 | — | 0.46 |
| 克罗地亚 | 0.75 | 0.81 | 0.79 | 0.85 | 0.85 |
| 古巴 | 0.42 | 0.47 | 0.42 | 0.43 | 0.35 |

续表

| 国家和地区 | 2012 年 | 2013 年 | 2014 年 | 2015 年 | 2016 年 |
|---|---|---|---|---|---|
| 塞浦路斯 | 0.47 | 0.46 | 0.48 | 0.46 | 0.50 |
| 捷克 | 1.88 | 1.90 | 1.97 | 1.95 | 1.68 |
| 丹麦 | 2.98 | 3.02 | 2.98 | 3.01 | 2.87 |
| 厄瓜多尔 | — | 0.38 | 0.44 | — | — |
| 阿拉伯埃及共和国 | — | 0.65 | 0.65 | 0.72 | 0.71 |
| 萨尔瓦多 | — | 0.06 | 0.08 | — | 0.15 |
| 爱沙尼亚 | 2.18 | 1.73 | 1.45 | 1.50 | 1.28 |
| 埃塞俄比亚 | — | 0.60 | — | — | — |
| 芬兰 | 3.55 | 3.29 | 3.18 | 2.90 | 2.75 |
| 法国 | 2.26 | 2.23 | 2.24 | 2.23 | 2.25 |
| 德国 | 2.92 | 2.82 | 2.89 | 2.88 | 2.94 |
| 希腊 | 0.69 | 0.81 | 0.84 | 0.96 | 1.01 |
| 中国香港特别行政区 | — | 0.73 | 0.74 | 0.76 | 0.79 |
| 匈牙利 | 1.30 | 1.40 | 1.36 | 1.38 | 1.21 |
| 冰岛 | — | 1.77 | 2.03 | 2.21 | 2.08 |
| 印度 | — | — | — | 0.63 | — |
| 印度尼西亚 | — | 0.08 | — | — | — |
| 爱尔兰 | 1.72 | 1.56 | 1.51 | — | 1.18 |
| 以色列 | 3.93 | 4.14 | 4.29 | 4.27 | 4.25 |
| 意大利 | 1.27 | 1.31 | 1.38 | 1.33 | 1.29 |
| 日本 | — | 3.32 | 3.40 | 3.28 | 3.14 |
| 约旦 | — | — | — | — | 0.33 |
| 哈萨克斯坦 | — | 0.17 | 0.17 | 0.17 | 0.14 |
| 韩国 | — | 4.15 | 4.28 | 4.23 | 4.23 |
| 科威特 | — | 0.30 | — | — | 0.08 |
| 吉尔吉斯斯坦 | — | 0.15 | 0.13 | 0.12 | 0.11 |
| 拉脱维亚 | 0.66 | 0.61 | 0.69 | 1.04 | 0.44 |
| 立陶宛 | 0.90 | 0.95 | 1.03 | 0.05 | 0.85 |
| 卢森堡 | 1.44 | 1.30 | 1.29 | 1.73 | 1.24 |
| 中国澳门特别行政区 | — | 0.05 | 0.09 | 1.29 | 0.23 |
| 马其顿 | — | — | — | — | 0.43 |
| 马达加斯加 | — | — | 0.02 | — | 0.01 |
| 马来西亚 | — | — | 1.26 | — | — |
| 马耳他 | 0.84 | 0.77 | 0.75 | 0.44 | 0.60 |
| 毛里求斯 | — | — | 0.34 | — | — |
| 墨西哥 | 0.50 | 0.54 | — | — | 0.49 |
| 摩尔多瓦 | — | — | — | — | 0.33 |
| 蒙古 | — | 0.23 | 0.22 | — | 0.18 |

续表

| 国家和地区 | 2012 年 | 2013 年 | 2014 年 | 2015 年 | 2016 年 |
|---|---|---|---|---|---|
| 摩洛哥 | — | — | — | 0.13 | — |
| 莫桑比克 | — | — | — | 0.16 | — |
| 荷兰 | 2.16 | 1.95 | 2.00 | — | 2.03 |
| 新西兰 | — | 1.15 | — | — | — |
| 挪威 | 1.65 | 1.65 | 1.72 | — | 2.03 |
| 巴基斯坦 | — | 0.29 | — | 0.25 | — |
| 巴拿马 | — | 0.06 | — | — | — |
| 巴拉圭 | — | — | 0.10 | — | 0.15 |
| 菲律宾 | — | 0.14 | — | — | — |
| 波兰 | 0.90 | 0.87 | 0.94 | — | 0.97 |
| 葡萄牙 | 1.50 | 1.33 | 1.29 | 0.43 | 1.27 |
| 罗马尼亚 | 0.49 | 0.39 | 0.38 | — | 0.48 |
| 俄罗斯 | 1.12 | 1.06 | 1.09 | — | 1.10 |
| 沙特阿拉伯 | — | 0.82 | — | — | — |
| 塞尔维亚 | 0.99 | 0.73 | 0.77 | — | 0.89 |
| 塞舌尔 | — | — | — | — | 0.22 |
| 新加坡 | 2.10 | 2.01 | 2.20 | — | — |
| 斯洛伐克 | 0.82 | 0.82 | 0.88 | — | 0.79 |
| 斯洛文尼亚 | 2.80 | 2.60 | 2.38 | — | 2.00 |
| 南非 | — | 0.72 | — | — | — |
| 西班牙 | 1.30 | 1.26 | 1.23 | 1.22 | 1.19 |
| 斯里兰卡 | — | 0.10 | — | — | — |
| 瑞典 | 3.41 | 3.31 | 3.14 | 1.18 | 3.25 |
| 塔吉克斯坦 | — | 0.12 | 0.11 | — | 0.11 |
| 泰国 | — | 0.44 | 0.48 | 0.89 | 0.78 |
| 特立尼达和多巴哥 | — | 0.06 | 0.09 | 0.58 | 0.09 |
| 突尼斯 | — | 0.67 | 0.65 | — | 0.60 |
| 土耳其 | — | 0.94 | 1.01 | — | — |
| 乌克兰 | — | 0.76 | 0.65 | — | 0.48 |
| 英国 | 1.72 | 1.66 | 1.68 | 1.70 | 1.69 |
| 美国 | 2.79 | 2.74 | 2.75 | 1.66 | 2.74 |
| 乌拉圭 | — | 0.32 | 0.34 | 0.62 | 0.41 |

数据来源：世界银行数据库。

# 附　　录

# 2018年全球数字经济发展指数排名

| 排　名 | 国家/地区 | 总 指 数 | 排　名 | 国家/地区 | 总 指 数 |
|---|---|---|---|---|---|
| 1 | 美国 | 0.837 | 26 | 爱尔兰 | 0.475 |
| 2 | 中国（不含港澳台地区） | 0.718 | 27 | 以色列 | 0.473 |
| 3 | 英国 | 0.694 | 28 | 波兰 | 0.468 |
| 4 | 韩国 | 0.621 | 29 | 墨西哥 | 0.466 |
| 5 | 瑞典 | 0.618 | 30 | 冰岛 | 0.464 |
| 6 | 挪威 | 0.617 | 31 | 巴西 | 0.459 |
| 7 | 日本 | 0.615 | 32 | 马来西亚 | 0.459 |
| 8 | 丹麦 | 0.612 | 33 | 卡塔尔 | 0.455 |
| 9 | 新加坡 | 0.609 | 34 | 立陶宛 | 0.454 |
| 10 | 荷兰 | 0.606 | 35 | 马耳他 | 0.453 |
| 11 | 芬兰 | 0.595 | 36 | 葡萄牙 | 0.452 |
| 12 | 加拿大 | 0.590 | 37 | 中国台湾地区 | 0.446 |
| 13 | 德国 | 0.587 | 38 | 俄罗斯 | 0.446 |
| 14 | 新西兰 | 0.586 | 39 | 斯洛文尼亚 | 0.440 |
| 15 | 澳大利亚 | 0.584 | 40 | 巴林 | 0.435 |
| 16 | 奥地利 | 0.567 | 41 | 土耳其 | 0.430 |
| 17 | 瑞士 | 0.564 | 42 | 阿根廷 | 0.421 |
| 18 | 法国 | 0.557 | 43 | 印度 | 0.420 |
| 19 | 比利时 | 0.536 | 44 | 南非 | 0.418 |
| 20 | 西班牙 | 0.518 | 45 | 智利 | 0.413 |
| 21 | 阿联酋 | 0.490 | 46 | 泰国 | 0.411 |
| 22 | 中国香港特别行政区 | 0.484 | 47 | 匈牙利 | 0.409 |
| 23 | 爱沙尼亚 | 0.479 | 48 | 捷克 | 0.407 |
| 24 | 意大利 | 0.477 | 49 | 拉脱维亚 | 0.399 |
| 25 | 卢森堡 | 0.475 | 50 | 沙特阿拉伯 | 0.398 |
| 51 | 黑山 | 0.396 | 88 | 多米尼加共和国 | 0.306 |
| 52 | 塞浦路斯 | 0.395 | 89 | 文莱 | 0.304 |
| 53 | 乌拉圭 | 0.395 | 90 | 黎巴嫩 | 0.303 |
| 54 | 印度尼西亚 | 0.391 | 91 | 巴拉圭 | 0.301 |
| 55 | 斯洛伐克 | 0.391 | 92 | 萨尔瓦多 | 0.297 |
| 56 | 阿塞拜疆 | 0.390 | 93 | 肯尼亚 | 0.293 |

续表

| 排名 | 国家/地区 | 总指数 | 排名 | 国家/地区 | 总指数 |
|---|---|---|---|---|---|
| 57 | 克罗地亚 | 0.389 | 94 | 牙买加 | 0.290 |
| 58 | 保加利亚 | 0.389 | 95 | 佛得角 | 0.281 |
| 59 | 秘鲁 | 0.387 | 96 | 孟加拉国 | 0.280 |
| 60 | 塞尔维亚 | 0.383 | 97 | 玻利维亚 | 0.280 |
| 61 | 哥斯达黎加 | 0.379 | 98 | 不丹 | 0.278 |
| 62 | 希腊 | 0.379 | 99 | 埃及 | 0.274 |
| 63 | 菲律宾 | 0.376 | 100 | 委内瑞拉 | 0.270 |
| 64 | 格鲁吉亚 | 0.374 | 101 | 洪都拉斯 | 0.268 |
| 65 | 罗马尼亚 | 0.373 | 102 | 伊朗 | 0.260 |
| 66 | 哥伦比亚 | 0.368 | 103 | 加纳 | 0.255 |
| 67 | 越南 | 0.367 | 104 | 博茨瓦纳 | 0.254 |
| 68 | 阿尔巴尼亚 | 0.357 | 105 | 巴巴多斯 | 0.254 |
| 69 | 科威特 | 0.355 | 106 | 尼泊尔 | 0.252 |
| 70 | 马其顿 | 0.353 | 107 | 老挝 | 0.251 |
| 71 | 亚美尼亚 | 0.349 | 108 | 卢旺达 | 0.251 |
| 72 | 哈萨克斯坦 | 0.349 | 109 | 圭亚那 | 0.251 |
| 73 | 毛里塔尼亚 | 0.347 | 110 | 巴基斯坦 | 0.250 |
| 74 | 乌克兰 | 0.346 | 111 | 塞内加尔 | 0.250 |
| 75 | 阿曼 | 0.346 | 112 | 尼加拉瓜 | 0.248 |
| 76 | 厄瓜多尔 | 0.343 | 113 | 柬埔寨 | 0.247 |
| 77 | 约旦 | 0.340 | 114 | 吉尔吉斯斯坦 | 0.245 |
| 78 | 摩尔多瓦 | 0.339 | 115 | 纳米比亚 | 0.244 |
| 79 | 斯里兰卡 | 0.332 | 116 | 坦桑尼亚 | 0.235 |
| 80 | 摩洛哥 | 0.331 | 117 | 尼日利亚 | 0.232 |
| 81 | 巴拿马 | 0.330 | 118 | 阿尔及利亚 | 0.226 |
| 82 | 特立尼达和多巴哥 | 0.327 | 119 | 乌干达 | 0.222 |
| 83 | 突尼斯 | 0.320 | 120 | 苏里南 | 0.222 |
| 84 | 危地马拉 | 0.318 | 121 | 赞比亚 | 0.221 |
| 85 | 蒙古 | 0.317 | 122 | 塔吉克斯坦 | 0.219 |
| 86 | 塞舌尔 | 0.316 | 123 | 缅甸 | 0.211 |
| 87 | 波黑 | 0.315 | 124 | 埃塞俄比亚 | 0.205 |
| 125 | 伯利兹 | 0.202 | 138 | 冈比亚 | 0.156 |
| 126 | 加蓬 | 0.202 | 139 | 利比亚 | 0.155 |
| 127 | 喀麦隆 | 0.201 | 140 | 马达加斯加 | 0.153 |
| 128 | 科特迪瓦 | 0.195 | 141 | 毛里塔尼亚 | 0.150 |
| 129 | 莱索托 | 0.192 | 142 | 马拉维 | 0.148 |
| 130 | 莫桑比克 | 0.182 | 143 | 利比里亚 | 0.145 |
| 131 | 斯威士兰 | 0.177 | 144 | 也门共和国 | 0.134 |
| 132 | 马里 | 0.177 | 145 | 安哥拉 | 0.128 |
| 133 | 东帝汶 | 0.176 | 146 | 布隆迪 | 0.126 |
| 134 | 津巴布韦 | 0.174 | 147 | 乍得 | 0.124 |
| 135 | 几内亚 | 0.169 | 148 | 塞拉利昂 | 0.107 |
| 136 | 贝宁 | 0.166 | 149 | 布基纳法索 | 0.106 |
| 137 | 海地 | 0.166 | 150 | 叙利亚 | 0.103 |

资料来源：《迎接全球数字经济新浪潮》。

# 2019年中国电子信息百强企业名单

| 排　名 | 企业名称 | 排　名 | 企业名称 |
|---|---|---|---|
| 1 | 华为技术有限公司 | 32 | 天马微电子股份有限公司 |
| 2 | 联想集团 | 33 | 航天信息股份有限公司 |
| 3 | 海尔集团公司 | 34 | 舜宇集团有限公司 |
| 4 | 小米集团 | 35 | 联合汽车电子有限公司 |
| 5 | 北大方正集团有限公司 | 36 | 浙江大华技术股份有限公司 |
| 6 | 比亚迪股份有限公司 | 37 | 永鼎集团有限公司 |
| 7 | 四川长虹电子控股集团有限公司 | 38 | 震雄铜业集团有限公司 |
| 8 | 海信集团有限公司 | 39 | 上海诺基亚贝尔股份有限公司 |
| 9 | 京东方科技集团股份有限公司 | 40 | 广东德赛集团有限公司 |
| 10 | TCL 集团股份有限公司 | 41 | 四川九洲电器集团有限责任公司 |
| 11 | 浪潮集团有限公司 | 42 | 深圳华强集团有限公司 |
| 12. | 天能电池集团股份有限公司 | 43 | 欣旺达电子股份有限公司 |
| 13 | 中兴通讯股份有限公司 | 44 | 南通华达微电子集团有限公司 |
| 14 | 杭州海康威视数字技术股份有限公司 | 45 | 江苏新潮科技集团有限公司 |
| 15 | 亨通集团有限公司 | 46 | 同方股份有限公司 |
| 16 | 紫光集团有限公司 | 47 | 歌尔股份有限公司 |
| 17 | 中天科技集团有限公司 | 48 | 福建省电子信息（集团）有限责任公司 |
| 18 | 中国信息通信科技集团有限公司 | 49 | 新华三技术有限公司 |
| 19 | 东旭集团有限公司 | 50 | 天津中环电子信息集团有限公司 |
| 20 | 宁波均胜电子股份有限公司 | 51 | 浙江富春江通信集团有限公司 |
| 21 | 康佳集团股份有限公司 | 52 | 深圳市大疆创新科技有限公司 |
| 22 | 通鼎集团有限公司 | 53 | 深圳市三诺投资控股有限公司 |
| 23 | 欧菲光集团股份有限公司 | 54 | 万马联合控股集团有限公司 |
| 24 | 河南森源集团有限公司 | 55 | 广州视源电子科技股份有限公司 |
| 25 | 上海仪电（集团）有限公司 | 56 | 广州无线电集团有限公司 |
| 26 | 中芯国际集成电路制造有限公司 | 57 | 陕西电子信息集团有限公司 |
| 27 | 创维集团有限公司 | 58 | 许继集团有限公司 |
| 28 | 富通集团有限公司 | 59 | 上海华虹（集团）有限公司 |
| 29 | 晶龙实业集团有限公司 | 60 | 闻泰通讯股份有限公司 |
| 30 | 南瑞集团有限公司 | 61 | 普联技术有限公司 |
| 31 | 华勤通讯技术有限公司 | 62 | 浙江晶科能源有限公司 |

续表

| 排　名 | 企业名称 | 排　名 | 企业名称 |
|---|---|---|---|
| 63 | 上海龙旗科技股份有限公司 | 82 | 深圳市共进电子股份有限公司 |
| 64 | 江西合力泰科技有限公司 | 83 | 深圳市泰衡诺科技有限公司 |
| 65 | 广东生益科技股份有限公司 | 84 | 中冶赛迪集团有限公司 |
| 66 | 深圳市兆驰股份有限公司 | 85 | 深圳市长盈精密技术股份有限公司 |
| 67 | 长飞光纤光缆股份有限公司 | 86 | 骆驼集团股份有限公司 |
| 68 | 华域视觉科技（上海）有限公司 | 87 | 天水华天电子集团股份有限公司 |
| 69 | 惠科股份有限公司 | 88 | 立讯电子科技（昆山）有限公司 |
| 70 | 铜陵精达特种电磁线股份有限公司 | 89 | 中电太极（集团）有限公司 |
| 71 | 华讯方舟科技有限公司 | 90 | 利亚德光电股份有限公司 |
| 72 | 阳光电源股份有限公司 | 91 | 中国华录集团有限公司 |
| 73 | 智慧海派科技有限公司 | 92 | 横店集团东磁有限公司 |
| 74 | 深圳传音制造有限公司 | 93 | 华润微电子有限公司 |
| 75 | 昆山联滔电子有限公司 | 94 | 浙江南都电源动力股份有限公司 |
| 76 | 风帆有限责任公司 | 95 | 深南电路股份有限公司 |
| 77 | 东方日升新能源股份有限公司 | 96 | 中国乐凯集团有限公司 |
| 78 | 芜湖长信科技股份有限公司 | 97 | 深圳市新天下集团有限公司 |
| 79 | 安徽天康（集团）股份有限公司 | 98 | 海能达通信股份有限公司 |
| 80 | 通光集团有限公司 | 99 | 福州福大自动化科技有限公司 |
| 81 | 中国四联仪器仪表集团有限公司 | 100 | 厦门宏发电声股份有限公司 |

资料来源：中国电子信息行业联合会。

# 2019年软件与信息技术服务百强企业名单

| 排　名 | 公　　司 | 排　名 | 公　　司 |
|---|---|---|---|
| 1 | 华为技术有限公司 | 10 | 中软国际有限公司 |
| 2 | 阿里巴巴（中国）有限公司 | 11 | 杭州海康威视数字技术股份有限公司 |
| 3 | 北京百度网讯科技有限公司 | 12 | 南瑞集团有限公司 |
| 4 | 腾讯科技（深圳）有限公司 | 13 | 海信集团有限公司 |
| 5 | 中国通信服务股份有限公司 | 14 | 北京小米移动软件有限公司 |
| 6 | 海尔集团公司 | 15 | 国网信息通信产业集团有限公司 |
| 7 | 京东集团 | 16 | 航天信息股份有限公司 |
| 8 | 中兴通讯股份有限公司 | 17 | 软通动力信息技术（集团）有限公司 |
| 9 | 浪潮集团有限公司 | 18 | 成都积微物联集团股份有限公司 |

续表

| 排名 | 公司 | 排名 | 公司 |
|---|---|---|---|
| 19 | 同方股份有限公司 | 60 | 和利时科技集团有限公司 |
| 20 | 北京搜狗科技发展有限公司 | 61 | 易点天下网络科技股份有限公司 |
| 21 | 亚信科技（中国）有限公司 | 62 | 云南南天电子信息产业股份有限公司 |
| 22 | 广州酷狗计算机科技有限公司 | 63 | 北京旋极信息技术股份有限公司 |
| 23 | 东华软件股份公司 | 64 | 深圳市大通创新科技有限公司 |
| 24 | 中国软件与技术服务股份有限公司 | 65 | 北京久其软件股份有限公司 |
| 25 | 大族激光科技产业集团股份有限公司 | 66 | 天地伟业技术有限公司 |
| 26 | 利亚德光电股份有限公司 | 67 | 中车青岛四方车辆研究所有限公司 |
| 27 | 宁波均胜电子股份有限公司 | 68 | 银江股份有限公司 |
| 28 | 北京车之家信息技术有限公司 | 69 | 万达信息股份有限公司 |
| 29 | 文思海辉技术有限公司 | 70 | 广州海格通信集团股份有限公司 |
| 30 | 浙江大华技术股份有限公司 | 71 | 山东中创软件工程股份有限公司 |
| 31 | 联通系统集成有限公司 | 72 | 大连华信计算机技术股份有限公司 |
| 32 | 完美世界股份有限公司 | 73 | 北京四维图新科技股份有限公司 |
| 33 | 上海华讯网络系统有限公司 | 74 | 新华三技术有限公司 |
| 34 | 上海宝信软件股份有限公司 | 75 | 厦门信息集团有限公司 |
| 35 | 中国电信集团系统集成有限责任公司 | 76 | 北京神州泰岳软件股份有限公司 |
| 36 | 广州广电运通金融电子股份有限公司 | 77 | 讯飞智元信息科技有限公司 |
| 37 | 平安科技（深圳）有限公司 | 78 | 东方网力科技股份有限公司 |
| 38 | 北京猎豹移动科技有限公司 | 79 | 浙大网新科技股份有限公司 |
| 39 | 中科软科技股份有限公司 | 80 | 北京天融信科技有限公司 |
| 40 | 福州福大自动化科技有限公司 | 81 | 北京东方国信科技股份有限公司 |
| 41 | 广州佳都集团有限公司 | 82 | 厦门吉比特网络技术股份有限公司 |
| 42 | 新大陆科技集团有限公司 | 83 | 领航动力信息系统有限公司 |
| 43 | 北京全路通信信号研究设计院集团有限公司 | 84 | 北京宇信科技集团股份有限公司 |
| 44 | 神州数码信息服务股份有限公司 | 85 | 武汉天喻信息产业股份有限公司 |
| 45 | 北明软件有限公司 | 86 | 北京超图软件股份有限公司 |
| 46 | 用友网络科技股份有限公司 | 87 | 中移全通系统集成有限公司 |
| 47 | 福建网龙计算机网络信息技术有限公司 | 88 | 中科创达软件股份有限公司 |
| 48 | 四川九洲电器集团有限责任公司 | 89 | 武汉佰钧成技术有限责任公司 |
| 49 | 北京华宇软件股份有限公司 | 90 | 贝壳找房（北京）科技有限公司 |
| 50 | 深圳天源迪科信息技术股份有限公司 | 91 | 北京先进数通信息技术股份公司 |
| 51 | 高德信息技术有限公司 | 92 | 太极计算机股份有限公司 |
| 52 | 国电南京自动化股份有限公司 | 93 | 长城计算机软件与系统有限公司 |
| 53 | 中控科技集团有限公司 | 94 | 北京中电兴发科技有限公司 |
| 54 | 金蝶软件（中国）有限公司 | 95 | 深圳市长亮科技股份有限公司 |
| 55 | 深信服科技股份有限公司 | 96 | 联动优势科技有限公司 |
| 56 | 恒生电子股份有限公司 | 97 | 博康智能信息技术有限公司 |
| 57 | 石化盈科信息技术有限责任公司 | 98 | 深圳市普联软件有限公司 |
| 58 | 南京联创科技集团股份有限公司 | 99 | 厦门市美亚柏科信息股份有限公司 |
| 59 | 北京易华录信息技术股份有限公司 | 100 | 青岛东软载波科技股份有限公司 |

资料来源：中国电子信息行业联合会。

# 2019年（第32届）中国电子元件百强企业名单

| 总排名 | 企业名称 | 2018年主营业务收入（千元） | 主营的电子元件产品 |
|---|---|---|---|
| 1 | 亨通集团有限公司 | 101982000 | 光电线缆 |
| 2 | 立讯精密工业股份有限公司 | 35849964 | 连接器、电声器件 |
| 3 | 中天科技集团有限公司 | 53123400 | 光电线缆 |
| 4 | 富通集团有限公司 | 35894565 | 光电线缆 |
| 5 | 瑞声科技控股存限公司 | 18131153 | 电声器件、微特电机 |
| 6 | 长飞光纤光缆股份有限公司 | 11061854 | 光电线缆 |
| 7 | 歌尔股份有限公司 | 23750587 | 电声器件 |
| 8 | 永鼎集团有限公司 | 26297063 | 光电线缆、汽车线束 |
| 9 | 潮州三环（集团）股份有限公司 | 3730335 | 陶瓷插芯、陶瓷基座、阻容元件、陶瓷材料 |
| 10 | 深圳市信维通信股份有限公司 | 4649741 | 微型天线、连接器与线缆组件、电声器件、电子结构件等 |
| 11 | 广东风华高新科技股份有限公司 | 4502889 | 阻容感元件、电子材料等 |
| 12 | 广东生益科技股份有限公司 | 11802745 | 覆铜板 |
| 13 | 质门宏发电声股份有限公司 | 6628977 | 继电器 |
| 14 | 中航光电科技股份有限公司 | 7816019 | 连接器 |
| 15 | 横店集团东磁有限公司 | 7629345 | 磁性元件、电感器件 |
| 16 | 广东东阳光科技控股股份有限公司 | 11396089 | 电容器用电极箔 |
| 17 | 浙江富春江通信集团有限公司 | 19961420 | 光电线缆 |
| 18 | 通鼎互联信息股份有限公司 | 4416077 | 光电线缆 |
| 19 | 武汉光迅科技股份有限公司 | 4929049 | 光通信器件 |
| 20 | 深圳市长盈精密技术股份有限公司 | 8588229 | 连接器、电子结构件 |
| 21 | 深圳市得润电子股份有限公司 | 7164232 | 连接器 |
| 22 | 浙江长城电子科技集团有限公司 | 5065000 | 光电线缆 |
| 23 | 中山大洋电机股份有限公司 | 5130518 | 微特电机 |
| 24 | 贵州航天电器股份有限公司 | 2834084 | 连接器、继电器、微特电机 |
| 25 | 国光电器股份有限公司 | 3975469 | 电声器件 |
| 26 | 深圳市宇阳科技发展有限公司 | 1171687 | 多层片式陶瓷电容器 |
| 27 | 深圳顺络电子股份有限公司 | 2330990 | 电感器、LTCC射频器件 |
| 28 | 湖南艾华集团股份有限公司 | 2162176 | 铝电解电容器 |
| 29 | 厦门法拉电子股份有限公司 | 1688749 | 薄膜电容器 |

续表

| 总排名 | 企业名称 | 2018年主营业务收入（千元） | 主营的电子元件产品 |
|---|---|---|---|
| 30 | 深圳市特发信息股份有限公司 | 5578819 | 光电线缆 |
| 31 | 天通控股股份有限公司 | 2610217 | 软磁元件 |
| 32 | 山东国瓷功能材料股份有限公司 | 1797777 | 电子陶瓷材料 |
| 33 | 江苏俊知技术有限公司 | 2834159 | 光电线缆 |
| 34 | 汕头超声印制板公司 | 2465164 | 印制电路板 |
| 35 | 杭州富生电器有限公司 | 2387681 | 微特电机 |
| 36 | 南通江海电容器股份有限公司 | 1960691 | 铝电解电容器 |
| 37 | 山东太平洋光纤光缆有限公司 | 1993605 | 光电线缆 |
| 38 | 新疆众和股份有限公司 | 4466727 | 电容器用电极箔 |
| 39 | 江苏雷利电机股份有限公司 | 2195195 | 微特电机 |
| 40 | 深圳市麦捷微电子科技股份有限公司 | 1677297 | 电感器、LTCC 射频器件、LCM 模组 |
| 41 | 成都宏明电子股份有限公司 | 1526228 | 陶瓷电容器、电阻器 |
| 42 | 珠海格力新元电子有限公司 | 1119909 | 电容器 |
| 43 | 江苏通光电子线缆股份有限公司 | 1587816 | 光电线缆 |
| 44 | 电连技术股份有限公司 | 1276253 | 连接器 |
| 45 | 江苏上骐集团有限公司 | 1294148 | 微特电机 |
| 46 | 江西联创宏声电子股份有限公司 | 1337712 | 耳机、微型电声器件 |
| 47 | 东莞铭普光磁股份有限公司 | 1575080 | 磁性元件 |
| 48 | 南通海星电子股份有限公司 | 1092284 | 电极箔 |
| 49 | 深圳市凯中精密技术股份有限公司 | 1669727 | 微特电机换向器 |
| 50 | 安徽铜峰电子集团有限公司 | 1780562 | 薄膜电容器 |
| 51 | 杭州日月电器股份有限公司 | 1365281 | 电接插件 |
| 52 | 温州意华接插件股份有限公司 | 1387671 | 电接插件 |
| 53 | 三友联众集团股份有限公司 | 1064566 | 继电器 |
| 54 | 合兴汽车电子股份有限公司 | 1217131 | 连接器 |
| 55 | 浙江永贵电器股份有限公司 | 1283322 | 连接器 |
| 56 | 深圳市和宏实业股份有限公司 | 1090809 | 电接插件 |
| 57 | 株洲宏达电子股份有限公司 | 636314 | 钽电解电容器 |
| 58 | 丰宾电子（深圳）有限公司 | 1077005 | 铝电解电容器 |
| 59 | 新亚电子股份苻限公司 | 895557 | 电子线材 |
| 60 | 绵阳开元磁性材料有限公司 | 1027923 | 磁性元件 |
| 61 | 瀛通通讯股份有限公司 | 898902 | 电子线材、线缆组件、电声器件 |
| 62 | 苏州华之杰电讯股份有限公司 | 674879 | 连接器、开关按钮 |
| 63 | 深圳市京泉华科技股份有限公司 | 1143640 | 电子变压器 |
| 64 | 福建火炬电子科技股份有限公司 | 520959 | 多层片式陶瓷电容器 |
| 65 | 珠海蓉胜超微线材有限公司 | 925302 | 电磁线 |
| 66 | 北京元六鸿远电子科技股份有限公司 | 920300 | 多层瓷介电容器 |
| 67 | 共达电声股份有限公司 | 792409 | 电声器件 |
| 68 | 深圳市海光电子有限公司 | 887549 | 电子变压器 |
| 69 | 江西瑞声电子有限公司 | 536181 | 电声器件 |
| 70 | 安费诺商用电子产品（成都）有限公司 | 514969 | 连接器 |
| 71 | 江苏灿勤科技股份有限公司 | 223479 | 频率元器件 |

续表

| 总排名 | 企业名称 | 2018年主营业务收入（千元） | 主营的电子元件产品 |
|---|---|---|---|
| 72 | 江苏华威世纪电子集团有限公司 | 786276 | 铝电解电容器 |
| 73 | 中国振华（集团）新云电子元器件有限责任公司 | 681015 | 钽电解电容器 |
| 74 | 陕西华达科技股份有限公司 | 713061 | 连接器 |
| 75 | 四川九洲线缆有限责任公司 | 4405707 | 光电线缆 |
| 76 | 胜蓝科技股份有限公司 | 639887 | 连接器 |
| 77 | 北京七星华创精密电子科技有限责任公司 | 788178 | 阻容元件、石英晶体元器件等 |
| 78 | 宁波科宁达工业有限公司 | 815344 | 稀土永磁元件 |
| 79 | 宁波碧彩实业有限公司 | 719534 | 薄膜电容器 |
| 80 | 浙江万马天屹通信线缆有限公司 | 709309 | 光电线缆 |
| 81 | 扬州宏远电子股份有限公司 | 543425 | 电极箔 |
| 82 | 常州祥明智能动力股份有限公司 | 559876 | 微特电机 |
| 83 | 杭州微光电子股份有限公司 | 577754 | 微特电机 |
| 84 | 深圳可立克科技股份有限公司 | 1070366 | 电子变压器 |
| 85 | 广东华锋新能源科技股份有限公司 | 649511 | 化成箔 |
| 86 | 成都大唐线缆有限公司 | 614629 | 光电线缆 |
| 87 | 宁波福特继电器有限公司 | 513290 | 继电器 |
| 88 | 上海埃斯凯变压器有限公司 | 528650 | 电子变压器 |
| 89 | 东莞市大忠电子有限公司 | 623722 | 电子变压器 |
| 90 | 广西贺州市桂东电子科技有限责任公司 | 594915 | 化成箔、腐蚀箔 |
| 91 | 湖北科普达高分子材料股份有限公司 | 562366 | 光电缆材料 |
| 92 | 四川华丰企业集团有限公司 | 552322 | 连接器 |
| 93 | 宁波天波港联电子有限公司 | 375506 | 控制继电器 |
| 94 | 江苏法尔胜光通信科技有限公司 | 737436 | 光纤光缆 |
| 95 | 浙江天乐集团有限公司 | 696085 | 电声配件 |
| 96 | 深圳江浩电子有限公司 | 542672 | 铝电解电容器、薄膜电容器 |
| 97 | 中电科技德清华莹电子有限公司 | 529611 | 声表面波器件 |
| 98 | 深圳振华富电子有限公司 | 309893 | 片式电感器 |
| 99 | 汕头高新区松田实业有限公司 | 346017 | 陶瓷电容器等 |
| 100 | 泰晶科技股份有限公司 | 611300 | 石英晶体器件 |

资料来源：中国电子元件行业协会。

# 2019 年上半年中国电子商务企业百强

| 排 名 | 企业/平台简称 | 领 域 | 行 业 | 总值（亿元） | 所 在 地 |
|---|---|---|---|---|---|
| 1 | 阿里巴巴 | 零售电商为主 | 综合电商 | 30300.49 | 杭州 |
| 2 | 滴滴出行 | 生活服务电商 | 交通出行 | 3845.52 | 北京 |
| 3 | 美团点评 | 生活服务电商 | 综合服务 | 3467.26 | 北京 |
| 4 | 京东 | 零售电商 | 综合电商 | 3011.86 | 北京 |
| 5 | 小米集团 | 零售电商 | 3C 电商 | 2114.52 | 北京 |
| 6 | 拼多多 | 零售电商 | 综合电商 | 1646.16 | 上海 |
| 7 | 携程旅行网 | 生活服务电商 | 在线旅游 | 1401.62 | 上海 |
| 8 | 苏宁易购 | 零售电商 | 综合电商 | 1068.79 | 南京 |
| 9 | 58 同城 | 生活服务电商 | 生活信息 | 636.09 | 北京 |
| 10 | 瓜子二手车 | 零售电商 | 汽车电商 | 618.03 | 北京 |
| 11 | 美菜网 | B2B 电商 | 生鲜电商 | 480.69 | 北京 |
| 12 | 唯品会 | 零售电商 | 综合电商 | 394.69 | 广州 |
| 13 | 前程无忧 | 生活服务电商 | 互联网招聘 | 323.92 | 上海 |
| 14 | 瑞幸咖啡 | 生活服务电商 | 餐饮外卖 | 314.52 | 度门 |
| 15 | 同程艺龙 | 生活服务电商 | 在线旅游 | 282.91 | 苏州 |
| 16 | 南极电商 | 零售电商 | 服装电商 | 275.93 | 上海 |
| 17 | 大搜车 | 零售电商 | 汽车电商 | 240.35 | 杭州 |
| 18 | 汇通达 | B2B 电商 | 农村电商 | 211.30 | 南京 |
| 19 | 首汽租车 | 生活服务电商 | 交通出行 | 211.30 | 北京 |
| 20 | 万达电商 | 零售电商 | 综合电商 | 206.01 | 香港 |
| 21 | 爱回收 | 零售电商 | 二手电商 | 206.01 | 上海 |
| 22 | 曹操专车 | 生活服务电商 | 汽车电商 | 206.01 | 杭州 |
| 23 | ofo | 生活服务电商 | 交通出行 | 206.01 | 北京 |
| 24 | 小红书 | 跨境电商 | 进口电商 | 206.01 | 上海 |
| 25 | 宝尊电商 | 零售电商 | 电商服务商 | 198.11 | 上海 |
| 26 | 哈啰出行 | 生活服务电商 | 交通出行 | 171.68 | 上海 |
| 27 | 云集 | 零售电商 | 社交电商 | 167.61 | 杭州 |
| 28 | 国美零售 | 零售电商 | 综合电商 | 159.17 | 北京 |
| 29 | 淘票票 | 生活服务电商 | 在线票务 | 154.23 | 上海 |

续表

| 排　名 | 企业/平台简称 | 领　域 | 行　业 | 总值（亿元） | 所在地 |
|---|---|---|---|---|---|
| 30 | 趣店 | 零售电商 | 金融电商 | 152.96 | 北京 |
| 31 | 每日优鲜 | 零售电商 | 生鲜电商 | 137.34 | 北京 |
| 32 | 中商惠民 | B2B 电商 | 快消品批发 | 137.34 | 北京 |
| 33 | 土巴兔 | 生活服务电商 | 互联网家装 | 137.34 | 深圳 |
| 34 | 乐信 | 零售电商 | 金融电商 | 135.65 | 深圳 |
| 35 | 跨境通 | 跨境电商 | 进出口电商 | 129.16 | 太原 |
| 36 | 找钢网 | B2B 电商 | 钢铁电商 | 126.76 | 上海 |
| 37 | 猫眼娱乐 | 生活服务电商 | 在线票务 | 126.65 | 北京 |
| 38 | 途虎养车 | 零售电商 | 汽车电商 | 123.61 | 上海 |
| 39 | 上海钢联 | B2B 电商 | 钢铁电商 | 112.29 | 上海 |
| 40 | 孩子王 | 零售电商 | 母婴电商 | 109.87 | 南京 |
| 41 | 卓尔智联 | B2B 电商 | 综合 B2B | 108.75 | 武汉 |
| 42 | 良品铺子 | 零售电商 | 食品电商 | 106.71 | 武汉 |
| 43 | 谊品生鲜 | 零售电商 | 生鲜电商 | 105.61 | 杭州 |
| 44 | 欧冶云商 | B2B 电商 | 钢铁电商 | 105.61 | 上海 |
| 45 | 曹操出行 | 生活服务电商 | 交通出行 | 105.61 | 杭州 |
| 46 | 微店 | 零售电商 | 社交电商 | 103.01 | 北京 |
| 47 | 贝贝集团 | 零售电商 | 综合电商 | 103.01 | 杭州 |
| 48 | 口袋购物 | 零售电商 | 导购电商 | 103.01 | 北京 |
| 49 | 辣妈帮 | 生活服务电商 | 社区服务 | 103.01 | 深圳 |
| 50 | ETCP 停车 | 生活服务电商 | 交通出行 | 103.01 | 北京 |
| 51 | 百果园 | 零售电商 | 生鲜电商 | 100.40 | 上海 |
| 52 | 客路旅行 | 生活服务电商 | 在线旅游 | 92.70 | 香港 |
| 53 | 微盟集团 | 零售电商 | 电商服务商 | 90.67 | 上海 |
| 54 | 我买网 | 零售电商 | 食品电商 | 89.27 | 北京 |
| 55 | 驴妈妈 | 生活服务电商 | 在线旅游 | 86.52 | 上海 |
| 56 | 易久批 | B2B 电商 | 快消品批发 | 85.84 | 北京 |
| 57 | 易果生鲜 | 零售电商 | 生鲜电商 | 82.40 | 上海 |
| 58 | 华鼎股份 | 跨境电商 | 出口电商 | 80.62 | 义乌 |
| 59 | 联络互动 | 跨境电商 | 进出口电商 | 79.68 | 杭州 |
| 60 | 斑马快跑 | 生活服务电商 | 交通出行 | 76.09 | 武汉 |
| 61 | 蜜芽 | 零售电商 | 母婴电商 | 75.54 | 北京 |
| 62 | 首汽约车 | 生活服务电商 | 交通出行 | 74.16 | 北京 |
| 63 | 艾佳生活 | 生活服务电商 | 互联网家装 | 73.96 | 南京 |
| 64 | 要出发 | 生活服务电商 | 在线旅游 | 73.96 | 广州 |
| 65 | 1919 酒类直供 | 零售电商 | 酒水电商 | 73.96 | 成都 |
| 66 | 执御 | 跨境电商 | 出口电商 | 68.67 | 杭州 |
| 67 | 人人车 | 零售电商 | 汽车电商 | 68.67 | 北京 |
| 68 | 返利网 | 零售电商 | 导购电商 | 68.67 | 上海 |
| 69 | 车置宝 | 零售电商 | 汽车电商 | 68.67 | 南京 |

续表

| 排　名 | 企业/平台简称 | 领　域 | 行　业 | 总值（亿元） | 所 在 地 |
|---|---|---|---|---|---|
| 70 | 便利蜂 | 零售电商 | 无人零售 | 68.67 | 北京 |
| 71 | 波奇网 | 零售电商 | 宠物电商 | 68.67 | 上海 |
| 72 | 车猫二手车 | 零售电商 | 汽车电商 | 68.67 | 杭州 |
| 73 | 车易拍 | 零售电商 | 汽车电商 | 68.67 | 北京 |
| 74 | 酒仙网 | 零售电商 | 酒水电商 | 68.67 | 北京 |
| 75 | 卷皮网 | 零售电商 | 导购电商 | 68.67 | 武汉 |
| 76 | 转转 | 零售电商 | 二手电商 | 68.67 | 北京 |
| 77 | 洋码头 | 跨境电商 | 进口电商 | 68.67 | 上海 |
| 78 | 婚礼纪 | 生活服务电商 | 在线婚恋 | 68.67 | 杭州 |
| 79 | 58 到家 | 生活服务电商 | 社区服务 | 68.67 | 天津 |
| 80 | 马蜂窝 | 生活服务电商 | 在线旅游 | 68.67 | 北京 |
| 81 | 中国有赞 | 零售电商 | 电商服务商 | 65.25 | 杭州 |
| 82 | 冠福股份 | B2B 电商 | 塑化电商 | 60.84 | 泉州 |
| 83 | 宝宝树集团 | 零售电商 | 母婴电商 | 60.55 | 北京 |
| 84 | 生意宝 | B2B 电商 | 综合 B2B | 60.17 | 杭州 |
| 85 | 天泽信息 | 跨境电商 | 出口电商 | 53.06 | 南京 |
| 86 | 歌力思 | 零售电商 | 服装电商 | 49.08 | 深圳 |
| 87 | 优信 | 零售电商 | 汽车电商 | 44.42 | 北京 |
| 88 | 三只松鼠 | 零售电商 | 食品电商 | 40.00 | 芜湖 |
| 89 | 焦点科技 | B2B 电商 | 综合 B2B | 39.27 | 南京 |
| 90 | 御家汇 | 零售电商 | 精品电商 | 33.09 | 长沙 |
| 91 | 慧聪集团 | B2B 电商 | 综合 B2B | 31.43 | 北京 |
| 92 | 1 药网 | 零售电商 | 医药电商 | 31.25 | 上海 |
| 93 | 齐屹科技 | 生活服务电商 | 互联网家装 | 31.06 | 上海 |
| 94 | 国联股份 | B2B 电商 | 综合 B2B | 30.00 | 北京 |
| 95 | 途牛 | 生活服务电商 | 在线旅游 | 27.26 | 南京 |
| 96 | 科通芯城 | B2B 电商 | 元器件电商 | 26.89 | 深圳 |
| 97 | 寺库 | 零售电商 | 奢侈品电商 | 26.22 | 北京 |
| 98 | 广博股份 | 跨境电商 | 出口电商 | 25.64 | 宁波 |
| 99 | 蘑菇街 | 零售电商 | 女性电商 | 20.94 | 杭州 |
| 100 | 值得买 | 零售电商 | 导购电商 | 20.00 | 北京 |

注：榜单统计时间为 2019 年 1 月 1 日至 2019 年 6 月 30 日。

资料来源：网经社电子商务研究中心大数据库。

# 2019 年中国互联网企业 100 强名单

| 排名 | 中文名称 | 中文简称 | 主要品牌 |
|---|---|---|---|
| 1 | 阿里巴巴（中国）有限公司 | 阿里巴巴 | 淘宝、阿里云、高德 |
| 2 | 深圳市腾讯计算机系统有限责任公司 | 腾讯公司 | 微信、QQ、腾讯网 |
| 3 | 百度公司 | 百度 | 百度、爱奇艺 |
| 4 | 京东集团 | 京东 | 商城、物流、京东云 |
| 5 | 浙江蚂蚁小微金融服务集团股份有限公司 | 蚂蚁金服 | 支付宝、相互宝、芝麻信用、蚂蚁森林 |
| 6 | 网易集团 | 网易 | 网易邮箱、网易严选、网易新闻 |
| 7 | 美团点评 | 美团 | 美团、大众点评、美团外卖、美团买菜 |
| 8 | 北京字节跳动科技有限公司 | 字节跳动 | 抖音、今日头条 |
| 9 | 三六零安全科技股份有限公司 | 三六零 | 360 安全卫士、360 浏览器 |
| 10 | 新浪公司 | 新浪公司 | 新浪网、微博 |
| 11 | 上海寻梦信息技术有限公司 | 拼多多 | 拼多多 |
| 12 | 搜狐公司 | 搜狐 | 搜狐媒体、搜狐视频 |
| 13 | 北京五八信息技术有限公司 | 58 集团 | 58 同城、赶集网、安居客 |
| 14 | 苏宁控股集团有限公司 | 苏宁控股 | 苏宁易购、PP 视频 |
| 15 | 小米集团 | 小米集团 | 小米、米家、米兔 |
| 16 | 携程计算机技术（上海）有限公司 | 携程旅行网 | 携程旅行网、天巡 |
| 17 | 用友网络科技股份有限公司 | 用友网络 | U8c、财务云、精智工业互联网平台 |
| 18 | 北京猎豹移动科技有限公司 | 猎豹移动 | 猎豹清理大师、AI 智能服务机器人 |
| 19 | 北京车之家信息技术有限公司 | 汽车之家 | 汽车之家、二手车之家 |
| 20 | 湖南快乐阳光互动娱乐传媒有限公司 | 快乐阳光 | 芒果 TV |
| 21 | 唯品会（中国）有限公司 | 唯品会 | 唯品会 |
| 22 | 央视国际网络有限公司 | 央视网 | 央视网、中国 IPTV、CCTV 手机电视 |
| 23 | 三七文娱（广州）网络科技有限公司 | 三七互娱 | 37 手游、极光网络、37 游戏、37Games |
| 24 | 北京昆仑万维科技股份有限公司 | 昆仑万维 | GameArk、闲徕互娱、Grindr |
| 25 | 浪潮集团有限公司 | 浪潮 | 浪潮云、爱城市网、一贷通 |
| 26 | 北京网聘咨询有限公司 | 智联招聘 | 智联招聘 |
| 27 | 新华网股份有限公司 | 新华网 | 学习进行时、国家相册、思客 |
| 28 | 人民网股份有限公司 | 人民网 | 中国共产党新闻网、强国论坛、两会进行时 |
| 29 | 同程旅游集团 | 同程旅游 | 同程旅游、艺龙旅行网 |
| 30 | 武汉斗鱼网络科技有限公司 | 斗鱼直播 | 斗鱼直播 |
| 31 | 广州华多网络科技有限公司 | 欢聚时代 | 多玩游戏网、YY Live |

续表

| 排　名 | 中文名称 | 中文简称 | 主要品牌 |
|---|---|---|---|
| 32 | 网宿科技股份有限公司 | 网宿科技 | 网宿云分发、网宿云、网宿网盾 |
| 33 | 咪咕文化科技有限公司 | 咪咕文化 | 咪咕视频、咪咕音乐、咪咕阅读 |
| 34 | 巨人网络集团股份有限公司 | 巨人网络 | 征途系列、仙侠世界系列 |
| 35 | 贵阳朗玛信息技术股份有限公司 | 朗玛信息 | 39 互联网医院、39 健康网、39 健康智慧家庭 |
| 36 | 鹏博士电信传媒集团股份有限公司 | 鹏博士 | 鹏博士数据中心、鹏博士云网、长城宽带 |
| 37 | 上海钢银电子商务股份有限公司 | 钢银电商 | 钢银电商 |
| 38 | 东方明珠新媒体股份有限公司 | 东方明珠 | 百视通、东方购物、SITV |
| 39 | 黑龙江龙采科技集团有限责任公司 | 龙采科技集团 | 龙采、资海、采云平台、龙采智慧云 |
| 40 | 深圳市迅雷网络技术有限公司 | 迅雷集团 | 迅雷 X、迅雷影音、玩客云 |
| 41 | 易车控股有限公司 | 易车 | 易车网、易鑫集团 |
| 42 | 四三九九网络股份有限公司 | 4399 | 4399 小游戏、4399 休闲娱乐平台 |
| 43 | 上海米哈游网络科技股份有限公司 | 米哈游 | 米哈游 |
| 44 | 完美世界股份有限公司 | 完美世界 | 完美世界游戏、完美世界影视 |
| 45 | 竞技世界（北京）网络技术有限公司 | 竞技世界 | JJ 比赛 |
| 46 | 前锦网络信息技术（上海）有限公司 | 前程无忧 | 前程无忧、应届生求职网、51 米多多 |
| 47 | 北京蜜莱坞网络科技有限公司 | 映客直播 | 映客 App、种子视频 |
| 48 | 无锡华云数据技术服务有限公司 | 华云数据集团 | 华云、CloudUltra®、H2CI™ |
| 49 | 上海波克城市网络科技股份有限公司 | 波克城市 | 波克城市、捕鱼达人、猫咪公寓 |
| 50 | 东软集团股份有限公司 | 东软集团 | Neusoft 东软 |
| 51 | 盛跃网络科技（上海）有限公司 | 盛趣游戏 | 盛趣游戏 |
| 52 | 科大讯飞股份有限公司 | 科大讯飞 | 讯飞输入法、讯飞翻译机、讯飞听见 |
| 53 | 优刻得科技股份有限公司 | 优刻得 | UCloud、优铭云、安全屋 |
| 54 | 杭州顺网科技股份有限公司 | 顺网科技 | 网维大师、顺网游戏 |
| 55 | 北京光环新网科技股份有限公司 | 光环新网 | 互联网数据中心服务、云计算及相关服务 |
| 56 | 汇通达网络股份有限公司 | 汇通达 | 超级老板 App、汇通达汇拿柜 App+微商城 |
| 57 | 深圳市房多多网络科技有限公司 | 房多多 | 房多多 |
| 58 | 福建网龙计算机网络信息技术有限公司 | 网龙网络公司 | 魔域、英魂之刃、101 贝考 |
| 59 | 美图公司 | 美图 | 美图秀秀、美颜相机、美拍 |
| 60 | 汇量科技集团 | 汇量科技 | Mobvista、Mintegral、GamAnalytics |
| 61 | 广州多益网络股份有限公司 | 多益网络 | 多益网络、神武、梦想世界 |
| 62 | 深圳市创梦天地科技有限公司 | 创梦天地 | 乐逗游戏 |
| 63 | 深圳市梦网科技发展有限公司 | 梦网科技 | 富信 RBM、IM 云、物联云 |
| 64 | 上海二三四五网络控股集团股份有限公司 | 二三四五 | 2345 网址导航、2345 加速浏览器 |
| 65 | 北京搜房科技发展有限公司 | 房天下 | 房天下网、开发云、家居云 |
| 66 | 世纪龙信息网络有限责任公司 | 世纪龙（21CN） | 天翼云盘、189 邮箱、21CN 门户 |
| 67 | 游族网络股份有限公司 | 游族网络 | 少年三国志、权力的游戏凛凛冬将至 |
| 68 | 河南锐之旗网络科技有限公司 | 锐之旗 | 锐之旗、云和数据 |
| 69 | 好未来教育科技集团 | 好未来 | 学而思网校 |
| 70 | 珍岛信息技术（上海）股份有限公司 | 珍岛 | 珍岛、T 云、Trueland |
| 71 | 杭州边锋网络技术有限公司 | 边锋网络 | 边锋游戏、游戏茶苑 |
| 72 | 金蝶软件（中国）有限公司 | 金蝶软件 | 金蝶、金蝶云 |
| 73 | 上海幻电信息科技有限公司 | 哔哩哔哩 | 哔哩哔哩 |
| 74 | 湖南竞网智赢网络技术有限公司 | 竞网 | 智营销综合服务、网络营销推广服务 |
| 75 | 北京中钢网信息股份有限公司 | 中钢网 | 中钢网、抢钢宝、现货通 |
| 76 | 湖南草花互动网络科技有限公司 | 草花互动 | 草花手游平台 |

续表

| 排　名 | 中文名称 | 中文简称 | 主要品牌 |
|---|---|---|---|
| 77 | 北京密境和风科技有限公司 | 花椒直播 | 花椒直播 |
| 78 | 贝壳找房（北京）科技有限公司 | 贝壳找房 | 贝壳找房 |
| 79 | 二六三网络通信股份有限公司 | 二六三网络通信 | 263 云通信、263 企业邮箱、263 企业进播 |
| 80 | 南京途牛科技有限公司 | 途牛 | 途牛旅游网、笛风云、途牛金服 |
| 81 | 东方财富信息股份有限公司 | 东方财富 | 东方财富网、天天基金网、股吧 |
| 82 | 拉卡拉支付股份有限公司 | 拉卡拉 | 拉卡拉支付、积分购 |
| 83 | 厦门吉比特网络技术股份有限公司 | 吉比特 | 《问道》《问道手游》《不思议迷宫》 |
| 84 | 福建乐游网络科技有限公司 | 乐游网络 | 6Y 乐游网、乐游 App |
| 85 | 广州荔支网络技术有限公司 | 荔枝 | 荔枝 App |
| 86 | 深圳市岚悦网络科技有限公司 | 中手游 | 中手游 |
| 87 | 满帮集团 | 满帮 | 货车帮、运满满 |
| 88 | 山东开创集团股份有限公司 | 开创集团 | 开创、开创云、众创社群、篛操送 |
| 89 | 厦门翔通动漫有限公司 | 翔通动漫 | 绿豆蛙、酷巴熊等动漫 IP |
| 90 | 第一视频通信传媒有限公司 | 第一视频集团 | 第一视频网、疯狂体育、中阿卫视 |
| 91 | 上海东方网股份有限公司 | 东方网 | 翱翔、东方头条、纵相 |
| 92 | 上海创蓝文化传播有限公司 | 创蓝 253 | 短信、空号检测、国际短信 |
| 93 | 中至数据集团股份有限公司 | 中至数据集团 | 中至长尾广告、中至游戏 |
| 94 | 行吟信息科技（上海）有限公司 | 小红书 | 小红书 App、小红书之家 |
| 95 | 湖北盛天网络技术股份有限公司 | 盛天网络 | 易乐游网娱平台、战吧电竞平台 |
| 96 | 百合佳缘网络集团股份有限公司 | 百合佳缘集团 | 世纪佳缘网、百合网、百合情感 |
| 97 | 上海找钢网信息科技股份有限公司 | 找钢网 | 钢铁全产业链电商、找钢指数 |
| 98 | 厦门美柚信息科技有限公司 | 美柚 | 美柚、柚宝宝、柚子街 |
| 99 | 深圳市思贝克集团有限公司 | 思贝克 | 思贝克、SPEK |
| 100 | 山东海看网络科技有限公司 | 海看 | 海看 IPTV、轻快融媒、海看健康 |

资料来源：中国互联网协会。

# 2019 年电子商务进农村综合示范县名单

| 序　号 | 省（自治区、直辖市） | 示范县总数（个） | 示范县名称 | 国家级贫困县数量（个） |
|---|---|---|---|---|
| 1 | 河北 | 3 | 新河县、滦平县、宁晋县 | 2 |
| 2 | 山西 | 4 | 武乡县、临县、原平市、临猗县 | 2 |
| 3 | 内蒙古 | 3 | 敖汉旗、太仆寺旗、多伦县 | 2 |
| 4 | 辽宁 | 3 | 东港市、瓦房店市、喀喇沁左翼蒙古族自治县 | 0 |
| 5 | 吉林 | 3 | 大安市、抚松县、梅河口市 | 1 |

续表

| 序　号 | 省（自治区、直辖市） | 示范县总数（个） | 示范县名称 | 国家级贫困县数量（个） |
|---|---|---|---|---|
| 6 | 黑龙江 | 3 | 泰来县、明水县、拜泉县 | 3 |
| 7 | 江苏 | 9 | 睢宁县、江阴市、海门市、灌云县、溧阳市、高邮市、句容市、泗洪县、东海县 | 0 |
| 8 | 浙江 | 9 | 安吉县、海宁市、缙云县、武义县、江山市、淳安县、桐乡市、龙游县、永康市 | 0 |
| 9 | 安撤 | 6 | 砀山县、太湖县、霍邱县、泾县、界首市、枞阳县 | 3 |
| 10 | 福建 | 8 | 建宁县、尤溪县、永泰县、松溪县、屏南县、古田县、浦城县、德化县 | 0 |
| 11 | 江西 | 3 | 石城县、安远县、永丰县 | 2 |
| 12 | 山东 | 8 | 滕州市、莘县、荣成市、海阳市、新泰市、安丘市、惠民县、曹县 | 0 |
| 13 | 河南 | 18 | 宜阳县、栾川县、社旗县、商城县、新县、潢川县、平舆县、上蔡县、固始县、兰考县、卢氏县、镇平县、光山县、淮阳县、博爱县、新密市、武陟县、西峡县 | 14 |
| 14 | 湖北 | 4 | 蕲春县、秭归县、监利县、通城县 | 2 |
| 15 | 湖南 | 5 | 绥宁县、汝城县、炎陵县、祁东县、浏阳市 | 3 |
| 16 | 广东 | 9 | 普宁市、惠东县、兴宁市、海丰县、高州市、丰顺县、罗定市、始兴县、英德市 | 0 |
| 17 | 广西 | 10 | 隆安县、宁明县、田林县、融安县、富川瑶族自治县、田阳县、北流市、永福县、象州县、凭祥市 | 6 |
| 18 | 海南 | 4 | 琼中黎族苗族自治县、五指山市、白沙黎族自治县、乐东黎族自治县 | 3 |
| 19 | 重庆 | 6 | 云阳县、秀山县、奉节县、酉阳县、彭水县、石柱县 | 6 |
| 20 | 四川 | 5 | 广安县、苍溪县、西昌市、青神县、都江堰市 | 2 |
| 21 | 贵州 | 3 | 雷山县、独山县、息烽县 | 2 |
| 22 | 陕西 | 3 | 延川县、略阳县、黄龙县 | 2 |
| 23 | 甘肃 | 6 | 康乐县、玛曲县、临夏县、环县、成县、崇信县 | 5 |
| 24 | 宁夏 | 3 | 彭阳县、原州区、永宁县 | 2 |
| 25 | 新疆 | 3 | 岳普湖县、阿图什市、裕民县 | 2 |
| 26 | 云南 | 15 | 楚雄州（姚安县、永仁县）、红河州（石屏县、泸西县、红河县、元阳县、绿春县、屏边县、金平县）、德宏州（芒市、梁河县、盈江县、陇川县）、西双版纳州（勐海县、勐腊县） | 15 |
| 27 | 西藏 | 47 | 西藏实施整区推进 | 47 |
| 28 | 青海 | 12 | 化隆县、天峻县、大柴旦行委、茫崖市、同德县、称多县、治多县、曲麻莱县、玛多县、班玛县、达日县、泽库县 | 12 |
| 合计 | | 215 | | 138 |

注：西藏实施整区推进，云南楚雄、红河、德宏、西双版纳实施整州推进。

资料来源：国务院扶贫办社会扶贫司。

# 2019 年中国大数据企业 50 强

| 企业名称 | 企业名称 |
|---|---|
| 华为技术有限公司 | 南方电网数字电网研究院有限公司 |
| 腾讯科技（深圳）有限公司 | 北京荣之联科技股份有限公司 |
| 阿里巴巴 | 北京亿信华辰软件有限责任公司 |
| 小米科技有限责任公司 | 帆软软件有限公司 |
| 美团 | 北京百分点信息科技有限公司 |
| 百度 | 普元信息技术股份有限公司 |
| 杭州海康威视数字技术股份有限公司 | 北京东方金信科技有限公司 |
| 中兴通讯股份有限公司 | 同方知网（北京）技术有限公司 |
| 滴滴出行 | 北京新意互动数字技术有限公司 |
| 浙江大华技术股份有限公司 | 北京国双科技有限公司 |
| 神州信息 | 美林数据技术股份有限公司 |
| 中科曙光 | 青岛大快搜索计算技术股份有限公司 |
| 广联达科技股份有限公司 | 三盟科技股份有限公司 |
| 上海晶赞融宣科技有限公司 | 长威信息科技发展股份有限公司 |
| 成都四方伟业软件股份有限公司 | 成都智审数据有限公司 |
| 浪潮卓数大数据产业发展有限公司 | 北京智慧星光信息技术有限公司 |
| 太极计算机股份有限公司 | 青岛萨纳斯智能科技股份有限公司 |
| 北京神州泰岳软件股份有限公司 | 数联铭品（BBD） |
| 北京久其软件股份有限公司 | 勤智数码科技股份有限公司 |
| 软通智慧科技有限公司 | 重庆誉存大数据科技有限公司 |
| 北京东方国信科技股份有限公司 | 北京偶数科技有限公司 |
| 拓尔思信息技术股份有限公司 | 北京明朝万达科技股份有限公司 |
| 北京思特奇信息技术股份有限公司 | 集奥聚合（北京）人工智能科技有限公司 |
| 网智天元科技集团股份有限公司 | 上海跬智信息技术有限公司 |
| 新智认知数字科技股份有限公司 | OpenCertHub |

资料来源：中国大数据产业生态联盟。

# 第十七届部委政府网站绩效评估国务院组成部门网站评估前 15 名

| 排　名 | 名　称 | 信息发布指数 | 解读回应指数 | 办事服务指数 | 互动交流指数 | 管理保障指数 | 应用推广指数 | 优秀创新案例指数 | 总分（分） |
|---|---|---|---|---|---|---|---|---|---|
| 1 | 商务部 | 0.92 | 0.85 | 0.86 | 0.74 | 0.98 | 0.91 | 0.75 | 95.8 |
| 2 | 交通运输部 | 0.90 | 0.86 | 0.80 | 0.76 | 0.97 | 0.74 | 0.80 | 92.1 |
| 3 | 工业和信息化部 | 0.81 | 0.83 | 0.81 | 0.78 | 0.96 | 0.73 | 0.81 | 89.8 |
| 3 | 科学技术部 | 0.88 | 0.90 | 0.80 | 0.73 | 0.98 | 0.64 | 0.76 | 89.8 |
| 4 | 水利部 | 0.82 | 0.83 | 0.81 | 0.76 | 0.87 | 0.78 | 0.68 | 87.9 |
| 5 | 国家发展改革委 | 0.89 | 0.81 | 0.84 | 0.49 | 0.94 | 0.96 | 0.22 | 86.1 |
| 6 | 卫生健康委 | 0.79 | 0.79 | 0.85 | 0.56 | 0.85 | 0.58 | 0.77 | 83.9 |
| 7 | 农业农村部 | 0.81 | 0.78 | 0.84 | 0.73 | 0.90 | 0.64 | 0.26 | 81.5 |
| 8 | 自然资源部 | 0.84 | 0.78 | 0.78 | 0.71 | 0.94 | 0.63 | 0.23 | 80.8 |
| 9 | 财政部 | 0.83 | 0.72 | 0.69 | 0.76 | 0.88 | 0.65 | 0.30 | 78.4 |
| 10 | 教育部 | 0.78 | 0.75 | 0.66 | 0.73 | 0.85 | 0.74 | 0.21 | 76.7 |
| 11 | 文化和旅游部 | 0.81 | 0.71 | 0.61 | 0.71 | 0.94 | 0.74 | 0.16 | 76.3 |
| 12 | 公安部 | 0.77 | 0.71 | 0.67 | 0.79 | 0.92 | 0.50 | 0.31 | 75.2 |
| 13 | 生态环境部 | 0.74 | 0.69 | 0.82 | 0.68 | 0.88 | 0.49 | 0.24 | 74.8 |
| 14 | 应急管理部 | 0.81 | 0.84 | 0.74 | 0.35 | 0.86 | 0.71 | 0.15 | 74.7 |
| 15 | 民政部 | 0.71 | 0.76 | 0.71 | 0.70 | 0.78 | 0.64 | 0.15 | 72.7 |

资料来源：中国软件测评中心。

# 第十七届部委政府网站绩效评估国务院其他部门网站评估前15名

| 排名 | 名称 | 信息发布指数 | 解读回应指数 | 办事服务指数 | 互动交流指数 | 管理保障指数 | 应用推广指数 | 优秀创新案例指数 | 总分（分） |
|---|---|---|---|---|---|---|---|---|---|
| 1 | 国家税务总局 | 0.89 | 0.81 | 0.82 | 0.73 | 0.96 | 0.85 | 0.83 | 93.2 |
| 2 | 国家林业和草原局 | 0.90 | 0.77 | 0.85 | 0.88 | 0.78 | 0.76 | 0.78 | 90.9 |
| 3 | 中华人民共和国海关总署 | 0.80 | 0.84 | 0.80 | 0.79 | 0.83 | 0.83 | 0.40 | 85.3 |
| 4 | 国家药品监督管理局 | 0.79 | 0.78 | 0.80 | 0.55 | 0.94 | 0.76 | 0.25 | 80.1 |
| 5 | 国家体育总局 | 0.72 | 0.58 | 0.81 | 0.68 | 0.88 | 0.65 | 0.52 | 78.3 |
| 6 | 国家邮政局 | 0.81 | 0.61 | 0.72 | 0.71 | 0.92 | 0.60 | 0.45 | 77.9 |
| 7 | 中国气象局 | 0.71 | 0.71 | 0.74 | 0.71 | 0.93 | 0.63 | 0.44 | 77.7 |
| 8 | 中国民用航空局 | 0.76 | 0.70 | 0.81 | 0.46 | 0.91 | 0.56 | 0.44 | 76.1 |
| 9 | 中国证券监督管理委员会 | 0.74 | 0.65 | 0.70 | 0.70 | 0.86 | 0.65 | 0.26 | 74.3 |
| 10 | 中国广播电视总台 | 0.80 | 0.66 | 0.75 | 0.51 | 0.87 | 0.60 | 0.25 | 74.0 |
| 11 | 国家文物局 | 0.83 | 0.58 | 0.81 | 0.50 | 0.81 | 0.58 | 0.20 | 73.4 |
| 12 | 国家铁路局 | 0.76 | 0.58 | 0.71 | 0.58 | 0.92 | 0.43 | 0.42 | 71.7 |
| 13 | 国家能源局 | 0.70 | 0.63 | 0.75 | 0.65 | 0.92 | 0.48 | 0.22 | 71.3 |
| 14 | 国家统计局 | 0.70 | 0.67 | 0.68 | 0.45 | 0.90 | 0.73 | 0.10 | 70.5 |
| 15 | 国家烟草专卖局 | 0.64 | 0.63 | 0.63 | 0.69 | 0.88 | 0.41 | 0.20 | 70.3 |

资料来源：中国软件测评中心。

# 2018 中国电子学会科学技术奖获奖名单

## 一等奖

| 序　号 | 奖　种 | 项目名称 | 主要完成单位 | 主要完成人 |
|---|---|---|---|---|
| 1 | 自然科学 | 互联网视频的高效流式计算理论与方法 | 中国科学院计算技术研究所，南京理工大学 | 张勇东，颜成钢，谢洪涛，唐金辉，唐胜 |
| 2 | 自然科学 | 基于石墨烯纳米材料的新型电子器件基础研究 | 清华大学 | 任天令，杨轶，田禾 |
| 3 | 自然科学 | 噪声环境下的精确量子操作与确定纠缠纯化理论与方法 | 清华大学，山东大学，南京邮电大学，北京师范大学 | 龙桂鲁，仝殿民，盛宇波，邓富国，许国富 |
| 4 | 自然科学 | 图像数据协同处理理论方法研究 | 中国科学院西安光学精密机械研究所，天津大学，南京信息工程大学 | 李学龙，庞彦伟，袁媛，邵岭 |
| 5 | 自然科学 | 面向多媒体理解的异构关联理论方法 | 中国科学院自动化研究所 | 徐常胜，桑基韬，刘青山，张天柱，鲍秉坤 |
| 6 | 技术发明 | 数字多波束复杂星座高精度测量技术与装备 | 中国电子科技集团公司第五十四研究所 | 蔚保国，尹继凯，郝青儒，魏海涛，翟江鹏，易卿武 |
| 7 | 技术发明 | 网络空间大数据的行为融合分析方法与技术 | 北京航空航天大学，国家计算机网络与信息安全管理中心 | 李建欣，吴俊杰，胡春明，张日崇，李雄，彭浩 |
| 8 | 技术发明 | 编码摄像关键技术及应用 | 清华大学，清华大学深圳研究生院，凌云光技术集团有限责任公司，威海华菱光电股份有限公司 | 季向阳，王贵锦，张永兵，施陈博，杨艺，张文波 |
| 9 | 技术发明 | 小尺寸低漏率微传感器封装技术 | 华中科技大学，武汉飞恩微电子有限公司，苏州晶方半导体科技股份有限公司，武汉高德红外股份有限公司，武汉菱电汽车电控系统股份有限公司 | 刘胜，王小平，王之奇，蔡忠艳，王和平，汪学方 |
| 10 | 技术发明 | 天基空间目标广角凝视探测雷达技术及应用 | 北京理工大学 | 崔嵬，吴嗣亮，沈清，田静，侯建刚，郑哲 |
| 11 | 技术发明 | 极端环境下无线无源声表面波传感器及其应用 | 中国科学院声学研究所，华中科技大学，软控股份有限公司 | 李红浪，罗为，陈海军，柯亚兵，程利娜，傅邱云 |
| 12 | 技术发明 | 高可靠低功耗的个人安全芯片设计技术 | 紫光同芯微电子有限公司，清华大学，紫光国芯微电子股份有限公司 | 王志华，姜汉钧，吴行军，黄金煌，张春，葛元庆 |
| 13 | 技术发明 | 多视点裸眼3D显示关键技术及应用 | 四川大学，TCL集团股份有限公司，四川长虹电器股份有限公司，北京航空航天大学 | 王琼华，邓欢，闫晓林，曾超，苏丽娟，赵悟翔 |

续表

| 序号 | 奖种 | 项目名称 | 主要完成单位 | 主要完成人 |
|---|---|---|---|---|
| 14 | 科技进步 | 超高速超长距离T比特光传输系统关键技术与工程实现 | 北京邮电大学，华为技术有限公司，华中科技大学 | 忻向军，刘博，常天海，唐明，李良川，王光全，司明刚，卢彦兆，易兴文，尹霄丽，田清华，张琦，田凤，李江，钟健 |
| 15 | 科技进步 | 基于海量知识的智能理解与推理关键技术及智能政务应用 | 北京理工大学，杭州中软安人网络通信股份有限公司，北京大学，复旦大学 | 黄河燕，冯冲，程德生，毛先领，吴昊，孙栩，谢志鹏，江永渡，鉴萍，史树敏，高扬，苏祺，魏骁驰，张鹤，唐翼琨 |
| 16 | 科技进步 | 无线接入网多频微波电路关键技术与应用 | 清华大学，北京邮电大学，中兴通讯股份有限公司 | 陈文华，于翠屏，陈晓凡，别业楠，王卫民，段向阳，刘建利，陈化璋，冯正和 |
| 17 | 科技进步 | 百度大脑核心技术及开放平台 | 北京百度网讯科技有限公司，百度时代网络技术（北京）有限公司，北京大学，中国科学院自动化研究所 | 王海峰，王亦洲，陶建华，吴甜，贾磊，丁二锐，吴华，张史梁，温正棋，吴中勤，康永国，李雅，蒋婷婷，吕雅娟，马艳军 |
| 18 | 科技进步 | 脑血管磁共振计算成像技术及应用 | 中国人民解放军总医院，清华大学，中国科学院深圳先进技术研究院，上海联影医疗科技有限公司 | 娄昕，邵航，刘新，马林，关晓磊，张新，吕晋浩，张娜，王婷，李烨，张磊，马笑笑，谭国陞 |
| 19 | 科技进步 | 云数据交换与服务装备关键技术及产业化 | 深圳大学，华为技术有限公司，深圳太极云软技术股份有限公司 | 明仲，顾炯炯，曾嵋，陈剑勇，陈国良，厉益舟，查树衡，金波，冯禹洪，张威 |
| 20 | 科技进步 | 4K分辨率超短焦激光显示技术研发及应用 | 青岛海信激光显示股份有限公司，青岛海信电器股份有限公司 | 郭大勃，邢哲，李晓平，刘显荣，田有良，杨长明，董淑斌，陈许，肖纪臣，王振 |
| 21 | 科技进步 | 500米口径球面射电望远镜电磁兼容研发与实现 | 中国科学院国家天文台，北方工程设计研究院有限公司，安方高科电磁安全技术（北京）有限公司 | 张海燕，吴明长，甘恒谦，岳友岭，孙京海，胡浩，潘高峰，姚蕊，孙才红，王明星，宋立军，吕致恒，房非拉，宋金友，黄仕杰 |

## 二等奖

| 序号 | 奖种 | 项目名称 | 主要完成单位 | 主要完成人 |
|---|---|---|---|---|
| 1 | 自然科学 | 移动行为认知与高效安全通信理论方法 | 清华大学，北京理工大学，香港科技大学 | 李勇，陶晓明，刘驰，许彬，金德鹏 |
| 2 | 自然科学 | 新型视觉信号压缩与保护 | 上海大学 | 沈礼权，张新鹏，冯国瑞，安平，张兆杨 |
| 3 | 自然科学 | 面向动态、复杂移动流媒体场景下的内容分发与传输关键理论方法 | 北京邮电大学，北京交通大学 | 许长桥，张宏科，郑侃，王目 |
| 4 | 自然科学 | 紧凑型超材料电磁调控的理论与方法研究 | 中国人民解放军空军工程大学，东南大学 | 许河秀，王光明，蔡通，梁建刚，齐美清 |
| 5 | 自然科学 | 电磁耦合分离调控机理与方法 | 电子科技大学，华南理工大学，东南大学 | 马凯学，褚庆昕，郝张成，龚克，储鹏 |
| 6 | 自然科学 | 可视媒体显著内容解析理论与方法 | 北京航空航天大学，北京大学 | 李甲，田永鸿，黄铁军，高文，赵沁平 |
| 7 | 自然科学 | 电致阻变效应调控和高密度阻变信息存储器 | 中国科学院宁波材料技术与工程研究所 | 李润伟，刘钢，尚杰，朱小健，诸葛飞 |

续表

| 序　号 | 奖　种 | 项目名称 | 主要完成单位 | 主要完成人 |
|---|---|---|---|---|
| 8 | 自然科学 | 高效多向中继网络传输理论与关键技术 | 同济大学，上海交通大学，电子科技大学 | 王睿，陶梅霞，吴俊，袁晓军 |
| 9 | 自然科学 | 大容量无线网络高效协同传输方法 | 北京航空航天大学，上海交通大学，清华大学，中国人民解放军军事科学院 | 白琳，肖振宇，周海波，牛勇，李颖 |
| 10 | 技术发明 | 微处理器全生命周期可靠设计关键技术及应用 | 中国科学院计算技术研究所，北京控制工程研究所 | 李晓维，李华伟，范东睿，华更新，沈海华，韩银和 |
| 11 | 技术发明 | 适配化的视频表示与传输关键技术与应用 | 上海交通大学，深圳市腾讯计算机系统有限公司，宇龙计算机通信科技（深圳）有限公司，上海大学 | 邹君妮，林巍峣，张云飞，李成林，熊红凯，刘昕 |
| 12 | 技术发明 | 高稳定超细径保偏光纤关键技术 | 烽火通信科技股份有限公司，中国信息通信科技集团有限公司，锐光信通科技有限公司 | 罗文勇，李诗愈，柯一礼，王彦亮，戚卫，杜城 |
| 13 | 技术发明 | 集成化介质元器件及高性能新型介质材料 | 天津大学，北京七星飞行电子有限公司，福建火炬电子科技股份有限公司 | 李玲霞，于仕辉，贾桂荣，林志盛，贺伟，薛晓梅 |
| 14 | 技术发明 | 28nm及先导工艺集成电路可制造性设计关键技术与应用 | 中国科学院微电子研究所 | 陈岚，张贺，徐勤志，孙艳，刘宏伟，王海永 |
| 15 | 科技进步 | 平方公里阵（SKA）中国验证天线 | 中国电子科技集团公司第五十四研究所，中国科学院国家天文台 | 杜彪，郑元鹏，刘彬，伍洋，王海东，刘国玺，师民祥，李金良，赵均红，耿旭光 |
| 16 | 科技进步 | 交流并网海上风电场安全稳定高效运行关键技术及应用 | 中国电力科学研究院有限公司，远景能源（江苏）有限公司，浙江舟山海洋输电研究院有限公司，河海大学，国电南瑞南京控制系统有限公司，国电南瑞科技股份有限公司，国网江苏省电力有限公司电力科学研究院 | 李琰，李磊，张磊，刘皓明，汤海宁，汪成根，杨建军，许士光，王跃峰，宋宗朋 |
| 17 | 科技进步 | 两化融合管理和评估体系研究、平台研制与产业应用 | 国家工业信息安全发展研究中心，中国企业联合会，清华大学，工业和信息化部电子第五研究所，中国信息通信研究院，中国电子技术标准化研究院 | 尹丽波，周剑，陈杰，何小龙，张文彬，李君，李清，马冬妍，刘小茵，王涛 |
| 18 | 科技进步 | 民航大型机场场面一体化运行监控关键技术及应用 | 中国电子科技集团公司第二十八研究所，北京航空航天大学，南京莱斯信息技术股份有限公司，中国民用航空局空中交通管理局，民航数据通信有限责任公司 | 丁一波，张明伟，蔡开泉，邬秋香，严勇杰，郝永刚，翟海涛，唐晔旸，黄琰，靳学梅 |
| 19 | 科技进步 | 基于微系统架构的可扩充板式阵列关键技术及应用 | 中国电子科技集团公司第三十八研究所，清华大学，合肥工业大学，安徽天兵电子科技股份有限公司 | 曹锐，李庄，付军，陶小辉，桑磊，张晶晶，王玉东，张锦中，刘勇，荣大伟 |
| 20 | 科技进步 | 通信用超薄高频高密度印制电路关键共性技术及产业化 | 博敏电子股份有限公司，电子科技大学 | 陈世金，陈苑明，刘根，韩志伟，王守绪，徐缓，邓宏喜，何为，李云萍，郑莉 |

续表

| 序 号 | 奖 种 | 项目名称 | 主要完成单位 | 主要完成人 |
|---|---|---|---|---|
| 21 | 科技进步 | 工业控制系统信息安全测评技术与应用 | 中国电子技术标准化研究院，上海交通大学，北京和利时系统工程有限公司 | 杨建军，李建华，范科峰，姚相振，李琳，方垒，周睿康，伍军，李蒙，龚洁中 |
| 22 | 科技进步 | 陆地观测卫星站网运行管理系统关键技术及应用 | 中国电子科技集团公司第五十四研究所 | 陈金勇，冯阳，孔庆玲，尚希杰，裴艳峰，张琦，张超，林晓勇，颜博，巨小微 |
| 23 | 科技进步 | LTE-Advanced MIMO 矢量信号分析仪 | 中国电子科技集团公司第四十一研究所 | 周保奎，陈凤林，王先鹏，刘小刚，袁行猛，卢高建，汤瑞，刘思伟，孔详速，王永 |
| 24 | 科技进步 | 超大规模电信级大数据平台研发及应用 | 中移（苏州）软件技术有限公司，中移信息技术有限公司，中国移动通信集团有限公司 | 齐骥，王宝晗，黄岩，徐海勇，石永毅，陈豫蓉，乔栋，胡晓蓉，王攀，陶捷 |
| 25 | 科技进步 | TD-LTE 高铁性能提升攻关及应用 | 中国移动通信集团有限公司 | 丁海煜，李宗璋，刘建华，阮航，舒晶，牛海涛，徐晓东，王安娜，吴丹，张龙 |
| 26 | 科技进步 | 宽带宽角扫描阵列天线技术 | 中国电子科技集团公司第三十八研究所 | 方佳，张小林，金谋平，苗菁，朱庆超，官伟，孙立春，周子成，王泉，李敏 |
| 27 | 科技进步 | 天通卫星通信终端射频套片及模块产业化项目 | 中国电子科技集团公司第十三研究所，河北新华北集成电路有限公司 | 吴洪江，王绍东，曲韩宾，蔡道民，默立冬，高博，张晓朋，邓学群，李朋，李博 |
| 28 | 科技进步 | 面向环境保护及资源节约的新型光缆产业化关键技术及应用开发 | 长飞光纤光缆股份有限公司，金发科技股份有限公司，中国移动通信集团设计院有限公司 | 熊壮，陈锋，刘为，卢星星，戴广翀，赵巍，钟升，柯涛，严瑾力，罗中平 |
| 29 | 科技进步 | 输变电设备状态监测装置性能评估关键技术及应用 | 中国电力科学研究院有限公司 | 王保山，袁田，汤霖，付超，彭超，汪英英，胡民杰，熊易，张锐，郭浩洲 |
| 30 | 科技进步 | 小型化多业务光传送平台关键技术及产业化 | 烽火通信科技股份有限公司 | 周志强，曹训灿，罗宏，饶冀，熊俊，陈燕丽，韩恩钊 |
| 31 | 科技进步 | 生-化-物信息多维度检测技术及其在设施结构健康监测中的应用 | 重庆理工大学，重庆邮电大学，重庆亚派桥梁工程质量检测有限公司，重庆车辆检测研究院有限公司，重庆万泰电力科技有限公司，重庆市建设技术发展中心，重庆瑞坤科技发展有限公司 | 赵明富，李锐，钟年丙，罗彬彬，刘琳，祖晖，王博思，宋涛，汤斌，周逸 |
| 32 | 科技进步 | LTE-Advanced 空口监测分析仪表研发 | 中国电子科技集团公司第四十一研究所 | 刘祖深，凌云志，张煜，杨传伟，林艺辉，王嘉嘉，许虎，徐兰天，武敬飞，陈奇 |
| 33 | 科技进步 | FABOS 智能制造管理系统研发 | 中电九天智能科技有限公司 | 邢明海，王克达，巫江，尤小龙，严学俊，赵炜，董虹媛，金香美，李正日，刘丰洋 |
| 34 | 科技进步 | 面向智慧专网的柔性网络与资源协同关键技术研究及应用 | 重庆邮电大学，锐捷网络股份有限公司，重庆科技学院 | 黄东，刘期烈，刘竟成，刘苡村，徐涛，冯志宇，李铮，宋立华，杨敬民，林镜华 |

## 三等奖

| 序号 | 奖种 | 项目名称 | 主要完成单位 | 主要完成人 |
|---|---|---|---|---|
| 1 | 技术发明 | 多终端智能协同技术研究及产业应用 | 南京邮电大学，南京云创大数据科技股份有限公司 | 张晖，刘鹏，赵海涛，王玉峰，胡海峰，刘天亮 |
| 2 | 技术发明 | 高压大功率SiC电力电子器件关键技术及应用 | 中国电子科技集团公司第五十五研究所，电子科技大学 | 柏松，张波，黄润华，李赟，邓小川，杨立杰 |
| 3 | 技术发明 | 高效率、高可靠性红光半导体激光器关键制备技术及应用 | 山东华光光电子股份有限公司，山东大学 | 肖成峰，徐现刚，朱振，夏伟，张新，郑兆河 |
| 4 | 技术发明 | SiC电力电子器件关键技术及应用 | 中国科学院微电子研究所，株洲中车时代电气股份有限公司，瀚天天成电子科技（厦门）有限公司 | 刘新宇，刘可安，冯淦，白云，李诚瞻，汤益丹 |
| 5 | 技术发明 | 基于脑机接口的主动式康复及效果评价系统 | 杭州电子科技大学，浙江中医药大学附属第一医院，杭州正大医疗器械有限公司 | 孔万增，张建海，曾虹，裘涛，严红成，彭勇 |
| 6 | 科技进步 | 有线电视网络光纤入户IP广播系统 | 国家新闻出版广电总局广播科学研究院，吉视传媒股份有限公司，北京吉视汇通科技有限责任公司 | 施玉海，王胜杰，照尔格图，冯海亮，徐洪亮 |
| 7 | 科技进步 | 复合通信体制遥测组网与数据服务技术研发及推广应用 | 河海大学，中水三立数据技术股份有限公司，南昌工程学院 | 严锡君，黄炜，赵嘉，李旭杰，丁强 |
| 8 | 科技进步 | 面向大众应用的北斗多系统多频高精度SoC芯片关键技术及应用 | 深圳华大北斗科技有限公司 | 孙旭光，许玲，陈景新，王鹏远，邹锦芝 |
| 9 | 科技进步 | 电子式互感器实用化关键技术及工程应用 | 中国电力科学研究院有限公司，华中科技大学，北京世维通科技发展有限公司 | 叶国雄，刘彬，胡蓓，黄华，胡浩亮 |
| 10 | 科技进步 | 北斗高精度时空监测系统技术及其电力行业应用 | 安徽四创电子股份有限公司，国网安徽省电力有限公司，中国电子技术标准化研究院 | 孟宪伟，陈倩，王世臣，黄少雄，王伟 |
| 11 | 科技进步 | 宽带大功率GaN固态功放关键技术及应用 | 中国电子科技集团公司第二十九研究所，成都嘉纳海威科技有限责任公司，成都西科微波通讯有限公司 | 来晋明，季兴桥，胡柳林，张磊，郭宏 |
| 12 | 科技进步 | 锂电池和超级电容器储能器件安全及检测关键技术研究及应用 | 工业和信息化部电子第五研究所，惠州金能电池有限公司，广州赛宝计量检测中心服务有限公司 | 刘群兴，彭琦，刘晓臣，李树辉，佟健 |
| 13 | 科技进步 | 射频功率放大器芯片关键技术及应用 | 中国科学院微电子研究所，北京中科汉天下电子技术有限公司 | 梁晓新，阎跃鹏，钱永学，孟浩，万晶 |
| 14 | 科技进步 | 宽带大功率脉冲射频放大系统 | 成都四威功率电子科技有限公司 | 方建新，侯钧，黄亮，罗润，唐琦 |
| 15 | 科技进步 | 数据链系统技术(十二五背景预研) | 中国电子科技集团公司第二十研究所 | 陈赤联，严永锋，肖秦，石磊，唐军 |
| 16 | 科技进步 | 高性能低噪声检测技术及智能仪器的研制 | 安徽皖仪科技股份有限公司 | 黄文平，徐明，王国东，阎杰，张鑫 |
| 17 | 科技进步 | 多功能时频测试仪 | 中国电子科技集团公司第四十一研究所 | 毛黎明，任水生，杜念文，刘宝东，丁建岽 |
| 18 | 科技进步 | 低温低噪声放大器 | 中国电子科技集团公司第十六研究所 | 王自力，吴志华，何川，章宏，王贤华 |

续表

| 序　号 | 奖　种 | 项目名称 | 主要完成单位 | 主要完成人 |
|---|---|---|---|---|
| 19 | 科技进步 | 基于网络鉴权自适应机制与大数据风控的移动认证系统研发及应用 | 中国移动通信集团有限公司 | 黄伟湘，路晓明，庄严，邱浚漾，赖燕燕 |
| 20 | 科技进步 | 基于知识互联技术（KT）的企业开放共享平台——轻推 | 中冶赛迪重庆信息技术有限公司 | 李强，张晓辉，邢科，郑强，孙敏 |
| 21 | 科技进步 | 而向影像大数据的高性能云计算平台 | 中国电子科技集团公司第三十二研究所，上海宽带技术及应用工程研究中心，无锡华云数据技术服务有限公司 | 谢彬，许延伟，赵旭彤，李宁波，王敬平 |
| 22 | 科技进步 | 基于全业务数据中心的供电服务指挥平台关键技术及应用 | 国网辽宁省电力有限公司大连供电公司 | 鲁海威，杨万清，曹国强，王振南，于海常 |
| 23 | 科技进步 | 多层次立体式诈骗电话防治技术研究及应用 | 中国移动通信集团广东有限公司 | 孙剑骏，蔡伟文，林纲，陈劭纯，郝建忠 |
| 24 | 科技进步 | 基于物联网与云平台的食品安全溯源技术及其应用 | 南京邮电大学，江苏省精创电气股份有限公司，无锡品冠物联科技有限公司 | 李鹏，徐鹤，王汝传，朱枫，程海涛 |
| 25 | 科技进步 | 安全可靠基础软硬件产品和信息系统测评平台关键技术及应用 | 工业和信息化部电子第五研究所 | 李冬，熊婧，刘维，杨攀飞，李海菊 |
| 26 | 科技进步 | 长城高效率数字化通用电源研发和产业化 | 中国长城科技集团股份有限公司 | 于吉永，黄昌宾，刘祖贵，兰勇，李江 |
| 27 | 科技进步 | 电能服务管理平台关键技术研究及其工程应用 | 中国电力科学研究院有限公司，国网浙江省电力有限公司，山东鲁能智能技术有限公司 | 郭炳庆，李斌，刘畅，林晶怡，刘强 |
| 28 | 科技进步 | 基于OSEM原理混凝土构件内部结构超声图像重建系统 | 江苏理工学院，常州超声电子有限公司 | 范洪辉，朱洪锦，赵小荣，张杰，肖潇 |
| 29 | 科技进步 | 高画质低功耗超高清液晶显示控制器的研发及产业化 | 南京熊猫电子制造有限公司 | 文博，刘莎莎，朱广鹏，陈成，张骐超 |
| 30 | 科技进步 | 面向家庭场景的智能陪伴型机器人关键技术及产品化研发 | 安徽淘云科技有限公司 | 刘庆升 |
| 31 | 科技进步 | 云计算安全验证与大数据开放服务关键技术及应用 | 西安邮电大学，西安未来国际信息股份有限公司，陕西省信息化工程研究院 | 朱志祥，张勇，吴晨，肖跃雷，白峰 |
| 32 | 科技进步 | 基于机器视觉的工业制品智能表面缺陷检测平台 | 郑州金惠计算机系统工程有限公司 | 王维国，李丙涛，栗芳，王明纲，乔利稳 |

资料来源：中国电子学会。

# 2018 年工业互联网 App 优秀解决方案名单

| 序　号 | 申报单位 | 推荐单位 | 解决方案名称 |
|---|---|---|---|
| 1 | 北京工业大数据创新中心有限公司 | 北京市经济和信息化局 | 高价值设备智能远程运维应用解决方案 |
| 2 | 北京兰光创新科技有限公司 | | 兰光工业互联网 App 应用解决方案 |
| 3 | 北京索为系统技术股份有限公司 | | 制导飞行器总体快速设计集成（App 应用）平台 |
| 4 | 和利时科技集团有限公司 | | 和利时 HolliMachine 智能设备云工业互联网 App 应用解决方案 |
| 5 | 用友网络科技股份有限公司 | | 用友精智设计云服务工业互联网 App 应用解决方案 |
| 6 | 天津卡达克数据有限公司 | 天津市工业和信息化局 | 汽车研发设计工业互联网 App 应用解决方案 |
| 7 | 宜科（天津）电子有限公司 | | 基于宜科 IoT Hub™ 平台的宜科工业互联网 App 应用解决方案 |
| 8 | 沃德（天津）智能技术有限公司 | | 沃德智能工业互联网 App 应用解决方案 |
| 9 | 天津海云创数字科技有限公司 | | 基于 COSMOPlat 平台的大规模定制工业互联网 App 应用解决方案 |
| 10 | 天津市天锻压力机有限公司 | | 天锻大型锻造装备远程运维工业互联网 App 应用解决方案 |
| 11 | 天津路曼科技有限公司 | | 路曼科技远程运维解决方案 |
| 12 | 包头市万佳信息工程有限公司 | 内蒙古自治区经济和信息化委员会 | 基于内蒙古网络协同制造云平台万佳信息工业互联网 App 应用解决方案 |
| 13 | 沈阳鸿宇科技有限公司 | 辽宁省工业和信息化厅 | 鸿宇智能工厂管家 App 综合解决方案 |
| 14 | 沈阳机床股份有限公司 | | 产品全生命周期管理智能工业 App 解决方案 |
| 15 | 吉林市东北电院开元科技有限公司 | 吉林省工业和信息化厅 | 东电开元/能源高效与清洁利用工业互联网 App 应用解决方案 |
| 16 | 吉林市东杰科技开发有限公司 | | 东杰科技矿山行业工业互联网 App 应用解决方案 |
| 17 | 鼎捷软件股份有限公司 | 上海市经济和信息化委员会 | 鼎捷工业互联网 App 应用解决方案 |
| 18 | 上海顶逸信息科技有限公司 | | 基于 3i 平台的上海顶逸信息科技有限公司工业互联网 App 应用解决方案 |
| 19 | 上海宇航系统工程研究所 | | 上海宇航系统工程研究所空间机构数字化协同设计仿真系统工业互联网 App 应用解决方案 |

续表

| 序　号 | 申报单位 | 推荐单位 | 解决方案名称 |
|---|---|---|---|
| 20 | 常州霍思金信息技术有限公司 | 江苏省工业和信息化厅 | 常州霍思金信息技术有限公司冷轧工艺优化DELAB四维仿真工业互联网App应用解决方案 |
| 21 | 江苏海宝软件股份有限公司 | | 海宝i-MES智能制造系统解决方案工业互联网App优秀解决方案 |
| 22 | 江苏金思维软件有限公司 | | 金思维生产管控工业互联网App应用解决方案 |
| 23 | 朗坤智慧科技股份有限公司 | | 基于苏畅工业互联网平台的设备故障预测与健康管理工业互联网App应用解决方案 |
| 24 | 南京科远自动化集团股份有限公司 | | 科远PDS200智能预警系统应用解决方案 |
| 25 | 南京南瑞信息通信科技有限公司 | | 南瑞信通科技/电力通信调运检移动运维平台工业互联网App应用解决方案 |
| 26 | 南京擎天科技有限公司 | | 基于擎天绿色低碳工业互联网的企业碳资产管理工业互联网App应用解决方案 |
| 27 | 苏州同元软控信息技术有限公司 | | 同元系统设计与仿真验证平台 MWorks 工业App互联网App应用解决方案 |
| 28 | 杭州新迪数字工程系统有限公司 | 浙江省经济和信息化厅 | 新迪协同研发设计工业互联网App应用解决方案 |
| 29 | 绍兴安瑞思网络科技有限公司 | | 化工安全环保工业互联网App应用解决方案 |
| 30 | 浙江工企信息技术股份有限公司 | | 基于柔性设计平台的浙江工企信息技术股份有限公司工企 MES 智能制造系统工业互联网 App应用解决方案 |
| 31 | 浙江汉腾物联科技有限公司 | | 基于宽窄带一体化平台的汉腾物联智慧能源监测管理系统工业互联网App应用解决方案 |
| 32 | 浙江精工钢结构集团有限公司 | | 精筑BIM+项目管理平台工业互联网App应用解决方案 |
| 33 | 安徽云轨信息科技有限公司 | 安徽省经济和信息化厅 | 轨道交通行业移动运维终端应用平台工业互联网App应用解决方案 |
| 34 | 嘉泰数控科技股份公司 | 福建省工业和信息化厅 | 嘉泰数控工业互联网App应用解决方案 |
| 35 | 鸿富泰精密电子（烟台）有限公司 | 山东省工业和信息化厅 | 富士康（烟台）设备智能管理工业互联网 App解决方案 |
| 36 | 浪潮软件集团有限公司 | | 基于开源工业 PaaS 的行业通用 App 解决方案——浪潮PS Cloud |
| 37 | 山东恒远智能科技有限公司 | | 蜂巢设备云——机械加工行业的工业互联网App应用解决方案 |
| 38 | 山东万腾电子科技有限公司 | | 万腾腾云工业互联网App解决方案 |
| 39 | 大唐广电科技（武汉）有限公司 | 湖北省经济和信息化厅 | 基于持续集成平台的博泽生产协同管理软件移动互联网App应用解决方案 |
| 40 | 湖南长城计算机系统有限公司 | 湖南省工业和信息化厅 | 湖南长城自主可控整机智能制造工业互联网App解决方案 |
| 41 | 广州鲁邦通物联网科技有限公司 | 广东省工业和信息化厅 | 广州鲁邦通物联网科技有限公司+工业互联网App应用解决方案 |
| 42 | 珠海格力电器股份有限公司 | | 基于大数据平台的中央空调全生命周期管理工业互联网App应用解决方案 |
| 43 | 南宁富桂精密工业有限公司 | 广西壮族自治区工业和信息化委员会 | 南宁富桂精密工业有限公司工业互联网App应用解决方案 |

续表

| 序　号 | 申报单位 | 推荐单位 | 解决方案名称 |
|---|---|---|---|
| 44 | 瀚云风鹏（重庆）科技有限公司 | 重庆市经济和信息化委员会 | 制造业涂装工艺质量优化 App |
| 45 | 重庆斯欧信息技术股份有限公司 | | 重庆斯欧信息技术股份有限公司/智能制造互联协同平台+工业互联网 App 应用解决方案 |
| 46 | 重庆丝路启航智能科技有限公司 | | 丝路启航智慧照明工业互联网 App 应用解决方案 |
| 47 | 鸿富锦精密电子（重庆）有限公司 | | 鸿富锦精密电子（重庆）工业互联网 App 应用解决方案 |
| 48 | 重庆中软国际信息技术有限公司 | | 中软国际蜂巢云 MES 应用 |
| 49 | 成都航天科工大数据研究院有限公司 | 四川省经济和信息化厅 | 汽车云平台零件制造解决方案 |
| 50 | 贵州兴达兴建材股份有限公司 | 贵州省工业和信息化厅 | 基于砼智造高性能混凝土大数据云平台的贵州兴达兴建材股份有限公司砼智造工业互联网 App 应用解决方案 |
| 51 | 中国振华电子集团有限公司 | | 中国振华电子集团有限公司电子元器件质量一致性检测工业互联网 App 解决方案 |
| 52 | 云南能投信息产业开发有限公司 | 云南省工业和信息化厅 | 基于云能云平台的数字能投工业互联网 App 应用解决方案 |
| 53 | 银川华信智信息技术有限公司 | 宁夏回族自治区工业和信息化厅 | 基于备值工业互联网大数据共享平台的备值工业互联网 App 应用解决方案 |
| 54 | 特变电工股份有限公司 | 新疆维吾尔自治区工业和信息化厅 | 特变电工“TB e-cloud”工业互联网 App 应用解决方案 |
| 55 | 大连久鹏电子系统工程有限公司 | 大连市经济和信息化委员会 | 大连久鹏电子系统工程有限公司+空气压缩机物联网监控管理系统 |
| 56 | 英特工程仿真（大连）有限公司 | | 英特仿真工业互联网 App 应用解决方案 |
| 57 | 宁波慈星股份有限公司 | 宁波市经济和信息化委员会 | 慈星针织品智能柔性工业互联网 App 应用解决方案 |
| 58 | 中科云创（厦门）科技有限公司 | 厦门市经济和信息化局 | 基于中科云创云中控工业物联网设备远程监控运维服务平台的工业互联网 App 解决方案 |
| 59 | 青岛工业软件研究所（中国科学院软件研究所青岛分部） | 青岛市经济和信息化委员会 | 智能装备管理套件（A5 Suite） |
| 60 | 青岛容商天下网络有限公司 | | 基于 C2P 工业云平台的通用工业互联网 App 解决方案 |
| 61 | 软控股份有限公司 | | 软控轮胎工业数据服务 App |
| 62 | 深圳华龙讯达信息技术有限公司 | 深圳市经济贸易和信息化委员会 | 腾讯木星工业互联网平台工业 App 应用 |
| 63 | 深圳美云智数科技有限公司 | | 一站式企业数字化运营平台整体解决方案 |
| 64 | 深圳市老狗科技有限公司 | | 老狗科技工业互联网 App 应用解决方案 |
| 65 | 福建闽光软件股份有限公司 | 中国钢铁工业协会 | 设备点检 App 系统 |
| 66 | 南京钢铁股份有限公司 | | 基于 JIT+C2M 平台的南京钢铁股份有限公司工业网 App 应用解决方案 |
| 67 | 北京经纬纺机新技术有限公司 | 中国纺织工业联合会 | 经纬 e 系统工业互联网 App 应用解决方案 |
| 68 | 山东尚牛智能制造有限公司 | | 山东尚牛智能制造有限公司 ASPOP 服装工业互联网平台整体解决方案 |
| 69 | 工业和信息化部电子第五研究所 | 中国电子信息行业联合会 | 赛宝功能安全工业互联网 App 应用解决方案 |
| 70 | 天津美腾科技有限公司 | | 天津美腾科技有限公司煤炭工业智能化系统工业互联网 App 应用解决方案 |

续表

| 序　号 | 申报单位 | 推荐单位 | 解决方案名称 |
|---|---|---|---|
| 71 | 北京航天智造科技发展有限公司 | 中国航天科工集团 | 北京航天智造科技发展有限公司+基于 INDICS 平台的模具云协同服务解决方案 |
| 72 | 中国航天科工集团第四研究院第四总体设计部 | | 云架构产品数据管理平台（CPDM）工业互联网 App 应用解决方案 |
| 73 | 中国航天科工集团公司上海浦东开发中心 | | 航天科工基于协同共享智造平台的装备产品全寿命周期综合保障工业互联网 App 应用解决方案 |
| 74 | 江西洪都航空工业集团有限责任公司 | 中国航空工业集团 | 基于 MBD 的数字化检验设计系统工业互联网 App 应用解决方案 |
| 75 | 金航数码科技有限责任公司 | | 三维工艺设计与管理 App |
| 76 | 厦门天马微电子有限公司 | | 掌上天马工业互联网 App 应用解决方案 |
| 77 | 西安飞机设计研究所 | | 航空紧固件装配智能设计系统 |
| 78 | 上海申博信息系统工程有限公司 | 中国船舶工业集团 | 上海申博 5S 安全管理工业互联网 App 应用解决方案 |
| 79 | 上海外高桥造船有限公司 | | 上海外高桥造船有限公司 / 精细派工 App+工业互联网 App 应用解决方案 |
| 80 | 中船黄埔文冲船舶有限公司 | | 中船黄埔文冲船舶有限公司面向船舶全生命周期的知识驱动型维修保障工业互联网 App 应用解决方案 |
| 81 | 北京中油瑞飞信息技术有限责任公司 | 中国石油天然气集团 | 北京中油瑞飞信息技术有限责任公司工业互联网 App 应用解决方案 |
| 82 | 中国石油集团安全环保技术研究院有限公司 | | 海外风险预警平台工业互联网 App 应用解决方案 |
| 83 | 中国石油化工股份有限公司九江分公司 | 中国石油化工股份有限公司 | 基于工业移动物联网生产辅助管控应用解决方案 |
| 84 | 中国石化镇海炼化分公司 | | 中国石化镇海炼化智能工厂工业互联网 App 应用解决方案 |
| 85 | 国网青海省电力公司 | 国家电网有限公司 | 基于青海新能源大数据创新平台电站集中监控工业互联网 App 应用解决方案 |
| 86 | 中国汽车工业工程有限公司 | 中国机械工业集团有限公司 | 中汽工程车间一体化智能管控移动端 |
| 87 | 鞍钢集团矿业有限公司 | 鞍钢集团 | 鞍钢矿业工业互联网移动应用平台 |
| 88 | 中铝视拓智能科技有限公司 | 中国铝业集团有限公司 | 电解铝智能制造解决方案 |
| 89 | 中国广核集团有限公司 | 中国广核集团有限公司 | 核电物联网系统 App 应用方案 |

资料来源：工业和信息化部。

# 2018 年工业互联网试点示范项目名单

## 一、网络化改造集成创新应用试点示范项目

| 序　号 | 项目名称 | 申报单位 | 项目所在地 |
|---|---|---|---|
| 1 | 自动化装备互联互通的电子制造生产系统建设（工业互联网网络化改造集成创新应用试点示范项目） | 天津市中环电子计算机有限公司 | 天津市 |
| 2 | 工业互联网在球墨铸铁管制造工厂的应用试点示范（工业互联网网络化改造集成创新应用试点示范项目） | 新兴铸管股份有限公司 | 河北省 |
| 3 | 汽车压铸件及模具生产数字化网络集成创新应用（工业互联网网络化改造集成创新应用试点示范项目） | 大连亚明汽车部件股份有限公司 | 辽宁省 |
| 4 | 基于先进网络架构的工业互联网集成应用试点示范（工业互联网网络化改造集成创新应用试点示范项目） | 联通（上海）产业互联网有限公司 | 上海市 |
| 5 | 基于包装印刷企业工业互联网创新应用（工业互联网网络化改造集成创新应用试点示范项目） | 上海翔港包装科技股份有限公司 | 上海市 |
| 6 | 基于蜂窝物联网的智能工厂示范项目（工业互联网网络化改造集成创新应用试点示范项目） | 中国移动通信集团江苏有限公司 | 江苏省 |
| 7 | 基于工业云的江淮汽车网络综合改造与集成（工业互联网网络化改造集成创新应用试点示范项目） | 安徽江淮汽车集团股份有限公司 | 安徽省 |
| 8 | 电磁线生产数字化管控系统建设项目（工业互联网网络化改造集成创新应用试点示范项目） | 铜陵精达特种电磁线股份有限公司 | 安徽省 |
| 9 | 基于互联网远程运维服务的智能环卫装备试点示范（工业互联网网络化改造集成创新应用试点示范项目） | 劲旅环境科技有限公司 | 安徽省 |
| 10 | 合肥格力生产基地工业互联网网络化改造集成创新应用试点示范项目（工业互联网网络化改造集成创新应用试点示范项目） | 格力电器（合肥）有限公司 | 安徽省 |
| 11 | 面向高性能轮胎先进制造的工业互联网络构建与集成应用（工业互联网网络化改造集成创新应用试点示范项目） | 赛轮金宇集团股份有限公司 | 山东省 |
| 12 | 东风宏云项目（工业互联网网络化改造集成创新应用试点示范项目） | 东风通信技术有限公司 | 湖北省 |
| 13 | 基于 IPv6 的 RFID / 条码打印终端智能工厂建设（工业互联网网络化改造集成创新应用试点示范项目） | 重庆邮电大学 | 重庆市 |
| 14 | 工业无线边缘云平台（工业互联网网络化改造集成创新应用试点示范项目） | 重庆电子信息中小企业公共服务有限公司 | 重庆市 |
| 15 | 振华集团级互联工厂网络集成创新应用（工业互联网网络化改造集成创新应用试点示范项目） | 中国振华电子集团有限公司 | 贵州省 |

续表

| 序 号 | 项目名称 | 申报单位 | 项目所在地 |
|---|---|---|---|
| 16 | 电解铝智能制造技术开发应用及智慧工厂建设项目（工业互联网网络化改造集成创新应用试点示范项目） | 云南云铝润鑫铝业有限公司 | 云南省 |
| 17 | 高纯（硅基新材料企业网络化改造集成应用试点示范（工业互联网网络化改造集成创新应用试点示范项目） | 新特能源股份有限公司 | 新疆维吾尔自治区 |

## 二、标识解析集成创新应用试点示范项目

| 序 号 | 项目名称 | 申报单位 | 项目所在地 |
|---|---|---|---|
| 1 | 面向云制造的工业互联网标识解析二级节点系统及应用（工业互联网标识解析集成创新应用试点示范项目） | 航天云网科技发展有限责任公司 | 北京市 |
| 2 | 汽车行业工业互联网标识解析二级节点建设（工业互联网标识解析集成创新应用试点示范项目） | 北汽福田汽车股份有限公司 | 北京市 |
| 3 | 基于 Xrea 工业互联网平台的标识解析技术集成应用（工业互联网标识解析集成创新应用试点示范项目） | 江苏徐工信息技术股份有限公司 | 江苏省 |
| 4 | 工业互联网标识解析公共服务系统示范项目（工业互联网标识解析集成创新应用试点示范项目） | 南京优速网络科技有限公司 | 江苏省 |
| 5 | 工业互联网标识二级节点（佛山）项目（工业互联网标识解析集成创新应用试点示范项目） | 广东鑫兴科技有限公司 | 广东省 |
| 6 | 船舶行业标识解析集成应用示范（工业互联网标识解析集成创新应用试点示范项目） | 中船黄埔文冲船舶有限公司 | 广东省 |
| 7 | 液态奶产品标识解析应用试点示范项目（工业互联网标识解析集成创新应用试点示范项目） | 四川新华西乳业有限公司 | 四川省 |

## 三、平台集成创新应用试点示范项目

| 序 号 | 项目名称 | 申报单位 | 项目所在地 |
|---|---|---|---|
| 1 | 基于工业知识生态的先进设计与增材智造工业互联网平台（工业互联网平台集成创新应用试点示范项目） | 安世亚太科技股份有限公司 | 北京市 |
| 2 | Cloudiip 平台试点示范项目（工业互联网平台集成创新应用试点示范项目） | 北京东方国信科技股份有限公司 | 北京市 |
| 3 | 沃库工业网（VOCOOR.COM）智慧供应链协同智能制造云服务平台（工业互联网平台集成创新应用试点示范项目） | 北京向导科技有限公司 | 北京市 |
| 4 | 石油和化工工业互联网平台（ProMACE）试点示范（工业互联网平台集成创新应用试点示范项目） | 石化盈科信息技术有限责任公司 | 北京市 |
| 5 | 基于 SYSWARE 构建以工业 App 为核心的产品协同研发新模式（工业互联网平台集成创新应用试点示范项目） | 北京索为系统技术股份有限公司 | 北京市 |
| 6 | 跨行业设备全生命周期柔性物联网云平台（工业互联网平台集成创新应用试点示范项目） | 天津菲利科物联网技术有限公司 | 天津市 |
| 7 | 水泥互联网+供应链资源协同云平台（工业互联网平台集成创新应用试点示范项目） | 唐山冀东水泥股份有限公司 | 河北省 |
| 8 | 中钢邢机轧辊可视化远程运维云服务平台（工业互联网平台集成创新应用试点示范项目） | 中钢集团邢台机械轧辊有限公司 | 河北省 |
| 9 | 基于工业互联网的智能化远程运维服务平台（工业互联网平台集成创新应用试点示范项目） | 东软集团股份有限公司 | 辽宁省 |
| 10 | 矿山工业互联网智慧生产平台（工业互联网平台集成创新应用试点示范项目） | 鞍钢集团矿业有限公司 | 辽宁省 |

续表

| 序 号 | 项目名称 | 申报单位 | 项目所在地 |
|---|---|---|---|
| 11 | 智能钢铁产业一体化工业互联网平台（工业互联网平台集成创新应用试点示范项目） | 上海找钢网信息科技股份有限公司 | 上海市 |
| 12 | 钢铁行业工业互联网平台（工业互联网平台集成创新应用试点示范项目） | 上海宝信软件股份有限公司 | 上海市 |
| 13 | 华域汽车智能化研发 PLM 云平台（工业互联网平台集成创新应用试点示范项目） | 华域汽车系统股份有限公司 | 上海市 |
| 14 | 红豆-纺织服装工业互联网平台（工业互联网平台集成创新应用试点示范项目） | 红豆集团有限公司 | 江苏省 |
| 15 | 中天科技线缆行业工业互联网平台（工业互联网平台集成创新应用试点示范项目） | 江苏中天科技股份有限公司 | 江苏省 |
| 16 | 基于紫光工业互联网平台的数字孪生制造模式试点示范（工业互联网平台集成创新应用试点示范项目） | 紫光云引擎科技（苏州）有限公司 | 江苏省 |
| 17 | 磁性行业智能化生产工业互联网平台（工业互联网平台集成创新应用试点示范项目） | 横店集团东磁股份有限公司 | 浙江省 |
| 18 | supET 工业互联网平台（工业互联网平台集成创新应用试点示范项目） | 阿里云计算有限公司 | 浙江省 |
| 19 | 海尔 COSMOPlat 工业互联网平台集成创新应用试点示范（工业互联网平台集成创新应用试点示范项目） | 青岛海尔股份有限公司 | 山东省 |
| 20 | 精益云工业互联网平台（工业互联网平台集成创新应用试点示范项目） | 山东精益信息科技有限公司 | 山东省 |
| 21 | 面向工业多源异构数据边缘智能分析平台（工业互联网平台集成创新应用试点示范项目） | 山东万腾电子科技有限公司 | 山东省 |
| 22 | 基于 COSMOPlat 工业互联网平台的房车行业应用示范（工业互联网平台基成创新应用试点示范项目） | 荣成康派斯新能源车辆股份有限公司 | 山东省 |
| 23 | 基于工业互联网平台的轨道车辆智能运维系统建设（工业互联网平台集成创新应用试点示范项目） | 中车青岛四方车辆研究所有限公司 | 山东省 |
| 24 | 基于浪潮工业互联网平台的机床云应用示范项目（工业互联网平台集成创新应用试点示范项目） | 浪潮软件集团有限公司 | 山东省 |
| 25 | 矿山装备工业互联网平台（工业互联网平台集成创新应用试点示范项目） | 中信重工机械股份有限公司 | 河南省 |
| 26 | 现代农业装备工业互联网平台（工业互联网平台集成创新应用试点示范项目） | 第一拖拉机股份有限公司 | 河南省 |
| 27 | 基于工业互联网平台的起重机装备远程运维新模式应用（工业互联网平台集成创新应用试点示范项目） | 卫华集团有限公司 | 河南省 |
| 28 | 全光工业互联网平台应用（工业互联网平台集成创新应用试点示范项目） | 长飞光纤光缆股份有限公司 | 湖北省 |
| 29 | 长沙工业云平台远程运维创新应用试点示范（工业互联网平台集成创新应用试点示范项目） | 长沙智能制造研究总院有限公司 | 湖南省 |
| 30 | 工程机械工业互联网平台集成创新应用试点示范（工业互联网平台集成创新应用试点示范项目） | 三一集团有限公司 | 湖南省 |
| 31 | 广东（东莞）工业互联网产业示范基地项目（工业互联网平台集成创新应用试点示范项目） | 华为技术有限公司 | 广东省 |
| 32 | 基于工业互联网平台的烟草生产数字孪生制造模式（工业互联网平台集成创新应用试点示范项目） | 深圳华龙讯达信息技术股份有限公司 | 广东省 |
| 33 | 基于大数据的城市轨道交通供电系统全寿命周期管理工业互联网平台（工业互联网平台集成创新应用试点示范项目） | 广州白云电器设备股份有限公司 | 广东省 |
| 34 | 高端专用装备平台集成创新试点示范（工业互联网平台集成创新应用试点示范项目） | 中船工业互联网有限公司 | 广东省 |
| 35 | 美的工业互联网平台（工业互联网平台集成创新应用试点示范项目） | 美的集团股份有限公司 | 广东省 |

续表

| 序　号 | 项目名称 | 申报单位 | 项目所在地 |
|---|---|---|---|
| 36 | 基于工业互联网 BEACON 的应用创新（工业互联网平台集成创新应用试点示范项目） | 富士康工业互联网股份有限公司 | 广东省 |
| 37 | 基于工业互联网平台的动力产业链协同试点示范（工业互联网平台集成创新应用试点示范项目） | 宗申产业集团有限公司 | 重庆市 |
| 38 | 磷化工全流程工业互联网集成应用（工业互联网平台集成创新应用试点示范项目） | 贵州开磷集团股份有限公司 | 贵州省 |
| 39 | 面向商用车供应链的协同制造平台项目（工业互联网平台集成创新应用试点示范项目） | 陕西法士特汽车传动集团有限责任公司 | 陕西省 |
| 40 | 基于大数据的 TB-eCloud 新能源电站及工业园区全生命周期能源管理与集中监控系统示范项目（工业互联网平台集成创新应用试点示范项目） | 特变电工新疆新能源股份有限公司 | 新疆维吾尔自治区 |

## 四、安全集成创新应用试点示范项目

| 序　号 | 项目名称 | 申报单位 | 项目所在地 |
|---|---|---|---|
| 1 | 重点企业工业互联网安全监测预警系统集成应用示范（工业互联网安全集成创新应用试点示范项目） | 北京奇安信科技有限公司 | 北京市 |
| 2 | “汽车安全大脑”智能网联汽车信息安全运营平台（工业互联网安全集成创新应用试点示范项目） | 北京奇虎科技有限公司 | 北京市 |
| 3 | 工控网络安全态势感知分析及溯源系统（工业互联网安全集成创新应用试点示范项目） | 中国电子信息产业集团有限公司第六研究所 | 北京市 |
| 4 | 基于设备行为分析的电力监控网络态势感知系统（工业互联网安全集成创新应用试点示范项目） | 上海观安信息技术股份有限公司 | 上海市 |
| 5 | 工业互联网平台安全性检测示范应用（工业互联网安全集成创新应用试点示范项目） | 工业和信息化部电子第五研究所 | 广东省 |
| 6 | 区块链电子数据保全系统（工业互联网安全集成创新应用试点示范项目） | 重庆易保全网络科技有限公司 | 重庆市 |
| 7 | 煤矿工业互联网安全防护系统建设试点示范项目（工业互联网安全集成创新应用试点示范项目） | 陕西山利科技发展有限责任公司 | 陕西省 |
| 8 | 面向油库安全运营的工业互联网态势感知系统（工业互联网安全集成创新应用试点示范项目） | 中国石油天然气股份有限公司西北销售分公司 | 甘肃省 |

资料来源：工业和信息化部。

# 2019 年大数据优秀产品和应用解决方案案例入选名单

大数据产品类（33 个）

| 序　号 | 申报单位 | 案例名称 | 所属类别 |
|---|---|---|---|
| 1 | 新华三大数据技术有限公司 | H3C DataEngine HDP 大数据平台 | 采集存储 |
| 2 | 山东亿云信息技术有限公司 | IngloryBDP 大数据平台产品 | 采集存储 |
| 3 | 深圳市腾讯计算机系统有限公司 | 腾讯大数据处理套件 TBDS | 采集存储 |
| 4 | 深圳视界信息技术有限公司 | 八爪鱼数据采集器 | 采集存储 |
| 5 | 南京普天通信股份有限公司 | 普天软件定义存储系统软件 | 采集存储 |
| 6 | 青岛海信网络科技股份有限公司 | 海信城市云脑 | 采集存储 |
| 7 | 上海宝信软件股份有限公司 | 宝信大数据应用开发平台软件 xInsight | 采集存储 |
| 8 | 石化盈科信息技术有限责任公司 | 石化盈科大数据分析平台 | 采集存储 |
| 9 | 京东云计算有限公司 | 大数据基础服务平台 | 采集存储 |
| 10 | 中国铁道科学研究院集团有限公司 | 铁路数据服务平台 | 采集存储 |
| 11 | 杭州数梦工场科技有限公司 | DTSphere Bridge 数据集成平台 | 采集存储 |
| 12 | 威讯柏睿数据科技（北京）有限公司 | 全内存分布式数据库系统 RapidsDB | 分析挖掘 |
| 13 | 广州酷狗计算机科技有限公司 | 基于大数据分析的数字音乐个性化精准推荐平台 | 分析挖掘 |
| 14 | 山东胜软科技股份有限公司 | 油气大数据管理应用平台 | 分析挖掘 |
| 15 | 北京百分点信息科技有限公司 | 智能安全分析系统 DeepFinder | 分析挖掘 |
| 16 | 杭州傅盾习言科技有限公司 | 同盾智能风控大数据平台 | 分析挖掘 |
| 17 | 武大吉奥信息技术有限公司 | 吉奥地理智能服务平台 | 分析挖掘 |
| 18 | 苏宁易购集团股份有限公司 | 苏宁全场景智慧零售大数据平台 | 分析挖掘 |
| 19 | 国网新驰电力有限公司 | 基于大数据的电网关键业务协同决策分析平台 | 分析挖掘 |
| 20 | 中国电信股份有限公司云计算分公司 | 中国旅游大数据联合实验室旅游大数据平台 | 分析挖掘 |
| 21 | 顺丰科技有限公司 | 顺丰大数据平台 | 分析挖掘 |
| 22 | 杭州绿湾网络科技有限公司 | 绿湾智子知识图谱智能应用系统 | 分析挖掘 |
| 23 | 曙光信息产业股份有限公司 | XData 大数据智能引擎 | 分析挖掘 |
| 24 | 天筑科技股份有限公司 | “信通”——建设行业全过程大数据信息化综合服务平台 | 分析挖掘 |
| 25 | 成都索贝数码科技股份有限公司 | Ficus 大数据平台 | 分析挖掘 |
| 26 | 五八同城信息技术有限公司 | 面向多领域的可视化数据挖掘平台 | 分析挖掘 |
| 27 | 成都四方伟业软件股份有限公司 | 大数据治理与资产管控平台 | 清洗加工 |

续表

| 序　号 | 申报单位 | 案例名称 | 所属类别 |
|---|---|---|---|
| 28 | 北京云杉世界信息技术有限公司 | 基于物联网大数据技术的“互联网+”现代农业供应链一体化平台 | 交易流通 |
| 29 | 广州思迈特软件有限公司 | 思迈特大数据分析软件 | 可视化展示 |
| 30 | 浪潮软件集团有限公司 | 大数据领导驾驶舱数据分析系统 | 可视化展示 |
| 31 | 中国交通信息中心有限公司 | 智能交通数据资源交换共享与可视化展示平台 | 可视化展示 |
| 32 | 北京奇安信科技有限公司 | 360 企业安全威胁情报平台 | 安全保障 |
| 33 | 杭州安恒信息技术股份有限公司 | AiLPHA 大数据智能安全平台 | 安全保障 |

大数据应用解决方案类（61 个）

| 序　号 | 申报单位 | 案例名称 | 所属类别 |
|---|---|---|---|
| 1 | 联想（北京）有限公司 | 联想工业大数据平台 Leap 2.0 | 工业领域 |
| 2 | 工业和信息化部电子第五研究所 | 面向工业生产管控及产品质量优化的大数据应用解决方案 | 工业领域 |
| 3 | 广东亚仿科技股份有限公司 | 亚仿工业大数据应用支撑平台 | 工业领域 |
| 4 | 福水智联技术有限公司 | 基于 NB-IoT 技术的智慧水务大数据应用平台 | 工业领域 |
| 5 | 北京瑞风协同科技股份有限公司 | 瑞风协同装备试验大数据平台解决方案 | 工业领域 |
| 6 | 浙江文谷科技有限公司 | 文谷工业大数据解决方案 | 工业领域 |
| 7 | 安徽六国化工股份有限公司 | 磷化工行业“工业-环境大脑”项目综合解决方案 | 工业领域 |
| 8 | 四川长虹电器股份有限公司 | 长虹大数据产业人工智能（AI4.0）竞争力与应用平台 | 工业领域 |
| 9 | 紫光测控有限公司 | 工业企业电力装备可靠性解决方案 | 工业领域 |
| 10 | 河钢集团有限公司 | 高炉大数据智能炼铁系统 | 工业领域 |
| 11 | 江南造船（集团）有限责任公司 | 面向船舶总装企业运行管控的主数据管理解决方案 | 工业领域 |
| 12 | 研祥智能科技股份有限公司 | 基于工业控制设备大数据的健康管理云服务平台 | 工业领域 |
| 13 | 中船重工第七〇一研究所 | 面向大型复杂舰船总体设计的产品大数据管理解决方案 | 工业领域 |
| 14 | 中铁高新工业股份有限公司 | TBM 混合云管理平台及 TBM 掘进智能控制软件 | 工业领域 |
| 15 | 成都飞机工业（集团）有限责任公司 | 面向航空武器装备研发的生产大数据应用解决方案 | 工业领域 |
| 16 | 鞍钢集团自动化有限公司 | 钢铁企业智慧能源管控平台 | 工业领域 |
| 17 | 江西洪都航空工业集团有限责任公司 | 基于数据挖掘和大数据分析的决策信息展示平台 | 工业领域 |
| 18 | 北京航天智造科技发展有限公司 | 基于精密电子元器件行业场景的工业大数据解决方案 | 工业领域 |
| 19 | 中科云谷科技有限公司 | 工业大数据在工程机械行业的典型应用——中联大脑 | 工业领域 |
| 20 | 北京工业大数据创新中心有限公司 | 复杂生产过程的全数字化管理 | 能源电力 |
| 21 | 中国煤矿机械装备有限责任公司 | 智慧中煤安全生产运营泛感知大数据云服务平台 | 能源电力 |
| 22 | 中国核动力研究设计院 | 基于大数据和互联网的反应堆远程智能诊断平台 | 能源电力 |
| 23 | 中国南方电网有限责任公司 | 智慧能源大数据云平台 | 能源电力 |
| 24 | 国家电网有限公司客户服务中心 | 基于客户细分的大型能源企业客户服务能力提升解决方案 | 能源电力 |
| 25 | 国网信通亿力科技有限责任公司 | 基于大数据的同期线损计算分析关键技术研究与应用 | 能源电力 |
| 26 | 深圳市信义科技有限公司 | X-Cloud 安防大数据管理应用平台 | 政府服务 |
| 27 | 北京格灵深瞳信息技术有限公司 | 基于公安视频资源的全目标大数据解析解决方案 | 政府服务 |
| 28 | 青岛智慧城市产业发展有限公司 | 基于大数据的地下综合管廊智慧运行管控平台 | 政府服务 |
| 29 | 中国船舶重工集团公司第七一八研究所 | “分表记电”在线监管平台 | 政府服务 |
| 30 | 成都中科大旗软件有限公司 | 旅游大数据应用解决方案 | 政府服务 |
| 31 | 武汉达梦数据库有限公司 | 住房城乡建设行业大数据平台 | 政府服务 |
| 32 | 北京华宇信息技术有限公司 | 司法大数据与人工智能解决方案 | 政府服务 |
| 33 | 金电联行（北京）信息技术有限公司 | 信用大数据共享分析平台 | 政府服务 |
| 34 | 江苏鸿利智能科技有限公司 | 智慧水利一体化应用服务平台 | 政府服务 |

续表

| 序 号 | 申报单位 | 案例名称 | 所属类别 |
|---|---|---|---|
| 35 | 南京恩瑞特实业有限公司 | 基于气象大数据的气象智能预报与智慧服务一体化解决方案 | 政府服务 |
| 36 | 杭州中房信息科技有限公司 | 全息房地产市场监测大数据平台解决方案 | 政府服务 |
| 37 | 北京国信云服科技有限公司南宁分公司 | 广西脱贫攻坚大数据平台 | 政府服务 |
| 38 | 新天科技股份有限公司 | 基于大数据的智慧农业节水灌溉系统 | 农林畜牧 |
| 39 | 安徽省司尔特肥业股份有限公司 | 五库联动-大数据融合创新驱动肥料定制生产和精准农业服务解决方案 | 农林畜牧 |
| 40 | 网易（杭州）网络有限公司 | 基于大数据的智慧农业数据中台解决方案 | 农林畜牧 |
| 41 | 重庆南华中天信息技术有限公司 | 重庆三农大数据平台 | 农林畜牧 |
| 42 | 内蒙古赛科星繁育生物技术（集团）股份有限公司 | 云智能奶牛育种养殖大数据平台 | 农林畜牧 |
| 43 | 北京市计算中心 | 基于高性能计算的生物医药数据服务关键技术及应用 | 医疗健康 |
| 44 | 浙江远图互联科技股份有限公司 | 健康医疗大数据平台 | 医疗健康 |
| 45 | 东软集团股份有限公司 | 基于大数据的智慧医保服务和解决方案 | 医疗健康 |
| 46 | 智业软件股份有限公司 | 区域全民健康信息大数据平台解决方案 | 医疗健康 |
| 47 | 贵州精英天成科技股份有限公司 | 精英单采血浆站业务及监督管理系统 | 医疗健康 |
| 48 | 天津通卡智能网络科技股份有限公司 | 公交大数据一体化解决方案 | 交通物流 |
| 49 | 中工服工惠驿家信息服务有限公司 | “工惠驿家”大数据应用解决方案 | 交通物流 |
| 50 | 重庆市城投金卡信息产业（集团）股份有限公司 | 基于机动车电子标识技术的新型数字交通大数据城市治理应用解决方案 | 交通物流 |
| 51 | 深圳市鹏海运电子数据交换有限公司 | 海运物流综合大数据应用解决方案 | 交通物流 |
| 52 | 中国对外翻译有限公司 | 陕西省“一带一路”语言服务及大数据平台 | 商贸服务 |
| 53 | 有米科技股份有限公司 | 有米移动大数据精准营销一站式服务云平台 | 商贸服务 |
| 54 | 北京三快在线科技有限公司 | 美团智慧餐饮管理系统解决方案 | 商贸服务 |
| 55 | 中育至诚科技有限公司 | 基于可信教育数字身份的教育卡应用大数据云服务平台 | 科教文体 |
| 56 | 厦门海彦信息科技有限公司 | 智慧校园大数据服务平台 | 科教文体 |
| 57 | 海南易建科技股份有限公司 | 教育大数据辅助决策平台 | 科教文体 |
| 58 | 中国软件与技术服务股份有限公司 | 基于大数据的智慧税务解决方案 | 金融财税 |
| 59 | 云账户技术（天津）有限公司 | 云账户自由职业者税务大数据应用解决方案 | 金融财税 |
| 60 | 恒安嘉新（北京）科技股份公司 | 基于大数据分析技术的网络空间安全应急服务支撑平台 | 电信服务 |
| 61 | 联通大数据有限公司 | 大数据全生命周期安全解决方案 | 电信服务 |

资料来源：工业和信息化部。

# 网络安全技术应用试点示范项目名单

| 序　号 | 项目名称 | 项目申报单位 |
|---|---|---|
| 1 | 中国电信 IPTV 网络信息安全“五位一体”防护平台 | 中国电信集团公司网络运行维护事业部，中国电信股份有限公司广东分公司，中国电信股份有限公司安徽分公司 |
| 2 | 基于两级架构的分布式云安全服务能力运营管理平台 | 中国电信股份有限公司浙江分公司，中国电信集团系统集成有限责任公司，中国电信股份有限公司贵州分公司 |
| 3 | 中国电信基于共享经济的网络安全众测平台 | 中国电信集团有限公司网络运行维护事业部（网络与信息安全管理部） |
| 4 | 基于自动压制系统的运营商级多场景大流量攻击处置平台 | 中国电信股份有限公司江苏分公司，中国电信股份有限公司浙江分公司，中国电信股份有限公司宁夏分公司 |
| 5 | 基于动态基线和无监督异常检测技术的业务风险分析系统 | 中国电信集团有限公司企业信息化事业部，中国电信股份有限公司广西分公司，中国电信股份有限公司江苏分公司 |
| 6 | 物联网安全态势感知平台 | 中国移动集团有限公司信息安全管理与运行中心，中移物联网有限公司，中国移动通信集团重庆有限公司 |
| 7 | 中国移动“短信炸弹”应急防护系统研发与应用 | 中国移动通信集团有限公司信息安全管理与运行中心 |
| 8 | 雷池：数据安全全生命周期管控平台 | 中国移动通信集团有限公司研究院，中国移动通信集团有限公司网络部，中国移动通信集团福建有限公司 |
| 9 | 打造多维度防护体系的大数据安全 | 中国移动通信集团广西有限公司，中国移动通信集团湖南有限公司，中国移动通信集团辽宁有限公司 |
| 10 | 基于欺骗防御的动态威胁诱捕感知系统 | 中国移动通信集团有限公司信息技术中心，中国移动通信集团山东有限公司，中国移动通信集团湖南有限公司 |
| 11 | 全网用户信息访问日志集中管控与智慧审计平台 | 中国移动通信集团有限公司信息技术中心，中移（苏州）软件技术有限公司，中国移动通信集团河南有限公司 |
| 12 | 面向关键基础设施的网络安全应急指挥与智慧调度平台 | 中国移动通信集团浙江有限公司，浙江鹏信信息科技股份有限公司，中国移动通信集团安徽有限公司 |
| 13 | 攻击面可视化管理平台 | 中国移动通信集团河北有限公司，中国移动通信集团青海有限公司，北京安博通科技股份有限公司 |
| 14 | 基于软件定义高级融合安全的面向互联网应用虚拟资源池平台 | 中国联合网络通信有限公司北京市分公司，北京启明星辰信息安全技术有限公司 |
| 15 | 具备数据溯源追踪能力的大数据全生命周期安全防护平台 | 联通大数据有限公司，中国联合网络通信集团有限公司信息化部数据中心 |

续表

| 序 号 | 项目名称 | 项目申报单位 |
|---|---|---|
| 16 | 山东联通网络信息安全应急处置系统 | 中国联合网络通信有限公司山东省分公司 |
| 17 | 中国联通安全风险管控平台研发项目 | 联通系统集成有限公司 |
| 18 | 基于数据脱敏的电力用户数据保护系统研究与应用 | 国家电网有限公司客户服务中心 |
| 19 | 面向电力的网络与信息安全风险监控预警平台建设与应用 | 国家电网有限公司信息通信分公司，南瑞集团有限公司 |
| 20 | 电力行业泛终端一体化安全防护系统 | 国网信息通信产业集团有限公司，国网山东省电力公司，国网辽宁省电力有限公司 |
| 21 | 面向电力“互联网+”业务的可信区块链公共服务平台 | 国网电子商务有限公司，赛迪（青岛）区块链研究院有限公司，北京信任度科技有限公司 |
| 22 | 电力监控系统网络安全管理平台建设与应用 | 国电南瑞科技股份有限公司 |
| 23 | 关键信息基础设施（电力）一体化网络安全仿真环境设计与装备研制 | 中国电力科学研究院有限公司 |
| 24 | 基于商用密码算法的用电信息密码保障系统建设与应用 | 中国电力科学研究院有限公司，北京智芯微电子科技有限公司 |
| 25 | 具备安全免疫能力的电力可信计算平台研究与应用 | 全球能源互联网研究院有限公司，国网江苏省电力有限公司，国网信息通信产业集团有限公司 |
| 26 | 南方电网公司PKI/CA身份认证系统 | 中国南方电网有限责任公司 |
| 27 | 南方电网公司统一用户管理平台 | 中国南方电网有限责任公司 |
| 28 | 核电DCS系统的网络安全检测平台 | 江苏核电有限公司，中核武汉核电运行技术股份有限公司 |
| 29 | 航天云网高级威胁溯源取证与应急处置系统 | 北京航天紫光科技有限公司 |
| 30 | 基于区块链的电子发票系统 | 航天信息股份有限公司 |
| 31 | 电子政务基础设施云计算服务安全持续监管平台 | 中国电子科技网络信息安全有限公司 |
| 32 | 区域卫生健康信息安全平台 | 湖南长城医疗科技有限公司，中国长城科技集团股份有限公司 |
| 33 | 云南电力网络安全厂网一体化监管服务平台 | 中电长城网际系统应用有限公司，云南电力试验研究院（集团）有限公司 |
| 34 | 基于可信计算和安全增强技术的云平台 | 大唐高鸿信安（浙江）信息科技有限公司 |
| 35 | 基于100Gbps城域网的全量数据监测与预警系统 | 南京烽火星空通信发展有限公司 |
| 36 | 中国电科太极信息产业园新一代安全管理平台（生态安全3.0）建设与实践 | 太极计算机股份有限公司，成都科来软件有限公司，北京升鑫网络（PCSA）科技有限公司 |
| 37 | 企事业内网集中安全监测预警平台应用试点 | 中国工程物理研究院计算机应用研究所 |
| 38 | 工业互联网综合安全评测平台 | 工业和信息化部威海电子信息技术综合研究中心，信联科技（南京）有限公司，北京邮电大学 |
| 39 | 工业控制系统信息安全标准符合性测评技术应用试点示范 | 中国电子技术标准化研究院，中国石油天然气股份有限公司长庆石化分公司，北京中油瑞飞信息技术有限责任公司 |
| 40 | 基于云化服务架构的山东省网络安全态势感知和应急指挥平台 | 国家计算机网络与信息安全管理中心山东分中心，威海恒安威信科技有限公司 |
| 41 | 智能网联车路协同通信安全研究应用平台 | 南京理工大学，深圳市金溢科技股份有限公司，北京圣博润高新技术股份有限公司 |
| 42 | 交通运输关键信息基础设施风险防控与安全保障技术应用 | 中国交通通信信息中心 |
| 43 | 基于云服务的新一代安全防护系统 | 新华三信息安全技术有限公司 |

续表

| 序　号 | 项目名称 | 项目申报单位 |
|---|---|---|
| 44 | 车联网应用安全平台项目 | 长春吉大正元信息技术股份有限公司 |
| 45 | 智能网联汽车车载安全防护系统 | 东软集团股份有限公司 |
| 46 | 基于量子保密通信技术的海淀区电子政务网络安全应用项目 | 北京国科量子共创通信科技研究院有限公司，中关村科技园区海淀园管理委员会 |
| 47 | 基于 XID 标记技术的数据流通服务平台 | 上海数据交易中心有限公司 |
| 48 | 基于纯 IPv6 云平台的 CERNET2 监测预警与安全防护系统 | 赛尔网络有限公司 |
| 49 | 百度人工智能安全平台 | 北京百度网讯科技有限公司 |
| 50 | 阿里数据中心骨干网 IPv6 DDoS 网络安全防御 | 阿里云计算有限公司 |
| 51 | 基于补天众测的漏洞治理与风险管理平台 | 北京奇安信科技有限公司 |
| 52 | 基于安全数据交换的边界隔离系统建设 | 北京启明星辰信息安全技术有限公司 |
| 53 | 网络安全态势感知和应急处置平台 | 哈尔滨安天科技集团股份有限公司 |
| 54 | 基于分布式安全云服务的统一安全管理平台 | 深信服科技股份有限公司 |
| 55 | IPv6 网络空间智能安全监控平台 | 北京神州绿盟科技有限公司，中国移动通信集团贵州有限公司 |
| 56 | 基于新型网络协议的安全视联网 | 杭州视联动力技术有限公司，视联动力信息技术股份有限公司 |
| 57 | 互联网与内网资产的动态安全核查系统 | 北京神州泰岳软件股份有限公司中国移动通信集团河北有限公司 |
| 58 | 基于行为分析的物联终端安全智能防护方案 | 网神信息技术（北京）股份有限公司，中国移动通信集团北京有限公司 |
| 59 | 企业私有云安全资源池及自动化运营平台 | 网神信息技术（北京）股份有限公司，咪咕视讯科技有限公司 |
| 60 | 基于 CDN 的互联网业务欺诈检测防御系统 | 网宿科技股份有限公司 |
| 61 | 物联网安全接入防护系统 | 北京网御星云信息技术有限公司，中国科学院信息工程研究所 |
| 62 | 网络空间安全态势感知与预警系统 | 任子行网络技术股份有限公司 |
| 63 | 通信网络安全治理使能平台 | 浙江鹏信信息科技股份有限公司 |
| 64 | 基于 SM 系列密码的联盟区块链底层平台研究及示范应用 | 鼎铉商用密码测评技术（深圳）有限公司 |
| 65 | 基于联盟区块链的第三方电子数据保全平台 | 深圳市网安计算机安全检测技术有限公司，深圳市携网科技有限公司，广东安证计算机司法鉴定所 |
| 66 | 网络电话预警与溯源系统 | 成都无糖信息技术有限公司 |
| 67 | 面向安可计算机的终端安全管理平台 | 上海北信源信息技术有限公司 |
| 68 | 基于模式识别全天候盯防的运营商电子渠道业务安全风控平台 | 上海观安信息技术股份有限公司，中国移动通信集团浙江有限公司 |
| 69 | 基于客户生物特征深度学习的智能安全稽核平台 | 上海观安信息技术股份有限公司，中国移动通信集团广东有限公司 |
| 70 | IPv6 安全检测评估平台 | 河南省金盾信息安全等级技术测评中心有限公司，中国移动通信集团河南有限公司 |
| 71 | 智能网联汽车网络安全检测评估平台建设 | 天津卡达克数据有限公司，北京航空航天大学 |
| 72 | 工业互联网安全监测与态势感知平台 | 恒安嘉新（北京）科技股份公司 |
| 73 | 民航网络与信息安全管理平台 | 北京安天网络安全技术有限公司，中国民航大学 |
| 74 | 大连市网络安全公共服务平台 | 大连网信在线科技有限公司，安百科技（北京）有限公司 |
| 75 | 网络数据安全监测平台 | 成都思维世纪科技有限责任公司 |

续表

| 序　号 | 项目名称 | 项目申报单位 |
|---|---|---|
| 76 | 大规模网络服务安全监控及溯源分析平台 | 湖南神州祥网科技有限公司 |
| 77 | 基于通信网络的信息安全态势感知及应急服务保障平台 | 凯通科技股份有限公司 |
| 78 | 重点机械数控企业网络安全监测与态势感知安全技术应用试点项目 | 北京亚鸿世纪科技发展有限公司 |
| 79 | 基于多源数据融合的网络可视化监测和安全态势智能感知平台 | 天津市国瑞数码安全系统股份有限公司，中国移动通信集团山东有限公司 |
| 80 | 全网资产测绘与风险感知平台 | 深圳市魔方安全科技有限公司 |
| 81 | 政务联盟区块链政务信息可信传递平台 | 山大地纬软件股份有限公司 |
| 82 | 面向区块链行业的安全风险监控平台 | 湖南天河国云科技有限公司，国家计算机网络与信息安全管理中心湖南省分中心 |
| 83 | 国瑞信安网络安全态势感知及通报预警平台 | 江苏国瑞信安科技有限公司 |
| 84 | 北京市经济和信息化委员会 2018 年度政务云平台安全监管服务项目 | 北京安信天行科技有限公司 |
| 85 | 基于新一代安全技术防护的建筑工人实名制管理平台 | 中国-东盟信息港股份有限公司，江苏神州信源系统工程有限公司 |
| 86 | 互联网网络安全技术项目 | 四川无声信息技术有限公司 |
| 87 | 密码安全防护体系和终端入侵检测技术在互联网汽车车载终端的应用 | 上海帆一尚行科技有限公司，格尔软件股份有限公司 |
| 88 | 基于云的网络安全监测预警及态势分析平台 | 郑州赛欧思科技有限公司 |
| 89 | 协同融合的车联网一体化安全服务系统 | 郑州信大捷安信息技术股份有限公司 |
| 90 | 协同融合的网络安全防护和监测管理平台 | 郑州信大捷安信息技术股份有限公司 |
| 91 | 基于虚拟执行代码分析技术的网络安全评估系统 | 合肥安珀信息科技有限公司 |
| 92 | 屏幕拍摄与网络隐蔽泄密溯源取证系统 | 合肥高维数据技术有限公司，中国科学技术大学先进技术研究院 |
| 93 | 网安天目数据安全防护体系研发项目 | 大庆中基石油通信建设有限公司 |
| 94 | 浙江省法人数字证书应用服务项目 | 浙江汇信科技有限公司 |
| 95 | 三级校园教育安全综合管理平台 | 绿网天下（福建）网络科技股份有限公司 |
| 96 | 融媒体内容数据安全防护系统在广播电视台、县级融媒体中心应用 | 安徽智圣通信技术股份有限公司 |
| 97 | 基于新一代认证体制 CFL 的网络安全应用系统 | 青岛博文广成信息安全技术有限公司 |
| 98 | 工控系统网络安全防护项目 | 大连福佳·大化石油化工有限公司 |
| 99 | 九州分布式工控系统智能防护安全平台 | 山东九州信泰信息科技股份有限公司 |
| 100 | OceanMind 网络攻击行为综合监控平台 | 南京中新赛克科技有限责任公司 |
| 101 | 基于静态分析技术的源代码缺陷分析系统 | 北京酷德啄木鸟信息技术有限公司 |

资料来源：工业和信息化部。

# 2019 年新型信息消费示范项目建议名单

| 编　号 | 项目名称 | 申报单位 | 所属领域 |
|---|---|---|---|
| 1 | 多讯道虚拟仿真视频演播系统 | 艾迪普（北京）文化科技股份有限公司 | 生活类信息消费 |
| 2 | 甘肃雀智慧城市移动应用服务平台 | 甘肃万维信息技术有限责任公司 | 生活类信息消费 |
| 3 | 桂林出行网——运输服务与旅游融合数字经济服务平台 | 桂林市交通投资控股集团有限公司 | 生活类信息消费 |
| 4 | 基于大数据的数字文化内容创作及共享服务平台 | 中文在线数字出版集团股份有限公司 | 生活类信息消费 |
| 5 | 基于社区智慧微菜场的食行生鲜电子商务平台 | 江苏随易信息科技有限公司 | 生活类信息消费 |
| 6 | 基于深度学习的智能化、工业化数字内容创作平台 | 丝路视觉科技股份有限公司 | 生活类信息消费 |
| 7 | 基于虚拟现实技术的原创内容线下沉浸式娱乐场景示范项目 | 北京爱奇艺科技有限公司 | 生活类信息消费 |
| 8 | 基于增强现实技术的“小龙万迪”儿童智能教育品牌应用 | 大连新锐天地传媒有限公司 | 生活类信息消费 |
| 9 | 居家乐智慧养老社区服务平台 | 天津市居家乐科技发展有限公司 | 生活类信息消费 |
| 10 | 客运+互联网融合出行服务平台 | 蓝海（福建）信息科技有限公司 | 生活类信息消费 |
| 11 | 美团线上线下融合服务平台 | 北京三快在线科技有限公司 | 生活类信息消费 |
| 12 | 面向青少年的增强现实博物讲解系统建设及示范项目 | 精华教育科技股份有限公司 | 生活类信息消费 |
| 13 | 面向新型信息消费的线上线下融合服务示范项目 | 小米之家科技有限公司 | 生活类信息消费 |
| 14 | 平治数字文学移动阅读智能服务平台 | 杭州平治信息技术股份有限公司 | 生活类信息消费 |
| 15 | 全域智慧旅游服务体系建设示范项目 | 科睿特软件集团股份有限公司 | 生活类信息消费 |
| 16 | 融媒体大数据知识服务平台 | 武汉理工数字传播工程有限公司 | 生活类信息消费 |
| 17 | 社区生鲜自提柜智慧服务平台 | 合肥美的电冰箱有限公司 | 生活类信息消费 |
| 18 | 数字音乐内容创新服务平台 | 杭州网易云音乐科技有限公司 | 生活类信息消费 |
| 19 | 网络视频数据库平台 | 央视国际网络无锡有限公司 | 生活类信息消费 |
| 20 | 喜马拉雅互联网音频知识分享服务平台 | 上海证大喜马拉雅网络科技有限公司 | 生活类信息消费 |
| 21 | 鲜致新零供零售平台 | 银川华信智信息技术有限公司 | 生活类信息消费 |
| 22 | 智慧旅游自助导览服务平台 | 天津恒达广博科技股份有限公司 | 生活类信息消费 |
| 23 | 多媒体在线教育直播技术平台系统项目 | 北京展视互动科技有限公司 | 公共服务类信息消费 |
| 24 | 互联网+智慧医疗健康在线服务平台 | 广东健客医药有限公司 | 公共服务类信息消费 |
| 25 | 互联网电视亲子教育 O2O 服务 | 未来电视有限公司 | 公共服务类信息消费 |
| 26 | 基于“互联网+”的智慧健康养老创新应用 | 普天信息技术有限公司 | 公共服务类信息消费 |
| 27 | 基于 AI+大数据构建的智慧教育服务平台 | 广州讯飞易听说网络科技有限公司 | 公共服务类信息消费 |
| 28 | 基于大数据的“91 健康”全流程智慧医疗云平台 | 西安海天信息工程有限公司 | 公共服务类信息消费 |
| 29 | 基于大数据的城市级居民健康医疗服务平台 | 福建健康之路信息技术有限公司 | 公共服务类信息消费 |

续表

| 编　号 | 项目名称 | 申报单位 | 所属领域 |
|---|---|---|---|
| 30 | 基于大数据的智慧教育资源云公共服务平台建设与示范应用 | 郑州威科姆科技股份有限公司 | 公共服务类信息消费 |
| 31 | 基于居家健康智能服务云平台试点示范项目 | 冠新软件股份有限公司 | 公共服务类信息消费 |
| 32 | 基于课程资源的学生人人通学习系统 | 阅途文化科技（天津）股份有限公司 | 公共服务类信息消费 |
| 33 | 基于人工智能的流利阅读软件产业化 | 上海流利说信息技术有限公司 | 公共服务类信息消费 |
| 34 | 基于体质健康综合测评的个性化健康管理服务研究和示范应用 | 合肥博谐电子科技有限公司 | 公共服务类信息消费 |
| 35 | 基于医学影像云的电子胶片区域共享平台 | 东软医疗系统有限公司 | 公共服务类信息消费 |
| 36 | 基于远程医疗的健康医疗服务平台 | 心医国际数字医疗系统（大连）有限公司 | 公共服务类信息消费 |
| 37 | 健康云——互联网+医疗健康服务新模式 | 万达信息股份有限公司 | 公共服务类信息消费 |
| 38 | 内蒙古边境和农牧区在线公共服务平台建设 | 内蒙古广播电视网络集团有限公司 | 公共服务类信息消费 |
| 39 | 女性健康管理公共服务平台 | 贵州友康达网络科技有限公司 | 公共服务类信息消费 |
| 40 | 向日葵国家精品在线开放课程资源与平台建设项目 | 辽宁向日葵教育科技有限公司 | 公共服务类信息消费 |
| 41 | 一凌网智慧医养服务平台 | 青岛一凌网集成有限公司 | 公共服务类信息消费 |
| 42 | 幼教云学堂——AR/VR 融合出版 | 辽宁师范大学出版社有限责任公司 | 公共服务类信息消费 |
| 43 | 早期肿瘤人工智能云诊断平台 | 武汉兰丁医学高科技有限公司 | 公共服务类信息消费 |
| 44 | 智慧教育服务云平台示范应用 | 福建省华渔教育科技有限公司 | 公共服务类信息消费 |
| 45 | 智慧校园在线教育云平台示范项目 | 山东至信信息科技有限公司 | 公共服务类信息消费 |
| 46 | “云上钢铁”钢铁行业电子商务平台 | 唐山报春电子商务股份有限公司 | 行业类信息消费 |
| 47 | B2Q2C 模式下的智能化运动装备交易平台 | 上海识装信息科技有限公司 | 行业类信息消费 |
| 48 | Gearbest 跨境 B2C 综合类电商平台 | 深圳市环球易购电子商务有限公司 | 行业类信息消费 |
| 49 | IT 硬件产业电子商务服务平台 | 山东二五六互联网科技有限公司 | 行业类信息消费 |
| 50 | UU 跑腿——共享经济新一代电子商务云平台 | 郑州时空隧道信息技术有限公司 | 行业类信息消费 |
| 51 | 安泰得 BIM+GIS 智慧路网平台 | 昆明安泰得软件股份有限公司 | 行业类信息消费 |
| 52 | 德邻陆港智慧供应链服务平台 | 德邻陆港（鞍山）有限责任公司 | 行业类信息消费 |
| 53 | 孩子王 O2O 生态服务平台建设项目 | 孩子王儿童用品股份有限公司 | 行业类信息消费 |
| 54 | 互联网+市民卡便民惠民服务平台 | 苏州市民卡有限公司 | 行业类信息消费 |
| 55 | 基于“互联网+血液行业”的全链条信息化集成服务示范平台 | 唐山启奥科技股份有限公司 | 行业类信息消费 |
| 56 | 基于 RFID、物联网、电子印刷技术的智能包装行业信息化解决方案 | 湖南金丰林印刷包装机械科技有限公司 | 行业类信息消费 |
| 57 | 基于电商供应链的物流综合信息公共服务平台 | 宏图物流股份有限公司 | 行业类信息消费 |
| 58 | 基于物联网的智慧共享物流服务平台 | 新凤鸣集团股份有限公司 | 行业类信息消费 |
| 59 | 基于移动互联网的农产品智能电子商务平台建设 | 哈尔滨中成功农林科技开发有限公司 | 行业类信息消费 |
| 60 | 京东物流全流程智能物流开放服务体系 | 北京京邦达贸易有限公司 | 行业类信息消费 |
| 61 | 满帮集团基于大数据的智慧物流生态系统解决方案 | 满帮集团 | 行业类信息消费 |
| 62 | 满洲里森富国际中俄跨境物流综合服务平台 | 满洲里森富国际物流置业有限公司 | 行业类信息消费 |
| 63 | 面向云应用的软件智能生产平台应用示范 | 山大地纬软件股份有限公司 | 行业类信息消费 |
| 64 | 网优在线电子商务平台服务升级建设项目 | 江西网优科技股份有限公司 | 行业类信息消费 |
| 65 | 文山特色农产品数字农业公共服务平台 | 云南神谷科技股份有限公司 | 行业类信息消费 |
| 66 | 医药大数据服务平台（药智网） | 重庆康洲大数据有限公司 | 行业类信息消费 |
| 67 | 云端互联航空互联网 | 重庆云旅科技股份有限公司 | 行业类信息消费 |
| 68 | 樟树市福城医药园智能化医药物流供应链管理系统平台 | 江西五洲医药营销有限公司 | 行业类信息消费 |

续表

| 编　号 | 项目名称 | 申报单位 | 所属领域 |
|---|---|---|---|
| 69 | 智慧公交云平台 | 湖南智慧畅行交通科技有限公司 | 行业类信息消费 |
| 70 | 中小企业人机互译服务平台 | 语联网（武汉）信息技术有限公司 | 行业类信息消费 |
| 71 | 积微运网智慧物流平台研发及应用示范 | 成都积微物联集团股份有限公司 | 行业类信息消费 |
| 72 | 超高清数字音视频终端的研发及数字家庭应用示范项目 | 福建星网视易系统信息有限公司 | 新型信息产品消费 |
| 73 | 超高清网络化制播解决方案 | 成都索贝数码科技股份有限公司 | 新型信息产品消费 |
| 74 | 混合云多模态智能网关在智慧家庭应用示范 | 厦门盈趣科技股份有限公司 | 新型信息产品消费 |
| 75 | 基于 AIoT 技术的智慧家庭成套系统研发及产业化 | 南京创维信息技术研究院有限公司 | 新型信息产品消费 |
| 76 | 基于国际标准 T.621 的“IP+内容+智能终端”综合运营平台 | 福建中科亚创动漫科技股份有限公司 | 新型信息产品消费 |
| 77 | 极米激光无屏电视消费示范应用项目 | 成都市极米科技有限公司 | 新型信息产品消费 |
| 78 | 数字家庭多媒体智能影音系统 | 福建新大陆通信科技股份有限公司 | 新型信息产品消费 |
| 79 | 新一代智能可折叠无人机示范项目 | 深圳市大疆创新科技有限公司 | 新型信息产品消费 |
| 80 | VR/AR 未来生活体验中心 | 歌尔科技有限公司 | 信息消费支撑平台 |
| 81 | VR 不动产三维重建和信息展示平台 | 贝壳找房（北京）科技有限公司 | 信息消费支撑平台 |
| 82 | 河南省虚拟现实体验中心 | 河南省灵境科技有限公司 | 信息消费支撑平台 |
| 83 | 盒马鲜生新零售融合应用及推广项目 | 上海盒马网络科技有限公司 | 信息消费支撑平台 |
| 84 | 京东之家信息消费体验中心 | 北京京东世纪贸易有限公司 | 信息消费支撑平台 |
| 85 | 四川广电信息消费体验中心项目 | 四川省有线广播电视网络股份有限公司 | 信息消费支撑平台 |
| 86 | 中国声谷人工智能体验中心 | 安徽省信息产业投资控股有限公司 | 信息消费支撑平台 |

资料来源：工业和信息化部。